Dau/Scheuren
Wehrbeschwerdeordnung

Wehrbeschwerde-ordnung

Kommentar

Begründet von

Dr. Klaus Dau

Ministerialdirektor a. D.

Bearbeitet von

Dr. Christoph M. Scheuren

Oberregierungsrat

7. Auflage

Verlag Franz Vahlen 2020

Begründet von Staatssekretär a. D. Heinrich Frahm
und bis zur 4. Auflage mitverantwortet von
Ministerialdirigent a. D. Dr. Hans Viktor Böttcher

www.vahlen.de

ISBN 978 3 8006 6041 4

© 2020 Verlag Franz Vahlen GmbH
Wilhelmstraße 9, 80 801 München
Druck und Bindung: Beltz Grafische Betriebe GmbH
Am Fliegerhorst 8, 99947 Bad Langensalza
Satz: Druckerei C. H. Beck, Nördlingen

CO_2
neutral

vahlen.de/nachhaltig

Gedruckt auf säurefreiem, alterungsbeständigem Papier
(hergestellt aus chlorfrei gebleichtem Zellstoff)

Vorwort zur 7. Auflage

Die WBO ist seit der Vorauflage keiner Änderung unterzogen worden, womit sie einmal mehr ihre Änderungsbeständigkeit bewiesen hat. Geändert hat sich indes der Bearbeiter dieses Kommentars. Absicht ist es, das in der Praxis bewährte Werk in seiner Grundstruktur fortzuführen. Angereichert und aktualisiert wurde es mit Beispielen aus der eigenen Beratungspraxis in der Rechtspflege der Bundeswehr sowie mit neuen Erkenntnissen aus Wissenschaft und Rechtsprechung. Hierbei wurde Wert daraufgelegt, dass insbesondere die zitierte Rechtsprechung veröffentlicht und damit allgemein zugänglich ist.

Mit gewisser Besorgnis sieht der Bearbeiter aus eigener Anschauung die Abkehr von der „klassischen" Beschwerde hin zu direkten Eingaben an die Leitung des BMVg. Bei einer Perpetuierung dieser Praxis erscheint die Zukunft der bewährten Beschwerde mit der ihr innewohnenden Rechtssicherheit und Justiziabilität fraglich.

Bei Herrn Ministerialdirektor a. D. Dr. Klaus Dau möchte ich mich ausdrücklich für das mit der Übertragung der Verantwortung für diesen Kommentar entgegengebrachte Vertrauen bedanken. Meiner Familie, insbesondere meiner Frau Anja, gilt der Dank dafür, mich in der Zeit der Überarbeitung so lange entbehrt zu haben.

Andernach, im Dezember 2019   Christoph M. Scheuren

Inhaltsverzeichnis

Inhalt

Abkürzungsverzeichnis

Abkürzungen

BVerfG	Bundesverfassungsgericht
BVerfGE	Entscheidungssammlung des Bundesverfassungsgerichts (Band und Seite)
BVerfGG	Gesetz über das Bundesverfassungsgericht
BVerwG	Bundesverwaltungsgericht
BVerwGE	Entscheidungssammlung des Bundesverwaltungsgerichts (Band und Seite)
BWDA	Bundeswehrdisziplinaranwalt
BwKoopG	Kooperationsgesetz der Bundeswehr vom 30.7.2004 (BGBl. I S. 2027)
BWV	Zeitschrift Bundeswehrverwaltung (Jahrgang und Seite)
BwVollzO	Bundeswehrvollzugsordnung
CIR	Organisationsbereich Cyber- und Informationsraum
DBwV	Deutscher Bundeswehrverband
dgl.	dergleichen
d. h.	das heißt
Diss.	Dissertation
DÖD	Der Öffentliche Dienst (Jahrgang und Seite)
Dok. Berichte	Dokumentarische Berichte aus dem Bundesverwaltungsgericht (Jahrgang, Nummer und Seite)
DÖV	Die Öffentliche Verwaltung (Jahrgang und Seite)
DRiG	Deutsches Richtergesetz
DRiZ	Deutsche Richterzeitung (Jahrgang und Seite)
DVBl	Deutsches Verwaltungsblatt (Jahrgang und Seite)
ebd.	ebenda
EG GVG	Einführungsgesetz zum Gerichtsverfassungsgesetz
EG WStG	Einführungsgesetz zum Wehrstrafgesetz
Einf.	Einführung
Einl.	Einleitung
EinsatzWVG	Einsatzweiterverwendungsgesetz vom 12.12.2007 (BGBl. I S. 2861)
EKD	Evangelische Kirche Deutschlands
entspr.	entsprechend
EuAbgG	Europäisches Abgeordnetengesetz
EuGH MR	Europäischer Gerichtshof für Menschenrechte
EuGRZ	Europäische Grundrechte Zeitschrift (Jahrgang und Seite)
EuWK	Europäische Wehrkunde (Jahrgang und Seite)
Erl.	Erläuterungen
evtl.	eventuell
f f.	folgende
FGG	Gesetz über die Freiwillige Gerichtsbarkeit
Fn	Fußnote
FüAkBw	Führungsakademie der Bundeswehr
FKpt	Fregattenkapitän
gem.	gemäß
GeschO BReg	Geschäftsordnung der Bundesregierung
GeschO BT	Geschäftsordnung des Deutschen Bundestages
GG	Grundgesetz
ggf.	gegebenenfalls
GGO	Gemeinsame Geschäftsordnung der Bundesministerien
GKG	Gerichtskostengesetz
GKÖD	Gesamtkommentar Öffentliches Dienstrecht

GSOBG	Gemeinsamer Senat der obersten Gerichtshöfe des Bundes
GVG	Gerichtsverfassungsgesetz
GVPA	Gesamtvertrauenspersonenausschuss
HDv	Heeresdienstvorschrift
HessVGH	Hessischer Verwaltungsgerichtshof
h. L.	herrschende Lehre
h. M.	herrschende Meinung
hrsg.	herausgegeben
Hs	Halbsatz
HVBl	Heeresverordnungsblatt
i. d. F.	in der Fassung
i. S.	im Sinne
i. Vbg. m.	in Verbindung mit
JGG	Jugendgerichtsgesetz
JR	Juristische Rundschau (Jahrgang und Seite)
JuS	Juristische Schulung (Jahrgang und Seite)
JW	Juristische Wochenschrift (Jahrgang und Seite)
JZ	Juristenzeitung (Jahrgang und Seite)
KDVG	Kriegsdienstverweigerungsgesetz
KDVNG	Gesetz zur Neuordnung des Rechts der Kriegsdienstverweigerung und des Zivildienstes
KG	Kammergericht
Kpchef	Kompaniechef
LS	Leitsatz
LG	Landgericht
LVG	Landesverwaltungsgericht
MAD	Militärischer Abschirmdienst
m. a. W.	mit anderen Worten
MdB	Mitglied des Bundestages
MDR	Monatsschrift für Deutsches Recht (Jahrgang und Seite)
MGS	Militärgesetzsammlung (Band und Seite)
Mistra	Mitteilungen in Strafsachen
MRVO	Militärregierungsverordnung
MStGB	Militärstrafgesetzbuch
MüKo StGB	Münchener Kommentar zum Strafgesetzbuch
MVBl.	Marineverordnungsblatt
m. w. Nachw.	mit weiteren Nachweisen
n. F.	neue Fassung
NJW	Neue Juristische Wochenschrift (Jahrgang und Seite)
NOG	Gesetz zur Neuordnung des Wehrdisziplinarrechts vom 21. August 1972 – BGBl. I S. 1481 –
Nr.	Nummer
NRW	Nordrhein-Westfalen
NVA	Nationale Volksarmee
NVwZ	Neue Zeitschrift für Verwaltungsrecht (Jahrgang und Seite)
NZWehrr	Neue Zeitschrift für Wehrrecht (Jahrgang und Seite)
o. a.	oben angeführt
o. g.	oben genannt
OLG	Oberlandesgericht

Abkürzungen

OS .... Orientierungssatz
OSH .... Offizierschule des Heeres
OTL .... Oberstleutnant
OVG .... Oberverwaltungsgericht
OWiG .... Gesetz über Ordnungswidrigkeiten

PatG .... Patentgesetz
PersStruktAnpG .... Personalstruktur-Anpassungsgesetz vom 21.7.2012 (BGBl. I S. 1583)

Rn. .... Randnummer
ResG .... Gesetz über die Rechtsstellung der Reservistinnen und Reservisten der Bundeswehr vom 21.7.2012 (BGBl. I S. 1583, 1588)
RiA .... Recht im Amt (Jahrgang und Seite)
RG .... Reichsgericht
RGBl. .... Reichsgesetzblatt
RGStE .... Entscheidungssammlung des Reichsgerichts in Strafsachen (Band und Seite)
RGZ .... Entscheidungssammlung des Reichsgerichts in Zivilsachen (Band und Seite)
RMGE .... Entscheidungssammlung des Reichsmilitärgerichts (Band und Seite)
Rpfleger .... Zeitschrift Rechtspfleger (Jahrgang und Seite)
Rspr. .... Rechtsprechung
RVG .... Rechtsanwaltsvergütungsgesetz
RWStR .... Rechtsprechung in Wehrstrafsachen

S. .... Seite
SBG .... Soldatinnen- und Soldatenbeteiligungsgesetz vom 29. August 2016 (BGBl. I S. 2065)
SG .... Gesetz über die Rechtsstellung der Soldaten – Soldatengesetz –
SGG .... Sozialgerichtsgesetz
SGleiG .... Gesetz zur Gleichstellung der Soldatinnen- und Soldaten der Bundeswehr – Soldatinnen- und Soldaten-Gleichstellungsgesetz vom 27.12.2004 (BGBl. I S. 3822)
SKB .... Streitkräftebasis
SLV .... Soldatenlaufbahnverordnung
sog. .... sogenannt
SoldGG .... Gesetz über die Gleichbehandlung der Soldatinnen und Soldaten – Soldatinnen- und Soldaten-Gleichbehandlungsgesetz vom 14.8.2006 (BGBl. I S. 1904)
STAN .... Stärke- und Ausrüstungsnachweisung
StGB .... Strafgesetzbuch
StPO .... Strafprozessordnung
ständRspr .... ständige Rechtsprechung
SUV .... Soldatenurlaubsverordnung
SVG .... Soldatenversorgungsgesetz vom 16.9.2009 (BGBl. I S. 3054)

TDG .... Truppendienstgericht
TP .... Zeitschrift Truppenpraxis (Jahrgang und Seite)
TSK .... Teilstreitkraft

u. a. .... unter anderem
UBWV .... Unterrichtsblätter für die Bundeswehrverwaltung (Jahrgang und Seite)
UniBw .... Universität der Bundeswehr

Abkürzungen

usw.	und so weiter
u. U.	unter Umständen
UvD	Unteroffizier vom Dienst
UZwGBw	Gesetz über die Anwendung unmittelbaren Zwanges und die Ausübung besonderer Befugnisse durch Soldaten der Bundeswehr und verbündeter Streitkräfte sowie zivile Wachpersonen vom 12.8.1965 (BGBl. I S. 796)
VerwArch	Verwaltungsarchiv (Band und Seite)
VerwRspr.	Verwaltungsrechtsprechung (Band und Nummer)
VG	Verwaltungsgericht
VGH	Verwaltungsgerichtshof
vgl.	vergleiche
VMBl	Ministerialblatt des Bundesministeriums der Verteidigung
VO	Verordnung
VorgV	Verordnung über die Regelung des militärischen Vorgesetztenverhältnisses – Vorgesetztenverordnung –
VR	Verwaltungsrecht
VVDStL	Veröffentlichungen der Vereinigung deutscher Staatsrechtslehrer (Band und Seite)
VwGO	Verwaltungsgerichtsordnung
VwVfG	Verwaltungsverfahrensgesetz
VwZG	Verwaltungszustellungsgesetz
WB	Entscheidungen des Bundesdisziplinarhofs und des Bundesverwaltungsgerichts in Wehrbeschwerdesachen
WBeauftrG	Gesetz über den Wehrbeauftragten des Deutschen Bundestages
WBO	Wehrbeschwerdeordnung
WD	Entscheidungen des Bundesdisziplinarhofs und des Bundesverwaltungsgerichts in Wehrdisziplinarsachen
WDA	Wehrdisziplinaranwalt
WDB	Entscheidungen des Bundesdisziplinarhofs und des Bundesverwaltungsgerichts in Wehrdisziplinarbeschwerdesachen
WDO	Wehrdisziplinarordnung
WDStrO	Wehrdisziplinarstrafordnung
WK	Zeitschrift Wehrkunde (Jahrgang und Seite)
WRV	Weimarer Reichsverfassung
WStG	Wehrstrafgesetz
WStR	Wehrstrafrecht
WPflG	Wehrpflichtgesetz
WWR	Wehrwissenschaftliche Rundschau (Jahrgang und Seite)
z. B.	zum Beispiel
ZBR	Zeitschrift für Beamtenrecht (Jahrgang und Seite)
ZDv	Zentrale Dienstvorschrift
ZfWehrr	Zeitschrift für Wehrrecht
Ziff.	Ziffer
ZPO	Zivilprozessordnung
ZV	Zentralvorschrift
z. Zt.	zurzeit

Literaturverzeichnis*

Bachmann, Hans-Georg: § 42 Wehrdisziplinarordnung, in: GKÖD Yt

derselbe: Wehrbeschwerdeordnung, in: GKÖD Yo

Bader, Johann/Bonellenfitsch, Michael, Beck OK VwVfG, 40. Edition, München 2018

Baldus, Manfred: Art. 87a, 87b GG in: v. Mangoldt/Klein/Stark, Das Bonner Grundgesetz, Kommentar, 6. Auflage, München 2010

Barth, Eberhard: Militärisches Beschwerderecht und öffentliche Kontrolle, in: „Von den Grundrechten des Soldaten", Seite 91 ff., München 1957 (zitiert: Beschwerderecht)

Bieler, Frank/Lorse, Jürgen: Die dienstliche Beurteilung, 6. Auflage, Berlin 2016

Blaschke, Peter H./Oberhem, Harald: Militärseelsorge, Regensburg 1985

Brückner, Ernst: Das faktische Dienstverhältnis, Berlin 1968

Busch, Eckart: Der Oberbefehl, seine rechtliche Struktur in Preußen und Deutschland seit 1848, Boppard 1968 (zitiert: Oberbefehl)

derselbe: Das Amt des Wehrbeauftragten des Deutschen Bundestages, Bonn 1969 (zitiert: Wehrbeauftragter)

derselbe: Art. 45b GG in: Bonner Kommentar, Heidelberg 1984

derselbe: Staat und Streitkräfte, in: Fleckenstein: Bundeswehr und Industriegesellschaft, Boppard 1971

Claussen, Hans-Rudolf/Janzen, Werner: Bundesdisziplinarordnung, Kommentar, 8. Auflage, Köln-Berlin-Bonn-München 1996

Dau, Klaus/Schütz, Christoph: Wehrdisziplinarordnung, Kommentar, 7. Auflage, München 2017

derselbe: Der Parlamentarische Staatssekretär – Stellvertreter im Oberbefehl? in: „Krisensicherung und humanitärer Schutz", Festschrift für Dieter Fleck, Seite 81 ff., Berlin 2004

derselbe: Die Unabhängigkeit des Militärgeistlichen von staatlichen Weisungen als bewährtes staatskirchenrechtliches Prinzip, in: „Meinen Frieden gebe ich Euch", Festschrift für Johannes Dyba, Seite 298 ff., Köln 1999

derselbe: Münchener Kommentar zum Strafgesetzbuch, Band 8, WStG, München 2018

Deiseroth, Dieter: Art. 65a GG, in: Umbach/Clemens, Grundgesetz, Kommentar, Heidelberg 2002

Depenheuer, Otto: Art. 87a GG in: Maunz/Dürig, Grundgesetz, Kommentar, München 2019

Dietz, Heinrich: Beschwerdeordnung für die Angehörigen der Wehrmacht, Kommentar, 4. Auflage, Leipzig 1942 (zitiert: BO)

Dürig, Günter: Art. 87b GG, in Maunz/Dürig, Grundgesetz, Kommentar, München 2019

Ehmke, Horst: Ermessen und unbestimmter Rechtsbegriff im Verwaltungsrecht, Tübingen 1960

Ehrhardt, Manfred: Die Befehls- und Kommandogewalt – Begriff, Rechtsnatur und Standort in der Verfassungsordnung der Bundesrepublik Deutschland, Berlin 1969

Eitel, Walter: Das Grundrecht der Petition gemäß Artikel 17 des Grundgesetzes, Dissertation Tübingen 1960

Epping, Volker: Art. 65a GG, in Maunz/Dürig, Grundgesetz, Kommentar, München 2019

Erbs, Georg/Kohlhaas, Max: Strafrechtliche Nebengesetze, Kommentar, 226. Auflage, München 2019

---

* Aufsätze in Zeitschriften und in periodisch erscheinenden Werken sind jeweils im Text mit Verfasser und Fundort angegeben.

Literatur

Eyermann, Erich: Verwaltungsgerichtsordnung, Kommentar, 15. Auflage, München 2019

Frahm, Heinrich: Wehrbeschwerdeordnung, Berlin – Frankfurt/Main 1957

Gronimus, Andreas: Die Beteiligungsrechte der Vertrauensperson in der Bundeswehr, 8. Auflage, Regensburg 2018

Großmann, Gerhard: Bundeswehrsicherheitsrecht; Köln – Berlin – Bonn – München 1981

Hartenstein, Frank: Der Wehrbeauftragte des Deutschen Bundestages, Frankfurt/Main 1977

Hartung, Klaus: Staat und Armee, Mainz 1977

Hillgruber, Christian: Art. 97 GG, in Maunz/Dürig, Grundgesetz, Kommentar, München 2019

Hoffmann, Dieter H.: Das Petitionsrecht, Dissertation Frankfurt/Main 1959

Hück, Winfried/Müller, Martin: Verwaltungsverfahrensgesetz, Kommentar, 2. Auflage, München 2016

Huth, Rüdiger: Die Gegenvorstellung im Spannungsverhältnis von Befehl und Gehorsam des geltenden Wehrstraf- und Wehrdisziplinarrechts, Dissertation Köln 1988

Ipsen, Knut: Art. 17a, Art. 115b GG, in: Bonner Kommentar, Heidelberg 1977

Jarass, Hans D./Pieroth, Bodo: Grundgesetz für die Bundesrepublik Deutschland, Kommentar, 15. Auflage, München 2018

Jescheck, Hans-Heinrich: Befehl und Gehorsam in der Bundeswehr, in: „Bundeswehr und Recht", Seite 63 ff., Köln – Berlin – Bonn – München 1965

Klein, Hans H.: Art. 17 GG, in Maunz/Dürig, Grundgesetz, Kommentar, München 2019

Kopp, Ferdinand O./Ramsauer, Ulrich: Verwaltungsverfahrensgesetz, Kommentar, 19. Auflage, München 2018

Kopp, Ferdinand O./Schenke, Wolf-Rüdiger: Verwaltungsgerichtsordnung, Kommentar, 24. Auflage, München 2018

Lerche, Peter: Grundrechte der Soldaten, in: „Die Grundrechte", Band IV, 1. Halbband, Seite 447 ff., Berlin 1960 (zitiert: Grundrechte)

Lingens, Eric/Dolpp, Thomas/Gronimus, Andreas: Disziplinarvorgesetzter und Beschwerdeführer, 7. Auflage, Regensburg 2017 (zitiert.: Disziplinarvorgesetzter)

derselbe: Der Beurteilungsbeitrag im Wehrbeschwerdeverfahren, in: „Wehrrecht und Friedenssicherung", Festschrift für Klaus Dau, Seite 145 ff., Neuwied – Kriftel 1999

Lingens, Eric/Korte, Marcus: Wehrstrafgesetz, Kommentar, 5. Auflage, München 2012

Lingens/Eric/Marignoni, Hartmut: Vorgesetzter und Untergebener, 3. Auflage, Herford 1987

Maiwald, Joachim: Schnittstellen zwischen Wehrdienstrecht, allgemeinem Verfahrensrecht und öffentlichem Dienstrecht, in: „Öffentliches Dienstrecht im Wandel", Festschrift für Walther Fürst, Seite 233 ff., Berlin 2002

Mann, Siegfried: Das Bundesministerium der Verteidigung, Bonn 1971 (zitiert. BMVg)

derselbe: Zu Fragen der Führungsspitze der Bundeswehr, in: „Ulrich de Maizière, Stationen eines Soldatenlebens", Herford-Bonn 1982

Maurer, Hartmut/Waldhoff, Christian: Allgemeines Verwaltungsrecht, 19. Auflage, München 2017

Mellmann, Hartwig: Der rechtswidrige verbindliche Befehl nach dem Soldatengesetz vom 22.4.1969, Dissertation Hamburg 1972

Meyer, Hans/Borgs-Maciejewski, Hermann: Verwaltungsverfahrensgesetz, Kommentar, 2. Auflage, Frankfurt/Main 1982

Meyer-Goßner, Lutz: Strafprozeßordnung, Kommentar, 62. Auflage, München 2019

Militärgeschichtliches Forschungsamt: Anfänge westdeutscher Sicherheitspolitik, 1945–1956, Band 1, München – Wien 1982 (zitiert: Anfänge)

Müller, Hellmuth: Die Rechte und Pflichten der Reservisten aus staatsbürgerlicher und wehrrechtlicher Sicht, Frankfurt/Main 1976

v. Münch, Ingo/Kunig, Philip: Grundgesetzkommentar, 6. Auflage, München 2012, jeweils mit Bearbeiter

Literatur

Nolte, Georg/Krieger, Heike: Europäische Wehrrechtssysteme, Baden-Baden 2002

Obermeyer, Klaus: Verwaltungsakt und innerdienstlicher Rechtsakt, Stuttgart – München – Hannover 1956 (zitiert: Verwaltungsakt)

Oetting, Dirk W.: Das Beschwerderecht des Soldaten, Berlin 1966 (zitiert: Beschwerderecht)

Rauschning, Dietrich: in: v. Münch, Besonderes Verwaltungsrecht, 4. Auflage, Berlin – New York 1976 (zitiert: VR)

Redeker, Konrad/v. Oertzen, Hans-Joachim: Verwaltungsgerichtsordnung, Kommentar, 15. Auflage, Stuttgart – Berlin – Köln – Mainz 2010

Reinfried, Hubert: Streitkräfte und Bundeswehrverwaltung, Band 9 der von Reinfried und Walitschek herausgegebenen Gesamtdarstellung „Die Bundeswehr", Regensburg 1978

Richter, Mathias: Partizipation in der Bundeswehr, Heidelberg – Hamburg 1982

Rosteck, Holger: Der rechtlich unverbindliche Befehl, Berlin 1971

Salzmann, Joachim: Der Gedanke des Rechtsstaates in der Wehrverfassung der Bundesrepublik, Bonn 1962

v. Scheliha, Kurt-Friedrich: Die Einschränkung der Grundrechte im militärischen Bereich, Dissertation Kiel 1962

Scherer, Werner/Alff, Richard/Poretschkin, Alexander: Soldatengesetz, Kommentar, 9. Auflage, München 2013

Schmidt-Aßmann, Eberhard: Art. 103 GG, in Maunz/Dürig, Grundgesetz, Kommentar, München 2006

Schnell, Karl Helmut/Ebert, Heinz-Peter: Disziplinarrecht, Strafrecht, Beschwerderecht in der Bundeswehr, 31. Auflage, Regensburg – Berlin 2018

Schoch, Friedrich/Schneider, Jens-Peter/Bier, Wolfgang: Verwaltungsgerichtsordnung, Kommentar, München, Stand Oktober 2016

Schüle, Adolf: Bundeswehr und Grundgesetz, in: „Bundeswehr und Recht", Seite 9 ff., Köln – Berlin – Bonn – München 1965

Schwaiger, Konrad: Handeln auf Befehl und militärischer Ungehorsam nach dem Wehrstrafgesetz vom 30.3.1957, Dissertation Heidelberg 1962

Schwartz, Sebastian: Handeln aufgrund eines militärischen Befehls und einer beamtenrechtlichen Weisung, Berlin 2007

Schwenck, Hans-Günter: Wehrstrafrecht im System des Wehrrechts und in der gerichtlichen Praxis, Frankfurt/Main 1973 (zitiert: Wehrstrafrecht)

derselbe: Rechtsordnung und Bundeswehr, Band 4 der von Reinfried und Walitschek herausgegebenen Gesamtdarstellung „Die Bundeswehr", Regensburg 1978 (zitiert: Rechtsordnung)

derselbe: Die Gegenvorstellung im System von Befehl und Gehorsam, in: Festschrift für Eduard Dreher, Seite 496 ff., Berlin- New York 1977 (zitiert. Gegenvorstellung)

Sodan, Helge/Ziekow, Jan: Verwaltungsgerichtsordnung, Kommentar, 5. Auflage, München 2018

Stelkens, Paul/Bonk, Heinz Joachim/Sachs, Michael: Verwaltungsverfahrensgesetz, Kommentar, 8. Auflage, München 2014

Stern, Klaus: Das Staatsrecht der Bundesrepublik Deutschland, Band II, München 1980

Stratenwerth, Günther: Verantwortung und Gehorsam, zur strafrechtlichen Wertung hoheitlich gebotenen Handelns, Tübingen 1958

Tetzlaff, Thilo: Das Soldatenrecht der Bundesrepublik Deutschland im Lichte neuerer Grundrechtsfunktionen, Baden-Baden 2000

Ule, Carl Hermann: Militärisches Beschwerderecht und öffentliche Kontrolle, in: Von den Grundrechten des Soldaten", Seite 109 ff., München 1957 (zitiert: Beschwerderecht)

Ullmann, Wolfgang: Grundrechtsbeschränkungen des Soldaten durch die Wehrverfassung, Dissertation München 1968

Vitzthum, Wolfgang Graf v.: Petitionsrecht und Volksvertretung, Darmstadt 1985

Vogelgesang, Klaus/Fürst, Walther/Arndt, Horst/Koch, Matthias: Soldatengesetz, Kommentar, in: GKÖD Yd

Literatur

Walz, Dieter: Die verfassungsrechtlichen Grundlagen der Bundeswehrverwaltung – Abschied von der Zwei-Säulen-Theorie, in: Wehrrecht und Friedenssicherung, Festschrift für Klaus Dau, Seite 301 ff., Neuwied – Kriftel 1999

Walz, Dieter/Eichen, Klaus/Sohm, Stefan: Soldatengesetz, Kommentar, 3. Auflage, Heidelberg 2016

Weniger, Frank: Soldatengesetz, Kommentar, Regensburg 2008

Wipfelder, Hans-Jürgen/Schwenck, Hans-Günter: Wehrrecht in der Bundesrepublik Deutschland, Regensburg 1991 (zitiert: Wehrrecht)

Wolf, Rüdiger/Meder, Thomas: Soldatenbeteiligungsgesetz, 85. Aktualisierung, Regensburg 2019

A. Gesetzestext

Wehrbeschwerdeordnung

In der Fassung der Bekanntmachung vom 22. Januar 2009
(BGBl. I S. 81)
FNA 52-1
Zuletzt geändert durch Art. 12 Bundeswehrreform-Begleitgesetz vom
21.7.2012 (BGBl. I S. 1583)

§ 1 Beschwerderecht

(1) [1] Der Soldat kann sich beschweren, wenn er glaubt, von Vorgesetzten oder von Dienststellen der Bundeswehr unrichtig behandelt oder durch pflichtwidriges Verhalten von Kameraden verletzt zu sein. [2] Das Beschwerderecht der Vertrauensperson regelt das Soldatenbeteiligungsgesetz.

(2) Der Soldat kann die Beschwerde auch darauf stützen, daß ihm auf einen Antrag innerhalb eines Monats kein Bescheid erteilt worden ist.

(3) Nach Beendigung eines Wehrdienstverhältnisses steht dem früheren Soldaten das Beschwerderecht zu, wenn der Beschwerdeanlass in die Wehrdienstzeit fällt.

(4) [1] Gemeinschaftliche Beschwerden sind unzulässig. [2] Insoweit wird das Petitionsrecht nach Artikel 17 des Grundgesetzes eingeschränkt.

§ 2 Verbot der Benachteiligung

Niemand darf dienstlich gemaßregelt oder benachteiligt werden, weil seine Beschwerde nicht auf dem vorgeschriebenen Weg oder nicht fristgerecht eingelegt worden ist oder weil er eine unbegründete Beschwerde erhoben hat.

§ 3 Wirkung der Beschwerde

(1) [1] Die Beschwerde in truppendienstlichen Angelegenheiten hat keine aufschiebende Wirkung. [2] Die Einlegung der Beschwerde befreit insbesondere nicht davon, einen Befehl, gegen den sich die Beschwerde richtet, auszuführen. [3] § 11 des Soldatengesetzes bleibt unberührt.

(2) [1] Die für die Entscheidung zuständige Stelle prüft auch ohne Antrag des Beschwerdeführers, ob die Ausführung des Befehls oder die Vollziehung einer Maßnahme bis zur Entscheidung über die Beschwerde auszusetzen ist oder andere einstweilige Maßnahmen zu treffen sind. [2] Wird ein entsprechender Antrag abgelehnt, kann der Beschwerdeführer die Entscheidung des Wehrdienstgerichts beantragen.

§ 4 Vermittlung und Aussprache

(1) Der Beschwerdeführer kann vor Einlegung der Beschwerde einen Vermittler anrufen, wenn er sich persönlich gekränkt fühlt und ihm ein gütlicher Ausgleich möglich erscheint.

(2) Der Vermittler darf frühestens nach Ablauf einer Nacht und muß innerhalb einer Woche, nachdem der Beschwerdeführer von dem Beschwerdeanlaß Kenntnis erhalten hat, angerufen werden.

(3) [1] Als Vermittler wählt der Beschwerdeführer einen Soldaten, der sein persönliches Vertrauen genießt und an der Sache selbst nicht beteiligt ist. [2] Der als Vermittler Angerufene darf die Durchführung der Vermittlung nur aus wichtigem Grund ablehnen. [3] Unmittelbare Vorgesetzte des Beschwerdeführers oder desjenigen, über den die Beschwerde geführt wird (Betroffener), dürfen die Vermittlung nicht übernehmen.

(4) Der Vermittler soll sich in persönlichem Benehmen mit den Beteiligten mit dem Sachverhalt vertraut machen und sich um einen Ausgleich bemühen.

(5) Bittet der Beschwerdeführer den Betroffenen vor der Vermittlung oder anstelle einer Vermittlung um eine Aussprache, hat der Betroffene ihm Gelegenheit zur Darlegung seines Standpunktes zu geben.

(6) Der Lauf der Beschwerdefrist wird durch eine Vermittlung oder eine Aussprache nicht gehemmt.

§ 5 Einlegung der Beschwerde

(1) [1] Die Beschwerde ist bei dem nächsten Disziplinarvorgesetzten des Beschwerdeführers einzulegen. [2] Ist für die Entscheidung eine andere Stelle zuständig, kann die Beschwerde auch dort eingelegt werden.

(2) [1] Soldaten in stationärer Behandlung in einem Bundeswehrkrankenhaus können Beschwerden auch bei dem Chefarzt des Bundeswehrkrankenhauses einlegen. [2] Soldaten, die sich zum Zweck der Vollstreckung in Vollzugseinrichtungen der Bundeswehr befinden, können Beschwerden auch bei den Vollzugsvorgesetzten einlegen.

(3) Ist der nächste Disziplinarvorgesetzte oder sind die in Absatz 2 genannten Stellen nicht selbst zur Entscheidung über eine bei ihnen eingelegte Beschwerde zuständig, haben sie diese unverzüglich der zuständigen Stelle unmittelbar zuzuleiten.

§ 6 Frist und Form der Beschwerde

(1) Die Beschwerde darf frühestens nach Ablauf einer Nacht und muß innerhalb eines Monats eingelegt werden, nachdem der Beschwerdeführer von dem Beschwerdeanlaß Kenntnis erhalten hat.

(2) [1] Die Beschwerde ist schriftlich oder mündlich einzulegen. [2] Wird sie mündlich vorgetragen, ist eine Niederschrift aufzunehmen, die der Aufnehmende unterschreiben muß und der Beschwerdeführer unterschreiben soll.

³ Von der Niederschrift ist dem Beschwerdeführer auf Verlangen eine Abschrift auszuhändigen.

§ 7 Fristversäumnis

(1) Wird der Beschwerdeführer an der Einhaltung einer Frist durch militärischen Dienst, durch Naturereignisse oder andere unabwendbare Zufälle gehindert, läuft die Frist erst zwei Wochen nach Beseitigung des Hindernisses ab.

(2) Als unabwendbarer Zufall ist auch anzusehen, wenn eine vorgeschriebene Rechtsbehelfsbelehrung unterblieben oder unrichtig ist.

§ 8 Zurücknahme der Beschwerde

(1) ¹ Die Beschwerde kann jederzeit durch schriftliche oder mündliche Erklärung zurückgenommen werden. ² § 6 Abs. 2 Satz 2 und 3 gilt entsprechend. ³ Die Erklärung ist gegenüber dem nächsten Disziplinarvorgesetzten oder der für die Entscheidung sonst zuständigen Stelle abzugeben. ⁴ Diese Beschwerde ist dadurch erledigt.

(2) Die Pflicht des Vorgesetzten, im Rahmen seiner Dienstaufsicht Mängel abzustellen, bleibt bestehen.

§ 9 Zuständigkeit für den Beschwerdebescheid

(1) ¹ Über die Beschwerde entscheidet der Disziplinarvorgesetzte, der den Gegenstand der Beschwerde zu beurteilen hat. ² Über Beschwerden gegen Dienststellen der Bundeswehrverwaltung entscheidet die nächsthöhere Dienststelle.

(2) ¹ Hat der Bundesminister der Verteidigung über Beschwerden in truppendienstlichen Angelegenheiten zu entscheiden, kann sein Vertreter die Beschwerdeentscheidung unterzeichnen; der Bundesminister der Verteidigung kann die Zeichnungsbefugnis weiter übertragen. ² Bei Beschwerden in Verwaltungsangelegenheiten entscheidet der Bundesminister der Verteidigung als oberste Dienstbehörde.

(3) Hat das Unterstellungsverhältnis des Betroffenen (§ 4 Abs. 3 Satz 3) gewechselt und richtet sich die Beschwerde gegen seine Person, geht die Zuständigkeit auf den neuen Vorgesetzten des Betroffenen über.

(4) In Zweifelsfällen bestimmt der nächste gemeinsame Vorgesetzte, wer zu entscheiden hat.

§ 10 Vorbereitung der Entscheidung

(1) ¹ Der entscheidende Vorgesetzte hat den Sachverhalt durch mündliche oder schriftliche Verhandlungen zu klären. ² Er kann die Aufklärung des Sachverhalts einem Offizier übertragen. ³ In Fällen von geringerer Bedeutung kann der entscheidende Vorgesetzte auch den Kompaniefeldwebel oder einen Unteroffizier in entsprechender Dienststellung mit der Vernehmung von

Zeugen beauftragen, soweit es sich um Mannschaften oder Unteroffiziere ohne Portepee handelt. [4] Über den Inhalt mündlicher Verhandlungen ist ein kurzer zusammenfassender Bericht zu fertigen.

(2) Bei Beschwerden in fachdienstlichen Angelegenheiten ist die Stellungnahme der nächsthöheren Fachdienststelle einzuholen, wenn diese nicht selbst für die Entscheidung zuständig ist.

(3) Die Beteiligung der Vertrauensperson regelt das Soldatenbeteiligungsgesetz.

§ 11 Beschwerden bei abgesetzten Truppenteilen

Ist der für die Entscheidung zuständige Disziplinarvorgesetzte bei abgesetzten Truppenteilen, an Bord von Schiffen oder in ähnlichen Fällen nicht anwesend und auf dem gewöhnlichen Postwege schriftlich nicht erreichbar, gilt folgendes:

a) [1] Der Beschwerdeführer kann die Beschwerde einlegen, sobald die Behinderung weggefallen ist. [2] Die Frist für die Einlegung der Beschwerde läuft in diesem Falle erst zwei Wochen nach Beseitigung des Hindernisses ab.

b) [1] Die Beschwerde kann auch bei dem höchsten anwesenden Offizier eingelegt werden. [2] Dieser hat die Entscheidung über die Beschwerde gemäß § 10 vorzubereiten und die Akten nach Behebung des Hindernisses unverzüglich der für die Entscheidung zuständigen Stelle zuzuleiten. [3] Er kann Maßnahmen gemäß § 3 Abs. 2 treffen.

§ 12 Beschwerdebescheid

(1) [1] Über die Beschwerde wird schriftlich entschieden. [2] Der Bescheid ist zu begründen. [3] Er ist dem Beschwerdeführer nach den Vorschriften der Wehrdisziplinarordnung zuzustellen und auch dem Betroffenen (§ 4 Abs. 3 Satz 3) mitzuteilen. [4] Soweit die Beschwerde zurückgewiesen wird, ist der Beschwerdeführer über den zulässigen Rechtsbehelf, die Stelle, bei der der Rechtsbehelf einzulegen ist, und die einzuhaltende Frist schriftlich zu belehren.

(2) [1] Ist für die Entscheidung über die Beschwerde die Beurteilung einer Frage, über die in einem anderen Verfahren entschieden werden soll, von wesentlicher Bedeutung, kann das Beschwerdeverfahren bis zur Beendigung des anderen Verfahrens ausgesetzt werden, wenn dadurch keine unangemessene Verzögerung eintritt. [2] Dem Beschwerdeführer ist die Aussetzung mitzuteilen. [3] Soweit die Beschwerde durch den Ausgang des anderen Verfahrens nicht erledigt wird, ist sie weiter zu behandeln.

(3) [1] Ist die Beschwerde nicht innerhalb der vorgeschriebenen Frist bei einer Stelle eingegangen, bei der sie nach diesem Gesetz eingelegt werden kann, ist sie unter Hinweis auf diesen Mangel zurückzuweisen. [2] Ihr ist trotzdem nachzugehen; soweit erforderlich, ist für Abhilfe zu sorgen.

§ 13 Inhalt des Beschwerdebescheides

(1) [1]Soweit die Beschwerde sich als begründet erweist, ist ihr stattzugeben und für Abhilfe zu sorgen. [2]Dabei sind unzulässige oder unsachgemäße Befehle oder Maßnahmen aufzuheben oder abzuändern. [3]Ist ein Befehl bereits ausgeführt oder sonst erledigt, ist auszusprechen, daß er nicht hätte ergehen dürfen. [4]Dies gilt entsprechend auch für sonstige Maßnahmen und Unterlassungen, wenn der Beschwerdeführer ein berechtigtes Interesse an dieser Feststellung hat. [5]Zu Unrecht unterbliebene Maßnahmen sind, soweit noch möglich, nachzuholen, zu Unrecht abgelehnte Gesuche oder Anträge zu genehmigen. [6]Bei einer Beschwerde nach § 1 Abs. 2 ist in der Sache selbst zu entscheiden.

(2) [1]Ergibt sich, daß ein Dienstvergehen vorliegt, ist nach der Wehrdisziplinarordnung zu verfahren. [2]Dem Beschwerdeführer ist mitzuteilen, ob gegen den Betroffenen eine Disziplinarmaßnahme verhängt oder von einer Disziplinarmaßnahme abgesehen worden ist.

(3) Soweit die Beschwerde nicht begründet ist, ist sie zurückzuweisen.

(4) Soweit der Beschwerde stattgegeben wird, ist auch über die Erstattung der notwendigen Aufwendungen sowie über die Notwendigkeit der Hinzuziehung eines Bevollmächtigten zu entscheiden.

§ 14 Umfang der Untersuchung

Die Untersuchung der Beschwerde ist stets darauf zu erstrecken, ob mangelnde Dienstaufsicht oder sonstige Mängel im dienstlichen Bereich vorliegen.

§ 15 Verfahren bei Beendigung des Dienstverhältnisses

Die Fortführung des Verfahrens wird nicht dadurch berührt, daß nach Einlegung der Beschwerde das Dienstverhältnis des Beschwerdeführers endigt.

§ 16 Weitere Beschwerde

(1) Ist die Beschwerde in truppendienstlichen Angelegenheiten erfolglos geblieben, kann der Beschwerdeführer innerhalb eines Monats nach Zustellung des Beschwerdebescheides weitere Beschwerde einlegen.

(2) Die weitere Beschwerde kann auch eingelegt werden, wenn über die Beschwerde innerhalb eines Monats nicht entschieden worden ist.

(3) Für die Entscheidung über die weitere Beschwerde ist der nächsthöhere Disziplinarvorgesetzte zuständig.

(4) Für die weitere Beschwerde gelten die Vorschriften über die Beschwerde entsprechend.

§ 16a Notwendige Aufwendungen und Kosten im vorgerichtlichen Verfahren

(1) [1]Das vorgerichtliche Verfahren beginnt mit der Einlegung der Beschwerde. [2]Es ist kostenfrei.

(2) Soweit die Beschwerde in truppendienstlichen Angelegenheiten erfolgreich ist, sind dem Beschwerdeführer die ihm zur zweckentsprechenden Rechtsverfolgung oder Rechtsverteidigung erwachsenen notwendigen Aufwendungen zu erstatten.

(3) Die Vergütung eines Rechtsanwalts oder eines sonstigen Bevollmächtigten ist nur dann erstattungsfähig, wenn die Hinzuziehung notwendig war.

(4) Soweit der Beschwerde vor Erlass eines Beschwerdebescheides abgeholfen wird, sind die Absätze 1 bis 3 unter Berücksichtigung des bisherigen Sachstandes sinngemäß anzuwenden.

(5) [1]Die Entscheidung über die Erstattung der notwendigen Aufwendungen sowie die Notwendigkeit der Hinzuziehung eines Bevollmächtigten kann durch Anrufung des Truppendienstgerichts angefochten werden. [2]§ 17 Abs. 4 gilt entsprechend. [3]Der Vorsitzende der Truppendienstkammer entscheidet hierüber endgültig durch Beschluss. [4]Erlässt der Bundesminister der Verteidigung oder der Generalinspekteur der Bundeswehr den Beschwerdebescheid, gelten die Sätze 1 bis 3 entsprechend mit der Maßgabe, dass das Bundesverwaltungsgericht an die Stelle des Truppendienstgerichts tritt.

(6) § 140 Abs. 8 und § 142 der Wehrdisziplinarordnung gelten entsprechend.

§ 17 Antrag auf Entscheidung des Truppendienstgerichts

(1) [1]Ist die weitere Beschwerde erfolglos geblieben, kann der Beschwerdeführer die Entscheidung des Truppendienstgerichts beantragen, wenn seine Beschwerde eine Verletzung seiner Rechte oder eine Verletzung von Pflichten eines Vorgesetzten ihm gegenüber zum Gegenstand hat, die im Zweiten Unterabschnitt des Ersten Abschnittes des Soldatengesetzes mit Ausnahme der §§ 24, 25, 30 und 31 geregelt sind. [2]Der Antrag kann auch gestellt werden, wenn über die weitere Beschwerde innerhalb eines Monats nicht entschieden worden ist.

(2) Das Verfahren vor dem Truppendienstgericht tritt insoweit an die Stelle des Verwaltungsrechtsweges gemäß § 82 des Soldatengesetzes.

(3) [1]Mit dem Antrag kann nur geltend gemacht werden, daß eine dienstliche Maßnahme oder Unterlassung rechtswidrig sei. [2]Rechtswidrigkeit ist auch gegeben, wenn der Beschwerdeführer durch Überschreitung oder Mißbrauch dienstlicher Befugnisse verletzt ist.

(4) [1]Der Antrag ist innerhalb eines Monats nach Zustellung des zurückweisenden Beschwerdebescheides oder nach Ablauf der in Absatz 1 Satz 2 bestimmten Frist bei dem zuständigen Truppendienstgericht schriftlich oder mündlich zur Niederschrift einzulegen. [2]Dabei soll der Beschwerdeführer unter Beifügung des Beschwerdebescheides sowie des Bescheides über die weitere Beschwerde die zur Begründung des Antrags dienenden Tatsachen und Beweismittel angeben. [3]Die Frist wird auch gewahrt, wenn der Antrag

bei dem nächsten Disziplinarvorgesetzten oder in den Fällen des § 5 Abs. 2 und des § 11 Buchstabe b bei den dort bezeichneten Vorgesetzten eingelegt wird. [4] Der Antrag ist dem Truppendienstgericht unverzüglich vorzulegen. [5] Zuständig ist das Truppendienstgericht, das für den Befehlsbereich errichtet ist, zu dem der Betroffene zum Zeitpunkt des Beschwerdeanlasses gehört.

(5) [1] Nach Ablauf eines Jahres seit Einlegung der weiteren Beschwerde ist die Anrufung des Truppendienstgerichts ausgeschlossen. [2] § 7 gilt entsprechend.

(6) [1] Der Antrag hat keine aufschiebende Wirkung. [2] Das Truppendienstgericht, in dringenden Fällen sein Vorsitzender, kann auf Antrag des Beschwerdeführers oder von Amts wegen die aufschiebende Wirkung nach Anhörung des zuständigen Disziplinarvorgesetzten anordnen. [3] Die Anordnung kann schon vor Stellung des Antrags auf gerichtliche Entscheidung getroffen werden, wenn der zuständige Disziplinarvorgesetzte einen Antrag nach § 3 Abs. 2 abgelehnt oder die Vollziehung nicht innerhalb einer vom Truppendienstgericht gesetzten Frist ausgesetzt hat.

§ 18 Verfahren des Truppendienstgerichts

(1) Für die Besetzung des Truppendienstgerichts ist der Dienstgrad des Beschwerdeführers maßgebend.

(2) [1] Das Truppendienstgericht hat von Amts wegen den Sachverhalt aufzuklären. [2] Es kann Beweise wie im gerichtlichen Disziplinarverfahren erheben. [3] Es entscheidet ohne mündliche Verhandlung, kann jedoch mündliche Verhandlung anberaumen, wenn es dies für erforderlich hält. [4] Haben Beweiserhebungen stattgefunden, hat das Truppendienstgericht das Beweisergebnis dem Beschwerdeführer und dem Betroffenen mitzuteilen und ihnen innerhalb einer vom Gericht zu setzenden Frist, die wenigstens drei Tage betragen muß, Gelegenheit zur Akteneinsicht und Stellungnahme zu geben. [5] Das Truppendienstgericht entscheidet durch Beschluss, der dem Beschwerdeführer sowie dem Bundesministerium der Verteidigung nach den Vorschriften der Wehrdisziplinarordnung zuzustellen und dem Betroffenen formlos zu übermitteln ist. [6] Die Entscheidung ist zu begründen.

(3) [1] Hält das Truppendienstgericht die Zuständigkeit eines anderen Gerichts für gegeben, verweist es die Sache dorthin. [2] Die Entscheidung ist bindend.

(4) [1] Das Truppendienstgericht kann Rechtsfragen von grundsätzlicher Bedeutung dem Bundesverwaltungsgericht zur Entscheidung vorlegen, wenn nach seiner Auffassung die Fortbildung des Rechts oder die Sicherung einer einheitlichen Rechtsprechung es erfordert. [2] Die Wehrdienstsenate entscheiden in der Besetzung von drei Richtern und zwei ehrenamtlichen Richtern durch Beschluß. [3] Dem Bundeswehrdisziplinaranwalt ist vor der Entscheidung Gelegenheit zur Stellungnahme zu geben. [4] Die Entscheidung ist in der vorliegenden Sache für das Truppendienstgericht bindend.

§ 19 Inhalt der Entscheidung

(1) [1] Hält das Truppendienstgericht einen Befehl oder eine Maßnahme, gegen die sich der Antrag richtet, für rechtswidrig, hebt es den Befehl oder die Maßnahme auf. [2] Ist ein Befehl bereits ausgeführt oder anders erledigt, ist auszusprechen, daß er rechtswidrig war. [3] Dies gilt entsprechend auch für sonstige Maßnahmen oder Unterlassungen, wenn der Beschwerdeführer ein berechtigtes Interesse an dieser Feststellung hat. [4] Hält das Truppendienstgericht die Ablehnung eines Antrages oder die Unterlassung einer Maßnahme für rechtswidrig, spricht es die Verpflichtung aus, dem Antrag zu entsprechen oder unter Beachtung der Rechtsauffassung des Gerichts anderweitig tätig zu werden.

(2) Ist der Beschwerdeführer durch ein Dienstvergehen verletzt worden, spricht das Truppendienstgericht auch die Verpflichtung aus, nach Maßgabe der Wehrdisziplinarordnung zu verfahren.

§ 20 Notwendige Aufwendungen und Kosten im Verfahren vor dem Truppendienstgericht

(1) [1] Soweit dem Antrag auf Entscheidung des Truppendienstgerichts stattgegeben wird, sind die dem Beschwerdeführer im Verfahren vor dem Truppendienstgericht einschließlich der im vorgerichtlichen Verfahren erwachsenen notwendigen Aufwendungen dem Bund aufzuerlegen. [2] Dies gilt nicht für notwendige Aufwendungen, die dem Beschwerdeführer durch schuldhafte Säumnis erwachsen sind.

(2) [1] Dem Beschwerdeführer können die Kosten des Verfahrens vor dem Truppendienstgericht auferlegt werden, soweit das Gericht den Antrag als offensichtlich unzulässig oder als offensichtlich unbegründet erachtet. [2] Die Kosten des Verfahrens, die er durch schuldhafte Säumnis verursacht hat, sind ihm aufzuerlegen.

(3) Ist der Antrag auf gerichtliche Entscheidung gegenstandslos geworden, sind die Absätze 1 und 2 unter Berücksichtigung des bisherigen Sachstands sinngemäß anzuwenden.

(4) § 137 Abs. 1 und 2 Nr. 1 bis 3, § 140 Abs. 8, § 141 Abs. 1 und 2 sowie § 142 der Wehrdisziplinarordnung gelten entsprechend.

§ 21 Entscheidungen des Bundesministers der Verteidigung

(1) [1] Gegen Entscheidungen oder Maßnahmen des Bundesministers der Verteidigung einschließlich der Entscheidungen über Beschwerden oder weitere Beschwerden kann der Beschwerdeführer unmittelbar die Entscheidung des Bundesverwaltungsgerichts beantragen. [2] Der Antrag ist beim Bundesministerium der Verteidigung zu stellen.

(2) [1] Für den Antrag auf Entscheidung des Bundesverwaltungsgerichts und für das Verfahren gelten die §§ 17 bis 20 entsprechend. [2] § 20 Abs. 4 in Verbindung mit § 142 der Wehrdisziplinarordnung ist mit der Maßgabe anzuwenden, dass an die Stelle des Truppendienstgerichts das Bundesverwaltungsgericht tritt.

(3) [1]Abweichend von § 17 Abs. 4 Satz 4 legt das Bundesministerium der Verteidigung den Antrag mit einer Stellungnahme vor. [2]Im übrigen wird der Bundesminister der Verteidigung im Verfahren vor dem Bundesverwaltungsgericht durch den Bundeswehrdisziplinaranwalt vertreten.

§ 22 Entscheidungen des Generalinspekteurs der Bundeswehr

Für die Entscheidungen des Generalinspekteurs der Bundeswehr über weitere Beschwerden gilt § 21 Absatz 1, 2 und 3 Satz 2 entsprechend.

§ 22a Rechtsbeschwerde

(1) Gegen den Beschluss des Truppendienstgerichts steht dem Beschwerdeführer und dem Bundesministerium der Verteidigung die Rechtsbeschwerde an das Bundesverwaltungsgericht zu, wenn diese in der Entscheidung des Truppendienstgerichts oder auf Beschwerde gegen die Nichtzulassung durch das Bundesverwaltungsgericht zugelassen wird.

(2) Die Rechtsbeschwerde ist nur zuzulassen, wenn

1. die Beschwerdesache grundsätzliche Bedeutung hat,
2. der angefochtene Beschluss von einer Entscheidung eines Wehrdienstgerichts, des Gemeinsamen Senats der obersten Gerichtshöfe des Bundes oder des Bundesverfassungsgerichts abweicht und die Entscheidung auf dieser Abweichung beruht oder
3. ein Verfahrensmangel geltend gemacht wird und vorliegt, auf dem die Entscheidung beruhen kann.

(3) Das Bundesverwaltungsgericht ist an die Zulassung der Rechtsbeschwerde durch das Truppendienstgericht gebunden.

(4) Die Rechtsbeschwerde ist bei dem Truppendienstgericht, dessen Beschluss angefochten wird, innerhalb eines Monats nach Zustellung des Beschlusses schriftlich einzulegen und innerhalb von zwei Monaten nach Zustellung des Beschlusses schriftlich zu begründen.

(5) [1]Der Beschwerdeführer muss sich im Rechtsbeschwerdeverfahren, soweit er einen Antrag stellt, durch einen Rechtsanwalt oder durch eine Person vertreten lassen, welche die Befähigung zum Richteramt nach dem Deutschen Richtergesetz hat oder die Voraussetzungen des § 110 des Deutschen Richtergesetzes erfüllt. [2]§ 21 Abs. 2 und 3 Satz 2 gilt entsprechend.

(6) [1]Über die Rechtsbeschwerde entscheidet das Bundesverwaltungsgericht durch Beschluss. [2]Ist die Rechtsbeschwerde begründet, kann das Bundesverwaltungsgericht in der Sache selbst entscheiden oder den angefochtenen Beschluss aufheben und die Sache an das Truppendienstgericht zur anderweitigen Verhandlung und Entscheidung zurückverweisen.

§ 22b Nichtzulassungsbeschwerde

(1) [1]Bei Nichtzulassung der Rechtsbeschwerde durch das Truppendienstgericht steht dem Beschwerdeführer und dem Bundesministerium der Ver-

teidigung die Nichtzulassungsbeschwerde an das Bundesverwaltungsgericht zu. [2] § 22a Abs. 5 gilt entsprechend.

(2) [1] Die Nichtzulassungsbeschwerde ist innerhalb eines Monats nach Zustellung des Beschlusses schriftlich bei dem Truppendienstgericht einzulegen und innerhalb von zwei Monaten nach Zustellung des Beschlusses schriftlich zu begründen. [2] In der Begründung muss die grundsätzliche Bedeutung der Beschwerdesache dargelegt oder die Entscheidung, von welcher der Beschluss abweicht, oder der Verfahrensmangel bezeichnet werden.

(3) Die Einlegung der Nichtzulassungsbeschwerde hemmt die Rechtskraft des angefochtenen Beschlusses.

(4) [1] Hilft das Truppendienstgericht der Nichtzulassungsbeschwerde nicht ab, entscheidet das Bundesverwaltungsgericht in der Besetzung ohne ehrenamtliche Richter durch Beschluss. [2] Der Beschluss ist zu begründen. [3] Mit der Ablehnung der Nichtzulassungsbeschwerde durch das Bundesverwaltungsgericht wird der Beschluss des Truppendienstgerichts rechtskräftig.

(5) [1] Wird der Nichtzulassungsbeschwerde abgeholfen oder lässt das Bundesverwaltungsgericht die Rechtsbeschwerde zu, wird das Nichtzulassungsbeschwerdeverfahren als Rechtsbeschwerdeverfahren fortgesetzt. [2] In diesem Fall ist die Rechtsbeschwerde innerhalb eines Monats nach Zustellung der Entscheidung über die Zulassung zu begründen. [3] Darauf ist in dem Beschluss hinzuweisen.

§ 23 Verwaltungsgerichtliches Vorverfahren

(1) Ist für eine Klage aus dem Wehrdienstverhältnis der Verwaltungsrechtsweg gegeben, tritt das Beschwerdeverfahren an die Stelle des Vorverfahrens.

(2) [1] Die Beschwerde kann in diesen Fällen auch bei der Stelle eingelegt werden, deren Entscheidung angefochten wird. [2] Hält diese Stelle die Beschwerde für begründet, hilft sie ihr ab. [3] Anderenfalls legt sie die Beschwerde der zur Entscheidung zuständigen Stelle vor.

(3) Die weitere Beschwerde ist nicht zulässig.

(4) [1] Der Bundesminister der Verteidigung kann die Entscheidung für Fälle, in denen er zur Entscheidung über die Beschwerde zuständig wäre, durch allgemeine Anordnung auf die Stelle, die die angefochtene Maßnahme erlassen hat, oder auf andere Stellen übertragen. [2] Die Anordnung ist zu veröffentlichen.

(5) Gegen Entscheidungen des Bundesministers der Verteidigung ist die Klage erst zulässig, wenn dieser auf eine Beschwerde erneut entschieden hat.

(6) [1] Die Beschwerde hat aufschiebende Wirkung. [2] Die aufschiebende Wirkung entfällt bei Entscheidungen über die Begründung, Umwandlung oder Beendigung eines Wehrdienstverhältnisses. [3] Im Übrigen gelten die Bestimmungen des § 80 Abs. 5, 7 und 8 der Verwaltungsgerichtsordnung entsprechend.

(7) § 18 Abs. 3 gilt entsprechend.

§ 23a Ergänzende Vorschriften

(1) Zur Ergänzung der Vorschriften dieses Gesetzes gelten die Vorschriften der Wehrdisziplinarordnung, insbesondere über Akteneinsicht, Befangenheit der für die Entscheidung zuständigen Disziplinarvorgesetzten, Bindung an tatsächliche Feststellungen anderer Entscheidungen, Entschädigung von Zeugen und Sachverständigen und Wiederaufnahme entsprechend.

(2) [1] In den gerichtlichen Antragsverfahren sowie in den Verfahren nach den §§ 22a und 22b sind darüber hinaus die Vorschriften der Verwaltungsgerichtsordnung sowie des Gerichtsverfassungsgesetzes entsprechend anzuwenden, soweit nicht die Eigenart des Beschwerdeverfahrens entgegensteht. [2] Die Vorschriften des Siebzehnten Titels des Gerichtsverfassungsgesetzes sind mit der Maßgabe entsprechend anzuwenden, dass an die Stelle des Bundesgerichtshofs die Wehrdienstsenate beim Bundesverwaltungsgericht treten und an die Stelle der Zivilprozessordnung die Verwaltungsgerichtsordnung tritt.

(3) Für die Rüge der Verletzung des Anspruchs auf rechtliches Gehör gilt § 152a der Verwaltungsgerichtsordnung entsprechend.

§ 24 Inkrafttreten

Dieses Gesetz tritt am Tage nach seiner Verkündung in Kraft.

B. Einführung

Übersicht

I. Entwicklung des Beschwerderechts

1. Das militärische Beschwerderecht vom Ende des Mittelalters bis zum Beginn des 19. Jahrhunderts

1 Die Entstehungsgeschichte des militärischen Beschwerderechts ist mit der Entwicklung eines gesteigerten Ehr- und Rechtsempfindens des Soldaten untrennbar verbunden. In den Söldnerheeren des 14. und 15. Jahrhunderts, in denen Disziplin nur mit Härte und eiserner Strenge aufrechterhalten werden konnte und die Kriegsartikel keinen Schutz gegen einen Missbrauch dienstlicher Befugnisse gaben, konnte sich ein Beschwerderecht des einzelnen Soldaten nur schwerlich entwickeln. Erst in den Artikelsbriefen und Kriegsartikeln Mitte des 15. Jahrhunderts finden sich erste Ansätze eines Beschwerderechts, das vor allem bei Nichtzahlung oder verzögerter Auszahlung des Soldes sowie bei unrichtiger Abfindung mit Verpflegung und Bekleidung Bedeutung erlangte (vgl. hierzu eingehend Oetting, NZWehrr 1972, 142, auch S. 216; zur Entwicklung eines militärischen Beschwerderechts siehe auch Bachmann, GKÖD Yo, Vor § 1 Rn. 35 ff.).

2 Ein Artikelsbrief des Herzogs zu Braunschweig-Lüneburg-Wolfenbüttel aus dem Jahre 1655 erwähnt nachweislich zum ersten Mal die Möglichkeit, dass der Soldat durch Anrufung höherer Vorgesetzter auf ordnungsgemäßem Wege zu seinem Recht gelangen kann (Oetting, Beschwerderecht, S. 27 f.). Dieser Artikelsbrief enthält bereits ein im formellen wie auch materiellen Sinne echtes Beschwerderecht (Oetting, NZWehrr 1972, 181, 183). Den „Unter-Officiern, Reutern und Soldaten" solle erlaubt sein, „daferne sie..: dero Gehalt verkürzet werde, solches mit guter Höflichkeit und Bescheidenheit, ohne einigen Tumult und Rottierung, entweder dem Obristen, Commandeur- oder auch wohl gar bey Uns, schriftlich oder mündlich zu suchen und anzuzeygen gehalten seyn..:". Ähnliche Nachweise finden sich später auch in den meisten deutschen Territorialstaaten, so 1693 in der „Kriegsordnung und Reglement" des Kurfürsten von der Pfalz und in den kurpfälzischen Kriegsartikeln von 1698, in denen es hieß: „Der Proviant oder Monatssold soll nicht mit Pochen, Schnarchen oder Prahlen, sondern mit aller Bescheidenheit gehörigen Ortes gefordert werden" (Beck, ArchMilR 3, 103; Oetting, NZWehrr 1972, 181, 184).

Beschwerden wegen unwürdiger Behandlung erlangten in den Anfängen 3 des Beschwerderechts kaum Bedeutung. Kränkungen durch Kameraden wurden mit der Waffe bereinigt; der Offizier suchte Genugtuung im Duell, gegebenenfalls auch gegenüber seinem Vorgesetzten. Das Austragen von Ehrenhändeln im Wege des Zweikampfes war dem Offizier zwar durch zahlreiche sogenannte „Duellmandate" verboten. Bei dem strengen Ehrenkodex der damaligen Zeit war ihnen ein dauerhafter Erfolg jedoch nicht beschieden. Von der dem Offizier in den Duellmandaten eigens eröffneten Möglichkeit, sich beschwerdeführend an seinen Kriegsherrn zu wenden, wurde kaum Gebrauch gemacht. Das Dienstreglement für sämtliche Chur-Braunschweig-Lüneburgischen Truppen vom 25.8.1786 enthielt ein schon erstaunlich modern ausformuliertes Beschwerderecht, das nach seiner Ablösung durch das „Dienstreglement für sämtliche Königlich-Hannoverschen Truppen" vom 29.11.1823 durch eine bemerkenswerte Regelung ergänzt wurde: „...: ist der Kläger mit der letzten außergerichtlichen Entscheidung nicht zufrieden, so kann er auf seine Gefahr dagegen protestieren, und auf eine weitere förmliche gerichtliche Untersuchung der Sache dringen, welche alsdann nicht versagt werden soll" (Oetting, NZWehrr 1972, 181, 186). Der gerichtliche Rechtsschutz nach der WBO hat hier seinen wenig bekannten historischen Vorgänger im deutschen Rechtsraum.

In Preußen enthielt erst das Dienstreglement für die preußische Infantrie 4 vom 13.9.1788 für die Offiziere ein wirksames Beschwerderecht. Der Offizier konnte sich bis zum Generalinspekteur und dem Oberkriegskollegium beschweren, wenn die zuvor vorgeschriebene Vorstellung beim Vorgesetzten erfolglos geblieben war (Müller, WWR 1962, 575). Bayern kannte eine ähnliche Regelung in § 11 der Oberservationspunkte für die kurbayerische Armee vom 19.10.1745, wonach der Offizier seine Beschwerde „in bescheidener Schreibweise" beim Hofkriegsrat anzubringen hatte (Dietz, BO, S. 28; Oetting, Beschwerderecht, S. 25).

Unteroffiziere und Mannschaften hatten ein Beschwerderecht nur in ganz 5 beschränktem Maße. Bei den jährlichen Musterungen, die der Kontrolle von Kopfstärke, Ausbildung und Ausrüstung der Regimenter dienten, hatten sie Gelegenheit, ihre Beschwerden vorzubringen. So hieß es in dem kurbayerischen Oekonomiereglement von 1767: „Wer ein Anliegen habe, solle es nicht nur beim Musterungstische melden, sondern es auch nach beendigter Musterung dem Musterungskommissär mit Umgehung aller Zwischeninstanzen vortragen" (Beck, ArchMilR 3, 104; Oetting, Beschwerderecht, S. 26).

2. Das militärische Beschwerderecht bis zur Gründung des Deutschen Reiches

Zu Beginn des 19. Jahrhunderts erhielt das Beschwerderecht eine umfas- 6 sendere Regelung. Hierfür war in erster Linie die Einführung der allgemeinen Wehrpflicht verantwortlich, die die Heranbildung eines mitdenkenden und sich mitverantwortlich fühlenden Soldaten einleitete (Oetting, Beschwerderecht, S. 31). Unter dem Einfluss des liberalen Gedankenguts der französischen Revolution wuchs das Bedürfnis, auch dem eingezogenen Soldaten künftig ausreichenden Rechtsschutz in einem geregelten Verfahren zur Verfügung zu stellen. Feste Formen nahmen diese Bestrebungen jedoch erst in den zwanziger Jahren des 19. Jahrhunderts an, als auch das Militärstrafrecht zeitgemäß umgestaltet worden war. Am 28.12.1824 erließ der bayerische

König eine für die damaligen Verhältnisse mustergültige Dienstvorschrift für die königlich-bayerischen Truppen, die als sogenannter „Königsbefehl" das Verfahren des Oekonomiereglements von 1767 wiederaufnahm (vgl. auch Oetting, NZWehrr 1972, 142, 147). Sie gewährte den Soldaten aller Dienstgrade das Recht, „auf die sogleich erfolgenden Zeichen durch die Trommel..: nach und nach in der vorgeschriebenen Ordnung hervorzutreten und..: seine Beschwerde in möglichster Kürze mit geziemendem Anstande und mit Bescheidenheit vorzutragen" (Beck, aaO, S. 104 ff.; Dietz, BO, S. 29 f.). Gleichzeitig aber warnte sie ausdrücklich vor „unziemlichem, unbegründeten oder gar die Gesetze der Subordination verletzendem Vortrage", der „nach Umständen schärfstens zu behandeln" war. Dieser Königsbefehl galt bis 1885, obwohl Bayern bereits 1875 die preußischen Beschwerdevorschriften aus dem Jahre 1873 übernommen hatte. Dass er seine Bedeutung gleichwohl beibehielt, bewiesen die zahlreichen Fälle, in denen die Soldaten bei Inspektionen beschwerdeführend vortraten, um den umständlichen Weg über sämtliche Vorgesetzte nach den formellen Beschwerdevorschriften zu vermeiden.

7   In Preußen war ein Beschwerderecht für Offiziere in der „Dienstvorschrift für das Preußische Gardekorps" (Dietz, BO, S. 26 f.) und für Unteroffiziere und Mannschaften in einem Erlass des Preußischen Kriegsministeriums vom 25.2.1828 enthalten (Müller, WWR 1962, 575 f.). In beiden Fällen handelte es sich jedoch fast ausschließlich um die Regelung von einzelnen Verfahrensfragen, etwa den Grundsatz, dass eine Beschwerde immer erst nach Dienstschluss zu erheben war oder der Offizier zuvor stets den Weg der dienstlichen Vermittlung zu beschreiten hatte. Die Behandlung des eigentlichen Beschwerdegrundes blieb ungeregelt; vielmehr war es Sache des Beschwerdeführers, vorzutragen, worüber er sich beschweren wollte. Lediglich der Kriegsartikel vom 3.8.1808 (MGS 1, 46) enthielt in seinem Artikel 11 eine knappe materiellrechtliche Vorschrift, ohne jedoch damit die Befugnis zur Einlegung einer Beschwerde zu verbinden. Erst Artikel 28 der Kriegsartikel für das preußische Heer vom 27.6.1844, der sich nahezu wörtlich in den Kriegsartikeln vom 9.12.1852 und 2.11.1872 wiederfindet, brachte die ersten Ansätze für eine Verbindung von formellem und materiellem Beschwerderecht. Es hieß dort: „Glaubt der Soldat wegen nicht richtigen Empfanges dessen, was ihm gebührt, wegen unwürdiger Behandlung oder aus einem anderen Grunde zu einer Beschwerde Veranlassung zu haben, so ist er dennoch verbunden, seine Dienstobliegenheiten unweigerlich zu erfüllen und darf weder seine Kameraden auffordern, gemeinschaftlich mit ihm Beschwerde zu führen, noch Missmut unter ihnen erregen oder sie aufzuwiegeln suchen. Auch darf der Soldat nicht während des Dienstes, sondern erst nach beendigtem Dienst seine Beschwerde anbringen. Dagegen kann er sich aber versichert halten, dass seiner Beschwerde, insofern sie begründet ist, abgeholfen werden wird, sobald er dieselbe in geziemender Weise auf dem vorgeschriebenen Weg anbringt" (MGS 1844, 275, 280; Dietz, BO, S. 28; Müller, aaO, S. 576).

3. Das militärische Beschwerderecht in Deutschland seit 1871

8   Die nach der Reichsgründung im Jahre 1871 einsetzende allgemeine Tendenz zur Rechtsvereinheitlichung im Reich leitete auch die Neuordnung des militärischen Beschwerderechts ein. Die Schaffung eines einheitlichen Beschwerderechts war indes nicht unproblematisch, weil es nicht gesetzlich geregelt war und auch nicht einheitlich im Wege der Gesetzgebung durch

den Reichstag durchgesetzt werden konnte. Es wurden daher lediglich Vorschriften für das preußische Heer erlassen, die auf Grund der Verfassungsbestimmungen über die Kontingentsverfassung des Heeres von den Kommandeuren der übrigen Kontingente übernommen werden mussten. Bayern, das an diese Bestimmungen nicht gebunden war, übernahm das preußische Beschwerderecht aus eigenem Entschluss (Müller, WWR 1962, 576; Oetting, Beschwerderecht, S. 32). Mit den „Vorschriften über den Dienstweg und die Behandlung von Beschwerden der Militärpersonen des Heeres und der Marine und der Zivilbeamten der Militär- und Marineverwaltung" vom 3.3.1873 (AVBl S. 63) schuf Preußen die Grundlage eines Beschwerderechts, das beispielhaft für alle späteren Beschwerdeordnungen geworden ist. Offiziere konnten sich über Vorgesetzte beschweren, Unteroffiziere und Mannschaften auch über Kameraden, wobei Beschwerdegrund jede als Unrecht empfundene Handlung oder Unterlassung war. Gemeinschaftliche Beschwerden waren verboten. Die Beschwerde durfte niemals vor Beendigung des Dienstes erhoben werden und musste innerhalb einer Frist von drei Tagen eingelegt sein. Die Entscheidung, die schriftlich unter Bekanntgabe der wesentlichen Gründe mitzuteilen war, traf der nächste Disziplinarvorgesetzte. Art und Weise der disziplinaren Erledigung auf eine für begründet erachtete Beschwerde wurden dem Beschwerdeführer dagegen nicht eröffnet. Es musste ihm nur zu erkennen gegeben werden, dass etwas veranlasst worden war. Der Beschwerdeführer, aber auch der Disziplinarvorgesetzte, hatte die Möglichkeit, weitere Beschwerde „ohne Umgehung einer Instanz bis zur Allerhöchsten Stufe herauf" (§ 10 Nr. 1) einzulegen. Diese Regelung war insofern bemerkenswert, weil es bis zum Inkrafttreten der Militärstrafgerichtsordnung am 1.10.1900 sogar im militärischen Strafverfahren noch keine Rechtsmittelinstanz gab. In den Jahren 1894/95 wurde das militärische Beschwerderecht durch Allerhöchste Kabinettsorders neu gefasst. Dabei wurden getrennte Regelungen für das Heer und die Marine erlassen. Jede Teilstreitkraft hatte wiederum eine besondere Beschwerdeordnung für Offiziere und Beamte (BO I) sowie eine weitere für Unteroffiziere und Mannschaften (BO II). In zeitlicher Reihenfolge waren es folgende Regelungen:

- BO II für das Heer vom 14.6.1894 (AVBl S. 189);
- BO II für die Marine vom 23.10.1894 (MVBl S. 247);
- BO I für das Heer vom 30.3.1895 (AVBl S. 95);
- BO I für die Marine vom 30.12.1895 (MVBl S. 377).

Für das bayerische Kontingent galten die BO II vom 31.7.1894 und die **9** BO I vom 1.6.1895. Die kaiserliche Schutztruppe in Afrika hatte eine eigene Beschwerdeordnung (vom 1.8.1896), die jedoch im Wesentlichen der Beschwerdeordnung für das Heer entsprach. In den Grundzügen waren sich diese Beschwerdeordnungen gleich. Offiziere konnten sich nur über Vorgesetzte beschweren, Unteroffiziere und Mannschaften über Vorgesetzte, Kameraden und Beamte. Klagen der Offiziere über Offizierkameraden, Beamte und Sanitätsoffiziere konnten nur im Wege einer Dienstaufsichtsbeschwerde bei dem nächsten Vorgesetzten des Betroffenen durchgesetzt werden. Für die Anwendung der Beschwerdeordnung war insoweit kein Raum. Im Übrigen hatte jeder Beschwerde durch einen Offizier die Anrufung eines Vermittlers vorauszugehen.

Die Beschwerdefrist betrug drei Tage für Offiziere und fünf Tage für **10** Unteroffiziere und Mannschaften. Die Beschwerde durfte nicht an dem Tag eingelegt werden, an dem sich der die Beschwerde begründende Vorfall ereignete, und sie durfte nicht als gemeinschaftliche Beschwerde eingelegt werden.

11 Beschwerdegrund konnte jede als Unrecht empfundene Handlung oder Unterlassung sein, die dem Beschwerdegegner zuzurechnen war (vgl. auch Tetzlaff, S. 193). Die Entscheidung über die Beschwerde war dem Beschwerdeführer und dem Betroffenen mit den wesentlichen Gründen bekanntzugeben. Beide hatten das Recht zur weiteren Beschwerde innerhalb bestimmter Fristen an den jeweils nächsthöheren Disziplinarvorgesetzten bis hinauf zur höchsten Instanz. Die Nichteinhaltung des vorgeschriebenen Dienstweges oder der vorgeschriebenen Fristen führte nicht zur Zurückweisung der Beschwerde; vielmehr bestand auch in diesen Fällen die Pflicht, das Beschwerdevorbringen sachlich zu untersuchen und zu erledigen. Alle Beschwerdeordnungen jener Zeit enthielten eine Vorschrift, die den Vorgesetzten verpflichtete, in gewissen Fällen dem Beschwerdeführer die Rücknahme der Beschwerde nahezulegen. Diese Bestimmungen überraschen deshalb, weil schon das Militärstrafgesetzbuch von 1872 die Unterdrückung von Beschwerden mit Strafe bedrohte. In den Beschwerdeordnungen von 1894/95 war eine Belehrung vorgeschrieben, wenn der Beschwerde eine unrichtige Rechtsauffassung oder eine unrichtige dienstliche Anschauung zugrunde lag. Diese Belehrung hatte in den bis 1921 geltenden Beschwerdeordnungen eine erhebliche Bedeutung, weil die Ausübung des Beschwerderechts zu einer gerichtlichen oder disziplinaren Bestrafung führen konnte.

12 Gemäß § 152 MStGB war eine gerichtliche Bestrafung möglich

– bei wider besseres Wissen auf unwahre Behauptungen gestützten Beschwerden;

– bei wiederholt leichtfertig auf unwahre Behauptungen gestützte Beschwerden;

– bei unter Abweichung vom Dienstweg angebrachten Beschwerden.

13 Eine disziplinare Ahndung war möglich

– bei unbegründeter Beschwerde, wenn die Aufrechterhaltung der Disziplin es erforderte;

– bei Nichteinhaltung der für die Anbringung der Beschwerde vorgeschriebenen Frist.

14 Die Beschwerdeordnungen von 1894/95 galten bis nach dem Ersten Weltkrieg (zur Entwicklung des Beschwerdewesens in der Reichswehr siehe nunmehr auch Heinemann, Rechtsgeschichte der Reichswehr 1918–1933, S. 342 ff.). Am 15.11.1921 wurde eine Beschwerdeordnung für die Angehörigen der Wehrmacht (HVBl 1921, Nr. 70) erlassen, die einheitlich für alle Dienstgrade und Wehrmachtsteile galt. Sie schränkte den Anwendungsbereich des Beschwerderechts dadurch ein, dass die Ansprüche infolge vermeintlich unrichtiger Abfindung mit Besoldung, Bekleidung, Verpflegung, Unterkunft sowie wegen unzureichender Krankenversorgung nicht nach den Vorschriften der Beschwerdeordnung geltend gemacht werden konnten. Derartige Ansprüche wurden nicht als Beschwerden behandelt; sie waren bei den militärischen Vorgesetzten geltend zu machen, die die Eingaben an die für die Bearbeitung zuständigen Verwaltungsdienststellen weiterleiteten. Diese Ansprüche konnten im Klageweg vor den ordentlichen Gerichten verfolgt werden, weil Art. 129 Abs. 4 Satz 1 WRV für die Geltendmachung vermögensrechtlicher Ansprüche auch für die Soldaten den ordentlichen

Rechtsweg eröffnete (siehe auch § 32 des Reichswehrgesetzes vom 23.3.1921 – RGBl. S. 329). Im Übrigen wurde die Beschwerdefrist nunmehr auf sieben Tage heraufgesetzt und die vorherige Vermittlung auch für Unteroffiziere und Mannschaften vorgesehen. Erstmals wurde zudem der Beschwerdeausschluss bei Beurteilungen der Offiziere formell festgestellt, während die Beurteilungen der Unteroffiziere uneingeschränkt mit der Beschwerde anfechtbar blieben. Die letzte deutsche Beschwerdeordnung für die Angehörigen der Wehrmacht vom 8.4.1936 (HVBl 1936 S. 124) wurde auf Grund eines Erlasses des Führers und Reichskanzlers über die Übertragung des Verordnungsrechtes nach § 37 des Wehrgesetzes vom 22.5.1935 erlassen. Sie ist inhaltlich nahezu gleich der Beschwerdeordnung von 1921. Durch das Kontrollratsgesetz Nr. 34 vom 20.8.1946 über die Auflösung der Wehrmacht wurden in Artikel III die deutschen Wehrgesetze und Verordnungen für aufgehoben erklärt. Das Gesetz Nr. 16 der Alliierten Hohen Kommission für Deutschland vom 16.12.1949 fasste die bis dahin ergangenen gesetzlichen Vorschriften über die Beseitigung des unter dem Nationalsozialismus geltenden Wehrrechts zusammen. Damit war auch die BO von 1936 außer Kraft gesetzt.

4. Die Entwicklung bis zur Wehrbeschwerdeordnung

Die gesetzlichen Vorarbeiten für ein neues Beschwerderecht wurden schon **15** lange vor Beginn des Aufbaues der Bundeswehr aufgenommen. Erste gedankliche Anstöße enthält bereits die „Himmeroder Denkschrift" (Denkschrift des militärischen Expertenausschusses über die Aufstellung eines deutschen Kontingents im Rahmen einer übernationalen Streitmacht zur Verteidigung Westeuropas) vom Oktober 1950, die in Abschnitt V „Das innere Gefüge" die Forderung aufstellt, die Beschwerdeordnung von allen unzeitgemäßen Bestimmungen zu befreien und im Vorgriff auf eine Partizipation in den Streitkräften die Schaffung von Vertrauensausschüssen ohne Entscheidungsrecht auch für das Beschwerdeverfahren forderte (Militärgeschichtliche Mitteilungen Nr. 1/1977, S. 135 bis 214, insbesondere S. 168–189; vgl. auch Anfänge, Bd. 1, S. 859). Nach dem Vertrag über die Gründung einer Europäischen Verteidigungsgemeinschaft (EVG) vom 27.5.1952 hatte auch die Bundesrepublik Deutschland ein Kontingent zu den europäischen Verteidigungsstreitkräften zu stellen. Nach Art. 79 des EVG-Vertrages sollte für die Mitglieder der europäischen Verteidigungsstreitkräfte eine einheitliche allgemeine Militärdisziplinarordnung geschaffen werden. Diese Militärdisziplinarordnung sollte nach französischem Vorbild (Art. 57 der Discipline Générale) auch das Beschwerderecht enthalten. Nach dem Scheitern der EVG wurden die Planungen für eine eigene nationale Regelung fortgesetzt. Der Entwurf der Wehrbeschwerdeordnung wurde von der Bundesregierung in der Kabinettsitzung vom 14.3.1956 beschlossen. Im ersten Durchlauf wurde er vom Rechtsausschuss und vom Verteidigungsausschuss des Bundesrates am 12.4.1956 beraten. Der Bundesrat beschloss seine Stellungnahme am 20.4.1956. Die erste Beratung des Entwurfs im Bundestag (BT-Drs. Nr. 2359) fand am 30.5.1956 statt. Der Entwurf wurde dem Verteidigungsausschuss als federführendem Ausschuss sowie dem Rechtsausschuss zur Mitberatung überwiesen. Der Rechtsausschuss beriet den Entwurf in den Sitzungen vom 10., 15. und 16.11.1956, der Verteidigungsausschuss in der Sitzung vom 6.12.1956 (BT-Drs. Nr. 2982 sowie schriftlicher Bericht vom 14.12.1956).

16   Die zweite und dritte Lesung durch den Bundestag fand am 14.12.1956 statt; das Gesetz wurde einstimmig angenommen.

17   Im zweiten Durchlauf befassten sich der Rechtsausschuss und der Verteidigungsausschuss des Bundesrates mit dem Gesetz am 13.12.1956. Der Bundesrat beschloss am 21.12.1956, einen Antrag nach Art. 77 Abs. 2 GG nicht zu stellen. Das Gesetz wurde am 23.12.1956 vom Bundespräsidenten ausgefertigt und am 29.12.1956 im Bundesgesetzblatt verkündet.

18   Die WBO ist erstmals durch das Gesetz zur Änderung der Wehrdisziplinarordnung vom 9.6.1961 (BGBl. I S. 689, 697) geändert worden. Als nächstes änderte Artikel 2 § 1 des Sechsten Gesetzes zur Änderung des Soldatenversorgungsgesetzes vom 10.8.1971 (BGBl. I S. 1273) die Vorschrift des § 18 Abs. 3 geringfügig. Erst Artikel III des Gesetzes zur Neuordnung des Wehrdisziplinarrechts vom 21.8.1972 (BGBl. I S. 1481) nahm größere Änderungen vor. Im neuen Wortlaut wurde die WBO am 11.9.1972 bekannt gemacht (BGBl. I S. 1737, ber. S. 1906). In den folgenden Jahren mehrmals erhobenen Forderungen nach einer weitergehenden Novellierung der WBO kam der Gesetzgeber nicht nach (vgl. die Vorstellungen des DBwV in Die Bundeswehr 1988, 8 ff.; Gertz, Die Bundeswehr 1987, 8; Walz, NZWehr 1987, 230; König, NZWehrr 1988, 161; vgl. auch Stauf, NZWehr 1988, 246). Das Gesetz über die Beteiligung der Soldaten und der Zivildienstleistenden – Beteiligungsgesetz, SBG – vom 16.1.1991 (BGBl. I S. 47) brachte wiederum eine Neuregelung, indem es durch Art. 3 Nr. 2 Regelungen über das Beschwerderecht der Vertrauensperson Rechnung trug. Art. 13 des Streitkräftereserve-Neuordnungsgesetzes vom 22.4.2005 (BGBl. I S. 1106, 1125) vollzog mit der Änderung des § 17 Abs. 2 nur eine redaktionelle, sachlich aber falsche Anpassung an die Neunummerierung des Soldatengesetzes. Die Änderung des § 12 Abs. 1 Satz 3 durch Art. 2 Abs. 9 des Gesetzes vom 12.8.2005 (BGBl. I S. 2354, 2357) war eine Folge der Novellierung des Verwaltungszustellungsgesetzes. Mit dem Ziel, inhaltliche, systematische und redaktionelle Unzulänglichkeiten des Gesetzes zu beseitigen, hat Art. 5 des Wehrrechtsänderungsgesetzes 2008 vom 31.7.2008 (BGBl. I S. 1629, 1635) mit zugleich konzeptionellen Änderungen wie der Einfügung der Rechtsbeschwerde, der Nichtzulassungsbeschwerde, der Anhörungsrüge auch in das Wehrbeschwerderecht sowie der nunmehr gesetzlich angeordneten ergänzenden Anwendung anderer Verfahrensgesetze nachhaltig in die Struktur der WBO eingegriffen (dazu ausführlich Dau, NVwZ 2009, 22; Gronimus, NZWehrr 2009, 89). Art. 17 dieses Gesetzes war zugleich die Rechtsgrundlage, um die WBO mit Wirkung vom 22.1.2009 (BGBl. I S. 81) neu bekanntzumachen. Art. 19 des Gesetzes vom 24.11.2011 (BGBl. I S. 2302) ergänzte § 23a Abs. 2 um eine Verweisung auf die Vorschriften des 17 Titels des GVG; er stellt damit sicher, dass auch der Antragsteller des wehrdienstgerichtlichen Antragsverfahrens nach der WBO Rechtsschutz bei überlanger Verfahrensdauer erhält. Mit Art. 12 des Gesetzes zur Begleitung der Reform der Bundeswehr – Bundeswehr-Reformbegleitgesetz – vom 21.7.2012 (BGBl. I S. 1583, 1594) reagierte der Gesetzgeber auf die Ausgliederung der Inspekteure aus dem BMVg und die neue Stellung des Generalinspekteurs als truppendienstlicher Vorgesetzter der Inspekteure und Disziplinarvorgesetzter.

II. Grundzüge der Wehrbeschwerdeordnung

Gegenüber früheren Beschwerdeordnungen unterscheidet sich die WBO 19
sehr wesentlich. In dem Bestreben, den Soldatinnen und Soldaten auch innerhalb des Wehrdienstverhältnisses einen umfassenden Rechtsschutz zu gewährleisten, ist der Anwendungsbereich des Gesetzes erheblich erweitert worden
(einen instruktiven Überblick gibt Becker, ZBR 1985, 104 ff.). Der beschwerderechtliche Grundtatbestand hat sich im Wesentlichen verglichen mit
dem der BO von 1936 nicht verändert. Danach kann sich der Soldat beschweren, wenn er glaubt, von Vorgesetzten oder von Dienststellen der
Bundeswehr unrichtig behandelt oder durch pflichtwidriges Verhalten von
Kameraden verletzt zu sein. Von entscheidender Bedeutung jedoch ist, dass er
nach erfolglosem Beschreiten des Beschwerdeweges nunmehr auch eine gerichtliche Entscheidung in den Fällen erreichen kann, in denen er im eigentlichen militärischen Dienstbereich in seinen Rechten verletzt ist. Da die
Beschwerde dem Soldaten zugleich das verwaltungsgerichtliche Vorverfahren
ersetzt, sind durch die WBO auch die Ansprüche wegen vermeintlich unrichtiger Abfindung mit Besoldung, Bekleidung, Verpflegung usw. erfasst, die
früher mit der Beschwerde nicht durchsetzbar waren. Ebenfalls anwendbar ist
die WBO auf Beschwerden gegen einfache Disziplinarmaßnahmen, soweit
nicht in der WDO abweichend geregelt.

Die WBO ist von dem Grundsatz beherrscht, dem Soldaten das Beschwer- 20
derecht zu erleichtern. Die früher bestehende Möglichkeit, einen Soldaten
disziplinar zu maßregeln, wenn er gegen Verfahrensvorschriften des Beschwerderechts verstieß, ist beseitigt worden. Vielmehr enthält das Gesetz
heute das ausdrückliche Verbot, dass niemand dienstlich gemaßregelt oder
benachteiligt werden darf, weil seine Beschwerde nicht auf dem vorgeschriebenen Weg oder nicht fristgerecht eingelegt worden ist oder weil er eine
unbegründete Beschwerde erhoben hat. Die Einrichtung der Vermittlung ist
aus dem früheren Beschwerderecht übernommen, jedoch erheblich umgestaltet worden. Sie ist nicht nur auf Offiziere beschränkt, sondern steht den
Soldaten aller Dienstgrade in den Fällen offen, in denen eine persönliche
Kränkung den Anlass der Beschwerde bildet. Durch die Vermittlung ist die
Möglichkeit gegeben, unüberlegtes oder in Übereilung zugefügtes Unrecht
auszuräumen, ohne dass es einer formellen Beschwerde bedarf. Eine Pflicht
zur Vermittlung besteht nicht. Es bleibt dem einzelnen Soldaten überlassen,
ob er einen Vermittler anrufen will. Im Zusammenhang mit der Vermittlung
oder an deren Stelle kennt das Gesetz die Aussprache mit dem Betroffenen als
Mittel, in diesen Fällen einen Ausgleich herbeizuführen.

In truppendienstlichen Angelegenheiten (hierzu siehe Rn. 59 ff. und § 17 21
Rn. 48 ff.) sieht die WBO grundsätzlich drei Instanzen vor, die den Beschwerdegegenstand zu überprüfen haben. Darin liegt eine weitere bedeutsame Abweichung gegenüber früheren Regelungen. Damals konnte gegen
eine Beschwerdeentscheidung weitere Beschwerde bei dem nächsthöheren
Vorgesetzten und so fort bis zur höchsten Instanz eingelegt werden. Nach
geltendem Recht kann der Soldat nach erfolglos beschiedener Beschwerde
weitere Beschwerde einlegen und sodann Antrag auf gerichtliche Entscheidung stellen, wenn er eine Rechtsverletzung geltend macht (§ 17). Gegen die
Entscheidung des Truppendienstgerichts ist die Rechtsbeschwerde unter im

Einzelnen genannten Voraussetzungen (§ 22a Abs. 2) zugelassen, wird diese versagt, kann eine Nichtzulassungsbeschwerde (§ 22b) erhoben werden (Rn. 30). In Verwaltungsangelegenheiten (vgl. Rn. 66 ff. und § 23 Rn. 36 f.) hat der Soldat – dem allgemeinen verwaltungsrechtlichen Rechtsschutz entsprechend – nur die Beschwerde; ist sie erfolglos geblieben, kann er Klage zum Verwaltungsgericht erheben. Die nach früherem Recht zulässige Anrufung des Bundesministers der Verteidigung (§ 20 a. F.) nach Abschluss des Beschwerdeverfahrens ist durch das NOG beseitigt worden. Gleichwohl hat sich in den vergangenen Jahren, parallel zum und formell außerhalb des Beschwerderechts die Praxis etabliert, anstelle einer Beschwerde direkt eine Eingabe an die Bundesministerin der Verteidigung zu schreiben. In vielen Fällen durchaus erfolgreich, so dass sich dieses Instrument in Ausübung des Petitionsrechts aus Art 17 GG (siehe hierzu Rn. 126) bei den Soldatinnen und Soldaten wachsender Beliebtheit erfreut.

22   Für Beschwerden gegen einfache Disziplinarmaßnahmen enthält § 42 WDO einige vom Beschwerdeweg der WBO abweichende Bestimmungen. Gegen einen Disziplinararrest kann der Soldat nur Beschwerde einlegen, über die schon das Wehrdienstgericht entscheidet. Gegen alle anderen einfachen Disziplinarmaßnahmen kann der Soldat Beschwerde zum nächsthöheren Disziplinarvorgesetzten einlegen. Über die weitere Beschwerde entscheidet alsdann das Wehrdienstgericht. Das Gesetz sucht durch verschiedene Vorschriften auf eine schnelle Durchführung des Beschwerdeverfahrens hinzuwirken. Der Grundsatz der Beschleunigung kommt beispielsweise in den Vorschriften zum Ausdruck, die es dem Soldaten ermöglichen, nach Ablauf bestimmter Fristen und unter bestimmten Voraussetzungen Untätigkeitsbeschwerde oder einen auf Untätigkeit gestützten Antrag auf gerichtliche Entscheidung einzulegen (§§ 1 Abs. 2, 16 Abs. 2, 17 Abs. 1 Satz 2). Außerdem wird die Frist für die Einlegung einer Beschwerde nicht dadurch verlängert, dass ein Vermittler angerufen wird. Führt eine Vermittlung innerhalb der einmonatigen Beschwerdefrist nicht zum Erfolg, muss Beschwerde eingelegt werden, wenn der Soldat sein Beschwerderecht nicht verlieren will. Schließlich gewährleistet die in § 23a Abs. 2 Satz 2 enthaltene Verweisung auf die entsprechende Anwendung der §§ 198 ff. GVG dem Beschwerdeführer eine Entchädigung, wenn er durch eine unangemessene Dauer des Antragsverfahrens einen Nachteil erlitten hat.

23   Die Frist für die Einlegung der Beschwerde ist gegenüber dem früheren Recht verlängert worden. Sie beträgt einheitlich für die Beschwerde, weitere Beschwerde und den Antrag auf gerichtliche Entscheidung einen Monat. Wenn die WBO auch von dem Grundsatz beherrscht wird, dem Soldaten die Beschwerde zu erleichtern, muss jedoch verhindert werden, dass der militärische Dienst durch Beschwerden gestört oder beeinträchtigt wird. Aus diesem Grund hat die Beschwerde in truppendienstlichen Angelegenheiten keine aufschiebende Wirkung. Die Einlegung einer Beschwerde soll den Soldaten grundsätzlich nicht davon befreien, einen ihm erteilten Befehl auszuführen. Das gilt auch für den Antrag auf gerichtliche Entscheidung. Nur im Einzelfall kann der zuständige Vorgesetzte oder das Gericht die Ausführung des Befehls zunächst aussetzen. Bei einer Beschwerde in Verwaltungsangelegenheiten bleibt es dagegen bei dem allgemeinen verwaltungsrechtlichen Grundsatz, dass sie wie der Widerspruch (§ 80 Abs. 1 VwGO) aufschiebende Wirkung hat, außer bei Beschwerden im Zusammenhang mit Begründung, Umwandlung oder Beendigung eines Wehrdienstverhältnisses (§ 23 Abs. 6 S. 2).

Die Beschwerde gegen eine einfache Disziplinarmaßnahme hemmt grund- 24
sätzlich die Vollstreckung, wenn der Soldat sie vor Beginn der Vollstreckung
eingelegt hat. Die weitere Beschwerde hemmt die Vollstreckung dagegen
nicht mehr. Die gerichtlichen Entscheidungen über die Beschwerden in
truppendienstlichen Angelegenheiten sind den Truppendienstgerichten und
den Wehrdienstsenaten des Bundesverwaltungsgerichts übertragen (vgl. näher
Rn. 96 ff.). Die Vorschriften über die Gerichtsverfassung und die Organisation der Wehrdienstgerichte finden sich in der WDO; die WBO beschränkt
sich darauf, diesen Gerichten die Aufgaben auf dem Gebiet des Wehrbeschwerderechts zuzuweisen.

Die Truppendienstgerichte sind zuständig, soweit eine Entscheidung oder 25
Maßnahme eines Vorgesetzten oder einer Dienststelle der Bundeswehr mit
einem Antrag auf gerichtliche Entscheidung angefochten wird. Über Maß-
nahmen und Entscheidungen des BMVg sowie über Entscheidungen des
Generalinspekteurs über weitere Beschwerden entscheidet ausschließlich das
BVerwG. Gegen die Beschlüsse der Wehrdienstgerichte in Beschwerdeangelegenheiten können die Beteiligten des gerichtlichen Antragsverfahrens
Rechtsbeschwerde und Nichtzulassungsbeschwerde (§§ 22a, 22b) einlegen.
Um darüber hinaus eine einheitliche Rechtsprechung der Wehrdienstgerichte
zu gewährleisten, können die Truppendienstgerichte rechtliche Grundsatz-
fragen dem BVerwG zur Entscheidung vorlegen (§ 18 Abs. 4). Für die Rüge
der Verletzung des Anspruchs auf rechtliches Gehör verweist die WBO auf
die Bestimmung des § 152a VwGO (§ 23a Abs. 3).

III. Wesen, Bedeutung und Umfang des Beschwerderechts

1. Vorbemerkung

1.1. Rechtsform der Wehrbeschwerdeordnung. Die Wehrbeschwer- 26
deordnung ist neben der Wehrdisziplinarordnung das grundlegende Rechtsschutzgesetz für den Soldaten (Obermayer, DVBl 1957, 263). Sie garantiert
ihm in gesetzlich geregelter Form das Recht, sich gegen jede Beeinträchtigung seiner Rechtsposition zu beschweren und nach Ausschöpfung eines
innerdienstlichen Beschwerdeweges ein unabhängiges Gericht um eine Entscheidung anzurufen (Barth, Beschwerderecht, S. 93; Salzmann, S. 118; siehe
auch Rn. 4). Mit der Garantie gerichtlichen Rechtsschutzes hat die WBO
eine grundsätzlich andere Bedeutung als frühere Beschwerdeordnungen gewonnen. Die Festlegung von Zuständigkeiten der Wehrdienstgerichte wurde
zentraler Regelungsgegenstand des Wehrbeschwerderechts (Anfänge, Bd. 1
S. 855). Das Beschwerderecht des Soldaten und sein Petitionsrecht (hierzu
siehe Rn. 110) gehören zu den grundlegenden Rechten im Wehrdienstverhältnis. Eine militärische Beschwerdeordnung in als formelles Gesetz ist eine
bedeutsame Neuerung gegenüber den vor 1945 ergangenen Regelungen, die
allein auf Grund gesetzlicher Ermächtigung im Verordnungsweg von der
Exekutive erlassen wurden (vgl. § 11 des Wehrgesetzes vom 23.11.1921 –
RGBl. I S. 329; § 37 des Wehrgesetzes vom 22.5.1935 – RGBl. I S. 609).
Ein selbstständiges militärisches Verordnungsrecht gibt es heute nicht mehr.
Ein Rechtsverordnungsrecht der Exekutive existiert auch für den Bereich des
Wehrrechts nur noch im Rahmen des Art. 80 GG, setzt also eine gesetzliche
Ermächtigung voraus (Arnold, NZWehr 1966, 49; Hernekamp in

v. Münch/Kunig, GG, Art. 65a Rn. 4; Stern, II, S. 872; Deiseroth in Um-
bach/Clemens, GG, Art. 65a Rn. 61). Bei den engen verfassungsrechtlichen
Voraussetzungen, die Art. 80 GG für den Erlass von Rechtsverordnungen
vorschreibt, ist der Weg zu einer Wehrbeschwerdeordnung in Verordnungs-
form verschlossen (vgl. Maunz, in Maunz/Dürig, GG, Art. 80 Rn. 3; Jescheck, Befehl und Gehorsam, S. 67). Folgerichtig überlässt § 34 Satz 2 SG
die Ausgestaltung des militärischen Beschwerderechts einem Gesetz (dazu
Walz in Walz/Eichen/Sohm, SG, § 34 Rn. 6 ff.; Scherer/Alff/Poretschkin/
Lucks, SG, § 34 Rn. 2 ff.; siehe auch Ule, Beschwerderecht, S. 109 f.; Arnold, aaO; kritisch Wunderlich, NZWehrr 1965, 11).

27 1.2. Die staatsrechtliche Stellung der Bundeswehr. Eine Wehrbeschwerdeordnung in Form eines Gesetzes ist neben manchen anderen
Erscheinungsformen Ausdruck eines grundlegenden Wandels, der sich im
Verhältnis der Streitkräfte zu den Organen des Staates vollzogen hat (vgl. auch
die Ausführungen des Abgeordneten Mertens als Berichterstatter des Verteidigungsausschusses in Stenographische Berichte, Deutscher Bundestag, 2.
Wahlperiode, 181. Sitzung, vom 14.12.1956, S. 10035 C). Die Bundeswehr
ist heute nach ihrer politischen und staatsrechtlichen Einordnung in das
System des Rechtsstaates Teil der vollziehenden Gewalt mit der besonderen
Qualifikaiton als „Parlamentsheer", um auch dem Parlament rechtserhebli-
chen Einfluss auf Aufbau und Verwendung der Streitkräfte zu sichern (Ep-
ping, in Maunz/Dürig, GG, Art. 65a Rn. 12 f.; Frank, DVBl 1957, 150;
Busch, Oberbefehl, S. 107 ff.; Rauschning in v. Münch, VR, S. 234; kritisch
Lerche, Grundrechte, S. 454 ff.). Letzte verfassungsrechtliche Zweifel hieran
beseitigte die Verfassungsnovelle vom 19.3.1956 (BGBl. I S. 11), indem sie in
Art. 1 Abs. 3 GG das Wort „Verwaltung" durch die Worte „vollziehende
Gewalt" ersetzte (siehe auch Ipsen, BK, Art. 115b Rn. 46; zu der Frage, ob
die Streitkräfte innerhalb der vollziehenden Gewalt zur Verwaltung zu rechnen sind (so v. Unruh, VVDStL 26, 157, 167 ff.) oder aber in der Exekutive
eine selbstständige Stellung einnehmen siehe Quaritsch, VVDStL 26, 207,
211 ff.; auch Hartung, S. 51 ff.; Stern, II, S. 853; Rauschning, aaO, S. 237
und Mann, BMVg, S. 38). Aus der verfassungsrechtlichen Zuweisung zu
einer der drei Staatsgewalten folgt, dass auch die Bundeswehr sich von den
rechtsstaatlichen Grundsätzen leiten lassen muss, die in unserem Staatswesen
die vollziehende Gewalt beherrschen (Mann, DÖV 1960, 414; Schüle, S. 17;
vgl. auch Witte, Die Rechtsnatur der Streitkräfte und ihre Beeinflussung und
Kontrolle durch zivile Institutionen, Diss. Münster 1974). In der Erfüllung
ihrer Führungsaufgabe und ihres Verfassungsauftrages ist sie an Gesetz und
Recht gebunden (Deiseroth in Umbach/Clemens, GG, Art. 65a Rn. 59).

28 1.3. Die Zuordnung der Befehls- und Kommandogewalt. Mit der
staatrechtlichen Inkorporation der Bundeswehr ist das Verhältnis der bewaff-
neten Macht zu den Verfassungsorganen des Staates auf eine neue Grundlage
gestellt worden. Die Einbeziehung in den Bereich der Exekutive löste sie aus
ihrem früher staatsrechtlich und politisch weitgehend isolierten Eigenleben
und stellte sie neben die übrigen Funktionsträger der vollziehenden Gewalt
(Schwenck, WStR, S. 25; Wipfelder/Schwenck, Rn. 206 ff.; Stern, II,
S. 851, 858). In der verfassungsrechtlichen Neuorientierung der Streitkräfte
erhielt insbesondere die Zuordnung der Befehls- und Kommandogewalt über
die Streitkräfte zentrale Bedeutung (hierzu auch Ehrhardt; S. 79 ff.; Hartung,
S. 35 ff.; Mann, BMVg, S. 41; derselbe, FS de Maizière, S. 62; Busch,

NZWehrr 1976, 185). Die Regelung des Art. 65a GG hob die früher bestehende Einheit zwischen Staatsoberhaupt und Oberbefehlshaber auf und be-
zog die oberste militärische Führungsgewalt in der Hand eines der politischen
Richtlinienkompetenz des Bundeskanzlers unterworfenen zivilen Ministers
in den Kontroll- und Einflussbereich der Legislative ein (vgl. hierzu Epping,
in Maunz/Dürig, GG, Art. 65a Rn. 48; Ipsen, aaO, Rn. 48; Deiseroth in
Umbach/Clemens, GG, Art. 65a Rn. 46; Busch, Oberbefehl, S. 112 ff.; derselbe, Staat und Streitkräfte, S. 26; auch Salzmann, S. 80 ff.). Damit wurde
der historische Dualismus zwischen militärischer Kommandogewalt und poli-
tischer Leitung des Verteidigungsministeriums institutionell überwunden
(Busch, Verfassungsrechtliche Aspekte des Wehrrechts, in Texte und Studien
Zentrum Innere Führung, Heft 6/1981, S. 15, 21). An die Stelle einer Kontrolle in Form der Gegenzeichnung militärischer Akte des monarchischen
(hier bestand sogar nur eine Gegenzeichnungspflicht durch den Kriegsminis-
ter, soweit es sich um militärisch-administrative Akte handelte) oder später
präsidialen Oberbefehlshabers durch den jeweils verantwortlichen Minister
trat das klassisch-parlamentarische Kontrollsystem eines Rechtsstaates, das
durch den mit der Funktion eines Untersuchungsausschusses versehenen Verteidigungsausschuss, durch die Wehretatkontrolle des Art. 87a GG, den Par-
lamentsvorbehalt (BVerfGE 90, 286, 381 ff., 121, 135) sowie durch die
Institution des Wehrbeauftragten ergänzt wurde (Hahnenfeld, NJW 1963,
2145; Ullmann, S. 28; Barth, Beschwerderecht, S. 104).

2. Der Rechtsschutz der Soldatinnen und Soldaten

2.1. Die Rechtsstellung. Dem verfassungsrechtlichen Standort der Streit- **29**
kräfte entspricht eine neue Auffassung von der Rechtsstellung der Soldatinnen und Soldaten. Sie verbindet sich mit dem Leitbild vom „Staatsbürger in
Uniform", das mit der historisch belasteten Gegensätzlichkeit zwischen Bürger und Soldat gebrochen hat und den Soldaten in der Entfaltung seiner
persönlichen Rechte keiner Eigendynamik der Armee mehr unterwirft
(Barth, Beschwerderecht, S. 94; Lerche, Grundrechte, S. 450; Salzmann,
S. 149; Oetting, Beschwerderecht, S. 118; Busch, UBWV 1969, 50). Die
Bundeswehr ist Spiegelbild der allgemeinen Gesellschaft. Auch sie ist nicht
mehr ständisch-autoritär, sondern demokratisch-pluralistisch. Der Soldat ist
heute in die „Risikogemeinschaft des Staates" (Ullmann, S. 32) einbezogen.
Er hat die gleichen staatsbürgerlichen Rechte wie jeder andere Staatsbürger
(§ 6 SG), die nur nach Maßgabe der Erfordernisse des militärischen Dienstes
und nur durch seine gesetzlich begründeten Pflichten beschränkt werden
können (siehe auch Schriftlichen Bericht des Verteidigungsausschusses in
Stenographische Berichte, Deutscher Bundestag, 2. Wahlperiode, 181. Sitzung, vom 14.12.1956, S. 10 091; auch Hahnenfeld, NZWehrr 1976, 170).

Bei der Geltung der Grundrechte auch im militärischen Bereich (Art. 1 **30**
Abs. 3 GG) und der verfassungsrechtlichen Generalklausel des Art. 19
Abs. 4 GG ist der Gedanke des Rechtsstaates gegenüber dem Soldaten vor
allem dadurch verwirklicht, dass er gegen jede Beeinträchtigung seiner
Rechtsposition letztlich die Entscheidung eines unabhängigen Gerichts
herbeiführen kann (BVerwGE 63, 189 = NZWehrr 1979, 179 = ZBR
1980, 231; Barth, Beschwerderecht, S. 93; Salzmann, S. 93, 118, Karl
Meyer, DÖV 1954, 66; Lerche, DVBl 1954, 627; Schenke, JZ 1988, 317).
Das in Art. 19 Abs. 4 GG garantierte Grundrecht auf umfassenden Rechts-

schutz gegen Maßnahmen der vollziehenden Gewalt und gleichzeitig Gewaltenkontrolle durch unabhängige Gerichte sind damit auch für den Soldaten verschiedene Aspekte der gleichen verfassungsrechtlichen Grundentscheidung, nämlich die Rechte des Einzelnen gegen Eingriffe durch die öffentliche Gewalt zu sichern. Hierin liegt der entscheidende rechtsstaatliche Fortschritt gegenüber allen früheren Beschwerdeordnungen. Die gerichtliche Kontrolle über die militärische Machtäußerung auf ihre Vereinbarkeit mit Recht und Gesetz hat das Rechtsstaatsprinzip und das Prinzip der Gewaltenteilung auch im militärischen Bereich durchgesetzt. Der Soldat ist heute in ein Rechtsschutzsystem gestellt, das auch den bisher der rechtsprechenden Gewalt unerschlossen gebliebenen innerdienstlichen Bereich der zivilen richterlichen Kontrolle öffnet (zum Beschwerderecht in anderen europäischen Wehrrechtsordnungen siehe Nolte/Krieger, S. 28, 96 ff.; Nolte, NZWehrr 2005, 89, 96; Bachmann, GKÖD Yo, Vor § 1 Rn. 132 ff.).

31   **2.2. Selbstkontrolle und Fremdkontrolle.** Die verfassungsrechtliche Anerkennung der Rechtsweggarantie auch im militärischen Bereich umfasst begrifflich zunächst nur den Rechtsschutz des Soldaten im Sinne des allgemeinen Gerichtsschutzes. Diesem liegt nach Art. 19 Abs. 4 GG die Zusicherung zugrunde, dass die endgültige Entscheidung über die Rechtmäßigkeit einer hoheitlichen Maßnahme der rechtsprechenden Gewalt vorbehalten ist. Der Begriff des Rechtsschutzes muss jedoch in einem weiteren Sinne verstanden werden. Der gerichtlichen Kontrolle vorgeschaltet übt schon die vollziehende Gewalt eine ständige Selbstkontrolle im Wege der Dienstaufsicht aus. Ob und wie sie eingreift, steht in ihrem pflichtgemäßen Ermessen. Im Falle eines von der Exekutive festgestellten Mangels kann der Einzelne schon von Amts wegen klaglos gestellt werden. Der Anstoß zur Eigenkontrolle der Exekutive kann aber auch von dem Einzelnen ausgehen, indem er Einwendungen gegen Form oder Inhalt des Hoheitsaktes zunächst bei der Exekutive anbringt (Salzmann, S. 119; Oetting, Beschwerderecht, S. 14). Veranlasst durch Gegenvorstellungen oder förmliche Rechtsmittel wird dieser dadurch die Gelegenheit gegeben, ihre Maßnahme nochmals auf ihre Recht- und Zweckmäßigkeit zu überprüfen (Salzmann, ebenda). Erst wenn die innerdienstlichen Kontrollmöglichkeiten erschöpft sind, wird die Eigenkontrolle der Exekutive durch die Fremdkontrolle der Gerichte ersetzt, die nunmehr allein über die Rechtmäßigkeit der Maßnahme zu urteilen haben (Salzmann, S. 119).

3. Die Rechtsnatur des Beschwerderechts

32   **3.1. Die Individualbeschwerde.** Die Wehrbeschwerdeordnung verbindet die Rechtsschutzfunktion der Beschwerde und die durch sie ausgelöste Eigenkontrolle der Streitkräfte mit der Fremdkontrolle durch ein unabhängiges Gericht in einem vielfältig gestalteten Rechtssystem (vgl. auch Tetzlaff, S. 198). Nach dem Grundsatz des § 1 Abs. 1 Satz 1 WBO kann der Soldat sich beschweren, wenn er glaubt, von Vorgesetzten oder von Dienststellen der Bundeswehr unrichtig behandelt oder durch pflichtwidriges Verhalten von Kameraden verletzt zu sein. Die sehr weit gefasste beschwerderechtliche Generalklausel vermittelt dem Soldaten zunächst einen umfassenden individuellen Rechts- und Interessenschutzanspruch innerhalb seines Wehrdienstverhältnisses. Dieser Anspruch beschränkt sich nicht nur auf die Überprüfung der Rechtmäßigkeit einer Maßnahme, sondern erfasst darüber hinaus auch die Möglichkeit, die Zweckmäßigkeit einer dienstlichen Maßnahme, ja sogar militärischer Befehle, in Zweifel zu ziehen (Salzmann, S. 136; Oetting, Beschwerderecht S. 48 f.). In ihrer Ausgestaltung als „Individualbeschwerde" (Lerche, Grundrechte, S. 517) verhilft sie dem Soldaten zur Bereinigung von persönlichen Gegensätzen aus Meinungsverschiedenheiten, unverständlicher, vorschriftswidriger, ungerechter oder unwürdiger Behandlung, zur Abwehr persönlicher oder dienstlicher Beeinträchtigung durch Befehle, Erlasse, Vorschriften und Anordnungen sowie zur Rechtmäßigkeitsüberprüfung von Beschwerdeentscheidungen (vgl. auch BVerwGE 46, 209).

Rechtssystematisch ist das Wehrbeschwerderecht Teil des Wehrrechts als **33** Funktionsrecht im engeren Sinne (zu diesem Begriff siehe Schwenck, Rechtsordnung, S. 3) und gehört innerhalb dieser Zuordnung zum Wehrverwaltungsrecht (so auch Barth, NZWehr 1965, 97). Aufgrund der Vielfalt aller denkbaren Beschwerdefälle entzieht es sich – ähnlich dem allgemeinen Verwaltungsrecht und dem materiellen Disziplinarrecht – einer erschöpfenden tatbestandsmäßigen Normierung, weshalb der Generalklausel des § 1 Abs. 1 S. 1 so umfassende Bedeutung zukommt.

3.2. Die Verfahrensbeteiligten. Das Beschwerdeverfahren ist kein **34** **Parteiverfahren** in dem Sinne, dass sich Beschwerdeführer und Betroffener als streitige Verfahrensbeteiligte gegenüberstehen (BDHE 6, 185, 187 = NZWehrr 1962, 66, 68). Die WBO hat daher auch den Begriff des „Beschwerdegegners" vermieden, denn derjenige, gegen den sich die Beschwerde richtet, ist nicht Partei des Verfahrens (siehe auch Begr. S. 10); ihn bezeichnet das Gesetz (§ 4 Abs. 3 Satz 3) als Betroffenen. Partei des Beschwerdeverfahrens ist grundsätzlich nur der Beschwerdeführer, der sich gegen eine Beeinträchtigung seiner Rechte durch die öffentliche Gewalt zur Wehr setzen will (zur Kameradenbeschwerde vgl. unten Rn. 42; zur Funktionsbeschwerde siehe Rn. 44a; zum Sonderfall der Rechtsbeschwerde § 22a Rn. 15 und Bachmann, GKÖD Yo, Vor § 1 Rn. 24).

3.3. Die Organbeschwerde. In dieser verfahrensrechtlichen Ausgestal- **35** tung erhält die Beschwerde gegen eine unrichtige Behandlung durch Vorgesetzte oder Dienststellen der Bundeswehr den Charakter einer Organbeschwerde; sie richtet sich nicht gegen das persönliche Verhalten eines einzelnen Vorgesetzten, sondern gegen die durch ihn verkörperte öffentliche Gewalt und die somit letztlich von ihr erlassene Maßnahme. Für die organschaftliche Stellung des Vorgesetzten macht es keinen Unterschied, ob seine unrichtige Behandlung in einer nur unzweckmäßigen Maßnahme liegt oder ob sie sich als eine Pflichtverletzung gegenüber dem Beschwerdeführer darstellt. Die unrichtige Behandlung in Form einer Pflichtwidrigkeit weist zwar ein ungleich größeres personales Element auf als eine vom Beschwerdeführer nur für unzweckmäßig gehaltene Maßnahme. Entscheidend für den Charakter der Organbeschwerde bleibt jedoch auch hier, dass die unrichtige Behandlung im weitesten Sinne stets auf Grund des Vorgesetztenverhältnisses entstanden ist, das wiederum nur eine besonders intensive Ausgestaltung des Sonderstatusverhältnisses eines Soldaten ist (vgl. Salzmann, S. 136).

3.4. Die Kameradenbeschwerde. Die gegensätzliche Beziehung zwi- **36** schen dem Einzelnen und der hoheitlichen Gewalt, wie sie in dem Charakter der Organbeschwerde zum Ausdruck kommt, ist für den Bereich des militärischen Beschwerderechts indes durch die Kameradenbeschwerde unterbrochen. Mit der Beschwerde wegen eines pflichtwidrigen Verhaltens eines Kameraden wendet sich der Beschwerdeführer gegen ein aus dem Verhältnis der Gleichordnung herrührendes Verhalten, durch das er in seinen Rechten verletzt zu sein glaubt. Mit dem von ihm gerügten Verstoß gegen die Kameradschaftspflicht (§ 12 SG) behauptet er jedoch nicht nur eine eigene Rechtsverletzung, sondern zeigt zugleich auf, dass der Betroffene den „Zusammenhalt der Bundeswehr" gefährdet habe. Die Kameradenbeschwerde ist daher nicht nur Rechtschutzbehelf für den Beschwerdeführer, sondern dogmatisch auch die Anzeige eines Dienstvergehens, durch die die Vorgesetzten dazu angehalten sind, den gestörten Zusammenhalt in der Truppe wieder herzustellen (BVerwG NZWehrr 1979, 179 = ZBR 1981, 350, 351) und damit gleichsam Anstoß des Beschwerdeführers zur Ausübung der Disziplinargewalt gegenüber dem Kameraden (BVerwGE 63, 204).

37 In dieser Doppelfunktion entzieht sich die Kameradenbeschwerde der Zuordnung zur Organbeschwerde. Sie ist eine Beschwerde eigener Art, die als Rechtsschutzbehelf durch Art. 19 Abs. 4 GG innerhalb des Wehrdienstverhältnisses nicht zwingend geboten ist und die als Initiative zur Ahndung eines Dienstvergehens unschwer durch eine Meldung hätte ersetzt werden können. Dass sie rechtspolitisch gleichwohl ihre Bedeutung hat, zeigt die Konzeption der WBO, durch die Generalklausel des § 1 Abs. 1 Satz 1 dem Soldaten gegen jede vermeintliche Beeinträchtigung seiner Rechte eine Rechtsschutzmöglichkeit zu geben. Die Befriedigung seines Rechtsschutzinteresses tritt nur im Verhältnis des Beschwerdeführers zu der mit der Beschwerde angerufenen Instanz ein. Insoweit bleibt auch im Bereich der Kameradenbeschwerde allein der Beschwerdeführer Verfahrenspartei, nicht aber auch der Kamerad, gegen den sich die Beschwerde richtet. Da der Beschwerdeführer mit der Kameradenbeschwerde nicht Rechte geltend macht, die auf dem Verhältnis der besonderen militärischen Über-Unterordnung beruhen, er sich auch nicht gegen dienstliche Maßnahmen oder Unterlassungen wendet, steht ihm nach erfolglos beschrittenem Beschwerdeweg folgerichtig auch kein Rechtsschutz durch ein Wehrdienstgericht zu (vgl. § 17 Rn. 12).

38 **3.5. Mittel der Selbstkontrolle.** Neben ihrer Funktion als „Individualbeschwerde" gibt die Beschwerde auch den Anstoß zur Selbstkontrolle der Streitkräfte. In einigen Werken, wie auch in den Vorauflagen, wird diese Funktion irreführend als „Anstoßbeschwerde" bezeichnet (Barth, Beschwerderecht, S 101; Lerche, Grundrechte, S. 517; Oetting, Beschwerderecht, S. 14 f.). Diese Bezeichnung legt indes nahe, dass es sich um eine eigene Art der Beschwerde handelt. Dies ist nicht der Fall, da die WBO insoweit einem strengen numerus clauses der Beschwerdearten folgt. Dennoch kann eine Beschwerde auch ordnenden Charakter haben (dazu auch Oetting, Beschwerderecht, S. 14 f.). Dies zeigt sich in einer Reihe von Bestimmungen, wie etwa der Pflicht des Vorgesetzten zur Behebung festgestellter Mängel auch für den Fall, dass die Beschwerde zurückgenommen (§ 8 Abs. 2) oder als unzulässig zurückgewiesen wird (§ 12 Abs. 3 Satz 2). Gleiches gilt für die Pflicht, die Untersuchung einer Beschwerde stets darauf zu erstrecken, ob mangelnde Dienstaufsicht oder sonstige Mängel im dienstlichen Bereich vorliegen (§ 14) sowie im Falle des § 13 Abs. 1 Satz 3 und 4, wonach bei bereits ausgeführten unzulässigen oder unsachgemäßen Befehlen, Maßnahmen oder

Unterlassungen auszusprechen ist, dass sie nicht hätten ergehen oder geschehen dürfen (zum Vorstehenden vgl. Oetting, Beschwerderecht, S. 14; Barth, Beschwerderecht, S. 101). Schließlich ist unabhängig von dem mit der Beschwerde verfolgten Rechtsschutzzweck nach Maßgabe der WDO zu verfahren, wenn die Aufklärung des Sachverhalts ein Dienstvergehen zu Tage gebracht hat (§ 13 Abs. 2 Satz 1).

3.6. Die Funktionsbeschwerde der Vertrauensperson. Mit der durch 39 das SBG eingeführten Zuerkennung eines eigenen Beschwerderechts für die Vertrauensperson (§ 1 Abs. 1 Satz 2 WBO i. Vbg. m. § 17 SBG) hat der Gesetzgeber das militärische Beschwerderecht um eine neue Rechtsschutzgarantie erweitert (zum Rechtsweg siehe § 1 Rn. 207). Es handelt sich um eine Funktionsbeschwerde, die dem Soldaten ausschließlich zum Schutz seiner Beteiligungsrechte als gewählte Vertrauensperson eingeräumt worden ist und nimmt insoweit eine Sonderstellung in der WBO ein, die den Individualrechtsschutz des Soldaten im Fokus hat. Als Funktionsrecht ist diese Beschwerde ein Komplimentärrecht zu den Beteiligungsrechten der Vertrauensperson mit dem Ziel, sie in der Wahrnehmung ihrer Aufgaben zu stärken und gegen Behinderungen oder Benachteiligungen ihrer Tätigkeit zu sichern. Damit hat die Vertrauensperson eine ungleich stärkere Stellung in der Wahrung und Durchsetzung ihrer funktionsbezogenen Rechte und Interessen erhalten als jeder Vorgesetzte, dem bei aller gesetzlich garantierten Selbstständigkeit (vgl. § 31 Abs. 1 WDO) gegenüber einer Beeinträchtigung seiner dienstlichen Befugnisse ein Rückgriff auf das Beschwerderecht versagt ist.

4. Die rechtspolitische Funktion des Beschwerderechts

4.1. Bedeutung für die innere Ordnung der Streitkräfte. Das Ver- 40 trauen in die militärische Ordnung und die Integrität der Vorgesetzten wird durch Missbrauch der Befehlsbefugnis ebenso wie durch unkameradschaftliches Verhalten erschüttert. Entsprechenden durch die Beschwerde eines Soldaten zu Tage geförderten Missständen nachzugehen und erkannte Mängel abzustellen ist daher ureigenes Interesse der Streitkräfte, um schwerwiegende Folgen für die Einsatzbereitschaft der Bundeswehr in der Erfüllung ihres Verfassungsauftrages abzuwenden (Lerche, Grundrechte, S. 517; Barth, Beschwerderecht, S. 104 f.; Oetting, Beschwerderecht, S. 16).

4.2. Bedeutung für das Rechtsverständnis und für die Grundlagen 41 **der Inneren Führung.** Der Doppelcharakter der Beschwerde offenbart zugleich auch das Verhältnis der Bundeswehr und des Soldaten zum Recht und zu den Grundlagen der Inneren Führung als Grundkonzept für die innere Ordnung der Bundeswehr und ihre Einbindung in Staat und Gesellschaft (dazu auch Tetzlaff, S. 198). Der Integrationsprozess der Bundeswehr in einen demokratisch-parlamentarischen Rechtsstaat ist seit langem abgeschlossen, die Bundeswehr bildet heute mit den Bürgern eine verlässliche „Haftungsgemeinschaft für den Frieden" (Jürgen Brandt in „Soldat und Gesellschaft", Schriftenreihe Innere Führung, Heft 4/81, S. 35). Sie ist im öffentlichen Meinungsbild anerkannt und stößt auch nach Übernahme neuer Aufgaben im Rahmen internationaler Konfliktverhütung und Krisenbewältigung einschließlich des Kampfes gegen den internationalen Terrorismus auf breite Zustimmung in der Bevölkerung, wenngleich durch die Aussetzung der Wehrpflicht ein wesentliches Bindeglied zwischen Bundeswehr und Bevölkerung abhanden gekommen ist. Die Streitkräfte können indes der gesellschaftlichen Zustimmung nur sicher sein, wenn es ihnen gelingt, die Bedingungen für die Erfüllung ihres Auftrages und ihre staatliche Legitimation transparent zu machen. Dies ist nicht nur eine politische Aufgabe, sondern Auftrag an jeden Vorgesetzten. Er umschließt insbesondere auch jenen Teilaspekt der Inneren Führung, der im Rechtsschutzsystem der Streitkräfte den rechtsstaatlichen Schutz der Einzelpersönlichkeit, auch im besonderen Dienstverhältnis des Soldaten, gewährleistet. Die für den Auftrag der Streitkräfte notwendige Integration des Soldaten in die militärische Gemeinschaft und ihr besonderes Rechten- und Pflichtensystem muss dem gesellschaftlichen Anspruch der Bundeswehr genügen, dass der Soldat auch mit dem Eintritt in das Wehrdienstverhältnis mündiger Bürger bleibt, der seiner Freiheit und seiner Rechte gewiss sein darf (vgl. § 6 SG). Die Notwendigkeiten des militärischen Dienstes werden umso mehr auf das Verständnis und die innere Zustimmung des Soldaten stoßen, als ihm selbst die Durchsetzung seiner Rechte erleichtert und garantiert wird (siehe Schriftlicher Bericht des Verteidigungsausschusses vom 14.12.1956, in Stenographische Berichte, Deutscher Bundestag, 2. Wahlperiode, 181. Sitzung). Der rechtliche Rahmen ist der Bundeswehr und dem einzelnen Soldaten mit der Wehrbeschwerdeordnung vorgegeben. Ob und wie die Bundeswehr ihrer Verpflichtung folgt, durch ein Beschwerdeverfahren aufgedeckte Fehler und Mängel zu erkennen, Schäden zu beseitigen und dem Soldaten seine staatsbürgerlichen Rechte zu sichern, ist zuverlässiger Gradmesser für die innere Ordnung der Streitkräfte. Die wachsende Zahl von Petitionen und deren Bearbeitung im Rahmen sog. „Buntkreuze" (vgl. Scherer/Alff/Poretschkin/Lucks, SG, § 34, Rn. 6) spricht eher dafür, dass in letzter Zeit die „klassische" Beschwerde nach der WBO vielen nicht mehr als adäquates Mittel der Beseitigung von Missständen in der Truppe gilt. Die folgenden, einem alten Kriegsschulleitfaden über Heerwesen und Heereskunde entnommenen Sätze haben auch heute noch ihre Bedeutung: „Beschwerden sprechen nicht für die inneren Zustände einer Truppe; begründete Beschwerden gegen Vorgesetzte beweisen mindestens die Verletzung der Untergebenen durch die Vorgesetzten; Beschwerden der Mannschaft über Kameraden eine unzulängliche Kameradschaft; unbegründete Beschwerden eine mangelnde Erziehung der Untergebenen" (abgedr. bei Dietz, BO, S. 57).

42   **4.3. Wahrnehmung des Beschwerderechts durch den Soldaten.** In der Wahrnehmung seiner Rechte aus der WBO zeigt andererseits der Soldat, ob er von seinem Beschwerderecht einen sinnvollen Gebrauch zu machen versteht. Das Beschwerderecht wird inhaltslos, wenn der Soldat seine Anwendung, aus welchen Gründen auch immer, scheut (zu den Motiven vgl. im Einzelnen Oetting, Beschwerderecht, S. 150 ff.). Hierzu hat der Bundesminister der Verteidigung in einem Erlass vom 31.1.1964 (Wehrbeschwerdeordnung, Schriftenreihe Innere Führung, Heft 7/1980, S. 14) folgendes festgestellt: „Der Verzicht auf Beschwerde..: offenbart einen falschen Begriff des Korpsgeistes und der Kameradschaft. Er lässt auf grundlegende Erziehungsfehler und mangelndes Vertrauen..: schließen. Jeder Vorgesetzte muss..: ein Interesse daran haben, dass Soldaten von ihrem Beschwerderecht Gebrauch machen, weil rechtzeitige Beschwerde erzieherisches Eingreifen ermöglicht, solange Fehler und Schäden noch gering sind".

43   Die Bedeutung, die das Beschwerderecht damit im innerdienstlichen Bereich hat, folgt im Wesentlichen aus der besonderen rechtlichen Gestaltung des

Vorgesetzten – Untergebenenverhältnisses. Insoweit erweist sich der Rechtsschutzcharakter der Beschwerde als wirksames Korrelat gegenüber der umfassenden Gehorsamspflicht des Untergebenen. Die Effektivität militärischen Handelns verlangt die unverzügliche, regelmäßig durch keine Gegenvorstellungen verzögerte Ausführung eines Befehls (siehe Schwenck, WStR, S. 93 f.; derselbe, Gegenvorstellung, S. 501 f., 507 f.). Das Beschwerderecht bezieht sich grundsätzlich (§ 3 Abs. 2, § 17 Abs. 6) auf bereits getroffene Maßnahmen. Auf laufende Entscheidungsprozesse vermag der Soldat mit der Beschwerde keinen Einfluss zu nehmen (Richter, Partizipation, S. 60). Es bleibt dem Untergebenen daher grundsätzlich nur die Möglichkeit, seine Bedenken gegen einen Befehl in Form der Beschwerde vorzubringen und eine Überprüfung durch einen höheren Vorgesetzten zu verlangen. Auf den Vollzug des Befehls ist die Einlegung der Beschwerde jedoch – vorbehaltlich der Unverbindlichkeit – ohne Einfluss (§ 3 WBO). Der Soldat kann vor Ausführung des Befehls nicht im Einzelnen prüfen, ob der Befehl für ihn verbindlich ist. Erwiese sich seine Entscheidung gegen den Befehl als unrichtig, könnte dieses für ihn erhebliche Konsequenzen zur Folge haben (vgl. Arndt, NZWehrr 1960, 145). Denn die irrige Annahme, ein Befehl sei unverbindlich, befreit den Soldaten nicht von seiner Gehorsamspflicht (§ 11 Abs. 1 Satz 3 SG); ihn trifft das Risiko des Ungehorsams verglichen mit anderen Hoheitsträgern ungleich härter, da er bei Vorliegen der Tatbestandsvoraussetzungen der §§ 19 bis 21 WStG nicht nur disziplinares, sondern auch strafrechtliches Unrecht begeht.

Hierin liegt letztlich der Grund für die gegenüber dem Beamtenrecht **44** umfangreichere Ausgestaltung des militärischen Beschwerderechts, vor allem aber auch die Rechtfertigung dafür, dass im Rahmen des § 17 Abs. 1 WBO die Pflichten des Vorgesetzten zu einklagbaren Reflexrechten erhoben sind. Sicherlich spielt auch die Erwägung eine Rolle, dass in einer notwendigerweise straff geführten militärischen Organisation häufiger Spannungen auftreten, die die Rechte des Soldaten gefährden können. Entscheidend für die Ausgestaltung des militärischen Beschwerderechts in einer besonderen Verfahrensordnung gegenüber dem formlosen Dienstaufsichtsbeschwerderecht des Beamten (vgl. § 125 BBG) ist jedoch, dass im Soldatenrecht die Verantwortung für den Befehl in rechtlicher und militärischer Hinsicht der befehlende Vorgesetzte, nicht der gehorchende Soldat trägt (vgl. auch Schwenck, WStR, S. 76 f., 92 f.). Diesen trifft nur dann eine Schuld, wenn er erkennt oder es nach den ihm bekannten Umständen offensichtlich ist, dass er bei Befolgung des Befehls ein Verbrechen oder Vergehen begehe (§ 11 Abs. 2 Satz 2 SG). Im Beamtenrecht dagegen hat der Beamte für die Rechtmäßigkeit seiner dienstlichen Handlungen die volle persönliche Verantwortung zu tragen (§ 63 Abs. 1 BBG; siehe im Übrigen § 1 Rn. 178 ff.).

4.4. Missbrauch des Beschwerderechts. Bei der kritischen Grundein- **45** stellung, die vielfach immer bestimmender für das Verhältnis des Einzelnen zum Staat geworden ist, reagiert auch der Soldat empfindlicher als früher gegen jede selbst vermeintliche Beschränkung seiner persönlichen Rechte. Vor allem der Wunsch nach einem Höchstmaß persönlicher Freiheit führt häufig zu einer vermeintlich schrankenlosen Ausübung des Beschwerderechts. Zwar gilt der Grundsatz der Beschwerdefreiheit uneingeschränkt, d. h. dem einzelnen Soldaten steht es frei, ob er Beschwerde einlegen will, wenn er glaubt, dass ihm Unrecht geschehen sei. Die Entscheidung, ob er sich beschweren will, trifft jeder Soldat in eigener Verantwortung (BVerwGE 46,

209 1. Leitsatz; BVerwG 1 WB 21/82 vom 7.4.1983, JurionRS 1983, 18114
Rn. 13). Ein sinnloser Gebrauch des Beschwerderechts zeigt aber mangelndes
Verständnis für das ausgewogene Verhältnis von Rechten und Pflichten,
Freiheit und Ordnung oder ist Indiz einer mangelhaften Ausbildung über
Sinn und Zweck der Wehrbeschwerde. Wenn die Ausübung des Beschwer-
rechts von dem Gedanken geleitet wird, die Berechtigung staatlichen Handelns nicht an den Maßstäben des Rechts, sondern allein an dem Ausmaß des
Nutzens für den Einzelnen zu messen, verliert die Beschwerde ihre Rechts-
schutz- und Kontrollfunktion und dient allein der Befriedigung eigennütziger
Bedürfnisse. Es gibt keine gesetzliche Grundlage, um eine Beschwerde wegen
offenkundigen Missbrauchs des Beschwerderechts ohne Sachprüfung zurückzuweisen. Im gerichtlichen Antragsverfahren hat ein offensichtlich unzulässiger oder offensichtlich unbegründeter Antrag allenfalls eine dem Beschwerdeführer nachteilige Kostenfolge (§ 20 Abs. 2). Vor einer nicht sachgerechten
Erledigung einer Beschwerde schützt § 35 Abs. 2 WStG.

5. Inhalt und Grenzen der beschwerderechtlichen Generalklausel

46   **5.1. Sonderstatusverhältnis.** In dem Sonderstatusverhältnis des Wehrdienstes begegnen sich zwei verschiedene rechtliche Erscheinungsformen der
Zuordnung des Soldaten zum Staat. So fand bislang im Anschluss an die
Lehre von Ule (VVDStL 15, 150 ff.) auch für das Wehrdienstverhältnis eine
Unterscheidung des Grund- und des Betriebsverhältnis statt. Das Grundver-
hältnis beziehe sich auf die Zugehörigkeit des Soldaten zum Sonderstatusverhältnis des Wehrdienstes. Anordnungen und Maßnahmen, die diese Zugehörigkeit betreffen, also z.B. Begründung und Beendigung des Wehrdienstverhältnisses, Statusänderung, aber auch Verletzung der allgemeinen
dem Dienstherrn obliegenden Fürsorgepflicht, greifen in die spezifische
Rechtsstellung des Einzelnen als Soldat ein.

47   Das Betriebsverhältnis dagegen umfasse alle Beziehungen, die im Rahmen
des Zugehörigkeitsverhältnisses zwischen Staat und Soldat bestünden und die
für den Soldaten aus der Struktur und der Aufgabe des militärischen Dienstes
bestimmt werden. Anordnungen und Maßnahmen des Betriebsverhältnisses
dienten demnach der Aufrechterhaltung der soldatischen Ordnung innerhalb
des Wehrdienstverhältnisses und sichertenn gleichzeitig die Funktionsfähigkeit der Bundeswehr für ihren Verfassungsauftrag (Obermayer, Verwaltungsakt, S. 107). Im Betriebsverhältnis sei vor allem die besondere militärische
Über-Unterordnung angesprochen, in der die Befehls- und Kommandogewalt ihre Eigengesetzlichkeit entfaltet. Als wehrdienstliche Eigentümlichkeit
zählten hierzu aber auch alle Verhaltensweisen, die sich aus dem Verhältnis
der der Befehlsbefugnis Unterworfenen zueinander ergeben (vgl. Rn. 42).
Diese Lehre gilt mittlerweile als veraltet, zumal es ihres typisierenden Lö-
sungsansatzes nicht mehr bedarf (vgl. Schmit-Aßmann, in Maunz/Dürig,
GG, Art. 19 Rn. 86). Für das Wehrbeschwerderecht stellt sich dieses Problem
gleichwohl nicht. Die beschwerderechtliche Generalklausel des § 1 Abs. 1
Satz 1 umfasst alle möglichen Verhaltensweisen und staatlichen Machtäuße-
rungen, die dem Soldaten Anlass zu einer Beschwerde geben können. Im
Grundtatbestand des § 1 Abs. 1 Satz 1 sind alle Beschwerdearten enthalten,
die der differenzierten Rechtsposition entsprechen, in der sich der Soldat im
Wehrdienstverhältnis gegenüber dem Staat befindet.

Nicht zu den mit der Beschwerde durchsetzbaren Ansprüchen gehören **48** bürgerlich-rechtliche Streitigkeiten, z. B. aus Kauf- oder Mietverträgen oder aus unerlaubter Handlung. Zu ihrer Geltendmachung ist die Beschwerde unstatthaft. Gleiches gilt für allgemeine Schadensersatzansprüche gegen den Dienstherrn. Für die Entscheidung von bürgerlich-rechtlichen Streitigkeiten sind ohne ein Vorverfahren die ordentlichen Gerichte zuständig (§ 13 GVG; vgl. auch § 23 Rn. 22).

5.2. Die Beschwerdearten. 5.2.1. Vorbemerkung. Nach dem Gegen- **49** stand der Beschwerde sind folgende Beschwerdearten zu unterscheiden (vgl. auch Hahnenfeld, NZWehr 1980, 120, 123; Bachmann, NZWehr 2004, 45 ff., unterscheidet nach Maßnahme- und Verhaltensbeschwerde):
- Beschwerde in truppendienstlichen Angelegenheiten (truppendienstliche Beschwerde);
- Beschwerde in Verwaltungsangelegenheiten (Verwaltungsbeschwerde);
- Disziplinarbeschwerde.

Nur die truppendienstliche Beschwerde hat in § 34 SG eine gesetzliche **50** Bestandsgarantie (BVerwGE 73, 208, 209 = ZBR 1983, 74; auch Becker, RiA 1985, 104, 108; a. A. Walz in Walz/Eichen/Sohm, SG, § 34 Rn. 7; Weniger, SG, § 34 Rn. 7; vgl. auch Scherer/Alff/Poretschkin/Lucks, SG, § 34 Rn. 2). Die Verwaltungsbeschwerde bedurfte dieser gesetzlichen Absicherung innerhalb des Wehrrechts nicht, weil sie schon Bestandteil des für jeden Bürger geltenden und aus dem allgemeinen Verwaltungsprozessrecht folgenden Vorverfahrens ist. Für die Disziplinarbeschwerde gelten nach Maßgabe der WDO die Vorschriften der WBO (§ 42 WDO).

Die rechtliche Zuordnung einer Beschwerde zu einer der drei Beschwerde- **51** arten ist für das Wehrbeschwerderecht ein zentrales Problem. Sie entscheidet nicht nur, wer als entscheidungsbefugte Beschwerdestelle den Gegenstand der Beschwerde zu beurteilen hat (§ 9 Abs. 1), sie gibt vor allem Antwort auf die Frage, auf welchen Rechtsweg der Soldat verwiesen werden muss, wenn seine Beschwerde erfolglos geblieben ist. Ursache dieser Fragestellung ist die wehrbeschwerderechtliche Eigentümlichkeit, dass sich Beschwerdeweg und Rechtsweg nicht decken. Schwierigkeiten ergeben sich vor allem dann, wenn zu unterscheiden ist, ob eine Beschwerde als truppendienstliche Beschwerde oder als Verwaltungsbeschwerde anzusehen ist und in welchen Rechtsweg mithin das Beschwerdeverfahren einmündet (vgl. auch Maiwald, FS Fürst, S. 236 ff.). Während der Grundtatbestand des § 1 Abs. 1 Satz 1 WBO alle denkbaren Beschwerdearten enthält, bestimmt § 82 Abs. 1 SG, dass für Klagen aus dem Wehrdienstverhältnis der Verwaltungsrechtsweg gegeben ist, soweit nicht das Gesetz einen anderen Rechtsweg vorschreibt. Diesen anderen Rechtsweg sieht § 17 Abs. 1 und 3 WBO vor, wenn ein Antrag auf gerichtliche Entscheidung auf Rechts- oder Pflichtverletzungen von Vorgesetzten dem Soldaten gegenüber gestützt wird, die in bestimmten Vorschriften des Soldatengesetzes begründet sind (§ 17 Abs. 1 Satz 1 WBO). Für den Disziplinarvorgesetzten, der über die Beschwerde zu entscheiden und den Beschwerdeführer über die nächst zulässigen Rechtsbehelf belehren muss, ergeben sich bei dieser Gesetzeslage im Einzelfall Zweifel (siehe hierzu auch v. Lepel, NZWehr 1980, 1; Scherer/Alff/Poretschkin/Lucks, SG, § 82 Rn. 10; kritisch Lingens, DVBl 1988, 426; derselbe, NZWehr 1995, 207). Die für das Beamtenverhältnis maßgebliche oftmals bemühte Unterscheidung zwischen Grund- und Betriebsverhältnis (vgl. Rn. 51 ff.) hilft für die Kategorisierung der Wehrbeschwerde nicht weiter. Insbesondere richten sich die Kriterien für die Zuweisung des Rechtsweges nicht danach, ob eine Maßnahme einer dieser beiden Kategorien zuzuordnen ist. Entscheidend ist vielmehr der sachliche Inhalt des Beschwerdevorbringens (BVerwGE 53, 261 = NZWehrr 1978, 103), die wahre Natur des geltend gemachten Anspruchs sowie die begehrte Rechtsfolge (BverwGE 86, 166 = NZWehrr 1990, 32). **Maßnahmen, die auf dem besonderen, durch Befehl und Gehorsam gekennzeichneten Über-Unterordnungsverhältnis beruhen, sind truppendienstlicher Natur und durch die Wehrdienstgerichte nachprüfbar; die auf dem Verhältnis des Soldaten zu seinem Dienstherrn beruhenden Maßnahmen sind Verwaltungsangelegenheiten und unterliegen der Kontrolle der Verwaltungsgerichte.** Die Praxis, vor allem aber die Rechtsprechung der Wehrdienstgerichte, zeigt indes, dass die Grenzen fließend sind (siehe Maiwald, FS Fürst, S. 236 ff.; v. Lepel, aaO, S. 3 ff.; kritisch vor allem Lingens in „Wehrrecht", Texte und Studien Zentrum Innere Führung, Heft 6/1981, S. 115 ff.; Becker, RiA 1985, 104, 109; auch § 23 Rn. 24). Maßgebliches Unterscheidungsmerkmal sind vielfach Zweckmäßigkeitsgesichtspunkte und Sachnähe wehrdienstgerichtlicher Entscheidungskompetenz (siehe auch § 138 Abs. 1 WDO) – rechtspolitisch sicherlich keine überzeugende Lösung. Kritisch ist diese Situation auch vor dem Hintergrund bereits andernorts geäußerter verfassungsrechtlicher Bedenken im Hinblick auf die Rechtsweggarantie nach Art. 19 Abs. 4 S. 1 GG (hierzu Lingens, BWV 1992, m. Nachw.; derselbe, DVBl 1988, 426; vgl. auch Walz in Walz/Eichen/Sohm, SG, § 82 Rn. 25 f.). Insbesondere die gegenwärtige Struktur der Bundeswehr mit der immer weiter wachsenden Bedeutung ziviler Dienststellen, wie etwa dem BAPersBw, stellen die bisher definierten Abgrenzungskriterien in Frage, auch wenn das BVerwG im Zuge einer historischen Auslegung des § 17 Abs. 1 S. 1 WBO hieran festzuhalten sucht und dies nicht zuletzt ergebnisorientiert mit der höheren Fachkompetenz der militärischen Fachbeisitzer im Vergleich zu den Verwaltungsgerichten begründet (BVerwG 1 WDS-VR 6.12 u. 7.12 vom 26.10.2012, juris Rn. 30; kritisch auch Scherer/Alff/Poretschkin/Lucks, SG, § 82 Rn. 13a). In Zweifelsfällen ist daher mit der Verwaltungsbeschwerde dem Rechtsweg zum Verwaltungsgericht der Vorzug zu geben, der Begriff der truppendienstlichen Maßnahme mithin eng auszulegen (so zutreffend Maiwald, aaO, S. 238). Beispielsweise sind Beschwerden gegen die Verpflichtung zur Teilnahme an der Truppenverpflegung oder zum Wohnen in der Gemeinschaftsunterkunft oder gegen die Ablehnung eines Urlaubsantrages truppendienstlicher Natur, während der Anspruch auf Truppenverpflegung, amtliche Unterkunft oder auf finanziellen Ausgleich von Urlaub nur mit einer Verwaltungsbeschwerde durchgesetzt werden kann. Die Abgrenzung von truppendienstlicher Beschwerde zur Beschwerde in Verwaltungsangelegenheiten ist – will man zu vertretbaren Ergebnissen gelangen – auf die wahre Natur des geltend gemachten Anspruchs und auf die begehrte Rechtsfolge abzustellen (so insbesondere die Wehrdienstsenate; vgl. BVerwG NZWehrr 1974, 73, 74; 1981, 229, 230 = ZBR 1982, 95, BVerwG NZWehrr 2013, 34, 35 jeweils m. w. Nachw.; auch Scherer/Alff/Poretschkin/Lucks, SG, § 82 Rn. 12; Walz, aaO, Rn. 25 und hier § 17 Rn. 49). Die Rechtsauffassung des Beschwerdeführers jedenfalls ist insoweit unerheblich (BVerwGE 53, 261 = NZWehrr 1978, 103).

52 **Unproblematischer ist die Abgrenzung zwischen truppendienstlicher Beschwerde und Disziplinarbeschwerde,** die eigentlich ein Unterfall der truppendienstlichen Beschwerde ist (vgl. Rn. 79). Es handelt sich beispielsweise um eine Beschwerde in truppendienstlichen Angelegenheiten, wenn sich der Beschwerdeführer dagegen wendet, dass ihm Teilzahlungen bei der Vollstreckung einer Disziplinarbuße verweigert werden (§ 51 Abs. 2 WDO) oder er sich gegen unrichtige Behandlung durch militärische Vorgesetzte oder Dienststellen der Bundeswehr im Vollzug von Freiheitsstrafe, Strafarrest, Jugendarrest und Disziplinararrest beschwert (§ 20 BwVollzO). Es handelt sich dagegen um eine Disziplinarbeschwerde, wenn der Soldat mit der Beschwerde die gegen ihn verhängte Disziplinarmaßnahme selbst angreift (§ 42 WDO; vgl. Rn. 79 ff.).

5.2.2. Die Beschwerde in truppendienstlichen Angelegenheiten. 53

Hauptanwendungsfall des militärischen Beschwerderechts ist die Beschwerde in truppendienstlichen Angelegenheiten. Sie richtet sich gegen jede unmittelbare dienstliche Beeinträchtigung durch Vorgesetzte oder Dienststellen der Bundeswehr. Sie hat keine aufschiebende Wirkung (§ 3 Abs. 1 Satz 1). Beschwerdegegenstand sind Befehle oder sonstige Maßnahmen im besonderen militärischen Über- Unterordnungsverhältnis, ihre Unterlassung oder Duldung, unabhängig davon, ob der Befehl oder die Maßnahme schon ausgeführt worden ist oder nicht. Mit der truppendienstlichen Beschwerde sind auch alle den Beschwerdeführer beeinträchtigenden tatsächlichen Handlungen (z. B. schikanöse Behandlung durch einen Vorgesetzten) anfechtbar.

Zu den beschwerdefähigen Maßnahmen truppendienstlichen Cha- 54 **rakters** zählen Versetzungen (a. A. mit durchaus überzeugenden Argumenten Scherer/Alff/Poretschkin/Lucks, SG, § 13a Rn. 13a), Kommandierungen, Planstelleneinweisungen, Dienstpostenwechsel, Zulassung zu bestimmten Laufbahnen oder Ausbildungsgängen, Lehrgangs- und Prüfungsergebnisse, Beurteilungen, aber auch Rügen und Missbilligungen (vgl. auch Barth, NZWehr 1965, 97 ff.).

Die Beschwerde in truppendienstlichen Angelegenheiten richtet sich fer- 55 ner gegen die Verletzung der Fürsorgepflicht des Vorgesetzten gemäß § 10 Abs. 3 SG und gegen die Ablehnung von Anträgen auf folgenden Gebieten:

- Annahme von Belohnungen, § 19 SG;
- Nebentätigkeit, § 20 SG;
- Vormundschaft und Ehrenämter, § 21 SG;
- Erholungsurlaub, Heimaturlaub, Sonderurlaub, § 28 SG;
- Einsicht in die Personalakten, § 29 Abs. 7 SG;
- Befreiung von der Verpflichtung zum Wohnen in der Gemeinschaftsunterkunft;
- Freistellung vom militärischen Dienst, §§ 5, 5a SVG.

Um truppendienstliche Angelegenheiten handelt es sich beispielsweise auch 56 in den folgenden Fällen (siehe ergänzend § 1 Rn. 133):

- Verbot der Ausübung des Dienstes, § 22 SG;
- Unterlassene Anhörung über Behauptungen tatsächlicher Art vor Aufnahme in die Personalakten, § 29 Abs. 5 SG;
- Unterlassene Eröffnung einer Beurteilung, § 2 Abs. 10 SLV.

Gegenstand der truppendienstlichen Beschwerde kann auch pflichtwidriges 57 Verhalten von Kameraden sein. Sie führt nach erfolglos beschrittenem Beschwerdeweg indes nicht zu einer gerichtlichen Nachprüfung (vgl. Jähn, BWV 1963, 12). Unberührt bleiben Strafverfolgungsmaßnahmen nach StGB und WStG.

58 Die Beschwerde der Vertrauensperson ist ein Sonderfall der truppendienstlichen Beschwerde; ebenso die Untätigkeitsbeschwerde (§ 1 Abs. 2); sie kann eingelegt werden, wenn der Soldat auf einen Antrag innerhalb eines Monats keinen Bescheid erhalten hat.

59 Wird eine Beschwerde in truppendienstlichen Angelegenheiten abschlägig beschieden, kann der Beschwerdeführer weitere Beschwerde einlegen (§ 16). Bleibt auch diese erfolglos, hat er das Recht, Antrag auf Entscheidung des Wehrdienstgerichts zu stellen, wenn er eine Rechtsverletzung geltend macht (§§ 17, 21 WBO).

60 **5.2.3. Die Beschwerde in Verwaltungsangelegenheiten. a) Vorbemerkung.** Die Beschwerde in Verwaltungsangelegenheiten ersetzt dem Soldaten das vor Beschreiten des Verwaltungsrechtsweges vorgeschriebene Widerspruchsverfahren (§ 23 Abs. 1 WBO). Allerdings kann der Soldat auf die für ihn bekannteren Regeln der WBO nur zurückgreifen, wenn für die Erhebung einer verwaltungsgerichtlichen Klage ein Vorverfahren gesetzlich überhaupt vorgeschrieben ist (vgl. BVerwG ZBR 1977, 376, 377). Die Beschwerde in Verwaltungsangelegenheiten hat grundsätzlich aufschiebende Wirkung (§ 23 Abs. 6 Satz 1 WBO). Ausnahmen regelt § 23 Abs. 6 Satz 2 WBO für die Begründung, Umwandlung oder Beendigung eines Wehrdienstverhältnisses.

61 Im Gegensatz zu den truppendienstlichen Angelegenheiten ist in Verwaltungsangelegenheiten eine weitere Beschwerde nicht möglich. Dies entspricht der verwaltungsgerichtlichen Regelung. Nach ablehnendem Beschwerdebescheid kann nur Klage vor dem Verwaltungsgericht erhoben werden (§ 82 SG i. Vbg. m. § 23 Abs. 1 Satz 1 WBO).

62 Bei der Entscheidung von Verwaltungsbeschwerden sind zusätzlich die Bestimmungen des VwVfG zu beachten.

63 Während den truppendienstlichen Angelegenheiten Rechte und Pflichten zugrunde liegen, die auf dem besonderen militärischen Über – Unterordnungsverhältnis beruhen, handelt es sich bei den Verwaltungsangelegenheiten um Sachverhalte, die das Dienstverhältnis des Soldaten zum Staat betreffen (vgl. auch BVerwGE 53, 8 f.; Becker, RiA 1985, 104, 108). Gegenstand einer Verwaltungsbeschwerde sind vornehmlich Maßnahmen, die den Status des Soldaten beeinflussen, wie Begründung und Beendigung des Wehrdienstverhältnisses, Aufschub des Eintritts in den Ruhestand, Beförderung, Entlassung, Übernahme zum Berufssoldaten, Dienstzeitverlängerung. Gemäß § 17 Abs. 1 Satz 1 WBO sind die §§ 24, 25, 30 und § 31 SG aus der Rechtskontrolle der Wehrdienstgerichte herausgenommen und den Verwaltungsgerichten zugewiesen worden. Zu den Verwaltungsangelegenheiten gehören daher auch Fragen der Dienst- und Versorgungsbezüge, Beschädigtenversorgung nach den Vorschriften des SVG, Geld- und Sachbezüge nach dem Wehrsoldgesetz, Zulagen, Aufwands- und Wegstreckenentschädigung, Beihilfen, Unterstützungen, Vorschüsse, Hausratsdarlehen, Wohnungsfürsorge, Wohnungs- und Heizkostenzuschüsse, Mietbeihilfen, Reise- und Umzugskostenvergütung sowie Leistungs- und Aufrechnungsbescheide (Scherer/Alff/Poretschkin/Lucks, SG, § 82 Rn. 16; Walz in Walz/Eichen/Sohm, SG, § 82 Rn. 27). Verwaltungsangelegenheiten betreffen ferner Beschwerden gegen die Versagung der

Teilnahme an der Gemeinschaftsverpflegung oder des Wohnens in einer Gemeinschaftsunterkunft, auch Beschwerden gegen Handlungsweisen des Dienstherrn, wenn eine Verletzung der allgemeinen Fürsorgepflicht nach § 31 SG gerügt wird.

Rechtliche Bedeutung im Rahmen der Verwaltungsangelegenhei- 64 **ten, aber auch bei der Abgrenzung zu den truppendienstlichen Angelegenheiten, hat der Anspruch auf Heilfürsorge** gemäß § 30 Abs. 1 Satz 2 SG (hierzu siehe ausführlich v. Lepel, NZWehrr 1980, 1 ff.). Die Beschwerde über eine unterbliebene oder mangelhafte Heilbehandlung betrifft eine Verwaltungsangelegenheit, z. B. Beschwerde über ungenügende medikamentöse Behandlung und deren Abbruch durch den behandelnden Arzt (BDH NZWehrr 1962, 66; BVerwG NZWehrr 1972, 111), Beschwerde wegen Verzögerung der Heilbehandlung und dadurch erlittene Laufbahnnachteile. Die Heilbehandlung ist Erfüllung eines dem Soldaten gegen den Dienstherrn zustehenden Anspruches auf Sachbezüge (v. Lepel; aaO, S. 1, 2). Alle Maßnahmen mit diagnostischer und therapeutischer Zielsetzung durch den Truppenarzt sind Verwaltungsangelegenheiten und führen zu einer verwaltungsgerichtlichen Kontrolle (v. Lepel, aaO, S. 3). Um eine Verwaltungsangelegenheit handelt es sich auch dann, wenn der Beschwerdeführer kein medizinisch-fachliches, sondern ein allgemein menschliches Fehlverhalten bei der Heilbehandlung rügt, z. B. der Soldat beschwert sich darüber, dass ihm der zuständige Standortarzt aus Bequemlichkeit sonntags keinen Krankenbesuch abgestattet habe (Beispiel nach v. Lepel, aaO, S. 4; unrichtig VG Köln NZWehrr 1976, 36; siehe jedoch Rn. 72).

Dagegen handelt es sich um eine truppendienstliche Beschwerde in Heilbe- 65 handlungsangelegenheiten, wenn der betroffene Arzt ärztliche Feststellungen zur dienstlichen Verwendungsfähigkeit von Soldaten trifft (BVerwGE 93, 371 f. = NZWehrr 1993, 241), den Soldaten zur Überprüfung seiner weiteren Verwendungsfähigkeit in ein Bundeswehrkrankenhaus einweist (BVerwGE 63, 278) oder ärztliche Eingriffe an dem Soldaten ohne dessen Zustimmung – § 17 Abs. 4 Satz 3 SG – vorgenommen hat (BDH NZWehrr 1961, 85; v. Lepel, aaO, S. 1).

Denkbar ist es, dass der Beschwerdeführer anlässlich einer Heilbehandlung 66 sowohl eine Fürsorgepflichtverletzung des Truppenarztes nach § 10 Abs. 3 SG rügt, als auch eine Fürsorgepflichtverletzung des Dienstherrn nach § 31 SG. Beide Pflichten können nebeneinander bestehen (vgl. BVerwGE 44, 52, 55 = NZWehrr 1974, 73, 74; v. Lepel, aaO, S. 6; Becker, RiA 1985, 104, 108 m. Nachw.); bei der Geltendmachung eines ihm entstandenen Schadens kann sich der Beschwerdeführer auf die Verletzung beider Fürsorgeverantwortlichkeiten berufen. Prozessrechtlich handelt es sich aber um eine Verwaltungsangelegenheit, die nach erfolglosem Beschwerdeverfahren durch das Verwaltungsgericht zu überprüfen ist; denn auch in Erfüllung der in § 10 Abs. 3 SG bestimmten Fürsorgepflicht des Vorgesetzten handelt der Truppenarzt zugleich in Erfüllung der dem Dienstherrn gemäß § 31 SG obliegenden Sorgepflicht (BVerwG aaO, v. Lepel, ebenda; vgl. auch § 23 Rn. 36). Zu den einzelnen Klagearten des verwaltungsgerichtlichen Rechtsschutzes gegen Maßnahmen im Rahmen der Heilfürsorge vgl. v. Lepel, NZWehrr 1980, 1, 7 ff.

Rügt der Beschwerdeführer ein persönliches Fehlverhalten des ihn behan- 67 delnden Truppenarztes (dieser nennt ihn Drückeberger oder Simulant), handelt es sich bei der von ihm eingelegten Beschwerde um eine truppendienstliche Angelegenheit (BDHE 7, 159, 160 = NZWehrr 1967, 65, 67). Das pflichtwidrige Verhalten anlässlich der Heilbehandlung hat einen eigenen truppendienstlichen Bezug (BVerwGE 63, 246) und kann nicht dem Dienstherrn zugerechnet werden (siehe auch v. Lepel, aaO, S. 7). Auch der Verstoß des Truppenarztes gegen die Pflicht zur Wahrung des ärztlichen Berufsgeheimnisses ist nicht im Sinne eines Organhandelns dem Diensterrn anzulasten (a. A. v. Lepel, aaO, S. 6); auch hier hat eine Beschwerde truppendienstlichen Inhalt.

68 **b) Bundeswehrverwaltungsangelegenheiten.** Um die Feststellung zu erleichtern, wer im Einzelfall zur Entscheidung über eine Beschwerde in Verwaltungsangelegenheiten zuständig ist, hat die Praxis für diese Beschwerden folgende Unterteilung gefunden:
– Beschwerde in Bundeswehrverwaltungsangelegenheiten (§ 9 Rn. 40 ff.);
– Beschwerde in Truppenverwaltungsangelegenheiten (§ 9 Rn. 24 ff.);
– Beschwerde in allgemeinen Verwaltungsangelegenheiten (§ 9 Rn. 26).

69 Unter den Begriff der Bundeswehrverwaltungsangelegenheiten fallen alle Maßnahmen, die im Rahmen der Wehrverwaltung auf Grund verfassungsrechtlicher Zuweisung gemäß Art. 87b Abs. 1 GG ausschließlich durch die Behörden der Bundeswehrverwaltung vorgenommen werden. Die Bundeswehrverwaltung ist sachlich beschränkt auf die Aufgaben des Personalwesens und der unmittelbaren Deckung des Sachbedarfs der Streitkräfte sowie Aufgaben der Beschädigtenversorgung (vgl. hierzu eingehend Reinfried, Streitkräfte und Bundeswehrverwaltung, in Die Bundeswehr). Eine erschöpfende, alle Sachbereiche der Bundeswehrverwaltungsangelegenheiten umfassende Aufgabenbeschreibung ist wegen ihrer Vielfalt nicht möglich (vgl. Depenheuer, in Maunz/Dürig, GG, Art. 87b Rn. 18 f.). Nach dem Dresdner Erlass vom 21.3.2012 (BWV 2012, 83) besteht die Wehrverwaltung aus den Organisationsbereichen Personal, Ausrüstung, Informationstechnik und Nutzung sowie Infrastruktur, Umweltschutz und Dienstleistungen. Bereits 2007 wurden die ehemaligen Standortverwaltungen (StOV) in Bundeswehrdienstleistungszentren umgewandelt.

70 **c) Truppenverwaltungsangelegenheiten.** An der Nahtstelle zwischen der territorialen Bundeswehrverwaltung und dem Organisationsbereich der Streitkräfte nehmen bei einigen Kommandobehörden die Abteilung Verwaltung, bei Wirtschaftstruppenteilen die Truppenverwaltung Aufgaben wahr, die ihnen als Aufgaben der Bundeswehrverwaltung nach Art. 87b Abs. 1 GG übertragen sind (hierzu siehe Baldus in v. Mangold/Klein/Starck, GG, Art. 87b Rn. 8). Der Leiter der Abteilung Verwaltung und der Leiter der Truppenverwaltung handeln im Auftrag des jeweiligen Kommandeurs (siehe Reinfried, aaO, S. 154; aber auch § 9 Rn. 31). Bei den auf Wirtschaftstruppenteile übertragenen Aufgaben handelt es sich – vorbehaltlich ihrer Auslagerung auf ressortfremde Dienststellen – um Entscheidungen der Geldund Sachbezüge, Abfindung nach dem Wehrsoldgesetz, Reisekostengesetz, Bundesumzugskostengesetz, der Trennungsgeldverordnung, Zahlung von Abschlägen, Zulagen, Reisebeihilfen, ferner Fürsorgeangelegenheiten, Sozialversicherungsangelegenheiten, des Schadenswesens, der Verpflegungsgeldabrechnung, Abrechnung von Lehrvergütungen (vgl. Reinfried, aaO, S. 155 f.).

d) Allgemeine Verwaltungsangelegenheiten. Nicht jede Verwaltungs- **71**
tätigkeit in den Streitkräften ist funktional eine Aufgabe der Bundeswehrverwaltung, die durch ihre Behörden wahrgenommen wird oder auf Wirtschaftstruppenteile übertragen worden ist (Reinfried, aaO, S. 152). Der
Begriff allgemeine Verwaltungsangelegenheiten umfasst den Teil der Verwaltungstätigkeit, der von militärischen Disziplinarvorgesetzten als eigene
Aufgabe in eigenem Namen ausgeführt wird. Hierzu gehören Maßnahmen
und Entscheidungen auf dem Gebiet des militärischen Personalwesens (Ernennung, Entlassung, Ablehnung der Übernahme als Berufssoldat, Dienstzeitverlängerung), ferner die Entscheidungen über Zulagen, über die Feststellung des Verlustes der Dienstbezüge oder die Zusage der Umzugskostenvergütung.

5.2.4. Die Disziplinarbeschwerde. Die Beschwerde gegen einfache Dis- **72**
ziplinarmaßnahmen sowie gegen sonstige disziplinare Maßnahmen und Entscheidungen des Disziplinarvorgesetzten und gegen eine vorläufige Festnahme ist in der WDO geregelt, die jedoch die Bestimmungen der WBO nach
bestimmter Maßgabe für anwendbar erklärt (§ 42 WDO; vgl. Dau/Schütz,
WDO, § 42 Rn. 10 ff.; auch Bachmann, NZWehrr 2001, 177, 186; 2002,
221). Obwohl die Disziplinarbeschwerde dem Gebiet des Disziplinarrechts
zuzuordnen ist, gehört sie ihrer Natur nach zu den truppendienstlichen
Beschwerden; auch hier behauptet der Beschwerdeführer, durch eine Maßnahme seines Disziplinarvorgesetzten, eine disziplinare Maßregelung, unrichtig behandelt worden zu sein. Im Gegensatz zu den truppendienstlichen
Beschwerden im engeren Sinne braucht er jedoch bei einer Disziplinarbeschwerde die Voraussetzungen, durch die er sich beschwert glaubt, nicht
besonders vorzutragen, da sie in der einmal verhängten Disziplinarmaßnahme
schon vorliegen.

Die pauschale Einbeziehung wehrbeschwerderechtlicher Vorschriften in **73**
die Regelung des § 42 WDO bleibt gesetzestechnisch unglücklich (vgl.
schon Meyer, NZWehrr 1959, 18, 20). Während die Fassung des § 42 WDO
den unbefangenen Schluss zulässt, die WBO gelte – wenn auch nach Maßgabe des § 42 Nr. 1 bis 12 WDO – unbeschränkt, zeigen sich tatsächlich
jedoch wesentliche Abweichungen (vgl. § 21 Rn. 13; § 22 Rn. 10). Sie
rechtfertigen es, die Beschwerde gegen einfache Disziplinarmaßnahmen
gesetzlich eigens auszugestalten. Sie hat dadurch den Charakter einer truppendienstlichen Beschwerde eigener Art.

Inwieweit wehrbeschwerderechtliche Vorschriften im Rahmen der Disziplinar- **74**
beschwerde anwendbar sind, ergibt sich im Einzelfall aus der Eigenart des
Disziplinarrechts und hier vor allem aus der besonderen Gestaltung der
Disziplinarbeschwerde als „kleiner Berufung" im Rechtsschutzverfahren einfacher Disziplinarmaßnahmen (vgl. auch v. Mitzlaff, TP 1958, 14). Ergänzend ist in Zweifelsfragen zu berücksichtigen, dass die WDO gegenüber der
WBO das jüngere Gesetz ist (Oetting, Beschwerderecht, S. 112). Für die
Anwendung wehrbeschwerderechtlicher Vorschriften im Rahmen der Disziplinarbeschwerde gelten demnach folgende Grundsätze:§ 1 Abs. 1 Satz 1
findet in dem Sinne Anwendung, als sich der Soldat durch die gegen ihn
verhängte Disziplinarmaßnahme von einem Vorgesetzten unrichtig behandelt glaubt. Auf bestimmte Anfechtungsgründe kann er jedoch – anders als
in der WBO – seine Beschwerde nicht stützen, weil die angefochtene Entscheidung in jedem Fall der Prüfung des Wehrdienstgerichts in vollem

Umfang unterliegt (BDHE 5, 229 = NZWehrr 1960, 131; vgl. auch Dau/
Schütz, WDO, § 42 Rn. 12; a. A. TDG A NZWehrr 1963, 170). Das gilt
auch für die Beschwerde, über die der Disziplinarvorgesetzte zu entscheiden
hat; angesichts der gesetzlich vorgeschriebenen umfassenden Nachprüfung
durch das Wehrdienstgericht ist im Rahmen des Erstbeschwerdeverfahrens
eine gleichwohl vorgenommene Beschränkung des Beschwerdevorbringens
unwirksam.

75 Die Untätigkeitsbeschwerde nach § 1 Abs. 2 ist im Disziplinarbeschwerdeverfahren begrifflich nicht denkbar, da sie einen Antrag des Beschwerdeführers voraussetzt. Auch im Beschwerdeverfahren vor dem Truppendienstgericht ist die Untätigkeitsbeschwerde ausgeschlossen. Sie wäre nur dann
zulässig, wenn auch in der Sache gegen die Entscheidung des Truppendienstgerichts eine Beschwerde möglich wäre. Das ist jedoch vorbehaltlich der
§§ 22a und 22b nicht der Fall.

76 Gemeinschaftlich vorgebrachte Beschwerden wegen einer Disziplinarmaßnahme werden in der Praxis kaum auftreten; sie sind jedenfalls durch § 1
Abs. 4 ausgeschlossen.

77 Das Benachteiligungsverbot des § 2 gilt auch für die Disziplinarbeschwerde.

78 § 3 findet keine Anwendung. Abweichend von der Beschwerde in
truppendienstlichen Angelegenheiten nach der WBO hat die Disziplinarbeschwerde aufschiebende Wirkung, wenn sie vor Beginn der Vollstreckung eingelegt wurde (§ 3 Rn. 6; siehe aber § 40 Abs. 1 Sätze 4 und 5,
Abs. 5, § 56 Abs. 2 WDO; auch Dau/Schütz, WDO, § 42 Rn. 53 ff.).
Hat der Soldat die Beschwerde erst nach Beginn der Vollstreckung eingelegt, gilt nicht § 3 Abs. 2, sondern § 49 Abs. 3 WDO. Die weitere Beschwerde hemmt die Vollstreckung dagegen nicht mehr (Dau/Schütz, aaO,
Rn. 57).

79 Vermittlung und Aussprache (§ 4) sind im Disziplinarbeschwerdeverfahren
nicht vorgesehen.

80 Die Vorschriften über die Einlegung der Beschwerde sowie über Frist und
Form (§§ 5, 6) sind anwendbar (vgl. Dau/Schütz, WDO, § 42 Rn. 18 ff.).
Insbesondere ist es auch im Disziplinarbeschwerdeverfahren dem Beschwerdeführer freigestellt, ob er seine Beschwerde begründen will. Er kann sich
eine Begründung auch vorbehalten oder sie nachholen (§ 6 Rn. 35). Das ist
jedoch nicht unbegrenzt möglich, ohne den beschleunigten Ablauf des Beschwerdeverfahrens zu gefährden. Behält sich der Beschwerdeführer eine
nähere Begründung vor, ist ihm dafür entweder eine angemessene Frist zu
setzen (vgl. für die gerichtliche Entscheidung über eine Disziplinarbeschwerde BVerfGE 17, 191 = NZWehrr 1964, 71, 72) oder mit einer den Betroffenen nachteiligen Entscheidung angemessene Zeit abzuwarten (BVerfG,
Nichtannahmebeschluss v. 15. Oktober 2004 – 2 BvR 1834/04, juris
Rn. 3). Eine Verpflichtung, die Beschwerde zu begründen, besteht weder
bei der Beschwerde noch bei der weiteren Beschwerde, § 17 WBO findet
keine Anwendung (BVerwGE 46, 331 = NZWehrr 1975, 102 = NJW 1975,
748).

81 § 7 wird bei Beschwerden gegen Disziplinarmaßnahmen kaum von Bedeutung sein, da eine Disziplinarmaßnahme erst dann zu vollstrecken ist, wenn
der Soldat an dem auf die Verhängung folgenden Tag ausreichend Zeit und
Gelegenheit zur Beschwerde hatte und davon keinen Gebrauch gemacht hat
(§ 47 Abs. 1 WDO). Eine von dem Bevollmächtigten des Soldaten zu ver-

tretende Fristversäumnis geht zu Lasten des Beschwerdeführers (siehe § 7 Rn. 13).

§ 8 Abs. 1 (zur Rücknahme der Beschwerde) ist anwendbar. Die Vorschrift **82** des § 47 Abs. 1 Satz 2 WDO (Recht zum Beschwerdeverzicht) wird dadurch nicht berührt.

Die Pflicht des Vorgesetzten, im Rahmen seiner Dienstaufsicht Mängel **83** abzustellen (§ 8 Abs. 2), wird durch die Regelungen der §§ 43 ff. WDO ersetzt (im Ergebnis auch Meyer, NZWehr 1959, 18, 20; Oetting, Beschwerderecht, S. 112). Ergeben sich jedoch im Zusammenhang mit der Beschwerde Mängel, die dienstaufsichtliche Maßnahmen erforderlich machen, bleibt die Pflicht des Vorgesetzten zur Dienstaufsicht insoweit natürlich bestehen. Zum Beschwerdeverzicht siehe § 8 Rn. 15 ff.).

Mit Rücksicht auf die besonderen Zuständigkeitsvorschriften für die Ver- **84** hängung einfacher Disziplinarmaßnahmen (§§ 29 f. WDO) und die Besonderheiten beim Disziplinararrest hat die WDO die Zuständigkeit zur Entscheidung über eine Disziplinarbeschwerde eigenen Vorschriften vorbehalten (§ 42 Nr. 3, 4, 5 WDO). Sie ersetzen für das Disziplinarbeschwerdeverfahren die Vorschrift des § 9 (vgl. § 9 Rn. 35 ff.).

§ 10 Abs. 1 und 2 findet Anwendung (vgl. § 10 Rn. 3; a. A. v. Mitzlaff, **85** TP 1958, 15). Die Prüfungs- und Aufklärungspflicht des Vorgesetzten gemäß § 32 WDO bezieht sich nur auf die Ahndung eines Dienstvergehens (so auch Meyer, aaO).

§ 11 gilt nur insoweit, als nicht das Wehrdienstgericht zur Entscheidung **86** über die Beschwerde zuständig ist.

§ 12 Abs. 1, 2 und 3 Satz 1 findet Anwendung. Nicht anwendbar ist **87** jedoch § 12 Abs. 3 Satz 2. Für die Verpflichtung zur Dienstaufsicht gilt das für § 8 Abs. 2 Gesagte entsprechend.

§ 13 Abs. 1 Sätze 1 und 2 findet Anwendung (a. A. Oetting, Beschwerde- **88** recht, S. 112). Sobald eine Beschwerde begründet ist, muss ihr stattgegeben werden (§ 13 Abs. 1 Satz 2). Nicht anwendbar dagegen ist § 13 Abs. 1 Sätze 3, 4 und 5, da § 42 WDO für den Inhalt der Beschwerdeentscheidung besondere Regelungen enthält.

Die Anwendung des § 13 Abs. 2 ist grundsätzlich ausgeschlossen, da die **89** Beschwerde gegen die Verhängung einer einfachen Disziplinarmaßnahme nicht die Anzeige einer den Beschwerdeführer beeinträchtigenden unrichtigen Behandlung darstellt. Eine Ausnahme wäre nur dann denkbar, wenn sich im Rahmen der Beschwerde herausstellt, dass der Diziplinarvorgesetzte seine Befugnis missbraucht oder überschritten hat. § 13 Abs. 3 ist dagegen wiederum anzuwenden.

§§ 14, 15 und § 16 Abs. 1 finden Anwendung. Die Untätigkeits- **90** beschwerde des § 16 Abs. 2 hat auch für die zögerliche Behandlung einer Disziplinarbeschwerde Bedeutung. Weder aus dem Wortlaut des § 42 WDO noch aus der Eigenart der Disziplinarbeschwerde lässt sich Gegenteiliges herleiten (a. A. Meyer, NZWehr 1959, 18, 20; wie hier Oetting, Beschwerderecht, S. 112, Fn 5; Anwendbarkeit wohl voraussetzend auch BVerwGE 83, 87).

Im Disziplinarbeschwerdeverfahren ausgeschlossen ist § 16 Abs. 3. Er wird **91** durch § 42 Nr. 4 WDO ersetzt (hierzu Dau/Schütz, WDO, § 42 Rn. 67 ff.). Danach entscheidet über die weitere Beschwerde gegen alle einfachen Disziplinarmaßnahmen – außer Disziplinararrest (§ 42 Nr. 5 WDO) – das Truppendienstgericht. Zuständig ist das Gericht, das für den

Befehlsbereich errichtet ist, zu dem der Vorgesetzte, der die angefochtene Disziplinarmaßnahme verhängt hat, zum Zeitpunkt des Beschwerdeanlasses gehört (§ 42 Nr. 4 Satz 2 WDO). § 17 Abs. 4 Satz 5 wird zwar als lex generalis verdrängt, jedoch nimmt die WDO nunmehr seit dem Wehr-RÄndG 2008 die Zuständigkeitsregelung der WBO auf (Dau/Schütz, WDO, § 42 Rn. 69).

92   Die Erstattung notwendiger Aufwendungen gemäß § 16a ist auch im Disziplinarbeschwerdeverfahren möglich.

93   Das Antragsverfahren nach § 17 tritt hinter den Sonderregelungen des Disziplinarbeschwerdeverfahrens zurück. Dagegen findet § 18 Abs. 1 und 2 Anwendung, während Absatz 3 wiederum ausscheidet, da für eine Verweisung an ein anderes Gericht begrifflich schon kein Raum ist.

94   § 19 ist nicht anwendbar. Die wehrbeschwerderechtlichen Vorschriften über den Inhalt der truppendienstgerichtlichen Entscheidung werden durch Sonderregelungen des § 42 WDO (Nr. 4, 5, 6, 7) ersetzt.

95   Die Vorschrift über die Erstattung von Kosten und notwendigen Aufwendungen (§ 20) gilt auch bei der gerichtlichen Entscheidung über eine Disziplinarbeschwerde, und zwar unmittelbar. Zur Kostenentscheidung bei einer Beschwerde in Verwaltungsangelegenheiten gemäß § 80 VwVfG vgl. § 20 Rn. 7 und § 23 Rn. 11.

96   Die Sondervorschriften für den BMVg (§ 21) und den Generalinspekteur (§ 22) finden nach Maßgabe des § 42 WDO Anwendung (§ 42 Nr. 4 Satz 3, Nr. 5 Satz 2).

97   Die §§ 22a und 22b gelten auch im Disziplinarbeschwerdeverfahren des Wehrdienstgerichts (BVerwG NZWehr 2010, 256).

98   Eine Anwendung der §§ 23 f. kommt nicht in Betracht (a. A. für § 23a Bachmann, GKÖD Yo, § 42 Rn. 106).

99   **5.3. Die Bedeutung der Systematisierung.** Für die Ausübung des Beschwerderechts durch den Soldaten hat die systematische Einteilung der Beschwerde in truppendienstliche, Disziplinar- und Verwaltungsbeschwerde keine Bedeutung. Er braucht nur seinen Willen, einen Missstand oder ein ihm zugefügtes Unrecht durch eine Beschwerde beseitigt zu sehen, in der vorgeschriebenen Form zu bekunden (Barth, Beschwerderecht, S. 96). Erst für die Statthaftigkeit einer weiteren Beschwerde und für die Zulässigkeit des Rechtsweges spielt die Art des Beschwerdegegenstandes eine Rolle (vgl. auch Rn. 57).

100   In truppendienstlichen Angelegenheiten hat der Soldat die Möglichkeit der weiteren Beschwerde und nach abschlägigem Bescheid hierauf unter den Voraussetzungen des § 17 den Rechtsweg zum Truppendienstgericht. In Verwaltungsangelegenheiten entfällt dagegen eine weitere Beschwerde; hier kann der Beschwerdeführer nach erfolgloser Beschwerde sofort Klage zum Verwaltungsgericht erheben (§ 23 Abs. 3 WBO; § 82 SG). Die gesetzlich vorgeschriebene Rechtsbehelfsbelehrung stellt sicher, dass er sich in jedem Fall an die zuständige Instanz wendet (§ 12 Abs. 1 Satz 4). Vor Nachteilen durch eine fehlende oder unvollständige Rechtsbehelfsbelehrung schützt ihn § 7.

101   **5.4. Das Recht zur Abhilfe.** Unterschiedlich in der Abgrenzung von truppendienstlicher Beschwerde und Verwaltungsbeschwerde ist darüber hinaus die Frage zu beurteilen, ob die mit der Beschwerde angerufene Stelle der Beschwerde abhelfen kann (zur Abhilfe siehe auch Bachmann, NZWehr

2017, 1). Für die Beschwerde in Verwaltungsangelegenheiten sieht § 23 Abs. 2 Satz 2 eine Abhilfe ausdrücklich vor (siehe auch § 72 VwGO). Hiernach kann die Stelle, die die angefochtene Entscheidung erlassen hat, der Beschwerde abhelfen, wenn sie sie für begründet hält. Andernfalls hat sie die Beschwerde der zur Entscheidung zuständigen Stelle vorzulegen (§ 23 Abs. 2 Satz 3). Für die Beschwerde in truppendienstlichen Angelegenheiten fehlt eine entsprechende Vorschrift; die Abhilfe in § 13 Abs. 1 Satz 1 ist bereits Inhalt der Beschwerdeentscheidung. Gleichwohl wird man auch Disziplinarvorgesetzte als berechtigt ansehen müssen, auf die Beschwerde hin einen Befehl oder eine Maßnahme aufzuheben, wenn die Beschwerde dort eingelegt ist und für begründet gehalten wird. Hierfür spricht folgende Überlegung: Beschwert sich ein Soldat gegen einen Befehl seines Kompaniechefs mit der Begründung, der Befehl sei rechtswidrig, und teilt der Disziplinarvorgesetzte nachträglich diese Auffassung, müsste der Beschwerdeführer den Befehl dennoch ausführen, wenn keine Abhilfe möglich wäre. Erst der nächsthöhere Disziplinarvorgesetzte könnte die Ausführung des Befehls bis zur Entscheidung über die Beschwerde aussetzen (§ 3 Abs. 2); ein solches Vorgehen wäre indes regelmäßig zu spät. Vielmehr ergibt sich die Berechtigung des nächsten Disziplinarvorgesetzten, auf die Beschwerde seinen Befehl zurückzunehmen, aus § 10 Abs. 4 und 5 Satz 1 SG (vgl. auch BVerwGE 33, 303, 305; 43, 38, 40). Sie wird überdies bestätigt durch den Wortlaut des § 13 Abs. 1 Satz 3 und 4, nach dem im Beschwerdebescheid u. a. auch für solche Befehle oder sonstige Maßnahmen, die „sonst erledigt" sind, auszusprechen ist, dass sie nicht hätten ergehen dürfen. Befehle oder sonstige Maßnahmen, die sich „sonst erledigt" haben, können aber auch solche sein, die nach Einlegung der Beschwerde von dem Disziplinarvorgesetzten wieder aufgehoben worden sind.

102 Die Abhilfebefugnis des Disziplinarvorgesetzten findet ihre Grenze jedoch dort, wo Einlegung der Beschwerde die Befugnis fehlt, über den Gegenstand der Beschwerde zu verfügen. Ein selbst gegebener Befehl kann zwar aufgehoben, nicht jedoch das mit der Beschwerde gerügte pflichtwidrige Verhalten eines Kameraden dem Beschwerdeführer gegenüber ungeschehen gemacht werden. Bei der Kameradenbeschwerde scheidet die Abhilfemöglichkeit durch nächste Disziplinarvorgesetzt somit aus.

103 Selbst wenn eine Befugnis zur Abhilfe auch in truppendienstlichen Angelegenheiten grundsätzlich anzuerkennen ist, bleibt doch ein wesentlicher Unterschied zur Verwaltungsbeschwerde bestehen. In Verwaltungsangelegenheiten steht die Aufhebung der belastenden Maßnahme im Vordergrund. Ist die Stelle, die die angefochtene Entscheidung erlassen hat, auf die Beschwerde bereit, diese Entscheidung aufzuheben oder einem Antrag stattzugeben, kann dies mit der Wirkung geschehen, dass die Beschwerde dadurch erledigt wird. Ziel der truppendienstlichen Beschwerde ist dagegen nicht nur die Aufhebung des belastenden Befehls, sondern auch die dienstaufsichtliche, unter Umständen sogar disziplinare Überprüfung der Angelegenheit. Da auch bei Befehlen oder sonstigen Maßnahmen, die bereits ausgeführt oder sonst erledigt sind, auszusprechen ist, dass sie nicht hätten ergehen dürfen (§ 13 Abs. 1 Satz 3 und 4), muss die Beschwerde – ungeachtet einer eventuellen Abhilfe – stets dem nächsthöheren Disziplinarvorgesetzten zur Entscheidung vorgelegt werden. Hat der nächste Disziplinarvorgesetzte nicht abgeholfen, bleibt es der zur Entscheidung berufenen Stelle unbenommen, die Ausführung des Befehls oder die Vollziehung einer

Maßnahme bis zur Entscheidung über die Beschwerde auszusetzen. In Disziplinarbeschwerdesachen ist eine Abhilfe durch den verhängenden Disziplinarvorgesetzten nicht möglich. Vorbehaltlich der Regelungen in §§ 39, 49 Abs. 3, 56 Abs. 3 WDO darf er die von ihm verhängte Disziplinarmaßnahme nicht mehr aufheben, ändern oder unvollstreckt lassen (§ 37 Abs. 5 WDO). Der über die Beschwerde entscheidende Disziplinarvorgesetzte kann die angefochtene Disziplinarmaßnahme jedoch abändern. Das geschieht in der Weise, dass die Disziplinarmaßnahme aufgehoben und zugleich eine neue einfache Disziplinarmaßnahme verhängt wird (näher Dau/ Schütz, WDO, § 42 Rn. 66).

6. Das gerichtliche Antragsverfahren

104   **6.1. Vorbemerkung.** Mit der Möglichkeit, nach Erschöpfung des innerdienstlichen Beschwerdeweges eine gerichtliche Entscheidung über den Beschwerdegegenstand zu erreichen, ist die Rechtsweggarantie des Art. 19 Abs. 4 GG auch im besonderen Dienstverhältnis des Soldaten umfassend verwirklicht worden (BVerfG NZWehrr 1980, 135; BVerwG NZWehrr 1979, 179 = ZBR 1980, 231). Hierbei geht es nicht nur um die formelle und theoretische Möglichkeit, die Gerichte anzurufen, sondern vielmehr um einen substantiellen Anspruch auf wirksame gerichtliche Kontrolle (BVerfG, 2 BvR 712/90 vom 30.1.1991, juris Rn. 8). Da Art. 19 Abs. 4 GG nicht zur Disposition des einfachen Gesetzgebers gestellt worden ist (Barth, Beschwerderecht, S. 94; Salzmann, S. 121; Oetting, Beschwerderecht, S. 35), sind damit auch die Akte der Befehls- und Kommandogewalt stets der gerichtlichen Nachprüfung unterworfen (Lerche, DVBl 1954, 628; Obermayer, DVBl 1957, 265; vgl. auch Quaritsch, VVDStL 26, 230).

105   **6.2. Die Justiziabilität von Akten der Befehls- und Kommandogewalt.** Die Justiziabilität von Akten der Befehls- und Kommandogewalt war lange Zeit hindurch nicht unbestritten (über den damaligen Stand der Meinungen vgl. Salzmann, S. 120 f.). Gegenüber der rechtsstaatlichen Forderung, auch den militärinternen Bereich der gerichtlichen Kontrolle zu öffnen, stellte sich insbesondere die Frage, ob der militärische Befehl ein Verwaltungsakt und damit grundsätzlich justiziabel oder eine besondere Ausdrucksform hoheitlicher Gewalt sei, die einer richterlichen Nachprüfung schlechthin entzogen ist.

106   Durch eine gesetzgeberisch geschickte Lösung hat dieses Problem für das Wehrrecht an Bedeutung verloren. Während sich herkömmlich die Justiziabilität von Maßnahmen in einem Sonderstatusverhältnis trotz der verfassungsrechtlich überholten Unterscheidung von Grund- und Betriebsverhältnis (vgl. Müller in Huck/Müller, VwVfG § 35 Rn. 51) nach wie vor nach diesen Kategorien bestimmt (vgl. Rn. 51 f.), eröffnet die WBO den Rechtsweg über Maßnahmen des sog. Grundverhältnisses hinaus auch „für die Fälle, in denen der Soldat im eigentlichen militärischen Dienstbereich in seinen Rechten verkürzt wird". (Begr. S. 7; vgl. auch Obermayer, DVBl 1957, 265; Lerche, Grundrechte, S. 513 f.).

107   **6.3. Der Rechtsweg zu den Truppendienstgerichten.** Gemäß § 17 sind die Wehrdienstgerichte zur Entscheidung berufen, wenn die Beschwerde des Soldaten eine Verletzung seiner Rechte oder eine Verletzung von Pflichten eines Vorgesetzten ihm gegenüber zum Gegenstand hat, die im Zweiten

Unterabschnitt des Ersten Abschnittes des Soldatengesetzes (§§ 6 bis 36) mit Ausnahme der §§ 24, 25, 30 und § 31 SG geregelt sind. Mit der Beschränkung auf bestimmte Rechte des Soldaten hat der Gesetzgeber einmal einer Ausuferung des gerichtlichen Rechtsschutzes vorgebeugt, zum anderen hat er damit eine deutliche Abgrenzung zur verwaltungsgerichtlichen Zuständigkeit erreicht. Der Entscheidungsbefugnis der Wehrdienstgerichte unterliegt im Wesentlichen nur die Verletzung solcher Rechte und Pflichten, die auf dem Verhältnis der besonderen militärischen Über- Unterordnung beruhen. Die mit dem allgemeinen Dienstverhältnis zusammenhängenden Rechte und Pflichten scheiden dagegen aus. Dies gilt für alle Verwaltungsangelegenheiten, von denen das Gesetz ausdrücklich die Regelung der Haftpflicht (§ 24 SG), die Auswirkung eines Wahlrechts auf das Wehrdienstverhältnis (§ 25 SG), Fragen der Geld- und Sachbezüge (§ 30 SG) und die vom Dienstherrn zu gewährende Fürsorge (§ 31 SG) hervorhebt. Für diese Regelungen, einschließlich der Entscheidungen nach § 20a SG (BVerwG NZWehr 1986, 39), ist das Verwaltungsgericht zuständig (vgl. auch Rn. 69).

Im Gegensatz zu der innerhalb der dienstinternen Kontrolle vorzunehmenden Prüfung ist dem Verfahren vor den Wehrdienstgerichten nur die Entscheidung von Rechts-, nicht aber auch von Zweckmäßigkeitsfragen vorbehalten. Vor allem im Bereich militärischer Ermessensentscheidungen kann das Gericht nicht seine Ermessensentscheidung an die Stelle derjenigen des militärischen Vorgesetzten stellen, nur weil es seine Entscheidung für zweckdienlicher hält. Ermessensentscheidungen können gerichtlich nur darauf überprüft werden, ob die gesetzlichen Grenzen des Ermessens verkannt oder überschritten sind oder ob von dem Ermessen in einer dem Zweck der Ermächtigung nicht entsprechenden Weise Gebrauch gemacht worden ist (ständige Rechtsprechung, BVerwG, Beschluss v. 26. April 1990, 1 WB 32/89, juris Rn. 3, BVerwG NZWehr 1970, 224; BVerwGE 53, 95, 96, 321, 323 f. m. Nachw.; 63, 210, 212; 73, 51 f.). **108**

6.4. Beschwerde und gerichtliches Antragsverfahren. Da den Gerichten nur die Entscheidung von Rechtsfragen zugewiesen ist, decken sich die Voraussetzungen des Beschwerderechts und die Befugnis, eine gerichtliche Entscheidung zu beantragen, nicht immer (vgl. auch § 17 Rn. 12). Bei der Beschwerde ist die Rüge des Beschwerdeführers über das Verhalten eines Vorgesetzten oder eines Kameraden Zulässigkeitsvoraussetzung, während eine gerichtliche Nachprüfung nur zulässig ist, wenn nach dem vom Antragsteller vorgetragenen Sachverhalt eine **Rechtsverletzung** vorliegt. Es ist also denkbar, dass sich der Soldat zwar auf Grund eines bestimmten Sachverhalts beschweren, gegen die ablehnende Entscheidung über seine weitere Beschwerde jedoch keine gerichtliche Entscheidung erlangen kann. Zum Beispiel kann das pflichtwidrige Verhalten eines Kameraden durchaus Gegenstand einer Beschwerde, dagegen nicht Gegenstand eines Antrages auf gerichtliche Entscheidung sein, weil ihm keine Rechtsverletzung durch die öffentliche Gewalt i. S. von Art. 19 Abs. 4 GG zugrunde liegt (BVerwG NZWehr 1979, 179 = ZBR 1981, 350). Diese Einschränkung gilt nicht nur für das wehrdienstgerichtliche Verfahren, sondern auch für das Verfahren vor den allgemeinen Verwaltungsgerichten. Im Bereich der truppendienstlichen Angelegenheiten ist praktisch jedoch die gerichtliche Nachprüfung aller im militärischen Bereich ergehenden rechtserheblichen Akte möglich. Dadurch, dass nach § 17 Abs. 3 Satz 2 Rechtswidrigkeit auch dann gegeben ist, wenn **109**

der Beschwerdeführer durch Überschreitung oder Missbrauch dienstlicher Befugnisse verletzt ist, wird der Rechtsweg zu den Wehrdienstgerichten dem Soldaten nur in den seltensten Fällen abgeschnitten sein (vgl. Obermayer, DVBl 1957, 266; auch Neufelder, DÖV 1974, 842).

110   6.5. Die Rechtsnatur des gerichtlichen Antragsverfahrens. Die WBO hat das gerichtliche Antragsverfahren nur in wenigen grundlegenden Vorschriften geregelt und sich im Übrigen darauf beschränkt, für die Anwendung allgemein anerkannter Rechtsgrundsätze des Verfahrensrechts auf systemverwandte Gesetze zu verweisen (§ 23a). Der rechtssystematische Standort des gerichtlichen Antragsverfahrens wird dadurch bestimmt, dass das Wehrbeschwerderecht sowohl mit dem Wehrdisziplinarrecht als auch mit dem Verwaltungs- und Verwaltungsprozessrecht verflochten ist (zum letzteren siehe näher § 23a Rn. 1 f.). Insbesondere die Verbindung zum Wehrdisziplinarrecht ist augenfällig: für die Beschwerde gegen einfache Disziplinarmaßnahmen verweist § 42 WDO auf die Bestimmungen der WBO, der Beschwerdebescheid wird nach den Vorschriften der WDO zugestellt (§ 12 Abs. 1 Satz 3 WBO; siehe auch § 18 Abs. 2 Satz 5 WBO); für die Besetzung des Truppendienstgerichts und für die Durchführung einer Beweisaufnahme durch das Truppendienstgericht gilt ebenfalls das Recht der WDO (vgl. auch BVerwG TP 1984, 649, 650). Die Befugnis zur Entscheidung einer Wehrbeschwerde ist ein Annex der Disziplinarbefugnis; der BMVg trifft seine Entscheidung nicht als Organ des Dienstherrn, sondern als oberster Disziplinarvorgesetzter (BVerwG NZWehr 1970, 20). In der Verfahrensstellung des Soldaten jedoch besteht ein grundlegender Unterschied. Im gerichtlichen Antragsverfahren der WBO befindet sich der Beschwerdeführer nie in einer Stellung, die sich mit der eines Soldaten im gerichtlichen Disziplinarverfahren vergleichen ließe. Seine Rechtsposition ist vielmehr ähnlich der eines Klägers im Verwaltungsprozess (BVerwG NZWehr 1970, 20; Neufelder, DÖV 1974, 842, 847). Wie dieser erstrebt er mit seinem Antrag die Aufhebung einer Maßnahme oder die Verpflichtung zur Vornahme oder Unterlassung einer abgelehnten oder unterlassenen Maßnahme oder eine sonstige Leistung oder eine Feststellung (BVerwG aaO). Während es im Verwaltungsprozess jedoch um die Durchsetzung von Rechten im allgemeinen Verhältnis vom Bürger zum Staat geht, steht im Wehrbeschwerdeverfahren die Gewährung von Rechtsschutz in einem allein durch das Verhältnis von Vorgesetzten und Untergebenen gekennzeichneten Bereich im Mittelpunkt. Im Verwaltungsprozess begegnen sich Kläger und Beklagter als Parteien des Verfahrens auf der Ebene der Gleichordnung; im Wehrbeschwerdeverfahren ist Verfahrensbeteiligter allein der Beschwerdeführer, der sich gegen eine Rechtsverletzung auf Grund des Vorgesetzten-Untergebenenverhältnisses wendet. Einen Parteienprozess im herkömmlich prozessualen Sinne gibt es also nicht (BVerwG, 1 WB 18/08 vom 21.7.2009, juris Rn. 20; BVerwG I WB 23/67 vom 15.2.1968; BVerwG NZWehr 1970, 20; BVerwG DÖV 2008, 468; grundlegend: BDHE 6, 185, 187 = NZWehr 1962, 66, 68). Dem gerichtlichen Antragsverfahren nach der WBO ist daher auch der Begriff des Antragsgegners fremd. Die WBO beschränkt sich nur auf die Bezeichnung der zur Entscheidung über die (weitere) Beschwerde berufenen Stelle i. S. eines verfahrensmäßigen Beschwerde- oder Antragsadressaten (BVerwGE 33, 228, 230). Die Tatsache, dass über einen Soldaten oder über den BMVg Beschwerde geführt worden ist, macht ihn nicht zum Verfahrensbeteiligten

i. S. des Verwaltungsprozessrechts (BVerwGE 134, 228; 230; kritisch v. Buch, NZWehrr 1972, 41 ff.). Der Betroffene hat insbesondere nicht die Rechtsstellung eines Beklagten, der kraft Gesetzes am Verfahren beteiligt ist und daher Prozesshandlungen vornehmen, insbesondere Beweisanträge stellen und Rechtsmittel einlegen kann (siehe jedoch § 22a Rn. 15). Gleichwohl ist auch dem Betroffenen gemäß § 18 Abs. 2 S. 4 WBO rechtliches Gehör zu gewähren. Der Betroffene erhält die Rechtsstellung eines Beteiligten auch nicht dadurch, dass er durch Beschluss des Truppendienstgerichts beigeladen wird. Die Beiladung ist die Zuziehung eines Dritten, dessen rechtliche Interessen durch die Entscheidung berührt werden. Sie setzt daher einen bereits anhängigen Rechtsstreit voraus, der zwischen anderen Parteien, nämlich dem Kläger und dem Beklagten, geführt wird (zur Beiladung im gerichtlichen Antragsverfahren der WBO grundsätzlich BVerwG NZWehrr 2011, 208). Ausnahmsweise erhält das BMVg nur in dem Verfahren der Rechts- und Nichtzulassungsbeschwerde (§§ 22a, 22b) die Stellung eines Verfahrensbeteiligten, indem er selbstständig sich gegen die Entscheidung des Truppendienstgerichts wenden kann (Rn. 40; Bachmann, GKÖD Yo, Vor § 1 Rn. 24).

Auch die Stelle, die zuletzt über die (weitere) Beschwerde des Soldaten **111** entschieden hat, nimmt verfahrensrechtlich keine Sonderstellung ein, nur weil sich der Antrag auf gerichtliche Entscheidung gegen ihren Beschwerdebescheid richtet. Allerdings können im Einzelfall Betroffener und letzte Beschwerdeinstanz zu materiell Beteiligten werden, wenn in der Entscheidung über den Antrag gleichzeitig über ihre Rechte und Pflichten entschieden und eine ihre Rechtsstellung beeinträchtigende Feststellung getroffen wird (BDHE 6, 185, 187 = NZWehrr 1962, 66, 68; BDH NZWehrr 1967, 126). Sie werden daher stets zu laden sein; ihnen muss vor der Entscheidung rechtliches Gehör gewährt werden (vgl. § 10 Rn. 23; § 18 Rn. 44); soweit sie materiell durch die Entscheidung berührt werden, entfaltet diese auch ihnen gegenüber Rechtskraft (§ 22b Rn. 17). An ihrer verfahrensrechtlichen Stellung ändert sich hierdurch jedoch nichts (vgl. auch BVerwG, Beschluss v. 9. Februar 2011 – 1WB 59/10, juris Rn. 7 f.).

7. Die Wehrdienstgerichte

7.1. Vorbemerkung. Träger des gerichtlichen Rechtsschutzes sind die **112** Wehrdienstgerichte, die auf Grund der Ermächtigung des Art. 96 Abs. 4 GG errichtet sind (vgl. auch Neufelder, DÖV 1974, 842, 843; hierzu auch Eyermann/Rennert, VwGO, § 40 Rn. 156). Wehrdienstgerichte sind gem. § 68 WDO die Truppendienstgerichte und das Bundesverwaltungsgericht. In Wehrdisziplinar- und Wehrbeschwerdesachen entscheiden damit zum ersten Mal in der deutschen Militärgeschichte unabhängige, nur dem Gesetz unterworfene Gerichte (Eichler, Die Gerichtsbarkeit für die Bundeswehr, Bulletin der Bundesregierung 1957, Nr. 185, S. 1701 f.).

Die WBO selbst enthält keine Vorschriften über die Errichtung der Wehr- **113** dienstgerichte. Diese finden sich vielmehr in der WDO, deren § 68 bestimmt, dass Wehrdienstgerichte Dienstgerichte für gerichtliche Disziplinarverfahren gegen Soldaten und für Beschwerden von Soldaten sind. Die Bestimmungen der WDO über die Wehrdienstgerichte finden damit auf das Verfahren der WBO grundsätzlich Anwendung, sofern sich aus dem Wehrbeschwerderecht keine Sonderregelung ergibt (zu den Einzelheiten der gerichtsverfassungsrechtlichen Bestimmungen der WDO siehe Dau/Schütz, WDO, §§ 69 ff.).

114 Die Wehrdienstgerichtsbarkeit umfasst zwei Instanzen, die allerdings in dieser Form nur für das gerichtliche Disziplinarverfahren nach der WDO Bedeutung haben. Im gerichtlichen Antragsverfahren nach der WBO entscheiden die Truppendienstgerichte vorbehaltlich der Rechts- und der Nichtzulassungsbeschwerde (§§ 22a, 22b) endgültig. Einen weiteren Rechtsweg zum BVerwG sieht das geltende Recht nicht vor; nur als Entschädigungsgericht gem. § 23a Abs. 2 Satz 2 i. Vbg. m. § 201 Abs. 1 Satz 2 GVG hat das BVerwG eine zusätzliche Aufgabe. Um gleichwohl eine einheitliche Rechtsprechung der Wehrdienstgerichte zu ermöglichen, kann das Truppendienstgericht lediglich Rechtsfragen von grundsätzlicher Bedeutung dem BVerwG zur Entscheidung vorlegen, wenn nach seiner Auffassung die Fortbildung des Rechts oder die Sicherung einer einheitlichen Rechtsprechung es erfordert (§ 18 Abs. 4; siehe auch § 40 Abs. 6 WDO). Die Einstufigkeit des gerichtlichen Antragsverfahrens nach der WBO trägt dem Bedürfnis der Bundeswehr nach schnellen Entscheidungen Rechnung; eine rasche und endgültige gerichtliche Entscheidung soll alsbald den Rechtsfrieden im militärischen Bereich wieder herstellen. Für Beschwerden gegen Entscheidungen des BMVg sowie gegen Entscheidungen über weitere Beschwerden des Generalinspekteurs besteht ein privilegium fori des BVerwG (§§ 21, 22; siehe auch § 42 Nr. 5 Satz 2 WDO).

115 **7.2. Die Truppendienstgerichte.** Die beiden Truppendienstgerichte Nord und Süd sind in Münster sowie in München errichtet (vgl. § 1 der Verordnung über die Errichtung von Truppendienstgerichten vom 16.5.2006 (BGBl. I S. 1262) i. Vbg. m. der Verordnung zur Regelung der Dienstbereiche der Truppendienstgerichte und zur Bildung von Truppendienstkammern vom 15.8.2012 (BGBl. I S. 1714). Sie gehören zum Geschäftsbereich des Bundesministeriums der Verteidigung (§ 69 Abs. 4 WDO).

116 **7.3. Die Wehrdienstsenate.** Beim BVerwG sind zwei Wehrdienstsenate gebildet. Sie gehören daher zum Geschäftsbereich des Bundesministeriums der Justiz. Wo in der WBO das BVerwG genannt wird, sind darunter stets die Wehrdienstsenate zu verstehen.

117 **7.4. Besetzung.** Die Kammer eines Truppendienstgerichts entscheidet grundsätzlich in der Besetzung mit einem Richter als Vorsitzendem und zwei ehrenamtlichen (militärischen) Richtern (siehe jedoch § 76 WDO). Nur in besonderen Fällen (§ 17 Abs. 6) kann der Vorsitzende der Truppendienstkammer ohne ehrenamtliche Richter entscheiden. Maßgeblich für die vorschriftsmäßige Besetzung ist der Zeitpunkt der gerichtlichen Entscheidung (BVerwG NZWehr 2011, 127, 128; 2011, 167, 168). Zur Besetzung des Truppendienstgerichts bei Anfechtung der Wahl der Gleichstellungsbeauftragten siehe § 16f Abs. 4 SGleiG. Unterschiedlich davon ist die Besetzung der Wehrdienstsenate geregelt. Abschließende Sachentscheidungen entscheiden sie in der Besetzung von drei Richtern und zwei ehrenamtlichen Richtern (§ 18 Abs. 4 Satz 2; BVerwG NZWehr 2008, 261). Die volle Besetzung des Senats ist gerechtfertigt, soweit wehrdienstliche Fragen zu entscheiden sind, bei deren Beurteilung das fachliche Urteil eines militärischen Beisitzers nicht entbehrt werden kann (vgl. Begr., S. 16). Im

Anfechtungsverfahren der Wahl zum Gesamtvertrauenspersonenausschuss entscheidet der Wehrdienstsenat in der Besetzung mit drei ehrenamtlichen Richtern (§ 52 Abs. 3 SBG; BVerwGE 134, 228, 229). Die Beteiligung ehrenamtlicher Richter ist jedoch nicht erforderlich, wenn es sich um Entscheidungen über rein verfahrensrechtliche Vorfragen, um Neben- oder Zwischenentscheidungen handelt, die auch im gerichtlichen Disziplinarverfahren außerhalb der Hauptverhandlung nur mit drei richterlichen Mitgliedern beurteilt werden (§ 80 Abs. 3 Satz 1 WDO; BDHE 4, 172 = NZWehr 1959, 100; BVerwG NZWehr 1980, 144, 146; BVerwGE 63, 289; BVerwG NZWehr 2008, 261; 2011, 212) oder auch bei Entscheidungen, die besonderer Beschleunigung bedürfen. Das gilt auch für das Wehrbeschwerderecht (Ausnahme: § 18 Abs. 4 Satz 2 WBO). Für die Besetzung der Truppendienstkammer vgl. § 18 Rn. 5 ff.

7.5. Die Gerichtsqualität der Truppendienstgerichte. Die Richter **118** der Wehrdienstgerichte üben ihre Tätigkeit in richterlicher Unabhängigkeit aus. Diese an Art. 97 GG ausgerichtete Feststellung ist vereinzelt Ziel kritischer Einwände gewesen (Obermayer, DVBl 1957, 263; Salzmann, S. 123 ff.; siehe auch Erhardt, S. 30 Fn 37; Neufelder, DÖV 1974, 842 ff. und Bornemann, NZWehr 1985, 99 sowie Bachmann, GKÖD Yo, Vor § 1 Rn. 56 f.). Die Bedenken gründen sich vor allem darauf, dass die verfassungsrechtliche Garantie der Unversetzbarkeit und Unabsetzbarkeit bei den ehrenamtlichen Richtern nicht eingehalten worden sei. Als Mitgliedern der Exekutive fehle es ihnen an der notwendigen strukturellen Abgrenzung, um unbefangen und sachlich unabhängig über die Akte der vollziehenden Gewalt entscheiden zu können (Obermayer, DVBl 1957, 266 f.; Salzmann, S. 124; Neufelder, DÖV 1974, 842). So könne ein ehrenamtlicher Richter in der Jahresliste übergangen werden, wenn die Ausübung eines bestimmten militärischen Dienstes gerade durch diesen Soldaten besonders wichtig und er daher verhindert sei, an der Sitzung teilzunehmen (§ 74 Abs. 5 Satz 2 WDO); mit der Versetzung des ehrenamtlichen Richters zu einer Dienststelle außerhalb des Gerichtsbezirkes erlösche sein Amt (§ 79 Abs. 2 Nr. 3 WDO), und schließlich erlösche sein Richteramt auch, wenn er den Dienstgrad einer anderen Dienstgradgruppe erhalte (§ 79 Abs. 2 Nr. 4 WDO).

Das Bundesverfassungsgericht hat in seinem Beschluss vom 2.5.1967 **119** (BVerfGE 21, 391, 398 = NJW 1967, 1654) ausdrücklich festgestellt, dass die Truppendienstgerichte Gerichte im Sinne des Grundgesetzes sind; ihre Einrichtung, Zuständigkeit und Zusammensetzung seien in der WDO in einer Weise geregelt, die die Unabhängigkeit der Berufs- und Laienrichter und die Trennung von der vollziehenden Gewalt gewährleiste (so auch nachdrücklich das BVerwG NZWehr 1985, 117 und 1984, 209; BVerwGE 76, 286 = NZWehr 1985, 117; BVerwGE 93, 287 = NZWehr 1993, 169). Es hat darüber hinaus die Existenz der Truppendienstgerichte als Fachgerichte verschiedentlich anerkannt (BVerfG NZWehr 1980, 135, 136; 1972, 109) und in allen Fällen, in denen es gegen Entscheidungen der Truppendienstgerichte angerufen wurde, ihre rechtsstaatliche Qualität auch nicht ansatzweise in Zweifel gezogen (vgl. z. B. BVerfGE 28, 51 = NZWehr 1970, 218; 1979, 173; siehe auch NZWehr 1968, 101).

Die Bedenken erweisen sich weitgehend als unbegründet. Art. 97 Abs. 2 **120** GG, der die persönliche Unabhängigkeit des Richters sichert, bezieht sich seinem Wortlaut nach zwar nur auf die „hauptamtlich und planmäßig angestellten Richter". Es entspricht jedoch herrschender Auffassung, dass auch dem ehrenamtlichen Richter als Minimum seiner Unabhängigkeit garantiert sein muss, vor Ablauf seiner Amtszeit nur unter gesetzlich bestimmten Voraussetzungen und gegen seinen Willen nur kraft richterlicher Entscheidung abberufen zu werden (BVerfGE 14, 56, 70; 18, 241, 255; 26, 186, 198 f.; 27, 312, 322; Hillgruber, in Maunz/Dürig, GG, Art. 97 Rn. 101; vgl. auch Salzmann, S. 123; Obermayer, aaO., S. 266).

121   Die WDO genügt im Wesentlichen diesen Voraussetzungen (so auch Oetting, Beschwerderecht, S. 102 ff.; v. Scheliha, S. 153 ff.; vgl. auch Lerche, Grundrechte, S. 521, Fn. 260 sowie BVerwG NZWehrr 1984, 209; 1985, 117). Von der Reihenfolge der Jahresliste darf nur aus zwingenden Gründen und nur mit Zustimmung des Vorsitzenden der Truppendienstkammer abgewichen werden (§ 74 Abs. 5 S. 2 WDO), im Übrigen hängt es allein von seiner Entscheidung ab, ob die besondere Wichtigkeit des militärischen Dienstes ein Abweichen von der Jahresliste rechtfertigt. Diese Regelung genügt rechtsstaatlichen Anforderungen (so auch Neufelder, DÖV 1974, 842, 844). Durch Versetzung eines ehrenamtlichen Richters zu einem anderen Truppenteil oder einer anderen Dienststelle (§ 79 Abs. 2 Nr. 3 WDO) ließe sich zwar formal eine Änderung der vorbestimmten Besetzung durch die Exekutive erreichen; jedoch erlischt das Amt als ehrenamtlicher Richter in diesem Fall erst nach Ablauf eines Monats nach Mitteilung der Versetzung an ihn und auch nur dann, wenn der ehrenamtliche Richter dem Erlöschen nicht widerspricht (§ 79 Abs. 3 WDO; Oetting, Beschwerderecht, S. 106). Dieses Widerspruchsrecht des ehrenamtlichen Richters ist ebenfalls ein Art. 97 Abs. 2 GG genügendes Sicherungsmittel (Neufelder, aaO., S. 843, siehe aber S. 844; vgl. auch BVerwG NZWehrr 1971, 24, 29; BVerfGE 14, 71 f.).

122   Verfassungsrechtlich bedenklich ist dagegen die mögliche Einflussnahme der Exekutive auf die Besetzung der Richterbank durch Beförderung des ehrenamtlichen Richters in eine neue Dienstgradgruppe (§ 79 Abs. 2 Nr. 4 WDO). Der von Oetting (aaO., S. 107) angebotene Lösungsvorschlag, § 79 Abs. 3 n. F. WDO entsprechend anzuwenden, bleibt angesichts des klaren Wortlauts dieser Bestimmung unbefriedigend (vgl. auch Neufelder, DÖV 1974, 842, 846). Auch die Auffassung des BVerwG (NZWehrr 1971, 24, 29 f.), eine während einer Hauptverhandlung oder Beschlussfassung nach der WBO eröffnete Beförderung eines ehrenamtlichen Richters in eine andere Dienstgradgruppe stehe seiner weiteren Mitwirkung nicht entgegen, ist abzulehnen. Ihr liegt eine vom Gesetzeswortlaut nicht mehr gedeckte Auslegung des Begriffes „Richteramt" zugrunde, da nunmehr Status und Liste der ehrenamtlichen Richter nicht mehr übereinstimmen (vgl. Dau/Schütz, WDO, § 79 Rn. 8); sie verstößt daher gegen den Wortlaut des § 79 Abs. 2 Nr. 4 WDO (so auch Neufelder ebenda; zweifelnd auch Bornemann, NZWehrr 1985, 99, 101 und Müller, NZWehrr 1988, 45). Gleichwohl erscheint diese Form der Einflussnahme durch den Dienstherrn eher theoretischer Natur zu sein.

IV. Die Dienstaufsichtsbeschwerde

1. Problemstellung

Die Frage, ob und inwieweit der Soldat neben dem förmlichen Beschwer- **123** derecht nach der WBO das Recht zu einer Dienstaufsichtsbeschwerde hat, wird im wehrrechtlichen Schrifttum nicht einheitlich beantwortet (ablehnend: Frahm, WBO, S. 34 f.; v. Scheliha, S. 161; Schirmer, NZWehr 1966, 115; siehe auch Obermayer, DVBl 1957, 264; befürwortend: Lerche, Grundrechte, S. 510; Meyer, NZWehr 1959, 45 ff.; Eitel, S. 148 f.; Oetting, Beschwerderecht, S. 130 ff.; Lingens, Grundriss, S. 20 f.; siehe auch BVerwG I WB 104/68 vom 10.6.1969; zur Dienstaufsichtsbeschwerde allgemein siehe Becker-Kavan, DÖD 2000, 273).

Der Grund für die unterschiedlichen Auffassungen liegt in einer vom **124** Gesetzgeber selbst missverständlich erläuterten Bedeutung des militärischen Beschwerderechts. Nach der Begründung zum Entwurf einer WBO (BT-Drs. 2359, 2. Wahlperiode, 1953, S. 7) sollte eine **Einheitsbeschwerde** geschaffen werden, die nicht nur Dienstaufsichtsbeschwerde, sondern auch Beschwerde als Vorverfahren für das wehrdienst- und verwaltungsgerichtliche Verfahren war (vgl. den Bericht des Abgeordneten Mertes in Stenographische Berichte, Deutscher Bundestag, 2. Wahlperiode, 181. Sitzung vom 14.12.1956, S. 10 092 A – Schriftlicher Bericht des Verteidigungsausschusses vom 6.12.1956, BT-Drs. zu Nr. 2982 sowie BT-Drs. V/3263, S. 39). Diese Absicht kommt in verschiedenen Bestimmungen der WBO erkennbar zum Ausdruck: bei Zurücknahme einer Beschwerde soll die Pflicht des Vorgesetzten erhalten bleiben, im Rahmen seiner Dienstaufsicht Mängel abzustellen (§ 8 Abs. 2); einer wegen Nichteinhaltung des vorgeschriebenen Dienstweges oder der vorgeschriebenen Frist zurückgewiesenen Beschwerde ist gleichwohl nachzugehen und soweit erforderlich für Abhilfe zu sorgen (§ 12 Abs. 3 Satz 2); ferner ist die Untersuchung der Beschwerde stets darauf zu erstrecken, ob mangelnde Dienstaufsicht oder sonstige Mängel im dienstlichen Bereich vorliegen (§ 14).

Die Konstruktion einer Einheitsbeschwerde war dem militärischen Be- **125** schwerderecht neu. Noch die BO von 1936 ließ neben der Wehrbeschwerde auch die Dienstaufsichtsbeschwerde zu, und zwar nicht nur in den Fällen, in denen die Beschwerde ausdrücklich ausgeschlossen war (Nr. 4 BO 1936, Text bei Dau, UBWV 1970, 49, Fn 3), sondern auch überall dort, wo sich der Soldat sonst in seinen Rechten beeinträchtigt glaubte (Dietz, BO, S. 63 ff.; Oetting, Beschwerderecht, S. 131; abweichend Frahm, WBO, S. 34). Der Begriff der neuen Einheitsbeschwerde führte daher zwangsläufig zu der Ansicht, dass dem Soldaten in der WBO nunmehr ein auch die Dienstaufsichtsbeschwerde umfassendes Beschwerderecht eingeräumt sei. Da die Beschwerde zugleich Rechtsbeschwerde und Dienstaufsichtsbeschwerde sei, müsse eine zusätzlich erhobene Dienstaufsichtsbeschwerde als unzulässig anzusehen sein. Diese Auffassung ist mit Art. 17 GG unvereinbar. Mittlerweile ist dieser Streit indes zu Gunsten der hier vertretenen Auffassung entschieden, da das BVerwG in seiner Rechtsprechung selbstverständlich von einem Nebeneinander von Beschwerde nach der WBO und Dienstaufsichtsbeschwerde als formlosem Rechtsbehelf ausgeht (so zuletzt BVerwG, Beschluss v. 9. August 2007, 1 WB 51/06, juris Rn. 20).

2. Das Petitionsrecht

126   Nach Art. 17 GG hat jedermann das Recht, sich einzeln oder in Gemeinschaft mit anderen schriftlich mit Bitten oder Beschwerden an die zuständigen Stellen oder an die Volksvertretung zu wenden. Dieses Grundrecht kann nach Art. 17a GG u. a. für die Angehörigen der Streitkräfte während der Zeit des Wehrdienstes eingeschränkt werden, soweit es das Recht gewährt, Bitten oder Beschwerden in Gemeinschaft mit anderen vorzubringen (vgl. auch Hahnenfeld, NZWehr 1976, 170). Von dieser Ermächtigung hat der Gesetzgeber für das militärische Beschwerderecht in § 1 Abs. 4 WBO und für die Anrufung des Wehrbeauftragten in § 7 WBeauftrG Gebrauch gemacht (teilweise abweichend v. Scheliha, S. 163; Hoffmann, S. 76; Graf Vitzthum, Petitionsrecht, S. 133). Eine weitergehende gesetzliche Ermächtigung ist dagegen nicht zulässig, so dass dem Soldaten – von der Sammelbeschwerde und -eingabe abgesehen – das Petitionsrecht in vollem Umfang erhalten bleibt. In letzter Zeit zeigt sich eine signifikante Zunahme der direkten Eingaben an die Leitung des BMVg, welche im Rahmen sog. Buntkreuze in vielen Fällen beschleunigt und mit durchaus guten Aussichten auf Erfolg bearbeitet werden. Diese Entwicklung gibt Anlass zu Besorgnis, da sie das seit Jahrzehnten gefestigte und an die Bedürfnisse der Streitkräfte angepasste Verfahren der Beschwerde durch ein Parallelverfahren jenseits des Dienstweges, gleichsam auf der „Überholspur", ergänzt und zuweilen ersetzt. Eine direkte Verbindung zwischen BMVg und Truppe etablieren zu wollen ist sicherlich ein politisch wünschenswertes und den Grundsätzen der Inneren Führung entsprechendes Anliegen. Umsetzung und Ausgestaltung sollten indes mit Maß geschehen, da ansonsten den Soldatinnen und Soldaten suggeriert wird, dass ihre unmittelbaren Vorgesetzten, an die man sich „nur" mit einer Beschwerde wenden kann, nicht ausreichend ermächtigt oder gar befähigt sind, Missstände in der Truppe zu erkennen und abzustellen. Ein solcher Vertrauensverlust wäre fatal. Gerade aber auch vor dem Hintergrund, dass Entscheidungen der Leitung des BMVg im Rahmen solcher Eingaben nicht justiziabel sind, da sie letztlich nur Ausdruck allgemeiner Dienstaufsicht sind, die sich einer wehrdienstgerichtlichen Nachprüfung entziehen (vgl. BVerwG, Beschluss v. 28. April 2009 – 1 WB 78/08, juris Rn. 30), suggeriert möglicher Weise ein falsches Bild in der Truppe. Wird der Beschwerdeweg nämlich erst nach erfolgloser Eingabe bestritten, ist häufig die Beschwerde bereits verfristet und am Ende der Rechtsweg verbaut. Hier kann nur eine in letzter Zeit leider allzu sehr vernachlässigte profunde Ausbildung im Bereich des Beschwerderechts Abhilfe schaffen. Nur wenn Untergebene und Vorgesetzte ein klares und einheitliches Verständnis haben, was sinnvoller Weise mit einer Beschwerde angegriffen werden kann und sollte, wird die Wehrbeschwerde wieder als sinnvolles Mittel zur Wiederherstellung der inneren Ordnung genutzt.

3. Petitionsrecht und Dienstaufsichtsbeschwerde

127   Der verfassungsrechtlichen Garantie des Art. 17 GG unterliegt auch die Dienstaufsichtsbeschwerde, die nach einhelliger Ansicht als formloser Rechtsbehelf dem Begriff der Petition zuzurechnen ist (Neubauer, ZBR 1958, 305; Meyer, NZWehr 1959, 46; Klein, in Maunz/Dürig, GG, Art. 17 Rn. 48; Eitel, S. 67). Sie ist kein förmliches Rechtsmittel, sondern eine Beschwerde eigener Art. Ihrem Wesen nach kann sie Aufsichtsbeschwerde sein, wenn sie sich gegen Akte der vollziehenden Gewalt richtet, oder Dienstaufsichtsbeschwerde im engeren Sinne mit dem Ziel, Maßnahmen der Dienstaufsicht gegenüber dem dienstlichen Verhalten eines Beamten oder Soldaten auszulösen. Regelmäßig werden sich jedoch beide Erscheinungsformen der Dienstaufsichtsbeschwerde decken, da der Beschwerdeführer sowohl das sachliche als auch das persönliche Verhalten des Beamten oder Soldaten rügen wird.

4. Wehrbeschwerde und Dienstaufsichtsbeschwerde

Wenn der Beschwerdeführer im Wege der Dienstaufsichtsbeschwerde die **128** Nachprüfung einer Maßnahme oder eines persönlichen Verhaltens auf ihre Rechtmäßigkeit und Zweckmäßigkeit verlangt, nähert sich die Dienstaufsichtsbeschwerde dem Rechtsbehelf der förmlichen Beschwerde, mit der der Beschwerdeführer die gleiche Entscheidung verlangen kann (Salzmann, S. 139). Wären Dienstaufsichtsbeschwerde und förmliche Beschwerde geeignet, das Rechtsschutzbegehren des Soldaten in gleichem Umfang zu erfüllen, erwiese sich die Konstruktion der Einheitsbeschwerde insoweit am Petitionsrecht des Art. 17 GG gemessen als verfassungsrechtlich unbedenklich. Die zwischen ihnen bestehenden Unterschiede erlauben diesen Schluss jedoch nicht. Schon in ihren formellen Voraussetzungen weichen sie erheblich voneinander ab (vgl. auch Meyer, NZWehrr 1959, 45 f.; Eitel, S. 148). Die Beschwerde setzt u. a. voraus, dass der Beschwerdeführer selbst glaubt, durch eine unrichtige Behandlung oder ein pflichtwidriges Verhalten eines Kameraden beschwert zu sein. Sie ist an Frist und Form gebunden (§§ 5, 6). Die Dienstaufsichtsbeschwerde dagegen verlangt weder eine persönliche Beschwer noch sind bei ihr bestimmte Fristen einzuhalten.

Soweit sich die Beschwerde schon in formeller Hinsicht deutlich von der **129** Dienstaufsichtsbeschwerde abhebt, ist die Konstruktion der Einheitsbeschwerde nicht konsequent durchgehalten. Zwar stellt § 12 Abs. 3 Satz 2 sicher, dass der Beschwerde im Wege der Dienstaufsicht nachzugehen ist, wenn sie zurückgewiesen wurde, weil sie nicht innerhalb der Beschwerdefrist bei einer gesetzlich vorgesehenen Einlegestelle eingegangen ist. Gegenüber den umfassenderen Befugnissen aus Art. 17 GG ist diese Regelung jedoch nur unvollkommen. Eine dienstaufsichtliche Prüfung kann nach § 12 Abs. 3 Satz 2 immer erst dann stattfinden, wenn der Soldat zunächst eine – wenn auch formell unzulässige – Beschwerde erhoben hat. Außerdem bleibt es unklar, was zu geschehen hat, wenn die Beschwerde aus anderen Gründen zurückgewiesen worden oder ein formelles Beschwerderecht aus materiellen Gründen nicht gegeben ist. In der Praxis erfolgen sog. dienstaufsichtliche Feststellungen in allen Fällen der Zurückweisung einer Beschwerde als unzulässig. Schließlich ergeben sich Schwierigkeiten, wenn der Soldat in der weiteren Beschwerdeinstanz eine dienstaufsichtliche Prüfung verlangt. Auch im Fall der weiteren Beschwerde ist der dienstaufsichtliche Teil gesondert zu behandeln, da § 12 Abs. 3 Satz 2 auch für die weitere Beschwerde gilt (§ 16 Abs. 4; vgl. Meyer, NZWehrr 1959, 47). Will der Beschwerdeführer auf die erstinstanzliche dienstaufsichtliche Prüfung eine weitere Entscheidung haben, müsste er, um dieses Ziel zu erreichen, stets weitere Beschwerde einlegen, obwohl er von der Richtigkeit der ergangenen Entscheidung selbst schon überzeugt ist (so auch Meyer, aaO, der insbesondere noch die praktischen

Schwierigkeiten dieser Regelung betont). Das erscheint wenig sinnvoll. Aus diesem Grund muss der Beschwerdeführer jedenfalls dann die Befugnis zu einer Dienstaufsichtsbeschwerde haben, wenn die Erstbeschwerde aus dem in § 12 Abs. 3 Satz 1 genannten Grunde als unzulässig zurückgewiesen und sein sachliches Vorbringen lediglich im Wege der Dienstaufsicht nachgeprüft worden ist. In den Fällen, in denen die Beschwerde aus einem anderen als dem in § 12 Abs. 3 Satz 1 genannten Grund zurückgewiesen worden ist, muss unter Berücksichtigung des Art. 17 GG der Rechtsgedanke des § 12 Abs. 3 Satz 2 entsprechend angewandt werden (a. A. Meyer, aaO, S. 49, der jedoch eine zusätzliche Dienstaufsichtsbeschwerde zulassen will). Eine selbstständige Dienstaufsichtsbeschwerde muss dagegen dort anerkannt werden, wo der Beschwerdeführer schon in Kenntnis der fehlenden formellen Voraussetzungen (z. B. es liegt keine Beschwer vor oder es besteht kein Feststellungsinteresse) von einer Beschwerde absieht (vgl. hierzu auch Dau, UBWV 1970, 50). Anderseits darf eine vom Beschwerdeführer eindeutig als Wehrbeschwerde bezeichnete Beschwerde nicht als Dienstaufsichtsbeschwerde behandelt werden, nur weil sie als Wehrbeschwerde für unzulässig gehalten wird; sie muss als Wehrbeschwerde entschieden und ggf. als nicht statthaft oder unzulässig zurückgewiesen werden (BVerwG NZWehr 1979, 105 = ZBR 1981, 135).

130 Das Grundrecht des Art. 17 GG verleiht demjenigen, der eine Dienstaufsichtsbeschwerde einlegt, das Recht, dass eine angerufene Instanz diese nicht nur entgegennimmt, sondern auch sachlich prüft und dem Beschwerdeführer zumindest die Art der Erledigung schriftlich mitteilt (BVerfGE 2, 225; Klein, in Maunz/Dürig, GG, Art. 17 Rn. 89). Eine bloße Empfangsbescheinigung reicht nicht aus; es genügt jedoch ein sachlicher Bescheid, aus dem ersichtlich ist, wie die angerufene Instanz die Dienstaufsichtsbeschwerde zu behandeln gedenkt (BVerfG aaO, S. 230). Wenn über die Dienstaufsichtsbeschwerde in einem den Soldaten nicht befriedigenden Sinne entschieden worden ist, kann er gegen den ablehnenden Bescheid weitere Dienstaufsichtsbeschwerde einlegen. Ein Recht zu einer Beschwerde nach der WBO hat er in diesem Falle grundsätzlich nicht, weil das Ergebnis einer dienstaufsichtlichen Prüfung den Soldaten nicht beschwert (BVerwGE 33, 165; vgl. § 1 Rn. 110). Der ablehnende Bescheid auf eine Dienstaufsichtsbeschwerde enthält nur die Feststellung, dass der nächsthöhere Vorgesetzte keinen Anlass zur Abhilfe gesehen hat. Ausnahmsweise wird eine Beschwerde nur dann zuzulassen sein, wenn über den Rahmen des dienstaufsichtlichen Bescheides hinaus eine die Rechte des Beschwerdeführers beeinträchtigende Entscheidung getroffen worden ist.

131 Obwohl sich aus Art. 17 GG ausdrücklich keine Pflicht zur Einhaltung eines Instanzenzuges begründen lässt (Klein, in Maunz/Dürig, GG, Art. 17 Rn. 108), ist es mit dem Petitionsrecht vereinbar, bestimmten Stellen innerhalb der Exekutive die Entscheidungszuständigkeit für Dienstaufsichtsbeschwerden zuzuordnen (so wohl auch BVerfGE 2, 229; Obermayer, DVBl 1957, 264; Oetting, Beschwerderecht, S. 134). Auch die Vorschriften über die Einlegung der Beschwerde können auf die Behandlung der Dienstaufsichtsbeschwerde übertragen werden, wenn dabei deutlich bleibt, dass sie an Frist- und Formvorschriften nicht gebunden und aus diesen Gründen nicht zurückgewiesen werden darf. Der Beschwerdeführer kann sie also bei dem nächsten Disziplinarvorgesetzten oder der sonst zur Entscheidung zuständigen Stelle einlegen, er kann sie schriftlich oder mündlich zu Protokoll erklären. Eine gemeinschaftlich vorgetragene Dienstaufsichtsbeschwerde ist jedoch unzulässig (§ 1 Abs. 4 WBO entsprechend; so auch Oetting, aaO, S. 136; Ipsen, BK, Art. 17a Rn. 75). Vor dienstlichen Maßregelungen oder Benachteiligungen im Zusammenhang mit der Dienstaufsichtsbeschwerde ist der Soldat durch das hier entsprechend anzuwendende Benachteiligungsverbot des § 2 WBO geschützt.

Der Beschwerdeführer hat keinen Anspruch auf einen begründeten und **132** mit einer Rechtsbehelfsbelehrung versehenen Beschwerdebescheid (siehe jedoch Rn. 130) sowie keine Möglichkeit, zu einer gerichtlichen Entscheidung zu gelangen. Wenn er auf seine Dienstaufsichtsbeschwerde ordnungsgemäß beschieden ist, hat er, wenn er eine Dienstaufsichtsbeschwerde gleichen Inhalts nochmals bei der gleichen Stelle anbringt, grundsätzlich keinen Anspruch mehr auf sachliche Prüfung und Bescheid (BVerwGE 2, 225).

5. Zusammenfassung

Zusammenfassend ergibt sich damit, dass das förmliche Beschwerderecht **133** nach der WBO durch die Möglichkeit einer zusätzlichen Dienstaufsichtsbeschwerde ergänzt werden kann. Der Soldat wird zwar regelmäßig das stärkere Recht der WBO für sich in Anspruch nehmen, so dass zu seinen Gunsten auch eine als Dienstaufsichtsbeschwerde bezeichnete Schrift als Beschwerde nach der WBO zu behandeln ist, wenn sie deren Voraussetzungen erfüllt. Nur wenn dem Soldaten ein förmlicher Rechtsbehelf nach der WBO nicht eingeräumt oder nicht mehr möglich ist oder dieser sein dienstaufsichtliches Petitum nicht erfasst, bleibt das Recht zu einer Dienstaufsichtsbeschwerde unberührt.

V. Das parlamentarische Petitionsrecht

Neben dem Recht zur Dienstaufsichtsbeschwerde hat im Rahmen des **134** Art. 17 GG vor allem das parlamentarische Petitionsrecht seinen Platz (hierzu auch Graf Vitzthum/März, JZ 1985, 809). Wie jeder andere Staatsbürger hat auch der Soldat das Recht, sich mit Bitten und Beschwerden an die Volksvertretung zu wenden (siehe eingehend Reckzeh, DVBl 1983, 70 ff.; TP 1984, 91 ff.; derselbe in Informationen für die Truppe, 1985, Nr. 3 S. 16 ff.; insbesondere auch zur Abgrenzung zwischen Petition und Eingaberecht an den Wehrbeauftragten Reckzeh in „Die Bundeswehr", 1984, Nr. 12, S. 40; BWV 1982, 127). Für die Behandlung dienstlicher Angelegenheiten kommt dabei nur der Bundestag in Frage, da das Verteidigungswesen zur ausschließlichen Gesetzgebungskompetenz des Bundes gehört. Die Behandlung der an den Bundestag gerichteten Petitionen obliegt dem Petitionsausschuss (Art. 45c GG). Die Aufgaben und Befugnisse des Wehrbeauftragten bleiben dadurch unberührt (siehe Rn. 140 ff.).

Auch das parlamentarische Petitionsrecht lässt das förmliche Recht zur **135** Beschwerde nach den Vorschriften der WBO unberührt, so dass der Soldat auf die Einlegung einer Beschwerde nicht verzichten kann, wenn er letztlich die Entscheidung eines Gerichts über sein Beschwerdevorbringen herbeiführen will (Eitel, Das Grundrecht der Petition, S. 67). In der Ausübung des parlamentarischen Petitionsrechts ist der Soldat keinen Beschränkungen unterworfen. Die teilweise vertretene Auffassung (siehe die Nachweise bei

Oetting, Beschwerderecht S. 127 Fn 41), dass durch § 1 Abs. 4 WBO auch Gemeinschaftspetitionen gegenüber dem Parlament untersagt seien, ist abzulehnen. Der Zweck der WBO liegt ausschließlich in der Regelung des militärischen Beschwerdeverfahrens. Die „Meutereiklausel" des § 1 Abs. 4 WBO nimmt für das militärische Beschwerdeverfahren nur den alten soldatenrechtlichen Grundsatz wieder auf, dass eine Sammelbeschwerde sich disziplingefährdend auswirken könne. So berechtigt diese Überlegung für die förmliche Beschwerde und die Dienstaufsichtsbeschwerde ist, so wenig überzeugt sie für das parlamentarische Petitionsrecht. Aus der gemeinsamen Ausübung des parlamentarischen Petitionsrechts kann eine Gefahr für die Disziplin nicht erwachsen, weil sich die Petition nicht an ein vorgesetztes Exekutivorgan, sondern an die Legislative richtet, die auch nicht selbst aktiv werden, sondern nur indirekt für Abhilfe sorgen kann (so v. Scheliha, S. 159; Oetting, Beschwerderecht, S. 127 f. m. w. Nachw.; Uerpmann-Wittzack, in v. Münch/Kunig, GG, Art. 17a Rn. 12; Klein, in Maunz/Dürig, GG, Art. 17 Rn. 77; Jarass, in Jarass/Pieroth, GG, Art. 17 Rn. 4).

136 Beleidigende Petitionen sind vom Schutz des Petitionsrechts nicht umfasst (vgl. hierzu auch BAG RiA 1972, 10). Der Soldat trägt für den Inhalt seiner Petition das volle strafrechtliche und disziplinare Risiko (BDHE 6, 146 m. Nachw.; Weingärtner, NZWehrr 1987, 11; Spranger, NZWehrr 1996, 221). Im Übrigen dürfen dem Soldaten in Ausübung seines Petitionsrechts keine dienstlichen Nachteile entstehen.

137 Zur Ausübung des parlamentarischen Petitionsrechts braucht der Soldat den Dienstweg nicht einzuhalten (wie hier Eitel, Das Grundrecht der Petition, S. 150; Oetting, Beschwerderecht, S. 129; vgl. auch den Bericht des Abgeordneten Strasche in Stenographische Berichte des Deutschen Bundestages, 2. Wahlperiode, 114. Sitzung vom 1.12.1955, S. 6129 C; vgl. auch den Wortlaut des § 7 WBeauftrG). Die Petition an den Deutschen Bundestag verlangt Schriftform (Klein, in Maunz/Dürig, GG, Art. 17 Rn. 61 ff.) und darf nicht anonym sein. Sie unterliegt nicht den Zulässigkeitsvoraussetzungen, die für das förmliche Beschwerderecht nach der WBO gelten; andererseits gibt sie einen Anspruch auf Erledigung durch die zuständige Stelle (BVerwG DÖV 1976, 315).

138 Die Behandlung von Petitionen durch den Bundestag richtet sich nach den §§ 110 ff. der Geschäftsordnung des Deutschen Bundestages vom 2.7.1980 – BGBl. I S. 1237 –. Danach prüft ein Ausschuss (Art. 45c GG i. Vbg. m. dem Gesetz über die Befugnisse des Petitionsausschusses vom 19.7.1975 – BGBl. I S. 1921 –) die Petition und leitet sie zusammen mit anderen Petitionen dem Plenum des Bundestages zu. Dem Einsender der Petition wird die Art der Erledigung mitgeteilt, wobei diese Mitteilung möglichst mit Gründen versehen sein soll (hierzu näher BVerfG, Nichtannahmebeschluss vom 26.3.2007 – 1 BvR 138/07, juris Rn. 2; auch Rühl, ebendort S. 14). Ebenso wenig besteht ein hinaus gehender Anspruch auf materiell-rechtliche Prüfung der Petition und eine Begründung (BVerfG ebendort). Gegen einen ablehnenden Petitionsbescheid ist eine Anfechtungsklage nicht zulässig (BVerwG JZ 1976, 682 = DÖV 1977, 101; siehe OVG Bremen, JZ 1990, 965 m. Anm. Lücke, S. 967, allerdings mit dem Ziel, eine nachträgliche Begründung auf seine abgelehnte Petition zu erlangen).

139 Nach § 108 Abs. 1 Satz 2 GeschO BT bleiben die Aufgaben und Befugnisse des Wehrbeauftragten unberührt (vgl. hierzu Walz, NZWehrr 1979,

201 ff.; Wolf, NZWehrr 1978, 120 ff.; eingehend und mit weiteren Nachweisen Busch, aaO, Rn. 330 ff.; siehe auch hier Rn. 130 ff.).

VI. Das Eingaberecht nach § 7 des Gesetzes über den Wehrbeauftragten

Gemäß § 7 WBeauftrG hat jeder Soldat das Recht, sich einzeln ohne **140** Einhaltung des Dienstweges unmittelbar an den Wehrbeauftragten zu wenden (zu Amt und Aufgaben des Wehrbeauftragten vgl. Busch, BK, Art. 45b mit ausführlicher Bibliographie; Paproth/Dimroth, NZWehrr 2012, 16). Auch dieses Eingaberecht ist Ausübung des Petitionsrechts und steht damit unter der verfassungsrechtlichen Garantie des Art. 17 GG (siehe hierzu Busch, aaO, Rn. 283; Hartenstein, S. 164; abweichend Graf Vitzthum, Petitionsrecht, S. 133).

Da der Wehrbeauftragte staatsrechtlich dem Bereich der Legislative zu- **141** zuordnen ist (§ 1 Abs. 1 WBeauftrG; Busch, BK, Art. 45b Rn. 35 ff.; Wolf, NZWehrr 1982, 8, 12), erwächst dem Soldaten mit dem Eingaberecht eine zusätzliche parlamentarische Petitionsinstanz (Moritz, NZWehrr 1975, 201; kritisch Walz, NZWehrr 1979, 201, 204 ff.). Ob die gegen diese Summierung legislativer Kontrollkompetenzen vorgebrachten Bedenken (vgl. vor allem die Nachweise bei Busch, aaO, Rn. 285; auch Wolf, NZWehrr 1978, 121, 124 Fn 7) berechtigt sind, kann hier dahinstehen. Für den Rechtsschutz des Soldaten jedenfalls erweist sich die Anrufung des Wehrbeauftragten als ein politisch und staatsrechtlich geeignetes Mittel, gerade die parlamentarische Kontrolleffizienz zu erhöhen. Zur Problematik sog. Doppeluntersuchungen durch den Wehrbeauftragten und den Verteidigungsausschuss siehe Wolf, NZWehrr 1978, 121 ff. und § 1 Abs. 3 Satz 2 WBeauftrG.

Vergleichbar der Ausübung des förmlichen Beschwerderechts enthält auch **142** die Eingabe an den Wehrbeauftragten ein deutlich personales Element, das das Vorbringen dienstlicher oder persönlicher Klagen erleichtert (Oetting, Beschwerderecht, S. 140). Gegenüber einer durch eine Person verkörperten Institution lassen sich leichter Hemmungen überwinden als vor der Anonymität einer Volksvertretung. Verglichen mit der Behandlung einer allgemeinen Petition ist der Einsender einer Eingabe an den Wehrbeauftragten besser gestellt (so auch Busch, aaO, Rn. 296). Der Einsender einer Petition erhält kein begründetes Überprüfungsergebnis, das sein tatsächliches und rechtliches Vorbringen erschöpfend würdigt und auf seine Fragen Antwort gibt (vgl. Rn. 127; Busch, UBWV 1969, 53). Der Wehrbeauftragte hat zwar kein eigenes Abhilferecht, jedoch prüft er das Vorbringen des Petenten – ggf. nach Einholen von Stellungnahmen der zuständigen Vorgesetzten und, soweit die Eingabe des Soldaten eine eigene Beschwer enthält, durch Anhörung von Zeugen und Sachverständigen (§ 3 Nr. 1 Satz 4 WBeauftrG; dazu Wolf, NZWehrr 1982, 46, 53 f.) – in tatsächlicher und rechtlicher Hinsicht und teilt das Ergebnis dieser Überprüfung dem Einsender in einem Bescheid mit. Eine mittelbare Abhilfemöglichkeit ist dem Wehrbeauftragten im Einzelfall dadurch gegeben, dass er das Überprüfungsergebnis auch den Vorgesetzten des Einsenders mitteilt und ihnen im Rahmen seiner Anregungskompetenz (§ 3 Nr. 2 WBeauftrG) die Möglichkeit zu dienstaufsichtlicher Abhilfe gibt (siehe auch Busch, aaO, Rn. 295 f.; derselbe, Wehrbeauftragter, S. 73–75, 84).

143   Eingabebefugt sind nur Soldaten – auch faktische Soldaten (vgl. § 1
Rn. 6 ff.; Wolf, NZWehrr 1982, 46, 51; Busch, BK, Art. 45b Rn. 307).
Scheidet der Soldat aus dem Wehrdienstverhältnis aus, wird das zuvor durch
eine Eingabe ausgelöste Überprüfungsverfahren des Wehrbeauftragten nicht
gegenstandslos; die Zuständigkeit des Wehrbeauftragten bleibt bis zum Abschluss seiner Überprüfung erhalten (Moritz, NZWehrr 1975, 201, 204;
Busch, aaO, Rn. 308).

144   Im Übrigen ist die Zulässigkeit einer Eingabe an keine formellen Voraussetzungen gebunden. Der Dienstweg braucht nicht eingehalten zu werden;
die Eingabe kann schriftlich oder mündlich eingereicht werden, im letzten
Fall etwa anlässlich eines Truppenbesuchs des Wehrbeauftragten (a. A.: nur
Schriftform Moritz, NZWehrr 1975, 201, 204; Walz, NZWehrr 1979, 201,
212; Hartenstein, S. 166; wie hier Busch, aaO, Rn. 300 ff.). Die Eingabe
unterliegt keinen Fristbestimmungen, keiner „Verjährung" (Busch, aaO,
Rn. 309) und ist von keiner persönlichen Beschwer des Petenten abhängig.
Demgemäß sind auch Eingaben zulässig, die sich auf allgemeine Fragen des
Dienstbetriebes beziehen oder die Überprüfung von Maßnahmen oder Befehlen betreffen, die den Petenten nicht persönlich belasten (zum Vorstehenden vgl. Busch, Wehrbeauftragter, S. 85 f.).

145   Erschwert ist die Anrufung des Wehrbeauftragten nur insoweit, als im
Umkehrschluss aus § 7 S. 1 WBeauftrG gemeinschaftliche Eingaben unzulässig sind (Moritz, aaO, S. 207; Wolf, NZWehrr 1982, 92 ff.). Außerdem muss
erkennbar sein, wer eine Eingabe eingebracht hat. Gemäß § 8 WBeauftrG
werden anonyme Eingaben und Beschwerden nicht bearbeitet. Eingaben
beleidigenden Inhalts sind ungeachtet des verfassungsrechtlichen Schutzes des
Petitionsrechts ein Dienstvergehen (BDHE 6, 145 = DVBl 1963, 554; Gries,
NZWehrr 1997, 150; Spranger, NZWehrr 1998, 8, 13). Der Soldat bleibt
auch strafrechtlich verantwortlich.

146   Aus dem Fehlen weiterer Einschränkungen folgt, dass die Eingabe inhaltlich nicht auf den Aufgabenkatalog des Wehrbeauftragten beschränkt zu
sein braucht (so auch Busch, BK, Art. 45b Rn. 303; Moritz,
NZWehrr 1975, 201, 208 f.). Für die Zulässigkeit der Eingabe ist es also
nicht erforderlich, dass der Petent jeweils eine Grundrechtsverletzung oder
eine Verletzung der Grundsätze der Inneren Führung behauptet. Jedoch
muss die Eingabe gegenständlich auf den Dienst des Soldaten beschränkt
sein, um überhaupt eine Überprüfung durch den Wehrbeauftragten auslösen zu können (Moritz, aaO, S. 209; Hartenstein, S. 168; Wolf,
NZWehrr 1982, 95). Eingaben ohne dienstlichen Bezug können die Zuständigkeit des Wehrbeauftragten nicht begründen. In diesem Sinne können
Gegenstand der Eingabe auch persönliche Interessen sein; der Petent kann
die Rechtmäßigkeit, aber auch die Zweckmäßigkeit einer Maßnahme oder
eines Befehls beanstanden. Die Eingabe hat jedoch keine aufschiebende
Wirkung (Busch, aaO, Rn. 303).

147   Für den Fall, dass der Sachvortrag einer Eingabe weder eine Grundrechtsverletzung noch eine Verletzung der Grundsätze der Inneren Führung enthält, kann der Wehrbeauftragte eine Weisung des Verteidigungsausschusses
(§ 1 Abs. 2 WBeauftrG) herbeiführen oder – wenn das Vorbringen des
Petenten eine solche Weisung nicht rechtfertigt – die Sache der zuständigen
Behörde zur Bearbeitung in eigener Zuständigkeit weiterleiten (Moritz,
ebenda). Auch hierüber erhält der Petent einen Bescheid. Oft ist eine Beschwerde nach der WBO sachgleich mit einer Eingabe gemäß § 7 WBe-

auftrG. In der Praxis sendet der Beschwerdeführer meist eine Durchschrift seiner Beschwerde an den Wehrbeauftragten. Auch diese Durchschrift wird als Eingabe behandelt. Das Überprüfungsverfahren durch den Wehrbeauftragten wird regelmäßig bis zu einer unanfechtbaren Entscheidung im Wehrbeschwerdeverfahren ausgesetzt (Busch, UBWV 1969, 53; derselbe, BK, Art. 45b Rn. 335). Wenn sich der Gegenstand der Eingabe nicht durch eine stattgebende Beschwerdeentscheidung erledigt hat, prüft der Wehrbeauftragte, ob der ihm vorgetragene Sachverhalt im Hinblick auf § 1 Abs. 3 WBeauftrG zu Beanstandungen Anlass gibt. Hierbei kann er auf Grund seiner eigenen materiellrechtlichen Prüfungsgrundlage (§ 1 Abs. 3 WBeauftrG) auch bei einer sachgleichen als unbegründet zurückgewiesenen Beschwerde zu dem Ergebnis kommen, dass eine Verletzung der Grundsätze der Inneren Führung vorliegt. Seine Auffassung kann der Wehrbeauftragte gegenüber der Beschwerdeinstanz vortragen (Oetting, Beschwerderecht, S. 149; Busch, aaO, Rn. 339). Jedoch hat er gegenüber unanfechtbar gewordenen Beschwerdeentscheidungen keine Kassationsbefugnis (Busch, Wehrbeauftragter, S. 88; derselbe, BK, Art. 45b Rn. 339).

Der Wehrbeauftragte hat das Recht, in Antrags- und Beschwerdeverfahren **148** nach der WDO und WBO vor den Wehrdienstgerichten sowie in Verfahren vor den Gerichten der Verwaltungsgerichtsbarkeit, die mit seinem Aufgabenbereich zusammenhängen, an den Verhandlungen teilzunehmen (§ 3 Nr. 6 WBeauftrG); dies gilt auch, soweit die Öffentlichkeit ausgeschlossen ist. In diesen Verfahren hat er das Recht zur Akteneinsicht wie ein Verfahrensbeteiligter. Für das gerichtliche Antragsverfahren gemäß § 17 WBO bedeutet dies, dass er Akteneinsicht lediglich in dem Umfang nehmen kann, wie er dem Beschwerdeführer zusteht, denn allein dieser ist Verfahrensbeteiligter, nicht dagegen der Betroffene (vgl. Rn. 40, 95). Weder das Recht auf Teilnahme an den Verhandlungen noch das Akteneinsichtsrecht vermitteln indes dem Wehrbeauftragten selbst die Stellung eines Verfahrensbeteiligten; er ist nicht befugt, Rechtsmittel einzulegen, noch die Rechtsprechung gegenüber Soldaten überhaupt zu kontrollieren oder auf sie Einfluss zu nehmen (BVerwG NZWehr 1973, 99; Busch, aaO, Rn. 265, 339; siehe auch Hartenstein, S. 188). Wendet sich der Soldat gleichzeitig mit einer Eingabe an den Wehrbeauftragten und mit einer Petition an den Petitionsausschuss des Bundestages, ist durch eine Vereinbarung zwischen beiden Petitionsinstanzen ausgeschlossen, dass divergierende Entscheidungen ergehen (der Text der Vereinbarung vom 6.5.1975 ist abgedruckt bei Hartenstein, S. 180; Busch, aaO, Rn. 326a). Eine gegenseitige Überprüfung der vom Wehrbeauftragten und dem Petitionsausschuss ergangenen Entscheidungen findet nicht statt, da es durch die beiderseitige Zugehörigkeit zur Legislative an einem Kontrollverhältnis fehlt (vgl. jedoch Busch, aaO, Rn. 324).

Eine gerichtliche Nachprüfung der vom Wehrbeauftragten erlassenen Be- **149** scheide ist nicht möglich (vgl. auch Busch, aaO, Rn. 318 f.). Allenfalls eine verfassungsgerichtliche Nachprüfung wird dann in Betracht zu ziehen sein, wenn der Wehrbeauftragte sich weigern sollte, eine Eingabe zu überprüfen und somit die Ausübung des Petitionsrechts vereitelt (so auch wohl Busch, Wehrbeauftragter, S. 93).

Die Anrufung des Wehrbeauftragten kann die Einlegung einer Beschwerde **150** nach der WBO nicht ersetzen. Eine Eingabe an den Wehrbeauftragten kann nur dann als zulässig eingelegte Beschwerde i. S. der WBO angesehen werden, wenn sie innerhalb der Frist des § 6 in der dort vorgeschriebenen Form bei der nach § 5 zur Einlegung zuständigen Stelle eingeht (BDHE 5, 227). Außerdem muss der Beschwerdeführer in der Eingabe wenigstens erkennen lassen, dass er eine Nachprüfung durch die nächsthöhere Instanz erstrebt (BVerwGE 43, 140). Eingaben, die der Wehrbeauftragte Dienststellen zur Stellungnahme übersendet, dürfen grundsätzlich nicht in eine Beschwerde nach der WBO umgedeutet werden.

151 Entsprechend dem innerdienstlichen Schutz des Beschwerderechts durch § 2 WBO unterliegt auch das Eingaberecht an den Wehrbeauftragten der Garantie, dass der Soldat wegen der Tatsache der Anrufung des Wehrbeauftragten nicht dienstlich gemaßregelt oder benachteiligt werden darf (§ 7 Satz 2 WBeauftrG; Moritz, NZWehrr 1975, 201, 206; Busch, BK, Art. 45b Rn. 310).

VII. Die Gegenvorstellung

152 Das Beschwerderecht lässt die Möglichkeit unberührt, eine Gegenvorstellung zu erheben (BVerwG TP 1979, 955; zur Gegenvorstellung im Wehrdisziplinarrecht vgl. BVerwGE 93, 9 = NZWehrr 1991, 73; vgl. auch Weiß, ZBR 1995, 195; Vogelgesang, GKÖD Yk, § 11 Rn. 3 f.). Im Gegensatz zum Beamtenrecht, das in § 63 Abs. 2 S. 1 BBG das Recht zur Gegenvorstellung bei Bedenken gegen die Rechtmäßigkeit dienstlicher Anordnungen ausdrücklich enthält, ist sie im Bereich des Soldatenrechts eine nur gewohnheitsrechtliche Institution, die aber in der praktischen Durchführung der beamtenrechtlichen Regelung entspricht.

153 Bei der Gegenvorstellung handelt es sich um die an den Vorgesetzten oder eine Dienststelle herangetragene Anregung, einen Befehl oder eine Maßnahme aufzuheben oder abzuändern, weil der Soldat Bedenken gegen die Rechtmäßigkeit oder Zweckmäßigkeit hat (Schirmer, NZWehrr 1966, 121; Schwenck, Gegenvorstellung, S. 496; Huth, S. 8). Sie unterscheidet sich von der disziplinlosen Widerrede dadurch, dass der Soldat sich nicht aus Besserwisserei, sondern aus sachlichen Gründen veranlasst sieht, den Vorgesetzten oder die Dienststelle auf die Rechtswidrigkeit oder Unzweckmäßigkeit einer Maßnahme oder eines Befehls hinzuweisen (Schwenck, aaO, S. 497). Die Gegenvorstellung ist an keine Frist oder besondere Formen gebunden und begründet keinen Anspruch auf Bescheid (BVerwG aaO; vgl. auch Schwenck, aaO, S. 496; Huth, S. 9). Es liegt im pflichtgemäßen Ermessen der angerufenen Stelle, ob sie den in der Gegenvorstellung erhobenen Bedenken nachgehen will oder nicht. Sie unterliegt auch nicht den besonderen Zulässigkeitsvoraussetzungen einer Beschwerde. So ist eine Gegenvorstellung auch gegenüber einem Befehl zulässig, der einem Dritten erteilt worden ist, oder gegenüber einer Beurteilung (BVerwG aaO). Die Gegenvorstellung hat keine aufschiebende Wirkung. Gegenvorstellungen sind sowohl in Verwaltungs- als auch in truppendienstlichen Angelegenheiten möglich. Gegen rechtskräftige Entscheidungen von Gerichten ist eine Gegenvorstellung dagegen rechtlich unbeachtlich (vgl. BVerwG NZWehrr 2000, 207). Die Gegenvorstellung hat nicht die Aufgabe, an Stelle eines vom Gesetz nicht mehr vorgesehenen Rechtsmittels eine weitere gerichtliche Überprüfung zu veranlassen. Auch kann die Erhebung einer Gegenvorstellung ein gesetzlich vorgeschriebenes Rechtsmittel oder einen Rechtsbehelf nicht ersetzen; im

Einzelfall wird allenfalls eine Umdeutung in das zulässige Rechtsmittel in Frage kommen. Der Hauptanwendungsfall der Gegenvorstellung liegt im Bereich des Befehlsrechts (dazu eingehend Huth, S. 23 ff.). Nach § 11 Abs. 1 Satz 2 SG hat der Soldat Befehle nach besten Kräften vollständig, gewissenhaft und unverzüglich auszuführen (vgl. auch § 7 SG). Aus der Pflicht zur Gewissenhaftigkeit folgt, dass der Soldat berechtigt ist, Gegenvorstellungen zu erheben, wenn er den Befehl für unklar oder widerspruchsvoll hält, ihm die Ausführung des Befehls nicht möglich ist (BVerwGE 86, 18 = NZWehrr 1989, 35; auch 1989, 168) oder er gegenüber seinem Vorgesetzten auf Grund einer besonderen Fachausbildung über qualifizierte Kenntnisse verfügt (siehe das Beispiel bei Schwenck, aaO, S. 508 Fn 52). Der Dienstpflicht des § 11 Abs. 1 Satz 2 SG ist jedoch nicht zu entnehmen, dass − gleichsam mit ihr korrespondierend − den Soldaten auch eine Pflicht zur Gegenvorstellung trifft (so auch Walz in Walz/Eichen/Sohm, SG, § 11 Rn. 29; vgl. auch Dietz, BO, Einf. V, S. 65 f.; a. A. wohl BVerwGE 46, 108 = NZWehrr 1973, 229; siehe auch Huth, S. 179 ff.; Scherer/Alff/Poretschkin/Lucks, SG, § 11 Rn. 10). Eine Verpflichtung zur Gegenvorstellung hätte zur Folge, die unteilbare Verantwortung des Vorgesetzten für den Befehl (§ 10 Abs. 5 SG) auf den Untergebenen mitzuübertragen. Dies ist jedoch auch unter dem Grundsatz des mitdenkenden Gehorsams (den Huber, NZWehrr 1974, 201 in diesem Zusammenhang zu Unrecht betont) unzulässig (näher hierzu Schwenck, Gegenvorstellung, S. 509). Nur in den engen Grenzen der auch für das Befehlsrecht geltenden gleich bleibenden Sachlage kann ausnahmsweise eine Pflicht zur Gegenvorstellung angenommen werden (siehe auch Lingens/Korte, WStG, § 19 Rn. 4; Vogelgesang, GKÖD Yk, § 11 Rn. 3; BVerwGE 46, 108 = NZWehrr 1973, 228). Jeder Befehl wird unter dem Vorbehalt erteilt, dass dieselbe militärische Situation, die zum Zeitpunkt der Befehlserteilung herrscht, auch vorliegen muss, wenn der Befehl später ausgeführt wird. Die gleich bleibende Sachlage ist nicht gewährleistet, wenn die Ausführung des Befehls unmöglich geworden ist, Befehle einander widersprechen (vgl. BVerwG aaO), Befehle wegen grundlegender Veränderung der Sachlage sinnlos geworden sind (Scherer/Alff/Poretschkin/Lucks, SG, § 11 Rn. 7 f.; Schwenck, aaO, S. 507 m. Nachw.) oder der Soldat erkennt, dass sich der Vorgesetzte über die Lage irrte und bei richtiger Kenntnis den Befehl nicht erteilt hätte (BGHStE 19, 231 = NZWehrr 1964, 125 = NJW 1964, 933).

154 Bei der strafrechtlich eng begrenzten Verantwortung des militärischen Untergebenen (§ 5 WStG) gibt es vor allem keine Pflicht zur Gegenvorstellung gegenüber einem strafrechtlich relevanten Befehl (so mit Recht Jescheck, Befehl und Gehorsam, S. 80 f. und mit eingehender Begründung Schwenck, aaO, S. 502 f. insbesondere gegen Huber, NZWehrr 1974, 201; Rosteck, S. 84 ff.; vgl. auch BGH aaO; Schwaiger, NZWehrr 1961, 64 ff.; Lammich, NZWehrr 1970, 53). Erkennt der Soldat, dass ein Befehl strafrechtswidrig ist oder ist nach den ihm bekannten Umständen die Strafrechtswidrigkeit offensichtlich, hat er den Befehl zu verweigern, ohne strafrechtliche Konsequenzen fürchten zu müssen (Schwenck, aaO, S. 502 f.). Durch die Verpflichtung zur Gegenvorstellung kann die strafrechtliche Verantwortung des Untergebenen nicht aufgehoben werden, wenn er gleichwohl gehorcht.

155 Die Erhebung einer Gegenvorstellung ist kein Ungehorsam, sofern sie von dem Willen des Soldaten getragen ist, sich dem Befehl oder der Maßnahme für den Fall unterzuordnen, dass sie erfolglos bleibt (RMGE 20, 270; Bay-ObLG in RWStR Nr. 14 zu § 20; Lingens/Korte, WStG, § 19 Rn. 4; Schwenck, aaO, S. 509). Sie befreit den Soldaten nicht von seiner Gehorsamspflicht, wenn der Vorgesetzte auf der Durchführung des Befehls besteht. Handelt es sich um einen Befehl, der auf der Stelle ausgeführt werden muss, kann die Ausführung wegen der beabsichtigten Gegenvorstellung nicht unterbleiben oder verzögert werden. Dem Untergebenen bleibt es in diesem Fall überlassen, entweder seine Bedenken zurückzustellen oder Beschwerde einzulegen. Dagegen kann Ungehorsam vorliegen, wenn die Gegenvorstellung erkennen lässt, dass der Soldat den Befehl seines Vorgesetzten auch nach Prüfung seiner Bedenken nicht befolgen will (RMGE 20, 267).

VIII. Die Strafanzeige

156 Die Strafanzeige ist die Mitteilung des Verdachts einer Straftat (Meyer-Goßner/Schmitt, StPO, § 158 Rn. 2). Sie regelt sich ausschließlich nach den Vorschriften der Strafprozessordnung. Wird der Soldat durch eine Straftat verletzt oder erfährt er sonst von einer strafbaren Handlung, kann er mündlich oder schriftlich Strafanzeige bei der Staatsanwaltschaft, den Behörden und Beamten des Polizeidienstes und den Amtsgerichten erstatten (§ 158 Abs. 1 StPO). Eine Pflicht zur Strafanzeige besteht nur in den in § 138 Abs. 1 StGB genannten Fällen (z. B. Hochverrat, Landesverrat, Mord, Völkermord, Totschlag, Raub, räuberische Erpressung, Brandstiftung). Bei falscher Anschuldigung macht sich der Anzeigende jedoch selbst strafbar (§ 164 StGB). In den Fällen des § 43 WStG besteht eine gesetzliche Pflicht zur Meldung. Zur Abgabe des Disziplinarvorgesetzten an die Staatsanwaltschaft gemäß § 33 Abs. 3 WDO siehe Dau/Schütz, WDO, § 33 Rn. 23 ff. und NZWehrr 1982, 1 sowie Bachmann, GKÖD Yo, § 1 Rn. 242

157 Von der Strafanzeige zu unterscheiden ist der Strafantrag des durch eine Straftat Verletzten in den Fällen, in denen die Verfolgung der Tat einen besonderen Antrag voraussetzt (§ 77 StGB), z. B. Beleidigung (§ 194 StGB), leichte vorsätzliche oder fahrlässige Körperverletzung (§ 232 StGB). Die Antragsfrist beträgt in der Regel drei Monate (§ 77b StGB). Der Antrag ist bei den gleichen Stellen einzulegen wie die Strafanzeige (§ 158 Abs. 2 StPO); er kann auch mit dieser verbunden werden (zum Strafantragsrecht des Disziplinarvorgesetzten bei Beleidigungen gegen die Bundeswehr siehe Dau, NJW 1988, 2650, 2655).

158 Das Vorliegen einer Straftat kann u. U. die Voraussetzungen für eine Wehrbeschwerde durch den verletzten Soldaten auslösen. Allerdings wird der Beschwerdeführer häufig nur schwer feststellen können, ob eine unrichtige Behandlung den Tatbestand einer Straftat erfüllt oder nicht. In solchen Fällen ist der Soldat nicht gehindert, neben der Strafanzeige auch eine das Dienstvergehen anzeigende Beschwerde nach der WBO einzulegen (vgl. § 1 Rn. 197 ff.). Für den Disziplinarvorgesetzten, der über diese Beschwerde zu entscheiden hat, wird sich regelmäßig die Frage stellen, ob der Beschwerdeanlass dazu zwingt, nach Maßgabe der WDO zu verfahren (§ 13 Abs. 2 WBO).

IX. Die Meldung

Die Meldung des Untergebenen gehört zu den wichtigsten militärischen **159** Informationsmitteln für den Vorgesetzten. Sie setzt begrifflich voraus, dass der Soldat auf Grund dienstlicher Verpflichtung Tatsachen gegenüber einem Vorgesetzten bekundet, die in irgendeiner Beziehung zum militärischen Dienst stehen (Lingens/Korte, WStG, § 42 Rn. 3, 5; Schwenck, WStR, § 42 Anm. 2; Erbs/Kohlhaas/Dau, WStG, § 42 Rn. 3; Weniger, SG, § 13 Rn. 4). Eine Meldung i. S. des § 13 Abs. 2 SG mit der daraus folgenden Pflicht des Soldaten zu wahrheitsgemäßer Äußerung darf nur ausnahmsweise und nur dann gefordert werden, wenn die Erforschung der Wahrheit in dienstlichem Interesse unerlässlich ist (Scherer/Alff/Poretschkin/Lucks, SG, § 13 Rn. 9; Walz in Walz/Eichen/Sohm, SG, § 13 Rn. 29). Die Verpflichtung zur Meldung kann gesetzlich begründet sein (z. B. §§ 7, 25 Abs. 1 Satz 1 SG; § 43 WStG; § 30 Abs. 3 WDO – vgl. Scherer/Alff/Poretschkin/Lucks, aaO, Rn. 8) oder durch Dienstvorschriften oder Einzelbefehle gefordert werden (Schwenck, aaO; Scherer/Alff/Poretschkin, aaO). Das Recht zur Meldung eines bestimmten dienstlichen Vorganges zur Kenntnis des Vorgesetzten bleibt durch die WBO unberührt. Eine Meldung unterscheidet sich von der Beschwerde schon äußerlich dadurch, dass sie nicht deren Form- und Fristvorschriften unterliegt. Sie ist kein Rechtsschutzmittel, auf das der Meldende einen Bescheid erwartet und erhält. Eine Meldung dienstlicher Vorgänge, insbesondere auch von Unregelmäßigkeiten und Dienstvergehen sowie von Straftaten, ist auch dann zulässig, wenn die Vorgänge den Meldenden nicht selbst direkt betreffen (vgl. das von Lingens, Disziplinarvorgesetzter, Rn. 54 gegebene Beispiel). Eine Meldung kann auch gemeinsam mit anderen vorgenommen werden, wenn sie nach Inhalt und Zweck nicht einer Beschwerde entspricht.

Ist der Soldat durch ein pflichtwidriges oder strafbares Verhalten eines **160** Kameraden verletzt worden, liegen – unbeschadet einer Meldung – auch die Voraussetzungen für eine Beschwerde vor. Der Soldat kann also entweder eine Meldung erstatten oder Beschwerde einlegen. Für die rechtliche Behandlung durch den Disziplinarvorgesetzten besteht kein grundlegender Unterschied. Er hat nach § 32 Abs. 1 WDO das Vorliegen eines Dienstvergehens zu prüfen und über das Ob und Wie einer disziplinaren Erledigung zu entscheiden (§ 33 Abs. 1 WDO) und bei Vorliegen einer Straftat die Abgabe an die Staatsanwaltschaft zu erwägen (§ 33 Abs. 3 WDO i. Vbg. m. ZDv A-2160/6, Abschnitt 1.9 „Abgabe an die Staatsanwaltschaft"; in Schnell/Ebert C 11a). Lediglich im Falle der Beschwerde ist der Soldat schriftlich zu bescheiden.

Liegen in einer ausdrücklich als solche bezeichneten Meldung zugleich die **161** Voraussetzungen einer Beschwerde vor und lässt sich aus dem Zusammenhang der Meldung erkennen, dass der Meldende auch eine eigene Beschwer geltend machen will, wird sie zugunsten des Meldenden in eine Beschwerde umzudeuten sein. Eine Umgehung des Verbots der gemeinschaftlichen Beschwerde (§ 1 Abs. 4) in der Form einer Meldung wäre nicht zulässig. Eine strafrechtlich bewehrte Pflicht zu einer Meldung ergibt sich bei Vorliegen einer Straftat oder ihrer Vorbereitung aus § 43 WStG. Hier hat der Soldat eine Meldung zu erstatten, wenn er von dem Vorhaben oder der Ausführung

einer Meuterei oder einer Sabotage glaubhaft zu einer Zeit erfährt, zu der die
Ausführung oder der Erfolg noch abgewendet werden kann (MüKo StGB/
Dau, WStG § 43 Rn. 10).

X. Der Schutz des Beschwerderechts

162   § 35 WStG stellt das Recht des Untergebenen, sich als Staatsbürger und
Soldat frei von jeder Beeinflussung durch Vorgesetzte aller ihm zustehenden
Rechtsmittel und Rechtsbehelfe zu bedienen, unter strafrechtlichen Schutz
(vgl. Lingens/Korte, WStG, § 35 Rn. 1a; Erbs/Kohlhaas/Dau, WStG, § 35
Rn. 2). Derjenige Vorgesetzte macht sich strafbar, der einen Untergebenen
durch Befehle, Versprechungen, Geschenke oder sonst auf pflichtwidrige
Weise davon abhält, Eingaben, Meldungen oder Beschwerden bei den Volks-
vertretungen des Bundes oder der Länder, bei dem Wehrbeauftragten, bei
einer Dienststelle oder bei einem Vorgesetzten anzubringen. Strafbar ist auch
das Unterdrücken von Erklärungen durch Vorgesetzte, zu deren Prüfung oder
Weitergabe diese dienstlich verpflichtet waren.

163   Schon der Versuch, eine bereits eingelegte Beschwerde zu unterdrücken
oder den Soldaten von einem noch nicht geltend gemachten Rechtsbehelf
abzuhalten, ist strafbar. Für Einzelheiten siehe die Erläuterungsbücher zum
Wehrstrafgesetz (z. B. MüKo StGB/Dau WStG § 35; Lingens/Korte, WStG,
§ 35).

164   Einen innerdienstlichen Schutz des Beschwerderechts gewährt § 2 WBO.
Hiernach darf niemand dienstlich gemaßregelt oder benachteiligt werden,
weil seine Beschwerde nicht auf dem vorgeschriebenen Weg oder nicht fristgerecht eingelegt worden ist oder weil er eine unbegründete Beschwerde
erhoben hat (siehe hierzu im Einzelnen die Erläuterungen zu § 2).

C. Erläuterungen zur Wehrbeschwerdeordnung

§ 1 Beschwerderecht

(1) Der Soldat kann sich beschweren, wenn er glaubt, von Vorgesetzten oder von Dienststellen der Bundeswehr unrichtig behandelt oder durch pflichtwidriges Verhalten von Kameraden verletzt zu sein. Das Beschwerderecht der Vertrauensperson regelt das Soldatenbeteiligungsgesetz.

(2) Der Soldat kann die Beschwerde auch darauf stützen, daß ihm auf einen Antrag innerhalb eines Monats kein Bescheid erteilt worden ist.

(3) Nach Beendigung eines Wehrdienstverhältnisses steht dem früheren Soldaten das Beschwerderecht zu, wenn der Beschwerdeanlass in die Wehrdienstzeit fällt.

(4) Gemeinschaftliche Beschwerden sind unzulässig. Insoweit wird das Petitionsrecht nach Artikel 17 des Grundgesetzes eingeschränkt.

Übersicht

I. Vorbemerkung

1 Die allgemein mit „Beschwerderecht" überschriebene Grundsatznorm der WBO beschreibt den persönlichen und sachlichen Geltungsbereich einer Wehrbeschwerde und enthält damit die wichtigste Bestimmung des Wehrbeschwerderechts. Regelungsgegenstand sind im Verständnis einer Einheitsbeschwerde sowohl die truppendienstliche Beschwerde als auch die Beschwerde in Verwaltungsangelegenheiten. Die beschwerderechtliche Eigenständigkeit der Kameradenbeschwerde ist durch Absatz 1 Hs 2 gewährleistet, auf das Ausbleiben eines Bescheides auf einen Antrag kann der Soldat gemäß Absatz 2 mit der Untätigkeitsbeschwerde reagieren. Für das Beschwerderecht der Vertrauensperson verweist Absatz 1 Satz 2 auf das SBG. Auf Beschwerden gegen einfache Disziplinarmaßnahmen sowie gegen sonstige Maßnahmen und Entscheidungen des Disziplinarvorgesetzten nach der WDO und vorläufige Festnahmen finden die Vorschriften der WBO nach Maßgabe des § 42 WDO Anwendung; einer Spiegelverweisung auf die WDO bedurfte es im Rahmen des § 1 WBO mithin nicht.

2 Die missverständliche alte Bestimmung des Absatzes 3, der eine Beschwerde gegen dienstliche Beurteilungen im Wortlaut ausschloss, ist als Konsequenz der gerichtlichen Spruchpraxis entfallen.

Zu Absatz 1

II. Persönlicher Geltungsbereich

1. Allgemeines

Ein Beschwerderecht haben nur Soldaten der Bundeswehr. Es steht 3
einheitlich männlichen und weiblichen Soldaten, gleich welchen Dienstgrades zu. Das Recht zur Beschwerde ist indes nicht auf den aktiven Soldaten beschränkt. Auch **frühere Soldaten** können Beschwerde einlegen, wenn der Beschwerdeanlass in die Wehrdienstzeit fällt, der Beschwerdeführer also im Zeitpunkt des Beschwerdeanlasses in einem Wehrdienstverhältnis stand (Absatz 3).

Der persönliche Geltungsbereich des Wehrbeschwerderechts wird aus- 4
schließlich durch § 1 bestimmt (BVerwGE 46, 220 = NZWehrr 1974, 114).
Er wird insbesondere nicht durch die Regelung des § 15 erweitert. § 15 ist lediglich eine Verfahrensvorschrift, die gewährleistet, dass ein bereits anhängiges Beschwerdeverfahren nicht deshalb beendet wird, weil der Beschwerdeführer durch Ausscheiden aus dem Wehrdienstverhältnis seine Soldateneigenschaft verloren hat (siehe näher § 15 Rn. 1).

Beschwerdeführer nach der WBO kann immer nur ein Soldat der Bundes- 5
wehr i. S. des Soldatengesetzes sein. Soldaten ausländischer Streitkräfte, die in einer deutschen Dienststelle, bei einem deutschen Truppenteil oder in einem internationalen Verband Dienst leisten, haben daher kein Beschwerderecht nach den Bestimmungen der WBO. Die Möglichkeit zu einer Dienstaufsichtsbeschwerde bleibt ihnen unbenommen.

2. Beschwerdeführer

2.1. Begriff des Soldaten. Wer Soldat und damit befugt ist, sich nach den 6
Regeln der WBO zu beschweren, bestimmt § 1 Abs. 1 Satz 1 SG. Danach ist Soldat, wer auf Grund der Wehrpflicht oder freiwilliger Verpflichtung in einem Wehrdienstverhältnis steht (zur Forderung nach einem eigenen wehrstrafrechtlichen Soldatenbegriff vgl. Schütz, NZWehrr 1984, 177; dagegen zu Recht Lingens/Korte, WStG, § 1 Rn. 5). Das Wehrdienstverhältnis ist das öffentlich-rechtliche Dienstverhältnis, das durch einen Staatshoheitsakt, die Einberufung (§ 87 SG), die Berufung (§ 4 Abs. 1 Nr. 1 SG; § 5 ResG), die Heranziehung (§§ 59, 69, 72 f. SG) oder durch Zuziehung (§ 81 SG; § 9 ResG) begründet wird und alles umfasst, was zur Erfüllung des Verfassungsauftrags der Streitkräfte erforderlich ist (vgl. dazu näher Scherer/Alff/Poretschkin/Lucks, SG, § 1 Rn. 3; Walz in Walz/Eichen/Sohm, SG, § 1 Rn. 30 ff.).

In einem Wehrdienstverhältnis stehen der Berufssoldat (§ 39 SG), der 7
Soldat auf Zeit (§ 40 SG), der freiwillig Wehrdienstleistende nach § 58b SG, Reservisten, die auf Grund freiwilliger Verpflichtung in ein Reservewehrdienstverhältnis berufen worden sind (§§ 4, 5 ResG; dazu Walz, NZWehrr 2012, 190), Personen, die zu Dienstleistungen (§ 60 SG) herangezogen, zu dienstlichen Veranstaltungen zugezogen (§ 81 SG) oder zu einer Eignungsübung (§ 87 SG) einberufen worden sind. Schließlich steht auch derjenige in einem Wehrdienstverhältnis, der gem. § 4 Abs. 1 Nr. 7 WPflG Wehrdienst

in einem Spannungs- oder Verteidigungsfall leistet (§ 2 WPflG; siehe auch Rn. 7).

8 Soldaten, die außerhalb des Geschäftsbereichs des BMVg verwendet werden, z. B. im BND oder im Militärattachédienst des Auswärtigen Amtes, bleiben zwar in einem aktiven Wehrdienstverhältnis, sind aber aus den Befehlsstrukturen der Streitkräfte herausgelöst (BVerwGE 132, 110, 119 f.; BVerwG NZWehrr 2011, 258 m. Anm. Bayer; Eichen, NZWehrr 2011, 177, 246 m. Nachw., kritisch dazu Dreist, NZWehrr 2012, 221, 230 ff.; Scherer/Alff/Poretschkin/Lucks, SG, § 1 Rn. 48a ff.). Sie behalten ihr Beschwerderecht nach der WBO (siehe auch Bachmann, GKÖD Yo, § 1 Rn. 25), müssen als Rechtsverkürzung aber hinnehmen, gegenüber zivilen Vorgesetzten oder Mitarbeitern außerhalb ihrer militärischen Unterstellung nur die Dienstaufsichtsbeschwerde oder die Rechtsbehelfe und Rechtsmittel der VwGO zu haben.

9 **2.1.1. Der auf Grund der Wehrpflicht Wehrdienstleistende.** Art. 1 des WehrRÄndG 2011 vom 28.4.2011 (BGBl. I S. 678) hat den Wehrdienst auf Grund der Wehrpflicht auf den Spannungs- oder Verteidigungsfall beschränkt (hierzu Walz, NZWehrr 2011, 133). Solange die nach Art. 80a, 115a GG erforderlichen Feststellungen nicht getroffen worden sind, gibt es keinen Grundwehrdienstleistenden als Beschwerdeführer (zur Rechtslage nach Feststellung des Spannungs- oder Verteidigungsfalles siehe die 5. Auflage § 1 Rn. 7 ff.).

10 **2.1.2. Der Soldat auf Grund freiwilliger Verpflichtung. Soldaten auf Grund freiwilliger Verpflichtung sind zunächst der Berufssoldat** und der **Soldat auf Zeit.** Ihr Wehrdienstverhältnis wird durch einseitigen, zustimmungs- und empfangsbedürftigen Verwaltungsakt, die **Berufung,** begründet (§ 4 Abs. 1 Nr. 1 SG). Für die Berufung in das Wehrdienstverhältnis bedarf es daher zweier Voraussetzungen: die Aushändigung der Ernennungsurkunde mit dem in § 41 SG vorgeschriebenen Wortlaut und der formlosen Mitwirkung des Soldaten, der sich durch seine Zustimmung dem Wehrdienstverhältnis unterwirft (BVerwG NZWehrr 1969, 227; OVG Münster NJW 1962, 758). Wird die Urkunde nicht entgegengenommen, kommt eine Ernennung nicht zustande (Scherer/Alff/Poretschkin/Lucks, SG, § 4 Rn. 7). Die Begründung des Wehrdienstverhältnisses wird mit dem Tag der Aushändigung der Ernennungsurkunde wirksam, wenn nicht in der Urkunde ein späterer Tag bestimmt ist (§ 41 Abs. 2 SG).

11 Die Berufung wird durch Aushändigung einer Ernennungsurkunde vollzogen (§ 41 Abs. 1 Satz 1 SG). Die Urkunde muss die Worte enthalten „Unter Berufung in das Dienstverhältnis eines Soldaten auf Zeit" oder „Unter Berufung in das Dienstverhältnis eines Berufssoldaten". Anstelle der Worte „Unter Berufung" können auch die Worte „Ich berufe" verwendet werden (§ 41 Abs. 1 Satz 3 SG). Entspricht die Ernennungsurkunde nicht der in § 41 Abs. 1 Satz 2 oder 3 SG vorgeschriebenen Form, gilt die Ernennung gleichwohl als von Anfang an wirksam, wenn sich aus der Urkunde oder dem Akteninhalt auf einen entsprechenden Willen der zuständigen Dienststelle schließen lässt (§ 41 Abs. 5 SG); zum faktischen Soldaten siehe Rn. 19. Ausschlaggebend für die Wirksamkeit der Ernennung ist der Wortlaut der Urkunde, eine hiervon abweichende Einweisungsverfügung ist insoweit unbeachtlich (BDHE 3, 58). Die Leistung des Diensteides (§ 9 Abs. 1 SG) ist dagegen keine Wirksamkeitsvoraussetzung für die Ernennung.

Weigert sich der Soldat, den Eid abzulegen, ist er zu entlassen (§ 46 Abs. 2 Nr. 4; § 55 Abs. 1 SG). Zur Wirksamkeit einer Ernennung, die von einer sachlich unzuständigen Behörde ausgesprochen wird, vgl. eingehend Schreiber, NZWehrr1974, 135; Hugo, NZWehrr 1974, 140 und BDH II WD 39/65 vom 2.12.1965). Einer Ernennungsurkunde bedarf es nicht, wenn eine Entscheidung, auf Grund derer der Soldat entlassen worden ist, nachträglich wieder aufgehoben wird (§§ 5, 52 SG; auch §§ 19, 134 Abs. 1 WDO), ferner in den Fällen des § 6 Abs. 1 AbgG, d. h. wenn ein Berufssoldat oder ein Soldat auf Zeit nach Beendigung seiner Mitgliedschaft im Deutschen Bundestag oder im Europäischen Parlament den Antrag stellt, ihn wieder in das frühere Dienstverhältnis zurückzuführen (hierzu siehe Alff, NZWehr 1980, 201 ff.; Scherer/Alff/Poretschkin/Lucks, SG, § 25 Rn. 9).

12 In einem Wehrdienstverhältnis auf Grund freiwilliger Verpflichtung stehen auch Männer und Frauen, die sich gem. § 58b SG verpflichtet haben, freiwillig Wehrdienst zu leisten (**freiwillig Wehrdienstleistende**). Der Dienstantrittsbescheid (§ 58g Abs. 1 SG) enthält die Dauer des zu leistenden Wehrdienstes und Ort und Zeitpunkt des Dienstantritts. Mit diesem Zeitpunkt wird der freiwillig Wehrdienstleistende Soldat (§ 2 Abs. 1 Nr. 3 SG) und damit berechtigt zur Beschwerde nach der WBO. Personen die der Aufforderung zum Dienstantritt als freiwillig Wehrdienstleistender nachgekommen sind, leisten ihren Wehrdienst als besonderes staatsbürgerliches Engagement (§ 58b SG), auf das einzelne Vorschriften des WPflG (§§ 58 f, 58g Abs. 2 SG) entsprechende Anwendung finden.

13 **Für die Berufung in ein Reservewehrdienstverhältnis** gelten die Vorschriften über die Berufung in das Wehrdienstverhältnis eines Soldaten auf Zeit entsprechend (§ 5 Abs. 1 ResG). Das Reservewehrdienstverhältnis beginnt mit dem Zeitpunkt der Ernennung (§ 5 Abs. 2 ResG) und damit auch das Recht, Beschwerde nach der WBO einlegen zu können. Für die Ernennungsurkunde eines in ein Reservewehrdienstverhältnis berufenen Reservisten siehe § 5 Abs. 1 Satz 2 ResG, zur Leistung des Diensteides § 6 ResG. Soldaten in einem Reservewehrdienstverhältnis können für eine Dienstleistung nach § 60 SG aktiviert werden (§ 8 Abs. 1 ResG). Für die Dauer der Aktivierung gelten sie als Dienstleistende i. S. des Vierten Abschnittes des SG (§ 8 Abs. 4 ResG). Die Umwandlung eines Reservewehrdienstverhältnis in das Dienstverhältnis eines Soldaten auf Zeit oder eines Berufssoldaten hat auf den persönlichen Geltungsbereich der WBO keinen Einfluss.

14 **Personen, die dienstfähig sind und das 65. Lebensjahr noch nicht vollendet haben, können zu dienstlichen Veranstaltungen** zugezogen werden (§ 81 Abs. 1 SG; dazu eingehend Walz, NZWehr 2006, 103 ff.). Sie erhalten ein Zuziehungsschreiben, das sie zur Teilnahme an der dienstlichen Veranstaltung auffordert und ihren jeweiligen Rahmen festlegt (Scherer/Alff/Poretschkin/Lucks, SG, § 81 Rn. 6). Während der dienstlichen Veranstaltung sind sie Soldat (§ 81 Abs. 2 SG) und haben daher das Recht zur Beschwerde. Das Wehrdienstverhältnis beginnt mit dem Zeitpunkt der tatsächlichen Teilnahme und endet mit dem Schluss der dienstlichen Veranstaltung (§ 2 Abs. 1 Nr. 3 SG; Walz, NZWehr 2006, 103, 108). Verlässt der Soldat die dienstliche Veranstaltung schon vorzeitig, endet das Wehrdienstverhältnis zu diesem Zeitpunkt (Scherer/Alff/Poretschkin/Lucks, aaO, Rn. 8; Walz in Walz/Eichen/Sohm, SG, § 81 Rn. 34).

15 Eignungsübende haben für die Dauer ihrer Eignungsübung die Rechtsstellung eines Soldaten auf Zeit (§ 87 Abs. 1 Satz 5 SG). Ihr Wehrdienst-

verhältnis beginnt mit ihrem Dienstantritt (§ 2 Abs. 1 Nr. 3 SG), d. h. mit
der persönlichen Meldung und der Aufnahme der Dienstgeschäfte (so Walz
in Walz/Eichen/Sohm, SG, § 2 Rn. 14), frühestens mit dem im Einberu-
fungsbescheid festgelegten Zeitpunkt (Scherer/Alff/Poretschkin/Lucks, SG,
§ 87 Rn. 3).

16   **Bei dem zu Dienstleistungen (§ 60 SG) herangezogenen Personenkreis (§ 59 SG)** wird das Wehrdienstverhältnis durch einen Heranziehungs-
bescheid begründet (§ 2 Abs. 1 Nr. 1 SG). Das Wehrdienstverhältnis beginnt
mit dem darin festgesetzten Zeitpunkt.

17   **Das Beschwerderecht eines Soldaten setzt ein rechtswirksames
Wehrdienstverhältnis** voraus. Standen einer Berufung in das Wehrdienstverhältnis eines Berufssoldaten oder eines Soldaten auf Zeit, in ein freiwilliges
Wehrdienstverhältnis (§ 58b Abs. 2) oder in ein Reservewehrdienstverhältnis
(§ 5 Abs. 1 ResG), Hindernisse i. S. des § 38 SG entgegen und sind diese
außer Acht gelassen worden, ist der Ernannte zwar Soldat geworden, er ist
jedoch zu entlassen (§§ 46 Abs. 2 Nr. 1, 55 Abs. 1 SG). Lagen die persönlichen Einstellungsvoraussetzungen nach § 37 SG und den Vorschriften der
SLV nicht vor, ist eine Korrektur der Berufung nur möglich, wenn der Soldat
seine Ernennung durch Zwang, arglistige Täuschung oder Bestechung herbeigeführt hat (§§ 46 Abs. 2 Nr. 2, 55 Abs. 1 SG). Auch derjenige bleibt
Soldat und kann sich beschweren, dessen einmal wirksam begründetes
Dienstverhältnis nur durch schlüssiges Verhalten der zuständigen personalbearbeitenden Dienststelle verlängert worden ist (BDH NZWehr 1967, 121
= DVBl 1965, 695; BVerwG NZWehr 1977, 99) oder dem der Disziplinarvorgesetzte bei Ablauf der Dienstzeit gestattet hat, im Dienst zu bleiben, um
die beantragte Verlängerung der Dienstzeit abzuwarten (BDHE 7, 150 =
NZWehr 1967, 123; BVerwG II WD 9/69 vom 14.5.1969; II WD 91/69
vom 5.3.1970). Andererseits ist eine erneute Berufung in das Dienstverhältnis
eines Soldaten auf Zeit unerlässlich, wenn das frühere Dienstverhältnis des
Soldaten nach Ablauf der festgesetzten Dienstzeit beendet worden war. Bis
zur erneuten Berufung besteht ein faktisches Wehrdienstverhältnis (hierzu
siehe Rn. 18), wenn die dienstliche Tätigkeit fortgesetzt wurde (BVerwG II
WD 15/72 vom 9.10.1972; vgl. ferner Dau/Schütz, WDO, § 1 Rn. 19). Zu
den einzelnen Verlängerungstatbeständen der Berufung kraft Gesetzes siehe
§ 40 Abs. 3 bis 5 SG. Zur Rechtswirksamkeit der Berufung eines Ausländers
in ein Wehrdienstverhältnis eines Berufssoldaten oder eines Soldaten auf Zeit
(§ 37 Abs. 1 Nr. 1 SG) siehe Scherer/Alff/Poretschkin/Lucks, SG, § 37
Rn. 13; Sohm in Walz/Eichen/Sohm, SG, § 37 Rn. 17 m. Nachw.). Tritt
ein Nichtdeutscher den Wehrdienst als freiwillig Wehrdienstleistender an
(§ 58b SG), ist sein Wehrdienstverhältnis fehlerhaft. Er ist mit Dienstantritt
zwar rechtswirksam Soldat geworden, ist jedoch gem. § 58h Abs. 1, 75
Abs. 1 Nr. 4 SG zu entlassen, weil mit einem Nichtdeutschen grundsätzlich
kein Wehrdienstverhältnis begründet werden kann (vgl. auch Vurgun/Po-
retschkin, NZWehr 2012, 64 f.).

18   Das für das Statusrecht der Soldaten maßgebliche Soldatengesetz enthält
keine Vorschriften über die **Wirkung von Willensmängeln** auf die Begründung des Wehrdienstverhältnisses. Ausschlaggebend für eine Bestandskraft auf
Grund freiwilliger Verpflichtung bleiben daher die Grundsätze des allgemeinen Verwaltungsrechts zur Rechtsgültigkeit von Verwaltungsakten (§§ 44 ff.
VwVfG). Danach führt ein schwerer Formfehler zur Nichtigkeit der Ernennung, z. B. der Ernennungsurkunde fehlen die vorgeschriebenen Mindest-

voraussetzungen (Rn. 9; siehe jedoch § 41 Abs. 5 SG) oder sie ist gar nicht erst ausgehändigt worden. **Keine wirksame Ernennung** liegt vor, wenn ein Minderjähriger mit Zustimmung nur eines Elternteils Soldat auf Zeit werden will. Ebenso ist die Verpflichtung eines Minderjährigen als Soldat auf Zeit nur mit Zustimmung seines Vormunds schwebend unwirksam (BVerwGE 43, 71 = NZWehr 1969, 227). Der Vormund bedarf hierzu der Genehmigung des Familiengerichts (§ 1822 Nr. 7 BGB). Bis zur Genehmigung durch das Familiengericht ist die Ernennung schwebend unwirksam. Wird der Minderjährige volljährig, tritt seine Genehmigung an die Stelle der des Familiengerichts (§ 1829 Abs. 3 BGB). Ein wirksames Dienstverhältnis als Soldat auf Zeit wird begründet, wenn sich der Soldat bei Eintritt der Volljährigkeit weiterverpflichtet. Die Genehmigung seiner bisherigen Dienstzeit wirkt auf den Zeitpunkt ihres Beginns zurück (§ 184 Abs. 1 BGB; Scherer/Alff/Poretschkin/Lucks, SG, § 40 Rn. 4). Diese Genehmigung muss ausdrücklich erklärt werden; eine stillschweigende Genehmigung, etwa durch einverständliches Weiterdienen oder durch Vorlage eines Versetzungsgesuchs, reicht nicht aus.

Problematisch ist, ob derjenige, dessen Einstellung nichtig oder 19 **vernichtet worden ist, gleichwohl aber Dienst leistet (sog. de facto Soldat),** ein Recht zur Beschwerde nach den Vorschriften der WBO hat. Ein wirksames Wehrdienstverhältnis besteht in diesen Fällen nicht (vgl. BVerwGE 73, 216 = NZWehr 1981, 234; dazu Alff, ebendort, S. 238; Schlegtendal, NZWehr 1982, 104; Semmler, NZWehr 1982, 177). Ihm obliegen daher grundsätzlich auch keine soldatischen Pflichten mit Ausnahme der Handlungen, die nach § 23 Abs. 2 SG als Dienstvergehen gelten (BDHE 7, 153 = RiA 1966, 38; RiA 1966, 80 = NZWehr 1966, 129 LS mit Anm. Schreiber; vgl. auch Dau/Schütz, WDO, § 1 Rn. 21, der den de facto Soldaten als Angehörigen der Reserve kategorisiert; kritisch zum faktischen Soldaten Walz in Walz/Eichen/Sohm, SG, § 1 Rn. 40 ff.). Andererseits hat er auf Grund der tatsächlich abgeleisteten Dienstzeit gewisse Rechtsvorteile erlangt. Ist nämlich die Fehlerhaftigkeit seiner Einberufung erkannt worden, muss seine Ernennung unverzüglich nachgeholt werden, wenn es sich um einen Bewerber handelt, dem die Einstellung verbindlich zugesagt worden ist, andernfalls ist er nach Hause in Marsch zu setzen. In diesem Fall ist die Zeit vom Dienstantritt an in die festzusetzende Dienstzeit einzurechnen (§ 40 Abs. 6 SG), wobei diese Zeit zugleich als Versorgungsdienstzeit gilt (§ 2 SVG; Brückner, S. 64). Die Gewährung dieser Rechte folgt aus der Einsicht, dass der Staat, der die Dienste des de facto Soldaten entgegengenommen hat, ihm nicht hierzu den Mangel der Ernennung entgegenhalten darf (BDHE 7, 153 = RiA 1966, 38). Dieser Grundsatz muss auch Beachtung finden, wenn sich der de facto Soldat vor seiner wirksamen Ernennung beschwert. Ihm wird daher das Beschwerderecht aus § 1 zuerkannt werden müssen. Andernfalls bliebe ihm nur die Möglichkeit, Widerspruch nach verwaltungsprozessrechtlichen Regeln einzulegen. Dies aber hätte zur Folge, dass ihm auch nach inzwischen wirksam begründetem Wehrdienstverhältnis der besondere Rechtsschutz gegen Maßnahmen truppendienstlicher Natur verloren ginge und ein Verwaltungsgericht entschiede, wo die Zuständigkeit der Wehrdienstgerichte gegeben ist (§§ 17, 21 WBO; § 82 SG).

Legt der de facto Soldat, der bereit ist, ein wirksames Wehrdienstverhält- 20 nis zu begründen, statt Beschwerde Widerspruch ein, ist dieser als Beschwerde zu behandeln. Denn hier muss er sich an seiner Erklärung festhalten lassen, ein Wehrdienstverhältnis eingehen zu wollen (a. A. Oetting, Beschwerderecht, S. 57, der es in das Belieben des Soldaten stellen will, ob er sich nach der WBO beschweren oder Widerspruch nach der VwGO einlegen will).

21   Lehnt der de facto Soldat eine Verpflichtungserklärung oder die Entgegennahme der Ernennungsurkunde ab, muss er unverzüglich aus der Bundeswehr entlassen werden. Ihm stehen sodann nur die Möglichkeiten des Verwaltungsprozessrechts zur Verfügung. Hat der de facto Soldat keine Wahlmöglichkeit mehr, weil er nach eingelegter Beschwerde aus der Bundeswehr ausgeschieden ist, gilt das Recht der WBO (§ 15). **Das Wehrdienstverhältnis eines Berufssoldaten endet** außer durch Tod durch

- Eintritt oder Versetzung in den Ruhestand wegen Erreichens der Altersgrenze oder wegen Dienstunfähigkeit (§ 44 SG),
- Versetzung in den einstweiligen Ruhestand (§ 50 SG),
- Entlassung (§ 46 SG),
- Verlust der Rechtsstellung eines Berufssoldaten (§ 48 SG),
- Entfernung aus dem Dienstverhältnis eines Berufssoldaten durch Urteil im gerichtlichen Disziplinarverfahren (§ 43 Abs. 2 Nr. 4 SG i. Vbg. m. § 63 WDO),
- Umwandlung (§ 43 Abs. 2 Nr. 1 i. Vbg. m. § 45a SG),
- Entlassung kraft Gesetzes, wenn er zum Beamten ernannt wird (§ 46 Abs. 3a Satz 1, 2 SG),
- Entlassung mit dem Ende einer Beurlaubung gem. § 1 Abs. 2 Satz 1 SKPersStruktAnpG.

22   **Das Wehrdienstverhältnis eines Soldaten auf Zeit endet** entsprechend den für einen Berufssoldaten geltenden Regelungen. Es endet ferner mit Ablauf des Monats, in dem das Erlöschen der Rechte aus dem Eingliederungsschein (§ 9 Abs. 3 Satz 2 Nr. 1 bis 3 SVG) rechtskräftig festgestellt worden ist sowie bei Entlassungen in den ersten vier Dienstjahren wegen schwerwiegender Dienstpflichtverletzungen (§ 55 Abs. 5 SG; siehe auch BVerwGE 53, 236) oder mangelnder Eignung (§ 55 Abs. 4 SG).

23   **Das Wehrdienstverhältnis eines freiwillig Wehrdienstleistenden** endet mit der Entlassung oder durch Ausschluss (§ 58h Abs. 1 SG) und zwar mit Ablauf des Tages (24 Uhr), zu dem der Soldat aus der Bundeswehr ausscheidet (§ 2 Abs. 2 SG).

24   **Ein Reservewehrdienstverhältnis** (§ 4 ResG) endet (§ 12 ResG)

- mit Ablauf der Zeit, für die der Reservist in das Reservewehrdienstverhältnis berufen wird,
- durch Umwandlung in das Dienstverhältnis eines Soldaten auf Zeit oder eines Berufssoldaten,
- im Spannungs- oder Verteidigungsfall durch Heranziehung oder Einberufung zu einem unbefristeten Wehrdienst,
- durch Verlust der Rechtsstellung eines Soldaten im Reservewehrdienstverhältnis,
- durch Entlassung (§ 13 ResG).

25   **Das Wehrdienstverhältnis eines Dienstleistungspflichtigen** (§ 59 SG) endet mit der Entlassung (§ 75 SG), dem Ausschluss (§ 76 SG) oder durch Ablauf der für den Wehrdienst festgesetzten Zeit, wenn der Endzeitpunkt kalendermäßig bestimmt ist.

Das Wehrdienstverhältnis eines Eignungsübenden (§ 87 SG) endet   26
– durch Entlassung von Amts wegen
– durch Entlassung auf eigenen Antrag,
– durch Zeitablauf der Übung.

Eine Ernennung zum Berufssoldaten oder Soldaten auf Zeit beendet die   27
Eignungsübung ebenfalls (so auch Walz in Walz/Eichen/Sohm, SG, § 87
Rn. 24; Scherer/Alff/Poretschkin/Lucks, SG, § 87 Rn. 6). Bis zur Vorauflage wurde unter Hinweis auf § 87 Abs. 2 SG vertreten, dass die Ernennung
das Ende des Wehrdienstverhältnisses in Form der Eignungsübung vielmehr
voraussetze. Diese Ansicht wird aufgegeben. Sollte sich die Eignung bereits
vor Ende der Eignungsübung zeigen, spricht nichts gegen die Ernennung
zum Berufssoldaten oder Soldaten auf Zeit, also noch während der laufenden
Eignungsübung.

2.1.3 Sonderfälle. Ein Wehrdienstverhältnis besonderer Art begrün- 28
det die Rechtsstellung eines Soldaten auf Zeit für Einsatzgeschädigte gem.
§ 6 Abs. 2 EinsatzWVG. Es endet unter den Voraussetzungen des § 6 Abs. 3
oder 4 EinsatzWVG.

Die Rechte und Pflichten eines in den Bundestag gewählten Sol-   29
daten ruhen vom Tag der Annahme der Wahl für die Dauer der Mitgliedschaft
mit Ausnahme der Pflicht zur Amtsverschwiegenheit und des Verbots der
Annahme von Belohnungen und Geschenken (§ 5 Abs. 1 AbgG i. Vbg. m.
§ 8 AbgG; hierzu siehe Alff, NZWehrr 1980, 201 ff. und Bornemann,
NZWehrr 1985, 133). Sofern der Beschwerdeanlass vor dem Tag der Annahme der Wahl liegt, wird man dem zum Abgeordneten gewählten Soldaten
indes auch nach diesem Tag noch das Beschwerderecht zubilligen müssen.
Andernfalls urteilte ein Verwaltungsgericht auf Grund des dem Abgeordneten
verbleibenden Widerspruchsrechts über eine truppendienstliche Angelegenheit, die kraft Gesetzes den Wehrdienstgerichten zugewiesen ist. Zur Rechtsstellung von Soldaten als Mitglieder der gesetzgebenden Körperschaften eines
Landes siehe Alff, NZWehrr 1980, 201, 202 ff.; zur Rechtsstellung eines
Berufssoldaten oder eines Soldaten auf Zeit, der als Abgeordneter in das
Europäische Parlament gewählt worden ist, siehe § 8 Abs. 3 EuAbgG.

Zum Beschwerderecht der Vertrauensperson siehe Rn. 201 ff.   30

2.2. Nicht-Beschwerdeberechtigte. Kein Beschwerderecht nach den   31
Vorschriften der WBO besitzen die Beamten des Bundesministeriums der
Verteidigung, die Angehörigen der Rechtspflege der Bundeswehr, soweit sie
nicht als ehrenamtliche Richter (§ 74 WDO) Soldaten sind oder im Status
eines Soldaten als Rechtsberaterstabsoffizier an Auslandseinsätzen oder ein-
satzgleichen Verpflichtungen der Bundeswehr teilnehmen, der Bundeswehrverwaltung sowie die Arbeitnehmer der Bundeswehr. Der Beamte kann
Dienstaufsichtsbeschwerde (§ 171 Abs. 1 BBG) erheben, eine Eingabe an
den Bundespersonalausschuss richten oder sich mit einer Beschwerde an den
Personalrat wenden (§ 68 Abs. 1 Nr. 3 BPersVG), Arbeitnehmer können
formlose Dienstaufsichtsbeschwerde erheben oder sich beschwerdeführend an
den Personalrat wenden (vgl. § 68 Abs. 1 Nr. 3 BPersVG). Im Übrigen
haben sie wie der Beamte die allgemeinen verwaltungsgerichtlichen Rechtsmittel.

Die Beschwerde einer Dienststelle der Bundeswehr gegen eine andere   32
Dienststelle desselben Geschäftsbereichs ist nach der WBO nicht statthaft

(zum Begriff der Dienststelle vgl. Rn. 71 ff.; zur Befehlsbefugnis militärischer Dienststellen siehe Lingens, NZWehrr 1997, 248). Wenn der Leiter einer Dienststelle meint, eine andere Dienststelle habe die ihr übertragenen Aufgaben seiner Dienststelle gegenüber nicht ordnungsgemäß wahrgenommen, kann er diesen Vorwurf nur mit der formell nicht festgelegten Gegenvorstellung oder der Dienstaufsichtsbeschwerde verfolgen. So wäre die Beschwerde des Kommandanten eines Schiffes, eingelegt in seiner Eigenschaft als Kommandant, gegen die Aufforderung einer Dienststelle der Bundeswehrverwaltung, eine Schadensmeldung vorzulegen, unstatthaft. Ebenso nicht statthaft wäre die Beschwerde des Kommandanten eines Hauptdepots gegen das Dienstleistungszentrum, das gegen seinen Willen von ihm benötigten Arbeitnehmer versetzt oder von ihm verlangte Hilfskräfte nicht oder nur in unzureichender Weise zuweist (BVerwG NZWehrr 1970, 25).

33   **Ein Personalrat mit Soldatenvertretern** kann als Gremium die Verletzung von Beteiligungsrechten nicht mit Hilfe der Beschwerde nach der WBO geltend machen (Höges, NZWehrr 2005, 10 ff.; Bachmann, GKÖD Yo, § 1 Rn. 35; siehe demgegenüber BVerwGE 127, 85 = NZWehrr 2007, 128; NZWehrr 2010, 161). Er steht außerhalb des beschwerderechtlichen Regelungskanons (Höges, aaO, S. 21). Die Wahrung soldatenrechtlicher Beteiligungsrechte richtet sich ausschließlich nach den Vorschriften des SBG (siehe Rn. 52). **Die Gleichstellungsbeauftragte** (§ 18 SGleiG) hat kein Beschwerderecht nach der WBO; Verstöße der Dienststelle gegen die Gleichstellung von Soldatinnen und Soldaten kann sie mit einem Einspruch rügen (§ 21 SGleiG). Zum Rechtsweg siehe jedoch § 22 SGleig und Rn. 222.

34   **2.3. Vertretung. Ob und inwieweit sich ein Soldat im Beschwerdeverfahren nach der WBO** vertreten lassen kann, ist im Gesetz nicht ausdrücklich geregelt (vgl. auch Bachmann, GKÖD Yo, § 1 Rn. 39). Lediglich für die Rechtsbeschwerde sieht § 22a Abs. 5 Satz 1 – und für die Nichtzulassungsbeschwerde § 22b Abs. 1 Satz 2 – vor, dass sich der Beschwerdeführer durch einen Rechtsanwalt oder eine Person vertreten lassen muss, die die Befähigung zum Richteramt nach dem DRiG hat oder die Voraussetzungen des § 110 DRiG erfüllt (dazu BVerwG NZWehrr 2010, 40). Die Zulässigkeit einer Vertretung bei Beschwerden in Verwaltungsangelegenheiten ergibt sich aus § 14 VwVfG (vgl. Rn. 43). Im Übrigen verweist § 23a Abs. 1 zur Ergänzung der Vorschriften der WBO auf die Bestimmungen der WDO, ohne indes – wie für die anderen in § 23a Abs. 1 genannten Verfahrensarten geschehen – die Vertretung ausdrücklich zu benennen. Auch für die gerichtlichen Antragsverfahren begnügt sich § 23a Abs. 2 mit einer allgemeinen Verweisung auf die Vorschriften der VwGO und des GVG und bestimmt als Grenze ihrer entsprechenden Anwendung nur die Eigenart des Beschwerdeverfahrens (siehe näher § 23a Rn. 4 f.). Gleichwohl besteht keine Verfahrenslücke. Vielmehr hat der Gesetzgeber mit dem durch Art. 5 Nr. 21 WehrRÄndG 2008 eingeführten § 23a eine jahrelang bestehende und durch die Rechtsprechung der Wehrdienstgerichte vorgegebene Praxis bestätigt, die in der entsprechenden Anwendung des § 90 WDO auch für die Beschwerdeverfahren nach der WBO einschließlich der Disziplinarbeschwerdeverfahren eine Rechtsgrundlage für die Vertretung gefunden hat (vgl. BVerwGE 46, 29 = NZWehrr 1973, 103 = NJW 1973, 772). Die entsprechende Anwendung des § 90 WDO berücksichtigt, dass die gesetzlichen Soldatenpflichten den Kreis der vertre-

tungsberechtigten Personen beschränken müssen (BVerwG aaO), weil innerdienstliche Angelegenheiten truppendienstlicher Art grundsätzlich nicht geeignet sind, zur Kenntnis Dritter zu gelangen (BVerwG NZWehr 2013, 82, 84; Das Grundrecht der Petition zur Vertretung bei Vermittlung und Aussprache siehe § 4 Rn. 9; zur Anwesenheit eines Vertreters bei einzelnen Ermittlungshandlungen § 10 Rn. 34).

Sind die Wehrdienstgerichte zur Entscheidung über eine truppendienstliche Angelegenheit **zuständig,** entscheiden sie über die Zulassung eines Vertreters. Auch für das gerichtliche Antragsverfahren der WBO bleibt es bei der entsprechenden Anwendung des § 90 WDO (vgl. BVerwGE 46, 29 = NZWehr 1973, 103 = NJW 1973, 772 und BVerwGE 53, 53 = NZWehr 1976, 20 noch zu § 84 Abs. 2 Satz 2 WDO a. F.). Die in § 23a Abs. 2 aufgenommene Formulierung „darüber hinaus" sowie die ausdrückliche Bezugnahme auf die §§ 22a, 22b, die ohnehin eine eigene Vertretungsregelung enthalten, machen deutlich, dass sich die Vertretungsbefugnis im gerichtlichen Antragsverfahren außerhalb der VwGO regelt. Der entsprechenden Anwendung der VwGO und des GVG im gerichtlichen Antragsverfahren sind andere Verfahrensgrundsätze vorbehalten (siehe Maiwald, FS Fürst, S. 233, 236 und § 23a Rn. 13). Danach sind als Vertreter vor den Wehrdienstgerichten nur Rechtsanwälte und die Personen zugelassen, die die Befähigung zum Richteramt nach dem DRiG haben oder die Voraussetzungen des § 110 Satz 1 DRiG erfüllen (BVerwG NZWehr 1985, 154). Die Voraussetzungen einer wirksamen Vertretung müssen schon in dem Zeitpunkt vorliegen, zu dem der Antrag gestellt wird (§ 17 Abs. 4; BVerwGE 53, 90 = NZWehr 1976, 20). Auch bei Anträgen auf Anordnung der aufschiebenden Wirkung nach § 17 Abs. 6 kann sich der Beschwerdeführer vor dem Wehrdienstgericht nur durch die in § 90 Abs. 2 Satz 2 WDO aufgeführten Personen vertreten lassen (BVerwG I WB 44/76 vom 5.4.1976). Trägt der von einer nicht vertretungsberechtigten Person eingelegte Antrag einen handschriftlich unterzeichneten Vermerk des Soldaten, aus dem geschlossen werden kann, dass er sich den Inhalt des Antrags zu eigen macht, ist er als ein von ihm selbst gestellter Antrag anzusehen (BVerwG aaO). **35**

Zur Vertretung durch einen dienstleistenden europäischen Rechtsanwalt siehe § 28 des Gesetzes zur Umsetzung von Richtlinien der Europäischen Gemeinschaft auf dem Gebiet des Berufsrechts der Rechtsanwälte vom 9.3.2000 (BGBl. I S. 182). Zur Berufsausübung durch einen niedergelassenen europäischen Rechtsanwalt siehe §§ 2 ff. des Gesetzes vom 9.3.2000. **36**

Für die Zulässigkeit einer Vertretung des Soldaten bei **Beschwerden in truppendienstlichen Angelegenheiten** einschließlich der Beschwerden gegen einfache Disziplinarmaßnahmen gilt bei entsprechender Anwendung des § 90 WDO folgendes: **37**

Als Vertreter sind zugelassen: **38**

– Rechtsanwälte,
– Personen, die die Befähigung zum Richteramt nach dem DRiG haben (zur Vertretung durch Hochschullehrer siehe BVerwG NZWehr 1984, 209; BVerwGE 83, 315 = NJW 1988, 220 = NVwZ 1988, 157; kritisch Bornemann, MDR 1985, 192; durch einen Fachhochschullehrer mit Befähigung zum Richteramt BGH NStZ 2004, 98) oder die die Voraussetzungen des § 110 Satz 1 DRiG erfüllen,
– Soldaten.

39 **Eine Vertretung des Soldaten** bei Beschwerden in truppendienstlichen Angelegenheiten **durch Gewerkschaften und Berufsverbände** ist nur im Rahmen von Rechtsdienstleistungen zulässig, deren Umfang durch das RDG vom 12.12.2007 (BGBl. I S. 2840) festgelegt ist. Danach darf der Beschwerdeführer sich beraten lassen, auch die Vorbereitung der Beschwerdeschrift ist möglich; die Beschwerde einlegen und sie vertreten muss der Soldat dagegen selbst (BVerwG I WB 106/75 vom 3.9.1975). Ein Rechtsbeistand, der die Befähigung zum Richteramt nicht besitzt, ist zur Einlegung der Beschwerde in truppendienstlichen Angelegenheiten nicht befugt (BVerwGE 53, 53 = NZWehr 1976, 15; BVerwG 1 WB 86.93 vom 24.8.1994).

40 **Auch die Vertrauensperson** ist von der Vertretung wenigstens insoweit ausgeschlossen, als sie Soldaten ihres Wahlbereichs betrifft (Lingens, Beschwerderecht, Rn. 85; Höges, in Wolf/Höges SBG, § 16 Rn. 18; a. A. Gronimus, SBG, § 16 Rn. 11; § 13 Rn. 18 ff.; Stauf, WR II, § 1 WBO Rn. 3; Ebert, NZWehr 1994, 11, 17). Für jene darf sie weder Beschwerdeschriften entwerfen noch anfertigen. Zwar darf die Vertrauensperson als Vermittler (§ 4 Abs. 1) gewählt werden (§ 31 Abs. 1 SBG), in dieser Eigenschaft ist ihre Tätigkeit jedoch auf Ausgleich gerichtet (§ 4 Abs. 4) und nach dem Rechtsverständnis des SBG mit dem Beitrag der Vertrauensperson zur verantwortungsvollen Zusammenarbeit zwischen Vorgesetztem und Untergebenen sowie zur Festigung des kameradschaftlichen Vertrauens vereinbar (§ 18 Abs. 1 SBG). Damit verträgt sich die einseitige Interessenwahrnehmung der Vertrauensperson eines einzelnen, zur Beschwerde bereiten Soldaten nicht. Folgerichtig schließt § 31 Abs. 2 SBG die Vertrauensperson von einer Anhörung nach § 30 Satz 2 SBG aus, wenn sie in derselben Sache als Vermittler tätig gewesen ist, um sie nicht durch die Abgabe einer einseitigen Stellungnahme zu belasten (Höges, aaO, § 31 Rn. 12; Gronimus, aaO, § 31 Rn. 9).

41 **Die Vertretung durch einen Rechtsanwalt** ist jederzeit zugelassen (BDHE 6, 165 = NZWehr 1962, 165). Im Übrigen gibt § 90 Abs. 1 Satz 2 WDO dem Vorsitzenden der Truppendienstkammer die Möglichkeit, dem Soldaten einen Verteidiger zu bestellen, wenn er dessen Mitwirkung für geboten hält (vgl. hierzu Dau/Schütz, WDO, § 90 Rn. 9 ff.). Diese auf das gerichtliche Antragsverfahren nach der WBO entsprechend anwendbare Regelung erlaubt es dem Wehrdienstgericht, dem Soldaten einen rechtskundigen Vertreter beizuordnen. Die Beteiligung eines rechtskundigen Vertreters im gerichtlichen Antragsverfahren verfolgt in erster Linie den Zweck, ein Rechtsgespräch mit dem Wehrdienstgericht zu ermöglichen (BVerwGE 46, 29, 34 = NZWehr 1973, 103, 106 = NJW 1973, 772, 774; BVerwGE 53, 90 = NZWehr 1976, 20). Das gilt in besonderem Maße für Verfahren vor dem BVerwG (Wehrdienstsenate), dessen hergebrachte Aufgabe, die Einheitlichkeit der Rechtsprechung und Fortbildung des Rechts zu sichern (BVerwGE 46, 29 = NZWehr 1973, 103, 106 = NJW 1973, 772), durch die Beteiligung rechtskundiger Personen zusätzlich unterstützt wird. Überdies zeigt sich in der Regelung des § 67 Abs. 2 Satz 2 VwGO, dass auch dem Verwaltungsprozess auf erstinstanzlicher Ebene die Bestellung eines Bevollmächtigten nicht fremd ist.

42 Hat das Wehrdienstgericht die Vertretungsbefugnis des Bevollmächtigten im gerichtlichen Antragsverfahren bejaht, ist der Urkundsbeamte der Geschäftsstelle im Kostenfestsetzungsverfahren daran gebunden (BVerwGE 83, 271 = NZWehr 1987, 118). Bei Beschwerden in Verwaltungsangelegenheiten einschließlich der auf die Truppe übertragenen Angelegenheiten ist eine Vertretung des Soldaten allgemein zugelassen (vgl. § 14 VwVfG). Hier tritt das Beschwerdeverfahren an die Stelle des verwaltungsgerichtlichen Vorverfahrens (§ 23 Abs. 1), in dem sich der Soldat wie jeder andere Staatsbürger durch einen Bevollmächtigten vertreten lassen kann (dazu Kopp/Ramsauer, VwVfG, § 14 Nr. 4 ff.). § 23a Abs. 1 findet daher auf das Beschwerdeverfahren in Verwaltungsangelegenheiten keine Anwendung. Bei Beschwerden in Verwaltungsangelegenheiten ist auch eine Vertretung durch berufsständische Vereinigungen (DBwV, ver.di) zulässig. Die Vertrauensperson ist gegenüber dem Soldaten ihres Wahlbereichs als Vertreter indes auch hier ausgeschlossen).

Eine bestimmte Form ist für die Bevollmächtigung des Vertreters **nicht 43 vorgesehen.** Auf Verlangen hat der Vertreter jedoch Vollmacht und die Voraussetzungen seiner persönlichen Qualifikation (§ 90 Abs. 2 Satz 2 WDO) nachzuweisen. Im Innenverhältnis muss eine wirksame Bestellung als Vertreter vorliegen. Lässt der Soldat sein Anliegen lediglich durch seinen nächsten Disziplinarvorgesetzten an höhere Dienststellen herantragen, läuft er Gefahr, sein Beschwerderecht durch Fristablauf zu verlieren (BVerwGE 46, 209).

Zur Zustellung der Beschwerdeentscheidung an den Vertreter siehe § 12 **44** Rn. 40 f. ff. Zur Fristversäumnis durch den Vertreter und ihre Folgen siehe § 7 Rn. 13.

Die Beschwerde – und der Antrag auf gerichtliche Entscheidung – ist als **45** unzulässig zurückzuweisen, wenn sich der Soldat bei Beschwerden in truppendienstlichen Angelegenheiten durch einen nicht vertretungsberechtigten Dritten hat vertreten lassen. Andererseits kann sich der Soldat beschweren, wenn er geltend macht, durch Zurückweisung einer nach seiner Auffassung vertretungsberechtigten Person von der über die Beschwerde entscheidenden Stelle in seinen Rechten verletzt worden zu sein.

Ein Fall der Vertretung liegt nur vor, wenn der Vertreter für den von **46** ihm vertretenen Soldaten handelt und in der von ihm erhobenen Beschwerde eine unrichtige Behandlung oder ein pflichtwidriges Verhalten rügt. Die Voraussetzungen des Beschwerderechts beurteilen sich ausschließlich nach dem Beschwerdeanlass, wie er den Soldaten getroffen hat; dieser bleibt Beschwerdeführer. Kein Fall der Vertretung liegt vor, wenn der „Vertreter" eine Verletzung seiner eigenen, ihm etwa als gesetzlicher Vertreter zustehenden Rechte durch die Bundeswehr geltend macht. Ob ihm ein Beschwerderecht zusteht, beurteilt sich ausschließlich nach der WBO. Ein Vater kann z.B. nicht nach der WBO Beschwerde mit der Begründung einlegen, die Bundeswehr habe ihn nicht über die vorzeitige Entlassung seines Sohnes unterrichtet. Seine Beschwerde muss zurückgewiesen werden, weil er nicht zu den beschwerdeberechtigten Personen gehört (BVerwGE 53, 53 = NZWehr 1976, 15). Auch die Verknüpfung seiner eigenen mit der für einen Kameraden eingelegten Beschwerde ist dem „Vertreter" nicht möglich; hierbei handelt es sich um eine nach § 1 Abs. 4 Satz 1 unzulässige gemeinschaftliche Beschwerde.

Im Übrigen lässt es die Natur des militärischen Sonderstatusverhältnisses **47** nicht zu, dass zwischen den Soldaten und seinen Vorgesetzten ein Dritter tritt. Eine Stellvertretung bei der Entgegennahme von Befehlen ist daher ausgeschlossen (BVerwGE 53, 53, 59 = NZWehr 1976, 15, 18). Auch bei Ausübung der Disziplinarbefugnis darf ein Vertreter des Soldaten zurückgewiesen werden (BVerwGE 53, 146 = NZWehrr 1977, 21; BVerwG NZWehrr 2013, 82, 84; vgl. kritisch Manzel/Zapf, NZWehrr 2012, 104). Zum Recht des Vertreters, bei Ermittlungshandlungen anwesend zu sein, siehe § 10 Rn. 34; zum Akteneinsichtsrecht des Bevollmächtigten im gerichtlichen Antragsverfahren siehe § 18 Rn. 54.

48   **2.4. Tod des Beschwerdeführers. Durch den Tod des Beschwerdeführers ist das Beschwerdeverfahren beendet.** Das Beschwerderecht ist als höchstpersönliches Recht des Beschwerdeführers nicht übertragbar und kann auch von den Erben als Rechtsnachfolger des Beschwerdeführers nicht ausgeübt werden. § 15 steht dem nicht entgegen. Eine Fortsetzung des Beschwerdeverfahrens durch die Erben könnte nur in Betracht kommen, wenn auch sie derselben Verfahrensordnung unterworfen wären. Der oder die Erben unterliegen indessen – sofern sie nicht selbst Soldaten sind und Rechte aus eigenem Dienstverhältnis geltend machen – den allgemeinen verwaltungsgerichtlichen Vorschriften. Aus diesem Grund lässt sich auch der Rechtsgedanke, der dem § 239 ZPO zu Grunde liegt und im Verfahren vor den Verwaltungsgerichten als Parteiwechsel kraft Gesetzes entsprechend angewendet wird (Kopp/Schenke, VwGO, § 91 Rn. 13), nicht heranziehen. Die Unterbrechung zwecks Übernahme des Verfahrens durch den Rechtsnachfolger (§ 239 ZPO) beruht auf der Tatsache, dass diesem derselbe Verfahrensweg eröffnet ist, den der Erblasser beschritten hatte.

49   Zur Zustellung des Beschwerdebescheides an die Erben des Beschwerdeführers siehe § 12 Rn. 41.

III. Räumlicher Geltungsbereich

50   Die Ausübung des Beschwerderechts und der räumliche Geltungsbereich der WBO bleiben nicht auf das Gebiet der Bundesrepublik Deutschlands beschränkt; die Vorschriften der WBO gelten auch für den im Rahmen einer Hilfeleistung im Ausland (§ 63a Abs. 1 SG) oder einer besonderen Auslandsverwendung eingesetzten Soldaten (siehe zu diesem Begriff § 62 Abs. 1 SG), unabhängig davon, ob der Beschwerdeanlass noch vor Antritt der Auslandsverwendung entstanden ist und der Soldat erst im Aufenthaltsstaat Beschwerde einlegt oder während des Aufenthalts im Einsatzland. Eines besonderen nationalen Rechtsanwendungsbefehls bedarf es dazu ebenso wie bei der WDO nicht (siehe Dau, WDO/Schütz, § 1 Rn. 2 m. w. Nachw. auch zur abweichenden Ansicht von Dreist, NZWehrr 2012, 1; vgl. auch Bachmann, GKÖD Yo, § 1 Rn. 5). Über einen Antrag auf gerichtliche Entscheidung, eine Beschwerde gegen einen Disziplinararrest, die Rücknahme einer förmlichen Anerkennung und eine Beschwerde gegen Maßnahmen nach § 20 WDO entscheidet das zuständige Truppendienstgericht im Inland (§ 16 WBO; § 42 Nr. 5 Satz 1 WDO). Die völkerrechtliche Legitimation für die räumliche Geltung und Anwendung der WBO auch für den im Ausland eingesetzten Soldaten folgt aus der Zustimmung des Aufnahmestaates zur zeitweisen Stationierung deutscher Soldaten auf seinem Territorium und der damit notwendig verbundenen Anwendung deutschen Wehrrechts auf die Angehörigen der Truppe, regelmäßig beschrieben und begrenzt durch Stationierungsabkommen – Status of Forces Agreements – zwischen Aufnahme- und Entsendestaat, bei Handlungsunfähigkeit des Aufnahmestaates durch das den Einsatz legitimierende Mandat der Vereinten Nationen (vgl. zum Vorstehenden Talmon, NZWehr 1997, 221, 234; Frowein in Frowein/T. Stein, Rechtliche Aspekte einer Beteiligung der Bundesrepublik Deutschland an Friedenstruppen der Vereinten Nationen, Berlin-Heidelberg-New York 1990, S. 9; Wolfrum, ebenda, S. 71; Dau, ebenda, S. 74; Eichen, NZWehr 2012, 148; Dau/Schütz, WDO, § 1 Rn. 3 zum räumlichen Geltungsbereich der WDO; kritisch Dreist, NZWehr 2012, 1; UBWV 2012, 329, 365).

IV. Sachlicher Geltungsbereich

1. Sonderanwendungsfälle durch Verweisung

Der sachliche Geltungsbereich der WBO wird durch einige bereichsspezi- **51** fische Regelungen besonders gewährleistet. **Auf Beschwerden gegen einfache Disziplinarmaßnahmen** und gegen sonstige Maßnahmen und Entscheidungen des Disziplinarvorgesetzten sowie vorläufige Festnahmen nach der WDO finden die Vorschriften der WBO nach besonderer Maßgabe der WDO Anwendung (§ 42 WDO). **Das Beschwerderecht der Vertrauensperson** gegen eine Behinderung in Ausübung ihrer Befugnisse oder Benachteiligung ihrer Tätigkeit ist durch § 16 SBG i. Vbg. m. § 1 Abs. 1 Satz 2 gesichert. Soldatenvertreter im Personalrat haben in Angelegenheiten, die nur die Soldaten betreffen, die Befugnisse der Vertrauensperson und damit auch ein Beschwerderecht nach der WBO (§ 52 Abs. 1 i. Vbg. m. § 16 SBG). Dasselbe gilt für die Mitglieder des Gesamtvertrauenspersonenausschusses (§ 36 Abs. 5 i. Vbg. m. § 16 SBG; BVerwG NZWehr 2010, 40, 41, vgl. auch Bachmann, GKÖD Yo, § 1 Rn. 35). Demgegenüber ist zu beachten, dass sich das Verfahren auf **Abberufung eines Mitglieds des Gesamtvertrauenspersonenausschusses** nach den Vorschriften der WDO richtet (§ 36 Abs. 4 Satz 2 SBG). § 190 Abs. 1 Nr. 6 VwGO lässt die Bestimmungen der WBO insoweit unberührt, als sie von denen der VwGO abweichen (siehe im Einzelnen § 23 Rn. 1 ff.). **Beschwerden wegen einer sexuellen Belästigung im Dienstbetrieb** (siehe die gesetzliche Definition in § 3 Abs. 4 SoldGG) durch einen Vorgesetzten oder einen Kameraden sind truppendienstlicher Natur und richten sich gem. § 11 Abs. 1 SoldGG nach den Vorschriften der WBO. Für die Behandlung von Beschwerden wegen Beeinträchtigungen des Beschwerdeführers während des **Vollzugs freiheitsentziehender Maßnahmen** durch Dienststellen der Bundeswehr gelten die Vorschriften der WBO (§ 20 BwVollzO). **Soldaten, denen eine Tätigkeit in einem Wirtschaftsunternehmen zugewiesen ist,** mit dem die Bundeswehr eine Kooperation eingegangen ist (§ 1 BwKoopG), behalten ihr Beschwerderecht, soweit sie eine unrichtige Behandlung oder ein pflichtwidriges Verhalten i. S. des Absatzes 1 rügen. Gleiches gilt im Falle eines Praktikums im Rahmen einer zivilberuflichen Aus- und Weiterbildung. Eine persönliche Beschwer aus dem Kooperationsverhältnis mit dem zivilen Arbeitgeber können sie hingegen nur mit den Mitteln des Arbeitsrechts geltend machen (Bachmann, GKÖD Yo, § 1 Rn. 26). Für die **Anfechtung der Wahl der Gleichstellungsbeauftragten** vor dem Truppendienstgericht gelten die Vorschriften der WBO über das gerichtliche Antragsverfahren (§ 16 Abs. 10 Satz 1 und 2 SGleiG; zur Besetzung des

Truppendienstgerichts in diesem Fall siehe § 16 Abs. 10 Sätze 3 und 4
SGleiG). Auch das gerichtliche Verfahren nach ergebnislosem Einspruch der
Gleichstellungsbeauftragten (§ 21 SGleiG) oder nachdem über ihren Ein-
spruch ohne zureichenden Grund nicht in angemessener Frist entschieden
worden ist, richtet sich nach den Vorschriften über das gerichtliche Antrags-
verfahren der WBO (§ 22 Abs. 1 Satz 7 SGleiG). Zu beachten ist, dass die
Gleichstellungsbeauftragte im Bundesministerium der Verteidigung unmit-
telbar das BVerwG (Wehrdienstsenate) anrufen kann (§ 22 Abs. 1 Satz 1
SGleiG). **In Versorgungsstreitigkeiten** gelten bis zur Beendigung des
Dienstverhältnisses die Vorschriften der WBO (§ 87 Abs. 2 SVG). Dasselbe
gilt für das Vorverfahren bei **Streitigkeiten in Angelegenheiten der
Beschädigtenversorgung** (§ 88 Abs. 6 Nr. 3 SVG). Die Anrufung des
Bundesbeauftragten für den Datenschutz (§ 21 Satz 1 BDSG) bleibt durch
die Wehrbeschwerde unberührt.

2. Geltendmachen des Beschwerdegegenstandes

52   Die Beschwerde bezweckt ihrem Wesen nach die Überprüfung eines
behaupteten Unrechts, durch das der Soldat sich beschwert glaubt. Soll die
Eingabe eines Soldaten als Beschwerde aufgefasst werden, muss sich we-
nigstens aus dem Zusammenhang ergeben, dass der Beschwerdeführer eine
Nachprüfung durch eine nächsthöhere Stelle erstrebt (BDHE 5, 227, 228).
Das gilt auch gegenüber einer Eingabe an den Wehrbeauftragten, die der
Soldat über seinen Disziplinarvorgesetzten einreicht. Sie muss erkennen
lassen, dass der Soldat – auch – die Entscheidung eines Disziplinarvorgesetzten verlangt (BVerwGE 43, 140). Bei sachgerechter Auslegung seiner
Erklärung sind unter Berücksichtigung seiner Persönlichkeit, der Rechtskenntnisse, aber auch der sprachlichen Gewandtheit des Soldaten Maßstäbe
anzulegen, die für den Soldaten günstig sind. Auf den Ausdruck „Beschwerde" oder die Formulierung „Ich beschwere mich" kommt es nicht
an. Es kann auch dann eine Beschwerde vorliegen, wenn der Soldat sie
fälschlich als „Widerspruch" oder „Einspruch" bezeichnet (vgl. auch § 300
StPO; aber auch LVG Köln NZWehr 1960, 1960, 93 f.). Eine vom
Beschwerdeführer eindeutig als Wehrbeschwerde bezeichnete Beschwerde
ist als solche zu behandeln; sie darf nicht als Dienstaufsichtsbeschwerde
behandelt werden, nur weil sie als Wehrbeschwerde für unzulässig erachtet
wird (BVerwGE 63, 152 = NZWehr 1979, 105 = ZBR 1981, 135). Geht
aus der Beschwerdeschrift nicht eindeutig hervor, ob sich der Soldat beschweren will, muss sein Wille durch Auslegung und notfalls Rückfragen
ermittelt werden. Das ist auch nach Ablauf der Beschwerdefrist noch
möglich. So kann schon eine schriftlich vorgetragene Unmutsäußerung
oder Gegenvorstellung eine Beschwerde sein. Selbst bei Fehlen einer ausdrücklichen Kennzeichnung ist als Beschwerde jede Eingabe anzusehen,
der ein unbefangener Dritter vernünftigerweise entnehmen muss, dass der
Absender sich beschwert fühlt und eine Überprüfung verlangt (vgl. VG
Saarlouis NJW 1969, 445).

53   Zur Einlegung der Beschwerde sowie zu Frist und Form siehe die Erl. zu
§§ 5, 6. **Es gilt der Grundsatz der Beschwerdefreiheit** (vgl. auch Einf.
Rn. 50). Die WBO gibt dem Soldaten nur die Berechtigung, sie legt ihm
keine rechtliche Verpflichtung auf, sich zu beschweren. Ihm kann daher auch
nicht befohlen werden, sich zu beschweren. Der Soldat darf nicht disziplinar

gemaßregelt werden, nur weil er sich nicht beschwert hat. Zum Benachteiligungsverbot siehe die Erl. zu § 2.

Die Beschwerde begründet einen Anspruch auf Bescheid (vgl. § 12 **54**
Rn. 3 ff.).

**Mit der Beschwerde verwirklicht der Soldat seinen Anspruch auf 55
Rechtsschutz (§ 34 Satz 1 SG); mit ihr macht er geltend, dass er
sich durch einen der in Abs. 1 und 2 genannten Beschwerdegründe
unrichtig behandelt oder in seinen Rechten verletzt glaubt. Die
subjektive Fassung des Satzes 1 (glaubt)** erleichtert ihm die Entscheidung, ob er Beschwerde einlegen soll. Regelmäßig wird er nicht in der
Lage sein, objektiv zu prüfen, ob ein Beschwerdegrund auch wirklich
vorliegt. Der Soldat kann in der Beschwerde ohnehin nur seine persönliche
Überzeugung, seine Sicht der Dinge wiedergeben. Es ist im Allgemeinen
auch nicht seine Aufgabe, in der Beschwerde Rechtsausführungen zu
machen oder dienstrechtliche Vorgänge im Einzelnen darzulegen (vgl. auch
BVerwGE 13, 90, 91). Dem Soldaten ist daher regelmäßig kein Vorwurf
zu machen, wenn sich herausstellt, dass ein Beschwerdegrund nicht vorhanden, unrichtig bewertet oder nicht beweisbar ist. Zu wahrheitswidrigen
oder verleumderischen Angaben in der Beschwerdeschrift siehe § 2
Rn. 17 ff.

3. Der Betroffene

Als Betroffenen bezeichnet das Gesetz denjenigen, über den die Beschwer- **56**
de geführt wird (§ 4 Abs. 3 Satz 3). Abhängig vom Gegenstand der Beschwerde kann Betroffener einer Beschwerde der Vorgesetzte sein, eine
Dienststelle der Bundeswehr oder ein Kamerad (zum Betroffenen siehe auch
v. Buch, NZWehr 1972, 41). An die Person des Betroffenen knüpfen sich
vereinzelt Zuständigkeitsregelungen (§ 9 Abs. 3; § 17 Abs. 4 Satz 5) und
Verpflichtungen (§ 12 Abs. 1 Satz 3; § 13 Abs. 2 Satz 2), ohne ihm indes
darüber hinaus eine rechtlich ausgestaltete Rolle als Verfahrensbeteiligter
zuzuweisen. Andererseits besitzt er auch ohne ausdrückliche Regelung Verfahrensgarantien, die seine Rechte in einem gegen ihn gerichteten Verfahren
sichern, z. B. Anspruch auf rechtliches Gehör (vgl. § 10 Rn. 29 f.; § 18
Rn. 60; § 22b Rn. 18). Auf die Rechtsnatur des Beschwerdeverfahrens als
einseitigem Verfahren des rechtsschutzsuchenden Beschwerdeführers hat die
Figur des Betroffenen keinen Einfluss (zur Rechtsnatur des Beschwerdeverfahrens siehe Einf. Rn. 40, 95 und § 17 Rn. 53). Ist Gegenstand der Beschwerde ein Handeln, Unterlassen oder ein Verhalten von Personen oder
Dienststellen, die die Eigenschaft eines Betroffenen i. S. des Wehrbeschwerderechts nicht erfüllen, ist die Beschwerde als unzulässig zurückzuweisen. Regelmäßig wird sich aus dem Gesamtvorbringen der Beschwerde ergeben, wer
Betroffener ist; denkbar ist aber auch, dass der Beschwerdeführer im Einzelnen bestimmt, durch wen er sich unrichtig behandelt oder sonst wie beeinträchtigt fühlt.

3.1. Der militärische Vorgesetzte (Abs. 1 Satz 1 Hs 1). Vorgesetzter **57**
ist, wer befugt ist, einem Soldaten Befehle zu erteilen. Die Vorgesetzteneigenschaft knüpft somit an die Befehlsbefugnis an, ein allgemeines Vorgesetztenverhältnis gibt es für die Soldaten der Bundeswehr nicht mehr
(Scherer, NZWehr 1965, 162). Die Befehlsbefugnis ist durch die VorgV
personell auf bestimmte Soldaten und sachlich auf besondere Aufgaben und

Zeiträume sowie gegenüber einem bestimmten Personenkreis beschränkt. Sie bestimmt im Einzelnen, wer auf Grund der Dienststellung, des Dienstgrades, besonderer Anordnung oder auf Grund eigener Erklärung als Vorgesetzter befugt ist, Befehle zu erteilen. Die Eigenschaft als Disziplinarvorgesetzter (§ 1 Abs. 4 Satz 1 SG) ist nicht verlangt, auch der Teileinheitsführer, z. B. Gruppenführer, Zugführer, ist Vorgesetzter (vgl. dazu BVerwG ZBR 2003, 387, 388); Vorgesetzter kann auch ein Soldat sein, dem diese Dienststellung nicht förmlich übertragen worden ist (BVerwG RiA 2004, 91 = DÖD 2003, 204). Verfassungsrechtliche Sonderregelungen zum Inhaber der Befehls- und Kommandogewalt enthalten die Art. 65a, 115b GG und für die Vorgesetzteneigenschaft im Rahmen einer disziplinaren vorläufigen Festnahme § 21 Abs. 2 Satz 2 WDO.

58   Vorgesetzter als Betroffener einer Wehrbeschwerde kann nur ein Soldat der Bundeswehr sein, der organisatorisch in ihren Aufbau eingegliedert ist und in einem festen Zuordnungsverhältnis zu ihr steht (BDHE 7, 160 = NZWehr 1967, 65; siehe auch BVerwG NZWehr 1984, 163). Gegen einen Vorgesetzten ausländischer Streitkräfte, z. B. eines integrierten Stabes, der deutsch/französischen Brigade, dem deutsch-niederländischen Korps oder innerhalb einer multinationalen Friedenstruppe ist eine Beschwerde nach der WBO nicht statthaft (zu der verfassungsrechtlichen Problematik vgl. Dau, NZWehr 1989, 177; F. Kirchhof, NZWehr 1998, 152; Wieland, NZWehr 1999, 133). Ausnahmsweise kann der Vorgesetztenbegriff auf eine Dienststelle der Bundeswehr erstreckt werden, wenn diese dem Vorgesetzten vergleichbare Weisungsbefugnisse besitzt (BVerwG NZWehr 2007, 217 zum damals noch bestehenden MAD-Amt alter Prägung).

59   Das Vorgesetztenverhältnis muss zu dem Zeitpunkt bestanden haben, in dem der Beschwerdeanlass entstanden ist. Es ist nicht erforderlich, dass das Vorgesetztenverhältnis in dem Zeitpunkt noch besteht, in dem die Beschwerde eingelegt wird. Auch die Beschwerde, die mit dem Ziel eingelegt wird, letztlich das Nichtbestehen eines Vorgesetztenverhältnisses festzustellen, richtet sich gegen einen Vorgesetzten als Betroffenen. **Nur ein militärischer Vorgesetzter** kann Betroffener einer Wehrbeschwerde sein. Von der in § 1 Abs. 3 Satz 2 SG enthaltenen Ermächtigung, durch Rechtsverordnung auch Zivilpersonen zu militärischen Vorgesetzten zu erklären, hat der BMVg bisher keinen Gebrauch gemacht. Er ist militärischer Vorgesetzter kraft verfassungsrechtlicher Zuweisung (Art. 65a GG; Hucul in Walz/Eichen/Sohm, SG, § 1 Rn. 57 f.), in seiner Vertretung der beamtete Staatssekretär als „alter ego" (BVerwGE 46, 55 = DVBl 1973, 575 = NZWehr 1973, 100; Dau, FS Fleck, S. 81, 89 ff.), nach Verkündung des Verteidigungsfalles auch der Bundeskanzler (Art. 115b GG).

60   Ist der Soldat einem Beamten oder Arbeitnehmer der Bundeswehr unterstellt, hat er zwar dessen Weisungen zu befolgen (§ 7 SG; vgl. Scherer/Alff/Poretschkin/Lucks, SG, § 1 Rn. 55). Ein militärisches Vorgesetztenverhältnis wird durch diese Unterstellung jedoch nicht begründet, eine Beschwerde nach der WBO ist daher nicht zulässig (vgl. auch BVerwG NZWehr 1985, 121). Unberührt bleibt in jedem Fall die Überprüfung des mit der Beschwerde gerügten Verhaltens eines zivilen Vorgesetzten im Rahmen einer Organbeschwerde, wenn dessen Voraussetzungen vorliegen, andernfalls hat der Soldat nur die Möglichkeit der Dienstaufsichtsbeschwerde.

61   Keine militärischen Vorgesetzten sind der Beamte im BMVg oder in einer Dienststelle der Bundeswehrverwaltung, der Truppenverwaltungs-

beamte, der zivile Rechtslehrer der Bundeswehr, der Beamte des Geo-
informationsdienstes der Bundeswehr, die zivilen Dozenten an den Akademien und Schulen der Bundeswehr oder die Professoren an den Universitäten der Bundeswehr. Im Bereich der Universitäten der Bundeswehr
sind (militärische) Vorgesetzte der Leiter Fachbereichsgruppe, der Leiter
Studentenfachbereich und der Leiter Studentenbereich. Auch bei einem
persönlichen Fehlverhalten des Rechtsberaters, Rechtslehrers, Wehrdiszipli-
naranwalts sowie eines Militärgeistlichen besteht nur die Möglichkeit einer
Dienstaufsichtsbeschwerde, im Übrigen sind stets die Voraussetzungen einer
Organbeschwerde zu prüfen.

Gegen das Verhalten eines Truppendienstrichters, durch das sich ein 62
Soldat beschwert fühlt (z. B. wegen verzögerlicher Anberaumung eines Termins, verspäteten Absetzens einer Entscheidung), ist nur die Dienstaufsichtsbeschwerde zulässig. Eine Beschwerde an das im Instanzenzug übergeordnete
Gericht kommt nur dann in Betracht, wenn nach der für das gerichtliche
Verfahren geltenden Verfahrensordnung eine solche Beschwerde vorgesehen
ist (BDH NZWehrr 1962, 69). Unberührt bleibt die Möglichkeit, Entschädigung bei überlanger Dauer eines gerichtlichen Antragsverfahrens geltend zu
machen (§ 23a Abs. 2 Satz 2).

Eine Dienstaufsichtsbeschwerde über einen Truppendienstrichter ist im 63
Übrigen nur in sehr beschränktem Umfang möglich. Die Dienstaufsicht
gegenüber Richtern erstreckt sich nur auf den Geschäftsgang, die Ordnung
des Dienstbetriebs usw. Die richterliche Tätigkeit, insbesondere die Würdigung des Sachverhalts, die vertretene Rechtsansicht sowie die Anwendung
und Auslegung von Verfahrensvorschriften kann mit der Dienstaufsichtsbeschwerde nicht gerügt werden. Soweit ein Truppendienstrichter seine
richterlichen Dienstgeschäfte nicht ordnungsgemäß ausübt, unterliegt dies
der Dienstaufsicht (BGH Urteil v. 31. Januar 1984 – RiZ (R) 3/83, juris
Rn. 10). Allerdings ist nur der Präsident des Truppendienstgerichts gem. § 26
Abs. 2 DRiG befugt, dem Richter sein Verhalten vorzuwerfen und ihn zu
ordnungsgemäßer Erledigung anzuhalten (vgl. hierzu auch Dau, WDO/
Schütz, § 73 Rn. 1 f.).

Ein Vertragsarzt der Bundeswehr als Truppenarzt ist kein Vorgesetzter 64
des Soldaten, so dass eine Beschwerde gegen ihn unzulässig ist (BDHE 7,
159, 160 = NZWehrr 1967, 65 ff.). Ob eine gleichwohl eingelegte Beschwerde als formelle Beschwerde nach der WBO oder als formlose Dienstaufsichtsbeschwerde aufzufassen ist, muss durch Auslegung nach dem Inhalt
der Beschwerdeschrift ermittelt werden. Beruft sich der Soldat nicht ausdrücklich auf die WBO, wird man im Allgemeinen davon ausgehen können,
dass es sich um eine formlose Dienstaufsichtsbeschwerde handelt (siehe Einf.
Rn. 108 ff.). Im Einzelnen ist wie folgt zu verfahren: Ist die Beschwerde als
formelle Beschwerde nach der WBO aufzufassen, muss sie als unzulässig
zurückgewiesen werden. Jedoch ist ihr im Wege der Dienstaufsicht (§ 14)
nachzugehen. In diesen Fällen empfiehlt es sich, dem Beschwerdeführer in
dem die Beschwerde zurückweisenden Bescheid zugleich das Ergebnis der
dienstaufsichtlichen Prüfung mitzuteilen. Hat der Soldat keine formelle
Beschwerde nach der WBO, sondern eine formlose Dienstaufsichtsbeschwerde über einen Vertragsarzt erhoben, ist sein Vorbringen im Wege
der Dienstaufsicht zu untersuchen. Der Soldat erhält keinen formellen
Bescheid, sondern lediglich eine kurze schriftliche Mitteilung über das
Ergebnis der Überprüfung. Zuständig hierfür ist der Disziplinarvorgesetzte

oder der vorgesetzte Sanitätsoffizier (§ 27 Abs. 3 WDO), der zu entscheiden gehabt hätte, wenn es sich bei dem Vertragsarzt um einen Sanitätsoffizier gehandelt hätte.

65   Eine Beschwerde gegen einen Vertragsarzt der Bundeswehr ist ausnahmsweise zulässig, wenn das mit der Beschwerde gerügte Verhalten nicht dem Vertragsarzt, sondern der Dienststelle, in deren Auftrag er handelt oder deren Aufgaben er wahrnimmt, zugerechnet werden muss. Das ist z. b. bei der Durchführung der dem Vertragsarzt obliegenden Heilbehandlung der Fall; denn die Heilbehandlung ist Erfüllung eines dem Soldaten gesetzlich zustehenden Anspruches (§ 30 SG). Die Beschwerde ist zulässig, wenn ein pflichtwidriges Unterlassen oder eine pflichtwidrige Durchführung der Heilbehandlung durch den Vertragsarzt gerügt wird.

66   Erhebt der Soldat gegen den einen Sanitätsoffizier der Bundeswehr vertretenen Arzt der Bundespolizei Vorwürfe, die sich gegen den vertretenen Arzt persönlich richten, z. B. der Soldat behauptet, der Arzt habe ihn grundlos angeschrien und beleidigt, ist nur der Weg über die Dienstaufsichtsbeschwerde an den Dienstvorgesetzten des Polizeiarztes offen. Legt der Soldat eine formelle Beschwerde nach der WBO ein, muss sie von dem Disziplinarvorgesetzten als unzulässig zurückgewiesen werden, der bei einer entsprechenden Beschwerde gegen einen Sanitätsoffizier zuständig gewesen wäre. Dieser Disziplinarvorgesetzte hat die Beschwerde alsdann dem nächsten Dienstvorgesetzten des Polizeiarztes zuzuleiten, damit dieser ihr dienstaufsichtlich nachgehen kann. Dem Beschwerdeführer ist Abgabenachricht zu erteilen.

67   **3.2. Dienststelle der Bundeswehr (Abs. 1 Satz 1 Hs 1).** Der Begriff der Dienststelle der Bundeswehr bedeutet nicht nur militärische Dienststelle, sondern umfasst alle militärischen oder zivilen Einrichtungen der Bundeswehr, sofern sie eine zur Erfüllung bestimmter Aufgaben organisatorisch verselbstständigte Verwaltungseinheit sind (BDHE 7, 159, 160 = NZWehrr 1967, 65 ff.; BVerwG NZWehrr 2013, 34, 35 f.). Ein Wirtschaftsunternehmen, mit dem die Bundeswehr eine Kooperation eingegangen ist und in dem einem Soldaten eine Tätigkeit zugewiesen wurde (§ 1 BwKoopG), ist keine Dienststelle der Bundeswehr.

68   Zu den militärischen Dienststellen gehören beispielsweise Einheiten, Verbindungsstäbe, Kommandobehörden, das Streitkräfteamt, das Amt für Heeresentwicklung, die Schulen und Akademien der Streitkräfte sowie das Zentrum Innere Führung.

69   Zivile Dienststellen der Bundeswehr sind u. a. Dienstleistungszentren, Karrierecenter, das Bundesamt für Infrastruktur, Umweltschutz und Dienstleistungen der Bundeswehr, das Bundesamt für das Personalmanagement der Bundeswehr, das Bundesamt für Ausrüstung, Informationstechnik und Nutzung der Bundeswehr die Universitäten der Bundeswehr, das Bundessprachenamt, das evangelische Kirchenamt für die Bundeswehr und das Katholische Militärbischofsamt, soweit sie staatliche Verwaltungsaufgaben wahrnehmen (dazu Dau, FS Dyba, S. 298 ff.).

70   Das Bundesministerium der Verteidigung ist eine nach außen einheitliche Behörde, die durch die Ministerin oder den Minister repräsentiert wird. Als oberste politische Spitze der Bundeswehr gehört es nicht zu den Dienststellen i. S. der Vorschrift (vgl. umfassend Mann, BMVg, S. 83 ff.; auch Großmann, S. 169; siehe auch den Dresdner Erlass vom 21.3.2012, BWV 2012, 23 und

Dreist, NZWehrr 2012, 133, 139 f.). Maßnahmen des Ministeriums werden jedoch dem Minister zugerechnet und sind unter den Voraussetzungen des § 21 mit dem Antrag auf gerichtliche Entscheidung an das BVerwG (Wehrdienstsenate) anfechtbar. Hat der BMVg lediglich die Anordnung eines anderen Bundesressorts für seinen Bereich bekannt gegeben, ist nicht er betroffen, sondern das für die Anordnung verantwortliche Ressort. Eine Überprüfung der dort getroffenen Regelungen mit Hilfe einer Wehrbeschwerde ist nicht möglich. Unberührt bleibt eine Beschwerde gegen einen Bescheid der zuständigen Dienststelle der Bundeswehrverwaltung, mit dem sie einen Antrag auf Gewährung von Rechtsschutz ganz oder teilweise ablehnt.

Unabhängig von einem Antrag auf gerichtliche Entscheidung gegen eine **71** Maßnahme des BMVg in truppendienstlichen Angelegenheiten kann sich der Soldat gegen militärische Angehörige des Ministeriums nach Maßgabe des § 1 Abs. 1 Hs 2 (Kameradenbeschwerde) beschweren, wobei es keinen Unterschied macht, ob der Beschwerdeführer selbst auch dem Ministerium angehört oder dem nachgeordneten Bereich. Er kann beispielsweise mit der Begründung Beschwerde einlegen, er fühle sich dadurch verletzt, dass ein militärischer Referent eine abfällige Bemerkung über ihn geäußert habe. Bei dieser Beschwerde ist Betroffener der Angehörige des Ministeriums, über den die Beschwerde geführt wird, nicht der Minister. Dieser entscheidet aber über die Beschwerde, denn Disziplinarvorgesetzter aller Soldaten im Ministerium ist allein der BMVg, nicht der Generalinspekteur, ein Stabsabteilungsleiter oder der militärische Referatsleiter (vgl. Dau/Schütz, WDO, § 27 Rn. 11a). Deshalb ist eine Beschwerde über einen Angehörigen des Ministeriums gemäß § 1 Abs. 1 Satz 1 Hs 1 (Vorgesetztenbeschwerde) nur unter den Voraussetzungen einer Organbeschwerde (Rn. 84) möglich (vgl. auch BVerwG NZWehrr 2012, 33). Beschwerden gegen Soldaten des Ministeriums sind nicht etwa deshalb ausgeschlossen, weil der Beschwerdeführer durch einen Antrag nach den §§ 21, 17 erreichen kann, dass ministerielle Maßnahmen, die ihn in seinen Rechten verletzen, vom BVerwG (Wehrdienstsenate) auf ihre Rechtmäßigkeit überprüft werden. Beide Rechtsbehelfe stehen selbstständig nebeneinander. Sie haben nicht dieselben Zulässigkeitsvoraussetzungen. Sie können gleichzeitig und sogar durch denselben Schriftsatz eingelegt werden. Häufig wird nicht deutlich erkennbar werden, ob der Soldat die Entscheidung des BMVg beantragen, ob er sich über einen Angehörigen des Ministeriums beschweren oder ob er beide Rechtsbehelfe einlegen will. In diesem Fall muss sein Wille durch Auslegung und notfalls Rückfrage ermittelt werden. **Zu den Dienststellen gehören nicht die Truppendienstgerichte** (BVerwG NZWehrr 1999, 161). Sie sind zwar von dem BMVg als dem Träger der Organisationsgewalt gebildet worden (vgl. Dau/Schütz, WDO, § 69 Rn. 2 ff.) und gehören zu seinem Geschäftsbereich (§ 69 Abs. 4 WDO). Als unabhängige Gerichte i. S. des Art. 92 GG sind sie jedoch unabhängiges Organ der Rechtspflege (siehe Einf. Rn. 96 ff.). Gegen die verzögerliche Behandlung einer Sache durch einen Truppendienstrichter ist daher nicht die Beschwerde an den BMVg gegeben, sondern nur die Dienstaufsichtsbeschwerde, über die der Präsident des Truppendienstgerichts entscheidet (Meyer, NZWehrr 1959, 42; vgl. auch Rn. 66 f. und § 23a Abs. 2 Satz 2). Die Wehrdienstsenate des BVerwG unterstehen organisatorisch nicht dem BMVg, sondern gehören zum Geschäftsbereich des Bundesministeriums der Justiz.

72   Der Bundeswehrdisziplinaranwalt und die Wehrdisziplinaranwälte sind Behörden im gerichtlichen Disziplinarverfahren. Sie sind auch Dienststellen der Bundeswehr (BVerwGE 63, 152 = NZWehrr 1979, 105 = ZBR 1981, 135). Der BWDA ist Vertreter des BMVg und des Generalinspekteurs im gerichtlichen Antragsverfahren (§ 21 Abs. 3, Satz 2, § 22), er vertritt die oberste Dienstbehörde und die anderen Einleitungsbehörden im gerichtlichen Disziplinarverfahren vor dem BVerwG (§ 81 Abs. 3 Satz 1 WDO) und leitet eine organisatorisch selbstständige Dienststelle. Die Wehrdisziplinaranwälte vertreten die Einleitungsbehörde im gerichtlichen Disziplinarverfahren, sind bei den Truppendienstgerichten bestellt und führen ein eigenes Amtssiegel (zur Stellung der Wehrdisziplinaranwälte vgl. Dau/Schütz, WDO, § 81 Nr. 1 ff.; Wolf, NZWehrr 1999, 1 ff.; 2001, 200 ff.; BVerwG ZBR 1970, 241). Sie sind somit auch eine Dienststelle der Bundeswehr (Wehrdisziplinaranwaltschaft); inwieweit ihr Handeln oder Unterlassen jedoch nach der WBO beschwerdefähig ist, siehe Rn. 86.

73   Keine Dienststelle ist der Rechtsberater einer militärischen Kommandobehörde. Insoweit kann er also nicht Betroffener einer Beschwerde sein. Der Auftrag an den Rechtsberater, gemäß § 32 WDO Ermittlungen durchzuführen, kann mit der Beschwerde nicht angefochten werden, da die Ermittlungen zur Ausübung der Disziplinarbefugnis gehören. Diese kann nur im Rahmen des vom Gesetz in § 42 WDO gegebenen Beschwerderechts überprüft werden. Auch der Rechtslehrer, der Truppenverwaltungsbeamte oder der Vertragsarzt der Bundeswehr als Truppenarzt sind keine Dienststellen (BDHE 7, 159, 160 = NZWehrr 1967, 65 ff.).

74   **Ebenso ist der Wehrbeauftragte des Bundestages** keine Dienststelle der Bundeswehr. Er ist gem. § 1 Abs. 1 WbeauftrG Hilfsorgan des Parlaments bei der Ausübung der parlamentarischen Kontrolle über die Streitkräfte und wird nur als Petitionsinstanz tätig, wenn sich Soldaten mit Bitten und Beschwerden an ihn wenden.

75   **Es muss sich um eine Dienststelle der Bundeswehr handeln.** Hierbei umfasst der Begriff „Bundeswehr" als Oberbegriff sowohl die Streitkräfte i. S. des innerstaatlichen Rechts als auch die Bundeswehrverwaltung. Die Streitkräfte gliedern sich in die Teilstreitkräfte Heer, Luftwaffe und Marine, sowie die Organisationsbereiche Streitkräftebasis, Zentraler Sanitätsdienst der Bundeswehr sowie Cyber- und Informationsraum (kritisch Scherer/Alff/Poretschkin/Lucks, SG, § 1 Rn. 48a).

76   **Die Bundeswehrverwaltung** (**Art. 87b GG**) besteht aus den Organisationsbereichen

– Personal

– Ausrüstung, Informationstechnik und Nutzung sowie

– Infrastruktur, Umweltschutz und Dienstleistungen (vgl. Dresdner Erlass vom 21.3.2012, BWV 2012, 83).

77   **Die Rechtspflege der Bundeswehr** (Truppendienstgerichte, Wehrdisziplinaranwälte, Rechtsberater und Rechtslehrer) und die **Militärseelsorge** gehören nicht zur Bundeswehrverwaltung (hierzu siehe Walz, FS Dau, S. 301 ff.). Sie haben ihren verfassungs- und staatsrechtlichen Standort in Art. 96 Abs. 4 GG, Art. 87a GG und Art. 140 GG i. Vbg. m. Art. 141 WRV, dem Gesetz über die Militärseelsorge vom 26.7.1957 i. Vbg. m. dem Vertrag der Bundesrepublik Deutschland mit der EKD zur Regelung der evangelischen Militärseelsorge vom 22.2.1957 (BGBl. II S. 1229), der Rahmenver-

einbarung zur Durchführung der evangelischen Seelsorge der Bundeswehr in den neuen Bundesländern vom 12.6.1996 sowie der Protokollnotiz zur Auslegung des Militärseelsorgevertrages vom 13.6.2002 (vgl. Walz, in Walz/Eichen/Sohm, SG, § 36 Rn. 10) und für die katholische Kirche Art. 27 des Konkordates zwischen dem Deutschen Reich und dem Heiligen Stuhl vom 20.7.1933 (vgl. eingehend Illguth, NZWehrr 1972, 129; Blaschke/Oberhem, Militärseelsorge, 1985; Dau, FS Dyba, S. 298 ff.).

Gegen eine militärische oder zivile Dienststelle ausländischer 78 **Streitkräfte** oder gegen eine nichtmilitärische deutsche Dienststelle ist eine Beschwerde nach der WBO auch dann nicht statthaft, wenn der Soldat bei ihr Dienst leistet (vgl. auch Bachmann, GKÖD Yo, § 1 Rn. 26). Die Beschwerde eines Soldaten im Militärattachédienst gegen das Auswärtige Amt muss als unzulässig zurückgewiesen werden. Dem Soldaten bleibt nur die Möglichkeit einer Dienstaufsichtsbeschwerde oder die verwaltungsgerichtlichen Rechtsbehelfe und Rechtsmittel.

3.3. Organhandeln des Betroffenen. Das Verhalten eines Betroffenen, 79 der weder militärischer Vorgesetzter noch eine Dienststelle der Bundeswehr ist, kann mit der Beschwerde gerügt werden, wenn es nicht ihm persönlich, sondern der Dienststelle, der er organisatorisch angehört oder deren Aufgaben er wahrnimmt, zugerechnet werden muss (BDHE 7, 159, 160 = NZWehrr 1967, 65 ff.). Das Verhalten eines Angehörigen der Dienststelle ist dieser zuzurechnen, wenn es mit der Ausübung seiner dienstlichen Aufgaben, die er innerhalb der Dienststelle wahrgenommen hat, in einem inneren Zusammenhang steht.

Stellungnahmen zu einem dienstlichen Bericht gehören z. B. zu den dienst- 80 lichen Aufgaben der damit befassten Soldaten und Beamten (BDHE 7, 164 = NZWehrr 1961, 32, 33); auch auf dem Gebiet der Personalführung handelt der Soldat oder der Beamte in Ausübung dienstlicher Befugnisse (BDHE 7, 164 = RiA 1965, 180). Die Benotung fremdsprachlicher Kenntnisse zählt zu den dienstlichen Aufgaben des Leiters der Sprachausbildung an einer Schule der Bundeswehr, gleichgültig, ob er als Soldat, Beamter oder Angestellter tätig wird; entsprechendes gilt für die Tätigkeit des zivilen Rechtslehrers an den Schulen und Akademien der Bundeswehr. In beiden Fällen hat sich die Ausbildungseinrichtung das Handeln des Lehrers zuzurechnen (vgl. auch die bei Lingens, Beschwerderecht, Rn. 115 ff. gegebenen Beispiele). Bei einem Soldaten liegt hier das Schwergewicht auf seiner für die Schule ausgeübten Tätigkeit, nicht in seinem Vorgesetztenverhältnis oder gar in der Sphäre seiner Kameraden. Die Beschwerde ist vielmehr **Organbeschwerde.** Die Einhaltung der sportlichen Sicherheitsmaßnahmen gehört zu den dienstlichen Aufgaben eines zivilen Sportlehrers der Bundeswehr. Die Durchführung der einem Vertragsarzt als Truppenarzt aufgetragenen Heilbehandlung ist stets der Dienststelle zuzurechnen, denn sie ist Erfüllung eines dem Soldaten gegen den Staat zustehenden Anspruches (§ 30 SG; BDHE 7, 159, 160 = NZWehrr 1967, 65 ff.). Diese Beschwerde führt jedoch in letzter Instanz nicht zu den Truppendienstgerichten, sondern über das Vorverfahren nach § 23 zu den Verwaltungsgerichten (§ 82 SG). Richtet sich die Beschwerde dagegen gegen das Verhalten des Truppenarztes, ohne dass die Gewährung von Heilfürsorge als solche angesprochen ist, führt der Rechtsweg zu den Truppendienstgerichten (VG Köln NZWehrr 1975, 36; a. A. v. Lepel, NZWehrr 1980, 1, 3). Auch die Tätigkeit des Truppenverwaltungsbeamten ist der Dienststelle zuzurechnen. Bei persönlichem Fehlverhalten ist dagegen nur die Dienstaufsichtsbeschwerde möglich.

81   **3.4. Der Kamerad als Betroffener (Abs. 1 Satz 1 Hs 2).** Ein Kamerad ist Betroffener einer Beschwerde, wenn er durch pflichtwidriges Verhalten den Beschwerdeführer verletzt haben kann. Bei der Auslegung des Kameradenbegriffes ist mangels einer eigenen wehrbeschwerderechtlichen Definition von der Regelung des SG auszugehen. § 12 SG enthält die allgemeine Pflicht des Soldaten zu gegenseitiger Kameradschaft. Kamerad i. S. des § 12 SG ist damit jeder militärische Angehörige der Bundeswehr (Scherer/Alff/Poretschkin/Lucks, SG, § 12 Rn. 5). Die Beamten des Bundesministeriums der Verteidigung, der Bundeswehrverwaltung, sonstige zivile Angehörige der Bundeswehr oder Angehörige ausländischer Streitkräfte sind keine Kameraden im Rechtssinne (Walz in Walz/Eichen/Sohm, SG, § 12 Rn. 13; zur disziplinaren Ahndung eines kameradenähnlichen Fehlverhaltens gegenüber einer weiblichen Zivilbediensteten vgl. BVerwG NZWehrr 1996, 257). Die Kameradschaft verpflichtet alle Soldaten, die Würde, die Ehre und die Rechte des Kameraden zu achten und ihm in Not und Gefahr beizustehen (§ 12 Satz 2 SG). Zu dieser Verpflichtung gehört nicht der Anspruch auf Vorbeiflug einer Ehrenformation von Kampfflugzeugen, um verunglückte Kameraden zu ehren (BVerwG NZWehrr 2005, 252). Aus der interpretativen Wechselbeziehung zwischen Soldat und Kamerad im Wortlaut des § 12 SG ist die Folgerung gerechtfertigt, dass das SG von einem ausschließlich militärischen Kameradenbegriff ausgeht (Scherer/Alff/Poretschkin/Lucks, aaO; Walz, aaO; Stauf, WR I, § 12 SG Rn. 5). Demnach ist auch für den Bereich der WBO der Kamerad ausschließlich ein Soldat der Bundeswehr (BVerwG NZWehrr 1976, 147; Stauf, WR II § 1 WBO Rn. 9; Lingens, Beschwerderecht, Rn. 112).

82   Für den Kameradenbegriff macht es keinen Unterschied, welchen Dienstgrad oder welche Dienststellung der Betroffene hat (BVerwG NZWehrr 1973, 24). Kamerad ist nicht nur der Soldat im gleichen oder niedrigeren, sondern auch der im höheren Dienstgrad (Weniger, SG, § 12 Rn. 2). Der Kameradenbegriff ist unabhängig von engeren persönlichen Beziehungen oder der Zugehörigkeit zur gleichen Einheit (BVerwGE 43, 293 = NZWehrr 1972, 148; 1974, 28). Ist ein Dienstgradhöherer zugleich Vorgesetzter des Beschwerdeführers, muss im Falle einer Beschwerde geprüft werden, ob das gerügte Fehlverhalten auf eine Verletzung der Vorgesetztenpflichten oder auf eine Verletzung der Kameradschaftspflicht zurückzuführen ist (vgl. BVerwG NZWehrr 1973, 24). Das Ergebnis dieser Prüfung darf nicht dahingestellt bleiben, denn nur bei erfolgloser Beschwerde wegen unrichtiger Behandlung durch einen Vorgesetzten führt der Rechtsweg zu den Wehrdienstgerichten, der bei einer Kameradenbeschwerde verschlossen ist (BDHE 7, 163, 164; BVerwGE 63, 204 = NZWehrr 1979, 179, 181 ff. = ZBR 1981, 350, 351; BVerwG NZWehrr 1992, 73; vgl. auch § 17 Rn. 14; kritisch dazu Lingens, BWV 1993, 54; gegen ihn Gedamke, ebenda, S. 136). Der Vorgesetzte ist in seiner Eigenschaft als Kamerad Betroffener einer Beschwerde, wenn er den Beschwerdeführer durch ein pflichtwidriges Verhalten verletzt hat, ohne zugleich gegen seine Vorgesetztenpflichten (§ 10 Abs. 3 SG) verstoßen zu haben (BVerwG NZWehrr 1972, 152; auch Oetting, Beschwerderecht, S. 66; Scherer/Alff/Poretschkin, SG, § 12 Rn. 12). Regelmäßig wird hier ein pflichtwidriges Verhalten außer Dienst vorliegen (vgl. auch Lingens,

NZWehrr 1980, 216, 225; z. B. anlässlich einer handgreiflichen Auseinandersetzung in einem Wirtshaus gießt Vorgesetzter dem Beschwerdeführer ein Glas Bier ins Gesicht; zum pflichtwidrigen Verhalten im Einzelnen siehe Rn. 197 ff.). Die Grenze zwischen Vorgesetztenbeschwerde und Kameradenbeschwerde kann im Einzelfall allerdings fließend sein. Lässt sich weder durch Auslegung noch durch Rücksprache klar unterscheiden, welche Ebene der Beschwerdeführer durch seine Beschwerde angreift, ist diesem im Zweifel der letztlich effektivere Rechtsweg einer Organbeschwerde zuzugestehen. Umgekehrt kann ein Vorgesetzter gegenüber einem Untergebenen Kameradenbeschwerde erheben, wenn dieser ihn durch ein pflichtwidriges Verhalten verletzt hat. Diese Form der dienstlichen Bereinigung eines gestörten Verhältnisses von Vorgesetztem zum Untergebenen wird allerdings selten sein. Wenn der Vorgesetzte Anlass zur Beschwerde zu haben glaubt, wird es zweckmäßig sein, dass er zunächst durch eine unmittelbare Aussprache eine Klärung herbeizuführen sucht, ehe er von seinem Beschwerderecht Gebrauch macht. Dabei muss er jedoch darauf achten, dass er durch die Aussprache nicht die Beschwerdefrist versäumt (vgl. auch BVerwGE 46, 348 Leitsatz 2).

V. Sonstige Zulässigkeitsvoraussetzungen

1. Rechtsschutzbedürfnis

Für die Zulässigkeit einer Beschwerde muss ein Rechtsschutzbedürfnis vorliegen. Dieser für jedes Rechtsmittel geltende Grundsatz ist auch für die Verfahren nach der WBO zu beachten (vgl. Oetting, Beschwerderecht, S. 63; auch Lingens, TP 1996, 133; siehe allgemein Kopp/Schenke, VwGO, Vor § 40 Rn. 30 ff.; § 69 Rn. 4). Die vom BVerwG für das gerichtliche Antragsverfahren entwickelten Grundsätze sind daher im Wesentlichen auf das vorgerichtliche Beschwerdeverfahren übertragbar. Für die Prüfung des Rechtsschutzbedürfnisses ist es unerheblich, ob es sich um eine truppendienstliche oder um eine Beschwerde in Verwaltungsangelegenheiten handelt. **83**

Die Anerkennung eines Rechtsschutzbedürfnisses hängt davon ab, ob die Geltendmachung einer Beschwer noch oder schon als zulässig anzusehen ist (Oetting, aaO). Fehlt es, muss die Beschwerde als unzulässig zurückgewiesen werden. In der Mehrzahl aller Fälle wird das Rechtsschutzbedürfnis in außergerichtlichen Verfahren ohne eingehende nähere Prüfung zu bejahen sein; seine eigentliche Bedeutung erlangt es vielmehr in der Zulässigkeitsprüfung des gerichtlichen Antragsverfahrens. Gleichwohl sind Fälle denkbar, in denen bereits bei der Entscheidung über eine Beschwerde Überlegungen zum Rechtsschutzbedürfnis angestellt werden müssen. Das ist z. B. dort der Fall, wo der Soldat bereits erhalten hat, was er mit seiner Beschwerde glaubt, nochmals verfolgen zu müssen oder wo gesetzliche Sonderregelungen bestehen, die ihn auf die Inanspruchnahme besonderer Rechtsbehelfe außerhalb der WBO verweisen. **84**

1.1. Einzelfälle. Ein Rechtsschutzbedürfnis ist zu verneinen, wenn der vom Soldaten angegriffene Beschwerdegegenstand nur zur Klärung eines anderen, in seinen rechtlichen und tatsächlichen Auswirkungen noch gar nicht übersehbaren Sachverhalts dienen soll. Auch für eine Beschwerde, mit der Erklärungen und Handlungsweisen des Betroffenen im Beschwerdeverfahren angegriffen werden, fehlt das Rechtsschutzbedürfnis; dieser Beschwer- **85**

degegenstand kann nicht verselbstständigt und zum Gegenstand eines neuen, parallel laufenden Beschwerdeverfahrens gemacht werden (BVerwGE 53, 160; 162; Lingens, TP 1996, 133). Wenn sich der Beschwerdeführer gegen eine Beurteilung beschwert, fehlt ihm das Rechtsschutzbedürfnis für eine mit der Beschwerde verlangte gesonderte Entscheidung über die Befangenheit des beurteilenden Vorgesetzten (BVerwG NZWehr 1996, 67). Andererseits ist das Rechtsschutzbedürfnis des Soldaten an der Wiederherstellung einer aufgehobenen Beurteilung mittels einer Beschwerde nicht deshalb zu verneinen, weil die nachfolgende planmäßige Beurteilung den gleichen Inhalt hat. Auch für eine Beschwerde gegen eine Versetzung bleibt das Rechtsschutzbedürfnis bestehen, wenn der Soldat inzwischen weiterversetzt worden ist.

86   **Für die Anfechtung von Maßnahmen im Rahmen eines gerichtlichen Disziplinarverfahrens** fehlt es regelmäßig am Rechtsschutzbedürfnis. Die Wahrnehmung der dem Soldaten durch die WDO gegebenen Verfahrensgarantien ist nur mit Hilfe der Rechtsbehelfe möglich, die dieses Gesetz abschließend zur Verfügung stellt (BVerwGE 63, 152, 154 = NZWehr 1979, 105 = ZBR 1981, 135; BVerwG NZWehr 2007, 164). Auch gegen vermeintliche Rechtsverletzungen im Rahmen eines Verfahrens nach der WDO sind Rechtsbehelfe nach der WBO nicht gegeben. Sieht die WDO kein Rechtsmittel gegen eine Maßnahme disziplinarer Art vor, z. B. kennt sie für das gerichtliche Disziplinarverfahren keinen vorläufigen Rechtsschutz (BVerwG ZBR 2000, 430 LS), wäre es unzulässig, sich nunmehr einen Rechtsbehelf durch eine Wehrbeschwerde nach der WBO zu verschaffen (BVerwG NZWehr 1981, 59). So ist die richterliche Zustimmung zur Verhängung von Disziplinararrest ebenso nicht beschwerdefähig (BVerwG NZWehr 1997, 124) wie Verfügungen des Vorsitzenden einer Truppendienstkammer in Erfüllung seiner richterlichen Aufgaben (BVerwG NZWehr 1999, 161). Auch die Einleitungsverfügung zum gerichtlichen Disziplinarverfahren einschließlich der ihr vorausgegangenen Ermittlungen ist nicht anfechtbar (BDHE 4, 197 = NZWehr 1961, 36 f.; BDH DÖV 1960, 514; auch Meyer, NZWehr 1959, 42 f.). Eine Anfechtung nach der WBO kommt selbst dann nicht in Betracht, wenn die Vorermittlungen nicht zu einer Anschuldigung geführt haben (BVerwG Dok. Berichte 1969 Nr. 19 S. 3571). Auch für die disziplinaren Vorermittlungen des Disziplinarvorgesetzten gibt es keine gesonderte Anfechtung außerhalb der Rechtsbehelfe und Rechtsmittel der WDO. Gleichermaßen ist die Beschwerde gegen die Entscheidung der Einleitungsbehörde, das Vorermittlungsverfahren nicht einzustellen, unzulässig. Zur Anfechtung der ablehnenden Entscheidung der Einleitungsbehörde über den Antrag des Soldaten auf Einleitung eines gerichtlichen Disziplinarverfahrens siehe § 95 Abs. 1 Satz 3 und Dau, WDO/ Schütz, § 95 Rn. 15 sowie BVerwGE 63, 56 = NZWehr 1979, 71; 1976, 146; 1978, 101; 1992, 207). Die Einstellungsverfügung als solche ist ebenfalls nicht anfechtbar (Dau/Schütz, WDO, § 98 Rn. 16 m. Nachw.), es sei denn, sie ist mit einer Missbilligung oder einer einfachen Disziplinarmaßnahme verbunden (§ 98 Abs. 2 Satz 2 WDO; BDHE 4, 175 = NZWehr 1959, 31 f.). Insoweit hat der Soldat das Recht zur Beschwerde. Hat die Einleitungsbehörde in den Gründen der Einstellungsverfügung festgestellt, dass der Soldat ein Dienstvergehen begangen hat, gleichwohl aber keine Disziplinarmaßnahme verhängt, kann der Soldat Antrag auf gerichtliche Entscheidung stellen (vgl. Dau/Schütz, WDO, § 98 Rn. 21). Enthält die Einstellungsver-

fügung auszugsweise die tatsächlichen Feststellungen eines rechtskräftigen strafgerichtlichen Urteils oder eines Bußgeldbescheides, aus denen sich eine Missbilligung des Soldaten ergibt, ist im Einzelfall zu prüfen, ob sich die Einleitungsbehörde diese Missbilligung zu eigen gemacht hat – dann wäre eine Beschwerde zulässig –, oder ob sie lediglich unselbstständiger Bestandteil der Einstellungsgründe ist. Bestandteile der Gründe einer Entscheidung aber sind allein grundsätzlich nicht anfechtbar (vgl. auch Rn. 112). Ebenso kann eine Beschwerde nicht allein mit dem Ziel erhoben werden, die unterlassene Begründung für die Einleitung des gerichtlichen Disziplinarverfahrens durch die Einleitungsbehörde nachzuholen und die Rechtswidrigkeit der Unterlassung festzustellen.

Einzelmaßnahmen im gerichtlichen Disziplinarverfahren sind nicht mit der **87** Beschwerde nach der WBO anfechtbar, sondern unterliegen den Vorschriften der WDO. Die Anfechtbarkeit von Beschlüssen der Truppendienstgerichte und von richterlichen Verfügungen richtet sich nach § 114 WDO; gegen Verfügungen und Maßnahmen der Einleitungsbehörde gibt § 126 Abs. 5 Satz 3 WDO den Antrag auf gerichtliche Entscheidung nur für die Fälle der vorläufigen Dienstenthebung, des Verbots des Uniformtragens und der teilweise Einbehaltung von Dienstbezügen. Da diese Maßnahmen sonst als hoheitliche Eingriffe in die Rechte des Soldaten der Anfechtung nach der WBO unterliegen, lässt sich schon aus § 126 Abs. 5 WDO entnehmen, dass im gerichtlichen Disziplinarverfahren grundsätzlich kein Raum für eine Wehrbeschwerde ist (Meyer, NZWehrr 1959, 43; BDHE 4, 198 = NZWehrr 1961, 36 f. noch zu § 101 Abs. 6 WDO a. F.; LG Düsseldorf DVBl 1968, 86). Ein Verstoß gegen die Rechtsweggarantie des Art. 19 Abs. 4 GG ist damit nicht verbunden (LG Düsseldorf, aaO). Im Übrigen bleibt es dem Soldaten unbenommen, mit einer Dienstaufsichtsbeschwerde seine Bedenken geltend zu machen. Ist der BMVg Einleitungsbehörde, kann der Soldat den Weg der Gegenvorstellung beschreiten.

Zulässig und mit der WDO vereinbar ist dagegen die Beschwerde 88 gegen ein objektiv nicht der Prozessführung dienendes Verhalten eines Beteiligten im Ermittlungsverfahren (so vor allem Meyer, NZWehrr 1959, 43 f.), weil es sich um eine dem Soldaten gegenüber begangene Fürsorgepflichtverletzung nach § 10 Abs. 3 SG handeln kann. Gegen einen die Vernehmung mit missbräuchlichen Methoden führenden Wehrdisziplinaranwalt ist die Beschwerde gegen die Dienststelle WDA daher möglich (vgl. BVerwG NZWehrr 1979, 105 = ZBR 1981, 135). Soweit die Handlungen des WDA jedoch in einem sachlichen Zusammenhang mit einem gerichtlichen Disziplinarverfahren stehen, sind Rechtsbehelfe nur in dem von der WDO vorgesehenen Verfahren zulässig (BVerwG NZWehrr 1981, 59). Unberührt bleibt das Recht des Soldaten, gegen prozessuale Maßnahmen des WDA Dienstaufsichtsbeschwerde zu erheben. Über diese entscheidet der jeweils zuständige Leitende Rechtsberater (siehe Dau/Schütz, WDO, § 81 Rn. 23).

1.2. Berechtigtes Interesse. Verlangt der Soldat mit seiner Be- 89 schwerde eine Feststellung, muss er als besondere Erscheinungsform des Rechtsschutzinteresses ein berechtigtes Interesse an der Feststellung geltend machen (vgl. § 13 Abs. 1 Satz 4). Das Bedürfnis, bei Feststellungsanträgen ein berechtigtes Interesse zu fordern, erklärt sich daraus, dass gerade Feststellungsanträge für Querulanten eine besondere Versuchung bieten, von ihrem Beschwerderecht unberechtigt Gebrauch zu machen. Das berechtigte Interesse an einer Feststellung kann sich aus einem Rehabilitationsinteresse, aus einer Wiederholungsgefahr oder aus der Absicht ergeben, einen Schadensersatzanspruch geltend zu machen (BVerwG 1 WB 11.07 vom 29.4.2008, juris Rn. 19). Schließlich kommt ein berechtigtes Feststellungsinteresse in Betracht, wenn die erledigte Maßnahme eine fortdauernde faktische Grundrechtsbeeinträchtigung nach sich zieht (BVerwGE 119, 341 = NZWehr 2004, 163). Ein Rehabilitationsinteresse kann ein Feststellungsinteresse nur begründen, wenn es bei vernünftiger Würdigung der Verhältnisse im Einzelfall als schutzwürdig anzuerkennen ist; z. B. reicht es nicht aus, dass der Soldat eine freiwillig durchgeführte Befragung durch den MAD als diskriminierend empfunden hat (BVerwG NZWehr 2000, 252). Die Annahme einer Wiederholungsgefahr setzt die konkret absehbare Möglichkeit voraus, dass in naher Zukunft eine gleiche oder gleichartige Entscheidung oder Maßnahme zu Lasten des Beschwerdeführers zu erwarten ist (BVerwG 1 WB 11.07 vom 29.4.2008, juris Rn. 21).

90   Das für die auf Feststellung gerichtete Beschwerde zu fordernde berechtigte Interesse kann rechtlicher, wirtschaftlicher oder ideeller Natur sein (Kopp/Schenke, VwGO, § 43 Rn. 23; BVerwGE 63, 134, 137 f.; BVerwG NZWehr 1998, 26 = ZBR 1998, 242 = NVwZ 1998, 403). Die mit der Beschwerde verfolgte Feststellung muss in irgendeiner rechtlich erheblichen Weise dazu bestimmt sein, den Beschwerdeführer in den Stand zu versetzen, einen bestimmten Anspruch geltend zu machen, sein sonstiges Verhalten im Rechtsleben darauf einzurichten oder seine Rechtsposition sonst wie zu verbessern (BVerwG I WB 54/78 vom 26.7.1977, juris Rn. 40 m. w. Nachw.). Der Wille, allgemein eine Überprüfung des Handelns der vorgesetzten Dienstbehörde herbeizuführen, um gleiche oder ähnliche Beschwerdefälle für die Zukunft auszuschließen, kann ein berechtigtes Interesse nicht begründen. Ob sich ein tatsächlicher Vorgang so oder so abgespielt hat, kann nicht Gegenstand einer feststellenden Entscheidung sein, wenn dies nicht entscheidungserheblich ist (BVerwG I WB 58/81 vom 15.5.1983, juris Rn. 24). Gegen die Auswirkung von Formfehlern bei der Bearbeitung einer Beschwerde ist der Soldat durch die WBO ausreichend geschützt. Für eine darüber hinaus gehende Feststellung eines Verstoßes gegen Form-, Frist- oder Zuständigkeitsbestimmungen besteht kein berechtigtes Interesse (stRspr BVerwG 1 WB 37/10 vom 13. Dezember 2011, juris Rn. 62 m. w. Nachw.). Da der Soldat durch die Untätigkeitsbeschwerde (§ 1 Abs. 2; auch § 16 Abs. 2, § 17 Abs. 1 Satz 2) schon hinreichend gegen eine verzögerliche Sachbearbeitung durch den Vorgesetzten geschützt ist, muss er für eine zusätzliche Feststellung, die Verzögerung sei rechtswidrig, ein berechtigtes Interesse nachweisen. Dieser Nachweis wird ihm regelmäßig jedoch nicht möglich sein. Ein rechtliches Interesse kann der Beschwerdeführer nicht daraus herleiten, dass sich eine Zurückweisung seiner Beschwerde präjudizierend auf andere von ihm anhängig gemachte Beschwerdeverfahren auswirke, ferner, wenn der Beschwerdeführer nach seiner Entlassung aus der Bundeswehr den Antrag auf Feststellung aufrechterhält, eine ihm versagte Versetzung sei rechtswidrig gewesen. Dagegen ist ein Rechtsschutzinteresse aus ideellen Gründen z. B. anerkannt, wenn der Beschwerdeführer seine Versetzung unter dem Gesichtspunkt des Benachteiligungsverbots (§ 2) angefochten hat, obwohl er in seiner neuen Verwendung zufrieden ist. Der Verstoß gegen das Benachteiligungsverbot kann nur durch die Feststellung der Rechtswidrigkeit ausgeglichen werden. Ein Rechtsschutzinteresse aus ideellen Gründen ist auch bei Verletzung des Persönlichkeitsrechts gegeben, wenn die Rechtsverletzung allein durch die Feststellung der Rechtswidrigkeit beseitigt werden kann (vgl. BVerwG I WB 79/96 vom 15.10.1996, juris Rn. 5). Ein wirtschaftliches Interesse an einer Feststellung kann bestehen, wenn der Beschwerdeführer mit der begehrten Feststellung einen – auch künftigen – Schadensersatzprozess vorbereiten will (BVerwG 1 WB 105/87 vom 23.3.1988, juris Rn. 19 m. w. Nachw.). Hierfür ist allerdings Voraussetzung, dass die Feststellung der Rechtswidrigkeit überhaupt geeignet ist, die Durchsetzung des beabsichtigten Schadensersatzanspruches in irgendeiner Weise zu erleichtern (vgl. BVerwGE 4, 174 LS 3; BVerwG 1 WB 100/78 und 1 WB 154/78 vom 28.11.1979, juris Rn. 44 m. w. Nachw.).

Ein berechtigtes Interesse braucht nur dann nicht geltend gemacht zu **91** werden, wenn sich die Beschwerde gegen einen Befehl richtet, der bereits ausgeführt oder sonst erledigt ist. Gemäß § 13 Abs. 1 Satz 3 ist in der Entscheidung über die Beschwerde auszusprechen, dass der Befehl nicht hätte ergehen dürfen (für das Verfahren vor den Wehrdienstgerichten siehe § 19 Abs. 1 Satz 2 und die Erl. dazu). Damit ist kraft Gesetzes ein berechtigtes Interesse an der Feststellung der Rechtswidrigkeit eines Befehls unterstellt (siehe auch § 13 Rn. 20 f.). Da die Beschwerde in truppendienstlichen Angelegenheiten keine aufschiebende Wirkung hat (§ 3 Abs. 1) und ohnehin erst nach Ablauf einer Nacht zulässig ist (§ 6 Abs. 1; BVerwG NZWehrr 2004, 126), wäre gegen einen Befehl, der auf der Stelle ausgeführt werden muss, eine Beschwerde nach den allgemeinen Regeln nicht mehr zulässig; ein berechtigtes Interesse an der Feststellung irgendwelcher noch vorhandener Auswirkungen könnte daher nicht mehr begründet werden (BDHE 7, 176, 179; Oetting, Beschwerderecht, S. 64). Hat dagegen der Vorgesetzte außerhalb eines förmlichen Beschwerdeverfahrens einen von ihm als rechtswidrig erachteten Befehl aufgehoben, bedarf es für eine vom Soldaten noch verlangte Feststellung der Rechtswidrigkeit des Befehls eines berechtigten Interesses (BVerwG NZWehrr 1977, 186). Für Beschwerden gegen sonstige Maßnahmen und Unterlassungen siehe § 13 Abs. 1 Satz 4.

2. Beschwer

2.1. Beschwer des Beschwerdeführers. Eine abstrakte Normenkontrol- **92** le ist dem Wehrbeschwerderecht fremd (BVerwGE 43, 88 = NZWehrr 1970, 185). Die Beschwerde setzt vielmehr – wie jeder Rechtsbehelf (Kopp/Schenke, VwGO, Vorbem. § 124 Rn. 39) – eine Beschwer voraus (vgl. auch den Wortlaut von § 3 Nr. 1 Satz 4 WBeauftrG; zum Ganzen kritisch Lingens, NZWehrr 1991, 153). Die Beschwer als Zulässigkeitsvoraussetzung für das militärische Beschwerderecht steht nicht im Widerspruch zum verfassungsrechtlichen Petitionsrecht des Art. 17 GG. Die Beschwerde ist ein dem Soldaten zusätzlich gewährter Rechtsbehelf, der zwar auf dem Grundgedanken des Petitionsrechts beruht, es im Übrigen jedoch unberührt lässt. Der Gesetzgeber war insbesondere durch die Art. 17, 17a GG nicht gehindert, die Beschwerde zu einem förmlichen Rechtsbehelf auszugestalten, der nur unter gewissen gesetzlichen Voraussetzungen zulässig ist. Dabei konnte auf die Zulässigkeitsvoraussetzung einer Beschwer schon deshalb nicht verzichtet werden, weil Beschwerde und weitere Beschwerde in truppendienstlichen Angelegenheiten dem Antrag auf gerichtliche Entscheidung vorgeschaltet sind (§ 17) und in Verwaltungsangelegenheiten vor Erhebung der Klage die Beschwerde an die Stelle des gesetzlichen Widerspruchs tritt (§ 23 Abs. 1 WBO, §§ 68 ff.,190 Abs. 1 Nr. 6 VwGO). Nach Art. 19 Abs. 4 GG ist der Rechtsweg aber nur demjenigen eröffnet, der durch die öffentliche Gewalt in *seinen* Rechten verletzt ist (§ 17 Abs. 1, 3 WBO, §§ 42 Abs. 2, 113, 114 VwGO; vgl. auch BVerwG NZWehr 1979, 179).

93   **Durch das Erfordernis einer persönlichen Beschwer wird im Übrigen einer Ausuferung des Rechtsschutzes wirksam vorgebeugt (dazu auch Lerche, Grundrechte, S. 516). Der Weg zu einer Popularbeschwerde ist damit verschlossen.** Es ist nicht Aufgabe des Beschwerderechts, allgemein das Handeln von Dienststellen und Vorgesetzten auf Missstände oder Mängel zu überprüfen (BDH NZWehr 1967, 127). Auch eine **„prophylaktische Beschwerde"** (BVerwG I WB 277/77 vom 13.12.1978, juris Rn. 45 f.) gibt es daher nicht (zum „unbenannten Rechtsbehelf" siehe BVerwG NZWehr 2005, 33).

94   **Der Soldat ist beschwert,** wenn nach seinem Sachvortrag („wenn er glaubt …") Anlass zu der Annahme besteht, dass militärische Vorgesetzte oder Dienststellen der Bundeswehr ihn unrichtig behandelt oder ihn Kameraden pflichtwidrig verletzt haben. Die Beschwer besteht in einer unmittelbaren Beeinträchtigung von Rechten oder Interessen des Beschwerdeführers (vgl. auch BVerwGE 53, 106 = NZWehr 1976, 147). Sie muss im Zeitpunkt der Einlegung der Beschwerde vorliegen und bis zu ihrer Entscheidung andauern. Im Einzelnen kann sie sich z. B. bei der Bereinigung persönlicher Gegensätze aus Meinungsverschiedenheiten, unverständlicher, vorschriftswidriger, ungerechter oder unwürdiger Behandlung, als unzweckmäßig empfundenem Handeln sowie aus der Abwehr persönlicher und dienstlicher Beeinträchtigungen durch Erlasse, Befehle, Anordnungen oder durch sonstige Maßnahmen oder durch ein Unterlassen dort, wo Handeln geboten gewesen wäre, ergeben. Bei einer auf Vornahme einer Maßnahme gerichteten Beschwerde entsteht die Beschwer erst mit der Ablehnung des zuvor gestellten Antrags (BVerwGE 46, 252, 253 = NZWehr 1975, 68). Eine Daueranordnung oder ein Unterlassen bildet stets von neuem einen Beschwerdeanlass (BDH NZWehr 1962, 61; BVerwG NZWehr 1984, 214 f.; 1987, 25). Keine Daueranordnung ist die Versetzungsverfügung.

95   Eine nicht an den Soldaten gerichtete Maßnahme oder Entscheidung kann ihn im Einzelfall ausnahmsweise beschweren, wenn durch eine Anordnung des Vorgesetzten oder ihre Begleitumstände sein allgemeines Persönlichkeitsrecht verletzt ist (BVerwG NZWehr 1976, 137, 138 = DVBl 1976, 335; BVerwGE 53, 106 = NZWehr 1976, 147; BVerwG NZWehr 1967, 126). Das kann z. B. durch Erklärungen geschehen, die für die Öffentlichkeit bestimmt sind, zugleich aber eine Zurechtweisung des Beschwerdeführers enthalten (BVerwG NZWehr 1980, 188; BVerwGE 93, 186 = NZWehr 1992, 163; BVerwGE 113, 158 = NZWehr 1998, 26 = ZBR 1998, 242 = NVwZ 1998, 403), durch Freigabe einer Bundeswehrfilmschau, durch die sich der Beschwerdeführer in seinem Anspruch auf Fürsorge und Kameradschaft beeinträchtigt fühlt oder durch die Besetzung eines höherwertigen Dienstpostens mit einem anderen Soldaten, wenn dies bei besonderen Umständen zugleich auch in die Rechtssphäre des übergangenen Soldaten eingreift (BVerwG NZWehr 1976, 137). Bei Konkurrentenanträgen bleibt der Beschwerdeführer beschwert, auch wenn der streitige Dienstposten inzwischen mit einem anderen Soldaten besetzt worden ist (BVerwG NZWehr

2002, 120 m. w. Nachw.). Dagegen ist der Soldat durch eine beamtenrechtliche Maßnahme nicht beschwert, mit der der BMVg einen von ihm beanspruchten Dienstposten auf einen Beamten überträgt (BVerwG 76, 336 = NZWehrr 1982, 153 f. = ZBR 1982, 19; zur **Konkurrentenklage** im Wehrrecht siehe BVerwGE 53, 23 ff. = NZWehrr 1976, 138; BVerwGE 76, 336 = NZWehrr 1985, 203 = ZBR 1985, 275; BVerwG NZWehrr 2003, 120; dazu Scherer/Alff/Poretschkin/Lucks, SG, § 3 Rn. 97; Gronimus, NZWehrr 1986, 54 m. w. Nachw.; vgl. auch BVerfG RiA 2008, 26). Der Befehl, der es den Soldaten mit gewissen Einschränkungen gestattet, ihre Frisur der Mode entsprechend zu tragen, beschwert die Vorgesetzten, die diese Regelung für ihre Person ablehnen, nicht (BVerwG NZWehrr 1972, 29). Auch das Verbot, ein gewisses Lied zu singen, beschwert den Verfasser des Liedtextes nicht, auch wenn er Soldat ist (BVerwGE 83, 38 = NZWehrr 1985, 246).

Der Beschwerdeführer muss einen Eingriff in seinen eigenen 96 **Rechtskreis,** eine unmittelbare Berührung seiner rechtlich geschützten Interessen, ein individuelles Betroffensein geltend machen (Oetting, Beschwerderecht, S. 63; Lerche, Grundrechte, S. 516 f.; vgl. auch BVerwGE 53, 106 = NZWehrr 1976, 147). Den Betroffenen braucht er nicht zu bezeichnen. Hat er sich über die Person des Betroffenen geirrt, ist die Beschwerde jedenfalls aus diesem Grund nicht zurückzuweisen. Eine **Beschwer ist zu verneinen,** wenn nicht dem Beschwerdeführer, sondern einem Dritten Unrecht geschehen ist (BVerwG NZWehrr 1984, 36). So kann sich der Soldat A nicht beschweren, weil sein Kamerad B von einem Vorgesetzten in seinen Rechten verletzt worden ist; A könnte sich nur beschweren, wenn der Vorgesetzte ihn selbst unrichtig behandelt hätte. Es liegt auch keine Beschwer vor, wenn der Disziplinarvorgesetzte dem Verlangen des Soldaten schon im Wege der Dienstaufsicht abgeholfen hat (BVerwGE 33, 303 = NZWehrr 1970, 69). Die Entscheidung des BMVg, Waffen an befreundete Nationen zu liefern, enthält keine Beschwer für den einzelnen Soldaten. Wer Beschwerde mit der Begründung einlegt, er fühle sich in seinen Rechten verletzt, weil einer seiner Untergebenen versetzt und kein ausgebildeter Nachfolger vorhanden sein, ist nicht beschwert (BVerwG NZWehrr 1976, 70), auch der Kpchef nicht, dem der Divisionskommandeur den Antrag ablehnt, einen schwierigen Soldaten seiner Einheit abzulösen (vgl. BVerwG RiA 1984, 13; siehe auch BVerwG NZWehrr 1987, 254; auch keine Beschwer für den abzulösenden Soldaten) oder einen Dienstposten nachzubesetzen (BVerwG NZWehrr 1990, 263 = ZBR 1990, 348). Keine Beschwer durch Befehle und Weisungen, die sich nicht unmittelbar an den Soldaten, sondern an seine Vorgesetzten richten, die diese Befehle und Weisungen umsetzen oder bei Maßnahmen zu beachten haben (BVerwG 1 WB 58.06/64.06 vom 27.11.2007, juris Rn. 37); erst eine Maßnahme dem Soldaten gegenüber löst eine Beschwer aus. Unterrichtet die personalbearbeitende Stelle den Kommandeur darüber, dass der Grund für die Zuversetzung des Beschwerdeführers in seinen Stab dessen Homosexualität sei, ist der Beschwerdeführer nicht beschwert; bei der Benachrichtigung handelt es sich um einen rein innerdienstlichen Vorgang ohne Außenwirkung (BVerwG ZBR 1998, 181). Gegen die Entscheidung, welche Soldaten oder zivilen Hilfskräfte auf dem von der STAN, nunmehr Sollorganisation, vorgesehenen Dienstposten zu verwenden sind, kann sich nur der unmittelbar durch diese Entscheidung betroffene Soldat beschweren, nicht aber der Dritte, der mit dieser Entscheidung nicht einverstanden ist, selbst wenn seine dienstlichen Obliegenheiten berührt werden (BVerwG NZWehrr 1985, 31).

Die Beschwerde muss als unzulässig zurückgewiesen werden. Unberührt bleibt das Recht zur Meldung, Strafanzeige oder Petition. Keine Beschwer auch, wenn der beschwerdeführende Brigadekommandeur gegenüber der Division behauptet, in seinem Verband werde im Vergleich zu den anderen Brigaden zu wenig Rechtsunterricht durch den Rechtsberater gehalten. Ein Offizier, der im Generalstabsdienst verwendet wird, ist nicht beschwert, wenn seine Stelle in der Liste „Stellen der Generalstabsoffiziere" gestrichen wird (BVerwG NZWehrr 1970, 144). Auch das Schweigen auf einen Verbesserungsvorschlag ist jedenfalls unter dem Gesichtspunkt des Unterlassens dann nicht gesondert beschwerdefähig, wenn auf den sachlichen Gehalt schon in einem Beschwerdebescheid eingegangen worden ist. Die nur objektive Vorschriftswidrigkeit einer Maßnahme kann mangels Beschwer nicht festgestellt werden (BVerwG NZWehrr 1970, 25). Abstrakte Rechtsfragen, selbst wenn sie als Vorfrage Bedeutung erlangen sollten, können nicht Gegenstand einer auf Feststellung gerichteten Beschwerde sein (BVerwG I WB 131/70 vom 18.3.1971, juris Rn. 81). Ein Personalgespräch als solches kann mangels Beschwer nicht mit der Beschwerde angefochten werden, allenfalls eine Nichtdurchführung kann als Unterlassung gerügt werden (BVerwGE 86, 227; BVerwG 1 WB 29.07 vom 16.1.2008, juris Rn. 24).

97   Die Beschwer dauert an, bis der den Beschwerdeführer belastende Gegenstand der Beschwerde aufgehoben oder ihm Genugtuung geschehen ist (BVerwGE 93, 1 = NZWehrr 1991, 160). Sie entfällt, wenn dem Soldaten schon vor Einlegung der Beschwerde oder vor der Entscheidung über sie das zuteil geworden ist, was er glaubte, beanspruchen zu können (vgl. auch BVerwGE 33, 303 = NZWehrr 1970, 69). Keine Beschwer also, wenn der Soldat eine Versetzung zu einer Einheit verlangt, zu der er zur Zeit der Entscheidung über die Beschwerde schon gehört oder wenn der Befehl, gegen den sich der Beschwerdeführer gewandt hat, noch vor Einlegung der Beschwerde zurückgenommen wird (BVerwG NZWehrr 1977, 186). Die Zulässigkeit der Beschwerde ist auch zu verneinen, wenn die Beschwer infolge nachträglicher Änderung einer Maßnahme im Zeitpunkt der Beschwerdeentscheidung fortgefallen ist.

98   Ist eine Maßnahme zu Unrecht unterblieben (§ 13 Abs. 1 Satz 5), kann sie aber, etwa weil der Beschwerdeführer nach Einlegung der Beschwerde aus der Bundeswehr ausgeschieden ist, nicht mehr nachgeholt werden, besteht zwar eine Beschwer fort. Ob jedoch noch eine Sachentscheidung getroffen werden kann, ist eine Frage des berechtigten Interesses.

99   **2.2. Beschwer des Betroffenen. Beschwert sein kann immer nur der Beschwerdeführer. Der auf eine Beschwerde ergehende Bescheid ist zwar auch dem Betroffenen mitzuteilen (nicht zuzustellen, § 12 Abs. 1 Satz 2), der Betroffene kann aber gegen den Beschwerdebescheid keine weitere Beschwerde einlegen (BDHE 6, 185, 187 = NZWehrr 1962, 66, 68).** Der Betroffene ist nur beschwert, wenn in der Entscheidung über die Beschwerde zugleich über seine Rechte und Pflichten entschieden wird und seine Rechtsstellung beeinträchtigende Feststellungen getroffen werden (vgl. auch BDH NZWehrr 1967, 126 f.; BVerwG NZWehrr 1989, 159).

100   **Auch durch die Begründung eines Beschwerdebescheides** werden in der Regel Rechte eines Dritten nicht verletzt (BVerwG 1 WB 4.07 vom 29.1.2008, juris Rn. 27). Liegt ausnahmsweise eine den Betroffenen persönlich

berührende Beschwer vor (z. B. er ist nicht gehört worden), kann er sich beschweren. In diesem Fall handelt es sich um eine selbstständige erste – und nicht weitere – Beschwerde, die den allgemeinen Zulässigkeitsvoraussetzungen unterliegt (BDHE 6, 185, 187 = NZWehrr 1962, 66, 68). Diese Beschwerde des Betroffenen führt nicht dazu, dass der Beschwerdebescheid, gegen dessen Inhalt sie sich richtet, dem ursprünglichen Beschwerdeführer gegenüber aufgehoben wird (BDH aaO). Hat dieser keine weitere Beschwerde eingelegt – z. B. weil seiner Beschwerde in vollem Umfang stattgegeben worden ist –, ist der Beschwerdebescheid endgültig. Er bleibt endgültig, auch wenn eine erneute Prüfung des Sachverhalts auf Grund der Beschwerde des Betroffenen zu einem Ergebnis führt, das mit dem des ersten Beschwerdebescheides in Widerspruch steht. Enthält der Beschwerdebescheid die Feststellung, dass sich der Betroffene gegenüber dem Beschwerdeführer pflichtwidrig verhalten habe (§ 13 Abs. 2), kann er sich hiergegen beschweren (BVerwGE 86, 85 = NZWehrr 1989, 159). Das dieser Feststellung zu Grunde liegende Ermittlungsergebnis kann er dagegen nur mit einem Verfahren nach § 95 WDO angreifen (BVerwG aaO).

2.3. Einzelfälle. Eingriffe in dienstliche Befugnisse begründen nur selten **101** eine Beschwer. Die WBO ist nicht die geeignete Grundlage, um Meinungsverschiedenheiten über die Richtigkeit und Zweckmäßigkeit von dienstlichen Vorgängen auszutragen, soweit es dabei nicht zugleich um geschützte Rechtspositionen des Soldaten geht. Ausgehend von dem Grundsatz, dass der behauptete Eingriff in dienstliche Befugnisse eine persönliche Beschwer voraussetzt, ist zwischen Maßnahmen zu unterscheiden, die die persönlich dem Beschwerdeführer zustehenden Rechte beeinträchtigen und solchen, die lediglich nachteilige Wirkungen auf seine Dienststellung haben. Im letzten Fall ist der Soldat bei einem Eingriff nicht beschwert (siehe aber zum Beschwerderecht der Vertrauensperson Rn. 201). Keine Beschwer daher, wenn gegen Beteiligungsregelungen einer Geschäftsordnung verstoßen wird; dies berührt nicht die persönliche Rechtssphäre eines danach übergangenen Soldaten (BVerwG NZWehrr 1985, 121). Keine Beschwer des Disziplinarvorgesetzten, wenn eine von ihm erstellte Beurteilung durch den nächsthöheren Disziplinarvorgesetzten aufgehoben wird, ihm die Beurteilungszuständigkeit entzogen und auf eine andere Stelle übertragen wird (BVerwGE 86, 209 = NZWehrr 1990, 117) oder wenn er in einer Gegenvorstellung zu einer Beurteilung, die zur Aufhebung führt, als befangen bezeichnet wird. Auch der nächsthöhere Disziplinarvorgesetzte, der durch eine Gegenvorstellung zu einer Beurteilung, mit der er sich einverstanden erklärt hatte, betroffen ist, wird durch die Aufhebung der Beurteilung nicht beschwert (BDH NZWehrr 1967, 126). Kraft seines Amtes als Vertrauensperson hat der Soldat – für einen Dritten – kein Beschwerderecht. Dagegen kann er sich beschweren, wenn er glaubt, in der Ausübung seiner Befugnisse behindert oder wegen seiner Tätigkeit benachteiligt zu sein (§ 1 Abs. 1 Satz 2 WBO i. Vbg. m. § 17 SBG; vgl. näher Rn. 201). Auch wegen Benachteiligung seiner Aufgaben als Personalratsmitglied kann sich der Soldat beschweren (BVerwG NZWehrr 1980, 143) oder wenn ihm auf Grund dienstlicher Beanstandung teilweise seine Dienstaufsichtsbefugnisse entzogen oder bisherige Funktionsbereiche geändert werden (BVerwGE 83, 336 = NZWehrr 1988, 216).

Eingriffe in die Disziplinarbefugnis geben dem Disziplinarvorgesetzten nur **102** in Ausnahmefällen ein Recht zur Beschwerde. Die Disziplinarbefugnis ist zwar nach § 27 Abs. 2 Satz 1 WDO an die Dienststellung gebunden, gegen

Beeinträchtigungen durch höhere Vorgesetzte jedoch durch § 35 Abs. 1 WDO geschützt. Bei einem Eingriff in die Selbstständigkeit des Disziplinarvorgesetzten gibt diese Vorschrift die materielle Grundlage eines Beschwerderechts. So kann sich der Kpchef gegen einen Befehl beschweren, der ihm vorschreibt, wie er einen Soldaten seiner Einheit disziplinar maßregeln soll. Dagegen ist der Disziplinarvorgesetzte nicht durch den eine einfache Disziplinarmaßnahme aufhebenden Bescheid beschwert (BDH NZWehr 1964, 32 f.; Dau/Schütz, WDO, § 42 Rn. 1), sofern dieser nicht eine unsachliche, ihn verletzende Kritik an der Ausübung seiner Disziplinarbefugnis enthält. Auch durch die Aufhebung einer einfachen Disziplinarmaßnahme gem. § 46 Abs. 2 WDO ist der verhängende Disziplinarvorgesetzte nicht beschwert. Hat ein Wehrdienstgericht die Disziplinarmaßnahme aufgehoben, kann der für die Verhängung zuständig gewesene Disziplinarvorgesetzte selbst dann keine Beschwerde einlegen, wenn der Beschluss seine Rechte als Soldat berühren sollte; gegen die Entscheidungen der Wehrdienstgerichte sind nur die in den einzelnen Verfahrensordnungen vorgesehenen Rechtsbehelfe und Rechtsmittel statthaft (BDH NZWehrr 1964, 32 f.; vgl. Rn. 91 f.). Es bleibt ihm nur die Möglichkeit einer Dienstaufsichtsbeschwerde.

103   **Durch die Ankündigung oder Vorbereitung einer Maßnahme** im Sinne einer internen Planung ist der Soldat noch nicht beschwert (BVerwG NZWehr 1965, 63; BVerwGE 46, 215, 217; 53, 95; BVerwG NZWehr 1984, 213 = RiA 1984, 191). Auch Überlegungen, Bewertungen, Stellungnahmen oder Zwischenentscheidungen, die lediglich helfen, truppendienstliche Maßnahmen oder Personalmaßnahmen vorzubereiten, enthalten noch keine Beschwer (BVerwG NZWehr 2003, 119 = ZBR 2003, 318). Der Soldat kann sich erst dann mit Aussicht auf Erfolg beschweren, wenn die Maßnahme selbst ergangen ist. So greift die Eröffnung gegenüber dem Soldaten, dass seine Versetzung in den Ruhestand beabsichtigt sei, noch nicht in seine Rechte ein (BDHE 4, 178 = NZWehr 1959, 104); erst die Maßnahme selbst, also z. B. die Versetzung, kann die Beschwer auslösen und damit aber auch eine mangels Beschwer zunächst unzulässige Beschwerde zulässig werden lassen (BVerwGE 63, 187). Ist aber die Mitteilung der bevorstehenden Versetzung nach den besonderen Umständen des Falles bereits die endgültige Verwendungsentscheidung der zuständigen Stelle, ist der Soldat beschwert (BVerwG NZWehr 1977, 69; 1978, 26, 27; 1983, 148; BVerwGE 53, 321). Gleiches gilt für den Antrag auf Ablösung; dieser enthält noch keine Beschwer für den Soldaten, erst die Ablösung selbst ist beschwerdefähig (BVerwG NZWehr 1987, 254). Auch gegen die im Vermerk über ein Personalgespräch eindeutig zum Ausdruck gebrachte Auffassung, den Soldaten nicht mehr für eine höherwertige Verwendung vorzusehen, ist eine Beschwerde zulässig (BVerwG NZWehr 1983, 148). Ebenso ist der Entzug einer ATN selbstständig anfechtbar, obwohl sie zur Vorbereitung einer Verwendungsentscheidung dient. Keine Beschwerde dagegen bei der Befürchtung, dass der Vorgesetzte dem Soldaten gegenüber in Zukunft eine ihm nachteilige Entscheidung treffen werde (BDH NZWehr 1965, 133); ebenso liegt es bei der Eröffnung der personellen Planung, weil sie noch keine verbindliche Zusage über die weitere Verwendung des Soldaten enthält (BDHE 7, 164 = NZWehr 1966, 80 LS; BVerwGE 76, 50). Sie erfüllt nur den Zweck, dem Soldaten Gelegenheit zu geben, sich auf die Planung einzustellen oder Einwendungen zu erheben. Der Hinweis auf die voraussichtliche Verwendungsdauer in einer Versetzungsverfügung ist daher keine isoliert anfechtbare Maßnahme

(BVerwG NZWehr 2004, 161 m. w. Nachw. = ZBR 2003, 320). Andererseits ist die Festlegung der Verwendungsdauer mit der Beschwerde anfechtbar, wenn die personalbearbeitende Stelle damit zugleich eine Verwendungsentscheidung trifft und der Soldat sich auch hiergegen beschwert (BVerwG aaO). Der Soldat bleibt beschwert, der sich gegen eine Versetzung mit der Beschwerde wendet und sodann weiter versetzt wird (BVerwG 1 WB 38/82 vom 9.11.1983, juris Rn. 8).

Die Eröffnung des Ergebnisses einer dienstaufsichtlichen Prüfung be- **104** schwert den Soldaten nicht (BVerwGE 63, 189 = NZWehr 1979, 179; 1985, 121; 1986, 123; 2007, 252). Sie enthält nämlich nur die Feststellung, dass der nächsthöhere Vorgesetzte keinen Grund zum Einschreiten hat (BVerwGE 33, 165, 168 = NJW 1968, 1899; BVerwGE 63, 189 = NZWehr 1979, 179 = ZBR 1980, 231). Wäre die Beschwerde gegen die Begründung eines Dienstaufsichtsbeschwerdebescheides zulässig, könnte auf dem Wege über die fristlose Dienstaufsichtsbeschwerde in allen Fällen, in denen eine beschwerdefähige Maßnahme unanfechtbar geworden ist, u. U. eine erneute, nunmehr beschwerdefähige Maßnahme hervorgerufen werden (BVerwG 1 WB 84/95 Beschluss vom 19.3.1996, juris Rn. 6). Das gilt erst recht für eine nach § 12 Abs. 3 Satz 2 durchgeführte Prüfung. Auch sie enthält keine beschwerdefähige Sachentscheidung. Nur wenn über den Rahmen des dienstaufsichtlichen Bescheides hinaus eine Entscheidung über die Rechte des Beschwerdeführers getroffen worden ist, besteht ein Beschwerderecht. Die Anfechtbarkeit wird in diesem Fall nicht dadurch ausgeschlossen, dass sie durch eine dienstaufsichtliche Überprüfung ausgelöst worden ist. So ist die Aufhebung einer Beurteilung als dienstaufsichtliche Maßnahme beschwerdefähig, wenn sie gegen den Willen des Soldaten vorgenommen wird (BVerwGE 83, 113, 115; BVerwG ZBR 1997, 53; BVerwG 1 WB 15.98 vom 27.8.1998, juris Rn. 6).

Gutachterliche Äußerungen, die der Vorbereitung einer abschließenden **105** Entscheidung dienen, begründen ebenfalls keine Beschwer; Einwendungen können erst in einer Beschwerde gegen die Endentscheidung vorgebracht werden. Wenn keine abschließende Entscheidung ergeht, bleiben sie als innerdienstlicher Vorgang mangels Beschwer unanfechtbar, so z. B. Verfahrenshandlungen, die mit der ärztlichen Begutachtung der Auslandsverwendungsfähigkeit in unmittelbarem sachlichen Zusammenhang stehen (BVerwG NZWehr 2002, 38). Ein Urteil über dienstliche Vorkommnisse (z. B. Feststellung der Schuld an einer Havarie im Zusammenhang mit einer allgemein unterrichtenden Darstellung über den Hergang des Unglücks) oder der Flugunfallbericht des Generals Flugsicherheit in der Bundeswehr (BVerwG NZWehr 1986, 173 LS) enthält ebenfalls noch keinen Eingriff in den persönlichen Rechtskreis des Soldaten (BDHE 5, 220 = NZWehr 1961, 32). Desgleichen liegt in der Schadensmeldung des Vorgesetzten anlässlich der Abwicklung eines Schadensfalles keine Beschwer (BVerwG NZWehr 1980, 28), ebenso nicht in der vom Wehrbeauftragten eingeholten Stellungnahme zu der Eingabe des Soldaten (BVerwGE 33, 177). Das Gleiche gilt für eine Stellungnahme des BMVg gegenüber dem Wehrbeauftragten auf Grund des § 3 WBeauftrG oder für den Befundbericht eines Bundeswehrkrankenhauses für den Truppenarzt.

Tatsächliche Feststellungen in der rechtlichen Begründung eines Bescheides **106** sowie in seinem tatbestandlichen Teil, deren Richtigkeit der Soldat bestreitet, beschweren als solche den Soldaten nicht (vgl. BVerwGE 76, 258). Sie sind nur mit der insgesamt gegen den Bescheid eingelegten Beschwerde nachprüfbar (BVerwGE 46, 149, 152). Insbesondere die unrichtige Begründung oder Bestandteile der Gründe einer Entscheidung sind mangels Beschwer keine selbstständig anfechtbaren Maßnahmen (BVerwG 1 WB 131/82 vom 5.9.1984, juris Rn. 30); so beschwert auch die unzutreffende Begründung für einen Befehl den Soldaten nicht. Wenn ein Verwaltungsakt auf unrichtigen Annahmen beruht, kann nur er selbst angefochten werden. Ausnahmsweise können die Gründe einer Entscheidung Gegenstand einer Beschwerde sein, wenn sie den rechtlichen Charakter der Maßnahme bestimmen und sich dadurch von Maßnahmen anderer Art unterscheiden. Wenn ein Soldat z. B. „aus persönlichen Gründen" unter Versagung von Umzugskostenvergütung und Trennungsgeld versetzt wird, ohne dass er einen entsprechenden Antrag gestellt hat, kann er die Versetzungsverfügung unter diesem Gesichtspunkt auch anfechten, wenn er mit einer Versetzung „aus dienstlichen Gründen" einverstanden gewesen wäre. Enthält der Beschwerdebescheid über seinen notwendigen Inhalt (§ 13) hinaus eine Zurechtweisung des Beschwerdeführers, ist diese selbstständig anfechtbar.

107 Interne Vorgänge der Willensbildung (Planung, Verwendungsvorschlag, Vorbereitung von Entscheidungen der Einleitungsbehörde usw.) unterliegen nicht der Nachprüfung in einem Beschwerdeverfahren (BVerwGE 93, 232, 234 = NZWehrr 1993, 206; BVerwG NZWehrr 2003, 119; BVerwG 1 WB 80/94 vom 25.1.1995, juris Rn. 8), da sie noch keine unmittelbare Auswirkung auf den Soldaten haben. Daher keine Beschwer durch innerdienstliche Vorgänge, die die abschließende Entscheidung vorbereiten (BDHE 5, 220 = NZWehrr 1961, 32; BDH DVBl 1969, 696), z. B. dienen die Ergebnisse der Beratungen von Perspektivkonferenzen nur der Vorbereitung von Personalentscheidungen (BVerwG NZWehrr 2006, 209). Andernfalls könnten schon bloße Pläne und Absichten nachgeprüft werden, obwohl noch gar nicht feststeht, ob sie jemals zu einer den Soldaten belastenden Maßnahme führen. Es bleibt ein dienstinterner Vorgang, wenn eine Dienststelle an die andere schreibt, der Soldat habe sich nicht korrekt verhalten; auch die Bekundung der Vertrauensperson nach § 31 SBG ist nicht beschwerdefähig. Vorbereitende Beurteilungsnotizen des Disziplinarvorgesetzten bleiben ein dienstinterner Vorgang und enthalten daher noch keine Beschwer. Sie ändern ihre Rechtsnatur erst dann und unterliegen somit einer Beschwerde, wenn sie mit dem Willen des Verfassers zur Kenntnis Dritter gelangen (BVerwG NZWehrr 1969, 60). Auch die **Stellungnahme zu einer Beurteilung** unterliegt selbstständig und in gleichem Umfang der Anfechtung wie die Beurteilung selbst (BVerwGE 53, 361; 63, 3; 86, 59, 63 = NZWehrr 1989, 200; NZWehrr 1994, 165, 213; 1992, 255 = ZBR 1992, 374). Dagegen ist die Anhörung des Soldaten über für diesen ungünstige Behauptungen tatsächlicher Art vor Verwertung in der Beurteilung nicht anfechtbar, weil sie nur der Vorbereitung der Willensbildung über die Qualifikation des Soldaten dient (BVerwG NZWehrr 1976, 72). Die Weisung höherer Vorgesetzter, eine vom nächsten Disziplinarvorgesetzten erstellte Beurteilung aufzuheben, verletzt diesen nicht in seinen Rechten (BVerwG NZWehrr 1991, 159), wohl aber die Aufhebungsverfügung (BVerwGE 73, 330; BVerwG I WB 125/82 vom 19.2.1986, juris Rn. 31). Auch die bloße Mitwirkung an dem Zustandekommen einer Maßnahme oder eines Befehls verletzt noch nicht die Rechte des Soldaten. Ebenso ist die Einordnung in die Eignungsreihenfolge für die Beförderung lediglich ein innerdienstliches Hilfsmittel für die Per-

sonalführung, denn sie dient nur der Vorbereitung der Personalentscheidung. Erst die auf Grund einer unrichtigen Einordnung in die Eignungsreihenfolge getroffene und als nachteilig empfundene Personalmaßnahme ist anfechtbar (BVerwG 1 WB 67/80 vom 24.8.1982). Die Besetzung eines höherwertigen Dienstpostens kann nur bei Vorliegen besonderer Umstände eine Beschwer für den übergangenen Soldaten auslösen (BVerwGE 53, 23 = NZWehrr 1975, 23 = DVBl 1976, 336 m. Anm. Schick, S. 338; siehe auch Rn. 101). Auch die Nichtausschreibung von Dienstposten ist kein gegen den Soldaten gerichtetes Unterlassen und betrifft ihn daher nicht unmittelbar (BVerwG NZWehrr 1992, 256). Ein behördeninterner Vorgang bleibt auch die Auswahl von Offizieren für die Generalstabsausbildung (BVerwGE 43, 220; 53, 245; siehe jedoch BVerwGE 46, 236), die Beschlüsse der Personalberaterausschüsse und die Besetzungsvorschläge der Inspekteure (BVerwG NZWehrr 1993, 206). Dagegen ist das Ergebnis einer Untersuchung auf Wehrfliegerverwendungsfähigkeit durch das Flugmedizinische Institut anfechtbar. Diese Entscheidung ist verselbstständigter Teil der Entscheidung über den fliegerischen Einsatz des Soldaten. In diesem Fall braucht der Beschwerdeführer nicht zu warten, bis die personalbearbeitende Stelle auf der Grundlage der ärztlichen Fachentscheidung eine Verwendungsentscheidung trifft (BVerwGE 46, 356). Die ärztliche Diagnose als solche ist jedoch nicht anfechtbar, ebenso wenig wie das Ergebnis einer truppenärztlichen Begutachtung des Soldaten über seine Auslandsdienstverwendungsfähigkeit (BVerwG NZWehrr 1999, 165; 2002, 38).

108 Zu den dienstinternen Vorgängen zählen auch die Weisungen der im Instanzenzug vorgesetzten Dienststelle an die nachgeordnete. Sie enthalten grundsätzlich noch keine Beschwer des Soldaten (BVerwGE 46, 78 = NZWehrr 1973, 191; BVerwGE 73, 39 = NZWehrr 1981, 101). In den Fällen innerdienstlicher Weisung kann eine Beschwerde mithin erst erhoben werden, wenn die nachgeordnete Dienststelle auf Grund der ihr erteilten Weisung eine Maßnahme gegenüber dem Soldaten ergriffen hat. **Nur in Ausnahmefällen** kann die dienstinterne Weisung mit der Beschwerde angefochten werden. Das ist der Fall, wenn der Soldat davon ausgehen kann, die Entscheidung in seiner Sache sei unmittelbar von dem höheren Vorgesetzten getroffen worden, m. a. W., die Weisung an die nachgeordnete Dienststelle belässt dieser keinen Ermessensspielraum mehr (BVerwGE 46, 78 = NZWehrr 1973, 191, 192). Die Weisung muss dem Soldaten außerdem bekannt gegeben worden sein und ihn unmittelbar betreffen (BVerwG aaO; BVerwGE 73, 39 = NZWehrr 1981, 101; Oetting, Beschwerderecht, S. 48). Insbesondere ein Erlass oder Befehl des BMVg ist unmittelbar nachprüfbar, wenn er eine den Soldaten persönlich treffende Beschwer enthält, es zu seinem Wirksamwerden gegenüber dem Beschwerdeführer keines Umsetzungsaktes durch die nachgeordnete Dienststelle oder den Vorgesetzten mehr bedarf oder wenn er zwar durch den nachgeordneten Vorgesetzten in die Form eines eigenen Befehls gekleidet wurde, dieser jedoch nur wiederholt, was durch innerdienstliche Weisung bereits bindend angeordnet wurde (siehe auch BVerwG NZWehrr 1985, 200 sowie Rn. 113). Ungeachtet der Delegation auf eine nachgeordnete Dienststelle hat der BMVg nämlich selbst schon eine Anordnung getroffen, die jedes Ermessen ausschließt (zur Anfechtung von Maßnahmen und Entscheidungen des BMVg siehe im Übrigen die Erl. zu § 21. Beispielhaft steht hier die Weisung des BMVg an einen nachgeordneten Vorgesetzten, eine Sonderbeurteilung aufzuheben. Besteht die Weisung in dem Erlass allgemeiner Dienstvorschriften oder in der Festlegung abstrakter Auswahlkriterien, sind die allgemeinen Regelungen durch die Entscheidung im Einzelfall umzusetzen; diese Einzelfallentscheidung ist dann nicht demjenigen zuzurechnen, der die allgemeine Regelung erlassen hat (BVerwGE 93, 105 = NZWehrr 1992, 31).

109   Keine Beschwerde (Antrag auf gerichtliche Entscheidung) gegen einen Erlass des BMVg an eine nachgeordnete Dienststelle, in dem nur die Auffassung des Ministeriums zu einer bestimmten Rechtsfrage dargestellt ist (BVerwG NZWehrr 2008, 70) oder der die Weisung enthält, in seinem Geschäftsbereich die neuen Rechtschreibregeln anzuwenden (BVerwG NZWehrr 2002, 41). Auch sind Maßnahmen nicht beschwerdefähig, die lediglich die Organisation und Durchführung des Dienstbetriebes regeln (BVerwG NZWehrr 1979, 110; auch BVerwGE 63, 139), so z. B. bei einer innerdienstlichen Abgrenzung von Funktionsbereichen (BVerwGE 83, 336 = NZWehrr 1988, 216) oder Dienstvorschriften, die nur allgemeine Verfahrensgrundsätze zur Dienstplangestaltung enthalten (BVerwGE 86, 159 = NJW 1990, 201; BVerwG NZWehrr 1990, 74) oder die Zuweisung von Dienstposten anlässlich einer Umgliederung von Verbänden (BVerwG NZWehrr 1990, 259). Schon die einer Maßnahme zu Grunde liegenden **organisatorischen Vorstellungen** entziehen sich der wehrbeschwerderechtlichen Nachprüfung (BVerwGE 53, 95, 97; 73, 350). Die Verlegung, Neuaufstellung und Auflösung militärischer Einheiten, Verbände und Dienststellen sind das Ergebnis militärischer Zweckmäßigkeitsüberlegungen und müssen nicht gegenüber einzelnen Soldaten verantwortet werden (BVerwG 1 WB 44.94 vom 9.11.1994). Auch die Ausbildungsweisungen eines Inspekteurs gehören zu seiner Organisationsbefugnis und sind daher nicht anfechtbar (BVerwG NZWehrr 1979, 110; 1980, 228, 229); sie enthalten auch keinen Verstoß gegen den Gleichheitsgrundsatz, wenn sie von Ausbildungsweisungen des Inspekteurs einer anderen TSK abweichen (BVerwG NZWehrr 1985, 153 = RiA 1986, 20). Ausbildungskonzeptionen des BMVg sind als Organisationsmaßnahmen nicht anfechtbar (BVerwG NZWehrr 1989, 128 LS). Auch die Änderung der STAN oder Sollorganisation betrifft den Soldaten nicht unmittelbar und kann schon deshalb nicht in seinen Rechtskreis hineinwirken (BVerwGE 63, 139; BVerwG NZWehrr 1983, 27; 1984, 214; bestätigt in BVerwGE 93, 232 = RiA 1992, 306). Ebenso wenig wird der Soldat durch die bloße Umwandlung und Umbenennung eines Dienstpostens ohne Änderung seiner stellenmäßigen Bewertung beschwert. Der Festlegung der Altersgrenze für die Zulassung als Anwärter für die Laufbahn der Offiziere der Reserve des Truppendienstes liegen personal- und verteidigungspolitische Erwägungen zu Grunde, die im Rahmen der Organisationsbefugnis vorgenommen werden und daher nicht anfechtbar sind (BVerwGE 53, 95; 63, 139). Auch die Verschiebung des Termins zur Vorlage einer Beurteilung enthält keine Beschwer. Ausbildungs- und Prüfungsvorschriften für Lehrgangs- und Prüfungsteilnehmer sind dagegen einer Nachprüfung dann zugänglich, wenn der Beschwerdeführer etwa einen Verstoß gegen den Gleichheitsgrundsatz oder eine andere Beeinträchtigung subjektiver Rechte geltend macht (BVerwGE 46, 160; 53, 319; BVerwG NZWehrr 1976, 70; siehe jedoch BVerwG NZWehrr 1985, 153). Es liegt keine Maßnahme rein organisatorischer Art vor, mithin Beschwerde zulässig, wenn einem Soldaten auf Grund von Beanstandungen seines dienstlichen Verhaltens die Dienstaufsicht teilweise entzogen wird (BverwGE 73, 154). Der

Soldat kann andererseits nicht verlangen, entsprechend den innerdienstlich bestimmten Zuständigkeiten eingesetzt zu werden; Abweichungen von innerdienstlichen Organisationsakten begründen keine Beschwer (BVerwGE 63, 176 = NZWehrr 1979, 109). Eine Beschwer liegt auch nicht vor, wenn der Soldat den Lehrplan einer Schule mit der Begründung angreift, dieser entspräche in seinen geistigen Anforderungen nicht seinem Niveau. Auch die Beurteilungsbestimmungen als solche sind nicht anfechtbar, erst der bestimmte Beurteilungsvorgang; ebenso nicht die Rundungsvorschrift einer Prüfungsordnung (BVerwGE 63, 129). **Prüfungsentscheidungen** sind dagegen beschwerdefähig. Das negative Ergebnis einer **Sicherheitsüberprüfung** enthält eine Beschwer und ist mit der Beschwerde anfechtbar (BVerwGE 103, 182 = NZWehrr 1995, 27 = NJW 1995, 740; BVerwG NZWehrr 1996, 68, 209 unter Aufgabe der früheren Rechtsprechung; vgl. auch BVerwG NZWehrr 1997, 158; 1998, 249 = ZBR 1998, 247; NZWehrr 1999, 36; 2004, 168; ZBR 2005, 64 LS).

Durch den Divisionsbefehl, im Schriftverkehr eine deutliche Unterschrift **110** zu leisten, ist der Soldat beschwert, weil er ihn zu einem bestimmten Verhalten verpflichtet; der zusätzlich ergangene Befehl des BtlKdr. dient nur dazu, den Divisionsbefehl durchzuführen, er setzt die Verpflichtung zur deutlichen Unterschrift schon voraus und begründet sie nicht erst. Auch allgemeine Regeln über die Haar- und Barttracht der Soldaten enthalten eine individuelle Beschwer (BVerwGE 46, 1; 43, 353; siehe aber BVerwG NZWehrr 1972, 29), ebenso der Befehl zur dienstlichen Truppeninformation „info German" (BVerwE 53, 111, 113), der Befehl zur Teilnahme an der Gemeinschaftsverpflegung (BDH NZWehrr 1962, 61), zur Teilnahme eines Musikkorps der Bundeswehr an einem Rosenmontagszug (BDH NZWehrr 1963, 160) oder der allgemeine Befehl einer Division an die Truppenärzte, die Diagnose über die Dienstunfähigkeit eines Soldaten der Entlassungsdienststelle mitzuteilen (vgl. auch BVerwG NZWehrr 2006, 154). Die Beschwer im letzten Fall ergibt sich aus dem Konflikt zwischen Gehorsamspflicht und der Wahrung der ärztlichen Schweigepflicht (vgl. auch BVerwGE 33, 120). Eine Beschwer ist in dem Erlass des BMVg enthalten, der eine Vollzähligkeits- und Zustandsprüfung der persönlichen Bekleidung, Ausrüstung und Sonderbekleidung bei Unteroffizieren und Mannschaften anordnet (BDH NZWehrr 1964, 29 f.), bei der Einführung neuer Barette und der Anordnung ihrer Trageweise (BVerwG NZWehrr 1983, 74), in dem Befehl über eine Neuregelung des Zapfenstreichs, dem Befehl, der eine Umpaspelierung an Uniformen oder das Wohnen in Gemeinschaftsunterkünften vorschreibt (siehe aber BVerwG NZWehrr 1989, 199).

Zurechtweisungen, missbilligende Äußerungen und ähnliche erzieherische **111** Maßnahmen enthalten für den Soldaten stets eine Beschwer und können daher mit der Beschwerde angegriffen werden (BDHE 4, 175 = NZWehrr 1959, 31 f.; BVerwGE 53, 239 = NZWehrr 1977, 143; BVerwG NZWehrr 1979, 139; 1998, 166; BVerwGE 76, 267 = NZWehrr 1985, 113; BVerwGe 113, 37 = NZWehrr 1997, 81, BVerwG NZWehrr 1998, 26; BVerwG ZBR 1998, 213; vgl. auch BVerwGE 76, 112 = NZWehrr 1884, 118 und Walz, NZWehrr 1985, 177, 184). Zu den beschwerdefähigen erzieherischen Maßnahmen gehört auch die Ermahnung (BVerwG NZWehrr 1999, 204). Eine Erzieherische Maßnahme kann ohnehin nur mit der Beschwerde nach der WBO, damit nicht auf der Grundlage des § 42 WDO, angefochten werden (BVerwG NZWehrr 2010, 209). Zur Überprüfung erzieherischer Maßnahmen durch die Wehrdienstgerichte vgl. BVerwG NZWehr 1985, 202; 1990, 165). Missbilligende Äußerungen, die der Disziplinarvorgesetzte oder die Einleitungsbehörde mit der Feststellung eines Dienstvergehens verbunden hat (§ 23 Abs. 2 Satz 2 WDO i. Vbg. m. § 36 Abs. 1, § 92 Abs. 3, § 95 Abs. 2, § 98 Abs. 3 WDO), können nur zusammen mit der Feststellung des Dienstvergehens Gegenstand einer Beschwerde sein (§ 42 Nr. 12 WDO; zu den Gründen dieser Regelung siehe Dau/Schütz, WDO, § 42 Rn. 103). Missbilligen Disziplinarvorgesetzter oder Einleitungsbehörde ein Verhalten des Soldaten, ohne damit die Feststellung eines Dienstvergehens zu verbinden, hat der Soldat das Recht zur Beschwerde (Dau/Schütz, WDO, § 92 Rn. 17; a. A. Bachmann, NZWehr 2002, 45, 63 f., der jedenfalls auf die Missbilligung durch die Einleitungsbehörde § 92 Abs. 4 WDO – Antrag auf gerichtliche Entscheidung des Truppendienstgerichts – entsprechend anwenden will). Wird in einer allgemeinen Belehrung durch den Disziplinarvorgesetzten ein bestimmtes Verhalten eines nicht näher bezeichneten Soldaten missbilligt, liegt darin noch keine beschwerdefähige Erzieherische Maßnahme, auch wenn aus der Belehrung ein Rückschluss auf den Beschwerdeführer möglich ist (BVerwG NZWehr 1986, 209; auch BVerwGE 76, 117). Eine Beschwer ist dagegen zu bejahen, wenn eine Zurechtweisung des Soldaten in einem Beschwerdebescheid enthalten ist oder bei einem Ausdrücklichen Hinweis (BVerwGE 86, 83 = NZWehr 1989, 107; Walz, NZWehr 1974, 66).

VI. Beschwerdegegenstand

1. Vorbemerkung

112   Der in Gestalt einer Generalklausel als „unrichtig behandelt" beschriebene Hauptanwendungsfall einer Beschwerde ist hinreichend ausdrucksstarkes Stilmittel eines Gesetzes, das dem juristisch nicht vor- und ausgebildeten Soldaten die Ausübung des Beschwerderechts erleichtern soll. Nach den Vorstellungen des Gesetzgebers sollte mit dieser Formulierung dem Soldaten ein weiter Spielraum für die Einlegung der Beschwerde gegeben werden; unter dem allgemeinen Begriff „unrichtig behandelt" werden nicht nur rechtswidrige Befehle und Maßnahmen erfasst, sondern auch Handlungsweisen, deren Zweckmäßigkeit bestritten wird (vgl. BT-Drs. 2359, 2. Wahlperiode 1953, S. 8). Diesem Verständnis eines benutzerfreundlichen Gesetzes entspricht die subjektiv ausgerichtete Voraussetzung, dass der Soldat, um sein Beschwerderecht geltend zu machen, nur glauben muss, er sei durch Vorgesetze oder Dienststellen der Bundeswehr unrichtig behandelt worden. Der Beschwerdeführer muss subjektiv davon überzeugt sein, dass ihm in einer durch Abs. 1 näher beschriebenen Weise Unrecht geschehen ist. Seine persönliche Beschwer muss er nur in einer durch § 6 Abs. 2 vorgeschriebenen Form und innerhalb der durch § 6 Abs. 1 verlangten Frist bei den in §§ 5, 11 bezeichneten Stellen geltend machen. Nach erfolglosem Beschreiten des Beschwerdeweges steht ihm allerdings nur bei einem rechtswidrigen Handeln oder Unterlassen i. S. einer Rechtsverletzung nach Art. 19 Abs. 4 GG der Rechtsweg zu den Wehrdienstgerichten offen. Ist ihm der Rechtsweg zu den Wehrdienstgerichten verschlossen, bleibt ihm die Möglichkeit einer Dienstaufsichtsbeschwerde.

Nach dem Gegenstand der Beschwerde sind folgende Fälle zu unterschei- **113** den:

- unrichtige Behandlung durch Vorgesetzte oder Dienststellen der Bundeswehr (Abs. 1 Satz 1 Hs 1),
- der Soldat ist durch ein pflichtwidriges Verhalten von Kameraden verletzt (Abs. 1 Satz 1 Hs 2),
- dem Soldaten ist auf einen Antrag innerhalb eines Monats kein Bescheid erteilt worden (Absatz 2).

2. Begriff der Behandlung

Der Begriff der Behandlung umfasst jedes hoheitliche Tätigwerden oder **114** Untätigbleiben einer Dienststelle oder eines Vorgesetzten innerhalb und auf Grund des Wehrdienstverhältnisses, das den Beschwerdeführer als Soldaten trifft. Gegen eine unrichtige Behandlung kurz vor Eintritt in das Wehrdienstverhältnis kann er sich, wenn er inzwischen Soldat geworden ist, nicht nach der WBO beschweren. Der Begriff der Behandlung ist weit auszulegen. Er umfasst tatsächliche Handlungen, Maßnahmen im weitesten Sinne, Befehle sowie jedes sonstige Verhalten eines Vorgesetzten oder einer Dienststelle. Ein Handeln oder Unterlassen kann truppendienstlicher Art sein oder zu den Verwaltungsaufgaben einer Dienststelle oder eines Vorgesetzten gehören (BVerwGE 53, 261, 262 = NZWehr 1978, 103), muss jedoch stets einen unmittelbaren Bezug zur Ausübung dienstlicher Befugnisse haben. Ein privates Fehlverhalten, etwa anlässlich einer nachbarschaftlichen Auseinandersetzung zwischen Vorgesetztem und Untergebenen als Mietparteien im selben Haus, kann nicht Gegenstand einer Wehrbeschwerde sein. Das mit der Beschwerde gerügte Handeln oder Unterlassen muss daher hoheitlicher Natur sein und – wie sich aus der Gleichstellung von Vorgesetzten und Dienststellen einerseits sowie der Gegenüberstellung zu pflichtwidrigem Verhalten von Kameraden andererseits ergibt (vgl. Oetting, Beschwerderecht, S. 45) –, auf dem Verhältnis der militärischen Über-Unterordnung beruhen. Handeln eines militärischen Vorgesetzten oder einer Dienststelle der Bundeswehr umfasst tatsächliche Handlungen, z.B. Speicherung personenbezogener Daten in Dateien des BMVg (BVerwGE 83, 323 = NZWehr 1988, 33 = NVwZ 1988, 156), auch Handlungen i.S. der wehrstrafrechtlichen Tatbestände gegen die Pflichten der Vorgesetzten (§§ 30 ff. WStG), Maßnahmen im weitesten Sinne, Entscheidungen und Befehle. Es braucht nicht in jedem Fall wie der Verwaltungsakt (§ 35 VwVfG) der Regelung eines Einzelfalles zu dienen (dazu näher Oetting, Beschwerderecht, S. 46 ff.).

Der Soldat rügt ein Unterlassen, wenn er glaubt, ein Tätigwerden be- **115** anspruchen zu können (BVerwG 1 WB 9/96 vom 4.9.1996, juris Rn. 3) d. h. er wirft dem Vorgesetzten oder der Dienststelle der Bundeswehr vor, den Rahmen ihres Verfahrensermessens dadurch überschritten zu haben, dass sie untätig blieben, wo sie hätten tätig werden müssen, z. B. der Beschwerdeführer glaubt, er sei bei der Beförderung bewusst übergangen worden oder die personalbearbeitende Dienststelle habe es unterlassen, eine aufgehobene planmäßige Beurteilung neu zu fassen (BVerwG 1 WB 86/96 vom 14.1.1997, juris Rn. 2), ein Personalgespräch sei nicht durchgeführt (BVerwG 1 WB 29.07 vom 16.1.2008, juris Rn. 24). Einen Sonderfall, in dem ein Untätigbleiben auf einen zuvor gestellten Antrag Anlass zur Beschwerde gibt, regelt Abs. 2.

116 **2.1. Maßnahme und Befehl als Gegenstand der Beschwerde.** Für den Inhalt des Beschwerdebescheides bestimmt § 13 Abs. 1, welche Abhilfeentscheidung gegenüber rechtswidrigen oder unsachgemäßen Befehlen oder Maßnahmen zu treffen ist, eine entsprechende Bestimmung enthält § 19 Abs. 1 für den Beschluss im gerichtlichen Antragsverfahren. Für den Antrag auf Entscheidung des BVerwG setzt § 21 Abs. 1 eine Entscheidung oder Maßnahme des BMVg voraus. Die ausdrückliche Erwähnung von Maßnahmen und Befehlen in einer Rechtsfolgenregelung zu § 1 Abs. 1 und als Zulässigkeitsvoraussetzung für das gerichtliche Antragsverfahren (siehe auch § 17 Abs. 3) belegt, dass beide Begriffe als besondere Ausdrucksform hoheitlichen Handelns Teil des beschwerderechtlichen Grundtatbestandes sind. Vor allem innerhalb der gerichtlichen Antragsverfahren vor den Wehrdienstgerichten spiegeln sich in beiden Begriffen Schwerpunkt und Vielfalt beschwerderechtlichen Vorbringens (vgl. auch Maiwald, FS Fürst, S. 236 ff.). Sie rechtfertigen ihre besondere Darstellung als Ausdrucksform der unrichtigen Behandlung.

117 **2.1.1 Begriff der Maßnahme.** Die Maßnahme setzt eine dem öffentlichen Recht zugehörige Handlung eines Vorgesetzten oder einer Dienststelle der Bundeswehr voraus, die im Verhältnis der Über-Unterordnung getroffen oder erbeten wird (BVerwGE 53, 160, 161; BVerwG NZWehrr 2006, 154; 2009, 26). Es kommt nicht darauf an, ob sie auch darauf abzielt, Rechtswirkungen auszulösen (BVerwGE 73, 4 = NZWehrr 1980, 188; BVerwGE 83, 242 = NZWehrr 1987, 77 f.). Daher sind auch rein tatsächliche Handlungen eines Vorgesetzten (Rn. 122) Maßnahmen, die ggfs. auch zu einer wehrdienstgerichtlichen Überprüfung führen können, z. B. die Speicherung personenbezogener Daten in Dateien des BMVg (BVerwGE 83, 323 = NZWehrr 1988, 33 = NVwZ 1988, 156), die telefonische Weitergabe personenbezogener Daten eines Untergebenen an den Arzt eines Bundeswehrkrankenhauses (BVerwG NZWehrr 2006, 154), aber auch Gebote oder Verbote, rechtsgestaltende oder rechtsfeststellende Akte. Ob und inwieweit die Maßnahme in die Rechte des Beschwerdeführers eingreift, gehört zur Prüfung der Beschwer, ist aber kein begriffsbestimmender Bestandteil der Maßnahme.

118 Die Maßnahme muss hoheitlicher Natur sein. Damit scheiden zunächst alle persönlich bezogenen Handlungen aus, z. B. auch eine Unkameradschaftlichkeit außerhalb eines bestehenden Vorgesetztenverhältnisses. Auch zivilrechtliche Ansprüche können nicht mit der Beschwerde durchgesetzt werden. Die WBO gibt daher keine Möglichkeit, die Rückzahlung eines Darlehns, die Beilegung einer Mietstreitigkeit oder die Erfüllung einer Schadensersatzforderung zu verlangen. So wäre z. B. die Beschwerde gegen ein Dienstleistungszentrum unzulässig, das bei bundeseigenen Wohnungen Wassergeld festsetzt, da die Berechnung auf privatrechtlicher Grundlage vorgenommen wird. Die Erhöhung der Essenspreise einer privatrechtlich betriebenen Bundeswehrkantine ist selbst dann keine truppendienstliche Maßnahme, wenn die Preiserhöhung der Zustimmung der Behördenleitung und der Beteiligung des Personalrats bedarf (BVerwG ZBR 1999, 142 LS). Auch die Ablehnung des Antrags, in eine Offizierheimgesellschaft aufgenommen zu werden, ist privatrechtlichen Ursprungs. Nicht selbstständig anfechtbar ist der Bescheid des BMVg, dass eine Diensterfindung nicht vorliegt. Die Entscheidung des BMVg ist hier nicht im militärischen Über-Unterordnungsverhältnis, sondern im Verhältnis des Arbeitsgebers zum Arbeitnehmer i. S. des Gesetzes über Arbeitnehmererfindungen vom 25.7.1957 (BGBl. I S. 756 i. d. F. vom 31.7.2009 (BGBl. I S. 2521) ergangen, das im Übrigen einen besonderen Rechtsweg vorschreibt (§§ 28 ff., 37 ff. des Gesetzes). Anfechtbar mit der Beschwerde ist dagegen der Leistungsbescheid, durch den der Soldat zum Schadensersatz herangezogen wird, ebenso der Aufrechnungsbescheid. Die Wohnungszuweisung durch das Dienstleistungszentrum ist als eine Maßnahme des öffentlichen Rechts mit der Beschwerde anfechtbar. Sie ist Konkretisierung der öffentlich-rechtlichen Fürsorgepflicht des Dienstherrn nach § 31 SG und entfaltet daher unmittelbar rechtliche Wirkungen; sie berechtigen den Empfänger, unter Ausschluss aller sonstigen Bewerber mit dem Vermieter einen Mietvertrag abzuschließen und die zugeteilte Wohnung zu beziehen.

119 Keine nach der WBO anfechtbaren Maßnahmen sind Gesetzgebungs-, Justiz-, Fiskal- und Regierungsakte (BVerwG I WB 87/76 vom 28.4.1977, juris Rn. 62); ebenso wenig ablehnende Gnadenentscheidungen des BMVg oder des Bundespräsidenten (Dau/Schütz, WDO, § 19 Rn. 17); BVerwG DVBl 1982, 1147). Daher keine Beschwerde mit dem Ziel, ein Gesetz oder eine Rechtsverordnung zu ändern (BVerwGE 43, 261, 262); auch Erklärungen des BMVg vor dem Verteidigungsausschuss, dem Petitionsausschuss oder dem Wehrbeauftragten des Deutschen Bundestages sind nicht beschwerdefähig (BVerwGE 73, 9 = NZWehr 1980, 186, 187; BVerwG NZWehr 2008, 122; 2009, 211). Rechtsauskünfte oder Empfehlungen, mit denen das BMVg seine Auffassung zu bestimmten Rechtsfragen mitteilt, entziehen sich wehrbeschwerderechtlicher Kontrolle (BVerwG NZWehr 2008, 70), gleiches gilt auch für bloße Rechtsauskünfte etwa des BAPersBw (BVerwG I WB 10/17 vom 14.12.2017, juris Rn. 20).

120 **Die Maßnahme muss auf Grund eines Über-Unterordnungsverhältnisses** getroffen worden sein. Es muss also ein Vorgesetztenverhältnis bestehen oder eine generelle Anordnungsbefugnis einer Dienststelle der Bundeswehr, z. B. Anforderung einer Schadensmeldung durch ein Dienstleistungszentrum (vgl. auch BVerwG NZWehr 2013, 34, 35).

121 Nicht auf dem Über-Unterordnungsverhältnis beruhend ist der wiederholte Hinweis, ein Beschwerdebescheid sei nur vor einem bestimmten allgemeinen Verwaltungsgericht anfechtbar (BVerwG I WB 196/76 vom 28.4.1977, juris Rn. 20). Keine Maßnahme ist der auf § 65 Abs. 1 VwGO gestützte Antrag des BMVg, zu einem zwischen dem Soldaten und einer dritten Behörde geführten Verwaltungsstreitverfahren beigeladen zu werden. Auch Entscheidungen, die der Dienstherr als Prozessbeteiligter sonst in einem verwaltungsgerichtlichen Verfahren trifft, sind keine Maßnahmen auf Grund des Vorgesetzten-Untergebenenverhältnisses, denn im gerichtlichen Verfahren stehen sich die Beteiligten gleichberechtigt gegenüber (BDHE 7, 163; BVerwG NZWehr 1970, 143). Daher ist es auch unzulässig, das auf ein verwaltungsgerichtliches Verfahren bezogene prozessuale und vorprozessuale Verhalten des Dienstherrn zum Gegenstand einer Beschwerde zu machen (BDHE 7, 173 = NJW 1965, 2418). Entsprechendes gilt für das gerichtliche Antragsverfahren nach der WBO (BVerwGE 43, 28; BVerwG NZWehr 1978, 101). Auch hier hat der Dienstherr nicht mehr Rechte als der Soldat. Sie stehen nicht mehr im Vorgesetzten-Untergebenenverhältnis zueinander, sondern einer der Beteiligung im Verwaltungsstreitverfahren ähnlichen Stellung (BVerwG 1 WB 58/81 vom 25.5.1983, juris Rn. 26). Schriftsätzliche Äußerungen eines Vorgesetzten im gerichtlichen Antragsverfahren können

daher nicht verselbstständigt und zum Gegenstand eines neuen Beschwerdeverfahrens gemacht werden (BVerwG aaO). Das gilt auch für Erklärungen des
Disziplinarvorgesetzten nach § 17 Abs. 6 (BVerwG NZWehrr 1978, 101).
Ebenso sind Erklärungen und Handlungsweisen eines Verfahrensbeteiligten
im Rahmen eines dem Antragsverfahren vorgeschalteten Beschwerdeverfahrens einer Beschwerde unzugänglich, auch nicht Handlungen des Vorgesetzten bei Ausübung der Disziplinarbefugnis (BVerwGE 43, 28; 53, 160). Auch
das Verhalten eines Vorgesetzten im Beschwerdeverfahren kann neben dem
ursprünglichen Beschwerdegegenstand nicht allgemein selbstständig überprüft
werden (BVerwGE 46, 149 f.).

122   Es handelt sich nicht um eine Maßnahme im Vorgesetzten-Untergebenen-
verhältnis, wenn die Staatsanwaltschaft Mitteilungen in Strafsachen (Nr. 20
Mistra) an Dienststellen der Bundeswehr versendet (BVerwGE 46, 72 =
NZWehrr 1974, 149), wohl aber, wenn die Mitteilung in die Personalunter-
lagen des Soldaten eingefügt wird. Nach einem Beschluss des BVerwG
(BVerwGE 43, 115 = NZWehrr 1971, 24 = RiA 1970, 216) soll auch die
Abgabe an die Staatsanwaltschaft gemäß § 33 Abs. 3 WDO eine nach der
WBO anfechtbare Maßnahme sein. Diese Auffassung ist abzulehnen. Die
Abgabe an die Staatsanwaltschaft ist nur die Reaktion des Disziplinarvor-
gesetzten auf eine mit dem Dienstvergehen sachgleiche Straftat (§ 33 Abs. 3
WDO i. Vbg. m. ZDv A-2160/6, Abschnitt 1.9 „Abgabe an die Staatsanwaltschaft"; in Schnell/Ebert C 11a) mit dem Charakter einer behördlichen Strafanzeige und damit ein dienstinterner Vorgang (siehe auch § 40 WStG). Die
Wirkung der Abgabe gegenüber dem Beschwerdeführer tritt nicht auf Grund
des militärischen Über-Unterordnungsverhältnisses ein, sondern erst durch
die Tätigkeit der Staatsanwaltschaft (a. A. Bachmann, GKÖD Yo, § 1
Rn. 242 unter Hinweis auf für den Soldaten nachteilige datenschutzrecht-
liche Folgen). Dass der Beschwerdeführer als Folge der Abgabe nunmehr mit
strafrechtlichen Ermittlungen rechnen muss, reicht für eine Beschwer aus
dem Vorgesetzten-Untergebenenverhältnis nicht aus. Vor einer ungerechtfer-
tigten Abgabe durch den Disziplinarvorgesetzten ist der Soldat durch § 164
StGB hinreichend geschützt; gegenüber der Staatsanwaltschaft hat er alle
Rechte eines Beschuldigten nach der StPO.

123   Keine Maßnahme ist die falsche Rechtsauskunft eines Vorgesetzten über
den Beginn der Frist für den Antrag auf gerichtliche Entscheidung (vgl. aber
auch BVerwGE 53, 53, 12, 20 f.). Ebenso wenig liegt eine Maßnahme vor,
wenn durch ein Fernschreiben des BMVg nur die Auffassung zu einer bestimmten Rechtsfrage wiedergegeben wird, ohne dass damit eine Weisung
verbunden ist (vgl. auch BVerwG NZWehrr 2008, 70), wenn eine Akte
durch Vorgesetzte oder Dienststellen der Bundeswehr in einem gerichtlichen
Antragsverfahren vorgelegt wird (BVerwG DÖV 2008, 468), auch kein G 1-
Hinweis, der Grundsätze aufstellt, nach denen nachgeordnete Vorgesetzte im
Rahmen ihres Ermessens verfahren sollen, die Anordnung der personalbearbeitenden Stelle, eine Neufassung einer aufgehobenen Beurteilung zu erstellen (BVerwG NZWehrr 2012, 79 = ZBR 2012, 286 LS), die Meinungsäußerung einer vom BMVg herausgegebenen Zeitschrift, ein Leitfaden des
BMVg zur Sicherheitspolitik und Militärstrategie (BVerwGE 86, 316 = ZBR
1991, 94; BVerwG NZWehrr 2005, 168) oder die Ausladung von einem
offiziellen Essen durch einen militärischen Vorgesetzten (BVerwG NZWehrr
1997, 39). Auch die in einer Versetzungsverfügung angegebene voraussichtliche Verwendungsdauer auf dem neuen Dienstposten stellt keine den Sol-

daten unmittelbar belastende Maßnahme dar (BVerwG NZWehrr 1991, 161; ZBR 2000, 430 LS; siehe jedoch BVerwG NZWehrr 2004, 161 = ZBR 2003, 320), ebenso wenig wie das Unterlassen einer Stellenausschreibung (BVerwG I WB 12/15 vom 13.7.2015, juris Rn. 18). Auch sind ärztliche Untersuchungen im Rahmen der Vorbereitung einer Entscheidung des BA-PersBw keine separat mit der Beschwerde angreifbaren Maßnahmen, wenngleich eine Inzidentprüfung der ärztlich Entscheidung im Rahmen der Prüfung der Entscheidung erfolgt (BVerwG I WB 35/16 vom 30.11.2017, juris Rn. 30 f.). Lediglich vorbereitend sind auch Mitteilungen und Planungsabsichten (BVerwG I WB 3/17 vom 26.10.2017, juris Rn. 23), ebenso wie Perspektivkonferenzen, soweit nicht Entscheidungen getroffen werden, die einer militärischen Karriere eine unumkehrbare Richtung geben (BVerwG I WB 56/12 vom 30.4.2013, juris Rn. 19). Ein Beurteilungsbeitrag nach einer besonderen Auslandsverwendung ist keine anfechtbare truppendienstliche Maßnahme (BVerwG 1 WRB 1/17 vom 31.8.2017, juris Rn. 25). Die Qualität einer anfechtbaren fehlt insgesamt Entscheidungen und Handlungen, die als organisatorische Akte innerhalb der personalbearbeitenden Stelle einzig der innerdienstlichen Willensbildung dienen (BVerwG 1 WB 39/15 vom 26.11.2015, juris Rn. 23).

Dagegen rechnen zum Begriff der Maßnahme namentlich Befehle, ablehnende Entscheidungen auf Anträge des Soldaten, Versetzungen, Kommandierungen, Planstelleneinweisungen (s. jedoch BVerwG 1 WB 15.95.101.95 v. 19.3.1996, juris Rn. 6), Rügen, Zurechtweisungen, Missbilligungen; vgl. insgesamt auch Barth, NZWehrr 1965, 97; Maiwald, FS Fürst, S. 233, 238 f.). **124**

Anfechtbar mit der Beschwerde ist beispielsweise die Feststellung des Verlustes der Dienstbezüge wegen schuldhaften Fernbleibens vom Dienst (BDH NZWehrr 1960, 25; BVerwGE 43, 197; zum Rechtsweg siehe BVerwG NZWehrr 1971, 145; zum Begriff des Dienstes hier BVerwG NZWehrr 1980, 234), das Verbot der Ausübung des Dienstes und des Tragens der Uniform (BVerwG NZWehrr 1978, 144; 1998, 212, 213; 1999, 75 = DÖV 1999, 305), eine Entscheidung der personalbearbeitenden Stelle gemäß Nr. 2 des Erlasses „Dienstpostengerechte Verwendung von Soldatinnen und Soldaten" vom 1.8.2011 (BVerwG 1 WB 15/12 vom 26.2.2013, juris Rn. 34 f.), die vorzeitige Freistellung vom militärischen Dienst zur Durchführung einer Fachausbildung gem. § 5 SVG (BVerwGE 86, 128 = NZWehrr 1989, 258; zur Rücknahme einer Freistellung siehe BVerwG NZWehrr 1994, 110), die Anweisung zur Abgabe einer „Pflichtgemäßen Erklärung" über die finanziellen Verhältnisse (BVerwGE 73, 39 = NZWehrr 1981, 101), die falsche Berechnung der Dienstbezüge, das Verfahren bei Abrechnung von Dienstreisen (BVerwGE 53, 261, 262 = NZWehrr 1978, 103), die falsche Eintragung in das Disziplinarbuch, die Versagung der Aussagegenehmigung (BVerwGE 46, 303; BVerwG NZWehrr 1991, 114), die Verweigerung eines Waffenausweises, die Anordnung, dass Offiziere des militärfachlichen Dienstes der Marine die gleichen Laufbahnabzeichen tragen wie die Offiziere des Truppendienstes der Marine, die Ablehnung einer Wegstreckenentschädigung (BVerwG NZWehrr 1981, 229 = ZBR 1982, 95), Entziehung der Bundeswehrfahrerlaubnis (BVerwGE 33, 62 = RiA 1969, 18), Ablehnung der Genehmigung zum Mitflug in Bundeswehrflugzeugen (BVerwGE 46, 11), der Entzug des Militärluftfahrtführerscheins (BVerwGE 86, 34 = NZWehrr 1989, 72; BVerwG NZWehrr 2001, 165 = DVBl 2001, 1231), die Ablehnung **125**

eines Antrags auf Erteilung einer fliegerärztlichen Sondergenehmigung
(BVerwG NZWehr 2004, 259), Verleihung eines Buchpreises (BVerwGE 46,
134 = DVBl 1974, 467), Versagung der Annahme eines Geldpreises nach
motorsportlichen Erfolgen (BVerwG NZWehr 1982, 63), Festsetzung und
Gewährung von Heimaturlaub (BVerwG I WB 11/71 vom 23.2.1972,
juris LS; I WB 101/80 vom 25.5.1982, juris Rn. 11; BVerwG NZWehr
1982, 63; BVerwGE 83, 195 = NZWehr 1987, 29 f.; zur Berechnung des
Erholungsurlaubs siehe BVerwG NZWehr 1982, 231), ablehnende Entscheidung über den Antrag auf Studium an einer ausländischen Universität
(BVerwG NZWehr 1980, 148), Ablehnung der Beurlaubung zum Zwecke
der Promotion (BVerwGE 73, 182; BVerwG NZWehr 1981, 106 = ZBR
1982, 220, 221) oder zur Wahrnehmung einer privatrechtlichen Tätigkeit bei
einer überstaatlichen Einrichtung (BVerwG 1 WB 21/98 vom 19.11.1998,
juris Rn. 2), **Versagen von Sonderurlaub** für Soldaten zur Vorbereitung
ihrer Kandidatur zu kommunalen Vertretungskörperschaften (BVerwG
NZWehr 1976, 72), zur Teilnahme an einer staatspolitischen Bildungsver-
anstaltung (BVerwGE 86, 232), oder um die Zulassung als Kassenarzt zu
erhalten (BVerwGE 93, 389 = NZWehr 1994, 211), zur Durchführung von
Familienheimfahrten bei täglicher Rückkehr an den Wohnort (BVerwGE
113, 114 = NZWehr 1997, 253 = NVwZ 1998, 405 LS), anlässlich der
Eheschließung (BVerwG NZWehr 1999, 203), eines dienstlich veranlassten
Umzugs (BVerwGE 113, 255 = NZWehr 1999, 207), eines Betreuungs-
urlaubs (BVerwG NZWehr 1996, 211 = ZBR 1996, 398) oder um das
Zusammenleben mit der in den USA beruflich gebundenen Ehefrau zu
ermöglichen (BVerwG 1 WB 39/99 vom 1.7.1999, juris Rn. 2). Maßnahmen
sind die Aufhebung einer Beurteilung im Wege der Dienstaufsicht (BVerwG
NZWehr 1986, 158 f. m. Nachw.; BVerwG ZBR 1997, 53; BVerwG 1 WB
15/98 vom 27.8.1998, juris Rn. 3), die Stellungnahme des nächsthöheren
Vorgesetzten zu einer Beurteilung (BVerwGE 93, 1 = NZWehr 1991, 160;
BVerwGE 93, 123, 279), die Rücknahme einer förmlichen Anerkennung
(BVerwG NZWehr 1988, 35 LS), Verwertung von psychologischen Tests in
einem Auswahlverfahren (BVerwG NZWehr 1981, 147), Ablehnung der
Genehmigung privatärztlicher Nebentätigkeit (BVerwG NZWehr 1980, 26),
die Einweisung in ein Bundeswehrkrankenhaus (BVerwG NZWehr 1980,
137), Feststellung der Wehrfliegerverwendungsfähigkeit (BVerwGE 46,
356 ff.; siehe demgegenüber aber BVerwG NZWehr 1999, 165; 2002, 38),
das Verbot, zur Uniform sichtbar Schmuck zu tragen (BVerwG NZWehr
2001, 246) sowie die Bildung einer Referenzgruppe nach Zentralerlass B-
1336/2 „Förderung vom Dienst freigestellter Soldatinnen und Soldaten"
(BVerwG 1 WB 5/16 vom 4.5.2017, juris Rn. 23 f.) oder die Entscheidung
der Perspektivkonferenz Heeresflieger, wenn diese den endgültigen Ausschluss von höherwertigen Verwendungen bedeutet (BVerwG 1 WB 35/13
vom 6.2.2014, juris Rn. 25).

126   **2.1.2 Maßnahmebezogene Anwendungsfälle. a) Ausbildung.** Die
Ausbildung ist Teil der Verwendung des Soldaten (BVerwGE 46, 21, 22). Auf
diesem Gebiet sind beispielsweise anfechtbar die Kommandierung und Versetzung an eine UniBw (BVerwG NZWehr 1979, 140, 144), die Ablösung
vom Studium an einer UniBw (BVerwGE 53, 173), Ablehnung des Antrags,
den Studiengang an einer UniBw wechseln zu dürfen (BVerwGE 63, 1 –
NZWehr 1980, 65, 66) oder auf Zulassung zum (weiteren) Studium

(BVerwG NZWehr 1994, 210), Kommandierung zum Studium an einer zivilen Universität (BVerwGE 46, 310), die Beurlaubung eines Berufssoldaten zum Studium (BVerwGE 46, 310, 314; vgl. auch Rn. 133), die Rücknahme der Zusage, den Soldaten zu einem Hochschulstudium zuzulassen (BVerwGE 53, 182; zum Studium des Soldaten an den UniBw vgl. Jenisch, NZWehr 1975, 121; auch Foge, RiA 1985, 169; zur Anfechtung von Prüfungsentscheidungen siehe Rn. 136).

b) Maßnahmen im Vollzug. Maßnahmen im Vollzug von Freiheitsstrafen, Strafarrest, Jugendarrest und Disziplinararrest von Soldaten durch Vorgesetzte oder Dienststellen der Bundeswehr sind mit der Beschwerde anfechtbar (§ 20 BwVollzO). Nach erfolglosem Beschreiten des Beschwerdeweges ist der Antrag an das Truppendienstgericht zulässig. Allein die Rechtmäßigkeit von Anordnungen, Verfügungen oder sonstigen Maßnahmen, die von Vollzugsbehörden der Bundeswehr getroffen worden sind, kann der Soldat neben dem Beschwerde- und Antragsrecht nach der WBO (§§ 1, 17) auch mit einem Antrag bei den ordentlichen Gerichten überprüfen lassen (§§ 23 ff. EG GVG). Dieser Antrag, der regelmäßig erst nach Entscheidung über die weitere Beschwerde zulässig ist (§ 24 Abs. 2 EG GVG), ist vom Vollzugsleiter auf Verlangen des Soldaten unverzüglich dem zuständigen Oberlandesgericht (§ 25 EG GVG) oder dem nächstgelegenen Amtsgericht (§ 26 Abs. 1 EG GVG) zuzuleiten. Eine Wehrbeschwerde ist dagegen nicht statthaft gegen Entscheidungen der Vollstreckungsbehörde der allgemeinen Justiz im Strafvollzug gegen Soldaten (Erbs/Kohlhaas/Dau, EG WStG, Art. 6 Rn. 6). **127**

c) Prüfungsentscheidungen. Prüfungsentscheidungen, die für die Gestaltung der Laufbahn des Soldaten und damit für seine Verwendung Bedeutung haben (dazu siehe Rn. 137), sind anfechtbare Maßnahmen truppendienstlicher Natur (BVerwGE 73, 376; Lingens, TP 1984, 818). Dies gilt sowohl hinsichtlich des Lehrgangszeugnisses (Abschlussnote) als auch der für die einzelnen Leistungsnachweise erteilten Einzelnoten sowie einzelne Prüfungsteile bei Laufbahnprüfungen (BVerwGE 103, 200 = NZWehr 1995, 249). Auch Sprachprüfungen im Rahmen der fremdsprachlichen Ausbildung eines Soldaten sind als truppendienstliche Maßnahmen anfechtbar. Zum Umfang der gerichtlichen Kontrolle siehe § 17 Rn. 77. Einzelnoten sind selbstständig anfechtbar, wenn ihnen Außenwirkung zukommt (BVerwGE 73, 376, BVerwG NZWehr 2006, 124). Das ist beispielsweise der Fall, wenn sich eine bessere Klausurnote unmittelbar auf die Abschlussnote oder auf die Platzziffer auswirkt (BVerwG ZBR 1978, 72). Zur Beschwerde gegen die Bewertung einer Klausur siehe BVerwGE 53, 318. Die Entscheidung über die Teilnahme an einem Laufbahnlehrgang ist eine Entscheidung über die Verwendung des Soldaten und deshalb mit der Beschwerde anfechtbar (BVerwGE 113, 29 = NZWehr 1997, 80). Dagegen können Entscheidungen des Prüfungsausschusses für den Stabsoffiziergrundlehrgang an der FüAkBw nicht mit der Beschwerde angefochten werden, weil sie keine Maßnahmen von Vorgesetzten oder Dienststellen der Bundeswehr sind. Lediglich die Entscheidung der Fachgruppe einschließlich einer neuen Prüfungsentscheidung ist mit der Beschwerde anfechtbar (BVerwG 1 WB 138/81 vom 19.5.1982, bestätigt durch BVerwG 1 WB 144/90 vom 10.4.1991, juris Rn. 3; zur Anfechtung einer Rundungsvorschrift in der Prüfungsordnung BVerwGE 63, 129). Bei Prüfungen verbietet der Grundsatz des Vertrauensschutzes im Übrigen regelmäßig, dass das zu Beginn der Prüfung maßgebliche Verfahren zu Ungunsten **128**

des Prüflings geändert wird. Eine Ausnahme ist nur zulässig, wenn höherwertige Gründe des allgemeinen Wohls dies gebieten (BVerwGE 46, 89). Es gehört zur Fürsorgepflicht des Vorgesetzten (§ 10 Abs. 3 SG), eine ordnungsgemäße Durchführung einer Prüfung unter Wahrung der Chancengleichheit aller Prüflinge zu gewährleisten. Deren Verletzung kann der Soldat mit der Beschwerde rügen. Zur Verletzung der Fürsorgepflicht durch Änderung des Prüfungsverfahrens während eines Lehrgangs BVerwGE 46, 160; zur Beschwerde gegen eine Prüfungsordnung vgl. auch BVerwGE 53, 318; zum Anspruch auf ein Leistungszeugnis BVerwGE 53, 314. In diesen Fällen handelt es sich stets um eine der jeweiligen Ausbildungseinrichtung zuzurechnende truppendienstliche Maßnahme, ebenso die Speicherung der in einem Lehrgang erreichten Platzziffer in einer Datei durch den Vorgesetzten (BVerwGE 83, 323 = NZWehr 1988, 33 = NVwZ 1988, 156).

129   **d) Verwendungsentscheidungen.** Ungerecht empfunden Verwendungsentscheidungen des Dienstherrn, insbesondere Kommandierungen und Versetzungen, sind häufig Gegenstand eines Beschwerdeverfahrens (siehe hierzu eingehend mit Nachweisen Scherer/Alff/Poretschkin/Lucks, SG, § 3 Rn. 3 ff.; Eichen in Walz/Eichen/Sohm, SG, § 3 Rn. 60 ff.; Demandt, NZWehr 1983, 1 ff.; zur Konkurrentenklage siehe Rn. 101). Dabei wird von dem Beschwerdeführer oft der Grundsatz verkannt, dass der Soldat keinen Anspruch auf eine bestimmte Verwendung hat. Diesen Anspruch gibt ihm auch die Fürsorgepflicht nicht (BVerwG NZWehr 2003, 120; 2009, 129). Weder kann er beanspruchen, nur auf Dienstposten verwendet zu werden, die im Stellenplan mit einer seinem Dienstgrad und seiner Besoldungsgruppe entsprechenden Planstelle abgedeckt sind (BVerwGE 53, 115 = RiA 1976, 155; BVerwGE 53, 32 f. = NZWehr 1978, 26; siehe jedoch BVerwG NZWehr 1986, 84, 121; 1996, 160), noch gibt ihm der Einsatz auf einem herausgehobenen Dienstposten eine Anwartschaft, auf einer gleichwertigen Stelle weiter eingesetzt zu werden (BVerwG NZWehr 1978, 26; siehe auch BVerwG NZWehr 1994, 26; zur dreijährigen Verwendungszeit eines Soldaten im Ausland siehe BVerwG ZBR 2000, 175; 2004, 265). Ohnehin kann die festgelegte Verwendungsdauer nur dann angefochten werden, wenn die personalbearbeitende Stelle in der angegriffenen Verfügung zugleich eine Verwendungsentscheidung trifft und sich der Soldat auch hiergegen beschwert (BVerwG NZWehr 2004, 161 = ZBR 2003, 320). Ebenso wenig schließt die Eigenschaft als Vertrauensperson die Versetzbarkeit des Soldaten aus (BVerwGE 53, 215) oder seine Stellung als Mitglied einer Kommunalvertretung, als Wahlkampfkandidat (BVerwGE 73, 246 = NZWehr 1982, 154) oder als Ehrenbeamter und stellvertretender Wehrführer der Freiwilligen Feuerwehr (BVerwG NZWehr 1996, 208). Andererseits dürfen auch Soldaten als Mitglieder des Personalrats gegen ihren Willen nur versetzt oder abgeordnet werden, wenn dies auch unter Berücksichtigung der Mitgliedschaft im Personalrat aus wichtigen dienstlichen Gründen unvermeidbar ist (§ 47 Abs. 2 Satz 1 BPersVG; vgl. dazu BVerwG NZWehr 2005, 32); außerdem bedarf es der Zustimmung des Personalrats (§ 47 Abs. 2 Satz 3 BPersVG). Hat ein Soldat als Personalratsmitglied einer Versetzung zugestimmt, kann er seine Zustimmung nach Eröffnung der Versetzungsverfügung nicht mehr widerrufen (BVerwG NZWehr 2000, 161 = ZBR 2000, 307). Zulässig bleibt, bei einer Versetzungsentscheidung zu berücksichtigen, dass der Soldat z. B. Inhaber eines kommunalen Wahlmandats ist (BVerwGE 83, 19 = NZWehr 1986,

73 = RiA 1986, 22; siehe auch BVerwGE 83, 333 = NZWehrr 1989, 78); dieser kann aber nicht verlangen, dass ein Dienstposten freigemacht wird, nur um ihm die weitere Ausübung des Mandats zu ermöglichen (BVerwG NZWehrr 1987, 210; vgl. auch BVerwGE 103, 160 = NZWehrr 1995, 28). Der Soldat hat auch keinen Anspruch darauf, dass für ihn bei Übernahme eines kommunalen Wahlamtes an einem hierfür günstig gelegenen Dienstort ein Dienstposten freigemacht wird (BVerwG ZBR 2000, 183). Hinderungsgründe, die einer Versetzung entgegenstehen können, z. B. Erkrankung eines nahen Familienangehörigen, können unabhängig von der Versetzungsverfügung mit der Beschwerde nicht verbindlich festgestellt werden (BVerwG NZWehrr 2003, 119). Der Soldat hat keinen Anspruch auf eine Promotion an einer UniBw (BVerwGE 73, 182), auch keinen Anspruch darauf, ständig einer einmal erworbenen Befähigung entsprechend verwendet zu werden, z. B. im fliegenden Einsatz; er kann auch keinen Anspruch auf Rückversetzung daraus herleiten, dass der ursprüngliche Dienstposten durch eine Veränderung in der Besoldungsstruktur wesentlich besser dotiert wird als im Zeitpunkt der Wegversetzung. Im Übrigen kann der Antrag auf Rückversetzung nicht mit der Rechtswidrigkeit der – rechtsbeständigen – Versetzung begründet werden (BVerwG aaO). Mit Rücksicht auf Sicherheit u. Ordnung eines Verbandes im Auslandseinsatz darf einem Soldaten die Beendigung seiner Kommandierung abweichend vom Regelfall zunächst nur mündlich bekannt gegeben werden (BVerwG NZWehrr 1998, 204 = ZBR 1998, 429).

Über die Verwendung eines Soldaten entscheidet der zuständige 130 **Vorgesetzte nach Maßgabe des dienstlichen Bedürfnisses nach seinem Ermessen** (BVerwG 1 WB 57/11 vom 28.2.2012, juris Rn. 43; BVerwGE 43, 215, 217; 63, 1, 2; 76, 243; 86, 25 f.; 103, 4 = NZWehrr 1994, 24; 2003, 120; BVerwG RiA 2004, 35). Insbesondere für die Versetzung bedarf es keiner ausdrücklichen gesetzlichen Grundlage; ihre Zulässigkeit ergibt sich unmittelbar aus der Wehrverfassung (BVerwG NZWehrr 1996, 65; a. A. Schmidt-Bremme, NVwZ 1996, 455). Die Versetzungsverfügung verlangt als Erstmaßnahme im Übrigen keine Rechtsbehelfsbelehrung (BVerwG NZWehrr 1998, 120). Auch die rechtliche Bewertung eines Dienstpostens obliegt allein der organisatorischen Gestaltungsfreiheit des BMVg (BVerwG 1 WB 27/99 vom 14.9.1999, juris Rn. 5). Das Ermessen des Disziplinarvorgesetzten ist u. a. durch die „Bestimmungen über die Versetzung, den Dienstpostenwechsel und die Kommandierung von Soldaten" gebunden. Verwendungsentscheidungen können demnach nur daraufhin überprüft werden, ob die gesetzlichen Grenzen des Ermessens überschritten sind oder ob von dem Ermessen in einer dem Zweck der Ermächtigung nicht entsprechenden Weise Gebrauch gemacht worden ist (BVerwGE 53, 95, 96; 63, 210, 212; 73, 51 f.; BVerwG 1 WB 1/96 vom 3.9.1996, juris Rn. 3). Das gilt auch für die Förderung in der Laufbahn (BVerwGE 113, 76 = NZWehrr 1997, 160). In jedem Fall ist auch bei Personalmaßnahmen der Grundsatz der Verhältnismäßigkeit zu beachten (BVerwGE 113, 148 = NZWehrr 1998, 119 = NVwZ 1998, 524 LS). Es steht im Ermessen der zuständigen militärischen Stelle, welchen Soldaten sie für einen bestimmten Dienstposten auswählt (zur Konkurrentenklage siehe Rn. 101). Dabei umfasst der Begriff der Eignung die charakterliche, geistige und körperliche Eignung des Soldaten (BVerwGE 86, 70 = NZWehrr 1989, 255). Die für die militärische Auswahl- und Verwendungsentscheidung wesentlichen Erwägungen sind von der Stelle, die die Auswahlentscheidung trifft (ausnahmsweise auch von der Beschwerdestelle gem. § 9 Abs. 1: BVerwGE 136, 36, 40) so zu dokumentieren, dass sie gerichtlich überprüfbar sind (BVerwGE 133, 13). Der BMVg hält sich in den Grenzen seines Ermessens, wenn er Unteroffiziere, die vor Eintritt in die Bundeswehr die allgemeine Hochschulreife erworben haben, von einer Zulassung in die Laufbahn der Offiziere des Truppendienstes ausschließt (BVerwG NZWehr 2000, 159). Bei einer Auswahlentscheidung unter mehreren Soldaten ist er berechtigt, die Häufigkeit der Standortwechsel und deren Entfernung zueinander als zusätzlich am Leistungsgrundsatz orientiertes Entscheidungskriterium heranzuziehen (BVerwG NZWehr 2003, 120 = ZBR 2004, 260). Er handelt nicht rechtsfehlerhaft, wenn er von einem als Hörfunkredakteur bei einem bundeswehreigenen Rundfunksender eingesetzten Soldaten verlangt, dass er uneingeschränkt auf dem Boden der freiheitlich demokratischen Grundordnung stehen muss; damit verträgt sich die Mitgliedschaft in einer rechtsgerichteten Partei nicht (BVerwGE 111, 22 = NZWehr 2000, 82 m. Anm. Bachmann, S. 83). Der BMVg ist rechtlich nicht verpflichtet, einen Soldaten bei der Besetzung eines höherwertigen Dienstpostens zu berücksichtigen, wenn dieser die hierfür notwendige Vorverwendung mit Rücksicht auf seine Tätigkeit als Personalratsmitglied ablehnt (BVerwG ZBR 2002, 183). Im Übrigen ist das Ermessen der personalbearbeitenden Stelle nicht dadurch eingeschränkt, dass der Soldat auf eine laufbahnorientierte Förderung verzichtet (BVerwG ZBR 2003, 251). Eine Ermessensentscheidung ist dagegen fehlerhaft, wenn die zuständige militärische Stelle von einem falschen Sachverhalt ausgeht. Eine Änderung der Verwendungsplanung kann einem Versetzungsantrag entgegen stehen, wenn sie auf eine vom Soldaten nicht zu vertretende Verzögerung des Abschlusses seines Hochschulstudiums zurückzuführen ist, die einmal bejahte Eignung kann bei unveränderter Sachlage nicht wieder verneint werden (BVerwGE 83, 306). Eine unter Verletzung der Anhörungspflicht vorgenommene Versetzung oder Kommandierung ist stets fehlerhaft (BVerwGE 113, 112 = NZWehr 1997, 252 = NVwZ 1998, 405).

131   **Dagegen ist das dienstliche Bedürfnis** als unbestimmter Rechtsbegriff auch von den Wehrdienstgerichten voll nachprüfbar (BVerwGE 43, 215, 217; 103, 4 = NZWehr 1994, 24, vgl. auch BVerwGE 76, 255; 83, 107 = NZWehr 1986, 156, 173 LS; BVerwG NZWehr 1997, 114; RiA 2000, 85); zur Nachprüfung mangelnder Eignung oder Leistung siehe BVerwGE 83, 251 = NZWehr 1987, 162). Ein dienstliches Bedürfnis für die Versetzung eines Soldaten nur deswegen, weil er im Verdacht steht, eine Straftat oder ein Dienstvergehen begangen zu haben, ist nur unter besonderen Voraussetzungen gerechtfertigt (BVerwGE 46, 353; siehe aber BVerwGE 53, 208; 83, 200). Auch eine rechtmäßige politische Meinungsäußerung ist nur ausnahmsweise ein dienstlicher Grund für eine Versetzung (BVerwGE 46, 175). Andererseits können Spannungen zwischen Angehörigen einer Dienststelle ein dienstliches Bedürfnis für den Dienstpostenwechsel eines Beteiligten abgeben (BVerwG NZWehr 1973, 192). Auch das Gebot funktionsgerechter Besoldung i. S. des § 18 BBesG kann ein dienstliches Bedürfnis für eine Versetzung ergeben. Für eine Versetzung besteht ein dienstliches Bedürfnis, wenn ein Dienstposten freigemacht werden soll, um einen zur Beförderung anstehenden Soldaten befördern zu können (BVerwG NZWehr 1994, 26 LS; 1 WB 37/01 vom 30.8.2001, juris Rn. 8). Wenn ein ausreichendes dienstliches Bedürfnis für die Wegversetzung des Soldaten bestand, ist es nicht erforderlich, dass es auch für die Zuversetzung besteht (BVerwG NZWehr 1986, 84

LS). Zur Entscheidung über die Verwendung eines BtlKdrs. siehe BVerwG I WB 111/78 vom 17.7.1979, juris Rn. 11; zur Versetzung im Wege des Tausches BVerwGE 83, 44.

Ist eine Versetzungsverfügung angefochten, ergreift die Beschwerde grund- **132** sätzlich sowohl die Wegversetzung wie die Zuversetzung (siehe ausführlich BVerwG I WB 4/71 vom 18.4.1972, juris LS; BVerwGE 43, 342; 76, 255; 1 WB 37/01 vom 30.8.2002, juris Rn. 6; BVerwG ZBR 2004, 265 sowie Demandt, NZWehr 1983, 1). Nur in den Fällen, in denen sich der Soldat mit der Verwendung in der neuen Dienststelle abgefunden hat, ist es zulässig, nur über die Wegversetzung zu befinden (BVerwGE 43, 342). Die Grundsätze über die Nachprüfbarkeit einer Versetzung gelten auch, wenn mit ihr die Ablösung von einer Auslandsverwendung verbunden ist (BVerwGE 53, 280). Hat der Soldat seine Versetzung angefochten, braucht er sich nicht auch gegen seine Weiterversetzung zu beschweren, weil er davon ausgehen darf, dass sie ihre Rechtsgrundlage verliert, wenn die erste Versetzung aufgehoben wird (BVerwG 1 WB 38/82 vom 9.11.1983, juris Rn. 10). Zur fiktiven Versetzung eines vom Dienst freigestellten Personalratsmitglieds auf einen höherwertigen Dienstposten siehe BVerwGE 93, 188 = ZBR 1992, 177; 1 WB 23/97 vom 29.7.1997, juris Rn. 5; zur Versetzung auf einen höherwertigen Dienstposten allgemein: BVerwGE 86, 25. Die Bekanntgabe der voraussichtlichen Verweildauer in einer Versetzungsverfügung ist nicht beschwerdefähig (BVerwG NZWehr 1991, 161). Bei der Entscheidung über die Verwendung eines Soldaten hat der zuständige Vorgesetzte die **persönlichen und familiären Interessen** des Soldaten aus Fürsorgegesichtspunkten angemessen zu berücksichtigen, darf aber von dem Grundsatz der jederzeitigen Versetzbarkeit eines Berufssoldaten ausgehen (BVerwGE 53, 95; 43, 215; 63, 96; 33, 150, 151). Mit der Verpflichtung zur jederzeitigen Versetzbarkeit muss es der Soldat hinnehmen, wenn durch die Versetzung auch die Interessen seiner berufstätigen Ehefrau berührt werden (BVerwG 1 WB 97/79 vom 12.3.1980, juris LS), insbesondere kann er sich nicht auf die Ausübung eigener Erwerbstätigkeit der Ehefrau berufen (BVerwGE 53, 95; 73, 51; BVerwG NZWehr 1978, 151); auch nicht auf ihren Gesundheitszustand (BVerwG 1 WB 44.94 vom 9.11.1994; siehe jedoch einschränkend BVerwG NZWehr 1996, 253 = ZBR 1996, 395 bei Selbstbindung des BMVg durch die „Bestimmungen über die Versetzung, den Dienstpostenwechsel und die Kommandierung von Soldaten"). Für einen Widerstand gegen die Versetzung ist es unerheblich, dass die Ehefrau des Soldaten für eine minderjährige Schwester sorgen muss, unerheblich auch, dass der 80-jährige Schwiegervater von der Ehefrau des Soldaten gepflegt werden muss, ebenso wenig die schulische Situation der Kinder oder die Pflegebedürftigkeit und Umzugsunwilligkeit der Mutter des Soldaten oder grundsätzliche Schwierigkeiten der Ehefrau. Die gleichen Grundsätze gelten für die Berufstätigkeit der Braut des Soldaten, die mit ihm in einem gemeinsamen Hausstand lebt (BVerwG 1 WB 102/78 vom 16.1.1980, juris LS). Auch der Umstand, dass die allein sorgeberechtigte Mutter nach Scheidung der Ehe den Aufenthalt des Kindes bestimmt, kann die örtliche Verwendungsmöglichkeit des Soldaten grundsätzlich nicht einschränken. Die Führung eines eigenen Gewerbetriebes durch den Soldaten oder das Eigenheim am alten Standort haben auf die Verwendungsentscheidung keinen Einfluss (BVerwG RiA 1982, 50; ZBR 1982, 222; BVerwGE 63, 210, 215), auch nicht, dass kein Sozialplan nach Umgliederung oder Auflösung der Dienststelle vorlag (BVerwG NZWehr 1980, 65). Der Soldat hat auch keinen Anspruch darauf, lediglich in einem Standort verwendet zu werden, in dem eine seinem Glaubensbekenntnis entsprechende Glaubensgemeinschaft vorhanden ist (BVerwG NZWehr 1980, 65). Die Versetzung eines Soldaten verletzt insbesondere nicht sein Persönlichkeitsrecht, wenn er als Folge ein Ehrenamt nicht mehr ausüben kann (BVerwG NZWehr 1996, 208).

133   Anfechtbare Verwendungsentscheidungen sind u. a. die Ablehnung eines Gesuches auf Kommandierung, ferner die Umsetzung des Soldaten von einer Ausbildungsreihe in die andere, Aufhebung der Zuordnung zu einem Verwendungsbereich, das Ersuchen, nach erwiesener Bewährung sich erneut einem Auswahlverfahren für höhere Dienstposten zu stellen (BVerwGE 103, 134 = NZWehr 1995, 29; vgl. auch ebenda S. 159), die Verwendung des Soldaten im BND (BVerwG NZWehr 1979, 154), die Entscheidung über die Zulassung zur Laufbahn der Offiziere des Truppendienstes (BVerwG 1 WB 2/07 vom 29.1.2008, juris Rn. 21; hierzu siehe auch BVerwGE 83, 262), die Zulassung von Soldaten auf Zeit zum Stabsoffiziergrundlehrgang an der FüAkBw (BVerwGE 53, 128; vgl. auch BVerwGE 53, 241), die Entscheidung über einen Laufbahnwechsel, die Entscheidung über die Zulassung zur Laufbahn des militärfachlichen Dienstes (BVerwG NZWehr 1977, 185), die Ablösung von einer militärfachlichen Ausbildung (BVerwGE 83, 189), der Ausschluss von weiterer Förderung (BVerwGE 86, 169), die Eingliederung in eine bestimmte Crew, die Überführung eines Soldaten auf Zeit von der Laufbahn der Offiziere des Truppendienstes in die Laufbahn der Offiziere des militärfachlichen Dienstes (BVerwG NZWehr 1977, 185), Einordnung in eine Wertungsliste (BVerwGE 46, 235 ff.), die Feststellung eines Sicherheitsrisikos nach einer Sicherheitsüberprüfung (BVerwGE 86, 166 = NZWehr 1990, 32 m. Anm. Alff; BVerwG NZWehr 1999, 36; 2003, 34).

134   **2.1.3 Dienstliche Beurteilungen. a) Vorbemerkung.** Mit Art. 5 Nr. 2 WehrRÄndG 2008 ist das früher bestehende Verbot, dienstliche Beurteilungen zum Gegenstand einer Beschwerde zu machen (§ 1 Abs. 3 a. F.) aufgehoben worden. Damit hat der Gesetzgeber die Konsequenz aus der Einsicht gezogen, dass dem Soldaten schon mit Rücksicht auf die Rechtsschutzgarantie des Art. 19 Abs. 4 GG ein Beschwerderecht zustehen muss, zumal wenn die Beurteilung Rechte verletzt, die ihm in Bezug auf die Erstellung von Beurteilungen eingeräumt sind (so zuletzt BVerwG NZWehr 1999, 204 m. Nachw. seiner stRspr).

135   Die dienstliche Beurteilung ist eine mit der Beschwerde anfechtbare Maßnahme (zur dienstlichen Beurteilung der Soldaten siehe ausführlich Bieler/Lorse, Rn. 415 ff.). Wird sie nicht angefochten, erwächst sie in Bestandskraft; danach kann der Soldat nur unter den Voraussetzungen des § 51 VwVfG ihre Änderung oder Aufhebung beanspruchen (BVerwG NZWehr 2011, 36). Arten der Beurteilung sind die planmäßige Beurteilung, die Laufbahnbeurteilung, die Beurteilung bei Eignungsübungen und bei Wehrübungen (vgl. auch Scherer/Alff/Poretschkin/Lucks, SG, § 3 Rn. 23; Eichen in Walz/Eichen/Sohm, SG, § 3 Rn. 49 fff; Bieler/Lorse, Rn. 436 ff.). Selbstständig und in gleichem Umfang anfechtbar wie die Beurteilung sind auch die hierzu abgegebenen Stellungnahmen höherer Vorgesetzter (BVerwGE 53, 361; 63, 3 = DÖV 1978, 623 LS; BVerwGE 73, 330 = ZBR 1982, 224 LS; BVerwGE 86, 59 = NZWehr 1989, 200; BVerwGE 86, 201; 93, 279 = NZWehr 1992, 255; BVerwG NZWehr 1994, 165 = ZBR 1994, 279; BVerwG NZWehr 2000, 160 = ZBR 2000, 177 LS; BVerwG ZBR 2000, 249, 250 =

RiA 2001, 92), wenn sie sich z. B. nicht auf den Beurteilungszeitraum beziehen (BVerwG RiA 1983, 20). Eine Beschwerde gegen eine dienstliche Beurteilung erstreckt sich jedoch auch auf Änderungen, die der stellungnehmende Vorgesetzte während des Beschwerdeverfahrens zum Nachteil des Beschwerdeführers vornimmt, eines neuen Beschwerdeverfahrens bedarf es daher insoweit nicht (BVerwG NZWehrr 2010, 82, 83). Keine Beurteilung im Rechtssinne, aber eine gleichwohl anfechtbare Maßnahme des Vorgesetzten, sind die Dienstzeitbescheinigung und das Dienstzeugnis (§ 32 SG). Auch die Feststellung eines bestimmten fremdsprachlichen Leistungsstandards ist als unrichtige Behandlung in Form einer Maßnahme des Vorgesetzten anfechtbar.

b) Umfang und Grenzen der Nachprüfung. aa) Beurteilungstatsa- 136 **chen.** Die dienstliche Beurteilung ist mit der Beschwerde nur daraufhin überprüfbar, ob sie den Beschwerdeführer in seinen Rechten verletzt (Rn. 143). Sie enthält ein Urteil über die dienstlichen Leistungen des Soldaten, seine Befähigung, Verwendbarkeit sowie über die persönlichen Eigenschaften wie Charakter, Intelligenz, körperliche und geistige Leistungsfähigkeit. Die Beurteilung beruht auf einem persönlichkeitsbezogenen, wertenden Urteil des Vorgesetzten (Oetting, Beschwerderecht, S. 52; BVerwGE 63, 3, 5; 73, 308 = ZBR 1983, 135), der darin seinen persönlichen, von anderen nicht nachvollziehbaren Eindruck von der Gesamtpersönlichkeit des Soldaten wiedergibt (BVerwGE 83, 113 = NZWehrr 1988, 158, 159 = DVBl 1986, 942). Die Festsetzung von Richtwerten, verbunden mit allgemeinen Hinweisen zur Maßstabfindung berühren dabei die Beurteilungsfreiheit des Beurteilers nicht (BVerwG ZBR 2002, 133). Die Wertung der Persönlichkeit, der Eignung und Leistung des Beurteilten im Hinblick auf die an einen Soldaten allgemein, an eine bestimmte Personengruppe oder an eine bestimmte Verwendung zu stellenden Anforderungen sind einer Überprüfung im Wege der Beschwerde entzogen (vgl. auch BDH NZWehrr 1967, 24; BVerwGE 86, 59 = NZWehrr 1989, 200; Horstmann, TP 1969, 334; vgl. auch Lingens, TP 1984, 728; allgemein Heller, TP 1991, 577; Gronimus, DÖD 1985, 272). Ist der Soldat z. B. mit „3" beurteilt, kann er sich nicht mit der ausschließlichen Begründung gegen die Beurteilung wenden, er halte sich für einen mit „5" zu beurteilenden Soldaten. Ebenso ist die Aussage einer Beurteilung unanfechtbar, der Soldat habe keine Eignung zum Stabsoffizier. Der geistige Beurteilungsvorgang, die Summierung von Einzeleindrücken, die letztlich das Beurteilungsergebnis bestimmen, ist – auch unter Zweckmäßigkeitsgesichtspunkten – grundsätzlich einer beschwerderechtlichen Überprüfung nicht zugänglich. Einer Kontrolle entzogen ist daher das eigentliche in der Beurteilung liegende **Werturteil,** soweit dieses Ausdruck der Einschätzung des Soldaten durch den Beurteilenden ist (BVerwG 1 WB 181/88 vom 14.2.1990, juris Rn. 4).

Da die Anfechtung einer Beurteilung aus Zweckmäßigkeitsgründen aus- 137 geschlossen ist, sind die Voraussetzungen der Beschwerde gegen eine Beurteilung und diejenigen eines Antrags auf gerichtliche Entscheidung (§ 17) in einem wesentlichen Punkt gleich. Beide Rechtsbehelfe sind nur zulässig, wenn der Beschwerdeführer die Rechtswidrigkeit einer Maßnahme (Beurteilung) rügt (vgl. auch BDHE 7, 169, 171 = NZWehrr 1964, 166; BVerwG Dok. Berichte 1969 Nr. 23 S. 3613). Entsprechend der Regelung des § 17 Abs. 3 ist eine Beurteilung dem gemäß auch dahin überprüfbar, ob sie eine Rechtsverletzung durch Überschreitung oder Missbrauch dienstlicher Befugnisse enthält (vgl. auch BVerwGE 63, 3, 5). Dabei liegt die Überprüfung der Beurteilung auf ihre Rechtmäßigkeit nicht im Nachvollzug des eigentlichen Beurteilungsvorganges, sondern erstreckt sich auf die Art und Weise, in der die Beurteilung zustande gekommen ist. Überprüfbar ist daher auch, ob die Einschätzung des Beschwerdeführers durch den Beurteilenden auf sachlichen Erwägungen und zulässig verwertbaren Erkenntnissen beruht (vgl. auch BVerwG NZWehr 1999, 204 = ZBR 1999, 348). Für eine ausdrückliche Feststellung, dass die Beurteilung in rechtswidriger Weise zustande gekommen ist, bedarf es eines berechtigten Interesses.

138   Es ist nachprüfbar, ob der Beurteilende bei seiner Beurteilung den gesetzlichen Rahmen, in dem er sich frei bewegen kann, verkannt hat, ob er von einem unrichtigen Sachverhalt ausgegangen ist oder ob er allgemein gültige Wertmaßstäbe außer acht gelassen oder sachfremde Erwägungen angestellt hat (BVerwG ZBR 1965, 358; BVerwGE 63, 3; TDG Nord NZWehr 1977, 226). Nur insoweit ist auch eine Würdigung der Beurteilungstatsachen zulässig. Allein mit der Behauptung, dass diese oder jene Tatsache nicht geeignet sei, Grundlage einer Beurteilung zu werden, kann der Beschwerdeführer nicht gehört werden. Nicht überprüfbar ist, wieweit der Vorgesetzte auf frühere Beurteilungen zurückgreifen kann, um die Entwicklung des Beurteilten und seine Eignung für frühere Verwendungen darzustellen (BVerwG 1 WB 49/80 vom 11.11.1980). Die Aufnahme offensichtlich unrichtiger Angaben, wie z.B. eine Personenverwechslung, kann dagegen mit der Beschwerde gerügt werden. Eine Beurteilung ist auf Beschwerde aufzuheben, wenn ihr der beurteilende Vorgesetzte Beobachtungen, Erfahrungen oder Erkenntnisse zugrunde gelegt hat, die außerhalb des Beurteilungszeitraumes gesammelt worden sind. Beurteilungen, die mehrere Soldaten nahezu wörtlich übereinstimmend bewerten, verstoßen gegen allgemeine Beurteilungsgrundsätze, insbesondere das Differenzierungsgebot (BVerwG NVwZ-RR 2000, 441).

139   **bb) Einhalten gesetzlicher Verfahrensvorschriften.** Das Zustandekommen einer Beurteilung kann durch die Verletzung solcher Rechte beeinträchtigt sein, die dem Soldaten durch Gesetz oder allgemeine Verwaltungsvorschriften förmlich zugestanden sind (BDHE 5, 221 = NZWehr 1961, 127; BDHE 7, 176, 178 = MDR 1966, 65; BDH NZWehr 1967, 24 ff.; BVerwG NZWehr 1999, 204 = ZBR 1999, 348; siehe auch Horstmann, TP 1969, 334, 335, Fn. 9).

140   **Die grundlegende Verfahrensvorschrift für die Beurteilung** ist § 2 Abs. 1 SLV i. Vbg. m. den „Bestimmungen über die Beurteilungen der Soldatinnen und Soldaten der Bundeswehr". Sie sind für den Soldaten eine formale Garantie für eine gerechte Beurteilungsentscheidung und begründen bei einem Verstoß hiergegen ein Beschwerderecht. Die Nichtbeachtung der Verfahrensvorschriften ist allein mit dem Hinweis auf die möglicherweise materielle Berechtigung der Beurteilung und der auf ihr beruhenden personellen Maßnahmen nicht geheilt.

141   Ein wichtiger Verfahrensgrundsatz bei der Erstellung einer Beurteilung ist, dass der Soldat vor Aufnahme von Aussagen, Behauptungen oder Wertungen in eine Beurteilung, die ihm ungünstig sind oder ihm nachteilig werden können, anzuhören ist (§ 29 Abs. 5 SG; vgl. auch Vogelgesang, GKÖD, Yk § 29 Rn. 1 und BVerwG NZWehr 1976, 72). Anzuhören ist er auch vor Aufnahme dieser Angaben in eine Stellungnahme zur Gegenvorstellung gegen die Beurteilung (BVerwGE 43, 255 = NZWehrr 1972, 225; siehe auch BVerwG ZBR 2001, 249). **Die Anhörung** ist Bestandteil des rechtlichen Gehörs i. S. des § 29 Abs. 5 SG. Sie ist integrierter Bestandteil der Beurteilung (BDHE 7, 169, 171 = NZWehrr 1964, 166, 167; BVerwG NZWehrr 1976, 72). Sie soll dem Beurteilenden die Möglichkeit geben, die Beurteilungstatsache unter Berücksichtigung aller möglichen Gegenvorstellungen des Anzuhörenden zu überprüfen. Eine Bindung an frühere Beurteilungen besteht nicht (BVerwG 1 WB 2/79 vom 29.7.1980, juris Rn. 11). Die Pflicht zur Anhörung trifft den Beurteilenden; das Wehrdienstgericht kann dem Soldaten nicht nachträglich rechtliches Gehör gewähren (BDH aaO).

Auch nach Abschluss des Beurteilungsverfahrens neu eingeholte Stellung- **142** nahmen sind zu eröffnen, vor allem, wenn der Beurteilte Gegenvorstellungen erhoben hat (BVerwGE 43, 38 = RiA 1970, 79). Andernfalls hat der Beurteilte ein Beschwerderecht. Auch zu einem Beurteilungsbeitrag ist der Soldat anzuhören (so zu Recht Lingens, FS Dau, S. 145, 148), ebenso zu vorbereitenden Beurteilungsnotizen, wenn sie mit dem Willen ihres Verfassers Dritten zur Kenntnis gelangen (BVerwGE 33, 183 = NZWehrr 1969, 60; vgl. BVerwG ZBR 2001, 249). Die Anhörung kann, sofern nicht besondere Umstände hinzutreten, nicht selbstständig angefochten werden (BVerwG NZWehrr 1976, 72). Sie kann auch nicht für sich allein nachgeholt werden (BVerwGE 43, 255 = NZWehrr 1972, 225; vgl. auch Scherer/Alff/Poretsch-kin/Lucks, SG, § 3 Rn. 24).

Der Soldat hat einen mit der Beschwerde durchsetzbaren gesetzli- 143 chen Anspruch, dass ihm die Beurteilung in ihrem vollen Wortlaut zu eröffnen und mit ihm zu besprechen ist (§ 2 Abs. 10 SLV). Eröffnen bedeutet, dass der beurteilende Vorgesetzte dem Soldaten in vollem Umfang Einsicht in die Beurteilung gewähren muss, so dass der Beurteilte ihm angreifbar erscheinende Punkte in geeigneter Form in einer Gegenvorstellung widerlegen kann (Scherer/Alff/Poretschkin/Lücks, SG, § 3 Rn. 25). Eröffnungspflichtig ist nur der beurteilende Vorgesetzte, nicht die höheren Vorgesetzten oder personalbearbeitenden Dienststellen (Horstmann, TP 1969, 334, 338). Nach der Eröffnung darf die Beurteilung – auch mit Zustimmung des Beurteilten – nicht mehr geändert werden; unberührt bleibt die Berichtigung von Schreibfehlern und offenbaren Unrichtigkeiten. Eine gleichwohl vorgenommene sachliche Änderung begründet eine Beschwerde. Ist die Eröffnung unterblieben, berührt sie im Gegensatz zu einer unterlassenen Anhörung den Inhalt der Beurteilung nicht. Ein Anspruch, die unterbliebene Eröffnung nachzuholen, besteht nicht (BVerwGE 93, 174 = NZWehrr 1992, 164).

Der Soldat kann jederzeit Einsicht in seine vollständigen Personal- 144 akten, also auch in seine Beurteilungen, verlangen (§ 29 Abs. 7 SG). Im Fall der Ablehnung kann der Anspruch mit der Beschwerde durchgesetzt werden (BDHE 5, 221 = NZWehrr 1961, 127; BVerwGE 93, 28 = NZWehrr 1991, 158).

Bei einem Verstoß gegen das Benachteiligungsverbot im Zusammen- **145** hang mit dem Erstellen einer Beurteilung ist diese aufzuheben (vgl. BDHE 7, 169, 170 = NZWehrr 1964, 166, 167). Nur Maßregelungen und Benachteiligungen in Bezug auf konkrete Beurteilungen sind unzulässig (BDH aaO und NZWehrr 1967, 24 f.). Daher ist eine Beurteilung aufzuheben, die die Sätze enthält: „In der Wahrung seiner Rechte unnachgiebig. Die Kritikfähigkeit ist stärker ausgebildet als die Selbstkritik. Etwas mehr Verbindlichkeit bei Meinungsverschiedenheiten würden ihm (dem Beurteilten) und seinen Vorgesetzten den Dienst erleichtern" (BVerwG Dok. Berichte 1969 Nr. 24 S. 3613). Die Verwertung von Eindrücken und Schlussfolgerungen, die sich aus der Rechtsverfolgung durch den Beurteilten allgemein ergeben, ist dagegen zulässig (Horstmann, TP 1969, 334, 339). Folgende Bemerkungen brauchen daher nicht zur Aufhebung der Beurteilung zu führen: „Fühlt sich ungerecht behandelt, aus diesem Gefühl glaubt er, auf Maßnahmen und Beschwerden nicht verzichten zu können und hat dabei eine unglückliche Hand" (BDHE 7, 169 = NZWehrr 1964, 166).

146 Erst recht ist die Verwertung von offenkundig querulatorischen, bewusst unwahren, unzulässigen oder beleidigenden Beschwerden in einer Beurteilung nicht ausgeschlossen. Als zulässig anzusehen wäre daher die Bemerkung: „Hat in einer Beschwerde durch ungehörige und beleidigende Äußerungen Takt, Achtung vor Vorgesetzten und Kameradschaftlichkeit vermissen lassen" (Beispiel nach Horstmann, TP 1969, 334, 339).

147 **cc) Beachtung der Beurteilungsbestimmungen.** Die Bestimmungen über die Beurteilungen der Soldatinnen und Soldaten der Bundeswehr enthalten neben den gesetzlichen Garantien eine zusätzliche Sicherung gegen unrechtmäßige Beurteilungen (vgl. BDHE 5, 221 = NZWehrr 1961, 127; BDHGE 7, 176, 178 = MDR 1966, 65; teilweise werden diese zusätzlichen Garantien schon aus dem Wesen der Beurteilung entnommen; vgl. BDH NZWehrr 1967, 24; zum Ganzen Horstmann, TP 1969, 334 Fn 47). Zu beachten ist, dass der Soldat nur durch einen bestimmten Beurteilungsvorgang, nicht schon durch die Beurteilungsbestimmungen als solche beschwert sein kann. Die Tatsache, dass während des Beurteilungszeitraums keine Beurteilungsgespräche stattgefunden haben, führt allein nicht zur Rechtswidrigkeit der Beurteilung (BVerwG ZBR 2012, 286 LS). **Die Beurteilungsbestimmungen schreiben vor, dass der nächsthöhere Vorgesetzte die Beurteilung zu erstellen hat, wenn begründete Zweifel an der Unbefangenheit des beurteilenden Vorgesetzten bestehen** (BVerwGE 86, 59 = NZWehrr 1989, 200). Bedenken an der Unbefangenheit des beurteilenden Vorgesetzten sind begründet, wenn vom Standpunkt des Beurteilten Gründe vorliegen, die ihn ernsthaft an der Unbefangenheit des Beurteilenden zweifeln lassen und dies für einen neutralen Beobachter verständlich und nachvollziehbar ist. Diese Zweifel können sich ergeben, wenn zwischen Beurteilendem und Beurteiltem besondere Beziehungen bestehen, die weit über das dienstliche Verhältnis hinausgehen, z. B. Verwandtschaft, Freundschaft, Rechtsstreit, privates Zerwürfnis. Fortdauernde dienstliche oder persönliche Spannungen, abfällige Bemerkungen sowie bewusste Benachteiligungen in dienstlichen Angelegenheiten können zur Ablehnung wegen Befangenheit ausreichen und damit eine Beschwerde begründen. Hat sich ein Beurteilender beispielsweise in einer Beurteilung zunächst auf eine unzulässige Erwägung festgelegt, kann der Eindruck entstehen, er sei bei einer späteren Korrektur unter Aufrechterhaltung der Gesamtwertung nicht unbefangen gewesen (BVerwGE 53, 361). Auch darf ein Vorgesetzter den Beurteilungsbeitrag eines anderen Vorgesetzten, gegen den sich die Besorgnis der Befangenheit richtet, nicht ungeprüft seiner Beurteilung zugrunde legen, weil er sich sonst ebenfalls dem Vorwurf der Befangenheit aussetzte (BVerwG ZBR 1980, 290). Wenn dagegen der Vorgesetzte bei einem Personalgespräch dem Soldaten seine Auffassung darüber zum Ausdruck bringt, welche Verwendungsmöglichkeiten er für ihn sieht, ist die Besorgnis der Befangenheit noch nicht begründet. Dass der Beurteilte selbst durch sein Verhalten die Unbefangenheit des Beurteilenden ihm gegenüber beeinträchtigt hat, ist ohne Bedeutung (BDHE 5, 221 = NZWehr 1961, 127). Es kommt nicht darauf an, ob sich der Beurteilende selbst für unbefangen hält. Dagegen kann eine Befangenheit des beurteilenden Vorgesetzten niemals aus einem Verhalten hergeleitet werden, das mit seinen Erziehungs- und Führungsaufgaben in Zusammenhang steht, also z. B. aus Vorhaltungen, Rügen, dem Verhängen Erzieherischer Maßnahmen oder Disziplinarmaßnahmen (BDHE 5, 221 = 1961, 127; BVerwG NZWehr 1980, 146 = ZBR 1980, 290; BVerwG NZWehr 1999, 204 = ZBR 1999, 348); ebenso wenig liegt Befangenheit vor, wenn die Beurteilung ungünstig ausgefallen ist oder sich gegenüber früheren Beurteilungen erheblich verschlechtert hat oder wenn der beurteilende Vorgesetzte mit seinem Vorgesetzten ein informelles Gespräch führt, um sich Hinweise für eine sachgerechte, widerspruchsfreie Neufassung einer bereits wiederholt aufgehobenen Beurteilung zu holen (BVerwGE 86, 59 = NZWehr 1989, 200). Ob Befangenheit des beurteilenden Vorgesetzten vorliegt, richtet sich nach dem Zeitpunkt, für den die Beurteilung gelten soll (BDHE 5, 221 = NZWehr 1961, 127).

148 Die Beschwerde wegen Befangenheit des Vorgesetzten kann nicht schon vor dem Erstellen der Beurteilung eingelegt werden, weil es an einer Beschwer fehlt. Sie ist erst zulässig, wenn der Beschwerdeführer vorbringt, die Befangenheit habe die Beurteilung in einem für ihn negativen Sinn beeinflusst. Eine gesonderte Entscheidung über die Befangenheit des beurteilenden Vorgesetzten kann im Übrigen nur bis zur Eröffnung der Beurteilung verlangt werden, andernfalls fehlt es am Rechtsschutzbedürfnis (BVerwG NZWehr 1996, 67). Die Entscheidung über die Besorgnis der Befangenheit nach ZDv A-1340/50 ist keine selbständig anfechtbare Maßnahme (BVerwG 1 WB 49/13 vom 25.9.2014, juris Rn. 24). **Ein Verstoß gegen die Zuständigkeitsvorschriften für Beurteilungen** (ZDv A-1340/50; in Schnell/Ebert C 07) demgegenüber ist mit der Beschwerde anfechtbar (zur Beurteilung der Vertrauensperson siehe BVerwGE 93, 281).

149 **Eine Beschwerde ist gleichermaßen statthaft, wenn die Beurteilung den Erfordernissen der Klarheit widerspricht** (vgl. BDH NZWehr 1967, 24, 25). Die Beurteilung darf in ihrer Ausdrucksweise keinen Zweifel bestehen lassen; sie muss in sich verständlich, logisch, frei von Widersprüchen sein (BVerwG ZBR 2005, 313; vgl. auch Horstmann, TP 1969, 334, 339). Begleitschreiben z. B. können zu ihrer Interpretation nicht herangezogen werden. Die Eignung zum nächsthöheren Dienstgrad muss deutlich aufgezeigt werden. Dem Soldaten die Eignung nur deshalb abzusprechen, weil sein Dienstende bevorsteht, reicht nicht aus.

150 **c) Rechtsfolgen.** Auf die Beschwerde gegen eine Beurteilung ist diese aufzuheben, wenn sie auf dem angefochtenen Verfahrensfehler beruht; die Beurteilung muss bei Beachtung aller gesetzlichen und Verfahrensvorschriften in sich stimmig sein. Das ist nicht mehr der Fall, wenn ein beliebiger Teil als rechtswidrig erkannt und trotz untrennbaren Zusammenhangs für sich allein aufgehoben würde, der übrige Teil aber unverändert aufrechterhalten bliebe (BVerwG 1 WB 50/81 vom 10.8.1983, juris Rn. 20). Durch die Aufhebung der Beurteilung muss klargestellt werden, dass es sich nicht nur um das bloße

Nachholen eines Versäumnisses handelt, sondern um eine neue Beurteilung, nachdem die erste Beurteilung fehlerhaft zustande gekommen war (BDHE 7, 169, 171 = NZWehrr 1964, 166). Zur Aufhebung einer Beurteilung im Wege der Dienstaufsicht siehe BVerwGE 83, 113 = NZWehrr 1986, 158 = DVBl 1986, 942; BVerwGE 113, 1). Gegen die Aufhebung seiner Beurteilung kann der Soldat mit einem Anfechtungsantrag vorgehen (BVerwG 1 WB 10.00 vom 17.2.2000, juris Rn. 5). Lehnt es die personalbearbeitende Stelle ab, eine aufgehobene planmäßige Beurteilung neu zu erstellen, kann der Soldat auch diese Entscheidung mit der Beschwerde rügen (BVerwG 1 WB 86.96 vom 14.1.1997, juris Rn. 7).

151   **2.1.4 Handeln auf Befehl. a) Vorbemerkung.** Das Handeln eines militärischen Vorgesetzten äußert sich für den Untergebenen am nachdrücklichsten und folgenreichsten im Befehl. Die Beurteilung einer Beschwerde gegen einen Befehl setzt daher das Verständnis für die Grundlagen des Befehlsgebungsrechts und den Umfang der Gehorsamspflicht voraus. Dabei kommt der Darstellung von der Fehlerhaftigkeit militärischer Befehle besondere Bedeutung zu, weil sie die Voraussetzungen aufzeigt, unter denen ein Befehl eine unrichtige Behandlung für den Soldaten ist. Die unrichtige Behandlung kann durch einen unzweckmäßigen, durch einen rechtswidrigen, gleichwohl verbindlichen oder durch einen rechtswidrigen und unverbindlichen Befehl vorgenommen werden. Den weiten Verästelungen in der Lehre von Befehl und Gehorsam braucht dabei im Einzelnen nicht nachgegangen zu werden. Für ihre Bedeutung im Wehrbeschwerderecht genügt es, sie in ihren Grundzügen aufzuzeigen und in ihrer Beziehung zum Rechtsschutz des Soldaten einsichtig zu machen (kritisch zum Befehlsrecht Poretschkin, NZWehrr 2007, 138).

152   **b) Befehlsbegriff.** Nach der Legaldefinition des § 2 Nr. 2 WStG ist ein Befehl eine Anweisung zu einem bestimmten Verhalten, die ein militärischer Vorgesetzter einem Untergebenen allgemein oder für den Einzelfall mit dem Anspruch auf Gehorsam erteilt (BVerwG NZWehrr 2008, 76, 77 m. w. Nachw. aus der Rspr.). Der Befehlsbegriff des WStG gilt im gesamten Wehrrecht (BVerwG NJW 2006, 77, 80; NZWehrr 2006, 247; 2009, 119, 120; Vogelgesang, GKÖD Yk, § 10 Rn. 11 f.; vgl. auch Sohm in Walz/Eichen/Sohm, SG, § 10 Rn. 48), damit auch für das Wehrbeschwerderecht. Fehlt eine der in § 2 Nr. 2 WStG genannten Voraussetzungen, handelt es sich nicht um einen Befehl. Damit scheiden als militärische Befehle aus:

– Anordnungen, die von jemandem erteilt werden, der nicht militärischer Vorgesetzter nach der VorgV ist. Hierzu gehören Anordnungen eines Beamten, der auf Grund seiner Dienststellung gegenüber Soldaten weisungsbefugt ist (z. B. der Präsident des Bundesamtes für Ausrüstung, Informationstechnik und Nutzung; siehe auch § 11 Abs. 3 SG);

– Anordnungen, die zwar von einem militärischen Vorgesetzten ausgehen, sich aber nicht an (militärische) Untergebene richten. Hierzu gehören z. B. Anordnungen des Leiters einer militärischen Dienststelle an Beamte seiner Dienststelle;

– Anordnungen, die ohne Anspruch auf Gehorsam erteilt werden. Sie sind selbst dann keine Befehle, wenn sie von einem militärischen Vorgesetzten herrühren, sich an Soldaten richten und als Befehle bezeichnet werden. Hierzu gehören z. B. die sog. Tagesbefehle zum Jahreswechsel, ferner An-

ordnungen, die nur Empfehlungen, Bitten, einen Rat, eine Belehrung oder bloße Richtlinien darstellen (Erbs/Kohlhaas/Dau, WStG, § 2 Rn. 7; Lingens/Korte, WStG, § 2 Rn. 8 ff.; Scherer/Alff/Poretschkin/Lucks, SG, § 10 Rn. 41; auch BVerwG NZWehrr 1984, 118; NZWehrr 2007, 79);
– Anordnungen, die nach ihrem sachlichen Gehalt von Untergebenen kein Verhalten fordern, das sich als eine Konkretisierung der durch das Wehrdienstverhältnis begründeten soldatischen Pflichten darstellt. Hierzu gehören z. B. Erlasse, die die Begründung, Umwandlung und Beendigung des Wehrdienstverhältnisses betreffen.

Zur Abgrenzung von Befehl und Verwaltungsakt siehe Mann, DÖV 1960, **153** 414; Schnorr, JuS 1963, 293, 296.

Befehle sind in Aufträgen, Weisungen, besonderen und fachdienstlichen **154** Anweisungen, Dienstanweisungen und Dienstvorschriften enthalten (BGH NZWehrr 1962, 176; BVerwG NZWehrr 2006, 247; Scherer/Alff/Poretschkin/Lucks, SG, § 10 Rn. 42a). Dass eine Weisung in Form einer Bitte gekleidet ist, nimmt ihr nicht die Befehlseigenschaft (BVerwG 1 WB 36/81 vom 10.11.1981, juris Rn. 54; vgl. auch BVerwGE 76, 122 = NZWehrr 1984, 118; BVerwG NZWehrr 2002, 76, 77). Andererseits ist beispielsweise die Aufforderung, das Verpflegungsgeld einzuzahlen, auch dann kein Befehl, wenn sie die Form eines Befehls aufweist (BVerwGE 33, 108). Für die formale Begriffsbestimmung des Befehls ist es unerheblich, ob er rechtmäßig oder verbindlich ist (Erbs/Kohlhaas/Dau, WStG, § 2 Rn. 15; Lingens/Korte, WStG, § 2 Rn. 6). Er kann als Einzel- oder Dauerbefehl ergehen. So ist beispielsweise auch eine Anordnung über Haarlänge und Trageweise des Haupthaares ein militärischer Befehl, ohne dass er noch einer besonderen Konkretisierung im Einzelfall bedürfte (BVerwG 1 WB 26/81 vom 26.5.1982, juris Rn. 25; vgl. auch BVerwGE 103, 99 = NZWehrr 1994, 161; siehe jedoch BVerwG NZWehrr 2007, 160; 2008, 40 mit Anm. Dreist; vgl. auch TDG Süd NZWehrr 2005, 257; 2008, 40; zu den Bestimmungen über die Trageweise von Orden und Ehrenzeichen siehe BVerwG NZWehrr 1985, 151 = ZBR 1985, 276). Auch die Entscheidung über die vorzeitige Beendigung eines Auslandseinsatzes (sog. Repatriierung) ist ein Befehl (BVerwGE 132, 1, 3 = NZWehrr 2009, 69; Lucks, NZWehrr 2008, 25, 28 f.). Die „Anweisung zu einem bestimmten Verhalten" schließt einen Ermessensspielraum des Untergebenen nicht aus (z. B. den Fluss X je nach Wetterlage am Ort A oder B zu überschreiten). Der Befehl kann auch an eine Bedingung gebunden sein (z. B. die Patrouillenfahrt erst dann anzutreten, wenn die Gefährdungslage vorliegt). Zum Befehlsbegriff siehe eingehend BVerwG NJW 2006, 77, 80; Erbs/Kohlhaas/Dau, WStG, § 2 Rn. 4 ff.; Scherer/Alff/Poretschkin/Lucks, SG, § 10 Rn. 40 ff.; Schwenck, WStR, § 2 Rn. 1 f.

Anordnungen des BMVg sind militärische Befehle, wenn sie den Voraus- **155** setzungen des § 2 Nr. 2 WStG entsprechen (BVerwG NZWehrr 2006, 247); sie sind Weisungen oder Verwaltungsakte, wenn dies nicht der Fall ist (BVerwG NZWehrr 2007, 79, 160). Anordnungen des Ministers, die sowohl für die Streitkräfte als auch für die Bundeswehrverwaltung eine dienstliche Weisung sind, können daher für die Streitkräfte ein Befehl, für die Bundeswehrverwaltung eine dienstliche Weisung sein. Sie können auch – sofern der Befehlscharakter fehlt – Weisungen oder Verwaltungsakte für den zivilen und militärischen Bereich sein. Die vom BMVg erlassene Regelung zur Beachtung der „Grundsätze der Wirtschaftlichkeit und Sparsamkeit" ist kein Befehl

(BVerwG NZWehr 2006, 247), wohl aber die Anordnung, dass dienstliche Fahrzeuge nur zu dienstlichen Zwecken eingesetzt werden dürfen (BVerwG aaO) oder das in einer ZDv enthaltene Verbot, dass Übungshandgranaten nicht in der Nähe von Soldaten ohne Gehörschutz geworfen werden dürfen (BVerwG NZWehr 2009, 33). Eine Anordnung, die ein militärischer Befehl ist, bleibt auch dann ein Befehl, wenn sie von einem zivilen Angehörigen des Ministeriums „Im Auftrag" unterzeichnet ist. Umgekehrt werden Anordnungen, die in formeller und sachlicher Hinsicht Weisungen oder Verwaltungsakte sind, nicht dadurch zu militärischen Befehlen, weil sie von einem Soldaten im Ministerium „Im Auftrag" unterschrieben sind. Alle Anordnungen, die von Angehörigen des Ministeriums „Im Auftrag" unterzeichnet wurden, sind dem Minister als dem Inhaber der Befehls- und Kommandogewalt zuzurechnen (BVerwG I WB 1/70 vom 23.2.1972, juris LS; BVerwG NZWehr 2007, 79). Deshalb ist der Status des Unterzeichnenden (Soldat oder Beamter) für die Qualifikation der Anordnung als Befehl, Weisung oder Verwaltungsakt unerheblich.

156 **Anordnungen des Generalinspekteurs** sind Befehle, wenn er sie als truppendienstlicher Vorgesetzter der Soldaten in den Streitkräften (§ 22 Rn. 1) oder als Vorgesetzter nach § 3 VorgV z. B. gegenüber Soldaten gibt, die in Dienststellen der Bundeswehrverwaltung eingesetzt sind (vgl. § 22 Rn. 1 f.; dazu kritisch Dreist, NZWehr 2012, 221, 226 ff.). Innerhalb des BMVg hat ausschließlich die Ministerin oder der Minister – in Vertretung der beamtete Staatssekretär – Befehlsbefugnis. Der Generalinspekteur nimmt innerhalb des Ministeriums seine Aufgaben auf der Grundlage dienstlicher Weisungen/Anordnungen wahr, denen indes die Qualifikation als Befehl fehlt.

157 **c) Befehlsbefugnis.** Die Befehlsbefugnis des Vorgesetzten hat ihre gesetzliche Grundlage in § 10 Abs. 4 SG. Danach darf der Vorgesetzte Befehle nur zu dienstlichen Zwecken und nur unter Beachtung der Regeln des Völkerrechts, der Gesetze und der Dienstvorschriften erteilen (zur Befehlskompetenz im Einzelnen siehe insbesondere Schwenck, WStR, S. 73 ff.; Erbs/Kohlhaas/Dau, WStG, § 2 Rn. 10 f.; Lingens/Korte WStG, § 2 Rn. 12; auch Lingens, NZWehr 1978, 55; derselbe, NZWehr 1980, 133; D. P. Peterson, NZWehr 1982, 209; Burmester, NZWehr 1990, 89; Sohm in Walz/Eichen/Sohm, SG, § 10 Rn. 56 ff.; Vogelgesang, GKÖD, Yk § 10 Rn. 11 f.). Jeder Befehl, der sich im Rahmen dieses Gesetzesbefehls hält, ist ein rechtmäßiger Befehl. § 10 Abs. 4 SG begrenzt die Befehlsbefugnis des Vorgesetzten auf den von der Rechtsordnung zugewiesenen Raum, also auf rechtmäßige Befehle (vgl. auch Scherer/Alff/Poretschkin/Lucks, SG, § 10 Rn. 46 ff.; Jescheck, Befehl und Gehorsam, S. 70 ff.; auch Arndt, NZWehr 1960, 145; Sohm, NZWehr 1996, 89, 93 f.; Wentzek, NZWehr 1997, 25, 29; BDH NZWehr 1963, 160, 163). Missachtet ein Vorgesetzter die ihm gesetzlich auferlegten Beschränkungen seiner Befehlsbefugnis, berührt dies zwar seine Vorgesetzteneigenschaft nicht, seine Befehle sind jedoch rechtswidrig.

158 **Der Begriff des dienstlichen Zwecks** ist weit auszulegen. Zu dienstlichen Zwecken bestimmt sind alle Befehle, die der Erfüllung des Verfassungsauftrages der Streitkräfte dienen einschließlich aller zur Erfüllung dieses Auftrages unmittelbar oder mittelbar zugeordneten Angelegenheiten (BVerwG NZWehr 2007, 79; Scherer/Alff/Poretschkin/Lucks, SG, § 10 Rn. 47 ff.

m. Nachw.; Sohm in Walz/Eichen/Sohm, SG, § 10 Rn. 66, 70). Dienstlichen Zwecken dient der Befehl, in und außer Dienst Admiralen und Generalen gegenüber der militärischen Grußpflicht nachzukommen (BVerwGE 43, 312 = NZWehrr 1973, 146; siehe demgegenüber aber BVerwGE 43, 88), beim Führen dienstlicher Gespräche zwischen Vorgesetzten und Untergebenen Grundstellung einzunehmen (BVerwGE 43, 185 = NZWehrr 1972, 25), der Befehl, jede Abweichung vom Flugauftrag nach Rückkehr vom Flug unverzüglich zu melden (BVerwG NZWehrr 1986, 246), der Befehl, dass sich der Soldat regelmäßig zu rasieren hat (BVerwG 1 WB 22/78 vom 24.7.1980, juris LS), der Befehl, mit dem ausnahmsweise Wochenenddienst angesetzt wird, wenn der angeordnete Dienst der Einsatzbereitschaft dienlich oder sonst geeignet ist, die Erfüllung der Aufgaben der Bundeswehr gezielt zu fördern (BVerwG 1 WB 97/78 vom 16.1.1980, juris Rn. 22), der auf dem Marsch zum Standortgottesdienst erteilte Befehl „Rührt Euch, ein Lied" (BVerwG NZWehrr 1977, 321). Zu dienstlichen Zwecken bestimmt sind auch Befehle, die zum Auftrag der Öffentlichkeitsarbeit der Bundeswehr gegeben werden (BVerwG NZWehrr 2007, 79), beispielsweise der Einsatz eines Musikkorps der Bundeswehr bei einem karnevalistischen Umzug (BDHE 6, 160 = NZWehrr 1963, 160, 163; vgl. aber BVerwG NZWehrr 1977, 223), oder der Befehl zur Dienstleistung auf einem Empfang anlässlich des „Deutschen Verfassungstages" (BVerwGE 76, 110 = NZWehrr 1984, 76 = RiA 1984, 95). Zu dienstlichen Zwecken bestimmt ist der Befehl, das Führen nichtakademischer Grade im Dienst zu unterlassen (BVerwGE 73, 296 = NZWehrr 1982, 222 = ZBR 1982, 222), ferner der Befehl an Führer und Besatzungsangehörige von Luftfahrzeugen, 12 Stunden vor Flugbeginn keinen Alkohol zu sich zu nehmen (BVerwGE 86, 349 = NZWehrr 1991, 69).

Zur Frage, ob der sog. „Präventivbefehl" zu dienstlichen Zwecken erteilt **159** ist, siehe Erbs/Kohlhaas/Dau, WStG, § 2 Rn. 18; Lammich, NZWehrr 1970, 98; ferner Busch, NZWehrr 1969, 56; auch Scherer, NZWehrr 1961, 97, 180; Lingens/Marignoni, S. 50 ff.; Huth, NZWehrr 1990, 107).

Nicht zu dienstlichen Zwecken bestimmt sind Befehle, die dienstlichen **160** Zwecken zuwiderlaufen, z. B. der Befehl, der Ehefrau des Kommandeurs beim Hausputz zu helfen oder der Befehl, in der bataillonseigenen Schmiede Ziergitter für das Eigenheim des Kommandeurs herzustellen. Dienstwidrig ist der Befehl, Flugsicherungskontrolldienst auf einem Flugplatz durchzuführen, der nur dem Kurbetrieb der Kurgemeinde dient (BDH NZWehrr 1967, 128 = RiA 1967, 100), der Befehl, eine unwahre dienstliche Meldung abzugeben (Scherer/Alff/Poretschkin/Lucks, SG, § 11 Rn. 15), oder der Befehl an den Soldaten, sich die Haare schneiden zu lassen, obwohl dieser bereits einen den Erfordernissen des Dienstes entsprechenden Haarschnitt trägt (a. A. BVerwG NZWehrr 1969, 65, 67; die Verbindlichkeit des Befehls – hierzu siehe Rn. 178 ff. – ist aber, im Ergebnis zutreffend, aus anderen Gründen verneint). Zur Kritik an diesem Beschluss siehe Lammich, NZWehrr 1970, 47 ff., auch Schwenck, WStR, S. 85, ferner Stratenwerth, S. 160; TDG A NZWehrr 1969, 67; TDG Süd NZWehrr 2005, 257; 2008, 40 m. Anm. Dreist; dazu auch Fichte, NZWehrr 2006, 139), der an die Teilnehmer eines Offizierlehrganges an der OSH ergangene Befehl, zum sog. Mittelball einer privaten Tanzschule Uniform zu tragen (TDG A NZWehrr 1972, 230) der Befehl, an einer Prüfung der UniBw teilzunehmen, obwohl der Soldat schon vom Studium abgelöst worden ist (BVerwG NZWehrr 1993, 71), der Befehl, an einer parteipolitischen Veranstaltung als Mitglied eines dort musizierenden

Heeresmusikkorps teilzunehmen (BVerwG NZWehrr 1977, 223; Lingens/ Marignoni, S. 69), der Befehl an eine Ordonnanz, die zum Schabernack aus dem Fenster des Kasinos geworfene Mütze wieder hereinzuholen (BVerwG NZWehrr 1984, 74), für ein privatrechtlich organisiertes Historienspektakel Soldaten und dienstliches Material zu verwenden (BVerwGE 127, 1 = NZWehrr 2007, 79).

161 **Dienstliche Zwecke dürfen nur mit dienstlichen Mitteln** erreicht werden. Das private Vermögen des Soldaten ist deshalb der Befehlsbefugnis des Vorgesetzten entzogen; daher rechtwidrig der Befehl, Vorhängeschlösser für die Spinde aus Privatmitteln zu kaufen, ebenso der Befehl an den Soldaten, das Verpflegungsgeld einzuzahlen (BVerwGE 33, 108), überzahlte Dienstbezüge zurückzuerstatten oder eine verhängte Disziplinarbuße zu begleichen (BDH NZWehrr 1965, 76; a. A. Lingens, GKÖD, Yt § 51 Rn. 2). Dagegen hat das BVerwG den Befehl, an einem dienstlichen Abendessen teilzunehmen und dafür einen Kostenbeitrag zu entrichten, für verbindlich (jedoch für rechtswidrig) erklärt (BVerwG NZWehrr 1978, 224 m. Anm. Alff).

162 **Auch die Regeln des Völkerrechts** setzen der Befehlsbefugnis Grenzen. Hierzu gehören die allgemein anerkannten Regeln des Völkerrechts i. S. des Art. 25 GG, d. h. das universelle geltende Völkergewohnheitsrecht, die allgemeinen Rechtsgrundsätze (BVerfGE 15, 25, 34; 23, 288, 317; 66, 39, 39, 64 f.) und das Völkervertragsrecht.

163 **Die Bindung** der Befehlsbefugnis **an die nationale Rechtsordnung** bedeutet, dass sich jeder Befehl im Rahmen der verfassungsmäßigen Ordnung, der einfachen Gesetze, Rechtsverordnungen, aber auch des Gewohnheitsrechts, halten muss (vgl. auch Scherer/Alff/Poretschkin/Lucks, SG, § 10 Rn. 49; Sohm in Walz/Eichen/Sohm, SG, § 10 Rn. 83). Der Befehl, mit dem den Soldaten verboten wird, ihre mit politischen Plakaten oder Teilen davon versehenen Privatfahrzeuge auf Bundeswehrgelände abzustellen, verletzt nicht Art. 5 Abs. 1 GG und § 15 Abs. 1 und 2 SG (BVerwGE 53, 327 = NZWehrr 1978, 213), ebenso wenig der Befehl, Vorträge und Veröffentlichungen eines hochrangigen Offiziers zu verteidigungs- und sicherheitspolitischen Themen vorab mit dem BMVg abzustimmen (BVerwG NZWehrr 1991, 248 = ZBR 1991, 345 = NVwZ 1992, 65). Gleiches gilt für den Befehl, der es dem Soldaten verbietet, innerhalb dienstlicher Unterkünfte und Anlagen an Kraftfahrzeugen sichtbar Aufkleber mit dem Text „Atomkraft – nein Danke“ zu führen (BVerwGE 73, 237 = NZWehrr 1982, 25 = ZBR 1981, 387 = DVBl 1981, 1066; vgl. auch TDG Süd NZWehrr 1980, 172; TDG Nord NZWehrr 1981, 30; ArbG Hamburg NZWehrr 1980, 31; auch Brozat, NZWehrr 1980, 85; Schreiber, NZWehrr 1982, 205; Semmler, NZWehrr 1985, 102). Befehle über Haar- und Barttracht beeinträchtigen noch nicht die Menschenwürde, das Grundrecht auf freie Entfaltung der Persönlichkeit und das Grundrecht auf körperliche Unversehrtheit (BVerwGE 43, 354; 46, 1 = NZWehrr 1972, 221 = NJW 1972, 1726; BVerwG NZWehrr 1992, 72; BVerwGE 103, 99 = NZWehrr 1994, 161; TDG Süd NZWehrr 2008, 40 m. Anm. Dreist; a. A. TDG Süd NZWehrr 2005, 257; dazu Fichte, NZWehrr 2006, 139). Der einem Soldaten des Wachbataillons gegebene Befehl, sich seinen Schnurrbart abzurasieren, ist daher rechtmäßig (BVerwGE 76, 60 = NZWehrr 1983, 142; siehe auch BVerwG NZWehrr 1980, 149; zum sog. Irokesenhaarschnitt siehe BVerwGE 76, 66 = NZWehrr 1983, 145 = ZBR 1983, 342).

Auch das an den Soldaten gerichtete Verbot, als Inhaber einer Dienst- **164** stellung das ihm von einer Verwaltungs- und Wirtschaftsakademie verliehene Prädikat „Betriebswirt – VWA" zu führen, hält sich in den Grenzen des Grundrechts auf freie Entfaltung der Persönlichkeit (BVerwG NZWehr 1982, 222 = ZBR 1982, 222). Keine Verletzung des Gleichheitsgrundsatzes bewirkt der Befehl eines Vorgesetzten, für seinen Befehlsbereich bei Aufenthalten auf Truppenübungsplätzen eine besondere Regelung des Zapfenstreichs festzulegen. Der Verfassungsauftrag des Art. 87a Abs. 1 GG deckt den Befehl des BMVg, dass jeder Soldat zur Früherkennung von TBC an der Röntgenreihenuntersuchung teilzunehmen hat (BVerwGE 83, 191 = NZWehr 1986, 209).

Rechtswidrig ist dagegen der Befehl, friedliche Teilnehmer einer Mahn- **165** wache außerhalb der militärischen Liegenschaft zur Gefahrenabwehr und zur Dokumentation möglicher Straftaten zu fotografieren (BVerwGE 113, 158 = NZWehr 1998, 26 = ZBR 1998, 242) oder an Veranstaltungen des Deutschen Bundeswehrverbandes e. V. nicht in Uniform teilzunehmen (BVerwG NZWehr 1983, 105 = RiA 1983, 96; siehe auch BVerfG NZWehr 1979, 173; Giesen, NZWehr 1982, 201); der Befehl, mit dem – unmittelbar oder mittelbar – auf den Soldaten Druck ausgeübt wird, an Veranstaltungen der Militärseelsorge teilzunehmen, ist ebenso rechtswidrig (BVerwG NZWehr 1982, 31 = RiA 1981, 239) wie der Befehl, der es Soldaten, die an einer UniBw studieren, verbietet, Bestimmungsmensuren zu schlagen (BVerwGE 53, 83 = NZWehr 1976, 20; hierzu auch Hennings, NZWehr 1976, 94; Steinkamm, NZWehr 1978, 127). Zum Befehl an den Soldaten, sich zur stationären Untersuchung in ein Bundeswehrkrankenhaus zu begeben, siehe BVerwG NZWehr 1980, 137 m. Anm. Alff, aaO, S. 141 sowie Althaus, NZWehr 1996, 110).

Die Bindung der Befehlsbefugnis an Dienstvorschriften beschränkt das **166** Ermessen des Vorgesetzten nach Inhalt und Zuständigkeit (Scherer/Alff/ Poretschkin/Lucks, SG, § 10 Rn. 50; Schwenck, WStR, S. 76; vgl. auch BVerwG 2006, 247 und § 17 Rn. 89). Rechtswidrig ist daher der Befehl, an einer parteipolitischen Veranstaltung als Mitglied eines dort musizierenden Musikkorps teilzunehmen (BVerwG NZWehr 1977, 223). Auch darf der Disziplinarvorgesetzte einem Offizier, der zum Zwecke des Studiums vom militärischen Dienst freigestellt worden ist, für die Gestaltung seines Studiums keine Befehle geben (TDG B NZWehr 1972, 153 m. zust. Anm. Schreiber, aaO, S. 155). Fachliche Meinungsverschiedenheiten darüber, wie im Einzelnen der einem Soldaten erteilte Befehl auszuführen ist, machen den Befehl selbst nicht rechtswidrig.

d) Gehorsamspflicht. Die Frage, ob ein Befehl Anspruch auf Ge- 167 horsam entfaltet und deshalb befolgt werden muss, beantwortet § 10 Abs. 4 SG nicht. Die Verbindlichkeit eines Befehls richtet sich nach der Vorschrift des § 11 SG, der seine strafrechtliche Absicherung in den §§ 19 ff. WStG hat. § 11 Abs. 1 SG verpflichtet den Soldaten zum Gehorsam (zum Gehorsam als Thema einer Wehrethik siehe Walther, EuWK 1981, 546). Er hat die Befehle seiner Vorgesetzten nach besten Kräften vollständig, gewissenhaft und unverzüglich auszuführen. Der rechtmäßige Befehl ist stets verbindlich, er erzeugt volle Gehorsamspflicht (Schwenck, WStR, S. 78; Vogelgesang, GKÖD Yk, § 11 Rn. 5; a. A. wohl BVerwG NJW 2006, 77, 85 ff.; 102 f.; dazu kritisch Sohm, NZWehr 2006, 1, 87; Poretschkin, NZWehr

2007, 42, 43; 138, 143; ablehnend auch Schwartz, S. 66 ff.; siehe auch Lingens/Korte, WStG, § 2 Rn. 36). Die Gehorsamspflicht stellt stets auf den Zeitpunkt der Ausführung des Befehls ab. Die Ankündigung des Soldaten, einen Befehl nicht zu befolgen, der erst zu einem späteren Zeitpunkt auszuführen ist, verletzt daher noch nicht die Pflicht zum Gehorsam (BVerwGE 120, 105 = NZWehr 2004, 169 = ZBR 2005, 256).

168   Jeder Befehl hat wie jeder staatliche Akt bis zum Beweis des Gegenteils die Vermutung seiner Rechtmäßigkeit und damit der Verbindlichkeit für sich (Stratenwerth, S. 165; Mann, DÖV 1960, 409, 415; Jescheck, Befehl und Gehorsam, S. 77 f.; Sohm, NZWehr 2006, 1, 8). Dieser Grundsatz beruht für den militärischen Bereich auf dem Vertrauen des Soldaten in die Autorität des Vorgesetzten (BVerfGE 88, 173, 184 = NZWehr 1993, 116, 118; zum Folgenden siehe eingehend Stratenwerth, S. 52 f., 99 ff., 165 ff., auch Schwenck, WStR, S. 78 f.). Der Untergebene darf die Gewähr haben, dass der Vorgesetzte befähigt ist, richtige Entscheidungen zu treffen und in der Ausübung seines Befehlsgebungsrechts die ihm gezogenen Grenzen einzuhalten. In dieser Fähigkeit zur richtigen Entscheidung liegt die Autorität des Vorgesetzten begründet, die ihrerseits wiederum die Vermutung der Rechtmäßigkeit auslöst (Stratenwerth, S. 53, 110; Schwenck, aaO, S. 88).

169   Soweit die Vermutung der Rechtmäßigkeit reicht, ist der Befehl auch verbindlich (hierzu kritisch Schwenck, aaO, S. 88 Fn 60; siehe jedoch Jescheck, Befehl und Gehorsam, S. 78 und hier Rn. 179, 182). Der Grundsatz der Rechtmäßigkeitsvermutung gilt vor allem, wenn der Vorgesetzte außerhalb seines Befehlsgebungsrechts gehandelt hat, der Befehl also rechtswidrig ist (BDH DÖV 1960, 415; BDHE 4, 181 = NZWehr 1959, 98; BVerwG NZWehr 1969, 65, 66; Rn. 168 a. E.). Der scheinbare Widerspruch löst sich dadurch, dass die Gehorsamspflicht dort den Vorrang genießt, wo der Gesetzgeber den militärischen Gehorsam höher bewertet als den Gehorsam gegenüber der Rechtsordnung (Jescheck, aaO, S. 81 f.; Stratenwerth, S. 165 ff.; Schwenck, WStR, S. 79; siehe auch Schwaiger, S. 2 ff.). Im Umkehrschluss ist aus § 11 Abs. 2 SG und § 22 Abs. 1 WStG zu folgern, dass ein Befehl, der lediglich auf das Begehen einer Ordnungswidrigkeit gerichtet ist, für den Soldaten verbindlich, die militärische Befehlsbefugnis also insoweit der Rechtsordnung vorrangig ist (Stratenwerth, S. 168, 204; Dreher, JZ 1957, 396; Bringewat, NZWehr 1971, 126 ff.). Im Interesse einer wirksamen militärischen Befehlsausübung hat der Soldat einen Befehl, durch dessen Ausführung er eine Ordnungswidrigkeit begeht oder nur Dienstvorschriften verletzt, zu befolgen. Die Verantwortung für diesen Befehl trägt der Vorgesetzte, nicht der Untergebene (BVerfGE 88, 173, 184 = NZWehr 1993, 116, 118; vgl. auch Mellmann, S. 80; KG NJW 1972, 1335 m. Anm. Rosteck).

170   Zur Frage der Verbindlichkeit eines Befehls, der die Gefahr für die Begehung eines fahrlässigen Vergehens in sich birgt, sog. „gefährlicher Befehl" vgl. Schwenck, WStR, S. 89 ff. m. Nachw.; MüKoStGB/Dau WStG § 2 Rn. 35; Dau, NZWehr 1986, 198; Huth, NZWehr 1988, 252; D. P. Peterson, NZWehr 1989, 239; Vitt, NZWehr 1994, 45.

171   Die Vermutung für die Rechtmäßigkeit und damit für die Verbindlichkeit eines Befehls knüpft an zwei Kriterien an: Formell muss der Befehl den Rahmen des militärischen Dienstverhältnisses wahren (Stratenwerth, S. 14 ff., 156), d. h. es muss allgemein eine persönliche und sachliche Zuständigkeit des Vorgesetzten gegenüber dem Untergebenen bestehen (Jescheck, Befehl und Gehorsam, S. 78). Der Befehl eines offensichtlich unzuständigen Vorgesetzten ist unverbindlich (Stratenwerth, S. 17; Schwenck, WStR, S. 84, a. A. Lingens, NZWehr 1978, 55 ff.); z. B. der Fachvorgesetzte nach § 2 VorgV befiehlt Gefechtsdienst oder der Wachhabende als Vorgesetzter nach § 3 VorgV ordnet eine Erzieherische Maßnahme an (vgl. näher Schwenck, aaO; kritisch Burmester, NZWehr 1990, 89, 106). Materiell darf der Befehl die Rechtsordnung nicht offensichtlich verletzen, weil in diesem Fall seine inhaltliche Richtigkeit nicht mehr vorausgesetzt werden kann (Jescheck, aaO, S 78; Stratenwerth, S. 158). Die Vermutung der Rechtmäßigkeit ist also widerlegt, wenn die Fehlerhaftigkeit des Befehls offenkundig ist (Mann, DÖV 1960, 415).

Das Gesetz nennt selbst drei Gründe für die Unverbindlichkeit eines 172 Befehls. Befehle sind unverbindlich, die nicht zu dienstlichen Zwecken erteilt sind (§ 11 Abs. 1 Satz 3 SG). Der Vorgesetzte darf seine Befehlsbefugnis nicht zu Anordnungen missbrauchen, die nur privaten, zumindest aber außerdienstlichen oder sogar dienstwidrigen Zwecken dienen. Diese Beschränkung rechtfertigt sich aus der Erwägung, dass die Befehlserteilung Ausübung staatlicher Hoheitsgewalt ist, die der Vorgesetzte nur zweckgebunden in Anspruch nehmen darf (zum Begriff des dienstlichen Zweckes siehe Rn. 169). Rechtswidrig, aber verbindlich, soll nach Auffassung des BVerwG der Befehl sein, an einem dienstlichen Abendessen teilzunehmen, wenn den Teilnehmern gleichzeitig befohlen wird, für das Abendessen einen Kostenbeitrag zu leisten (BVerwG NZWehr 1978, 224 mit zu Recht ablehnender Anm. von Alff, aaO, S. 227; a. A. auch V. P. Peterson, NZWehr 1979, 24; zur Frage der teilweisen Unverbindlichkeit siehe auch Schreiber, NZWehr 1971, 134). Unverbindlich, weil nicht zu dienstlichen Zwecken erteilt, ist der Befehl an die Teilnehmer eines Offizierlehrganges, zum sog. Mittelball einer privaten Tanzschule Uniform zu tragen (TDG A NZWehr 1972, 230) oder der Befehl, auf einer parteipolitischen Veranstaltung als Mitglied eines Heeresmusikkorps zu musizieren (BVerwG NZWehr 1977, 233; siehe auch Rn. 171), der Befehl, während einer Gefechtsübung aus eigenen Mitteln beschaffte Verpflegung abzuliefern (TDG Mitte NZWehr 1982, 154) oder Befehl, mit einem Arbeitsschutzhelm auf dem Kopf auf dem Sportplatz mit dem Vorgesetzten um die Wette zu laufen (BVerwG 2 WD 9.01 vom 19.9.2001, juris Rn. 10).

Die militärische Befehlsbefugnis endet an der Menschenwürde des 173 Untergebenen. Deshalb sind Befehle, die die Menschenwürde verletzen, unverbindlich (§ 11 Abs. 1 Satz 3 SG), z. B. der Befehl, sich ohne Schutzvorrichtung neben einen schwelenden Nebeltopf setzen zu müssen (LG Tübingen NZWehr 1964, 177) oder Regenwürmer zu verspeisen (BVerwGE 93, 108 = NZWehr 1991, 254; vgl. auch Erbs/Kohlhaas/Dau, WStG, § 31 Rn. 4; Sohm, NZWehr 2006, 1, 9). Nach Auffassung des TDG Süd (NZWehr 2005, 257; dazu Fichte, NZWehr 2006, 139) verstößt der Befehl an den Soldaten, seinen „Pferdeschwanz" abzuschneiden, gegen das Grundrecht auf freie Entfaltung der Persönlichkeit und sei mithin unverbindlich (a. A. TDG Süd NZWehr 2008, 40 LS m. Anm. Dreist).

Unverbindlich sind schließlich Befehle, durch deren Befolgen der 174 Untergebene ein Verbrechen oder Vergehen beginge (§ 11 Abs. 2 SG; hierzu vgl. Scherer/Alff/Poretschkin/Lucks, SG, § 11 Rn. 23 f.). Erfasst sind damit alle auf Befehl begangenen Taten, die nach den Vorschriften des allgemeinen Strafrechts, einschließlich des Völkerstrafrechts (Straftaten gegen das Völkerrecht, §§ 6 ff. VStGB) Verbrechen oder Vergehen sind (§ 12 Abs. 1, 2 StGB).

175   **Die in § 11 SG gesetzlich genannten Fälle der Unverbindlichkeit**
eines Befehls sind **nicht erschöpfend** (BVerwG NJW 2006, 77, 80 ff.;
BDHE 4, 181 = NZWehrr 1959, 98; BVerwG NZWehrr 1969, 65, 67; 2009,
119, 120; Stratenwerth, S. 204; Mann, DÖV 1960, 409, 415; Rosteck, S. 25;
Weniger, SG, § 11 Rn. 8; dazu kritisch Vogelgesang, GKÖD, Yk § 11
Rn. 6; Sohm, NZWehrr 2006, 1, 10 ff.; vgl. auch Walz in Walz/Eichen/
Sohm, SG, § 11 Rn. 39 und Lingens/Korte, WStG, § 2 Rn. 37). Die Vermutung für die Rechtmäßigkeit eines Befehls muss vielmehr auch dann
versagen, wenn ihm über seine Rechtswidrigkeit hinaus ein solcher Mangel
anhaftet, dass die Annahme seiner Verbindlichkeit mit dem Sinne des Befehlsverhältnisses unvereinbar ist (BVerwG NZWehrr 1969, 65). Hierzu zählt in
erster Linie der Fall, dass der mit dem Befehl herbeizuführende Zustand
bereits offensichtlich vorhanden ist und daher nicht nochmals bewirkt werden
kann (BVerwG aaO). Diese vom BVerwG aufgestellte Formel ist geeignet,
einer ausufernden Kasuistik einzelner Unverbindlichkeitsfälle wirksam ent-
gegenzutreten (siehe auch Schwenck, WStR, S. 81 Fn 34). Mit ihrer Hilfe
kann die Unverbindlichkeit eines objektiv unmöglich auszuführenden Befehls, dessen Ausführung durch eine grundlegende Änderung der Sachlage
(Schwenck, aaO, S. 86; Schwaiger, S. 190 ff.; siehe auch BVerwGE 86, 18 =
NZWehrr 1989, 359) sinnlos geworden ist, unschwer beantwortet werden,
wenn man bei ihm die Verbindlichkeit nicht schon mangels eines dienstlichen
Zweckes leugnen will. Zur Unverbindlichkeit einander widersprechender
Befehle siehe Schwenck, aaO, S. 85; Lingens/Korte, WStG, § 2 Rn. 46;
BVerwG 46, 108 = NZWehrr 1973, 228).

176   Befehle sind im Übrigen von der Vermutung der Rechtmäßigkeit nicht
gedeckt, wenn sie unter keinem denkbaren Gesichtspunkt mit der Rechtsordnung in Einklang gebracht werden können (Stratenwerth, S. 110, 158;
vgl. auch Mann, DÖV 1960, 409, 415; BVerwG NJW 2006, 77, 80 ff.). So ist
der Befehl an einen beschuldigten Soldaten, in demselben Verfahren als
Zeuge auszusagen, unverbindlich, weil es dem Rechtsstaatsgedanken widerspricht, sich als Beschuldigter selbst belasten zu müssen (BVerwG NZWehrr
2009, 119, 121). Auf dieser Grundlage hat die Rechtsprechung **weitere**
Unverbindlichkeitsgründe entwickelt (vgl. insbesondere BVerwG aaO).

177   Befehle, die unter offensichtlicher Verletzung des Grundsatzes der Verhältnismäßigkeit von Mittel und Zweck in die Persönlichkeitssphäre des Soldaten
eingreifen, sind unverbindlich (BDHE 4.181= NZWehrr 1959, 98; vgl. auch
RMGE 22, 80 sowie Mann, DÖV 1960, 409, 416; kritisch Schwenck,
WStR, S. 80 Fn 29). Danach ist der Befehl unverbindlich, der es den an einer
UniBw studierenden Soldaten verbietet, Bestimmungsmensuren zu schlagen,
weil er ihnen – unverhältnismäßig – ein sozialtypisches Verhalten völlig
untersagt (BVerwGE 53, 83 = NZWehrr 1976, 20; hierzu Steinkamm,
NZWehrr 1976, 127; ablehnend Hennings, NZWehrr 1976, 94). Für die
Feststellung der Unverbindlichkeit kommt es ausschließlich auf die Offensichtlichkeit der Rechtsverletzung an, d. h. auf den offenkundigen Ermessensmissbrauch bei der Abwägung der dienstlichen Erfordernisse und dem Eingriff in die Rechte des Soldaten (vgl. auch § 17 Rn. 89). Diesen Gedanken
hat der frühere BDH auf die Beurteilung solcher Befehle übertragen, die zur
Erzielung eines rechtlichen Erfolges verwendet werden, der bereits offensichtlich anderweitig gewährleistet ist (BDH NZWehrr 1968, 149). Jene
Befehle sind unverbindlich. Die Schwere der Verletzung im Einzelfall ist für
die Unverbindlichkeit ebenso wenig von Bedeutung wie die Unzumutbarkeit

für den Soldaten, einen solchen Befehl auszuführen (BDHE 4, 181 = NZWehrr 1959, 98, 99; Eb. Schmidt, ZfWehrr 3, 527; Stratenwerth, S. 162; Mann, DÖV 1960, 416; a. A. BVerwG 2 WD 12/04 vom 21.6.2005, juris Rn. 116; 2 WD 19/05 vom 21.12.2006, juris Rn. 59; OLG Hamm, NZWehrr 1966, 90 = NJW 1966, 212; nicht ganz deutlich BVerwG NZWehrr 1969, 65). Das BVerwG verweist zurecht darauf, dass dieses Abgrenzungskriterium im Einzelfall schwer mit Inhalt zu füllen ist (BVerwG 2 WD 12/04 vom 21.6.2005, juris Rn. 116 ff. m. w. Nachw.) Dieser Auffassung des BVerwG wird hier abweichend von der Vorauflage gefolgt. Dennoch bleibt weiterhin zu bedenken, dass Zumutbarkeit ein schwaches und subjektiv wenig brauchbares Kriterium ist, weil sie in der Mehrzahl aller denkbaren Fälle bereits kraft Gesetzes als Bestandteil der verletzten Menschenwürde die Unverbindlichkeit des Befehls auslöst. So ist z. B. der Befehl für rechtswidrig und unverbindlich angesehen worden, der eine so große Gefahr für Leben und Leib des Untergebenen herbeiführt, dass diese Gefahr in keinem Verhältnis zum dienstlichen Zweck des Befehls steht – befohlene Diensthandlung auf einem von Blindgängern nicht freien Gelände – (BDHE 4, 181 = NZWehrr 1959, 98). Für unzumutbar hat das BVerwG den Befehl erklärt, dem gegenüber sich der Soldat auf sein Grundrecht der Gewissensfreiheit berufen kann (BVerwG NJW 2006, 77, 22 ff.; zur berechtigten Kritik an dieser Entscheidung siehe Schafranek, NZWehrr 2005, 234; Dau, NZWehrr 2005, 255; Sohm, NZWehrr 2006, 1; siehe auch BVerfG NZWehrr 2007, 157 m. Anm. Lucks S. 159; auch Lingens/Korte, WStG, § 2 Rn. 36).

Befehle sind ferner unverbindlich, wenn sie gegen die allgemeinen Regeln **178** des Völkerrechts verstoßen (BVerwG NJW 2006, 77, 82). Dagegen enthält das Verbot des Angriffskrieges gem. Art. 26 Abs. 1 GG keinen selbstständigen Unverbindlichkeitsgrund (so aber BVerwG NJW 2006, 77, 81); ein Befehl, dessen Erteilung oder Ausführung als Handlung anzusehen ist, die darauf ausgerichtet ist, das friedliche Zusammenleben der Völker zu stören, ist schon gem. § 11 Abs. 2 Satz 1 SG unverbindlich (so zutreffend Walz in Walz/Eichen/Sohm, SG, § 11 Rn. 34). **Eine Gehorsamsverweigerung setzt immer einen verbindlichen Befehl voraus. Unverbindliche Befehle erzwingen keine Gehorsamspflicht.** Bei einem strafrechtswidrigen oder völkerrechtswidrigen Befehl *muss* der Untergebene den Befehl verweigern, in allen anderen Fällen *darf* er es, muss es aber nicht (§ 11 SG). Zum völkerrechtswidrigen Befehl siehe die §§ 6 ff. VStGB.

Der Umfang der Gehorsamspflicht und die Frage nach der Beschwerde- **179** fähigkeit militärischer Befehle sind streng voneinander zu trennen. Abgesehen von den Fällen der Unverbindlichkeit entfaltet jeder Befehl Anspruch auf Gehorsam. Eine gegen den Befehl eingelegte Beschwerde befreit den Soldaten nicht von seiner Verpflichtung, den Befehl zunächst auszuführen (§ 3 Abs. 1 Satz 2).

e) Umfang des Rechtsschutzes gegenüber Befehlen. Ein Befehl kann **180** mit der Beschwerde auch daraufhin überprüft werden, ob er zweckmäßig war (z. B. der Kpchef setzt einen staatsbürgerlichen Unterricht für einen Zeitpunkt an, zu dem ein Spiel der Fußballnationalmannschaft im Fernsehen übertragen wird – Beispiel nach Lingens/Marignoni, S. 56). Das bedeutet volle Überprüfung des Befehlsermessens. Wo das Ermessen die Grenze des rechtlich Zulässigen überschreitet, etwa durch den Missbrauch dienstlicher Befugnisse (§ 17 Abs. 3), liegt bereits Rechtswidrigkeit des Befehls vor.

Unsachgemäße Befehle sind aufzuheben oder abzuändern (§ 13 Abs. 1 Satz 2). Die Beschwer für den Soldaten liegt darin, dass er einem unzweckmäßigen Befehl Gehorsam schuldet und ihn ausführen muss.

181 Zweckmäßigkeitserwägungen in eine Nachprüfung durch den nächsthöheren Vorgesetzten einzubeziehen, überträgt verwaltungsrechtliche Verfahrensgrundsätze in das Befehlsrecht. Diese Regelung bedarf einer Erklärung. Der rasche Wechsel militärischer Lagen verlangt gerade von einem Soldaten mehr als in anderen Bereichen einen weiten Ermessensspielraum beim Erteilen seiner Befehle. Innerhalb seines pflichtgemäß ausgeübten Ermessens können mehrere Entscheidungen denkbar sein, die jede für sich als richtig oder zumindest als haltbar bezeichnet werden kann (Stratenwerth, S. 160). Mit herkömmlichen Vorstellungen scheint daher die Nachprüfbarkeit von Befehlen auch auf ihre Zweckmäßigkeit hin nur schwer vereinbar zu sein. Der rechtspolitische Grund, auch die Zweckmäßigkeit eines Befehls nachprüfen zu lassen, liegt einmal darin, dem Soldaten einen umfassenden Rechtsschutz innerhalb des Wehrdienstverhältnisses einzuräumen, zum anderen aber auch an dem Interesse der militärischen Führung, von der Ausübung des Befehlsrechts durch die ihr unterstellten Vorgesetzten zu erfahren und diese zur Erteilung auch militärisch zweckmäßiger Befehle anzuhalten.

182 Eine Überprüfung des Befehls auf seine Zweckmäßigkeit kann nach der WBO nur mit der Beschwerde und der weiteren Beschwerde verlangt werden; die Voraussetzungen für einen Antrag auf Entscheidung des Wehrdienstgerichts sind nur gegeben, wenn der Befehl den Soldaten in seinen Rechten verletzt (§ 17 Abs. 3). Gegenüber einem rechtswidrigen, aber verbindlichen Befehl, der bereits ausgeführt oder sonst erledigt ist (§ 13 Abs. 2), hat das Truppendienstgericht auszusprechen, dass dieser Befehl nicht hätte ergehen dürfen. Hier hat der Vorgesetzte stets seine militärische Befugnis überschritten (§ 10 Abs. 4 SG). Es liegt ein Missbrauch oder eine Überschreitung dienstlicher Befugnisse vor (§ 17 Abs. 3). Ist ein Befehl rechtswidrig und unverbindlich, besteht für den Soldaten zwar keine Gehorsamspflicht. Gleichwohl kann er jedoch die Feststellung verlangen, dass der Befehl nicht hätte ergehen dürfen.

3. Pflichtwidriges Verhalten von Kameraden (Abs. 1 Satz 1 Hs 2)

183 **Die Beschwerde wegen eines pflichtwidrigen Verhaltens eines Kameraden ist systematisch die Anzeige eines Dienstvergehens,** die den Disziplinarvorgesetzten zum Einschreiten veranlassen soll (BT-Drs. Nr. 2359, 2. Wahlperiode 1953, S. 8). Der Beschwerdeführer muss annehmen, dass ein Soldat ihm gegenüber pflichtwidrig gehandelt hat. Ob der Soldat auch schuldhaft gehandelt und damit ein Dienstvergehen begangen hat, wird sich erst durch die Ermittlungen herausstellen; auf die Zulässigkeit der Beschwerde hat die Schuld keinen Einfluss (a. A. Bachmann, NZWehrr 2004, 45, 46).

184 Gegenstand einer Kameradenbeschwerde wird vornehmlich die Verletzung der Kameradschaftspflicht (§ 12 SG) sein, in Betracht kommt aber auch die Verletzung jener Pflichten, die sich für einen Soldaten aus den übrigen Bestimmungen des Soldatengesetzes, aus Dienstvorschriften, Erlassen sowie allgemeinen und besonderen Befehlen ergeben. Der in Absatz 1 Satz 1 Hs 2 verwandte Begriff der Verletzung ist nur rechtstechnisch i. S. einer Beschwer zu verstehen; es braucht nicht etwa der Tatbestand einer Körperverletzung vorzuliegen. Das pflichtwidrige Verhalten eines Kameraden, das den Beschwerdeführer nicht selbst in seinen Rechten verletzt, berechtigt ihn nicht zu einer Beschwerde. Ihm bleibt nur die Möglichkeit, es seinem Vorgesetzten zu melden.

Unerheblich ist es, ob das vom Beschwerdeführer beanstandete Verhalten **185** innerhalb oder außerhalb des Dienstes geschah. Bei einem außerdienstlichen Fehlverhalten unter dem Gesichtspunkt einer Verletzung der Kameradschaftspflicht ist stets sorgfältig zu prüfen, ob durch das beanstandete Verhalten der dienstliche Zusammenhalt, den die Kameradschaftspflicht gewährleisten soll, beeinträchtigt ist (BVerwG NZWehr 1979, 228, 230; auch Schwenck, Rechtsordnung, S. 129 Fn 6; Lingens, NZWehrr 1980, 216, 225). Auch die Kameradenbeschwerde ist kein Mittel, um private Streitereien auszutragen. Ein Verhalten unter Kameraden, das ausschließlich der Privatsphäre zuzuordnen ist und keine nachteilig dienstlichen Folgen i.S. des § 12 SG hat, ist stets als Gegenstand eines Beschwerdeverfahrens ungeeignet. Wenn beispielsweise zwei im gleichen Rang stehende Soldaten miteinander Geschäfte machen, ist bei sich daraus ergebenden Auseinandersetzungen die Kameradschaftspflicht grundsätzlich noch nicht verletzt (BVerwG aaO).

Die Beschwerde wegen pflichtwidrigen Verhaltens eines Kamera- **186** **den begründet für den Disziplinarvorgesetzten keinen Verfolgungs-** **zwang.** Im Disziplinarrecht gilt das Opportunitätsprinzip, d.h. der Disziplinarvorgesetzte bestimmt nach pflichtgemäßem Ermessen, ob und wie er wegen eines Dienstvergehens einschreitet (§ 15 Abs. 2 WDO). An diesem Grundsatz ändert auch die WBO nichts, denn durch die Beschwerde wegen eines pflichtwidrigen Verhaltens erhält der Disziplinarvorgesetzte lediglich Kenntnis von den Tatsachen, die den Verdacht eines Dienstvergehens rechtfertigen, die ihn jedoch zur Aufklärung verpflichten (§ 32 Abs. 1 WDO). Ergibt sich, dass ein Dienstvergehen vorliegt, ist nach der WDO zu verfahren (§ 13 Abs. 1 Satz 2; vgl. dazu Bachmann, NZWehrr 2004, 45, 53). Aber auch mit diesem Verfahrenshinweis ist kein Verfolgungszwang verbunden. Dem Disziplinarvorgesetzten bleibt weiterhin die Entscheidung darüber, ob er es bei einer Erzieherischen Maßnahme bewenden lassen, eine Disziplinarmaßnahme verhängen will, ob er das Dienstvergehen zur Verhängung einer Disziplinarmaßnahme weiterzumelden oder die Entscheidung der Einleitungsbehörde herbeizuführen hat (§ 33 Abs. 1 WDO). Zum Inhalt der Entscheidung nach § 13 Abs. 2 vgl. § 13 Rn. 50 ff.

Ist das pflichtwidrige Verhalten des Betroffenen schuldhaft, damit ein **187** Dienstvergehen und zugleich eine Straftat, prüft der Disziplinarvorgesetzte, ob eine Abgabe an die Staatsanwaltschaft geboten ist (§ 33 Abs. 3 WDO i. Vbg. m. ZDv A-2160/6, Abschnitt 1.9 „Abgabe an die Staatsanwaltschaft"; in Schnell/Ebert C 11a). Der Beschwerdeführer hat keinen Anspruch darauf, dass der Disziplinarvorgesetzte die Sache an die Staatsanwaltschaft abgibt. Es steht ihm jedoch frei, selbst Strafanzeige zu erstatten.

Von der Meldung eines Dienstvergehens unterscheidet sich die Beschwerde **188** wegen pflichtwidrigen Verhaltens eines Kameraden dadurch, dass der Beschwerdeführer einen Anspruch auf Bescheid hat und ihm die getroffene disziplinare Entscheidung mitzuteilen ist (§ 13 Abs. 2 Satz 2; BVerwGE 63, 192 = NZWehrr 1979, 142). Da der Beschwerdeführer mit der Kameradenbeschwerde nicht Rechte geltend macht, die auf dem Verhältnis der besonderen militärischen Über-Unterordnung beruhen, sondern auf der Ebene der Gleichordnung von Kamerad zu Kamerad ein pflichtwidriges Verhalten rügt, steht ihm nach erfolglos beschrittenem Beschwerdeweg kein Rechtsschutz durch ein Wehrdienstgericht mehr zu.

VII. Unrichtige Behandlung

1. Vorbemerkung

189   Die subjektive Vorstellung des Beschwerdeführers („glaubt"), unrichtig behandelt worden zu sein, umfasst eine Behandlung, die ihn in seinen Rechten beeinträchtigt, weil sie rechtswidrig ist, oder die er für nur unzweckmäßig hält (Oetting, Beschwerderecht, S. 48; Barth, Beschwerderecht, S. 97). Diese sehr weite Auslegung des Begriffes „unrichtig" hat ihren Ansatz in § 13 Abs. 1 Satz 3, der unzulässige und unsachgemäße Befehle nebeneinander stellt (Salzmann, S. 136 f.). Die unrichtige Behandlung kann in Maßnahmen, Befehlen, Handlungen oder Unterlassungen bestehen (vgl. auch Bachmann, NZWehr 2004, 45).

190   Die Unterscheidung zwischen einer rechtswidrigen und einer unsachgemäßen Behandlung ist für die Zulässigkeit der Beschwerde noch ohne Bedeutung. Entscheidend wird sie erst bei der Frage, ob und inwieweit der mit der Beschwerde geltend gemachte Beschwerdegegenstand auch einer wehrdienstgerichtlichen Nachprüfung unterliegt. Allein mit der Behauptung einer Rechtsverletzung öffnet sich für den Beschwerdeführer nach erfolgloser weiterer Beschwerde der Rechtsweg für eine gerichtliche Entscheidung (Art. 19 Abs. 4 GG; § 17 Abs. 1, 3), der ihm bei einem nur unsachgemäßen Handeln oder einem pflichtwidrigen Verhalten von Kameraden verschlossen ist (BVerwGE 63, 204 = NZWehr 1979, 181). Für die gerichtliche Überprüfung eines zuvor mit der Beschwerde angegriffenen oder begehrten Verwaltungsaktes durch ein Verwaltungsgericht gilt nichts anderes (§§ 113 Abs. 1 und 4, 114 VwGO). Eine Überprüfung der Zweckmäßigkeit kann weder durch ein Wehrdienstgericht noch durch ein Verwaltungsgericht vorgenommen werden.

2. Rechtsverletzung

191   Der Beschwerdeführer muss geltend machen, dass ein Handeln oder Unterlassen des Betroffenen (§ 4 Abs. 3 Satz 2) ihn in seinen Rechten verletzt hat; dafür reicht es aus, dass nach dem von ihm vorgetragenen Sachverhalt eine Rechtsverletzung jedenfalls möglich erscheint (BVerwG NZWehr 1984, 36). Unerheblich ist, ob die Rechtsverletzung schuldhaft geschah (BVerwGE 83, 242 = NZWehr 1987, 77 = RiA 1987, 66). Rechte sind alle subjektiven öffentlichen materiellen oder formellen Rechte einschließlich der rechtlich geschützten Interessen, die dem Einzelnen durch die Rechtsordnung zuerkannt werden (BVerwGE 1, 159). Sie dienen nicht lediglich dem Allgemeininteresse, sondern – allein oder auch – dem Individualinteresse des Soldaten und enthalten die Berechtigung, vom Staat zum Schutz dieses Individualinteresses ein bestimmtes Handeln oder Unterlassen zu verlangen (vgl. Redeker/v. Oertzen, VwGO, § 42 Rn. 102; Stelkens/Bonk/Sachs, VwVfG, § 40 Rn. 132 ff.; Kopp/Schenke, VwGO, § 42 Rn. 83 ff.). Dazu gehört der Anspruch, dass Vorgesetzte und Dienststellen der Bundeswehr ihre gesetzlichen Pflichten erfüllen, insbesondere sich an die sie bindenden Vorschriften halten (BVerwG aaO; dazu siehe auch Kopp/Ramsauer, VwVfG, Einf. Rn. 71 f.).

Nur subjektiv-öffentliche Rechte des Soldaten können verletzt sein. Ge- **192** genstand einer Beschwerde können daher nur solche Rechte sein, die ihren Ursprung in dem besonderen, letztlich auf dem Prinzip von Befehl und Gehorsam beruhenden Über-Unterordnungsverhältnis haben oder sich aus der statusrechtlichen Gestaltung des einzelnen Wehrdienstverhältnisses ergeben. Ideelle oder wirtschaftliche Interessen des Soldaten sowie Beeinträchtigungen lediglich privater Rechte oder Rechtspositionen aus beispielsweise vertraglicher Bindung können daher mit der Beschwerde nicht geltend gemacht werden.

Rechte des Soldaten, die durch ein Handeln oder Unterlassen verletzt **193** werden können, sind die ihm durch § 6 Satz 1 SG garantierten staatsbürgerlichen Rechte, die jedermann zustehen (BDHE 4, 171) mit der Einschränkung, dass sie im Rahmen der Erfordernisse des militärischen Dienstes durch seine gesetzlich begründeten Pflichten beschränkt werden können (vgl. hierzu ausführlich Scherer/Alff/Poretschkin/Lucks, SG, § 6 Rn. 3 ff.; v. Scheliha, S. 168; Ullmann, S. 61), ferner die Rechte, die ihm auf Grund der Wehrgesetze, insbesondere des Soldatengesetzes, zustehen. Besondere Rechtspositionen der Vertrauensperson ergeben sich aus dem SBG und sind gem. § 17 SBG iVm § 1 Abs. 1 Satz 2 wehrbeschwerderechtlich gesichert.

Eingriffe in Reflexrechte können nicht als Rechtsverletzung geltend **194** gemacht werden. Bei den Reflexrechten handelt es sich um Normen, die in ihrer Zielsetzung nur dem Allgemeininteresse dienen und lediglich als Nebenwirkung – ohne dass darauf ein Rechtsanspruch besteht – für den Einzelnen begünstigende Folgen auslösen (vgl. Kopp/Schenke, VwGO, § 42 Rn. 87).

Anders liegt es, wenn die Beschwerde mit einer Verletzung von Pflichten **195** des Vorgesetzten begründet wird. In diesem Fall kann der Beschwerdeführer eine Rechtsverletzung geltend machen, wenn es sich um eine Pflicht des Vorgesetzten handelt, deren gesetzliche Grundlage „nach ihrem Wortlaut, Sinn und Zweck den Charakter einer subjektiv-öffentlichen Rechtsgarantie des Soldaten gegenüber Vorgesetzten" hat (BVerwGE 63, 204, 209 = NZWehrr 1979, 179, 182; vgl. auch Scherer/Alff/Poretschkin, SG, § 6 Rn. 9; sowie hier Rn. 209). Die zu subjektiv-öffentlichen Rechten erstarkten Reflexrechte des Soldaten auf Einhaltung der Vorgesetztenpflichten sind vornehmlich in § 10 Abs. 3, 4, § 13 Abs. 2 und § 15 Abs. 4 SG enthalten. Der Soldat hat dagegen keinen mit der Beschwerde durchsetzbaren Anspruch auf Ausübung der Dienstaufsicht (§ 10 Abs. 2 SG; § 14 WBO; BVerwG NZWehrr 1970, 108; 1991, 211). Auch die Verpflichtung, dem Soldaten staats- und völkerrechtlichen Unterricht zu erteilen, begründet für den einzelnen Soldaten kein subjektiv-öffentliches Recht, die Durchsetzung des Unterrichts auch zu erzwingen (vgl. Obermeyer, DVBl 1957, 265; a. A. Stauf, WR II, § 17 WBO Rn. 9). Ein mit der Beschwerde nicht durchsetzbares Reflexrecht ist der Anspruch auf Kameradschaft (§ 12 SG; BVerwGE 63, 204 = NZWehrr 1979, 179). Schließlich gehört nicht zu den einforderbaren Pflichten eines Vorgesetzten die formell vorschriftsmäßige Behandlung von Wehrbeschwerden oder die Wahrung der dem Soldaten durch die WDO gewährleisteten Verfahrensgarantien. Gegen die Verzögerung in der Bearbeitung einer Wehrbeschwerde ist der Soldat durch die Vorschriften der § 1 Abs. 2, § 16 Abs. 2 und § 17 Abs. 1 Satz 2 ebenso geschützt wie gegen das Tätigwerden einer nicht zuständigen Stelle (BVerwG NZWehr 1970, 69, 70; 1979, 105 = ZBR 1981, 135).

196 **Macht der Beschwerdeführer geltend, dass der Vorgesetzte pflicht-widrig gehandelt hat** (vgl. dazu das Stenographische Protokoll der 160. Sitzung des Rechtsausschusses des Deutschen Bundestages, 2. Wahlperiode, 1953, 16. Ausschuss), ist zur Abgrenzung gegenüber der Kameraden-beschwerde zwar zu beachten, dass auch der Vorgesetzte Kamerad sein kann. In der Kausalität von Vorgesetztenverhältnis und pflichtwidrigem Verhalten liegt jedoch der entscheidende Unterschied zwischen einer pflichtwidrigen Handlung durch einen Vorgesetzten und einem pflichtwidrigen Verhalten durch einen Kameraden. Wenn die Pflichtwidrigkeit auf Grund der Vor-gesetztenstellung begangen wurde, geht die Organbeschwerde – als lex spe-cialis – der Kameradenbeschwerde vor mit dem Ergebnis, dass die Rüge einer Pflichtwidrigkeit auf Grund des Vorgesetzten-Untergebenenverhältnisses letztlich auch den Rechtsweg zum Wehrdienstgericht öffnet, der bei der Kameradenbeschwerde verschlossen ist (a. A. Bachmann, NZWehr 2004, 46, 48, 50, der fälschlich von einer Identität des pflichtwidrigen Verhaltens und einer angefochtenen Maßnahme des Vorgesetzten ausgeht. Bei der Beur-teilung des Konkurrenzverhältnisses geht es aber ausschließlich nur um das pflichtwidrige Verhalten als Vorgesetzter oder als Kamerad).

197 Hat ein Angehöriger einer Dienststelle der Bundeswehr gegenüber dem Soldaten pflichtwidrig gehandelt, kann entweder eine Organbeschwerde in Betracht kommen oder es können – sofern das pflichtwidrige Verhalten nicht bei Ausübung hoheitlicher Gewalt geschah – die Voraussetzungen einer Kameradenbeschwerde gegeben sein. **Sind Vorgesetzte oder Dienststellen ermächtigt, nach ihrem pflichtgemäßen Ermessen** zu handeln, ist der Soldat in seinen Rechten verletzt, wenn die gesetzlichen Grenzen des Er-messens verkannt oder überschritten sind oder wenn von dem Ermessen in einer dem Zweck der Ermächtigung nicht entsprechenden Weise Gebrauch gemacht worden ist. Hierzu rechnen die Fälle der Ermessenswillkür, des Ermessensmissbrauchs, Nichtgebrauch des Ermessens dort, wo rechtsirrig angenommen wird, dass gar kein Ermessensspielraum gegeben sei (BVerwG NZWehr 2008, 259) sowie des Ermessensfehlers aus Rechtsirrtum, d. h. das Ermessen ist zwar geübt, jedoch fehlerhaft. Im Beschwerdeverfahren wird eine fehlerhafte Ermessensentscheidung durch das Ermessen der über die Beschwerde entscheidenden Stelle (§ 9) ersetzt. Im gerichtlichen Antragsver-fahren ist es den Wehrdienstgerichten dagegen verwehrt, ihr Ermessen an die Stelle der angefochtenen Entscheidung zu setzen. Vorbehaltlich einer Ergän-zung der Ermessensentscheidung durch den Betroffenen (§ 23a Abs. 2 i. Vbg. m. § 114 Satz 2 VwGO) können sie nur die Rechtswidrigkeit fest-stellen.

198 Zu den mit der Beschwerde einforderbaren staatsbürgerlichen Rechten sowie den Rechten aus dem Soldatengesetz siehe im Einzelnen § 17 Rn. 15 ff.

3. Unsachgemäßes Handeln

199 Die Nachprüfung der Zweckmäßigkeit eines Handelns bedeutet die Über-prüfung der Ermessensausübung in vollem Umfang, also nicht nur beschränkt darauf, ob der Vorgesetzte oder die Dienststelle mit ihrem Handeln in den Grenzen des Ermessens geblieben ist; ist diese Grenze überschritten, haben sie rechtswidrig gehandelt (vgl. § 40 VwVfG). Außerhalb des Beschwerde-verfahrens sind Vorgesetzte schon auf Grund ihrer Pflicht zur Dienstaufsicht gehalten (§ 10 Abs. 2 SG), unzweckmäßiges Handeln ihrer Untergebenen zu verhindern (Scherer/Alff/Poretschkin/Lucks, SG, § 10 Rn. 12). Hat die Überprüfung ergeben, dass die angefochtene Handlung unzweckmäßig war, setzt die für die Entscheidung über die Beschwerde zuständige Stelle (§ 9) ihr Ermessen an die Stelle des zunächst vom Betroffenen (§ 4 Abs. 3 Satz 3) ausgeübten Ermessens und trifft eine – nach ihrer Auffassung – nunmehr zweckmäßige Entscheidung. Mit der Beschwerde kann immer nur ein nicht sachgemäßes Handeln gerügt werden; ein Anspruch, auch ein unsachgemäßes Unterlassen festzustellen, besteht nicht; in diesem Fall hat der Soldat die Möglichkeit der Untätigkeitsbeschwerde (Abs. 2).

Ein Handeln ist nicht sachgemäß, wenn der Vorgesetzte oder die **200** **Dienststelle der Bundeswehr es nicht am Grundsatz der Verfahrens-ökonomie ausgerichtet hat.** Auch für sie gilt in jedenfalls sinngemäßer Anwendung, dass sie ihr Handeln einfach, zweckmäßig und zügig durchzufüh-ren haben (vgl. § 10 Satz 2 VwVfG). Das bedeutet bei dem Vorwurf des Be-schwerdeführers, ihr Handeln sei unsachgemäß, dass die Folgen ihrer Entschei-dung für ihn hätten geeigneter, zielgerichteter, vorteilhafter, angemessener, sinnvoller, weniger aufwändig, auch kostensparender, hätten ausfallen können.

VIII. Das Beschwerderecht der Vertrauensperson
(Abs. 1 Satz 2)

Satz 2 ist durch Art. 3 des Gesetzes über die Beteiligung der Soldaten und **201** Zivildienstleistenden vom 16.1.1991 – SBG – (BGBl. I S. 47, 56) eingefügt worden. Er verweist für das Beschwerderecht der Vertrauensperson auf Re-gelungen des SBG (nunmehr Soldatinnen und Soldatenbeteiligungsgesetz i. d. F. vom 27.3.2017, BGBl. I 562); dessen § 17 enthält die Zuweisung eines eigenen Beschwerderechts für die Vertrauensperson zur Sicherung ihrer Be-teiligungsrechte. Sie ist eine Funktionsbeschwerde, denn sie sichert die Be-fugnisse der Vertrauensperson und schützt vor Benachteiligungen des Sol-daten wegen seiner Tätigkeit als Vertrauensperson (Höges, NZWehr 2005, 10, 12; Poretschkin, NZWehr 2009, 66). § 17 SBG legt die Zuständigkeit des über die Beschwerde entscheidenden Vorgesetzten fest, wenn sie sich gegen die Vertrauensperson oder ihren nach § 13 SBG eingetretenen Stell-vertreter richtet. Die Beteiligung der Vertrauensperson bei Beschwerden in Fragen des Dienstbetriebes, der Fürsorge, der Berufsförderung oder der außerdienstlichen Betreuung und Freizeitgestaltung für Soldaten sowie dienstliche Veranstaltungen geselliger Art sichert § 30 SBG (vgl. § 10 Rn. 69 ff.). Zum Rechtsweg siehe BVerwGE 115, 223 = RiA 2003, 35; BVerwG NZWehr 2010, 40, 41; Höges, NZWehr 2005, 10, 17). Nach Ausscheiden aus dem Amt endet das Beschwerderecht als Vertrauensperson (BVerwG NZWehr 2009, 28; zu den Folgen einer vorher noch eingelegten Beschwerde siehe Bachmann, GKÖD Yo, § 1 Rn. 33).

§ 17 SBG hat folgenden Wortlaut: Beschwerderecht der Vertrauensperson

Die Vertrauensperson kann sich entsprechend § 1 Abs. 1 der Wehrbeschwerde-ordnung beschweren, wenn sie glaubt, in der Ausübung ihrer Befugnisse behindert oder wegen ihrer Tätigkeit benachteiligt zu werden.

202 Die mit Satz 2 vorgenommene Ergänzung des Absatzes 1 ist rechtstechnisch unglücklich (siehe auch Höges, NZWehr 2005, 10, 11 Fn 5; Bachmann, GKÖD Yo, § 1 Rn. 277). Für ein Beschwerderecht der Vertrauensperson verweist Satz 2 auf das SBG als normativen Regelungsort, das wiederum in § 17 SBG auf § 1 Abs. 1 WBO (und nicht nur Satz 1) zurückverweist und auch das nur in entsprechender Anwendung. Diese missglückte gesetzliche Konstruktion hat keine saubere Grundlage für die Position eines Beschwerdeführers geschaffen, dem aus verständlichen rechtspolitischen Gründen über den bisher gesetzlich allein garantierten individual- (§ 1 Abs. 1 Satz 1) zusätzlich ein funktionsbezogener Rechtsschutz (§ 1 Abs. 1 Satz 2) zuteil werden sollte. Entgegen der Konzeption des Gesetzgebers (siehe Begründung zum Regierungsentwurf des SBG, BT-Drs. 11/7323, S. 16) wäre es gesetzessystematischer gewesen, den früheren beschwerderechtlichen Grundsatz des § 1 Abs. 1 WBO um ein funktionsbezogenes Beschwerderecht der Vertrauensperson zu erweitern und Rechtsschutzregelungen des SBG mit einer Verweisung auf die WBO zu versehen.

203 Satz 2 sichert ausschließlich die Befugnisse der Vertrauensperson nach dem SBG und schützt sie vor Benachteiligungen aus Anlass ihres Amtes. Die Regelung ist der rechtliche Garant des in § 15 Abs. 1 SBG enthaltenen Verbots, dass die Vertrauensperson in der Ausübung ihrer Befugnisse nicht behindert und wegen ihrer Tätigkeit nicht benachteiligt oder begünstigt werden darf (vgl. auch BVerwG NZWehr 1996, 125). Dabei steht ihr das Beschwerderecht auch dann zu, wenn sich das Verfahren, an dem sie beteiligt werden wollte, erledigt hat (BVerwG NZWehr 2001, 29 = ZBR 2001, 217). Das Beschwerderecht der Vertrauensperson tritt zusätzlich (auch) neben die Beschwerdemöglichkeiten, die der Vertrauensperson außerhalb ihres Amtes als Soldat schon nach Satz 1 zustehen. Entscheidend für die – meist allerdings nur theoretische – Abgrenzung zwischen beiden Beschwerdearten ist, ob z. B. verletzte Befugnisse als Vertrauensperson oder eine unrichtige Behandlung durch Vorgesetzte oder Dienststellen der Bundeswehr vom Beschwerdeführer in seiner Eigenschaft als Soldat mit der Beschwerde geltend gemacht werden. Den Rechtsweg zum Wehrdienstgericht eröffnen beide Beschwerden (siehe Rn. 227). Das Eingaberecht nach § 7 WehrBeauftrG bleibt unberührt (Begründung zum Regierungsentwurf des SBG, BT-Drs. 11/7323, S. 19; Höges in: Wolf/Höges, SBG, § 16 Rn. 6; Gronimus, SBG, § 16 Rn. 4, jeweils zur alten Rechtslage). Der Personalrat mit Soldatenvertretern hat als Gremium bei einer behaupteten Verletzung von Beteiligungsrechten keine Rechte nach der WBO (Höges, NZWehr 2005, 10 f.). Dagegen haben die Soldatenvertreter in Angelegenheiten, die nur die Soldaten betreffen, die Befugnisse der Vertrauensperson, also auch das Beschwerderecht nach § 17 SBG (§ 63 Abs. 1, 2 SBG). Auch die Mitglieder der Vertrauenspersonenversammlung können sich wegen Beeinträchtigung ihrer Mitwirkungsrechte beschweren (§ 33 Abs. 7 SBG), das gleiche Recht haben die Mitglieder des Gesamtvertrauenspersonenausschusses (§ 42 Abs. 6 SBG; vgl. auch Bachmann, GKÖD Yo, § 1 Rn. 35). Die Gleichstellungsbeauftragte (§ 18 SGleiG) hat bei Verstößen gegen das Gebot der Gleichbehandlung nur ein Einspruchsrecht (§ 21 SGleiG); bleibt der Einspruch erfolglos, kann sie das Truppendienstgericht anrufen, die Gleichstellungsbeauftragte im BMVg das BVerwG (Wehrdienstsenate; § 22 SGleiG).

204 Gegenstand der Beschwerde nach Satz 2 ist jede Behinderung der Befugnisse der Vertrauensperson und jede Benachteiligung ihrer Tätigkeit. Die

Befugnisse der Vertrauensperson ergeben sich aus den Beteiligungstatbeständen des SBG (zur Anhörung der Vertrauensperson eines schwerbehinderten Soldaten siehe Nr. 7.2 des Fürsorgeerlasses, VMBl 2007, S. 30; 2010, S. 50). Sie sind gemessen an den Grundsätzen für die Zusammenarbeit (§ 19 SBG) weit auszulegen. Die Vertrauensperson ist nicht erst beschwerdeberechtigt, wenn sie „in Ausübung" der Befugnisse behindert wird, sondern schon dann, wenn es ihr unmöglich gemacht wird, die Befugnisse überhaupt wahrzunehmen. So kann sich die Vertrauensperson schon beschweren, wenn es der Disziplinarvorgesetzte unterlässt, sie nach der Wahl unverzüglich in ihr Amt einzuweisen (§ 20 Abs. 3 SBG) oder sie nach erstmaliger Wahl unter den Voraussetzungen des § 20 Abs. 5 SBG nicht für ihr Amt ausgebildet wird. Darüber hinaus ist eine Beschwerde z. B. statthaft, wenn der Vertrauensperson keine oder nicht ausreichende Freistellung vom Dienst gewährt wird (§ 8 Abs. 2 SBG), wenn sie nicht rechtzeitig und umfassend über Angelegenheiten unterrichtet wird, die ihre Aufgaben betreffen (§ 20 Abs. 1 Satz 2 SBG), sie unfreiwillig entgegen § 16 Abs. 1 SBG versetzt wird, Anhörungs- und Vorschlagsrechte missachtet werden. Dagegen ist eine Beschwerde mit der Behauptung, der Beschwerdeführer sei als Vertrauensperson zu Unrecht nicht von seinem nächsthöheren Disziplinarvorgesetzten beurteilt worden, dogmatisch ein Rechtsbehelf nach Satz 1, weil die Beachtung von Verfahrensvorschriften eingeklagt wird, die der Vertrauensperson formal in Bezug auf ihre Beurteilung eingeräumt sind (BVerwGE 93, 281).

Zum Begriff der Benachteiligung siehe § 2 Rn. 5 ff.   **205**

Es müssen alle Voraussetzungen des Beschwerderechts vorliegen. Dazu **206** gehören neben Form und Frist (hierzu kritisch Gronimus, SBG, § 16 Rn. 14 zur alten Gesetzeslage) ein Rechtsschutzbedürfnis (Rn. 88 ff.) und die Beschwer des Beschwerdeführers in seinem Amt als Vertrauensperson (vgl. Rn. 97 ff.). Kein Rechtsschutzbedürfnis besteht für eine nach Ausscheiden aus dem Wehrdienstverhältnis begehrte Feststellung, ob und inwieweit eine Behinderung in der Ausübung der Befugnisse als Vertrauensperson vorgelegen habe (BVerwG NZWehr 1994, 161 = RiA 1995, 136; siehe auch BVerwG NZWehrr 1994, 118 f. = ZBR 1994, 256 und BVerwG 1 WB 39/08 vom 13.8.2008, juris Rn. 60). Kein Rechtsschutzbedürfnis besteht auch bei der Beschwerde gegen den Antrag des Disziplinarvorgesetzten, die Vertrauensperson abzuberufen (§ 12 Abs. 1 SBG). Über die Berechtigung des Antrags entscheidet das Truppendienstgericht in dem dafür vorgesehenen Verfahren (§ 12 Abs. 2 SBG). Bei der Prüfung, ob die Vertrauensperson im Einzelfall beschwert ist, tritt an die Stelle des individuellen Betroffenseins die Behinderung oder Benachteiligung des Amtes und des Soldaten als Vertrauensperson. So kann sich der Soldat nur beschweren, wenn er in seinen Befugnissen als Vertrauensperson behindert oder als Folge seines Amtes benachteiligt wird; er kann sich nicht für seinen Stellvertreter beschweren, wenn dieser rügt, er sei nicht unverzüglich nach seiner Wahl in sein Amt eingewiesen (§ 20 Abs. 3 SBG) oder nicht ausgebildet worden (§ 20 Abs. 5 SBG). In diesen Fällen muss der Stellvertreter selbst Beschwerde nach Satz 2 einlegen, zu der er auf Grund eigenen Rechts schon befugt ist, obwohl er als Stellvertreter noch nicht eingetreten ist. Keine Beschwer der Vertrauensperson auch bei der Rüge, durch Abwesenheit der Vertrauensperson der Offiziere an einer anberaumten Versammlung der Vertrauenspersonen (§ 33 SBG) sei diese beschlussunfähig geworden. Der Vertrauensperson bleibt es unbenommen, eigene Befugnisse wahrzunehmen, die Versammlung zu besuchen und Interessen ihrer Wählergruppe vorzutragen.

207 Eine gemeinschaftliche Beschwerde mehrerer Vertrauenspersonen ist unzulässig (Abs. 4 Satz 1). In Beschwerdeangelegenheiten der Vertrauensperson führt der Rechtsweg zu den Wehrdienstgerichten (§ 17 Abs. 1 WBO i. Vbg. m. § 35 SG; BVerwGE 103, 65 = NZWehrr 1994, 117; BVerwGE 103, 43 = NZWehrr 1994, 70; auch BVerwGE 115, 223 = RiA 2003, 35; NZWehrr 2007, 128; 2010, 161; TDG Nord NZWehrr 1992, 212; Rn. 52).

Zu Absatz 2

IX. Untätigkeitsbeschwerde

1. Vorbemerkung

208 Die Beschwerde wegen Nichtbescheidung eines Antrags innerhalb eines Monats ist ein Sonderfall der in Absatz 1 geregelten unrichtigen Behandlung (kritisch zur Untätigkeitsbeschwerde Walz, NZWehrr 1972, 103 f.). Gegenüber Absatz 1 ist sie besonders hervorgehoben worden, um deutlich zu machen, dass das Ausbleiben des Bescheides ein besonderer Beschwerdegrund ist (vgl. schon die Ausführungen des MdB Dr. Arndt in Protokoll der 160. Sitzung des Rechtsausschusses des Bundestages, 2. Wahlperiode 1953, 16. Ausschuss). Nach Absatz 1 könnte die verzögerte Behandlung eines Antrags nur als unrichtige Behandlung festgestellt werden; durch Absatz 2 erhält der Beschwerdeführer jedoch eine Entscheidung der nächsthöheren Stelle über den Antrag selbst.

2. Geltungsbereich der Vorschrift

209 **2.1. In Verwaltungsangelegenheiten.** In Verwaltungsangelegenheiten ist eine Beschwerde nur insoweit statthaft, als vor Erhebung einer Klage ein verwaltungsgerichtliches Vorverfahren erforderlich ist (§ 68 VwGO). Das ist bei der verzögerten Behandlung eines Antrags auf Vornahme eines Verwaltungsaktes nicht der Fall (§ 75 VwGO). Vielmehr kann hier ohne ein Vorverfahren unmittelbar Klage zum Verwaltungsgericht erhoben werden. Eine § 126 BRRG entsprechende Bestimmung, nach der ein Vorverfahren für alle verwaltungsgerichtlichen Klagen eines Beamten vorgeschrieben ist, fehlt im Wehrrecht (Oetting, Beschwerderecht, S. 114). Ebenso wenig lässt § 190 Abs. 1 Nr. 6 VwGO eine Erweiterung des Absatzes 2 auf Anträge in Verwaltungsangelegenheiten zu, weil § 23 keine von der VwGO abweichende Regelung enthält. **Absatz 2 gilt demnach nur für Anträge in truppendienstlichen Angelegenheiten** (vgl. Oetting, aaO; siehe auch BVerwGE 53, 8). Eine in Verwaltungsangelegenheiten gleichwohl eingelegte Beschwerde nach Absatz 2 ist als Beschwerde nach Absatz 1 zu behandeln.

210 **2.2. Bei Entscheidungen des BMVg.** Geht eine Entscheidung des BMVg auf einen Antrag nicht innerhalb eines Monats bei dem Antragsteller ein, ist eine Beschwerde nach Absatz 2 nicht möglich, da die Ministerin oder der Minister keinem Vorgesetzten mehr untersteht. Ob der Antragsteller in diesem Fall die Entscheidung des BVerwG (Wehrdienstsenate) beantragen kann (§§ 21, 17), ist zweifelhaft. § 21 eröffnet den Rechtsweg zum BVerwG

nur bei Entscheidungen über Beschwerden und weitere Beschwerden. Für den Fall der Untätigkeit des Ministers enthält nur § 17 Abs. 1 Satz 2 i. Vbg. m. § 21 eine nicht ganz zweifelsfreie Regelung bei Nichtentscheidung über eine weitere Beschwerde, denn es ließe sich durchaus die Auffassung vertreten, dass die in § 21 Abs. 2 Satz 1 enthaltene Verweisung auf die §§ 17 bis 20 angesichts des übrigen Inhalts von § 21 Abs. 2 nur formaler Natur ist und keine materiellen Antragsvoraussetzungen enthält. Das BVerwG hat an dieser Regelung indes keinen Anstoß genommen (BDHE 7, 176 f. = NZWehr 1968, 103 LS). Andererseits findet auf das gerichtliche Antragsverfahren vor den Wehrdienstsenaten auch § 19 entsprechende Anwendung (§ 21 Abs. 2 Satz 1). Nach § 19 Abs. 1 Satz 3 hat das BVerwG bei einer rechtswidrig unterlassenen Maßnahme die Verpflichtung auszusprechen, unter Beachtung der Rechtsauffassung des Gerichts tätig zu werden. Diese Vorschrift wäre für das Verfahren vor den Wehrdienstsenaten inhaltslos, wenn ein Untätigbleiben des BMVg auf einen gestellten Antrag nicht gerichtlich überprüft werden könnte. Da im Übrigen die WBO in der Begriffswahl von „Entscheidung" und „Maßnahme" terminologisch nicht einheitlich ist (vgl. auch Oetting, Beschwerderecht, S. 47), ist es gerechtfertigt, in den Begriff der „Maßnahme" i. S. des § 21 auch die unterlassene Maßnahme einzubeziehen (BVerwG NZWehr 1979, 142).

Hat der Beschwerdeführer Antrag auf gerichtliche Entscheidung 211 **wegen Untätigkeit des BMVg** gestellt, geht die Befugnis zur Entscheidung über den ursprünglich gestellten Sachantrag nunmehr grundsätzlich auf das BVerwG über (BDHE 7, 176 = NZWehr 1968, 103; NZWehr 1978, 214; 1979, 142). Dies ist ausnahmsweise nur dann nicht der Fall, wenn es dem Antragsteller nicht auf eine Entscheidung des Gerichts in der Sache ankommt, sondern darauf, dass der BMVg zu einem Tätigwerden veranlasst wird (BVerwG NZWehr 1979, 142). An dieser Entscheidung wird ihm vornehmlich gelegen sein, wenn sich der Sachantrag der Zuständigkeit der Wehrdienstgerichte entzieht oder er Wert darauf legt, dass der Sachantrag auch unter Zweckmäßigkeitsgesichtspunkten geprüft wird, was den Wehrdienstgerichten bei ihrer gesetzlichen Beschränkung auf eine Rechtmäßigkeitsprüfung versagt ist (BVerwG aaO). Rügt der Beschwerdeführer die **Untätigkeit des BMVg in einer Verwaltungangelegenheit,** sind nicht die Wehrdienstgerichte zuständig, sondern die allgemeinen Verwaltungsgerichte (BVerwGE 73, 208 = ZBR 1983, 74).

Bis zu einer gerichtlichen Entscheidung kann der BMVg noch über den 212 Antrag befinden (vgl. Rn. 247). Seiner Entscheidung kommt jedoch, sofern sie keine Abhilfe enthält und den Antrag gegenstandslos macht (BDHE 7, 176 = NZWehr 1968, 103), keine eigenständige prozessuale Bedeutung zu; sie ist nur zusätzlicher Sachvortrag und als solcher nicht selbstständig anfechtbar (BVerwGE 63, 84, 87; BVerwG NZWehr 1978, 214 f.). Erhebt der Beschwerdeführer Untätigkeitsbeschwerde mit der Begründung, der BMVg habe seinen Antrag auf gerichtliche Entscheidung nicht unverzüglich dem BVerwG vorgelegt, wird diese Beschwerde mit der Vorlage des Antrags gegenstandslos.

Der Antrag auf gerichtliche Entscheidung setzt voraus, dass der BMVg 213 einen Monat untätig geblieben ist (§ 17 Abs. 1 Satz 2 i. Vbg. m. § 21 Abs. 2 Satz 1). Er kann nur mit der Behauptung geltend gemacht werden, die Entscheidung über den Sachantrag sei rechtswidrig versagt worden, obwohl der Beschwerdeführer hierauf einen Anspruch gehabt habe (§ 17 Abs. 3). Die

Behauptung, der BMVg habe die Entscheidung über den Sachantrag verzögert, vermag die Rechtswidrigkeit allein nicht zu begründen, da die verzögerte Behandlung im Wehrbeschwerdeverfahren nicht zu den in den §§ 6 bis 23, 26 bis 29 und 32 bis 36 SG geregelten Rechten des Soldaten und Pflichten seines Vorgesetzten ihm gegenüber gehört, deren Verletzung allein Gegenstand eines Antrags auf gerichtliche Entscheidung sein kann.

3. Zulässigkeitsvoraussetzungen

214 **3.1. Antrag.** Unter dem Gesichtspunkt, dass nur bei Vorliegen einer Beschwer ein Beschwerderecht zugelassen ist, ergeben sich die Grenzen der Untätigkeitsbeschwerde.

215 Das Bedürfnis nach einer Entscheidung über den Antrag muss auf persönlichen Interessen des Beschwerdeführers beruhen, um eine Beschwerde wegen Nichtbescheidung zuzulassen. Es muss sich daher stets um einen Antrag des Beschwerdeführers handeln, dessen Ablehnung für ihn eine persönliche Beschwer enthält. Ein Antrag zu Gunsten eines Kameraden ist demnach unzulässig; ebenso Anträge, die ganz allgemein die Ausstattung des Dienstbetriebes betreffen, etwa einen Antrag auf Einrichtung eines Gemeinschaftsraums oder auf Anschluss an das Kabel- oder Satellitenfernsehen, ferner Anträge auf Ausstattung der Einheit mit Gerät und Personal; auch kein zulässiger Antrag, den BMVg zu einer allgemeinen Aussagegenehmigung zu verpflichten (BVerwGE 93, 26 = NZWehrr 1991, 114). Keine zulässige Beschwerde des Soldaten, wenn eine Dienststelle für ihn einen Antrag an eine andere Dienststelle richtet und diese nicht über den Antrag entscheidet. Zulässig sind dagegen alle Anträge, die geltend zu machen gesetzlich geregelt ist, wie z. B. der Antrag auf Genehmigung einer Nebentätigkeit (§ 20 SG), Antrag auf Genehmigung einer Vormundschaft oder von Ehrenämtern (§ 21 SG), Antrag auf Erholungs- oder Sonderurlaub (§ 28 SG), Antrag auf Einsicht in die Personalakten (§ 29 Abs. 7 SG). Ein Antrag liegt aber nicht nur vor, wenn der Soldat einen Rechtsanspruch auf eine bestimmte Leistung geltend macht, sondern auch in allen Fällen, in denen er sich an einen Vorgesetzten oder eine Dienststelle der Bundeswehr wendet und offensichtlich eine Antwort erwartet. Ein „Gesuch" stellt regelmäßig auch einen Antrag i. S. des Absatzes 2 dar, so z. B. das Gesuch um Versetzung zu einer anderen Einheit, Verlegung auf eine andere Stube, Auslieferung eines bestimmten Uniformstückes oder auf Zuteilung einer Verpflegungszulage.

216 Der Antrag wird nicht dadurch ausgeschlossen, dass in einer Dienstvorschrift für den Vorgesetzten bestimmt ist, von Amts wegen für den Soldaten tätig zu werden. So kann der Soldat z. B. den Antrag auf Teilnahme an einem Lehrgang auch stellen, wenn der Vorgesetzte durch Dienstvorschrift dazu angehalten ist, von sich aus Teilnehmer zu benennen.

217 Wenn der Beschwerdeführer sich über die bloße Nichtbescheidung seines Antrags hinaus von einem bestimmten Vorgesetzten oder einer Dienststelle unrichtig behandelt oder von einem bestimmten Kameraden verletzt fühlt, kann er sich außerdem über den betreffenden Vorgesetzten, die Dienststelle oder den Kameraden nach Abs. 1 Satz 1 beschweren, sofern hierfür ein besonderes Rechtsschutzbedürfnis gegeben ist. So kann er z. B. rügen, ein Offizier habe die Bearbeitung seines Antrags pflichtwidrig verzögert oder unterlassen; dagegen besteht keine Beschwerdemöglichkeit, wenn sich ein Disziplinarvorgesetzter mit der Ahndung eines Dienstvergehens Zeit lässt.

Hat der Soldat auf einen Antrag schon einen unanfechtbar gewor- 218
denen Bescheid erhalten, sind Vorgesetzte und Dienststellen nicht
verpflichtet, in jedem Fall einen neuen, in der gleichen Sache gestell-
ten Antrag zu entscheiden (BVerwG MDR 1966, 953; siehe auch
BVerfGE 2, 225). Das gilt selbst dann, wenn sich die unanfechtbar gewordene Maßnahme nachträglich auf Grund höchstrichterlicher Rechtsprechung
als rechtswidrig erweist (BVerwG MDR 1966, 953; BVerwG NJW 1981,
2595 = MDR 1981, 963) oder von zwei Dienststellen unterschiedlich beurteilt wird; denn die Rechtsbehelfsfristen zur Anfechtung einer hoheitlichen
Maßnahme würden bei einem Anspruch des Soldaten auf Erteilung eines sog.
Zweitbescheides gegenstandslos (siehe auch Eyermann, VwGO, § 121
Rn. 10, 33; Kopp/Ramsauer, VwVfG, § 35 Rn. 55). Über offensichtlich
mutwillige oder querulatorische Anträge braucht gar nicht befunden zu
werden (BVerw NJW 1965, 602, 603; vgl. auch Bücking, MDR 1974, 900).
Andererseits haben Vorgesetzte und Dienststellen der Bundeswehr auch ohne
Änderung der Sach- und Rechtslage grundsätzlich die Möglichkeit, Maß-
nahmen nach Eintritt ihrer Unanfechtbarkeit zu Gunsten des Soldaten zu
ändern (BVerwGE 46, 252 = NZWehrr 1975, 68; siehe auch § 51 VwVfG).
Die Entscheidung darüber, ob eine Sache erneut aufgegriffen werden soll,
liegt im Ermessen des Vorgesetzten oder der Dienststelle, wobei der Soldat
einen Anspruch auf fehlerfreie Ermessensausübung hat (BVerwGE 53, 12, 14;
BVerwG NZWehrr 1989, 77; Redeker/v. Oertzen, VwGO, § 42 Rn. 131).
Unter den Voraussetzungen des § 51 VwVfG sind sie auf Antrag des Soldaten
dazu verpflichtet, wenn er ein Wiederaufgreifen des Verfahrens verlangt (zur
Geltung des VwVfG innerhalb des militärischen Bereichs vgl. § 23 Rn. 7 ff.;
vgl. auch BVerwG NZWehrr 17, 99, 103). Das gilt selbst dann, wenn sein
Verfügungssatz identisch mit dem Erstbescheid ist. Er entzieht sich einer
Anfechtung nur, soweit die materielle Rechtskraft einer wehrdienstgerichtlichen Entscheidung entgegensteht (BVerwGE 73, 348 = NZWehrr 1982,
192). Auch der bloße Hinweis auf die frühere Entscheidung oder die Wieder-
holung der bereits unanfechtbar gewordenen Maßnahme ist nicht erneut
anfechtbar (BVerwGE 17, 99, 101); zur Abgrenzung des Zweitbescheides von
der nur wiederholenden Verfügung siehe BVerwG DÖD 1969, 230 ff.;
Kopp/Schenke, VwGO, Anh. § 42 Rn. 29). Auch die Einlassung des Dienstherrn auf eine Klage oder einen Antrag auf gerichtliche Entscheidung ist kein
Zweitbescheid (BVerwG ZBR 1968, 280).

Eine Verpflichtung zur neuen Entscheidung ist außerhalb des Anwen- 219
dungsbereichs von § 51 VwVfG nur anzuerkennen, wenn sich die Sach- und
Rechtslage zu Gunsten des Beschwerdeführers geändert hat (BVerwG MDR
1966, 953; siehe auch BVerwG DVBl 1967, 159 und BVerwGE 46, 252 =
NZWehrr 1975, 68, BVerwG NZWehrr 2008, 259). Stellt der Soldat eine
entsprechende Behauptung auf, wird der zuständige militärische Vorgesetzte
gehalten sein, über den Antrag auf Durchführung eines neuen Verfahrens zu
befinden. Im Übrigen ist die Frage eines Wiederaufgreifens nach pflichtgemäßer Abwägung aller dafür und dagegen sprechenden Gründe zu entscheiden (BVerwG DVBl 1963, 186; NJW 1965, 602, 603). Dabei braucht in
eine volle Sachprüfung nicht eingetreten zu werden. Die mit dem Antrag
angerufene Stelle muss sich aber Gedanken darüber machen, ob eine neue
Sachentscheidung gerechtfertigt ist (BVerwG NJW 1965, 602, 603), wobei
insbesondere der Gleichheitsgrundsatz beachtet werden muss (BVerwG
MDR 1966, 953; BVerwGE 26, 153; BVerwG DVBl 1965, 485). Sie handelt

nicht rechtswidrig, wenn sie den Antrag auf Erlass eines neuen sachlichen Bescheids ablehnt, weil das Vorbringen des Antragstellers nicht geeignet ist, von der Sache her Anstoß zu einer Nachprüfung zu geben (siehe auch BVerwG MDR 1978, 631). Grundsätzlich kann sich der Antragsteller nicht auf solche Umstände berufen, die er bei fristgerechter Anfechtung der Entscheidung hätte vortragen können oder vorgetragen hat (BVerwGE 46, 252, 254 = NZWehrr 1975, 68). Auch wenn Anträge auf ein Wiederaufgreifen des Verfahrens nicht fristgebunden sind, wird so vermieden, dass Anträge beliebig oft mit gleichem Inhalt gestellt werden können (siehe auch BVerwGE 46, 46, 252, 254 = NZWehrr 1975, 68, 69; BVerwGE 53, 12, 14). Die Entscheidung im neuen Verfahren kann nach Durchführung des gesetzlichen Vorverfahrens gerichtlich überprüft werden (siehe jedoch BVerwGE 73, 348 = NZWehrr 1982, 192). Ein Wiederaufgreifen des Verfahrens kann mit der entsprechenden Begründung auch mehrmals verlangt werden. Gegen einen das Wiederaufgreifen des Verfahrens ablehnenden Bescheid kann Beschwerde eingelegt werden.

220 **3.2. Frist.** Bei der Fristbestimmung von einem Monat geht das Gesetz davon aus, dass der zur Entscheidung über den Antrag berufenen Stelle wenigstens ein Monat zur Bearbeitung zugestanden werden muss, ehe der Soldat Beschwerde einlegen kann. Eine vor Ablauf eines Monats eingelegte Beschwerde ist als unzulässig zurückzuweisen. **Für den Beginn der Monatsfrist** ist der Tag maßgebend, an dem der Antrag bei dem zur Entscheidung zuständigen Vorgesetzten oder der Dienststelle eingegangen ist. Es kommt nicht darauf an, wann der Soldat den Antrag geschrieben oder abgesandt hat. Auch der Eingang des Antrags bei einem andern als dem zur Entscheidung hierüber zuständigen Vorgesetzten oder der zuständigen Dienststelle ist für den Fristbeginn nicht erheblich. Denn die Beschwerde nach Absatz 2 richtet sich gegen die für die Entscheidung zuständige Stelle, so dass diese zunächst mit dem Antrag befasst gewesen sein muss. Da der Soldat regelmäßig den Zeitpunkt des Eingangs nicht kennt, muss er die durchschnittliche Dauer des Dienst- oder Postweges berücksichtigen und damit den Beginn der Monatsfrist entsprechend später annehmen.

221 **Die Berechnung der Monatsfrist** richtet sich nach dem BGB (§ 187 Abs. 1, § 188 Abs. 2 und 3; siehe dazu § 6 Rn. 10 ff.). Eine Verlängerung der Frist ist nicht möglich. Dagegen braucht der Beschwerdeführer die Monatsfrist nicht abzuwarten, wenn der Bescheid nur innerhalb einer kürzeren Frist sinnvoll ist. In diesen Fällen liegt in der Nichtbescheidung des Antrags eine Verletzung der Fürsorgepflicht, die schon ein Beschwerderecht nach Abs. 1 Satz 1 gibt (Beispiel: Der Soldat stellt am Montag einen Antrag auf drei Tage Sonderurlaub, um am Freitag an der Beerdigung eines Familienangehörigen teilzunehmen. Hat der Disziplinarvorgesetzte nicht bis Mittwochabend über den Antrag entschieden, kann der Soldat Beschwerde mit der Begründung einlegen, der Vorgesetzte habe seine Fürsorgepflicht aus § 10 Abs. 3 SG verletzt).

222 Die Nichtbescheidung eines Antrags ist eine fortwährende unrichtige Behandlung, die den Beschwerdeanlass i. S. des § 6 Abs. 1 jeden Tag wieder von neuem entstehen lässt.

223 Aus welchen Gründen ein rechtzeitiger Bescheid gegenüber dem Beschwerdeführer unterblieb, ist für die Zulässigkeit der Beschwerde ohne Bedeutung. Der Beschwerdeführer braucht nur vorzutragen, dass über seinen

Antrag innerhalb eines Monats nicht entschieden worden ist. **Die Monatsfrist kann nur durch einen Bescheid unterbrochen werden, der eine sachliche Entscheidung über den Antrag enthält. Ein Zwischenbescheid oder eine Rückfrage genügt diesen Anforderungen nicht.** Ein Zwischenbescheid hat nur den Zweck, dem Beschwerdeführer die Gründe für die verzögerte Bearbeitung seines Antrags mitzuteilen, um ihn davor zu bewahren, in Unkenntnis der Verzögerungsgründe eine Beschwerde einzulegen. Er kann den Beschwerdeführer nicht davon abhalten, gleichwohl Beschwerde einzulegen.

3.3. Gegenstand der Beschwerdeentscheidung. Die Beschwerde rich- **224** tet sich gegen die Stelle, die auf den Antrag zu entscheiden gehabt hätte. Gegenstand der Beschwerdeentscheidung ist dagegen die Entscheidung in der Sache selbst (§ 13 Abs. 1 Satz 5; BDHE 7, 176 = NZWehrr 1968, 103 = MDR 1966, 65 ff.; BVerwG NZWehrr 1978, 214 = ZBR 1978, 406; NZWehrr 1979, 142). Die Beschwerde hat die Wirkung, dass die nächsthöhere Instanz nunmehr über den Antrag entscheidet, sofern nicht inzwischen die nachgeordnete Stelle den Antrag beschieden hat. In diesem Fall ist die Beschwerde in dem Umfang für gegenstandslos zu erklären, in dem dem Antrag stattgegeben worden ist. Sie ist insoweit erledigt, weitere Bedeutung kommt ihr nicht zu (a. A. Beuscher, NZWehrr 1981, 41). Eine trotz Untätigkeitsbeschwerde noch getroffene Entscheidung über den Antrag hat, sofern sie keine Abhilfe enthält, keine eigenständige Bedeutung; sie ist lediglich zusätzlicher Sachvortrag und als solcher nicht selbstständig anfechtbar (BVerwGE 63, 84, 87; NZWehrr 1978, 214 f.).

Mit der Beschwerde kann grundsätzlich nicht beantragt werden zu klären, **225** warum der Antrag nicht innerhalb Monatsfrist beschieden worden ist. Die Untätigkeitsbeschwerde dient nicht dazu, den Bearbeiter des Antrags wegen Säumnis in der Sachbearbeitung zu disziplinieren; sie ist grundsätzlich nur ein Mittel, um in der Sache selbst weiterzukommen (siehe auch § 13 Abs. 1 Satz 5). Absatz 2 enthält also insoweit die gleiche Regelung wie § 16 Abs. 2 und § 17 Abs. 1 Satz 2. Da die Beschwerde nicht das Ziel hat, allgemein das Handeln von Dienststellen und Vorgesetzten auf Missstände und Mängel zu überprüfen (Rn. 99), besteht grundsätzlich auch kein Rechtsschutzbedürfnis für eine abstrakte Feststellung der Säumigkeit. Diese wäre im Übrigen auch nur zulässig, wenn der Beschwerdeführer ein berechtigtes Interesse an dieser Feststellung nachwiese (§ 13 Abs. 1 Satz 4). Eine Ausnahme gilt nur, wenn sich der Soldat durch das Untätigbleiben als solches beschwert fühlt, es ihm also darauf ankommt, dass die betroffene Stelle zu einer Entscheidung verpflichtet wird (BDHE 7, 176, 177 = NZWehrr 1968, 103 = MDR 1966, 65 ff.). Von diesem Sonderfall abgesehen ist es Pflicht der nächsthöheren Instanz, im Wege der Dienstaufsicht den Gründen für die Säumnis nachzugehen und für Abhilfe zu sorgen.

Zu Absatz 3

X. Das Beschwerderecht des früheren Soldaten

1. Vorbemerkung

226 Die Vorschrift hat durch Art. 5 Nr. 2 WehrRÄndG 2008 eine inhaltlich neue Fassung erhalten. Sie ist die kodifizierte Bestätigung der bisherigen Rechtsprechung des BVerwG (BVerwGE 46, 220 = NZWehrr 1974, 114; vgl. auch HessVGH NZWehrr 1981, 150). Zugleich macht sie deutlich, dass der persönliche Geltungsbereich der WBO nicht auf aktive Soldaten beschränkt ist (siehe Rn. 3 f.; ZDv A-2160/6, Abschnitt 2.11 „Geltung der Wehrbeschwerdeordnung für ausgeschiedene Soldatinnen und Soldaten"; in Schnell/Ebert C 33c), sondern ein Beschwerderecht auch früheren Soldaten zusteht, wenn sie durch einen Beschwerdeanlass aus ihrer Wehrdienstzeit beschwert sind.

2. Geltungsbereich der Vorschrift

227 **Frühere Soldaten können Beschwerde einlegen, wenn der Beschwerdeanlass in die Wehrdienstzeit** fällt, der Beschwerdeführer also in diesem Zeitpunkt in einem Wehrdienstverhältnis stand (dazu siehe Rn. 6 ff.; vgl. auch §§ 87 Abs. 2, 88 Abs. 5 Nr. 3 SVG). Für seine Befugnis, als früherer Soldat Beschwerde einlegen zu können, ist es unerheblich, wann ihm der Beschwerdeanlass bekannt geworden ist, ob er als Soldat oder erst nach Beendigung seines Wehrdienstverhältnisses (dazu siehe Rn. 22 ff.) Kenntnis von dem Beschwerdeanlass erhalten hat. Davon unabhängig ist auch bei einem früheren Soldaten zu prüfen, ob seine Beschwerde form-, vor allem aber fristgerecht (§ 6 Abs. 1) eingelegt worden ist, d. h. nach Kenntnis von dem Beschwerdeanlass binnen eines Monats. Zur Einlegestelle siehe § 5 Rn. 9; zur Zulässigkeit einer Beschwerde gegen eine Beurteilung bei Ausscheiden des Soldaten aus der Bundeswehr und Weiterbestehen eines Reserveverhältnisses siehe BVerwG ZBR 1985, 279).

228 **Ist der Beschwerdeanlass erst nach Beendigung des Wehrdienstverhältnisses** entstanden, gelten die Vorschriften der WBO nicht mehr (vgl. BVerwGE 18, 283, 284 = DÖD 1964, 214 = NZWehrr 1965, 93 LS). Der frühere Soldat kann in diesen Fällen nur die Rechtsbehelfe in Anspruch nehmen, die nach der VwGO für jeden Staatsbürger zugelassen sind. Er kann seine aus dem Soldatenverhältnis folgenden Rechte nach abgeschlossenem Widerspruchsverfahren vor den allgemeinen Verwaltungs- oder Sozialgerichten geltend machen. Daher keine Möglichkeit zur Beschwerde, sondern Widerspruch nach der VwGO, wenn z. B. ein Leistungsbescheid nach Beendigung des Wehrdienstverhältnisses durch die Truppe oder eine Dienststelle der Wehrverwaltung ergeht (vgl. auch BVerwG 1 WB 89/72 vom 17.1.1974, juris LS).

Zu Absatz 4

XI. Gemeinschaftliche Beschwerde

1. Vorbemerkung

Absatz 4 enthält mit dem Verbot der gemeinschaftlichen Be- 229
schwerde einen alten wehrrechtlichen Grundsatz. Er ist auf die Erfahrung
zurückzuführen, dass eine Gruppenbeschwerde allzu leicht den Charakter
einer offenen Auflehnung annehmen kann und damit die Disziplin in der
Truppe erheblich gefährdet (Dürig in: Maunz/Dürig, GG, Art. 17a Rn. 30;
Lerche, Grundrechte, S. 519; Oetting, Beschwerderecht, S. 61; vgl. auch BT-
Drs. 2359, 2. Wahlperiode 1953, S. 8; kritisch hierzu Hoffmann, S. 75).
Absatz 4 beugt daher dem Versuch vor, durch gemeinsames Handeln einen
Druck auf den Vorgesetzten auszuüben (Ipsen, BK, Art. 17a Rn. 74). Diese
traditionelle Begründung des Verbots der gemeinschaftlichen Beschwerde
muss heute um den Aspekt ergänzt werden, dass auch der Soldat mündiger
Staatsbürger ist und damit bereit sein muss, bei der Durchsetzung seiner
Rechte innerhalb des Wehrdienstverhältnisses individuelle Verantwortung zu
tragen. In diesem Verständnis ist Absatz 4 zugleich ein Mittel, den Beschwerdeführer insoweit von einer Gruppenbeschwerde fernzuhalten und ihn zu
individuellem, selbstständigen und eigenverantwortlichen Eintreten für seine
Rechtsposition zu verpflichten.

Durch Absatz 4 hat der Gesetzgeber von dem Vorbehalt des Art. 17a GG **230**
Gebrauch gemacht, der das Petitionsrecht einschränkt, soweit es das Recht
gewährt, Bitten oder Beschwerden in Gemeinschaft mit anderen vorzubrin-
gen. Art. 17a GG beschränkt nur das Recht zur Gruppenbeschwerde. Das
Recht der Individualbeschwerde steht dem Soldaten in ungeschmälertem
Umfang zu (Dürig in: Maunz/Dürig, GG, Art. 17a Rn. 30).

Satz 2 ist erst auf Grund der Stellungnahme des Bundesrates zu dem von **231**
der Bundesregierung beschlossenen Entwurf der WBO formuliert und in das
Gesetz aufgenommen worden (BT-Drs. 2359, 2. Wahlperiode 1953, S. 18).
Die Notwendigkeit hierzu ergab sich aus Art. 19 Abs. 1 Satz 2 GG. Auf die
Ausübung des parlamentarischen Petitionsrechts nach Art. 17 GG findet
Absatz 4 keine Anwendung (so auch Hoffmann, S. 76). Daher können
Denkschriften oder Resolutionen auch von mehreren Soldaten gemeinschaftlich verfasst und eingereicht werden. Bis zur Vorauflage wurde an dieser Stelle
vertreten, dass ebenso Petitionen im weiteren Sinne, also z. B. Eingaben an
den BMVg außerhalb eines förmlichen Beschwerdeverfahrens, gemeinschaftlich vorgebracht werden können. Diese Ansicht wird nicht mehr aufrecht
erhalten. Aufgrund der wachsenden Bedeutung von Eingaben an die Ministerin gelten die Bedenken, die gegen gemeinschaftliche Beschwerden vorgebracht werden hier sinngemäß, da die Eingaben von den Soldatinnen und
Soldaten de facto als „Premiumbeschwerde" verstanden werden. Gemeinschaftliche Eingaben können daher sehr wohl die Disziplin in der Truppe
negativ beeinflussen. Für die Dienstaufsichtsbeschwerde wird man ebenfalls
das Verbot des Absatzes 4 entsprechend anwenden müssen, da hier die allgemeinen Grundsätze der Wehrbeschwerde gelten (so auch Oetting, aaO,
S. 136). Das Verbot der gemeinschaftlichen Beschwerde im engeren Sinne
gilt grundsätzlich nur im Verfahren der WBO. Es enthält keinen allgemeinen

Rechtsgrundsatz, der sich auf ähnliche Verfahren übertragen ließe. Außerhalb des wehrdienstlichen Bereichs kommt der Befürchtung, möglichen Disziplinwidrigkeiten vorbeugen zu müssen, geringere Bedeutung zu. Wo der Gesetzgeber glaubte, auch außerhalb der WBO den Soldaten insoweit Beschränkungen zu unterwerfen, hat er dieses – wie z. B. in § 7 WehrBeauftrG – ausdrücklich geregelt (vgl. Lerche, Grundrechte, S. 519; zum Ganzen näher Oetting, Beschwerderecht, S. 127 ff.). Zur Dienstaufsichtsbeschwerde siehe näher Einf. Rn. 111 ff.

232   Absatz 4 ist Zulässigkeitsvoraussetzung für das Einlegen der Beschwerde (Oetting, aaO, S. 51 Fn 30). Liegt eine gemeinschaftliche Beschwerde vor, ist sie als unzulässig zurückzuweisen, ohne dass es einer sachlichen Prüfung bedarf. Wenn zu dem objektiven Verfahrensverstoß eine im Einzelfall festgestellte Nötigungsabsicht der Beschwerdeführer hinzutritt, kann unbeschadet des Benachteiligungsverbots nach § 2 die Ahndung eines Dienstvergehens in Betracht kommen.

2. Begriff der gemeinschaftlichen Beschwerde

233   Eine gemeinschaftliche Beschwerde liegt vor, wenn eine Beschwerdeschrift eingereicht wird, die von mehreren Soldaten unterzeichnet ist. Allein die Tatsache, dass mehrere Beschwerdeführer eine Beschwerdeschrift unterzeichnet haben, ist entscheidend. Es kommt nicht darauf an, ob sie durch ein und denselben Vorgang beschwert sind. So liegt eine unzulässige gemeinschaftliche Beschwerde auch schon dann vor, wenn in einer Beschwerdeschrift der Soldat A behauptet, keinen Wochenendurlaub erhalten zu haben, der Soldat B, ihm sei ein beantragter Sonderurlaub willkürlich versagt worden. Nach Sinn und Zweck der Vorschrift kann es nicht unterschiedlich zu beurteilen sein, ob mehrere Beschwerdeführer in einer Beschwerdeschrift über denselben oder einen jeweils verschiedenen Beschwerdeanlass Beschwerde führen. Um eine Gruppenbeschwerde handelt es sich auch dann, wenn ein Soldat gemeinsam mit einem Nichtsoldaten Beschwerde einlegt (Dürig in: Maunz/Dürig, GG, Art. 17a Rn. 30; a. A. Stauf, NZWehrr 1976, 4). Es kommt nicht darauf an, dass dem Nichtsoldaten überhaupt kein Beschwerderecht nach der WBO zusteht. Auch ist es unerheblich, ob diese Beschwerde in einem Schriftstück oder in verschiedenen Schreiben eingelegt wird.

234   Es ist jedem Soldaten freigestellt, für sich selber Beschwerde zu führen. Daher liegt grundsätzlich keine gemeinschaftliche Beschwerde vor, wenn sich mehrere Soldaten in getrennten, im Wortlaut voneinander abweichenden Beschwerdeschriftsätzen über denselben Sachverhalt beschweren. Die Gemeinsamkeit zwischen den Beschwerdeführern wird hier objektiv nur durch den Beschwerdegegenstand, nicht durch eine gemeinsame, nach außen erkennbare Verabredung hergestellt. Jedoch können im Einzelfall auch diese Beschwerden die Merkmale einer gemeinsamen – unzulässigen – Beschwerde aufweisen. Das ist der Fall, wenn sich aus dem Inhalt der Beschwerdeschrift, aus dem Beschwerdeanlass oder aus den Umständen der Beschwerdeeinlegung der Verdacht einer konspirativen Verabredung bestätigt. Der Nachweis hierfür wird in der Praxis allerdings nur schwer zu führen sein. Im Zweifelsfall sind daher solche Beschwerden zu Gunsten der Beschwerdeführer als zulässig zu behandeln. Wenn getrennte Beschwerdeschriften im Wortlaut übereinstimmen, wird man die Beschwerde allerdings als gemeinschaftlich und damit unzulässig ansehen müssen, sofern sich nicht aus den Umständen ergibt, dass keine gemeinschaftliche Beschwerde eingelegt werden soll (z. B. beschweren sich mehrere Soldaten in getrennten Beschwerdeschriften mit dem gleichlautenden Satz „Ich beschwere mich gegen den Befehl des Kompaniechefs vom...“; so wohl auch Lingens/Dolpp/Gronimus, Disziplinarvorgesetzter, Rn. 93; siehe auch Ipsen, BK, Art. 17a Rn. 74). Überwiegend wird demgegenüber angenommen, dass eine gemeinschaftliche und damit unzulässige Beschwerde erst vorliegt, wenn die Absicht, gemeinsam auf den Vorgesetzten einzuwirken, erkennbar hervortritt (so TDG Nord NZWehrr 1977, 226; Stauf, WR II, § 1 WBO Rn. 55; auch Oetting, Beschwerderecht, S. 61 f.; Lerche, Grundrechte, S. 519 Fn 247; Ipsen, aaO). Diese Feststellung wird in aller Regel jedoch nur schwer zu treffen sein. Es mag Fälle geben, in denen sie offenkundig ist, so, wenn mehrere Soldaten gemeinsam eine Beschwerde zur Niederschrift abgeben wollen oder wenn sie lediglich ein hektographiertes Blatt unterschreiben (Oetting, aaO, S. 62). Im Übrigen wäre der Disziplinarvorgesetzte jedoch auf eingehendere Untersuchungen angewiesen, die bei geschickter Einlassung der Beschwerdeführer eine Umgehung des Verbots der gemeinschaftlichen Beschwerde nicht hindern könnten. Aus Gründen der Rechtssicherheit muss daher für die Beurteilung, wann eine gemeinschaftliche Beschwerde vorliegt, schon die Identität im Wortlaut der Beschwerdeschriften entscheidend sein. Sie begründet verfahrensrechtlich die nicht widerlegbare Vermutung, dass die Beschwerdeschriften von dem gemeinsamen Willen getragen sind, den Disziplinarvorgesetzten unter Druck zu setzen. Bei nur teilweiser Übereinstimmung im Wortlaut der Beschwerdeschriften wird regelmäßig keine gemeinschaftliche Beschwerde anzunehmen sein.

Eine gemeinschaftliche Beschwerde ist auch gegeben, wenn sich aus den **235** gesamten Umständen ergibt, dass sich der Beschwerdeführer nicht allein für seine Person, sondern zugleich auch für mehrere Kameraden, die sich durch denselben Beschwerdeanlass unrichtig behandelt fühlen, beschwert; z. B. der Korpsälteste legt im Namen des Unteroffizierkorps Beschwerde mit der Behauptung ein, im Gegensatz zur Offiziermesse sei in der Unteroffiziermesse kein Kabelanschluss für das Fernsehen vorgesehen. In diesem Fall tritt der Wille, gemeinsam zu handeln, ausdrücklich und erkennbar hervor, so dass es keiner klärenden Feststellungen über die Absicht der Beschwerdeführer mehr bedarf. Durch die Möglichkeit des VwVfG (§§ 17 ff.), dass sich mehrere Personen in Verwaltungsangelegenheiten durch einen Bevollmächtigten vertreten lassen können, wird das Verbot der gemeinschaftlichen Beschwerde nicht unterlaufen. Abgesehen davon, dass das VwVfG im Rahmen der WBO nur beschränkt anwendbar ist (vgl. § 23 Rn. 7 ff.), wird die Zulässigkeit der Vertretung im Wehrbeschwerderecht (hierzu siehe Rn. 36 ff.) durch Absatz 4 mit der Maßgabe beschränkt, dass immer nur die Vertretung eines Beschwerdeführers durch einen Soldaten zulässig ist.

Eine Beschwerde des Soldaten in seiner Eigenschaft als Vertrauensperson **236** (Abs. 1 Satz 2 i. Vbg. m. § 17 SBG) ist keine gemeinschaftliche Beschwerde; sie unterliegt den Zulässigkeitsvoraussetzungen, die für jede Beschwerde gelten (vgl. Rn. 225 f.). Vor allem ist bei der Beschwerde der Vertrauensperson zu prüfen, ob sie selber beschwert ist. Auch einem Antrag des Gesamtvertrauenspersonenausschuss auf gerichtliche Entscheidung (vgl. § 17 Rn. 11) steht das Verbot der gemeinschaftlichen Beschwerde nicht entgegen (BVerwG NZWehrr 1997, 39). Ebenso wenig handelt es sich um eine gemeinschaftliche Beschwerde, wenn die Soldatenvertreter im Personalrat ihr Beschwerderecht wahrnehmen; Abs. 4 Satz 1 schließt zwar die Beschwerde mehrerer Soldaten aus, nicht jedoch die Wahrnehmung des Beschwerderechts durch ein Gremium (BVerwGE 115, 223, 229 = RiA 2003, 35; siehe aber Rn. 223).

237   Absatz 4 lässt das Recht unberührt, sich vor dem Einlegen der Beschwerde mit älteren und erfahrenen Kameraden zu besprechen und sich beim Abfassen der Beschwerde helfen zu lassen.

§ 2 Verbot der Benachteiligung

Niemand darf dienstlich gemaßregelt oder benachteiligt werden, weil seine Beschwerde nicht auf dem vorgeschriebenen Weg oder nicht fristgerecht eingelegt worden ist oder weil er eine unbegründete Beschwerde erhoben hat.

I. Vorbemerkung

1   Die Vorschrift dient dem Schutz des Soldaten bei Ausübung seines Beschwerderechts. Sie schützt den Bereich freimütiger, offener, auch deutlicher Kritik und sichert damit dem Soldaten die Verfolgung seiner Rechte im Wege der Beschwerde, ohne dass er deshalb dienstliche Nachteile zu befürchten hätte. Sie ist zugleich die dienstrechtliche Ergänzung zum strafrechtlichen Schutz des Beschwerderechts durch § 35 WStG. Ihr liegt der Gedanke zugrunde, dass der Soldat für die Notwendigkeit des militärischen Dienstes mehr Verständnis aufbringt, wenn ihm die Durchsetzbarkeit seiner Rechte erleichtert und garantiert wird (Begr. S. 8). Wenn § 2 es zu diesem Zweck verbietet, den Soldaten zu benachteiligen, weil er z. B. eine unbegründete Beschwerde erhoben hat, so ergibt sich hieraus in Verbindung mit dem allgemeinen Beschwerdegrundsatz des § 1 Abs. 1 Satz 1 das Verbot, gegenüber dem Beschwerdeführer eine nachteilige Maßnahme zu treffen, nur weil er von einem ihm förmlich eingeräumten Rechtsbehelf Gebrauch gemacht hat (BVerwG ZBR 1985, 279). Der Soldat soll sich jederzeit vertrauensvoll an seinen Vorgesetzten wenden können. Dieser Vertrauensschutz wird nicht eingehalten, wenn Vorgesetzte und Dienststellen der Bundeswehr, gegen die sich eine Beschwerde richtet, auf den Beschwerdeführer Druck ausüben, um ihn von einer Beschwerde abzuhalten oder um ihn zur Rücknahme einer bereits eingelegten Beschwerde zu bewegen. Sie haben vielmehr jeden auch äußeren Anschein zu vermeiden, als ob sie den Beschwerdeführer in einer ihnen genehmen Richtung beeinflussen wollten (BVerwG NZWehr 1978, 28).

2   Früheren Beschwerdeordnungen war das Benachteiligungsverbot nicht selbstverständlich. Noch in der BO von 1894 war niedergelegt, dass der Soldat, dessen Beschwerde als unbegründet angesehen wurde, disziplinar und u. U. auch militärstrafrechtlich zur Verantwortung gezogen werden konnte (vgl. Abschnitt I, Ziff. 6 BO II; § 152 MStGB; auch Salzmann, S. 139). Nach den Vorschriften über den Dienstweg und die Behandlung von Beschwerden vom 3.3.1873 wurden Beschwerden, die als unbegründet erachtet wurden, weil sie von falschen Voraussetzungen oder einer unrichtigen dienstlichen Anschauung ausgingen, ohne Sachentscheidung zurückgewiesen; sie hatten ebenfalls eine Bestrafung des Beschwerdeführers zur Folge. Die BO 1936 beschritt einen neuen Weg. Sie unterschied zwischen förmlichen und

sachlichen Verstößen gegen das Beschwerderecht. Formfehler, etwa Abweichung vom vorgeschriebenen Dienstweg oder Nichtbeachtung der Beschwerdefrist, führten nur dann zu einer Bestrafung, wenn sie schuldhaft – also vorsätzlich oder fahrlässig – begangen waren (Nr. 26 BO 1936). Im Übrigen konnte der Beschwerdeführer nur zur Verantwortung gezogen werden, wenn er bei seiner Beschwerde eine Straftat oder ein Dienstvergehen begangen hatte (Nr. 5 BO 1936). Ausdrücklich wurde hervorgehoben, dass weder das Vorbringen einer unbegründeten Beschwerde noch eine unrichtige dienstliche Anschauung strafbar seien.

II. Anwendungsbereich der Vorschrift

1. Allgemeines

Der Beschwerdeführer darf nicht dienstlich gemaßregelt oder benachteiligt **3** werden, weil er die Beschwerde nicht bei einer Stelle eingelegt hat, bei der sie nach dem Gesetz hätte eingelegt werden müssen, weil er die vorgeschriebene Frist nicht gewahrt hat oder weil sich die Beschwerde als unbegründet erweist. Darüber hinaus schützt ihn das Benachteiligungsverbot, weil er überhaupt eine Beschwerde erhoben hat. Positiv ausgedrückt erklärt die Vorschrift sowohl die Inanspruchnahme des Beschwerderechts durch den Soldaten als auch mögliche Verstöße gegen die formellen Voraussetzungen des Beschwerderechts sowie eine Erfolgslosigkeit der Beschwerde für nicht pflichtwidrig; systematisch hat sie für die Annahme eines Dienstvergehens tatbestandsausschließende Wirkung und damit für die Ausübung der Disziplinarbefugnis materielle Bedeutung (so im Ergebnis auch BDHE 7, 169, 170 = NZWehrr 1964, 166; Bachmann, GKÖD Yo, § 2 Rn. 5 hält die Vorschrift zu Recht für sprachlich verunglückt). Da kein Dienstvergehen vorliegt, ist auch eine disziplinare Ahndung nach den Vorschriften der WDO unzulässig.

2. Dienstliche Maßregelung

Unter den Begriff der dienstlichen Maßregelung fällt jede disziplinare **4** Sanktion, jede Anwendung erzieherischer Maßnahmen, Ermahnungen, Missbilligungen, Rügen sowie Vorhaltungen. Es wäre unzulässig, einen Soldaten, der eine Beschwerde nicht fristgerecht eingelegt hat, die WBO dreimal abschreiben zu lassen. Dagegen wäre eine Belehrung über den zulässigen Gebrauch des Beschwerderechts mit § 2 vereinbar, sofern sie z. B. in der Absicht vorgenommen wird, den Beschwerdeführer vor künftigen Rechtsnachteilen zu bewahren. Auch die Zurückweisung bestimmter, vom Beschwerdeführer erhobener Vorwürfe gegenüber dem Betroffenen als unsachlich und unangebracht ist noch keine unzulässige dienstliche Maßregelung (BVerwG NZWehrr 1962, 26, 27).

3. Begriff der Benachteiligung

Der Begriff der Benachteiligung ist weit auszulegen. Er umfasst jeden nur **5** denkbaren Eingriff in die rechtlich geschützten Interessen des Beschwerdeführers (BVerwG I WB 128/76 vom 17.8.1977 = NZWehrr 1978, 28). Die Benachteiligung kann in einem Tun oder einem Unterlassen bestehen. **Das Benachteiligungsverbot ist verletzt,** wenn bereits die Einlegung der Beschwerde als solche den Beschwerdeführer in einer anderen Sache in ein ungünstiges Licht setzt und damit zu für ihn nachteiligen Folgen führt (BVerwG NZWehrr 1971, 24, 28 = RiA 1970, 216, 218). Es bedeutet eine Benachteiligung, wenn ein Erholungsurlaub versagt wird, der sonst gewährt worden wäre, dem Beschwerdeführer eine Auslandsdienstreise versagt oder er nur mit Rücksicht auf die Beschwerde versetzt wird (vgl. BVerwG I WB 101/69 vom 9.12.1969 = BVerwGE 43, 38). Im Zusammenhang mit der Ausübung des Beschwerderechts stehende nachteilige Bemerkungen in einer Beurteilung sind ebenfalls ein Verstoß gegen § 2 und führen zur Aufhebung der Beurteilung (BVerwG Dok. Berichte 1969, Nr. 24, S. 3613; BVerwGE 76, 353 = NZWehrr 1985, 243 = ZBR 1985, 279; vgl. hierzu näher § 1 Rn. 145 ff.). Unzulässig ist es, dem Beschwerdeführer förmliche oder sachliche Beanstandungen der Beschwerdeschrift vorzuhalten und ihn dadurch zu einer Korrektur der Beschwerde zu veranlassen. Ebenso wäre es gegenüber dem Beschwerdeführer pflichtwidrig, die Einlegung der Beschwerde als „Frechheit" zu bezeichnen und ihm mitzuteilen, die Einlegung der Beschwerde mache ihn für die Einheit untragbar. Eine Benachteiligung ist es auch, wenn ein Kpchef die Namen von mehreren Beschwerdeführern, die sich über sein Verhalten beschwert haben, vor der zusammengerufenen Kompanie verliest und ihnen mit den Worten droht „Das werdet Ihr bereuen. Euch werden die letzten vier Wochen vorkommen wie zehn Monate" (vgl. Jahresbericht des Wehrbeauftragten 1984, S. 9, BT-Drs. 10/2946). Das Bewusstsein, den Beschwerdeführer zu benachteiligen, braucht nicht vorzuliegen. Es genügt, dass die Beschwerde für eine den Soldaten objektiv benachteiligende Maßnahme ursächlich ist (BVerwG NZWehrr 1971, 24, 28 = RiA 1970, 216, 218).

6 Keine Benachteiligung liegt vor, wenn dem Beschwerdeführer aus der Nichtbeachtung formeller Verfahrensvorschriften ein prozessualer Rechtsnachteil erwächst. So ist eine Beschwerde trotz § 2 als unzulässig zurückzuweisen, wenn der Beschwerdeführer die Beschwerdefrist nicht beachtet hat; keine Benachteiligung, wenn er verpflichtet wird, seine notwendigen Aufwendungen zu tragen (§ 16a). Das Benachteiligungsverbot wird auch nicht dadurch umgangen, dass die Beschwerdevorgänge in die Personalunterlagen kommen (BVerwG NZWehrr 1971, 101) oder der Beschwerdeführer eine neue Verwendung erhält, in der er trotz zahlreicher von ihm eingelegter Beschwerden dienstlich stärker als zuvor belastet ist (BVerwGE 53, 280, 286). Ebenso wird die Entlassung eines Soldaten wegen Dienstunfähigkeit nicht dadurch ausgeschlossen, dass die sie tragenden Gründe erst durch eine Beschwerdeschrift des Soldaten der Entlassungsdienststelle bekannt werden, da der Inhalt der Beschwerdeschrift kein „rechtsfreier Raum" ist. In diesem Zusammenhang begonnene Ermittlungen müssen jedoch den allgemeinen Grundsätzen, insbesondere dem Verbot der Verpflichtung zur Selbstbelastung (nemo tenetur). Keine Umgehung des Benachteiligungsverbots auch durch Nachschieben anderer Gründe. So ist es beispielsweise unbedenklich, wenn die personalführende Stelle dem Soldaten nach Einlegen der Beschwerde die ihm bisher unbekannt gebliebenen Gründe für eine angefochtene Maßnahme mitteilt und diese Mitteilung in zurückhaltender Form mit der Frage verbindet, ob der Beschwerdeführer nunmehr noch an seiner Beschwerde festhalten will (BVerwG NZWehrr 1978, 28, 29). Es sei aber in Anlehnung an die zitierte Rspr ausdrücklich darauf hingewiesen, dass der Vorgesetzte oder die Dienststelle bei solchen Mitteilungen einen sehr schmalen Grad beschrei-

tet. In den meisten Fällen wird es daher ratsam sein, die eingelegte Beschwerde dennoch zu bescheiden. Ein Nachschieben von Gründen wäre nur dann unzulässig, wenn sie zur Erreichung des auch ursprünglich dem Beschwerdeführer abträglichen Zweckes dienten.

Die den Beschwerdeführer benachteiligenden Maßnahmen müssen 7 **endgültiger Natur sein.** Zur Aufrechterhaltung der durch eine Beschwerde möglicherweise gestörten Disziplin und zur Sicherstellung eines ordnungsgemäßen Dienstablaufs kann der Disziplinarvorgesetzte jedoch einstweilige Anordnungen treffen (BDH NZWehrr 1967, 26 L = RiA 1966, 52; Barth, Juristen-Jahrbuch 1968/69, S. 45, Fn 16). Denn Maßnahmen zur Beseitigung den Dienstbetrieb belastender Spannungen sind grundsätzlich und jederzeit zulässig (BDHE 5, 225 = DÖV 1961, 232), dürfen indes nicht zur Umgehung des Benachteiligungsverbots verwandt werden. Es wäre jedoch in einem solchen Fall mit dem Benachteiligungsverbot vereinbar, den Beschwerdeführer bis zum Abschluss des Beschwerdeverfahrens mit einer anderen Verwendung zu betrauen. Auch in solchen Fällen ist eine sorgfältige Dokumentation der Maßnahme nach eingehender fachlicher Beratung angezeigt.

Es muss sich stets um eine **dienstliche Benachteiligung** handeln. Keinem 8 Vorgesetzten kann es aber verwehrt sein, für sich persönliche Konsequenzen zu ziehen, also z. B. den gesellschaftlichen Verkehr mit dem Beschwerdeführer abzubrechen (vgl. Begr. S. 21; auch BVerwGE 63, 312). Dagegen wäre es unzulässig, den Beschwerdeführer von gesellschaftlichen Veranstaltungen auszuschließen, die einen wie auch immer gearteten dienstlichen Bezug aufweisen (z. B. Sommerfest der Offizierheimgesellschaft).

Es sind nur Maßregelungen oder Benachteiligungen unzulässig, die im 9 Hinblick auf eine konkrete Beschwerde vorgenommen werden (BDHE 7, 169, 170 = NZWehrr 1964, 166, 167). Stehen sie mit der Beschwerde in keinem ursächlichen Zusammenhang, liegt auch kein Fall des § 2 vor (dem im Einzelfall schwierigen Nachweis eines ursächlichen Zusammenhangs zwischen Beschwerdeanlass und Benachteiligung will Bachmann mit einem Beweis des ersten Anscheins zugunsten des Beschwerdeführers begegnen, GKÖD Yo, § 2 Rn. 32 f.). Unberührt bleibt eine Beschwerde nach § 1 Abs. 1 Satz 1, wenn die entsprechenden Voraussetzungen vorliegen.

Der Beschwerdeführer selbst muss durch die Maßregelung oder die Be- 10 nachteiligung betroffen sein. Bis zur Vorauflage wurde vertreten, dass es ebenso keinen Verstoß gegen § 2 darstelle, wenn ein Kamerad wegen seiner Hilfestellung beim Abfassen der Beschwerde gemaßregelt oder benachteiligt wird (a. A. Bachmann, GKÖD Yo, § 2 Rn. 23). Diese Ansicht wird nunmehr aufgegeben, da ein solches Vorgehen zumindest als mittelbare Maßregelung geeignet ist, den Beschwerdeführer zu benachteiligen.

4. Nichteinhalten des Beschwerdeweges

Die Vorschrift schützt ihrem Wortlaut nach vor Nachteilen, wenn 11 **der Beschwerdeführer den vorgeschriebenen Weg nicht eingehalten hat.** Vorgeschriebener Weg i. S. des § 2 bezeichnet die Stellen, bei denen die Beschwerde rechtswirksam nach der WBO eingelegt werden kann (§§ 5, 11). Er ist nicht gleichzusetzen mit dem allgemeinen Begriff „Dienstweg"; der Beschwerdeführer kann nicht gezwungen werden, bei Einlegung seiner Beschwerde den Dienstweg einzuhalten. Ein darauf gerichteter Befehl wäre rechtswidrig. Hält sich der Soldat nicht an den vorgeschriebenen Weg, erleidet er zwar einen verfahrensmäßigen Nachteil (§ 12 Rn. 61), wenn die bei einer anderen Stelle abgegebene Beschwerde nicht innerhalb der Frist des § 6 in der dort angegebenen Form bei den nach §§ 5, 11 Buchstabe b allein zur Einlegung zuständigen Stellen eingegangen ist (vgl. auch BDHE 5, 227), vor beschwerenden Maßnahmen im Übrigen ist der Beschwerdeführer jedoch durch § 2 geschützt.

5. Fristversäumnis

12 Auch bei Fristablauf gilt das Benachteiligungsverbot. Angesprochen sind die nach der WBO vorgesehenen Fristen, innerhalb derer der Beschwerdeführer Rechtsschutz begehren kann; §§ 1 Abs. 2, 6 Abs. 1, 7 Abs. 1, 11 Buchstabe a, § 16 Abs. 1 und 2, § 17 Abs. 4 und 5, § 22a Abs. 4, § 22b Abs. 2. Zur Berechnung der Fristen siehe § 6 Rn. 10 ff.

6. Unbegründete Beschwerde

13 **Seinem Wortlaut nach bezieht § 2 nur die Einlegung einer unbegründeten Beschwerde in das Benachteiligungsverbot ein.** Als unbegründet ist eine Beschwerde anzusehen, wenn das Vorbringen des Beschwerdeführers aus rechtlichen oder tatsächlichen Gründen nicht geeignet ist, eine stattgebende Entscheidung zu rechtfertigen. Aus rechtlichen Gründen ist eine Beschwerde insbesondere zurückzuweisen, wenn dem Begehren des Beschwerdeführers Gesetze, Verordnungen oder allgemeine und besondere Dienst- und Verwaltungsvorschriften entgegenstehen. Tatsächliche Gründe können zur Zurückweisung einer Beschwerde führen, wenn sich der vorgetragene Sachverhalt überhaupt nicht oder anders ereignet hat, als es der Beschwerdeführer behauptet oder wenn ihm eine unrichtige dienstliche Anschauung zugrunde liegt, sich insbesondere entgegen der Auffassung des Beschwerdeführers die angefochtene Maßnahme als durchaus zweckmäßig erweist. Von dem Soldaten kann nicht erwartet werden, dass er alle in Frage kommenden Gesetze, Verordnungen, Dienstvorschriften und wehrdienstlichen Grundsätze kennt und richtig anwendet. Beschwert sich ein Soldat gegen eine Maßnahme, die er für unzulässig hält, ist die Maßnahme aber auf Grund von Vorschriften zulässig, die der Beschwerdeführer nicht kennt, ist ihm kein Vorwurf daraus zu machen, dass er eine Beschwerde erhoben hat. Erfolg kann diese Beschwerde allerdings dennoch nicht haben, da Grundlage der Entscheidung immer die objektive Rechtslage ist und nicht die vom Beschwerdeführer definierte oder gar empfundene.

7. Unzulässige Beschwerde

14 **Nach dem Sinn der Vorschrift muss das Benachteiligungsverbot auch eingreifen, wenn die Beschwerde schon als unzulässig** zurückgewiesen wurde, z. B. weil sie nicht statthaft, etwa als gemeinschaftliche Beschwerde eingelegt war oder das Rechtsschutzbedürfnis fehlte. Ist eine Maßregelung oder Benachteiligung wegen einer unzulässigen oder unbegründeten Beschwerde schon verboten, muss dieser Grundsatz erst recht für eine **begründete Beschwerde** gelten (so auch BDHE 7, 169, 170 = NZWehrr 1964, 166; ferner Lerche, Grundrechte, S. 504 und Salzmann, S. 140).

8. Weitere Anwendungsfälle

Das Benachteiligungsverbot ist nicht nur auf die Beschwerde und weitere **15** Beschwerde beschränkt; es gilt über den Wortlaut der Vorschrift hinaus auch für den Antrag auf Entscheidung des Wehrdienstgerichts (§ 17), die Klage zum Verwaltungsgericht (§ 23 Abs. 1 i. Vbg. m. § 82 SG), die Rechts- und Nichtzulassungsbeschwerde (§§ 22a, 22b) oder die Erinnerung gegen die Kostenfestsetzung (§ 16a Abs. 6 i. Vbg. m. § 142 WDO) sowie die im Übrigen vorgesehenen Anträge (z. B. nach § 3 Abs. 2; so auch Stauf, WR II § 2 WBO Rn. 1). Für Eingaben an den Wehrbeauftragten enthält § 7 WBeauftrG eine dem § 2 WBO entsprechende Bestimmung.

9. Rechtsfolgen

Eine dem Benachteiligungsverbot zuwider vorgenommene Maßregelung **16** oder Benachteiligung ist ein Dienstvergehen. Der Beschwerdeführer kann sich über die ihm widerfahrene Behandlung beschweren. Die entgegen § 2 angeordneten Maßnahmen sind außerdem rechtswidrig, so dass nach Ausschöpfung des Beschwerdeweges die Entscheidung des Wehrdienstgerichts beantragt werden kann.

III. Grenzen des Benachteiligungsverbots

Der Soldat kann sich auf das Benachteiligungsverbot nicht berufen, wenn **17** das Vorbringen der Beschwerde im Einzelfall den Tatbestand einer Straftat erfüllt oder ein Dienstvergehen enthält (BDH NZWehr 1962, 26, 27; vgl. auch BDHE 6, 145 ff.). Unbeschadet seines Beschwerderechts hat der Beschwerdeführer Form und Inhalt der Beschwerde so abzufassen, dass sie den Grundsätzen der militärischen Ordnung entspricht und nicht gegen die ungeschriebenen Gesetze des Taktes und der Achtung gegenüber den Vorgesetzten und Kameraden sowie gegen die Gesetze verstößt. Das bedeutet keine Beschränkung seines Rechtsschutzes. Wie das Grundrecht der freien Meinungsäußerung nach Art. 5 Abs. 1 GG darf auch das Beschwerderecht mit Rücksicht auf das zwischen dem Soldaten und seinem Vorgesetzten bestehende Vertrauens- und Treueverhältnis der Form und dem Inhalt nach nicht schrankenlos ausgeübt werden. Auch die Wahrnehmung des Beschwerderechts hat ihre Grenzen in den Vorschriften der allgemeinen Gesetze, vor allem im Pflichtenkatalog des Soldatengesetzes (Spranger, NZWehr 1998, 8, 13 ff.) und im Schutz der persönlichen Ehre (BVerwG Dok.Berichte 1968, Nr. 2, S. 3145; 1973, Nr. 19, S. 183). Enthält die Beschwerde eine Beleidigung, Nötigung, Bedrohung oder Belästigung ist der Disziplinarvorgesetzte durch § 2 nicht gehindert, nach pflichtgemäßem Ermessen die Sache an die Staatsanwaltschaft abzugeben (§ 33 Abs. 3 WDO). Die Auffassung des BVerwG, bei der Entschließung über die Abgabe habe der Disziplinarvorgesetzte das Benachteiligungsverbot zu berücksichtigen, überzeugt nicht (BVerwG NZWehr 1971, 24 = RiA 1970, 216; a. A. auch Bachmann, GKÖD Yo, § 2 Rn. 20). Das Benachteiligungsverbot versagt seinen Schutz, wenn der Beschwerdeführer mit seiner Beschwerde die Grenze des rechtlich Erlaubten überschritten hat. Die allein in diesem Rahmen den Rechtsschutz des einzelnen Beschwerdeführers sichernde Bestimmung des § 2 muss daher gegenüber der Entscheidung des Disziplinarvorgesetzten zurücktreten, wenn dieser unter den Voraussetzungen des § 33 Abs. 3 WDO zum Funktionsschutz der Bundeswehr es für notwendig hält, das vom Beschwerdeführer in seiner Beschwerde offenbarte Verhalten auch strafrechtlich ahnden zu lassen. Wäre die Ansicht des BVerwG richtig, könnte der Disziplinarvorgesetzte letztlich auch keine disziplinare Maßregelung vornehmen. Das jedoch kann nicht rechtens sein, wenn der Beschwerdeführer nach Form oder Inhalt der Beschwerde pflichtwidrig gehandelt hat.

18 Es liegt in der Natur der Beschwerde, dass ihr Vorbringen eine Kritik an Maßnahmen übergeordneter Dienststellen und Vorgesetzter enthält. Der Beschwerdeführer kann daher durch seine Untergebenenstellung nicht daran gehindert sein, im Rahmen der Gesetze diejenigen Angriffe zu führen, die er zur Erreichung seines Zieles für erforderlich hält (BVerwG 1 WB 58/78 vom 27.3.1979, juris Rn. 34, ohne auf die Grenzen des Beschwerderechts bei solchen Äußerungen näher einzugehen). Er darf daher seine Interessen mit Überzeugung und Nachdruck, in freimütiger und offener Kritik, auch mit einer gewissen Leidenschaft und deutlichen Worten vertreten (BDH NZWehrr 1962, 26, 27; 1966, 78, 79; BVerwGE 93, 287, 291 = NZWehrr 1993, 169); oft wird er gar nicht umhin können, Maßnahmen oder ein Verhalten von Vorgesetzten oder Kameraden als fehlerhaft oder unrichtig darzustellen (vgl. auch Walz, NZWehrr 1974, 128). Auch zusammenfassende Wertungen können ihm nicht versagt werden. Die zulässige Grenze wird aber überschritten, wenn er wissentlich oder unter Verletzung der ihm zuzumutenden Sorgfalt leichtfertig unwahre Angaben macht (vgl. auch BVerwG NZWehrr 2001, 254, 255). Die Wahrheitspflicht nach § 13 SG gilt auch für die Abfassung von Beschwerden. Behauptet der Beschwerdeführer in seiner Beschwerde schuldhaft die Unwahrheit, kann er disziplinarrechtlich zur Verantwortung gezogen werden. Er handelt auch dann pflichtwidrig, wenn er sich im Ausdruck derartig vergreift, dass seine Äußerung in eine grobe Achtungsverletzung, Kränkung oder Schmähung ausartet (BDH NZWehrr 1966, 78, 79; siehe auch BDHE 1, 24; BDH ZBR 1961, 383, 385 Nr. 14) oder wenn er seine Beschwerde tendenziös oder in gehässiger Form abfasst (BDH NZWehrr 1967, 77; vgl. auch Weingärtner, NZWehrr 1987, 11, 14). Der von Stauf (WR II § 2 WBO Rn. 2; WR I § 16 SBG Rn. 6; vgl. auch Gronimus, SBG, § 16 Rn. 7) pauschal erhobene Vorwurf, diese Rechtsprechung des BDH sei veraltet, ist unbegründet. Er selbst räumt ein, dass eine wider besseres Wissen aufgestellte Behauptung ebenso ein Dienstvergehen ist wie eine beleidigende Äußerung (WR II aaO). Dies war die auch weiterhin gültige Auffassung des BDH und entspricht im Übrigen der Rechtsprechung des BVerfG zum Recht auf Meinungsäußerung und seiner Abwägung mit den konkurrierenden Interessen eines anderen (BVerfGE 7, 198, 210 f.; 28, 191, 202; 35, 202, 223 f.). Es trifft dagegen zu, dass in der Bewertung ungeschickter, taktloser oder auf Ungewandtheit im schriftlichen Ausdruck zurückzuführender Äußerungen heute ein großzügigerer Maßstab angelegt werden wird (Weingärtner, aaO, S. 14). Bemerkungen wie „Die Dienststelle kommt ihrer Pflicht, die Menschen nicht nur als Figuren zu behandeln, nicht nach" oder „Die Maßnahmen der personalbearbeitenden Stelle erwecken den Eindruck oberflächlicher Handhabung" (vgl. BDH NZWehrr 1962, 26, 27) oder Ausführungen in einem Schreiben des Ministeriums seien Unsinn (TDG Nord N 3 Blc 5/85 vom 9.1.1986, zitiert bei Weingärtner, aaO), werden daher über mehr als pflichtwidrig angesehen werden können.

Dieser Bedeutungswandel berücksichtigt mehr als bisher geschehen, dass **19** Formverletzungen bei unerfahrenen Soldaten durch Ungeschick und bei ungerecht behandelten Soldaten in verständlicher Erregung begangen sein können. Bei der Bewertung der Pflichtwidrigkeit kommt es daher auch auf die besondere Situation, in der der Soldat seine Beschwerde abfasste, auf seine Vorbildung und die Frage der Gewandtheit im schriftlichen Ausdruck an (BDH NZWehr 1962, 26, 27). So braucht bei einer kritischen Wertung von Vorgängen in einer Beschwerde ein starker Ausdruck nicht schon als Dienstvergehen angesehen zu werden, wenn es der Beschwerdeführer mangels Erziehung an dem nötigen Takt und der Höflichkeit fehlen lässt. Eine Formulierung gegenüber einem Vorgesetzten wie „Was Ihnen von anderen Soldaten gemeldet wird, interessiert mich nicht" ist zwar nicht sehr taktvoll, kann aber im Rahmen einer überaus kritischen Beschwerde eben noch durchgehen. Auch ein Vergreifen im Ausdruck braucht nicht ohne weiteres pflichtwidrig zu sein. Eine Äußerung wie „Dass ich auf meinen Antrag bis heute keinen Bescheid erhalten habe, ist eine Beleidigung für mich" kann noch hingenommen werden; auch Vorwürfe wie „die Maßnahme ist fehlerhaft und rechtswidrig" oder der Betroffene sei „in selbstherrlicher Weise und ohne dienstliche Begründung tätig geworden" sind noch zu tolerieren; eine Bemerkung wie „Die Behandlung dieser Angelegenheit ist nicht nur eine Unverschämtheit, sondern glatter Betrug" überschreitet dagegen die Grenzen dessen, was ein Soldat in einer Beschwerde sagen darf. Auch die grundlose Unterstellung einer Straftat ist pflichtwidrig, z. B. deutliche Anspielung in der Beschwerdeschrift eines Offiziers auf § 35 WStG (vgl. auch BVerwG 2 WD 60/80 vom 25.6.1981 = BVerwGE 83, 136) oder die Behauptung ehrenrühriger Tatsachen wider besseres Wissen oder unter Verletzung der zumutbaren Sorgfalt. Andererseits erschwerte es die Rechtsverfolgung durch den Soldaten und wäre mit dem Grundsatz des Art. 103 Abs. 1 GG nicht zu vereinbaren, wenn es dem Beschwerdeführer untersagt wäre, alle die Beschwerdegründe vorzutragen, in denen er ein strafbares Verhalten des Vorgesetzten erblickt. Selbst wenn in der Beschwerde nach bestem Wissen der Verdacht einer Straftat des Vorgesetzten geäußert wird, ist diese Behauptung vom Beschwerderecht gedeckt.

Hat der Beschwerdeführer die Grenzen überschritten und durch die For- **20** mulierung seiner Beschwerde pflichtwidrig gehandelt, ist das Dienstvergehen nicht im Rahmen des Beschwerdebescheides zu erledigen; auch eine im Beschwerdebescheid ausgesprochene erzieherische Maßnahme ist nicht zulässig. Umfang und Grenzen des Beschwerdebescheides werden allein durch den Gegenstand der Beschwerde bestimmt. Die disziplinare Erledigung solcher Dienstvergehen ist daher stets gesonderter Entscheidung vorbehalten. Neben einer Pflichtverletzung kann das Vorbringen in der Beschwerde zugleich den Tatbestand einer Straftat erfüllen. In Betracht kommen die Tatbestände der falschen Anschuldigung, § 164 StGB, der Beleidigung, § 185 StGB, der üblen Nachrede, § 186 StGB oder der Verleumdung, § 187 StGB. Soweit Beleidigungstatbestände, insbesondere § 186 StGB, vorliegen, kann das Vorbringen jedoch unter dem Gesichtspunkt der Wahrnehmung berechtigter Interessen gemäß § 193 StGB gerechtfertigt sein.

§ 3 Wirkung der Beschwerde

(1) **Die Beschwerde in truppendienstlichen Angelegenheiten hat keine aufschiebende Wirkung. Die Einlegung der Beschwerde befreit insbesondere nicht davon, einen Befehl, gegen den sich die Beschwerde richtet, auszuführen. § 11 des Soldatengesetzes bleibt unberührt.**

(2) **Die für die Entscheidung zuständige Stelle prüft auch ohne Antrag des Beschwerdeführers, ob die Ausführung des Befehls oder die Vollziehung einer Maßnahme bis zur Entscheidung über die Beschwerde auszusetzen ist oder andere einstweilige Maßnahmen zu treffen sind. Wird ein entsprechender Antrag abgelehnt, kann der Beschwerdeführer die Entscheidung des Wehrdienstgerichts beantragen.**

Zu Absatz 1

I. Allgemeines

1   Art. 5 Nr. 3 Buchst. a WehrRÄndG 2008 hat mit einer redaktionellen Ergänzung der Vorschrift klargestellt, dass nur die Beschwerde in truppendienstlichen Angelegenheiten von dem verwaltungsrechtlichen Grundsatz abweicht, der für den Widerspruch regelmäßig aufschiebende Wirkung vorsieht (§ 80 Abs. 1 VwGO). Dem entspricht es, dass auch § 23 Abs. 6 Satz 1 mit der Beschwerde in Verwaltungsangelegenheiten im Grundsatz eine aufschiebende Wirkung verbindet. Der für das Wehrbeschwerderecht in truppendienstlichen Angelegenheiten durch Satz 1 angeordnete Ausschluss der Suspensivwirkung einer Beschwerde ist rechtspolitisch mit der Überlegung begründet, Störungen des militärischen Dienstes durch Beschwerden zu verhindern (vgl. Begr. S. 9). Der Ausschluss der aufschiebenden Wirkung gilt insbesondere gegenüber der Beschwerde gegen einen Befehl (zum Konflikt zwischen Grundrechtsposition und Erfüllung der Gehorsamspflicht sowie seiner Lösung durch § 3 vgl. Rottmann, ZBR 1983, 77, 89). Befehle sind vollständig, gewissenhaft und unverzüglich auszuführen (§ 11 Abs. 1 Satz 2 SG). Allein dadurch, dass der Soldat sich beschwert, wird die Gehorsamspflicht grundsätzlich nicht – auch nicht zeitweilig – aufgehoben (hierzu siehe näher Rn. 11 ff.).

II. Wirkung der Beschwerde

2   Die Beschwerde hat keine aufschiebende Wirkung. Die Maßnahme, gegen die sie sich richtet, wird also vollzogen, ohne die Beschwerdeentscheidung abzuwarten. Wird der Beschwerde stattgegeben, ist nachträglich für Abhilfe zu sorgen. Mit der durch Absatz 2 gegebenen Möglichkeit, die aufschiebende Wirkung anordnen zu können, werden Härten im Einzelfall ausgeglichen.

III. Geltungsbereich der Vorschrift

1. Truppendienstliche Beschwerde (Satz 1)

Allein in truppendienstlichen Angelegenheiten hindern weder die Ein- 3
legung der Beschwerde und der weiteren Beschwerde (§ 16 Abs. 4 i. Vbg. m.
§ 3 Abs. 1) noch der Antrag auf gerichtliche Entscheidung (§ 17 Abs. 6
Satz 1) die Durchführung der angefochtenen Maßnahme und damit deren
Vollziehung im verwaltungsrechtlichen Sinne; in allen diesen Fällen hat der
Rechtsbehelf damit keine aufschiebende Wirkung. Lediglich die für die Entscheidung zuständige Stelle (Absatz 2) und das Wehrdienstgericht – in dringenden Fällen sein Vorsitzender – (§ 17 Abs. 6 Satz 2) können die aufschiebende Wirkung anordnen. Ohne Bedeutung ist diese Vorschrift für Beschwerden wegen pflichtwidrigen Verhaltens von Kameraden; hier fehlt es an
der im Über-Unterordnungsverhältnis ergangenen und einer aufschiebenden
Wirkung zugänglichen Maßnahme. Zur Frage einstweiliger Anordnungen
durch das Wehrdienstgericht oder ein Verwaltungsgericht siehe § 17
Rn. 117 ff.).

2. Beschwerde in Verwaltungsangelegenheiten

Die Beschwerde in Verwaltungsangelegenheiten hat demgegenüber grund- 4
sätzlich aufschiebende Wirkung (§ 23 Abs. 6 Satz 1). Auch die darauf folgende Klage hat grundsätzlich aufschiebende Wirkung (§ 80 Abs. 1 VwGO).
Ausnahme bilden Entscheidungen über die Begründung, Umwandlung oder
Beendigung eines Wehrdienstverhältnisses (§ 23 Abs. 6 Satz 2), z. B. Beschwerden gegen eine fristlose Entlassung § 55 Abs. 4, 5 SG.

3. Disziplinarbeschwerde

Eine Ausnahme von dem Grundsatz, dass die Beschwerde in truppendienst- 5
lichen Angelegenheiten keine aufschiebende Wirkung hat, gilt gemäß § 42
Nr. 2 Satz 1 WDO für die Beschwerde gegen eine einfache Disziplinarmaßnahme. Legt der Soldat, gegen den der Disziplinarvorgesetzte eine einfache
Disziplinarmaßnahme verhängt hat, vor Beginn der Vollstreckung Beschwerde ein, dürfen strenger Verweis, Disziplinarbuße, Ausgangsbeschränkung und
– vorbehaltlich § 42 Nr. 2 Satz 3 WDO – Disziplinararrest nicht vollstreckt
werden, solange die Beschwerde nicht zu seinen Ungunsten beschieden ist.
Nur die Beschwerde gegen einen Verweis hat keine hemmende Wirkung, da
er mit dem Verhängen zugleich vollstreckt ist (Dau/Schütz, WDO, § 50
Rn. 1). Die aufschiebende Wirkung hält an, bis über die Beschwerde entschieden ist. Sie endet mit der Zurückweisung der Beschwerde. Die weitere
Beschwerde gegen eine einfache Disziplinarmaßnahme, mit Ausnahme des
Disziplinararrests, hemmt die Vollstreckung der angefochtenen Maßnahme
nicht mehr (§ 42 Nr. 2 Satz 3 WDO). Das Wehrdienstgericht kann jedoch
die Vollstreckung der Disziplinarmaßnahme aufschieben (§ 42 WDO
i. Vbg. m. § 17 Abs. 6 Satz 2 WBO).

Um aufschiebende Wirkung zu haben, muss die Beschwerde vor Beginn 6
der Vollstreckung eingelegt sein (zum Beginn der Vollstreckung siehe
§§ 50 ff. WDO und Dau/Schütz, WDO, § 47 Rn. 3 ff.), z. B. beim Disziplinararrest vor Beginn des tatsächlichen Vollzugs, bei der Disziplinarbuße vor

Einzahlung oder Einbehalt des Geldes. Eine nach diesem Zeitpunkt eingelegte Beschwerde ist, wenn sie innerhalb der Beschwerdefrist eingelegt wird,
zwar zulässig, sie hat aber keine aufschiebende Wirkung. Diese kann auch
nicht wieder nach § 3 Abs. 2 angeordnet werden, denn § 42 Nr. 2 WDO
geht der Regelung der WBO vor. Unberührt bleibt die Möglichkeit, die
Vollstreckung nach § 49 Abs. 3 WDO aufzuschieben oder zu unterbrechen,
wenn dringende Gründe vorliegen.

7   Für den Soldaten, der seine Beschwerde schriftlich bei dem zur Entscheidung zuständigen Disziplinarvorgesetzten eingelegt hat (§ 5 Abs. 1 Satz 2),
empfiehlt sich eine Mitteilung oder die Vorlage einer Durchschrift an den
zuständigen Disziplinarvorgesetzten oder ggf. an eine andere für die Vollstreckung zuständige Dienststelle (§ 48 Abs. 1 Satz 2 und 3 WDO), damit die
vom Gesetz vorgesehene Rechtsfolge auch tatsächlich verwirklicht wird.
Damit sichergestellt ist, dass der Soldat seine Beschwerde mit aufschiebender
Wirkung einlegen kann, muss ihm der Zeitpunkt, zu dem die Vollstreckung
frühestens beginnen soll, rechtzeitig, in der Regel beim Verhängen der
Disziplinarmaßnahme, eröffnet werden (§ 42 Nr. 2 Satz 2 WDO). Die Eröffnung ist jedenfalls spätestens zu einem Zeitpunkt vorzunehmen, zu dem der
Soldat noch ausreichend Zeit und Gelegenheit zur Einlegung der Beschwerde
vor Beginn der Vollstreckung hat. Gelegenheit zum Einlegen der Beschwerde
haben heißt, es muss eine Stelle vorhanden sein, die zur Entgegennahme der
Beschwerdeschrift oder der mündlichen Erklärung zur Niederschrift (§ 6
Abs. 2) zuständig ist. Zuständige Stelle ist der nächste Disziplinarvorgesetzte
des Beschwerdeführers (§ 5 Abs. 1 Satz 1), der für den Beschwerdebescheid
nach § 5 Abs. 1 Satz 2 WBO i. Vbg. m. § 42 Nr. 3 WDO zuständige Disziplinarvorgesetzte, der höchste anwesende Offizier (§ 11 Buchstabe b
Satz 1), sonstige zuständige Stellen (§ 5 Abs. 2) oder ein von diesen Offizieren mit der Entgegennahme von Beschwerden beauftragter Soldat (vgl. § 5
Rn. 5). Ausreichende Gelegenheit ist nicht gegeben, wenn der Soldat aus
dienstlichen oder anderen Gründen, die seine Dienststelle zu vertreten hat,
oder aus zwingenden persönlichen Gründen, z. B. er ist am Vormittag schwer
erkrankt, sein Beschwerderecht nicht wahrnehmen kann (vgl. näher Dau/
Schütz, WDO, § 47 Rn. 9a f.). Wird die Mitteilung über den Zeitpunkt der
Vollstreckung versäumt, hat auch eine spätere, innerhalb der Beschwerdefrist
eingelegte Beschwerde noch aufschiebende Wirkung.

8   In einigen Fällen hat eine vor Beginn der Vollstreckung eingelegte Beschwerde gegen eine einfache Disziplinarmaßnahme keine aufschiebende
Wirkung. Die Vollstreckung wird nicht gehemmt, wenn

– der Truppendienstrichter nach § 40 Abs. 1 Satz 4 WDO die sofortige Vollstreckbarkeit eines Disziplinararrests angeordnet hat (§ 42 Nr. 2 Satz 3
 WDO; Dau/Schütz, WDO, § 40 Rn. 15 ff.);

– der Soldat, nachdem seine Beschwerde erfolglos blieb, weitere Beschwerde
 einlegt (§ 42 Nr. 2 Satz 3 WDO; siehe jedoch Rn. 9 a. E.);

– der Truppendienstrichter mit Rücksicht auf den Entlassungstag des Soldaten die sofortige Vollstreckbarkeit eines Disziplinararrests angeordnet hat
 (§ 56 Abs. 2 Satz 1 WDO);

– der Kommandant eines Schiffes nach § 40 Abs. 5 WDO Disziplinararrest
 verhängt hat.

9   In den Fällen der §§ 40 Abs. 1 Satz 4, 56 Abs. 2 Satz 1 WDO kann das
Truppendienstgericht jedoch, in dringenden Fällen der Vorsitzende, gemäß

§ 17 Abs. 6 die aufschiebende Wirkung wieder herbeiführen (Dau/Schütz, aaO, § 40 Rn. 24).

IV. Aufschiebende Wirkung und Gehorsamspflicht

1. Befehlsausführung (Satz 2)

Satz 2 erwähnt ausdrücklich den wichtigsten Anwendungsfall, in dem die **10** aufschiebende Wirkung der Beschwerde ausgeschlossen werden muss, nämlich bei der Beschwerde gegen einen Befehl (zum Begriff des Befehls siehe § 2 Nr. 2 WStG und § 1 Rn. 164 ff.). Die Gehorsamspflicht (§ 11 Abs. 1 SG) hat gegenüber dem individuellen Rechtsschutzinteresse des einzelnen Soldaten Vorrang. Ungeachtet der Beschwerde und vorbehaltlich der Möglichkeiten des Absatzes 2 muss der Befehl ausgeführt werden; verletzt der Soldat die Gehorsamspflicht, begeht er ein Dienstvergehen und macht sich nach den Vorschriften des WStG strafbar (§§ 19 ff. WStG).

2. Unverbindlicher Befehl (Satz 3)

Gemäß Satz 3 bleibt § 11 SG unberührt. Die Vorschrift ist keine Aus- **11** nahme von Satz 2. Sie stellt klar, dass das Fehlen der aufschiebenden Wirkung nicht zur Verpflichtung führt, auch unverbindliche Befehle auszuführen, dass der Soldat also durch Einlegen der Beschwerde gegen einen Befehl nicht etwa schlechter gestellt wird, als wenn er keine Beschwerde eingelegt hätte. Satz 3 ist somit nur eine Ergänzung des Satzes 2. Während Satz 2 die in § 11 Abs. 1 Satz 2 SG normierte Pflicht zur Ausführung des Befehls wiederholt, bestätigt Satz 3 die Grenzen der Gehorsamspflicht nach § 11 Abs. 1 Satz 3 und Absatz 2. Genau genommen bleibt also nicht § 11, sondern § 11 Abs. 1 Satz 3 und Absatz 2 unberührt. Satz 3 ist nicht Bestandteil des Beschwerderechts, sondern des Rechts von Befehl und Gehorsam und damit in der WBO entbehrlich (so auch Bachmann, GKÖD Yo, § 3 Rn. 14 ebenso für Satz 2).

Zu Absatz 2

V. Vorbemerkung

Da die Beschwerde in truppendienstlichen Angelegenheiten keine auf- **12** schiebende Wirkung hat, verpflichtet Satz 1 die für die Entscheidung zuständige Stelle, von Amts wegen oder auf Antrag des Beschwerdeführers die Ausführung des Befehls oder die Vollziehung einer Maßnahme bis zur Entscheidung über die Beschwerde auszusetzen oder andere einstweilige Maßnahmen zu treffen. Die Bestimmung entspricht der in § 17 Abs. 6 Satz 1 für das gerichtliche Antragsverfahren getroffenen Regelung. Der Disziplinarvorgesetzte muss prüfen, ob Anlass besteht, unverzüglich dem Beschwerdeführer dadurch vorläufigen Rechtsschutz zu gewähren, wenn er ernsthafte Zweifel an der Rechtmäßigkeit, Verbindlichkeit oder Zweckmäßigkeit hat, wenn die Vollziehung der Maßnahme oder die Ausführung des Befehls für den Beschwerdeführer eine unbillige Härte zur Folge hätte (BVerwG NZWehrr 1978, 108) oder wenn sonstige Missstände vorliegen, von denen er durch die Beschwerde erfahren hat. Mit der Möglichkeit, den Vollzug einer Maßnahme oder die Ausführung eines Befehls aussetzen zu können, übernimmt der Gesetzgeber auch für das Wehrbeschwerderecht ein in der Exekutive übliches Recht (vgl. § 80 Abs. 4 S. 1 VwGO), das im Hinblick auf den für truppendienstliche Beschwerden festgelegten Grundsatz unmittelbarer Verbindlichkeit – oder besser – Vollziehbarkeit auch angefochtener Maßnahmen durch die Bestimmung des Satzes 1 ausdrücklich bestätigt werden musste. Die Vorschrift ist durch Art. 5 Nr. 3 Buchst. b WehrRÄndG 2008 neugefasst worden. Für die gerichtliche Entscheidung im einstweiligen Rechtsschutz ist das Gericht der Hauptsache zuständig (BVerwG 1 WDS-VR 2/17 vom 30.3.2017, juris Rn. 14 ff.).

VI. Die Aussetzung von Befehlsausführung und Maßnahmevollzug (Satz 1 Hs 1)

1. Die Aussetzung von Amts wegen

13   Die Entscheidung des Disziplinarvorgesetzten, als Folge einer Beschwerde gegen einen Befehl oder eine Maßnahme dessen Ausführung oder den Vollzug auszusetzen, bedeutet gegenüber der Regelung des Absatzes 1 Satz 1, dass die Beschwerde aufschiebende Wirkung erhält. Das Herstellen der aufschiebenden Wirkung ist eine einstweilige, vorläufige Maßnahme mit der Wirkung, dass der angefochtene Befehl oder die Maßnahme nur dann und erst dann zu vollziehen ist, wenn der ablehnende Beschwerdebescheid dem Beschwerdeführer nach § 12 Abs. 1 zugestellt ist. Bis zu diesem Zeitpunkt ist die Gehorsamspflicht des Beschwerdeführers gleichsam suspendiert. Die Regelung des Satzes 1 begründet für den Disziplinarvorgesetzten nicht nur eine Befugnis, sondern die Pflicht, in jeder Lage des Beschwerdeverfahrens zu prüfen, ob er die aufschiebende Wirkung anordnet oder ob er zur vorläufigen Befriedung gegensätzlicher Interessen oder um einen ordnungsgemäßen Dienstbetrieb zu gewährleisten, andere einstweilige Maßnahmen treffen muss. Diese Pflicht obliegt ihm kraft Gesetzes, sie kann allenfalls zusätzlich durch einen Antrag des Beschwerdeführers unterstützt werden. Kommt der Disziplinarvorgesetzte nachweislich seiner Prüfungspflicht nicht nach, bleibt er m. a. W. untätig, muss eine darauf gestützte Beschwerde mangels Rechtsschutzbedürfnis zurückgewiesen werden; der Beschwerdeführer ist auf sein Antragsrecht zu verweisen.

14   Die Entscheidung über die Anordnung der aufschiebenden Wirkung ist dem Beschwerdeführer mitzuteilen, damit er weiß, ob er dem Befehl gehorchen oder die angeordnete Maßnahme ausführen muss. Die Anordnung über die aufschiebende Wirkung trifft die für die Entscheidung über die Beschwerde zuständige Stelle, in den Fällen des § 11 auch der höchste anwesende Offizier (§ 11 Buchst. b Satz 3). Welche Stelle zur Entscheidung zuständig ist, ergibt sich aus § 9 (vgl. die Erl. daselbst). In Verbindung mit § 9 Abs. 1 Satz 1 enthält Satz 1 somit eine gesetzliche Zuständigkeitsregelung, die indes die Befugnis des Vorgesetzten, der den Befehl gegeben oder die Maßnahme erlassen hat, unberührt lässt, selbst schon für Abhilfe zu sorgen. Er kann seinen Befehl aufheben, bis zur Beendigung des Beschwerdeverfahrens die Ausführung aussetzen und entsprechende Entscheidungen für eine von ihm erlassene Maßnahme treffen. Zu beachten ist jedoch, dass der zur Abhilfe berechtigte Vorgesetzte nicht personengleich mit dem Disziplinarvorgesetzten

i. S. des § 17 Abs. 6 Satz 2 ist. Für den Disziplinarvorgesetzten, der eine einfache Disziplinarmaßnahme verhängt hat, gilt § 37 Abs. 5 WDO, wonach ihm mit Verhängung die Disposition über die Maßnahme entzogen ist.

Bei der Entscheidung über die Anordnung der aufschiebenden Wirkung ist **15** das öffentliche Interesse an der sofortigen Vollziehung der angefochtenen Maßnahme gegen das Interesse des Beschwerdeführers an der Beibehaltung des bisherigen Zustandes abzuwägen (BVerwG NZWehr 1978, 108). Bei der Beschwerde in truppendienstlichen Angelegenheiten hat die sofortige Vollziehbarkeit der angefochtenen Maßnahme im öffentlichen Interesse grundsätzlich den Vorrang (BVerwG aaO). Das öffentliche Interesse muss allerdings zurücktreten, wenn sich bereits bei Prüfung des Beschwerdevorbringens durchgreifende Zweifel an der Rechtmäßigkeit der angefochtenen Maßnahme ergeben oder wenn dem Beschwerdeführer durch den sofortigen Vollzug unzumutbare, insbesondere nicht wiedergutzumachende Nachteile entstünden (so BVerwG ebenda). Ist von vornherein zu erwarten, dass ein Befehl oder eine Maßnahme, die Gegenstand der Beschwerde ist, durch den Beschwerdebescheid aufgehoben werden wird, empfiehlt es sich, ihren Vollzug auszusetzen. Dabei ist allerdings Zurückhaltung geboten, weil sich in einem früheren Stadium des Beschwerdeverfahrens die Erfolgsaussichten häufig nur unvollständig beurteilen lassen. Ist die Beschwerde ersichtlich unzulässig oder offensichtlich unbegründet, kommt eine Anordnung der aufschiebenden Wirkung nicht in Betracht. Für die aufschiebende Wirkung oder eine sonstige einstweilige Maßnahme ist üblicherweise kein Raum, wenn die Entscheidung über die Beschwerde selbst unverzüglich getroffen werden kann, so dass sich einstweilige Maßnahmen erübrigen. Andererseits kann die Anordnung der aufschiebenden Wirkung aus den Umständen des Falles geboten sein. Das gilt insbesondere z. B. bei Beschwerden gegen unverbindliche Befehle. Da ein unverbindlicher Befehl nach § 3 Abs. 1 i. Vbg. m. § 11 SG nicht vollzogen werden darf, ist der Disziplinarvorgesetzte zur Aussetzung verpflichtet. Diese Anordnung kann auch in Fällen von Bedeutung sein, in denen die Behauptung des Beschwerdeführers, der Befehl sei unverbindlich, zunächst näher geprüft werden muss.

Die aufschiebende Wirkung kann – sowohl in zeitlicher Hinsicht als auch **16** in der Sache – ganz oder teilweise angeordnet werden. Ist sie aber mit Wirkung bis zur Entscheidung über die Beschwerde oder bezüglich des gesamten Beschwerdegegenstandes angeordnet worden, ist eine nachträgliche Einschränkung, also Schlechterstellung des Beschwerdeführers, nicht zulässig. Zum Umfang der Anordnung aufschiebender Wirkung durch das Truppendienstgericht siehe § 17 Rn. 108 f., zum Erlass einstweiliger Anordnungen § 17 Rn. 117 ff.; zur Anordnung der aufschiebenden Wirkung in Sonderfällen der Verwaltungsbeschwerde siehe § 23 Rn. 52 ff.

2. Die Aussetzung auf Antrag des Beschwerdeführers

Hat der Beschwerdeführer einen Antrag gestellt, die aufschiebende Wir- **17** kung seiner Beschwerde anzuordnen und damit die Wirksamkeit der angefochtenen Maßnahme zu suspendieren oder andere einstweilige Maßnahmen zu treffen, ist eine ablehnende Entscheidung des Disziplinarvorgesetzten mit einer Rechtsbehelfsbelehrung zu versehen (§ 23a Abs. 1 i. Vbg. m. § 6 WDO). Mit einem Antrag auf gerichtliche Entscheidung **(Satz 2)** kann der Beschwerdeführer erreichen, dass das Wehrdienstgericht nunmehr die aufschiebende Wirkung anordnet. Dieses in Satz 2 enthaltene Rechtsschutzverfahren ist ein eigenständiges, erst durch Art. 5 Nr. 3 Buchst. b WehrRÄndG 2008 in das Gesetz eingestelltes Antragsverfahren. Es besitzt keine eigenen Form- und Fristvorschriften. Es ähnelt dem in § 17 Abs. 6 Satz 2 geregelten gerichtlichen Antragsverfahren (BVerwG vom 30.3.2017, 1 WDS-VR 2/17, juris Rn. 14 f.), stimmt in der angeordneten Rechtsfolge mit ihm überein, unterscheidet sich jedoch in seinen Rechts- und Verfahrensvoraussetzungen. Für den Antrag nach Satz 2 muss nämlich zunächst der für die Entscheidung über die Beschwerde zuständige Disziplinarvorgesetzte ablehnend entschieden haben, während der Beschluss des Truppendienstgerichts nach § 17 Abs. 6 Satz 2 die ablehnende Entscheidung des Disziplinarvorgesetzten voraussetzt, der über die weitere Beschwerde entscheiden muss. Mit dem Verfahren nach § 17 Abs. 6 Satz 2 ist der Rechtsweg für vorläufigen Rechtsschutz für den Beschwerdeführer erschöpft, nach einer Ablehnung seines Antrags durch die Beschwerdestelle kann er dagegen nochmals in der weiteren Beschwerdeinstanz nach einer Ablehnung dort Antrag auf gerichtliche Entscheidung für eine Anordnung der aufschiebenden Wirkung stellen (§ 16 Abs. 2). Zuständig ist das Gericht der Hauptsache (BVerwG vom 30.3.2017, 1 WDS-VR 2/17, juris Rn. 14).

18   Mangels eigener wehrbeschwerderechtlicher Vorschriften für die Form des Antrags auf gerichtliche Entscheidung nach Satz 2 gilt § 23a Abs. 1 i. Vbg. m. § 112 WDO, d. h. der Antrag ist schriftlich oder zu Protokoll der Geschäftsstelle des Wehrdienstgerichts zu stellen, er kann auch schriftlich oder mündlich bei dem nächsten Disziplinarvorgesetzten oder in den Fällen des § 5 Abs. 2 und § 11 Buchst. b bei den dort bezeichneten Vorgesetzten gestellt werden. Zeitlich kann er solange gestellt werden, bis der Disziplinarvorgesetzte über die Beschwerde entschieden hat (§ 12 Abs. 1).

VII. Andere einstweilige Maßnahmen (Satz 1 Hs 2)

19   Die zur Entscheidung über die Beschwerde zuständige Stelle ist nicht darauf beschränkt, als Folge der Beschwerde ihre aufschiebende Wirkung anzuordnen. Sie ist auch befugt, sonstige einstweilige Maßnahmen zu treffen. Diese kommen insbesondere in Betracht, wenn durch die Beschwerde offenbar gewordene Missstände noch vor der Beschwerdeentscheidung beseitigt oder zwischenmenschliche Spannungen zeitweise aufgelöst werden müssen. Ist beispielsweise ein Befehl bereits ausgeführt oder eine Maßnahme vollzogen, kann die Beschwerdestelle die Vollziehung aufheben oder rückgängig machen und damit nachträglich die aufschiebende Wirkung herstellen. Sie kann auch weitere Maßnahmen treffen, die dem Ziel dienen sollen, schon vor der Entscheidung über die Beschwerde einen Zustand herzustellen, wie er vermutlich durch den Beschwerdebescheid gestaltet wird. Es kann sich aber auch darum handeln, nur für die Dauer des Beschwerdeverfahrens einen vorläufigen Zustand zu schaffen, durch den ein noch größerer Schaden verhindert wird. So kann es im Einzelfall angezeigt sein, einen Soldaten, der sich über ungerechte Befehle seines Vorgesetzten beschwert, vorübergehend einem anderen Vorgesetzten zu unterstellen oder den Vorgesetzten anders zu verwenden; es kann zweckmäßig sein, anzuordnen, dass der Soldat zu bestimmten Dienstleistungen oder Einsätzen nicht herangezogen wird, wenn er in seiner Beschwerde angibt, dass er diesen Dienstleistungen nicht gewachsen

sei oder bestimmte Einsätze mit seinem Gewissen nicht vereinbaren könne. Eine Veränderung der Stubenbelegung bei Beschwerden über Verstöße gegen die Kameradschaftspflicht, eine Änderung der Diensteinteilung bei Beschwerden gegen eine befohlene Dienstverrichtung sind weitere beispielhafte Anwendungsfälle einstweiliger Maßnahmen. Die Anordnung anderer einstweiliger Maßnahmen kann ganz oder teilweise rückgängig gemacht werden, wenn ihre Voraussetzungen entfallen sind und sie daher nicht mehr aufrechterhalten werden müssen.

§ 4 Vermittlung und Aussprache

(1) **Der Beschwerdeführer kann vor Einlegung der Beschwerde einen Vermittler anrufen, wenn er sich persönlich gekränkt fühlt und ihm ein gütlicher Ausgleich möglich erscheint.**

(2) **Der Vermittler darf frühestens nach Ablauf einer Nacht und muß innerhalb einer Woche, nachdem der Beschwerdeführer von dem Beschwerdeanlaß Kenntnis erhalten hat, angerufen werden.**

(3) **Als Vermittler wählt der Beschwerdeführer einen Soldaten, der sein persönliches Vertrauen genießt und an der Sache selbst nicht beteiligt ist. Der als Vermittler Angerufene darf die Durchführung der Vermittlung nur aus wichtigem Grund ablehnen. Unmittelbare Vorgesetzte des Beschwerdeführers oder desjenigen, über den die Beschwerde geführt wird (Betroffener), dürfen die Vermittlung nicht übernehmen.**

(4) **Der Vermittler soll sich in persönlichem Benehmen mit den Beteiligten mit dem Sachverhalt vertraut machen und sich um einen Ausgleich bemühen.**

(5) **Bittet der Beschwerdeführer den Betroffenen vor der Vermittlung oder anstelle einer Vermittlung um eine Aussprache, hat der Betroffene ihm Gelegenheit zur Darlegung seines Standpunktes zu geben.**

(6) **Der Lauf der Beschwerdefrist wird durch eine Vermittlung oder eine Aussprache nicht gehemmt.**

Übersicht

I. Vorbemerkung

1. Früheres Recht

1   Eine der Beschwerde vorgeschaltete Vermittlung ist ein altes Rechtsgut im militärischen Bereich, das schon in einem Erlass des preußischen Kriegsministeriums aus dem Jahre 1828 enthalten war (vgl. v. Mitzlaff, WK 1957, 152 ff.). Dort wie auch in den späteren im ganzen Reich gültigen Beschwerdeordnungen von 1873 und 1894/95 gab es eine Vermittlung allerdings nur für Offiziere. Demgegenüber erstreckte die BO von 1921 die Vermittlung auf Beschwerden aller Soldaten. Die BO von 1936 kehrte sodann zu den früheren Regelungen zurück. Unter ihrer Geltung bestand eine Vermittlungspflicht nur für Offiziere.

2. Konzeption der WBO

2   Die WBO hat die Vermittlung wieder für alle Dienstgrade zugelassen (zu der im Gesetzgebungsverfahren streitigen Behandlung der Vermittlung vgl. BT-Drs. 2359, 2. Wahlperiode, 1953, sowie Protokoll der 160. Sitzung des Ausschusses für Rechtswesen und Verfassungsrecht vom 10.11.1956, 2. Wahlperiode, 1953). Ihre gesetzgeberische Konzeption geht auf die Überlegung zurück, dass bei Spannungen im zwischenmenschlichen Bereich die Beschwerde oft nicht das geeignete Mittel ist, um das gestörte Vertrauen zwischen Vorgesetztem und Untergebenen sowie zwischen Kameraden wiederherzustellen (BVerwGE 53, 23, 32 f. = NZWehr 1976, 137, 142 f.). Das enge Zusammenleben der Soldaten führt leichter als in anderen Lebensbereichen zu Reibungen und menschlichen Konflikten. Diese beruhen häufig nur auf Missverständnissen, auf unbedacht kränkenden Äußerungen oder übereilten Handlungen (vgl. Dietz, BO, S. 154; Oetting, Beschwerderecht, S. 74; Barth, Beschwerderecht, S. 99; vgl. auch Scheyhing, DÖV 1958, 77). Hier ist der gütliche Ausgleich durch einen Vermittler besser als die Entscheidung durch einen Vorgesetzten. Besonders wenn es sich um Differenzen unter Kameraden handelt, wird sich mancher Soldat leichter dazu entschließen, einen Vermittler anzurufen, als eine Beschwerde einzureichen. Denn Entscheidungen von höherer Stelle – mögen sie noch so gerecht und sachgemäß sein – lassen bei der einen oder anderen Seite leicht einen Stachel zurück. In der Kunst des Ausgleichs ist daher die Tätigkeit des Vermittlers für das innere Gefüge der Truppe von großer Bedeutung. Sie verlangt Takt, Einfühlungsvermögen, Selbstbeherrschung und eine gereifte, ausgewogene Persönlichkeit.

3   Der durch Art. III Nr. 2 NOG vorgenommene Ausschluss des Vertrauensmannes vom Amt des Vermittlers ist durch Art. 3 Nr. 2 Buchstabe b – SBG (BGBl. 1991 I S. 47, 56) wieder rückgängig gemacht worden. Nunmehr bestimmt § 32 Abs. 1 SBG, dass der Beschwerdeführer die Vertrauensperson als Vermittler wählen kann. Absatz 6 wurde in Bestätigung der bis dahin geübten Praxis durch Art. III Nr. 2 Buchstabe b NOG neu eingefügt.

Der Gesetzeswortlaut (siehe auch § 32 Abs. 1 SBG) spricht ungenau vom **4** „Beschwerdeführer", obwohl i. S. der WBO ein Beschwerdeführer erst der Soldat ist, der eine Beschwerde eingelegt hat. Gleichwohl behält auch die Kommentierung aus Gründen einer verständlicheren Darstellung die Terminologie der Vorschrift bei.

3. Rechtsnatur von Vermittlung und Aussprache

Vermittlung und Aussprache sind nicht als formelle Rechtsbehelfe ausgestal- **5** tet. Das Beschwerdeverfahren muss nicht mit einer Vermittlung oder einer Aussprache eingeleitet werden. Der Beschwerdeführer entscheidet vielmehr nach eigenem Ermessen, ob er von diesen Möglichkeiten Gebrauch machen will. Das folgt aus dem Grundsatz der Beschwerdefreiheit. Wären Vermittlung und Aussprache Rechtsschutzvoraussetzungen für das Einlegen einer Beschwerde, könnte der Weg zu einer Beschwerdeentscheidung abgeschnitten werden. Außerdem wäre eine obligatorische Vermittlung auch bei einer Reihe von Beschwerdefällen, z. B. solchen, die eine strafrechtliche Verfolgung nach sich ziehen, unmöglich, da der Beschwerdeführer meist selbst nicht übersehen kann, ob die Handlung, über die er sich beschweren will, zu einer Strafverfolgung Anlass gibt. Für die Entscheidung über die Beschwerde ergibt sich daraus, dass sie nicht mit der Begründung zurückgewiesen werden darf, der Weg einer Vermittlung oder Aussprache sei nicht beschritten worden.

4. Gemeinsame Verfahrensvoraussetzungen

Vermittlung und Aussprache verfolgen das Ziel, ein Beschwerdeverfahren **6** zu vermeiden, indem der Soldat und der Betroffene einen Ausgleich finden. Sie sind Rechtsinstitute eigener Art, die im Gegensatz zum förmlichen Beschwerdeverfahren nicht zu einer Entscheidung führen (BVerwGE 53, 53, 55 = NZWehr 1976, 15). Sie kommen nur in Betracht, wenn der Beschwerdeführer überhaupt die Möglichkeit hat, sich bei einem militärischen Vorgesetzten über den Betroffenen zu beschweren (BVerwGE 53, 23, 33 = NZWehr 1976, 137, 143 = DVBl 1976, 336). Untersteht der Betroffene keinem Disziplinarvorgesetzten, ist für die Anwendung der Vorschrift kein Raum. Ist der BMVg Betroffener, kommen somit Vermittlung und Aussprache nicht in Betracht (BVerwG aaO). Die Vorschrift gilt nur in truppendienstlichen Angelegenheiten (BVerwG aaO). Hat der Beschwerdeführer nach seinem Ausscheiden aus dem Wehrdienst noch ein Recht zur Beschwerde nach der WBO, kann er zwar von der Vermittlung und Aussprache Gebrauch machen; die praktische Bedeutung ist aber eingeschränkt, da er nicht mehr innerhalb der soldatischen Gemeinschaft steht und oft auch räumlich von ihr getrennt ist. Wenn der Betroffene nicht mehr Soldat ist, entfallen Vermittlung und Aussprache; wird der Betroffene vor Einlegung der Beschwerde zu einer anderen Einheit versetzt, ist die Inanspruchnahme eines Vermittlers oder die Möglichkeit zu einer Aussprache zumeist schon aus tatsächlichen Gründen nicht möglich.

Für die Anwendung der Vorschrift ist es nicht erforderlich, dass dem **7** Beschwerdeführer ein Beschwerderecht nach § 1 Abs. 1 Satz 1 auch tatsächlich zusteht. Über die Statthaftigkeit und Zulässigkeit der Beschwerde wird erst im Beschwerdeverfahren entschieden werden können; die teilweise rechtlich schwierig gelagerten Zulässigkeitsvoraussetzungen werden vor einer Vermittlung und Aussprache regelmäßig nicht geprüft werden können. Es reicht daher aus, wenn der Beschwerdeführer i. S. des § 1 Abs. 1 Satz 1 behauptet, in einer truppendienstlichen Angelegenheit unrichtig behandelt oder durch pflichtwidriges Verhalten verletzt worden zu sein.

8 **Vermittlung und Aussprache sind nur vor Einlegung der Beschwerde zulässig.** Mit der Einlegung der Beschwerde gibt der Beschwerdeführer zu erkennen, dass er einen gütlichen Ausgleich nicht für möglich hält. Ist einmal Beschwerde eingelegt worden, können Vermittlung und Aussprache auch dann nicht mehr durchgeführt werden, wenn der Beschwerdeführer die Beschwerde zurückgenommen hat (§ 8 Abs. 1); denn mit der Rücknahme ist dieses Beschwerdeverfahren erledigt und damit auch die hierauf gerichtete Vermittlung und Aussprache (§ 8 Abs. 1 Satz 3).

9 Der Vermittler soll sich im persönlichen Benehmen mit den Beteiligten um einen Ausgleich bemühen (Absatz 4). Daraus folgt, dass eine Vertretung insoweit nicht zulässig ist (noch offen gelassen in BVerwGE 53, 53, 54 f. = NZWehr 1976, 15, 16). Entsprechendes gilt für die Aussprache. Will der Beschwerdeführer den Beistand eines Dritten beanspruchen, mag er Beschwerde einlegen.

10 Haben Vermittlung oder Aussprache zu einem Erfolg geführt, ist das Beschwerderecht regelmäßig verbraucht. Der Beschwerdeführer kann nach Abschluss der Vermittlung allenfalls dann noch Beschwerde einlegen, wenn er weiterhin behauptet, beschwert zu sein. Im Übrigen beeinflusst die Tatsache einer vorangegangenen Vermittlung oder Aussprache nicht das folgende Beschwerdeverfahren. Eine versuchte Vermittlung oder Aussprache braucht in der Beschwerde nicht erwähnt zu werden, doch wird es sich für den Beschwerdeführer empfehlen, auf den Versuch zur gütlichen Einigung hinzuweisen, weil dadurch vielleicht die Entscheidung über die Beschwerde erleichtert werden kann. Auf die weitere Beschwerde finden die Vorschriften über die Vermittlung und Aussprache keine Anwendung. § 16 Abs. 4 verweist nur auf die entsprechende Anwendung der Beschwerdevorschriften. Auch vor einem Beschwerdeverfahren der Vertrauensperson (§ 1 Abs. 1 Satz 2) gibt es keine Vermittlung oder Aussprache.

Zu Absatz 1

II. Voraussetzungen der Vermittlung

1. Persönliche Kränkung

11 **Eine Vermittlung ist nur zulässig, wenn der Beschwerdeführer vorträgt, persönlich gekränkt zu sein.** Hierdurch erfährt der Anwendungsbereich aller möglichen Beschwerdefälle eine gewisse Einschränkung, denn nicht jede Maßnahme oder Behandlung ist unter dem Gesichtspunkt der persönlichen Kränkung für eine Vermittlung geeignet. Bei Sachentscheidungen ist die Anrufung eines Vermittlers nicht denkbar (so auch Barth, Beschwerderecht, S. 99). Enthält die Sachentscheidung jedoch zugleich eine persönliche Kränkung, kann der Beschwerdeführer insoweit einen Vermittler anrufen (zustimmend Oetting, Beschwerderecht, S. 74). In diesem Fall liegen materiell zwei Beschwerdeanlässe vor: die eigentliche Sachentscheidung, z. B.

eine für ungerecht erachtete Versetzung oder die Ablehnung eines Urlaubs-gesuches, und die persönliche Kränkung, d. h. regelmäßig das Vorliegen eines Dienstvergehens in Form der Verletzung der Pflicht zur Kameradschaft (§ 12 SG). Nur hinsichtlich dieses Beschwerdegrundes ist die Vermittlung zulässig. In den Fällen des Untätigbleibens von Vorgesetzten und Dienststellen ist eine Vermittlung regelmäßig nicht am Platz.

Eine persönliche Kränkung setzt die Behauptung des Beschwerdeführers **12** voraus, dass er sich seelisch verletzt fühlt, z. B. weil er sich unzufrieden, zurückgesetzt,oder missverstanden oder belästigt glaubt. Auf seine mehr oder weniger große Empfindlichkeit kommt es nicht an. Schon ein Verhalten, das ihn in seiner Eitelkeit trifft oder nur von mangelndem Takt oder Höflichkeit zeugt, kann im Einzelfall als persönliche Kränkung empfunden werden. Nicht erforderlich ist, dass tatsächlich eine Kränkung eingetreten ist; unbeachtlich ist auch, ob sie bewusst oder unbewusst geschah. Die durch Art. 1 Abs. 1 GG geschützte Würde des Menschen ist auch für den Soldaten verbindliches Recht. Eine persönliche Kränkung liegt daher regelmäßig vor, wenn der Beschwerdeführer in seinem Anspruch auf Achtung seiner Persönlichkeit und damit seiner Ehre verletzt ist. Das kann der Fall sein, wenn ihm ständig seine eigene Unzulänglichkeit vorgehalten wird, er sich belästigenden Anspielun-gen auf seine Person ausgesetzt sieht oder der Lächerlichkeit preisgegeben wird (vgl. auch Lingens/Korte, WStG, § 31 Rn. 3; Erbs/Kohlhaas/Dau, WStG, § 31 Rn. 3 f.). Die Ehrverletzung kann geschehen durch Kundgabe der Nichtachtung oder Missachtung, die das Ansehen des Beschwerdeführers in der Truppe oder in der Allgemeinheit mindert, ferner durch verächtlich machende Äußerungen oder durch eine entwürdigende Behandlung.

Es muss jedoch berücksichtigt werden, dass im militärischen Leben ein **13** direkterer Ton herrscht als im bürgerlichen Alltag (Lingens/Korte, WStG, § 31 Rn. 4; Erbs/Kohlhaas/Dau, aaO). Eine kräftige und plastische Aus-drucksweise braucht daher nicht stets auch eine persönliche Kränkung zu enthalten. Auch ist zu beachten, dass dem Ehrbegriff innerhalb der soldati-schen Gemeinschaft heute keine isolierte Bedeutung mehr zukommt, er ins-besondere nicht durch einen eigenen Korpsgeist geprägt ist. Auch die Ehre unter den Soldaten der Bundeswehr richtet sich an den allgemein verbindli-chen ethischen und sittlichen Maßstäben aus. Daher ist auch die besondere Herausstellung eines unter Offizieren gegebenen Ehrenwortes mit entspre-chendem disziplinarrechtlichem Schutz der heutigen Rechtsordnung fremd, weil es dem Leitbild vom Soldaten als Staatsbürger in Uniform nicht ent-spricht (BDH NZWehrr 1968, 181, 182).

2. Möglichkeit des gütlichen Ausgleichs

Neben dem Gefühl der persönlichen Kränkung muss als weitere 14 Zulässigkeitsvoraussetzung für die Anrufung eines Vermittlers dem Beschwerdeführer ein gütlicher Ausgleich möglich erscheinen. Ge-genstand einer Vermittlung kann immer nur ein Verhalten sein, das ver-zeihlich ist, das sich also seiner Art nach dazu eignet, ohne Einschaltung vorgesetzter Stellen aus der Welt geschafft zu werden. Hält der Beschwerde-führer von vornherein einen Ausgleich für sinnlos, wird er es vorziehen, sofort Beschwerde einzulegen. Das wird regelmäßig der Fall sein, wenn ihm ein schweres Unrecht zugefügt worden ist, das durch eine versöhnliche Geste nicht bereinigt werden kann (siehe hierzu auch Dietz, BO, S. 154). Ein gütlicher Ausgleich ist im Übrigen nur soweit möglich, als der Beschwerdeführer selbst durch den Versuch eines gütlichen Ausgleichs über eine ihm zugefügte Kränkung verfügen kann. Die Durchführung der Vermittlung und die dadurch gegebene Möglichkeit der Verzeihung darf nicht den Zweck haben, die Strafverfolgung des Staates oder die disziplinare Ahndung eines Dienstvergehens zu vereiteln (siehe auch § 40 WStG). Ist der Beschwerdeführer z. B. von einem Vorgesetzten durch einen Fußtritt körperlich misshandelt worden, kann er zwar für die darin liegende persönliche Kränkung die Entschuldigung des Betroffenen entgegennehmen, der Tatbestand der Untergebenenmisshandlung als solcher bleibt davon jedoch unberührt und ist nach den Vorschriften des WStG und der WDO zu behandeln. Für eine Vermittlung ungeeignet sind daher die Handlungen, die zugleich Straftatbestände des StGB erfüllen, soweit nicht ein Privatklagedelikt (§ 374 StPO) vorliegt, sowie die Tatbestände des WStG; in diesem Bereich ist auch die entwürdigende Behandlung in Form einer Beleidigung (§ 31 WStG) einem Vermittlungsversuch entzogen.

15   Zur Person des Vermittlers siehe Rn. 20 ff.

Zu Absatz 2

III. Frist

16   Die Frist für die Anrufung eines Vermittlers beträgt eine Woche. Sie beginnt erst am Tag nach dem Ereignis zu laufen, das Gegenstand der Vermittlung ist oder, wenn dieser Tag nicht identisch mit dem der Kenntnisnahme des Beschwerdeführers vom Beschwerdeanlass ist, an dem Tag, nach dem der Beschwerdeführer Kenntnis erhalten hat (wegen der Fristberechnung siehe die Erl. zu § 6). Im Übrigen darf der Vermittler erst nach Ablauf einer Nacht angerufen werden (vgl. hierzu § 6 Rn. 18). Hält der Beschwerdeführer die Nachtfrist nicht ein, kann der Vermittler die Vermittlung ablehnen. Der Beschwerdeführer ist jedoch nicht gehindert, innerhalb der Vermittlungsfrist erneut um die Übernahme der Vermittlung zu bitten.

17   Die für die Vermittlung einzuhaltende Frist kann – vorbehaltlich der Regelung des § 7 Abs. 1 – nicht verlängert werden. Die Anrufung eines Vermittlers nach Ablauf der Einwochenfrist ist unzulässig. Dem Beschwerdeführer steht in diesem Fall nur noch das Recht zu, innerhalb der ihm verbleibenden Beschwerdefrist Beschwerde einzulegen. Nimmt die Vermittlung längere Zeit in Anspruch, muss der Beschwerdeführer, um nicht die Beschwerdefrist zu versäumen, vorsorglich – zur Fristwahrung – Beschwerde einlegen. Nur wenn er an der Einhaltung der Frist durch militärischen Dienst, durch Naturereignisse oder andere unabwendbare Zufälle gehindert ist, läuft die Frist erst drei Tage nach Beseitigung des Hindernisses ab (§ 7 Abs. 1). Absatz 6 ist zu beachten.

Zu Absatz 3

IV. Vermittlung

1. Begriff des Betroffenen

Absatz 3 enthält die gesetzliche Definition des Betroffenen, d. h. **18** **desjenigen, gegen den sich die Beschwerde richtet** (hierzu v. Buch, NZWehr 1972, 41). Der Begriff des Betroffenen ist nicht nur auf die Fälle der persönlichen Kränkung beschränkt. Wie sich aus den §§ 9 Abs. 3, 12 Abs. 1 Satz 3 ergibt, enthält Absatz 3 Satz 3 eine allgemeine Bestimmung des Betroffenen. Betroffener i. S. der WBO ist daher jeder, gegen den nach § 1 Abs. 1 eine Beschwerde geführt und nach § 17 ein Antrag auf gerichtliche Entscheidung gestellt werden kann. Von einem Betroffenen spricht man also auch dann, wenn die Beschwerde oder der Antrag auf gerichtliche Entscheidung keine persönliche Kränkung enthält und sich daher nicht gegen die Person eines Vorgesetzten richtet, sondern eine dienstliche Maßnahme oder Unterlassung eines Vorgesetzten zum Gegenstand hat. **Betroffener kann auch eine Dienststelle der Bundeswehr sein.**

2. Vermittler

Als Vermittler kann nur ein Soldat gewählt werden. Damit scheiden Sol- **19** daten im Ruhestand oder Angehörige der Reserve aus, sofern sie nicht gerade Dienst i. S. d. § 60 SG leisten und damit den Status eines Soldaten oder einer Soldatin besitzen. Außerdem muss es ein Soldat der Bundeswehr sein. Ein Soldat ausländischer Streitkräfte, Beamte und andere Zivilangehörige des Bundesministeriums der Verteidigung, der Bundeswehr oder der Bundeswehrverwaltung können als Vermittler nicht in Betracht kommen. Der Vermittler braucht nicht dem Truppenteil oder der Dienststelle, der Waffengattung oder Teilstreitkraft des Beschwerdeführers oder des Betroffenen anzugehören. So kann ein Soldat der Marine einen Soldaten des Heeres als Vermittler wählen. Die Erschwerungen, die sich aus der Wahl des Vermittlers aus einem anderen Truppenteil ergeben, muss allerdings der Beschwerdeführer selbst tragen, insbesondere verändern sich die Fristen für die Vermittlung nicht. Der Beschwerdeführer ist bei der Auswahl des Vermittlers nicht durch Vorschriften über dessen Dienstgrad gebunden. Es wird sich jedoch empfehlen, einen Vermittler zu wählen, dessen Dienstgrad zwischen demjenigen des Beschwerdeführers und dem des Betroffenen liegt. Für die erfolgreiche Durchführung einer Vermittlung kann es weiter von Bedeutung sein, dass der Vermittler im Dienstgrad dem Betroffenen nahesteht. Bei einem solchen Vermittler wird der Betroffene am ehesten zu einer kameradschaftlichen Aussprache und zur Entgegennahme eines Vermittlungsvorschlages bereit sein. Eine Bindung hinsichtlich der Auswahl des Vermittlers besteht jedoch nicht; da die Vermittlung allen Soldaten offensteht, kann nicht erwartet werden, dass jeder Soldat einen geeigneten Vermittler im entsprechenden Dienstgrad findet. § 32 Abs. 1 SBG lässt es zu, dass der Beschwerdeführer auch die Vertrauensperson als Vermittlerin oder Vermittler anrufen kann. Ebenso ist die stellvertretende Vertrauensperson als Vermittler wählbar. Der Gesetzeswortlaut lässt es offen, ob nur die Vertrauensperson des Beschwerdeführers oder auch die des Betroffenen als Vermittler angerufen werden kann. § 4 Abs. 3 S. 3 a. F. schloss noch beide (damals Vertrauensmänner) von einer Vermittlung aus. Das SBG wollte die Befugnis zur Vermittlung in Beschwerdeangelegenheiten im Gegensatz zum bisherigen Recht neu regeln (Begründung zum Regierungsentwurf, BT-Drs. 11/7323, S. 21). Die rechtspolitische Neuorientierung ergab sich dabei aus der Aufgabe der Vertrauensperson, zur Erhaltung des kameradschaftlichen Vertrauens und des inneren Gefüges der Streitkräfte beizutragen (Begründung ebd.). Sie schließt es aus, die Übernahme der Vermittlung durch die Vertrauensperson restriktiv auszulegen und sie auf die Vertrauensperson des Beschwerdeführers zu beschränken. Dafür ist auch dem im Singular formulierten Gesetzestext nichts zu entnehmen. Vielmehr kann es der Versuch eines Ausgleichs durchaus rechtfertigen, die Vertrauensperson des Betroffenen als Vermittler anzurufen, sofern sie unbefangen bleibt, z. B. der Betroffene ist Offizier und der Beschwerdeführer (ein Mannschaftsdienstgrad) weiß, dass dessen Vertrauensperson auf Grund guter Kontakte zum Betroffenen eher einen Ausgleich herbeiführen kann als seine Vertrauensperson. Wohl abzulehnen ist es, beide Vertrauenspersonen gleichzeitig als Vermittler anzurufen.

20 **Als Vermittler ausgeschlossen** sind die unmittelbaren Vorgesetzten des Beschwerdeführers und des Betroffenen. Der Begriff des unmittelbaren, d. h. truppendienstlichen Vorgesetzten bestimmt sich nach § 1 VorgV. Er umfasst die Hierarchie der Vorgesetzten z. B. im Heer vom Gruppenführer über den Zugführer, Kompaniechef, Bataillonskommandeur, Brigadekommandeur, Divisionskommandeur, Inspekteur des Heeres, Generalinspekteur und den BMVg. Die unmittelbaren Vorgesetzten dürfen eine Vermittlung nicht übernehmen, weil sie in einem möglichen Beschwerdeverfahren vielleicht noch in ihrer Eigenschaft als Vorgesetzte tätig werden können.

21 Der als Vermittler Angerufene darf an der Sache, die den Gegenstand der Vermittlung bildet, nicht beteiligt gewesen sein. Der Begriff der Beteiligung ist hier weit auszulegen, um die absolute Neutralität des Vermittlers sicherzustellen. Wenn sich der als Vermittler angerufene Soldat befangen fühlt, kann er die Vermittlung ablehnen. Soweit keine Ausschließungsgründe vorliegen, kann der Beschwerdeführer den Vermittler frei bestimmen. Er darf einen Soldaten wählen, der sein persönliches Vertrauen genießt. Absatz 3 schreibt ihm nicht vor, nur einen Soldaten zu wählen, der sein Vertrauter oder sein Freund ist. Es genügt, wenn der Beschwerdeführer dem Angerufenen Vertrauen entgegenbringt. Im Interesse einer auf Ausgleich gerichteten Vermittlung darf nur ein Soldat als Vermittler gewählt werden.

3. Übernahme der Vermittlung

22 Die Übernahme der Vermittlung ist eine Dienstpflicht des Soldaten, der er sich grundsätzlich nicht entziehen kann. Sie ist auf die allgemeine Verpflichtung zur Kameradschaft zurückzuführen und beruht zugleich auf dem Gedanken der Fürsorge gegenüber dem Soldaten, der sich beschweren will. Absatz 3 Satz 2 ist für das Vermittlungsverfahren von großer Bedeutung. Die Vorschrift erleichtert dem Vermittler die Durchführung seiner Aufgabe und stärkt seine Stellung. Er braucht nicht zu befürchten, dass ihm aus der Übernahme einer Vermittlung dienstliche Nachteile entstehen. Eine solche Besorgnis kann eine Rolle spielen, wenn der Betroffene ein Vorgesetzter des Vermittlers ist oder jedenfalls im Dienstgrad über ihm steht. Gegenüber

seinem Vorgesetzten ergibt sich daher die Legitimation des Vermittlers nicht aus der Bitte des beschwerdeführenden Kameraden, sondern unmittelbar aus dem Gesetz. Die Vorschrift erleichtert es auch dem Beschwerdeführer, für die häufig undankbare Aufgabe überhaupt jemanden zu finden.

4. Ablehnung der Vermittlung

Eine Vermittlung darf nur abgelehnt werden, wenn ein wichtiger 23 **Grund vorliegt. Ein wichtiger Grund für die Ablehnung ist kraft Gesetzes gegeben beim Versäumen der Vermittlungsfrist** (Absatz 2); ferner dann, wenn die Vermittlung unzulässig ist, weil der Beschwerdeanlass wegen seiner Bedeutung dienstlich gemeldet werden muss, oder wenn der Vermittler sich für befangen hält, wobei die Befangenheit auf persönlichen und sachlichen Gründen beruhen kann. **Befangenheit** liegt z. B. vor, wenn den Angerufenen verwandtschaftliche oder enge freundschaftliche Beziehungen zu einem der Beteiligten verbinden oder bei innerer Gegnerschaft, bei entschiedener eigener Stellungnahme oder vorheriger Beratung eines der Beteiligten.

Im Übrigen wird der Angerufene die Durchführung einer Vermittlung 24 ablehnen können, wenn ihm die Übernahme dieser Aufgabe nach verständiger Würdigung der Umstände nicht zugemutet werden kann. Als wichtiger Grund wird hier Krankheit, Urlaub oder dienstlich bedingte Abwesenheit in Betracht kommen. Mit dem Hinweis auf dienstliche Aufgaben allein kann der Angerufene die Übernahme der Vermittlung regelmäßig nicht ablehnen, weil sie ebenfalls eine dienstliche Aufgabe ist. Im militärischen Dienst wird daher ein Ablehnungsgrund nur zu sehen sein, wenn außergewöhnliche oder dringende, nicht aufschiebbare Aufgaben zu erledigen sind, die für eine Vermittlung keine Zeit lassen. **Keine Ablehnung aus wichtigem Grund** liegt vor, wenn der Angerufene glaubt, das Vertrauen des Beschwerdeführers nicht zu besitzen, wenn er ihn nicht für gekränkt ansieht oder wenn er die Beschwerde in allen Punkten für unbegründet hält. Die sachliche Entscheidung, ob eine Beschwerde begründet ist oder nicht, steht nicht dem Vermittler, sondern ausschließlich der Stelle zu, die den Gegenstand der Beschwerde zu beurteilen hat (§ 9 Abs. 1), wenn die Vermittlung keinen Erfolg hatte.

Wenn sich der Angerufene auf einen wichtigen Grund berufen kann, darf 25 der Beschwerdeführer, sofern die Vermittlungsfrist noch nicht abgelaufen ist, einen anderen Soldaten um Vermittlung bitten. Wird die Vermittlung ohne wichtigen Grund abgelehnt, liegt ein Dienstvergehen vor. Der Beschwerdeführer kann über den erfolglos Angerufenen Beschwerde führen oder wegen des Vorfalls eine dienstliche Meldung erstatten. Eine ungerechtfertigte Ablehnung ist es, wenn der für die Vermittlung in Anspruch genommene Soldat die mit dieser Aufgabe verbundene Arbeit aus Mangel an Kameradschaft oder aus Sorge, bei seinen Vorgesetzten Missfallen zu erregen, verweigert.

Zu Absatz 4

V. Durchführung der Vermittlung

26   Zur Durchführung der Vermittlung gibt die WBO dem Vermittler Raum für eigene Initiative. Die Vermittlung beginnt, wenn der Angerufene sie ausdrücklich übernommen hat. Sie ist beschleunigt durchzuführen, um dem Beschwerdeführer nicht die Möglichkeit einer späteren Beschwerde abzuschneiden. Der Vermittler muss sich zunächst im persönlichen Benehmen mit den Beteiligten über den Sachverhalt unterrichten und sich damit vertraut machen. Zwar wird er gewöhnlich schon durch den Beschwerdeführer mit den Einzelheiten des Falles bekannt gemacht worden sein. Dessen Sachdarstellung kann aber einseitig ausgerichtet sein, sodass es regelmäßig angebracht ist, sich auch durch Anhörung des Betroffenen ein möglichst objektives Bild des Vorfalles zu beschaffen versuchen. Der Begriff des Beteiligten ist gesetzessystematisch verwirrend, da er mit der funktionalen Befugnis zur Vornahme eigener Verfahrenshandlungen in Verbindung gebracht werden kann. Diese prozessuale Bedeutung hat der Beteiligtenbegriff i. S. des Absatzes 4 nicht. Für den Vermittler sind Beteiligte des Beschwerdeanlasses der Beschwerdeführer und der Betroffene.

27   Auch die Anhörung von Zeugen ist möglich. Der Vermittler kann jedoch weder vom Betroffenen noch von Zeugen eine ihm verweigerte Auskunft erzwingen. Lehnt es insbesondere der Betroffene ab, den Vermittler über den Sachverhalt näher ins Bild zu setzen, bleibt diesem nur übrig, für das weitere von ihm einzuschlagende Verfahren seine Schlüsse zu ziehen oder die Vermittlung als ergebnislos abzubrechen. Die Durchführung einer Vermittlung ist kein disziplinares Vorermittlungsverfahren. Förmliche Vernehmungen haben daher zu unterbleiben. Der Vermittler ist jedoch nicht gehindert, sich über die Anhörung des Betroffenen und möglicher Zeugen Aktenvermerke zu machen. Zur Fertigung einer Niederschrift über seine Vermittlungsvorschläge oder über die erfolglose Erledigung der Vermittlung ist er dagegen nicht verpflichtet.

28   Die Abgabe schriftlicher Erklärungen kann er weder vom Beschwerdeführer noch vom Betroffenen oder von Zeugen verlangen. Sofern Schriftstücke anfallen, wird sie der Vermittler zweckmäßigerweise aufbewahren, insbesondere dann, wenn der gescheiterten Vermittlung ein Beschwerdeverfahren folgt. Es ist nicht ausgeschlossen, dass er in dem Beschwerdeverfahren als Zeuge gehört oder von dem für die Entscheidung zuständigen Disziplinarvorgesetzten zur Vorlage der Schriftstücke über die Vermittlung aufgefordert wird. Auch in einem vielleicht folgenden gerichtlichen Verfahren kann er als Zeuge geladen werden. Der Vermittler hat sich um einen Ausgleich zu bemühen. Dabei ist er nicht darauf beschränkt, Erklärungen der beiden Parteien auszutauschen, sondern gehalten, auch von sich aus Bemühungen um einen Ausgleich zu unternehmen. Der Vermittler hat selbst die Pflicht, Vorschläge für die Beilegung des Konflikts zu machen. Er muss eigene Initiative entfalten, wenn dies nötig ist. Er hat ähnlich einer Schiedsperson in einem Güteverfahren auf Grund eines selbstgewonnenen Bildes von dem Vorfall die aufgetretenen Gegensätze auszugleichen; er kann jedoch keine Partei zwingen, seinen Vermittlungsvorschlag anzunehmen.

Sieht er seine Vermittlung als gescheitert an, teilt er dies dem Beschwerde- **29** führer und zweckmäßigerweise auch dem Betroffenen mit. Nach gescheiterter Vermittlung hat der Betroffene keinen Anspruch darauf, dass die gegen ihn erhobenen Vorwürfe in einer vom Beschwerdeführer eingelegten Beschwerde geklärt werden. Allein der Beschwerdeführer muss nunmehr entscheiden, ob er Beschwerde einlegen will. Mit der Mitteilung an den Beschwerdeführer endet das Amt des Vermittlers. Über die Vorgänge, von denen der Vermittler aus Anlass der Vermittlung Kenntnis erlangt hat, muss er Verschwiegenheit bewahren. Das folgt aus § 14 SG, denn die Vorgänge sind ihm bei seiner dienstlichen Tätigkeit bekannt geworden. Die Pflicht zur Verschwiegenheit gilt auch nach Abschluss der Vermittlung. Verstöße können als Dienstvergehen geahndet werden. Ist eine Vermittlung gescheitert, bleibt es dem Beschwerdeführer unbenommen, einen anderen Soldaten als Vermittler anzurufen. Insoweit gilt nichts anderes, als wenn der Angerufene die Bitte um Vermittlung abgelehnt hat. Die für die Anrufung des Vermittlers zu beachtende Einwochenfrist darf jedoch noch nicht abgelaufen sein.

Zu Absatz 5

VI. Recht auf Aussprache

Absatz 5 gibt dem Beschwerdeführer ein Recht auf Aussprache in den **30** Fällen, in denen er auch einen Vermittler anrufen kann; denn die Aussprache soll „vor der Vermittlung oder anstelle einer Vermittlung" durchgeführt werden. Das Recht auf Aussprache kann demnach nur geltend gemacht werden, wenn es sich um Fälle persönlicher Kränkung handelt, in denen dem Beschwerdeführer ein gütlicher Ausgleich möglich erscheint. Die Aussprache ist auf den Lauf der Vermittlungs- und Beschwerdefrist ohne Einfluss. Ist die Aussprache erfolglos geblieben, kann der Beschwerdeführer einen Vermittler nur dann noch anrufen, wenn die Vermittlungsfrist nicht abgelaufen ist. Nach dem Verstreichen der Vermittlungsfrist ist eine Aussprache auch vor Ablauf der Beschwerdefrist nicht mehr möglich. Nach gescheiterter Vermittlung kann er eine Aussprache nur verlangen, wenn die Vermittlungsfrist noch läuft. Dagegen braucht er zur Aussprache den Ablauf einer Nacht nicht abzuwarten, da er eine Aussprache auch schon vor einem Vermittlungsversuch herbeiführen kann.

Der Beschwerdeführer ist nicht verpflichtet, vor einer Beschwerde eine **31** Aussprache durchzuführen. Will er eine Aussprache mit dem Betroffenen haben, bittet er diesen schriftlich oder mündlich selbst oder durch einen Kameraden. Der Betroffene muss der Bitte entsprechen und den Zeitpunkt für die Aussprache bestimmen. Er muss einen nahen Zeitpunkt festlegen, weil die Fristen für die Durchführung von Vermittlung und Aussprache kurz bemessen sind. Dem Wesen der Aussprache entspricht es, dass die Unterredung unter vier Augen stattfindet. Der Beschwerdeführer kann nicht verlangen, dass ihm gestattet wird, zu der Aussprache in Begleitung anderer Soldaten zu erscheinen. Auch auf der Anwesenheit eines Rechtsanwalts kann der Beschwerdeführer nicht bestehen. Glaubt er, im persönlichen Gespräch unter Kameraden nicht zu einem Ausgleich zu gelangen, steht es ihm frei, einen Vermittler anzurufen oder sogleich Beschwerde einzulegen. Die persönliche Aussprache ist ein willkommenes Mittel zur Förderung der Zivilcourage. Die Gelegenheit, seinen Standpunkt offen darzulegen, kann auch einem Vorgesetzten gegenüber nur von Nutzen sein. Der Vorgesetzte soll sich nicht scheuen, ggf. einen Fehler zuzugeben oder an seinem bisherigen Standpunkt festzuhalten und diesen zu vertreten. Bei der Aussprache muss der Betroffene dem Beschwerdeführer Gelegenheit zur Darlegung seines Standpunktes geben. Er kann jedoch die Aussprache abbrechen, wenn der Beschwerdeführer seine Auffassung nicht mit der nötigen Selbstbeherrschung und Achtung vor dem Gegenüber darlegt (Oetting, Beschwerderecht, S. 72). Die Aussprache gibt dem Beschwerdeführer lediglich das Recht, dass ihn der Betroffene anhört (BVerwGE 53, 23, 32 = NZWehr 1976, 137, 143 = DVBl 1976, 336 ff.), verpflichtet diesen aber nicht, nun seinerseits seinen Standpunkt darzulegen und sich gegenüber dem Beschwerdeführer zu verteidigen (so auch Oetting, aaO, S. 72). Sinn der Aussprache ist es, dass der Beschwerdeführer vor Beschreiten des Beschwerdeweges Gelegenheit bekommt, sich noch einmal die Sache von der Seele zu reden (Begr. S. 21). Es genügt mithin, dass der Betroffene den Beschwerdeführer ruhig und sachlich anhört.

32 Führt die Aussprache nicht zu einer Einigung, bricht sie der Betroffene ohne Ergebnis ab. Der Beschwerdeführer kann nunmehr – sofern die Fristen noch gewahrt sind – einen Vermittler anrufen oder sofort Beschwerde einlegen. Von der Aussprache i. S. der WBO ist die **formlose Aussprache** zu unterscheiden, um die jeder Soldat, ohne Beschwerdeführer zu werden, jederzeit zur Aufklärung von Missverständnissen, zur Behandlung von Personalfragen usw. bei seinem Vorgesetzten nachsuchen kann. Im Gegensatz zur förmlichen Aussprache braucht der Angesprochene der Bitte um eine solche Aussprache allerdings nicht zu entsprechen (vgl. auch BVerwGE 53, 23, 32 = NZWehr 1976, 137, 143 = DVBl 1976, 336 ff.).

Zu Absatz 6

VII. Keine Fristenhemmung

33 Der Lauf der Beschwerdefrist wird durch eine Vermittlung oder Aussprache nicht gehemmt. Die Anrufung eines Vermittlers oder die Bitte um Aussprache befreit den Beschwerdeführer nicht davon, fristgerecht Beschwerde einzulegen.

§ 5 Einlegung der Beschwerde

(1) **Die Beschwerde ist bei dem nächsten Disziplinarvorgesetzten des Beschwerdeführers einzulegen. Ist für die Entscheidung eine andere Stelle zuständig, kann die Beschwerde auch dort eingelegt werden.**

(2) **Soldaten in stationärer Behandlung in einem Bundeswehrkrankenhaus können Beschwerden auch bei dem Chefarzt des Bundeswehrkrankenhauses einlegen. Soldaten, die sich zum Zweck der Vollstreckung in Vollzugseinrichtungen der Bundeswehr befinden, können Beschwerden auch bei den Vollzugsvorgesetzten einlegen.**

(3) **Ist der nächste Disziplinarvorgesetzte oder sind die in Absatz 2 genannten Stellen nicht selbst zur Entscheidung über eine bei ihnen eingelegte Beschwerde zuständig, haben sie diese unverzüglich der zuständigen Stelle unmittelbar zuzuleiten.**

Übersicht

I. Vorbemerkung

Die Vorschrift ist in ihrem Absatz 2 durch Art. 5 Nr. 4 WehrRÄndG 2008 **1** redaktionell geändert worden. Sie enthält die zentralen Bestimmungen zu den Stellen, bei denen eine Beschwerde rechtswirksam eingelegt werden kann; sie bezeichnet damit den für die Beschwerde vorgeschriebenen Weg i. S. des § 2.

§ 5 gilt für alle Beschwerdearten. Sie wird für die Disziplinarbeschwerde **2** durch § 42 Nr. 1 und 2 Satz 1 WDO ergänzt, für die Verwaltungsbeschwerde enthält § 23 Abs. 2 Satz 1 eine zusätzliche Einlegemöglichkeit (BVerwG NZWehr 2004, 258) und die Anwendung auf die weitere Beschwerde folgt aus § 16 Abs. 2. Für Beschwerden bei abgesetzten Truppenteilen sieht § 11 Buchst. b Satz 1 eine der Situation angepasste besondere Einlegemöglichkeit vor. Dagegen richtet sich die Einlegung des Antrags auf gerichtliche Entscheidung nach § 17 Abs. 4 Satz 1 und 2, der Rechtsbeschwerde nach § 22a Abs. 4 und der Nichtzulassungsbeschwerde nach § 23b Abs. 2. Die Erklärung der Rücknahme der Beschwerde findet ihren Adressaten in der Regelung des § 8 Abs. 1 Satz 2. Zur Einlegung der Beschwerde eines früheren Soldaten siehe Rn. 9.

Der Soldat erleidet einen verfahrensmäßigen Nachteil, wenn er die Be- **3** schwerde nicht bei einer Stelle einlegt, die ihm gesetzlich vorgeschrieben ist; er muss damit rechnen, dass sie als nicht fristgerecht eingelegt zurückgewiesen wird (§ 12 Abs. 3 Satz 1). Die gesetzliche Vorgabe im Einzelnen vorgeschriebener Einlegestellen beeinträchtigt den Beschwerdeführer weder in seinem individuellen Rechtsschutzanspruch noch sind die Folgen eines Verfahrensverstoßes insoweit eine Benachteiligung i. S. des § 2. In den Regelungen des Absatzes 2 sowie des § 11 Buchst. b Satz 1 stellt das Gesetz Ausnahmeregelungen bereit, die dem Beschwerdeführer eine zusätzliche Einlegestelle eröffnen, wenn der Disziplinarvorgesetzte zur Entgegennahme der Beschwerde nicht zur Verfügung steht.

4   Die Vorschrift trifft keine Regelung, wer befugt ist, über die Beschwerde zu entscheiden; diese befindet sich in § 9. Zum Begriff des Einlegen siehe § 6 Rn. 18.

II. Übersicht über Beschwerdeadressaten

5   **Die jeweils in Betracht kommenden Beschwerdeadressaten sind aus nachstehender Übersicht zu entnehmen:**
Truppendienstliche Beschwerde, einschließlich Disziplinarbeschwerde:

– wenn der nächste Disziplinarvorgesetzte über die Beschwerde entscheidet:
beim nächsten Disziplinarvorgesetzten des Beschwerdeführers (§ 5 Abs. 1 Satz 1),

– wenn eine andere Stelle als der nächste Disziplinarvorgesetzte über die Beschwerde entscheidet:
beim nächsten Disziplinarvorgesetzten des Beschwerdeführers (§ 5 Abs. 1 Satz 1)
oder
bei der für die Entscheidung zuständigen Stelle (§ 5 Abs. 1 Satz 2),

– wenn der Beschwerdeführer in stationärer Behandlung in einem Bundeswehrkrankenhaus ist:
beim nächsten Disziplinarvorgesetzten des Beschwerdeführers (§ 5 Abs. 1 Satz 1)
oder
beim Chefarzt des Bundeswehrkrankenhauses (§ 5 Abs. 2 Satz 1)
oder

– wenn eine andere Stelle als der nächste Disziplinarvorgesetzte oder der Chefarzt des Bundeswehrkrankenhauses über die Beschwerde zu entscheiden hat:
bei der für die Entscheidung zuständigen Stelle (§ 5 Abs. 1 Satz 2),

– wenn der Beschwerdeführer sich zur Vollstreckung eines Disziplinararrestes, Strafarrestes, Jugendarrestes oder einer Freiheitsstrafe von nicht mehr als sechs Monaten in einer Vollzugseinrichtung der Bundeswehr befindet:
beim nächsten Disziplinarvorgesetzten des Beschwerdeführers (§ 5 Abs. 1 Satz 1)
oder
bei den Vollzugsvorgesetzten (§ 5 Abs. 2 Satz 2)
oder
wenn eine andere Stelle als der Disziplinarvorgesetzte oder ein Vollzugsvorgesetzter über die Beschwerde zu entscheiden hat (§ 5 Abs. 1 Satz 2):
bei der für die Entscheidung zuständigen Stelle (§ 5 Abs. 1 Satz 2)

– wenn der Beschwerdeführer zu einem abgesetzten Truppenteil gehört, an Bord eines Schiffes ist oder in ähnlichen Fällen:
beim nächsten Disziplinarvorgesetzten des Beschwerdeführers (§ 5 Abs. 1 Satz 1)
oder
bei der für die Entscheidung zuständigen Stelle, wenn der nächste Disziplinarvorgesetzte nicht auch über die Beschwerde entscheidet (§ 5 Abs. 1 Satz 2)
oder

bei dem höchsten anwesenden Offizier, wenn der für die Entscheidung zuständige Disziplinarvorgesetzte nicht anwesend und auf dem gewöhnlichen Postweg schriftlich nicht erreichbar ist (§ 11 Buchstabe b Satz 1).

Beschwerde in Verwaltungsangelegenheiten: 6
– gleich den Einlegemöglichkeiten einer truppendienstlichen Beschwerde
oder
bei der Dienststelle, deren Entscheidung angefochten wird (§ 23 Abs. 2 Satz 1).

Zu Absatz 1

III. Grundsätzlicher Beschwerdeadressat

1. Nächster Disziplinarvorgesetzter (Satz 1)

Die Regelung des Satzes 1 trägt dazu bei, dem Soldaten sein Beschwerde- 7 recht zu erleichtern. Bei dem Grundsatz, dass die Beschwerde beim nächsten Disziplinarvorgesetzten einzulegen ist, kann der Soldat darauf vertrauen, sich stets an den richtigen Beschwerdeadressaten zu wenden. Insbesondere in Fällen, in denen er nicht weiß, wer über seine Beschwerde zu entscheiden hat, kann er sicher sein, den vorgeschriebenen Beschwerdeweg beschritten zu haben. Wer sein nächster Disziplinarvorgesetzter ist, wird dem Beschwerdeführer kaum jemals zweifelhaft sein. Irrt er sich über den nächsten Disziplinarvorgesetzten und legt er die Beschwerde fälschlich bei einem anderen Vorgesetzten ein, hat dieser die Beschwerde zwar unverzüglich und unmittelbar der zuständigen Stelle zuzuleiten (Abs. 3), der Beschwerdeführer kann sich aber regelmäßig nicht auf einen unabwendbaren Zufall i. S. des § 7 Abs. 1 berufen, wenn trotzdem die Beschwerdefrist versäumt wird (vgl. BVerwG NZWehrr 1976, 24; siehe jedoch BVerwG 1 WB 48/83 vom 22.2.1984, juris Rn. 45).

Nächster Disziplinarvorgesetzter ist grundsätzlich der unterste truppen- 8 dienstliche Vorgesetzte mit Disziplinarbefugnis, dem der Beschwerdeführer unmittelbar – d. h. ohne Zwischenvorgesetzte – unterstellt ist (§ 1 Abs. 6 Satz 1 SG; § 29 Abs. 1 Satz 2 WDO). Er ist regelmäßig der Disziplinarvorgesetzte mit der untersten Stufe der Disziplinarbefugnis, also der Kompaniechef oder ein Vorgesetzter in entsprechender Dienststellung. Ist der Soldat dem Vorgesetzten mit der Disziplinarbefugnis der zweiten oder dritten Stufe unmittelbar truppendienstlich unterstellt, so ist dieser zuständig (hierzu vgl. Dau/Schütz, WDO, § 27 Rn. 1 ff., 8). Wer im Einzelnen nächster Disziplinarvorgesetzter ist, ergibt sich aus § 29 Abs. 1 Satz 2 i. Vbg. m. §§ 27, 28 WDO.

Bei Sanitätsoffizieren ist zu beachten, dass Verstöße gegen ihre ärztlichen 9 Pflichten durch vorgesetzte Sanitätsoffiziere geahndet werden (§ 27 Abs. 3 Satz 1 WDO). Innerhalb dieser besonderen fachdienstlichen Unterstellung ist Beschwerdeadressat daher der nächste vorgesetzte Sanitätsoffizier. Das Gleiche gilt, wenn mit dem Verstoß gegen ärztliche Pflichten ein Verstoß gegen sonstige Pflichten zusammentrifft (§ 27 Abs. 3 Satz 2 WDO). Für Soldaten, die zum Bundesministerium der Verteidigung gehören, ist allein der Minister nächster Disziplinarvorgesetzter. Nur derjenige Disziplinarvorgesetzte ist wirksamer Beschwerdeadressat, der dem Beschwerdeführer gegenüber Diszip-

linarbefugnis (§§ 27 Abs. 1, 28 Abs. 1 WDO; § 1 Abs. 4 SG) besitzt. Der
frühere Disziplinarvorgesetzte des in einem Wehrdienstverhältnis stehenden
Beschwerdeführers ist keine für die Einlegung der Beschwerde zuständige
Stelle (BVerwG NZWehr 1976, 24). Satz 1 bezieht sich zwar nur auf ein
aktuell bestehendes, nicht auf ein früheres Vorgesetztenverhältnis (BVerwG 1
WB 41.07 vom 11.3.2008, juris Rn. 24 f.). Gleichwohl muss ein **früherer
Soldat** seine Beschwerde bei seinem früheren Disziplinarvorgesetzten ein-
legen dürfen, denn andernfalls bestände keine Einlegungsmöglichkeit, wenn
jener zur Entscheidung über die Beschwerde zuständig ist (so auch Bachmann,
GKÖD Yo, § 5 Rn. 9). Der Wehrbeauftragte ist nie eine zur Einlegung der
Beschwerde zuständige Stelle.

10   Das Gesetz enthält keine Regelung über die Befugnis eines Disziplinarvorgesetzten, die – fristwahrende – Annahme einer Beschwerde auf einen
ihm unterstellten Soldaten zu delegieren. Einer solchen Regelung bedarf es
deshalb nicht, weil es für den fristgerechten schriftlichen Eingang einer
Beschwerde auch genügt, dass sie vor Ablauf der Beschwerdefrist in den
(räumlichen) Bereich und damit in die Verfügungsgewalt des für die Einlegung zuständigen Disziplinarvorgesetzten gelangt (vgl. auch BVerwG
NZWehr 2008, 259). Die Beschwerde kann daher wirksam auch bei einer
Person eingelegt werden, die für den Disziplinarvorgesetzten Schriftstücke
entgegenzunehmen berechtigt ist, z. B. der S 1-Offizier, unabhängig davon,
ob und wann der Disziplinarvorgesetzte vom Eingang des Schriftstückes
erfahren hat (BVerwG aaO). Sind einzelne Bereiche einer Einheit, eines
Verbandes oder einer Dienststelle disloziert, kann die Beschwerde in jedem
dieser Bereiche fristwahrend eingelegt werden. Auf die Anwesenheit des
zuständigen Disziplinarvorgesetzten oder auf dessen Kenntnisnahme vom
Inhalt der Beschwerde vor Ablauf der Beschwerdefrist kommt es dabei nicht
an; zum Nachweis einer fristgerechten Einlegung genügt es vielmehr, dass ein
Angehöriger der Einheit/Dienststelle den Eingang der Beschwerde schriftlich
vermerkt.

11   Entsprechendes gilt, wenn eine Beschwerde mündlich zur Niederschrift
eingelegt werden soll (§ 6 Abs. 2). Auch hier reicht es aus, wenn die Niederschrift innerhalb der Beschwerdefrist im (räumlichen) Bereich der Einheit/
Dienststelle gefertigt und von dem Aufnehmenden unterschrieben wird. Es
steht dem Dienststellenleiter frei, einzelne Dienststellenangehörige auch seines
dislozierten Bereichs mit der Fertigung der Niederschrift zu beauftragen (zum
Vorstehenden siehe auch Poretschkin, NZWehr 1999, 148). Im Übrigen ist
die fristwahrende Entgegennahme einer Beschwerde durch Dritte (also nicht
durch Angehörige der Dienststelle des Disziplinarvorgesetzten) in den §§ 5
Abs. 2, 11 Buchstabe b abschließend geregelt. Soweit die in diesen Vorschriften geforderten Voraussetzungen nicht vorliegen, ist für eine Beauftra-
gung Dritter zur Entgegennahme einer Beschwerde kein Raum (BVerwG
NZWehr 1998, 168).

2. Zur Entscheidung zuständige Stelle (Satz 2)

12   Für den Fall, dass der nächste Disziplinarvorgesetzte und die zur Entscheidung über die Beschwerde zuständige Stelle (Beschwerdestelle) nicht identisch sind, überlässt Satz 2 dem Beschwerdeführer die Wahl der Stelle, bei der
er Beschwerde einlegen will. Zulässiger Beschwerdeadressat ist hiernach der
nächste Disziplinarvorgesetzte (Satz 1) oder nach Satz 2 die Beschwerdestelle.

Welche Stelle für die Entscheidung über die Beschwerde zuständig ist, ergibt sich aus § 9 (vgl. die Erl. dort). Bei der Beschwerde in Verwaltungsangelegenheiten ist zu beachten, dass sie außer beim nächsten Disziplinarvorgesetzten und bei der Beschwerdestelle (Disziplinarvorgesetzter oder Dienststelle der Bundeswehrverwaltung) außerdem bei der Stelle eingelegt werden kann, deren Entscheidung angefochten wird (§ 23 Abs. 2 Satz 1) oder die in den Fällen der Allgemeinen Anordnung über die Übertragung von Zuständigkeiten zur Entscheidung über Beschwerden nach der WBO im Bereich des Bundesministers der Verteidigung die angefochtene Entscheidung erlassen hat (§ 23 Abs. 4 Satz 1).

Für Disziplinarbeschwerden ergibt sich die Zuständigkeitsregelung aus § 42 **13** Nr. 3 und 4 WDO (siehe BVerwG NZWehr 2011, 167; 2 WDB 3/10 vom 16.12.2010, juris Rn. 26) und § 22 WBO (siehe im Einzelnen § 9 Rn. 46 ff.). Zum Begriff des Einlegens der Beschwerde siehe § 6 Rn. 27 f.

Zu Absatz 2

IV. Beschwerdeadressat in Sonderfällen

1. Vorbemerkung

Die Vorschrift ist durch Art. 5 Nr. 4 WehrRÄndG 2008 terminologisch **14** aktualisiert worden; sachlich macht sie deutlicher als bisher, dass die besonderen Beschwerdeadressaten des Absatzes 2 nur dem Soldaten zur Verfügung stehen, der sich als Patient zur stationären Behandlung in einem Bundeswehrkrankenhaus befindet oder der in einer Vollzugseinrichtung der Bundeswehr eine Freiheitsentziehung verbüßt. Durch die Regelung des Absatzes 2 erhält der Soldat eine zusätzliche Einlegemöglichkeit seiner Beschwerde für den Fall, dass er mangels räumlicher Nähe zu seinem Disziplinarvorgesetzten gehindert ist, bei diesem Beschwerde einzulegen. Absatz 2 umfasst die Fälle, in denen der Soldat selbst von einem Truppenteil abgesetzt ist (Bundeswehrkrankenhaus, Vollzugseinrichtung der Bundeswehr); demgegenüber trifft § 11 Buchstabe b Vorsorge, wenn der *Soldat mit seinem Truppenteil* abgesetzt ist. Für Absatz 2 genügt es, dass sich der Soldat in einem Bundeswehrkrankenhaus oder in einer Vollzugseinrichtung der Bundeswehr befindet, für § 11 Buchstabe b muss hinzukommen, dass der zur Entscheidung zuständige Disziplinarvorgesetzte oder Dienststellenleiter nicht anwesend und außerdem auf dem gewöhnlichen Postweg schriftlich nicht erreichbar ist. Hier sind dem zusätzlichen Beschwerdeadressaten vorbereitende Funktionen übertragen, für die sonst die Beschwerdestelle zuständig ist.

Die Vorschrift gilt für alle Beschwerdearten, den Antrag auf gerichtliche **15** Entscheidung (§ 17 Abs. 4 Satz 3), die Rechts- (§ 22a Abs. 4) und die Nichtzulassungsbeschwerde (§ 22b Abs. 2).

Durch Einlegen der Beschwerde innerhalb der Beschwerdefrist bei dem **16** Chefarzt des Bundeswehrkrankenhauses oder bei den Vollzugsvorgesetzten wird die Beschwerdefrist gewahrt. Der Soldat hat auch in diesen Sonderfällen die Wahl, ob er die Beschwerde schriftlich oder mündlich zur Niederschrift einlegen will. § 6 Abs. 2 gilt allgemein.

2. Einlegen der Beschwerde im Bundeswehrkrankenhaus (Satz 1)

17   Soldaten, die sich zur stationären Behandlung in einem Bundeswehrkrankenhaus befinden, wird eine zusätzliche Stelle eröffnet, bei der sie Beschwerde einlegen können. Neben dem nächsten Disziplinarvorgesetzten (Abs. 1 Satz 1) und ggf. der für die Entscheidung zuständigen Stelle ist auch der Chefarzt des Bundeswehrkrankenhauses in diesen Sonderfällen Beschwerdeadressat. **Die Vorschrift gilt nur für Soldaten, die als Patienten zur stationären Behandlung** in ein Bundeswehrkrankenhaus aufgenommen sind. Nur bei ihnen besteht das auch aus der Fürsorge begründete Bedürfnis, das Einlegen der Beschwerde zu erleichtern, vor allem mit Rücksicht auf solche Patienten, die nicht oder nur schwer zu schreiben vermögen oder sonst – auch mündlich – in ihrer Ausdrucksfähigkeit beeinträchtigt sind. Für die ambulant behandelten Soldaten sowie für das militärische Bundeswehrkrankenhauspersonal bleibt es bei der grundsätzlichen Regelung des Absatzes 1.

18   Befindet sich ein Soldat des Personals zur stationären Behandlung im Bundeswehrkrankenhaus, ist die Vorschrift des Absatzes 2 Satz 1 für ihn nur von Bedeutung, wenn der Chefarzt nicht sein nächster Disziplinarvorgesetzter ist. Zuständiger Beschwerdeadressat ist allein der Chefarzt des Bundeswehrkrankenhauses. Die Beschwerde kann daher nicht bei einem leitenden Abteilungsarzt, Oberarzt oder Stationsarzt eingelegt werden. Nur bei dem Chefarzt eines Bundeswehrkrankenhauses kann zulässigerweise eine Beschwerde eingelegt werden. Die ausdrückliche begriffliche Beschreibung der Einlegestelle verbietet eine entsprechende Anwendung auf andere Sanitätseinrichtungen der Bundeswehr. Daher ist auch der Leiter eines Feldlazaretts im Einsatzland anlässlich einer besonderen Auslandsverwendung keine für das Einlegen der Beschwerde zuständige Stelle. Macht der Chefarzt eines Bundeswehrkrankenhauses gegenüber dem als Patienten eingelieferten Soldaten von seiner Disziplinarbefugnis Gebrauch (§ 31 Abs. 4 WDO; vgl. dazu Dau/Schütz, WDO § 31 Rn. 16 ff.), kann die Beschwerde gegen eine von ihm verhängte einfache Disziplinarmaßnahme bei ihm eingelegt werden.

19   Vortrag der mündlichen Beschwerde und Aufnahme der Niederschrift brauchen nicht vor dem Chefarzt persönlich vorgenommen zu werden. Hierfür kommen andere Sanitätsoffiziere des Bundeswehrkrankenhauses oder Hilfskräfte des Chefarztes in Frage, die diese Aufgabe in seinem Auftrag ausführen. **Für den Soldaten, der sich als Patient in einem zivilen Krankenhaus** befindet, gelten die allgemeinen Vorschriften des Absatzes 1. Er kann daher nur schriftlich Beschwerde einlegen, es sei denn, dass eine zur Aufnahme einer Niederschrift ermächtigte Person an das Krankenbett entsandt wird. Ist er durch seine Krankheit verhindert, rechtzeitig Beschwerde einzulegen, gilt § 7 Abs. 1 i. Vbg. m. § 5 Abs. 1 Satz 1.

3. Einlegen der Beschwerde in einer Vollzugseinrichtung

20   Die Vorschrift hat nur Bedeutung für Soldaten, an denen in Vollzugseinrichtungen der Bundeswehr Disziplinararrest (§ 26 WDO), Strafarrest (§ 9 WStG), Freiheitsstrafe (§ 38 StGB) – auch Ersatzfreiheitsstrafe (§ 43 StGB, § 11 WStG) – von nicht mehr als sechs Monaten oder Jugendarrest in der Form von Freizeit-, Kurz- oder Dauerarrest (§ 11 Abs. 3, § 15 Abs. 3 Satz 2, § 16 JGG, § 98 Abs. 2 OWiG) vollzogen wird (§ 1 BwVollzO), Freiheitsstrafe und Jugendarrest jedoch nur, wenn die Vollstreckungsbehörde um den Vollzug durch die Bundeswehr ersucht (Art. 5 Abs. 2 EG WStG; vgl. auch Dau/Schütz, WDO, § 53 Rn. 1 ff.; Erbs/Kohlhaas/Dau, EG WStG, Art. 5 Rn. 1 ff.). Dagegen können sich Soldaten, die sich als Häftlinge im allgemeinen Justizvollzug befinden, nicht auf sie berufen. Auch für Soldaten, die als Vollzugsorgane (§ 4 BwVollzO) mit der Durchführung des Vollzugs beauftragt sind, gelten die Vorschriften des Absatzes 1.

Für Soldaten im Vollzug der Bundeswehr eröffnet Satz 2 einen zusätzlichen **21** Beschwerdeadressaten. Der Beschwerdeführer hat hiernach die Wahl, ob er seine Beschwerde beim nächsten Disziplinarvorgesetzten, bei der Beschwerdestelle oder bei einem Vollzugsvorgesetzten einlegen will. **Beschwerdeadressat sind ausschließlich die Vollzugsvorgesetzten;** nach § 4 Abs. 1 Satz 1 Hs 2 BwVollzO sind der Vollzugsleiter und die Vollzugshelfer für die Dauer des Vollzugs Vorgesetzte des Soldaten nach § 3 VorgV. Das besondere Unterstellungsverhältnis im besonderen Aufgabenbereich des Vollzugs entsteht mit der Aufnahme des Soldaten zum Vollzug. Der Soldat kann somit rechtswirksam sowohl beim Vollzugsleiter als auch bei den Vollzugshelfern Beschwerde einlegen. Bei welchem Vollzugsvorgesetzten er tatsächlich Beschwerde einlegt, steht in seinem Ermessen.

Glaubt sich der Soldat im Vollzug durch militärische Vorgesetzte oder **22** Dienststellen der Bundeswehr unrichtig behandelt, kann er bei einem Vollzugsvorgesetzten Beschwerde einlegen (§ 20 BwVollzO). Hierüber entscheiden die im besonderen Aufgabenbereich übergeordneten Vorgesetzten mit Disziplinarbefugnis.

4. Abgesetzte Truppenteile, Schiffe und ähnliche Fälle (§ 11 Buchstabe b)

Insoweit wird auf die Erl. zu § 11 Buchstabe b (Rn. 16 ff.) verwiesen. **23**

Zu Absatz 3

V. Weiterleitung der Beschwerde

1. Durch rechtswirksame Beschwerdeadressaten

Es ist ein Verstoß gegen den Beschleunigungsgrundsatz und mit Nach- **24** teilen für den Beschwerdeführer verbunden, wenn seine Beschwerde nicht unverzüglich, nachdem sie eingelegt worden ist, unmittelbar die Stelle erreicht, die für die Entscheidung über sie zuständig ist. Nur wenn Einlegestelle und die zur Entscheidung zuständige Stelle identisch sind, bedarf es keiner besonderen gesetzlichen Verfahrensanleitung. Der Regelung des Absatzes 3 liegt daher die Annahme zu Grunde, dass die Beschwerde bei einer für die Entscheidung unzuständigen Stelle eingelegt worden ist. Sie begründet die Verpflichtung für die Stellen, die bei ihnen eingelegte Beschwerde der zur Entscheidung berufenen vorzulegen. Hat der Beschwerdeführer die Beschwerde bei seinem nächsten Disziplinarvorgesetzten (Absatz 1 Satz 1) oder bei einer der in Absatz 2 genannten Stellen eingelegt und sind diese nicht zugleich auch für die Entscheidung über die Beschwerde zuständig, obliegt ihnen die Pflicht, die Beschwerde unverzüglich und unmittelbar der Beschwerdestelle zuzuleiten (vgl. BVerwG 1 WB 8/08 vom 11.3.2008, juris Rn. 26). Allerdings darf der Beschwerdeführer in Angelegenheit, die zu verfristen drohen, nicht darauf vertrauen, dass eine unzuständige Stelle unverzüglich ihre eigene Zuständigkeit prüft und das Schriftstück bei Unzuständigkeit an eine zuständige andere Stelle weiterleitet (BVerwG a. a. O.) Hat hingegen der Beschwerdeführer seine Beschwerde bei einem in der WBO vorgesehenen Beschwerdeadressaten rechtswirksam eingelegt, kann jedenfalls insoweit die Beschwerdefrist (§ 6 Abs. 1) nicht ablaufen. Die Verpflichtung zur Weiterleitung besteht in diesen Fällen auch dann, wenn die Beschwerde offensichtlich unzulässig oder offensichtlich unbegründet ist, denn der Beschwerdeführer hat Anspruch auf einen rechtsmittelfähigen Bescheid. Unverzüglich bedeutet eine Weiterleitung ohne schuldhaftes Zögern (vgl. § 121 Abs. 1 S. 1 BGB). Versäumt ein Soldat, der als rechtswirksamer Beschwerdeadressat die Beschwerde entgegengenommen hat, schuldhaft die Weiterleitung oder verzögert sie, verletzt er eine aus Absatz 3 resultierende Dienstpflicht und begeht ein Dienstvergehen. Im Übrigen ist die Unterdrückung oder versuchte Unterdrückung einer Beschwerde durch einen Vorgesetzten, der zur Weiterleitung dienstlich verpflichtet ist, eine Straftat gemäß § 35 WStG.

25   **Die Beschwerde muss unmittelbar an die zur Entscheidung zuständige Stelle weitergeleitet werden;** der Dienstweg ist in diesem Fall nicht einzuhalten. Anderslautenden Bitten oder Anregungen des Beschwerdeführers ist nicht zu folgen (vgl. BVerwG NZWehrr 1982, 61 = ZBR 1983, 73). Dem weiterleitenden Beschwerdeadressaten bleibt es jedoch unbenommen, die vorgesetzten Dienststellen auf dem Dienstweg nachrichtlich von der Beschwerde in Kenntnis zu setzen (Lingens, Disziplinarvorgesetzter, Rn. 150). Diese Form der Unterrichtung kann auch befohlen werden.

26   Um die Bearbeitung der Beschwerde durch die zur Entscheidung hierüber zuständige Stelle zu beschleunigen, empfiehlt es sich, dass die weiterleitende Stelle der Beschwerde eine kurze Stellungnahme, insbesondere zu den vom Beschwerdeführer vorgetragenen Tatsachen beifügt, soweit sie zu einer Beurteilung ohne eigene Ermittlungen in der Lage ist.

27   Bei einer Beschwerde gegen eine einfache Disziplinarmaßnahme, außer Verweis, hat der nächste Disziplinarvorgesetzte bei Weiterleitung der Beschwerde stets der für die Entscheidung zuständigen Stelle den Beginn oder den Stand der Vollstreckung mitzuteilen.

28   Eine Beschwerde in Verwaltungsangelegenheiten kann auch an die Stelle weitergeleitet werden, die die angefochtene Maßnahme erlassen hat (§ 23 Abs. 2 Satz 1). Sie erhält auf diese Weise die Möglichkeit, der Beschwerde abzuhelfen, ehe sie an die Beschwerdestelle weiterleitet (§ 23 Abs. 2 Sätze 2 und 3).

2. Durch rechtsunwirksame Beschwerdeadressaten

29   Geht die Beschwerde nicht innerhalb der Beschwerdefrist (§ 6 Abs. 1) bei einer Stelle ein, bei der sie rechtswirksam eingelegt werden kann, ist sie als unzulässig zurückzuweisen (vgl. auch BVerwG NZWehrr 1991, 113). Der Rechtsnachteil, der dem Beschwerdeführer droht, wenn er irrtümlich seine Beschwerde bei der falschen Stelle einlegt, kann nur gemildert werden, wenn jede Dienststelle die Verpflichtung treffen würde, eine versehentlich bei ihr eingegangene Beschwerde unverzüglich und unmittelbar der zuständigen Stelle zuzuleiten (vgl. auch BVerwG 1 WB 48/83 vom 22.2.1984; 1 WB 8/08 vom 11.3.2008, juris Rn. 27 f.). Ob für diese Verpflichtung indes auf § 5

Abs. 3 entsprechend zurückgegriffen werden kann (so aber Lingens, aaO, Rn. 150), ist zweifelhaft, denn jene Vorschrift geht von einer ordnungsgemäß eingelegten Beschwerde aus. Näher liegt für den Soldaten die Begründung in seiner Kameradschaftspflicht (§ 12 SG), für den Beamten in § 60 Abs. 1 Satz 2 BBG. Mit dieser Verpflichtung für jede Dienststelle ist es ausgeschlossen, dass die fälschlich gewählte Einlegestelle die Beschwerde dem Beschwerdeführer zurückgibt, damit er sie nunmehr ordnungsgemäß einlegen kann. Das Risiko, dass die Beschwerde nicht innerhalb der Beschwerdefrist die zur Entscheidung zuständige Stelle erreicht, trägt der Beschwerdeführer. Ein Verschulden seines Bevollmächtigten geht zu seinen Lasten (BVerwG 1 WB 8/08 vom 11.3.2008, juris Rn. 27 f.). Zur Frage, ob gegenüber dem Beschwerdeführer eine Belehrungspflicht des Vorgesetzten besteht, bei wem die Beschwerde einzulegen ist, siehe § 7 Rn. 13.

§ 6 Frist und Form der Beschwerde

(1) **Die Beschwerde darf frühestens nach Ablauf einer Nacht und muß innerhalb eines Monats eingelegt werden, nachdem der Beschwerdeführer von dem Beschwerdeanlaß Kenntnis erhalten hat.**

(2) **Die Beschwerde ist schriftlich oder mündlich einzulegen. Wird sie mündlich vorgetragen, ist eine Niederschrift aufzunehmen, die der Aufnehmende unterschreiben muß und der Beschwerdeführer unterschreiben soll. Von der Niederschrift ist dem Beschwerdeführer auf Verlangen eine Abschrift auszuhändigen.**

Übersicht

I. Vorbemerkung

Art. 5 Nr. 5 WehrRÄndG 2008 hat die Beschwerdefrist von ehemals zwei **1** Wochen auf einen Monat erweitert. Im Übrigen ist die Vorschrift in ihrem Absatz 2 schon durch das NOG geändert worden (Art. III Nr. 3 und 4

NOG). Absatz 2 Satz 3 ist erst während der parlamentarischen Beratungen des NOG in die Vorschrift aufgenommen worden (Art. III Nr. 4 NOG). Die Ergänzung geht auf eine Anregung des Deutschen Anwaltvereins zurück (vgl. Ausschussdrucksache VI/86 des Verteidigungsausschusses, S. 74; auch BT-Drs. VI/3541, S. 63). Sie entspricht der Regelung des § 97 Abs. 2 Satz 6 WDO.

Zu Absatz 1

II. Beschwerdefrist

1. Monatsfrist

2   Die Beschwerde muss binnen eines Monats eingelegt werden. An diese Frist hat sich der Beschwerdeführer in allen Fällen einer Beschwerde zu halten: der Beschwerde in truppendienstlichen Angelegenheiten einschließlich der Beschwerde der Vertrauensperson, der Disziplinarbeschwerde und der Verwaltungsbeschwerde. Für die weitere Beschwerde legt § 16 Abs. 1 die Monatsfrist gesondert fest, für den Antrag auf gerichtliche Entscheidung ergibt sie sich aus § 17 Abs. 4 Satz 1 für die Rechtsbeschwerde und die Nichtzulassungsbeschwerde aus § 22a Abs. 4, § 22b Abs. 2. Die Beschwerdefrist nach der WBO gilt nicht, wenn der Beschwerdegegenstand nicht als Beschwerde, sondern in anderer zulässiger Weise den zuständigen Stellen bekanntgemacht wird, z. B. durch eine Strafanzeige, Meldung, Gegenvorstellung, Dienstaufsichtsbeschwerde oder Eingabe an die Leitung BMVg.

3   Die Frist zur Einlegung der Beschwerde beginnt mit dem Zeitpunkt, zu dem der Beschwerdeführer Kenntnis von dem Beschwerdeanlass erhalten hat. **Beschwerdeanlass** ist das Handeln oder Unterlassen eines Vorgesetzten oder einer Dienststelle der Bundeswehr oder das Verhalten eines Kameraden, durch das der Soldat unrichtig behandelt oder verletzt zu sein meint (§ 1 Abs. 1 Satz 1; BVerwG NZWehr 1983, 111; 1986, 123 f.). Beschwerdeanlass kann z. B. der Befehl eines Vorgesetzten, die Eröffnung einer Beurteilung (BVerwGE 43, 337), ihre Aufhebung (BVerwG NZWehr 2009, 253) oder die gegen den Beschwerdeführer verhängte einfache Disziplinarmaßnahme sein, ein Verwaltungsakt, ein Bescheid, der auf Antrag des Beschwerdeführers ergeht, ein Erlass oder auch eine Äußerung oder ein sonstiges Tun oder Unterlassen. Spätere rechtliche Erkenntnisse stellen keinen Beschwerdeanlass dar.

4   Kenntnis vom Beschwerdeanlass hat ein Soldat, wenn ihm die Umstände, also Tatsachen, bekannt sind, aus denen sich die von ihm empfundene Beeinträchtigung ergibt (BVerwG 1 WB 9/79 vom 4.11.1981, juris Rn. 26). Anders als die Bekanntgabe nach § 70 VwGO ist damit die tatsächliche, positive Kenntnis des Soldaten vom Beschwerdeanlass verbunden (BVerwG NZWehr 2007, 127). In Personalsachen beispielsweise ist maßgebend für den Fristbeginn die Kenntnis des Soldaten von der ihn betreffenden und belastenden Personalmaßnahme. Bei Versetzungen z. B. beginnt die Kenntnis vom Beschwerdeanlass erst mit der Aushändigung der förmlichen Versetzungsverfügung (BVerwG NZWehr 1984, 36, 37). Hat der Soldat schon Beschwerde eingelegt, nachdem ihm die Versetzung nur angekündigt war, wird sie mit Erlass der Versetzungsverfügung wirksam (BVerwG aaO; BVerwGE 63, 187).

Auch wenn der Soldat die Beseitigung einer durch ein positives Handeln eines Vorgesetzten geschaffenen Lage begehrt, z. B. Löschung der Stellungnahme eines höheren Vorgesetzten zur Beurteilung, beginnt die Frist mit der Kenntnis von der den Soldaten beeinträchtigenden positiven Handlung; für den Beginn der Frist in diesen Fällen kann sich der Beschwerdeführer nicht darauf berufen, man habe es unterlassen, die durch die Maßnahme entstandene Lage wieder zu beseitigen. Die Beschwerdefrist für die Anfechtung einer Verfügung, mit der die Beurteilung des Soldaten aufgehoben wird, beginnt mit seiner Unterrichtung über diese Maßnahme (BVerwG NZWehr 2009, 253). Bei der „Konkurrentenklage" beginnt die Frist mit der Kenntnis von wenigstens einer der beiden endgültig getroffenen Verwendungsentscheidungen, d. h. entweder der Entscheidung zugunsten des Konkurrenten oder die Entscheidung über die – so nicht gewünschte – Verwendung des Beschwerdeführers (BVerwG 1 WB 45/07 vom 13.8.2008, juris Rn. 21). Hat der Soldat von dem Beschwerdeanlass Kenntnis erhalten, beginnt die Frist auch zu laufen, wenn ihm auf seine Bitte ein Personalgespräch über den Beschwerdeanlass gewährt wird; die irrtümliche Annahme, der Fristbeginn werde bis zum Abschluss des Personalgespräches hinausgezögert, ist kein unabwendbarer Zufall im Sinne des § 7 Abs. 1. Im Übrigen ist für den Beginn der Beschwerdefrist nicht der Zeitpunkt des Personalgesprächs, sondern erst die Eröffnung des Vermerks über das Personalgespräch maßgebend (BVerwGE 86, 227). Zur Kenntnis vom Beschwerdeanlass gehört nicht stets auch die Kenntnis vom Betroffenen. Nur dann beginnt die Beschwerdefrist nicht zu laufen, wenn gerade in der Person des Betroffenen der Beschwerdeanlass liegt; z. B. der Beschwerdeführer erfährt, dass ihn jemand verleumdet hat, die Person des Täters ihm jedoch erst wesentlich später bekannt wird. Mit dieser Kenntnis beginnt hier die Beschwerdefrist.

Entscheidend für den Beginn der Frist ist die Kenntnis vom Beschwerde-   **5** anlass; auf die Kenntnis der angefochtenen Maßnahme kommt es nicht an (BVerwG aaO). Auch der Zeitpunkt, an dem sich das Urteil über die vermeintliche Rechtswidrigkeit der beanstandeten Maßnahme gebildet hat, ist unerheblich, erst die Kenntnis von den die Maßnahme auslösenden tatsächlichen Umständen zählt (BVerwG NZWehr 1983, 111; 1 WB 98/83, 134/83 vom 3.5.1984, juris Rn. 13). Regelmäßig wird der Zeitpunkt, in dem sich der mit der Beschwerde gerügte Vorfall ereignet hat, identisch mit dem Zeitpunkt sein, an dem der Beschwerdeführer von dem Vorfall Kenntnis erhält (vgl. auch BVerwG 1 WB 84/82 vom 6.4.1983 Rn. 18; BVerwGE 53, 287). So erfolgt bei einer Versetzungsverfügung die Kenntnis regelmäßig mit Unterzeichnung des Empfangsbekenntnisses (BVerwG 1 WB 31/15 vom 21.7.2016, juris Rn. 19 ff.). Die Kenntnis von der angefochtenen Maßnahme und die für den Fristbeginn maßgebende Kenntnis von dem Beschwerdeanlass können jedoch auch zeitlich auseinanderfallen (BVerwG 1 WB 9/79 vom 4.11.1981, juris Rn. 26). Das ist denkbar, wenn der Soldat die für ihn mit einer Maßnahme verbundenen Nachteile erst später erfährt (vgl. auch BVerwG NZWehr 1972, 68; 1986. 123 f.). In diesem Fall ist für den Beginn der Beschwerdefrist der Zeitpunkt maßgeblich, an dem der Soldat von dem Vorfall Kenntnis erlangt hat, nicht also der Zeitpunkt, an dem sich der Vorfall ereignete. Beispiel: Dem Soldaten wird die Versetzungsverfügung am 11. Januar angekündigt, erst am 9. September erfährt er die ihn beschwerenden Hintergründe, die zu der Versetzung geführt haben. Die Beschwerdefrist läuft am 10. Oktober – 24.00 Uhr – ab (BVerwG NZWehr 1972, 68). Wenn eine bestimmte Art der Bekanntgabe einer truppendienstlichen Maßnahme vorgeschrieben ist, beginnt die Frist für die Einlegung der Beschwerde erst mit dieser förmlichen Bekanntgabe zu laufen (BVerwG NZWehr 1997, 78, 79). In einer Konkurrentenstreitigkeit kommt es auf die Kenntnis der endgültigen Auswahlentscheidung oder der Kenntnis, selbst nicht verwendet zu werden (BVerwG 1 WDS-VR 7/15 vom 27.10.2015, juris Rn. 24; 1 WB 61/13 vom 27.11.2014, juris Rn. 32 f.; 1 WB 3/16 vom 28.9.2016, juris Rn. 28).

6   Der Ablauf der Beschwerdefrist wird nicht dadurch beeinflusst, dass nach Fristbeginn neue – auch rechtliche – Erkenntnisse über Anlass und Auswirkungen der angefochtenen Maßnahme oder über die Beweislage gewonnen werden (BVerwG NZWehr 1983, 111; I WB 77/74 vom 10.4.1975). Bei einer Beschwerde gegen eine Beurteilung wird die Beschwerdefrist nicht durch eine spätere Eröffnung der Stellungnahme eines höheren Vorgesetzten hinausgeschoben (BVerwG NZWehr 1986, 119); diese ist vielmehr eine neue, rechtlich selbstständige und damit anfechtbare Maßnahme (BVerwGE 63, 3, 9 f.). Ebenso setzt die Kenntnis, dass eine Verletzung von Vorgesetztenpflichten vorsätzlich geschah, keine neue Beschwerdefrist in Lauf (BVerwGE 83, 242 = NZWehr 1987, 77 = RiA 1987, 66). Dem Grundsatz, dass die Rechtsbehelfsfristen der Wiederherstellung des Rechtsfriedens dienen, widerspräche es, wenn die bloße Erwartung weiterer gegen den Beschwerdeführer gerichteter Maßnahmen den Lauf der Frist hinderte. Ebenso wenig tritt eine Fristverlängerung gem. § 7 Abs. 1 dadurch ein, dass zwischenzeitlich versucht wird, in persönlichen Gesprächen oder über hilfsbereite Vorgesetzte zu einer Änderung der Lage zu kommen (BVerwG I WB 77/73 vom 4.12.1974 = BVerwGE 46, 348). Auch eine Eingabe an den Wehrbeauftragten kann die Beschwerdefrist nicht hemmen. Es ist mithin nicht Erfolg versprechend, wenn der Wehrbeauftragte einen Soldaten, der sich mit einer Eingabe unmittelbar an ihn gewandt hat, nach Ablauf der Beschwerdefrist auf den Beschwerdeweg nach der WBO verweist.

7   Ergibt sich aus den Akten nicht, wann eine angefochtene Verfügung dem Beschwerdeführer bekannt geworden ist, muss zu seinen Gunsten die Beschwerde als rechtzeitig eingelegt angesehen werden (zweifelnd BVerwG II WDW 1/75 vom 9.9.1976 = BVerwGE 53, 188).

8   **Eine Daueranordnung** kann jederzeit von dem Soldaten mit der Beschwerde angefochten werden. Sie ist eine Maßnahme, die täglich erneut Rechtswirkungen auslöst (BVerwG I WB 28/17 vom 31.1.2019, juris Rn. 15); für den Fristbeginn nach § 17 Abs. 2 WDO bei einem Dauerdelikt siehe BVerwG NZWehr 2011, 215), so z. B. bei einem Erlass, auch bei fortwährender entwürdigender Behandlung, es sei denn, die einzelnen Tathandlungen lassen sich bestimmten Zeitabschnitten genau zuordnen. Das Beschwerderecht besteht, sobald die Regelung in die Rechtssphäre des Beschwerdeführers hineinwirkt (zum Antragsrecht BVerwG 1 WB 25/15 vom 27.8.2015, juris Rn. 15). Bei andauernden Maßnahmen, die einer Bestandskraft fähig sind, empfiehlt es sich, zur Vermeidung der Bestandskraft bereits Beschwerde ab Bekanntgabe zu erheben (BVerwG 1 WNB 8/17 vom 12.2.2018, juris Rn. 8). Die weitere Entwicklung dieser Auffassung des BVerwG im Licht der Entscheidungen zur Bekanntgabe bei Verkehrszeichen („erstmaliges Antreffen") bleibt abzuwarten (siehe hierzu BverwGE 138, 21).

9   Da bei einer Daueranordnung, z. B. Vorschrift zum Tragen einer bestimmten Uniform bei bestimmten Gelegenheiten, die Frist jeweils von

neuem beginnt, braucht in diesem Fall im Ergebnis keine Beschwerdefrist eingehalten zu werden (BVerwG NZWehr 1987, 25). Bei einer Beschwerde wegen pflichtwidriger Unterlassung einer Maßnahme (z. B. einer Versetzung) beginnt die Beschwerdefrist mit Bekanntgabe des Erlasses der Maßnahme. Der durch die Unterlassung beschwerte Soldat darf aber auch schon vor diesem Zeitpunkt Beschwerde einlegen (BVerwG NZWehr 1976, 96, 97).

Die Vorschrift legt nach ihrem Wortlaut Beginn und Ende der Beschwerdefrist eindeutig fest und lässt insoweit keinen Raum für eine einschränkende Auslegung (BVerfGE 49, 220 = NZWehr 1980, 135, 136). Sie genügt verfassungsrechtlichen Anforderungen (BVerfG NZWehr 1991, 67, 68). Da die WBO keine eigenen Vorschriften über die Berechnung der Beschwerdefrist enthält, gelten gemäß § 186 BGB die §§ 187 bis 193 BGB entsprechend (siehe auch § 31 Abs. 1 VwVfG). Bei der Berechnung der Monatsfrist wird der Tag, an dem der Beschwerdeführer von dem Beschwerdeanlass Kenntnis erlangt hat, nicht mitgerechnet (§ 187 Abs. 1 BGB). Für die Berechnungsregel beginnt die Frist also erst mit dem Tage nach der Kenntniserlangung, gleichgültig, ob es sich um einen Sonn- oder Feiertag oder einen Sonnabend handelt. 10

Beispiel: Kenntniserlangung am Montag, 19. August 20…, Anfang der Monatsfrist am Dienstag, 20. August 20…

Die Monatsfrist endet gemäß § 188 Abs. 2 BGB mit dem Ablauf desjenigen Tages des Monats, der durch seine Zahl dem Tag der Kenntniserlangung entspricht. In dem obigen Beispiel ist die Frist also am 20. September 20…, 0 Uhr abgelaufen. Die Frist endet mit Ablauf ihres letzten Tages, also an diesem Tage um 24.00 Uhr, im obigen Beispiel also am 19. September 20…, 24.00 Uhr. Daraus ist nicht zu schließen, dass die für die Entgegennahme der Beschwerde zuständige Stelle bis Mitternacht bereit sein muss, eine Beschwerde in Empfang zu nehmen (Stelkens/Bonk/Sachs/Kallerhoff/Fellenberg, VwVfG, § 24 Rn. 78). Der Beschwerdeführer kann nicht beanspruchen, dass nach Beendigung der üblichen Dienstzeit eine Stelle zur Entgegennahme seiner Beschwerde vorhanden ist. Steht jedoch eine empfangsberechtigte Stelle nach Dienstschluss noch zur Verfügung, ist die vor Mitternacht von ihr entgegengenommene Beschwerde noch innerhalb der Beschwerdefrist eingelegt. So ist es als zulässig anzusehen, wenn die Beschwerde nach Dienstschluss, auch an Sonnabenden, Sonn- oder Feiertagen, bei einem in der Kompanie vorhandenen UvD abgegeben wird. Dieser hat auf der Beschwerdeschrift den Zeitpunkt des Empfangs zu notieren. Die Frist wird auch gewahrt, wenn der Kompaniechef oder der Kompaniefeldwebel die Beschwerde noch nach Dienstschluss entgegennimmt (vgl. VGH Baden-Württemberg NZWehr 1982, 112). Der Soldat kann aber nicht verlangen, dass der Kompaniechef ihm die Beschwerde außerhalb des Dienstes – z. B. in dessen Wohnung – abnimmt. Insbesondere wird die mündliche Einlegung außerhalb der Dienstzeit, z. B. auch an einem Sonn- oder Feiertag, im Allgemeinen nicht in Betracht kommen. Sie ist auch nicht erforderlich, weil die Frist an einem solchen Tag nicht abläuft. 11

Fällt der letzte Tag der Frist auf einen Sonnabend, Sonntag oder einen staatlich anerkannten Feiertag, tritt an die Stelle dieses Tages der nächste Werktag (§ 193 BGB; siehe auch Bachmann, GKÖD Yo, § 6 Rn. 18). 12

Beispiele:

a) Kenntnis vom Beschwerdeanlass: Mittwoch, 26. Juni 20xx,
    Beginn der Monatsfrist: Donnerstag, 27. Juni 20xx,
    Ende der Monatsfrist: Sonnabend, 27. Juli 20xx,
    Ende der Beschwerdefrist: Montag, 29. Juli 20xx,
       24.00 Uhr

b) Kenntnis vom Beschwerdeanlass: Freitag, 30. August 20xx,
    Beginn der Monatsfrist: Sonnabend, 31. August 20xx,
    Ende der Monatsfrist: Montag, 30. September 20xx,
       24.00 Uhr
       (§ 188 Abs. 3 BGB)

13 In der Bundesrepublik Deutschland sind die meisten staatlich anerkannten allgemeinen Feiertage bundeseinheitlich bestimmt. Darüber hinaus sind nach den Vorschriften einzelner Länder weitere Feiertage festgelegt worden: Heilige Drei Könige in Baden-Württemberg, Bayern und Sachsen-Anhalt; Fronleichnam in Bayern, Hessen, Nordrhein-Westfalen, Rheinland-Pfalz und Saarland, in Baden-Württemberg, Sachsen und Thüringen nur in Gemeinden mit katholischer Bevölkerung; Allerheiligen in Baden-Württemberg, Nordrhein-Westfalen, Rheinland-Pfalz, Saarland sowie in Bayern mit Sonderregelung in Gemeinden mit überwiegend evangelischer Bevölkerung; Mariä Himmelfahrt in bayerischen Gemeinden mit überwiegend katholischer Bevölkerung und im Saarland, in der Stadt Augsburg der 8. August (Friedensfest); Buß- und Bettag in Sachsen; Reformationstag in Brandenburg, Bremen, Hamburg, Mecklenburg-Vorpommern, Niedersachsen, Sachsen, Sachsen-Anhalt, Schleswig-Holstein und Thüringen. Am 8. März (Frauentag) ist in Berlin ebenfalls Feiertag. Legt der Beschwerdeführer bei einer Bundeswehrverwaltungsstelle im Ausland oder einer dort befindlichen militärischen Dienststelle Beschwerde ein, gilt für die Fristberechnung die für den Auslandsort staatlich anerkannte allgemeine Feiertagsregelung (§ 193 BGB; Bachmann, GKÖD Yo, § 6 Rn. 18). Im Übrigen werden Sonnabende, Sonntage und Feiertage mitgerechnet; sie bewirken also keine Verlängerung der Beschwerdefrist. Die Beschwerdefrist ist eine Ausschlussfrist, sie kann daher nicht verlängert werden (BVerwG 1 WB 25/85 vom 11.12.1985, juris Rn. 20; vgl. aber § 7 Abs. 1).

2. Nachtfrist

14 **Die Beschwerde darf frühestens nach Ablauf einer Nacht** eingelegt werden. Der Ablauf der Einmonatsfrist wird dadurch nicht gehemmt. Eine entsprechende Vorschrift enthalten § 4 Abs. 2 für die Anrufung eines Vermittlers und § 37 Abs. 1 WDO für das Verhängen einer einfachen Disziplinarmaßnahme. Diese Nachtfrist ist eine Sperrfrist, die den Beginn des Zeitraumes, innerhalb dessen Beschwerde eingelegt werden kann, vom Zeitpunkt der Kenntniserlangung ab um eine Nacht hinausschiebt (BVerwG NZWehr 2004, 126 = ZBR 2004, 146 LS). Sie dient als Überlegungsfrist dem Schutz des beschwerdeführenden Soldaten, der vor unüberlegter, voreiliger Beschwerde bewahrt werden soll (vgl. Begr. zu §§ 4 Abs. 2, 6 Abs. 1; vgl. auch Dietz, BO, S. 146). Unausgesprochen liegt der Regelung u. a. die Erfahrung zugrunde, dass ein Soldat trotz des Benachteiligungsverbotes (§ 2) und des strafrechtlichen Schutzes (§ 35 WStG) durch Einlegen der Beschwerde Gefahr läuft, gewisse Nachteile oder Einbußen hinnehmen zu müssen. So kann das Vertrauensverhältnis zwischen Vorgesetzten und Untergebenen berührt werden. Es ist aber auch an die Belastungen zu denken, die mit der Durchführung eines Beschwerdeverfahrens verbunden sind. Der Soldat soll aber nicht nur vor dem unbedachten Entschluss, Beschwerde einzulegen, sondern auch davor geschützt werden, dass er seine Beschwerde in der ersten Erregung möglicherweise unsachlich, wenn nicht sogar in der Form pflichtwidrig, vorbringt oder formuliert. Hat der Beschwerdeführer eine Nacht darüber geschlafen, wird er den Beschwerdegegenstand ruhiger, klarer und abgewogener zu beurteilen vermögen.

Die Beschwerde darf nicht an demselben Tag eingelegt werden, an **15** dem der Beschwerdeführer vom Beschwerdeanlass Kenntnis erhalten hat, und nicht vor Ablauf einer Nacht. Die Nacht rechnet vom Zapfenstreich 23.00 Uhr bis zum Wecken, 6.00 Uhr. Nach Ablauf einer Nacht bedeutet nicht, dass der Beschwerdeführer während dieser Nacht geschlafen haben muss. Auch ist es nicht erforderlich, dass eine ganze Nacht vergangen ist. Erhält der Soldat kurz vor Mitternacht Kenntnis von einem ihn beschwerenden Anlass, darf er sich am folgenden Vormittag beschweren. Aus dem Wort „Nacht" ergibt sich aber auch, dass die Nacht abgelaufen sein muss. Es ist demnach in dem oben genannten Beispiel nicht zulässig, die Beschwerde kurz nach Mitternacht dem UvD zu übergeben. Die Beschwerde darf mithin nicht nur nicht am selben Tage, an dem der Beschwerdeführer von dem Beschwerdeanlass Kenntnis erhalten hat, eingelegt werden (bis 24.00 Uhr), sondern auch nicht vor Ablauf der Nacht. Es ist also erst nach 6.00 Uhr morgens zulässig; Beschwerde einzulegen (Bachmann, GKÖD Yo § 6 Rn. 18). Erlangt der Beschwerdeführer erst nach Mitternacht von dem Beschwerdeanlass Kenntnis, muss er den Rest der Nacht und auch noch die nächste Nacht abwarten, bevor er die Beschwerde wirksam einlegen kann.

Eingelegt ist die Beschwerde erst dann, wenn sie bei einer hierfür vorgese- **16** henen Stelle eingeht (TDG E NZWehrr 1969, 150, kritisch hierzu: Lingens, Disziplinarvorgesetzter, S. 57). Für den Zugang bei der zuständigen Stelle gelten die allgemeinen Vorschriften zum Zugang im Verwaltungsverfahren (vgl. Stelkens/Bonk/Sach/Schmitz, VwVfG, § 22 Rn. 50). Eine Beschwerde gilt daher gemäß § 130 Abs. 3 BGB i. Vbg. m. § 130 Abs. 1 S. 1 BGB dann als eingelegt, wenn sie der zuständigen Stelle zugegangen ist. Zugang ist dann anzunehmen, wenn die Beschwerde in einer solchen Art und Weise in den Machtbereich des Empfängers gelangt ist, dass im gewöhnlichen Geschäftsgang mit einer Kenntnisnahme zu rechnen ist (Erman/Arnold, BGB, § 130, Rn. 7 f.). Dies ist beispielsweise der Fall, wenn die Beschwerde in den Briefkasten der Kompanie geworfen wird. Der Soldat kann also seine Beschwerde sofort niederschreiben, sobald er von dem Beschwerdeanlass Kenntnis erhalten hat; er muss nur sicherstellen, dass sie erst am nächsten Tag bei einer für die Einlegung zuständigen Stelle eingeht. Damit ist es auch als zulässig anzusehen, wenn der Beschwerdeführer die Beschwerde unverzüglich niederschreibt und zur Post gibt, sofern sie nur am folgenden Tag bei der Einlegestelle eingeht, der für die Beschwerde zuständigen Stelle also zugeht. Die Nachtfrist ist damit zwar formal gewahrt, ob es aber auch mit ihrem Sinn und Zweck vereinbar ist, bleibt fraglich. Aus Gründen der Rechtssicherheit und -klarheit muss dieser Widerspruch indes hingenommen werden, zumal der Gesetzgeber den Fall der Beschwerdeeinlegung auf dem Postweg nicht bedacht hat. Jedenfalls sind keine durchschlagenden Gesichtspunkte ersichtlich, die es rechtfertigen, den Begriff des „Einlegens" zu Beginn der Beschwerdefrist anders zu sehen als an ihrem Ende.

17   Die Nachtfrist gilt nicht für das Einlegen der weiteren Beschwerde (BVerf-GE 49, 220 = NZWehrr 1980, 135; BVerwG NZWehrr 2004, 126), auch nicht für den Antrag auf gerichtliche Entscheidung und die Rechts- und Nichtzulassungsbeschwerde. Eine Ausnahme ist darüber hinaus in § 42 Nr. 1 WDO enthalten; danach braucht bei einer Beschwerde gegen Disziplinararrest, bei dem der Richter die sofortige Vollstreckbarkeit angeordnet hat, die Nachtfrist nicht eingehalten zu werden (dazu näher Dau/Schütz, WDO, § 42 Rn. 52).

III. Einlegen der Beschwerde

1. Innerhalb der Frist

18   Die Beschwerde muss innerhalb der vorgeschriebenen Frist – d. h. nach Ablauf der Nachtfrist und bis zum Ablauf der Monatsfrist – eingelegt werden. Dem Beschwerdeführer steht es frei, zu welchem Zeitpunkt innerhalb der Beschwerdefrist er die Beschwerde einlegen will. Er darf bis kurz vor Ablauf der Frist warten, muss dann allerdings auch die Nachteile einer späteren Entscheidungs- und Abhilfemöglichkeit in Kauf nehmen.

2. Vor Ablauf einer Nacht

19   Eine Beschwerde, die nicht innerhalb der vorgeschriebenen Frist eingelegt worden ist, muss unter Hinweis auf diesen Mangel als unzulässig zurückgewiesen werden (§ 12 Abs. 3). Das gilt nicht nur für eine verspätet eingelegte Beschwerde, sondern auch, wenn sie verfrüht eingelegt worden ist (siehe jedoch BVerwGE 63, 187; NZWehrr 1984, 36; Entscheidung vom 4.9.1996, 1 WB 14/96, juris Rn. 12). Aus § 12 Abs. 3 ist zu folgern, dass eine vorzeitig eingelegte Beschwerde gleichwohl entgegengenommen werden muss. Dieser Beschwerde ist nämlich trotz ihres Mangels nachzugehen; soweit erforderlich, ist für Abhilfe zu sorgen. Die Beschwerde hat dann den Charakter einer Dienstaufsichtsbeschwerde (Einf. Rn. 112 ff.; § 12 Rn. 66 ff.). Beispiel: Soldat erhält trotz Gegenvorstellungen den Befehl, am Abend desselben Tages den Standort aus dienstlichen Gründen für mehrere Tage zu verlassen, obwohl häusliche Verhältnisse (plötzliche schwere Erkrankung der Ehefrau) dringend seine Anwesenheit erfordern. Legt der Beschwerdeführer Wert darauf, dass seine vorzeitig eingelegte Beschwerde als zulässig behandelt wird, um beispielsweise den gerichtlichen Weg beschreiten zu können oder um einen Beschwerdebescheid zu erhalten, kann er den Mangel nachträglich heilen. Hierzu muss er binnen eines Monats seit Kenntnis von dem Beschwerdeanlass in einer für die Einlegung der Beschwerde vorgeschriebenen Form erklären, dass er die verfrüht eingelegte Beschwerde aufrechterhalten will. Gibt er innerhalb der Frist eine derartige Erklärung nicht ab, ist die Beschwerde als unzulässig zurückzuweisen. Eine Untersuchung des Vorgangs im Wege der Dienstaufsicht muss dennoch erfolgen.

3. Nach als unzulässig zurückgewiesener Beschwerde

20   Innerhalb der Beschwerdefrist kann der Beschwerdeführer in bestimmten Fällen wegen desselben Beschwerdegegenstandes erneut Beschwerde einlegen, obwohl sie zuvor schon als unzulässig zurückgewiesen worden war.

Das ist möglich, wenn der Beschwerdeführer die Nachtfrist nicht eingehalten hat und die Beschwerde aus diesem Grunde als unzulässig zurückgewiesen wurde. Dem Bescheid über die Zurückweisung der ersten Beschwerde kommt keine materielle Rechtskraft zu. Auch eine zurückgenommene Beschwerde kann der Beschwerdeführer innerhalb der Beschwerdefrist erneut einlegen, sofern er nicht auf sein Beschwerderecht verzichtete (§ 8 Rn. 13). Ist eine Beschwerde als unzulässig zurückgewiesen worden, weil sie nicht in der vorgeschriebenen Form (§ 6 Abs. 2; Rn. 28 ff.), bei einer falschen Einlegestelle (§ 5) oder als gemeinschaftliche Beschwerde (§ 1 Abs. 4) eingelegt wurde, die Beschwer oder das Rechtsschutzbedürfnis fehlte (§ 1 Rn. 97 ff.; 88 ff.), kann sie innerhalb der Beschwerdefrist erneut eingelegt werden, wenn der Mangel behoben ist (z. B. der Beschwerdeführer reicht anstelle der unzulässigen gemeinschaftlichen Beschwerde nunmehr eine Einzelbeschwerde ein). Sind die Mängel, die die Beschwerde zunächst unzulässig machten, bei der erneuten Einlegung nicht behoben, muss auch die erneute Beschwerde als unzulässig zurückgewiesen werden.

Hat der Beschwerdeführer dagegen die Beschwerde nicht binnen eines **21** Monats eingelegt, ist sie als unzulässig zurückzuweisen (§ 12 Abs. 3 Satz 1); eine erneute Beschwerde wegen desselben Sachverhalts muss gleichfalls wegen Fristversäumnis zurückgewiesen werden. Allenfalls unter den Voraussetzungen des § 7 Abs. 1 kann der Beschwerdeführer noch eine Entscheidung über seine Beschwerde erreichen.

IV. Folgen der Fristversäumnis

Beachtet der Beschwerdeführer die vorgeschriebenen Fristen − Nachtfrist **22** und Einmonatsfrist − nicht, ergeben sich nachstehende Folgen:
- die Beschwerde ist unter Hinweis auf die nicht eingehaltene Frist als unzulässig zurückzuweisen (§ 12 Abs. 3 Satz 1);
- der durch die Beschwerde zur Kenntnis des Disziplinarvorgesetzten oder der Dienststelle der Bundeswehr gelangte Vorfall ist gleichwohl zu untersuchen. Soweit erforderlich, ist abzuhelfen (§ 12 Abs. 3 Satz 2);
- der Beschwerdeführer darf wegen der nicht fristgerecht eingelegten Beschwerde nicht dienstlich gemaßregelt oder benachteiligt werden (§ 2; vgl. aber dort Rn. 17 ff.).

Zu Absatz 2

V. Form der Beschwerde

1. Begriff des Einlegens

Die Beschwerde ist **einzulegen.** Einlegen bedeutet förmliche Mitteilung **23** des Beschwerdegegenstandes durch den Beschwerdeführer gegenüber einer vom Gesetz vorgesehenen Stelle (Beschwerdeadressat) mit dem Willen, durch die für die Entscheidung zuständige Stelle klaglos gestellt zu werden. Bei schriftlich erhobener Beschwerde ist Einlegen die Übergabe des Schriftstückes an den Beschwerdeadressaten oder der Zugang des Beschwerdeschreibens bei diesem. Der Eingang einer nur nachrichtlich an den Beschwerdeadressaten gerichteten Beschwerde genügt nur, wenn auch der Beschwerdewille erkennbar geworden ist. Die nur nachrichtlich einer nicht für die Beschwerdeentscheidung zuständigen Dienststelle übermittelte Beschwerde ist jedenfalls nicht vorschriftsmäßig eingelegt, da hierbei der für die Beschwerde zuständige Vorgesetzte oder die zuständige Stelle der Bundeswehr nicht adressiert, also angesprochen wird (BVerwG NZWehrr 2009, 253). Bei mündlich geäußerter Beschwerde besteht der Vorgang des Einlegens darin, dass der Beschwerdeführer seine Beschwerde beim Beschwerdeadressaten vorträgt und dieser darüber eine Niederschrift fertigt. Der Vorgang des Einlegens ist erst mit dem Zugang oder Eingang des Beschwerdeschreibens oder mit der Beendigung des beurkundeten mündlichen Vortrages abgeschlossen. Die Beschwerde ist fristgerecht eingelegt, wenn der Vorgang des Einlegens vor Ablauf der Beschwerdefrist beendet ist.

1. **Die Beschwerde ist schriftlich** oder **mündlich** einzulegen (Satz 1; hierzu siehe Rn. 22 ff.; 37 ff.). Der Beschwerdeführer kann wählen, ob er die Beschwerde schriftlich oder mündlich einlegen will. Beide Möglichkeiten stehen gleichberechtigt nebeneinander. Vom Beschwerdeführer kann mithin nicht gefordert werden, dass er seine Beschwerde schriftlich einlegt. Andererseits kann der Beschwerdeführer nicht verlangen, dass zu jeder Stunde ein Vorgesetzter, ein sonst zuständiger Soldat oder eine zur Entgegennahme von Beschwerden zuständige Stelle der Bundeswehrverwaltung zur Verfügung steht. Ist am letzten Tag der Frist eine Möglichkeit zur mündlichen Einlegung der Beschwerde nicht mehr gegeben, bleibt dem Beschwerdeführer noch der Weg, die Beschwerde bei einem diensttuenden Offizier oder Unteroffizier abzugeben. Eine telefonisch eingelegte Beschwerde entspricht den Formerfordernissen selbst dann nicht, wenn hierüber ein Aktenvermerk gefertigt wird (vgl. Schoch/Schneider/Bier, VwGO, § 70 Rn. 8; BVerwG NJW 1964, 831, 832). Allenfalls in Fällen, in denen der Beschwerdeführer innerhalb der Monatsfrist diesen Aktenvermerk ebenfalls unterzeichnet könnte die Wahrung der Form angenommen werden.

2. Schriftliche Einlegung

24   Schriftliche Einlegung bedeutet, dass der Beschwerdeführer die Beschwerde in einem Schriftstück niederlegt und dieses Schriftstück dem Beschwerdeadressaten übergibt oder übersendet. Wird die Beschwerde schriftlich eingelegt, sind mit Ausnahme der Schriftform (§ 126 BGB) keine besonderen Formen zu beachten. Bestimmte Voraussetzungen müssen aber erfüllt sein, damit insbesondere erkennbar ist, dass das Schriftstück eine Beschwerde enthalten soll, welcher Soldat sie verfasst hat und welchen Beschwerdeanlass er vortragen will. Fehlen diese Voraussetzungen, liegt u. U. gar keine Beschwerde vor; jedenfalls läuft der Beschwerdeführer Gefahr, dass sein Vorbringen ohne sachliche Prüfung schon aus formellen Gründen als unzulässig zurückgewiesen wird.

25   Die Beschwerde sollte deshalb mindestens folgende Angaben enthalten:
   – Name und Truppenteil des Beschwerdeführers,
   – Erkennbarkeit des Beschwerdewillens,
   – Beschwerdeanlass und Zeitpunkt der Kenntniserlangung,
   – Unterschrift des Beschwerdeführers.

Um eine schnellere und wirksamere Erledigung der Beschwerde zu ermög- **26** lichen, empfiehlt es sich, die Beschwerdeschrift noch um weitere Angaben zu ergänzen:

- Bezeichnung eines Beschwerdeadressaten, bei dem die Beschwerde eingelegt wird,
- Antrag über das Ziel der Beschwerde (z. B. Aufhebung eines Befehls, Genehmigung eines abgelehnten Antrages, Feststellung der Rechtswidrigkeit einer Maßnahme),
- Begründung der Beschwerde (z. B. nähere Ausführungen darüber, aus welchen Gründen die angefochtene Maßnahme für unrichtig gehalten wird; vgl. Rn. 33),
- Angabe von Beweismitteln (Zeugen, Urkunden usw.),
- Mitteilung über vorausgegangene Vermittlung (§ 4 Abs. 1),
- Antrag auf vorläufige Aussetzung oder Anordnung anderer einstweiliger Maßnahmen nach § 3 Abs. 2.

Die Bezeichnung „Beschwerde" oder z. B. die Worte „ich beschwere **27** mich" braucht die Beschwerdeschrift nicht ausdrücklich zu enthalten, vielmehr kommt es auf die objektive Betrachtung an, ob sich die Soldatin oder der Soldat durch die Maßnahme beschwert fühlt (BVerwG 1 WB 27/17 vom 1.3.2018, juris Rn. 26 f.). Ebenso wenig schadet die Bezeichnung als Einspruch, Widerspruch usw. (siehe auch § 300 StPO). Es genügt, dass wenn sich aus dem gesamten Vorbringen der Beschwerdeschrift ergibt, eine Beschwerde eingelegt werden soll und dass der Beschwerdeführer eine Nachprüfung durch die nächsthöhere Stelle erstrebt (BDHE 5, 227, 228; BVerwG aaO). Will der Beschwerdeführer sichergehen, dass sein Schriftstück nicht nur als Meldung oder Entwurf aufgefasst, sondern seinem Willen entsprechend als Beschwerde behandelt wird, empfiehlt es sich, das Schriftstück eindeutig als Beschwerde zu kennzeichnen. Bestehen Zweifel, ob eine vorgelegte Schrift eine Meldung oder eine Beschwerde sein soll, muss der Beschwerdeführer gefragt werden, ob er sich mit dieser Schrift habe beschweren wollen (bedenklich daher die Entscheidung des VGH Baden-Württemberg NZWehrr 1982, 112 mit kritischer Anmerkung Riecker, aaO, S. 114).

Die Beschwerde braucht nicht begründet zu werden (BVerwG 1 WB 98/83, **28** 1 WB 134/83 vom 3.5.1984, juris Rn. 13); das gilt auch für die Beschwerde gegen einen Disziplinararrest (BVerwGE 46, 331 = NZWehrr 1978, 103). Sie braucht also keine Ausführungen über die Gründe zu enthalten, aus denen sich die unrichtige Behandlung oder Pflichtwidrigkeit herleiten lässt. Es genügt eine kurze Darstellung des Sachverhalts, der den Anlass zur Beschwerde gegeben hat (BVerwG I WB 102.76 vom 4.5.1977, juris Rn. 31). Dazu gehören Orts- und Zeitangaben und im Hinblick auf die Fristvorschrift des Absatzes 1 auch die Angabe des Zeitpunktes, zu dem der Beschwerdeführer von dem Beschwerdeanlass Kenntnis erhalten hat. Fehlen diese Angaben, müssen sie durch Nachfrage beim Beschwerdeführer ermittelt werden.

Neben der Beschwerdeschrift kann der Beschwerdeführer Schriftsätze mit **29** ergänzenden Angaben und Ausführungen einreichen. Diese Ergänzungen können auch nach Ablauf der Beschwerdefrist noch vorgetragen werden. **Aus rechtsstaatlichen Gründen wird es dem Beschwerdeführer auch nicht verwehrt werden können, sich die nähere Begründung vorzubehalten.** Die Nachlieferung einer Begründung oder ergänzenden Begründung ist allerdings nicht unbegrenzt möglich, ohne den beschleunigten Ablauf des

Beschwerdeverfahrens zu gefährden. Behält sich der Beschwerdeführer eine nähere Begründung vor, ist ihm dafür eine angemessene Frist zu setzen (vgl. für die gerichtliche Entscheidung über eine Disziplinarmaßnahme BVerfGE 17, 191 = NZWehrr 1964, 71, 72; vgl. im Übrigen Oetting, Beschwerderecht, S. 71 m. w. Nachw.). Welche Frist angemessen ist, richtet sich nach dem Schwierigkeitsgrad des einzelnen Falles. Wird der Beschwerdeführer durch einen Rechtsanwalt vertreten, wird auch darauf Rücksicht zu nehmen sein, dass dieser sich selbst zunächst orientieren muss.

30   Die für die Einlegung der Beschwerde zuständigen Stellen, die Beschwerdeadressaten, ergeben sich aus § 5 Rn. 5. In der Beschwerdeschrift braucht der Beschwerdeadressat nicht ausdrücklich aufgeführt zu sein. Es genügt, wenn der Briefumschlag die Anschrift des zuständigen Beschwerdeadressaten enthält oder der Beschwerdeführer die Beschwerdeschrift der zuständigen Stelle übergibt. Nach der Rechtsprechung des BDH (BDHE 5, 227) schadet weder die fehlende noch die unrichtige Bezeichnung des Beschwerdeadressaten. Mängel können sich insoweit allerdings zum Nachteil des Beschwerdeführers auswirken, wenn die Beschwerde nicht fristgerecht bei der zuständigen Stelle eingeht (§ 5 Rn. 29).

31   Die Schriftform erfordert, dass die Beschwerde schriftlich abgefasst sein muss. Der Beschwerdeführer braucht allerdings den Text der Beschwerde nicht selbst zu schreiben. Er kann die Beschwerde auch von einem schreibgewandten Kameraden abfassen lassen (vgl. Knorr, NZWehrr 1959, 65). **Zur Form der schriftlichen Erklärung gehört grundsätzlich, dass die Beschwerdeschrift von dem Beschwerdeführer oder seinem Bevollmächtigten eigenhändig durch Namensunterschrift oder mit notariell beglaubigtem Handzeichen unterzeichnet wird** (§ 126 Abs. 1 BGB; BVerwG NZWehrr 1971, 30; BVerwG NZWehrr 1984, 38 = NJW 1984, 444). Unterschrift ist Unterzeichnung mit voll ausgeschriebenem Familiennamen in deutlich als Unterschrift erkennbarer Form. Leserlichkeit ist nicht erforderlich, ebenso nicht Vorname und Dienstgrad. Die Unterschrift sollte das Beschwerdeschreiben regelmäßig abschließen. Sie erübrigt sich, wenn aus dem Schriftstück in einer jeden Zweifel ausschließenden Weise die Identität des Beschwerdeführers und sein Beschwerdewille hervorgehen. Unter Wahrung dieser Voraussetzungen kann z. B. ein Handzeichen genügen (BayObLG NJW 1962, 1527) – wenn klar erkennbar ist, dass es nicht bloß einen Entwurf abschließt – oder auch ein Faksimilestempel (OLG Stuttgart NJW 1976, 1902 f.). Hat der Beschwerdeführer die Beschwerde nicht unterschrieben, sie aber offen seinem nächsten Disziplinarvorgesetzten – auch zur Weiterleitung an die zuständige Stelle – übergeben, sind Zweifel über die Autorenschaft ausgeschlossen (BVerwG NZWehrr 1984, 38 = NJW 1984, 444; 1 WB 28/17 vom 31.1.2019, juris Rn. 16; 1 WB 43/14 vom 26.3.2015, juris Rn. 21). Bei der durch einen Rechtsanwalt gefertigten Beschwerdeschrift genügt das mit Maschine geschriebene Diktatzeichen mit Anwaltsbriefkopf oder Kanzleistempel (BGHStE 2, 78). Eine vom Beschwerdeadressaten auf Ton- oder Datenträger aufgenommene Beschwerde erfüllt die Schriftform nur, wenn sie anschließend in eine schriftliche Erklärung übertragen wird, wer sie zu welchem Zeitpunkt abgegeben hat. Verstöße gegen die Schriftform führen zur Zurückweisung der Beschwerde wegen Unzulässigkeit. Die Mängel sind innerhalb der Frist heilbar.

32   Die schriftliche Beschwerde ist fristgerecht eingelegt, wenn sie binnen Monatsfrist bei einer Person **eingeht** – d. h. in ihre Verfügungsgewalt gelangt

und damit zugeht –, die nach Dienstvorschrift, z. B. Geschäftsordnung oder Dienstgebrauch berechtigt ist, das Schriftstück in Empfang zu nehmen und den Eingang zu bestätigen. Ob dies durch einen Eingangsvermerk, Eingangsstempel oder durch Kenntnisnahme vom Inhalt geschieht, ist unerheblich. Auch ist nicht Voraussetzung für fristgerechte Einlegung, dass die Beschwerdeschrift innerhalb der Frist förmlich in den Geschäftsgang kommt, z. B. mit einem Eingangsstempel versehen wird (BDH NZWehrr 1962, 127, 129). Ungeachtet dessen sollte jedoch aus Gründen der Klarheit jede eingehende Beschwerdeschrift unverzüglich mit einem Eingangsstempel versehen werden. Zuständige Person ist bei truppendienstlichen Beschwerden z. B. ein mit dem Empfang der Post beauftragter Soldat, bei Dienststellen der Bundeswehrverwaltung (§ 23 Abs. 2) die Posteingangsstelle, bei Disziplinarbeschwerden an das Wehrdienstgericht die Geschäftsstelle des Gerichts. Generell ergibt sich aus dem Eingangsvermerk (Eingangsstempel) der Zeitpunkt des Eingangs und damit des Einlegens. Allerdings kann der Nachweis der Unrichtigkeit geführt werden. Der Eingangsstempel auf der Beschwerde verliert seine Beweiskraft, wenn sich aus handschriftlicher Notiz auf der Beschwerdeschrift ergibt, dass sie dem Vorgesetzten schon eher zugegangen ist. Die durch das Fehlen eines Zustellungsnachweises und eines zuverlässigen Eingangsvermerks begründete Unsicherheit über Beginn und Dauer der Frist darf nicht zu Lasten des Beschwerdeführers gehen (BDH NZWehrr 1961, 32, 33).

33 Aufgabe zur Post genügt nicht; es sei denn, die Voraussetzungen des § 7 Abs. 1 (siehe dort) werden dargetan. Besteht Ungewissheit über den rechtzeitigen Eingang der Beschwerde, hat es die Einlegestelle zu vertreten, wenn zum Nachweis der Briefumschlag nicht mehr vorgelegt werden kann; somit ist zugunsten des Beschwerdeführers von der Rechtzeitigkeit der Beschwerde auszugehen. Der eingeschriebene Brief ist mit Aushändigung des Einlieferungsscheines eingegangen. Das Einwerfen der Beschwerdeschrift in den Briefkasten ist fristwahrend jedenfalls dann nicht ausreichend, wenn die Beschwerde nach Beendigung der Dienstzeit dort eingeworfen wird; anders beim Einwerfen in einen als Nachtbriefkasten gekennzeichneten Briefkasten. Der Zugang bei einer Postannahmestelle genügt auch, wenn anschließend bei der bearbeitenden Stelle (z. B. Registratur der zuständigen Abteilung im Ministerium) ein weiterer Eingangsvermerk angebracht wird.

34 **Die Beschwerde kann auch telegraphisch eingelegt** werden. Die Schriftform des Aufgabetelegramms ist hierbei ohne Bedeutung. Zur Fristwahrung ist der rechtzeitige Eingang des Ankunftstelegramms erforderlich (BGHStE 8, 174, 176). Ein fernmündlich vorab durch das Zustellungspostamt zugesprochenes Telegramm wahrt Form und Frist, wenn bei dem Beschwerdeadressaten hierüber eine amtliche Notiz gefertigt wird, die den Wortlaut des Telegramms wiedergibt (hierzu im einzelnen BGHStE 30, 64, 69 f. = JZ 1981, 491, 492). Zur Wahrung der Frist genügen Telefax (BVerwG NVwZ 1987, 788; Bachmann, GKÖD Yt, § 42 Rn. 32) und Computerfax mit eingescannter Unterschrift des Beschwerdeführers oder mit dem Hinweis, dass er wegen der gewählten Übertragungsform nicht unterzeichnen konnte (vgl. GSOBG in BVerwGE 111, 377, 382 = NJW 2000, 2340; OLG Braunschweig NJW 2004, 2025). Das Einlegen der Beschwerde mittels E-Mail ist zulässig, wenn sie mit einer qualifizierten elektronischen Signatur nach dem Vertrauensdienstegesetz (Art. 1 Gesetz zur Durchführung der Verordnung (EU) Nr. 910/2014 des Europäischen Parlaments und des Rates vom 23. Juli

2014 über elektronische Identifizierung und Vertrauensdienste für elektronische Transaktionen im Binnenmarkt und zur Ausführung der Richtlinie 1999/93/EG (eIDAS-Durchführungsgesetz) BGBl. I, 2745) versehen ist (§ 3a Abs. 2 S. 2 VwVfG; vgl. auch Bachmann, GKÖD Yo, § 6 Rn. 42). Die weiteren in § 3 Abs. 2 S. 3 VwVfG bestimmten Verfahren zum Ersatz der Schriftform scheitern derzeit an einer entsprechenden elektronischen Infrastruktur der Bundeswehr. Die Einrichtung eines De-Mail Postfaches ist immerhin jedenfalls in Planung.

35   Das BVerwG lehnt unter Verweis auf den Wortlaut des § 6 Abs. 2 die Einlegung einer Beschwerde mittels E-Mail grundsätzlich ab und erwägt allenfalls eine entsprechende Anwendung des § 3a VwVfG (BVerwG vom 26.10.2010 1 WNB 4/10, juris Rn. 7). Die Argumentation des Gerichts, allenfalls eine entsprechende Anwendung des § 3a VwVfG in Erwägung zu ziehen, vermag indes nicht zu überzeugen, da die WBO einerseits keinen prinzipiellen Ausschluss der Regelungen des VwVfG enthält und andererseits die Bundeswehr selbst in truppendienstlichen Angelegenheiten öffentlich-rechtliche Verwaltungstätigkeit in Wahrnehmung von Aufgaben der öffentlichen Verwaltung und damit als Behörde wahrnimmt. Somit ist der sachliche Anwendungsbereich des VwVfG eröffnet, soweit die WBO nicht spezialgesetzliche Regelungen einzelner Sachverhalte enthält. Der negativen Abgrenzung Jellineks folgend ist Verwaltung im materiellen Sinn nämlich planmäßige und dauerhafte Tätigkeit des Staates zur Erreichung seiner Zwecke, soweit es sich nicht um Gesetzgebung, Rechtsprechung oder Regierung handelt (vgl. Bader/Ronellenfitsch, BeckOK VwVfG, § 1 Rn. 11). Die Regelung des § 6 Abs. 2 zur Anordnung der Schriftform ist nicht als Ausschluss der elektronischen Form zu verstehen. Die historische Auslegung der Norm ergibt nämlich, dass die letzte Änderung durch das NOG im Jahr 1972 aufgrund des damaligen Stands der Technik eine elektronische Form noch gar nicht bedenken und damit weder positiv regeln noch ausschließen konnte. Zutreffend ist indes der Hinweis des BVerwG, dass das Lotus Notes Netz der Bundeswehr zumindest bislang die Anforderungen an eine qualifizierte Signatur nicht erfüllt (BVerwG a. a. O. Rn. 8).

36   **Die fernmündliche Einlegung** der Beschwerde erfüllt die Anforderungen der Schriftform selbst dann nicht, wenn sie inhaltlich in einem Aktenvermerk der Einlegestelle festgehalten ist (vgl. BVerwGE 26, 201; 50, 248; VGH Mannheim VBlBW 1993, 220; vgl. auch Bachmann GKÖD Yt, § 42 Rn. 32; Lucks, BWV 2007, 149; für den Antrag auf gerichtliche Entscheidung siehe § 17 Rn. 110). Auch eine fernmündlich zur Niederschrift erklärte Beschwerde ist nicht formgerecht, da sie eine zuverlässige Feststellung der Identität des Beschwerdeführers nicht erlaubt (a. A. für das VwVfG Kopp/Ramsauer, VwVfG, § 70 Rn. 2). Erforderlich ist dann jedenfalls noch eine Unterzeichnung des Gesprächsvermerks durch den Beschwerdeführer vor Ablauf der Beschwerdefrist. Zur Wahrung der Schriftform durch Fernschreiben siehe BVerwG NZWehr 1982, 232. Mit Abschaffung des Automatisierten Fernschreib- und Datenübertragungsnetzes der Bundeswehr zum 30.11.2006 ist der klassische Fernschreibdienst eingestellt worden. Im modernen Rechtsverkehr spielt das Fernschreiben, selbst wenn es an einigen Stellen, z. B. im Seewetterdienst, noch existiert, praktisch keine Rolle mehr.

3. Mündliche Einlegung

Mündlich kann der Beschwerdeführer die Beschwerde nur einlegen, 37
indem er sie zur Niederschrift erklärt (Absatz 2 Satz 2). Insoweit
erfordert die mündliche Einlegung zwar nicht die strenge Anforderung der
Schriftform des § 126 Abs. 1 S. 1 BGB, die eine Unterzeichnung des Aus-
stellers erfordert, sondern nur eine gewisse Schriftlichkeit zu Beweiszwecken,
da die Niederschrift nur vom Niederschreibenden zwingend unterschrieben
werden muss, der Beschwerdeführer hingegen diese nur unterschreiben soll.

Der Befugnis des Beschwerdeführers, mündlich Beschwerde zur Nieder- 38
schrift einzulegen, entspricht eine Rechtspflicht der Einlegestellen (Disziplinarvorgesetzte, Dienststellen der Bundeswehr und bei Disziplinarbeschwerden Wehrdienstgerichte), Vorkehrungen zu treffen, dass sein Vorbringen in
eine Niederschrift aufgenommen werden kann. Der Beschwerdeführer kann
nicht darauf verwiesen werden, seine Beschwerde schriftlich einzulegen. Die
Möglichkeit, jede Beschwerde mündlich einzulegen, bedeutet nicht, dass der
Beschwerdeführer verlangen kann, die Angelegenheit einem Vorgesetzten
persönlich vorzutragen. Vielmehr sollen in solchen Dingen unerfahrenen
Soldaten die Schwierigkeiten abgenommen werden, die mit der Abfassung
einer Beschwerde verbunden sind. Die Vorschrift über die mündliche Einlegung der Beschwerde hat nicht den Sinn, jedem beschwerdeführenden
Soldaten ein unmittelbares Vortragsrecht bei höheren Vorgesetzten einzuräumen. Der Vorschrift wird Genüge getan, wenn ein mit der Entgegennahme
von Beschwerden erfahrener Angehöriger der Dienststelle die mündlich vorgetragene Beschwerde entgegennimmt. Das braucht kein Offizier zu sein,
wenn auch in aller Regel für diese Aufgabe ein Offizier bestellt werden sollte.

Anders liegt es, wenn der Beschwerdeführer die Beschwerde bei seinem 39
nächsten Disziplinarvorgesetzten einlegen will. Auch in diesem Fall ist dem
Gesetz Genüge getan, wenn der Vertreter des Kompaniechefs oder der Kompaniefeldwebel die Beschwerde entgegennimmt. Es entspricht jedoch alter
militärischer Übung, dass jeder Angehörige einer Einheit das Recht hat,
Bitten und Beschwerden seinem Einheitsführer unmittelbar vorzutragen.
Dieser militärische Grundsatz verpflichtet den Kompaniechef, den Angehörigen seiner Kompanie für die Entgegennahme von Beschwerden persönlich
zur Verfügung zu stehen (vgl. auch BVerwG NZWehr 1985, 122). Bringt
also der Beschwerdeführer im Kompaniegeschäftszimmer, beim UvD oder
bei einem sonstigen Vorgesetzten die Bitte vor, er wolle seinem Kompaniechef eine Beschwerde vortragen, muss der Kompaniechef dem Beschwerdeführer Gelegenheit geben, ihm vorzutragen. Allerdings kann von dem Kompaniechef nicht verlangt werden, dass er schon an demselben Tag für die
mündliche Entgegennahme der Beschwerde Zeit hat. In solchen Fällen ist die
Beschwerdefrist nicht schon gewahrt, wenn der Beschwerdeführer nur diese
Bitte um mündlichen Vortrag geäußert hat. Bestimmt der Kompaniechef
einen Termin für den mündlichen Vortrag, der nach dem Ablauf der Beschwerdefrist liegt, muss der Beschwerdeführer, will er nicht die Beschwerdefrist versäumen, seine Beschwerde schriftlich einlegen oder sie statt dem
Kompaniechef dessen Stellvertreter oder dem Kompaniefeldwebel zur Niederschrift vortragen.

Die mündliche Einlegung der Beschwerde bei einem höheren Vorgesetzten 40
wird nur in seltenen Fällen in Betracht kommen. Sie wird ohne Schwierigkeiten möglich sein, wenn sich die Dienststelle des höheren Vorgesetzten an

demselben Standort befindet, an dem auch der Beschwerdeführer seinen Dienstsitz hat. Befindet sich der höhere Vorgesetzte jedoch an einem anderen Ort, kann der Beschwerdeführer nicht verlangen, dass er während der Dienstzeit oder auf Kosten der Bundeswehr dorthin reisen darf, um seine Beschwerde anzubringen. In solchen Fällen muss er diesem Vorgesetzten seine Beschwerde schriftlich vortragen oder von der Möglichkeit Gebrauch machen, die Beschwerde mündlich zur Niederschrift bei seinem nächsten Disziplinarvorgesetzten anzubringen. Es ist jedoch nicht ausgeschlossen, dass der Beschwerdeführer den höheren Vorgesetzten bittet, ihm Gelegenheit zum mündlichen Vortrag einer Beschwerde zu geben. Wird der Beschwerdeführer auf Grund dieser Bitte zum Vortrag befohlen, ist die etwa nötige Reise als militärischer Dienst anzusehen. In solchen Fällen ist es auch möglich, dass der höhere Vorgesetzte einen Offizier am Standort des Beschwerdeführers damit beauftragt, die Beschwerde entgegenzunehmen. In rechtlich oder tatsächlich schwierigen Fällen kann es auch zweckmäßig sein, den Rechtsberater mit der Entgegennahme der Beschwerde zu beauftragen. Auch dieser kann als Angehöriger der Dienststelle wirksam eine Niederschrift fertigen. Sofern der höhere Vorgesetzte zur Entgegennahme der Beschwerde einen Offizier am Standort des Beschwerdeführers bestimmt, wird davon abzusehen sein, dem nächsten Disziplinarvorgesetzten des Beschwerdeführers diese Aufgabe zu übertragen. Bittet der Beschwerdeführer den höheren Vorgesetzten um Gelegenheit zum Vortrag einer Beschwerde, wird dadurch die Beschwerdefrist noch nicht gewahrt. Der Beschwerdeführer kann aber eine kurze schriftliche Beschwerde mit der Bitte um ergänzenden Vortrag verbinden. Die **Form der Niederschrift** sichert die ordnungsgemäße Entgegennahme der Beschwerde sowohl im Interesse des Dienstherrn als auch im Interesse des Beschwerdeführers. Die Einlegungsstelle übernimmt zugleich die Verantwortung für die sachgemäße Fertigung der Niederschrift. Aus der Fürsorgepflicht des Vorgesetzten und des Dienstherrn ergibt sich eine Verpflichtung der die Niederschrift aufnehmenden Stelle, den beschwerdeführenden Soldaten zu beraten und zu unterstützen, z. B. im Hinblick auf sachgemäße und sachliche Formulierung oder formgerechte Errichtung der Niederschrift. Die aufnehmende Stelle ist bei der Niederschrift oder dem Diktat der Niederschrift nicht an den Wortlaut des Beschwerdeführers gebunden. Sie kann hierzu Ausführungen straffen oder zusammenfassen, muss aber die Erklärung in ihrem wesentlichen Inhalt wiedergeben, wenn sich der Beschwerdeführer mit seiner Unterschrift damit identifizieren soll. Besteht der Soldat trotz Belehrung auf der Übernahme bestimmter Formulierungen oder bestimmter Tatsachen, bleibt nur die Möglichkeit, in der Niederschrift darauf hinzuweisen, dass der Wortlaut insoweit trotz gegenteiliger Belehrung übernommen worden ist.

41   **Bei Aufnahme der Niederschrift** hat jede Beeinflussung des Beschwerdeführers zu unterbleiben. Vor allem darf nicht der Eindruck entstehen, als solle der Soldat von seiner Beschwerde abgehalten werden. Diese Zurückhaltung ist auch zu wahren, wenn die Beschwerde offensichtlich unbegründet ist und der Soldat sie trotz Hinweises hierauf einlegen will. Zuwiderhandlungen sind Dienstvergehen. Auch die Straftatbestände des § 32 WStG (Missbrauch der Befehlsbefugnis zu unzulässigen Zwecken) und § 35 WStG (Unterdrücken von Beschwerden) sind insoweit von Bedeutung.

42   Mit der Aufnahme der Niederschrift sollten nur solche Personen beauftragt werden, die über die hierzu notwendigen Kenntnisse verfügen. Das wird in der Regel ein Offizier oder ein Beamter des mittleren oder gehobenen Dienstes sein. Wird die Beschwerde mündlich zur Niederschrift eingelegt, ist sie vom Beschwerdeführer grundsätzlich persönlich vorzutragen. Im Rahmen zulässiger Vertretung kann auch der Vertreter die Beschwerde zur Niederschrift erklären.

Die Niederschrift muss die aufnehmende Stelle, den Beschwerdeführer **43** sowie seine Erklärung enthalten, dass er sich wegen einer im Einzelnen bezeichneten unrichtigen Behandlung von Vorgesetzten oder Dienststellen der Bundeswehr oder wegen eines pflichtwidrigen Verhaltens von Kameraden beschwert; sie soll auch Ort und Tag enthalten, an dem die Niederschrift gefertigt wurde (vgl. § 9 BeurkG; siehe auch BGHStE 29, 173, 178 = NJW 1980, 1290). Der Beschwerdeführer kann in seinem Vorbringen auf mitgebrachte Schriftstücke verweisen, die durch Hinweis in der Niederschrift zum Gegenstand seiner Erklärung gemacht werden können. So kann auch eine vom Beschwerdeführer vorbereitete Schrift nach Verlesen und evtl. Ergänzung zum Bestandteil der Niederschrift gemacht werden (vgl. § 9 Abs. 1 Satz 2 BeurkG). **Die Niederschrift muss von dem Aufnehmenden unterschrieben werden, der Beschwerdeführer soll sie unterschreiben.** Der unterschiedliche Wortlaut, „muss" für den Aufnehmenden, „soll" für den Beschwerdeführer, hat lediglich Bedeutung für die Rechtsgültigkeit der Niederschrift, wenn eine der beiden Unterschriften fehlt. Bis zur Vorauflage ist die Auffassung vertreten worden, dass die Verpflichtung auch des Beschwerdeführers zur Unterzeichnung der Niederschrift bestehe. Diese Auffassung wird aufgegeben. Zwar hat der Gesetzgeber den Beschwerdeführer grundsätzlich zur Unterzeichnung der Niederschrift anhalten wollen und insoweit die Formulierung „soll" gewählt, es ihm also nicht in grundsätzlich freigestellt. Einer ausnahmslosen Verpflichtung hätte gleichwohl durch die Verwendung der Formulierung „muss" Ausdruck verliehen werden können. Diesen Zwang, der der Freiwilligkeit einer Beschwerde gerade zuwiderliefe hat der Gesetzgeber indes mit der Änderung der Vorschrift durch das NOG im Jahr 1972 gerade aufgegeben (Begründung BT-Drs. VI/1834, S. 67). Daher ist die Niederschrift in der Regel durch den Beschwerdeführer zu unterzeichnen, sofern dieser jedoch Gründe hat – gleich welcher Art – dies nicht zu tun, ist die Form dennoch gewahrt. In die Niederschrift ist dann der Vermerk aufzunehmen, dass der Beschwerdeführer von einer Unterschrift absieht, gleichwohl aber Beschwerde einlegen möchte. Insbesondere kann dem Beschwerdeführer nicht befohlen werden, die Niederschrift zu unterzeichnen. Der Beschwerdeführer kann nicht mit den Mitteln des Befehls dazu angehalten werden (siehe auch Begr. NOG, S. 67 Nr. 3; Dau/Schütz, WDO, § 32 Rn. 44). Unterschreibt der Beschwerdeführer die Niederschrift nicht, dürfen ihm keine verfahrensrechtlichen Nachteile erwachsen.

Die Unterschrift des Aufnehmenden ist für die Beschwerde in Form **44** der Niederschrift notwendige Bedingung der Wirksamkeit. Hieran wird deutlich, dass es sich um eine amtliche Niederschrift handelt, für die der Aufnehmende mit seiner Unterschrift nach Verlesen der Niederschrift die Verantwortung dafür übernimmt, dass sie der Erklärung des Beschwerdeführers entspricht (siehe auch § 32 Abs. 5 Satz 2, § 112 Satz 2 Hs 2 WDO und die vergleichbare Regelung in § 13 Abs. 3 Satz 1 BeurkG).

Fehlt die Unterschrift des Beschwerdeführers, ist dies für die Zulässigkeit **45** der Beschwerde in der Form der Niederschrift unschädlich. **Hat dagegen**

der Aufnehmende die Niederschrift nicht unterzeichnet, ist zu unterscheiden:

- Hat der Beschwerdeführer unterschrieben, kann die im Hinblick auf die Unterschrift des Aufnehmenden mangelhafte Niederschrift in eine schriftliche Beschwerde umgedeutet werden. Dabei muss jedoch vorausgesetzt werden, dass die Unterzeichnung durch den Beschwerdeführer innerhalb der Frist des Absatzes 1 vorgenommen wurde. In diesem Fall bestimmt seine Unterschrift den Zeitpunkt, zu welchem die Beschwerde eingelegt worden ist.
- Fehlen beide Unterschriften, liegt eine mündlich zur Niederschrift eingelegte Beschwerde nicht vor. Die Unterschrift des Aufnehmenden kann nur nachgeholt werden, wenn die Beschwerdefrist noch nicht abgelaufen ist. Nach Ablauf der Frist ist dies nicht mehr möglich.

46 Mit der Aufnahme der Niederschrift und der Unterschrift des Aufnehmenden ist die Beschwerde fristwahrend eingelegt; auf den Zeitpunkt, zu dem der Beschwerdeführer unterschreibt, kommt es nicht an. Wird die Beschwerde zwar innerhalb der Beschwerdefrist vorgetragen, die Niederschrift hierüber aber erst nach Fristablauf gefertigt und vom Aufnehmenden unterschrieben, ist die Beschwerde verspätet (vgl. LVG Köln NZWehrr 1960, 93, 94). Ist die Niederschrift von einer unzuständigen Stelle gefertigt, ist die Beschwerde gleichwohl fristgerecht eingelegt, wenn die Niederschrift innerhalb der Beschwerdefrist bei der zuständigen Stelle eingeht.

VI. Folgen der Formverletzung

47 Fehlt eine für eine Beschwerde bestandsnotwendige Voraussetzung und ist bei verständiger Auslegung nicht zu erkennen, dass Beschwerde eingelegt werden sollte, liegt keine Beschwerde vor; ein förmlich sie zurückweisender Bescheid braucht nicht zu ergehen. Aus der allgemeinen Dienstaufsichtspflicht ergibt sich jedoch die Verpflichtung für die zuständige Stelle, Mängeln nachzugehen und, ggf. nach Aufklärung, für Abhilfe zu sorgen.

48 Der Soldat hat in diesem Fall keinen Anspruch auf einen Bescheid. Erklärt er nachträglich, dass er die Angelegenheit als Dienstaufsichtsbeschwerde behandelt zu wissen wünscht, hat er Anspruch auf Bescheid über das ggf. Veranlasste.

49 Hat der Vorgesetzte oder eine Dienststelle der Bundeswehr einen Formmangel zu vertreten, z. B. hat der Aufnehmende es unterlassen, die Niederschrift zu unterzeichnen, ist unter den Voraussetzungen des § 7 Abs. 1 zu prüfen, ob sich die Beschwerdefrist verlängert.

50 Liegen Formfehler vor, die der Beschwerdeführer zu vertreten hat und die innerhalb der Beschwerdefrist auch nicht geheilt sind, muss die Beschwerde als unzulässig zurückgewiesen werden (z. B. Beschwerde bleibt trotz aufklärenden Hinweises durch den Disziplinarvorgesetzten unklar, sodass der Beschwerdegegenstand nicht zu erkennen ist).

51 Zur Behandlung von Formverletzungen, die eine Straftat oder ein Dienstvergehen darstellen – wie z. B. die Verletzung der Wahrheitspflicht, falsche Anschuldigung oder ein Beleidigungsdelikt (§§ 185 ff. StGB) –, wird auf die Erl. zu § 2 Rn. 18 ff. verwiesen.

VII. Abschrift der Niederschrift

Satz 3 gibt dem Beschwerdeführer das Recht, dass ihm eine Ausfertigung **52** der Niederschrift ausgehändigt wird. Die Befugnis des Disziplinarvorgesetzten, ihm nach pflichtgemäßem Ermessen weitere Schriftstücke auszuhändigen, bleibt dadurch unberührt.

§ 7 Fristversäumnis

(1) **Wird der Beschwerdeführer an der Einhaltung einer Frist durch militärischen Dienst, durch Naturereignisse oder andere unabwendbare Zufälle gehindert, läuft die Frist erst zwei Wochen nach Beseitigung des Hindernisses ab.**

(2) **Als unabwendbarer Zufall ist auch anzusehen, wenn eine vorgeschriebene Rechtsbehelfsbelehrung unterblieben oder unrichtig ist.**

Übersicht

I. Vorbemerkung

Im Gegensatz zu anderen Verfahrensordnungen ist dem Wehrbeschwerde- **1** recht der Begriff einer Wiedereinsetzung in den vorigen Stand fremd, da § 7 als lex specialis die zusätzliche Anwendung des § 60 VwGO oder § 32 Abs. 1 VwVfG ausschließt (vgl. BVerwG NZWehr 1996, 170, 172). Als Ausgleich hat der Gesetzgeber für den Fall, dass der Beschwerdeführer an der Einhaltung einer Frist durch militärischen Dienst, Naturereignisse oder andere für ihn unabwendbare Ereignisse gehindert ist, für das Wehrbeschwerderecht eine Sonderregelung vorgesehen (hierzu siehe auch BVerfG NZWehrr 1991, 67, 68). Sie trägt den besonderen Umständen im militärischen Leben Rechnung; sie reagiert damit ebenso auf Situationen, denen sich der Soldat unerwartet gegenüber sieht und in die er sich als Folge seiner Gehorsamspflicht zu fügen hat, wie sie andere für den Soldaten unabwendbare Ereignisse berücksichtigt, damit ihm hierdurch bei der Verfolgung seiner Rechte keine Nachteile entstehen. § 32 VwVfG findet daher keine Anwendung (BVerwG NZWehrr 1996, 170, 172; a. A. OVG NRW NZWehrr 1991, 170, das allerdings verkennt, dass § 7 für den Bereich des militärischen Beschwerderechts eine abschließende Regelung ist – hierzu auch BVerfG NZWehrr 1991, 67, 69; BVerwGE 46, 209, 212). Vielmehr räumt § 7 dem Soldaten ohne Antrag eine Fristverlängerung ein, sobald dieser nach Wegfall des Hindernisses wieder in der Lage ist, den Rechtsbehelf einzulegen. Entgegen der noch in der Begründung zur WBO geäußerten Auffassung (BT-Drs. Nr. 2359, 2. Wahlperiode 1956, S. 10) handelt es sich hierbei weder um eine Ablaufhemmung noch um eine Unterbrechung der ursprünglichen Rechtsbehelfsfrist, sondern um eine Fristverlängerung. Tritt während des Ablaufs der einmonatigen Beschwerdefrist ein Hindernis i. S. des § 7 Abs. 1 ein, das erst nach Ablauf der Beschwerdefrist wegfällt, kommt es für den Zeitpunkt der fristgerechten Einlegung des Rechtsbehelfs nur noch auf die Berechnung der zusätzlichen Frist von zwei Wochen nach Wegfall des Hindernisses an (vgl. im Einzelnen Rn. 17 ff.). Ein möglicher Rest der einmonatigen Beschwerdefrist seit Eintritt des Hindernisses bleibt außer Betracht.

2   Die Vorschrift ist durch Art. III Nr. 5 NOG um Absatz 2 erweitert worden (vgl. Rn. 21 ff.). Art. 5 Nr. 6 WehrRÄndG 2008 hat sie abermals geändert. In Absatz 1 wurde die ursprünglich auf drei Tage beschränkte Frist auf nunmehr zwei Wochen erweitert, in Absatz 2 klargestellt, dass seine Rechtswirkungen nur bei einer im Einzelnen vorgeschriebenen unterbliebenen oder unrichtigen Rechtsbehelfsbelehrung eintreten.

Zu Absatz 1

II. Geltungsbereich der Vorschrift

3   *Die Wirkung des Absatzes 1 tritt ein, wenn der Beschwerdeführer an der Einhaltung einer Frist gehindert ist.* Die Vorschrift gilt somit nicht nur für die Beschwerdefrist, sondern auch für die sonstigen Fristen des Gesetzes, soweit sie versäumt werden können (also nicht für die Nachtfristen des § 4 Abs. 2 und § 6 Abs. 1).

4   Absatz 1 gilt für die Beschwerde und weitere Beschwerde in truppendienstlichen Angelegenheiten, die Beschwerde in Verwaltungsangelegenheiten, ihre eigene zweiwöchige Fristverlängerung, den Antrag auf gerichtliche Entscheidung sowie die Rechts- und Nichtzulassungsbeschwerde. Zur Disziplinarbeschwerde siehe Dau/Schütz, WDO, § 42 Rn. 31. Auf die Klage an das Verwaltungsgericht finden dagegen die Regeln der VwGO Anwendung (§ 60 VwGO). Anwendungsfälle der Vorschrift sind demnach:

– die Anrufung des Vermittlers (Wochenfrist; § 4 Abs. 2),
– Einlegen der Beschwerde (Monatsfrist; § 6 Abs. 1),
– Einlegen der Beschwerde im Sonderfall des § 11 Buchstabe a,

- Einlegen der weiteren Beschwerde (Monatsfrist; § 16 Abs. 1),
- Zweiwochenfrist des § 7 Abs. 1,
- Antrag an das Truppendienstgericht (Monatsfrist; § 17 Abs. 4),
- Antrag an das BVerwG (Monatsfrist; § 17 Abs. 4, § 21),
- Rechtsbeschwerde an das BVerwG (Monatsfrist; § 22a Abs. 4),
- Nichtzulassungsbeschwerde (Monatsfrist; § 22b Abs. 2).

Außerdem ist die Anwendung des Absatzes 1 für die Ausschlussfrist des 5 § 17 Abs. 5 vorgeschrieben. Die Erinnerung gegen die Kostenfestsetzung durch den Urkundsbeamten der Geschäftsstelle (§ 20 Abs. 4 i.Vbg. m. § 142 WDO) ist an keine Frist gebunden, daher von Absatz 1 nicht erfasst (vgl. Dau/Schütz, WDO, § 142 Rn. 4).

III. Voraussetzungen der Fristverlängerung

1. Vorbemerkung

Der Beschwerdeführer muss an der Einhaltung der Frist durch militäri- 6 schen Dienst, durch Naturereignisse oder durch andere unabwendbare Zufälle gehindert sein. Nach dem Gesetzeswortlaut sind diese Hinderungsgründe nur beispielhaft aufgeführte Erscheinungsformen des unabwendbaren Zufalls. § 11 Buchstabe a nennt als weitere Beispiele die Nichterreichbarkeit des für die Entscheidung zuständigen Disziplinarvorgesetzten auf dem gewöhnlichen Postweg bei abgesetzten Truppenteilen, an Bord von Schiffen oder in ähnlichen Fällen. Eine Sonderregelung enthält schließlich Absatz 2.

2. Unabwendbarer Zufall

Ein unabwendbarer Zufall ist ein Ereignis, das unter den gegebenen, nach 7 den Besonderheiten des Falles zu berücksichtigen Umständen auch durch die äußerste, diesen Umständen angemessene und vernünftigerweise zu erwartende Sorgfalt weder abzuwehren noch in seinen schädlichen Folgen zu vermeiden ist. Der Beschwerdeführer darf auch bei Anwendung der gerade ihm nach Lage des Falles zuzumutenden Sorgfalt nicht fähig gewesen sein, die Frist einzuhalten.

3. Militärischer Dienst

Nicht jede dienstliche Inanspruchnahme kurz vor Ablauf der Rechts- 8 behelfsfrist lässt es zu, diese zu verlängern. Die Berufung auf die Möglichkeit einer Fristverlängerung kann insbesondere nicht damit begründet werden, dass der Beschwerdeführer normalen militärischen Dienst geleistet hat. Auch hier kommt es darauf an, dass er die ihm zumutbare Sorgfalt beachtet hat und gleichwohl infolge eines dienstlichen Auftrags an der fristgerechten Einlegung der Beschwerde gehindert ist. Dass der Beschwerdeführer vor Einlegung der Beschwerde noch das Ergebnis eines Personalgespräches abwarten will, ist kein Hinderungsgrund (vgl. BVerwG NZWehr 1974, 185). Die in der WBO zwingend vorgeschriebenen Fristen beginnen auch dann zu laufen, wenn sich ein Vorgesetzter bereit erklärt, von sich aus die Sache aufzugreifen und sich bei höheren Dienststellen für den Beschwerdeführer zu verwenden (BVerwG NZWehr 1974, 185). Der Beschwerdeführer läuft Gefahr, sein Beschwerderecht durch Fristablauf zu verlieren, wenn er seine Beschwerde nicht persönlich verfolgt, sondern ohne Beschwerde einzulegen den Sachverhalt durch seinen Disziplinarvorgesetzten an höhere Dienststellen herantragen lässt (BVerwGE 46, 209). Als Ausübung normalen Dienstes hat der BDH (NZWehrr 1959, 106, 107) die Vorbereitung einer Dienstreise bezeichnet. Militärischer Dienst verlängert die Frist nur, wenn er für den Beschwerdeführer ein unabwendbares Ereignis ist. Nach Auffassung des BDH (aaO) ist hier an Fälle gedacht, in denen ein Soldat durch unvorhersehbare dienstliche Inanspruchnahme außerstande gesetzt wird, die Beschwerde rechtzeitig einzulegen. Eine nur eingeschränkte Dienstfähigkeit des Beschwerdeführers reicht für die Annahme eines Hinderungsgrundes nicht aus. Den Charakter des unabwendbaren Zufalls, der den Beschwerdeführer an der Einhaltung der Frist hindert, wird der Dienst z. B. haben können, wenn der Soldat überraschend zu einem Einsatzort in Marsch gesetzt wird, wenn es sich um militärische Übungen, Manöver, Einsatz, einsatzgleiche Verpflichtungen, Verlegungen, unerwartet angesetzten Wachdienst und dgl. handelt, aber auch, wenn unvorhergesehen der Beschwerdeführer zu einem Lehrgang kommandiert oder zu einem Personalgespräch befohlen wird. Außerordentliche dienstliche Belastung ist dann kein die Frist verlängerndes Hindernis, wenn die zwei Wochen nach dem Wegfall der Verhinderung noch innerhalb der Frist liegen.

4. Naturereignisse

9   Ein Naturereignis ist nach der Rechtsprechung zu § 233 Abs. 1 ZPO a. F. ein Vorgang, den die Natur ohne menschliches Zutun auslöst und der von Menschen nicht abgewendet, wohl aber in seinen Folgen gemildert oder beseitigt werden kann (vgl. Sodan/Ziekow/Kluckert, VwGO, § 58 Rn. 80 f.). Dazu gehören Hochwasser und Sturmschäden, Vereisungen von Straßen und Schienen, Schneeverwehungen, Feuersbrunst u. a. Bei Ereignissen wie Streik von verkehrswichtigem Schlüsselpersonal, Stromausfall, Rohrbruch usw. wirken zwar Menschen mit, gleichwohl werden sie entsprechend behandelt, weil sie nur von bestimmten Kräften beseitigt werden können. Da auf die Umstände des Einzelfalles abzustellen ist, werden auch solche Ereignisse hierzu gerechnet, die nur für einen einzelnen ein Hindernis bilden, das nach seinen persönlichen Verhältnissen als ein unabwendbarer Zufall erscheint.

5. Andere unabwendbare Zufälle

10   Als andere unabwendbare Zufälle kommen in Betracht: persönliche Umstände wie eine plötzliche Erkrankung oder ein Unfall, Unregelmäßigkeiten der Briefbeförderung oder -zustellung durch die Post oder andere Zustelldienste (BVerfG NJW 1980, 769), die über kleinere übliche Verzögerungen hinausgehen, wenn etwa ein Schriftstück bei rechtzeitiger Absendung zunächst an eine falsche Stelle gelangt oder bei nicht voraussehbarer verspäteter Postzustellung, durch die die Frist nicht gewahrt werden kann, der Postlauf außergewöhnlich verzögert worden ist, behördliches Verschulden, z. B. durch verspätetes Abholen der Briefe von der Post, Entgegennahme durch unzuständige Stelle und schuldhaft versäumte oder verzögerte Weiterleitung, mündliches Einlegen der Beschwerde, ohne dass der das Vorbringen des Beschwerdeführers entgegennehmende Disziplinarvorgesetzte die förmliche Niederschrift fertigt. Kein unabwendbarer Zufall, wenn ein erfahrener Offi-

zier nicht mit der Möglichkeit rechnet, dass militärische Dienstpost den Empfänger nicht kurzfristig erreicht (BVerwG NZWehrr 1983, 188). Auch ein „Krankschreiben" allein reicht nicht aus, einen unabwendbaren Zufall anzunehmen (BVerwG 1 WB 110/89 vom 15.2.1990, juris Rn. 8 m. w. Nachw.). Der Beschwerdeführer muss näher darlegen und glaubhaft machen, warum er durch die Erkrankung gehindert wurde, die Frist wahrzunehmen. Ob es einen unabwendbaren Zufall bedeutet, wenn ein Soldat bei vorübergehender Abwesenheit von seiner Wohnung oder während eines Urlaubs keine Vorkehrungen für den Empfang zustellungsbedürftiger Schriftstücke trifft (so das BVerfG NJW 1976, 1537), ist für das besondere Über-Unterordnungsverhältnis des Wehrdienstes wohl abzulehnen; der Soldat muss aus Gründen jederzeitiger Einsatzbereitschaft auch beispielsweise während des Urlaubs sicherstellen, dass er erreicht werden kann, die Urlaubsanschrift er hinterlassen, soweit ihm dies von der Urlaubsplanung und -durchführung möglich ist.

Ein besonderer unabwendbarer Zufall ist die Nichterreichbarkeit des für **11** die Entscheidung zuständigen Disziplinarvorgesetzten auf dem gewöhnlichen Postweg bei abgesetzten Truppenteilen, an Bord von Schiffen oder in ähnlichen Fällen gemäß § 11 Buchstabe a (vgl. hierzu § 11 Rn. 15 ff.).

Kein unabwendbarer Zufall ist es, wenn eine unrichtige Rechtsauffassung **12** oder mangelnde Rechtskenntnis des Beschwerdeführers ursächlich für die Fristversäumnis ist (BVerwGE 53, 139, 141, 225; NZWehrr 1985, 154; vgl. auch BVerwG NZWehrr 1972, 110), z. B. wenn er glaubt, durch Annahmeverweigerung des Beschwerdebescheides werde keine Frist in Lauf gesetzt oder er legt entgegen der Rechtsbehelfsbelehrung Klage beim Gericht des falschen Rechtsweges ein (BVerwG NZWehrr 1991, 113); dem Beschwerdeführer ist es zuzumuten, sich von der Richtigkeit seiner Auffassung zu überzeugen, insbesondere muss von einem Stabsoffizier erwartet werden, dass er die Regeln der WBO kennt (BVerwG 1 WB 79/88 vom 13.7.1989, juris Rn. 44; auch BVerwG NZWehrr 1974, 185); er muss auch damit rechnen, dass die militärische Dienstpost die Einlegestelle nicht kurzfristig erreicht (BVerwG NZWehrr 1983, 188). Ein unabwendbarer Zufall ist nicht gegeben, wenn die Frist versäumt wird, weil der Beschwerdeführer zunächst außerhalb des Beschwerdeweges eine gütliche Einigung oder vergleichsweise Regelung versucht hat (BVerwGE 46, 348), z. B. ein erfahrener Offizier wendet sich gegen eine Lehrgangsnote nur mit einer Meldung an den Prüfungsausschuss, ohne zugleich oder statt ihrer eine Beschwerde einzulegen (BVerwG 1 WB 138/81 vom 19.5.1982, juris Rn. 47) oder wenn der Soldat nicht von seinen Vorgesetzten auf die Bestimmung des § 6 Abs. 1 hingewiesen worden ist und deshalb die Frist versäumt; für die Einhaltung der Beschwerde- und Antragsfristen ist jeder Soldat grundsätzlich selbst verantwortlich (BVerwG NZWehrr 2003, 35; vgl. auch BVerwG NZWehrr 1983, 188). Demnach geht auch der Irrtum des Beschwerdeführers, er könne die Beschwerde bei seinem früheren Disziplinarvorgesetzten einlegen, regelmäßig zu seinen Lasten (BVerwG NZWehrr 1976, 24). Andererseits darf der Soldat Auskünften seiner zuständigen Vorgesetzten über die zulässige Form eines Rechtsbehelfs vertrauen; sind sie unrichtig, stellt dies für ihn einen unabwendbaren Zufall dar (BVerwG NZWehrr 1985, 122). Dagegen ist die Tatsache, dass der Beschwerdeführer Fristverlängerung beantragt und darauf keinen Bescheid bekommen hat, kein Hindernis i. S. des Absatzes 1. Mit Oetting (Beschwerderecht, S. 67 Fn 52) bestehen Bedenken gegen die Ausdehnung des Rechtsschutzgedankens durch

BDHE 5, 227. Danach soll eine beim Wehrbeauftragten eingelegte Beschwerde unter Berücksichtigung des § 7 Abs. 1 eine zulässige Beschwerde i. S. der WBO sein, wenn der Soldat an sich eine förmliche Beschwerde einlegen wollte, die Wahl des Adressaten auf unverschuldeter Unkenntnis beruht und der Wehrbeauftragte die Beschwerde bei ordnungsgemäßem Geschäftsgang noch fristgerecht an die zuständige Stelle hätte abgeben können.

13   **Es gehört zu den Sorgfaltspflichten jedes Soldaten, gesetzliche Pflichten zu beachten, bevor er einen Rechtsbehelf einlegt (BVerwG NZWehr 2003, 35). Die von einem Bevollmächtigten zu vertretende Fristversäumnis geht zu Lasten des Beschwerdeführers** (BVerwGE 46, 299 = NJW 1975, 228; vgl. auch BVerwG 1 WB 8/08 vom 11.3.2008, juris Rn. 25). Der Zurechnung des anwaltlichen Verschuldens steht jedoch seine mögliche Entlastung gegenüber, wenn er seinerseits durch einen unabwendbaren Zufall gehindert war, die Frist einzuhalten. Diese versagt jedoch bei der Berufung auf ein Kanzleiversehen, wenn er sich über die Modalitäten der Fristwahrung selbst in einem für ihre Versäumung ursächlichen, unentschuldbaren Rechtsirrtum befunden hat (BVerwGE 53, 139). Auch mangelnde Rechtskenntnisse eines Rechtsanwalts sind kein unabwendbarer Zufall (BVerwGE 53, 225 = NZWehr 1978, 32 = NJW 1977, 773; dort auch zu der Frage, ob sich der Rechtsanwalt auf das Verschulden eines bei ihm tätigen Assessors berufen kann; jedenfalls kann er nicht für sich in Anspruch nehmen, dass sein nicht als allgemeiner Vertreter bestellter juristischer Mitarbeiter ihn falsch darüber unterrichtet hat, bei welcher Stelle der Rechtsbehelf einzulegen ist – BVerwG NZWehr 1978, 216; BVerwG 1 WB 79/88 vom 13.7.1989, juris Rn. 44). Der Disziplinarvorgesetzte des Beschwerdeführers ist nicht verpflichtet, dessen Rechtsanwalt auf einen Formmangel hinzuweisen (vgl. auch BVerwG NZWehr 1983, 188 und 1985, 154 LS). Andererseits darf der Beschwerdeführer den Auskünften seines zuständigen Vorgesetzten über die zulässige Form des Rechtsbehelfs vertrauen (BVerwG NZWehr 1985, 122).

6. Hinderung des Beschwerdeführers

14   Der Beschwerdeführer muss durch einen unabwendbaren Zufall an der Einhaltung der Frist gehindert sein. Die fristgerechte Einlegung muss ihm persönlich unmöglich sein. Die Beurteilung des Unvermögens richtet sich nach den subjektiven Verhältnissen des einzelnen Beschwerdeführers. Durch den **unabwendbaren Zufall** muss der Beschwerdeführer gehindert sein. Das Ereignis muss also für die Fristversäumnis ursächlich sein, um berücksichtigt werden zu können.

IV. Fristverlängerung

1. Dauer der Frist

15   Nach Beseitigung des Hindernisses, d. h. zu dem Zeitpunkt, in dem der Beschwerdeführer nicht mehr unverschuldet gehindert ist, die Frist einzuhalten, bleiben ihm noch zwei Wochen, um fristgerecht den Rechtsbehelf einlegen zu können. Fällt das Hindernis während der noch laufenden Rechtsbehelfsfrist fort, verbleiben dem Beschwerdeführer danach aber nur noch weniger als zwei Wochen, wird ihm Fristverlängerung gewährt (vgl. auch

Kopp/Schenke, VwGO, § 60 Rn. 7); dem Sinn der Vorschrift ist zu entnehmen, dass dem Beschwerdeführer wenigstens zwei Wochen zur Verfügung stehen müssen, um den Rechtsbehelf einzulegen. Bleiben dem Beschwerdeführer nach Wegfall des Hindernisses innerhalb der laufenden Beschwerdefrist wenigstens noch zwei Wochen, wird die Rechtsbehelfsfrist nicht verlängert.

Beispiel: Eine schwere Erkrankung des Beschwerdeführers, die vom zweiten bis zum zehnten Tag der einmonatigen Beschwerdefrist dauert, verlängert diese Frist nicht; denn die Fristversäumnis beruht nicht auf der Krankheit. Dauert die Krankheit bis zum zwanzigsten Tag, wird dem Beschwerdeführer Fristverlängerung gewährt, da ihm weniger als zwei Wochen zur Verfügung stehen. Endet die Krankheit am 16. Tag, hat der Beschwerdeführer noch zwei Wochen Zeit, Beschwerde einzulegen, die Frist wird nicht verlängert.

Tritt während des Laufes der Zweiwochenfrist wieder eine Behinderung **16** ein, wird die Frist erneut verlängert. Eine Ausschlussfrist enthält die WBO nicht. Für den Sonderfall des Antrags auf gerichtliche Entscheidung siehe § 17 Abs. 5 Satz 1. Verfahren

2. Berechnung der Frist

Die Zusatzfrist beträgt zwei Wochen und beginnt mit dem Zeitpunkt, an **17** dem der Beschwerdeführer davon Kenntnis erlangt hat, dass er die Frist versäumte. Erst dann ist das Hindernis, das die Versäumnis verursachte, beseitigt. In den Fällen des Absatzes 2 ist das Hindernis beispielsweise beseitigt, wenn die Rechtsbehelfsbelehrung ordnungsgemäß nachgeholt wird. Entscheidend ist die persönliche Kenntnis des Beschwerdeführers, die Kenntnis eines Rechtsanwalts nützt oder schadet ihm nichts. Das gilt für alle Fälle, in denen der Beschwerdeführer selbst gehindert war, fristgerecht Beschwerde einzulegen, er also nicht hatte handeln können. Hat der Beschwerdeführer dagegen das zur Wahrung der Frist Erforderliche getan, sind danach aber Umstände eingetreten, die als unabwendbarer Zufall zur Säumnis führten, gilt die zwar verspätet, aber sonst ordnungsgemäß eingelegte Beschwerde als fristgerecht eingelegt (z. B. verspätete Postzustellung nach rechtzeitigem Absenden der Beschwerdeschrift).

Für die Berechnung der Zweiwochenfrist gelten die §§ 187 ff. BGB (siehe **18** auch § 31 VwVfG). Nach § 187 Abs. 1 BGB wird der Tag, an dem das Hindernis beseitigt ist, bei der Fristberechnung nicht mitgezählt. Die Frist beginnt daher mit dem Tag nach der Beseitigung. Sie endet mit dem Ablauf des entsprechenden Wochentages (§ 188 Abs. 2 BGB).

V. Verfahren

Die Fristverlängerung tritt ohne Antrag kraft Gesetzes ein, sofern die **19** Voraussetzungen gegeben sind. Legt der Beschwerdeführer in der nach Absatz 1 verlängerten Frist seinen Rechtsbehelf ein, wird er zweckmäßigerweise darlegen, durch welche besonderen Umstände er gehindert worden ist, die Frist einzuhalten. Unterlässt er diesen Hinweis, läuft er Gefahr, dass sein Rechtsbehelf wegen Nichteinhaltens der Frist zurückgewiesen wird, wenn nicht die besonderen Umstände bei der Beschwerdestelle ohnehin schon bekannt sind. Hat er den Rechtsbehelf bereits eingelegt, wird er nachträglich auf Verspätungsgründe hinweisen und den Eintritt des unabwendbaren Ereignisses glaubhaft machen, z. B. durch ärztliche Bescheinigungen, schriftliche Erklärungen von Zeugen oder Vorlage sonstiger Beweismittel.

20 Erhält der Beschwerdeführer erst mit der die Beschwerde wegen Fristversäumnis zurückweisenden Entscheidung Kenntnis von der verspäteten Einlegung und von dem unabwendbaren Zufall, kann er in truppendienstlichen Angelegenheiten eine nachträgliche Sachentscheidung nur mit der weiteren Beschwerde erreichen, in der er sich auf § 7 Abs. 1 beruft. In Verwaltungsangelegenheiten bleibt ihm lediglich die Klage zum Verwaltungsgericht.

Zu Absatz 2

VI. Vorbemerkung

21 Die WBO enthielt bis zum Änderungsgesetz 1972 keine Bestimmung über die Folgen einer unterbliebenen, unrichtigen oder unvollständigen Rechtsbehelfsbelehrung. Diese Lücke wurde durch den mit Art. III Nr. 5 NOG eingeführten Absatz 2 geschlossen, der die bisher zur Auslegung des § 7 a. F. entwickelte Rechtsprechung des BVerwG (Wehrdienstsenate) bestätigte. An die für das verwaltungsgerichtliche Verfahren maßgebende Vorschrift des § 58 Abs. 2 VwGO hat der Gesetzgeber bewusst nicht anknüpfen wollen (siehe Kurzprotokolle der Kommission „Wehrdisziplinarrecht" des Verteidigungsausschusses Nr. 2 vom 5.5.1971, Nr. 3 vom 11.5.1971 und Nr. 10 vom 14.6.1972, VI. Legislaturperiode); denn eine Übernahme dieser Systematik wäre nicht nur auf die WBO zu beschränken gewesen, sondern hätte auch Auswirkungen auf die WDO haben müssen (§ 91 WDO i. Vbg. m. § 44 StPO). Die verwaltungsgerichtliche Regelung, d. h. Fristhemmung bei Fehlen der gesetzlich vorgeschriebenen Rechtsbehelfsbelehrung, wäre für das Wehrbeschwerderecht schon deshalb unzweckmäßig gewesen, weil die Rechtswirkungen der angefochtenen Maßnahme nach Abschluss des Beschwerdeverfahrens vorerst nicht eingetreten wären. Das hätte sich insbesondere bei der Durchsetzung von Befehlen oder anderen truppendienstlichen Maßnahmen auf die Effektivität der Streitkräfte nachteilig ausgewirkt. Die Regelung des Absatzes 2 trägt dem Rechnung. Sie hat zur Folge, dass die Unanfechtbarkeit wehrbeschwerderechtlicher Entscheidungen nicht hinausgeschoben wird, aber dennoch ein ausreichender Schutz für den Beschwerdeführer besteht, der durch das Fehlen oder einen Mangel der Rechtsbehelfsbelehrung zu einem für ihn nachteiligen Verhalten veranlasst worden ist. Absatz 2 entspricht auch am ehesten dem für das Wehrbeschwerdeverfahren geltenden Beschleunigungsgrundsatz (§ 1 Abs. 2, § 16 Abs. 2, § 17 Abs. 1 Satz 2), der gewährleisten soll, dass der Soldat so schnell wie möglich zu einer abschließenden Entscheidung kommt.

22 Die Vorschrift ist eine Folgeregelung zu § 12 Abs. 1 Satz 4, § 23a Abs. 1 i. Vbg. m. § 6 WDO. Soweit sich die gesetzliche Verpflichtung, dem Beschwerdeführer eine Rechtsbehelfsbelehrung zu erteilen, nicht schon unmittelbar aus der WBO ergibt, folgt sie gem. § 23a Abs. 1 aus der entsprechenden Anwendung des § 6 WDO. Rechtsbehelfsbelehrungen sind gesetzlich vorgeschrieben für die truppendienstliche Beschwerde, die Verwaltungsbeschwerde, die weitere Beschwerde, die Erinnerung (§ 20 Abs. 4 i. Vbg. m. § 142 WDO), die Kostenbeschwerde gem. § 20 Abs. 4, § 23a Abs. 1 i. Vbg. m. § 141 Abs. 5 WDO, den Antrag an das Wehrdienstgericht (§§ 17,

21; vgl. auch BVerfG NZWehrr 1991, 67, 69), die Anrufung des Truppen-dienstgerichts (§ 16a Abs. 5), die Klage zum Verwaltungsgericht (§ 23 Abs. 1) sowie die Rechts- und Nichtzulassungsbeschwerde (§§ 22a, 22b). Andere fristgebundene Rechtsschutzmöglichkeiten, über die der Beschwer-deführer nach der WBO zu belehren ist, gibt es nicht (für die Disziplinar-beschwerde siehe §§ 42, 6 WDO).

VII. Unabwendbarer Zufall

1. Allgemeines

Absatz 2 ist eine Ergänzung zu Absatz 1 („auch"); die unterbliebene, un- **23** richtige oder nur unvollständig erteilte Rechtsbehelfsbelehrung begründet die unwiderlegbare Vermutung eines unabwendbaren Zufalls. Ein an sich verspätet eingelegter Rechtsbehelf ist als fristgerecht anzusehen, wenn der Beschwerdeführer innerhalb von zwei Wochen nach Behebung des Hinder-nisses – Zugang einer ordnungsgemäßen, ergänzten oder berichtigten Rechtsbehelfsbelehrung – seinen Rechtsbehelf nachholt (BDHE 4, 188, 191).

Auf die Regelung des Absatzes 2 kann sich der Beschwerdeführer **24** **nur berufen, wenn eine gesetzliche Verpflichtung bestand, ihm eine** **Rechtsbehelfsbelehrung zu erteilen oder eine solche verfassungs-** **rechtlich geboten war** (BVerfG NZWehrr 1991, 67, 69 noch zu § 17 Abs. 4 Satz 1 a. F.). Ist dagegen beispielsweise eine Rechtsbehelfsbelehrung unrichtig in einem Fall erteilt worden, in dem sie überhaupt nicht erforder-lich war (z. B. bei einem Befehl), findet Absatz 2 keine Anwendung. Der durch die Dienststelle gesetzte falsche Eindruck, die Maßnahme sei frist-gebunden anfechtbar, tritt hinter das Gebot der Rechtssicherheit und des Rechtsfriedens nach Ablauf der gesetzlichen Fristen zurück. Auch gibt es keine Bestimmung und keinen verfassungsrechtlichen Grundsatz, die vor-schreiben, dass anlässlich einer Dienstpostenbesetzung dem übergangenen Soldaten eine Rechtsbehelfsbelehrung erteilt werden müsste.

2. Unterbliebene Rechtsbehelfsbelehrung

Eine unterbliebene Rechtsbehelfsbelehrung ist als unabwendbarer Zufall **25** anzusehen, wenn sie rechtlich oder gar verfassungsrechtlich erforderlich war. Die WBO selbst schreibt ausdrücklich Rechtsbehelfsbelehrungen nur für ablehnende Beschwerdeentscheidungen (§ 12 Abs. 1 Satz 4; § 16 Abs. 4) vor. Die für alle anderen nach der WBO anfechtbaren Maßnahmen darüber hinaus gesetzlich angeordnete Rechtsbehelfsbelehrung ergibt sich aus der in § 23a Abs. 1 enthaltenen Verweisung auf § 6 WDO. **Truppendienstliche** **Erstmaßnahmen bedürfen dagegen keiner Rechtsbehelfsbelehrung** (BVerwGE 46, 251 = NZWehrr 1974, 186; 46, 348; vgl. auch BVerfG NZWehrr 1991, 67, 69); insoweit besteht auch keine Aufklärungs- oder Hinweispflicht gegenüber einem nicht durch einen Rechtsanwalt vertrete-nen Soldaten (BVerwGE 46, 348). Es führte zu einer unangemessenen Erschwernis der militärischen Befehlsgebung sowie Schwerfälligkeit des Dienstbetriebes, wenn jeder Befehl und jede andere Maßnahme, durch die ein Soldat sich unrichtig behandelt fühlt, mit einer Rechtsbehelfsbelehrung versehen werden müsste. Über das Beschwerderecht nach der WBO werden im Übrigen alle Soldaten der Bundeswehr im Rechtsunterricht in ausreichendem Maße belehrt; damit entfällt die Notwendigkeit, bei jedem Befehl oder jeder Maßnahme den Soldaten auf sein Beschwerderecht hinzuweisen (BVerwGE 46, 251 = NZWehrr 1974, 186). **Ausnahmsweise** ist jedoch eine Rechtsbehelfsbelehrung schon bei einer truppendienstlichen Erstmaßnahme geboten, wenn der **BMVg ein Gesuch oder einen Antrag des Soldaten schriftlich oder mündlich zurückweist** (ständige Rspr.; vgl. BVerwGE 46, 251 f. = NZWehrr 1974, 186; 46, 348, 351 ff.; BVerwG NZWehrr 1977, 30; 1985, 31 = RiA 1985, 46; BVerwGE 76, 257 = NZWehrr 1985, 31, siehe auch BVerfG NZWehrr 1991, 67, 69). Dies dürfte für die zunehmend häufigere Praxis direkter Eingaben an die Leitung BMVg in den Fällen Bedeutung gewinnen, in denen der Petent oder die Petentin die Entscheidung nicht hinnimmt und mit einem Rechtsmittel angreifen möchte. Diese bis zum WehrRÄndG 2008 vertretene Auffassung begründete das BVerwG vor allem damit, dass der Soldat nicht wie üblich das Recht zur Beschwerde habe, sondern unmittelbar das Wehrdienstgericht anrufen müsse, was wiederum für den Antrag auf gerichtliche Entscheidung Begründungszwang verlange und eine Kostenfolge auslöse (BVerwGE 46, 251 f. = NZWehrr 1974, 186, 187). An dieser Rechtsprechung ist auch nach dem Fortfall des Begründungszwanges (§ 17 Abs. 4) durch Art. 5 Nr. 13 Buchst. b WehrRÄndG 2008 festzuhalten. Auch ihm eine detaillierte Begründung seines Antrages hat der Beschwerdeführer geltend zu machen, dass ein Handeln oder Unterlassen rechtswidrig sei (§ 17 Abs. 3 Satz 1), und er muss die zur Begründung seines Antrages dienenden Tatsachen und Beweismittel angeben (§ 17 Abs. 4 Satz 2). Die Beachtung dieser Formvorschriften unterscheidet den Antrag auf gerichtliche Entscheidung nach wie vor von den Förmlichkeiten für die Beschwerde und weitere Beschwerde.

26   **Verwaltungsakten, die von Dienststellen der Bundeswehr gegenüber Soldaten erlassen werden, ist stets gemäß § 59 VwGO eine Rechtsbehelfsbelehrung beizufügen. Unterbleibt in Verwaltungsangelegenheiten beim Erlass eines Verwaltungsaktes die Rechtsbehelfsbelehrung oder ist sie unrichtig oder unvollständig erteilt, bedeutet das für den Beschwerdeführer einen unabwendbaren Zufall (§ 7 Abs. 2).** Fehlt dagegen einem Beschwerdebescheid in Verwaltungsangelegenheiten eine Rechtsbehelfsbelehrung oder ist diese unrichtig oder unvollständig erteilt, beginnt die für die Klage maßgebende Frist nicht zu laufen (§ 58 Abs. 1 VwGO). Solange die Rechtsbehelfsbelehrung nicht nachgeholt, berichtigt oder ergänzt worden ist, kann die Klage innerhalb eines Jahres seit Zustellung oder Eröffnung des Beschwerdebescheides eingelegt werden (zum Vorstehenden siehe ZDv A-2160/6, Abschnitt 2.18 „Belehrungen von Soldatinnen und Soldaten über Rechtsbehelfe nach der Wehrbeschwerdeordnung und der Wehrdisziplinarordnung"; in Schnell/ Ebert C 32).

27   Eine fehlende Rechtsbehelfsbelehrung kann innerhalb der Rechtsbehelfsfrist nachgeholt werden. Nach Ablauf der Rechtsbehelfsfrist ist dies nicht mehr möglich, da ein einmal unanfechtbar gewordener Bescheid unbeschadet der Nachfristgewährung nach § 7 Abs. 1 nachträglich nicht wieder anfechtbar gemacht werden kann (Kopp/Schenke, VwGO, § 58 Rn. 8).

3. Unrichtige Rechtsbehelfsbelehrung

Als Mindestvoraussetzungen für eine Rechtsbehelfsbelehrung verlangt § 12 **28**
Abs. 1 Satz 4, dass der Beschwerdeführer über den zulässigen Rechtsbehelf,
die Stelle, bei der er einzulegen ist, und die einzuhaltende Frist belehrt
werden muss. Gleiche Voraussetzungen enthält § 6 WDO, auf den § 23a
Abs. 1 für die im Übrigen anfechtbaren Maßnahmen verweist. Eine Rechtsbehelfsbelehrung ist unrichtig erteilt, wenn diese Angaben fehlen oder durch
falsche oder irrtümliche Zusätze ergänzt sind. Diese Rechtsbehelfsbelehrung
ist in ihrer Wirksamkeit jedoch nur beeinträchtigt, wenn die Unrichtigkeit
wesentlich ist. Das ist der Fall, wenn in dem Beschwerdeführer irrige Vorstellungen über die Erfordernisse des Rechtsbehelfs geweckt werden, insbesondere also bei Zusätzen, die geeignet sind, die Rechtsverfolgung zu erschweren
(BVerwG NJW 1991, 508 m. w. Nachw.). Nur eine Rechtsbehelfsbelehrung,
die mit einem wesentlichen Mangel behaftet ist, vermag ursächlich für die
Fristversäumnis sein, so die objektiv falsche Rechtsbehelfsbelehrung, auf
Grund derer der Soldat es unterlässt, weitere Beschwerde einzulegen und die
Antragsfrist nach § 17 Abs. 4 Satz 1 versäumt (BVerwG NZWehr 1990, 74),
oder eine Rechtsbehelfsbelehrung, mit der der Soldat fälschlich über die
Einlegestelle oder darüber belehrt worden ist, dass der Antrag nach § 17
schriftlich erhoben werden muss, ohne hinzuzufügen, dieser könne auch
mündlich zur Niederschrift erklärt werden (BVerwGE 57, 190 = NJW 1979,
1670). Auch eine Rechtsbehelfsbelehrung, aus der sich nicht ergibt, dass bei
schriftlicher Einlegung die Frist nur gewahrt wird, wenn der Rechtsbehelf
innerhalb dieser Frist bei der Einlegestelle eingeht, ist wesentlich unrichtig
(BVerwG NZWehr 1970, 107; vgl. demgegenüber BVerwG DÖV 1972,
790). Um im Bereich der Bundeswehr Schwierigkeiten bei Rechtsbehelfsbelehrungen zu vermeiden, sind die dem Erlass über Rechtsbehelfsbelehrungen beigefügten Muster grundsätzlich zu verwenden (ZDv A-2160/6, Abschnitt 2.18; in Schnell/Ebert C 32). Die Unrichtigkeit ist dagegen nur
unwesentlich, wenn z. B. der Rechtsbehelf falsch bezeichnet ist, z. B. „Beschwerde" statt „Antrag", wenn die Rechtsbehelfsbelehrung den unrichtigen
Zusatz enthält, die Beschwerde sei schriftlich „bzw." zur Niederschrift einzulegen (BVerwG ZBR 1981, 319) oder wenn Straßenname und Hausnum-
mer in der Anschrift des Truppendienstgerichts oder des Verwaltungsgerichts
unrichtig angegeben werden (vgl. BVerwGE 85, 300; VG Sigmaringen ZBR
1987, 95; VG Koblenz DÖV 1978, 853) oder der BMVg es unterlassen hat,
in der Rechtsbehelfsbelehrung seine Postanschrift anzugeben (BVerwG
NZWehr 1978, 216). Für die Anschrift des BMVg ist es unerheblich, ob er
sie mit Bonn als erstem Dienstsitz oder Berlin als zweitem Dienstsitz angibt
(siehe aber Dau/Schütz, WDO, § 70 Rn. 9). Keine Bedenken bestehen
gegen die Formulierung „Die Beschwerde ist bei mir oder …" (siehe ZDv
A-2160/6, Abschnitt 2.18; in Schnell/Ebert C 32) einzulegen, da sich die
erstgenannte Einlegestelle unzweifelhaft aus dem Kopf des Bescheides ergibt,
mit dem das Begehren des Beschwerdeführers zurückgewiesen wird (siehe
jedoch BVerwG Buchholz 310 Nr. 36 und BVerwGE 85, 298 zu dem gegenüber § 12 Abs. 1 Satz 4 allerdings anders formulierten § 58 Abs. 1 VwGO).
Eine unrichtige Rechtsbehelfsbelehrung kann innerhalb der Rechtsbehelfsfrist durch eine ordnungsgemäße ersetzt werden. In diesem Fall läuft die
Rechtsbehelfsfrist zwei Wochen nach Kenntnisnahme ab (BVerwG NZWehr
1990, 74 noch zur alten Frist).

29   Auch wenn der Gesetzgeber die Regelungen des § 58 Abs.
      1 VwGO und des § 32 VwVfG – außer in Verwaltungsangelegenheiten bei unterlassener
      oder unrichtiger Rechtsbehelfsbelehrung – bewusst nicht auch auf die Fristen
      der WBO anwenden wollte, so bleibt doch der Rechtsgedanke des § 58
      Abs. 1 VwGO und § 32 Abs. 3 VwVfG zu berücksichtigen, dass nach Ablauf
      eines Jahres eine absolute Bestandskraft eintritt. Nach Ablauf dieses als Aus-
      schlussfrist zu betrachtenden Zeitraums wird auch eine Nachfrist gemäß § 7
      Abs. 2 nicht mehr zu gewähren sein. Dienstaufsichtliche Untersuchungen
      bleiben indes weiterhin zulässig und wären wohl auch geboten.

4. Unvollständige Rechtsbehelfsbelehrung

30   Der unrichtigen Rechtsbehelfsbelehrung steht die nur unvollständig erteil-
      te Rechtsbehelfsbelehrung gleich (BVerwG NZWehrr 1970, 107 = NJW
      1970, 484).

VIII. Ursächlichkeit mangelhafter Rechtsbehelfsbelehrung

31   Von der Feststellung eines unabwendbaren Zufalls ist die Frage zu unter-
      scheiden, ob der Mangel der Rechtsbehelfsbelehrung für die Fristversäumnis
      ursächlich gewesen ist (BDHE 4, 188, 191; BDH II WB 9/65 vom
      26.4.1965). Die Notwendigkeit, eine Fristversäumnis auch unter dem Ge-
      sichtspunkt der Ursächlichkeit zu prüfen, folgt unmittelbar aus dem Gesetz
      (§ 7 Abs. 1). Denn nicht der unabwendbare Zufall allein führt zur Gewäh-
      rung der Zweiwochenfrist, sondern der Beschwerdeführer muss durch ihn
      gehindert gewesen sein, die Rechtsbehelfsfrist wahrzunehmen (vgl. auch
      BVerwG I WB 149/74 vom 24.2.1976; a. A. HessVGH NZWehrr 1976, 194,
      195, der es genügen lässt, wenn der unrichtige Inhalt der Belehrung generell
      geeignet ist, die Einlegung des Rechtsbehelfs zu erschweren). Fehlt eine
      gesetzlich vorgeschriebene Rechtsbehelfsbelehrung, braucht der Beschwerde-
      führer nicht nachzuweisen, dass dieser Mangel für das Versäumen der Frist
      ursächlich gewesen ist (BVerwG 1 WB 126/78 vom 23.4.1980, juris Orien-
      tierungssatz). Wenn keine gegenteiligen Anhaltspunkte vorliegen, ist regel-
      mäßig davon auszugehen, dass der Beschwerdeführer allein auf Grund fehlen-
      der Belehrung die einzuhaltende Frist versäumt hat. Bei unrichtiger oder
      unvollständiger Rechtsbehelfserklärung sind für den Nachweis der Ursäch-
      lichkeit schärfere Anforderungen zu stellen. Hier muss der Beschwerdeführer
      regelmäßig Gründe vortragen und glaubhaft machen, dass der Mangel der
      Rechtsbehelfsbelehrung ihn daran gehindert hat, die Frist einzuhalten. Diese
      Gründe werden alle die zwischen Beginn und Ende der versäumten Frist
      liegenden Umstände erfassen müssen, die bedeutsam dafür sind, wie und ggf.
      durch wessen Verschulden es zur Versäumung der Frist gekommen ist. Jedoch
      dürfen die Anforderungen an den Beschwerdeführer insoweit auch nicht
      überspannt werden (vgl. BVerfG NJW 1973, 187).

§ 8 Zurücknahme der Beschwerde

(1) **Die Beschwerde kann jederzeit durch schriftliche oder mündliche
Erklärung zurückgenommen werden. § 6 Abs. 2 Satz 2 und 3 gilt entsprechend. Die Erklärung ist gegenüber dem nächsten Disziplinarvor-**

gesetzten oder der für die Entscheidung sonst zuständigen Stelle abzugeben. Diese Beschwerde ist dadurch erledigt.

(2) **Die Pflicht des Vorgesetzten, im Rahmen seiner Dienstaufsicht Mängel abzustellen, bleibt bestehen.**

Übersicht

Zu Absatz 1

I. Vorbemerkung

Art. 5 Nr. 7 Buchst. a WehrRÄndG 2008 hat Absatz 1 um die Möglich- **1** keit, die Beschwerde auch mündlich zurücknehmen zu können, ergänzt. Die in Absatz 1 als neuer Satz 2 aufgenommene Verweisung auf § 6 Abs. 2 Satz 2 und 3 sichert die Anwendung der für das Einlegen der Beschwerde geltenden Formvorschriften auch auf ihre Rücknahme.

II. Zurücknahme der Beschwerde

1. Wesen der Zurücknahme

Die Befugnis des Soldaten, die von ihm eingelegte Beschwerde jederzeit **2** wieder zurückzunehmen, folgt aus dem Wesen der Beschwerde, die dem freien Willensentschluss des Beschwerdeführers unterliegt. Es steht ihm frei, an der Beschwerde festzuhalten, sie zurückzunehmen oder auf sie zu verzichten.

Die Zurücknahme der Beschwerde ist die Erklärung des Beschwerdeführers, **3** dass er die Einlegung der Beschwerde rückgängig mache. Sie bedeutet, dass er eine Entscheidung über den Beschwerdegegenstand in einem Verfahren nach der WBO nicht mehr begehrt. Da die Einlegung der Beschwerde formelle Voraussetzung für das Beschwerdeverfahren nach der WBO ist, hat die Zurücknahme der Beschwerde als Verfahrenshandlung zugleich die Wirkung, dass dieses Verfahren nicht fortgeführt werden darf. Die Rücknahmeerklärung darf nicht an Bedingungen geknüpft und kann nicht wegen Willensmängeln (§§ 119 ff. BGB) angefochten werden (BVerwG NJW 1980, 135).

4 Die Beschwerde kann ganz oder teilweise zurückgenommen werden. Eine teilweise Rücknahme ist möglich, wenn sie nur auf einen Teil des Beschwerdegegenstandes beschränkt werden kann, z. b. bei einer Kameradenbeschwerde gegen mehrere Soldaten oder bei der Beschwerde gegen einen Befehl, der mehrere Anweisungen enthält (vgl. auch BVerwG I WB 19.76 vom 27.7.1977, juris LS 3 und 1 WB 12/97 vom 9.4.1997, juris Rn. 8, bei denen jedoch im gerichtlichen Antragsverfahren eine Erweiterung des Antrags abgelehnt wird).

2. Geltungsbereich

5 Absatz 1 gilt für alle nach der WBO zulässigen Rechtsbehelfe, damit auch für die Verwaltungs- und die Disziplinarbeschwerde, die weitere Beschwerde, den Antrag auf gerichtliche Entscheidung, die Rechtsbeschwerde und Nichtzulassungsbeschwerde.

3. Rücknahmestellen

6 Vergleichbar der Regelung für das Einlegen der Beschwerde (§ 5 Abs. 1) hat der Soldat die Wahl, ob er die Zurücknahme seiner Beschwerde seinem nächsten Disziplinarvorgesetzten gegenüber oder bei der für die Entscheidung über die Beschwerde zuständigen Stelle erklärt. Bei einer Verwaltungsbeschwerde kann die Rücknahme auch gegenüber der Dienststelle erklärt werden, deren Entscheidung mit der Beschwerde angefochten worden ist (§ 23 Abs. 2). Bei Abgabe seiner Rücknahmeerklärung ist der Beschwerdeführer nicht an die bei der Einlegung der Beschwerde getroffene Wahl gebunden. Sind Einlege- und Rücknahmestelle nicht identisch, sollte der Beschwerdeführer angeben, bei welcher Stelle er die Beschwerde eingelegt hat. Absatz 1 Satz 2 bezeichnet zwar die Stellen, denen gegenüber der Soldat die Zurücknahme seiner Beschwerde erklären kann; ob und inwieweit die Rücknahme allerdings in rechtswirksamer Weise erklärt wurde, kann nur die Stelle entscheiden, die auch zur Entscheidung über die Beschwerde berufen ist. Ein beim Truppendienstgericht anhängiges Beschwerdeverfahren kann beispielsweise nicht durch eine beim nächsten Disziplinarvorgesetzten erklärte Rücknahme ohne weiteres erledigt werden. Die förmliche Erledigung hat in diesem Fall allein das Truppendienstgericht festzustellen (siehe auch § 20 Abs. 3). Bei den Rücknahmemöglichkeiten für eine Beschwerde hat der Gesetzgeber auf eine § 5 Abs. 2 entsprechende Bestimmung verzichtet. Da die Rücknahme nicht fristgebunden ist, besteht auch kein zwingendes Bedürfnis, dem in stationärer Behandlung in einem Bundeswehrkrankenhaus befindlichen oder in einer Vollzugseinrichtung der Bundeswehr einsitzenden Soldaten dort die Abgabe der Rücknahmeerklärung zu gestatten. Die Rücknahme kann vielmehr mündlich oder durch ein Schreiben erklärt werden, das der zuständigen Stelle durch die Post oder durch die Vorgesetzten jener Dienststellen zugeleitet wird. Wählt er die schriftliche Form der Rücknahme, kann der kranke Soldat das Schreiben diktieren. Ist er an der eigenhändigen Unterschrift gehindert, muss die Rücknahmeerklärung mit einem Vermerk des Aufnehmenden abgeschlossen werden (§ 6 Abs. 2 Satz 2). Für die mündlich erklärte Rücknahme siehe Rn. 8 f.

4. Frist und Form der Zurücknahme

Die Beschwerde kann jederzeit zurückgenommen werden, d. h. in jeder 7
Lage des Verfahrens. Die Rücknahme ist zulässig bis zur Aushändigung oder
Zustellung des Beschwerdebescheides. Überschneiden sich Rücknahme und
Beschwerdebescheid, ist entscheidend, welcher Akt zuerst wirksam geworden
ist, Zustellung des Beschwerdebescheides oder Eingang der Rücknahmeerklärung. Ist über die Beschwerde unanfechtbar entschieden, ist eine Zurücknahme nicht mehr möglich, eine gleichwohl erklärte Rücknahme ist
wirkungslos (BVerwG MDR 1975, 251).

Ergeht kein Beschwerdebescheid und auch auf weitere Beschwerde nach 8
§ 16 Abs. 2 kein Bescheid, können Beschwerde und weitere Beschwerde bis
zum Eingang des Antrags auf gerichtliche Entscheidung nach § 17 Abs. 1
Satz 2 zurückgenommen werden. Entsprechendes gilt für die Verwaltungsbeschwerde; ihre Rücknahme ist bis zur Erhebung der Klage möglich. **Die
Beschwerde kann durch schriftliche Erklärung zurückgenommen
werden (Satz 1).** Hierfür genügt einfache Schriftform, d. h. ein von dem
Beschwerdeführer oder seinem Bevollmächtigten unterschriebenes Schriftstück, in dem der Rücknahmewille des Beschwerdeführers deutlich erklärt
wird (BVerwG NZWehr 1992, 208). Eine mündliche Erklärung des Beschwerdeführers, die nicht in eine förmliche Niederschrift (Satz 2 i. Vbg. m.
§ 6 Abs. 2 Satz 2) aufgenommen ist, genügt ebenso wenig wie die fernmündliche Erklärung. In diesen Fällen wird jedoch auch die Möglichkeit zuzulassen
sein, dass der Beschwerdeführer den über seine telefonische Erklärung gefertigten Aktenvermerk nachträglich unterzeichnet. Bei Zweifeln an der Zurücknahme der Beschwerde ist zugunsten des in der Regel rechtlich nicht
geschulten Beschwerdeführers für den Fortbestand der Beschwerde zu entscheiden. Gründe für die Zurücknahme brauchen nicht angegeben zu werden.

Wahlweise kann der Beschwerdeführer die Beschwerde auch mit 9
einer mündlichen Erklärung zurücknehmen. Diese ist allerdings erst
rechtswirksam, wenn sie in eine Niederschrift aufgenommen wird, die den
Formvorschriften des § 6 Abs. 2 Satz 2 entspricht. Von der Niederschrift ist
dem Beschwerdeführer auf sein Verlangen eine Abschrift auszuhändigen (§ 6
abs. 2 Satz 3).

Die Rücknahmeerklärung ist abzugeben. Hierfür wird auf die Aus- 10
führungen über das Einlegen der Beschwerde, über den Eingang und über
das Einlegen der Beschwerde durch Niederschrift Bezug genommen.

5. Wirkung der Zurücknahme

Die Rücknahmeerklärung macht die Beschwerde nicht unzulässig, 11
sondern beendet das Verfahren. Sie tritt also an die Stelle eines sonst das
Verfahren abschließenden endgültigen Bescheides. Für die Erstattung notwendiger Aufwendungen gibt es in § 16a keine Rechtsgrundlage; zur Kostenentscheidung bei Erledigung der Hauptsache siehe für das gerichtliche
Antragsverfahren § 20 Abs. 3, für die Verwaltungsbeschwerde § 23.

Nach Zurücknahme der Beschwerde kann der Beschwerdeführer wegen 12
desselben Sachverhalts erneut Beschwerde einlegen, solange die Beschwerdefrist noch nicht abgelaufen ist (vgl. auch Sitzungsprotokoll der 160. Sitzung
des Ausschusses für Rechtsfragen und Verfassungsrecht vom 10.11.1956,

2. Wahlperiode, S. 20 f.); denn nur **diese,** d. h. die **eingelegte Beschwerde,** ist durch die Rücknahme erledigt.

13   Die Beschwerde ist mit Wirksamkeit der Rücknahmeerklärung erledigt. Erledigung bedeutet Beendigung des Beschwerdeverfahrens. Die Beschwerde ist nicht als unzulässig zurückzuweisen; sie wird vielmehr gegenstandslos. Der Beschwerdeführer hat keinen Anspruch mehr auf Erlass eines Beschwerdebescheides. Die Beschwerdestelle darf ohne Rücksicht darauf, ob die Beschwerde zulässig oder unzulässig, begründet oder unbegründet ist, einen förmlichen Beschwerdebescheid nicht mehr erlassen. Hat die Beschwerdestelle festgestellt, dass die Rücknahmeerklärung unwirksam ist, z. B. Mangel der Form, kann der Beschwerdeführer diese Feststellung nur zusammen mit dem seinen Rechtsbehelf zurückweisenden Bescheid anfechten.

14   Ist die Entscheidung über die Beschwerde bei Wirksamwerden der Rücknahmeerklärung bereits getroffen, darf der Bescheid nicht mehr zugestellt oder bekannt gegeben werden. Ergeht gleichwohl ein Bescheid, ist er wirkungslos. Die Rücknahmeerklärung durch den Beschwerdeführer ist auch für den Betroffenen verbindlich. Dieser hat nicht die Möglichkeit, von sich aus die Fortsetzung des Verfahrens zu verlangen. Dieses Ergebnis ist im Hinblick auf den sonst dem Betroffenen nach § 12 Abs. 1 Satz 2 gewährten Anspruch auf Mitteilung des Beschwerdebescheides von Bedeutung.

III. Beschwerdeverzicht

15   Der Beschwerdeführer kann auf sein Beschwerderecht auch verzichten. Während die Zurücknahme der Beschwerde ihre Einlegung voraussetzt und sodann das Verfahren beendet, hindert der Verzicht von vornherein die Durchführung des Beschwerdeverfahrens in dieser Sache. Eine nach Verzichterklärung eingelegte Beschwerde ist deshalb als unzulässig zurückzuweisen. Auch der Verzicht ist unwiderruflich, bedingungsfeindlich und nicht wegen Willensmängeln (§§ 119 ff. BGB) anfechtbar (BVerwG 1 WB 26.68 vom 3.7.1968, juris LS; vgl. auch BVerwG NJW 1980, 135).

16   Die Befugnis, auf die Beschwerde zu verzichten, ist in der WBO nicht ausdrücklich erwähnt. Sie erklärt sich jedoch aus dem Grundsatz der Beschwerdefreiheit. Wenn es dem Soldaten freisteht, sich zu beschweren, muss es ihm auch freigestellt sein, von seinem Beschwerderecht mit bindender Erklärung abzusehen. Hierfür spricht auch der Wortlaut des § 47 Abs. 1 Satz 2 WDO. Danach kann der Soldat auf Beschwerde gegen eine einfache Disziplinarmaßnahme nicht verzichten, bevor er an dem auf die Verhängung folgenden Tage ausreichende Zeit und Gelegenheit zur Beschwerde hatte. Gemäß § 42 Satz 1 WDO finden die Vorschriften der WBO auf Beschwerden gegen einfache Disziplinarmaßnahmen Anwendung. Da die §§ 42, 47 WDO keine Spezialvorschrift über den Verzicht für Disziplinarbeschwerden enthalten, geht § 47 Abs. 1 Satz 2 WDO folglich von der Geltung des Verzichts im allgemeinen Beschwerdeverfahren aus (vgl. auch Dau, WDO/ Schütz, § 47 Rn. 9). Der Verzicht kann mit der Zurücknahme der Beschwerde bis zum Ablauf der Beschwerdefrist verbunden werden. Die erneute Einlegung innerhalb der Beschwerdefrist ist in diesem Fall nicht zulässig. Auch ein Teilverzicht ist möglich. Bevor die Einlegung zulässig ist, kann nicht wirksam auf die Beschwerde verzichtet werden. Das ist frühestens nach Ablauf einer Nacht der Fall, nachdem der Beschwerdeführer von dem Beschwerdeanlass Kenntnis erhalten hat (§ 6 Abs. 1). Soll diese Vorschrift den Beschwerdeführer vor übereilten Entschlüssen schützen, Beschwerde einzulegen, muss er auch umgekehrt davor bewahrt werden, vor diesem Zeitpunkt sein Beschwerderecht vorschnell preiszugeben. Es widerspräche dem Sinn der Schutzvorschrift des § 6 Abs. 1, den Verzicht auf die Ausübung eines Rechts zuzulassen, das noch nicht ausgeübt werden darf. Dieser Grundsatz wird auch durch die Vorschrift des § 47 Abs. 1 WDO bestätigt, der das Verzichtsrecht bei Disziplinarbeschwerden noch weiter einengt; hier kann der Soldat nicht verzichten, bevor die Vollstreckung der einfachen Disziplinarmaßnahme frühestens beginnen darf (Dau/Schütz, WDO, § 47 Rn. 9). Die Erklärung des Verzichts auf die Ausübung des Beschwerderechts ist an die gleiche Form gebunden wie die Zurücknahme der Beschwerde. Sie ist also durch einfaches Schreiben oder mündlich zur Niederschrift zu erklären, die der Beschwerdeführer unterschreiben soll und der Aufnehmende unterschreiben muss. Im Übrigen gelten für den Verzicht die für die Zurücknahme der Beschwerde geltenden Grundsätze sinngemäß.

IV. Verbot der Beeinflussung des Beschwerdeführers

Der Beschwerdeführer muss seine Entscheidung, die Beschwerde zurück- **17** zunehmen oder auf sein Beschwerderecht zu verzichten, unbeeinflusst von Vorgesetzten treffen können. Insbesondere der mit der Beschwerde befasste Vorgesetzte muss alles unterlassen, was den Anschein erwecken könnte, als solle der Beschwerdeführer in seiner Entschlussfreiheit beeinflusst, überredet oder gar unter Druck gesetzt werden (§ 35 WStG; siehe auch § 2 WBO und Lingens, Disziplinarvorgesetzter, Rn. 543). Es wäre unzulässig, dem Beschwerdeführer den Entwurf des Beschwerdebescheides zu übersenden und damit die Frage zu verbinden, ob er seine Beschwerde noch aufrechterhalten wolle. Aus Gründen der Fürsorgepflicht des Vorgesetzten oder des Dienstherrn kann es jedoch bei aller erforderlichen Zurückhaltung geboten sein, den Beschwerdeführer aufzuklären, zu beraten oder zu belehren, wenn klar erkennbar ist, dass ihm Sachverhalt oder Rechtslage nicht oder nicht vollständig bekannt ist und damit gerechnet werden kann, dass er in Kenntnis dieser Umstände seine Beschwerde ganz oder teilweise nicht aufrechterhalten wird.

Zu Absatz 2

V. Dienstaufsicht

1. Geltungsbereich

Die Vorschrift gilt für alle nach der WBO zulässigen Rechtsschutzverfah- **18** ren. Für die Disziplinarbeschwerde kommt ihr wegen der Sonderregelungen in den §§ 45, 46 WDO geringere Bedeutung zu. Die Verpflichtung zur Beseitigung von Mängeln, die mit der Beschwerde bekannt geworden sind, bleibt aber auch hier unberührt.

2. Dienstaufsicht durch militärische Vorgesetzte

19   Absatz 2 unterstreicht die ohnehin bestehende Pflicht des Vorgesetzten, im Rahmen seiner Dienstaufsicht erkannte Mängel abzustellen und ihren Ursachen nachzugehen (vgl. auch § 14). Für das Beschwerderecht wird damit zugleich verdeutlicht, dass die Zurücknahme der Beschwerde – das gilt gleichermaßen für den Verzicht – den Vorgesetzten nicht davon entbindet, festgestellte Mängel zu beseitigen, von denen er anlässlich der Beschwerde erfahren hat (vgl. auch § 12 Abs. 3 Satz 2; § 13 Abs. 2; § 14). Rechtsquelle der Dienstaufsichtspflicht des Vorgesetzten über seine Untergebenen ist § 10 Abs. 2 SG. Eine Strafdrohung für die Verletzung der Dienstaufsichtspflicht findet sich in § 41 WStG.

3. Sonstige Dienstaufsicht

20   Nicht nur der für die Entscheidung über die Beschwerde zuständige militärische Vorgesetzte ist ggf. zur Abstellung von Mängeln verpflichtet. Diese aus der allgemeinen Verpflichtung zur Dienstaufsicht resultierende Pflicht (vgl. Oetting, Beschwerderecht, S. 14) trifft, ohne dass es besonderer Erwähnung im Gesetz bedürfte, gleichermaßen jede andere mit der Beschwerde befasste Stelle, die Dienstaufsichtsfunktionen auszuüben hat. Dies ist z. B. der Vorgesetzte, gegen dessen Befehl die Beschwerde sich richtet. Aber auch Dienststellen der Bundeswehr einschließlich der Dienststellen der Bundeswehrverwaltung sind zur Mängelbeseitigung im Rahmen ihrer Dienstaufsicht verpflichtet.

4. Abstellen von Mängeln

21   Werden durch die Beschwerde Mängel ersichtlich, die nicht Gegenstand der Beschwerde sind, ist ihnen gleichwohl nachzugehen. Prüfung, Untersuchung, Aufklärung und ggf. Abhilfe sind erforderlich. Erfährt der Disziplinarvorgesetzte, dass der Betroffene unrichtig gehandelt hat, kann eine Belehrung des Betroffenen geboten sein oder eine andere geeignete Maßnahme, etwa eine Kommandierung oder Versetzung des Beschwerdeführers oder des Betroffenen (vgl. aber § 2 Rn. 4). Ergibt sich ein pflichtwidriges Verhalten, ist nach der WDO zu verfahren. Der Disziplinarvorgesetzte muss gemäß § 32 Abs. 1 WDO den Verdacht eines Dienstvergehens aufklären und eine geeignete disziplinare Entscheidung treffen. Ist das Dienstvergehen eine Straftat, prüft der Disziplinarvorgesetzte, ob er die Sache nach § 33 Abs. 3 WDO an die Strafverfolgungsbehörde abzugeben hat. Die nach der WDO vorgesehene Verfolgung eines Dienstvergehens oder einer Straftat, die der Beschwerdeführer durch die Art und Weise der Beschwerdeführung – z. B. durch beleidigenden Wortlaut – begeht, wird durch die Rücknahme der Beschwerde oder den Verzicht nicht erledigt.

§ 9 Zuständigkeit für den Beschwerdebescheid

(1) Über die Beschwerde entscheidet der Disziplinarvorgesetzte, der den Gegenstand der Beschwerde zu beurteilen hat. Über Beschwerden gegen Dienststellen der Bundeswehrverwaltung entscheidet die nächsthöhere Dienststelle.

(2) **Hat der Bundesminister der Verteidigung über Beschwerden in truppendienstlichen Angelegenheiten zu entscheiden, kann sein Vertreter die Beschwerdeentscheidung unterzeichnen; der Bundesminister der Verteidigung kann die Zeichnungsbefugnis weiter übertragen. Bei Beschwerden in Verwaltungsangelegenheiten entscheidet der Bundesminister der Verteidigung als oberste Dienstbehörde.**

(3) **Hat das Unterstellungsverhältnis des Betroffenen (§ 4 Abs. 3 Satz 3) gewechselt und richtet sich die Beschwerde gegen seine Person, geht die Zuständigkeit auf den neuen Vorgesetzten des Betroffenen über.**

(4) **In Zweifelsfällen bestimmt der nächste gemeinsame Vorgesetzte, wer zu entscheiden hat.**

Übersicht

I. Vorbemerkung

1. Bedeutung und Geltungsbereich der Vorschrift

1   Die Vorschrift regelt die Zuständigkeit zur Entscheidung über Beschwerden. Sie gehört zu den wesentlichen Verfahrensvorschriften des Wehrbeschwerderechts (BDHE 6, 169, 172 = NZWehrr 1964, 117, 119); die Frage nach der Zuständigkeit steht jeweils am Beginn eines gesetzlich geregelten Verfahrenszuges und bestimmt damit letztlich den gesetzlichen Richter (vgl. BDH NZWehrr 1964, 168). Unbeschadet der Befugnis höherer Disziplinarvorgesetzter, eine Sache an sich zu ziehen, können diese daher nicht anstelle des nächsthöheren Disziplinarvorgesetzten über eine Beschwerde entscheiden und damit den vorgeschriebenen Instanzenzug durchbrechen (BDH aaO). Hat eine unzuständige Stelle über die Beschwerde entschieden, ist der Beschwerdebescheid auf ein erneutes Rechtsmittel des Beschwerdeführers aufzuheben.

2   Die nach § 9 bestimmte Zuständigkeit für die Entscheidung über eine Beschwerde hat grundsätzlich für alle Beschwerdearten Bedeutung. Das Gesetz legt in einer von strukturellen und organisatorischen Vorgaben der Bundeswehr abhängigen Weise fest, welcher Disziplinarvorgesetzte über eine Beschwerde in truppendienstlichen Angelegenheiten, welche Dienststelle der Bundeswehrverwaltung über eine Beschwerde in Verwaltungsangelegenheiten entscheidet. Allein die Zuständigkeitsregelung für die Entscheidung über eine Disziplinarbeschwerde ist der WDO in eigenen Vorschriften (§ 42 Nr. 3, 4, 5) vorbehalten. Auch die Beschwerde gegen die Vertrauensperson enthält in § 18 SBG eine Sonderregelung. Soweit im Übrigen bereichsspezifische Regelungen auf die WBO verweisen, gilt für sie § 9. Die Zuständigkeit für die Entscheidung über die weitere Beschwerde folgt aus § 16 Abs. 3.

3   Die für die Entscheidung über die Beschwerde zuständige Stelle gewinnt in folgenden Vorschriften der WBO Bedeutung: §§ 3 Abs. 2, 5 Abs. 1 Satz 2, Absatz 3; 8 Abs. 1 Satz 2; 10 Abs. 1, 2; 11 Buchstabe b Satz 2; 16 Abs. 3; 23 Abs. 2.

2. Zuständigkeit als Entscheidungsvoraussetzung

4   Die Zuständigkeit ist in jeder Lage des Beschwerdeverfahrens von Amts wegen zu prüfen. Sie ist Voraussetzung dafür, dass die Beschwerdestelle die zur Vorbereitung der Entscheidung erforderlichen Maßnahmen treffen (§ 10), über die Beschwerde sachlich entscheiden und bei festgestelltem Mangel für Abhilfe sorgen kann (§ 13; vgl. auch BDH NZWehrr 1964, 168). Ist die Beschwerde bei einer unzuständigen Stelle eingelegt, hat diese die Beschwerde unverzüglich an die zuständige Stelle abzugeben. Deshalb schadet eine unrichtige Angabe des Beschwerdeführers über die für die Entscheidung zuständige Stelle nicht, wenn er die Beschwerde bei einer der vorgeschriebenen Beschwerdeadressaten (§§ 5 und 11 Buchstabe b) eingelegt hat.

3. Zuständigkeitsmängel

5   Unzuständigkeit ist Verfahrenshindernis. Hat eine unzuständige Stelle entschieden, kann der Beschwerdeführer diesen Verfahrensfehler im Wege der Anfechtung (weitere Beschwerde, ggf. Antrag an das Wehrdienstgericht,

Klage zum Verwaltungsgericht) rügen und damit nachträglich die Entscheidung durch die zuständige Stelle erreichen (Aufhebung und Zurückverweisung zur Entscheidung durch die zuständige Stelle). Dem Beschwerdeführer steht es frei, ob er es bei der Entscheidung durch die unzuständige Stelle bewenden lassen oder ob er eine neue Entscheidung herbeiführen will. Solange die fehlerhafte Entscheidung nicht durch einen Disziplinarvorgesetzten, eine Dienststelle der Bundeswehr oder ein Gericht aufgehoben oder abgeändert worden ist, bleibt sie zwar rechtswidrig, muss aber als rechtswirksamer Akt vom Beschwerdeführer, dem Betroffenen und den amtlichen Stellen beachtet werden. Etwas anderes gilt nur bei Entscheidungen, die wegen schwerwiegenden Verstoßes gegen die Zuständigkeitsvorschriften als nichtig, d. h. rechtlich unbeachtlich, zu behandeln sind. Ein derartiger, in der Praxis seltener Fall liegt insbesondere vor, wenn die Unzuständigkeit bei verständiger Würdigung aller in Betracht kommenden Umstände offenkundig ist (siehe auch § 44 Abs. 1 VwVfG). Beispiele: Entscheidung des Präsidenten des Bundesamtes für Ausrüstung, Informationstechnik und Nutzung der Bundeswehr anstelle des Disziplinarvorgesetzten über die Kameradenbeschwerde eines zu dieser Dienststelle gehörenden Soldaten gegen einen anderen, ebenfalls hierzu gehörenden Soldaten; Entscheidung des Btl.Kdr. über die Beschwerde gegen einen Disziplinararrest (§ 28 Abs. 1 Nr. 1 Buchstabe a; § 42 Nr. 5 Satz 1 WDO); Entscheidung über eine Beschwerde durch einen Soldaten, der keine Disziplinarbefugnis hat.

Eine nichtige Entscheidung darf auch ohne ausdrückliche Feststellung nicht **6** als wirksam behandelt werden. Die Nichtigkeit ist von Amts wegen festzustellen. Sofern der Beschwerdebescheid z. B. mit der weiteren Beschwerde angefochten wird, ist die Feststellung der Nichtigkeit in den Beschwerdebescheid aufzunehmen. Sie hat nur deklaratorische Wirkung. Einer förmlichen Aufhebung der nichtigen Entscheidung bedarf es nicht, ist im Einzelfall aber aus Gründen der Rechtssicherheit und -klarheit angebracht.

4. Besorgnis der Befangenheit

Die Entscheidung über eine Beschwerde verlangt Neutralität und Distanz **7** gegenüber den am Beschwerdeverfahren Beteiligten. Insbesondere der Beschwerdeführer darf erwarten, dass nur ein Disziplinarvorgesetzter über seine Beschwerde entscheidet, der vorurteilsfrei und unbelastet durch innere Hemmungen den Gegenstand der Beschwerde zu beurteilen vermag. Das auch im Wehrbeschwerderecht geltende Prinzip der Verfahrensgerechtigkeit verpflichtet den Disziplinarvorgesetzten, sich nicht von unsachlichen Erwägungen auf Kosten seiner Unparteilichkeit beeinflussen zu lassen (vgl. auch BVerwGE 63, 84 = NZWehr 1978, 214 = ZBR 1978, 406). Die WBO enthält keine ausdrückliche Vorschrift, die den Ausschluss des den Gegenstand der Beschwerde beurteilenden Disziplinarvorgesetzten wegen Befangenheit oder jedenfalls Besorgnis der Befangenheit regelt. Vielmehr erklärt § 23a Abs. 1 die Vorschriften der WDO über die Befangenheit der für die Entscheidung zuständigen Disziplinarvorgesetzten für entsprechend anwendbar. Danach begründet § 30 Abs. 2 Nr. 3 WDO die Zuständigkeit des nächsthöheren Disziplinarvorgesetzten, wenn der nächste Disziplinarvorgesetzte ihm meldet, dass er sich für befangen hält (vgl. Dau, WDO/Schütz, § 30 Rn. 21). Dieser ist daher von der Entscheidung über eine Beschwerde in truppendienstlichen Angelegenheiten ausgeschlossen, wenn der Gegenstand der Beschwerde seine eigenen Interessen in erheblicher Weise berührt, wenn er z. B. in einer Entscheidung über eine weitere Beschwerde eigene Maßnahmen unmittelbar oder mittelbar beurteilen müsste (BVerwGE 63, 84 = NZWehrr 1978, 214 = ZBR 1978, 406; BVerwGE 83, 87 = NZWehrr 1986, 118 = NVwZ 1987, 325). Er darf aber in Vertretung des nächsthöheren Disziplinarvorgesetzten über eine weitere Beschwerde entscheiden, mit der der Beschwerdeführer rügt, dass er über die Beschwerde nicht innerhalb Monatsfrist (§ 16 Abs. 2) entschieden hat (BVerwGE 83, 87 = NZWehrr 1986, 118 = NVwZ 1987, 325).

8   Für die Annahme einer Befangenheit kommt es nicht auf die Einstellung des Beschwerdeführers an, sondern auf die des Disziplinarvorgesetzten. Entscheidend ist, dass dieser sich nach pflichtgemäßer Prüfung außerstande sieht, vorurteilsfrei und unbelastet über die Beschwerde entscheiden zu können. Der Disziplinarvorgesetzte kann sich für befangen halten, wenn aus seiner Sicht Gründe vorliegen, die geeignet sind, Misstrauen gegen seine Unbefangenheit zu wecken. Dazu reicht es nicht aus, dass er den Beschwerdeführer schon einmal disziplinar gemaßregelt oder in einem Beschwerdeverfahren gegen ihn entschieden hat (zur Befangenheit des Disziplinarvorgesetzten aus Anlass seiner Stellungnahme zu einer Beurteilung siehe Lingens, NZWehrr 1980, 216, 219). Auf Entscheidungen über die Beschwerde gegen eine einfache Disziplinarmaßnahme sind die Regelungen des § 30 WDO entsprechend anzuwenden (BVerwGE 53, 332, juris Rn. 12, noch zu § 26 WDO).

9   Hält sich der zur Entscheidung zuständige Disziplinarvorgesetzte selbst für befangen, hat er dies dem nächsthöheren Disziplinarvorgesetzten zu melden (§ 23a Abs. 1 i. Vbg. m. § 30 Abs. 2 Nr. 3 WDO). Mit der Meldung ist die Zuständigkeit des nächsthöheren Disziplinarvorgesetzten zur Entscheidung über die Beschwerde begründet, eine Rücknahme der Meldung ist nicht möglich, auch nicht mit Zustimmung des nächsthöheren Disziplinarvorgesetzten (vgl. näher Dau/Schütz, WDO, § 30 Rn. 4). Der nächsthöhere Disziplinarvorgesetzte kann die Sache selbst dann nicht wieder zurückgeben, wenn die die Besorgnis der Befangenheit begründenden Tatsachen nachträglich wieder fortgefallen sind (z. B. der Betroffene meldet als Stellvertreter im Kommando, dass er zur Entscheidung befangen sei; bevor der nächsthöhere Disziplinarvorgesetzte entscheidet, übernimmt der zuständige Disziplinarvorgesetzte wieder das Kommando. Der nächsthöhere Disziplinarvorgesetzte bleibt zuständig).

10   Sind Dienststellen der Bundeswehrverwaltung für die Beschwerdeentscheidung zuständig, gelten die Bestimmungen der §§ 20, 21 VwVfG.

Zu Absatz 1

II. Zuständigkeit für die Beschwerdeentscheidung

1. Grundsatz

11   Absatz 1 bestimmt die Stelle, die den Beschwerdebescheid nach § 12 zu erlassen und folglich darüber zu entscheiden hat, ob und inwieweit die Beschwerde zulässig und begründet ist. Die in Absatz 1 getroffene Zuständigkeitsregelung ist von der Rechtswegzuweisung des § 82 Abs. 1 SG unabhängig. Für sie ist nicht entscheidend, ob es sich um eine truppendienstliche oder um eine Verwaltungsangelegenheit handelt. Innerhalb des jeweiligen Sachbezuges – truppendienstliche oder Verwaltungsangelegenheit – folgt die Zuständigkeit vielmehr organisatorischen und instanziellen Gesichtspunkten (vgl. Rn. 2). Art. III Nr. 6a NOG hat Satz 2 eine inhaltlich deutlichere Fassung gegeben.

2. Zuständiger Disziplinarvorgesetzter (Satz 1)

2.1. Grundsatz. Der Grundsatz des Satzes 1, dass ein Disziplinarvor- **12** gesetzter über die Beschwerde zu entscheiden hat, gilt für alle Beschwerden im militärischen Bereich, gemäß § 42 Nr. 3 WDO auch für die Disziplinarbeschwerde. Satz 1 gilt auch für Beschwerden in Verwaltungsangelegenheiten, soweit Truppenteilen oder militärischen Dienststellen als sog. Wirtschaftstruppenteilen die Entscheidung in Angelegenheiten der Truppenverwaltung z. B. auf dem Gebiet der Geld- und Sachbezüge oder des Reise- und Umzugskostenrechts übertragen ist.

Über die Beschwerde entscheidet der Disziplinarvorgesetzte, der den Ge- **13** genstand der Beschwerde zu beurteilen hat. Die Entscheidungsbefugnis ist mithin an die Disziplinarbefugnis geknüpft. Aus dieser engen Verklammerung von Wehrbeschwerderecht und Wehrdisziplinarrecht (vgl. dazu auch BVerwG TP 1984, 649, 650), die auch durch die Verweisung in § 42 WDO auf die Vorschriften der WBO sichtbar wird, ist zu folgern, dass die Befugnis des Disziplinarvorgesetzten zur Entscheidung über eine Beschwerde ein Annex seiner Disziplinarbefugnis ist. Auch aus § 27 Abs. 1 Satz 1 WDO i. Vbg. m. § 9 Abs. 1 Satz 1 ergibt sich, dass eine Beschwerdeentscheidung Ausübung von Disziplinarbefugnis ist.

Disziplinarbefugnis bedeutet Ausstattung militärischer Vorgesetzter mit be- **14** sonders umfassenden Rechten. Disziplinarbefugnis ist die in drei Stufen aufgegliederte Befugnis, Disziplinarmaßnahmen zu verhängen und die sonst dem Disziplinarvorgesetzten obliegenden Entscheidungen und Maßnahmen zu treffen (§ 1 Abs. 4 SG i. Vbg. m. § 27 Abs. 1 Satz 1 WDO). Sie umfasst somit neben der Disziplinarbefugnis im engeren Sinne (Befugnis zum Verhängen einfacher Disziplinarmaßnahmen) die Disziplinarbefugnis im weiteren Sinne, nämlich die Zuständigkeit für alle anderen Entscheidungen, die nur ein Disziplinarvorgesetzter treffen darf (sog. Disziplinarpersonalbefugnis; vgl. Dau/Schütz, WDO, § 27 Rn. 1 ff.). Sie umfasst auch die Befugnis, über Beschwerden zu entscheiden (für Beschwerden gegen Dienststellen der Bundeswehrverwaltung siehe Rn. 54 ff.). Dieser Entscheidungsvorbehalt kommt auch in anderen Vorschriften der WBO zum Ausdruck (§§ 5 Abs. 1, 3; 8, 11 Satz 1; 13 Abs. 2; 14). Damit ist deutlich gemacht, dass der Disziplinarvorgesetzte auch im Rahmen der WBO die sachliche und persönliche Verantwortung für die ihm unterstellten Soldaten hat.

Disziplinarbefugnis haben nur Soldaten, und zwar nur deutsche Offiziere **15** sowie der BMVg (§ 27 Abs. 1 WDO), der gemäß Art. 65a GG militärischer Vorgesetzter ist (Dau/Schütz, WDO, § 27 Rn. 11 f.). Auch der beamtete Staatssekretär ist als Stellvertreter des BMVg Disziplinarvorgesetzter (§ 27 Abs. 2 Satz 3 WDO; siehe auch Rn. 65; Dau, FS Fleck, S. 81, 89 ff.; Walz in Walz/Eichen/Sohm, SG, § 90 Rn. 17). Wer im Einzelnen Disziplinarvorgesetzter ist, ergibt sich aus § 1 Abs. 4 SG i. Vbg. m. §§ 27 bis 31 WDO.

Die Disziplinarbefugnis folgt aus der Befehls- und Kommandogewalt. Des- **16** halb kann sie grundsätzlich nur von truppendienstlichen Vorgesetzten ausgeübt werden. Eine gewisse Einschränkung – wenn auch nicht Ausnahme –

lässt das Gesetz bei Offizieren zu, die als Vorgesetzte mit besonderem Aufgabenbereich (§ 3 VorgV) zum Disziplinarvorgesetzten bestimmt sind (§ 27 Abs. 1 Satz 1 WDO; Rn. 26; dazu Eichen, NZWehrr 2011, 177, 182 f.; ablehnend Dreist, NZWehrr 2012, 221, 236 ff.) sowie bei Sanitätsoffizieren, die neben dem truppendienstlichen Disziplinarvorgesetzten einen Fachdisziplinarvorgesetzten (§ 27 Abs. 3 WDO) haben. Die Notdisziplinarbefugnis nach § 31 WDO gewinnt bei Entscheidungen über Beschwerden in der Praxis kaum Bedeutung; vor allem ist der Notdisziplinarvorgesetzte nicht zur Entscheidung über Beschwerden berufen, die sich gegen Entscheidungen und Maßnahmen des normalen truppendienstlichen Vorgesetzten des Beschwerdeführers richten. Zum Begriff des Disziplinarvorgesetzten sowie zum Erwerb der Disziplinarbefugnis siehe Dau/Schütz, WDO, Erl. zu § 27.

17   Zuständig ist der **Disziplinarvorgesetzte, der den Gegenstand der Beschwerde zu beurteilen hat.** Damit meint das Gesetz nicht jeden höheren Disziplinarvorgesetzten, sondern nur **den nächsten zur Beurteilung des Beschwerdegegenstandes berufenen als den allein zuständigen** (BDH NZWehrr 1964, 168; BVerwG NZWehrr 2007, 128, 129). § 5 Abs. 1 und 3 geht davon aus, dass der nächste Disziplinarvorgesetzte des Beschwerdeführers zu entscheiden und die Beschwerde nur dann einer anderen – zuständigen – Stelle vorzulegen hat, wenn er selbst zur Entscheidung nicht zuständig ist (BDH aaO; BVerwG aaO). Die Zuständigkeit für den Beschwerdebescheid folgt also der Zuständigkeit für die dienstliche Beurteilung des Vorganges, der den Gegenstand der Beschwerde bildet, d. h. für die Prüfung, Würdigung und abschließende Entscheidung über den Beschwerdegegenstand (vgl. BVerwG NZWehrr 1993, 125 LS). Dabei ist unbeachtlich, inwieweit der Disziplinarvorgesetzte durch dienstinterne Befehle, Weisungen oder allgemeine Regelungen gebunden ist (BVerwGE 93, 105 = NZWehrr 1992, 31). Er braucht nicht Disziplinarbefugnis über den Beschwerdeführer und auch nicht in jedem Fall über den Betroffenen zu haben. Er muss nur überhaupt Disziplinarvorgesetzter sowie Vorgesetzter hinsichtlich des materiellen Beschwerdeinhalts sein, d. h. in der Sache Weisungen erteilen, Entscheidungen treffen und für Abhilfe sorgen zu können (Oetting, Beschwerderecht, S. 75). Die neuerlich gerade in Dienststellen mit militärischen und zivilen Dienstposten übliche Gliederung in Dezernate, in denen der militärische Dezernatsleiter den anderen Soldaten seines Dezernats zwar vorgesetzt sein kann, begründet indes nicht die Zuständigkeit des Dezernatsleiters für Entscheidungen über Beschwerden.

18   Ist für die Entscheidung ein Disziplinarvorgesetzter des Betroffenen zuständig, kommt es nicht darauf an, ob dieser Disziplinarvorgesetzte die Disziplinarbefugnis aller Stufen (§ 28 WDO) gegenüber dem Betroffenen hat. Er muss die Entscheidung über die Beschwerde ungeachtet des Umfangs seiner Disziplinarbefugnis treffen. Ergibt sich bei der Erledigung der Beschwerde die Notwendigkeit, ein Dienstvergehen disziplinar zu ahnden und reicht die Disziplinarbefugnis dieses Vorgesetzten nicht aus, gibt er die Angelegenheit nur soweit an den nächsthöheren Disziplinarvorgesetzten ab, wie es zur disziplinaren Ahndung gemäß § 30 WDO erforderlich ist. Für den Beschwerdebescheid bleibt er zuständig (so auch Wickermeier, NZWehrr 1971, 201, 204 ff.; 1972, 121; 1975, 210, 212; Stauf, NZWehrr 1988, 246 f.; Bachmann, NZWehrr 2004, 45, 53; a. A. Hugo, NZWehrr 1971, 93; vgl. auch Rn. 37). Beschwert sich ein Soldat über die ihn beeinträchtigende Maßnahme eines vorgesetzten Kompanieoffiziers bei seinem Kompaniechef, muss dieser über die Beschwerde entscheiden, auch wenn mit dem Beschwerdegegenstand ein Dienstvergehen zusammenhängt, unabhängig davon, ob es der Beschwerdeführer mit der Beschwerde gerügt hat oder ob es sich erst bei der Sachverhaltsaufklärung herausstellt.

2.2. Beschwerde gegen truppendienstlichen Vorgesetzten. Richtet 19 sich die Beschwerde gegen die unrichtige Behandlung durch einen truppendienstlichen Vorgesetzten, ist dessen Disziplinarvorgesetzter ohne Rücksicht darauf zuständig, ob mit der Beschwerde persönliches Verhalten oder eine dienstliche Maßnahme angefochten wird. Dieser Disziplinarvorgesetzte hat den Gegenstand der Beschwerde zu beurteilen. Die Beschwerde über den Gruppenführer darf also nicht vom Zugführer, sondern nur vom Kompaniechef entschieden werden. Jeder Zwischenvorgesetzte, der keine Disziplinarbefugnis hat, scheidet für eine Entscheidung über eine Beschwerde aus. Wendet sich der Beschwerdeführer gegen eine unrichtige Behandlung durch seinen Kompaniechef, ist dessen Disziplinarvorgesetzter, der Bataillonskommandeur, für den Beschwerdebescheid zuständig. Bei den meisten Beschwerdefällen ist die Feststellung, welcher Disziplinarvorgesetzte zuständig ist, leicht zu treffen, weil regelmäßig Beschwerdeführer und Betroffener zu derselben Einheit gehören, ein truppendienstliches Vorgesetztenverhältnis gemäß § 1 VorgV besteht und sie denselben Disziplinarvorgesetzten haben.

2.3. Beschwerde gegen Vorgesetzte im besonderen Aufgaben- 20 **bereich.** Grundsätzlich richtet sich die Zuständigkeit zur Entscheidung über die Beschwerde nach der truppendienstlichen Unterstellung des Betroffenen. Diese ergibt sich aus der Gliederung der Bundeswehr, den Aufstellungsbefehlen und der STAN bzw. SollOrg. Jede Einheit, jeder Verband und jede militärische Dienststelle der Bundeswehr ist truppendienstlich in das organisatorische Gesamtgefüge der Bundeswehr eingegliedert mit der Folge, dass jeder Soldat einen unmittelbaren, d. h. truppendienstlichen Vorgesetzten hat (zur truppendienstlichen Unterstellung siehe Dau/Schütz, WDO, § 27 Rn. 8; Hucul in Walz/Eichen/Sohm, SG, nach § 1 Rn. 3).

Von der truppendienstlichen Unterstellung ist die Unterstellung im be 21 sonderen Aufgabenbereich (§ 3 VorgV) zu unterscheiden (Hucul, aaO, Rn. 21 ff.). Unterliegt der Betroffene bei der Ausübung bestimmter Funktionen besonderen Weisungen außerhalb seiner truppendienstlichen Unterstellung, richtet sich die Zuständigkeit für die Entscheidung über eine Beschwerde im Rahmen des besonderen Aufgabenbereichs nach der insoweit bestehenden Unterstellung. Vorgesetzte im besonderen Aufgabenbereich sind z. B. der Generalinspekteur mit dem besonderen Aufgabenbereich Wahrung der militärischen Ordnung und Disziplin gegenüber den Soldaten in den Dienststellen der Wehrverwaltung, der militärische Amtschef des Bundesamtes für das Personalmanagement der Bundeswehr gegenüber den Soldaten seiner Dienststelle und den Dienststellen der Wehrverwaltung, die ihm im besonderen Aufgabenbereich Wahrung der militärischen Ordnung und Disziplin unterstellt sind, unter den gleichen Voraussetzungen beim Vollzug freiheitsentziehender Maßnahmen an Soldaten der Bundeswehr der Vollzugsleiter, die Vollzugshelfer und die Leiter der Vollzugsbehörden sowie die im Wachdienst eingesetzten Soldaten.

Das Unterstellungsverhältnis im besonderen Aufgabenbereich des Vollzuges 22 entsteht mit der Aufnahme des Soldaten zum Vollzug (§ 4 Abs. 1 Hs 2 BwVollzO). Für eine Beschwerde gegen den Befehl eines Angehörigen der

Wache, sich mit dem Truppenausweis zu legitimieren, hat nur der Wachvorgesetzte mit Disziplinarbefugnis die Sachentscheidungskompetenz, regelmäßig der Kasernenkommandant. Hat dieser keine Disziplinarbefugnis, entscheidet über die Beschwerde sein nächster Disziplinarvorgesetzter. Richtet sich die Beschwerde gegen den Kasernenkommandanten als Wachvorgesetzten, z. B. gegen seinen Befehl, dass alle den Unterkunftsbereich verlassenden Personen eine elektronische Kontrollplatte zu betreten haben, entscheidet auch hier sein nächster Disziplinarvorgesetzte.

23   Die Sachentscheidungskompetenz bei Beschwerden gegen Maßnahmen des Kasernenkommandanten zur Gewährleistung von Disziplin und Ordnung im Kasernenbereich/Stützpunktbereich – territoriale Angelegenheiten (z. b. befristetes Parkverbot gegenüber dem Beschwerdeführer) – besitzt der nächste territoriale Vorgesetzte des Kasernenkommandanten mit Disziplinarbefugnis.

24   **2.4. Beschwerde in Truppenverwaltungsangelegenheiten.** Wird ein militärischer Vorgesetzter in einer auf die Truppe übertragenen Verwaltungsangelegenheit tätig, entscheidet über die Beschwerde des Soldaten gegen eine Maßnahme des Wirtschaftstruppenteils auf dem Gebiet der Truppenverwaltung der Disziplinarvorgesetzte des militärischen Vorgesetzten, der die Entscheidung getroffen hat oder dem sie zuzurechnen ist. Dies gilt jedoch nur, soweit die unmittelbaren Disziplinarvorgesetzten die Fachaufsicht in Verwaltungsangelegenheiten haben und ihnen daher ein Leiter Verwaltung zugeteilt ist, z. B. einem Divisionskommandeur. Unmittelbare Disziplinarvorgesetzte, bei denen dies nicht der Fall ist, werden übersprungen. Entscheidungen über die Verwendung von Betreuungsmitteln durch den Heimbewirtschaftungsausschuss werden dem jeweiligen Kommandeur des Wirtschaftstruppenteils zugerechnet; über eine Beschwerde entscheidet daher der nächste Disziplinarvorgesetzte, dem ein Leiter Verwaltung zugeordnet ist. Die gegen diese Regelung vereinzelt (Schreiber, Recht und Politik 1998, 169 ff.) vorgebrachte Kritik bedient sich nur oberflächlicher Argumente. Soweit sie damit den Vorwurf verbindet, dass mit der Entscheidungskompetenz eines militärischen Vorgesetzten in einer Verwaltungsangelegenheit die verfassungsrechtliche Grenze zwischen den Streitkräften (Art. 87a GG) und der Bundeswehrverwaltung (Art. 87b GG) in unzulässiger Weise verwischt sei, offenbart sie Verständnislosigkeit gegenüber Inhalt und Grenzen des Wahrnehmungsmonopols der Bundeswehrverwaltung (dazu im Einzelnen mit vielen Nachweisen Baldus in v. Mangoldt/Klein/Starck, GG, Art. 87b Rn. 8; auch Lorse, NZWehr 2004, 177, 182 f.).

25   Bei den auf die sog. Wirtschaftstruppenteile übertragenen Verwaltungsangelegenheiten handelt es sich vorbehaltlich ihrer Auslagerung auf ressortfremde Dienststellen um Maßnahmen auf dem Gebiet der Geld- und Sachbezüge sowie des Reise- und Umzugskostenrechts. Wirtschaftstruppenteile können indes nicht nur Truppenteile sein, d. h. Einheiten und Verbände der Streitkräfte, sondern auch Dienststellen der Bundeswehrverwaltung. Eine solche, vom Regelfall abweichende wirtschaftliche Unterstellung einer militärischen Einheit/Dienststelle, die kein Wirtschaftstruppenteil ist, einer Teileinheit oder einzelner Soldaten unter eine Dienststelle der Bundeswehrverwaltung in Bezug auf Truppenversorgung und Truppenverwaltung wird befohlen, wenn die Dienststelle/Einheit nicht in einer die Wirtschaftsführung gewährleistenden Entfernung disloziert ist. Ist beispielsweise ein Dienstleistungszentrum durch Organisationsweisung zum Wirtschaftstruppenteil be-

stimmt, handelt ihr Leiter auf dem Gebiet des Haushalts-, Kassen- und Rechnungswesens für die ihm wirtschaftlich unterstellten Einheiten/Dienststellen kraft eigenen Auftrags. Seine Entscheidungen sind weder dem Kommandeur/Leiter der wirtschaftlich unterstellten Dienststelle/Einheit noch deren truppendienstlichen Vorgesetzten zuzurechnen. Es handelt sich vielmehr um Entscheidungen eines Dienststellenleiters der Bundeswehrverwaltung auf dem Gebiet der Truppenverwaltung. Über eine Beschwerde entscheidet die vorgesetzte Dienststelle der Bundeswehrverwaltung.

2.5. Beschwerde in allgemeinen Verwaltungsangelegenheiten. Über 26 Beschwerden in allgemeinen Verwaltungsangelegenheiten der Streitkräfte entscheidet der nächste Disziplinarvorgesetzte des Vorgesetzten, der die Entscheidung getroffen hat. Gegenstand der Entscheidung sind z. B. die Bewilligung, Änderung, Weitergewährung oder der Entzug von Zulagen (vgl. auch ZDv A-2160/6, Abschnitt 2.13 „Behandlung von Beschwerden gegen Vorschriften über die Gewährung von Zulagen"; in Schnell/Ebert C 33d), die Feststellung des Verlusts der Dienstbezüge bei ungenehmigtem schuldhaftem Fernbleiben vom Dienst, die Zusage der Umzugskostenvergütung (siehe jedoch BDH NZWehr 1964, 73), Maßnahmen auf dem Gebiet des Statusrechts (vgl. BVerwG NZWehr 2001, 215). Zur Entscheidungszuständigkeit in Bundesverwaltungsangelegenheiten (Einf. Rn. 68 f.).

2.6. Beschwerde gegen Sanitätsoffiziere. Sanitätsoffiziere, die Ärzte 27 sind, haben neben dem ordentlichen Disziplinarvorgesetzten einen besonderen fachlichen Disziplinarvorgesetzten, sofern die truppenärztlichen Vorgesetzten nicht selbst Ärzte sind und schon aus diesem Grund Truppendienstweg und Fachdienstweg zusammenfallen (§ 27 Abs. 3 WDO; siehe näher Dau/Schütz, WDO, § 27 Rn. 23). Verstöße gegen ihre ärztlichen Pflichten werden durch vorgesetzte Sanitätsoffiziere geahndet. Dies gilt auch dann, wenn mit dem Verstoß gegen ärztliche Pflichten ein Verstoß gegen sonstige Pflichten zusammentrifft. Aus § 27 Abs. 3 WDO folgt, dass die vorgesetzten Sanitätsoffiziere in dem Umfang, in dem sie ihre fachliche Sonderdisziplinarbefugnis ausüben, auch für die Entscheidung über Beschwerden zuständig sind (vgl. Meyer, NZWehr 1959, 41, 53). Die vorgesetzten Sanitätsoffiziere sind also nicht nur zur Entscheidung über Disziplinarbeschwerden im Zusammenhang mit ärztlichen Pflichtverstößen zuständig, sondern auch für Beschwerden, deren Gegenstand ein ärztlicher Pflichtverstoß allein ist. Die Beschwerde eines Soldaten wegen eines Verstoßes gegen die ärztlichen Pflichten des Leiters eines Sanitätsversorgungszentrums wird durch den Leiter des zuständigen Sanitätsunterstützungszentrums entschieden, gegen den Truppenarzt nicht vom Bataillonskommandeur, sondern von dem zuständigen ärztlichen Fachdisziplinarvorgesetzten. Schließt die Beschwerde einen Verstoß gegen nichtärztliche Pflichten ein, der mit der ärztlichen Pflichtverletzung unmittelbar zusammenhängt, muss der Fachdisziplinarvorgesetzte auch über den nichtärztlichen Teil der Beschwerde entscheiden. Hat der truppendienstliche Disziplinarvorgesetzte Zweifel, ob es sich um einen Verstoß gegen ärztliche Pflichten handelt, muss er den ärztlichen Disziplinarvorgesetzten fragen.

Beispiele:
– Der Soldat beschwert sich über den Truppenarzt, weil dieser ihm im Kasino während einer kontrovers geführten Diskussion ein Glas Bier über die Uniform geschüttet hat. Dieses Verhalten steht in keinem Zusammenhang mit der ärztlichen Tätigkeit des

Sanitätsoffiziers, so dass für die Entscheidung über diese Beschwerde der truppendienstliche Vorgesetzte des Sanitätsoffiziers zuständig ist.
– Ein Soldat beschwert sich über den Truppenarzt, weil dieser ihn anlässlich einer
  Untersuchung als Drückeberger bezeichnet hat. Dieses Verhalten des Sanitätsoffiziers
  steht im Zusammenhang mit seiner ärztlichen Behandlung, so dass über die Beschwerde der nächste Fachdisziplinarvorgesetzte des Truppenarztes entscheidet.
– Ein Soldat beschwert sich, weil ein Arzt im Einsatzlazarett beim Setzen einer Spritze
  mehrmals die Vene verfehlt hat, so dass er im Unterarmbereich ein schmerzhaftes
  Hämatom erlitten hat. Über diese Beschwerde entscheidet der Leiter des Einsatz-
  lazaretts, über die weitere Beschwerde dessen Fachdisziplinarvorgesetzter.
– Der Soldat beschwert sich wegen zu langer Wartezeiten bei der Sprechstunde. Über
  diese Beschwerde entscheidet der nächsthöhere Fachdisziplinarvorgesetzte, der in die
  Organisation der Heilbehandlung eingreifen und für Abhilfe sorgen darf.
– Der Soldat beschwert sich über den Vertragsarzt des Bataillons, weil dieser ihn nicht
  krank geschrieben habe. Da der Gegenstand dieser Beschwerde die Durchführung
  der dem Vertragsarzt obliegenden Heilbehandlung ist, das Verhalten des Vertragsarztes
  also der Dienststelle zuzurechnen ist, in deren Auftrag der Vertragsarzt handelt, liegt
  hier eine sog. Organbeschwerde vor, über die der Leiter der nächsthöheren Fachdienststelle entscheidet, sofern er Disziplinarbefugnis hat (vgl. auch Lingens, Beschwerderecht, Rn. 270; BDH NZWehrr 1967, 65, 66).
– Beschwert sich der Soldat gegen eine Entscheidung im Rahmen der unentgeltlichen
  truppenärztlichen Versorgung, entscheidet auf der Grundlage des für das Sanitäts-
  wesen der Bundeswehr angeordneten Fachdienstweges der jeweilige Fachvorgesetzte
  des betroffenen Leitenden Sanitätsoffiziers, z. B. bei abgelehntem Antrag auf Genehmigung medizinischer Heil- und Hilfsmittel.

28   Zur Inanspruchnahme von Truppenärzten wegen eines Behandlungsfehlers
vgl. BGH NJW 1990, 760 = ZBR 1990, 17 sowie III ZR vom 25.4.1991,
juris Rn. 6; zum Rechtsweg bei Beschwerden in Heilbehandlungsangelegenheiten siehe v. Lepel, NZWehrr 1980, 1 ff.

29   2.7. Beschwerde wegen pflichtwidrigen Verhaltens. Auch für die
Entscheidung über die Beschwerde, mit der der Beschwerdeführer ein
pflichtwidriges Verhalten des Betroffenen rügt, ist der Disziplinarvorgesetzte
zuständig, der den Gegenstand der Beschwerde zu beurteilen hat. Abgesehen
von den für eine Disziplinarbeschwerde geltenden Sondervorschriften, ist
Absatz 1 eine abschließende Zuständigkeitsregelung auch für den Fall, dass
Gegenstand der Beschwerde ein vom Beschwerdeführer behauptetes pflichtwidriges Verhalten ihm gegenüber ist. Hierüber entscheidet bei normaler
truppendienstlicher Unterstellung regelmäßig der nächste Disziplinarvorgesetzte des Betroffenen (Oetting, Beschwerderecht, S. 75; Wickermeier,
NZWehrr 1971, 201, 204; 1972, 121, 123). Beispiel: Soldat beschwert sich
über das Verhalten des Kompaniefeldwebels, der ihn „Penner" und „Piss-
nelke" genannt habe; über die Beschwerde entscheidet der Kompaniechef.
Er ist auch der zuständige Disziplinarvorgesetzte, um das mit dem Beschwerdegegenstand sachgleiche Dienstvergehen disziplinar zu ahnden. Er bleibt
zur Entscheidung über die Beschwerde zuständig, wenn seine Disziplinarbe-
fugnis zur disziplinaren Ahndung nicht ausreicht (so auch Wickermeier,
NZWehrr 1971, 201, 204 ff.; 1972, 121, 123; 1975, 210, 212; Stauf,
NZWehrr 1988, 246 f.; Bachmann, NZWehrr 2004, 45, 53; a. A. Meyer,
NZWehrr 1959, 41, 53; Hugo, NZWehrr 1971, 93). Die Meldung des
Dienstvergehens an den nächsthöheren Disziplinarvorgesetzten (§ 30 Abs. 3
WDO) oder an die Einleitungsbehörde (§ 33 Abs. 1 Satz 2 WDO) kann die
beim nächsten Disziplinarvorgesetzten gesetzlich schon begründete be-

schwerderechtliche Zuständigkeit nicht verändern. Andernfalls entschiede über die Beschwerde und die disziplinare Ahndung des Dienstvergehens in letzter Konsequenz ein Wehrdienstsenat des BVerwG, denn erst in letzter Instanz wäre die Gefahr widerstreitender Entscheidungen, die insbesondere Meyer befürchtet (aaO), aufgehoben (Stauf, aaO, S. 248). Diese Gefahr besteht im Übrigen nicht (vgl. auch § 13 Rn. 64). Der für die Beschwerde zuständige Disziplinarvorgesetzte prüft, ob der Betroffene dem Beschwerdeführer gegenüber pflichtwidrig gehandelt hat, die Feststellung, ob und wie diese Pflichtwidrigkeit zugleich als Dienstvergehen mit einer Disziplinarmaßnahme zu ahnden ist, obliegt der für die disziplinare Maßregelung zuständigen Instanz (vgl. auch Wickermeier, NZWehrr 1971, 201, 205; auch Bachmann, aaO). In Ausnahmefällen mag die Beschwerdestelle mit dem Beschwerdebescheid warten, bis die Disziplinarmaßnahme unanfechtbar geworden ist.

Zur Frage nach dem zuständigen Disziplinarvorgesetzten, wenn der Vorwurf pflichtwidrigen Verhaltens nicht den ursprünglichen Beschwerdegegenstand bildet, sondern erst durch die Aufklärung des Sachverhalts zutage tritt (§ 13 Abs 2 Satz 1). Sachentscheidungskompetenz und Disziplinarbefugnis brauchen nicht identisch zu sein. In diesem Fall bedarf der Gegenstand der Beschwerde jedoch besonderer Prüfung. Richtet sich die Beschwerde gegen das persönliche Verhalten des Betroffenen, entscheidet dessen nächster Disziplinarvorgesetzter und zwar auch dann, wenn es sich in einem Bereich äußert, der der Sachkompetenz eines anderen Vorgesetzten unterliegt. Beispiel: Soldat beschwert sich über den Angehörigen der Wache, weil dieser ihn mit dem Gewehr geschlagen habe. Über die Beschwerde entscheidet der nächste Disziplinarvorgesetzte des Betroffenen. Beschwert sich der Soldat ausschließlich gegen die Maßnahme eines Angehörigen der Wache, z. B. eine vorläufige Festnahme, entscheidet über die Beschwerde der nächste Wachvorgesetzte mit Disziplinarbefugnis (Oetting, Beschwerderecht, S. 75 und Fußnote ebenda). Sind persönliches Verhalten und zugleich eine dienstliche Maßnahme Gegenstand der Beschwerde, muss bei mangelnder Identität von Sachentscheidungskompetenz und Disziplinarbefugnis jeder insoweit zuständige Disziplinarvorgesetzte entscheiden (a. A. Oetting, aaO, S. 76, der auf den Schwerpunkt des Beschwerdevorbringens abstellt, dabei aber übersieht, dass Zuständigkeitsfragen Rechtsfragen sind und nicht zum Gegenstand von Zweckmäßigkeitsüberlegungen gemacht werden können; gegen Oetting auch Wickermeier, NZWehrr 1971, 201, 203, der jedoch jedenfalls bei einem pflichtwidrigen Verhalten durch einen Vorgesetzten den Disziplinarvorgesetzten mit der Sachentscheidungskompetenz für zuständig hält; dazu vgl. auch Bachmann, NZWehrr 2004, 46, 48, 50. Für die Beurteilung persönlich-pflichtwidrigen Verhaltens, z. B. durch rüde Ausdrucksweise von Kameraden oder Vorgesetzten dem Beschwerdeführer gegenüber, sieht Wickermeier die Zuständigkeit des Disziplinarvorgesetzten nur als gegeben an, wenn das Verhalten keinen dienstlichen Bezug aufweist. Abgesehen davon, dass insoweit zwischen einer Kameraden- und einer Vorgesetztenbeschwerde nicht unterschieden werden kann, ist gerade ein dienstlicher Bezug immer gegeben, wenn ein persönliches Verhalten anlässlich einer Dienstverrichtung gerügt wird).

2.8. Beschwerde gegen militärische Dienststellen. Ist ein Handeln **31** oder Unterlassen eines zu einer militärischen Dienststelle der Bundeswehr

gehörenden Soldaten oder Beamten als Organhandeln der Dienststelle zuzurechnen, handelt es sich um eine Beschwerde gegen den Leiter der Dienststelle in dessen dienstlicher Stellung, über die dessen Disziplinarvorgesetzter,
der Leiter der nächsthöheren Dienststelle, zu entscheiden hat. Über Beschwerden gegen Entscheidungen des Prüfungsausschusses entscheidet der
nächste Disziplinarvorgesetzte des Kommandeurs/Dienststellenleiters der
Ausbildungseinrichtung (BVerwG 1 WB 138/81 vom 19.5.1982, juris
Rn. 44). Die gleiche Zuständigkeit ist gegeben, wenn sich die Beschwerde
gegen einzelne Leistungsbewertungen wie Klausurnoten, Bewertungen von
Seminararbeiten oder Noten für Vorträge richtet (vgl. auch Lingens, TP
1984, 728). Über die Beschwerde gegen einen vom S 1 des Bataillons im
Auftrag unterzeichneten Bataillonsbefehl entscheidet der Brigadekommandeur, über die Beschwerde gegen den Divisionsrechtsberater mit der Begründung, dieser habe eine den Beschwerdeführer beschwerende unzutreffende
dienstliche Rechtsauskunft gegeben, der truppendienstliche Vorgesetzte des
Divisionskommandeurs oder vergleichbarer Funktionen der anderen TSK
und Organisationsbereiche; beschwert sich der Soldat zugleich über ein persönliches Fehlverhalten des Rechtsberaters, ist dieser Teil der Beschwerde
eine Dienstaufsichtsbeschwerde, über die der Dienstvorgesetzte (§ 3 Abs. 2
BBG), der leitende Rechtsberater, entscheidet. Hat der Kommandeur
eine Entscheidung, beispielsweise über einen Dienstreiseantrag, auf den Chef des
Stabes delegiert, wird dessen Entscheidung ihm zugerechnet; über eine Beschwerde entscheidet mithin sein nächster Disziplinarvorgesetzter. Betrifft die
Beschwerde einen Fachbereich, für den nicht die truppendienstlich übergeordnete militärische Dienststelle die Sachentscheidungskompetenz hat, sondern eine andere, fachlich zuständige Stelle, die insoweit auch fachliche
Weisungen erteilen kann, ist der Leiter dieser Stelle zur Entscheidung zuständig, sofern er Disziplinarbefugnis hat.

32   **2.9. Beschwerde gegen Zivilbedienstete der Bundeswehr.** Richtet
sich die Beschwerde gegen das persönliche Verhalten eines Richters, Beamten
oder Tarifbeschäftigten der Bundeswehr – z. B. der Beschwerdeführer ist
gedemütigt, gekränkt oder beleidigt worden –, ist eine Beschwerde nach der
WBO nicht zulässig. Derartige Beschwerden sind, wenn der Beschwerdein-
halt diese Auslegung zulässt, in eine Dienstaufsichtsbeschwerde umzudeuten.
Hierüber entscheidet der Dienstvorgesetzte des Beamten (§ 3 Abs. 2 BBG),
des Richters (§ 46 DRiG i. V. m. § 3 Abs. 2 BBG) oder des Tarifbeschäftigten. Beispielsweise entscheidet der Präsident des Bundesamtes für Infrastruktur, Umweltschutz und Dienstleistungen der Bundeswehr über die Dienstaufsichtsbeschwerde gegen den Leiter einer ihm nachgeordneten Dienststelle,
z. B. eines Dienstleistungszentrum der Bundeswehr, einer Einsatzwehrverwal-
tungsstelle oder einer Bundeswehrverwaltungsstelle im Ausland; der Rechtsberater des Inspekteurs des Heeres entscheidet über die Dienstaufsichtsbeschwerde gegen einen Rechtslehrer an einer Schule des Heeres; entsprechendes gilt für Luftwaffe und Marine sowie den Zentralen Sanitätsdienst der
Bundeswehr und den Organisationsbereich Cyber- und Informationsraum
sowie die Streitkräftebasis. Der jeweils zuständige Leitende Rechtsberater
entscheidet über die Dienstaufsichtsbeschwerde gegen einen WDA (vgl.
Dau/Schütz, WDO, § 81 Rn. 23).

33   Persönliche Beschwerden gegen Vertragsärzte sind gleichfalls als Dienstaufsichtsbeschwerden zu behandeln. Zuständig ist der Disziplinarvorgesetzte

oder der vorgesetzte Sanitätsoffizier (entsprechend § 27 Abs. 3 WDO), der zu entscheiden hätte, wenn es sich bei dem Vertragsarzt um einen Sanitätsarzt handelte. Über Dienstaufsichtsbeschwerden gegen Honorarlehrkräfte entscheiden die Leiter der zivilen oder militärischen Schulen oder Akademien.

2.10. Beschwerde gegen Vertrauensperson. Der nächsthöhere Disziplinarvorgesetzte ist zur Entscheidung über die Beschwerde zuständig, die sich gegen die Vertrauensperson oder den nach § 14 Abs. 1 SBG eingetretenen Stellvertreter richtet (§ 18 SBG). Die Zuweisung der Entscheidungskompetenz an den nächsthöheren Disziplinarvorgesetzten der Vertrauensperson oder des Stellvertreters ist zum Schutz des besonderen Vertrauensverhältnisses und der Mittlerfunktion der Vertrauensperson und ihres Stellvertreters vorgenommen worden (Begründung zum Regierungsentwurf des SBG, BT-Drs. 11/7323, S. 19). Es ist nicht ausgeschlossen, auch den nächsten Disziplinarvorgesetzten mit der Aufklärung des Sachverhalts zu beauftragen (§ 10 Abs. 1 Satz 2); dabei ist jedoch darauf zu achten, dass das Vertrauensverhältnis zwischen diesem und der Vertrauensperson nicht der gesetzlichen Absicht zuwider Schaden nimmt. Die Zuständigkeit des nächsthöheren Disziplinarvorgesetzten für die Beschwerdeentscheidung ist in allen Fällen begründet, in denen die Vertrauensperson oder ihr Stellvertreter Betroffener der Beschwerde ist. Über die Beschwerde gegen den Stellvertreter hat er allerdings erst zu entscheiden, sobald dieser in sein Amt eingetreten ist (§ 14 Abs. 1 SBG). Eine schon beim nächsten Disziplinarvorgesetzten gegen ihn anhängige Beschwerde ist noch von diesem zu entscheiden, auch wenn der Stellvertreter inzwischen die Funktion der Vertrauensperson eingenommen hat. Der nächsthöhere Disziplinarvorgesetzte entscheidet, wenn Gegenstand der Beschwerde eine unrichtige Behandlung durch die Vertrauensperson als Vorgesetzter oder ein pflichtwidriges Verhalten als Kamerad i. S. des § 1 Abs. 1 Satz 1 ist. Seine Zuständigkeit ist aber auch grundsätzlich gegeben, wenn der Beschwerdeanlass aus dem Verhalten des Betroffenen als Vertrauensperson gegenüber dem Beschwerdeführer folgt (§ 1 Abs. 1 Satz 2). In diesem Fall wird es sich jedoch allenfalls um eine Kameradenbeschwerde handeln, denn die Vertrauensperson hat weder als Vorgesetzter noch als Dienststelle der Bundeswehr Anlass zur Beschwerde gegeben (zutreffend Gronimus, SBG, § 17 Rn. 9, zur alten Rechtslage). Jedoch wird es insoweit meist am Rechtsschutzbedürfnis fehlen, weil eine Verantwortung der Vertrauensperson wegen grober Vernachlässigung ihrer gesetzlichen Befugnisse oder wegen grober Verletzung ihrer gesetzlichen Pflichten nur über das Abberufungsverfahren des § 12 Abs. 1 SBG eingeklagt werden kann. Mildere Verstöße entziehen sich der Dienstaufsicht des nächsthöheren Disziplinarvorgesetzten. So bleibt in diesem Bereich beispielsweise eine Beschwerde mit der Begründung zulässig, die Vertrauensperson habe gegenüber dem Beschwerdeführer ihre gesetzliche Schweigepflicht verletzt (§ 2 Abs. 2 SBG).

2.11. Disziplinarbeschwerde. Mit Rücksicht auf die besonderen Zuständigkeitsvorschriften für die Verhängung einfacher Disziplinarmaßnahmen (§§ 29 ff. WDO), vor allem den Besonderheiten beim Disziplinararrest hat die WDO die Zuständigkeitsregelung für Disziplinarbeschwerden eigenen Vorschriften vorbehalten (§ 42 Nr. 3, 4, 5 WDO), obwohl die Regelung des § 9 Abs. 1 Satz 1 und Absatz 3 denjenigen des § 42 Nr. 3 im Ergebnis voll entspricht.

34

35

36 Über die Beschwerde gegen eine einfache Disziplinarmaßnahme – außer Disziplinararrest – entscheidet der nächste Disziplinarvorgesetzte des verhängenden Disziplinarvorgesetzten. Wechsel im Unterstellungsverhältnis des verhängenden Disziplinarvorgesetzten, dessen nächsten Disziplinarvorgesetzten oder des gemaßregelten Soldaten berühren die Zuständigkeit nicht. Die Zuständigkeit richtet sich nach der Dienststellung des die Disziplinarmaßnahme verhängenden Disziplinarvorgesetzten, nicht nach seiner Person (vgl. auch Dau/Schütz, WDO, § 42 Rn. 59). Es entscheidet der Disziplinarvorgesetzte, dem zur Zeit der Entscheidung über die Beschwerde der verhängende Disziplinarvorgesetzte untersteht (§ 42 Nr. 3 WDO). Dieser Hinweis auf den Zeitpunkt der Entscheidung ist nur für die Fälle von Bedeutung, in denen eine organisatorische Gliederung geändert wird. Wird die Einheit des gemaßregelten Soldaten nach Verhängung der Disziplinarmaßnahme einem anderen Verband unterstellt, entscheidet der Kommandeur dieses Verbandes über die Beschwerde. Wird ein Sanitätsoffizier wegen eines Dienstvergehens – Verstoß gegen seine ärztlichen Pflichten oder eine Verletzung ärztlicher und zugleich sonstiger Dienstpflichten – von dem Fachvorgesetzten gemaßregelt (mit Ausnahme von Disziplinararrest), entscheidet über die Beschwerde des Sanitätsoffiziers der nächste Fachvorgesetzte des verhängenden Vorgesetzten (§ 42 Nr. 3 i. Vbg. m. § 27 Abs. 3 WDO). Auch in diesem Fall wird die Zuständigkeit durch einen Wechsel des Unterstellungsverhältnisses nicht berührt.

Beispiele:
– Der Kpchef der Kompanie A, Hauptmann M., verhängt gegen einen Soldaten am 1. 2. eine Ausgangsbeschränkung. Am 8. 2. übernimmt er die Kompanie B und an seiner Stelle Hauptmann S die Kompanie A. Zur gleichen Zeit wird der gemaßregelte Soldat zur Kompanie B kommandiert. Am 16. 2. wechselt auch der Btl. Kdr. Major Y übernimmt an Stelle des Oberstleutnant X das Bataillon. Auf die Beschwerde des gemaßregelten Soldaten wird am 20. 2. entschieden. Zuständig ist Major Y als nächster Disziplinarvorgesetzter des Nachfolgers des verhängenden Disziplinarvorgesetzten.
– Ein Soldat wird vom Kpchef der Kompanie A mit einer Disziplinarbuße gemaßregelt. Anschließend wird die Kompanie A aus dem Bataillon X ausgegliedert und dem Bataillon Y unterstellt. Der Kommandeur des Bataillon Y hat über die Beschwerde gegen die die Disziplinarmaßnahme zu entscheiden.
– Wird der Bataillonskommandeur durch den Kompaniechef vertreten, der die Disziplinarmaßnahme verhängt hat, und duldet die Erledigung keinen Aufschub, erklärt dieser sich für befangen und gibt die Sache entsprechend § 30 Abs. 2 Nr. 3 WDO an den Brigadekommandeur zur Entscheidung ab.
– Ein Urlauber der Kompanie A in Hamburg wird von dem Standortältesten des Urlaubsortes Köln in Ausübung der Notdisziplinarbefugnis nach § 31 WDO gemaßregelt. Über die Beschwerde entscheidet der nächste Disziplinarvorgesetzte des Standortältesten.

37 Ist die Disziplinarmaßnahme von einem Disziplinarvorgesetzten verhängt worden, der im Zeitpunkt der Beschwerdeentscheidung nächsthöherer Disziplinarvorgesetzter ist (z. B. verhängender Chef des Stabes vertritt den Kommandeur), ist er von der Entscheidung über die Beschwerde ausgeschlossen; diese obliegt in dieser Eigenschaft seinem nächsten Disziplinarvorgesetzten, an den er die Sache abzugeben hat.

38 Über die Beschwerde gegen eine vom BMVg verhängte Disziplinarmaßnahme entscheidet das BVerwG (Wehrdienstsenate; § 21). Das Gleiche gilt für die Entscheidung über die weitere Beschwerde gegen eine einfache Disziplinarmaßnahme, wenn der BMVg den Beschwerdebescheid erlassen hat

(§ 42 Nr. 4 Satz 3 WDO). Zuständiger Disziplinarvorgesetzter für die Entscheidung über eine Beschwerde gegen eine von dem Generalinspekteur verhängte Disziplinarmaßnahme – mit Ausnahme von Disziplinararrest – ist der BMVg. Hat der BMVg einen Disziplinararrest verhängt, entscheidet über die Beschwerde das BVerwG (Wehrdienstsenate; § 42 Nr. 5 Satz 2 WDO).

Über eine Beschwerde gegen Disziplinararrest entscheidet nicht ein Disziplinarvorgesetzter, sondern das Wehrdienstgericht (§ 42 Nr. 5 Satz 1 WDO). Es entscheidet auch über die weitere Beschwerde gegen alle einfachen Disziplinarmaßnahmen (§ 42 Nr. 4 Satz 1 WDO; vgl. hierzu Dau/ Schütz, WDO, § 42 Rn. 67 ff.). Beim Disziplinararrest entfällt die weitere Beschwerde, das Wehrdienstgericht entscheidet – vorbehaltlich der Rechtsbehelfe nach §§ 22a und 22b – endgültig. **39**

3. Beschwerde in Bundeswehrverwaltungsangelegenheiten (Satz 2)

Über Beschwerden in Bundeswehrverwaltungsangelegenheiten entscheidet die nächsthöhere Dienststelle der Bundeswehrverwaltung. Handelt es sich dabei um den BMVg, kann dieser die Entscheidung durch allgemeine Anordnung auf die Stelle, die die angefochtene Maßnahme erlassen hat, oder auf andere Stellen übertragen. Von der Zuständigkeitsregelung des Satzes 2 werden nur solche Verwaltungsangelegenheiten erfasst, die nicht auf die Truppe übertragen sind oder bei denen es sich um allgemeine Verwaltungsangelegenheiten handelt. Satz 2 gilt nur für solche Verwaltungsangelegenheiten der Bundeswehr, die gemäß Art. 87b GG als Bundeswehrverwaltung in bundeseigener Verwaltung mit eigener Behördenorganisation geführt werden (dazu Walz, FS Dau, S. 301 ff. m. w. Nachw.). Hierzu rechnet beispielsweise der Erlass eines Leistungsbescheides auf Zahlung von Schadensersatz (§ 24 SG) oder die Berechnung der Dienstbezüge, auch die Preisgestaltung für Waren des Grundsortiments in den Kantinen durch das Bundesamt für Infrastruktur, Umweltschutz und Dienstleistungen der Bundeswehr (vgl. auch Lingens, Beschwerderecht, Rn. 254). **40**

Die nächsthöhere Dienststelle der Bundeswehrverwaltung hat zu entscheiden (siehe jedoch § 23 Abs. 4 Satz 1). Das ist die Dienststelle, die in der Behördenorganisation der Bundeswehrverwaltungsbehörde übergeordnet ist, deren Maßnahme angefochten oder von der eine bisher unterlassene Maßnahme verlangt wird. Satz 2 regelt nur die instanzielle Zuständigkeit (Schomeker, BWV 1973, 268, 269); welche Dienststelle im Einzelfall zuständig ist, richtet sich nach dem Behördenaufbau der Bundeswehrverwaltung oder nach im Einzelnen vorgeschriebenen fachdienstlichen Unterstellungen. Die Bundeswehrverwaltung besteht aus den Organisationsbereichen Personal, Ausrüstung, Informationstechnik und Nutzung sowie Infrastruktur, Umweltschutz und Dienstleistungen (siehe Dresdner Erlass vom 21.3.2012, BWV 2012, 83). Die für sie verantwortlichen Dienststellen unterhalb des BMVg sind u. a. das Bundesamt für das Personalmanagement der Bundeswehr, das Bildungszentrum der Bundeswehr, das Bundesamt für Ausrüstung, Informationstechnik und Nutzung der Bundeswehr, das Bundesamt für Infrastruktur, Umweltschutz und Dienstleistungen der Bundeswehr, das Bundessprachenamt, das Katholische Militärbischofsamt und das Evangelische Kirchenamt der Bundeswehr. **41**

Auch wenn Behörden der Bundeswehrverwaltung für die Entscheidung über die Beschwerde zuständig sind, kann der Soldat die Beschwerde bei **42**

seinem nächsten Disziplinarvorgesetzten oder bei den anderen Beschwerdeadressaten einlegen (§§ 5, 11 Buchst. b, 23 Abs. 2).

4. Keine Delegation der Entscheidung

43   Da die Zuständigkeitsregelung nach der WBO zwingende gesetzliche Vorschrift mit streng geordnetem Verfahrenszug ist (vgl. Rn. 1), kann die Entscheidung durch den nach § 9 Abs. 1 Satz 1 zuständigen Disziplinarvorgesetzten oder die nach § 9 Abs. 1 Satz 2 zuständige Behörde der Bundeswehrverwaltung nicht delegiert werden. Zur Übertragung der Zeichnungsbefugnis
siehe Rn. 46 ff.

44   Ebenso wenig kann eine übergeordnete Stelle in die nach § 9 Abs. 1
festgelegte Entscheidungskompetenz eingreifen. Der höhere Disziplinarvorgesetzte oder höhere Dienststellen dürfen die Entscheidung über die Beschwerde nicht an sich ziehen (BDH NZWehr 1964, 168). Davon unberührt bleibt die Befugnis der in der Hierarchie der Streitkräfte oder der
Bundeswehrverwaltung übergeordneten Stelle, in der den Gegenstand der
Beschwerde bildenden Sache zu entscheiden, diese z. B. zur Entscheidung an
sich zu ziehen oder insoweit Weisungen zu erteilen, m. a. W. von selbst
erlassenen allgemeinen Richtlinien und Befehlen Ausnahmen zuzulassen
(BDH NZWehrr 1963, 110); sie dürfen nur die Kompetenz zur Entscheidung über die Beschwerde nicht ändern.

45   Soweit es sich nicht um Beschwerden in truppendienstlichen Angelegenheiten handelt (vgl. insbesondere § 35 Abs. 1 und 2 WDO), wird man den
übergeordneten Stellen zugestehen müssen, dass sie die Beschwerdestelle
anweisen, wie sie die Beschwerde zu entscheiden hat, solange sie nicht die
gesetzlich festgelegte Zuständigkeit zur Entscheidung über die Beschwerde
verändern (vgl. Lingens BWV 1997, 232). Ausschließlich der BMVg ist durch
§ 23 Abs. 4 Satz 1 ermächtigt, die Entscheidung für Fälle, in denen er zur
Entscheidung über eine Beschwerde in Verwaltungsangelegenheiten zuständig wäre, auf nachgeordnete Dienststellen zu übertragen.

Zu Absatz 2

III. Übertragung der Zeichnungsbefugnis

1. In truppendienstlichen Angelegenheiten (Satz 1)

46   Nach § 27 Abs. 2 WDO kann Disziplinarbefugnis nur persönlich vom
Inhaber der Dienststellung ausgeübt werden. Dieser Grundsatz gilt auch für
Entscheidungen des Disziplinarvorgesetzten über Beschwerden und weitere
Beschwerden. Bei Entscheidungen, die der BMVg als oberster Disziplinarvorgesetzter zu treffen hat, führte diese Regelung in der Vergangenheit zu
einer erheblichen Belastung. Die Neufassung des Absatzes 2 durch das NOG
trägt dem Rechnung. Satz 1 Hs 1 bestimmt, dass in den Fällen, in denen der
BMVg über Beschwerden in truppendienstlichen Angelegenheiten zu entscheiden hat, sein Vertreter die Beschwerdeentscheidung unterzeichnen kann.
Satz 1 Hs 2 erlaubt eine weitergehende Delegierung innerhalb des Bundesministeriums der Verteidigung. Die notwendigerweise personal orientierte
Verbindung von Disziplinar- und Entscheidungsbefugnis nach der WBO
wird mit der Übertragung der Zeichnungsbefugnis nicht aufgegeben; auch

im Bereich der WBO bleibt die schon verfassungsrechtlich abgesicherte Stellung des BMVg als oberster Disziplinarvorgesetzter unberührt. Eine Delegation ist auf die Entscheidung über Beschwerden in truppendienstlichen Angelegenheiten beschränkt. Für die Entscheidung über Beschwerden in Verwaltungsangelegenheiten siehe Satz 2. Satz 1 gilt ausschließlich für den BMVg, eine analoge Anwendung auf andere, dem BMVg nachgeordnete Disziplinarvorgesetzte ist unzulässig. Die Anwendung der Vorschrift setzt voraus, dass der BMVg zur Entscheidung über die Beschwerde oder weitere Beschwerde zuständig ist. In diesem Fall kann sein Vertreter die Beschwerdeentscheidung unterzeichnen. **Der Begriff des Vertreters i. S. von Satz 1 Hs 1 ist nicht identisch mit dem „Stellvertreter im Kommando" nach § 27 Abs. 2 Satz 3 WDO,** der die Zeichnungsbefugnis schon als Folge der ihm auf Grund seiner Dienststellung zustehenden Entscheidungsbefugnis hat. „Vertreter" ist vielmehr gleichbedeutend mit dem „ständigen Vertreter", der in Ausübung der Disziplinarbefugnis neben dem Minister zwar keine eigene Entscheidungsbefugnis hat, jedoch zur Unterzeichnung der Entscheidung ermächtigt werden kann. Ständiger Vertreter des Ministers als Leiter einer obersten Bundesbehörde und damit auch in der Befehlsgewalt und Vorgesetzteneigenschaft gegenüber den Streitkräften sind die beamteten Staatssekretäre (BVerwGE 46, 55 = NZWehr 1973, 100 = NJW 1973, 865; § 14 Abs. 3, § 14 Abs. 3 GeschO-BReg; § 6 Abs. 1 GGO; vgl. auch Dau, FS Fleck, S. 81 ff.). Welcher Staatssekretär im Einzelfall den Minister in der Unterzeichnung von Beschwerdeentscheidungen vertritt, obliegt seiner – insoweit gerichtlich nicht nachprüfbaren – Organisationsgewalt. Ist der Minister in der Ausübung der Disziplinarbefugnis verhindert (vgl. hierzu OVG Münster ZBR 1966, 193 und – allerdings mit fallbezogener Beschränkung – BVerwG aaO), entscheidet und unterzeichnet der Staatssekretär als Stellvertreter im Kommando (vgl. auch BVerwG 1 WB 4/07 vom 29.1.2008, juris Rn. 26).

Die Befugnis zur Unterzeichnung des Beschwerdebescheides ist auf den **47** Staatssekretär als den Vertreter des Ministers beschränkt. Sofern die Voraussetzungen des Satzes 1 Hs 2 – Weiterübertragung – nicht vorliegen, ist die Unterschrift eines Abteilungsleiters als „Vertreter des Staatssekretärs" (§ 6 Abs. 4 GGO) nicht zulässig. Die Weiterübertragung bedarf eines schriftliches Erlasses. Der Staatssekretär zeichnet „In Vertretung". Für die Wirksamkeit der Unterzeichnung reicht die amtliche Beglaubigung der Unterschrift auf dem Beschwerdebescheid aus. Satz 1 Hs 2 ermächtigt den BMVg, die Zeichnungsbefugnis weiter zu übertragen.

Die Übertragung der Zeichnungsbefugnis nach Satz 1 Hs 2 ist nur inner- **48** halb des Bundesministeriums der Verteidigung möglich (anders also als im Falle des § 23 Abs. 4); eine Übertragung auf Vorgesetzte, die dem BMVg truppendienstlich nachgeordnet sind, ist nicht zulässig.

2. In Verwaltungsangelegenheiten (Satz 2)

In den Fällen, in denen der BMVg über eine Beschwerde in Verwaltungs- **49** angelegenheiten zu entscheiden hat, handelt er nicht als oberster Disziplinarvorgesetzter, sondern als oberste Dienstbehörde. Hier kann der Beschwerdebescheid von jedem zeichnungsberechtigten Angehörigen des Ministeriums schlussgezeichnet werden, ohne dass es einer besonderen Ermächtigung durch den Minister bedarf.

Zu Absatz 3

IV. Übergang der Entscheidungszuständigkeit

1. Voraussetzungen

50   Die Zuständigkeit zur Entscheidung über die Beschwerde geht unter zwei Voraussetzungen auf einen neuen Disziplinarvorgesetzten über:
– das Unterstellungsverhältnis des Betroffenen (§ 4 Abs. 3 Satz 3) hat gewechselt und
– die Beschwerde richtet sich gegen seine Person.

51   Die Regelung des Absatzes 3 betrifft nur den Fall des Absatzes 1 Satz 1. Da nur der Disziplinarvorgesetzte des Betroffenen dessen Person betreffende, insbesondere disziplinare Entscheidungen treffen kann, muss bei einem Wechsel des Unterstellungsverhältnisses des Betroffenen auch die Entscheidungskompetenz insoweit auf den neuen Disziplinarvorgesetzten des Betroffenen übergehen. Der Wechsel im Unterstellungsverhältnis des Beschwerdeführers berührt die einmal begründete Zuständigkeit zur Entscheidung über die Beschwerde nicht. Wird der Beschwerdeführer nach Einlegung seiner Beschwerde in einen anderen Kommandobereich versetzt, stellt sich nur noch die Frage, ob die Beschwerdeentscheidung des früheren Disziplinarvorgesetzten den neuen Disziplinarvorgesetzten binden kann. Beispiel: Der Soldat beschwert sich, weil ihm der KpChef der 1. Kompanie des Bataillons X einen Urlaubsantrag abgelehnt hat. Vor der Entscheidung über die Beschwerde wird der Beschwerdeführer in den Befehlsbereich des Bataillons Y versetzt. Der Kommandeur des Bataillons X gibt der Beschwerde statt. Dabei kann sich die Entscheidung nur auf die Feststellung beschränken, dass der Urlaubsantrag nicht hätte abgelehnt werden dürfen (§ 13 Abs. 1). Der Urlaubsantrag selbst kann im Bereich des Bataillons X nicht mehr genehmigt werden, da hierfür nun ein Disziplinarvorgesetzter aus einem anderen Befehlsbereich zuständig ist (§ 14 SUV i. Vbg. m. Nr. 97 der AusfBest.). Dieser hat über einen Urlaubsantrag neu zu entscheiden.

52   Bei der Entscheidung über eine Beschwerde gegen eine einfache Disziplinarmaßnahme – mit Ausnahme von Disziplinararrest – berührt ein Wechsel im Unterstellungsverhältnis des verhängenden Disziplinarvorgesetzten, dessen Disziplinarvorgesetzten oder des Soldaten die Zuständigkeit ebenfalls nicht (vgl. näher Dau/Schütz, WDO, § 42 Rn. 59).

2. Wechsel im Unterstellungsverhältnis des Betroffenen

53   Das Unterstellungsverhältnis des Betroffenen wechselt durch dessen Versetzung oder Kommandierung, auch bei zeitweiligem Ausscheiden von Truppenteilen aus ihrem Verband (vgl. den Wortlaut von § 29 Abs. 2 WDO). **Versetzung** ist der Befehl zur nicht nur vorübergehenden Dienstleistung in einer anderen Einheit (Dienststelle) oder an einem anderen Standort, sie begründet die Zugehörigkeit zu einer anderen Organisationseinheit; die **Kommandierung** ist dagegen der Befehl zur vorübergehenden (vorläufigen) Dienstleistung bei einer anderen Einheit, Dienststelle, einem anderen Standort oder bei einer nichtamtlichen Stelle, z. B. Privatunternehmen. Der **Wechsel der Unterstellung** tritt bei Versetzung und Kommandierung mit

238

dem Tage des tatsächlichen Dienstantritts ein. Bis zum Dienstantritt bleibt der bisherige Disziplinarvorgesetzte für die Beschwerdeentscheidung zuständig. Keine Kommandierung und damit auch kein Wechsel im Unterstellungsverhältnis tritt ein, wenn der Betroffene im Rahmen einer Dienstreise an Tagungen teilnimmt oder nur kurzfristig zu einer besonderen Dienstleistung befohlen wird, z. B. als Ordonnanz in der Offiziermesse. Auch die Einlieferung in ein Bundeswehrkrankenhaus bewirkt keine neue truppendienstliche Unterstellung.

Dagegen begründet ein zeitweiliges Ausscheiden von Truppenteilen aus **54** ihrem Verband – ähnlich einer Kommandierung für den einzelnen Soldaten – eine neue truppendienstliche Unterstellung. In diesen Fällen wechselt regelmäßig der nächste Disziplinarvorgesetzte für die Führer der Truppenteile. Wird z. B. das Bataillon A der Nachbarbrigade zeitweilig unterstellt, erhält nur der Bataillonskommandeur einen neuen Disziplinarvorgesetzten, der nunmehr entscheidet, wenn der Bataillonskommandeur Betroffener einer gegen seine Person gerichteten Beschwerde ist. Dasselbe gilt für das Ausscheiden von Kriegsschiffen aus ihrem Verband, sofern sie einem anderen deutschen Verband unterstellt werden. Wird jedoch eine Fregatte der Ständigen Einsatzflotte Atlantik zugeteilt, bleibt die bisherige truppendienstliche Unterstellung bestehen. Bei einer nur kurzfristig befohlenen taktischen Unterstellung anlässlich einer Übung tritt kein Wechsel im Unterstellungsverhältnis ein (siehe zum Vorstehenden auch Dau/Schütz, WDO, § 29 Rn. 16).

Neuer Vorgesetzter ist nach dem Wechsel im Unterstellungsverhältnis der **55** nächste Disziplinarvorgesetzte (Absatz 1 Satz 1) des Betroffenen. Dieser Vorgesetzte ist grundsätzlich (§ 29 Abs. 2 Satz 2 WDO) auch für die disziplinare Ahndung des mit der Beschwerde vorgeworfenen Dienstvergehens zuständig. Ein Wechsel im Unterstellungsverhältnis des Betroffenen beeinflusst die Zuständigkeit für den Beschwerdebescheid nur, wenn er vor der Entscheidung über die Beschwerde vollzogen ist. Ein späterer Wechsel ändert die Zuständigkeit nicht mehr. Die Zuständigkeit für die danach zu treffende Entscheidung über die weitere Beschwerde richtet sich also nach dem Disziplinarvorgesetzten, der den Beschwerdebescheid erlassen hat.

3. Gegen die Person des Betroffenen gerichtete Beschwerde

Für die Frage, ob ein Wechsel des Unterstellungsverhältnisses Einfluss auf **56** die Zuständigkeit zur Entscheidung über die Beschwerde hat, ist zu unterscheiden, ob sich die Beschwerde gegen Maßnahmen oder Entscheidungen richtet, die der Betroffene in dienstlicher Eigenschaft getroffen hat, oder ob sie sich gegen die Person des Betroffenen richtet. Wendet sich der Beschwerdeführer gegen eine dienstliche Maßnahme oder Entscheidung des Betroffenen, ist der Disziplinarvorgesetzte zuständig, dem der Betroffene unterstand. Richtet sich die Beschwerde aber gegen ein persönliches Fehlverhalten des Betroffenen, geht bei einem Wechsel des Unterstellungsverhältnisses des Betroffenen die Zuständigkeit auf seinen neuen Disziplinarvorgesetzten über.

Beispiel: Hat ein KpChef einem Soldaten den beantragten Urlaub verweigert und beschwert sich dieser darüber, ist der Bataillonskommandeur für die Beschwerdeentscheidung zuständig, auch wenn der KpChef, der den Urlaub verweigert hatte, inzwischen versetzt worden ist.

Hat ein KpChef dagegen einen Soldaten seiner Kompanie beleidigt und der Soldat beschwert sich darüber, ist, wenn der KpChef inzwischen versetzt worden ist, dessen neuer Disziplinarvorgesetzter für die Entscheidung über die Beschwerde zuständig.

57   Da die Regelung des Absatzes 3 nur die gegen die Person des Betroffenen gerichteten Beschwerden erfasst, bezieht sie sich nicht auf die Fälle des Absatzes 1 Satz 2 (Beschwerden gegen Dienststellen der Bundeswehrverwaltung) und von den übrigen Beschwerden nur auf die Kameradenbeschwerde und die ihr entsprechende Beschwerde gegen ein pflichtwidriges persönliches Verhalten des Vorgesetzten.

Zu Absatz 4

V. Zuständigkeitsstreit

1. Zweifelsfälle

58   Zweifelsfälle in der Beurteilung der für die Entscheidung über die Beschwerde zuständigen Stelle werden dadurch gelöst, dass der nächste gemeinsame Vorgesetzte entscheidet. Die Vorschrift verhindert, dass die Entscheidung über die Beschwerde sachwidrig verzögert wird. Zweifelsfälle bedeutet nicht, dass ein mit der Sache befasster Vorgesetzter oder eine Dienststelle Zweifel über die eigene Zuständigkeit hat. Jede Stelle, die mit der Beschwerde befasst wird, muss sich zur Zuständigkeit alsbald entscheiden; sie darf diese Frage nicht offen lassen. Die Unfähigkeit, sich zu entscheiden, führt somit nicht zum Zweifelsfall. Zweifelsfälle entstehen durch unterschiedliche Auffassung zweier oder mehrerer mit der Sache befasster Stellen über die Frage der Zuständigkeit. Die Behauptung einer Stelle, sie sei nicht zuständig, bedeutet noch keinen Zweifelsfall. Hat diese die Sache aber abgegeben, bestreitet die empfangende Stelle ebenfalls ihre Zuständigkeit und behauptet nicht die Zuständigkeit einer dritten Stelle, sondern die der abgebenden, entsteht ein Zweifelsfall. Zweifelsfälle i. S. des Absatzes 4 sind also nur Kompetenzkonflikte. Zu unterscheiden sind der positive Kompetenzkonflikt, wenn mehrere Stellen die Zuständigkeit beanspruchen, und der negative Kompetenzkonflikt, wenn mehrere Stellen sie verneinen. In beiden Fällen ist unverzüglich die Entscheidung des nächsten gemeinsamen Vorgesetzten herbeizuführen.

2. Nächster gemeinsamer Vorgesetzter

59   Die für die Entscheidung über die Beschwerde zuständige Stelle bestimmt der nächste gemeinsame Vorgesetzte. Wer nächster gemeinsamer Vorgesetzter ist, ergibt sich aus der Organisation der Bundeswehr. Besteht der Zuständigkeitsstreit zwischen einer Dienststelle der Streitkräfte und einer Behörde der Bundeswehrverwaltung, ist nächster gemeinsamer Vorgesetzter der BMVg. Entsprechendes gilt bei Kompetenzkonflikten zwischen Vorgesetzten oder Dienststellen verschiedener Teilstreitkräfte/Organisationsbereiche oder zwischen Sanitätsoffizieren (§ 27 Abs. 3 WDO) und truppendienstlichen Vorgesetzten.

3. Entscheidung über die Zuständigkeit

Zuständigkeitszweifel werden für den streitigen Beschwerdefall durch den **60** nächsten gemeinsamen Vorgesetzten entschieden. Dabei können entstandene Zweifel durchaus offen bleiben. Der Vorgesetzte bestimmt verbindlich, wer im streitigen Beschwerdefall für die Entscheidung zuständig ist. Seine Weisung begründet die Zuständigkeit zur Entscheidung über die Beschwerde. Der Streit über die Zuständigkeit wird nicht danach entschieden, wer als Erster seine Zuständigkeit bejaht oder verneint hat, sondern durch die Entscheidung eines Dritten, des nächsten gemeinsamen Vorgesetzten. Diese ist als eine die Beschwerdeentscheidung nur vorbereitende innerdienstliche Maßnahme nicht selbstständig anfechtbar. Ist ein Zuständigkeitsstreit zu entscheiden, sind die Beschwerdevorgänge unverzüglich und unmittelbar dem nächsten gemeinsamen Vorgesetzten vorzulegen. Zwischenvorgesetzte sind nachrichtlich zu beteiligen. Auch die Entscheidung des nächsten gemeinsamen Vorgesetzten ist der Beschwerdestelle unmittelbar mitzuteilen. Der Beschwerdeführer hat Anspruch darauf, dass über seine Beschwerde unverzüglich entschieden wird; diese Entscheidung darf nicht unnötig hinausgezögert werden, nur weil sich Vorgesetzte oder Dienststellen der Bundeswehr nicht einig werden können, wer für die Beschwerdeentscheidung zuständig ist. Ist einer der am Zuständigkeitsstreit beteiligten Stellen bekannt, dass die andere Stelle die Sache vorlegt, muss sie sich einer Beschwerdeentscheidung solange enthalten, bis über die Zuständigkeit entschieden ist. Eine gleichwohl oder ohne Kenntnis der Vorlage ergangene Beschwerdeentscheidung ist wirksam und kann nur noch mit einer weiteren Beschwerde und der Behauptung eines Verfahrensverstoßes in Frage gestellt werden. Für eine Zuständigkeitsbestimmung nach Absatz 4 ist dann kein Raum mehr. Für die Behandlung von Zuständigkeitsstreitigkeiten ist bei Beschwerden demnach Folgendes zu beachten:

– Zuständigkeitsstreitigkeiten dürfen sich nicht zu Lasten des Beschwerdeführers auswirken, sofern dieser die Beschwerde fristgerecht bei einem der vorgesehenen Beschwerdeadressaten eingelegt hat;
– jede mit der Sache befasste Stelle muss über die Frage ihrer Zuständigkeit entscheiden;
– hält sie sich für zuständig, hat sie die Beschwerde sofort an die zuständige Stelle abzugeben;
– im Falle eines positiven oder negativen Kompetenzkonflikts hat jede mit der Sache befasste Stelle die Beschwerde unverzüglich und unmittelbar dem nächsten gemeinsamen Vorgesetzten vorzulegen. Dieser bestimmt, welche Stelle über die Beschwerde zu entscheiden hat.

§ 10 Vorbereitung der Entscheidung

(1) Der entscheidende Vorgesetzte hat den Sachverhalt durch mündliche oder schriftliche Verhandlungen zu klären. Er kann die Aufklärung des Sachverhalts einem Offizier übertragen. In Fällen von geringerer Bedeutung kann der entscheidende Vorgesetzte auch den Kompaniefeldwebel oder einen Unteroffizier in entsprechender Dienststellung mit der Vernehmung von Zeugen beauftragen, soweit es sich um Mannschaften

oder Unteroffiziere ohne Portepee handelt. Über den Inhalt mündlicher Verhandlungen ist ein kurzer zusammenfassender Bericht zu fertigen.

(2) Bei Beschwerden in fachdienstlichen Angelegenheiten ist die Stellungnahme der nächsthöheren Fachdienststelle einzuholen, wenn diese nicht selbst für die Entscheidung zuständig ist.

(3) Die Beteiligung der Vertrauensperson regelt das Soldatenbeteiligungsgesetz.

Übersicht

I. Vorbemerkung

1   Die Vorschrift ist zur Entlastung des den Sachverhalt aufklärenden Vorgesetzten durch das NOG geringfügig geändert worden. In Absatz 1 wurde Satz 3 durch Art. III Nr. 7a NOG neu eingefügt (vgl. Kurzprotokolle der 2. Sitzung der Kommission „Wehrdisziplinarrecht" des Verteidigungsausschusses vom 5.5.1971 und der 6. Sitzung vom 14.10.1971); der bisherige Satz 3 wurde Satz 4. Absatz 3 ist durch Art. 3 des Gesetzes über die Beteiligung der Soldaten und der Zivildienstleistenden – SBG – vom 16.1.1991 (BGBl. I S. 47, 56) neugefasst worden.

2   § 10 enthält mit den §§ 12 bis 15 die eigentlichen Verfahrensvorschriften für das außergerichtliche Beschwerdeverfahren, nämlich die Regelung des Verfahrensablaufes vom Zeitpunkt der Einlegung der Beschwerde bis zur Zustellung des Beschwerdebescheides (§ 12 Abs. 1 Satz 3, Abs. 2, Abs. 3 Satz 1, § 13 Abs. 2 und § 15) und die Bestimmungen über den materiellen

Umfang der in diesem Verfahren durchzuführenden Untersuchung (§ 13 Abs. 1 Satz 2 und 3, Abs. 2 Satz 1 und § 14). Mit den Regelungen des § 10 hat der Gesetzgeber der für die Beschwerdeentscheidung zuständigen Stelle (§ 9) die wichtigsten Verfahrensanweisungen vorgegeben und sie zur Einhaltung verpflichtet, im Übrigen jedoch die Gestaltung des Verfahrensablaufes weitgehend dem Ermessen der Beschwerdestelle überlassen. Das Verfahren soll einfach und insbesondere für den normalerweise juristisch nicht vorgebildeten militärischen Vorgesetzten wenig formalistisch und praktikabel sein. Absatz 1 enthält die Verpflichtung der Beschwerdestelle zur Aufklärung des durch die Beschwerde mitgeteilten Sachverhalts (Satz 1). Das Aufklärungsergebnis muss in schriftlicher Form vorliegen (Absatz 1 Satz 1 und 4), da es die Grundlage für den schriftlich zu begründenden Beschwerdebescheid nach § 12 und für die Nachprüfung durch höhere Stellen und Gerichte bildet. Die erforderlichen Ermittlungen kann die Beschwerdestelle einem Offizier (oder einem Beamten; vgl. Rn. 40 ff.) übertragen (Absatz 1 Satz 2). In Fällen von geringerer Bedeutung kann auch der Kompaniefeldwebel oder ein Unteroffizier in entsprechender Dienststellung Zeugen vernehmen, soweit es sich um Mannschaften oder Unteroffiziere ohne Portepee handelt (Absatz 1 Satz 3). Die Beteiligung fachlich vorgesetzter Dienststellen, soweit sie fachlich zwar zuständig sind, aber doch nicht den Gegenstand der Beschwerde zu beurteilen haben, ist zwingend vorgeschrieben (Absatz 2). Für die Beteiligung der Vertrauensperson am Beschwerdeverfahren verweist Absatz 3 auf die Bestimmungen des SBG (§ 31 SBG).

Zu Absatz 1

II. Anwendungsbereich der Vorschrift

Die Vorschrift findet auf die Beschwerde und weitere Beschwerde (§ 16 **3** Abs. 4) in truppendienstlichen Angelegenheiten sowie auf die Verwaltungsbeschwerde Anwendung. Die Sachaufklärung für eine Beschwerde gegen einen Disziplinararrest und für das gerichtliche Antragsverfahren hat dagegen besondere Vorschriften in § 18 Abs. 2. Absatz 1 gilt auch im Rahmen eines Disziplinarbeschwerdeverfahrens (Meyer, NZWehrr 1959, 18, 20; Dau/Schütz, WDO, § 42 Rn. 33). Der für den Beschwerdebescheid zuständige Disziplinarvorgesetzte muss den Sachverhalt genau so klären, wie der Disziplinarvorgesetzte, der disziplinar ermittelt. Nochmalige Ermittlungen werden sich erübrigen, wenn die von dem verhängenden Disziplinarvorgesetzten vorgelegten Unterlagen erschöpfend sind. Treten jedoch bei der Aufklärung des Falles durch den nächsthöheren Disziplinarvorgesetzten neue Gesichtspunkte hervor, die für eine Entscheidung gegen den gemaßregelten Soldaten von Bedeutung sein können, muss der Soldat vorher dazu gehört werden (vgl. § 32 Abs. 5 WDO).

III. Aufklärung des Sachverhalts

1. Aufklärungspflicht

Zur Vorbereitung ihrer Beschwerdeentscheidung hat die nach § 9 zustän- **4** dige Beschwerdestelle den Sachverhalt zu klären. Jede Beschwerde begründet daher eine Aufklärungspflicht für die Stelle, die über die Beschwerde zu entscheiden hat. Der Aufklärung des Sachverhalts kommt deshalb schon große Bedeutung zu, weil der Beschwerdeführer nicht verpflichtet ist, seine Beschwerde zu begründen, sodass vielfach sein Beschwerdevorbringen unklar oder mehrdeutig ist. Verbleibende Zweifel auszuräumen ist Pflicht des zur Entscheidung über die Beschwerde zuständigen Disziplinarvorgesetzten. Er handelt pflichtwidrig, wenn er über eine Beschwerde, deren Sachverhalt unklar ist, ohne vorherige Klärung entscheidet. Aufzuklären ist, soweit der Sachverhalt klärungsbedürftig ist. Das kann Zweifel zum tatsächlichen Geschehensablauf betreffen, z. B. ist unklar, ob und in welcher Form vom Beschwerdeführer beanstandete Äußerungen gefallen sind; die Aufklärung kann sich aber auch auf die Feststellung nur solcher Umstände beschränken, aus denen sich die Unzulässigkeit der Beschwerde ergibt, z. B. es wird ermittelt, zu welchem Zeitpunkt der Beschwerdeführer Kenntnis von dem Beschwerdeanlass erhalten hat (§ 6 Abs. 1). Bestehen keine Zweifel oder Unklarheiten, wird sich die Aufklärung im Allgemeinen darauf beschränken können, dem Betroffenen Gelegenheit zur Stellungnahme zu geben (vgl. hierzu Rn. 29 f.).

5   **Der Sachverhalt ist durch mündliche oder schriftliche Verhandlungen** zu klären. Aufklärung durch schriftliche Verhandlungen ist die Ermittlung des Sachverhalts durch schriftliche Anfragen, Äußerungen, Berichte oder Stellungnahmen. Die mündliche Verhandlung ist die Vernehmung oder Anhörung, d. h. Aufklärung durch mündliche Äußerung, Aussprache, Auskunft oder Stellungnahme.

6   **Über den Inhalt mündlicher Verhandlungen ist ein kurzer zusammenfassender Bericht zu fertigen (Satz 4).** Besondere Formvorschriften sind hierbei nicht zu beachten. Eine förmliche Niederschrift braucht daher nicht aufgenommen zu werden, ist aber zulässig und kann sich bei schwierig gelagerten Beschwerdefällen durchaus empfehlen.

7   Aus dem Bericht braucht nicht der genaue Verlauf der Anhörung oder Vernehmung ersichtlich zu sein, sondern nur der wesentliche Inhalt des Verlaufs und des Ergebnisses. Bei dem Bericht handelt es sich nicht um eine Wiedergabe des Verhandlungsablaufs mit Darstellung der einzelnen Äußerungen, sondern schon um ein teilweises Ermittlungsergebnis. Der Bericht muss jedenfalls geeignet sein, als Grundlage für die Nachprüfung im weiteren Beschwerdeverfahren oder gerichtlichen Antragsverfahren zu dienen. Der Bericht ist vom wesentlichen Ergebnis der Ermittlungen zu unterscheiden. Er fasst die einzelne Ermittlung und nicht das Ergebnis der gesamten in einem Beschwerdeverfahren anzustellenden Ermittlungen zusammen. Es ist zulässig, z. B. bei einfach gelagerten Fällen, mehrere Anhörungen in einem Bericht zusammenzufassen. Innerhalb des Berichts muss aber jeder einzelne Ermittlungsakt für sich nachzuweisen sein.

2. Umfang der Aufklärung

8   Der Umfang der Aufklärung richtet sich allein danach, inwieweit der über die Beschwerde zu entscheidende Disziplinarvorgesetzte das Beschwerdevorbringen für aufklärungsbedürftig hält. Er allein trägt die Verantwortung dafür, dass der ermittelte Sachverhalt eine entscheidungsreife Grundlage für den Beschwerdebescheid ist. In vielen Fällen wird eine Beschwerde ohne besondere Aufklärung entschieden werden können. Bestehen Unklarheiten über

den Gegenstand der Beschwerde, wird in erster Linie der Betroffene anzuhören sein. Weichen die Angaben des Betroffenen von denen des Beschwerdeführers ab, wird es zweckmäßig sein, den Beschwerdeführer ergänzend zu hören oder den Sachverhalt auf andere Weise aufzuklären. An Beweisanträge des Beschwerdeführers oder seines Bevollmächtigten ist der Disziplinarvorgesetzte nicht gebunden.

Der Umfang der Aufklärung bestimmt sich ferner nach dem Umfang der **9** im Rahmen der Dienstaufsicht zusätzlich vorzunehmenden Untersuchungsmaßnahmen zur Feststellung mangelnder Dienstaufsicht oder sonstiger Mängel im dienstlichen Bereich (§ 14). Diese Ermittlungen können auch nach Erlass des Beschwerdebescheides noch durchgeführt werden, wenn sie sich nicht mehr unmittelbar auf den Gegenstand der Beschwerde beziehen.

3. Zur Aufklärung verpflichtete Stelle

Satz 1 verpflichtet den nach § 9 Abs. 1 zur Entscheidung über die Be- **10** schwerde zuständigen Vorgesetzten zur Aufklärung des Sachverhalts. Entscheidender Vorgesetzter ist der Disziplinarvorgesetzte, der den Gegenstand der Beschwerde zu beurteilen hat. An dem Wortlaut des Satzes 1 fällt zunächst auf, dass nur der entscheidende **Vorgesetzte** (§ 9 Abs. 1 Satz 1) und nicht auch die Dienststelle der Wehrverwaltung nach § 9 Abs. 1 Satz 2 genannt ist. Dass mit dem Begriff „Vorgesetzter" nur der militärische Vorgesetzte i. S. des § 10 SG i. Vbg. m. § 1 Abs. 4 SG gemeint ist, ergibt sich aus Satz 2, der vom Offizier und nicht auch vom Beamten spricht. Diese Regelung ist altes Recht (vgl. schon Nr. 21 BO 1936); ihre besondere Bedeutung liegt darin, dass zusätzlich zu den in § 10 SG genannten Pflichten des Vorgesetzten hier eine weitere Dienstpflicht für ihn begründet wird. Die Verpflichtung zur Aufklärung gilt über den Wortlaut der Vorschrift hinaus auch für die zuständige Behörde der Bundeswehrverwaltung.

4. Mittel der Aufklärung

4.1. Vernehmungen. Mittel der Aufklärung sind vor allem Verneh- **11** **mungen** des Beschwerdeführers, Betroffenen, sonst beteiligter Personen (§ 4 Abs. 4), Zeugen und Sachverständigen.

Die Aufklärung des Sachverhalts im Rahmen eines Beschwerdeverfahrens **12** ist eine dienstliche Angelegenheit. Jeder Soldat ist daher verpflichtet, der Aufforderung, sich vernehmen zu lassen, nachzukommen. Die Pflicht, in Beschwerdeverfahren als Zeuge auszusagen, ist zugleich eine Dienstpflicht. **Auch im Wehrbeschwerdeverfahren gilt jedoch der Grundsatz, dass niemand verpflichtet ist, gegen sich auszusagen und damit sich selbst zu belasten. Der Soldat als Zeuge kann sich daher auf ein Zeugnisverweigerungsrecht berufen,** dessen Umfang und Grenzen sich in entsprechender Anwendung (§ 23a Abs. 1 i. Vbg. m. § 91 Abs. 1 WDO) aus § 55 Abs. 1 StPO ergeben. Auf das Recht, die Aussage zu verweigern, kann sich der Soldat insbesondere gegenüber solchen Fragen berufen, deren Beantwortung ihm selbst oder bestimmte Angehörige (§ 52 StPO) der Gefahr strafrechtlicher oder disziplinarer Verfolgung aussetzte. Über sein Zeugnisverweigerungsrecht ist der Soldat zu belehren (§ 55 Abs. 2 StPO); der Text der Belehrung ergibt sich aus der Niederschrift über die Vernehmung eines Zeugen (vgl. auch Dau/Schütz, WDO, § 32 Rn. 32).

13   Sagt der Soldat aus, ist er gemäß § 13 SG zur wahrheitsgemäßen Aussage verpflichtet und zwar auch dann, wenn er sich dadurch belastet (vgl. BDHE 4, 159, 160 = NZWehrr 1960, 80, 81). Der Verstoß gegen die Wahrheitspflicht – dazu gehört auch das Verschweigen von Tatsachen, die dem Soldaten bekannt sind – ist ein Dienstvergehen. Der Soldat ist auf seine Wahrheitspflicht in dienstlichen Angelegenheiten hinzuweisen und über die disziplinaren Folgen ihrer Verletzung zu belehren (zur Wahrheitspflicht ergänzend Dau/Schütz, aaO, § 32 Rn. 33 ff. m. Nachw.; auch Walz in Walz/Eichen/Sohm, SG, § 13 Rn. 23).

14   Wird der Betroffene als beschuldigter Soldat vernommen, gilt § 32 Abs. 4 WDO (hierzu siehe im Einzelnen Dau/Schütz, aaO, § 32 Rn. 32 ff.).

15   **Bei seinen Aussagen unterliegt der Soldat der Verschwiegenheitspflicht** gemäß § 14 SG. Da seine Angaben bei der Anhörung oder Vernehmung im Beschwerdeverfahren Mitteilungen im dienstlichen Verkehr sind, wird er grundsätzlich durch diese Vorschrift nicht an der Aussage gehindert sein. Bei besonders vertraulichen Angelegenheiten, z. B. Personalvorgängen oder bei Vorgängen, die wegen eines Verschlusssachengrades der Geheimhaltung unterliegen, oder in Angelegenheiten, bei denen er damit rechnen muss, dass sie nicht zur Kenntnis der vernehmenden Stelle gelangen dürfen, ist der Soldat verpflichtet, auf diesen Hintergrund hinzuweisen, damit die zuständigen Stellen entscheiden können, ob Bedenken gegen eine Aussage bestehen (vgl. im Einzelnen den Erlass „Erteilung einer Aussagegenehmigung nach § 14 Abs. 2 des Soldatengesetzes", ZDv A-2160/6, Abschnitt 1.41 „Erteilung einer Aussagegenehmigung nach § 14 Absatz 2 des Soldatengesetzes"; in Schnell/Ebert C 42b; für das gerichtliche Antragsverfahren siehe § 18 Rn. 37).

16   Die Aussagegenehmigung darf nur versagt werden, wenn die Aussage dem Wohl des Bundes oder eines deutschen Landes Nachteile bereiten oder die Erfüllung öffentlicher Aufgaben ernstlich gefährden oder erheblich erschweren würde (§ 14 Abs. 2 SG; § 68 Abs. 1 BBG). Wird die Aussagegenehmigung vom Disziplinarvorgesetzten versagt, kann sich der hierdurch beschwerte Soldat mit der Beschwerde und letztlich mit einem Antrag an das Wehrdienstgericht dagegen wehren (BVerwGE 46, 303). Sollen Richter, Beamte oder Tarifbeschäftigte der Bundeswehr vernommen werden, sind ihre Vorgesetzten um die Durchführung der Vernehmung zu ersuchen. Nicht zur Bundeswehr gehörende Personen können gegen ihren Willen nicht angehört werden. Es ist aber zulässig, sie zu fragen, ob sie zu einer Vernehmung bereit sind oder sie um eine mündliche oder schriftliche Äußerung zu bitten.

17   **4.2. Weitere Aufklärungsmittel.** Die Vernehmung als Mittel der Aufklärung wird durch andere, gleichgerichtete Maßnahmen ergänzt. In Frage kommen insbesondere formlose Anhörungen, deren Ergebnis in einem Aktenvermerk festgehalten werden sollte, schriftliche oder fernmündliche Anfragen bei anderen Dienststellen, dienstliche Erklärungen, die Vorlage von Urkunden und eidesstattlichen Versicherungen, Auskünfte oder Stellungnahmen Dritter, Gegenüberstellungen, auch eine Durchsuchung oder Beschlagnahme. Der Aufklärung dienen ferner öffentliche oder private Urkunden, die zum Zwecke der Beweiserhebung herangezogen werden können. Dazu gehören z. B. Beurteilungen, Personalakten und sonstige Schriftstücke.

18   Von der Möglichkeit, schriftliche Berichte anzufordern, sollte nur Gebrauch gemacht werden, wenn zu erwarten ist, dass der zu Vernehmende zur

Abfassung eines zutreffenden Berichts in der Lage ist. Andernfalls ist bei einem nicht am Ort anwesenden Soldaten die Vernehmung durch Ersuchen an seinen Disziplinarvorgesetzten vorzuziehen. Welchem Aufklärungsmittel der Disziplinarvorgesetzte letztlich den Vorzug gibt, hängt von der Aufklärungsbedürftigkeit im Einzelfall und seinem pflichtgemäßen Ermessen ab.

5. Allgemeine Verfahrensgrundsätze

Für die Aufklärung des der Beschwerde zugrunde liegenden Sachverhalts gilt der Untersuchungsgrundsatz (vgl § 24 VwVfG). Alle erforderlichen Ermittlungsmaßnahmen müssen von Amts wegen ausgeschöpft werden. Die ermittelnde Stelle hat sich über alle Tatsachen Kenntnis und Klarheit zu verschaffen, die für die Beurteilung des Beschwerdegegenstandes als Grundlage für eine sachgerechte Entscheidung über die Beschwerde erheblich sind. Die Angabe von Beweismitteln (Zeugen, Sachverständige, Augenschein, Urkunden) ist zwar zulässig und ggf. auch zweckmäßig. Die ermittelnde Stelle ist aber an diese Angaben oder Beweisanträge des Beschwerdeführers oder des Betroffenen nicht gebunden; sie kann die Beweisaufnahme erweitern, aber auch einschränken, wenn sie das nach pflichtgemäßem Ermessen für sachdienlich erachtet. Sie ist verpflichtet, ungeachtet gestellter Beweisanträge die Aufklärung des Sachverhalts durchzuführen, die sie für die Entscheidung über die Beschwerde für erforderlich hält. Zum Untersuchungsgrundsatz im gerichtlichen Antragsverfahren siehe § 18 Rn. 19. **19**

Der Beschwerdeführer ist nicht verpflichtet, in seiner Beschwerde Beweismittel zu benennen. Der Untersuchungsgrundsatz bedeutet, dass den Beschwerdeführer keine Beweisführungspflicht trifft. Sein für die Beschwerde erhebliches Vorbringen muss auch berücksichtigt werden, wenn er dafür kein Beweismittel benannt hat. Eine andere Frage ist es jedoch, zu wessen Lasten es geht, wenn eine wesentliche Behauptung des Beschwerdeführers nach Ausschöpfung aller erreichbaren Beweismittel ungeklärt bleibt. Siehe zu dieser Frage der materiellen Beweislast die Ausführungen in § 18 Rn. 29 ff., die sinngemäß auch hier gelten. Beschwert sich der Soldat z. B., weil ihm ein Sonderurlaub versagt wurde, den er mit der Begründung beantragt hatte, er müsse seine plötzlich schwer erkrankte Mutter besuchen, kann der über die Beschwerde entscheidende Disziplinarvorgesetzte dem Urlaubsantrag nur entsprechen, wenn seine Aufklärung ergeben hat, dass die tatsächlichen und rechtlichen Voraussetzungen für eine Genehmigung vorliegen. Bleibt eine wesentliche Voraussetzung ungeklärt, kann nicht zugunsten des Beschwerdeführers entschieden werden. Stellt der Disziplinarvorgesetzte etwa fest, dass die Versagung des Urlaubs nicht auf der Verletzung einer Rechtsvorschrift beruht, muss der Beschwerdeführer ggf. nachweisen, dass gleichwohl eine Vorschrift besteht, die hätte beachtet werden müssen. Ist er hierzu nicht in der Lage, hat er den Nachteil der Beweislosigkeit zu tragen. Beschwert sich der Soldat über einen Kameraden mit der Begründung, er sei von diesem geschlagen worden, kann er zur Unterstützung seines Vorbringens einen Zeugen benennen. Bekundet dieser, er habe nichts beobachtet, trifft auch hier den Beschwerdeführer die materielle Beweislast, seine Beschwerde bleibt erfolglos. **20**

Die Aufklärung des Sachverhalts wird bis zur Entscheidungsreife fortgesetzt. Das bedeutet Aufklärung des Sachverhalts soweit, dass der Diszipli- **21** narvorgesetzte in der Lage ist, eine abschließende Entscheidung zu treffen (§ 13 Abs. 1). Hat ein mit den Ermittlungen beauftragter Offizier (Satz 2) die Aufklärung des Sachverhalts abgeschlossen, kann der Disziplinarvorgesetzte die Fortsetzung der Aufklärung, z. B. durch die Vernehmung weiterer Zeugen, verlangen.

22   **Die Ermittlungen sind beschleunigt durchzuführen. Der Beschleunigung des Verfahrens** dient es vor allem, wenn der nächste Disziplinarvorgesetzte die bei ihm eingelegte Beschwerde unverzüglich und unmittelbar der für die Entscheidung zuständigen Stelle zuleitet und dazu eine kurze Stellungnahme beifügt, soweit er hierzu ohne weitere Ermittlungen in der Lage ist. Die Behandlung von Disziplinarbeschwerden steht unter dem gesetzlichen Beschleunigungsgebot des § 17 Abs. 1 WDO.

23   Dazu gehört, dass der Disziplinarvorgesetzte der Schwerbehindertenvertretung Gelegenheit zur Äußerung gibt, wenn ein schwerbehinderter Soldat Beschwerdeführer oder Betroffener ist und dem nicht widerspricht (Nr. 7.1 des Fürsorgeerlasses, VMBl 2007 S. 30; 2010 S. 50). **Vor allem der verfassungsrechtliche Grundsatz, dass jedermann vor Gericht Anspruch auf rechtliches Gehör hat (Art. 103 Abs. 1 GG),** bindet auch die militärischen Vorgesetzten und Dienststellen der Bundeswehr, die über eine Beschwerde zu entscheiden haben (BDHE 6, 185, 186 = NZWehrr 1962, 66, 67; vgl. auch § 28 Abs. 1 VwVfG und Dau/Schütz, WDO § 121a Rn. 5, 8). Anspruch auf rechtliches Gehör bedeutet zunächst, dass dem Beschwerdeführer als Verfahrensbeteiligtem vor der Entscheidung über die Beschwerde Gelegenheit gegeben werden muss, sich zu allen Sach- und Rechtsfragen äußern zu können, die für die Beschwerdeentscheidung wesentlich sind. Insbesondere ist er zu dem Ergebnis der Aufklärung des Sachverhalts zu hören, bei mündlichen Verhandlungen zu dem zusammenfassenden Bericht nach Absatz 1 Satz 3. Für die Disziplinarbeschwerde siehe Dau/Schütz, WDO, § 42 Rn. 34.

24   Der Betroffene ist zwar nicht Verfahrensbeteiligter, gleichwohl ist auch ihm rechtliches Gehör zu gewähren, bevor über die Beschwerde entschieden wird (BVerwGE NZWehrr 1962, 66, vgl. auch § 28 Abs. 1 VwVfG). Dabei besteht der Anspruch auf rechtliches Gehör nicht nur dann, wenn in der Beschwerdeentscheidung zugleich eine dem Betroffenen nachteilige Entscheidung über seine Rechten und Pflichten getroffen werden soll (so noch einschränkend das BVerwG aaO), sondern in allen Fällen einer Beschwerdeentscheidung.

25   Der Anspruch des Betroffenen auf rechtliches Gehör wird dadurch verwirklicht, dass ihm Gelegenheit gegeben werden muss, sich zu dem in der Beschwerde vorgebrachten Sachverhalt, aber auch zu den evtl. aufgeworfenen Rechtsfragen, äußern zu können. Eine Stellungnahme, die er außerhalb des Beschwerdeverfahrens und ohne Kenntnis des Beschwerdevorbringens zu dem der Beschwerde zugrundeliegenden Sachverhalt abgibt, reicht dafür nicht aus (BVerwG, aaO). Ist der Betroffene im Rahmen der Aufklärung des Sachverhalts bereits vernommen worden, muss ihm gleichwohl Gelegenheit zur – abschließenden – Stellungnahme gegeben werden, auch wenn einer Vernehmung keine weitere Sachaufklärung mehr folgt. Die Gewährung rechtlichen Gehörs ist aktenkundig zu machen. Verpflichtet zur Gewährung rechtlichen Gehörs ist der über die Beschwerde entscheidende Disziplinarvorgesetzte. Ergeht der Beschwerdebescheid, ohne dass dem Betroffenen rechtliches Gehör gewährt worden ist, kann er sich mit einer eigenen Beschwerde nach § 1 Abs. 1 Satz 1 dagegen zur Wehr setzen. Den gegenüber dem Beschwerdeführer ergangenen Beschwerdebescheid kann er damit allerdings nicht zu Fall bringen. Die am Beschwerdeverfahren Beteiligten (§ 4 Abs. 4) haben einen **Anspruch auf Einsicht** in die Beschwerdeakten, soweit deren Kenntnis zur Geltendmachung oder Verteidigung ihrer rechtlichen Interessen erforderlich ist (§ 23a Abs. 1 i. Vbg. m. § 3 WDO; vgl. auch § 29 Abs. 1 VwVfG). Ausgenommen von der Einsicht sind Entwürfe, etwa der Beschwerdeentscheidung, sowie Arbeiten zu ihrer unmittelbaren Vorbereitung. Sie sind nicht Bestandteil der Beschwerdeakten. Akteneinsicht braucht nicht gewährt zu werden, wenn der Aufklärungszweck gefährdet würde. Es besteht auch kein Anspruch auf Akteneinsicht, wenn Vorgänge offenbart werden müssten, die zum persönlichen Lebensbereich eines Beteiligten gehören und daher vertraulich behandelt werden müssen (z. B. ein gerichtliches Disziplinarverfahren und ein Beschwerdeverfahren hängen inhaltlich zusammen, wenn der beschuldigte Soldat sich gegen den Hauptbelastungszeugen beschwert). Die Akteneinsicht ist bei der Dienststelle oder dem Vorgesetzten zu gewähren, die oder der die Beschwerdevorgänge führt; im Einzelfall können die Akten auch bei dem mit den Ermittlungen beauftragten Offizier eingesehen werden. Zulässig bleibt unter Beachtung des Beschleunigungsgebotes, einem Rechtsanwalt die Akten zur Einsicht in seiner Kanzlei zu überlassen. Für Auskünfte über das Beschwerdeverfahren findet § 9 WDO i. Vbg. m. § 23a Abs. 1 entsprechende Anwendung.

Das Recht auf Akteneinsicht umfasst auch die Befugnis, sich aus den Akten 26 Abschriften zu fertigen oder sich auf seine Kosten anfertigen zu lassen. Abschriften können handschriftlich oder fotomechanisch hergestellt werden. Für die Höhe der Schreibauslagen wird Teil 9 Nr. 9000 ff. der Anlage zu § 3 Abs. 2 GKG entsprechend anzuwenden sein. **Bei der grundsätzlich zulässigen Vertretung des Soldaten** im Beschwerdeverfahren ist es gleichwohl zweifelhaft, inwieweit ein Vertreter das Recht hat, bei einzelnen Ermittlungshandlungen, z. B. Vernehmungen, anwesend zu sein. Für die Ausübung der Disziplinarbefugnis bei Verdacht eines Dienstvergehens (§§ 32 bis 41 WDO) hat das BVerwG entschieden, dass ein Vertreter des Soldaten bei Vernehmungen, die der Verhängung einer einfachen Disziplinarmaßnahme vorausgehen, zurückgewiesen werden kann (BVerwGE 53, 146, 150 = NZWehrr 1977, 21, 23 ff.; BVerwG NZWehrr 2013, 82, 84). § 14 VwVfG findet keine Anwendung (§ 23a Abs. 1). Bei der Vorbereitung einer Beschwerdeentscheidung und den hierfür notwendigen Vernehmungen kann in truppendienstlichen Angelegenheiten im Wesentlichen nichts anderes gelten als bei Ermittlungen, die der Disziplinarvorgesetzte vor einer disziplinaren Ahndung anzustellen hat. Auch im außergerichtlichen Beschwerdeverfahren nach der WBO sind die Beziehungen zwischen dem Beschwerdeführer und seinem Disziplinarvorgesetzten als ein höchstpersönliches Verhältnis gestaltet, so dass im Rahmen der Ermittlungshandlungen für die Beteiligung eines Vertreters grundsätzlich kein Raum bleibt (BVerwGE 53, 146, 150 = NZWehrr 1977, 21, 24). Solange das Beschwerdeverfahren nicht bei Gericht anhängig ist, hat auch der den Beschwerdeführer vertretende Rechtsanwalt keinen Anspruch darauf, bei den Ermittlungshandlungen anwesend zu sein. Es liegt jedoch im Ermessen des Disziplinarvorgesetzten, einem Vertreter die Anwesenheit insbesondere dann zu gestatten, wenn dadurch das Beschwerdeverfahren gefördert werden kann und die Aufklärung nicht gefährdet oder verzögert wird. In Beschwerdeverfahren dagegen, die sich auf Verwaltungs-

angelegenheiten beziehen und damit Vorverfahren für die verwaltungsgerichtliche Klage sind, gilt § 14 VwVfG, d. h. der Beschwerdeführer kann
sich durch einen Bevollmächtigten vertreten lassen.

6. Aufklärungsberechtigte Personen

27   **Der zuständige Disziplinarvorgesetzte kann die Aufklärung des
Sachverhalts einem Offizier übertragen (Satz 2).** Die damit für ihn
verbundene Entlastung wird sich vor allem bei größeren militärischen Dienststellen anbieten, bei denen er nicht persönlich die Ermittlungshandlungen
durchführen kann (vgl. auch BVerwG NZWehrr 1984, 163, 164). Seine
Disziplinarbefugnis und damit seine Zuständigkeit, über die Beschwerde entscheiden zu können, überträgt er damit nicht. Lediglich die Durchführung
aller oder einzelner Ermittlungen kann er einem Offizier anvertrauen, den er
aus dem Kreis der ihm unterstellten Soldaten bestimmt (vgl. auch Dau/
Schütz, WDO, § 32 Rn. 17).

28   Der Disziplinarvorgesetzte braucht nicht die gesamte Sachverhaltsaufklärung dem Offizier zu überlassen. Einzelne Ermittlungshandlungen, die beispielsweise besondere Erfahrung oder Fingerspitzengefühl verlangen, kann er
sich vorbehalten.

29   **Der mit der Aufklärung beauftragte Soldat muss Offizier** sein, er
braucht jedoch nicht selbst Disziplinarvorgesetzter zu sein (Heinen,
NZWehrr 2000, 133, 135). Soldaten der Laufbahngruppen der Unteroffiziere und Mannschaften sind ausgeschlossen. Mit dieser Regelung hat der
Gesetzgeber sichergestellt, dass mit der Aufklärung der regelmäßig nicht
einfach gelagerten Beschwerdefälle nur solche Soldaten beauftragt werden,
bei denen auf Grund ihrer Ausbildung und Stellung die sachgemäße Handhabung der Ermittlungstätigkeit vorausgesetzt werden kann. Nur der Kompaniefeldwebel oder ein Unteroffizier in entsprechender Dienststellung hat
nach Maßgabe des Satzes 3 die Befugnis, gewisse Zeugen zu vernehmen.

30   **Satz 2 ist auch die Rechtsgrundlage dafür, einen dem Disziplinarvorgesetzten truppendienstlich nicht unterstellten Offizier zu ersuchen, Aufklärungshandlungen für ihn durchzuführen.** Diese Möglichkeit wird der Disziplinarvorgesetzte nutzen, wenn ein auswärtiger Disziplinarvorgesetzter die Vernehmung eines Zeugen vornehmen oder um eine
Auskunft gebeten werden soll. Zwischen dem ersuchenden Disziplinarvorgesetzten und dem ersuchten Offizier entsteht durch das Ersuchen kein
Vorgesetzten-Untergebenenverhältnis. Der ersuchende Disziplinarvorgesetzte
kann dem ersuchten Offizier für die Aufklärung des Sachverhalts Empfehlungen oder Hinweise geben, er ist indes nicht befugt, dies ihm im Einzelfall
zu befehlen. Befehlsbefugnis auch insoweit hat er nur gegenüber dem ihm
truppendienstlich unterstellten Offizier. Im Übrigen sind alle Dienststellen
der Bundeswehr zur gegenseitigen Unterstützung bei der Aufklärung in
Beschwerdefällen verpflichtet. Der für die Aufklärung zuständige Vorgesetzte
– das ist auch der vom zuständigen Disziplinarvorgesetzten bestimmte Offizier – kann daher jeden Disziplinarvorgesetzten eines anderen Befehlsberei-
ches und jede Behörde der Bundeswehrverwaltung um bestimmte, für die
Aufklärung des Sachverhalts notwendige Maßnahmen ersuchen. Den Dienstweg braucht er dazu nicht einzuhalten. Um der ersuchten Stelle die Auf-
klärungstätigkeit zu erleichtern, sollte die Frage genau bezeichnet werden, zu
der beispielsweise ein Soldat vernommen werden soll. Auch die ersuchte

Dienststelle oder der ersuchte Disziplinarvorgesetzte kann wiederum einen Offizier mit der Durchführung der Ermittlungshandlung beauftragen.

Jeder Disziplinarvorgesetzte, dem ein Rechtsberater zugeordnet ist, 31 kann auch diesen mit der Aufklärung des Sachverhalts betrauen (BVerwG NZWehr 1984, 163). Der BMVg beauftragt hierzu einen Offizier oder einen Beamten, der innerhalb des Ministeriums organisatorisch für die Bearbeitung von Beschwerden der Soldaten zuständig ist (z. B. in einer Personalunterabteilung oder in der Abteilung Recht).

Es bleibt zulässig, jeden besoldungsmäßig einem Offizier vergleichbaren 32 Beamten mit Ermittlungsmaßnahmen zu betrauen. Das gilt sowohl für Ermittlungen durch Behörden der Bundeswehrverwaltung als auch für die Aufklärung durch Disziplinarvorgesetzte. Soll ein Soldat angehört werden, dessen Vorgesetzter ein Beamter ist, kann dieser Beamte mit der Aufklärung beauftragt werden. **Der Wehrdisziplinaranwalt als Behörde im gerichtlichen Disziplinarverfahren** kann mit Aufklärungsmaßnahmen nicht betraut werden (für disziplinargerichtliche Vorermittlungen siehe jedoch § 92 Abs. 1 Satz 1 WDO), der BWDA ausnahmsweise nur insoweit, als er die in den §§ 21, 22 genannten Vorgesetzten im gerichtlichen Antragsverfahren vertritt.

Da die Ermittlungstätigkeit Ausübung hoheitlicher Befugnisse ist, die ge- 33 mäß Art. 33 Abs. 4, 5 GG als ständige Aufgabe in der Regel einem Beamten übertragen werden muss, ist grundsätzlich davon abzusehen, einen Angestellten damit zu beauftragen. Ist eine Behörde der Bundeswehrverwaltung zuständige Beschwerdestelle, richtet sich die Zuständigkeit für die Bearbeitung und Entscheidung innerhalb der Behörde nach der Geschäftsverteilung. Auch in diesem Fall kann außerhalb der durch die Geschäftsverteilung geregelten Zuständigkeit ein Beamter bestellt werden, der im Auftrag des Behördenleiters den Sachverhalt aufzuklären hat. In Fällen von geringerer Bedeutung kann auch der Kompaniefeldwebel oder der Unteroffizier in entsprechender Dienststellung bei der Vorbereitung der Entscheidung mitwirken (Satz 3). Dem Wortlaut nach bezieht sich diese Regelung offenbar nur auf die Sachverhaltsaufklärung durch den untersten, mit Disziplinarbefugnis ausgestatteten Vorgesetzten, weil nur er in seiner Entscheidungsebene Zeugenvernehmungen durch einen Kompaniefeldwebel vornehmen lassen kann (vgl. BVerwG NZWehr 1984, 163, 168). Es kann jedoch kein vernünftiger Zweifel daran bestehen, dass Satz 3 analog auf Vorgesetzte mit höherer Disziplinarbefugnis und der Folge entsprechender Delegierung Anwendung findet. Daher kann auch der Führer eines Verbandes bei der Vernehmung von Mannschaften und Unteroffizieren ohne Portepee in Fällen von geringerer Bedeutung einen sachkundigen Unteroffizier mit Portepee, z. B. den S 1 – Feldwebel, in Anspruch nehmen (so auch Lingens, NZWehr 1980, 216, 217).

Der Beschwerdeführer kann allenfalls im Rahmen einer weiteren Be- 34 schwerde oder eines Antrages auf gerichtliche Entscheidung rügen, dass durch die Entscheidung des Disziplinarvorgesetzten, einen Kompaniefeldwebel mit der Vernehmung von Zeugen zu beauftragen, keine ordnungsgemäße Sachaufklärung gewährleistet gewesen sei. In der jeweils nächsthöheren Instanz ist der unbestimmte Gesetzesbegriff „von geringerer Bedeutung" voll nachprüfbar. Die Ermessensentscheidung, den Kompaniefeldwebel zu beauftragen, kann jedoch nur darauf überprüft werden, ob die Grenzen des Ermessens überschritten sind oder ob von dem Ermessen in einer dem Zweck der Ermächtigung nicht entsprechenden Weise Gebrauch gemacht worden ist.

Erweist sich die Rüge, es sei nicht ausreichend aufgeklärt worden, als begründet, müssen ergänzende Ermittlungen angestellt werden. Der nach Satz 2 mit der Aufklärung des Sachverhalts beauftragte Offizier hat aus eigenem Recht keine Befugnis, Zeugenvernehmungen durch den Kompaniefeldwebel zu veranlassen. Soweit er zu seiner Entlastung Mannschaften oder Unteroffiziere ohne Portepee durch den Kompaniefeldwebel vernehmen lassen will, muss er den entscheidenden Disziplinarvorgesetzten um einen entsprechenden Befehl ersuchen. Der eindeutige Gesetzeswortlaut lässt es auch nicht zu, dass ein anderer Disziplinarvorgesetzter, der von dem entscheidenden Disziplinarvorgesetzten um die Vernehmung von Zeugen ersucht wird, den Kompaniefeldwebel mit der Vernehmung beauftragen kann. Die Befugnis zur Weiterübertragung nach Satz 3 hat dagegen der in § 11 Buchstabe b Satz 1 genannte Offizier. Ein Fall ist von geringerer Bedeutung, wenn der Sachverhalt einfach gelagert ist, keine besonderen rechtlichen Schwierigkeiten aufweist und nicht durch den Beschwerdegegenstand oder die an ihm beteiligten Soldaten ein über das übliche Maß hinausgehendes Gewicht erhält. So kann z. B. der Sachverhalt einfach gelagert sein, der Beschwerdeführer oder der Betroffene ist jedoch ein ranghoher Offizier oder der Beschwerdegegenstand hat erhebliches Aufsehen erregt. In diesem Fall muss der entscheidende Disziplinarvorgesetzte selbst die Vernehmungen durchführen oder einen Offizier beauftragen.

35   Beauftragt werden können der Kompaniefeldwebel oder ein Unteroffizier in entsprechender Dienststellung. Kompaniefeldwebel ist der Soldat, dem schriftlich die Aufgaben dieses Dienstpostens mit der hierfür bestimmten Ausbildungs- und Tätigkeitsbezeichnung/Nummer übertragen worden ist, z. B. der auf den für den Kompaniefeldwebel zugewiesenen Dienstposten versetzte Soldat.

36   Unteroffizier in entsprechender Dienststellung ist jeder entsprechende Unteroffizier mit Portepee aller Teilstreitkräfte/Organisationsbereiche und Waffengattungen: Batteriefeldwebel, Inspektionsfeldwebel, Staffelfeldwebel, Wachtmeister auf Schiffen, Schiffs- und Geschwaderwachtmeister, Zugfeldwebel in selbstständigen Zügen und militärischen Einrichtungen mit der Funktion eines Kompaniefeldwebels, Sanitätsfeldwebel, Bundeswehrkrankenhausfeldwebel. Ist der Dienstposteninhaber in der Wahrnehmung seiner dienstlichen Aufgaben verhindert, z. B. durch Krankheit, Urlaub oder Besuch eines Lehrgangs, kann sein Vertreter beauftragt werden, sofern er in die Funktion voll eingetreten und nicht nur z. B. kurzfristiger Abwesenheitsvertreter in Teilfunktionen ist.

37   Die Übertragung der Befugnisse nach Satz 3 geschieht durch Einzelauftrag des entscheidenden Disziplinarvorgesetzten. Sie setzt stets eine beim entscheidenden Vorgesetzten anhängige Beschwerde voraus. Ein genereller Auftrag, etwa durch Divisionsbefehl, wäre unzulässig. **Mit dem Auftrag zur Vernehmung erhält der Kompaniefeldwebel oder Unteroffizier in entsprechender Dienststellung (Beauftragte) auch die Zeichnungsbefugnis zur abschließenden Unterschrift der Vernehmungsniederschrift und des zusammenfassenden Berichts** (Satz 4). Er unterschreibt ohne den Zusatz „im Auftrag" oder „auf Befehl". Aus dem Kopf oder aus dem Text der Vernehmungsniederschrift sollte jedoch hervorgehen, dass er als Beauftragter gehandelt hat. Mit seiner Unterschrift trägt der Beauftragte zugleich die Verantwortung für die formelle und sachliche Richtigkeit der von ihm durchgeführten Vernehmung und des Schlussberichts. Mit der

Delegation dieser Teilbefugnisse im Beschwerdeverfahren ist die Verantwortung des entscheidenden Disziplinarvorgesetzten nicht eingeschränkt oder gar aufgehoben. Diesem bleibt die uneingeschränkte Verantwortung für die Entscheidung über die Beschwerde (§§ 9, 12), für die Beurteilung, ob einem Beschwerdefall nur geringere Bedeutung zukommt, für die Einweisung, Information und Ausbildung des Beauftragten auch in der Vernehmungstechnik und schließlich für die notwendige Dienstaufsicht und Kontrolle.

Die Befugnisse des Beauftragten beschränken sich auf die Vernehmung von **38** Zeugen. Wer als Zeuge zu vernehmen ist, bestimmt der entscheidende Disziplinarvorgesetzte oder der nach Satz 2 beauftragte Offizier, dem die Sachaufklärung verantwortlich obliegt. Die Anhörung der Vertrauensperson nimmt stets der entscheidende Disziplinarvorgesetzte wahr. **Nur solche Zeugen können vom Beauftragten vernommen werden, die Mannschaften oder Unteroffiziere ohne Portepee sind.** In der Laufbahngruppe der Mannschaften gibt es folgende Dienstgrade: Grenadier (und entsprechende Dienstgradbezeichnungen des Heeres, z. B. Kanonier, Schütze, Jäger, Sanitätssoldat), Flieger, Matrose; Gefreiter, Obergefreiter, Hauptgefreiter, Stabsgefreiter, Oberstabsgefreiter. Die Dienstgradgruppe der Unteroffiziere ohne Portepee besteht aus zwei Dienstgraden: Unteroffizier (Maat) und Stabsunteroffizier (Obermaat). Offiziere, Unteroffiziere mit Portepee und Zivilpersonen dürfen nur durch den Disziplinarvorgesetzten oder den nach Satz 2 beauftragten Offizier als Zeugen gehört werden.

Zu Absatz 2

IV. Beteiligung vorgesetzter Fachdienststellen

1. Besondere Aufklärungspflicht

Absatz 2 verpflichtet die für die Beschwerdeentscheidung zuständige Stelle, **39** bei Beschwerden in fachdienstlichen Angelegenheiten die Stellungnahme der nächsthöheren Fachdienststelle einzuholen, wenn diese nicht selbst für die Entscheidung zuständig ist. Ein Ermessensspielraum für die Beteiligung der Fachdienststelle besteht nicht. Diese Stellungnahme ist Bestandteil der Aufklärung und daher eine ergänzende Erkenntnisquelle zum Vorbringen des Beschwerdeführers; sie soll sicherstellen, dass die Entscheidung über die Beschwerde fachliche Gesichtspunkte berücksichtigt (Begr. S. 11). In der Praxis hat die Vorschrift nur geringe Bedeutung, da nur wenige Fachdienststellen existieren und diese häufig gemäß § 9 Abs. 1 selbst über die Beschwerde zu entscheiden haben.

2. Fachdienstliche Angelegenheiten

Die Pflicht, in fachdienstlichen Beschwerdeangelegenheiten die vorgesetzte **40** Fachdienststelle zu beteiligen, korrespondiert mit dem durch § 1 Abs. 2 VorgV begründeten Verbot für den unmittelbaren Vorgesetzten, in den Fachdienst der Untergebenen, die der Leitung und Dienstaufsicht von Fachvorgesetzten unterstehen, einzugreifen. Absatz 4 geht allerdings nicht so weit, die Beteiligung jedes Fachvorgesetzten vorzuschreiben, der neben dem truppendienstlichen Vorgesetzten fachliche Kompetenzen gegenüber dem Betroffenen hat. Die Vorschrift trifft eine Regelung nur für die Fälle, in denen ein

Fachdienst*weg*, d. h. in denen eine nächsthöhere Fachdienststelle besteht (vgl. Rn. 61). Sie stellt damit sicher, dass eine Dienststelle, die fachliche Weisungsbefugnis besitzt, beteiligt wird, soweit eine Beschwerde ihre Kompetenzen berührt.

41   Die allgemeine Befugnis des truppendienstlichen Vorgesetzten, Befehle zu erteilen, kann durch die Befehlsbefugnis eines Fachvorgesetzten eingeschränkt sein (§ 1 Abs. 2 und § 2 VorgV). Fachvorgesetzter ist nach § 2 VorgV ein Soldat, dem nach seiner Dienststellung die Leitung des Fachdienstes von Soldaten obliegt, denen er im Dienst zu fachdienstlichen Zwecken Befehle erteilen kann. Die fachdienstliche Unterstellung ist das Verhältnis zwischen einem Soldaten und einem Vorgesetzten, dem nach seiner durch entsprechende Qualifikation begründeten Dienststellung die Leitung eines Fachdienstes obliegt (Erbs/Kohlhaas/Dau, WStG, § 2 Rn. 10k; Scherer/Alff/Poretschkin/Lucks, SG, § 1 Rn. 76 ff.).

42   Eine Stellungnahme der Fachdienststelle ist nur einzuholen, wenn die Beschwerde eine fachdienstliche Angelegenheit zum Gegenstand hat, nicht also bei jeder Beschwerde über Fachpersonal, z. B. über pflichtwidriges Verhalten eines Soldaten des Militärmusikdienstes.

43   In der Bundeswehr bestehen zurzeit drei Fachdienste: Sanitätsdienst, Militärmusikdienst und Geoinformationsdienst der Bundeswehr.

3. Nächsthöhere Fachdienststelle

44   Die Verpflichtung zur Stellungnahme trifft nur die nächsthöhere Fachdienststelle, also nur eine Dienststelle, die neben dem truppendienstlichen Vorgesetzten des Betroffenen auf Gebieten ihrer Fachdienstzuständigkeit dem Betroffenen Befehle erteilen kann. Der Fachdienstweg ergibt sich aus der Einrichtung über- und untergeordneter Fachdienststellen, die außerhalb des truppendienstlichen Dienstweges für bestimmte militärfachliche Gebiete zuständig sind. Nächsthöhere Fachdienststelle ist z. B. das Sanitätsunterstützungszentrum gegenüber dem Sanitätsversorgungszentrum, der Inspizient Musikwesen gegenüber dem Leiter eines Musikkorps. Ein besonderer Fachdienst und Fachdienstweg kann durch den BMVg kraft der ihm zustehenden Organisationsgewalt jederzeit begründet, die derzeit bestehenden Fachdienstwege geändert werden.

45   Die Vorschrift hat nur geringe Bedeutung für Beschwerden über Sanitätsoffiziere, die Ärzte oder Zahnärzte sind, da gemäß § 9 Abs. 1 Satz 1 WBO i. Vbg. m. § 27 Abs. 3 WDO bei Verstößen gegen ihre ärztlichen Pflichten nicht die truppendienstlichen Disziplinarvorgesetzten, sondern die vorgesetzten Sanitätsoffiziere entscheiden (vgl. auch ZDv A-2160/6, Abschn. 1.4 „Handhabung der Disziplinarbefugnis bei Soldatinnen und Soldaten des Sanitätsdienstes"; in Schnell/Ebert C 12c und Dau/Schütz, WDO, § 27 Rn. 23 f.). Soweit nicht darüber hinaus noch ein besonderer Fachdienstweg eingerichtet würde, ist dies der Fall des Absatzes 2 HS 2, in dem die Fachdienststelle selbst für die Entscheidung zuständig ist und daher für das Einholen einer Stellungnahme kein Raum bleibt (z. B. der Beschwerdeführer legt mit der Behauptung Beschwerde ein, der Truppenarzt habe eine Wunde bei ihm nur unzureichend versorgt. Über diese Beschwerde entscheidet der nächsthöhere ärztliche Fachvorgesetzte, einer ergänzenden Stellungnahme bedarf es nicht).

Bei Beschwerden gegen Sanitätsoffiziere, die nicht Arzt oder Zahnarzt sind, **46** sowie gegen Sanitätsunteroffiziere und -mannschaften entscheidet der truppendienstliche Vorgesetzte, der wiederum eine Stellungnahme des nächsthöheren Fachvorgesetzten einzuholen hat, z. B. bei der Beschwerde gegen einen Stabsapotheker oder gegen einen Sanitätsfeldwebel, der den Beschwerdeführer als Patienten mit der Begründung aus der Sprechstunde gewiesen hat, er sehe selbst, dass der Beschwerdeführer nur simuliere (vgl. auch die Beispiele bei Lingens, Disziplinarvorgesetzter, Rn. 306 f.).

Nach Lage des einzelnen Falles kann es sich empfehlen, auch eine andere **47** Stelle als die nächsthöhere Fachdienststelle um eine Äußerung zu bitten, Dienststellen beispielsweise, die auf Grund ihrer besonderen Sachkunde einen die Entscheidung fördernden Beitrag geben können; dieses wäre jedoch eine Aufklärungsmaßnahme gemäß Absatz 1.

4. Stellungnahme

Die Stellungnahme kann schriftlich oder mündlich abgegeben werden. **48** Über eine mündliche Stellungnahme ist ein kurzer zusammenfassender Bericht zu fertigen. Ist die Aufklärung des Sachverhalts einem Offizier oder Beamten übertragen worden, kann dieser auch die Stellungnahme der Fachdienststelle einholen.

Die Stellungnahme ist ein Teil der nach Absatz 1 vorgeschriebenen Auf- **49** klärung des Sachverhalts. Sie dient der Vorbereitung der Entscheidung über die Beschwerde. Sie kann in der Mitteilung eines Sachverhalts bestehen; sie kann aber auch gutachterlichen Charakter haben, da die Fachdienststelle als fachlich kompetente Stelle eine ähnliche Stellung einnimmt wie ein Sachverständiger.

Die für die Entscheidung zuständige Stelle ist an die in der Stellungnahme **50** zum Ausdruck gebrachte Auffassung nicht gebunden. Sie würdigt sie zusammen mit den übrigen Beweismitteln und entscheidet nach pflichtgemäßer Abwägung, wie weit sie für die Entscheidung zu verwerten ist.

Zu Absatz 3

V. Beteiligung der Vertrauensperson

1. Rechtsgrundlage

Für die Beteiligung der Vertrauensperson an einem Beschwerdeverfahren **51** verweist Absatz 3 auf Regelungen des SBG. Einschlägig ist dessen § 31, der folgenden Wortlaut hat:

§ 31 Beschwerdeverfahren

(1) Die Vertrauensperson der Beschwerdeführerin oder des Beschwerdeführers soll angehört werden, wenn eine Beschwerde nach den Bestimmungen der Wehrbeschwerdeordnung Folgendes betrifft:

1. den Dienstbetrieb,
2. die Fürsorge,
3. die Berufsförderung,
4. die außerdienstliche Betreuung und Freizeitgestaltung für Soldatinnen und Soldaten oder
5. dienstliche Veranstaltungen geselliger Art.

(2) Betrifft die Beschwerde persönliche Kränkungen, soll die Vertrauensperson der Beschwerdeführerin oder des Beschwerdeführers und der oder des Betroffenen angehört werden. Bei Beschwerden inP ersonalangelegenheiten im Sinne des § 24 Absatz 1 und 2 ist die Vertrauensperson nur auf Antrag der Beschwerdeführerin oder des Beschwerdeführers anzuhören, die oder der hierauf hinzuweisen ist.

2. Anhörung nach § 31 Abs. 1 SBG

52 Betrifft die Beschwerde Fragen des Dienstbetriebes (§ 31 Abs. 1 Nr. 1 SBG), der Fürsorge (§ 31 Abs. 1 Nr. 2 SBG), der Berufsförderung (§ 31 Abs. 1 Nr. 3 SBG) der außerdienstlichen Betreuung und Freizeitgestaltung für Soldatinnen und Soldaten (§ 31 Abs. 1 Nr. 4 SBG) oder dienstliche Veranstaltungen geselliger Art (§ 31 Abs. 1 Nr. 5 SBG), soll die Vertrauensperson des Beschwerdeführers gehört werden.

53 Die Anhörung der Vertrauensperson dient nicht in erster Linie der Aufklärung des Sachverhalts (vgl. zur Anhörung im Disziplinarverfahren § 4 WDO und dazu Dau/Schütz, WDO, § 4 Rn. 2 ff.). Durch die Anhörung gewinnt der Disziplinarvorgesetzte vielmehr zusätzlich Erkenntnisse für seine Beschwerdeentscheidung. Vorschläge und Anregungen der Vertrauensperson aus ihrem besonderen Verantwortungsbereich im Rahmen ihrer beschwerderechtlichen Anhörung gewährleisten, dass der Disziplinarvorgesetzte seine Beschwerdeentscheidung in den Aufgabengebieten, zu denen die Vertrauensperson zu hören ist, nicht an den Interessen des Beschwerdeführers und seiner Kameraden vorbei trifft. Eine sachgerechte Entscheidung in Fragen des Dienstbetriebes, der Fürsorge, der Berufsförderung oder der übrigen in § 31 Abs. 1 SBG genannten Fälle ist nicht immer nur eine individuelle Konfliktlösung, sondern berührt vielfach auch höchst sensible Problembereiche in der Einheit. Eine darauf abgestimmte Beschwerdeentscheidung kann in ihren Folgen somit ein wirksames Führungsmittel für den Disziplinarvorgesetzten sein.

54 Die Vertrauensperson **soll** gehört werden. Damit ist die grundsätzliche Verpflichtung für den Disziplinarvorgesetzten verbunden, sie anzuhören. Ist die Anhörung unterblieben, ist die Beschwerdeentscheidung allerdings nicht allein deswegen rechtswidrig (BVerwG NZWehr 1992, 73 f.). Der Beschwerdeführer kann die Unterlassung jedoch im Rahmen einer gegen die Beschwerdeentscheidung gerichteten weiteren Beschwerde rügen, wenn er der Auffassung ist, dass die unterbliebene Anhörung der Vertrauensperson das für ihn ungünstige Ergebnis der Beschwerde beeinflusst hat. Nur dann ist die Vertrauensperson von der Anhörung ausgeschlossen, wenn sie in derselben Sache schon als Vermittler (§ 4) tätig geworden ist (§ 32 Abs. 2 SBG). Der Disziplinarvorgesetzte verstößt gegen seine Dienstpflichten, wenn er die Anhörung der Vertrauensperson ohne zureichenden Grund unterlässt. Die Vertrauensperson hat ein Beschwerderecht nach § 17 SBG, wenn sie sich durch eine unterbliebene Anhörung in der Ausübung ihrer Befugnisse behindert sieht (vgl. § 1 Abs. 1 Satz 2).

55 Der Disziplinarvorgesetzte ist an die Auffassung der Vertrauensperson nicht gebunden. Ein von der Anhörung abweichendes Ergebnis braucht er der Vertrauensperson gegenüber nicht zu begründen. Die Stellungnahme der Vertrauensperson braucht auch dem Beschwerdeführer nur eröffnet zu werden, wenn sie für diesen ungünstige Äußerungen enthält, die in der Beschwerdeentscheidung verwertet werden müssen.

Die allgemeine Verfahrensregel des § 21 SBG für die Anhörung der Ver- **56** trauensperson gilt auch für ihre beschwerderechtliche Anhörung. Der Vertrauensperson ist mithin Gelegenheit zur Stellungnahme zu geben; sie ist aber nicht verpflichtet, eine Stellungnahme abzugeben; vgl. Gronimus, SBG, § 30 Rn. 14 a. F.).

Es ist die Aufgabe des Disziplinarvorgesetzten, die Vertrauensperson zu **57** hören; er darf dies nicht dem Offizier oder dem Beamten überlassen, den er mit der Aufklärung des Sachverhalts betraut hat. Allein der Disziplinarvorgesetzte trägt die Verantwortung dafür, ob und mit welchem Gewicht die von der Vertrauensperson vorgetragenen Gesichtspunkte bei der Beschwerdeentscheidung berücksichtigt werden. Wer als Vertrauensperson des Beschwerdeführers zu hören ist, bestimmt sich nach den Vorschriften des SBG. Im Falle der Verhinderung ist der Stellvertreter der Vertrauensperson anzuhören. Ein sogenannter „Sprecher" kann die Befugnisse der Vertrauensperson nicht ausüben. Der Disziplinarvorgesetzte soll der Schwerbehindertenvertretung Gelegenheit zur Äußerung geben, wenn ein schwerbehinderter Soldat Beschwerdeführer oder Betroffener ist und dem nicht widerspricht (Inklusion behinderter Menschen, ZDv A-1473/3 Nr. 701 ff.).

3. Anhörung nach § 31 Abs. 2 SBG

Betrifft die Beschwerde persönliche Kränkungen, soll neben der Ver- **58** trauensperson des Beschwerdeführers auch die Vertrauensperson des Betroffenen gehört werden, weil diese Vertrauensperson auch über die Person des Betroffenen und über die Verhältnisse im Kameradenkreis zusätzlich Auskunft geben kann. Da die Entscheidung über eine solche Beschwerde möglicherweise disziplinare Folgen für den Betroffenen haben kann, ist schon im Hinblick auf die nach dem SBG vorgeschriebene Mitwirkung der Vertrauensperson (28 SBG) frühzeitige Beteiligung sinnvoll. Um die Vertrauensperson anhören zu können, muss der Beschwerdeführer zumindest schlüssig vorgetragen haben, dass er persönlich gekränkt wurde.

4. Anhörung nach § 31 Abs. 2 S. 2 SBG

4 SBG) ist die Anhörung der Vertrauensperson von einem Antrag des **59** Beschwerdeführers abhängig. Diese Regelung ist sinnvoll, weil schon die auf den späteren Beschwerdeführer ausgerichtete individuelle Personalmaßnahme nur auf Antrag die Anhörung der Vertrauensperson nötig macht (diesen individuellen Bezug vernachlässigt Gronimus, aaO, Rn. 11, bei seiner Kritik an dieser Regelung). Im Übrigen belässt das Antragsrecht dem Beschwerdeführer die Entscheidung, die Behandlung einer ihn betreffenden Personalangelegenheit vertraulich zu halten.

5. Form der Anhörung

Die Äußerung der Vertrauensperson kann mündlich, auch fernmündlich, **60** oder – wenn dies nicht dem Beschleunigungsgebot zuwiderläuft – schriftlich eingeholt werden. Über die mündliche oder fernmündliche Anhörung ist ein Aktenvermerk zu fertigen und zu den Beschwerdeunterlagen zu nehmen. Der Zeitpunkt, zu dem die Vertrauensperson angehört wird, liegt im Ermessen des Disziplinarvorgesetzten. Es wird zweckmäßig sein, die Vertrauensperson erst nach Abschluss aller Ermittlungen zu hören, um ihr eine sichere

Grundlage für ihre Äußerung zu geben. Hierzu ist sie über den Sachverhalt der Beschwerde vorher zu unterrichten; es kann darüber hinaus geboten sein, ihr die Beschwerdeschrift und entstandene Niederschriften der Vernehmungen oder anderes Beweismaterial zur Einsicht zu geben. Einen Anspruch auf Akteneinsicht hat sie dagegen nicht.

§ 11 Beschwerden bei abgesetzten Truppenteilen

Ist der für die Entscheidung zuständige Disziplinarvorgesetzte bei abgesetzten Truppenteilen, an Bord von Schiffen oder in ähnlichen Fällen nicht anwesend und auf dem gewöhnlichen Postwege schriftlich nicht erreichbar, gilt folgendes:

a) **Der Beschwerdeführer kann die Beschwerde einlegen, sobald die Behinderung weggefallen ist. Die Frist für die Einlegung der Beschwerde läuft in diesem Falle erst zwei Wochen nach Beseitigung des Hindernisses ab.**

b) **Die Beschwerde kann auch bei dem höchsten anwesenden Offizier eingelegt werden. Dieser hat die Entscheidung über die Beschwerde gemäß § 10 vorzubereiten und die Akten nach Behebung des Hindernisses unverzüglich der für die Entscheidung zuständigen Stelle zuzuleiten. Er kann Maßnahmen gemäß § 3 Abs. 2 treffen.**

Übersicht

I. Vorbemerkung

1   Für die Einlegung der Beschwerde und die Einhaltung der Frist trägt § 11 den besonderen Umständen im militärischen Leben Rechnung, in denen die normale Behandlung der Beschwerde nicht möglich ist. Die Vorschrift berücksichtigt insbesondere die beim Einsatz, insbesondere bei einem Auslandseinsatz, bei längeren Übungen und an Bord von Schiffen auftretenden außergewöhnlichen Situationen. Nur in derartigen Fällen wird sie praktische Bedeutung erlangen. § 11 Buchst. a ist eine Fristvorschrift i. S. des § 12 Abs. 3 Satz 1. Er ergänzt § 6 Abs. 1 und insbesondere die Vorschrift über die Fristversäumnis des § 7. Die in § 11 Satz 1 genannten Voraussetzungen werden bezüglich der Fristfolgen dem unabwendbaren Zufall i. S. des § 7 gleichgesetzt, sind also wie in § 7 ein Hindernis. Unabhängig von der Dauer der Behinderung kann der Soldat die Beschwerde noch bis zu zwei Wochen nach deren Wegfall einlegen.

2   § 11 Buchst. b ist eine Beschwerdewegvorschrift i. S. des § 12 Abs. 3 Satz 1. Er gehört dogmatisch also zu § 5, den er ergänzt. Während § 5 Abs. 2

dem *von* seinem Truppenteil abgesetzten Soldaten eine zusätzliche Einlegestelle eröffnet, gibt $\S$ 11 Buchst. b dem *mit* seinem Truppenteil abgesetzten
Soldaten eine zusätzliche Einlegemöglichkeit. Bei $\S$ 5 Abs. 2 genügt die
Tatsache der Absetzung in den dort genannten Fällen. Die Anwendung des
$\S$ 11 Buchst. b ist dagegen an die strengere Voraussetzung geknüpft, dass
außerdem einer der Beschwerdeadressaten, und zwar der für den Beschwerdebescheid zuständige Disziplinarvorgesetzte, nicht erreichbar ist (vgl. $\S$ 5
Rn. 13a). Die Eigenständigkeit dieser Regelung in $\S$ 11 erklärt sich durch
die Verbindung mit der Regelung in $\S$ 11 Buchst. a, die an die gleichen
Voraussetzungen geknüpft ist, wie die des $\S$ 11 Buchst. b.

Art. 5 Nr. 8 WehrRÄndG 2008 hat in Buchst. a die frühere Frist von drei **3**
Tagen auf zwei Wochen erweitert.

II. Geltungsbereich der Vorschrift

Aus der Beschränkung der Vorschrift auf Disziplinarvorgesetzte und dem **4**
ausdrücklichen Hinweis auf die Fälle, in denen der Disziplinarvorgesetzte bei
abgesetzten Truppenteilen usw. nicht anwesend ist, muss gefolgert werden,
dass $\S$ 11 nicht in Bundeswehrverwaltungsangelegenheiten nach $\S$ 9 Abs. 1
Satz 2 Anwendung findet. Das ist für $\S$ 11 Buchst. a nicht von Bedeutung,
weil insoweit mit $\S$ 7 geholfen werden kann. $\S$ 11 Buchst. a gilt somit für alle
Angelegenheiten, in denen ein Disziplinarvorgesetzter über die Beschwerde
entscheidet, also auch für Truppenverwaltungsangelegenheiten, allgemeine
Verwaltungsangelegenheiten und für Disziplinarbeschwerden.

Dagegen könnte der höchste anwesende Offizier nach $\S$ 11 Buchst. b zwar **5**
neben dem nächsten Disziplinarvorgesetzten auch eine Beschwerde in Bundeswehrverwaltungsangelegenheiten entgegennehmen; er verfügt jedoch
nicht über den Sachverstand, um Maßnahmen nach $\S$ 11 Buchst. b Satz 2
und 3 in Verwaltungsangelegenheiten zu treffen, in denen eine Behörde der
Bundeswehrverwaltung entschieden hatte. Auch $\S$ 11 Buchst. b ist mithin
auf die Angelegenheiten beschränkt, in denen ein Disziplinarvorgesetzter
über eine Beschwerde zu entscheiden hat.

Die Vorschrift des $\S$ 11 gilt entsprechend auch bei der weiteren Beschwer- **6**
de ($\S$ 16 Abs. 4). Keine Bedeutung hat sie für den Fall, dass der Beschwerdeführer gehindert ist, einen Antrag auf gerichtliche Entscheidung ($\S$ 17) an das
Wehrdienstgericht zu stellen. Der Fristablauf bestimmt sich in diesem Fall
nach $\S$ 7.

III. Voraussetzungen

Für die Anwendung der in den Buchstaben a und b enthaltenen Regelun- **7**
gen gelten folgende drei Voraussetzungen:
– der Beschwerdeführer muss zu einem abgesetzten Truppenteil versetzt,
  kommandiert oder sonst befohlen oder an Bord eines Schiffes versetzt,
  kommandiert oder sonst eingeschifft sein, oder es muss ein ähnlicher Fall
  vorliegen;
– der für die Entscheidung über die Beschwerde zuständige Disziplinarvorgesetzte ist in den zuvor genannten Fällen nicht anwesend und
– auf dem gewöhnlichen Postwege schriftlich nicht erreichbar.

8   Ein Truppenteil – z. B. Teileinheit, Einheit, Verband – **ist abgesetzt,** wenn er wegen anderweitiger, z. B. taktischer Unterstellung, aus übungs- oder einsatzmäßigen oder aus anderen Gründen (z. B. selbstständiger Truppenteil, Sitz im Ausland usw.) räumlich so weit von der ihm unmittelbar übergeordneten Dienststelle entfernt ist, dass der für den Beschwerdebescheid zuständige Disziplinarvorgesetzte auf dem gewöhnlichen postalischen Wege nicht erreicht werden kann.

9   **Dem zu einem abgesetzten Truppenteil gehörenden Beschwerdeführer stellt § 11 den Fall gleich, in dem ein beschwerdeführender Soldat sich an Bord eines Schiffes** befindet. An Bord eines Schiffes bedeutet, für nicht nur ganz vorübergehende Zwecke (wie z. B. Besichtigung, Besuch) eingeschifft zu sein. Hierbei unterscheidet die Vorschrift nicht zwischen Schiffen und Booten im engeren Sinne, sondern meint eher seegehende Einheiten. Allerdings hat selbst an Bord von Booten, also seegehenden Einheiten ohne Ersten Offizier, die Kommandantin oder der Kommandant Disziplinarbefugnis der Stufe eins und ist damit Disziplinarvorgesetzter der Besatzung. An Bord von Schiffen hat bereits der Erste Offizier Disziplinarbefugnis der Stufe 1. Für die Besatzung ist daher in jedem Fall immer mindestens ein Disziplinarvorgesetzter erreichbar. Die Beispiele, in denen dies ausnahmsweise einmal nicht der Fall ist, sind daher eher beschränkt.

10   Im Falle der Angehörigen von Bootsbesatzungen entscheidet über Beschwerden gegen Maßnahmen des Kommandanten oder der Kommandantin der Geschwaderkommandeur. Dieser wird außer in Fällen, in denen das gesamte Geschwader in See operiert, erst wieder nach Rückkehr in den Heimathafen erreichbar sein. Bei Maßnahmen des Kommandanten eines Schiffes ist der Kommandeur der Einsatzflotille zur Entscheidung berufen. Auch dieser wird erst nach Rückkehr in den Heimathafen erreichbar sein. Der Soldat befindet sich auch dann noch an Bord einer seegehenden Einheit, wenn er einige Tage an Land Dienst zu verrichten hat (z. B. Dienstreise oder Besuche nach Erreichen eines ausländischen Hafens). Die Vorschrift kann außerdem Bedeutung gewinnen, wenn z. B. der BtlKdr einer zu Übungszwecken eingeschifften Kompanie, deren Angehörige nicht kommandiert sind, nicht erreichbar ist.

11   „Abgesetzte Truppenteile" und „an Bord von Schiffen" sind nur beispielhaft aufgezählt, denn diese Vorschrift gilt auch in ähnlichen Fällen. Durch diese allgemein gehaltene Ergänzung wird eine großzügige Auslegung ermöglicht. Im Ergebnis kommt es demnach weniger auf den Anlass der ungewöhnlichen Situation, sondern vielmehr auf ihre Auswirkungen an. Die durch § 7 Abs. 1 u. a. für Behinderungen durch militärischen Dienst geschaffene Vergünstigung für den Beschwerdeführer wird durch § 11 für solche Fälle noch verbessert, in denen auf Grund einer durch dienstliche Ereignisse eingetretenen Lage der zuständige Disziplinarvorgesetzte auf gewöhnlichem Postwege nicht erreicht werden kann.

12   **Voraussetzung für die Anwendung des § 11 ist ferner, dass der zuständige Disziplinarvorgesetzte bei dem Truppenteil des Beschwerdeführers nicht anwesend und auf dem gewöhnlichen Postwege schriftlich nicht erreichbar ist.** „Nicht anwesend" bedeutet räumliche Trennung des Beschwerdeführers vom zuständigen Disziplinarvorgesetzten. Sie kann auf Abwesenheit oder auf der Tatsache beruhen, dass der zuständige Disziplinarvorgesetzte seinen dienstlichen Sitz an einem räumlich vom Truppenteil des Beschwerdeführers entfernten Ort hat, zu dem keine gewöhnliche Postverbindung existiert (Einsatz, Übung).

Die Abwesenheit darf nicht nur vorübergehender Natur sein; sie muss so **13** lange dauern, dass der Beschwerdeführer nicht in der Lage ist, seine Beschwerde innerhalb der einmonatigen Beschwerdefrist bei dem für den Beschwerdebescheid zuständigen Disziplinarvorgesetzten auf dem gewöhnlichen Postwege einzulegen. **Die Vorschrift setzt nur voraus, dass der Disziplinarvorgesetzte auf dem gewöhnlichen Postwege** schriftlich nicht erreichbar ist. Gleichwohl ist sie auch in den Fällen anwendbar, in denen der Beschwerdeführer z. B. innerhalb der Beschwerdefrist zum zuständigen Disziplinarvorgesetzten reisen (etwa in Verbindung mit Urlaub) oder einem Kurier das Beschwerdeschreiben mitgeben könnte. Auch die Möglichkeit einer Verbindungsaufnahme mit Hilfe dienstlichen Funk-, Fernsprech- oder Fernschreib-/Faxverkehrs schließt die Anwendung des § 11 nicht aus.

Mit außergewöhnlicher Verzögerung des Postlaufs braucht der Beschwer- **14** deführer nicht zu rechnen. Nach § 11 kann er demnach verfahren, wenn er die Beschwerde, um ihren rechtzeitigen Zugang zu sichern, früher absenden müsste, als dies bei gewöhnlichem Postwege erforderlich wäre. Als gewöhnlicher Postweg wird ein Zeitbedarf von drei Tagen anzunehmen sein. Besteht eine regelmäßige, häufige und direkte Luftverkehrsverbindung, wird auch die Auslandsluftpost als gewöhnlicher Postweg anzusehen sein. Auch hier werden drei Tage als Maßstab gelten.

Buchstabe a

IV. Fristverlängerung

Der Regelung des § 7 Abs. 1 entsprechend ermöglicht § 11 Buchst. a dem **15** Beschwerdeführer, nach Beseitigung des Hindernisses noch Beschwerde einzulegen. Die Beschwerdefrist verlängert sich ohne Antrag kraft Gesetzes um zwei Wochen, sobald das Hindernis beseitigt ist; alsdann gilt für die Einlegung der Beschwerde § 5. Solange die Voraussetzungen des Satzes 1 vorliegen, braucht sich der Beschwerdeführer für das Einlegen der Beschwerde nicht auf eine sonst zur Entgegennahme der Beschwerde zuständige Stelle verweisen zu lassen. Er bleibt jedoch weiterhin befugt, die Beschwerde dort einzulegen. Es kommt im Übrigen nicht darauf an, dass der Beschwerdeführer i. S. des § 7 Abs. 1 an der Einlegung der Beschwerde gehindert ist. Allein die Tatsache, dass der für die Entscheidung zuständige Disziplinarvorgesetzte nicht erreicht werden kann, ist für die Fristverlängerung und ihre Dauer maßgebend. Ist das Hindernis beseitigt, der Disziplinarvorgesetzte also wieder anwesend oder auf dem gewöhnlichen Postwege wieder erreichbar, bleibt dem Beschwerdeführer nach Kenntnis hiervon noch eine Frist von zwei Wochen, um Beschwerde einzulegen. Auch diese Frist kann gemäß § 7 Abs. 1 durch die dort aufgezählten Ereignisse in ihrem Ablauf gehemmt worden sein. Zur Dauer der Frist, Berechnung der Zweiwochenfrist und zum Verfahren wird auf die Erl. zu § 7 verwiesen.

Buchstabe b

V. Besonderer Beschwerdeweg

1. Einlegestelle

16 **Der Beschwerdeführer kann unter den Voraussetzungen des Satzes 1 seine Beschwerde auch bei dem höchsten anwesenden Offizier** seines Schiffes, Bootes oder seines abgesetzten Truppenteils einlegen. Hat er die Beschwerde wirksam eingelegt, kann er von den anderen Einlegemöglichkeiten nur noch in der Form Gebrauch machen, dass er diese Beschwerde zurücknimmt und eine neue bei den nach § 5 möglichen Beschwerdestellen einlegt.

17 In den „ähnlichen Fällen" muss die Frage, zu welcher Dienststelle der höchste anwesende Offizier gehört, nach den Gegebenheiten des Falles beantwortet werden. Wer höchster anwesender Offizier ist, bestimmt sich nach dem Dienstgrad und bei gleichem Dienstgrad nach der höheren Funktion, höheren Besoldungsgruppe (z. B. OTL/FKpt A 14/A 15) oder, wenn die höhere Funktion nicht eindeutig feststellbares Kriterium ist, nach dem höheren Dienstalter.

18 Der höchste anwesende Offizier muss dem Truppenteil oder der Dienststelle des Beschwerdeführers, einer übergeordneten oder sonst mit Befehlsbefugnissen versehenen Dienststelle angehören. Das ergibt sich schon aus der Verweisung auf § 3 Abs. 2, der diesem Offizier die Befugnis verleiht, einstweilige Maßnahmen anzuordnen. Das kann bei mehreren gemeinsam operierenden Schiffen der älteste Kommandant sein, bei mehreren Kompanien der älteste Kompaniechef oder z. B. der anwesende Bataillonsarzt.

19 Ist der nächste Disziplinarvorgesetzte der höchste anwesende Offizier, kann der Beschwerdeführer die Beschwerde bei ihm einlegen, und zwar auch dann, wenn die Beschwerde sich gegen eine Maßnahme dieses Offiziers richtet. In diesem Fall wird dieser jedoch aufgrund eigener Betroffenheit und der damit verbundenen Besorgnis der Befangenheit nicht in der Lage sein, die Entscheidung nach Buchstabe b Satz 2 vorzubereiten.

20 Höchster anwesender Offizier kann auch ein dem nächsten Disziplinarvorgesetzten nachgeordneter Offizier sein, wenn z. B. ein Zug oder mehrere Züge der Kompanie abgesetzt sind und ein Zugführer Offizier ist. Gegen diese Lösung bestehen auch keine Bedenken, wenn die Beschwerde sich gegen den übergeordneten nicht anwesenden Kompaniechef richtet.

21 Die Einlegung bei dem höchsten anwesenden Offizier ist solange zulässig, wie die Voraussetzungen des Satzes 1 vorliegen.

2. Vorbereitung der Beschwerdeentscheidung

22 Die in Buchst. b getroffene Sonderregelung hat für den Beschwerdeführer den Vorteil, dass der höchste anwesende Offizier eine Reihe von Pflichten des für die Entscheidung zuständigen Disziplinarvorgesetzten übernehmen muss. Er hat die Entscheidung über die Beschwerde vorzubereiten (§ 10). Er hat somit auch alle Befugnisse nach § 10, einschließlich des Rechts, die Aufklärung des Sachverhalts einem Offizier zu übertragen oder in Fällen von geringerer Bedeutung Portepeeunteroffiziere in einer gewissen Dienststellung

mit der Vernehmung bestimmter Zeugen zu beauftragen (§ 10 Abs. 1 Satz 3). Diese Regelung entspricht dem Beschleunigungsgrundsatz und vermeidet darüber hinaus Nachteile, die entstehen, wenn mit dem Beginn der Aufklärung des Sachverhalts gewartet wird, bis der nächste Disziplinarvorgesetzte erreichbar ist. Soweit der höchste anwesende Offizier die Vorbereitung der Entscheidung nicht hat abschließen können, setzt sie der Disziplinarvorgesetzte fort, wenn er wieder anwesend ist. Die entstandenen Vorgänge sind nach Beseitigung des Hindernisses unverzüglich der für die Entscheidung zuständigen Stelle zuzuleiten. **Der höchste anwesende Offizier ist zur Prüfung verpflichtet, ob er die Ausführung des mit der Beschwerde angefochtenen Befehls oder die Vollziehung einer angefochtenen Maßnahme aussetzt oder andere einstweilige Maßnahmen zu treffen hat (Buchst. b Satz 3).** Diese Anordnungen haben zwar nur vorläufigen Charakter, bewirken aber, dass etwa unrichtige Maßnahmen nicht wirksam bleiben müssen, bis der zuständige Disziplinarvorgesetzte wieder erreichbar ist. Sofern der höchste anwesende Offizier auf Grund seiner Dienststellung die Befugnis hat, einen unrichtigen Befehl aufzuheben, bleibt diese unberührt.

§ 12 Beschwerdebescheid

(1) **Über die Beschwerde wird schriftlich entschieden. Der Bescheid ist zu begründen. Er ist dem Beschwerdeführer nach den Vorschriften der Wehrdisziplinarordnung zuzustellen und auch dem Betroffenen (§ 4 Abs. 3 Satz 3) mitzuteilen. Soweit die Beschwerde zurückgewiesen wird, ist der Beschwerdeführer über den zulässigen Rechtsbehelf, die Stelle, bei der der Rechtsbehelf einzulegen ist, und die einzuhaltende Frist schriftlich zu belehren.**

(2) **Ist für die Entscheidung über die Beschwerde die Beurteilung einer Frage, über die in einem anderen Verfahren entschieden werden soll, von wesentlicher Bedeutung, kann das Beschwerdeverfahren bis zur Beendigung des anderen Verfahrens ausgesetzt werden, wenn dadurch keine unangemessene Verzögerung eintritt. Dem Beschwerdeführer ist die Aussetzung mitzuteilen. Soweit die Beschwerde durch den Ausgang des anderen Verfahrens nicht erledigt wird, ist sie weiter zu behandeln.**

(3) **Ist die Beschwerde nicht innerhalb der vorgeschriebenen Frist bei einer Stelle eingegangen, bei der sie nach diesem Gesetz eingelegt werden kann, ist sie unter Hinweis auf diesen Mangel zurückzuweisen. Ihr ist trotzdem nachzugehen; soweit erforderlich, ist für Abhilfe zu sorgen.**

Übersicht

I. Vorbemerkung

1   Die Vorschrift ist wiederholt geändert worden. Durch Art. 2 des Gesetzes zur Änderung der WDO vom 9.6.1961 (BGBl. I S. 689) wurde Absatz 2 neu gefasst (zur Entstehungsgeschichte des Absatzes 2 in seiner ursprünglichen Fassung vgl. die Protokolle der 160. und 163. Sitzung des Rechtsausschusses des Deutschen Bundestages vom 10.11.1956, S. 22 ff. und vom 15. 11 1956, S. 2). Im Zusammenhang mit der 1961 vorgenommenen neuen Abgrenzung zwischen Disziplinar- und Strafverfahren, insbesondere dem Wegfall des Verbots der Doppelbestrafung und der uneingeschränkten Abgabepflicht von strafrechtlich zu verfolgenden Dienstvergehen (hierzu siehe auch Dau, NZWehr 1976, 200) wurde Absatz 2 durch eine allgemeine Aussetzungsbefugnis bei Präjudizialität ersetzt (vgl. im Einzelnen Begr. zum Änderungsgesetz 1961 BT-Drs. III/2212, S. 29).

2   Absatz 3 Satz 1 hat durch das NOG eine klarstellende Neufassung erhalten (vgl. Art. III Nr. 8 NOG). Der Änderung des Absatzes 1 Satz 3 durch Art. 2 Abs. 9 des Gesetzes vom 12.8.2005 (BGBl. I S. 2354) folgte für die Zustellung der Verweis auf die Bestimmungen der WDO. Art. 5 Nr. 9 WehrRÄndG 2008 änderte Absatz 1 Satz 4 redaktionell. Absatz 1 enthält die formellen Bestimmungen über den Beschwerdebescheid (Schriftform – Satz 1 –, Begründungspflicht – Satz 2 – und Rechtsbehelfsbelehrung – Satz 4 – sowie über die Zustellung des Bescheides an den Beschwerdeführer und die Mitteilung an den Betroffenen – Satz 3 –). Absatz 2 ist wie Absatz 1 Satz 3 Verfahrensvorschrift, die der Vorbereitung der Entscheidung dient und die deshalb ihren Standort dogmatisch bei § 10 hat (vgl. § 10 Rn. 2). Während § 13 sich mit dem aus der Sachprüfung der Beschwerde zu folgernden Inhalt des Bescheides, also mit der Frage der Begründetheit der Beschwerde befasst, bestimmt Absatz 3 Satz 1 den Inhalt der Entscheidung, wenn Zulässigkeitsvoraussetzungen gemäß §§ 5, 6 Abs. 1 und 11 Buchst. b fehlen. Außerdem schreibt Absatz 3 Satz 2 vor, dass unabhängig vom Fehlen der in Satz 1 bezeichneten Verfahrensvoraussetzungen im Rahmen der Dienstaufsicht eine sachliche Prüfung vorzunehmen und erforderlichenfalls abzuhelfen ist. Hier handelt es sich wie bei §§ 10, 12 Abs. 1 Satz 3 und Abs. 2, §§ 13 Abs. 2, 14 und 15 um eine Verfahrensvorschrift. Die Vorschriften über den Beschwerdebescheid (§ 12 Abs. 1 und 3 Satz 1, § 13 Abs. 1 und 3) enthalten somit folgende Regelungen über Form, Inhalt und Zustellung:

a) Form des Bescheides
  – Schriftform (§ 12 Abs. 1 Satz 1);
  – Begründungspflicht (§ 12 Abs. 1 Satz 2);
  – Rechtsbehelfsbelehrung (§ 12 Abs. 1 Satz 4).
b) Inhalt des Bescheides
  – Zurückweisung unter Hinweis auf den Mangel (§ 12 Abs. 3 Satz 1), wenn die Beschwerde nicht innerhalb der vorgeschriebenen Frist bei einer Stelle eingelegt worden ist, bei der sie hätte zulässigerweise eingelegt werden können;
  – Stattgabe bei Begründetheit und Abhilfe (§ 13 Abs. 1 und 2);
  – Zurückweisung, wenn die Beschwerde unbegründet ist (§ 13 Abs. 3).
c) Zustellung des Bescheides (§ 12 Abs. 1 Satz 3).

Zu Absatz 1

II. Form des Beschwerdebescheides

1. Allgemeines

Die WBO enthält nur wenige strenge Formvorschriften. Sie überlässt den **3** Ablauf des Beschwerdeverfahrens weitgehend dem freien Ermessen der über die Beschwerde entscheidenden Stelle. Für den Beschwerdebescheid sind dagegen einige Formvoraussetzungen vorgeschrieben, vor allem die Verpflichtung, schriftlich zu entscheiden und die Entscheidung zu begründen. Diese Formstrenge rechtfertigt sich aus der Bedeutung der Beschwerde für den militärischen Alltag. Sie zwingt die Beschwerdestelle, sich über ihre Entscheidung Klarheit zu verschaffen und sich durch schriftliche Abfassung der Entscheidungsformel und der Gründe über den Inhalt der Entscheidung Rechenschaft zu geben. Die Schriftform verhindert auch, dass die Beschwerde mit einer mündlichen Erklärung abgegeben oder unangemessen verzögert wird. Sie erleichtert außerdem die Überprüfung im Dienstaufsichtsweg und ist von Bedeutung für die Durchführung von Nachprüfungsverfahren auf Grund einer weiteren Beschwerde, eines Antrags auf gerichtliche Entscheidung oder einer Klage beim Verwaltungsgericht. Jede nach der WBO eingelegte Beschwerde eines Soldaten ist ohne Rücksicht darauf, ob inzwischen abgeholfen, d. h. dem Antrag des Beschwerdeführers Rechnung getragen ist, durch einen förmlichen Beschwerdebescheid nach § 12 Abs. 1 zu erledigen. **Das gilt indes nicht für Verwaltungsbeschwerden, einschließlich der**

Beschwerde in Truppenverwaltungsangelegenheiten. Über sie wird durch förmlichen Beschwerdebescheid gemäß § 23 Abs. 2 nur entschieden, wenn die Stelle, deren Entscheidung angefochten wird, der Beschwerde nicht abhilft (vgl. auch §§ 72, 73 Abs. 1 VwGO). Auch wenn sich innerhalb des gerichtlichen Antragsverfahrens die Hauptsache erledigt hat, hat der Soldat keinen Anspruch darauf, vom Disziplinarvorgesetzten noch einen Beschwerdebescheid zu erhalten (BVerwGE 43, 291). Eines Beschwerdebescheides bedarf es auch nicht, wenn der Beschwerdeführer die Beschwerde zurückgenommen (§ 8) oder auf sein Beschwerderecht verzichtet hat.

4 Ein schriftlicher Beschwerdebescheid ist nicht nur bei Zurückweisung der Beschwerde, sondern **auch bei stattgebenden Entscheidungen** erforderlich. Das folgt aus Absatz 1 Satz 4, wonach lediglich das Erfordernis einer Rechtsbehelfsbelehrung ausdrücklich auf den Fall des ablehnenden Bescheides beschränkt worden ist. Schriftform und Begründung auch der stattgebenden Entscheidungen sind, abgesehen von den grundsätzlichen Erwägungen, auch für den Betroffenen von Bedeutung, dem der Beschwerdebescheid nach Absatz 1 Satz 3 Hs 2 mitzuteilen ist. Sie finden ihre Rechtfertigung außerdem in der Tatsache, dass durch den Beschwerdebescheid in aller Regel nicht nur die belastende Maßnahme aufgehoben, sondern dass gemäß § 13 Abs. 1 für Abhilfe gesorgt wird. Die Abhilfe kann auch Maßnahmen umfassen, die sich für den Beschwerdeführer als belastend erweisen. Die Grenzen zwischen stattgebender und abweisender Beschwerdeentscheidung können im Einzelfall fließend sein. So sind Fälle denkbar, in denen der Beschwerdeführer gegen eine Entscheidung, die als stattgebende bezeichnet ist, die er selbst aber für belastend hält, weitere Beschwerde einlegt.

2. Schriftform (Satz 1)

5 Über die Beschwerde wird schriftlich entschieden (Satz 1). Demnach reicht mündliche Bekanntgabe der Entscheidung nicht aus, selbst dann nicht, wenn sich der Beschwerdeführer damit einverstanden erklärt hat. Wegen der vorgeschriebenen Zustellung (Satz 3) genügt mündliche Bekanntgabe auch nicht, wenn der Bescheid bei der Beschwerdestelle schriftlich vorliegt. Zur Entscheidung des Wehrdienstgerichts vgl. § 18 Rn. 56 ff. Die notwendige Schriftform verlangt ein von der Beschwerdestelle unterzeichnetes Schriftstück. Um der Form des schriftlichen Bescheides zu genügen, sollte der Beschwerdebescheid folgende Bestandteile aufweisen:

– Bezeichnung als Beschwerdebescheid;
– Bezeichnung der Stelle, die den Bescheid erlässt (Truppenteil oder Dienststelle und Dienststellung des Disziplinarvorgesetzten, der militärischen Dienststelle oder der Behörde der Wehrverwaltung);
– Ort und Datum der Entscheidung;
– Name und Truppenteil oder Dienststelle des Beschwerdeführers;
– Hinweis „Persönlich – Personalangelegenheit";
– Entscheidungsformel (siehe Rn. 6);
– Begründung (siehe Rn. 9 ff.);
– Rechtsbehelfsbelehrung (siehe Rn. 19);
– Unterzeichnung durch den Disziplinarvorgesetzten (bei Verhinderung durch seinen Stellvertreter oder durch den nach der Geschäftsverteilung zuständigen Soldaten oder Beamten);
– Kostenentscheidung (§ 16a).

Die Verpflichtung zur schriftlichen Entscheidung hindert den Disziplinar- 6
vorgesetzten oder eine andere Beschwerdestelle nicht, ihre Entscheidung dem
Beschwerdeführer mündlich zu eröffnen und auch mündlich zu begründen.
Auf diese Weise kann der Vorgesetzte den Soldaten, der sich unrichtig oder
pflichtwidrig behandelt glaubt, über die Notwendigkeit bestimmter Maßnahmen aufklären, Missverständnisse im persönlichen Gespräch bereinigen, ihn
über unzutreffende dienstliche Auffassungen belehren und sonstige klärende,
dienstaufsichtliche und auch fürsorgliche Erläuterungen geben, die der Angelegenheit förderlich sein können. Die mündliche Eröffnung des Beschwerdebescheides entbindet jedoch nicht davon, den Bescheid auch schriftlich abzufassen, ihn schriftlich zu begründen und auszuhändigen oder auf andere
Weise zuzustellen. Da der Bescheid erst mit der Zustellung rechtswirksam
wird (vgl. Rn. 34), empfiehlt es sich, mündliche Bekanntgabe und Aushändigung zeitlich zusammenzulegen. **Die Entscheidungsformel enthält die
Entscheidung der Beschwerdestelle, mit der das Beschwerdeverfahren
abgeschlossen wird.** Sie gibt Aufschluss darüber, ob, wie weit und mit
welchen Gründen der Beschwerde stattgegeben oder sie zurückgewiesen
wurde. Aus der Entscheidungsformel ergibt sich der formale Abschluss des
Verfahrens, z. B. Zurückweisung der Beschwerde als unzulässig oder bei einer
zwar zulässigen Beschwerde ihre Zurückweisung als unbegründet oder bei
stattgebender Entscheidung Mitteilung des zuerkennenden Entscheidungs-
spruches, wie Aufhebung oder Abänderung eines Befehls oder einer Maßnahme und zugleich Mitteilung der sonst etwa zu treffenden Abhilfe.

Soweit eine Beschwerde in truppendienstlichen Angelegenheiten 7
**erfolgreich ist, muss der entscheidende Disziplinarvorgesetzte auch
eine Entscheidung treffen, ob dem Beschwerdeführer die ihm zur
zweckentsprechenden Rechtsverfolgung oder Rechtsverteidigung erwachsenen notwendigen Aufwendungen zu erstatten sind** (§ 16a
Abs. 2; siehe näher die Erl. dort). Diese Entscheidung ist Teil des Beschwerdebescheides und in die Entscheidungsformel aufzunehmen (§ 13 Abs. 4).
Zur Auslagenentscheidung bei Beschwerden in Verwaltungsangelegenheiten
siehe § 23 Rn. 9 ff.

Wird durch den Bescheid über eine Disziplinarbeschwerde die angefochte- 8
ne Disziplinarmaßnahme abgeändert, kommt diese Maßnahme einer Neu-
verhängung gleich (vgl. Dau/Schütz, WDO, § 42 Rn. 36, 66). § 37 Abs. 3
Satz 1 und 2 WDO ist deshalb zu beachten. Die vorgeschriebene eindeutige
Wiedergabe des der Entscheidung zugrundeliegenden Sachverhaltes ist hier
vor allem zur Abgrenzung von anderen Pflichtverletzungen erforderlich, um
nicht gegen das Verbot mehrfacher Ahndung (§ 18 Abs. 1 Satz 1 WDO) zu
verstoßen *(ne bis in idem)*.

3. Begründung (Satz 2)

Der Beschwerdebescheid muss auch schriftlich begründet werden. Eine 9
mündliche Begründung genügt nicht, denn der Bescheid muss nicht nur
bekannt gegeben, sondern zugestellt werden. Auch stattgebende Bescheide
sind zu begründen. Wird der Beschwerde in vollem Umfang stattgegeben,
wird es allerdings keiner ausführlichen Begründung bedürfen, es sei denn, es
werden abhelfende Maßnahmen getroffen, die über die Aufhebung eines
belastenden Befehls oder die Genehmigung eines Antrages hinausgehen. Ein
Abhilfebescheid, der nicht zugleich Beschwerdebescheid ist, braucht nicht

begründet zu werden (BVerwGE 43, 291; BVerwG NZWehrr 1977, 186). Bei einer die Beschwerde zurückweisenden Entscheidung kommt der Begründung besondere Bedeutung zu, weil sie die Grundlage für eine weitere Beschwerde oder eine Klage z. B. zum Verwaltungsgericht ist.

10 Die Begründung eines Beschwerdebescheides muss aus sich heraus schlüssig und einsichtig sein; sie muss in einer allgemein verständlichen Ausdrucksweise abgefasst, logisch aufgebaut und überzeugend sein. Vor allem bei einer dem Beschwerdeführer ungünstigen Entscheidung kann durch die Überzeugungskraft ihrer Begründung viel dazu beigetragen werden, dass das Beschwerderecht seine Funktion als Mittel zur Beseitigung von Spannungen, Schlichtung von Streitigkeiten und Gewährung von Rechtsschutz erfüllt. Auf die Abfassung der Entscheidungsbegründung ist daher große Sorgfalt zu legen. Hierbei ist besonders zu bedenken, dass es sich um eine Entscheidung von Soldaten für Soldaten handelt. Daher wird eine betont „juristische" Sprache der Überzeugungskraft der Begründung eher abträglich sein. Sachlichkeit und präzise Schilderung wird dieses Ziel eher erreichen.

11 Inhalt und Umfang der Begründung bestimmen sich allein nach dem Gegenstand der Beschwerde und der Beschwerdeentscheidung. Mit der Beschwerde verfolgt der Beschwerdeführer stets ein bestimmtes Ziel. Glaubt er sich unrichtig behandelt, wird er die Aufhebung oder Änderung eines Befehls oder die Vornahme einer bestimmten Maßnahme herbeiführen wollen. Ist ihm ein Antrag abgelehnt worden, will er mit der Beschwerde erreichen, dass er ihm genehmigt wird. Bei einer Verletzung durch pflichtwidriges Verhalten will er die Beseitigung der Mängel und ggf. die Ahndung der Pflichtwidrigkeit erreichen. Jede Beschwerde enthält somit ausgesprochen oder unausgesprochen die Forderung nach einer bestimmten Entscheidung oder auf Anordnung einer bestimmten Maßnahme. Dieses Beschwerdebegehren ist der Ausgangspunkt der Begründung. Wird der in der Beschwerde vorgetragenen Forderung stattgegeben, ist in der Begründung auszuführen, warum sie begründet ist. Wird die Beschwerde zurückgewiesen, muss ausgeführt werden, aus welchem Grunde dem Verlangen des Beschwerdeführers nicht entsprochen werden kann. Aus der Begründung muss sich eindeutig ergeben, welche einzelnen Umstände, welche Handlungen oder Unterlassungen festgestellt sind, die der Entscheidung zugrunde liegen. Sie muss daher den konkreten Sachverhalt mit den hierfür maßgeblichen Tatsachen einschließlich der Orts- und Zeitangaben zusammenhängend so genau schildern, dass damit die Entscheidung in Bezug auf das Vorbringen des Beschwerdeführers und das Ziel der Beschwerde unzweifelhaft abgegrenzt ist und die Möglichkeit einer erneuten Beschwerde wegen desselben Beschwerdegegenstandes sachlich ausgeschlossen wird. Summarische Darstellungen oder allgemeine Hinweise oder Bezugnahmen auf dienstliche oder außerdienstliche Vorgänge reichen daher nicht aus. Liegt der Entscheidung eine in einem anderen sachgleichen Verfahren ermittelte Entscheidung zugrunde, ist auch dieser Sachverhalt wiederzugeben. Dagegen gehört eine Maßregelung wegen Ungebühr des Beschwerdeführers oder eine erzieherische Maßnahme nicht in den Beschwerdebescheid (siehe ZDv A-2160/6, Abschnitt 2.16 „Reichweite des Maßregelungs- und Benachteiligungsverbots bei Eingaben und Beschwerden"; in Schnell/Ebert C 33g).

12 Auch für die Begründung ist keine feste Form vorgeschrieben; es ist wichtig, dass die Beschwerdestelle, ohne an strenge Formalitäten gebunden zu sein, je nach Lage des Falles, insbesondere auch nach Umfang und Schwierigkeitsgrad des Falles, in der Entscheidung frei ist, wie sie den Beschwerdebescheid fassen will. Ein Beschwerdebescheid sollte so kurz und straff wie möglich sein. In der Regel wird die Begründung wie folgt aufgebaut werden können:

- **Sachverhalt,** kurze Darstellung des auf Grund der Aufklärung festgestellten Sachverhalts, soweit er für die Beurteilung der Entscheidung erheblich ist;
  + zur Zulässigkeitsprüfung (z. B. Datum der Beschwerde und des Eingangs der Beschwerde, Soldateneigenschaft des Beschwerdeführers usw.);
  + zur Sachprüfung;
- **Begründung der Beschwerde** durch Beschwerdeführer;
- **Stellungnahmen,** Gutachten, usw., soweit für die Entscheidung von wesentlicher Bedeutung;
- **Beweiswürdigung** (nur wenn Sachverhalt besonders schwierig aufzuklären ist und Zweifel zu beheben sind);
- **Gründe für die Entscheidung** (Auslegung und Anwendung einer Rechtsvorschrift, Überprüfung von Ermessensentscheidungen, Überprüfung der Zweckmäßigkeit und Verhältnismäßigkeit).

Die Entscheidungsgründe können je nach dem Ergebnis mit folgenden Formeln eingeleitet werden:

„Die Beschwerde ist unzulässig";	**13**
„Die Beschwerde ist zulässig. Sie ist aber nicht begründet";	**14**
„Die Beschwerde ist zulässig. Sie ist auch begründet";	**15**
„Die Beschwerde ist teilweise zulässig, aber nicht begründet";	**16**
„Die Beschwerde ist teilweise zulässig. Insoweit ist sie auch begründet";	**17**
„Die Beschwerde ist zulässig. Sie ist teilweise begründet".	**18**

4. Rechtsbehelfsbelehrung (Satz 4)

Soweit die Beschwerde zurückgewiesen wird, ist dem Beschwerde- 19 **führer eine schriftliche Rechtsbehelfsbelehrung zu erteilen (Satz 4;** siehe § 7 Rn. 24). Sie muss enthalten:

- den zulässigen Rechtsbehelf;
- die Stelle, bei der der Rechtsbehelf einzulegen ist;
- die einzuhaltende Frist.

Eine Rechtsbehelfsbelehrung ist nur für ganz oder teilweise ablehnende 20 Bescheide vorgeschrieben. Nur wenn und soweit der Beschwerde kein Erfolg beschieden ist, besteht ein Bedürfnis, dem Beschwerdeführer den Anspruch auf materielle und formelle Nachprüfung durch die nächsthöhere Instanz zu gewähren. Auch bei teilweiser Zurückweisung der Beschwerde muss daher die Rechtsbehelfsbelehrung erteilt werden. **Der Beschwerdeführer ist über den zulässigen Rechtsbehelf** zu belehren. „Zulässig" i. S. des Satzes 4 bedeutet „statthaft"; ob der Rechtsbehelf im Einzelnen zulässig, d. h. frist- und formgerecht bei der richtigen Stelle eingelegt worden ist, hat der nächsthöhere Disziplinarvorgesetzte, das Verwaltungs- oder Wehrdienstgericht zu entscheiden, nicht der die Rechtsbehelfsbelehrung erteilende Vorgesetzte. Der Rechtsbehelf ist statthaft, wo er für eine Entscheidung nach der WBO überhaupt gesetzlich vorgesehen ist. Eine Rechtsbehelfsbelehrung ist gesetzlich vorgeschrieben für die truppendienstliche Beschwerde, die Verwaltungsbeschwerde, die weitere Beschwerde, die Erinnerung (§ 20 Abs. 4 i. Vbg. m. § 142 WDO), die Kostenbeschwerde gem. § 20 Abs. 4, § 23a Abs. 1 i. Vbg. m. § 141 Abs. 5 WDO, den Antrag an das Wehrdienstgericht (§§ 17,

21), die Anrufung des Truppendienstgerichts (§ 16a Abs. 5), die Klage zum
Verwaltungsgericht (§ 23 Abs. 1) sowie die Rechts- und Nichtzulassungsbeschwerde (§§ 22a und 22b); für die Disziplinarbeschwerde siehe §§ 42, 6
WDO. Daher ist auch in einem ablehnenden Beschwerdebescheid keine
Rechtsbehelfsbelehrung zu erteilen, wenn der Rechtsweg zum Wehrdienstgericht überhaupt verschlossen ist, z. B. nach einem weiteren Beschwerdebescheid bei einer Kameradenbeschwerde. Auch über die Anhörungsrüge
(§ 23a Abs. 3 i. Vbg. m. § 152a VwGO) braucht nicht belehrt zu werden, da
es sich bei ihr um einen außerordentlichen Rechtsbehelf handelt (Kopp/
Schenke, VwGO), § 152a Rn. 8). In den Fällen, in denen eine Wehrbeschwerde nicht statthaft ist und Rechtsschutz durch ein Verwaltungsgericht
nur unter den Voraussetzungen der VwGO erreicht werden kann (siehe § 23
Rn. 40), ist nur dieses Rechtsmittel zu bezeichnen. Weitere Erläuterungen,
z. B. zum Ausschluss einer Beschwerde nach der WBO oder bestimmten
Klagearten der VwGO sollten unterbleiben, da sie geeignet sein könnten, den
Beschwerdeführer von der Einreichung eines Rechtsmittels abzuhalten und
daher als „unrichtige erteilt" die Jahresfrist nach § 58 Abs. 2 VwGO auslösen
(BVerwG NZWehr 2013, 168).

21   Der Beschwerdeführer ist zu belehren, nicht der Betroffene, dem lediglich
ein eigenes neues Beschwerderecht erwachsen kann, soweit der Bescheid ihn
belastet. **In einem ablehnenden Bescheid** ist der Beschwerdeführer schriftlich zu belehren. Eine mündliche Rechtsbehelfsbelehrung gilt als nicht erteilt.
Die Rechtsbehelfsbelehrung ist Teil des Beschwerdebescheides und muss mit
diesem zugestellt werden. Sie braucht nicht von der Unterschrift desjenigen
gedeckt zu sein, der den Beschwerdebescheid unterschrieben hat; es genügt,
wenn sie gesondert dem Beschwerdebescheid beigefügt wird (siehe auch
BVerwG 1 WB 90/88 vom 13.12.1989, juris Rn. 2 = NZWehr 1990, 74
(LS)). Die Rechtsbehelfsbelehrung ist nicht ordnungsgemäß erteilt, wenn sie
dem Beschwerdeführer zwar kurz ausgehändigt, dann aber nach Unterzeichnung des auf dem gleichen Bescheid befindlichen Empfangsbekenntnisses
wieder zurückgegeben werden muss (VG Koblenz DÖD 1976, 287). In
Ergänzung der Schriftform kann die Rechtsbehelfsbelehrung wie auch der
Bescheid darüber hinaus mündlich gegeben und erläutert werden. Unterlassene, unrichtige oder unvollständige Belehrungen können nachgeholt werden.
Auch die nachgeholte Belehrung bedarf jedoch wie der Bescheid selbst zu
ihrer Wirksamkeit der Schriftform sowie der Zustellung nach Absatz 1
Satz 3. Eine unterbliebene, unrichtige oder unvollständige Rechtsbehelfsbelehrung ist gemäß § 7 Abs. 2 ein unabwendbarer Zufall, sodass die Beschwerdefrist erst nach zwei Wochen abläuft, nachdem dem Beschwerdeführer eine ordnungsgemäße Rechtsbehelfsbelehrung erteilt worden ist.

22   Amtliche Muster für die Belehrung von Soldaten über Rechtsbehelfe in
allen in Frage kommenden Fällen enthält der Erlass „Belehrungen von Soldatinnen und Soldaten über Rechtsbehelfe nach der Verwaltungsgerichtsordnung, der Wehrbeschwerdeordnung und der Wehrdisziplinarordnung", ZDv
A-2160/6, Abschnitt 2.18; in Schnell/Ebert C 32, beachte aber letzte, hier
nicht veröffentlichte, Änderungen zu Rechtsbehelfsbelehrungen in Verwaltungsangelegenheiten bei Teilnahme am elektronischen Rechtsverkehr. Eine
weitergehende Belehrung als in den Mustern enthalten verlangt Satz 4 nicht.
Ohnehin ist es kaum möglich, in einer Rechtsbehelfsbelehrung auf alle
Modalitäten hinzuweisen (BVerfGE 31, 388, 390; BVerwG 1 WB 92/84 vom
15.2.1985, juris LS 2).

Zu Sitz und Dienstbereich der Truppendienstgerichte siehe Einf. Rn. 112. **23**
Der Beschwerdeführer ist auch über die Stelle zu belehren, bei der der
Rechtsbehelf einzulegen ist. Er hat oft die Wahl zwischen mehreren Einlegestellen (Beschwerdeadressaten). Welche Stellen jeweils in Betracht kommen,
ergibt sich aus §§ 5 Abs. 1 und 2, 11 Buchst. b Satz 1, § 17 Abs. 4 Satz 1
und 2, § 23 Abs. 2 Satz 1 WBO, § 42 Satz 1 WDO. Die Reihenfolge, in der
die Beschwerdeadressaten in der Rechtsbehelfsbelehrung aufgeführt sind,
berührt die Gleichwertigkeit der beiden Möglichkeiten, von denen der Beschwerdeführer für das Einlegen einer Beschwerde Gebrauch machen kann,
nicht (vgl. auch BVerfG NJW 1983, 1479). Schließlich ist der Beschwerdeführer über die einzuhaltende Frist zu belehren. Die Belehrung ist unvollständig, sofern sie nicht den Hinweis enthält, dass die Frist nur gewahrt ist,
wenn der Rechtsbehelf vor Ablauf der Frist bei der Einlegestelle eingeht (vgl.
BVerwG NZWehr 1970, 107 = NJW 1970, 484; BVerwG NZWehr 1971,
24).

Die für den Geschäftsbereich des BMVg vorgeschriebenen Muster zur **24**
Belehrung von Soldaten über Rechtsbehelfe enthalten auch den Hinweis, in
welcher Form (schriftlich oder mündlich zur Niederschrift) der Rechtsbehelf
einzulegen ist. Notwendig ist dieses jedoch nicht (siehe HessVGH NZWehr
1974, 194), sodass die Rechtsbehelfsbelehrung auch ohne diesen Zusatz vollständig ist.

5. Folgen fehlerhafter Bescheide

Zu den Rechtsfolgen einer unterbliebenen, unrichtigen oder unvollständi- **25**
gen Rechtsbehelfsbelehrung siehe § 7 Rn. 21 ff.

Die Rechtsgültigkeit des Beschwerdebescheides wird durch eine fehlende **26**
oder fehlerhafte Rechtsbehelfsbelehrung nicht beeinträchtigt. Der Beschwerdeführer ist nicht gehindert, gegen einen Bescheid den zulässigen Rechtsbehelf einzulegen. Dadurch wird der Fehler geheilt. Unterlässt der verantwortliche Disziplinarvorgesetzte oder Beamte die vorgeschriebene Rechtsbehelfsbelehrung, kann dieses Verhalten ein Dienstvergehen, außerdem eine
Amtspflichtverletzung gemäß § 839 BGB sein. Der Beschwerdebescheid wird
durch Zustellung des Schriftstückes rechtswirksam (Satz 3). Ein entgegen der
Mussvorschrift des Satzes 1 mündlich ergangener Bescheid setzt die Rechtsbehelfsfrist nach § 6 Abs. 1 nicht in Lauf (vgl. Eyermann, VwGO, § 58
Rn. 28). Fehlt die zwingend vorgeschriebene Begründung, leidet der Bescheid an einem wesentlichen Verfahrensmangel. Die fehlende Begründung
bewirkt auch bei ablehnendem Bescheid keine Nichtigkeit. Sie wird aber zur
Aufhebung und Zurückverweisung an die Beschwerdestelle führen, die erneut zu entscheiden hat. Bei zuerkennendem Bescheid kann die Begründung
im Wege der Dienstaufsichtsbeschwerde erzwungen werden. Falls der Beschwerdeführer im Einzelfall ein besonderes Interesse darlegt, kann er nach
§ 1 Abs. 1 Satz 1 Beschwerde einlegen.

III. Zustellung und Mitteilung des Beschwerdebescheides (Satz 3)

1. Zustellung an den Beschwerdeführer

27 Art. 2 Abs. 9 des Gesetzes vom 12.8.2005 (BGBl. I S. 2354, 2357) und Art. 5 Nr. 14 des WehrRÄndG 2008 haben die Zustellung des Beschwerdebescheides und des Beschlusses des Truppendienstgerichts (§ 18 Abs. 2 Satz 5) einheitlich an den Vorschriften der WDO ausgerichtet. Die Zustellungsarten des VwZG finden mithin auf zustellungsbedürftige Dokumente nach der WBO keine Anwendung mehr. Zustellung bedeutet die Bekanntgabe eines Dokumentes an eine Person oder eine Dienststelle (z. B. § 18 Abs. 2 Satz 5) in einer durch § 5 WDO näher bestimmten Form (vgl. § 166 Abs. 1 ZPO). Mit der Zustellung wird der Bescheid rechtswirksam, die Rechtsbehelfsfrist beginnt zu laufen. Hat der Beschwerdeführer den Beschwerdebescheid nachweislich erhalten, gilt er spätestens zu diesem Zeitpunkt als zugestellt (§ 5 Abs. 3 WDO).

28 Die in § 5 Abs. 1 WDO genannten Zustellungsarten stehen gleichrangig nebeneinander. Allerdings kann wegen einer Verwirkung des Klagerechts ein Bescheid auch ohne Zustellung mit Rechtsmitteln nicht mehr anfechtbar und damit bestandskräftig werden (Sperber/Poretschkin, NZWehr 2014, 67, 72).

29 **1.1. Zustellung durch Übergabe gegen Empfangsbekenntnis.** Die Aushändigung des Beschwerdebescheides gegen Empfangsbekenntnis (§ 5 Abs. 1 Nr. 1 WDO) geschieht durch den Disziplinarvorgesetzten, der über die Beschwerde entschieden hat, einen von ihm Beauftragten oder durch einen Soldaten oder Beamten der zur Entscheidung zuständigen Dienststelle. Der Beschwerdebescheid ist dem Beschwerdeführer zu übergeben oder in seiner Gegenwart niederzulegen, so dass es nur noch von ihm abhängt, ob er den Inhalt des Bescheides auch liest. Den Empfang hat er mit dem Datum der Aushändigung auf einem Empfangsbekenntnis zu quittieren. Dagegen braucht der Aushändigende das Datum der Aushändigung nicht auf dem auszuhändigenden Bescheid zu vermerken. Keine wirksame Aushändigung liegt vor, wenn der Beschwerdebescheid in Abwesenheit des Beschwerdeführers z. B. auf seiner Stube hinterlegt wird. Die Zustellung gegen Empfangsbekenntnis ist nur an den Beschwerdeführer möglich (anders jedoch im gerichtlichen Verfahren bei anwaltlicher Vertretung des Antragstellers).

30 Befindet sich der Beschwerdeführer bei einer Dienststelle der Bundeswehr, die nicht zugleich Beschwerdestelle ist, kann die Übergabe auch in der Weise durchgeführt werden, dass der Beschwerdebescheid durch die andere Dienststelle gegen Empfangsschein ausgehändigt wird. Die Dienststelle, die über die Beschwerde entschieden hat, übersendet in diesem Fall den Beschwerdebescheid und das Empfangsbekenntnis an die andere Dienststelle und ersucht diese, dem Beschwerdeführer den Bescheid gegen Unterschrift des Empfangsbekenntnisses auszuhändigen und diesen sodann zurückzusenden. Das Empfangsbekenntnis ist der Beleg dafür, dass der Zustellungsempfänger den Beschwerdebescheid nachweislich an einem bestimmten Tag erhalten hat. Es trägt das Datum der Aushändigung, das auf dem Beschwerdebescheid vermerkt werden muss und ist eine öffentliche Urkunde (§ 418 ZPO), die damit auch den Beweis des Zustellungszeitpunkts enthält (BVerwG 1 WNB 3/17 vom 11.10.2017, juris Rn. 6). Das Empfangsbekenntnis ist von dem Beschwerdeführer zu unterschreiben. Verweigert der Beschwerdeführer die Annahme des Beschwerdebescheides oder die Bestätigung auf dem Empfangsbekenntnis, wird der Nachweis für die gleichwohl vollzogene Zustellung durch eine Niederschrift geführt. Sie muss über das Verhalten des Beschwerdeführers und die Art der Übergabe Auskunft geben können; im Übrigen enthält sie die gleichen Angaben wie das Empfangsbekenntnis.

1.2. Zustellung durch eingeschriebenen Brief und Rückschein (§ 5 Abs. 1 Nr. 2 WDO). Der Beschwerdebescheid kann durch die Post mittels Einschreiben mit Rückschein zugestellt werden. § 5 Abs. 1 Nr. 2 WDO enthält keine ausdrückliche Einschränkung, dass die Zustellung durch eingeschriebenen Brief mit Rückschein für die WBO wirksam nur an den Beschwerdeführer persönlich vorgenommen werden kann. Der Ausdruck „eingeschriebener Brief" (§ 4 Abs. 1 VwZG: Einschreiben) ist ein postalischer Begriff (siehe auch § 175 ZPO). Wenn das Gesetz diese Worte verwendet, will es sie wie bei der Post verstanden wissen und nicht von den postalischen Bestimmungen abweichen. Sofern das Dokument daher nicht den Vermerk „Eigenhändig" trägt, ist eine Zustellung auch an den Ehegatten oder sonstigen Postbevollmächtigten zulässig. Zum Nachweis der Zustellung genügt zwar grundsätzlich der Rückschein (vgl. auch § 175 Satz 2 ZPO; § 4 Abs. 2 VwZG), allerdings nur, wenn die Sendung nach erfolglosem Zustellversuch auch tatsächlich abgeholt wird und nicht an den Absender zurückgeht (BVerwG NJW 1971, 446). Eine Zustellung durch eingeschriebenen Brief mit Rückschein im Ausland richtet sich nach § 183 Abs. 1 Nr. 1 ZPO. Ist die Zustellung im Ausland nicht durchführbar oder verspricht sie keinen Erfolg, ist die öffentliche Zustellung zulässig (§ 185 Nr. 2 ZPO). **31**

1.3. Zustellung nach den Vorschriften der ZPO (§ 5 Abs. 1 Nr. 3 WDO). Die Vorschriften der ZPO über die Zustellung von Amts wegen sind in den §§ 166 ff. ZPO enthalten. Die zivilprozessualen Zustellungsarten, die durch die Verweisungsvorschrift des § 12 Abs. 1 Satz 3 auf die WBO Anwendung finden, sind durch die §§ 173–175 ZPO im Einzelnen bestimmt. Abweichend von § 168 Abs. 1 ZPO kann aus Gründen militärspezifischer Verfahrensökonomie die Zustellung auch durch einen Soldaten vorgenommen werden (§ 5 Abs. 2 Satz 1 WDO). **32**

Zuzustellen ist der Beschwerdebescheid, d. h. eine von der Beschwerdestelle (§ 9) unterzeichnete und beglaubigte Ausfertigung, während die Urschrift regelmäßig in den Beschwerdeakten verbleibt (vgl. auch § 5 Abs. 1 Nr. 4 Hs 1 WDO). Die Zustellung einer unbeglaubigten Abschrift oder einer Kopie des Beschwerdebescheides ist unwirksam. **33**

Zugestellt werden kann an jedem Ort, an dem der Beschwerdeführer angetroffen wird (§ 177 ZPO). Das ist bei Soldaten regelmäßig die militärische Unterkunft (LG Mainz NZWehr 1973, 110) oder das Dienstgebäude seiner Stammeinheit. Zur Zustellung an einen Bevollmächtigten vgl. BVerwG NZWehr 2005, 253. Die zivilprozessualen Modalitäten einer Zustellung von Amts wegen sind im Wesentlichen den Zustellungsarten der WDO gleich. Eine Ergänzung folgt lediglich durch § 173 ZPO, der es der Beschwerdestelle ermöglicht, dem Beschwerdeführer den Beschwerdebescheid an ihrer Dienststelle auszuhändigen. Die Zustellung gegen Empfangsschein gem. § 174 ZPO deckt sich mit der Zustellungsart des § 5 Abs. 1 **34**

Nr. 1 WDO, erlaubt darüber hinaus gehend die Zustellung auch an andere, in § 174 Abs. 1 ZPO genannte Adressaten, z. B. einen Anwalt oder eine sonstige Person, bei der auf Grund ihres Berufes von einer erhöhten Zuverlässigkeit ausgegangen werden kann. Die Zustellung durch Einschreiben mit Rückschein entspricht der Regelung des § 5 Abs. 1 Nr. 2 WDO.

35   Wird der Beschwerdeführer nicht angetroffen, ist der Beschwerdebescheid nach den Vorschriften der Ersatzzustellung (§§ 178 ff. ZPO) einer empfangsberechtigten Person zu übergeben oder auf der Geschäftsstelle des für die Zustellung zuständigen Amtsgerichts oder einer von der Post benannte Stelle niederzulegen (§ 181 ZPO). Die Geschäftsstelle des Truppendienstgerichts ist im Sinne der Zustellungsvorschriften nicht angesprochen, da § 5 WDO i. Vbg. mit den Zustellungsvorschriften der ZPO im Wehrbeschwerdeverfahren unmittelbar und nicht entsprechend gilt. Die Zustellung durch Niederlegung ist nur wirksam, wenn zur Ausführung der Zustellung auch die schriftliche Mitteilung über die Niederlegung tritt (§ 181 Abs. 1 Satz 3 ZPO). Der Beschwerdebescheid gilt mit der Abgabe der schriftlichen Mitteilung als zugestellt (§ 181 Abs. 1 Satz 4 ZPO).

36   Bei einer Ersatzzustellung für einen in Gemeinschaftsunterkunft wohnenden Soldaten kann der Beschwerdebescheid dem Kompaniefeldwebel – in dessen Abwesenheit seinem Stellvertreter – als dazu ermächtigt übergeben werden (§ 178 Abs. 1 Nr. 3 ZPO). Bei eingeschifften Soldaten ist der Kommandant des Schiffes/Bootes zur Entgegennahme von Ersatzzustellungen befugt. Dagegen ist eine Ersatzzustellung an den Kompaniefeldwebel dann nicht zulässig, wenn der Beschwerdeführer innerhalb des Kasernenbereichs eine besondere Wohnung hat oder nicht in Gemeinschaftsunterkunft wohnt und hierzu auch nicht verpflichtet ist (LG Kiel NZWehr 1976, 78). In diesen Fällen hat der Kompaniefeldwebel der zustellenden Person die Wohnung des Beschwerdeführers anzugeben. Die Zustellung kann auch an einen erwachsenen Familienangehörigen, eine in der Familie beschäftigte Person oder an einen erwachsenen ständigen Mitbewohner vorgenommen werden, wenn der Beschwerdeführer nicht in der Wohnung angetroffen wird (§ 178 Abs. 1 Nr. 1 ZPO). Ist eine Zustellung in der Wohnung des Beschwerdeführers nicht möglich, kann der Beschwerdebescheid auch in den zu der Wohnung gehörenden Briefkasten eingelegt werden (§ 180 ZPO). Mit dem Einlegen in den Briefkasten gilt der Beschwerdebescheid als zugestellt, das Datum der Zustellung ist auf dem Umschlag zu vermerken. Für eine Zustellung im Ausland siehe § 183 ZPO. Verweigert der Beschwerdeführer unberechtigt die Annahme des Beschwerdebescheides, ist dieser in der Wohnung oder in der Gemeinschaftsunterkunft zurückzulassen. Mit der Annahmeverweigerung gilt der Beschwerdebescheid als zugestellt (§ 179 Satz 3 ZPO).

37   **1.4. Die öffentliche Zustellung (§ 185 ZPO).** Solange ein Beschwerdeverfahren nicht beim Truppendienstgericht als Antrag auf gerichtliche Entscheidung, Beschwerde gegen einen Disziplinararrest oder weitere Beschwerde gegen eine sonstige einfache Disziplinarmaßnahme anhängig ist, kann eine öffentliche Zustellung nicht angeordnet werden. Während bei einer öffentlichen Zustellung nach dem VwZG die Anordnung einer öffentlichen Zustellung ein zeichnungsberechtigter Bediensteter vornehmen kann (§ 10 Abs. 1 Satz 2 VwZG), muss nach § 186 Abs. 1 ZPO hierüber das Prozessgericht entscheiden. Das bedeutet, dass sich der Beschwerdebescheid des Disziplinarvorgesetzten im vorgerichtlichen Verfahren einer öffentlichen Zu-

stellung entzieht (zur öffentlichen Zustellung im gerichtlichen Antragsverfahren siehe § 18 Rn. 69a ff.). Ohnehin darf eine öffentliche Zustellung erst dann bewilligt werden, wenn alle Möglichkeiten erschöpft sind, das Schriftstück dem Empfänger in anderer Weise zu übermitteln (BVerwG NZWehrr 2012, 34).

1.5. Zustellung an Behörden und Dienststellen (§ 5 Abs. 1 Nr. 4 38 ZPO). Die Zustellung des Beschwerdebescheides an Behörden und Dienststellen nach § 5 Abs. 1 Nr. 4 WDO tritt zusätzlich („auch") neben die Zustellungsarten des § 5 Abs. 1 Nr. 2 und 3. Sie hat für das Wehrbeschwerdeverfahren vor dem Disziplinarvorgesetzten keine praktische Bedeutung; die Zustellung des Beschwerdebescheides ausnahmsweise auch an den BMVg ist für das gerichtliche Antragsverfahren eigenständig in § 18 Abs. 2 Satz 5 geregelt.

2. Mitteilung an den Betroffenen

Der Bescheid ist auch dem Betroffenen (§ 4 Abs. 3 Satz 3) mitzuteilen. 39 Einer förmlichen Zustellung bedarf es hierzu nicht, denn die Mitteilung des Bescheides an den Betroffenen setzt keine Frist in Lauf. Der Beschwerdebescheid kann von dem Betroffenen nicht mit der weiteren Beschwerde angefochten werden. Enthält er eine den Betroffenen unmittelbar beeinträchtigende Maßnahme – z. B. durch eine abhelfende Maßnahme – kann er eine selbstständige neue Beschwerde einlegen.

Die Mitteilung bezieht sich auf den gesamten Inhalt des Bescheides, bei 40 mehreren Betroffenen, soweit der jeweilige Betroffene berührt ist. Der Bescheid kann dem Betroffenen übergeben oder durch die Post mittels Brief übersandt werden. Am zweckmäßigsten wird es sein, dem Betroffenen eine Durchschrift des Bescheides auszuhändigen. Der Bescheid kann auch in Form der mündlichen Eröffnung, durch Verlesen der gesamten Entscheidung, einschließlich der Begründung, mitgeteilt werden. Durch wen die Mitteilung vorgenommen wird, richtet sich nach den Umständen des Falles. Hierbei ist jedoch der Grundsatz der Vertraulichkeit zu beachten. Ebenso wie der Beschwerdebescheid unverzüglich zu erlassen ist, darf auch die Mitteilung an den Betroffenen nicht verzögert werden. Es empfiehlt sich, die Aushändigung oder Zustellung des Beschwerdebescheides an den Beschwerdeführer mit der Mitteilung an den Betroffenen zeitlich zu verbinden. In den Beschwerdeakten ist zu vermerken, wann und in welcher Weise der Beschwerdebescheid dem Betroffenen mitgeteilt worden ist.

3. Mitteilung an Hinterbliebene oder Erben

Da mit dem Tod des Beschwerdeführers das Beschwerdeverfahren beendet 41 ist, kann ein mit einer Rechtsbehelfsbelehrung versehener Beschwerdebescheid auch an die Hinterbliebenen oder Erben des Beschwerdeführers nicht erteilt werden. Sofern die noch zu seinen Lebzeiten von dem Beschwerdeführer eingelegte Beschwerde sich gegen eine Maßnahme richtete, die auch für die Versorgungsansprüche der Hinterbliebenen rechtliche Wirkung erzeugt, unterliegt die Dienststelle der Wehrverwaltung, die für die Entscheidung über die Beschwerde zuständig gewesen wäre, einer Unterrichtungspflicht. Auf Grund der dem Dienstherrn gemäß § 31 SG auch gegenüber den Familienangehörigen des verstorbenen Soldaten bestehenden

Fürsorgepflicht ist sie gehalten, den Hinterbliebenen oder Erben – z. B. der Witwe oder den Kindern – des verstorbenen Soldaten von dem diesem gegenüber erlassenen Verwaltungsakt Kenntnis zu geben. Außerdem sind die Hinterbliebenen darüber zu belehren, dass sie nach Beendigung des Beschwerdeverfahrens durch den Tod des Soldaten von dem Verwaltungsakt nunmehr unmittelbar betroffen und deshalb befugt sind, auch Widerspruch einzulegen. Eine dem § 37 Abs. 6 VwVfG entsprechende Rechtsbehelfsbelehrung ist nachträglich zu erteilen. Für Klagen der Hinterbliebenen aus dem Wehrdienstverhältnis ist gemäß § 82 Abs. 1 SG i. Vbg. m. §§ 87 Abs. 2 Hs 1 SVG, 126 BBG der Verwaltungsrechtsweg gegeben.

4. Bekanntmachung der Aufhebung von Disziplinarverfügungen

42   Die Aufhebung einer einfachen Disziplinarmaßnahme durch den über die Beschwerde entscheidenden Disziplinarvorgesetzten oder durch das Wehrdienstgericht ist in derselben Weise möglichst, jedoch nicht notwendig, gegenüber demselben Personenkreis bekanntzumachen, vor dem die disziplinare Maßregelung bekannt gemacht worden ist (§ 42 Nr. 9 WDO; siehe im Einzelnen Dau/Schütz, WDO, § 42 Rn. 95).

Zu Absatz 2

IV. Aussetzung des Beschwerdeverfahrens

1. Vorfragenentscheidung (Satz 1)

43   Satz 1 ermöglicht es der Beschwerdestelle, nach ihrem Ermessen das Beschwerdeverfahren wegen Präjudizialität eines anderen Verfahrens auszusetzen. Voraussetzung hierfür ist, dass im Beschwerdeverfahren eine Frage offengeblieben ist, deren Beurteilung für die Entscheidung über die Beschwerde von wesentlicher Bedeutung ist und die in einem anderen Verfahren entschieden werden soll. Die Vorschrift hat in den § 94 VwGO und § 148 ZPO verfahrensrechtliche Parallelen. Verglichen mit ihnen ist die Aussetzung eines Beschwerdeverfahrens jedoch erleichtert:

– Die Beschwerdeentscheidung braucht nicht von der Vorfragenentscheidung abzuhängen; wesentliche Bedeutung genügt.

– Die Befugnis zur Aussetzung ist nicht nur bei der Frage nach der Existenz eines Rechtsverhältnisses gegeben; es reicht vielmehr die wesentliche Bedeutung der Beurteilung einer Frage.

– Die Beurteilung einer Frage braucht nicht Gegenstand eines anhängigen Verfahrens zu sein. Es ist ausreichend, dass über die Frage in einem anderen Verfahren entschieden werden soll.

44   **Die Beurteilung der Frage muss für die Entscheidung über die Beschwerde von wesentlicher Bedeutung** sein. Die Beschwerdeentscheidung braucht zwar nicht von ihr abzuhängen (so § 94 VwGO; § 148 ZPO). Es muss aber damit zu rechnen sein, dass die Entscheidung der Frage im anderen Verfahren die Entscheidung über die Beschwerde beeinflussen wird. Das kann auch der Fall sein, wenn der Sachverhalt erst durch das andere Verfahren geklärt wird oder wenn bei rechtlich zweifelhaften Fällen widersprechende Entscheidungen vermieden werden sollen.

Von wesentlicher Bedeutung für die Beschwerdeentscheidung kann z. B. **45** die Feststellung eines Dienstvergehens oder einer Straftat durch den zuständigen Disziplinarvorgesetzten in einem gerichtlichen Disziplinarverfahren sein oder in einem Strafverfahren gegen den Betroffenen.

Es muss sich um ein Verfahren handeln, also um einen förmlich geordneten Untersuchungsablauf, der mit dem Ziel durchgeführt wird, mit einer Entscheidung abzuschließen. Dazu gehören gerichtliche Verfahren wie Zivilprozess, Strafprozess, gerichtliches Disziplinarverfahren, Verwaltungsrechtsstreit, aber auch Verfahren vor militärischen oder zivilen Dienststellen, wie ein anderes Beschwerdeverfahren, Havarieverfahren, Flugunfalluntersuchung, Taucherunfalluntersuchung, Verfahren auf Anerkennung als Kriegsdienstverweigerer, Widerspruchsverfahren usw. Auch ausländische Verfahren – z. B. Strafverfahren in einem NATO-Staat gegen deutsche Soldaten – kommen in Betracht. Es kann sich auch um mehrere Verfahren handeln, z. B. Ermittlungen durch einen Disziplinarvorgesetzten, gerichtliches Disziplinar- und sachgleiches Strafverfahren gegen den Betroffenen.

Voraussetzung ist, dass die Frage in dem anderen Verfahren entschieden werden soll. Die Aussetzung ist demnach schon zulässig, wenn das Verfahren erst bevorsteht, also noch einzuleiten ist. Ist z. B. die Strafsache gegen den Betroffenen noch nicht an die Strafverfolgungsbehörde abgegeben worden, steht aber bereits fest, dass die Voraussetzungen für eine Abgabe vorliegen (§ 23 Abs. 3 WDO i. Vbg. m. ZDv A-2160/6, Abschnitt 1.9 „Abgabe an die Staatsanwaltschaft"; in Schnell/Ebert C 11a), ist die Aussetzung des Beschwerdeverfahrens auch schon zulässig, wenn der Disziplinarvorgesetzte die Sache noch nicht abgegeben hat. Auch der Verdacht einer Straftat kann bereits die Aussetzung rechtfertigen, wenn die Ermittlungen die Entscheidung beeinflussen. Gibt der Disziplinarvorgesetzte die Sache nicht ab, ist das Beschwerdeverfahren in entsprechender Anwendung des Satzes 3 fortzusetzen.

Die Aussetzung ist nur zulässig, wenn dadurch keine unangemessene Verzögerung eintritt. Diese zeitliche Grenze unterstreicht das das Beschwerderecht beherrschende Beschleunigungsprinzip. Eine Verzögerung kann zwar in Kauf genommen werden; sie darf jedoch nicht unangemessen sein, d. h. sie muss in einem sinnvollen Verhältnis zu dem mit ihr erstrebten Zweck stehen, das in dem anderen Verfahren erzielte Ergebnis für die Entscheidung des ausgesetzten Verfahrens nutzbar zu machen (vgl. BVerwGE 83, 320 zur Aufhebung eines Aussetzungsbeschlusses im gerichtlichen Antragsverfahren).

Bis zur Beendigung des anderen Verfahrens kann das Beschwerdeverfahren **49** ausgesetzt werden. Die Aussetzung ist somit bis zum rechtskräftigen oder unanfechtbaren Abschluss des anderen Verfahrens zulässig. Sie kann allerdings auch schon vorher wieder aufgehoben werden, wenn die wesentliche Bedeutung der Vorfrage zu verneinen ist.

2. Aussetzungsbefugnis (Sätze 1 und 2)

Die Befugnis zur Aussetzung unterliegt dem pflichtgemäßen Ermessen der **50** Beschwerdestelle, die an Hand der oben genannten Gesichtspunkte (Rn. 49–53) abzuwägen hat, ob es der Förderung des Verfahrens dient, wenn es ausgesetzt wird. Über die Aussetzung – wenn ein Teil des Beschwerdegegenstandes abtrennbar ist, auch Teilaussetzung – entscheidet die Beschwerdestelle von Amts wegen; ein Antrag ist nicht erforderlich. Die Aussetzungsverfügung ergeht formlos; sie kann ohne besondere Formvorschriften jederzeit auch wieder aufgehoben oder teilweise aufgehoben werden. **Der Beschwerdeführer braucht vor der Aussetzung nicht gehört zu werden. Sie ist ihm aber gemäß Satz 2 formlos mitzuteilen.** Er erhält mit diesem Zwischenbescheid zugleich die Möglichkeit, Gegenanträge zu stellen. Eine Mitteilungspflicht über den Ausgang des anderen Verfahrens besteht nicht. Es wird sich aber im Allgemeinen empfehlen, den Beschwerdeführer über die Fortsetzung des Beschwerdeverfahrens zu unterrichten.

3. Fortsetzung des Beschwerdeverfahrens (Satz 3)

51   **Das ausgesetzte Beschwerdeverfahren muss fortgeführt werden, soweit es durch das andere Verfahren nicht erledigt worden ist (Satz 3).** Mit dieser Bestimmung hat der Gesetzgeber keine sachlich sehr überzeugende Verbindung zu der Regelung des Satzes 1 hergestellt; Sinn der Aussetzung ist es nicht, mit der Beantwortung der Frage die Beschwerde ganz oder teilweise zu erledigen. Die Beschwerdestelle setzt vielmehr aus, weil sie sich mit der Antwort auf die in dem anderen Verfahren behandelten Frage zunächst eine Entscheidungshilfe für die Entscheidung im Beschwerdeverfahren erhofft. Nur in Ausnahmefällen wird mit der im anderen Verfahren beantworteten Frage für das Beschwerdeverfahren ganz oder teilweise eine Erledigung eintreten. Wenn dagegen der Beschwer durch den Ausgang des anderen Verfahrens nicht oder nur teilweise abgeholfen worden ist, müssen notfalls weitere Ermittlungen angestellt werden, bis die Beschwerde entscheidungsreif ist. Soweit die Beschwerde schon durch das Ergebnis des anderen Verfahrens entscheidungsreif ist, kann auch ein Teilbescheid über die Beschwerde ergehen, der jedoch mit einer eigenen Rechtsbehelfsbelehrung versehen werden muss.

52   Im Regelfall hat die Beschwerdestelle das Beschwerdeverfahren fortzuführen, wenn die Frage, die zur Aussetzung geführt hat, in dem anderen Verfahren beantwortet worden ist. Ist in einem anderen Verfahren über die Frage entschieden worden, die Anlass zur Aussetzung gab, besteht eine Bindung an die andere Entscheidung nur, wenn mit ihr gegenüber dem Beschwerdeführer oder Betroffenen eine Rechtskraftwirkung verbunden ist, z. B. wenn ein Verwaltungsgericht rechtskräftig festgestellt hat, dass der Beschwerdeführer gar kein Soldat ist oder die in einem Disziplinarbeschwerdeverfahren gegen den Betroffenen verhängte einfache Disziplinarmaßnahme unanfechtbar bestätigt worden ist. Im Übrigen ist die Beschwerdestelle frei, ob sie ihrer Beurteilung die Entscheidung aus dem anderen Verfahren zugrunde legen will.

Zu Absatz 3

V. Zurückweisung wegen Unzulässigkeit

1. Formelle Mängel (Satz 1)

53   Soweit eine Beschwerde nicht zulässig ist, muss sie als unzulässig zurückgewiesen werden. Das gilt auch für den Fall, dass die Beschwerde nicht innerhalb der vorgeschriebenen Frist bei einer Stelle eingegangen ist, bei der

sie zulässigerweise hätte eingelegt werden können (§§ 5, 6, Abs. 1, 11). Auch nach der Neufassung der Vorschrift durch das NOG ist die ausdrückliche Regelung dieser Rechtsfolge mit Rücksicht auf das Benachteiligungsverbot des § 2 erforderlich geblieben. Sie stellt klar, dass die Zurückweisung einer Beschwerde gemäß Satz 1 keine Benachteiligung i. S. des § 2 ist. Die Schutzvorschrift des § 2 führt mithin nicht dazu, dass sich der Beschwerdeführer weder um die vorgeschriebenen Einlegestellen noch um die Beschwerdefrist zu kümmern braucht. Auch richtiger Beschwerdeweg und eingehaltene Beschwerdefrist bleiben vielmehr Voraussetzung für eine Sachentscheidung über die Beschwerde und weitere vom Beschwerdeführer eingelegte Rechtsbehelfe.

54 Hat der Beschwerdeführer die Beschwerdefrist (§ 6 Abs. 1) versäumt, wird seine Beschwerde als unzulässig zurückgewiesen. Eines ausdrücklichen Hinweises in der Entscheidungsformel, aus welchem Grund die Beschwerde unzulässig ist, bedarf es nicht; der Mangel an der Zulässigkeit der Beschwerde ergibt sich aus der Begründung des Beschwerdebescheides. Ein ausdrücklicher Hinweis auf den formellen Mangel der Beschwerde ist nur erforderlich, wenn die Beschwerde zwar innerhalb der Beschwerdefrist eingelegt wurde, jedoch bei einer für die Einlegung nicht zuständigen Stelle und auch innerhalb der Beschwerdefrist bei einer zuständigen Stelle nicht einging. Der Hinweis auf den Mangel ist ein Teil der nach Absatz 1 Satz 2 vorgeschriebenen Begründung. Er klärt den Beschwerdeführer darüber auf, dass es nicht ausreicht, die Beschwerde innerhalb der Beschwerdefrist einzulegen, sondern dass auch die richtige Einlegestelle gewählt werden muss. Bei Zurückweisung der Beschwerde als unzulässig werden Fragen der Begründetheit in der Begründung nicht mehr behandelt. Zu den Einlegestellen für die Beschwerde siehe die Erl. zu §§ 5 und 11; zur Beschwerdefrist wird auf die Erl. zu den §§ 6, 7 verwiesen. Auch der die Beschwerde aus formellen Gründen zurückweisende Bescheid unterliegt den Formvorschriften des Absatzes 1. Er ist daher als ablehnender Bescheid i. S. des Absatzes 1 Satz 4 auch mit einer Rechtsbehelfsbelehrung zu versehen. In truppendienstlichen Angelegenheiten kann der Beschwerdeführer weitere Beschwerde einlegen und im Falle der Zurückweisung auch der weiteren Beschwerde unter den Voraussetzungen des § 17 Abs. 1 Antrag auf gerichtliche Entscheidung stellen.

55 **Hat der Beschwerdeführer weitere Beschwerde eingelegt, muss die zuständige Stelle zunächst prüfen, ob die Beschwerdeweg- und Fristvorschriften für die Einlegung der weiteren Beschwerde eingehalten sind. Ist das nicht der Fall, wird auch die weitere Beschwerde als unzulässig zurückgewiesen. Ist die weitere Beschwerde zulässig, wird geprüft, ob die Beschwerde zu Recht zurückgewiesen worden ist. Erweist sich die Zurückweisung der Beschwerde wegen Nichteinhaltung von Beschwerdeweg oder Frist als gerechtfertigt, ist die weitere Beschwerde als unbegründet zurückzuweisen.** Die ordnungsgemäße Einlegung der weiteren Beschwerde heilt nicht den Mangel bei der Einlegung der Erstbeschwerde.

2. Abhilfe durch Dienstaufsicht (Satz 2)

56 Wenn die Beschwerde aus den Gründen des Satzes 1 als unzulässig zurückgewiesen werden musste, ist das wehrbeschwerderechtliche Verfahren vor dem jeweils entscheidungsbefugten Disziplinarvorgesetzten beendet. Gleichwohl bleibt diesem aber die Verpflichtung, im Wege der Dienstaufsicht erkannten Missständen oder Mängeln nachzugehen und für Abhilfe zu sorgen. Insoweit wird die Beschwerde als Dienstaufsichtsbeschwerde weiterbehandelt.

57   Gleiches gilt unter Berücksichtigung des Art. 17 GG und des Rechtsgedankens des § 12 Abs. 3 Satz 2 und des § 14 entsprechend auch für die Fälle, in denen die Beschwerde aus anderen formellen Gründen als den in Absatz 3 Satz 1 genannten zurückgewiesen worden ist. Hat der Beschwerdeführer mit der aus formellen Gründen zurückgewiesenen Beschwerde Mängel oder Missstände gerügt, müssen diese überprüft werden. Dem Beschwerdeführer ist nur die Kenntnisnahme von der Beschwerde und die Art der Erledigung schriftlich mitzuteilen. Es genügt, wenn in diesem Bescheid mitgeteilt wird, wie die Beschwerdestelle die Dienstaufsichtsbeschwerde zu behandeln gedenkt. Der Beschwerdeführer hat keinen Anspruch auf schriftlich begründeten Bescheid (vgl. BVerfGE 2, 225; vgl. auch Protokoll der 163 Sitzung des Rechtsausschusses des Deutschen Bundestages vom 15.11.1956, S. 2). Im ablehnenden Bescheid über die Dienstaufsichtsbeschwerde braucht nur die Feststellung enthalten zu sein, dass kein Anlass zu dienstaufsichtlichem Einschreiten und zur Abhilfe gegeben ist. Gegen diesen Bescheid ist die förmliche Beschwerde nicht zulässig. Wird z. B. eine Beschwerde wegen Fristversäumnis als unzulässig zurückgewiesen, kann der Teil des Beschwerdebescheides, der sich mit der dienstaufsichtlichen Prüfung befasst, im weiteren Beschwerdeverfahren nicht überprüft werden (BVerwG NJW 1968, 18 f.). Das gilt auch für einen ablehnenden Bescheid über die Dienstaufsichtsbeschwerde (vgl. BDHE 5, 227, 228). Der Beschwerdeführer kann jedoch stets weitere Dienstaufsichtsbeschwerde an die nächsthöhere Instanz einlegen.

58   Sofern Wehrbeschwerde und dienstaufsichtlicher Teil gleichzeitig erledigt werden können, bestehen keine Bedenken, die Mitteilung an den Beschwerdeführer, von dem Inhalt seiner Beschwerde sei Kenntnis genommen und wie ihr dienstaufsichtlicher Teil erledigt worden sei, in den Bescheid über die Zurückweisung der Beschwerde wegen Unzulässigkeit aufzunehmen. Legt der Beschwerdeführer gegen den Bescheid, der die Beschwerde als unzulässig zurückweist, weitere Beschwerde ein, ist der dienstaufsichtliche Teil auch wieder gesondert zu behandeln, da Satz 2 auch für die weitere Beschwerde gilt (§ 16 Abs. 4). Für Art und Umfang der dienstaufsichtlichen Prüfung und Erledigung gelten nicht die Vorschriften der WBO. Es handelt sich um die Vollziehung der allgemeinen mit Dienststellung und Aufgaben der Vorgesetzten verbundenen Dienstaufsichtspflicht, wie sie z. B. in § 10 Abs. 2 SG und § 46 Abs. 1 WDO normiert und dort keiner verfahrensmäßig zwingenden Regelung unterworfen ist (siehe auch § 14). Die Pflicht zur Dienstaufsicht ist eine Überprüfungspflicht und ggf. zugleich Eingriffspflicht, deren Beachtung von den übergeordneten Stellen der Bundeswehr zu überwachen ist. Sie dient nicht mehr der Wahrung der Rechte des Beschwerdeführers, ist keine ihm gegenüber bestehende Pflicht des Vorgesetzten, sodass ein Verstoß hiergegen auch keine Rechtsverletzung i. S. des § 17 Abs. 1 ist (BVerwG 2 B 108/13 vom 4.6.2014, juris Rn. 6; BVerwGE 63, 189 = NZWehrr 1979, 179; BVerwG NZWehrr 1996, 170, 171).

59   Die dienstaufsichtliche Überprüfung gemäß Satz 2 ist nicht Sache der im Beschwerdeverfahren entscheidenden Wehrdienstgerichte, sondern ausschließlich Angelegenheit der Exekutive. **Die Pflicht zur Abhilfe** ist ein Teil der Dienstaufsichtspflicht. Abhilfe bedeutet Abstellen der auf Grund der

Überprüfung festgestellten Mängel. Die Abhilfe ist nicht auf die durch den Beschwerdeführer gerügten Mängel beschränkt.

Ist ein Beschwerdebescheid rechtswidrig, muss er als belastender Akt auf- **60** gehoben oder geändert werden. In erster Linie ist dafür die Stelle zuständig, die ihn erlassen hat. Sie kann im Rahmen der Dienstaufsicht von der vorgesetzten Dienststelle hierzu angewiesen werden. Diese kann den Akt auch selbst aufheben. Für Disziplinarbeschwerden hat Satz 2 keine Bedeutung, da nicht mehr anfechtbare einfache Disziplinarmaßnahmen nur unter den in den §§ 43, 44 und § 46 Abs. 2 WDO genannten Voraussetzungen geändert oder aufgehoben werden können.

3. Maßnahmen nach Unanfechtbarkeit

Ein besonderes Problem der Dienstaufsicht ist die Frage, inwieweit sie auch **61** die Pflicht militärischer Vorgesetzter umfasst, als fehlerhaft erkannte Maßnahmen nach unanfechtbarer Beschwerdeentscheidung aufzuheben. Bis zum Eintritt der Unanfechtbarkeit kann ihnen stets von Amts wegen oder auf Antrag oder Beschwerde des Soldaten abgeholfen werden. Ein Bescheid (Maßnahme oder Entscheidung) ist unanfechtbar, wenn ein Rechtsbehelf nicht mehr eingelegt werden kann (formelle Bestandskraft eines Bescheides im Gegensatz zur formellen Rechtskraft gerichtlicher Entscheidungen). Unanfechtbarkeit eines Bescheides tritt ein, wenn die Frist zur Einlegung eines Rechtsbehelfs abgelaufen ist, der Soldat seine Beschwerde wirksam zurückgenommen (§ 8) oder wirksam darauf verzichtet hat oder wenn ein weiterer Rechtsbehelf gesetzlich nicht mehr vorgesehen ist. Von der formellen Bestandskraft eines Bescheides ist seine materielle Bestandskraft zu unterscheiden. Sie besagt, dass die durch den Bescheid getroffene Regelung für den Beschwerdeführer, aber auch für den Betroffenen, verbindlich ist (a. A. zum Betroffenen v. Buch, NZWehrr 1972, 48; allgemein vgl. Stelkens/Bonk/ Sachs, VwVfG, § 43 Rn. 55 f.).

Behauptet der Beschwerdeführer nach Eintritt der Unanfechtbarkeit, die **62** Maßnahme sei rechtswidrig, hat dies auf ihre Bestandskraft keine Auswirkungen, es sei denn, sie ist nichtig und damit unwirksam. Der Beschwerdeführer, der es unterlässt, gegen eine ihn beschwerende Maßnahme rechtzeitig Beschwerde einzulegen, muss es aus Gründen der Rechtssicherheit hinnehmen, dass die Maßnahme selbst dann nicht mehr aufgehoben oder zu seinen Gunsten geändert wird, wenn sie als rechtswidrig erkannt wird. Diese Feststellung lässt die Berechtigung höherer Vorgesetzter unberührt, eine unanfechtbar gewordene Maßnahme wegen festgestellter Mängel und Fehler aufzuheben, soweit nicht gesetzliche Vorschriften entgegenstehen (vgl. §§ 48, 49 VwVfG). Bei der zu treffenden Ermessensentscheidung geht es stets um die Abwägung zwischen Rechtssicherheit und Rechtmäßigkeit. Im militärischen Bereich gewinnen dabei die Forderung nach schneller Wiederherstellung des Rechtsfriedens einerseits und der als Äquivalent zu Befehl und Gehorsam zu bewertende Fürsorgegedanke andererseits besondere Bedeutung. Unter welchen Voraussetzungen sich das rechtliche Können zum rechtlichen Müssen verdichtet und ein militärischer Vorgesetzter zum erneuten Tätigwerden in einem unanfechtbar abgeschlossenen Verfahren verpflichtet ist, ergibt sich aus den zum Erlass eines Zweitbescheides entwickelten Grundsätzen (siehe § 51 VwVfG). In Anlehnung an die Vorschrift des § 51 VwVfG können insbesondere folgende Gründe für eine Aufhebung des Bescheides in Betracht kommen:

- nachträgliche Änderung der Sach- oder Rechtslage zugunsten des Beschwerdeführers;
- Vorliegen neuer Beweismittel, die eine dem Beschwerdeführer günstige Entscheidung herbeigeführt haben würden.

§ 13 Inhalt des Beschwerdebescheides

(1) Soweit sich die Beschwerde als begründet erweist, ist ihr stattzugeben und für Abhilfe zu sorgen. Dabei sind unzulässige oder unsachgemäße Befehle oder Maßnahmen aufzuheben oder abzuändern. Ist ein Befehl bereits ausgeführt oder sonst erledigt, ist auszusprechen, dass er nicht hätte ergehen dürfen. Dies gilt entsprechend auch für sonstige Maßnahmen und Unterlassungen, wenn der Beschwerdeführer ein berechtigtes Interesse an dieser Feststellung hat. Zu Unrecht unterbliebene Maßnahmen sind, soweit noch möglich, nachzuholen, zu Unrecht abgelehnte Gesuche oder Anträge zu genehmigen. Bei einer Beschwerde nach § 1 Abs. 2 ist in der Sache selbst zu entscheiden.

(2) Ergibt sich, daß ein Dienstvergehen vorliegt, ist nach der Wehrdisziplinarordnung zu verfahren. Dem Beschwerdeführer ist mitzuteilen, ob gegen den Betroffenen eine Disziplinarmaßnahme verhängt oder von einer Disziplinarmaßnahme abgesehen worden ist.

(3) Soweit die Beschwerde nicht begründet ist, ist sie zurückzuweisen.

(4) Soweit der Beschwerde stattgegeben wird, ist auch über die Erstattung der notwendigen Aufwendungen sowie über die Notwendigkeit der Hinzuziehung eines Bevollmächtigten zu entscheiden.

Übersicht

I. Vorbemerkung

Die Vorschrift ist erstmals durch das NOG in den Absätzen 1 und 2 **1**
geändert worden. Art. 5 Nr. 10 WehrRÄndG 2008 hat sie redaktionell in der
Überschrift dem § 19 angepasst, die Abhilfe ebenfalls entsprechend § 19
Abs. 1 Satz 3 auf sonstige Maßnahmen und Unterlassungen erstreckt, wenn
der Beschwerdeführer ein berechtigtes Interesse geltend machen kann sowie
mit dem neu eingefügten Absatz 4 die Beschwerdestelle verpflichtet, bei
stattgebender Beschwerdeentscheidung über die Erstattung notwendiger Aufwendungen und die Notwendigkeit der Hinzuziehung eines Bevollmächtigten zu entscheiden. § 13 ist Teil der Vorschriften, die Form und Inhalt des
Beschwerdebescheides bestimmen. Während § 12 Abs. 1 förmliche Regelungen zum Beschwerdebescheid trifft, enthalten § 12 Abs. 3 Satz 1 und § 13
Aussagen zum Beschwerdebescheid. Für die Zulässigkeitsprüfung der Beschwerde regelt § 12 Abs. 3 Satz 1 die Rechtsfolgen, die eintreten, wenn die
Beschwerde nicht innerhalb der vorgeschriebenen Frist bei einer für die
Einlegung zuständigen Stelle eingegangen ist; in diesem Fall ist Inhalt der
Entscheidung die Zurückweisung der Beschwerde als unzulässig ohne Entscheidung in der Sache. Der Inhalt des Beschwerdebescheides nach § 13 setzt
voraus, dass alle Zulässigkeitsvoraussetzungen erfüllt sind. Hier ergeht eine
Sachentscheidung, die die Beschwerde als (teilweise) begründet oder unbe-
gründet bezeichnet.

Für den Inhalt des Beschwerdebescheides enthält § 13 Bestimmungen im **2**
formellen (Absatz 1 Satz 1, Absatz 3 und 4) und materiellen Sinne (Absatz 1
Satz 2 bis 6 i. Vbg. m. Satz 1 und Absatz 2). Nach Absatz 1 Satz 1 ist der
begründeten Beschwerde stattzugeben; außerdem ist ihr abzuhelfen. Nach
Absatz 3 ist die Beschwerde zurückzuweisen, soweit sie nicht begründet ist.
Absatz 4 verpflichtet die Beschwerdestelle, dass der stattgebende Beschwerdebescheid bestimmt, ob und in welchem Umfang der Beschwerdeführer seine
notwendigen Aufwendungen einschließlich der Vergütung für einen Bevollmächtigten erstattet bekommt. Absatz 1 Satz 1 ist für den Fall der begründeten Beschwerde jedoch nicht nur die gegensätzliche formelle Regelung zu
Absatz 3, sondern mit der in den Sätzen 2 bis 5 sowie in Absatz 2 konkreti-
sierten Abhilfe zugleich eine materielle Handlungsanweisung für den Betroffenen.

Die Beschwerdestelle hat umfassende Kontroll- und Abänderungskom- **3**
petenz und kann insbesondere materielle Auswahlerwägungen ändern oder

ergänzen sowie Dokumentationen nachholen (BVerwG 1 WB 41/16 vom 26.10.2017, juris Rn. 31).

4   Über die Beschwerdeentscheidung ist die Schwerbehindertenvertretung zu unterrichten, wenn es sich bei dem Beschwerdeführer oder dem Betroffenen um einen Schwerbehinderten handelt und dieser einwilligt (Inklusion behinderter Menschen, ZDv A-1473/3 Nr. 701 ff.).

Zu Absatz 1

II. Beschwerdebescheid im formellen Sinne (Absatz 1 Satz 1, Absatz 3, 4)

1. Zulässigkeitsentscheidung

5   Der Sachentscheidung geht die Zulässigkeitsprüfung voraus. Erst wenn die Zulässigkeit der Beschwerde bejaht wird, darf eine förmliche Entscheidung über die Begründetheit der Beschwerde getroffen werden. Diese Prüfung geschieht regelmäßig in folgender Reihenfolge:

1. Soldateneigenschaft des Beschwerdeführers (§ 1 Abs. 1 Satz 1),
   a) Stellung als Vertrauensperson (§ 1 Abs. 1 Satz 2),
   b) früherer Soldat (§ 1 Abs. 3),
2. Im Falle der Vertretung: Postulationsfähigkeit und Vollmacht des Vertreters (siehe § 1 Rn. 36 ff.),
3. Frist und Form der Beschwerde (§ 6),
4. Frist für die Untätigkeitsbeschwerde (§ 1 Abs. 2, siehe § 1 Rn. 241 ff.),
5. Einzelbeschwerde (Unzulässigkeit der Gemeinschaftsbeschwerde, § 1 Abs. 4),
6. der richtige Betroffene: Vorgesetzter, Dienststelle der Bundeswehr, Kamerad (siehe § 1 Rn. 58 ff.),
7. Zuständigkeit (§ 9 WBO; § 42 Nr. 3 WDO),
8. Rechtsschutzbedürfnis,
9. Beschwer.

6   Diese Voraussetzungen müssen in jeder Lage des Beschwerdeverfahrens vorliegen, um die Zulässigkeit der Beschwerde bejahen zu können. Fehlt eine von ihnen, muss die Beschwerde ohne eine Entscheidung über den Beschwerdegegenstand zu treffen, als unzulässig zurückgewiesen werden (siehe aber § 12 Abs. 3). Die Entscheidungsformel lautet in diesem Fall: „Die Beschwerde wird zurückgewiesen". Die Worte „als unzulässig" können hinzugefügt werden. Die Tatsache der Zurückweisung als unzulässig ergibt sich im Einzelnen aus der Begründung des Bescheides. Ist die Beschwerde nur teilweise unzulässig, schließen sich an die stattgebende Sachentscheidung die Worte an: „Im Übrigen wird die Beschwerde zurückgewiesen". Sofern die Beschwerde zwar teilweise zulässig, jedoch nicht begründet ist, bleibt es bei der Formel: „Die Beschwerde wird zurückgewiesen".

2. Sachentscheidung

7   Die Prüfung der Begründetheit der Beschwerde schließt mit der Sachentscheidung ab, die in der Entscheidungsformel folgende Fassung finden kann:

a) **Bei begründeter Beschwerde:**
„Der Beschwerde wird stattgegeben".
Hinzu kommt die Abhilfeentscheidung, z. B. „Der Befehl des ... vom ...
wird aufgehoben".

b) **Bei teilweise begründeter Beschwerde:**
„Der Beschwerde wird teilweise stattgegeben"; evtl. ergänzt um die Abhilfeentscheidung wie z. B. zu a). „Im Übrigen wird die Beschwerde zurückgewiesen".

c) **Bei unbegründeter Beschwerde:**
„Die Beschwerde wird zurückgewiesen". Die Worte „als unbegründet" können hinzugefügt werden.
Die Zurückweisung – als unbegründet – ergibt sich aus der Begründung des Bescheides.

3. Entscheidung über die notwendigen Aufwendungen und über die Notwendigkeit der Hinzuziehung eines Bevollmächtigten

Bei ganz oder teilweise begründeter Beschwerde und Inanspruchnahme **8** eines Rechtsanwalts oder eines sonstigen Bevollmächtigten gehört die Entscheidung über die notwendigen Aufwendungen zum notwendigen Inhalt des Beschwerdebescheides (Absatz 4). Das gilt auch für den Beschwerdebescheid in einem Disziplinarbeschwerdeverfahren (§ 42 Satz 1 WDO).

III. Beschwerdebescheid im materiellen Sinne (Absatz 1 Satz 1 bis 5)

1. Begründete Beschwerde und Abhilfe

Einer Beschwerde ist, soweit sie begründet ist, stattzugeben und für **9** **Abhilfe zu sorgen (Satz 1).** Dies ist der Inhalt des Beschwerdebescheides (Überschrift zu § 13), der gem. § 12 Abs. 1 Satz 1 schriftlich zu ergehen hat. Der stattgebende Beschwerdebescheid bringt nicht nur zum Ausdruck, dass das Vorbringen des Beschwerdeführers als berechtigt oder sachgemäß anerkannt wird, dass seine Beschwerde also ganz oder teilweise Erfolg gehabt hat, der Beschwerdebescheid enthält auch die Entscheidung über die Durchsetzung des geltend gemachten Anspruches, d. h. die Anordnung, dass und wie der Forderung des Beschwerdeführers in vollem Umfang oder ggf. teilweise nachzukommen ist, z. B. der Beschwerdeführer erhält den zunächst abgelehnten Sonderurlaub für die beantragte Zeit und Dauer, die angefochtene Kommandierung oder der angeordnete Dienstpostenwechsel wird aufgehoben.

Für Abhilfe zu sorgen heißt, dass die Beschwerdestelle selbst den Zustand **10** durch geeignete Maßnahmen herstellt, den der Beschwerdeführer mit seiner Beschwerde zu erreichen suchte oder – fehlt es ihr insoweit an der Zuständigkeit – die Verpflichtung zur Abhilfe ausspricht. Wird die Maßnahme im Wege der Abhilfe aufgehoben, so wird der Bescheid gleichsam „aus der Welt geschafft" (BVerwG 1 WB 14/15 vom 5.8.2015, juris Rn. 31). Die Abhilfe kann unmittelbar auf den Beschwerdegegenstand gerichtet sein, indem sie den Beschwerdeführer mit dem stattgebenden Beschwerdebescheid von seiner Beschwer freistellt (so auch § 72 VwGO). Die Abhilfe kann aber auch

über die Aufhebung einer Maßnahme die Fälle betreffen, in denen der
Beschwerdeführer ausdrücklich oder stillschweigend zusätzlich die Beseiti-
gung fortdauernder Schäden verlangt, die durch die angefochtene Maßnah-
me, ein Unterlassen oder durch das pflichtwidrige Verhalten eines Kameraden
eingetreten sind. Diese Abhilfe in Gestalt der Folgenbeseitigung ist eine
Konkretisierung der Fürsorgepflicht des Vorgesetzten (§ 10 Abs. 3 SG;
BVerwGE 46, 283 = NZWehr 1975, 25, 26; BVerwG NZWehr 2007, 78;
zum Folgenbeseitigungsanspruch im Wehrrecht allgemein siehe BVerwG 1
WB 28/84 vom 19.6.1985, juris LS; BVerwGE 83, 44; zur Abhilfe auch Einf.
Rn. 85 ff.). Die in Satz 1 ausgesprochene Verpflichtung zur Abhilfe wird in
den folgenden Sätzen 2 bis 5 beispielhaft konkretisiert („dabei"; vgl. auch
BT-Drs. Nr. 2359, 2. Wahlperiode 1953, § 13 S. 12). Die Beschwerdestelle
kann daneben ggf. auch ausschließlich andere Maßnahmen anordnen, die sich
im Einzelfall als erforderlich und zweckmäßig erweisen, um der Beschwerde
abzuhelfen.

11   *Die Abhilfemaßnahme muss im Beschwerdebescheid enthalten sein, denn sie hängt
untrennbar mit der vom Beschwerdeführer angestrebten Entscheidung zusammen („und
für Abhilfe zu sorgen", BVerwG NZWehr 2007, 78; für die Abhilfemaßnahmen nach Absatz 2 Satz 2 siehe Rn. 50 ff.).* Ein Folgenbeseitigungsanspruch kann daher zulässigerweise nur zusammen mit der angefochtenen
Maßnahme, dem Unterlassen oder Verhalten geltend gemacht werden
(BVerwG, aaO, S. 79). Die Anordnung, die für Abhilfe sorgt, braucht mit
ihrer Durchführung nicht identisch zu sein. Das wäre der Fall, wenn der
Beschwerdestelle die Zuständigkeit für die Abhilfe fehlt, sie also nur die
Verpflichtung dazu aussprechen kann; z. B. bei einer Beschwerde gegen einen
Sanitätsoffizier, wenn der gerügte Verstoß gegen ärztliche Pflichten mit der
Verletzung truppendienstlicher Pflichten zusammentrifft.

12   Ergeht ein besonderer Abhilfebescheid, mit dem der Beschwerdeführer vor
der Entscheidung über seine Beschwerde klaglos gestellt wird, braucht dieser
nicht begründet zu werden (BVerwG NZWehr 1977, 186). Zur Erstattung
notwendiger Aufwendungen insoweit siehe § 16a Abs. 4.

2. Abhilfemaßnahmen

13   **a) Abhilfe durch Aufhebung oder Abänderung.** Den in den Sätzen 2
bis 5 geregelten Abhilfemaßnahmen liegen unterschiedliche Fallgruppen zu
Grunde. Gegenstand der Abhilfe ist entweder ein Befehl oder eine Maßnahme (Satz 2) oder gem. Satz 5 Hs 1 ein Unterlassen oder eine ausdrückliche oder konkludente Ablehnung von Gesuchen und Anträgen (Satz 5
Hs 2), in den Fällen des Satzes 3 und unter bestimmten Voraussetzungen des
Satzes 4 kann die Abhilfe nur noch durch die Feststellung der Rechtswidrigkeit oder Unzweckmäßigkeit geleistet werden. **Unzulässige oder unsachgemäße Befehle oder Maßnahmen sind aufzuheben oder abzuändern
(Satz 2).** Aufhebung bedeutet, dass der angefochtene Befehl oder die Maßnahme je nach Antrag mit Wirkung ex tunc oder ex nunc in ihrer Gesamtheit
als rechtswidrig oder unzweckmäßig in ihrer rechtlichen und tatsächlichen
Existenz ersatzlos beseitigt wird. Bei der Abänderung wird dagegen der
Befehl zwar ebenfalls aufgehoben, jedoch zugleich durch einen inhaltlich
anderen Befehl oder eine andere Maßnahme ersetzt. Im Wortlaut des Beschwerdebescheides heißt es beispielsweise: „Der Beschwerde wird stattgegeben. Der Befehl des … vom … wird in der Weise abgeändert, dass …" oder

„Der Befehl des … vom … wird aufgehoben und durch folgenden Befehl ersetzt: …".

Eine Aufhebung oder Abänderung kommt nur bei Befehlen und Maß- **14** nahmen in Betracht, die noch nicht oder noch nicht vollständig ausgeführt oder vollzogen sind. Die Abhilfe kann sich auch auf selbstständige Teile eines Befehls oder einer Maßnahme beziehen, wenn die übrigen Teile für sich Bestand haben. Der Abhilfe durch Aufhebung oder Abänderung unterliegen unzulässige oder unsachliche Befehle oder Maßnahmen. Die Verpflichtung zur Aufhebung oder Abänderung ergibt sich nicht nur, wenn der Befehl oder die Maßnahme sich als unzulässig, d. h. rechtswidrig, erweist, wenn sie also wegen entgegenstehender Vorschriften nicht erteilt werden durfte. Sie besteht auch dann, wenn sich der Befehl oder die Maßnahme als unsachgemäß herausstellt. In diesem Fall hat die Beschwerdestelle in ihrem stattgebenden Beschwerdebescheid festgestellt, dass der Betroffene im Rahmen seines Ermessensspielraums vom Ermessen einen unzweckmäßigen Gebrauch gemacht oder im Rahmen seiner dienstlichen Befugnisse eine unsachgemäße, d. h. nicht zweckmäßige Maßnahme getroffen hat.

b) Abhilfe durch Nachholen oder Genehmigen. Richtet sich die **15** **Beschwerde gegen eine zu Unrecht – rechtswidrig oder unzweck-** **mäßig – unterbliebene Maßnahme, muss diese, soweit noch möglich,** **nachgeholt** werden. Hier ist an die unterlassene Auslieferung von Verpflegung, Bekleidung und Ausrüstung zu denken, an unterlassene Maßnahmen auf dem Gebiet der Fürsorge und der Heilfürsorge. Hierher gehören auch die Fälle, in denen dem Beschwerdeführer Gebührnisse vorenthalten sind (z. B. Tage- und Trennungsgeld, Reisekosten). Kann eine zu Unrecht unterbliebene Maßnahme nicht nachgeholt werden, ist auszusprechen, dass diese Maßnahme nicht hätte vorgenommen werden müssen, sofern der Beschwerdeführer für diese Feststellung ein berechtigtes Interesse nachweisen kann (Satz 4). Zu Unrecht abgelehnte Gesuche oder Anträge sind zu genehmigen (Satz 5).

c) Abhilfe bei ausgeführten oder erledigten Befehlen. Für einen **16** **Befehl, der bereits ausgeführt oder sonst erledigt ist, muss im Be-** **scheid ausgesprochen werden, dass er nicht hätte ergehen dürfen** **(Satz 3).** Der Befehl ist ausgeführt, wenn der Beschwerdeführer ihm in vollem Umfang gehorcht hat, d. h. wenn er sich dem ihm befohlenen Verhalten – Handeln oder Unterlassen – unterworfen hat. „Sonst erledigt" ist der Befehl, wenn sein vollziehungsfähiger Inhalt gegenstandslos geworden ist, der Soldat durch ihn nicht mehr beschwert ist. Der Befehl kann z. B. dadurch erledigt sein, dass er nichtig, zurückgenommen, aufgehoben, abgeändert oder durch inhaltliche Änderungen zu einem neuen Befehl ausgestaltet worden ist. Er kann auch überholt sein, wenn ein Dritter ihn ausgeführt hat oder er durch Zeitablauf, Tod eines Beteiligten oder veränderte Umstände seiner Grundlage entzogen ist.

Für den Ausspruch im Beschwerdebescheid, der Befehl habe nicht ergehen **17** dürfen, braucht der Beschwerdeführer kein besonderes Feststellungsinteresse geltend zu machen. Das Feststellungsinteresse wird hier kraft Gesetzes unterstellt.

Wird ein noch nicht ausgeführter Befehl vor Einlegen der Be- **18** **schwerde zurückgenommen, ist er gegenstandslos. Der Soldat ist** **nicht mehr beschwert.** Eines Ausspruches, dass der Befehl nicht hätte ergehen dürfen, bedarf es nur, wenn der Befehl bei seiner Rücknahme bereits vollständig oder mindestens teilweise ausgeführt war oder wenn der noch nicht ausgeführte Befehl nach Einlegen der Beschwerde zurückgenommen wird. Folgende Fälle sind zu unterscheiden: Wird ein Befehl für eine einmalige Handlung (z. B. Befehl, der für den kommenden Tag einen 20 km Gepäckmarsch ansetzt) vor Ausführung dieser Handlung zurückgenommen, hat er befehlsrechtlich keine aktuelle Wirkung für den Beschwerdeführer erlangt. Dieser ist nicht beschwert, und es ist kein Grund ersichtlich, bei einem nicht gegen den Beschwerdeführer wirkenden Befehl auf nachträglich eingelegte Beschwerde das Feststellungsinteresse zu bejahen. Die dienstaufsichtliche Überprüfung muss in diesem Fall ausreichen. Anders ist die Interessenlage bei Befehlen von begrenzter Dauer (z. B. „Zusätzliche Putz- und Flickstunde von 17.00 Uhr bis 18.00 Uhr vom Tage des Befehls an eine Woche lang") oder von unbegrenzter Dauer (z. B. Befehl, dass Soldaten bei Wochenend- und Urlaubsfahrten im eigenen PKW nur bis 1.00 Uhr des Tages zu beurlauben sind, an dem sie den Dienst wieder anzutreten haben). Hat der Beschwerdeführer einen solchen Befehl auch nur teilweise befolgt, ist seine Beschwer bei späterer Rücknahme des Befehls nicht entfallen, weil der Befehl bereits aktuelle Wirkungen für den Beschwerdeführer ausgelöst hatte.

19 Satz 3 bezieht sich nicht nur auf rechtswidrige, sondern auch auf unsachgemäße, also unzweckmäßige Befehle (vgl. auch Begr. zu § 13, S. 13). Wenn der Beschwerdeführer mit der „unrichtigen Behandlung" nach § 1 Abs. 1 Satz 1 auch den unrechtmäßigen Befehl rügen kann, ist kein Grund ersichtlich, das Wort „dürfen" in § 13 Abs. 1 Satz 3 auf rechtswidrige Befehle zu beschränken. Das kraft Gesetzes unterstellte Rechtsschutzinteresse erstreckt sich mithin auch auf einen solchen Befehl, bei dem auf Beschwerde im Wege der dienstaufsichtlichen Prüfung nach pflichtgemäßem Ermessen festgestellt wird, dass er nicht sachgemäß ist und aus diesem Grund nicht hätte ergehen dürfen. Eine vom Beschwerdeführer angefochtene Maßnahme rechtfertigt eine Feststellung nach Satz 3 auch dann nicht, wenn sie als Befehl bezeichnet ist, sich aus ihrem Inhalt jedoch eindeutig ergibt, dass die Voraussetzungen für einen Befehl nicht vorliegen.

20 **d) Abhilfe bei Maßnahmen oder Unterlassungen.** Mit Art. 5 Nr. 10 Buchst. b WehrRÄndG 2008 ist die bisher ausschließlich für unzulässige oder unsachgemäße Befehle angeordnete Regelung des Satzes 3 auf sonstige Maßnahmen und Unterlassungen erstreckt worden, wenn der Beschwerdeführer – insoweit von der dort getroffenen Regelung abweichend – ein berechtigtes Interesse an der Feststellung hat, dass sie nicht hätten ergehen, im Falle einer Unterlassung sprachlich korrekter nicht hätten geschehen dürfen (Satz 4). Diese Bestimmung entspricht § 19 Abs. 1 Satz 3. Nachdem sich der ursprüngliche Gegenstand der Beschwerde nach Einlegen der Beschwerde erledigt hat, handelt es sich für die Beschwerdestelle nur noch um eine **Fortsetzungsfeststellung,** die sie – anders als nach § 113 Abs. 1 Satz 4 VwGO das Verwaltungsgericht – von Amts wegen zu treffen hat. Diese Regelung entspricht der besonderen Natur des Wehrbeschwerderechts als eines auf Sicherung der Eigenkontrolle der Bundeswehr angelegten Rechtsschutzverfahrens.

21 Eine Fortsetzungsfeststellung nach Satz 4 verlangt zwei Voraussetzungen. Der in die Beschwerde aufgenommene Beschwerdegegenstand (Maßnahme oder Unterlassung) muss ausgeführt oder sonst erledigt sein und der Beschwerdeführer muss an der Feststellung, dass die Maßnahme nicht hätte ergehen oder die Unterlassung nicht hätte geschehen dürfen, ein berechtigtes Interesse haben. **Die vom Beschwerdeführer zunächst angegriffene Maßnahme ist ausgeführt, wenn er sich ihren angeordneten Rechtsfolgen hat fügen müssen,** z. B. personenbezogene Daten des Beschwerdeführers sind in einer Datei gespeichert, eine missbilligende Äußerung ist ausgesprochen, die amtliche Zahlungsaufforderung durchgesetzt. Die Maßnahme hat sich **sonst erledigt,** wenn, abgesehen von ihrer Ausführung, andere Gründe dazu geführt haben, dass sie den Beschwerdeführer tatsächlich nicht mehr beschwert, z. B. die Maßnahme ist aufgehoben oder ist bei befristeter Regelung durch Zeitablauf obsolet, eine versagte Lehrgangskommandierung hat sich erledigt, wenn der Beschwerdeführer mit Hilfe einer einstweiligen Anordnung gleichwohl seine Teilnahme erreichte und ihn erfolgreich abschloss (BVerwGE 114, 149), eine Beurteilung durch eine nachfolgende zu Gunsten des Beschwerdeführers geändert wurde oder der Regelungsgegenstand nachträglich entfallen ist.

Für eine zum Gegenstand der Beschwerde gemachte Unterlassung 22 kann eine Fortsetzungsfeststellung nur in Frage kommen, wenn sie gegenüber dem Beschwerdeführer in der Weise erledigt ist, dass sie ihn nicht mehr beschwert. Das ist der Fall, wenn der Betroffene noch vor der Entscheidung über die Beschwerde wie mit ihr verlangt tätig geworden ist, z. B. die personalbearbeitende Dienststelle hat dem Beschwerdeführer eine Zusage für die bisher unterbliebene Beförderung gegeben, die verlangte neue Beurteilung ist inzwischen erstellt, der gerügte Missstand ist abgestellt worden; denkbar ist auch, dass die Unterlassung den Beschwerdeführer nicht mehr beschwert, weil er inzwischen aus der Bundeswehr ausgeschieden ist.

Die Beschwerdestelle hat die Feststellung zu treffen, dass die Maß- 23 **nahme nicht hätte ergehen, die Unterlassung nicht hätte geschehen dürfen, wenn der Beschwerdeführer ein berechtigtes Interesse hat.** Dieses Interesse kann rechtlicher, wirtschaftlicher oder ideeller Natur sein. Auch eine Wiederholungsgefahr kann ein berechtigtes Interesse rechtfertigen (Kopp/Schenke, VwGO, § 113 Rn. 141; Eyermann/Schmidt, VwGO, § 113 Rn. 86a), jedenfalls dann, wenn hinreichende Anhaltspunkte bestehen, dass der Betroffene in gleicher Lage die gleiche Maßnahme treffen wird. Ferner hat der Beschwerdeführer ein berechtigtes Feststellungsinteresse, wenn der Inhalt des Beschwerdebescheides ihm ersichtlich hilft, einen Amtshaftungs- oder sonstigen Entschädigungsanspruch gegen den Betroffenen vorzubereiten, oder wenn die Feststellung, die Maßnahme hätte nicht ergehen dürfen, der Genugtuung des Beschwerdeführers dient, weil sie diskriminierenden Charakter hatte. Der Wunsch nach Genugtuung allein reicht hierzu jedoch nicht aus, entscheidend ist, dass das Interesse des Beschwerdeführers an einer Genugtuung im Einzelfall schutzwürdig ist (hierzu siehe näher Eyermann/ Schmidt, VwGO, § 113 Rn. 92).

e) Sonstige Abhilfemaßnahmen. Neben der Abhilfemaßnahme kann 24 die Beschwerdestelle auch andere Maßnahmen anordnen, die zwar nicht unmittelbar zum Beschwerdebescheid gehören, jedoch als dienstaufsichtliche Ausstrahlung aus der Beschwerde resultieren. So können künftig Konflikte dadurch vermieden werden, dass der Beschwerdeführer in eine andere Einheit versetzt wird, wenn er gegen einen unmittelbaren Vorgesetzten erfolgreich Beschwerde geführt hat. Je nach Lage des Falles kann auch die Versetzung des Betroffenen in Betracht kommen. Bei Streitigkeiten innerhalb einer Stubenbelegschaft kann die Veränderung der Stubenbelegung eine geeignete dienstaufsichtliche Maßnahme sein.

3. Entscheidung bei Untätigkeitsbeschwerde (Satz 6)

25 Die Regulierung des Satzes 6 ist als damaliger Satz 5 durch das NOG eingefügt worden (Art. III Nr. 9a). Die Vorschrift ergänzt § 1 Abs. 2 und stellt zugleich klar, dass bei einer nach § 1 Abs. 2 eingelegten Beschwerde Gegenstand der Beschwerdeentscheidung die Entscheidung in der Sache selbst ist und nicht etwa die Untätigkeit der Beschwerdestelle. Als Sonderregelung geht sie Satz 4 vor.

4. Disziplinarbeschwerde

26 Auf die von einem Disziplinarvorgesetzten zu treffende Entscheidung über eine Beschwerde gegen eine einfache Disziplinarmaßnahme findet Absatz 1 Satz 1 und 2 Anwendung (Dau/Schütz, WDO, § 42 Rn. 36). Sobald die Beschwerde begründet ist, muss ihr stattgegeben werden. Abgeholfen wird durch Aufhebung oder Abänderung. Der Disziplinarvorgesetzte ist bei der Entscheidung über die Beschwerde nicht an einschränkende Anträge des Beschwerdeführers gebunden. Beantragt dieser z. B., ihn milder zu maßregeln, kann der Disziplinarvorgesetzte über diesen Antrag hinausgehend ein Dienstvergehen verneinen und die Disziplinarmaßnahme ersatzlos aufheben (vgl. näher Dau/Schütz, aaO, § 42 Rn. 36).

27 Der Disziplinarvorgesetzte hat zu prüfen, ob der Vorgesetzte, der die Disziplinarmaßnahme verhängt hat, bei der Verhängung die Vorschriften der WDO beachtet hat. Demgemäß ist die Prüfung darauf zu erstrecken, ob die Form- und Fristvorschriften beachtet, die Grenzen der Disziplinarbefugnis eingehalten wurden, ob die disziplinare Erledigung überhaupt zulässig war und ob der beschwerdeführende Soldat und die Vertrauensperson gehört worden sind. Die Prüfung hat sich auch auf die Sache selbst zu erstrecken (Dau/Schütz, WDO, § 42 Rn. 36 ff.). Der Disziplinarvorgesetzte muss daher prüfen, ob der Soldat das ihm zur Last gelegte Dienstvergehen begangen und ob er schuldhaft gehandelt hat. Entstehen Zweifel über die Schuld des Beschwerdeführers oder stellt der Disziplinarvorgesetzte Rechtfertigungsgründe fest, darf die Disziplinarmaßnahme nicht aufrechterhalten bleiben. Nach dem Ergebnis seiner Überprüfung hat der Disziplinarvorgesetzte die Möglichkeit, die Disziplinarmaßnahme durch Zurückweisung der Beschwerde zu bestätigen oder der Beschwerde stattzugeben und die Disziplinarmaßnahme aufzuheben.

28 Die angefochtene Disziplinarmaßnahme unterliegt der Prüfung auch unter dem Gesichtspunkt, ob sie eine angemessene disziplinare Reaktion war. Stellt der über die Beschwerde entscheidende Disziplinarvorgesetzte fest, dass sie eine zu harte Maßnahme ist, hebt er sie auf. Der Disziplinarvorgesetzte kann die angefochtene Disziplinarmaßnahme auch abändern. Das geschieht in der Weise, dass die Disziplinarmaßnahme aufgehoben und zugleich eine neue einfache Disziplinarmaßnahme verhängt wird (zur Anrechnung früherer Disziplinarmaßnahmen siehe eingehend Dau/Schütz, WDO, § 42 Rn. 88 ff.). Die neue Disziplinarmaßnahme darf nicht schärfer als die aufgehobene sein (Verbot der Schlechterstellung, § 42 Nr. 6 WDO). Bei der Prüfung, ob eine neue Disziplinarmaßnahme zulässig und angebracht ist, braucht der Disziplinarvorgesetzte das Verhängungsverbot wegen des Fristablaufs nach § 17 Abs. 2 WDO nicht zu beachten (vgl. Dau/Schütz, WDO, § 17 Rn. 18).

Hält der Disziplinarvorgesetzte oder das Wehrdienstgericht im Beschwer- **29** deverfahren ein gerichtliches Disziplinarverfahren für geboten, führen sie die Entscheidung der Einleitungsbehörde herbei (§§ 41, 42 Nr. 4 Satz 5 i. Vbg. m. § 40 Abs. 4 Satz 7 WDO). Sieht die Einleitungsbehörde von einem gerichtlichen Disziplinarverfahren ab, muss das zuvor ausgesetzte Beschwerdeverfahren fortgesetzt werden (Dau/Schütz, WDO, § 42 Rn. 78).

Die Disziplinarbeschwerde ist zulässig, wenn sie der gemaßregelte Soldat **30** frist- und formgerecht eingelegt hat. Sie ist begründet, wenn die sachliche Nachprüfung ergibt, dass die angefochtene Disziplinarmaßnahme aus formellen oder materiellen Gründen aufgehoben werden muss oder wenn sie nicht angebracht war (vgl. im Einzelnen Dau/Schütz, WDO, § 42 Rn. 64 ff.). Führt die Beschwerde nicht zur völligen Aufhebung, sondern nur zu einer milderen Ahndung, ist die Beschwerde teilweise begründet.

Eine einfache Disziplinarmaßnahme ist auf Beschwerde ersatzlos aufzuhe- **31** ben, wenn sie zu Unrecht verhängt worden ist, weil sie rechtswidrig oder nicht angemessen war. Fehlt eine der in § 46 Abs. 2 Nr. 1 bis 9 WDO aufgeführten formellen Voraussetzungen, hebt der zuständige Disziplinarvorgesetzte die Disziplinarmaßnahme im Wege der Dienstaufsicht auf; die gegen die Disziplinarmaßnahme eingelegte Beschwerde ist gegenstandslos und mit dieser Begründung zurückzuweisen (vgl. Dau/Schütz, aaO, § 46 Rn. 8). Rechtswidrig ist die disziplinare Maßregelung im Übrigen, z. B., wenn der Soldat gemaßregelt wurde, obwohl er unschuldig oder nicht nachweisbar schuldig ist, ein Rechtfertigungsgrund verkannt, das Verhängungsverbot des § 16 WDO verletzt oder gegen das Gebot einheitlicher Ahndung (§ 18 Abs. 2 WDO) verstoßen wurde, wenn der verhängende Disziplinarvorgesetzte sein Ermessen fehlerhaft gebraucht hat und in der Beurteilung des Falles zu offensichtlich unzutreffenden Ergebnissen gelangt ist.

Hält der Disziplinarvorgesetzte, der über die Beschwerde zu entscheiden **32** hat, eine disziplinare Maßregelung überhaupt nicht für angemessen, hebt er die Disziplinarmaßnahme ebenfalls auf. Das kann insbesondere der Fall sein, wenn er die Verhängung einer Disziplinarmaßnahme als zu harte Reaktion auf das Dienstvergehen ansieht. Die Aufhebung einer einfachen Disziplinarmaßnahme durch den Disziplinarvorgesetzten oder das Wehrdienstgericht ist ebenso wie die Verhängung bekanntzugeben (§ 42 Nr. 9 WDO). Die Beschwerde ist zurückzuweisen, wenn sie unzulässig oder unbegründet ist. Sie ist unzulässig, wenn nicht der gemaßregelte Soldat, sondern ein durch die Disziplinarmaßnahme nicht beschwerter Dritter sie eingelegt hat, wenn die Beschwerdefrist verstrichen, die Form nicht eingehalten oder rechtswirksam Beschwerdeverzicht erklärt worden ist. Sie ist nicht begründet, wenn sich die Disziplinarmaßnahme nach Grund, Art und Höhe unter Berücksichtigung aller Umstände des Falles als zu Recht verhängt erweist. Die Beschwerde ist auch dann zurückzuweisen, wenn sich von mehreren Pflichtverletzungen nur ein Teil als erwiesen herausstellt, die Disziplinarmaßnahme gleichwohl aber noch angemessen bleibt. Die Begründung muss dann aber erkennen lassen, welche Pflichtverletzungen festgestellt, welche nicht erwiesen sind und aus welchem Grund die Disziplinarmaßnahme dennoch für angemessen gehalten wird.

5. Für die Entscheidung maßgeblicher Zeitpunkt

33   Der Entscheidung über die Beschwerde liegt grundsätzlich die zu diesem Zeitpunkt maßgebliche Sach- und Rechtslage zugrunde (vgl. auch Herskamp, TP 1976, 376, 378; a. A. Dautzenberg, TP 1977, 261, 262, der den Zeitpunkt – wie im gerichtlichen Antragsverfahren – von dem jeweiligen Beschwerdevorbringen abhängig machen will). Gleichwohl bleiben Änderungen der Sach- und Rechtslage zwischen Beschwerdeanlass und Entscheidungszeitpunkt im Einzelfall nicht unberücksichtigt. Hat z. B. im Falle einer Entlassung die Dienstunfähigkeit im Zeitpunkt der Entlassungsverfügung bestanden und ist der Soldat später wieder dienstfähig geworden, sind nachträglich neue Umstände eingetreten, die vom Begehren des Beschwerdeführers nicht mehr erfasst sind. Die Beschwerde kann hier möglicherweise in einen Antrag auf Wiedereinstellung umgedeutet werden, die Entlassungsverfügung bleibt aber wirksam. Anders ist es zu beurteilen, wenn die neuen Umstände sich auf das Beschwerdebegehren beziehen. Ist z. B. ein Soldat, der nach § 55 Abs. 2 Satz 2 SG entlassen wurde, weil die Wiederherstellung seiner Dienstfähigkeit innerhalb eines Jahres nicht zu erwarten war, vor Ablauf der Jahresfrist im Zeitpunkt des Beschwerdebescheides wieder dienstfähig, muss dieser Beschwerde stattgegeben werden.

34   Der mit der Entscheidung über die Beschwerde getroffenen Abhilfemaßnahme, wie Aufhebung oder Abänderung, kommt normalerweise keine rückwirkende Kraft zu, es sei denn, die Rückwirkung wird von der Beschwerdestelle im Bescheid ausdrücklich bestimmt. Wird ein Soldat auf Zeit wegen Dienstunfähigkeit nach § 55 Abs. 2 SG entlassen, ist die Entlassung trotz Einlegens einer Beschwerde zu vollziehen, weil die Beschwerde gemäß § 23 Abs. 6 Satz 2 keine aufschiebende Wirkung hat. Ist die Beschwerde begründet, muss die Beschwerdestelle mit Wirkung ex tunc feststellen, dass der Soldat nicht als entlassen gilt. Die Entlassung ist schwebend wirksam, solange die Entlassungsverfügung noch angefochten werden kann. Eine Wiedereinstellung ist nicht erforderlich.

6. Schlechterstellung

35   Eine zum Nachteil des Beschwerdeführers führende Änderung der angefochtenen Maßnahme (Verbot der Schlechterstellung – reformatio in peius) ist im Beschwerdeverfahren nur für den Bescheid über eine Disziplinarbeschwerde ausdrücklich ausgeschlossen. Gemäß § 42 Nr. 6 WDO darf die Entscheidung über die Beschwerde die Disziplinarmaßnahme nicht verschärfen. Auch im gerichtlichen Antragsverfahren darf ein angefochtener Befehl oder eine Maßnahme nicht zum Nachteil des Antragstellers geändert werden. Daraus kann jedoch nicht ein allgemeiner Grundsatz abgeleitet werden, dass die Verschlechterung von Befehlen und Maßnahmen in allen anderen Beschwerdeangelegenheiten zulässig sei (so aber Oetting, Beschwerderecht, S. 79 f.). Andererseits wird aber auch ein generelles Verbot, den Beschwerdeführer im Beschwerdeverfahren schlechter zu stellen als vor Anfechtung der Maßnahme, nicht jeder Interessenlage gerecht werden können. Eine Verschlechterung wird vielmehr insoweit für zulässig gehalten werden können, wie auch die entscheidende Stelle ihre eigene Entscheidung verschlechtern dürfte. Hierbei ist allerdings zu berücksichtigen, dass der Beschwerdeführer in Fällen, in denen der Beschwerdeführer durch die beabsichtigte Entscheidung

erstmalig beschwert ist, dieser in analoger Anwendung des § 71 VwGO vor Erlass des Beschwerdebescheids hierzu anzuhören ist (vgl. Stelkens/Bonk/ Sachs, VwGO, § 79 Rn. 41). Beispiel: Hptm S beschwert sich gegen die Ablehnung seines Antrag auf Genehmigung von Telearbeit mit der Begründung, er habe in der Vergangenheit schon öfter im Wege des sogenannten ortsunabhängigen Arbeits von Zuhause gearbeitet. Im Beschwerdeverfahren erkennt der entscheidende Disziplinarvorgesetzte, dass die Hptm S erteilte Erlaubnis zum ortsunabhängigen Arbeiten ebenfalls zu Unrecht erfolgt ist und will sie aufheben. Diese Aufhebung enthält eine erstmalige Beschwer im Beschwerdeverfahren. Der Soldat ist vor Erlass des Beschwerdebescheids hierzu zu hören. Einer Schlechterstellung ist indes jedenfalls dort eine Grenze gezogen, wo ein begünstigender Verwaltungsakt nicht mehr zurückgenommen oder widerrufen werden kann (§§ 48, 49 VwVfG).

Zu Absatz 2

IV. Abhilfe durch disziplinare Ahndung

1. Vorbemerkung

Absatz 2 ist auch nach seiner teilweisen Änderung durch das NOG eine **36** der rechtlich umstrittensten Regelungen des Wehrbeschwerderechts geblieben. Insbesondere sind durch die kritischen Untersuchungen Wickermeiers Inhalt und dogmatischer Standort der Vorschrift in den Blick gerückt (siehe die Beiträge in NZWehr 1971, 201; 1972, 121; 1975, 210; vgl. auch Stauf, NZWehr 1988, 246, 249 f.). Auch Fragen der Zuständigkeit sind im Streit (vgl. Hugo, NZWehr 1971, 93; Meyer, NZWehr 1959, 53). Die mit der Änderung des Satzes 2 durch Art. III Nr. 9b NOG beabsichtigte Klärung über den Inhalt der disziplinaren Mitteilung an den Beschwerdeführer (Satz 2) blieb hinter den Erwartungen zurück. Der Wortlaut des Gesetzes gibt keine eindeutige Antwort, ob die Disziplinarmaßnahme gegenüber dem Betroffenen vor einer Mitteilung an den Beschwerdeführer unanfechtbar sein muss und ob und welche berichtigenden Maßnahmen gegenüber dem Beschwerdeführer getroffen werden müssen, wenn die Disziplinarmaßnahme z. B. gemäß § 43 oder § 44 WDO nachträglich wieder aufgehoben wird. Im Interesse einer für die Praxis praktikableren, jedenfalls aber zweifelsfreien Regelung bleibt der Gesetzgeber aufgefordert, sich einer Neufassung der Vorschrift anzunehmen.

Die Vorschrift ergänzt die in Absatz 1 geregelten Abhilfemaßnahmen und **37** hat somit dogmatisch richtig ihren Standort in dem mit „Inhalt des Beschwerdebescheides" überschriebenen § 13 (BVerwG NZWehr 2010, 210; a. A. Wickermeier, NZWehr 1971, 201, 205; 1972, 122 f.; 1975, 210, 213; Stauf, aaO). Die Beschwerdeentscheidung enthält als Abhilfemaßnahme nicht nur die Feststellung, dass beispielsweise der mit der Beschwerde angefochtene Befehl nicht hätte ergehen dürfen; wenn sich herausstellt, dass sich der Betroffene eines Dienstvergehens gegenüber dem Beschwerdeführer schuldig gemacht hat, tritt als zusätzliche Abhilfemaßnahme die Mitteilung nach Satz 2 hinzu. Da der Beschwerdeführer in diesem Fall pflichtwidrig und schuldhaft durch den Betroffenen über die mit der Beschwerde geltend gemachte Beschwer hinaus in seinen Rechten verletzt worden ist, hat er auf diese Mitteilung kraft Gesetzes einen Rechtsanspruch, der ihm den verstärkt gewährten Rechtsschutz bestätigt (so im Ergebnis auch Lingens, NZWehrr 1980, 216, 223), eine rechtlich nicht ungewöhnliche Folge (vgl. z.B. die Bekanntmachungsbefugnis nach § 200 StGB, diese allerdings über den Kreis des Geschädigten hinaus als öffentliche Bekanntmachung). Dieser verstärkte Rechtsschutz kommt dem Gedanken einer Genugtuung für den Beschwerdeführer sehr nahe, ist auf das Soldatenverhältnis indes schon wegen der Kameradschaftspflicht (§ 12 SG) nicht übertragbar. Den Gesichtspunkt eines verstärkten Rechtsschutzes vernachlässigt Wickermeier und kommt somit zu der unzutreffenden Auffassung, dass Absatz 2 im Konzept des § 13 eigenständigen Charakter habe und deshalb richtiger in einer eigenen Vorschrift unterzubringen sei (so insbesondere NZWehrr 1971, 201, 205; 1975, 210, 213). Hat der Betroffene gegenüber dem Beschwerdeführer ein Dienstvergehen begangen, ist zwar mit dem der Beschwerde stattgebenden Bescheid die ursprüngliche Beschwer beseitigt, nicht aber die durch das Dienstvergehen bewirkte zusätzliche Verletzung der Rechtssphäre des Beschwerdeführers. Dieser wird abgeholfen durch eine Mitteilung nach Satz 2. Eine ganz andere Frage ist es, ob diese Abhilfemaßnahme bestandsnotwendig mit dem Beschwerdebescheid oder sogar zeitlich zuvor ergehen muss.

38   Die Vorschrift findet auf Beschwerden gegen einfache Disziplinarmaßnahmen keine Anwendung, ebenso nicht auf Beschwerden in Verwaltungsangelegenheiten und bei truppendienstlichen Beschwerden gegen unrichtige Behandlung durch Dienststellen der Bundeswehr.

2. Verfahren nach der WDO (Satz 1)

39   Durch Satz 1 wird der für die Entscheidung über die Beschwerde zuständige Disziplinarvorgesetzte (§ 9 Abs. 1) angewiesen, nach der WDO zu verfahren, wenn sich bei der Aufklärung des Sachverhalts (§ 10) ergibt, dass ein Dienstvergehen vorliegt (BVerwG NZWehrr 2010, 210). Die Bestimmung hat eigene Bedeutung, weil erst im Zusammenhang mit Satz 2 deutlich wird, dass parallel zu einer beschwerderechtlichen Sachverhaltsaufklärung auch disziplinar ermittelt werden muss und das Ergebnis dieser Ermittlungen Voraussetzung für eine Abhilfemaßnahme ist. Im Übrigen wiederholt Satz 1 nicht nur die in § 33 WDO vorgeschriebene Prüfungspflicht des Disziplinarvorgesetzten (so aber Wickermeier, NZWehrr 1972, 121, 125), sondern verweist auf die Bestimmungen der WDO insgesamt (Wickermeier, NZWehrr 1971, 201, 202). Insbesondere enthält er keine von der WDO abweichende Zuständigkeitsregel. Werden anlässlich des Beschwerdeverfahrens auch andere Pflichtverletzungen festgestellt, ist ihnen ebenfalls nachzugehen (§ 33 WDO); hierauf bezieht sich aber nicht die in Satz 2 genannte Rechtsfolge.

40   Dienstvergehen ist nach § 23 Abs. 1 SG das Verhalten eines Soldaten, durch das er schuldhaft seine Pflichten verletzt. Das durch einen Beamten begangene Dienstvergehen ist durch die Vorschrift nicht erfasst, denn gegenüber Beamten finden WDO und WBO keine Anwendung. Die Verpflichtung, nach der WDO zu verfahren, ist keine Durchbrechung des das Disziplinarrecht beherrschenden Opportunitätsprinzips (hierzu Dau/Schütz, WDO, § 15 Rn. 2 ff.). Es bleibt bei der Regelung des § 15 Abs. 2 WDO, dass der zuständige Disziplinarvorgesetzte nach pflichtgemäßem Ermessen bestimmt, ob und wie wegen eines Dienstvergehens nach der WDO einzuschreiten ist, insbesondere, ob und wie er disziplinar maßregeln soll (§ 33

Abs. 1 WDO); insbesondere hat der Soldat keinen Anspruch darauf, dass ein Dritter wegen eines Dienstvergehens gemaßregelt wird (BVerwG NZWehrr 2010, 210). Ein dem Klageerzwingungsverfahren des § 172 StPO ähnliches Verfahren ist dem Diziplinarrecht fremd und würde überdies gegen das Opportunitätsprinzip verstoßen (BVerwG NZWehrr, 1991, 73). Die Aufnahme der Ermittlungen ist dagegen zwingend vorgeschrieben (§ 32 WDO). Der Disziplinarvorgesetzte hat keine Möglichkeit, von Ermittlungen abzusehen, wenn Tatsachen bekannt werden, die den Verdacht eines Dienstvergehens rechtfertigen. Ermessenserwägungen über das Ob und Wie einer disziplinaren Reaktion können erst angestellt werden, wenn der dem Betroffenen als Dienstvergehen vorgeworfene Sachverhalt feststeht; erst dann auch besteht das Bedürfnis zu einer Abhilfemaßnahme gegenüber dem Beschwerdeführer.

3. Mitteilung über die disziplinare Entscheidung (Satz 2)

Nach Satz 2 ist dem Beschwerdeführer mitzuteilen, ob gegen den Betroffe- **41** nen eine Disziplinarmaßnahme verhängt oder von einer Disziplinarmaßnahme abgesehen worden ist. Diese Regelung ist eine Ausnahmevorschrift zu dem allgemeinen, nur von dem Soldaten selbst verzichtbaren (§ 105 Abs. 2 WDO) Grundsatz, dass Wehrdisziplinarsachen vertraulich zu behandeln sind (siehe auch Dau/Schütz, WDO, § 9 Rn. 2; auch BVerwGE 83, 80 = NZWehrr 1986, 124 f.).

Die Mitteilungspflicht besteht nur in den Fällen, in denen der Beschwerde- **42** führer mit seiner Beschwerde ein schuldhaftes pflichtwidriges Verhalten eines anderen Soldaten (des Betroffenen) rügt, durch das er persönlich verletzt ist. Sie besteht außerdem nur, wenn der Beschwerde stattgegeben wird (akzessorischer Charakter der Mitteilungspflicht; vgl. auch BVerwG NZWehrr 2010, 210, 211). Eine isolierte, von einem Beschwerdeverfahren unabhängige Mitteilungspflicht gibt es nicht. Bei Beschwerden gegen Vorgesetzte findet Satz 2 nur Anwendung, wenn die unrichtige Behandlung nicht nur durch unzweckmäßiges, sondern auch durch schuldhaft pflichtwidriges Verhalten (§ 23 Abs. 1 SG) des Vorgesetzten gerügt wird. Auf eine Organbeschwerde, die sich nicht gegen einen Soldaten als Betroffenen wendet, findet Satz 2 keine Anwendung. Die Mitteilungspflicht ist somit nur in den Fällen der Kameradenbeschwerde nach § 1 Abs. 1 Satz 1 gegeben, bei der Vorgesetzten-beschwerde und bei der Beschwerde der Vertrauensperson (§ 1 Abs. 1 Satz 2), wenn sich ergibt, dass ein Dienstvergehen vorliegt. Eine andere Auslegung ist nach Sinn und Zweck der Vorschrift nicht vertretbar. Sie hätte zur Folge, dass jeder Beschwerdebescheid auf Grund von Beschwerden gegen Befehle, dienstliche Maßnahmen oder Unterlassungen, die mit Dienstpflichtverletzungen zusammenhängen, eine negative oder positive Feststellung über das Dienstvergehen zu enthalten hätte. Der Beschwerdeführer hat einen Anspruch auf Mitteilung (ihm ist mitzuteilen). Fehlen diese Angaben, kann er diesen Mangel des Inhalts der Entscheidung mit der weiteren Beschwerde rügen (so auch Lingens, NZWehrr 1980, 216, 223). Das Fehlen ist nicht als eigenständige Maßnahmen im Wege einer (erstmaligen) Beschwerde angreifbar. Vielmehr bezieht sich die einzig zulässige weitere Beschwerde noch auf den ursprünglichen Beschwerdegegenstand mit dem Begehr vollständiger Abhilfe (BVerwG 1 WB 64/14 vom 13.7.2015, juris Rn. 27). **Falls gegen den Betroffenen eine Disziplinarmaßnahme verhängt wurde, ist nur**

die Tatsache des Verhängens, nicht die Disziplinarmaßnahme selbst mitzuteilen (vgl. BVerwGE 83, 80 = NZWehrr 1986, 124; NZWehrr 1991, 73). Ein weitergehender Anspruch auf eine Begründung besteht nicht (BVerwG aaO). So hat die Mitteilung auch keine Angaben darüber zu enthalten, wer die Disziplinarmaßnahme verhängt hat, weil andernfalls Rückschlüsse auf die Art der Maßnahme möglich wären (z. B. gerichtliche Disziplinarmaßnahme durch Truppendienstgericht oder Maßregelung eines Obergefreiten, der nicht Vertrauensperson ist, durch den Btl.Kdr). Das „Ob" der Verhängung ist auch mitzuteilen, wenn die Disziplinarmaßnahme mit Rücksicht auf eine angerechnete Freiheitsentziehung ganz oder teilweise für vollstreckt erklärt wurde. Wenn die disziplinare Erledigung nicht den Vorstellungen des Beschwerdeführers entspricht, kann er weder den Disziplinarvorgesetzten noch die Einleitungsbehörde mit der Beschwerde zu einer bestimmten disziplinaren Reaktion zwingen (BVerwG 1 WB 43. 92 vom 18.8.1992, juris Rn. 9).

43 Der Gesetzeswortlaut gibt keinen eindeutigen Aufschluss darüber, **ob die Mitteilung die Unanfechtbarkeit der Disziplinarmaßnahme voraussetzt.** Da auch auf Entscheidungshilfen durch die Materialien nicht zurückgegriffen werden kann, liegt die Lösung des Problems letztlich in der abwägenden Entscheidung zwischen den Interessen des Beschwerdeführers an der Bestätigung des ihm gewährten zusätzlichen Rechtsschutzes und dem Schutz für den Betroffenen vor unangemessenen Eingriffen in seine Persönlichkeitssphäre. Die Entscheidung des Gesetzgebers, dass dem Beschwerdeführer nur das „Ob" einer Disziplinarmaßnahme mitgeteilt werden soll, zeigt, dass die Vorschrift eng auszulegen ist. Wenn dem Beschwerdeführer über die Feststellung des Beschwerdebescheides, er sei durch den Betroffenen unrichtig behandelt oder pflichtwidrig verletzt worden, zusätzlich das „Ob" einer disziplinaren Reaktion mitgeteilt wird, kann i. S. einer Abhilfeentscheidung nur eine unanfechtbare Disziplinarmaßnahme angesprochen sein (zustimmend Wickermeier, NZWehrr 1975, 210, 211; vgl. auch Lingens, Disziplinarvorgesetzter, Rn. 379; a. A. Herskamp, TP 1976, 380). Aus der Sicht des Beschwerdeführers wäre die Abhilfe nur unvollkommen, wenn auf Beschwerde des Betroffenen die Disziplinarmaßnahme wieder aufgehoben würde. In dieser Fallgestaltung läge andererseits eine vom Zweck des Wehrbeschwerderechts nicht mehr gedeckte und vertretbare Beeinträchtigung des Betroffenen, der zwar vom Vorwurf einer Pflichtverletzung freigestellt wäre, außerhalb seiner Einflußmöglichkeit gegenüber einem Dritten jedoch weiterhin als disziplinar gemaßregelt bezeichnet würde. Dieser Einwand muss auch gegenüber einer Mitteilung gelten, dass eine Disziplinarmaßnahme verhängt worden sei, der Betroffene aber Beschwerde eingelegt habe. Eine nachträgliche Korrektur des Beschwerdebescheides wäre – auch in analoger Anwendung von § 42 Nr. 9 WDO – nicht möglich. Dies scheiterte regelmäßig aus praktischen Gründen (der Beschwerdeführer ist zwischenzeitlich versetzt oder aus der Bundeswehr ausgeschieden) ebenso wie aus rechtlichen Erwägungen. Wenn der Beschwerdebescheid gegenüber dem Beschwerdeführer unanfechtbar geworden ist, kann er schon unter dem Gesichtspunkt der Rechtssicherheit durch eine nachträgliche Bekanntmachung nach § 42 Nr. 9 WDO nicht obsolet werden. Auch als neuer interpretativer Zusatz zum Beschwerdebescheid wäre diese Bekanntmachung nicht denkbar.

44 Wird die gegen den Betroffenen unanfechtbar verhängte Disziplinarmaßnahme nachträglich wieder aufgehoben (§§ 43, 44, 46, 128, 129 WDO), kann die Mitteilung an den Beschwerdeführer nachträglich nicht mehr geändert werden. Eine analoge Anwendung von § 42 Nr. 9 WDO kommt nicht in Betracht. In diesem Fall muss es hingenommen werden, dass die Aufhebung der Disziplinarmaßnahme zu einem anderen als dem ursprünglich dem Beschwerdeführer mitgeteilten Ergebnis führt (siehe hierzu auch die Entscheidung in BDHE 6, 185 = NZWehrr 1962, 68). Eine nachträgliche Änderung der Mitteilung kommt auch dann nicht in Betracht, wenn eine einfache unanfechtbare Disziplinarmaßnahme in einem nachträglichen gerichtlichen Disziplinarverfahren aufgehoben wird (§ 96 WDO), denn an der Tatsache einer disziplinaren Maßregelung hat sich nichts geändert.

Die Vorschrift beschränkt die Mitteilung darauf, ob eine Diszipli-   45
narmaßnahme verhängt worden ist; die Anordnung einer erzieherischen Maßnahme oder der Ausspruch einer Missbilligung darf nicht mitgeteilt werden. Bei dem Ausnahmecharakter der Vorschrift gegenüber dem Vertraulichkeitsprinzip wäre insoweit der Schluss des a maiore ad minus unzulässig. Nicht zulässig ist es daher auch, dem Beschwerdeführer mitzuteilen, dass die Sache an die Staatsanwaltschaft oder an die Einleitungsbehörde abgegeben worden ist (a. A. Stauf, NZWehrr 1995, 146, 149 unter Hinweis auf § 31 SG). Der Mitteilung an den Beschwerdeführer kann die Verhängung einer einfachen oder gerichtlichen Disziplinarmaßnahme zugrunde liegen (§§ 22, 58 WDO).

Hat der zur disziplinaren Ahndung zuständige Disziplinarvorgesetzte ent-   46
schieden, von einer Disziplinarmaßnahme gegenüber dem Betroffenen abzusehen, muss der Beschwerdeführer auch hierüber unterrichtet werden. Regelmäßig wird es genügen, die Mitteilung ohne Angabe von Gründen darauf zu beschränken, dass von einer Disziplinarmaßnahme abgesehen wurde. Denn der Disziplinarvorgesetzte ist grundsätzlich nicht verpflichtet, über die Gründe seiner Entscheidung dem Beschwerdeführer gegenüber Rechenschaft abzulegen. Eine Mitteilung nur dieses Inhalts wird z. B. angebracht sein, wenn angesichts des nur geringen Schuldvorwurfs der Disziplinarvorgesetzte eine Disziplinarmaßnahme nicht für erforderlich gehalten hat. Entsprechendes gilt, wenn die Einleitungsbehörde (§ 98 Abs. 2 WDO) oder das Truppendienstgericht (§ 108 Abs. 3 Satz 2 WDO) das gerichtliche Disziplinarverfahren eingestellt hat.

Jedoch sind Fälle denkbar, in denen es zweckmäßig ist, anzugeben, aus   47
welchen Gründen der Disziplinarvorgesetzte von einer Disziplinarmaßnahme abgesehen hat. Anlass, dem Beschwerdeführer in der Mitteilung auch jedenfalls den wesentlichen Inhalt der Gründe anzugeben, wird insbesondere bestehen, wenn ein Dienstvergehen zwar festgestellt, aus rechtlichen Gründen eine Disziplinarmaßnahme aber nicht verhängt werden durfte. Ist beispielsweise ein nicht unerheblicher Pflichtenverstoß des Betroffenen ermittelt worden, trägt es wenig zum Vertrauen in die Autorität des Disziplinarvorgesetzten bei, wenn sich die Mitteilung an den Beschwerdeführer darauf beschränkt, es sei gleichwohl von einer Disziplinarmaßnahme abgesehen worden. Eine Mitteilung auch des Kerninhalts der Gründe wird z. B. angebracht sein bei Entscheidungen nach §§ 16, 43 WDO oder bei Einstellung durch die Einleitungsbehörde gemäß § 98 Abs. 1 Nr. 1 bis 3 WDO oder durch das Truppendienstgericht gemäß § 108 Abs. 3 Satz 1 WDO.

Hat auf die Beschwerde des Beschwerdeführers der Betroffene gegen sich   48
die Einleitung eines gerichtlichen Disziplinarverfahrens beantragt und ist zwar ein Dienstvergehen festgestellt, eine Disziplinarmaßnahme aber nicht ver-

hängt worden, ist das Absehen von einer disziplinaren Maßregelung erst mitzuteilen, wenn die Frist zur Anrufung des Truppendienstgerichts verstrichen
oder dieses unanfechtbar entschieden hat (§ 95 Abs. 2 WDO). Das Gleiche
gilt bei Einstellung des gerichtlichen Disziplinarverfahrens durch die Einleitungsbehörde bei gleichzeitiger Feststellung, dass ein Dienstvergehen vorliegt
(§ 98 Abs. 3 WDO). **Als Abhilfemaßnahme gegenüber dem Beschwerdeführer ist die Mitteilung nach Satz 2 Bestandteil des Beschwerdebescheides** (a. A. Wickermeier, NZWehrr 1971, 201, 205; 1975, 210 ff.;
Stauf, NZWehrr 1988, 246, 250). Es sind jedoch Fälle denkbar, in denen ein
Festhalten an dieser formalen Position zu unangemessenen Verzögerungen
des Beschwerdeverfahrens führt, z. B. muss wegen der Schwere des Dienstvergehens ein gerichtliches Disziplinarverfahren eingeleitet werden, das erst
nach über einem Jahr mit einem Urteil des BVerwG abgeschlossen wird (vgl.
Wickermeier, NZWehrr 1975, 210, 212). Die somit erst nach zeitaufwändi-
gem Abschluss des gerichtlichen Disziplinarverfahrens mögliche Abhilfemaßnahme rechtfertigt es nicht, mit dem Beschwerdebescheid so lange zu warten,
zumal auch der förmlichen Aussetzung nach § 12 Abs. 2 mit der unangemessenen Verzögerung eine deutliche Zeitgrenze gesetzt ist. Soweit demnach
absehbar ist, dass die disziplinare Erledigung noch längere Zeit auf sich warten
lassen wird, muss es als zulässig anzusehen sein, die Mitteilung vom Beschwerdebescheid abzutrennen und nachträglich zu geben. In dem Beschwerdebescheid ist dem Beschwerdeführer ein Zwischenbescheid zu erteilen.

4. Zuständiger Disziplinarvorgesetzter

49   Die disziplinare Erledigung obliegt dem nach §§ 29 ff. WDO zuständigen
Disziplinarvorgesetzten. § 13 Abs. 2 Satz 1 stellt insoweit keine abweichende,
eine andere Zuständigkeit begründende Regelung i. S. des § 29 Abs. 1 Satz 1
WDO („Soweit das Gesetz nichts anderes bestimmt, …") dar. Die Mitteilung
nach Satz 2 geschieht durch den Disziplinarvorgesetzten, der nach der WBO
den Gegenstand der Beschwerde zu beurteilen hat (§ 9 Abs. 1).

50   Regelmäßig werden der zur Entscheidung über die Beschwerde zuständige
Disziplinarvorgesetzte (§ 9 Abs. 1) und derjenige, dem die disziplinare Erledigung obliegt (§ 29 Abs. 1 WDO), identisch sein. Decken sich die Zuständigkeiten nicht, gilt folgendes: Werden aus dem Beschwerdevorbringen vom
Beschwerdeführer gerügte Tatsachen bekannt, die den Verdacht eines Dienstvergehens rechtfertigen, hat der für die Beschwerdeentscheidung zuständige
Disziplinarvorgesetzte den disziplinaren Überhang an den für die disziplinare
Erledigung zuständigen Disziplinarvorgesetzten abzugeben. Als ausschließlich
für die Beurteilung des Beschwerdegegenstandes zuständiger Vorgesetzter ist
es nicht seine Aufgabe, festzustellen, ob ein Dienstvergehen vorliegt, in
manchen Fällen wird er dazu fachlich auch gar nicht in der Lage sein (vgl.
§ 27 Abs. 3 WDO). Disziplinare Beurteilung des Sachverhalts als Dienstvergehen und Beseitigung der mit der Beschwerde geltend gemachten Beschwer
durch Abhilfemaßnahmen nach § 13 Abs. 1, z. B. Aufhebung des angefochtenen Befehls, sind zweierlei; die Feststellung, dass der Betroffene ein Dienstvergehen begangen habe, ist nicht – jedenfalls nicht immer – gleichzusetzen
mit der abschließenden Beurteilung des Beschwerdegegenstandes, nämlich
der Begründetheit oder Unbegründetheit der Beschwerde (darauf weist Wickermeier, NZWehrr 1972, 121, 123 zu Recht hin; a. A. Körber, NZWehrr
1964, 9, 11). Der Gefahr widerstreitender Entscheidungen (vgl. Hugo,

NZWehrr 1971, 93, 95; gegen ihn Wickermeier, NZWehrr 1971, 201, 205) ist dadurch zu begegnen, dass der nach § 9 Abs. 1 zuständige Disziplinarvorgesetzte, sofern er Zweifel hat, ob das Disziplinarverfahren für seine Beschwerdeentscheidung relevant ist, mit dem Beschwerdebescheid wartet, bis die Disziplinarmaßnahme unanfechtbar geworden ist. Bis zu diesem Zeitpunkt kann er das Beschwerdeverfahren auch aussetzen (§ 12 Abs. 2), wenn der Betroffene z. B. Beschwerde eingelegt oder der Disziplinarvorgesetzte oder das Truppendienstgericht die Sache an die Einleitungsbehörde abgegeben hat (§§ 33 Abs. 1 Satz 2, 40 Abs. 3 Satz 2, Abs. 4 Satz 7, 42 Nr. 4 Satz 5 WDO). Eine Aussetzung des Beschwerdeverfahrens wird darüber hinaus in Frage kommen, wenn der Disziplinarvorgesetzte die Sache an die Staatsanwaltschaft abgegeben hat (§ 33 Abs. 3 WDO), um nach Rechtskraft des strafgerichtlichen Erkenntnisses eine disziplinare Ahndung unter dem Gesichtspunkt des § 16 WDO prüfen zu können.

Schweben unabhängig von dem Beschwerdeverfahren bereits disziplinare **51** Ermittlungen gegen den Betroffenen bei dem hierfür zuständigen Disziplinarvorgesetzten oder auf Disziplinarbeschwerde bei einem höheren Disziplinarvorgesetzten oder bei einem Wehrdienstgericht, entbindet das den nach der WBO zuständigen Disziplinarvorgesetzten nicht von der Pflicht, mit einem förmlichen Bescheid über die Beschwerde zu entscheiden. Um ihm die Mitteilung nach Satz 2 inhaltlich zu erleichtern, hat der für die disziplinare Erledigung zuständige Disziplinarvorgesetzte den für die Beschwerdeentscheidung zuständigen Disziplinarvorgesetzten unverzüglich über seine Entscheidung zu unterrichten.

Zu Absatz 3

V. Zurückweisung der unbegründeten Beschwerde

Führt die Sachprüfung einer zulässigen Beschwerde zu dem Ergebnis, dass **52** dem Vorbringen des Beschwerdeführers nicht oder nicht in vollem Umfang entsprochen werden kann, ist die Beschwerde als unbegründet oder als insoweit unbegründet zurückzuweisen, wie sie ohne Erfolg geblieben ist. Die Zurückweisung der Beschwerde als unbegründet ist ein ablehnender Bescheid i. S. des § 12 Abs. 1 Satz 4, der mit einer Rechtsbehelfsbelehrung zu versehen ist.

Absatz 3 findet auch im Disziplinarbeschwerdeverfahren Anwendung. Die **53** Vorschrift schließt eine Zurückweisung der Beschwerde wegen Unzulässigkeit nicht aus. Das ergibt sich aus § 12 Abs. 3 Satz 1, wonach eine verspätete Beschwerde ohne Sachbehandlung, also als unzulässig, zurückzuweisen ist.

Zu Absatz 4

VI. Erstattung notwendiger Aufwendungen

Die Vorschrift trifft ausschließlich eine Regelung zum Inhalt des Beschwer- **54** debescheides, sie enthält keinen materiellen Erstattungsanspruch; dieser ergibt sich aus § 16 a. Nachdem Art. 5 Nr. 12 WehrRÄndG 2008 mit § 16a erstmals eine Bestimmung in die WBO aufgenommen hat, die eine Erstattung der notwendigen Aufwendungen auch im vorgerichtlichen Verfahren vorsieht, musste als Folge davon diese Entscheidung durch Absatz 4 als Bestandteil der Beschwerdeentscheidung festgelegt werden (für das gerichtliche Antragsverfahren siehe § 20). Er verpflichtet die Beschwerdestelle, bei einer stattgebenden Beschwerde auch über die Erstattung der notwendigen Aufwendungen sowie über die Notwendigkeit der Hinzuziehung eines Bevollmächtigten zu entscheiden und diese Entscheidung in den Beschwerdebescheid aufzunehmen. Die Berechnung und Festsetzung der Aufwendungen im Einzelnen obliegt dem Urkundsbeamten der Geschäftsstelle des für die Beschwerdestelle zuständigen Truppendienstgerichts (§ 16a i. Vbg. m. § 142 WDO).

55   Absatz 4 gilt nur für stattgebende Beschwerden in truppendienstlichen Angelegenheiten (§ 16a Abs. 2) einschließlich der Disziplinarbeschwerde (§ 42 Satz 1 WDO). Auf die Beschwerde in Verwaltungsangelegenheiten findet § 80 VwVfG Anwendung. Die Entscheidung über die Aufwendungen ist von Amts wegen zu treffen. Sie kommt nur bei einer Beschwerde in Betracht, die ganz oder teilweise („soweit") Erfolg hat. Bei einer nur teilweise stattgebenden Beschwerdeentscheidung ist die Erstattungsquote im Tenor des Beschwerdebescheides anzugeben; z. B. „Die Beschwerde ist insoweit begründet, als der Befehl des … vom … rechtswidrig ist. Er ist aufzuheben. Im Übrigen ist die Beschwerde unbegründet. Die Hinzuziehung des Rechtsanwalts Dr. Schlaumeier war notwendig. Von den Ihnen entstandenen notwendigen Aufwendungen trägt der Bund 3/4". In den Entscheidungsgründen des Beschwerdebescheides hat die Beschwerdestelle die die Auslagenentscheidung tragenden Überlegungen darzustellen, weil die Auslagenentscheidung und die Entscheidung zur Hinzuziehung eines Bevollmächtigten mit einem Antrag an das Truppendienstgericht angefochten werden können, wenn sich der Beschwerdeführer durch sie beschwert glaubt (§ 16a Abs. 5).

56   Eine isolierte Entscheidung über die Aufwendungen und zur Hinzuziehung eines Bevollmächtigten muss getroffen werden, wenn der Beschwerde vor Erlass eines Beschwerdebescheides abgeholfen wird (§ 16a Abs. 4). Auf die Rücknahme der Beschwerde (§ 8 Abs. 1) findet Absatz 4 dagegen keine Anwendung.

57   Fehlt eine Entscheidung zu den entstandenen Aufwendungen und zur Hinzuziehung eines Bevollmächtigten, kann sie nachgeholt werden (Eyermann/Rennert, VwGO, § 73 Rn. 30).

§ 14 Umfang der Untersuchung

Die Untersuchung der Beschwerde ist stets darauf zu erstrecken, ob mangelnde Dienstaufsicht oder sonstige Mängel im dienstlichen Bereich vorliegen.

I. Vorbemerkung

1   § 14 trägt dem Umstand Rechnung, dass die Beschwerde nach der WBO als Einheitsbeschwerde ausgestaltet worden ist und somit auch dienstaufsichtliche Bedeutung hat. In mehreren Vorschriften kommt zum Ausdruck, dass die über die Beschwerde entscheidende Stelle sich nicht darauf beschränken darf, den Beschwerdebescheid zu erlassen, sondern erkennbar gewordenen Mängeln und ihren Ursachen nachzugehen und sie abzustellen hat. Eine als unzulässig zurückgewiesene Beschwerde wird als Dienstaufsichtsbeschwerde weiter behandelt. Ist eine Beschwerde durch Rücknahme oder Verzicht erledigt, sind gleichwohl die erforderlichen dienstaufsichtlichen Maßnahmen zu ergreifen. § 14 verpflichtet die für die Beschwerdeentscheidung zuständige Stelle, dass jede Sachverhaltsaufklärung auch der Frage nachgehen muss, ob das mit der Beschwerde gerügte Verhalten durch mangelnde Dienstaufsicht oder sonstige Mängel im dienstlichen Bereich ausgelöst oder jedenfalls beeinflusst ist. Das gilt auch im Verfahren der Disziplinarbeschwerde.

Der Beschwerde mag im Einzelfall eine unzutreffende dienstliche Auffassung des Beschwerdeführers zu Grunde liegen; vielleicht ist sie auch nur querulatorischer Natur, sodass zur weiteren Verfolgung kein Anlass besteht. Eine zurückgenommene oder aus formellen Gründen zurückgewiesene Beschwerde kann aber auch durch einen Vorfall veranlasst worden sein, der ein Einschreiten durch Vorgesetzte oder durch andere zur Dienstaufsicht verpflichtete Stellen erfordert. Schließlich können durch eine Beschwerde Mängel aufgedeckt werden, die ungeachtet der Frage, ob sie den Beschwerdeführer beeinträchtigen, beseitigt werden müssen. Die Regelung des § 14 ist allein im Interesse ordnungsgemäßer Führung der Bundeswehr geschaffen (BVerwG NZWehrr 1970, 108; 1980, 228, 229; BVerwGE 63, 204). Ihr Zweck ist es, Mängel, die mit dem Beschwerdegegenstand zusammenhängen, aber den Soldaten nicht unmittelbar beschweren, festzustellen und zu beseitigen. Sie begründet kein Recht des Beschwerdeführers gegenüber seinen Vorgesetzten, dass diese zu seinen Gunsten dienstaufsichtlich tätig werden (BVerwG a. a. O.), insbesondere keinen Anspruch darauf, eine unzulässige Beschwerde sachlich zu prüfen (BVerwG 1 WNB 5/17 vom 26.2.2018, juris Rn. 11; BVerwG NZWehrr 1996, 170, 171). Umgekehrt besteht die Pflicht der Vorgesetzten zu dienstaufsichtlicher Prüfung nicht gegenüber dem Beschwerdeführer (BVerwGE 63, 189; auch BVerwG NZWehrr 1991, 211). § 14 ist wie § 8 Abs. 2 und § 12 Abs. 3 Ausdruck einer allgemeinen Dienstaufsichtspflicht des Staates (§ 10 Abs. 2 SG; vgl. auch § 46 Abs. 1 WDO); die Vorschrift hat sowohl für die Fälle der Zurückweisung der Beschwerde aus formellen oder materiellen Gründen Bedeutung, als auch für die Fälle, in denen sie zum Erfolg führt. § 14 gehört zu den eigentlichen Verfahrensvorschriften, und zwar zu den Bestimmungen über den materiellen Umfang der im Verfahren durchzuführenden Untersuchung (vgl. § 10 Rn. 2). Damit ist er eine Ergänzung des § 13 Abs. 1 Satz 2 und 3 und Absatz 2 Satz 1.

II. Untersuchung der Beschwerde

1. Umfang

Die Vorschrift ergänzt die Verfahrensregelung des § 10. Die Untersuchung 3 der Beschwerde geht für die Zwecke der Dienstaufsicht allerdings über die Ermittlungen hinaus, die für die Entscheidung über die Beschwerde notwendig sind, ohne indes den Beschwerdegegenstand zu erweitern. Sie bringt zusätzliche Erkenntnisse, die neben den unmittelbaren Ursachen des zur Entscheidung stehenden Falles auch die nur mittelbaren erfassen (BVerwG NZWehrr 1970, 108; 1980, 228, 230; 1 WB 109/94 vom 19.7.1995, juris

Rn. 10) und damit eine dienstaufsichtliche Prüfung nötig machen. Die auf die Aufklärung mangelnder Dienstaufsicht oder sonstiger Mängel im dienstlichen Bereich gerichtete Untersuchung ist immer notwendiger Bestandteil der für die Entscheidung über die Beschwerde erforderlichen Sachverhaltsaufklärung, sobald sich Anhaltspunkte für dienstlich zu verantwortende Versäumnisse zeigen. Andererseits verpflichtet § 14 die für die Beschwerdeentscheidung zuständige Stelle nicht zu einem formelhaften Negativattest („Anhaltspunkte für Mängel in der Dienstaufsicht oder sonst im dienstlichen Bereich sind nicht ersichtlich"), wenn keine sonstigen Hinweise vorliegen. Für eine Untersuchung im Rahmen der Dienstaufsicht bedient sich die zur Beschwerdeentscheidung zuständige Stelle der Aufklärungsmittel, die ihr auch zur Ermittlung des der Beschwerde zugrundeliegenden Sachverhalts zur Verfügung stehen. Der Beschwerdeführer hat weder einen Anspruch darauf, dass der zur Entscheidung über die Beschwerde berufene Disziplinarvorgesetzte die Sachverhaltsaufklärung auch darauf erstreckt, ob mangelnde Dienstaufsicht oder sonstige Mängel im dienstlichen Bereich vorliegen (BVerwG NZWehr 1970, 108), noch über das Ergebnis der Untersuchung unterrichtet zu werden.

4   Die Untersuchung obliegt der für die Beschwerdeentscheidung zuständigen Stelle (§ 9 Abs. 1). Sie hat die Befugnis, ihre Ermittlungen gemäß § 10 Abs. 1 Satz 2 einem Offizier zu übertragen; dies befreit sie indes nicht von ihrer Verantwortung und Pflicht zur Dienstaufsicht (§ 10 Abs. 2 SG). Eine Delegation der Untersuchung nach den Vorgaben des § 10 Abs. 1 Satz 3 ist – da evtl. Mängel in der Dienstaufsicht kein Fall geringerer Bedeutung – nicht möglich. Überschreitet die Beurteilung der Frage, ob ein dienstlicher Mangel vorliegt, die Sachkompetenz der Beschwerdestelle, z.B. bei mangelnder Dienstaufsicht einer übergeordneten Dienststelle, muss die Prüfung und Würdigung insoweit allerdings an die zuständige Stelle abgegeben werden.

2. Gegenstand der Untersuchung

5   Die Untersuchung ist darauf zu erstrecken, ob mangelnde Dienstaufsicht oder sonstige Mängel im dienstlichen Bereich vorliegen. Dem Wort „erstrecken" ist zu entnehmen, dass es sich nicht um willkürliche neue Ermittlungen auf dem umfassenden Gebiet der Dienstaufsichtskontrolle handeln kann, sondern dass die erweiterte Ermittlung in einem Zusammenhang mit dem Beschwerdevorbringen stehen muss. Auch nur mit dieser Einschränkung ist die Zuständigkeit der Beschwerdestelle für die ergänzende Untersuchung vertretbar.

3. Mangelnde Dienstaufsicht

6   Die Dienstaufsicht hat als Führungsmittel im militärischen Bereich grundsätzliche Bedeutung. Sie dient dem ordnungsgemäßen Ablauf des Dienstbetriebes im engeren und weiteren Sinne. Damit stellt sie zugleich die notwendige, im Rechtsstaat geforderte Selbstkontrolle der Bundeswehr als Teil der vollziehenden Gewalt dar. Welcher Mittel sich der Vorgesetzte zur Erfüllung seiner Dienstaufsichtspflicht bedient, liegt in seinem pflichtgemäßen Ermessen; geeignete Maßnahmen sind z.B. eigene Informationen, Unterrichtung der Untergebenen, Überwachung, Kontrollen, Anhalten zur Pflichterfüllung, Verfolgung von Dienstvergehen (dazu vgl. auch Scherer/Alff/Poretschkin/Lucks, SG, § 10 Rn. 7 ff. m. Nachw.; Hucul in Walz/Eichen/Sohm, SG, § 10 Rn. 24 ff.; Dau/Schütz, WDO, § 46 Rn. 1 ff.). Die ordnungsgemäße Ausübung der Dienstaufsicht wird durch die Strafvorschrift des § 41 WStG gesichert. Einen Anspruch auf Ausübung der Dienstaufsicht besitzt der Soldat nicht (BVerwG NZWehrr 1970, 108; 1991, 211; 1 WB 109/94 vom 19.7.1995, juris Rn. 10).

Eine straff gegliederte und straff geführte Gemeinschaft wie die Bundes- **7** wehr reagiert sehr empfindlich auf Fehler und Mängel der Führung. Eine Vernachlässigung der Dienstaufsicht kann sich bei den unterstellten Soldaten nachteilig auswirken, indem sie ihre Pflichten nachlässig oder gleichgültig erfüllen oder durch Übergriffe gegen dienstliche Pflichten verstoßen. Ist ein solcher Übergriff Gegenstand der Beschwerde, führt die Entscheidung über die Beschwerde zur Beseitigung der Folgen des Übergriffs, vielleicht auch zu einer disziplinaren Maßregelung. Die eigentliche Ursache jedoch, nämlich die mangelhafte Dienstaufsicht durch einen höheren Vorgesetzten, ist nicht Gegenstand der Beschwerde und der Entscheidung über sie. Gesetzesbefehl des § 14 ist es daher, die Aufklärung des der Beschwerde zugrunde liegenden Sachverhalts auf solche unmittelbaren Ursachen auszudehnen. Hat beispielsweise ein Kompaniechef über eine gegen einen Gruppenführer gerichtete Beschwerde entschieden, kann eine Überprüfung nötig sein, ob etwa der Zugführer oder der Kompaniefeldwebel seine Aufsichtspflichten versäumt hat.

4. Sonstige Mängel im dienstlichen Bereich

Ergibt das Vorbringen des Beschwerdeführers, dass möglicherweise sonstige **8** Mängel im dienstlichen Bereich tatsächlich oder jedenfalls mitbestimmend für den Gegenstand der Beschwerde gewesen sein können, muss sich die Untersuchung auch darauf richten, diesen Mängeln nachzugehen und sie aufzudecken. Sonstige Mängel im dienstlichen Bereich werden sich regelmäßig auf Fehler in der Ausübung der Dienstaufsicht zurückführen lassen, können jedoch auch eigenständige Ursachen haben. So können z. B. langjährig eingeschliffene organisationsmäßige oder führungssystematische, jedoch unzweckmäßige Verfahrensabläufe und Verhaltensweisen Anlass zur kritischen Überprüfung sein. Verbietet z. B. ein Befehl, den Stadtbezirk eines Standorts im Einsatzland nicht ohne Erlaubnis zu betreten, kann eine ungeschickte Festlegung der Stadtbezirksgrenzen ständige Verstöße gegen den Befehl zur Folge haben. Liegen insbesondere häufig besuchte Lokale oder Bordelle jenseits dieser Grenze, können die Soldaten leicht in Versuchung geraten, den Stadtbezirk ohne Genehmigung aufzusuchen. Werden derartige Fälle durch Beschwerden bekannt, wird der zuständige Disziplinarvorgesetzte zu prüfen haben, ob es dienstlich vertretbar ist, die Stadtbezirksgrenze zu verlegen oder die Voraussetzungen für ihr Überschreiten zu erleichtern.

Es kann sich immer nur um Mängel aus dem dienstlichen Bereich handeln. **9** Findet der Disziplinarvorgesetzte bei seiner Untersuchung Anhaltspunkte dafür, dass ein pflichtwidriges Verhalten des Betroffenen auf Ursachen aus seinem privaten Umfeld zurückzuführen sind, hat er im Rahmen des anhängigen Beschwerdeverfahrens nicht weiter aufzuklären. Maßnahmen oder Gespräche aufgrund der Fürsorgepflicht des Vorgesetzten (§ 10 Abs. 3 SG) bleiben hiervon unberührt.

5. Beseitigung festgestellter Mängel

10 Aus § 14 ergibt sich nicht nur, wie aus seinem Wortlaut gefolgert werden könnte, die Pflicht, die Aufklärung des Sachverhalts auf dienstliche Mängel auszudehnen und diese Mängel festzustellen. Sinn der Vorschrift ist es, erkannte Mängel auch zu beseitigen (vgl. BT-Drs. Nr. 2359, 2. Wahlperiode 1953, S. 13). Soweit der für die Beschwerdeentscheidung zuständige Disziplinarvorgesetzte nicht selbst schon zur Abhilfe verpflichtet ist (§ 10 Abs. 2 SG), hat er die zuständige Stelle unverzüglich auf dem Dienstweg zu unterrichten.

§ 15 Verfahren bei Beendigung des Dienstverhältnisses

Die Fortführung des Verfahrens wird nicht dadurch berührt, daß nach Einlegung der Beschwerde das Dienstverhältnis des Beschwerdeführers endigt.

I. Vorbemerkung

1 Die Vorschrift ist eine Verfahrensbestimmung. Sie stellt klar, dass eine Beschwerde nicht deshalb als erledigt oder als gegenstandslos behandelt wird, weil der Beschwerdeführer aus dem Wehrdienstverhältnis ausgeschieden und damit sein Dienstverhältnis als Soldat beendet ist (grundlegend BVerwGE 46, 220 = NZWehr 1974, 114, 116; vgl. auch BDHE 4, 192, 194; sowie Hess VGH NZWehr 1981, 150). Über diese Beschwerde muss noch entschieden werden; bleibt sie erfolglos, behält der Beschwerdeführer auch als früherer Soldat das Recht, die nach der WBO zulässigen Rechtsbehelfe einzulegen (zur Einlegestelle für die Beschwerde eines früheren Soldaten siehe § 5 Rn. 9). Die Befugnis, nach erfolglos gebliebener Beschwerde in Verwaltungsangelegenheiten Klage zum Verwaltungsgericht zu erheben, hat er ohnehin. Mit der Regelung des § 15 ist zugleich deutlich gemacht, dass der persönliche Geltungsbereich der WBO nicht auf aktive Soldaten beschränkt ist; das Recht zur Beschwerde besteht vielmehr immer dann, wenn der Beschwerdeanlass in die Wehrdienstzeit fällt, ohne dass es darauf ankommt, ob der Beschwerdeführer als Soldat oder als früherer Soldat Beschwerde eingelegt hat (BVerwG 1 WB 105/86 vom 24.11.1987 = NJW 1988, 2907). Die Zulässigkeit der Beschwerde im Übrigen ist davon abhängig, ob die Frist- und Formvorschriften beachtet worden sind.

2 **Für den Anwendungsbereich der Vorschrift** sind folgende Fälle zu unterscheiden:

- Fortführung eines im Zeitpunkt der Beendigung des Wehrdienstverhältnisses bereits schwebenden Beschwerdeverfahrens, d. h. Einlegen der Beschwerde vor Ausscheiden des Soldaten – siehe Rn. 6;
- Beginn des Beschwerdeverfahrens wegen eines vor Ausscheiden des Soldaten eingetretenen Beschwerdeanlasses durch Einlegen der Beschwerde nach Beendigung des Wehrdienstverhältnisses – siehe Rn. 7;
- Einlegen der Beschwerde durch einen früheren Soldaten wegen eines Beschwerdeanlasses, der erst nach dem Ende des Wehrdienstverhältnisses entstanden ist – siehe Rn. 8.

II. Geltungsbereich der Vorschrift

§ 15 gilt für alle Rechtsbehelfe nach der WBO, mithin für Beschwerde **3** und weitere Beschwerde, Antrag auf gerichtliche Entscheidung und auf einstweilige Anordnung, Rechts- und Nichtzulassungsbeschwerde sowie Erinnerung gemäß § 20 Abs. 4 WBO i. Vbg. m. § 142 Satz 2 WDO (vgl. auch ZDv A-2160/6 Abschnitt 2.11; in Schnell/Ebert C 33c).

Die Vorschrift findet auch auf Beschwerden gegen einfache Disziplinar- **4** maßnahmen Anwendung (BDHE 4, 192, 194; BVerwG NZWehr 1969, 65; Oetting, Beschwerderecht, S. 59 Fn 15, S. 113 f.; Dau/Schütz, WDO, § 42 Rn. 2 ff.). Auch nach Beendigung des Wehrdienstverhältnisses ist der Soldat durch den Bestand der vorher gegen ihn verhängten Disziplinarmaßnahme beschwert. Der Beschwerdeführer behält ein rechtliches Interesse an einer sachlichen Entscheidung über seinen Rechtsbehelf, da ihn schon die nicht auszuschließende Möglichkeit des Eingangs auch einer nicht vollstreckten Disziplinarmaßnahme in seine Personalunterlagen beschwert (vgl. BDHE 4, 192, 194). Darüber hinaus muss er mit der Möglichkeit rechnen, dass über die gegen ihn verhängte Disziplinarmaßnahme Auskunft erteilt (§ 9 WDO) oder sie ihm bei erneuter Einberufung entgegengehalten wird. Zur Beschwerdeentscheidung bei Beschwerden früherer Soldaten im Disziplinarbeschwerdeverfahren vgl. Dau/Schütz, aaO, § 42 Rn. 99 ff.

Die Fortführung des Beschwerdeverfahrens nach § 15 gilt auch für die **5** Beschwerde in Verwaltungsangelegenheiten (vgl. BVerwGE 18, 283, 284 = DÖD 1964, 214 = NZWehr 1965, 93 LS; siehe auch BVerwG 1 WB 25/81 vom 7.7.1981, juris Rn. 21). Ist für die gerichtliche Verfolgung von Ansprüchen aus dem Wehrdienstverhältnis der Rechtsweg zu den Verwaltungsgerichten und nicht zu den Wehrdienstgerichten gegeben, bleibt es auch in den Fällen des § 15 bei der Regelung des § 23 Abs. 1, wonach die Beschwerde an die Stelle des verwaltungsgerichtlichen Vorverfahrens tritt. Insoweit erlangt die Fortführung des Beschwerdeverfahrens unter wehrbeschwerderechtlichen Grundsätzen insbesondere bei Beschwerden gegen Entlassungsverfügungen Bedeutung, weil hier die Frage, ob der Beschwerdeführer noch Soldat ist, Gegenstand der Beschwerde ist.

III. Fortführung des Beschwerdeverfahrens

Scheidet ein Soldat nach Einlegung einer Beschwerde aus dem Wehrdienst- **6** verhältnis aus, ist das Beschwerdeverfahren nach den Bestimmungen der WBO fortzusetzen (ZDv A-2160/6 Abschnitt 2.11; in Schnell/Ebert C 33c). Das Beschwerdeverfahren beginnt mit dem Einlegen der Beschwerde und endet mit dem Eintritt der Unanfechtbarkeit, z. B. durch Ablauf der Beschwerdefrist oder der Frist für die weitere Beschwerde, Verzicht oder mit der endgültigen Entscheidung, etwa durch das Truppendienstgericht (§ 18 Abs. 2 Satz 4). Danach sind die Worte „nach Einlegung der Beschwerde" entbehrlich, da die Worte „Fortführung des Verfahrens" die Einlegung voraussetzen. Nach dem Wortlaut der Vorschrift regelt § 15 ausdrücklich nur die Fortführung derjenigen Beschwerdeverfahren, bei denen der Soldat aus dem Wehrdienstverhältnis ausgeschieden ist, nachdem er Beschwerde eingelegt hat.

7   **Gemessen an dem Grundsatz, dass die WBO dem Soldaten Rechts-schutz in allen Fällen gewährleisten will, in denen er glaubt, während seiner Wehrdienstzeit unrichtig behandelt oder durch pflichtwidriges Verhalten von Kameraden verletzt worden zu sein, ist auch eine erst nach Ausscheiden des Soldaten eingelegte Beschwerde zulässig unter der Voraussetzung, dass der Beschwerdeanlass in die Wehrdienstzeit fällt** (§ 1 Abs. 3; BVerwGE 46, 220 = NZWehrr 1974, 114, 115; ZDv A-2160/6 Abschnitt 2.11; in Schnell/Ebert C 33c). Es kommt nicht darauf an, wann ihm der Beschwerdeanlass bekannt geworden ist, ob er als Soldat oder erst nach Ausscheiden aus dem Wehrdienstverhältnis Kenntnis von dem Beschwerdeanlass erhalten hat (BVerwG aaO). Dagegen muss er die vorgeschriebene Frist einhalten, d. h. nach Kenntnis von dem Beschwerdeanlass einen Monat (§ 6 Abs. 1).

8   **Ist der Beschwerdeanlass erst nach Beendigung des Wehrdienst-verhältnisses entstanden, gelten die Vorschriften der WBO nicht mehr** (vgl. BVerwGE 18, 283, 284 = DÖD 1964, 214 = NZWehrr 1965, 93 LS). Der frühere Soldat kann in diesen Fällen nur die Rechtsbehelfe in Anspruch nehmen, die nach der VwGO für jeden Staatsbürger zugelassen sind (ZDv A-2160/6 Abschnitt 2.11; in Schnell/Ebert C 33c). Er kann seine aus dem Soldatenverhältnis folgenden Rechte nach abgeschlossenem Widerspruchsverfahren z. B. vor den allgemeinen Verwaltungs- oder Sozial-gerichten geltend machen. Daher keine Möglichkeit zur Beschwerde, son-dern Widerspruch nach der VwGO, wenn z. B. ein Leistungsbescheid nach Beendigung des Wehrdienstverhältnisses durch die Truppe oder eine Dienststelle der Bundeswehrverwaltung ergeht (vgl. auch BVerwG 1 WB 89/72 vom 17.1.1974 = BVerwGE 46, 220). Zur Zulässigkeit einer Be-schwerde gegen eine Beurteilung bei Ausscheiden des Soldaten aus der Bundeswehr und Weiterbestehen eines Reserveverhältnisses siehe BVerwG ZBR 1985, 279.

IV. Rechtsfolgen für die Beschwerdeentscheidung

9   **Die Zuständigkeit für die Beschwerdeentscheidung** richtet sich auch nach dem Ausscheiden des Beschwerdeführers gemäß § 9 WBO, § 42 Nr. 3 WDO nach der letzten dienstlichen Unterstellung des Betroffenen. Das Ausscheiden berührt also nicht die Zuständigkeit. Die gerichtliche Zustän-digkeit in einem Disziplinarbeschwerdeverfahren richtet sich auch bei einem früheren Soldaten nach § 42 Nr. 4 Satz 2, 3 und Nr. 5 Satz 1, 2 WDO.

10   **Die verfahrensrechtliche Zulässigkeit einer Fortsetzung des Be-schwerdeverfahrens nach Ausscheiden des Soldaten aus dem Wehr-dienstverhältnis schließt nicht aus, dass die Beendigung des Soldaten-verhältnisses gleichwohl Einfluss auf das Beschwerdeverfahren hat.** Mit dem Ausscheiden des Beschwerdeführers kann die durch die angefochte-ne Maßnahme eingetretene Beeinträchtigung wegfallen. So beschwert die Versagung der Genehmigung einer Nebenbeschäftigung für einen in der Zukunft liegenden Zeitpunkt den Beschwerdeführer nicht mehr, wenn er vorher, aber nach Einlegung der Beschwerde, aus dem Wehrdienstverhältnis ausgeschieden ist. Diese Beschwerde ist als gegenstandslos zurückzuweisen, weil der Beschwerdeführer zur Aufnahme der Tätigkeit keiner Genehmigung mehr bedarf (BDHE 4, 192, 195). Ob die Beschwer fortdauert, kann nur unter Berücksichtigung der besonderen Verhältnisse jeden Einzelfalles festgestellt werden (BDH ebenda). Ebenso ist für eine Freistellung vom militärischen Dienst zur Durchführung einer Fachausbildung kein Raum mehr, wenn das Wehrdienstverhältnis des Beschwerdeführers geendet hat. Grundsätzlich ist auch für die Nachprüfung der Ablehnung eines Versetzungsgesuches kein Raum mehr, wenn das Dienstverhältnis im Zeitpunkt der Entscheidung nicht mehr besteht; denn die Versetzung könnte selbst dann nicht mehr nachgeholt werden, wenn sie sich bei der Entscheidung als zu Unrecht abgelehnt herausstellte. Auch hier wird die Beschwerde als gegenstandslos zurückzuweisen sein. Für einen in einem solchen Fall an das Wehrdienstgericht gestellten Antrag auf gerichtliche Entscheidung wäre das Rechtsschutzbedürfnis zu verneinen.

Ausnahmsweise kann jedoch auf Antrag festgestellt werden, dass 11 **die angefochtene Maßnahme rechtswidrig war, wenn der Beschwerdeführer ein berechtigtes Interesse an dieser Feststellung hat.** Dieser für das gerichtliche Antragsverfahren nach § 17 geltende Grundsatz ist auch bei der Entscheidung über die Beschwerde durch den Disziplinarvorgesetzten anzuwenden (§ 13 Abs. 1 Satz 4). Ein berechtigtes Interesse ist zu verneinen, wenn die Feststellung für den Beschwerdeführer ohne Bedeutung ist. Zum Übergang vom erledigten Verpflichtungsbegehren auf den Fortsetzungsfeststellungsantrag im gerichtlichen Antragsverfahren siehe BVerwG 1 WB 47/84 vom 23.10.1984, juris LS. Zur Feststellung der Rechtswidrigkeit eines bereits ausgeführten oder sonst erledigten Befehls siehe § 13 Abs. 1 Satz 3, § 19 Abs. 2 Satz 2 und die Erl. hierzu.

§ 16 Weitere Beschwerde

(1) **Ist die Beschwerde in truppendienstlichen Angelegenheiten erfolglos geblieben, kann der Beschwerdeführer innerhalb eines Monats nach Zustellung des Beschwerdebescheides weitere Beschwerde einlegen.**

(2) **Die weitere Beschwerde kann auch eingelegt werden, wenn über die Beschwerde innerhalb eines Monats nicht entschieden worden ist.**

(3) **Für die Entscheidung über die weitere Beschwerde ist der nächsthöhere Disziplinarvorgesetzte zuständig.**

(4) **Für die weitere Beschwerde gelten die Vorschriften über die Beschwerde entsprechend.**

Übersicht

I. Vorbemerkung

1   Die Vorschrift ist zweimal geändert worden. Art. III Nr. 16 NOG hat ihren Geltungsbereich auf die truppendienstliche Beschwerde beschränkt, Art. 5 Nr. 11 WehrRÄndG 2008 die Beschwerdefrist in Übereinstimmung mit § 6 Abs. 1 auf einen Monat verlängert und ihren Beginn an die Zustellung des Beschwerdebescheides geknüpft (Absatz 1). Die Bestimmung gilt nur für truppendienstliche Beschwerden, einschließlich der Disziplinarbeschwerde. Bei der Disziplinarbeschwerde ist zu beachten, dass schon die Beschwerde gegen Disziplinararrest und die weitere Beschwerde gegen sonstige einfache Disziplinarmaßnahmen zum Wehrdienstgericht führen (§ 42 Nr. 4, 5, WDO; vgl. auch Dau/Schütz, WDO, § 42 Rn. 44 f.). Beim Disziplinararrest entfällt die weitere Beschwerde, nachdem das Truppendienstgericht über die Beschwerde entschieden hat. Verhängt das Wehrdienstgericht den Disziplinararrest nicht als Beschwerdeinstanz, sondern bereits im Mitwirkungsverfahren nach § 40 Abs. 4 Satz 2 WDO (hierzu Dau/Schütz, aaO, § 40 Rn. 41), ist sogar eine Beschwerde des gemaßregelten Soldaten nicht mehr möglich (BVerwGE 33, 142 = NZWehr 1969, 30). Dieser kann seine Rechte nur bei der Anhörung gemäß § 40 Abs. 4 Satz 3 WDO (Dau/Schütz, aaO, § 40 Rn. 42) vor dem Verhängen des Disziplinararrests geltend machen. Eine Rechtsverkürzung bei einer so schwerwiegenden Maßnahme, wie sie die Freiheitsentziehung durch Disziplinararrest darstellt, befriedigt nicht.

Zu Absatz 1

II. Zulässigkeitsvoraussetzungen

1. Beschwer

2   Mit der weiteren Beschwerde macht der Beschwerdeführer geltend, dass seiner Beschwerde nicht oder nicht in vollem Umfang stattgegeben sei. Er muss also auch nach Zustellung des Beschwerdebescheides noch beschwert sein. War die Beschwerde als unzulässig zurückgewiesen worden, bringt er mit der weiteren Beschwerde zum Ausdruck, dass die Zulässigkeitsvoraussetzungen nach seiner Auffassung gleichwohl vorgelegen haben – ihm somit ein Anspruch auf Entscheidung in der Sache zustehe. Die weitere Beschwerde ist auch zulässig, wenn der höhere Vorgesetzte auf eine schon eingelegte weitere Beschwerde den Beschwerdebescheid wegen Unzuständigkeit oder Befangenheit des erlassenden Vorgesetzten aufgehoben und in eigener Zuständigkeit einen neuen Bescheid über die Beschwerde erlassen hat (BVerwGE 53, 336 = NZWehr 1978, 150).

Auch gegenüber einem formal stattgebenden Beschwerdebescheid hat der **3** Soldat grundsätzlich das Recht zur weiteren Beschwerde. Glaubt er weiterhin, unrichtig behandelt oder durch ein pflichtwidriges Verhalten eines Kameraden verletzt zu sein, behauptet er also, seinem Beschwerdebegehren sei durch den Beschwerdebescheid – einschließlich einer Abhilfemaßnahme – nicht ausreichend Rechnung getragen, kann er weitere Beschwerde einlegen. Soweit der Beschwerdeführer mit der weiteren Beschwerde neues Vorbringen verbindet, mit dem er unrichtige Behandlung oder pflichtwidriges Verhalten behauptet, ist dieses abzutrennen und als Erstbeschwerde zu behandeln. Das gilt auch, wenn das zusätzliche Vorbringen durch die erste Beschwerde veranlasst worden ist. Ist beispielsweise eine Beschwerde zurückgewiesen und der Beschwerdeführer zugleich versetzt oder disziplinar gemaßregelt worden, kann er wegen Erfolglosigkeit der Beschwerde weitere Beschwerde, wegen der Versetzung oder der Maßregelung Beschwerde einlegen. Falls für die Entscheidung über die Beschwerde und die weitere Beschwerde ausnahmsweise dieselbe Beschwerdestelle zuständig ist, bestehen keine Bedenken, beide Beschwerden gemeinsam zu behandeln. In der Entscheidung müssen aber die beiden Beschwerden eindeutig unterscheidbar sein. Das gilt auch für die unterschiedlichen Rechtsbehelfsbelehrungen. Aus Gründen der Übersichtlichkeit und Klarheit ist daher auch in diesen Fällen die Trennung in zwei Verfahren ermpfehlenswert. Von dem neuen Vorbringen ist der Vortrag ergänzender Tatsachen oder Beweismittel zur Vertiefung des alten Vorbringens zu unterscheiden. Gegenstand des schwebenden Beschwerdeverfahrens ist nur das vom Beschwerdeführer vorgetragene Beschwerdebegehren. Nur er kann dieses Verfahren durch Einlegen der weiteren Beschwerde fortführen. Ist auch der Betroffene durch den Beschwerdebescheid beschwert, muss dieser selbst mit einer Erstbeschwerde ein Beschwerdeverfahren einleiten.

2. Frist

Binnen eines Monats nach Zustellung des Beschwerdebescheides kann der **4** Soldat weitere Beschwerde einlegen. Die Dauer der Frist entspricht der Beschwerdefrist (§ 6 Abs. 1) und der Frist für den Antrag auf gerichtliche Entscheidung (§ 17 Abs. 4 Satz 1). Bei der durch Absatz 4 vorgenommenen Verweisung auf die für die Beschwerde geltenden Vorschriften, damit auch auf § 6, liegt die Bedeutung dieser Bestimmung nur darin, dass für die weitere Beschwerde der Fristbeginn zweifelsfrei festgelegt wird und dass die Nachtfrist nicht gilt. Für den Beginn der Frist ist die in § 12 Abs. 1 Satz 3 angeordnete Zustellung des Beschwerdebescheides maßgebend. Dieser ist dem Beschwerdeführer nach den Vorschriften der WDO (§ 5 WDO) zuzustellen. Da es sich in § 16 Abs. 1 nur um Verfahrensanweisungen für den Beschwerdeführer handelt, ist die gleichfalls in § 12 Abs. 1 Satz 3 bestimmte Mitteilung an den Betroffenen insoweit ohne Bedeutung.

Die Nachtfrist des § 6 Abs. 1 gilt nicht für die weitere Beschwerde. **5**

6   Über Absatz 4 finden auch die Vorschriften über die Fristversäumnis nach
§ 7 und über die Fristbestimmung bei abgesetzten Truppenteilen nach § 11
Buchst. b auf die weitere Beschwerde Anwendung.

3. Weitere Zulässigkeitsvoraussetzungen

7   In formeller Hinsicht ist die Entscheidung über die weitere Beschwerde
nach den gleichen Grundsätzen zu treffen, wie sie für die Erstbeschwerde
gelten. Der Beschwerdebescheid muss jedoch zusätzliche Angaben enthalten,
wann die angefochtene Beschwerdeentscheidung zugestellt und die weitere
Beschwerde eingelegt worden ist.

8   Sind die Zulässigkeitsvoraussetzungen der weiteren Beschwerde nicht gegeben, wird sie als unzulässig zurückgewiesen. Ist die weitere Beschwerde
zulässig, muss geprüft werden, ob die Einlegung der Beschwerde zulässig
gewesen ist. War das nicht der Fall, ist die weitere Beschwerde gleichwohl
zulässig; in ihren formellen Voraussetzungen ist sie nicht davon abhängig, ob
die Beschwerde frist- und formgerecht eingelegt wurde. Wäre die Beschwerde aus diesen Gründen zurückzuweisen gewesen, ist zwar die weitere Beschwerde zulässig, jedoch unbegründet und damit zurückzuweisen.

4. Rechtswirkungen

9   Die weitere Beschwerde hat keine aufschiebende Wirkung. Die für die
Entscheidung über die weitere Beschwerde zuständige Stelle muss sich erneut
mit dem Gegenstand der Beschwerde befassen, den Beschwerdebescheid und
den ergänzenden Vortrag des Beschwerdeführers prüfen und einen (weiteren)
Beschwerdebescheid mit dem in § 13 vorgeschriebenen Inhalt erlassen.

Zu Absatz 2

III. Weitere Beschwerde wegen Untätigkeit

1. Rechtsnatur

10   Weitere Beschwerde kann auch eingelegt werden, wenn über die Beschwerde nicht innerhalb eines Monats entschieden worden ist. Dieser gewöhnlich – aber irreführend – als „weitere Untätigkeitsbeschwerde" bezeichnete Rechtsbehelf ist grundsätzlich nur ein Mittel, um in der Sache selbst
weiterzukommen, sein Ziel ist es nicht, den mit der Sachbehandlung beauftragten Offizier wegen Säumnis in der Bearbeitung von Beschwerden zur
Rechenschaft zu ziehen. Die Vorschrift gibt dem Beschwerdeführer selbst die
Befugnis, durch Einlegung der weiteren Beschwerde einer Verschleppung des
Verfahrens entgegenzuwirken. Ist seit der wirksamen Einlegung der Beschwerde ein Monat verstrichen, kann der Beschwerdeführer die weitere
Beschwerde einlegen, ohne die Entscheidung über seine Beschwerde abwar-
ten zu müssen.

2. Geltungsbereich

11   Auch die weitere Beschwerde wegen Untätigkeit gilt nur in truppendienstlichen Angelegenheiten. Sie gilt auch bei Disziplinarbeschwerden, sofern
nicht ein Wehrdienstgericht Beschwerdestelle ist. Wenn demnach über eine

Beschwerde gegen die Verhängung einer einfachen Disziplinarmaßnahme – außer Disziplinararrest – innerhalb eines Monats nicht entschieden wurde, kann der Soldat weitere Beschwerde nach § 16 Abs. 2 einlegen (vgl. auch Dau/Schütz, WDO, § 42 Rn. 44). Ist der BMVg Beschwerdestelle, kann weitere Untätigkeitsbeschwerde nicht eingelegt werden, weil es keine ihm übergeordnete Dienststelle gibt. In diesem Fall bleibt dem Beschwerdeführer nur der Antrag auf gerichtliche Entscheidung gemäß § 17 Abs. 1 Satz 2, § 21, wenn er behauptet, die von ihm angefochtene dienstliche Maßnahme oder Unterlassung sei rechtswidrig.

3. Zulässigkeitsvoraussetzungen

Voraussetzung für die Zulässigkeit der weiteren Beschwerde wegen Un- **12** tätigkeit ist die Behauptung des Beschwerdeführers, er habe Beschwerde eingelegt, über die innerhalb eines Monats nicht entschieden worden sei. Entschieden ist, wenn der Beschwerdebescheid dem Soldaten zugestellt ist (vgl. auch Orth, NZWehr 1990, 207, 210). Eine Aussetzung nach § 12 Abs. 2 ist keine Entscheidung in diesem Sinne, da Absatz 2 eine Entscheidung in der Sache voraussetzt. Stünde die Aussetzung des Verfahrens einer Untätigkeitsbeschwerde entgegen, bedürfte die einer ausdrücklichen gesetzlichen Regelung. Den Sachverhalt braucht der Beschwerdeführer nicht erneut vorzubringen. Eine vor Ablauf eines Monats eingelegte weitere Beschwerde ist als unzulässig zurückzuweisen (siehe auch § 17 Rn. 92). Die Monatsfrist beginnt mit dem Tage nach wirksamer Einlegung der Beschwerde (so auch Orth, NZWehr 1990, 207, 209; BVerwG 1 WB 7/15 vom 25.2.2016, juris Rn. 26 f.; a. A. Lingens, NZWehr 1980, 227, 228, der zuungunsten des Beschwerdeführers den Eingang der Beschwerde bei der für die Entscheidung zuständigen Stelle als Zeitpunkt für den Beginn der Monatsfrist bezeichnet). Die Frist endet mit Ablauf des letzten Tages der Monatsfrist (zur Fristberechnung siehe § 6 Rn. 10 ff.). Beginnt die Frist am 30. oder 31. Januar, endet sie mit Ablauf des 28. oder 29. Februar, sofern es sich um ein Schaltjahr handelt (§ 188 Abs. 3 BGB). Hat der Beschwerdeführer auf einen Antrag keinen Bescheid erhalten, kann er nach einem Monat Untätigkeitsbeschwerde (§ 1 Abs. 2) und wenn auch dann kein Bescheid ergeht, nach einem weiteren Monat weitere Untätigkeitsbeschwerde einlegen (zum Untätigkeitsantrag auf gerichtliche Entscheidung siehe § 17 Rn. 42 ff.). In diesem Fall ist die Bezeichnung als „weitere Untätigkeitsbeschwerde" im Übrigen präzise und gerechtfertigt.

Ist die Entscheidung nur innerhalb eines kürzeren Zeitraumes sinnvoll, weil **13** dem Beschwerdeanlass z. B. ein Termin zugrunde liegt, der im Falle der Verzögerung einer Entscheidung bis zu einem Monat verstreichen würde, kann der Beschwerdeführer sich dadurch helfen, dass er bei der nächsthöheren Dienststelle oder beim nächsthöheren Vorgesetzten Beschwerde mit der Begründung einlegt, die Beschwerdestelle habe ihre Fürsorgepflicht verletzt (§§ 10 Abs. 3, 31 SG).

Ist über die Beschwerde innerhalb eines Monats nicht entschieden worden, **14** steht es dem Beschwerdeführer frei, zu warten, bis der Beschwerdebescheid erlassen wird. Nach Ablauf der Monatsfrist kann der Soldat sich zu jedem späteren Zeitpunkt entschließen, weitere Beschwerde einzulegen, solange über die Beschwerde nicht entschieden ist (Orth, NZWehr 1990, 207, 209). An die Monatsfirst des Absatzes 1 ist er nicht gebunden (vgl. § 1 Rn. 244).

Eine Ausschlussfrist, wie sie § 17 Abs. 5 Satz 1 WBO vorsieht, ist für diesen Fall nicht bestimmt worden. **Die Frist von einem Monat, nach deren Ablauf frühestens weitere Beschwerde wegen Untätigkeit eingelegt werden kann, wird nur durch einen Beschwerdebescheid unterbrochen. Ein Zwischenbescheid** (z. B. ein bei Bestätigung des Eingangs der Beschwerde gegebener Hinweis auf längere Bearbeitungsdauer) oder eine Rückfrage **hat keine die Frist unterbrechende Wirkung.** Gleichwohl ist die Erteilung eines Zwischenbescheides geboten, um den Beschwerdeführer davor zu bewahren, in Unkenntnis der Verzögerungsgründe weitere Beschwerde einzulegen. Ein Zwischenbescheid ist zu erteilen, wenn abzusehen ist, dass die Entscheidung über die Beschwerde wegen des Umfangs der Ermittlungen oder wegen besonderer Schwierigkeiten des Falles längere Zeit dauern wird. Er hindert den Beschwerdeführer indes nicht, weitere Beschwerde wegen Untätigkeit einzulegen.

4. Gegenstand der Entscheidung

15 Mit der weiteren Beschwerde nach Absatz 2 wird nicht die Untätigkeit der Beschwerdestelle gerügt sondern eine Sachentscheidung begehrt (vgl. Begr. zu § 16, S. 13; stRspr BVerwG 1 WB 36/15 vom 30.6.2015, juris Rn. 28 m. w. Nachw.). Für eine Entscheidung über die Gründe der Verzögerung besteht kein Rechtsschutzbedürfnis. Die weitere Beschwerde wegen Untätigkeit hat Devolutiveffekt. Sie hat die Wirkung, dass die nächsthöhere Instanz nunmehr zur Entscheidung über den Beschwerdegegenstand in vollem Umfang zuständig wird (§§ 13, 16 Abs. 4). Der Beschwerdeführer erkauft also den Vorteil der Beschleunigung mit dem Verlust einer Instanz.

16 Der Beschwerdeführer kann mit der weiteren Beschwerde wegen Untätigkeit nicht eine gesonderte Entscheidung der Frage erreichen, aus welchen Gründen die Beschwerde nicht innerhalb der Monatsfrist beschieden worden und ob die Verzögerung vermeidbar gewesen ist. Die Rechtslage ist die gleiche wie bei der Untätigkeitsbeschwerde nach § 1 Abs. 2 und beim Antrag auf gerichtliche Entscheidung gemäß § 17 Abs. 1 Satz 2; auf die Erläuterungen zu diesen Vorschriften wird daher verwiesen. Glaubt der Soldat durch die Säumnis persönlich unrichtig behandelt zu sein und rügt er dies ausdrücklich in seiner weiteren Untätigkeitsbeschwerde, ist auch über dieses zusätzliche Vorbringen in dem Bescheid über die weitere Beschwerde mit zu entscheiden (vgl. auch BDHE 7, 176, 177).

17 **Auch nach Einlegen der weiteren Untätigkeitsbeschwerde bleibt die zur Entscheidung über die Beschwerde zuständige Stelle befugt, abzuhelfen.** Hierzu kann sie durch die weitere Beschwerdeinstanz auch angewiesen werden (vgl. die Entscheidung BDHE 7, 176, 178, die trotz ihrer Beschränkung auf die instanzmäßig etwas anders gelagerten Fälle der Untätigkeitsanträge nach § 17 Abs. 1 Satz 2, § 21 insoweit entsprechend herangezogen werden kann). Die Beschwerdestelle kann nicht mehr abhelfen, sobald die nächsthöhere Beschwerdeinstanz ihren Bescheid zugestellt hat. Die weitere Beschwerde wegen Untätigkeit ist gegenstandslos, soweit die Beschwerdestelle abgeholfen hat; sie ist insoweit erledigt, weitere Bedeutung kommt ihr nicht zu (BVerwG NZWehr 1982, 109 gegen Beuscher, NZWehrr 1981, 41). Über den nicht erledigten Teil ist zu entscheiden.

18 Wird eine weitere Beschwerde wegen Untätigkeit für gegenstandslos erklärt, weil die untere Instanz inzwischen ablehnend über die Beschwerde

entschieden hat, bedarf diese Feststellung keiner Rechtsbehelfsbelehrung. Ein gleichwohl gestellter Antrag an das Truppendienstgericht wäre mangels Rechtsschutzbedürfnisses als unzulässig zurückzuweisen, weil der Soldat gegen den ablehnenden Beschwerdebescheid weitere Beschwerde einlegen könnte.

5. Verfahren

Auch die weitere Beschwerde wegen Untätigkeit hat Devolutiveffekt, d. h. **19** die nächsthöhere Instanz hat nunmehr über die Beschwerde zu entscheiden. Sie trifft damit auch die Pflicht, die Entscheidung vorzubereiten; um Doppelentscheidungen zu vermeiden, wird sie sich von der Beschwerdestelle die Vorgänge vorlegen, über den Stand des Verfahrens berichten lassen und ihr sodann mitteilen, ob sie selbst entscheiden will. Entscheidet sie selbst, muss sie sich die Akten vorlegen lassen, um den Sachverhalt prüfen zu können. Falls erforderlich, hat sie die Aufklärung des Sachverhalts gemäß § 10 fortzusetzen, z. B. wenn die Erstbeschwerde bei der dafür zuständigen Beschwerdestelle nicht mit dem nötigen Nachdruck und der erforderlichen Sorgfalt bearbeitet worden ist.

Haben notwendig umfangreiche Ermittlungen dazu geführt, dass die Mo- **20** natsfrist nicht eingehalten werden konnte, kann es zweckmäßig sein, die weitere Vorbereitung der Entscheidung der unteren Instanz zu überlassen. Die Entscheidungskompetenz, und damit die Verantwortung für die Bescheidung im Beschwerdeverfahren, geht gleichwohl auf den nächsthöheren Disziplinarvorgesetzten über. Er muss sich mit dem Sachverhalt soweit vertraut machen, dass er die Sachentscheidung treffen kann.

Zu Absatz 3

IV. Zuständigkeit für den weiteren Beschwerdebescheid

1. Truppendienstliche Angelegenheiten

Zuständige Beschwerdestelle ist ausschließlich der nächsthöhere Diszipli- **21** narvorgesetzte, d. h. der truppendienstliche Vorgesetzte des Disziplinarvorgesetzten, der nach § 9 Abs. 1 Satz 1 über die Beschwerde entschieden hat. Welcher Disziplinarvorgesetzte im Einzelfall zuständig ist, ergibt sich aus der Organisation der Bundeswehr.

2. Disziplinarangelegenheiten

Über die weitere Beschwerde gegen eine einfache Disziplinarmaßnahme **22** entscheidet nach § 42 Nr. 4 WDO das Truppendienstgericht und in den Fällen der §§ 21, 22 das BVerwG (Wehrdienstsenate). Das gilt nicht für den Disziplinararrest, der nur mit der Beschwerde und bei Verhängung durch das Wehrdienstgericht nach § 40 Abs. 4 Satz 2 WDO überhaupt nicht angefochten werden kann (im Übrigen Dau/Schütz, WDO, § 42 Rn. 68; § 40 Rn. 44 ff.).

Zu Absatz 4

V. Gesetzesanalogie

1. Allgemeines

23   Absatz 4 bestimmt, dass für das Verfahren der weiteren Beschwerde die Vorschriften über die Beschwerde entsprechend gelten. Entsprechende Anwendung bedeutet unmittelbare Anwendung mit der Maßgabe, dass an Stelle des Begriffes „Beschwerde" jeweils „weitere Beschwerde" zu setzen ist und dass die Vorschriften auf die weitere Beschwerde angewendet werden können. Aus der Stellung des Absatzes 4 am Ende der Vorschrift ergibt sich, dass die Verweisung nur gilt, soweit nicht in den Absätzen 1 bis 3 Spezialvorschriften für das Verfahren der weiteren Beschwerde enthalten sind. Nur die Vorschriften über die Beschwerde sind anzuwenden. Dazu gehört nicht das ihr vorausgehende Vorverfahren. Für eine erneute Vermittlung vor Einlegung der weiteren Beschwerde ist daher kein Raum.

2. Entsprechende Anwendung der §§ 1 bis 3 und 5 bis 15, 16a

24   Zu § 1

Die Zulässigkeitsprüfungen gemäß § 1 Abs. 1, Abs. 3 und 4 sind auch bei der weiteren Beschwerde durchzuführen. Gegenüber § 1 Abs. 2 gilt § 16 Abs. 2.

25   Zu § 2

Das Verbot der Benachteiligung gilt auch für die weitere Beschwerde.

26   Zu § 3

Aus der entsprechenden Anwendung des § 3 ergibt sich, dass die weitere Beschwerde in truppendienstlichen Angelegenheiten keine aufschiebende Wirkung hat. Das gilt auch für die weitere Beschwerde gegen eine einfache Disziplinarmaßnahme (§ 42 Nr. 2 Satz 3 WDO), die im Gegensatz zur Erstbeschwerde die Vollstreckung nicht hemmt (zur Geltung im Wehrdisziplinarrecht siehe im Übrigen Dau/Schütz, WDO, § 42 Rn. 16).

27   Zu § 5

Die weitere Beschwerde kann gemäß § 5 bei dem nächsten Disziplinarvorgesetzten des Beschwerdeführers oder bei dem für die Entscheidung gemäß § 16 Abs. 3 zuständigen Vorgesetzten eingelegt werden (für den Fall des § 42 Nr. 4 Satz 3 WDO siehe BVerwG NZWehr 2011, 167 = ZBR 2011, 287 LS). Die besonderen Einlegestellen nach § 5 Abs. 2 und § 11 Buchst. b gelten auch für die weitere Beschwerde. § 5 Abs. 3 ist gleichfalls anzuwenden.

28   Zu § 6

§ 6 Abs. 1 findet keine Anwendung, da § 16 Abs. 2 eine Sonderregelung enthält. Nach § 6 Abs. 2 kann die weitere Beschwerde schriftlich oder mündlich eingelegt werden. Eine Beschwerdeschrift kann dem für die Entscheidung zuständigen Vorgesetzten unmittelbar zugeleitet werden. Ebenso kann der Beschwerdeführer die weitere Beschwerde mündlich unmittelbar bei dem für die Entscheidung zuständigen Disziplinarvorgesetzten einlegen. Wegen der Einzelheiten vgl. die Erl. zu § 6 Abs. 2.

29   Zu § 7

Die Folgen einer Fristversäumnis auf Grund eines unabwendbaren Zufalls gelten auch für das Einlegen der weiteren Beschwerde.

Zu § 8   30
Die weitere Beschwerde kann wie die Erstbeschwerde jederzeit zurückgenommen werden. Es kann auch auf sie verzichtet werden. Siehe im Übrigen die Erl. zu § 8.

Zu § 9   31
Die Zuständigkeit für die Entscheidung über die weitere Beschwerde ergibt
sich allein aus § 16 Abs. 3. Ein Wechsel des Unterstellungsverhältnisses des
Betroffenen (§ 9 Abs. 3) ändert also die im Zeitpunkt des Beschwerdebescheides begründete Zuständigkeit nicht mehr; § 9 gilt nicht für die weitere Beschwerde.

Zu § 10   32
Zur Vorbereitung der Entscheidung über die weitere Beschwerde ist es
nicht erforderlich, eine neue Stellungnahme der Fachdienststelle einzuholen
(§ 10 Abs. 2). Auch bedarf es keiner nochmaligen Anhörung der Vertrauensperson (§ 10 Abs. 3 i. Vbg. m. § 30 SBG). Gegen ihre erneute Beteiligung
bestehen jedoch keine Bedenken, wenn sie im Einzelfall für zweckmäßig
gehalten wird. Eine weitere Aufklärung des Sachverhalts wird nicht in jedem
Fall geboten sein. Häufig wird sich die weitere Beschwerdeinstanz auf die
Überprüfung beschränken können, ob die Beschwerdestelle die Sache tatsächlich und rechtlich zutreffend beschieden hat.

Ist der Sachverhalt nicht richtig oder nicht vollständig aufgeklärt worden,   33
ist der für die Entscheidung über die weitere Beschwerde zuständige Disziplinarvorgesetzte zur weiteren Aufklärung verpflichtet. Die in § 10 Abs. 1
Sätze 1 und 2 aufgezeigten Möglichkeiten, die Aufklärung des Sachverhalts
auf andere Stellen zu übertragen, gilt auch für die weitere Beschwerde.
Werden Soldaten einer unterstellten Einheit mit der Sachverhaltsaufklärung
beauftragt, sollte vermieden werden, diejenigen heranzuziehen, die schon im
Rahmen der Entscheidung über die Erstbeschwerde diese Aufgaben wahr-
genommen haben. Zur Beteiligung des Rechtsberaters siehe § 10 Rn. 40.
Bei der Entscheidung über die weitere Beschwerde gegen eine einfache
Disziplinarmaßnahme, mit Ausnahme des Disziplinararrests – § 42 Nr. 4
Satz 1 WDO –, richtet sich das Verfahren nach den Vorschriften über das
Beschwerdeverfahren vor dem Wehrdienstgericht (vgl. die Erl. zu § 18).

Zu § 11   34
Die Vorschrift des § 11 über die Beschwerdefrist bei abgesetzten Truppenteilen gilt auch für die weitere Beschwerde.

Zu § 12   35
Über die weitere Beschwerde ist schriftlich zu entscheiden. Auch dieser
Bescheid ist zu begründen. Art und Umfang der Begründung richten sich
nach dem Einzelfall. Ergibt sich, dass die Beschwerde richtig entschieden und
der Bescheid richtig begründet worden ist, reicht es aus, in der Begründung
des Bescheides über die weitere Beschwerde auszusprechen, dass der Beurteilung in der Begründung des Beschwerdebescheides beigetreten wird und
zu einer abweichenden Entscheidung kein Anlass besteht. Hat der Beschwerdeführer zur Begründung der weiteren Beschwerde einen bestimmten Sachverhalt vorgetragen, ist es angezeigt, sich in der Begründung mit diesem
Sachverhalt wertend auseinanderzusetzen, soweit das im Beschwerdebescheid
noch nicht erschöpfend geschehen war.

Zu § 13   36
Der Inhalt der Entscheidung über die weitere Beschwerde richtet sich nach
§ 13. In der Entscheidung können alle tatsächlichen und rechtlichen Ge-

sichtspunkte berücksichtigt werden, die bereits bei Erlass der angefochtenen Maßnahme oder des angefochtenen Befehls vorlagen, auch wenn der Befehl oder die Maßnahme nicht darauf gestützt war. Die Maßnahme oder der Befehl darf allerdings nicht wesentlich verändert werden.

37 **Zu § 14**
Die Untersuchung, ob mangelnde Dienstaufsicht oder sonstige Mängel im dienstlichen Bereich vorliegen, ist auch bei der Behandlung der weiteren Beschwerde durchzuführen.

38 **Zu § 15**
Auch die weitere Beschwerde kann nach Ausscheiden des Beschwerdeführers aus der Bundeswehr unter den Voraussetzungen des § 15 eingelegt und entschieden werden.

39 **Zu § 16a**
Die Entscheidung über die Erstattung notwendiger Aufwendungen ist auch Bestandteil des Bescheides über die weitere Beschwerde.

§ 16a Notwendige Aufwendungen und Kosten im vorgerichtlichen Verfahren

(1) **Das vorgerichtliche Verfahren beginnt mit der Einlegung der Beschwerde. Es ist kostenfrei.**

(2) **Soweit die Beschwerde in truppendienstlichen Angelegenheiten erfolgreich ist, sind dem Beschwerdeführer die ihm zur zweckentsprechenden Rechtsverfolgung oder Rechtsverteidigung erwachsenen notwendigen Aufwendungen zu erstatten.**

(3) **Die Vergütung eines Rechtsanwalts oder eines sonstigen Bevollmächtigten ist nur dann erstattungsfähig, wenn die Hinzuziehung notwendig war.**

(4) **Soweit der Beschwerde vor Erlass eines Beschwerdebescheides abgeholfen wird, sind die Absätze 1 bis 3 unter Berücksichtigung des bisherigen Sachstandes sinngemäß anzuwenden.**

(5) **Die Entscheidung über die Erstattung der notwendigen Aufwendungen sowie die Notwendigkeit der Hinzuziehung eines Bevollmächtigten kann durch Anrufung des Truppendienstgerichts angefochten werden. § 17 Abs. 4 gilt entsprechend. Der Vorsitzende der Truppendienstkammer entscheidet hierüber endgültig durch Beschluss. Erlässt der Bundesminister der Verteidigung oder der Generalinspekteur der Bundeswehr den Beschwerdebescheid, gelten die Sätze 1 bis 3 entsprechend mit der Maßgabe, dass das Bundesverwaltungsgericht an die Stelle des Truppendienstgerichts tritt.**

(6) **§ 140 Abs. 8 und § 142 der Wehrdisziplinarordnung gelten entsprechend.**

Übersicht

I. Vorbemerkung

Die Vorschrift ist erst durch Art. 5 Nr. 12 WehrRÄndG 2008 in das Gesetz **1** eingefügt worden. Sie gilt auch für die weitere Beschwerde (§ 16 Abs. 4) und entspricht im Wesentlichen § 80 VwVfG. Für das Wehrbeschwerderecht ist sie eine bemerkenswerte Neuregelung. Sie erweitert die bisher auf das Beschwerdeverfahren in Verwaltungsangelegenheiten und das gerichtliche Antragsverfahren (§ 20) beschränkte Kosten-/Auslagenregelung auf das Beschwerdeverfahren in truppendienstlichen Angelegenheiten. Damit ist der Beschwerdeführer nicht länger gegenüber dem gerichtlichen Antragsverfahren schlechter gestellt, wenn er mit seiner Beschwerde Erfolg hatte. Rechtspolitisch ist die Regelung deutlich ambivalent: einerseits unterstützt sie den Rechtsschutzcharakter des Gesetzes, indem sie dem Beschwerdeführer bei einem Erfolg seiner Beschwerde den Ersatz der zu seiner Rechtsverfolgung und Rechtsverteidigung aufgewandten Aufwendungen ermöglicht. Das Beschwerdeverfahren vor dem Disziplinarvorgesetzten ist Verfahrensvoraussetzung für den gerichtlichen Rechtsschutz durch die Wehrdienstgerichte (Art. 19 Abs. 4 GG), deren Zugang nicht dadurch erschwert werden darf, dass der Beschwerdeführer im gerichtlichen Vorverfahren in keinem Fall seine Aufwendungen erstattet erhält (vgl. BVerfGE 54, 39, 41). Mit der Neuregelung des § 16a ist es nunmehr ausgeschlossen, dass der Beschwerdeführer jedenfalls aus diesem Grund von der Durchsetzung seiner Rechte im Beschwerdeverfahren abgehalten wird (vgl. auch BVerwG NZWehr 2010, 123, 124). Die Vorschrift verlangt anderseits dem Disziplinarvorgesetzten besondere juristische Fähigkeiten ab, in denen er nicht vor- und ausgebildet ist und die über diejenigen hinausgehen, die seine militärische Führungsaufgabe, eine truppendienstliche Beschwerde zu entscheiden, von ihm erwarten lassen. Die Gefahr, den Disziplinarvorgesetzten mit der Beurteilung aufwendungsrelevanter Kriterien zu überfordern, verliert dadurch allerdings etwas an Bedeutung, als das Festsetzungsverfahren in die Hand des Urkundsbeamten der Geschäftsstelle des Truppendienstgerichts gelegt ist (Absatz 6 i. Vbg. m. § 142 WDO) und ihm mit dem Erlass „Entscheidung über die notwendigen Aufwendungen und Kosten im vorgerichtlichen Beschwerdeverfahren gemäß § 16a der Wehrbeschwerdeordnung (Aufwendungserlass)" eine Entscheidungshilfe gegeben ist (ZDv A-2160/6 Abschnitt 2.17).

Als Folge der Einbeziehung des Generalinspekteurs in die Reihe der Dis- **2** ziplinarvorgesetzten (BT-Drs. 17/9340 S. 48 f.) und die Ausgliederung der

Inspekteure in dem BMVg nachgeordnete Kommandobehörden der TSK, der SKB und des zentralen Sanitätsdienstes der Bundeswehr hat Art. 12 BwRefBeglG vom 1.7.2012 (BGBl. I S. 1583, 1594) die Vorschrift in Absatz 5 Satz 4 geändert. Nunmehr ist als weiterer Organisationsbereich CIR hinzugekommen.

3   Die Regeln für die Erstattung notwendiger Aufwendungen im vorgerichtlichen Verfahren und im gerichtlichen Antragsverfahren (§ 20) stimmen im Wesentlichen überein. Beide Vorschriften beschränken die Erstattung auf den erfolgreichen Rechtsbehelf, eine entsprechende Anwendung ist nur dort zugelassen, wo der Beschwerde vor Erlass eines Beschwerdebescheides abgeholfen (Absatz 4) oder der Antrag auf gerichtliche Entscheidung gegenstandslos geworden ist (§ 20 Abs. 3). Ein grundlegender Unterschied besteht jedoch darin, dass nach Zurückweisung der Beschwerde und der weiteren Beschwerde für den Beschwerdeführer keine Kosten entstehen, während im gerichtlichen Antragsverfahren ihm Kosten auferlegt werden können, soweit das Truppendienstgericht den Antrag als offensichtlich unzulässig oder als offensichtlich unbegründet erachtet; eine Kostenpflicht trifft ihn stets für die Verfahrenskosten, die er durch schuldhafte Säumnis verursacht hat (§ 20 Abs. 2). Die dem Beschwerdeführer im gerichtlichen Antragsverfahren entstandenen notwendigen Aufwendungen sind ihm, vorbehaltlich der durch seine Säumnis verursachten bei Erfolg des Antrags stets zu ersetzen (§ 20 Abs. 1), während bei einer Vertretung des Soldaten im vorgerichtlichen Verfahren ihre Erstattung von der Beurteilung des Disziplinarvorgesetzten abhängt, ob die Hinziehung eines Bevollmächtigten im konkreten Fall notwendig war. Auf eine Säumnisregelung, wie sie § 20 Abs. 1 Satz 2 und Absatz 2 Satz 2 enthält, hat der Gesetzgeber für das vorgerichtliche Verfahren verzichtet.

Zu Absatz 1

II. Beginn des vorgerichtlichen Verfahrens (Satz 1)

4   Die Einlegung der Beschwerde (§ 5) bestimmt den verfahrensrechtlich erheblichen und für einen Erstattungsanspruch maßgeblichen Zeitpunkt. Vorher entstandene Aufwendungen, insbesondere für die Tätigkeit eines Bevollmächtigten angefallene Auslagen für eine Beratung, sind nicht erstattungsfähig, z. B. auch notwendige Aufwendungen für die Vorbereitung einer Vermittlung oder Aussprache. Mit der Einlegung der Beschwerde ist der Beschwerdeführer an die Verfahrensvorschriften des Wehrbeschwerderechts gebunden, ist jede Tätigkeit eines Bevollmächtigten für den Beschwerdeführer nach den Vorgaben des § 16a erstattungsfähig. Auf ein Dienstaufsichtsbeschwerdeverfahren findet die Vorschrift keine Anwendung (vgl. auch BVerwG 1 WB 51, 146/83 vom 25.4.1984, juris Rn. 102 f. zu § 20). Die Parallelvorschrift zu Satz 1 ist § 69 VwGO.

III. Kostenfreiheit des Verfahrens (Satz 2)

5   Kosten werden nur im gerichtlichen Disziplinarverfahren erhoben (§ 136 WDO), in gewissen disziplinargerichtlichen Antragsverfahren (§ 139 Abs. 5

WDO) und soweit § 20 Abs. 3 für das gerichtliche Antragsverfahren (§ 17), das gerichtliche Verfahren bei Aufhebung oder Änderung einer einfachen Disziplinarmaßnahme (§ 45 Abs. 2 WDO) und bei der gerichtlichen Entscheidung über eine Disziplinarbeschwerde (§ 42 Teilsatz 2, Nr. 5 WDO), eine Kostenregelung vorsieht. Bei der Verhängung einfacher Disziplinarmaßnahmen, im Rahmen eines Beschwerdeverfahrens in truppendienstlichen Angelegenheiten einschließlich eines Disziplinarbeschwerdeverfahrens in der Zuständigkeit des Disziplinarvorgesetzten entstehen regelmäßig keine oder doch nur so geringfügige Kosten, dass sich die mit Ansatz und Einziehung der Kosten verbundene Verwaltungsarbeit nicht lohnt. Aus diesem Grund ist das Verfahren des Disziplinarvorgesetzten kostenfrei gehalten worden (siehe auch den Wortlaut des § 45 Abs. 2 WDO, im Übrigen Begr. S. 64 und § 20 Rn. 6).

Zu Absatz 2

IV. Erstattung notwendiger Aufwendungen

Grundlage für die Erstattung notwendiger Aufwendungen ist eine erfolgreiche Beschwerde (BVerwG NZWehrr 2010, 38). Für ihren Erfolg ist es unerheblich, ob ihr der Disziplinarvorgesetzte aus formellen oder materiellen Gründen stattgegeben hat, entscheidend ist vielmehr, dass der Beschwerdeführer einen Beschwerdebescheid zugestellt erhalten hat, mit dem seinem Beschwerdevorbringen entsprochen worden ist. Auch wenn der Beschwerde in Unkenntnis der abgelaufenen Beschwerdefrist stattgegeben wurde, hat der Beschwerdeführer einen Erstattungsanspruch (vgl. Kopp/Ramsauer, VwVfG, § 80 Rn. 25). Ist die Beschwerde in vollem Umfang als unzulässig oder unbegründet zurückgewiesen worden, hat der Beschwerdeführer seine notwendigen Aufwendungen selbst zu tragen. Auf das Benachteiligungsverbot (§ 2) kann er sich insoweit nicht berufen. Auch für eine Erstattung aus Billigkeitsgründen lässt das Gesetz keinen Raum. **6**

Bei einem nur teilweisen Erfolg ist die Entscheidung über die Erstattung notwendiger Aufwendungen daran auszurichten, welches Ziel der Beschwerdeführer mit seiner Beschwerde verfolgte und in welchem Umfang er mit seinem Beschwerdevorbringen durchgedrungen, mit welchem Teil er unterlegen ist („soweit"). Die Beschwerde hat beispielsweise nur teilweise Erfolg, wenn der Beschwerdeführer einen Befehl aufgehoben wissen wollte, der auf seine Beschwerde indes nur zum Teil korrigiert wurde, oder der Disziplinarvorgesetzte setzt die angefochtene und vom Beschwerdeführer für zu Unrecht verhängt angesehene Disziplinarmaßnahme nur herab (§ 42 Nr. 7 WDO; vgl. auch § 20 Rn. 22 f.). Die Entscheidung über die notwendigen Aufwendungen muss den Anteil wiedergeben, mit dem der Beschwerdeführer obsiegt hat, z. B. „Von den Ihnen entstandenen notwendigen Aufwendungen trägt der Bund 2/3". **7**

Die Entscheidung über die Erstattung notwendiger Aufwendungen ist von einem Antrag des Beschwerdeführers unabhängig, der Disziplinarvorgesetzte hat sie von Amts wegen zu treffen. Seine Entscheidung insoweit ist notwendiger Teil des Beschwerdebescheides (§ 13 Abs. 4) und mit einer Rechtsbehelfsbelehrung zu versehen (§ 12 Abs. 1 Satz 4; § 16a Abs. 5 Satz 1). Ist die Entscheidung versehentlich unterblieben, kann sie nachgeholt werden (Kopp/Ramsauer, VwVfG, § 80 Rn. 38). **8**

9   **Zu erstatten sind die zur zweckentsprechenden Rechtsverfolgung und Rechtsverteidigung erwachsenen notwendigen Aufwendungen. Notwendig sind Aufwendungen,** wenn sie im Zeitpunkt ihres Entstehens vom Standpunkt eines kostenbewusst und verständig urteilenden, nicht rechtskundigen (Kopp/Ramsauer, VwVfG, § 80 Rn. 50) Beschwerdeführers als erforderlich angesehen werden (BVerwGE 17, 245; Eyermann/Schübel-Pfister, VwGO, § 162 Rn. 5). Daher sind objektive Kriterien unmaßgeblich. Auch auf den mutmaßlichen Erfolg der Beschwerde kommt es für die Beurteilung der Notwendigkeit nicht an; die Aufwendungen müssen nur sachdienlich und zur Rechtsverfolgung oder Rechtsverteidigung zweckentsprechend gewesen sein. Dabei ist jeder Beschwerdeführer verpflichtet, seine Aufwendungen so gering wie möglich zu halten. Ob die Aufwendungen der Höhe nach im Einzelfall notwendig sind, ist der Entscheidung im Kostenfestsetzungsverfahren vorbehalten (Absatz 6 i. Vbg. m. § 142 WDO; Kopp/Schenke, VwGO, § 162 Rn. 3).

10   **Mit dem Begriffspaar Rechtsverfolgung und Rechtsverteidigung nimmt die Vorschrift einen schon in § 91 Abs. 1 Satz 1 ZPO enthaltenen Wortlaut auf. Rechtsverfolgung** bezeichnet als Motiv des Beschwerdeführers den mit der Beschwerde durchzusetzenden Anspruch auf ein Handeln oder Unterlassen eines Vorgesetzten oder einer Dienststelle der Bundeswehr, **Rechtsverteidigung** die Abwehr unrichtiger Behandlung durch Vorgesetzte oder Dienststellen der Bundeswehr sowie pflichtwidrigen Verhaltens von Kameraden.

11   Die Aufwendungen müssen tatsächlich entstanden sein, es genügt nicht, dass sie hätten entstehen können (Kopp/Schenke, aaO, Rn. 7). Sie sind dem Urkundsbeamten der Geschäftsstelle des Truppendienstgerichts gegenüber nachzuweisen oder jedenfalls glaubhaft zu machen. Erstattungsfähige Aufwendungen können Telefon- und Portokosten sein, Kosten für Kopien, die zur Aufklärung des Sachverhalts vorgelegt werden, angemessene Reisekosten für einen Informationstermin bei einem Bevollmächtigten, auch einem Rechtsanwalt, Kosten für ein privates Rechtsgutachten oder eine Rechtsberatung nur, wenn der Beschwerdeführer nicht anwaltlich vertreten ist und in der Angelegenheit gemessen am dienstlichen Erfahrungsschatz des Beschwerdeführers rechtlich besonders schwierige Aspekte zu beleuchten waren, Auslagen für das Mitbringen eines Zeugen zur Aufklärung des Sachverhalts. Aufwendungen für Fotografien und die durch eigene Mühe verursachten Aufwendungen sind nicht erstattungsfähig. Zu den notwendigen Aufwendungen für einen Bevollmächtigten siehe Rn. 13 ff.

12   Durch die in Absatz 6 enthaltene Verweisung auf § 140 Abs. 8 WDO werden zwei der wichtigsten Fälle notwendiger Auslagen in die Erstattungsregelung auch im vorgerichtlichen Beschwerdeverfahren einbezogen (vgl. § 20 Abs. 4). Danach gehören zu den notwendigen Aufwendungen

– die Entschädigung für eine notwendige Zeitversäumnis nach den Vorschriften, die für die Entschädigung von Zeugen gelten, wenn kein Anspruch auf Dienst- und Versorgungsbezüge besteht;

– die Gebühren und Auslagen eines Rechtsanwalts, soweit sie nach § 91 Abs. 2 ZPO zu erstatten wären, sowie die Auslagen eines sonstigen Vertreters (hierzu siehe im Einzelnen Dau/Schütz, WDO, § 140 Rn. 27 ff. und hier Rn. 14 f.).

Zu Absatz 2

V. Notwendige Aufwendungen eines Bevollmächtigten

Für die Erstattung notwendiger Aufwendungen, die durch die Hinzuziehung eines Rechtsanwalts oder sonstigen Bevollmächtigten entstanden sind, trifft Absatz 3 eine Sonderregelung. Die notwendigen Aufwendungen sind zwar durch die in Absatz 6 getroffene Verweisung auf § 140 Abs. 8 WDO in den Aufwendungsbegriff i. S. des Absatzes 2 aufgenommen worden, jedoch erstattungsfähig nur dann, wenn im Kostenfestsetzungsverfahren (Absatz 6 i. Vbg. m. § 142 WDO) festgestellt wird, dass die Hinzuziehung eines Rechtsanwalts oder sonstigen Bevollmächtigten notwendig war. Auch diese Entscheidung, also über die Frage der Hinzuziehung dem Grunde nach, ist Teil des Beschwerdebescheides, daher von dem Disziplinarvorgesetzten zu treffen und nach Absatz 5 Satz 1 anfechtbar. Die Feststellung im Einzelnen, also der Höhe nach, ist dagegen Aufgabe des Urkundsbeamten der Geschäftsstelle des Truppendienstgerichts. **13**

Die Gebühren eines Rechtsanwalts ergeben sich aus Teil 2 Abschnitt 4 des Vergütungsverzeichnisses RVG. Mit den Gebühren sind auch die allgemeinen Geschäftskosten entgolten (Vorbem. 7 Abs. 1 Satz 1 Vergütungsverzeichnis RVG). Die Erstattungsfähigkeit weiterer Auslagen beschränkt sich auf die Fahrtkosten von Geschäftsreisen, Tage- und Abwesenheitsgeld sowie z. B. Übernachtungskosten, soweit diese angemessen sind. Die Auslagen eines sonstigen Bevollmächtigten müssen ebenfalls zweckentsprechend sein. Erstattungsfähig sind sie darüber hinaus nur, wenn seine Hinzuziehung notwendig war. Die **Hinzuziehung** verlangt einen Auftrag für den Rechtsanwalt oder sonstigen Bevollmächtigten, der ihm die Wahrnehmung der Rechte des Beschwerdeführers im Beschwerdeverfahren überträgt (Kopp/Raumsauer, VwVfG, § 80 Rn. 36; Eyermann/Schübel-Pfister, VwGO, § 162 Rn. 18). Handelte es sich lediglich um eine Beratung nach Einlegung der Beschwerde, sind die insoweit entstandenen Aufwendungen nach Absatz 2 zu erstatten. **14**

Notwendig ist die Hinzuziehung eines Rechtsanwalts oder sonstigen Bevollmächtigten, wenn es dem Beschwerdeführer nach seinen persönlichen und dienstlichen Verhältnissen nicht zuzumuten war, das Beschwerdeverfahren selbst weiter zu betreiben (BVerwG NZWehr 2010, 123, 124). Insbesondere in einem Beschwerdeverfahren, das schwierige Sach- und Rechtsfragen aufwirft oder besondere Kenntnisse im Wehr- und Wehrverfassungsrecht verlangt, ist der Beistand eines Rechtsanwalts oder sonstigen Bevollmächtigten gerechtfertigt, auch in einem Beschwerdeverfahren, dessen Ausgang darüber entscheiden kann, ob sich der Beschwerdeführer letztlich einer Gehorsamsverweigerung schuldig gemacht hat und er daher strafrechtliche Konsequenzen befürchten muss oder wenn das Verhältnis zwischen Beschwerdeführer und Betroffenem so gespannt ist, dass die Hinzuziehung eines Bevollmächtigten neutralisierend wirken kann. Bei der Entscheidung über die Notwendigkeit einer Hinzuziehung sollte die Fähigkeit des Beschwerdeführers, das Beschwerdeverfahren selbst durchzuführen, nicht überschätzt werden. Das gilt gleichermaßen für den freiwillig Wehrdienstleistenden als Beschwerdeführer wie für den Stabsoffizier. Allerdings ist, aufgrund der in den Streitkräften stattfindenden Rechtsausbildung und der mit dem Dienst verbundenen Erfahrung in **15** diesem Bereich, davon auszugehen, dass jede Soldatin und jeder Soldat über Grundkenntnisse im Beschwerderecht verfügt, die zur Führung eines solchen Verfahrens befähigen. Lediglich in Fällen, die beispielsweise erfahrungsgemäß besonders strittige Bereiche betreffen (z. B. „Haar- und Barttracht") oder das vertiefte Studium von Literatur und Rechtsprechung zu einem Thema erfordern, ist ausnahmsweise von der Notwendigkeit anwaltlicher Vertretung auszugehen. Im Übrigen aber lebt das Beschwerderecht ja gerade davon, dass es „von Soldaten für Soldaten" bearbeitet und entschieden wird.

16   Für die Beurteilung der Erforderlichkeit der Bevollmächtigung kommt es auf den Zeitpunkt der Bevollmächtigung an. Die Verhältnisse sind vom Standpunkt einer verständigen objektiven Partei zu würdigen (BVerwG 1 WB 21/17 vom 20.10.2017, juris Rn. 18; 1 WB 18/16 vom 7.7.2016, juris Rn. 28).

Zu Absatz 4

VI. Aufwendungsersatz nach Abhilfe

17   Die Vorschrift erweitert den Anwendungsbereich der Absätze 2 und 3 sinngemäß auf den Fall, dass der Beschwerde vor Erlass eines Beschwerdebescheides abgeholfen wird. Das bedeutet im Einzelnen, dass für den Beschwerdeführer auch insoweit keine Kosten entstehen und sich der Anspruch auf Erstattung der bis zur Abhilfe entstandenen notwendigen Aufwendungen nach den Absätzen 2 und 3 bestimmt. Soweit der Beschwerde abgeholfen ist, muss der Disziplinarvorgesetzte über die Erstattung der bis dahin entstandenen Aufwendungen dem Grunde nach in einer isolierten Entscheidung befinden, die im Hinblick auf Absatz 5 mit einer Rechtsbehelfsbelehrung zu versehen ist und dem Beschwerdeführer zugestellt werden muss. Diese Entscheidung kann mit dem Beschwerdebescheid verbunden werden, der bei einer nur teilweisen Abhilfe über den noch nicht erledigten Teil – ohne Aufwendungsentscheidung – zu ergehen hat. Zu beachten ist, dass zur isolierten Auslagenentscheidung und dem Beschwerdebescheid jeweils unterschiedliche Rechtsbehelfsbelehrungen erteilt werden müssen (Antrag auf gerichtliche Entscheidung gem. Absatz 5 Satz 1, weitere Beschwerde [§ 16 Abs. 1] gegen den Beschwerdebescheid).

18   Nimmt der Beschwerdeführer seine Beschwerde zurück (§ 8 Abs. l) oder endet das Beschwerdeverfahren vor seiner Entscheidung durch Tod des Beschwerdeführers, findet Absatz 4 grundsätzlich keine Anwendung (vgl. § 20 Rn. 52). Hat der Betroffene jedoch vor Erlass eines Beschwerdebescheides für Abhilfe gesorgt und der Beschwerdeführer daraufhin seine Beschwerde zurückgenommen, war sie in entsprechender Anwendung des Absatzes 2 erfolgreich und begründet daher einen Anspruch auf Erstattung der Aufwendungen (BVerwG NZWehrr 2010, 123, 124; vgl. auch BVerwG NZWehrr 2010, 38).

Zu Absatz 5

VII. Rechtsweg

Da eine Erstattung notwendiger Aufwendungen nur bei einer ganz 19
oder teilweise erfolgreichen Beschwerde zulässig ist, handelt es sich
bei der gerichtlichen Überprüfung dieser Entscheidung um ein vom
Beschwerdebescheid isoliertes Rechtsbehelfsverfahren.

Gegen die Entscheidung über die Erstattung der notwendigen Aus- 20
lagen (Absatz 2) sowie die Notwendigkeit der Hinzuziehung eines
Rechtsanwalts oder sonstigen Bevollmächtigten kann der Beschwerdeführer Antrag auf Entscheidung des Truppendienstgerichts stellen
(Satz 1). Über die Feststellung der Aufwendungen jeweils der Höhe nach
entscheidet der Urkundsbeamte der Geschäftsstelle des Truppendienstgerichts, gegen dessen Entscheidung der Beschwerdeführer Erinnerung einlegen kann (Absatz 6 i. Vbg. m. § 142 WDO).

Frist und Form des Antrags auf gerichtliche Entscheidung, die 21
Stellen, bei denen er rechtswirksam eingelegt werden kann, sowie die
Zuständigkeit des Truppendienstgerichts bestimmen sich nach § 17
Abs. 4 Satz 2. Die Regelung des § 21 Abs. 1 Satz 2, wonach der Antrag
beim BMVg zu stellen ist, findet im Verfahren des Absatzes 5 keine Anwendung (BVerwG NZWehrr 2010, 38, 39). Anträge sind daher beim BVerwG
oder bei dem nächsten Disziplinarvorgesetzten zu stellen (BVerwG aaO),
wenn das BVerwG in Falle des Satzes 4 zuständig ist.

Über den Antrag entscheidet der Vorsitzende der Truppendienst- 22
kammer ohne mündliche Verhandlung durch Beschluss (Satz 3). Seine Entscheidung ist endgültig, eine Rechts- und Nichtzulassungsbeschwerde
(§§ 22a, 22b) sind nicht statthaft.

Satz 4 trifft eine Sonderregelung für den Fall, dass der BMVg oder der 23
Generalinspekteur eine Entscheidung über die notwendigen Aufwendungen
und die Hinzuziehung eines Rechtsanwalts oder sonstigen Bevollmächtigten
getroffen hat. Über den Antrag in den Fällen der Absätze 2 und 3 entscheidet
bei Kostenfreiheit des Verfahrens (Absatz 1 Satz 1) an Stelle des Truppendienstgerichts das BVerwG, Wehrdienstsenat, ohne ehrenamtliche Richter
(BVerwG NZWehrr 2010, 38, 123). Während die für Entscheidungen des
BMVg bestimmte Zuständigkeit des BVerwG der Grundsatzregel des § 21
entspricht (vgl. auch § 42 Nr. 4 Satz 3, Nr. 5 Satz 2 WDO), bedeutet die
unmittelbare Zuständigkeit des BVerwG für Entscheidungen des Generalinspekteurs eine Abkehr von der in § 22 enthaltenen Regel, die erst nach der
Entscheidung des Generalinspekteurs über eine weitere Beschwerde den
Rechtsweg zum BVerwG öffnet (vgl. auch Dau, WDO/Schütz, § 42
Rn. 81).

Es ist zu beachten, dass es in Fällen, in denen die Beschwerde nur 24
teilweisen Erfolg hatte, zu unterschiedlichen Entscheidungsebenen
und zu unterschiedlichen Besetzungen des Wehrdienstgerichts mit der
Gefahr einander widersprechender Entscheidungen kommen kann. Während
über den Antrag auf gerichtliche Entscheidung in den Fällen der Auslagen-
erstattung der Vorsitzende der Truppendienstkammer entscheidet, beschließt
über die weitere Beschwerde gegen die Teilabweisung der Beschwerde der

nächsthöhere Disziplinarvorgesetzte, über eine weitere Beschwerde gegen eine Disziplinarmaßnahme – mit Ausnahme des Disziplinararrests – die Truppendienstkammer, bei einem Erfolg des Rechtsbehelfs mit denkbar abweichendem Ergebnis auch über die Erstattung der notwendigen Aufwendungen. Bei einer nur teilweise stattgebenden Beschwerdeentscheidung des Generalinspekteurs entscheidet über die weitere Beschwerde der BMVg, über den Antrag auf gerichtliche Entscheidung gegen die isolierte Auslagenentscheidung das BVerwG. Nur wenn der BMVg einer Beschwerde nur teilweise stattgegeben hat, führt der Rechtsweg in beiden Fällen zum BVerwG, das jedoch über den Antrag auf gerichtliche Entscheidung (Absatz 5 Satz 4) in anderer Besetzung entscheidet als wenn der Beschwerdeführer gem. § 21 Abs. 1 um die Entscheidung des BVerwG ersucht.

Zu Absatz 6

VIII. Anwendung der WDO

25   Die Verweisung auf § 140 Abs. 8 WDO gibt die Rechtsgrundlage, auch die dort genannten notwendigen Auslagen in die erstattungsfähigen Aufwendungen nach den Absätzen 2 und 3 einzubeziehen. § 142 Satz 1 WDO bestimmt, dass die Höhe der Kosten, die nach der Kostenentscheidung zu erstatten sind, vom Urkundsbeamten der Geschäftsstelle des Truppendienstgerichts festgesetzt wird. Die Zuständigkeit des Truppendienstgerichts folgt aus § 17 Abs. 4 Satz 5. § 142 Satz 1 WDO gilt entsprechend für die nach den Absätzen 2 und 3 erstattungsfähigen Aufwendungen. Rechtsgrundlage für die gegen die Auslagenentscheidungen statthafte Erinnerung ist § 142 Satz 2 WDO (dazu ausführlich Dau/Schütz, WDO, § 142 Rn. 4). Die durch § 142 Satz 3 vorgenommene Verweisung auf § 112 WDO übernimmt in Abweichung von der in Absatz 5 Satz 2 enthaltenen Verweisung auf § 17 Abs. 4 wenig systematisch für die Erinnerung die Verfahrensregeln der WDO für das gerichtliche Antragsverfahren (vgl. im Einzelnen Dau/Schütz, WDO, § 112 Rn. 3 ff.).

§ 17 Antrag auf Entscheidung des Truppendienstgerichts

(1) **Ist die weitere Beschwerde erfolglos geblieben, kann der Beschwerdeführer die Entscheidung des Truppendienstgerichts beantragen, wenn seine Beschwerde eine Verletzung seiner Rechte oder eine Verletzung von Pflichten eines Vorgesetzten ihm gegenüber zum Gegenstand hat, die im Zweiten Unterabschnitt des Ersten Abschnittes des Soldatengesetzes mit Ausnahme der §§ 24, 25, 30 und 31 geregelt sind. Der Antrag kann auch gestellt werden, wenn über die weitere Beschwerde innerhalb eines Monats nicht entschieden worden ist.**

(2) **Das Verfahren vor dem Truppendienstgericht tritt insoweit an die Stelle des Verwaltungsrechtsweges gemäß § 82 des Soldatengesetzes.**

(3) **Mit dem Antrag kann nur geltend gemacht werden, daß eine dienstliche Maßnahme oder Unterlassung rechtswidrig sei. Rechtswidrigkeit ist auch gegeben, wenn der Beschwerdeführer durch Überschreitung oder Mißbrauch dienstlicher Befugnisse verletzt ist.**

(4) Der Antrag ist innerhalb eines Monats nach Zustellung des zurückweisenden Beschwerdebescheides oder nach Ablauf der in Absatz 1
Satz 2 bestimmten Frist bei dem zuständigen Truppendienstgericht
schriftlich oder mündlich zur Niederschrift einzulegen. Dabei soll der
Beschwerdeführer unter Beifügung des Beschwerdebescheides sowie des
Bescheides über die weitere Beschwerde die zur Begründung des Antrags
dienenden Tatsachen und Beweismittel angeben. Die Frist wird auch
gewahrt, wenn der Antrag bei dem nächsten Disziplinarvorgesetzten
oder in den Fällen des § 5 Abs. 2 und des § 11 Buchstabe b bei den dort
bezeichneten Vorgesetzten eingelegt wird. Der Antrag ist dem Truppendienstgericht unverzüglich vorzulegen. Zuständig ist das Truppendienstgericht, das für den Befehlsbereich errichtet ist, zu dem der Betroffene
zum Zeitpunkt des Beschwerdeanlasses gehört.

(5) Nach Ablauf eines Jahres seit Einlegung der weiteren Beschwerde ist
die Anrufung des Truppendienstgerichts ausgeschlossen. § 7 gilt entsprechend.

(6) Der Antrag hat keine aufschiebende Wirkung. Das Truppendienstgericht, in dringenden Fällen sein Vorsitzender, kann auf Antrag des
Beschwerdeführers oder von Amts wegen die aufschiebende Wirkung
nach Anhörung des zuständigen Disziplinarvorgesetzten anordnen. Die
Anordnung kann schon vor Stellung des Antrags auf gerichtliche Entscheidung getroffen werden, wenn der zuständige Disziplinarvorgesetzte
einen Antrag nach § 3 Abs. 2 abgelehnt oder die Vollziehung nicht innerhalb einer vom Truppendienstgericht gesetzten Frist ausgesetzt hat.

Übersicht

I. Vorbemerkung

1   Art 5 Nr. 13 WehrRÄndG 2008 hat die Vorschrift redaktionell (Absatz 2) und sachlich (Absatz 4) geändert. Der mit Art. 13 des Streitkräftereserve-Neuordnungsgesetzes vom 22.4.2005 (BGBl. I S. 1106, 1125) fälschlich eingefügte Verweis ist mit § 82 des Soldatengesetzes berichtigt. Die Neufassung des Absatzes 4 enthält in Abweichung vom bisherigen Recht erhebliche Änderungen in den verfahrensrechtlichen Anforderungen des Antrags auf gerichtliche Entscheidung sowie in Absatz 6 für die Anordnung der aufschiebenden Wirkung (zu den rechtspolitischen Forderungen an das gerichtliche Antragsverfahren siehe schon Lingens, NZWehrr 2002, 201). Zu früheren Änderungen durch das NOG siehe die 4. Auflage § 17 Rn. 2.

2   Die Vorschrift eröffnet dem Beschwerdeführer in truppendienstlichen Angelegenheiten den Rechtsweg zum Truppendienstgericht. Sie hat zweifache Bedeutung. Prozessrechtlich legt sie gegenüber den Verwaltungsgerichten die Zuständigkeit der Wehrdienstgerichte fest, materiellrechtlich gibt sie die Voraussetzungen an, unter denen der Soldat eine wehrdienstgerichtliche Entscheidung beantragen kann. Nur unter den Voraussetzungen des § 17 kann der Soldat Rechtsschutz vor den Wehrdienstgerichten beanspruchen (zur Disziplinarbeschwerde und ihrem Rechtsweg siehe § 42 Nr. 5 WDO). Ein dem Normenkontrollverfahren entsprechendes Rechtsinstitut (BVerwG NZWehrr 2001, 164) oder einen „unbenannten Rechtsbehelf" wegen greifbarer Gesetzeswidrigkeit (vgl. BVerwG NZWehrr 2005, 339) sieht das Gesetz nicht vor.

Zu Absatz 1

II. Verfahrensrechtliche Voraussetzungen

1. Antragsteller

Antragsteller (Beschwerdeführer) kann immer nur ein Soldat der Bundes- **3** wehr sein.

Sofern sich der Soldat vertreten lässt, muss im Verfahren vor den Wehr- **4** dienstsenaten der den Antrag enthaltene Schriftsatz von einem Bevollmächtigten abgefasst sein, der die Voraussetzungen des § 90 Abs. 2 Satz 2 WDO erfüllt (BVerwG NZWehrr 1976, 20; vgl. auch BVerwG NZWehrr 1984, 209).

2. Weitere Beschwerde

Der Antrag auf gerichtliche Entscheidung und damit auf eine sach- **5** **liche Nachprüfung des Beschwerdevorbringens ist nur zulässig, wenn die weitere Beschwerde erfolglos geblieben ist.** Es muss also ein Vorverfahren durchgeführt worden sein, das mit einer Zurückweisung der Beschwerde als ganz oder teilweise unzulässig oder unbegründet abschloss. Zudem muss der Gegenstand der Beschwerde und des gerichtlichen Antrags identisch sein (BVerwG 1 WB 15/17 vom 22.6.2017, juris Rn. 23). Fehlt es an einem Vorverfahren, weil der Beschwerdeführer zwar weitere Beschwerde eingelegt, diese aber irrtümlich als Antrag auf gerichtliche Entscheidung dem Truppendienstgericht vorgelegt wurde, ist das unschädlich. Hat der BMVg die Entscheidung über die Beschwerde eines Soldaten gegen eine Maßnahme wegen ihrer grundsätzlichen Bedeutung an sich gezogen, hat das fehlende Vorverfahren keinen Einfluss auf die Zulässigkeit des gerichtlichen Verfahrens, wenn die Sache auch bei Durchführung eines vollständigen Vorverfahrens an das BVerwG und nicht etwa an ein Truppendienstgericht gelangt wäre (§ 21; BVerwGE 73, 39 = NZWehrr 1981, 101; siehe auch BVerwGE 63, 129). Hat andererseits der BMVg zu Unrecht über die Beschwerde entschieden, wird dadurch nicht die Zuständigkeit des BVerwG für den materiellen Anspruch begründet (BVerwG NZWehrr 1992, 31, 32).

Die fristgerechte Einlegung der weiteren Beschwerde ist dagegen keine **6** Zulässigkeitsvoraussetzung (BVerwG 1 WRB 1/16 vom 31.8.2017, juris Rn. 18; 1 WB 14/83 vom 23.8.1983, juris Rn. 33). Wurde die weitere Beschwerde wegen Fristversäumnis als unzulässig zurückgewiesen, ist der Antrag auf gerichtliche Entscheidung gleichwohl zulässig (vgl. auch BVerwG 1 WB 84/82 vom 6.4.1983, juris Rn. 20). In diesem Fall erstreckt sich die Nachprüfung des Wehrdienstgerichts regelmäßig nur darauf, ob dies zu Recht geschehen ist. Wird dies bejaht, ist der Antrag auf gerichtliche Entscheidung als unbegründet zurückzuweisen (BVerwG: Der Antrag ist auch zulässig, wenn die Beschwerdefrist zwar abgelaufen ist, die Beschwerdeinstanz aber dennoch eine Sachentscheidung getroffen hat, BVerwG 1 WB 194/88 vom 24.10.1989, juris Rn. 4; vgl. auch TDG F NZWehrr 1972, 71, 72; BVerwGE 86, 201 = NZWehrr 1990, 163; a. A. für das verwaltungsgerichtliche Vorverfahren Kopp/Schenke, VwGO, § 70 Rn. 1; Vor § 68 Rn. 7 m. Nachw.). Dabei ist es ohne Bedeutung, ob die Beschwerdeinstanz die Fristversäumnis nicht erkannt oder nach freiem Ermessen über die Beschwerde sachlich gleichwohl entschieden hat (BVerwG DVBl 1965, 90; siehe auch BVerwG JR 1972, 477; a. A. Bachmann, GKÖD Yt, § 42 Rn. 46; Jöhnk, NZWehrr 2006, 118).

7   Diese vom Ersten Wehrdienstsenat des BVerwG seit seinem Beschluss vom 20.12.1968 (BVerwG I WB 21/68) vertretene und seitdem aufrecht erhaltene Auffassung (vgl. BVerwGE 86, 201) führt nicht dazu, dass der Antragsteller in jedem Fall auch eine sachliche Nachprüfung seines Vorbringens erreichen kann. Ist die weitere Beschwerde als unzulässig, weil verspätet, zurückgewiesen, beschränkt sich die Prüfung des Wehrdienstgerichts nur darauf, ob dieses zu Recht geschehen ist. Wenn die Beschwerdeinstanz die weitere Beschwerde zutreffend wegen Fristablaufs als unzulässig zurückgewiesen hat, ist zwar nicht der Antrag unzulässig, wohl aber ist das auf Aufhebung der angefochtenen Maßnahme gerichtete Antragsbegehren erfolglos, und zwar nicht aus prozessualen, sondern aus materiellen Gründen (BVerwG DVBl 1965, 90; BVerwG 1 WB 138/81 vom 19.5.1982, juris Rn. 44 f.). In diesem Fall wird also der Antrag auf gerichtliche Entscheidung als unbegründet abgewiesen, ohne dass es noch auf die Rechtswidrigkeit der Maßnahme ankommt. Müsste das Wehrdienstgericht auch dem sachlichen Vorbringen noch nachgehen, könnte der Beschwerdeführer die Fristen der WBO bis zur Grenze des Missbrauchs ausdehnen, wenn er nur nach der letzten Beschwerdeentscheidung rechtzeitig und formgerecht das Wehrdienstgericht anriefe (TDG F NZWehrr 1972, 71). Ist die weitere Beschwerde dagegen fälschlich als unzulässig zurückgewiesen, ergeht eine Sachentscheidung über das Beschwerdevorbringen. Hat die Beschwerdeinstanz über die weitere Beschwerde sachlich entschieden und dabei verkannt, dass sie wegen Fristablaufs schon als unzulässig hätte zurückgewiesen werden müssen, prüft das Wehrdienstgericht in vollem Umfang; die Frage der Zulässigkeit der Beschwerde bleibt für das Wehrdienstgericht ohne Bedeutung (BVerwG 1 WB 14/83 vom 23.8.1983, juris Rn. 35; siehe auch BVerwG NZWehrr 1980, 232). Der Antrag ist auch zulässig, wenn die weitere Beschwerde nicht formgerecht eingelegt oder von der falschen Stelle entschieden worden ist (BDHE 6, 170 = NZWehrr 1964, 117). Liegt insoweit ein Verfahrensverstoß vor, führt er zur Anfechtung der Entscheidung, ohne dass die weitere Beschwerdeentscheidung sachlich nachgeprüft zu werden braucht (BDH aaO). Auch wenn das Beschwerdeverfahren durch die Erhebung eines Untätigkeitsantrages (§ 17 Abs. 1 Satz 2) abgeschlossen wird, ist die Zulässigkeit der weiteren Beschwerde keine Sachentscheidungsvoraussetzung für das gerichtliche Antragsverfahren (BVerwG NZWehrr 1984, 36). Bei Beschwerden gegen einfache Disziplinarmaßnahmen sind die Vorschriften des § 42 WDO zu beachten. Gegen Disziplinararrest ist nur die Beschwerde an das Truppendienstgericht zulässig (§ 42 Nr. 5 Satz 1). Ist der Disziplinararrest vom BMVg oder von dem Generalinspekteur verhängt worden, entscheidet über die Beschwerde das BVerwG (Wehrdienstsenate; § 42 Nr. 5 Satz 3). Das gilt auch, wenn gemäß § 22 Abs. 2 Nr. 1

WDO neben Disziplinararrest Ausgangsbeschränkung oder unter den Voraussetzungen des § 22 Abs. 2 Nr. 2 Satz 1 WDO Disziplinararrest und Disziplinarbuße verhängt worden sind. Im Übrigen entscheidet bereits das Truppendienstgericht über die weitere Beschwerde. Es bedarf also für die Anrufung des Truppendienstgerichts nur der vorhergegangenen erfolglos gebliebenen Beschwerde (zur Zuständigkeit des Truppendienstgerichts für die Entscheidung über die weitere Beschwerde eines früheren Soldaten siehe BVerwG NZWehr 1985, 124). **Über den Antrag auf Abberufung der Vertrauensperson** entscheidet das Truppendienstgericht unter entsprechender Anwendung der Verfahrensvorschriften der WBO ausnahmsweise unmittelbar (§ 12 Abs. 2 SBG); ebenso bei der Anfechtung der Wahl einer Vertrauensperson (§ 7 Abs. 3 SBG; vgl. auch Gronimus, SBG, § 5 a. F. Rn. 22). Die Auswahl der ehrenamtlichen Richter bestimmt sich nach dem Dienstgrad der Vertrauensperson (§ 7 Abs. 4 SBG). Über den Antrag auf **Abberufung eines Mitglieds des Gesamtvertrauenspersonenausschusses** entscheidet das BVerwG (Wehrdienstsenate; § 42 Abs. 4 Satz 1 SBG). Die Anfechtung der **Wahl der Gleichstellungsbeauftragten** führt bei entsprechender Anwendung der Vorschriften der WBO unmittelbar zum Truppendienstgericht (§ 16f Abs. 2 Satz 1 und 3 SGleiG; zur Besetzung der Truppendienstkammer in diesem Fall siehe § 16f Abs. 4 SGleiG). Das Wahlergebnis im BMVg kann unmittelbar beim BVerwG (Wehrdienstsenate) angefochten werden (§ 16f Abs. 2 Satz 2 SGleiG). Nach ihrem ergebnislosen Einspruch (§ 21 SGleiG) oder wenn über ihren Einspruch ohne zureichenden Grund nicht in angemessener Frist entschieden worden ist, kann die Gleichstellungsbeauftragte das Truppendienstgericht anrufen, hat sie ihren Sitz beim BMVg das BVerwG (Wehrdienstsenate) – § 22 SGleiG. Für das Verfahren gelten die Vorschriften über das gerichtliche Antragsverfahren der WBO (§ 22 Abs. 1 Satz 7 SGleiG).

3. Antrag und Antragsgegenstand

Der Antrag ist nur zulässig, wenn die Beschwerde die Verletzung von **8** Rechten des Beschwerdeführers oder eine Verletzung von Pflichten eines Vorgesetzten ihm gegenüber zum Gegenstand hat. Insoweit besteht ein grundlegender Unterschied in den Zulässigkeitsvoraussetzungen zwischen dem Antrag auf gerichtliche Entscheidung und der Beschwerde nach § 1 Abs. 1. Dieser zeigt sich darin, dass der Soldat nicht in allen Fällen, in denen er Beschwerde einlegen kann, bei Erfolglosigkeit auch die Entscheidung eines Wehrdienstgerichts beantragen kann (BVerwG NZWehr 1976, 70; BVerwGE 83, 242 = NZWehr 1987, 77 ff.; BVerwG NZWehr 2009, 26, 27; vgl. auch Seide, NZWehr 1988, 12). Solange nicht der Beschwerdeführer geltend macht, dass ihm gegenüber rechtswidrige Maßnahmen ergangen sind (Absatz 3), ist der Weg zu einer gerichtlichen Entscheidung verschlossen. Diese Regelung ist mit Art. 19 Abs. 4 GG vereinbar, weil der Rechtsweg nur eröffnet sein muss, wenn jemand durch die öffentliche Gewalt in seinen Rechten verletzt wird (BVerwG NZWehr 1976, 70). Das ist nicht der Fall, wenn der Beschwerdeführer lediglich die Unzweckmäßigkeit einer Maßnahme oder ein pflichtwidriges Verhalten von Kameraden ihm gegenüber oder einzelne Verhaltensweisen am Beschwerdeverfahren beteiligter Personen (BVerwG 1 WB 60/14 vom 26.11.2015, juris Rn. 20 m. w. Nachw.; 1 WB 68/94 vom 24.1.1995, juris Rn. 4) oder die Art und Weise der Verfahrensbehandlung (BVerwG NZWehr 2009, 26) zum Gegenstand eines gerichtlichen Antragsverfahrens machen will (BVerwG NZWehr 1979, 179; BVerwG NZWehr 1992, 73).

9   Gegenstand des Antrags ist das ursprünglich mit der Beschwerde angefochtene Handeln oder Unterlassen in der Gestalt, die es durch den Beschwerdebescheid gefunden hat (§ 23a Abs. 2 i. Vbg. m. § 79 Abs. 1 Nr. 1 VwGO). Der Antragsteller kann sein Rechtsschutzziel mit einem **Verpflichtungsantrag** (dazu siehe BVerwG NZWehr 2001, 123 m. Nachw.) verfolgen, der den Betroffenen zu einem positiven Bescheid über einen abgelehnten Antrag oder den Erlass einer unterlassenen Maßnahme veranlasst, oder er kann die Aufhebung einer Maßnahme verlangen **(Anfechtungsantrag)**. Zum **Untätigkeitsantrag** siehe Rn. 42 ff.; zum **Feststellungsantrag** siehe Rn. 39 ff. Ausnahmsweise ist der Beschwerdebescheid selbst Gegenstand des Antrags, wenn er den Antragsteller erstmals beschwert (§ 23a Abs. 2 i. Vbg. m. § 79 Abs. 1 Nr. 1 VwGO). Betroffener ist in diesem Fall der Vorgesetzte, der über die (weitere) Beschwerde entschieden hat. Aus der Tatsache, dass es für die Zulässigkeit des Antrags entscheidend auf den Beschwerdegegenstand ankommt, folgt, dass zwischen Gegenstand des Antrags- und des Beschwerdeverfahrens **Identität** vorliegen muss. Für die Frage der Identität kommt es im Verfahren der WBO nicht – wie im allgemeinen Verwaltungsprozess – auf den Streitstand und die Beteiligtenstellung an, maßgebend allein ist das angefochtene Handeln oder gerügte Unterlassen. War eine Maßnahme nicht Gegenstand des beschwerderechtlichen Vorverfahrens, kann sie grundsätzlich nicht Gegenstand eines Antrages nach Absatz 1 sein. Ein Vorbringen, das erstmals vor dem Truppendienstgericht vorgetragen wird, ist demnach unzulässig.

10   **Im Gegensatz zu anderen Verfahrensordnungen kennt die WBO keine der Klageänderung entsprechende Antragsänderung** (BVerwG 1 WB 59/13 vom 27.5.2014, juris Rn. 31 f.; BVerwGE 43, 342; 53, 321, 325; 63, 204 = NZWehr 1979, 179; a. A. Bornemann, NZWehr 1991, 155). Auch eine Antragserweiterung ist damit ausgeschlossen (BVerwG NZWehr 1978, 26). § 91 VwGO ist im gerichtlichen Antragsverfahren nach der WBO nicht anwendbar (BVerwG NZWehr 2014, 255). Die durch Art. 5 Nr. 20 WehrRÄndG 2008 eingeführte ausdrückliche Verweisung auf die Vorschriften der VwGO (§ 23a Abs. 2) steht unter dem Vorbehalt der Eigenart des Beschwerdeverfahrens. Hierzu gehört, dass der Gegenstand des Antrags auf gerichtliche Entscheidung durch die Antragsschrift (in den Fällen des § 17) oder durch das Vorverfahren bestimmt wird (BVerwGE 53, 321, 325; BVerwG NZWehr 1978, 26; vgl. auch Rn. 13). Die Frage, ob eine Antragsänderung vorliegt, ist stets vor der Frage nach der Zulässigkeit des Rechtswegs zu prüfen (BVerwGE 43, 193, 195 f.). Ein erstmals im gerichtlichen Antragsverfahren gestellter **Hilfsantrag** ist jedoch zulässig, wenn der Beschwerdebescheid einen neuen selbstständigen Beschwerdegrund enthält oder wenn er erst gestellt werden kann, nachdem sich ein im Vorverfahren gestellter Verpflichtungsantrag erledigt hat (vgl. Bornemann, NZWehr 1991, 155) oder das ursprüngliche Ziel des Antrags im Laufe des Verfahrens lediglich konkretisiert wird (BVerwG NZWehr 1993, 242). Auch ein Wechsel vom Verpflichtungs- zum Feststellungsantrag nach Erledigung der Hauptsache ist zulässig (vgl. auch BVerwG JZ 1969, 262), z. B. dem ursprünglich gestellten Urlaubsantrag kann nicht mehr stattgegeben werden, weil die dafür vorgesehene Zeit inzwischen verstrichen ist; nunmehr verlangt der Antragsteller –

vorbehaltlich eines Feststellungsinteresses (§ 19 Abs. 1 Satz 3) – die Feststellung, dass sein Urlaubsantrag ermessensfehlerhaft zurückgewiesen wurde. Nach dem Ausscheiden aus dem Wehrdienstverhältnis muss der Antragsteller den ursprünglichen Verpflichtungsantrag auf einen Feststellungsantrag umstellen (§ 23a Abs. 2 i. Vbg. m. § 113 Abs. 1 Satz 4 VwGO). Auch die Umstellung des Antrags auf Gewährung von Sonderurlaub vom ursprünglich vorgesehenen Zeitpunkt auf den Rest der Wehrdienstzeit ist zulässig, wenn sie allein durch Lauf und Dauer des Verfahrens bedingt ist. Schließlich darf der wegen Verstoßes gegen das Subsidiaritätsprinzip (§ 23a Abs. 2 i. Vbg. m. §§ 43 Abs. 2 VwGO; vgl. auch BVerwG 1 WB 173/79 vom 28.1.1981, juris Rn. 55) an sich unzulässige Feststellungsantrag als Verpflichtungsantrag behandelt werden, wenn darin materiell keine Antragsänderung liegt (BVerwG 1 WB 19/79 vom 29.7.1980, juris Rn. 26 f.).

4. Rechte des Soldaten und Pflichten eines Vorgesetzten

4.1. Vorbemerkung. Eine zusätzliche prozessuale Einschränkung für den **11** Antrag folgt daraus, dass der Antragsteller ausdrücklich die Verletzung eines jener Rechte behaupten muss, die im Zweiten Unterabschnitt des Ersten Abschnittes des Soldatengesetzes mit Ausnahme der §§ 24, 25, 30 und 31 geregelt sind. Diese Einschränkung bezieht sich auf beide Voraussetzungen des Absatzes 1, umfasst also die Verletzung von Rechten des Beschwerdeführers ebenso wie die Verletzung von Pflichten eines Vorgesetzten (BVerwGE 63, 152 = NZWehr 1979, 105 = ZBR 1981, 135 f.). Um daher Gegenstand eines gerichtlichen Antragsverfahrens sein zu können, müssen die durch § 17 der Entscheidungskompetenz der Wehrdienstgerichte zugewiesenen Vorschriften des Soldatengesetzes entweder Rechte des Beschwerdeführers oder Pflichten eines Vorgesetzten enthalten. Ist das nicht der Fall, kann zwar die persönliche Antragsberechtigung (Status als Soldat) vorliegen, es fehlt jedoch an den materiellen Voraussetzungen, so dass gemäß § 82 SG die Verwaltungsgerichte zuständig wären. Die generelle Verweisung des Absatzes 1 Satz 1 auf die Bestimmungen des Soldatengesetzes ist daher – mit Ausnahme der §§ 24, 25, 30 und 31 – für die Zulässigkeit des Rechtswegs zu den Wehrdienstgerichten gesetzestechnisch unsauber, da Fälle denkbar sind, die zwar in § 17 einbezogen sind, tatsächlich aber seinen materiellen Voraussetzungen nicht entsprechen. Andererseits werden durch § 17 auch solche Vorschriften des Soldatengesetzes erfasst, die überhaupt nur für einen früheren Soldaten in Betracht kommen. Auch insoweit ist trotz der Verweisung in Absatz 1 Satz 1 und vorbehaltlich der Regelungen der §§ 1 Abs. 3, 15 der Rechtsweg zu den Truppendienstgerichten nicht gegeben, da es an der persönlichen Antragsberechtigung als Soldat fehlt.

Die Beschränkung auf bestimmte Rechte des Antragstellers macht 12 zudem deutlich, dass nicht jeder Rechtsnachteil, den der Soldat erleidet, zu einer wehrdienstgerichtlichen Nachprüfung führt. Schutz gegen Mobbing ist eher durch Maßnahmen der Dienstaufsicht und Personalführung zu erreichen als durch ein Verfahren vor dem Wehrdienstgericht (BVerwG NZWehr 2009, 26, 28). Es muss sich daher stets um die Verletzung solcher Rechte handeln, die ihren Ursprung in dem besonderen, letztlich auf dem Prinzip von Befehl und Gehorsam beruhenden besonderen Über-Unterordnungsverhältnis haben (BVerwG in ständiger Rspr.; Maiwald, FS Fürst, S. 237). Macht der Soldat die Verletzung seiner Rechte oder die in seine Rechtssphäre hineinwirkende Möglichkeit der Verletzung geltend, muss er zudem die Verletzung oder eben die Möglichkeit hierzu substantiiert darlegen (zu Tätowierungen im Zusammenhang mit ZDv A-2630/1 siehe BVerwG 1 WB 31/14 vom 6.2.2015, juris Rn. 12). Die Verletzung des Beschleunigungsgrundsatzes nach § 17 Abs. 1 WDO ist auf dieser Grundlage nicht rügefähig (BVerwG NZWehr 2007, 164). Ebenso wenig kann die Art und Weise der Verfahrensbehandlung Gegenstand eines selbständigen Verfahrens vor den Wehrdienstgerichten sein (BVerwG 1 WB 15/14 vom 26.8.2014, juris Rn. 23; 1 WB 34/14 vom 4.11.2014, juris Rn. 21). Freilich braucht die Rechtsverletzung nicht stets von einem militärischen Vorgesetzten ausgegangen zu sein (vgl. BVerwG NZWehr 2007, 217). Es kann auch eine Dienststelle der Bundeswehr rechtswidrig gehandelt haben. Diese Fälle werden jedoch selten sein (vgl. BVerwG NZWehr 2007, 217). Regelmäßig geschieht die Rechtsverletzung durch einen militärischen Vorgesetzten. Unerheblich ist, ob dieser schuldhaft gehandelt hat (BVerwGE 83, 242 = NZWehr 1987, 77 = RiA 1987, 66).

13   Die mit dem allgemeinen Dienstverhältnis zusammenhängenden Rechte sowie die Pflichten des Bundes als Dienstherr fallen dagegen nicht in die Zuständigkeit der Truppendienstgerichte (BDHE 4, 169 = NZWehr 1959, 108). Hierfür sind die Verwaltungsgerichte zuständig.

14   Rechte i. S. des Absatzes 1 sind außerdem nur solche, die nicht lediglich dem Allgemeininteresse, sondern – allein oder auch – dem Individualinteresse des Soldaten dienen und die Berechtigung enthalten, vom Staat zum Schutz des Individualinteresses ein bestimmtes Handeln oder Unterlassen zu fordern (**sog. subjektiv-öffentliche Rechte**; vgl. Stelken/Bonk/Sachs, VwVfG, § 40 Rn. 132 ff.; Kopp/Ramsauer, VwVfG, Einf. I Rn. 65 ff.; Kopp/Schenke, VwGO, § 42 Rn. 83 ff.; vgl. auch § 1 Rn. 201). Eingriffe in **Reflexrechte** scheiden damit grundsätzlich aus (siehe auch Ramsauer, JuS 2012, 769, 771). Auch die einem Soldaten innerhalb einer hierarchischen Militär- oder Behördenorganisation zugewiesene Wahrnehmungszuständigkeit für bestimmte dienstliche Aufgaben gibt ihm kein gerichtlich durchsetzbares subjektives Recht (BVerwG NZWehr 2012, 33 = ZBR 2012, 68 LS). Ebenso wenig können allgemeine Regelungen des BMVg Gegenstand der Beschwerde sein, jedenfalls, soweit sie sich ausschließlich an die Vorgesetzten der Soldatin oder des Soldaten richten, da die Beschwerde und der ihr ggf. folgende Antrag auf gerichtliche Entscheidung kein Instrument der objektiven Rechtskontrolle sind (BVerwG 1 WB 4/16 vom 24.5.2016, juris Rn. 16).

15   Anders liegt es, wenn der Antrag mit einer Verletzung von Rechten des Vorgesetzten begründet wird. In Absatz 1 Satz 1 1. Alternative leiten sich die Rechte des Antragstellers aus seiner höchstpersönlichen Rechtsstellung ab, die er auf Grund des Wehrdienstverhältnisses gegenüber dem Staat hat. Die Antragsberechtigung auf Grund einer Verletzung von Vorgesetztenpflichten ist demgegenüber auf die Dienstpflichten des Vorgesetzten zurückzuführen, die dieser zunächst dem Staat gegenüber zu erfüllen hat und die im Einzelfall auch nur mittelbar den Soldaten betreffen. Dass die Einhaltung von Vorgesetztenpflichten gegenüber dem Soldaten gleichwohl zu einer gerichtlichen Überprüfung gestellt werden kann, zeigt, dass hier kraft Gesetzes ein ursprüngliches Reflexrecht in ein subjekt-öffentliches Recht umgewandelt ist. Insoweit enthält Absatz 1 materielles Recht. Jedoch begründet nicht jede Verletzung von Vorgesetztenpflichten den Antrag auf gerichtliche Entschei-

dung. Vielmehr kommen nur solche Pflichten in Betracht, die – mit Ausnahme der §§ 24, 25, 30 und 31 SG – im Zweiten Unterabschnitt des Ersten Abschnitts des Soldatengesetzes enthalten und gegenüber dem Antragsteller verletzt sind. Dazu gehört z. B. nicht die formell vorschriftswidrige Behandlung von Wehrbeschwerden und zwar auch dann nicht, wenn die fehlerhafte Bearbeitung der Beschwerde in der falschen Anwendung oder Nichtbeachtung von Vorschriften über ihre ordnungsgemäße Einlegung besteht (BVerwG 1 WB 70/98 vom 25.3.1999, juris Rn. 5). Wenn eine außerhalb des Zweiten Unterabschnittes des ersten Abschnitts geregelte Vorgesetztenpflicht existierte, bliebe die dazu korrespondierende Rechtsstellung des Soldaten ein reines Reflexrecht.

4.2. Rechte im Einzelnen. § 6 Abs. 1 SG enthält den Grundsatz der **16** staatsbürgerlichen Gleichheit für den Soldaten. Er garantiert ihm die staatsbürgerlichen Rechte, die jedem zustehen (BDHE 4, 171) mit der Einschränkung, dass sie im Rahmen der Erfordernisse des militärischen Dienstes durch seine gesetzlich begründeten Pflichten beschränkt werden können (vgl. hierzu ausführlich Scherer/Alf/Poretschkin/Lucks, SG, § 6 Rn. 3 ff.; Walz in Walz/Eichen/Sohm, SG, § 6 Rn. 23 ff.; v. Scheliha, S. 168; Ullmann, S. 61).

Zu den staatsbürgerlichen Rechten gehören vor allem: **17**
– Der Anspruch auf **Achtung und Schutz der Menschenwürde**, Art. 1 GG; er ist nicht einschränkbar (Scherer/Alff/Poretschkin/Lucks, SG, § 6 Rn. 11 ff; vgl. auch Widmaier, PersV 1998, 171); keine Verletzung der Menschenwürde ist die Verwertung eines psychologischen Tests in einem Auswahlverfahren (BVerwG NZWehr 1981, 147). Zur entwürdigenden Behandlung eines Soldaten siehe auch die Nachweise in MüKoStGB/Dau, WStG § 31 Rn. 3 f. und Scherer/Alff/Poretschkin/Lucks, aaO; zur Menschenwürde weiblicher Soldaten siehe E. U. Schwandt, ZBR 2000, 226);
– Das Recht auf freie Entfaltung der Persönlichkeit, soweit es nicht die Rechte anderer verletzt und nicht gegen die verfassungsmäßige Ordnung oder das Sittengesetz verstößt, Art. 2 Abs. 1 GG. Die Pflicht zur Gesunderhaltung (§ 17 Abs. 4 SG) bedeutet keine Einschränkung dieses Grundrechts (BDHE 5, 231, 232); zur Frage, wie viel Schmuck bei der Verrichtung des Dienstes in Uniform erlaubt ist, siehe Pötz, NZWehr 2003, 245;
– Das **Recht auf körperliche Unversehrtheit** nach Art. 2 Abs. 2 GG, vorbehaltlich der Beschränkung nach § 17 Abs. 4 SG. Bei ärztlichen Eingriffen, die weder mit Schmerz noch mit einer Gesundheitsstörung verbunden sind, ist dieses Grundrecht nur verletzt, wenn die Beeinträchtigung der Körpersphäre sich als eine unangemessene, üble Behandlung von nicht unbeträchtlichem Gewicht darstellt (BVerwGE 46, 1 = NZWehr 1972, 221; siehe ausführlich Lingens, Der Schutz von Leben und Gesundheit im Wehrdienstverhältnis unter Berücksichtigung der Pflicht zur Gesunderhaltung, 1982; derselbe, NZWehr 2008, 120). Zur Impfpflicht des Soldaten gegen Wundstarrkrampf siehe BVerwGE 33, 339 = NJW 1970, 532 ff.; zur Einweisung eines Soldaten zur Überprüfung seiner vollen Verwendungsfähigkeit siehe BVerwGE 63, 278 = NZWehr 1980, 137; zur befohlenen Teilnahme an der Röntgenreihenuntersuchung BVerwGE 83, 191 = NZWehr 1986, 209;
– Der **Gleichheitsgrundsatz** nach Art. 3 GG. Hiergegen verstößt die Anordnung, die eine unterschiedliche Teilnahmeverpflichtung an der Ge-

meinschaftsverpflegung für Lehrgangsteilnehmer und Schüler vorsieht (BVerwG NZWehr 1962, 61). Dagegen befindet sich ein Erlass über freien Ausgang, Nacht- und Wochenendurlaub nicht im Widerspruch zum Gleichheitsgrundsatz, wenn er auf den Dienstgrad abstellt (BVerwGE 33, 32 = NZWehr 1968, 146, vgl. auch BVerwG NZWehr 1969, 103, 106). Zu den Rechten i. S. von Absatz 1 gehört auch der Anspruch auf Gleichbehandlung. Hiermit steht in Einklang, dass für Soldatinnen in Bezug auf ihre Haartracht andere Regelungen gelten (BVerwG NZWehr 2000, 33). Nicht vor den Wehrdienstgerichten durchsetzbar ist die Pflicht, bei der Beförderung von Soldaten den Gleichheitsgrundsatz zu beachten, denn die Beförderung obliegt dem Dienstherrn, so dass gemäß § 82 SG der Verwaltungsrechtsweg gegeben ist (BVerwG 1 WB 57/93 vom 28.9.1993, juris Rn. 4; vgl. auch BDHE 4, 169; Scherer/Alff/Poretschkin/Lucks, SG, § 82 Rn. 10);

– Das **Recht auf Glaubens- und Gewissensfreiheit** sowie der **ungestörten Religionsausübung**, Art. 4 GG, siehe auch § 36 SG, der dem Soldaten einen Anspruch auf Seelsorge und ungestörte Religionsausübung ausdrücklich zuerkennt. Dieser wird beeinträchtigt, wenn Druck zur Teilnahme an einer Veranstaltung der Militärseelsorge ausgeübt wird, indem für die Nichtteilnehmer ohne wichtigen Grund ein unangemessener Dienst angesetzt wird (BVerwGE 73, 247 = NZWehr 1982, 31; zur Religionsfreiheit im Wehrdienstverhältnis siehe Spranger, RiA 1997, 173; zur Verletzung Dritter durch die Verwendung christlich-religiöser Symbole beim Großen Zapfenstreich OVG NRW NZWehr 2008, 83). Zum Recht auf Kriegsdienstverweigerung, Art. 4 Abs. 3 GG, siehe Scherer/Alff/Poretschkin/Lucks, SG, § 6 Rn. 27 ff. Zur Gewissensfreiheit des Soldaten als Unverbindlichkeitsgrund gegenüber einem Befehl siehe BVerwGE 127, 302 = NJW 2006, 77 = NZWehr 2005, 254 LS = RiA 2005, 288; Walz, in Walz/Eichen/Sohm, SG, § 11 Fn 28; § 1 Rn. 188;

– Das **Recht auf freie Meinungsäußerung und Informationsfreiheit,** Art. 5 GG. Dieses Grundrecht wird auf der Grundlage des Art. 17a Abs. 1 GG durch eine Reihe soldatenrechtlicher Vorschriften eingeschränkt (hierzu siehe mit ausführlichen Nachweisen Scherer/Alff/Poretschkin/Lucks, SG, § 6 Rn. 31 ff. und Lucks, UBWV 2008, 10). Für Angehörige der Reserve ergeben sich die Schranken durch die allgemeinen Gesetze i. S. von Art. 5 Abs. 2 GG (BVerwGE 43, 9 = NZWehr 1970, 132; zum Zitiergebot des Art. 19 Abs. 1 Satz 2 GG siehe BVerfGE 28, 282 = NZWehr 1971, 23; vgl. auch BVerfG NZWehr 1992, 205 sowie BVerwGE 43, 48 = DVBl 1970, 362). Die Soldaten können ihre Meinung frei und offen äußern, sie muss aber besonnen, sachlich und tolerant vertreten werden (BVerfGE 28, 36 = NZWehr 1970, 177). Ein politisch kritisch abgefasster Leserbrief bleibt rechtmäßig (BVerwG NZWehr 1974, 107; siehe auch BVerwG NZWehr 1984, 258; 1985, 113). Dagegen berechtigt die Verschwiegenheitspflicht nach § 14 SG den BMVg, einem Soldaten eine Pressekonferenz über ein Gerichtsverfahren und die ihm zugrundeliegenden dienstlichen Umstände zu verbieten (BDH NZWehr 1964, 28). Auch kann dem Soldaten untersagt werden, einen Aushang mit privaten Meinungsäußerungen zu allgemeinen politischen Fragen an der Tür seines Dienstzimmers anzubringen (BVerwG NZWehr 2000, 125; im Übrigen siehe Zentralerlass B-2110/3 „Private Veröffentlichungen und

Vorträge"). Zur Meinungsfreiheit des Soldaten siehe auch Fleig, NZWehrr 1971, 170; Koch, NZWehrr 1975, 52; Lingens, UBWV 1980, 298; Lisken, NJW 1980, 1503; Buth, NZWehrr 1981, 216; Riehl, Freie Meinungsäußerung in der Bundeswehr, 1987; Willending, NZWehrr 1989, 140; Graßhof, NZWehrr 1995, 177; E. U. Schwandt, ZBR 1999, 402 sowie BVerwGE 86, 188; 93, 323; BVerwG NZWehrr 1994, 249 = NVwZ 1996, 68;

– Art. 6 Abs. 1, 4 GG; weder der **Schutz von Ehe und Familie** noch die Fürsorgepflicht gebieten es, einem Berufssoldaten einen Sonderurlaub zu gewähren, um ihm das Zusammenleben mit seiner sich im Ausland aufhaltenden Ehefrau zu ermöglichen (BVerwG RiA 2000, 33 = ZBR 1999, 391 LS; siehe auch BVerwG ZBR 1999, 313). Der grundgesetzlich verbriefte Mutterschutz gilt auch für weibliche Soldaten (Verordnung über den Mutterschutz für Soldatinnen vom 18.11.2004, BGBl. I S. 2858);
– das **Recht auf Versammlungsfreiheit,** Art. 8 GG;
– das **Recht auf Koalitionsfreiheit,** Art. 9 GG;
– das **Recht auf Wahrung des Briefgeheimnisses,** Art. 10 GG;
– das **Recht der freien Berufswahl,** Art. 12 GG. Dieses begründet keinen Anspruch, aus seinen Verpflichtungen vorzeitig entlassen oder in einer anderen Laufbahn weiterverwendet zu werden (BVerwG ZBR 2000, 306);
– das **Petitionsrecht,** Art. 17 GG. Zu seinem Umfang und den Grenzen siehe Einf. Rn. 110 ff.;
– das **Recht auf Rechtsschutz gegen Rechtsverletzungen durch hoheitliche Gewalt,** Art. 19 Abs. 4 (siehe auch Einf. Rn. 36 f.);
– das **Recht zu wählen und an Abstimmungen teilzunehmen,** Art. 48 GG (siehe auch Art. 137 Abs. 1 GG sowie § 25 SG). Zur politischen Betätigung von Soldaten vgl. § 15 SG und den Erlass „Politische Betätigung von Soldaten, insbesondere bei Europa-, Bundestags-, Landtags- und Kommunalwahlen vom 18.11.1980 (VMBl 1980 S. 533; VMBl 1988 S. 25). Zur Gewährung von Sonderurlaub anlässlich eines Wahlkampfes siehe BVerwG NJW 1975, 1937; ferner „Uniformtragen bei politischen Veranstaltungen" in ZDv A1–2630/0–9804 Abschnitt 1.2.2 Nr. 124 ff. und BVerfG NZWehrr 1981, 186; BVerwG NZWehrr 1983, 105;
– das **Recht auf Aburteilung durch den gesetzlichen Richter,** Art. 101 Abs. 1 Satz 2 GG (vgl. § 26 SG);
– das **Recht auf rechtliches Gehör,** Art. 103 Abs. 1 GG; siehe auch § 23a Abs. 3 und die Erl. dort;
– das **Recht auf Richterspruch bei Freiheitsentziehungen** nach Art. 104 Abs. 2 GG; siehe auch § 40 WDO).

Bei der Berufung auf die allgemeinen staatsbürgerlichen Rechte ist stets **18** sorgfältig zu prüfen, ob der Gegenstand der Beschwerde dem besonderen militärischen Über-Unterordnungsverhältnis zuzurechnen ist. Es wäre unzulässig, unter Berufung auf den Gleichheitsgrundsatz etwa eine Verletzung des § 31 SG zu rügen, um damit über § 17 Abs. 1 i. Vbg. m. § 6 SG und Art. 3 GG die Zuständigkeit des Truppendienstgerichts zu begründen. Gegenstand der Beschwerde wäre in diesem Fall nicht die Verletzung des Gleichheitsgrundsatzes, sondern die auf § 31 SG zurückzuführende Maßnahme, die jedoch zur Überprüfung durch das Verwaltungsgericht gestellt ist.

Zu den Rechten aus dem Soldatengesetz gehören u. a.: **19**

- Nach § 9 Abs. 1 Satz 2 SG haben Berufssoldaten und Soldaten auf Zeit das Recht, den Diensteid auch ohne die religiöse Beteuerungsformel zu leisten. Für Mitglieder einer Religionsgemeinschaft siehe § 9 Abs. 1 Satz 3 SG. Das Ablegen des feierlichen Gelöbnisses (§ 9 Abs. 2 SG) für die unter § 59 Abs. 3 Satz 1 SG fallenden Personen, die sich freiwillig zu Dienstleistungen gemäß § 60 SG verpflichtet haben (§ 59 Abs. 3 Satz 2 SG), ist eine Dienstpflicht und kann befohlen werden (OVG Münster NZWehr 1976, 155 = RiA 1976, 132; Scherer/Alff/Poretschkin/Lucks, SG, § 9 Rn. 9; Walz in Walz/Eichen/Sohm, SG § 9 Rn. 26 ff. bejahend für den Eid, in Rn. 42 verneinend für das feierliche Gelöbnis; in jedem Fall ablehnend Busch, NZWehr 1969, 137; Stauf, NZWehr 1987, 89);
- Pflicht zur Verschwiegenheit, § 14 Abs. 2 SG (BVerwG 1 WB 24/08 vom 30.9.2008, juris Rn. 16);
- das Recht, im Gespräch mit Kameraden seine eigene, auch politische, Meinung zu äußern, § 15 Abs. 1 Satz 2 SG; siehe auch § 6 SG i. Vbg. m. Art. 5 GG;
- der Soldat muss ärztliche Eingriffe in seine körperliche Unversehrtheit nur dann dulden, wenn es sich um Maßnahmen handelt, die der Verhütung und Bekämpfung übertragbarer Krankheiten dienen, § 17 Abs. 4 Satz 3 SG; siehe auch § 6 SG i. Vbg. m. Art. 2 Abs. 2 GG (BVerwGE 33, 339 = NJW 1970, 532; NZWehr 1980, 137). Zur Verletzung der ärztlichen Schweigepflicht vgl. BDH NZWehr 1963, 165 = JZ 1963, 414 m. Anm. Eb. Schmidt);
- über Rechtsverletzungen im Bereich des § 18 SG entscheiden die Wehrdienstgerichte, wenn der Gegenstand der Beschwerde die Verpflichtung zum Wohnen in der Gemeinschaftsunterkunft betrifft (BVerwG ZBR 1983, 167 LS), z. B. ob ein „besonderes Dienstgeschäft" vorliegt, das zum Wohnen in der Gemeinschaftsunterkunft und zur Teilnahme an der Gemeinschaftsverpflegung verpflichtet (BVerwG 1 WB 137.90 vom 22.4.1992, juris Rn. 1; zur Verpflichtung zum Wohnen in der Gemeinschaftsunterkunft siehe auch TDG Süd NZWehr 2006, 255 m. Anm. Eiben, S. 257). Dagegen entscheidet über Anordnungen zur Art und Weise, in der die Truppenverpflegung dargereicht wird, das Verwaltungsgericht (BVerwG NZWehr 1983, 75 = ZBR 1983, 167 LS);
- das Recht, eine schriftstellerische, wissenschaftliche, künstlerische oder Vortragstätigkeit ohne Genehmigung auszuüben, § 20 Abs. 3 SG (vgl. auch den Zentralerlass B-2110/3 „Private Veröffentlichungen und Vorträge"). Zur privatärztlichen Nebentätigkeit eines Sanitätsoffiziers siehe BVerwG 1 WB 10/83 vom 22.4.1992, juris Rn. 12;
- vor Erlass des Verbots der Ausübung des Dienstes ist der Soldat zu hören, § 22 Satz 3 SG i. Vbg. m. „Verbot der Ausübung des Dienstes" (ZDv A-2160/6 Abschnitt 1.13);
- das Recht auf alljährlichen Erholungsurlaub unter Fortzahlung der Geld- und Sachbezüge, § 28 Abs. 1 SG i. Vbg. m. der SUV;
- das Recht auf Betreuungsurlaub (§ 28 Abs. 5 SG) und Elternzeit (§ 28 Abs. 7 SG) sowie auf Urlaub bis zum Beginn des Ruhestands (§ 28a SG; zum wehrdienstgerichtlichen Rechtsweg siehe BVerwG NZWehr 2011, 39);
- über Behauptungen tatsächlicher Art, die für den Soldaten ungünstig sind oder ihm nachteilig werden können, muss er vor Aufnahme in die Personalakten oder der Verwertung in einer Beurteilung gehört werden (§ 29

Abs. 5 SG). Seine Äußerung ist zu den Personalakten zu nehmen. Außerdem ist ihm eine Beurteilung in ihrem vollen Wortlaut zu eröffnen und mit ihm zu besprechen (§ 2 Abs. 1 SLV). Sind die Personalakten ganz oder teilweise verloren gegangen oder vernichtet worden, steht dem Soldaten ein Anspruch auf Wiederherstellung zu (BVerwG NZWehr 1969, 60). Auch dieser Wiederherstellungsanspruch zielt letztlich auf Gewährung von Einsicht in die Personalunterlagen ab, seine rechtliche Natur ist gleich dem ursprünglichen Anspruch (BVerwG aaO; OVG Rheinland Pfalz RiA 1964, 289 f.);

- Teilzeitbeschäftigung, § 30a SG;
- Zusammentreffen von Urlaub und Teilzeitbeschäftigung, § 30b SG;
- das Recht, ein vorläufiges Dienstzeugnis zu beantragen, § 32 Abs. 2 SG (zum Dienstzeugnis siehe Müssig, ZBR 1982, 136);
- das Recht, sich zu beschweren, § 34 SG (BVerwGE 73, 208 = ZBR 1983, 74);
- das Recht auf Beteiligung durch Vertrauenspersonen, Gremien der Vertrauenspersonen und deren Sprecher oder durch Personalvertretungen (§ 35 SG i. Vbg. m. dem SBG);
- der Anspruch auf Seelsorge und ungestörte Religionsausübung, § 36 SG; vgl. auch § 6 SG i. Vbg. m. Art. 4 Abs. 2 GG (BVerwGE 46, 11, 14: die Soldatenwallfahrt nach Lourdes ist keine Veranstaltung der Militärseelsorge).

Ein gerichtlich nicht durchsetzbares Reflexrecht ist der Anspruch auf **20** Kameradschaft, § 12 SG (vgl. BVerwG NZWehr 1979, 179). Auch die Verpflichtung, dem Soldaten staats- und völkerrechtlichen Unterricht zu erteilen, begründet für den einzelnen Soldaten kein subjektiv-öffentliches Recht, die Durchsetzung des Unterrichts auch zu erzwingen (vgl. Obermayer, DVBl 1957, 265; BVerwGE 43, 162; a. A. Stauf, WR II, § 17 WBO Rn. 9).

Nicht zu den Rechten i. S. des § 17 Abs. 1 gehört § 23 Abs. 2 SG; er **21** enthält für den früheren Soldaten nur die gesetzliche Fiktion, dass bestimmte Pflichtverletzungen als Dienstvergehen gelten, die nach den Vorschriften der WDO zu ahnden sind (§ 23 Abs. 3 SG). Ebenfalls aus der Verweisung des Absatzes 1 ausgenommen ist § 32 Abs. 1 SG. Zwar räumt er seinem Wortlaut nach dem Soldaten einen von Amts wegen zu erfüllenden Anspruch auf eine Dienstzeitbescheinigung ein. Diese ist ihm jedoch erst nach Beendigung seines Wehrdienstes auszustellen, zu einem Zeitpunkt also, in dem er nicht mehr Soldat ist; § 1 Abs. 3 findet daher keine Anwendung. Wird ihm nach Ausscheiden aus dem Wehrdienstverhältnis eine Dienstzeitbescheinigung versagt, kann er folglich nur nach den Vorschriften der VwGO vorgehen. Auch das Verbot einer Tätigkeit nach dem Ausscheiden aus dem Wehrdienst (§ 20a Abs. 2 SG) kann nach erfolglos eingelegtem Widerspruch nur vor den Verwaltungsgerichten angefochten werden (BVerwG NZWehr 1986, 39).

Zu den in den §§ 6 bis 23, 26 bis 29 und §§ 32 bis 36 SG geregelten **22** Rechten des Soldaten oder Pflichten eines Vorgesetzten ihm gegenüber (siehe Rn. 28) gehört auch nicht die formell vorschriftsmäßige Behandlung von Wehrbeschwerden oder die Wahrung der dem Soldaten durch die WBO gewährleisteten Verfahrensgarantien (BVerwG 1 WB 149/91 vom 23.4.1992, juris Rn. 5). Gegen die Verzögerung der Bearbeitung einer Wehrbeschwerde ist der Soldat durch die Vorschriften der § 1 Abs. 1 Satz 2, § 16 Abs. 2 und

§ 17 Abs. 1 Satz 2 ebenso geschützt wie gegen das Tätigwerden einer nicht zuständigen Stelle (BVerwG NZWehrr 1970, 69, 70; 1979, 105 = ZBR 1981, 135).

23   Aus dem Katalog des Zweiten Unterabschnittes des Ersten Abschnittes des Soldatengesetzes sind ausdrücklich (Satz 2) aus der wehrdienstgerichtlichen Kompetenz ausgenommen:
   – § 24 SG: die vermögensrechtliche Haftung des Soldaten gegenüber dem Dienstherrn;
   – § 25 SG: Wahlrecht und Amtsverhältnisse der in ein Parlament gewählten Soldaten;
   – § 30 SG: Geld- und Sachbezüge, Versorgung;
   – § 31 SG: Fürsorgepflicht des Bundes gegenüber Berufssoldaten und Soldaten auf Zeit.

24   Rechtsstreitigkeiten aus Anlass einer Rechts- oder Pflichtverletzung insoweit führen zum Verwaltungsgericht (§ 82 Abs. 1 SG).

25   **4.3. Vorgesetztenpflichten.** Die zu subjektiv-öffentlichen Rechten erstarkten Reflexrechte des Soldaten auf Einhaltung der Vorgesetztenpflichten des Zweiten Unterabschnittes des Ersten Abschnittes des Soldatengesetzes sind vornehmlich in § 10 SG enthalten.
   – Absatz 3 begründet die Pflicht des Vorgesetzten, für seine Untergebenen zu sorgen (dazu im Einzelnen Scherer/Alff/Poretschkin/Lucks, SG, § 10 Rn. 16 ff.; Walz in Walz/Eichen/Sohm, SG, § 10 Rn. 43 f.). Die in § 10 Abs. 3 SG angesprochene Fürsorgepflicht ist streng von der allgemeinen Fürsorgepflicht nach § 31 SG zu unterscheiden, die dem Staat gegenüber dem Soldaten obliegt und über deren Einhaltung die Verwaltungsgerichte zu entscheiden haben. Im gerichtlichen Antragsverfahren vor den Wehrdienstgerichten kann der Soldat feststellen lassen, dass die Handlung oder Unterlassung eines Vorgesetzten wegen Verstoßes gegen die Fürsorgepflicht (§ 10 Abs. 3 SG) rechtswidrig war (BVerwG NZWehrr 1976, 96). Zu den Pflichten des Vorgesetzten dem Soldaten gegenüber gehört nicht die Pflicht zur Sachverhaltsaufklärung nach § 32 WDO; diese obliegt ihm ausschließlich gegenüber dem Dienstherrn (BVerwG 1 WB 3/07 vom 26.6.2007, juris Rn. 19). Auf Inhalt und Umfang disziplinarer Ermittlungen kann der einzelne Soldat mit der Wehrbeschwerde daher keinen Einfluss nehmen. Andererseits gehört es zur Fürsorgepflicht des Vorgesetzten gegenüber einem Untergebenen, ihn vor der Begehung von Dienstpflichtverletzungen und der Gefahr einer disziplinaren Maßregelung zu bewahren (BVerwGE 86, 145, 147; 120, 166 = NZWehrr 2004, 209; BVerwG ZBR 2005, 425).
   – Der Vorgesetzte darf Befehle nur zu dienstlichen Zwecken und nur unter Beachtung der Regeln des Völkerrechts, der Gesetze und der Dienstvorschriften erteilen (§ 10 Abs. 4 SG (vgl. näher § 1 Rn. 168 ff.).

26   Weitere Pflichten des Vorgesetzten ergeben sich aus § 13 Abs. 2 SG, wonach eine Meldung nur gefordert werden darf, wenn der Dienst dies rechtfertigt, sowie aus § 15 Abs. 4 SG. Hiernach darf ein Vorgesetzter seine Untergebenen nicht für oder gegen eine politische Meinung beeinflussen (hierzu näher Scherer/Alff/Poretschkin/Lucks, SG, § 15 Rn. 20 m. w. Nachw.; Walz in Walz/Eichen/Sohm, SG, § 15 Rn. 43).

27   Der Vorgesetzte hat zwar die Pflicht zur Dienstaufsicht (§ 10 Abs. 2 SG; § 14 WBO), ohne dass damit für den Soldaten ein subjektiv-öffentliches

Recht begründet wird, diese auch einzuklagen (BVerwG 1 WB 42/17 vom 31.1.2018, juris Rn. 33; 1 WB 5/17 vom 30.3.2017, juris Rn. 22; 1 WB 33/16 vom 30.3.2017, juris Rn. 24; NZWehr 1970, 108; 1991, 211; Vogelgesang, GKÖD Yk, § 10 Rn. 4).

4.4. Anspruch auf Ausübung fehlerfreien Ermessens. Die Frage, ob **28** dem Einzelnen ein subjektiv-öffentliches Recht auf fehlerfreie Ausübung des Ermessens zusteht, wird von der insoweit materielles Recht enthaltenen Vorschrift des § 17 Abs. 1 für den Fall bejaht, dass ein Vorgesetzter dem Soldaten gegenüber tätig wird. Nach § 10 Abs. 4 SG darf ein Befehl nur zu dienstlichen Zwecken erteilt werden. Zweckfremd in diesem Sinne handelt der Vorgesetzte, der sein Ermessen überschreitet oder missbraucht. Unabhängig vom Befehlsrecht ergibt sich der Anspruch auf fehlerfreie Ermessensausübung aber schon unmittelbar aus § 6 SG; zu den einem Soldaten zustehenden gleichen staatsbürgerlichen Rechten gehört der Anspruch darauf, dass ein von ihm gestellter Antrag rechtsfehlerfrei unter Beachtung des Gleichbehandlungsgebotes entschieden wird (BVerwG NZWehr 2004, 259; vgl. auch BVerwGE 85, 55 = NZWehr 1989, 106). Wenn das Gesetz den Vorgesetzten ermächtigt, nach seinem Ermessen tätig zu werden (§ 40 VwVfG), kann der Soldat beanspruchen, dass diese Entscheidung ermessensfehlerfrei getroffen wird. Der Vorgesetzte handelt rechtswidrig, der die gesetzlichen Grenzen des Ermessens überschreitet oder von dem Ermessen in einer dem Zweck der Ermächtigung nicht entsprechenden Weise Gebrauch macht (§ 114 VwGO).

4.5. Erfüllung einer Zusage. Die einem Soldaten von einem Vorgesetzten **29** rechtmäßig erteilte Zusage auf Vornahme oder Unterlassung einer Maßnahme kann mit dem Antrag auf gerichtliche Entscheidung eingelöst werden. Zusicherungen, die sich auf truppendienstliche Verwendungs- und Personalmaßnahmen beziehen bedürfen zur Wirksamkeit der Schriftform gemäß § 38 Abs. 1 Satz 1 VwVfG (BVerwG 1 WB 38/17 vom 1.3.2018, juris Rn. 35 unter Aufgabe der bisherigen Rechtsprechung). Im Übrigen liegt eine den Vorgesetzten bindende Zusage liegt nur vor, wenn eine entsprechende Erklärung als hoheitliche Selbstverpflichtung mit einem Bindungswillen zu einem Tun oder Unterlassen in der Zukunft und von einem Vorgesetzten abgegeben wird, der zu dieser Erklärung auf Grund der Handlungszuständigkeit seiner Dienststelle selbst und nach seiner eigenen Stellung in dieser Dienststelle befugt ist (so BVerwGE 53, 163, 166; 63, 110, 113; vgl. auch BVerwG NZWehr 1987, 120 LS; BVerwGE 93, 320; § 38 Abs. 1 VwVfG). Wie sich die Änderung der Rechtsprechung des BVerwG zum Erfordernis der Schriftform auch auf andere Maßnahmen als truppendienstliche Verwendungs- und Personalmaßnahmen auswirkt, bleibt abzuwarten. Es ist jedoch davon auszugehen, dass sukzessive eine Anpassung hin zu formelleren Kriterien erfolgen wird.

Durch Verwaltungsvorschriften, die nicht im Interesse des Soldaten erlassen **30** worden sind, entsteht diesem gegenüber keine Selbstbindung des Vorgesetzten oder der Dienststelle (BVerwGE 53, 280). Auch die Mitteilung von Planungsvorstellungen enthält keine Zusicherung, die mitgeteilte Planung auch zu verwirklichen (BVerwGE 63, 165, 166). Selbst eine verfügte Versetzung ist keine Zusage, auf dem entsprechenden Dienstposten auch verwendet zu werden (BVerwG NZWehr 1994, 23). Unter bestimmten Voraussetzungen kann eine Zusage auch zurückgenommen werden. Der Vorgesetzte ist an seine Zusage nicht mehr gebunden, wenn sich nach ihrer Abgabe die Sach- und Rechtslage derart geändert hat, dass er bei Kenntnis der nachträglich eingetretenen Änderung die Zusage nicht gegeben hätte, sie aus rechtlichen Gründen nicht hätte gegeben werden dürfen oder wenn ihm nicht mehr zugemutet werden kann, die Zusage einzuhalten (BVerwGE 53, 182; 93, 320, 322 = NZWehr 1993, 119 m. Nachw.; BVerwG NZWehrr 2002, 40; vgl. auch § 38 Abs. 3 VwVfG). Im Übrigen kann eine Zusage nicht eingehalten werden, wenn dies rechtlich oder tatsächlich nicht möglich ist (BVerwGE 93, 320 = NZWehrr 1993, 119); beispielsweise können Verwendungszusagen nicht eingelöst werden, wenn der Soldat die erforderliche Eignung oder Befähigung nicht (mehr) besitzt (BVerwG DVBl 1976, 339; 1 WB 10/78 vom 29.11.1978). Ein Leistungsabfall von „gut" auf „befriedigend" ist keine wesentliche, die Rücknahme der Zusage, den Soldaten zum Hochschulstudium zuzulassen, rechtfertigende Änderung (BVerwGE 53, 182).

5. Rechts- und Pflichtenverletzung

31 **5.1. Vorbemerkung.** Das gerichtliche Antragsverfahren setzt stets einen auf einem rechtswidrigen dienstlichen Handeln oder Unterlassen beruhenden Eingriff in die Rechte des Antragstellers oder eine Verletzung gerade ihm gegenüber bestehender Pflichten eines Vorgesetzten voraus. Da es nicht Sinn des gerichtlichen Antragsverfahrens ist, allgemein das Handeln von Vorgesetzten oder militärischen Dienststellen zu überprüfen, muss der Antragsteller geltend machen, in seinen Rechten oder durch eine Verletzung von gerade ihm gegenüber bestehenden Vorgesetztenpflichten verletzt zu sein (BDH NZWehr 1961, 95: „unmittelbares Betroffensein"), jedenfalls muss nach dem von ihm vorgetragenen Sachverhalt eine Rechtsverletzung wenigstens möglich erscheinen (BVerwG NZWehr 1984, 36). Ein Vorgang kann gerichtlich nur überprüft werden, wenn er bereits eine die Rechtssphäre des Antragstellers berührende Maßnahme, ihre Ablehnung oder Unterlassung, enthält (BDHE 7, 164; 4, 178 = NZWehrr 1959, 105, NZWehrr 1962, 61; Oetting, Beschwerderecht, S. 97). Insoweit erweisen sich die Voraussetzungen des gerichtlichen Antragsverfahrens nach der WBO als identisch mit dem Begriff der Rechtsverletzung nach Art. 19 Abs. 4 GG (Lerche, Grundrechte, S. 516).

32 Für die Zulässigkeit des Antrages reicht es aus, dass der Antragsteller tatsächliche Behauptungen aufstellt, aus denen das Gericht eine Rechtsverletzung oder die Verletzung von Vorgesetztenpflichten schließen kann (BVerwGE 3, 237; 39, 345; 63, 343 = NZWehr 1980, 185 = ZBR 1981, 345; BVerwG NZWehrr 1984, 36; 2004, 259, 260). Fehlen Behauptungen dieser Art oder lassen sie sich nicht wenigstens im Wege der Auslegung dem Antrag entnehmen, ist dieser unzulässig (BVerwG NZWehrr 1991, 114). Das bloße Zitat einer in Betracht kommenden soldatenrechtlichen Pflicht reicht nicht aus (BVerwGE 63, 343 = NZWehrr 1980, 185 = ZBR 1981, 345). Auch ein unbestimmtes, nicht konkretisiertes Vorbringen kann nicht Gegenstand z. B. eines Verpflichtungsantrages sein (BVerwG 1 WB 55.95, 56.95 vom 30.1.1996, juris Rn. 6).

33 Im Rahmen der Zulässigkeitsvoraussetzungen ist es nicht erforderlich, dass eine Rechtsverletzung oder eine Verletzung von Vorgesetztenpflichten auch tatsächlich vorliegt. Die Prüfung, ob im Einzelfall der Antragsteller durch eine

dienstliche Maßnahme oder durch einen Verstoß gegen Vorgesetztenpflichten verletzt ist, gehört in die Begründetheit.

5.2. Beschwer. Die gerichtliche Geltendmachung einer Rechtsverletzung **34** oder einer Verletzung von Vorgesetztenpflichten bedeutet das Behaupten einer Beschwer; der Antragsteller muss in seiner ihm individuell zustehenden Rechtsposition rechtswidrig beeinträchtigt sein (vgl. BVerwG NZWehr 1985, 121). Da das gerichtliche Antragsverfahren die Fortsetzung des Beschwerdeverfahrens ist, ergibt sich das Vorliegen einer Beschwer zunächst aus einem Vergleich zwischen dem Begehren des Antragstellers und dem Inhalt der Beschwerdeentscheidung. Der Antragsteller ist beschwert, wenn er im Beschwerdeverfahren nicht oder nicht ganz Erfolg gehabt hat, wenn er also einen ablehnenden oder teilweise ablehnenden Beschwerdebescheid oder auf seine weitere Beschwerde überhaupt keinen Bescheid erhalten hat. Er ist auch beschwert, wenn seine Beschwerde nicht aus sachlichen, sondern aus formalen Gründen als unzulässig zurückgewiesen worden ist. Keine Beschwer liegt vor, wenn der Antragsteller im vorangegangenen Beschwerdeverfahren alles bekommen hat, was er verlangte, wenn also die Beschwerdeentscheidung in Übereinstimmung mit seinem materiellen Begehren ergangen ist (BVerwG 1 WB 4.07 vom 29.1.2008, juris Rn. 26). Hat es die Beschwerdeinstanz in diesem Fall versäumt, eine Entscheidung nach § 13 Abs. 2 Satz 2 zu treffen, ist der Antragsteller nicht beschwert. An einer Beschwer fehlt es auch, wenn lediglich die Entscheidungsgründe des Beschwerdebescheides eine belastende Feststellung enthalten (BDHE 4, 283; auch BVerwG NZWehr 1985, 23), eine an sich zutreffende Maßnahme nur unrichtig begründet ist oder der Disziplinarvorgesetzte der Beschwer bereits im Wege der Dienstaufsicht abgeholfen hat (BVerwGE 33, 303). War die Beschwerde zunächst gegen eine Planung gerichtet, die im Laufe des Beschwerdeverfahrens in eine Maßnahme umgesetzt wurde, ist der Antrag auf gerichtliche Entscheidung nunmehr zulässig, obwohl die Beschwerde noch als unzulässig zurückgewiesen wurde (BVerwG 1 WB 105/82 vom 10.11.1983, juris Rn. 16; BVerwGE 63, 187 ff.).

Die Beschwer muss beim Einlegen des Antrags gegeben sein und bis zur **35** Entscheidung fortdauern. Ist die Beschwer vor der Entscheidung entfallen, ist die Hauptsache erledigt. Inwieweit der Antragsteller nach Erledigung der Hauptsache die Rechtswidrigkeit der ursprünglich angefochtenen Maßnahme feststellen lassen kann, hängt davon ab, ob er ein berechtigtes Interesse an der Feststellung der Rechtswidrigkeit hat (§ 19 Abs. 1 Satz 3). Siehe jedoch § 19 Abs. 1 Satz 2: der Darlegung eines berechtigten Interesses bedarf es nicht, wenn ein rechtswidriger Befehl bereits ausgeführt oder anders erledigt war. In diesem Fall hat das Truppendienstgericht von Amts wegen auszusprechen, dass der Befehl rechtswidrig war.

5.3. Rechtsschutzbedürfnis. Voraussetzung für den Antrag ist ferner, **36** dass ein Rechtsschutzbedürfnis vorliegt. Fehlt es, muss der Antrag als unzulässig abgewiesen werden. Auf diese Weise kann einer prozessual sinnlosen Inanspruchnahme des Gerichts schon im Rahmen der Zulässigkeitsprüfung begegnet werden. Denn nur derjenige kann zulässigerweise um Rechtsschutz nachsuchen, dem es nicht an einem objektiv feststellbaren rechtlichen Interesse an der verlangten Entscheidung fehlt. Das Rechtsschutzbedürfnis ist für die unterschiedlichen Anträge von unterschiedlicher Bedeutung. Die Anerkennung eines Rechtsschutzbedürfnisses hängt davon ab, ob die Geltendmachung der Beschwer noch oder schon als zulässig angesehen werden kann. In aller Regel wird es vorliegen, wenn der Antragsteller behauptet, durch eine dienstliche Maßnahme oder die Verletzung von Vorgesetztenpflichten ihm gegenüber betroffen zu sein. Bei Anträgen, die auf Anfechtung einer Maßnahme gerichtet sind, ist daher lediglich zu prüfen, ob ein Rechtsschutzbedürfnis fehlt. Das kann ausnahmsweise der Fall sein, wenn der Antragsteller durch den Beschwerdebescheid schon alles erhalten hat, was er verlangte. Es fehlt, wenn eine Maßnahme, die bereits Gegenstand eines abgeschlossenen gerichtlichen Antragsverfahrens war, erneut zur Prüfung durch das Truppendienstgericht gestellt wird; auch die Rüge nicht vorschriftsmäßiger Behandlung von Wehrbeschwerden begründet kein Rechtsschutzbedürfnis (BVerwGE 33, 303). Kein Rechtsschutzbedürfnis besteht für eine wehrdienstgerichtliche Entscheidung, dass der Tatbestand der Beschwerdeunterdrückung erfüllt sei (§ 35 WStG). Diese Feststellung ist ausnahmslos Sache der Strafgerichte (BVerwG NZWehrr 1981, 149; vgl. auch BVerwG NZWehrr 1978, 101). Anträge auf eine derartige Feststellung sind auch nicht als Strafanzeigen an das zuständige ordentliche Gericht zu verweisen (BVerwG NZWehrr 1981, 149). Ebenso besteht kein Rechtsschutzbedürfnis für den Antrag auf Feststellung, der Vorgesetzte habe den Antragsteller durch Nichtverlängerung der Rechtsbehelfsfrist rechtswidrig zur Prozessführung gezwungen (BVerwG 1 WB 159/78 vom 7.8.1980, juris LS). Dagegen bleibt das Rechtsschutzbedürfnis für den Anfechtungsantrag gegen eine Versetzung bestehen, obwohl der Antragsteller inzwischen weiterversetzt wurde und eine gesonderte Anfechtung der Weiterversetzung nicht erforderlich ist (BVerwG 1 WB 81/81 vom 25.8.1982, juris Rn. 14). Für weitere Einzelheiten wird auf die entsprechend geltenden Erl. zu § 1 Rn. 86 ff. verwiesen.

37   **5.3.1 Rechtsschutzbedürfnis des Feststellungsantrages. a) Berechtigtes Interesse.** Bei Anträgen, die eine Verpflichtung zum Erlass einer abgelehnten oder unterlassenen Maßnahme enthalten, bereitet die Frage nach dem Rechtsschutzbedürfnis im allgemeinen keine Schwierigkeiten. Anträge jedoch, die auf Feststellung der Rechtswidrigkeit gerichtet sind, setzen als besondere Erscheinungsform des Rechtsschutzbedürfnisses ein berechtigtes Interesse an der Feststellung voraus (§ 23a Abs. 2 Satz 1 i. Vbg. m. § 43 Abs. 1 VwGO). Diese unterschiedliche Regelung erklärt sich daraus, dass Feststellungsanträge eine besondere Versuchung darstellen, grundlos alle möglichen Feststellungen der Rechtswidrigkeit zu verlangen. Dem entspricht die Unzulässigkeit solcher Feststellungsanträge, die lediglich abstrakte Rechtsfragen zum Inhalt haben und zwar selbst dann, wenn sie als Vorfrage rechtliche Bedeutung erlangen können (BVerwG I WB 25/76 vom 12.8.1976, juris Rn. 81). Ebenso unzulässig sind auf gesonderte Feststellung der Rechtswidrigkeit oder Unrichtigkeit einer Behauptung gerichtete Anträge (BVerwG 1 WB 58/81 vom 25.5.1983, juris Rn. 24; siehe jedoch BVerwG RiA 1999, 95: zulässiger Feststellungsantrag, dass die Weigerung, eine Bewerbung weiterzuleiten, rechtswidrig gewesen sei) oder die Feststellung, es liege eine Nebentätigkeit vor, wenn der Soldat diese auf Weisung seiner Vorgesetzten schon ausübt (BVerwGE 73, 87). Kein Rechtsschutzbedürfnis besteht an der gesonderten Feststellung, dass ein Verstoß gegen Form-, Frist- und/oder Zuständigkeitsvorschriften des Wehrbeschwerdeverfahrens rechtswidrig sei (BVerwG NZWehrr 1999, 118).

Ein Feststellungsantrag ist auch unzulässig, wenn der Antragsteller seine 38 Rechte mit einem Anfechtungs- oder Verpflichtungsantrag verfolgen kann, sog. **Subsidiarität des Feststellungsantrags** (§ 23a Abs. 2 Satz 1 i. Vbg. § 43 Abs. 2 Satz 1 VwGO; BVerwG NZWehrr 1989, 129 LS; 1992, 118; auch Kopp/Schenke, VwGO, § 43 Rn. 26 ff.). Insbesondere darf der Feststellungsantrag nicht zur Umgehung eines unzulässigen Anfechtungsantrags gemacht werden (Eyermann/Happ, VwGO, § 43 Rn. 40 ff.).

Das Rechtsschutzbedürfnis für einen Feststellungsantrag verlangt 39 entsprechend der ausdrücklichen verwaltungsgerichtlichen Regelung in § 43 Abs. 1 VwGO ein berechtigtes Interesse. Der Begriff des berechtigten Interesses ist weit auszulegen. Er umfasst jedes schutzwürdige Interesse des Soldaten, es kann insbesondere rechtlicher, ideeller oder wirtschaftlicher Natur sein (BVerwG NZWehrr 1998, 26 = ZBR 1998, 242 = NwVZ 1998, 403). Mit der Gebührenfreiheit des Verfahrens vor den Wehrdienstgerichten kann es beispielsweise nicht begründet werden, wohl aber aus Rehabilitationsgründen (siehe z. B. BVerwGE 43, 115; BVerwG 8 C 14/12 vom 16.5.2013, juris Rn. 20 m. w. Nachw.). Es braucht nicht notwendigerweise dienstlichen Bezug zu haben. So kann ein berechtigtes Interesse im Einzelfall anerkannt werden, wenn die Feststellung durch das Truppendienstgericht geeignet sein kann, einen späteren Schadensersatzanspruch aus Amtspflichtverletzung vor den ordentlichen Gerichten zu begründen (BVerwGE 4, 177; 6, 347). Es wäre aber unzulässig, Elemente eines von anderen Gerichten zu entscheidenden Anspruchs zu verselbstständigen und durch das Wehrdienstgericht überprüfen zu lassen (BVerwG 1 WB 139/79 vom 28.10.1980, juris LS). Ein berechtigtes Interesse kann auch bei Wiederholungsgefahr gegeben sein (BVerwG NZWehrr 1999, 120 = ZBR 199, 283; BVerwG 1 WB 11/07 vom 29.4.2008), z. B. wenn der Antragsteller nach vielen Kommandierungen innerhalb kurzer Zeit erneut mit einer Kommandierung rechnen muss. Begehrt der Antragsteller die Feststellung, eine Versetzung sei rechtswidrig, muss für die Frage nach einem berechtigten Interesse zwischen den Auswirkungen der Weg- und den Auswirkungen der Zuversetzung unterschieden werden. Das Rechtsschutzinteresse für die Feststellung der Rechtswidrigkeit einer Wegversetzung bedingt nicht ohne weiteres auch das Rechtsschutzinteresse für die gesonderte Feststellung der Rechtswidrigkeit der Zuversetzung; vielmehr sind beide Vorgänge insoweit getrennt zu betrachten und zu bewerten. Entsprechendes gilt für den Dienstpostenwechsel (BVerwG 1 WB 94.75 vom 30.5.1978, juris Rn. 35). Die Behauptung, die Übertragung einer neuen Verwendung sei diskriminierend gewesen, begründet nach der Versetzung des Antragstellers in den Ruhestand kein berechtigtes Interesse an einer Feststellung mehr (§ 19 Abs. 1 Satz 3; BVerwG 1 WB 94.75 vom 30.5.1978, juris Rn. 36). Für einen aus der Bundeswehr ausgeschiedenen Beschwerdeführer (§ 1 Abs. 3) ist es dagegen zu bejahen, wenn die Möglichkeit besteht, dass eine noch nicht vollstreckte Disziplinarmaßnahme in die Personalunterlagen eingetragen wird (BVerwG NZWehrr 1969, 65, 66).

b) Fortsetzungsfeststellungsantrag. Hat sich der ursprüngliche Antrag 40 des Beschwerdeführers in der Hauptsache erledigt, ist er berechtigt, zu einem Fortsetzungsfeststellungsantrag überzugehen (§ 19 Abs. 1 Satz 3; BVerwGE 53, 134, 137; 103, 278 ff.; BVerwG NZWehrr 2004, 163). Maßgeblicher Zeitpunkt für die rechtliche Beurteilung ist der Zeitpunkt, in dem sich die angefochtene Maßnahme erledigt hat (BVerwGE 132, 1 = NZWehrr 2009, 69). Auch dieser ist nur zulässig, wenn der Antragsteller das für diesen Antrag zu fordernde berechtigte Interesse dargetan hat. Es ist nicht Aufgabe der Gerichte, Rechtsstreitigkeiten auch nach eingetretener Erledigung einer Sache ohne Vorhandensein eines schutzwürdigen Interesses weiterzuführen und damit rein akademische Entscheidungen zu treffen. Die begehrte Feststellung muss vielmehr in einer irgendwie rechtlich erheblichen Weise dazu bestimmt sein, es dem Antragsteller zu ermöglichen, einen bestimmten Anspruch geltend zu machen, sein sonstiges Verhalten im Rechtsleben darauf einzurichten oder seine Rechtsposition sonst zu verbessern (BVerwGE 53, 134, 137; BVerwG 1 WB 54/78 vom 7.2.1979, juris Rn. 40). An der Feststellung der Rechtswidrigkeit einer aus organisatorischen Gründen aufgehobenen Versetzungsverfügung besteht daher regelmäßig kein Fortsetzungsfeststellungsinteresse (BVerwG NZWehrr 1999, 120 = RiA 2000, 86). Ein Fortsetzungsfeststellungsantrag, der einen – auch künftigen – Schadensersatzprozess vorbereiten soll, ist dagegen im Allgemeinen zulässig (BVerwG 1 WB 27/13 vom 25.6.2015, juris Rn. 23; BVerwG DVBl 1968, 220; BVerwG NZWehrr 1999, 120; 2001, 165). Hierfür darf dieser nicht von vornherein als aussichtslos erscheinen und die Feststellung der Rechtswidrigkeit einer Maßnahme oder ihr Unterlassen muss für den Schadensersatzprozess überhaupt von Bedeutung sein (BVerwG 1 WB 105/87 vom 23.3.1988, juris Rn. 19). Grundsätzlich ist das Fortsetzungsfeststellungsinteresse in Schadensersatzfällen nur dann gegeben, wenn die Erledigung nach Rechtshängigkeit eintritt. Tritt sie hingegen vor Rechtshängigkeit ein, so ist der Beschwerdeführer gehalten, direkt beim zuständigen Verwaltungsgericht oder ordentlichen Gericht Klage zu erheben. Dieses prüft dann inzidenter die Rechtmäßigkeit der angefochtenen Maßnahme (BVerwG 1 WB 36/16 vom 31.8.2017, juris Rn. 24).

41   Im Übrigen kann auch das Fortsetzungsfeststellungsinteresse auf ein Rehabilitationsinteresse, auf eine Wiederholungsgefahr, aber auch darauf gestützt werden, dass die erledigte Maßnahme eine fortdauernde faktische Grundrechtsbeeinträchtigung nach sich zieht (BVerwG 1 WB 48/14 vom 17.12.2015, juris Rn. 19; BVerwG NZWehrr 2004, 163, 165 m. w. Nachw.). Zulässig ist ebenfalls der Antrag, mit dem die begehrte Feststellung erleichtert wird, einen Anspruch auf Gewährung einer Fliegerzulage oder eines entsprechenden Ersatzanspruches durchzusetzen (BVerwG 1 WB 78/78 vom 25.5.1982, juris Rn. 27). Der Hinweis des Antragstellers, durch von ihm behauptete Pflichtenverstöße seines Vorgesetzten sei ihm ein außergewöhnlicher Schaden entstanden, insbesondere sei ihm die Chance einer Höherstufung im Gehalt genommen worden, reicht dagegen nicht aus. Dazu müsste er seine Ansprüche präzisieren. Dagegen ist ein berechtigtes Interesse für den Antrag auf Feststellung gegeben, der Entzug des Militärluftfahrzeugführerscheins sei rechtswidrig gewesen, weil er hierdurch finanzielle Nachteile erlitten habe, z. B. Einbußen durch den Wegfall der Flugzeugführerzulage. Ist die angefochtene Maßnahme vom Betroffenen aufgehoben worden, weil sie rechtswidrig war, besteht für einen Antrag auf Feststellung der Rechtswidrigkeit ebenfalls grundsätzlich kein berechtigtes Interesse (BVerwG NZWehrr 1985, 23 = RiA 1985, 44; BVerwG NZWehrr 1987, 77). Dabei braucht sich das Zugeständnis der Rechtswidrigkeit nicht unbedingt aus der Begründung des Abhilfebescheides ergeben, es genügt auch ein Aktenvermerk (BVerwG NZWehrr 1985, 23 = RiA 1985, 44).

6. Untätigkeitsbeschwerde (Satz 2)

Der Antrag auf gerichtliche Entscheidung kann auch gestellt werden, wenn **42** über die weitere Beschwerde innerhalb eines Monats nicht entschieden worden ist. Weitere Beschwerde i. S. des Satzes 2 kann auch eine Untätigkeitsbeschwerde nach § 16 Abs. 2 sein. Das Gesetz geht davon aus, dass der mit der weiteren Beschwerde angerufenen Stelle zunächst eine mit der Frist von einem Monat angemessene Prüfungszeit zugestanden werden muss, ehe eine gerichtliche Entscheidung erforderlich werden kann (vgl. BVerwG I WB 192/76 vom 31.8.1977, juris Rn. 22; BVerwG NZWehr 2008, 123, 124). Normalerweise braucht der Soldat nach Ablauf der Monatsfrist einen Bescheid des zuständigen Vorgesetzten nicht mehr abzuwarten (BVerwG 1 WB 84.77 vom 12.12.1978, juris Rn. 27). Andererseits darf der Vorgesetzte neues Vorbringen des Antragstellers in einer Untätigkeitsbeschwerde i. S. des Satzes 2 nicht allein deshalb unberücksichtigt lassen, weil sich die inzwischen abgesetzte Beschwerdeentscheidung schon im Geschäftsgang befindet (BVerwG NZWehr 1974, 67). **Ein Zwischenbescheid unterbricht die Monatsfrist nicht.** Sie rechnet vom Eingang bei der Einlegestelle, nicht vom Absendetag der weiteren Beschwerde. Ein vor Ablauf der Monatsfrist eingelegter Untätigkeitsantrag ist unzulässig; der Zulässigkeitsmangel ist jedoch geheilt, wenn ein Beschwerdebescheid innerhalb der Frist immer noch nicht ergangen ist (BVerwG 1 WB 7/08 vom 27.11.2008, juris Rn. 36).

Der auf das Ausbleiben einer Entscheidung über die weitere Be- 43 schwerde gestützte Antrag nach Satz 2 ist ein echter Antrag in der Sache selbst (BDHE 7, 176 = NZWehr 1968, 103 LS). Das Truppendienstgericht wird nunmehr zur Entscheidung über die nicht beschiedene weitere Beschwerde zuständig (BVerwG NZWehr 1978, 214 = ZBR 1978, 406). Hierbei hat das Gericht auch die Zulässigkeitsvoraussetzungen der weiteren Beschwerde zu prüfen, bei Zulässigkeitsmängeln ist der Antrag auf gerichtliche Entscheidung als unbegründet zurückzuweisen (BVerwG 1 WB 14/83 vom 23.8.1983, juris Rn. 37). Andernfalls ist Gegenstand der sachlichen Nachprüfung unmittelbar nur die Frage, ob die angefochtene Maßnahme, ihre Ablehnung oder Unterlassung, rechtswidrig ist und damit den Soldaten in seinen Rechten verletzt (BDHE 7, 176 = MDR 1966, 65). Der Antrag auf Feststellung, dass das Untätigbleiben auf eine Verwaltungsbeschwerde rechtswidrig gewesen sei, obliegt der Beurteilung durch die Verwaltungsgerichte (BVerwGE 53, 8; BVerwGE 73, 208 = ZBR 1983, 74). Die Untätigkeitsbeschwerde oder der Untätigkeitsantrag ist grundsätzlich nur ein Mittel, um die Sache selbst zu fördern (BVerwG I WB 114/76 vom 28.4.1977, juris Rn. 23 f.). Für eine gesonderte gerichtliche Feststellung, dass die Sache selbst unnötig verzögert worden sei, besteht regelmäßig kein Rechtsschutzbedürfnis. Insbesondere kann mit dem Antrag auf gerichtliche Entscheidung nicht die formell vorschriftsmäßige Behandlung von Wehrbeschwerden erzwungen werden. Verzögerungen in der Behandlung von Gesuchen, die im weiteren Verlauf des Verfahrens in den Entscheidungsbereich der allgemeinen Verwaltungsgerichte fallen, können ohnehin nicht durch die Wehrdienstgerichte überprüft werden (BVerwGE 53, 8).

Nur wenn sich der Antrag des Beschwerdeführers eindeutig darauf be- 44 schränkt, eine rechtswidrige Untätigkeit der Beschwerdeinstanz festgestellt zu sehen, wenn es ihm also darauf ankommt, den zuständigen Disziplinarvorgesetzten zu einer wie auch immer gearteten Entscheidung zu verpflichten

(BDHE 7, 176), prüft das Gericht nur die Säumnis; in der Sache wird es nicht zuständig (BVerwGE 63, 192 = NZWehrr 1979, 142). Voraussetzung hierfür ist jedoch, dass der Beschwerdeführer an dieser Feststellung ein berechtigtes Interesse hat. Dieses kann ausnahmsweise dann angenommen werden, wenn es dem Antragsteller gerade darauf ankommt, dass der säumige Vorgesetzte in der Sache entscheidet, weil dieser anders als das Gericht nach Zweckmäßigkeitsgesichtspunkten und sonstigen Ermessensgesichtspunkten entscheiden kann, die dem Gericht verschlossen sind (BVerwG a. a. O.)

45   Ungeachtet des durch Untätigkeit ausgelösten Antrags und dem damit verbundenen Übergang der Befugnis zur Sachentscheidung auf das Gericht kann die zuständige Beschwerdeinstanz über die weitere Beschwerde befinden. Hilft sie ihr jedoch nicht ab, ist der dann − unzuständigkeitshalber − ergangene Beschwerdebescheid ohne materielle Wirkung und stellt lediglich einen zusätzlichen Sachvortrag dar (BVerwGE 63, 84 = NZWehrr 1978, 214 = ZBR 1978, 406; BVerwG NZWehrr 1974, 67, 68). BVerwGE 63, 192 macht es davon abhängig, ob es dem Antragsteller auf eine Entscheidung des Gerichts ankommt oder nur auf die Verpflichtung des Vorgesetzten zum Tätigwerden. Befugnis und Verpflichtung der Beschwerdeinstanz folgen einmal aus dem Grundgedanken des § 12 Abs. 3, wonach selbst einer unzulässigen Beschwerde nachzugehen und soweit erforderlich für Abhilfe zu sorgen ist (BDHE 7, 176). Zudem ergibt es sich aus der Erwägung, dass die Wehrdienstgerichte nur in beschränktem Umfang befugt sind, ein Beschwerdevorbringen nachzuprüfen (§ 17 Abs. 1 Satz 1, Abs. 3). Vielfach wird nämlich mit einer Beschwerde nicht nur eine Rechtsentscheidung, sondern auch ein Verwaltungshandeln begehrt. Dieses kann aber nicht von den Wehrdienstgerichten ausgeübt werden, weil sie keine dem Disziplinarvorgesetzten übergeordnete Verwaltungsinstanz sind (BDHE 7, 176). Prozessgrundlage für das gerichtliche Antragsverfahren ist das von dem Soldaten als rechtswidrig empfundene Handeln oder Unterlassen. Die Tätigkeit der Wehrdienstgerichte beschränkt sich darauf, die behauptete Rechtswidrigkeit zu überprüfen (siehe Abs. 3). Die Disziplinarvorgesetzten können demgegenüber auch Zweckmäßigkeitserwägungen anstellen. Sie können bis zur Entscheidung des Gerichts den Soldaten jederzeit klaglos stellen. Der Antrag wird allerdings nur in dem Umfang gegenstandslos, wie die Beschwerdeinstanz dem Antragsbegehren stattgegeben hat (BDHE 7, 176 = NZWehrr 1968, 103 LS). Soweit die Entscheidung über die weitere Beschwerde keine Abhilfe enthält, kommt ihr keine eigene prozessuale Bedeutung zu, sie ist lediglich zusätzlicher Sachvortrag und als solcher nicht selbstständig anfechtbar (BVerwGE 63, 84 = NZWehrr 1978, 214 = ZBR 1978, 406).

Zu Absatz 2

III. Der Rechtsweg zu den Truppendienstgerichten

1. Vorbemerkung

46   Absatz 2 begründet für Streitigkeiten aus dem Wehrdienstverhältnis eine Doppelgleisigkeit des Rechtsweges. § 82 Abs. 1 SG enthält den Grundsatz, dass für Klagen aus dem Wehrdienstverhältnis der Verwaltungsrechtsweg, d. h. der Rechtsweg zu den allgemeinen Verwaltungsgerichten, gegeben ist (vgl.

Maiwald, FS Fürst, S. 237; näher Scherer/Alff/Poretschkin/Lucks, SG, § 82 Rn. 9; Walz in Walz/Eichen/Sohm, SG, § 82 Rn. 25 f. und hier § 23 Rn. 24 ff.). Absatz 2 bestimmt als anderen Rechtsweg i. S. des § 82 Abs. 1 SG für truppendienstliche Angelegenheiten den Rechtsweg zu den Truppendienstgerichten, soweit deren Entscheidungsbefugnis auf Grund des Absatzes 1 gegeben ist. Damit ist gesetzlich klargestellt, dass über die besonderen, aus dem militärischen Sonderstatusverhältnis („Über-Unterordnungsverhältnis") herrührenden Fragen nicht die allgemeinen Verwaltungsgerichte zu entscheiden haben, sondern allein die auch durch Beteiligung militärischer ehrenamtlicher Richter sachkundigen Truppendienstgerichte (vgl. auch Einf. Rn. 96 ff.; BVerwG NZWehr 2013, 34, 35 sowie Lingens, NZWehr 1995, 207). Die Zuständigkeit des Verwaltungsgerichts bleibt dagegen in den Fällen erhalten, in denen der Soldat seinen Anspruch mit einer der in § 17 Abs. 1 Satz 1 ausgenommenen Vorschrift des Zweiten Unterabschnittes des Ersten Abschnittes des Soldatengesetzes begründet, nämlich die §§ 24, 25, 30 und 31 (BVerwG NZWehr 1981, 229 = ZBR 1982, 95; Maiwald, aaO; vgl. näher § 23 Rn. 36 ff.).

Mit der Zuweisung von truppendienstlichen Angelegenheiten an besonde- **47** re Wehrdienstgerichte verbinden sich einige nicht unerhebliche Abweichungen von dem Verfahrenssystem des allgemeinen Verwaltungsrechtsschutzes. Der Verwaltungsprozess nach der VwGO ist ein kontradiktorisches Verfahren, in dem sich der Einzelne und die Behörde, die den angefochtenen Verwaltungsakt erlassen hat, als Kläger und Beklagte gegenüberstehen. Das gerichtliche Antragsverfahren nach der WBO ist dagegen kein Parteiverfahren, sondern ein unter der Rechtsweggarantie des Art. 19 Abs. 4 GG gleichsam auf die gerichtliche Ebene gehobenes Beschwerdeverfahren (siehe Maiwald, FS Fürst, S. 236; BVerwG DÖV 2008, 468). Es setzt demnach auch keine Klage, sondern einen Antrag voraus und wird nicht durch Urteil, sondern durch Beschluss entschieden, gegen den es nur noch die Rechtsbeschwerde (§ 22a) und die Nichtzulassungsbeschwerde (§ 22b) gibt. Eine weitere Abweichung zeigt sich darin, dass die Klage nach der VwGO grundsätzlich aufschiebende Wirkung hat (§ 80 Abs. 1 VwGO), während dem Antrag diese Wirkung nicht zukommt (Absatz 6 Satz 1).

2. Die Rechtswegabgrenzung zu den Verwaltungsgerichten

Das gerichtliche Antragsverfahren vor dem Truppendienstgericht ersetzt **48** den Verwaltungsrechtsweg für Klagen aus dem Wehrdienstverhältnis (§ 82 Abs. 1 SG), wenn der Antrag auf gerichtliche Entscheidung eine Rechtsverletzung des Soldaten oder eine Verletzung von Pflichten eines Vorgesetzten ihm gegenüber zum Gegenstand hat, die im Zweiten Unterabschnitt des Ersten Abschnitts des Soldatengesetzes mit Ausnahme der §§ 24, 25, 30 und 31 SG geregelt sind. Dem Truppendienstgericht obliegt damit im Wesentlichen die Entscheidung in allen truppendienstlichen Angelegenheiten, d. h. wenn Gegenstand des Antrags ein Handeln oder Unterlassen ist, das sich aus dem besonderen militärischen Sonderstatusverhältnis („Über-Unterordnungsverhältnis") ergibt (vgl. auch BVerwG NZWehr 1981, 229, 230; BVerwGE 86, 166, 167, BVerwG 1 WB 49/97 vom 18.11.1997, juris Rn. 15). Dagegen ist das Verwaltungsgericht zuständig, wenn sich die vom Soldaten angefochtene Maßnahme nicht diesem besonderen militärischen Über- Unterordnungsverhältnis zuordnen lässt, z. B. der Soldat, der in einer

Dienststelle der Bundeswehrverwaltung verwendet wird, wendet sich gegen eine Maßnahme des Leiters, die die Gestaltung des allgemeinen Dienstbetriebes betrifft (OVG NRW NZWehrr 2010, 169). Auch die von einer zivilen Abteilung des BMVg getroffene Entscheidung über die Bereitstellung bestimmter Räume für den Betrieb einer Offizierheimgesellschaft kann mangels eines Über-Unterordnungsverhältnisses zu einem militärischen Vorgesetzten nur vor einem Verwaltungsgericht angefochten werden (BVerwG NZWehrr 2011, 76).

49   Ungeachtet der durch § 17 Abs. 2 WBO und § 82 Abs. 1 SG vorgenommenen Rechtswegabgrenzung zwischen Wehrdienstgericht und Verwaltungsgericht bleiben bei der Bestimmung im Einzelfall Zweifel (vgl. Walz in Walz/Eichen/Sohm, SG, § 82 Rn. 26 f.; auch Lingens, NZWehrr 2002, 201, 202). Diese zeigen sich insbesondere den Maßnahmen gegenüber, die in ihren Folgen auf eine Statusentscheidung hinzudeuten scheinen und damit für eine verwaltungsgerichtliche Überprüfung offen ständen, in ihrer vielfach erst durch die Rechtsprechung fallweise vollzogenen Zuordnung zur Befehls- und Kommandogewalt sich jedoch als truppendienstliche Maßnahme erweisen. Die Abgrenzung zwischen wehrdienstgerichtlichem und Verwaltungsrechtsweg ist daher vielfach nicht qualitativ, sondern von der Natur der Sache her bestimmt. Das BVerwG hat die Rechtswegabgrenzung in langjähriger Rechtsprechung davon abhängig gemacht, ob Gegenstand des Antrags den Status des Soldaten oder seine dienstliche Verwendung betrifft (Seide, NZWehrr 1988, 12, 13 m. Nachw.; Maiwald, FS Fürst, S. 237). Letztlich entscheidend ist die wahre Natur des geltend gemachten Anspruches und die begehrte Rechtsfolge. Bei Streitigkeiten um die Verwendung eines Soldaten ist das Truppendienstgericht zuständig, wenn das Handeln weder eine Beförderung noch eine Änderung des Dienstverhältnisses des Soldaten zum Gegenstand hat (BVerwGE 53, 265, 266; 83, 289 = NZWehrr 2000, 123 = ZBR 2000, 306; Scherer/Alff/Poretschkin/Lucks, SG, § 82 Rn. 10; Maiwald, aaO, S. 237). In verbleibenden Zweifelsfällen ist der Rechtsweg zu den allgemeinen Verwaltungsgerichten einzuschlagen (Maiwald, aaO, S. 238). So sind beispielsweise für Klagen auf Schadensersatz wegen nicht erfolgter Beförderung und fiktiver Versetzung als Voraussetzung für eine Beförderung die Verwaltungsgerichte zuständig (OVG RhPfl 10 A 10545/13 vom 15.11.2013, juris Rn. 29; OVG NRW 1 A 1128/12 vom 3.12.2013, juris Rn. 42 ff.).

50   **Eine Sonderregelung gilt für Soldaten,** die **im Bereich des Bundesnachrichtendienstes** eingesetzt sind. Für dienstrechtliche Vorgänge (§ 50 Abs. 1 Nr. 4 VwGO), zu denen auch Klagen wegen dienstlicher Beurteilung durch den Bundesnachrichtendienst gehören (BVerwG NZWehrr 1998, 29 = ZBR 1998, 147 LS; Kopp/Schenke, VwGO, § 50 Rn. 8), ist erstinstanzlich das BVerwG zuständig (vgl. auch Walz in Walz/Eichen/Sohm, SG, § 82 Rn. 15). Für Streitigkeiten zwischen dem Personalrat der Zentrale und dem Präsidenten des BND über Beteiligungsrechte der Gruppe der Soldaten ist der Rechtsweg zu den Wehrdienstgerichten, hier dem BVerwG, gegeben (BVerwG NZWehrr 2012, 75).

51   **2.1. Verwendungsentscheidungen.** Verwendungsentscheidungen sind stets truppendienstlicher Natur, daher allein durch die Wehrdienstgerichte zu überprüfen (BVerwGE 53, 265 = NZWehrr 1977, 183; BVerwG NZWehrr 2011, 171, 172; vgl. auch Gronimus, NZWehrr 1986, 54). Für den Bereich der Laufbahnvorschriften ergibt sich dies zudem aus § 17 Abs. 1 Satz 1

i. Vbg. m. § 27 SG und § 17 Abs. 3. Zu einer wehrdienstgerichtlichen Entscheidung führt daher die **Zulassung zu einer bestimmten Laufbahn,** beispielsweise Zulassung als Anwärter für die Laufbahn der Offiziere des Truppendienstes (BVerwGE 83, 255; 86, 205), Zulassung zur Laufbahn der Offiziere des militärfachlichen Dienstes (BVerwGE 73, 126; BVerwG 1 WB 150/79 vom 28.1.1981, juris Rn. 25; 1 WB 38/95 vom 21.11.1995, juris Rn. 3), **Zulassung als Anwärter für die Laufbahn der Offiziere des Sanitätsdienstes** (BVerwGE 53, 265 = NZWehrr 1977, 183), die Entscheidung, ob ein Offizieranwärter von der Laufbahn des Truppendienstes in die Laufbahn des Sanitätsdienstes wechseln kann (BVerwG NZWehrr 2000, 123, 124), **Zulassung zu einer Ergänzungsausbildung** (BVerwGE 53, 265 = NZWehrr 1977, 183; BVerwG 1 WB 46/89 vom 24.10.1989, juris Rn. 4), **Teilnahme am Stabsoffiziergrundlehrgang an der FüAkBw,** der nicht nur Ausbildungs-, sondern auch Prüfungscharakter hat (BVerwG 1 WB 68/94 vom 24.1.1995, juris Rn. 5), Zurückführung eines zur Laufbahn der Offiziere des militärfachlichen Dienstes zugelassenen Oberfähnrichs in die Laufbahngruppe der Unteroffiziere (BVerwG NZWehrr 1981, 144; BVerwG ZBR 2006, 53), Laufbahnwechsel aus dem Militärmusikdienst in den Truppendienst (BVerwGE 83, 189; 113, 373), **Festsetzung des Beginns der Schutzzeit nach § 4 Einsatz-Weiterverwendungsgesetz** (BVerwG 1 WB 33/15 vom 25.2.2016, juris Rn. 20), Zuerkennung eines soldatenrechtlichen Personalbegriffs (BVerwG NZWehrr 2011, 171), **Einweisung zur stationären Untersuchung** der Verwendungsfähigkeit (BVerwGE 63, 278 = NZWehrr 1980, 137 m. Anm. Alff), **Überprüfung des Bildungsstandes** i. S. des § 30 Abs. 1 Nr. 1 SLV, **Korrektur eines erteilten Dienstzeugnisses** (BayVGH 6 C 16.1655 vom 12.9.2016, juris Rn. 5 ff.; BVerwG 1 WB 64/14 vom 13.7.2015, juris Rn. 30), **Erteilung einer fliegerärztlichen Sondergenehmigung** (BVerwG NZWehrr 2004, 259), **Erteilung, Versagung und Entzug militärischer Erlaubnisse** (BVerwG 1 WB 46.06 vom 18.10.2007, juris Rn. 21), **Ausschluss von einer Auslandsverwendung** (BVerwG 1 WB 23.76 vom 6.7.1977, juris Rn. 17), **Ablösung von einem Auslandseinsatz** [Repatriierung] (BVerwGE 132, 1 = NZWehrr 2009, 69; vgl. auch BVerwG NZWehrr 2010, 84 und Lucks, NZWehrr 2008, 25), **Ablösung vom fliegerischen Dienst** (BVerwGE 93, 371 f. = NZWehrr 1993, 241), Verweigerung der Freistellung vom militärischen Dienst zum Zwecke einer Berufsausbildung nach dem SVG unter der Voraussetzung, dass dienstliche Gründe eine Herauslösung des Soldaten aus seiner gegenwärtigen Verwendung nicht zulassen (BVerwG NZWehrr 1977, 106; vgl. auch BVerwG 1 WB 123/82 vom 23.2.1983, juris Rn. 7), der **„Ausdrückliche Hinweis"** auf die Möglichkeit der Entlassung (BVerwGE 86, 83 = NZWehrr 1989, 107). Auch für eine **gerichtliche Nachprüfung der Versetzung** eines Soldaten ist der Rechtsweg zu den Wehrdienstgerichten gegeben (BVerwGE 76, 243 = ZBR 2000, 175; NZWehrr 2000, 36 = ZBR 2000, 168; BVerwGE 111, 22 = NZWehrr 2000, 82; BVerwG NZWehrr 2000, 161 = ZBR 2000, 307) und zwar selbst dann, wenn mit dem Antrag letztlich nur die Höhergruppierung in eine andere Besoldungsgruppe erstrebt wird (BVerwGE 43, 342; zur Versetzung siehe eingehend Demandt, NZWehrr 1983, 1, ders., NZWehrr 1984, 105; Schmidt-Bremme, Die militärische Versetzung, 1991; auch BVerwG NZWehrr 1996, 65). Für den Antrag eines vom Dienst freigestellten Personalratsmitglieds auf fiktive Versetzung auf einen höherwertigen Dienstposten ist der Rechtsweg zu den

Wehrdienstgerichten gegeben (BVerwGE 93, 188 = ZBR 1992, 177). Entscheidungen über die Umsetzung eines Soldaten von einer Stelle des Haushaltsplans auf eine andere Planstelle sind truppendienstliche Maßnahmen. In diesem Zusammenhang gerügte Rechts- und Fürsorgepflichtverletzungen sind daher solche des Vorgesetzten (§ 10 Abs. 3 SG), nicht solche des Dienstherrn (§ 31 SG), über die das Verwaltungsgericht zu befinden hätte. Unerheblich ist es, wenn sich der Antragsteller in diesen Fällen zur Begründung seines Anspruchs auf § 31 SG beruft (BVerwG I WB 147/71 vom 15.2.1973, juris LS; BVerwG NZWehr 1993, 241). Das Wehrdienstgericht entscheidet über **Kommandierungen** (BVerwGE 73, 182), **Umsetzungen** (BVerwGE 76, 243, 253) und **Stellenbesetzungen** (BVerwGE 76, 336, 339 = NZWehr 1985, 203; dazu Gronimus, NZWehr 1986, 54; BVerwG ZBR 2001, 31; BVerwG NZWehr 2001, 123 = ZBR 2001, 141) sowie **Dienstpostenbewertungen** (BVerwG ZBR 2000, 133 = DÖV 2000, 123; siehe jedoch BVerwG DVBl 2006, 50 zur Bewertung von Fähigkeiten der Soldaten als Dienst: Verwaltungsrechtsweg) und über die Rechtmäßigkeit von Vermerken über Personalgespräche (BVerwG ZBR 2000, 129; NZWehr 2000, 251 = ZBR 2000, 275). Auch über den Wechsel des Uniformträgerbereichs entscheidet das Wehrdienstgericht (BVerwG NZWehr 2009, 31).

52   Dagegen entscheidet das Verwaltungsgericht, wenn der Soldat glaubt, durch einen nicht zur Zuständigkeit der Wehrdienstgerichte gehörenden Verwaltungsakt in seinem Anspruch auf Fürsorge verletzt zu sein, z. B. der Btl.-Kdr. beschwert sich, weil Div.-Kdr. es abgelehnt hat, einen Soldaten aus dem Wehrdienstverhältnis zu entlassen (BVerwG RiA 1984, 13). Der **Anspruch auf Beförderung** berührt das Statusverhältnis des Soldaten und steht damit unter dem Rechtsschutz der Verwaltungsgerichte. Auch der Rechtsstreit um eine Planstelleneinweisung führt zu den **Verwaltungsgerichten** (BVerwG 1 WB 15, 101.95 vom 19.3.1996, juris Rn. 6).

53   **Die Entscheidung über die Erteilung, die Versagung oder den Entzug von Erlaubnissen,** die Bedingung für eine bestimmte Verwendung sind, gehört in die Zuständigkeit der Wehrdienstgerichte, z. B. Anerkennung als amtlich anerkannter Sachverständiger für das Kraftfahrzeugwesen (BVerwG NZWehr 1986, 257 LS; BVerwG 1 WB 46.06 vom 18.10.2007, juris Rn. 21), Bundeswehrführerschein (BVerwGE 33, 62 = RiA 1969, 18), Militärflugzeugführerschein (BVerwGE 86, 34 = NZWehr 1989, 72; auch BVerwG ZBR 1981, 134). Auch für einen Antrag gegen die Anweisung zur Abgabe einer „Pflichtgemäßen Erklärung" ist der Rechtsweg zu den Wehrdienstgerichten gegeben (BVerwGE 73, 39 = NZWehr 1981, 101).

54   **Die Versetzung eines Soldaten zum Studium** an einer Universität der Bundeswehr dient seiner dienstlichen Verwendungsfähigkeit (BVerwGE 53, 173 = NZWehr 1977, 144; NZWehr 1980, 66). Die Verletzung von Rechten und Pflichten aus diesem Personenkreis unterliegt der Entscheidungsbefugnis der Wehrdienstgerichte (BVerwGE 63, 1, 2, 96, 97; abweichend Jenisch, NZWehr 1975, 121 und HambOVG NZWehr 1993, 256 LS für die Anfechtbarkeit von Prüfungsentscheidungen: Verwaltungsrechtsweg). Entsprechendes gilt für die Ablösung vom Studium (BVerwGE 63, 96; BVerwG NZWehr 1979, 140; NZWehr 1986, 130 LS), Änderungen des Studienganges oder die Versetzung und Kommandierung zu anderen Fortbildungseinrichtungen der Bundeswehr, etwa zu Fachhochschulen, Fachschulen und Lehrgängen (BVerwG I WB 63/75 vom 3.6.1976, juris LS). Auch über eine Kommandierung zur Promotion entscheidet letztlich das

Wehrdienstgericht, ebenso über den hierfür beantragten Sonderurlaub (BVerwGE 73, 182; BVerwG NZWehr 1981, 106 = ZBR 1982, 220, 221). Dagegen befindet über einen Verpflichtungsantrag, mit dem eine hochschulrechtliche Entscheidung einer UniBw begehrt wird, das Verwaltungsgericht (BVerwG 1 WB 44/83 vom 17.5.1983, juris Rn. 32) so z.B. die Genehmigung zum Überschreiten der Höchststudienzeit (BVerwG NZWehr 2010, 159). Über die **Gewährung von Sonderurlaub** entscheidet das Wehrdienstgericht und zwar auch, wenn der Streit nur darum geht, ob Urlaub unter Belassung oder unter Wegfall der Bezüge zu gewähren ist (BVerwGE 53, 339, 340; BVerwG NZWehr 1996, 162 = DÖV 1996, 565), auch über die Freistellung vom militärischen Dienst zum Beginn eines Studiums hat das Wehrdienstgericht zu entscheiden, ebenso über die Berechtigung des **Anspruchs auf Elternzeit** gem. § 28 Abs. 7 SG (BVerwG NZWehr 2011, 39 unter Aufgabe der früheren Rspr.: BVerwGE 83, 311 = NZWehr 1987, 252) oder eines Betreuungsurlaubs (§ 28 Abs. 5 SG).

2.2. Sonstige truppendienstliche Angelegenheiten. Über Anträge ge- **55** gen das bei einer Sicherheitsüberprüfung festgestellte **Sicherheitsrisiko** entscheidet das Wehrdienstgericht (BVerwGE 103, 182 = NZWehr 1995, 27 = NJW 1995, 740; BVerwG NZWehr 1996, 68, 209; 1997, 158; 1998, 249 = ZBR 1998, 247; BVerwG NZWehr 1999, 26; 2003, 34; 2004, 168; BVerwG ZBR 2003, 48 = RiA 2002, 77; BVerwG ZBR 2000, 95, 127, 129). Dagegen entscheidet das Verwaltungsgericht, wenn dem Soldaten die Einsicht in die Sicherheitsakte verwehrt wird (BVerwGE 113, 116 = NZWehr 1998, 25). Das Verwaltungsgericht entscheidet auch dann, wenn sich der Soldat gegen eine Befragung durch Angehörige des BAMAD wendet, die nicht im Rahmen einer Sicherheitsüberprüfung stattfindet (BVerwGE 135, 247 = NZWehr 2010, 121). Gegenstand wehrdienstgerichtlicher Nachprüfung sind Anträge auf **Genehmigung einer Nebentätigkeit** (BVerwGE 63, 99; 73, 87), die Verletzung des **Rechts auf informationelle Selbstbestimmung** durch einen Vorgesetzten (BVerwGE 83, 323 = NZWehr 1988, 33 = NwVZ 1988, 156), die Auswahl eines Buchpreises nach erfolgreicher **Teilnahme am Wettbewerb** „Winterarbeiten" (BVerwGE 46, 134 = DVBl 1974, 467), die im Rahmen eines militärischen Ausbildungszwecken dienenden Wettbewerbs ergangenen Entscheidungen, die **Verweigerung eines Waffenausweises**, die Gewährung einer **Sprachausbildung** (BVerwG 1 WB 266/77 vom 25.4.1978, juris Rn. 19); dagegen fällt die Entscheidung über den Antrag auf Übernahme der Kosten eines privaten Sprachunterrichts in die verwaltungsgerichtliche Zuständigkeit (BVerwG aaO, juris Rn. 21). Das Wehrdienstgericht entscheidet über die **Entziehung der Fahrerlaubnis** durch militärische Dienststellen (BVerwGE 33, 62; a.A.V.P. Peterson, NZWehr 1983, 98: Verwaltungsrechtsweg), auch über ihre Erteilung (BVerwG 1 WB 93, 79 vom 16.1.1980), über Anordnungen zum **Wohnen in der Gemeinschaftsunterkunft** und zur **Teilnahme an der Gemeinschaftsverpflegung** (BVerwG NZWehr 1993, 32), über den Antrag des Soldaten, alle Sanitätseinrichtungen der Bundeswehr über die Ablehnung seiner Behandlung zu unterrichten (BVerwG NZWehr 1978, 25; zum Rechtsweg in **Heilbehandlungsangelegenheiten** siehe eingehend v. Lepel, NZWehr 1980, 1), den Befehl an den Soldaten, sich zur stationären Untersuchung in ein Bundeswehrkrankenhaus zu begeben (BVerwGE 63, 278 = NZWehr 1980, 137), die Verpflichtung, eine besondere Behandlungsmethode an zivilen Kassenpatienten als privatärztliche Nebentätigkeit zu genehmigen (BVerwG 1 WB 10/83 vom 3.5.1984, juris Rn. 11). Ist eine **Ehrverletzung** dem Bereich der besonderen Über-Unterordnung zuzurechnen, ist der Rechtsweg zu den Wehrdienstgerichten gegeben; außerhalb ehrverletzender dienstlicher Äußerungen im dienstlichen Bereich steht nur der Zivilrechtsweg offen (BVerwG 1 WB 265/77 vom 23.4.1980, juris LS). Gegen **sexuelle Belästigungen** (siehe die gesetzliche Definition in § 3 Abs. 4 SoldGG) durch einen Vorgesetzten erhält der Soldat Rechtsschutz im Wege der Beschwerde und damit durch die Wehrdienstgerichte (§ 11 SoldGG). Die Verpflichtung des Soldaten zum Tragen einer bestimmten **Uniform** folgt aus der Pflicht zum treuen Dienen (§ 7 SG); hierüber hat das Wehrdienstgericht zu befinden (BVerwG NZWehr 1983, 74; vgl. auch BVerwG NZWehrr 2003, 169 = ZBR 2003, 322).

56   **Weitere truppendienstliche Maßnahmen mit Regelungscharakter, die wehrdienstgerichtlicher Kontrolle unterliegen, sind beispielsweise dienstliche Beurteilungen, Prüfungsentscheidungen, Zurechtweisungen, missbilligende Äußerungen** und ähnliche **erzieherische Maßnahmen, Gewährung von Urlaub** (BVerwG NZWehrr 2011, 39 m. Nachw.), **Versagung einer Nebentätigkeit** (BVerwGE 73, 87 = ZBR 1981, 229), **Speicherung personenbezogener Daten** in Dateien des BMVg (BVerwGE 83, 323 = NZWehrr 1988, 33 = NwVZ 1988, 156), vor allem **Befehle.**

57   **Wird eine Vertrauensperson** in der Ausübung ihrer Befugnisse behindert oder wegen ihrer Tätigkeit benachteiligt, entscheidet nach erfolglosem Beschwerdeverfahren das Wehrdienstgericht (§ 17 SBG i. Vbg. m. § 1 Abs. 1 Satz 2). Das gleiche Recht steht auch dem Gesamtvertrauenspersonenausschuss zu (BVerwGE 103, 383 = NZWehrr 1997, 30; siehe auch Stauf, WR I, § 36 SBG a. F., Rn. 7). Ein Personalrat mit Soldatenvertretern hat dagegen kein eigenes Antragsrecht (Höges, NZWehrr 2005, 10 ff.). Ist ein Soldat Mitglied einer Personalvertretung (§§ 60 ff. SBG), führt der Rechtsweg zu den Wehrdienstgerichten, wenn er sein Vorbringen auf truppendienstliche Einwendungen stützt, (BVerwG NZWehrr 1994, 161 = RiA 1995, 136; BVerwGE 118, 25, 30 = NZWehrr 2003, 212; BVerwG NZWehrr 2005, 32). Macht der Soldat dagegen ausschließlich die Verletzung seines Mandatsschutzes nach § 47 Abs. 2 BPersVG geltend, führt der Rechtsweg zum Verwaltungsgericht (BVerwG 73, 162, 163 f.; vgl. auch BVerwG NZWehrr 1980, 143). Streiten eine Dienststelle der Bundeswehr und der dort gebildete Personalrat um Beteiligungsrechte in Angelegenheiten, die nur die Soldaten betreffen, ist der Rechtsweg zu den Wehrdienstgerichten gegeben (BVerwGE 115, 223 = RiA 2003, 35).

58   Zum Verwaltungsrechtsweg siehe § 23 Rn. 25 ff.

Zu Absatz 3

IV. Rechtswidrigkeit als Antragsvoraussetzung

1. Vorbemerkung

59   Der Antrag auf gerichtliche Entscheidung ist nur zulässig, wenn der Antragsteller eine dienstliche Maßnahme oder ein Unterlassen angreift und dabei

eine Verletzung seiner Rechte oder eine Verletzung von Pflichten eines Vorgesetzten ihm gegenüber geltend macht. Das setzt voraus, dass die Maßnahme oder Unterlassung unmittelbar gegen den Soldaten gerichtet ist oder – obwohl an andere Soldaten gerichtet – in Form einer Rechtsverletzung oder eines Verstoßes gegen Vorgesetztenpflichten in seine Rechtssphäre hineinwirkt. Überlegungen, Bewertungen, Stellungnahmen oder Zwischenentscheidungen, die lediglich der Vorbereitung von truppendienstlichen Maßnahmen dienen, sind als Teil innerdienstlicher Meinungsbildung noch keine die Rechte des Soldaten unmittelbar berührenden Maßnahmen; sie können daher nicht selbstständig gerichtlich überprüft werden (zum Vorstehenden BVerwG NZWehrr 2003, 119 = ZBR 2003, 318). Die Zulässigkeit des Antrags erfordert nach Absatz 3 die zusätzliche Behauptung, dass eine dienstliche Maßnahme oder Unterlassung von Vorgesetzten oder Dienststellen der Bundeswehr rechtswidrig sei. Für diese Behauptung genügt es, wenn sich aus dem Sachvortrag des Antragstellers, seine Richtigkeit unterstellt, ergibt, dass eine dienstliche Maßnahme oder ein Unterlassen vorliegt, aus denen eine Rechtsverletzung abgeleitet werden kann.

Nicht in jedem Fall, in welchem dem Soldaten das Recht zu einer Beschwerde nach § 1 gewährleistet ist, ist ihm auch ein Antrag auf gerichtliche Entscheidung möglich. Nur bei einer Rechtsverletzung garantiert auch Art. 19 Abs. 4 GG die richterliche Rechtskontrolle. Beschwerdeverfahren wegen eines pflichtwidrigen Verhaltens eines Kameraden oder eines vom Beschwerdeführer nur als unzweckmäßig gerügten Handelns oder Unterlassens schließen daher nicht mit einem gerichtlichen Antragsverfahren ab (BVerwG NZWehrr 2009, 26, 27). **60**

2. Maßnahme

Zum Begriff der Maßnahme siehe § 1 Rn. 125 ff., ferner Seide, NZWehrr **61** 1988, 12 und Maiwald, FS Fürst, S. 236 ff. sowie Lucks, NZWehrr 2008, 25, 28.

Inhaltlich geht die Maßnahme über das hinaus, was der Verwaltungsakt **62** materiellrechtlich umschreibt. Sie kann mit einem Verwaltungsakt deckungsgleich sein, braucht es aber nicht. Während der Verwaltungsakt stets auf die Regelung eines Einzelfalles bezogen ist (§ 35 VwVfG), umfasst der Begriff der Maßnahme auch die Regelung einer Vielzahl von Fällen. Das ist insbesondere im Bereich der Erlasse, Allgemeinbefehle, allgemeinen Dienstanordnungen und Dienstanweisungen der Fall. Nach den allgemeinen Regeln des Verwaltungsrechts wäre es ausgeschlossen, diese als generell abstrakte Rechtssätze einer gerichtlichen Kontrolle zu unterziehen. Hierzu bedürfte es stets der Konkretisierung gegenüber dem Einzelnen durch einen ihn belastenden Verwaltungsakt. Bei der auch einem allgemein gegebenen Befehl gegenüber bestehenden Gehorsamspflicht des Soldaten erwiese sich diese Konstruktion für den Begriff der Maßnahme als rechtlich unbefriedigend (vgl. auch Oetting, Beschwerderecht, S. 47). Wenn der Gesetzgeber gegenüber der erhöhten – auch strafrechtlich gesicherten – Verantwortungspflicht des Soldaten das gerichtliche Antragsverfahren auf Maßnahmen hätte beschränken wollen, die allein zur Regelung eines Einzelfalles ergangen sind, wäre – zumal im Hinblick auf die Problematik justizfreier Hoheitsakte – eine „interpretative Klarstellung" (Oetting, aaO) angezeigt gewesen. Dieses hätte umso näher gelegen, als die WBO den Begriff der Maßnahme wiederholt verwendet, ohne ihn jedoch terminologisch sauber vom Begriff des Befehls abzugrenzen. Im Gegensatz zum Verwaltungsakt kommt es daher für den Begriff der Maßnahme nicht darauf an, ob sie ursprünglich zur Regelung einer unbestimmten Vielzahl von Fällen ergangen ist (Oetting, aaO, S. 99). Erst bei der Prüfung der Beschwer ist es von Bedeutung, ob sie im Einzelfall gegenüber dem Soldaten nachteilige Wirkungen hat.

63   **Für den Begriff der Maßnahme** ist es unerheblich, ob sie Akte des Grund- oder des Betriebsverhältnisses berührt. Sie umfasst jede hoheitliche Äußerung im Rahmen des Wehrdienstverhältnisses, sofern sie auf das besondere militärische Statusverhältnis der Über-Unterordnung zurückzuführen ist. Ein pflichtwidriges Verhalten von Kameraden kann daher nicht Gegenstand eines Antrags auf gerichtliche Entscheidung sein (Rn. 66); eine Unkameradschaftlichkeit ist nie eine dienstliche Maßnahme (BVerwG 1 WB 98.91 vom 27.11.1991, juris Rn. 3). Wenn jedoch mit dem Antrag das Ziel verfolgt wird, festzustellen, ob der Betroffene in Ausübung hoheitlicher Gewalt gehandelt hat, ist die Anrufung des Truppendienstgerichts zulässig, z. B. Beschwerde gegen einen Feldwebel, der – ohne dass die Voraussetzungen des § 21 WDO vorlagen – einen Soldaten vorläufig festgenommen hat. Auch Erklärungen eines Verfahrensbeteiligten im gerichtlichen Antragsverfahren – auch nach § 17 Abs. 6 – können nicht verselbstständigt angefochten werden, da sich die Beteiligten gleichberechtigt gegenüber stehen. Keine Maßnahme ist der politisch-militärische Inhalt des dem Soldaten erteilten Auftrags; es ist nicht Sinn der WBO, die sicherheitspolitische Zielsetzung der Bundeswehr zu überprüfen.

64   Hauptanwendungsfall der Maßnahme ist der militärische Befehl. Allerdings ist die WBO in ihrer Terminologie nicht einheitlich. In den §§ 3 Abs. 2, 13 Abs. 1 Satz 2 und 4 sowie § 19 Abs. 1 Satz 1, 3 stellt sie die Begriffe „Befehl" und „Maßnahme" als selbstständige Tatbestandsmerkmale nebeneinander, in § 21 „Entscheidung" und „Maßnahme". Für § 17 Abs. 3 Satz 1 ist davon auszugehen, dass der Begriff „Maßnahme" den Befehl als die intensivste militärisch-hoheitliche Machtäußerung mitumfasst.

3. Unterlassene Maßnahme

65   Dem auf Anfechtung einer dienstlichen Maßnahme gerichteten Antrag entspricht der Antrag, den Betroffenen (Vorgesetzten oder Dienststelle der Bundeswehr) zu einer bisher unterlassenen Handlung zu verpflichten. Voraussetzung des Verpflichtungsantrages ist das Ausbleiben eines Bescheides auf einen zuvor gestellten Antrag oder auf eine Beschwerde (§ 1 Abs. 2, § 16 Abs. 2, § 17 Abs. 1 Satz 2) oder das Untätigbleiben dort, wo der Antragsteller einen Anspruch auf Vornahme einer Maßnahme zu haben glaubt (BVerwG 1 WB 9/96 vom 4.9.1996, juris Rn. 3).

V. Rechtswidrigkeit

1. Begriff der Rechtswidrigkeit

66   Mit dem Antrag kann nur geltend gemacht werden, dass eine dienstliche Maßnahme oder ein Unterlassen rechtswidrig sei. Die Bedeutung der in Absatz 3 ausdrücklich erwähnten Rechtswidrigkeit liegt darin, dass es erst bei Beschreiten des Rechtsweges des Nachweises einer Rechtsverletzung bedarf,

während im Beschwerdeverfahren auch die Zweckmäßigkeit einer Maßnahme der Nachprüfung unterliegt. Im gerichtlichen Antragsverfahren ist die Nachprüfung der Zweckmäßigkeit dagegen ausgeschlossen (BVerwG NZWehrr 1970, 25). Ob eine Personalmaßnahme sachgerecht getroffen worden ist, kann daher gerichtlich nicht überprüft werden (BVerwG NZWehrr 1994, 247). Hat das Wehrdienstgericht die Rechtswidrigkeit einer Maßnahme oder eines Unterlassens festgestellt, ist dies nur gegenüber der Person des Antragstellers auszusprechen, da das Verfahren der WBO einen der abstrakten oder konkreten Normenkontrolle anderer Verfahrensordnungen entsprechenden Rechtsbehelf nicht kennt (siehe auch BVerwG NZWehrr 2005, 33). **Rechtswidrigkeit bedeutet,** dass die Maßnahme, ihre Ablehnung oder Unterlassung mit der Rechtsordnung nicht in Übereinstimmung steht. Sie verstößt gegen das geltende Recht, wobei für das gerichtliche Antragsverfahren die Grenzen der Rechtsordnung durch die in Absatz 1 genannten Voraussetzungen genau abgesteckt sind. Danach liegt Rechtswidrigkeit vor, wenn die Maßnahme, ihre Ablehnung oder Unterlassung unter Verletzung der Rechte des Antragstellers oder durch eine Verletzung von Pflichten eines Vorgesetzten ihm gegenüber geschehen ist, die im Zweiten Unterabschnitt des Ersten Abschnittes des Soldatengesetzes mit Ausnahme der §§ 24, 25, 30 und 31 SG geregelt sind. Der gesamte Bereich hoheitlichen truppendienstlichen Handelns oder Untätigbleibens ist damit der wehrdienstgerichtlichen Kontrolle unterworfen.

Die Rechtswidrigkeit kann insbesondere in einem Verstoß gegen Verfah- **67** rensregelungen, Formvorschriften oder solchen Rechtsnormen liegen, die den Inhalt des Handelns (z. B. einer Maßnahme) oder die Pflicht zum Handeln bestimmen. Ist beispielsweise die Belehrung als Erzieherische Maßnahme nicht durch den Disziplinarvorgesetzten, sondern durch den von ihm beauftragten Rechtsberater vorgenommen worden, ist sie rechtswidrig und muss aufgehoben werden (BVerwG NZWehrr 1997, 81, 82). Auch wenn die zuständige militärische Stelle von einem falschen Sachverhalt ausgeht, ist ihre Entscheidung rechtswidrig; auf ein Verschulden kommt es dabei nicht an (BVerwG 1 WB 57/78 vom 30.7.1980, juris Rn. 16). Ist die Vertrauensperson vor der beabsichtigten Entlassung des Soldaten nicht oder nur fehlerhaft angehört worden, ist die gleichwohl getroffene Entlassungsverfügung rechtswidrig (VG Mainz NZWehrr 2001, 82; vgl. auch BVerwGE 46, 283 = NZWehrr 1975, 25). Dagegen ergibt sich die Rechtswidrigkeit einer Maßnahme nicht schon allein daraus, dass bei ihrer Vorbereitung Verwaltungsvorschriften über die Einplanung, Vororientierung und Anhörung des Soldaten nicht beachtet worden sind (BVerwGE 53, 28; vgl. auch § 46 VwVfG) oder ein körperlich nicht voll einsatzfähiger Soldat gleichwohl als besonders förderungswürdig beurteilt wird (BVerwG NZWehrr 1986, 158).

Das Unterlassen einer Maßnahme ist rechtswidrig, wenn gegenüber dem **68** Soldaten eine Verpflichtung zum Tätigwerden bestand. Diese Verpflichtung kann u. a. in der besonderen Fürsorgepflicht des Vorgesetzten (§ 10 Abs. 3 SG) oder aus dem Gleichheitsgrundsatz begründet sein. Die unterbliebene Beteiligung (Anhörung) der Vertrauensperson zu einer Personalmaßnahme führt zu deren Rechtswidrigkeit (BVerwGE 132, 234); dasselbe gilt, wenn der Soldat entgegen § 24 Abs. 1 SBG nicht ordnungsgemäß schriftlich über die Möglichkeit einer Beteiligung der Vertrauensperson belehrt wurde und die Vertrauensperson nicht angehört wurde (BVerwG ebenda; siehe auch BVerwG NZWehrr 2011, 167 = ZBR 2011, 287 LS).

69   **Von der Rechtswidrigkeit ist die Nichtigkeit** einer Maßnahme zu unterscheiden. Eine Maßnahme ist insbesondere nichtig, wenn sie einen besonders schwerwiegenden Fehler aufweist und dies bei verständiger Würdigung aller in Betracht kommenden Umstände offenkundig ist (vgl. § 44 Abs. 2 VwVfG; auch BVerwG 1 WB 31/75 vom 4.3.1976, juris LS).

70   Für die Zulässigkeit des Antrages reicht die Behauptung aus, die angefochtene Maßnahme, ihre Ablehnung oder Unterlassung sei rechtswidrig (BVerwG NZWehrr 2004, 259, 260). Ob ein Rechtsverstoß tatsächlich vorliegt, ist eine Frage der Begründetheit. Stellt sich hier heraus, dass das Handeln rechtmäßig war, muss der Antrag als unbegründet zurückgewiesen werden.

2. Rechtswidrigkeit durch Überschreiten oder Missbrauch dienstlicher Befugnisse

71   **Die Vorschrift des Satzes 2,** dass Rechtswidrigkeit auch vorliegt, wenn der Beschwerdeführer durch Überschreiten oder Missbrauch dienstlicher Befugnisse verletzt ist, wurde ursprünglich damit begründet, dass sie materielles Beschwerderecht enthalte (BT-Drs. 2359, 2. Wahlperiode 1953, S. 15). Da die gerichtliche Nachprüfung militärischer Ermessensentscheidungen schon durch Absatz 1 Satz 1 in Verbindung mit Absatz 3 Satz 1 ermöglicht wird, erweist sich Satz 2 als eine überflüssige Regelung (siehe jedoch Rn. 89). In Angleichung an die entsprechende Regelung des Verwaltungsrechts – heute § 114 VwGO – erschien es damals bei den häufigen Entscheidungen über die Ausübung dienstlicher Befugnisse jedoch notwendig, festzulegen, wo die Grenzen der Rechtswidrigkeit zu ziehen seien (vgl. auch BDHE 6, 165 = NZWehrr 1962, 165). An dieser Entscheidung hat der Gesetzgeber festgehalten und die Rechtsprechung entsprechend entschieden (BVerwG 1 WB 23/15 vom 4.2.2016, juris Rn. 31).

VI. Gerichtliche Nachprüfbarkeit von Ermessensentscheidungen

1. Voraussetzungen

72   Sind Vorgesetzte oder Dienststellen ermächtigt, nach pflichtgemäßem Ermessen zu handeln (vgl. § 40 VwVfG), unterliegen ihre Ermessensentscheidungen der gerichtlichen Nachprüfung, wenn die gesetzlichen Grenzen des Ermessens überschritten sind oder wenn von dem Ermessen in einer dem Zweck der Ermächtigung nicht entsprechenden Weise Gebrauch gemacht worden ist (§ 23a Abs. 2 Satz 1 i. Vbg. m. § 114 VwGO). Die Rechtswidrigkeit einer Maßnahme, die unter Ermessensgesichtspunkten erlassen worden ist, ihrer Ablehnung oder Unterlassung kann daher nicht mit der Unzweckmäßigkeit der Ermessensentscheidung, sondern allein mit Ermessensfehlern begründet werden. Ob Raum für eine Ermessensentscheidung ist und inwieweit das Ermessen im Einzelfall reicht, ist der jeweils anzuwendenden Vorschrift zu entnehmen (BVerwG DVBl 1963, 366). So hat der Soldat schon nach § 6 Satz 1 SG einen Anspruch darauf, dass ein von ihm gestellter Antrag rechtsfehlerfrei unter Beachtung des Gleichbehandlungsgebotes beschieden wird (BVerwG NZWehrr 2004, 259). Zum Anspruch des Soldaten auf Ausübung fehlerfreien Ermessens siehe Rn. 31. Unter diesem Gesichtspunkt kann er beispielsweise gegen einen das Wiederaufgreifen des Verfahrens ablehnenden Bescheid oder den diesen bestätigenden Beschwerdebescheid Antrag auf gerichtliche Entscheidung stellen.

2. Ermessen und unbestimmter Rechtsbegriff

Die Erörterung der Problematik von Ermessen und unbestimmtem 73 Rechtsbegriff gehört in eine Darstellung des allgemeinen Verwaltungsrechts. Für das Verständnis der WBO genügt eine kurze begriffliche Klärung.

Von einer Ermessensentscheidung spricht man, wenn Vorgesetzte oder 74 Dienststellen im Rahmen der Rechtsanwendung die Freiheit des Entschlusses haben, ob sie überhaupt tätig werden wollen oder, wenn sie tätig werden, diejenige Regelung zu treffen, die sie unter Abwägung der Interessen der Bundeswehr und den Interessen des Soldaten für zweckmäßig und gerecht halten. Zur Bindung des Ermessens durch Richtlinien und eine ihnen entsprechende ständige Übung siehe BVerwGE 31, 212, 213 f.; 35, 159, 163; Kopp/Schenke, VwGO, § 114 Rn. 42; z. B. Zentralerlass B-1300/46 „Versetzung, den Dienstpostenwechsel, Kommandierung"; hierzu BVerwG 1 WB 28/15 vom 30.6.2016, juris Rn. 29 f. Bei Maßnahmen, die auf pflichtgemäßem Ermessen beruhen, sind mehrere richtige und rechtlich einwandfreie Lösungen möglich. Hat aber der Vorgesetzte in rechtmäßiger Weise von seinem Ermessen Gebrauch gemacht, kann er diese Ermessensausübung nachträglich nicht als rechtswidrig behandeln, wenn er zu einer anderen Beurteilung der ihm bereits zuvor bekannten Umstände gelangt (BVerwG NZWehr 1985, 77).

Von der Ausübung des pflichtgemäßen Ermessens ist die Anwen- 75 **dung unbestimmter Rechtsbegriffe** streng zu trennen. Die Anwendung unbestimmter Rechtsbegriffe ist keine Ermessens-, sondern eine Rechtsentscheidung, bei der nur eine Lösung richtig sein kann. Diese Unterscheidung hat nicht nur theoretische Bedeutung. Bei Anwendung unbestimmter Rechtsbegriffe ist die Entscheidung von den Gerichten in vollem Umfang nachprüfbar; bei einer Ermessensentscheidung jedoch nur, wenn Ermessensfehler vorliegen. Ob beispielsweise für die Versetzung eines Soldaten ein dienstliches Bedürfnis gegeben ist, kann vom Gericht als Rechtsentscheidung voll nachgeprüft werden (BVerwGE 103, 4 = NZWehr 1994, 24). Über die Verwendung des Soldaten dagegen entscheidet der Dienstherr nach pflichtgemäßem Ermessen (BVerwG NZWehr 2003, 120 m. Nachw.). Auch bei der Frage, welchen Bedarf die Bundeswehr in einzelnen Bereichen und Geburtszeiträumen hat, handelt es sich nicht um einen unbestimmten Rechtsbegriff, sondern um die Verwirklichung planerischer Vorstellungen, die gerichtlich nicht überprüfbar sind. Abgesehen von Ermessensfehlern kann eine Ermessensentscheidung vom Gericht nicht nachgeprüft werden. Das Wehrdienstgericht hat sich auf die Frage zu beschränken, ob der Vorgesetzte oder die Dienststelle den angewandten Rechtsbegriff und den gesetzlichen Rahmen, in dem sie sich frei betätigen dürfen, verkannt hat, ob sie von einem unrichtigen Tatbestand ausgegangen sind (BVerwGE 73, 48), allgemein gültige Wertmaßstäbe nicht beachtet oder sachwidrige Erwägungen angestellt haben. Die fachlichen Überlegungen, die zu der Entscheidung geführt haben, können nicht Gegenstand der gerichtlichen Überprüfung sein (BVerwG 1 WB 128/85 vom 26.6.1986, juris Rn. 19). Insbesondere darf das Gericht nicht seine Auffassung an die Stelle der Entscheidung der vorhergehenden

Beschwerdeinstanz setzen. Eine Ermessensausübung durch das Gericht ist nur möglich, wenn das Ermessen fehlerfrei nur noch in einer Richtung ausgeübt werden kann, jede andere Entscheidung also ermessensfehlerhaft wäre (BVerwGE 16, 214, 218; 53, 163 f.; 86, 25 ff.; BVerwG ZBR 2001, 31 m. w. Nachw.).

76 **Ist dem Vorgesetzten bei der Prüfung einzelner Tatbestandsmerkmale ein Beurteilungsspielraum** eingeräumt, beschränkt sich die gerichtliche Kontrolle ebenfalls nur darauf, ob er den gesetzlichen Rahmen seines Beurteilungsspielraumes verkannt, allgemein gültige Wertmaßstäbe nicht beachtet oder sachwidrige Erwägungen angestellt hat (BVerwG ZBR 2000, 167). Dies ist vor allem bei der Entscheidung eines Vorgesetzten über die Eignung eines Soldaten der Fall (BVerwGE 83, 251 = NZWehrr 1987, 162; BVerwG ZBR 2000, 167; 2001, 31). Die Entscheidung, wen der zuständige Vorgesetzte bei der Besetzung eines Dienstpostens unter den in Betracht kommenden Bewerbern für den geeignetsten hält, bleibt seiner Einschätzungsprärogative überlassen und ist als ein ihm vorbehaltener Akt wertender Erkenntnis nur unter den oben dargestellten Voraussetzungen gerichtlich überprüfbar (BVerwG ZBR 2001, 31).

77 **Auch bei Prüfungsentscheidungen** besitzt der Vorgesetzte einen Beurteilungsspielraum (Herzog, NJW 1992, 2601). Die Beurteilung und Wertung einer Prüfungsleistung ist nur daraufhin überprüfbar, ob der Vorgesetzte die für die Prüfung maßgeblichen Verfahrensvorschriften eingehalten und allgemein gültige Bewertungsmaßstäbe, insbesondere den rechtsstaatlichen Grundsatz der Chancengleichheit aller Prüflinge, beachtet hat, sich nicht von unsachlichen Erwägungen hat leiten lassen und von einem zutreffenden Sachverhalt ausgegangen ist (vgl. die grundlegende Entscheidung BVerfGE 84, 34 = NJW 1991, 2005). Nachprüfbar ist beispielsweise, ob die dem Prüfling gestellte Aufgabe mehrdeutig, unvollständig oder nicht lösbar ist (Niehues, NJW 1991, 3001). Auch fachliche Urteile des Prüfers unterliegen der gerichtlichen Kontrolle, sofern sie nicht mit prüfungsspezifischen pädagogischen Wertungen verbunden sind (BVerfG aaO). Die in eigener Verantwortung und frei von Weisungen getroffene wissenschaftliche pädagogische Bewertung einer Leistung durch den Prüfer ist durch das Gericht nicht nachvollziehbar (BVerwG 1 WB 148/78 vom 18.5.1982, juris Rn. 43; 1 WB 138/81 vom 19.5.1982, juris Rn. 47; einen ausführlichen Überblick über die neuere Rechtsprechung zur gerichtlichen Kontrolle von Prüfungsentscheidungen vermitteln Kopp/Schenke, VwGO, § 114 Rn. 30).

3. Ermessensfehler

78 Ein Überschreiten dienstlicher Befugnisse liegt vor, wenn der Vorgesetzte die Schranken überschreitet, innerhalb derer er sich bewegen darf. Der Vorgesetzte handelt ermessensfehlerhaft, der dem Soldaten den Urlaub aus anderen als dienstlichen Gründen versagt. Unerheblich ist es, ob der Vorgesetzte die ihm gesetzten Schranken bewusst überschreitet oder ob er sich in einem Irrtum darüber befindet. Eine Ermessensentscheidung ist auch rechtsfehlerhaft, wenn der Vorgesetze oder die Dienststelle ohne Verschulden von einem falschen Sachverhalt ausgeht (BVerwGE 73, 48). Dagegen handelt z. B. der BMVg nicht ermessensfehlerhaft, wenn er allein die Erklärung eines Soldaten über den Austritt aus einer vom Verfassungsschutz beobachteten Partei nicht zum Anlass nimmt, ein mit dem Bestehen eines Sicherheitsrisikos abgeschlos-

senes Sicherheitsüberprüfungsverfahren wiederaufzugreifen (BVerwG ZBR 2000, 129), wenn er für die Tätigkeit als Rundfunkredakteur bei einem bundeswehreigenen Rundfunksender verlangt, dass die in diesem Bereich eingesetzten Soldaten uneingeschränkt auf dem Boden der freiheitlichen demokratischen Grundordnung stehen müssen (BVerwG ZBR 2000, 167) oder wenn er einen Soldaten, der mit dem Hinweis auf seine wissenschaftliche Qualifikation und einen Erlass des Staatssekretärs über die Verwendung von Soldaten als wissenschaftliche Mitarbeiter seine Verwendung an einer UniBw beantragt, bei der Truppe belässt (BVerwG ZBR 2000, 168).

79 Der Missbrauch dienstlicher Befugnisse kennzeichnet nur eine besondere Erscheinungsform des Ermessensfehlgebrauches. Hauptanwendungsfälle sind die Ermessensfehler aus Rechtsirrtum, die Ermessenswillkür und die Ermessensüberschreitung. Die Ermessensfehler aus Rechtsirrtum treten auf, wenn von dem Ermessen zwar Gebrauch gemacht, es aber fehlerhaft ausgeübt wird, so, wenn Voraussetzungen oder Reichweite des Ermessens verkannt werden oder wenn das Ermessen unter Verstoß gegen den Grundsatz der Verhältnismäßigkeit ausgeübt wird. Hierzu gehört auch der Nichtgebrauch des Ermessens dort, wo rechtsirrig angenommen wird, dass gar kein Ermessensspielraum gegeben ist (BVerwG NZWehr 2008, 259).

80 **Der typische Fall der Ermessenswillkür** ist die Verletzung des Gleichheitsgrundsatzes. Willkürliches Handeln liegt auch vor, wenn Vorgesetzte oder Dienststellen grundlos von einer allgemeinen Verwaltungsübung abweichen oder wenn eine Maßnahme erlassen wird, ohne dass zuvor überhaupt rechtliche Erwägungen angestellt worden sind, z. B. bei einer Selbstbindung durch Verwaltungsvorschriften in Fällen der Versetzung, des Dienstpostenwechsels und der Kommandierung (BVerwG 1 WDS-VR 3/14 vom 2.2.2015, juris Rn. 25 m. w. Nachw.).

81 **Dem Ermessensmissbrauch** liegen Maßnahmen zugrunde, die sich äußerlich als durch den Rahmen des Zulässigen gedeckt darstellen. Die Fehlerhaftigkeit ergibt sich erst daraus, dass diesem Handeln Motive zugrunde liegen, die von der Rechtsordnung nicht gebilligt werden, aber auch daraus, dass ein an sich vom Gesetz gebilligtes Verhalten auf Grund gesetzwidriger Erwägungen erreicht wird (BVerwGE 46, 215, 218; BVerwG 1 WB 98/79 vom 25.2.1981, juris Rn. 32). Es muss sich um sachfremde Motive handeln, die persönlicher oder sachlicher Natur sein können, z. B. Entscheidungen, die auf Ab- oder Zuneigung zurückzuführen sind. Jedoch liegt eine willkürliche Ermessensentscheidung nicht schon vor, wenn eine Behörde im Rahmen ihres freien Ermessens unter mehreren gerechten Lösungen nicht die „zweckmäßigste, vernünftigste oder gerechteste" gewählt hat. Das ist nur der Fall, wenn sich ein sachgerechter Grund für eine Maßnahme nicht finden lässt (BVerfGE 4, 155).

4. Befehlsermessen

82 Für das Befehlsrecht hat Satz 2 eigenständige Bedeutung. Er ergänzt § 10 Abs. 4 SG. Hat sich der Vorgesetzte bei der Erteilung eines Befehls nicht von pflichtgemäßem Ermessen leiten lassen und dabei – bewusst oder unbewusst – unsachlich oder pflichtwidrig gehandelt, ist der Befehl rechtswidrig. Seine Verbindlichkeit wird dadurch aber nicht berührt, da sich die Frage der Gehorsamspflicht nach der objektiven Richtigkeit des Befehls beantwortet. Es kommt nicht darauf an, ob sich der Vorgesetzte in Ausübung seines

Befehlsermessens nach objektiven Maßstäben ausgerichtet hat oder sich an ihnen hätte ausrichten sollen (Stratenwerth, S. 160; Lammich, NZWehrr 1970, 47, 51 ff.). Erst wenn objektiv die äußerste Grenze der Kommandogewalt überschritten ist, muss der Befehl auch unverbindlich sein. Das ist z. B. der Fall, wenn Überschreitung oder Missbrauch der Befehlsgewalt nicht mehr durch dienstliche Zwecke gedeckt oder so groß ist, dass der Eingriff in die Rechtssphäre des Soldaten mit dem Sinn des Befehlsverhältnisses schlechthin und offensichtlich nicht vereinbar ist; z. B. Befehl an einen stark fiebernden Soldaten, im Rahmen der Winterkampfausbildung an einem Skilanglauf teilzunehmen, oder der Befehl, am „Tag der offenen Tür" im Feldzug Tarndruck das Kasernengelände von Unrat zu säubern (letztes Beispiel nach Jescheck, Befehl und Gehorsam, S. 79 unter Hinweis auf ein abweichendes Urteil des LG Tübingen).

5. Folgen der Ermessensfehler

83   Überschreitung und Missbrauch dienstlicher Befugnisse begründen die Anfechtbarkeit der Maßnahme, nicht aber ihre Nichtigkeit; vgl. auch § 19 Abs. 1. Auch ein unverbindlicher Befehl ist nicht nichtig (siehe § 22 WStG). Zu den Rechtsfolgen im Einzelnen siehe § 19 Abs. 1 und die Erl. dazu. Der Vorgesetzte oder die Dienststelle können ihre zu der angefochtenen Maßnahme angestellten Ermessenserwägungen noch im gerichtlichen Antragsverfahren ergänzen (§ 23 Abs. 2 i. Vbg. m. § 114 Satz 2 VwGO; siehe auch § 45 Abs. 2 VwVfG). Im Übrigen kann die Rechtswidrigkeit einer Maßnahme weder im Beschwerde- noch im gerichtlichen Antragsverfahren durch das Nachschieben andersartiger rechtlicher Überlegungen geheilt werden (BVerwG NZWehrr 1979, 139).

Zu Absatz 4

VII. Verfahrensrechtliche Behandlung des Antrages

1. Vorbemerkung

84   Art. 5 Nr. 13 WehrRÄndG 2008 hat die verfahrensrechtlichen Voraussetzungen für den Antrag auf gerichtliche Entscheidung wesentlich geändert. Satz 1 hat in Angleichung an die verwaltungsgerichtliche Regelung die frühere Antragsfrist von zwei Wochen auf einen Monat verlängert und es dem Antragsteller ermöglicht, den Antrag nunmehr unmittelbar beim Truppendienstgericht einzulegen. Wenn er beim nächsten Disziplinarvorgesetzten eingelegt wird, hat dieser ihn unverzüglich dem Truppendienstgericht vorzulegen; auf eine Stellungnahme des nächsten Disziplinarvorgesetzten zum Inhalt des Antrages, wie sie das bisherige Recht vorsah, ist aus Gründen der Verfahrensbeschleunigung verzichtet worden (Satz 4). Im Gegensatz zum früheren Recht braucht der Antragsteller den Antrag nicht mehr zu begründen, es genügt, wenn er die zur Begründung des Antrages dienenden Tatsachen und Beweismittel angibt (Satz 2). Auch die Zuständigkeit des für die Entscheidung berufenen Truppendienstgerichts ist geändert worden; nunmehr bestimmt sich das zuständige Truppendienstgericht nach dem Befehlsbereich, dem der Betroffene im Zeitpunkt des Beschwerdeanlasses angehört (Satz 5).

2. Monatsfrist

Für den Antrag nach Absatz 1 Satz 1 ist eine Frist von einem 85
Monat einzuhalten (Satz 1). Diese Monatsfrist gilt nicht auch noch für
den auf Untätigkeit gestützten Antrag nach Absatz 1 Satz 2. Für diesen
Antrag gilt die Monatsfrist des Absatzes 1 Satz 2. Wird das Truppendienst-
gericht im Falle der Untätigkeit der für die weitere Beschwerde zuständigen
Stelle angerufen, kann dieser Antrag daher frühestens nach Ablauf der in § 16
Abs. 1 genannten Monatsfrist und nur vor Ablauf der Jahresfrist des Absat-
zes 5 Satz 1 eingelegt werden (vgl. auch Orth, NZWehr 1990, 207, 209).
Der Beschwerdeführer braucht also nicht zusätzlich noch die Monatsfrist des
Satzes 1 einzuhalten. In beiden Fällen ist der Antrag auf gerichtliche Entscheidung als unzulässig zurückzuweisen, wenn er vor Ablauf eines Monats
eingelegt wird.

Absatz 4 Satz 1 ist eine zwingende Vorschrift, die Frist kann nicht ver- 86
längert werden (BVerwGE 111, 19 = NZWehr 2000, 122 = ZBR 2000, 141
LS). Hat der Antragsteller die Frist versäumt, muss sein Antrag auf gerichtliche Entscheidung als unzulässig zurückgewiesen werden (BVerwGE 43,
308). Eine Verlängerung der Frist kommt nur in Frage, wenn die Voraussetzungen des § 7 Abs. 1 vorliegen (BDHE 7, 169, 170; BDH DÖV 1959,
34). Ein durch Fehlen des Zustellungsnachweises begründete Unsicherheit
über die Wahrung der Frist geht nicht zu Lasten des Antragstellers (BDHE 5,
220 = NZWehr 1961, 32).

Für den Beginn der Frist ist die Zustellung des zurückweisenden Be- 87
schwerdebescheides an den Beschwerdeführer maßgebend. Das gilt auch,
wenn sich der Vorgesetzte bei der Mitteilung des Bescheides an den Soldaten
dessen Bevollmächtigten als Bote bedient hat (BVerwGE 46, 348 = NZWehr
1975, 108; BVerwG NZWehr 1998, 120). Eine Übermittlung des Beschwerdebescheides vorab per Telefax setzt die Antragsfrist noch nicht in Lauf
(BVerwG NZWehr 2010, 125). Die früher für den Fristbeginn entscheidende Bekanntgabe des ablehnenden Bescheids ist mit Art. 5 Nr. 13 Wehr-
RÄndG 2008 zu Gunsten der Zustellung als maßgeblichem Kriterium aufgegeben worden.

Richtet sich der Antrag auf gerichtliche Entscheidung ohne ein 88
vorangehendes Beschwerdeverfahren unmittelbar gegen den BMVg
als Betroffenen (§ 21 Abs. 1), beginnt die Frist mit der Bekanntgabe seiner
Entscheidung oder Maßnahme gegenüber dem Soldaten (§ 41 VwVfG
entspr.; diese Konsequenz ist bei der Novellierung der Vorschrift offenbar
übersehen worden). Bei einer vom BMVg verfügten Versetzung beginnt die
Frist demnach mit der Bekanntgabe der förmlichen Versetzungsverfügung
(vgl. BVerwG NZWehr 1984, 36, 37). Wird die Versetzung schon vorher
durch Fernschreiben oder auf andere Weise angeordnet und dem Soldaten
eröffnet, kann er bereits von diesem Zeitpunkt an den Antrag auf gerichtliche
Entscheidung stellen, die Bekanntgabe der förmlichen Versetzungsverfügung
braucht er nicht abzuwarten (BVerwGE 53, 287; 63, 187; BVerwG NZWehr
1984, 36; siehe auch BVerwG NZWehr 2007, 127 sowie BVerwG 1 WB
37.07 vom 11.3.2008, juris Rn. 20 f.). Der auf Grund der Vorausinformation
eingelegte Rechtsbehelf erfasst auch die später ergangene formelle Versetzungsverfügung (BVerwGE 63, 187, 188). Andererseits beginnt die Frist in
diesen Fällen auch dann erst ab Bekanntgabe der Maßnahme, wenn sie dem
Soldaten vorher fernschriftlich angekündigt, jedoch noch nicht eröffnet wor-

den ist (BVerwGE 43, 179). Macht der Soldat gegenüber dem BMVg die Rechtswidrigkeit einer Unterlassung geltend, ist das Bekanntwerden der Unterlassung maßgebend für den Beginn der Antragsfrist (vgl. BVerwG 1 WB 22/88 vom 7.9.1988, juris LS).

89   **Für den auf Untätigkeit gestützten Antrag** beginnt die Frist mit Ablauf der in Absatz 1 Satz 2 genannten Monatsfrist (§ 188 Abs. 2, 3 BGB).

90   Der Ablauf einer Nacht braucht für den Antrag nicht abgewartet zu werden (BVerwG I WB 107/76 vom 16.3.1977, juris Rn. 14). Das Wehrdienstgericht prüft die Wahrung der Antragsfrist unabhängig davon, ob der Betroffene Fristversäumnis behauptet (BVerwG 43, 311 = NZWehrr 1972, 229). Die Überschreitung der Antragsfrist ist unschädlich, wenn der Antragsteller im Einklang mit der Rechtsbehelfsbelehrung und mit § 74 Abs. 1 Satz 1 VwGO Klage erhoben, das Verwaltungsgericht die Sache aber zuständigkeitshalber an das Truppendienstgericht verwiesen hat (§ 41 Abs. 3 VwGO). Damit ist die Sache bei dem Truppendienstgericht anhängig geworden. Dagegen wird die Frist nicht gewahrt, wenn der Antrag auf gerichtliche Entscheidung entgegen der Rechtsbehelfsbelehrung beim Verwaltungsgericht gestellt wird (BVerwG NZWehrr 1991, 113).

3. Einlegung des Antrages (Satz 1 und 3)

91   Der Antrag kann rechtswirksam nur bei der Geschäftsstelle der zuständigen Truppendienstkammer, auch noch bei der Hauptgeschäftsstelle des Gerichts, nicht jedoch bei einer der übrigen Kammern eingelegt werden (vgl. BVerwGE 46, 259 = NZWehrr 1975, 21). Die Antragsfrist wird auch gewahrt, wenn der Antrag bei dem nächsten Disziplinarvorgesetzten oder in den Fällen des § 5 Abs. 2 und des § 11 Buchst. b bei den dort bezeichneten Vorgesetzten eingelegt wird (Satz 3). Dabei hält der Antragsteller die Frist auch ein, wenn er den Antrag beim zuständigen Kompaniefeldwebel des nächsten Disziplinarvorgesetzten oder einer sonst empfangsberechtigten Person einlegt (BVerwG NZWehrr 2003, 169; 2008, 259). Ist der nächste Disziplinarvorgesetzte nicht erreichbar, kann der Antrag auch bei dem nächsthöheren Disziplinarvorgesetzten eingelegt werden (BVerwGE 76, 11 = NZWehrr 1983, 188). Der nächste Disziplinarvorgesetzte oder die in den §§ 5 Abs. 2, 11 Buchst. b genannten Stellen haben den Antrag unverzüglich dem Truppendienstgericht vorzulegen (Satz 4). Sie brauchen sich keine Kenntnis davon zu verschaffen, ob die Antragsfrist eingehalten worden ist. Ihre Aufgabe besteht lediglich darin, den Eingang unter Angabe des Datums zu bescheinigen und den Antrag weiterzuleiten. Unberührt bleibt die Entscheidung des nächsten Disziplinarvorgesetzten, auf Antrag des Antragstellers die Vollziehung der angefochtenen Maßnahme gem. § 3 Abs. 2 auszusetzen (vgl. Rn. 134). Der Antrag ist dem Truppendienstgericht unverzüglich vorzulegen. Satz 4 begründet für die zur Vorlage verpflichteten Stellen die Pflicht, den Antrag des Soldaten ohne ein schuldhaftes Zögern und unmittelbar dem Truppendienstgericht einzureichen (vgl. auch § 5 Rn. 27a ff.). Hat der Disziplinarvorgesetzte dem Antrag vor Eingang beim Truppendienstgericht abgeholfen, muss dieses über die notwendigen Aufwendungen entscheiden (BVerwG 1 WB 60/05 vom 14.6.2006, juris Rn. 13).

4. Zuständiges Truppendienstgericht (Satz 5)

Der Antrag ist bei dem Truppendienstgericht einzureichen, das für den 92
Befehlsbereich errichtet ist, zu dem der Betroffene zum Zeitpunkt des Beschwerdeanlasses gehört. Mit dieser erst durch Art. 5 Nr. 13 WehrRÄndG
2008 getroffenen Regelung entspricht die Zuständigkeit des Truppendienstgerichts für den Antrag auf gerichtliche Entscheidung der Zuständigkeit von
Vorgesetzten und Dienststellen zur Entscheidung über die Beschwerde (§ 9
Abs. 1); in beiden Fällen richtet sich die Bestimmung der Zuständigkeit nach
der dienstlichen Unterstellung des Betroffenen. Außerdem ist mit der Neuregelung sichergestellt, dass bei demselben Gegenstand der Beschwerde mehrerer inzwischen versetzter Soldaten nicht verschiedene Truppendienstgerichte zu entscheiden haben (BT-Drs. 7955/07 S. 63). Da − abweichend vom
früheren Recht − die Zugehörigkeit zum Befehlsbereich für den Betroffenen
im Zeitpunkt des Beschwerdeanlasses das zuständige Truppendienstgericht
bestimmt, ist es unerheblich, wenn der Beschwerdeführer oder der Betroffene
vor oder nach Einlegung des Antrags in einen anderen Befehlsbereich versetzt
wird oder aus der Bundeswehr ausscheidet. Die Zuständigkeit des Truppendienstgerichts für die Entscheidung über die weitere Beschwerde gegen eine
einfache Disziplinarmaßnahme (§ 42 Nr. 4 Satz 2 WDO) − mit Ausnahme
von Disziplinararrest − richtet sich nach dem Befehlsbereich, zu dem der
Vorgesetzte gehört, der die Disziplinarmaßnahme verhängt hat. Dieses Truppendienstgericht entscheidet auch über die Beschwerde gegen einen Disziplinararrest (§ 42 Nr. 5 WDO, dazu siehe Dau/Schütz, WDO, § 42 Rn. 69 ff).

Für den Fall, dass ein Gerichtsstand fehlt, zweifelhaft oder streitig ist, gilt 93
die Regelung des § 70 Abs. 3 WDO (vgl. auch Dau/Schütz, WDO, § 70
Rn. 10 ff.). Bei einer Änderung der Gerichtsorganisation bleibt das Truppendienstgericht zuständig, bei dem der Antrag auf gerichtliche Entscheidung
gestellt war (Dau/Schütz aaO, Rn. 5).

5. Form der Einlegung des Antrages

Der Antrag kann schriftlich oder zur Niederschrift erklärt werden. Schrift- 94
form bedeutet, dass der Antrag schriftlich abgefasst sein muss. Das bedeutet
indes nicht, dass der Antragsteller den Text selbst schreiben muss; er kann
ihn auch von einem schreibgewandten Kameraden abfassen lassen. In diesem
Fall muss der Antragsteller, um jeden Zweifel über die Autorenschaft auszuschließen, den Antrag eigenhändig mit seinem Namen unterzeichnen.

Da die Antragsschrift ein bestimmender Schriftsatz ist, gehört zur Wahrung 95
der Schriftform grundsätzlich das Bekenntnis zum Inhalt durch die eigenhändige Unterschrift des Antragstellers oder seines Bevollmächtigten (BVerwGE
43, 113, 114 = NZWehrr 1971, 30). Die Unterschrift muss innerhalb der
Antragsfrist geleistet sein (BVerwGE 76, 1 = NZWehrr 1983, 188). Zur
Unterschrift genügt der ausgeschriebene Familienname; Vorname, Dienstgrad
und Angabe des Truppenteils sind nicht erforderlich, für die Bestimmung der
gerichtlichen Zuständigkeit und zur Besetzung der Truppendienstkammer
jedoch hilfreich. Die Unterschrift braucht nicht leserlich zu sein. Ebenso
wenig schaden Undeutlichkeiten oder Verstümmelungen des Schriftzuges.
Ein willkürliches Handzeichen, das keinerlei individuellen Bezug auf den
Namen des Antragstellers erkennen lässt, reicht zur Wirksamkeit einer Unterschrift allerdings nicht aus (BVerwGE 43, 113 = NZWehrr 1971, 30). Im

Übrigen ist die eigenhändig vollzogene Unterschrift kein zwingendes Formerfordernis derart, dass ein Antrag ohne Unterschrift stets und ausnahmslos unwirksam wäre. Vielmehr ist handschriftliche Unterzeichnung nicht zwingend erforderlich, wenn der Urheber des Antrages einwandfrei aus der Schrift hervorgeht und diese nach Form und Inhalt erkennen lässt, dass der Verfasser innerhalb der Frist den Antrag wirksam einlegen wollte (BVerwGE 30, 274, vgl. auch BVerwG 1 WB 7/81 vom 19.5.1981, juris Rn. 13). Auch aus den Umständen, unter denen der Soldat Antrag auf gerichtliche Entscheidung gestellt hat, kann, ohne dass es der Unterschrift bedarf, auf seine Urheberschaft geschlossen werden, so wenn er den Antrag offen seinem nächsten Disziplinarvorgesetzten zur Vorlage an das Truppendienstgericht übergibt (BVerwG NJW 1984, 444). Enthält die Antragsschrift zwar im Briefkopf die Absenderangabe und schließt sie mit dem maschinengeschriebenen Namen des Antragstellers, ist der Nachweis als nicht geführt anzusehen, dass das Schriftstück mit Willen und Wissen des Antragstellers in den Rechtsverkehr gebracht wurde (BVerwG NZWehr 1983, 188); der Antrag ist unzulässig. Auch ein vom Antragsteller fernmündlich durchgegebener Antrag genügt der Schriftform nicht (BVerwGE 63, 87 = NZWehr 1978, 224 = ZBR 1978, 407). Die Schriftform ist dagegen gewahrt, wenn der Antrag durch Fernschreiben gestellt wird und die Unterschrift einer natürlichen Person trägt (BVerwG NZWehr 1980, 232). Auch ein telegraphisch gestellter Antrag genügt der Schriftform, da ein Telegramm für den allgemeinen Verkehr die Bedeutung einer schriftlichen Erklärung hat. Entscheidend ist das Ankunftstelegramm (BGHStE 8, 176), das den Antragsteller klar erkennen lassen muss. Zur Fristwahrung genügt es, wenn die Post das Telegramm an die zur Entgegennahme des Antrages zuständige Stelle fernmündlich übermittelt und diese den Text zu Protokoll nimmt (BGHStE 14, 233; BVerwG aaO; siehe auch Kopp/Schenke, VwGO, § 81 Rn. 9 m. Nachw. und hier § 6 Rn. 41 f.). Zur Wahrung der Frist ist die Übermittlung durch Fax ausreichend (BVerwG NVwZ 1987, 788). Für die Übermittlung des Antrages als Textdatei mittels eines Computers (Computerfax) genügt für die Wahrung der Schriftform die eingescannte Unterschrift (GSOBG NJW 2000, 234; vgl. auch BVerwG NJW 1995, 2122 und § 23a Abs. 2 i. Vbg. m. § 55a VwGO). Eine einfach signierte Email ist hingegen nicht ausreichend, erforderlich ist vielmehr ein elektronisches Dokument, beispielsweise per De-Mail (Kopp/Schenke, VwGO, § 81 Rn. 9 sowie § 55a Rn. 9).

96   Fehlt eine wirksame Unterschrift und kann innerhalb der Antragsfrist dieser Mangel nicht mehr geheilt werden, ist eine Korrektur auch in entsprechender Anwendung des § 82 Abs. 2 VwGO nicht möglich (BVerwG 1 WB 7/81 vom 19.5.1981, juris Rn. 13 f.; BVerwGE 76, 11 = NZWehr 1983, 188).

6. Rücknahme und Anfechtung des Antrages

97   Die Rücknahme des Antrages ist bis zur Entscheidung durch das Truppendienstgericht jederzeit möglich. Die Vorschriften des BGB über die Anfechtung wegen Willensmängeln (§§ 119 ff.) finden dagegen keine Anwendung (BVerwG 1 WB 55.95, 56.95 v. 30.1.1996, juris Rn. 5). Die gegenüber dem Wehrdienstgericht abgegebene Erklärung, über den Beschwerdegegenstand eine gerichtliche Entscheidung zu verlangen, ist eine Prozesshandlung, daher bedingungsfeindlich und nicht anfechtbar (BVerwGE 33, 165 = NJW 1968, 1899; BVerwGE 53, 62). Das Gleiche gilt für die gegenüber dem Truppendienstgericht abzugebende Erklärung, kein Antragsverfahren durchführen zu wollen (BVerwGE 33, 165 = NJW 1968, 1899).

7. Inhalt des Antrages

Der Antrag muss eindeutig und unbedingt sein. Nur in dieser Form **98** ermöglicht er es dem Gericht, über die Zulässigkeit des Rechtsweges und über die sonstigen Voraussetzungen des Absatzes 3 entscheiden zu können, auch darüber, ob der Antrag fristgerecht gestellt worden ist. Wird er von Erklärungen anderer Beteiligter abhängig gemacht, ist er bedingt und damit unwirksam. Der Antrag muss erkennen lassen, dass der Antragsteller eine gerichtliche Entscheidung, d. h. Anrufung des Truppendienstgerichts, wünscht (zur Abgrenzung gegenüber einer Eingabe an den Wehrbeauftragten siehe BVerwGE 43, 140 = NZWehr 1971, 103). Eine falsche Bezeichnung des Rechtsbehelfs ist unschädlich. Im Übrigen reicht es für die Zulässigkeit des Antrages aus, wenn der Antragsteller tatsächliche Behauptungen aufstellt, aus denen das Gericht eine Rechtsverletzung oder die Verletzung von Vorgesetztenpflichten schließen kann (Rn. 35). Fehlen Behauptungen dieser Art oder lassen sie sich nicht wenigstens im Wege der Auslegung seinem Antrag entnehmen, ist dieser unzulässig, z. B. den BMVg „in Angelegenheiten der Dienststelle" zu einer Aussagegenehmigung zu verpflichten (BVerwGE 93, 26 = NZWehr 1991, 114). Auch das bloße Zitat einer in Betracht kommenden soldatenrechtlichen Vorschrift wäre nicht ausreichend (BVerwG NZWehr 1980, 185 = ZBR 1981, 345). Ein auf das sachliche Begehren des Antragstellers gerichteter ausdrücklich formulierter Antrag braucht nicht vorzuliegen, da sich der Antrag auf gerichtliche Entscheidung als Fortsetzung des Beschwerdeverfahrens darstellt, ergeben sich aus dem vorhergehenden Beschwerdeverfahren bereits regelmäßig die Grundlagen für das folgende gerichtliche Verfahren. Ein auf eine förderliche Verwendung gerichteter Verpflichtungsantrag muss beispielsweise so konkretisiert sein, dass er eine inhaltlich genau abgegrenzte und vollstreckbare Entscheidung ermöglicht (BVerwG 1 WB 55/95 vom 30.1.1996, juris Rn. 6; 1 WB 10/93 vom 11.5.1993, juris Rn. 3). Sofern ein bestimmter Antrag nicht gestellt worden ist, muss jedenfalls aus dem Zusammenhang der Schrift entnommen werden können, was bei verständiger rechtlicher Überlegung dem Willen des Antragstellers entspricht. Dabei sind seine Erklärungen unter Berücksichtigung seiner Persönlichkeit, seiner Rechtskenntnisse und seiner sprachlichen Gewandtheit in einem für ihn günstigen Sinne auszulegen. Dem objektiven Sinngehalt seiner Erklärungen kommt insbesondere Bedeutung zu, wenn der Antragsteller schon im Vorverfahren keinen bestimmten Antrag gestellt hat (BVerwG 1 WB 92/80 vom 27.3.1981, juris Rn. 28). Das Wehrdienstgericht trifft eine Ermittlungspflicht von Amts wegen (BVerwGE 63, 176).

Der Antrag kann auf Anfechtung, Verpflichtung oder Feststellung 99 gerichtet sein. Mit dem Anfechtungsantrag verlangt der Antragsteller die Aufhebung eines Befehls oder einer Maßnahme. Der Verpflichtungsantrag hat die Vornahme einer Maßnahme oder die Genehmigung eines Antrages zum Ziel; § 43 Abs. 2 Satz 1 VwGO ist im gerichtlichen Antragsverfahren entsprechend anwendbar (§ 23a Abs. 2 Satz 1). Die zwischenzeitliche Besetzung eines vom Antragsteller beanspruchten Dienstpostens mit einem anderen Soldaten steht der Zulässigkeit eines Verpflichtungsantrages nicht entgegen, eine „Konkurrentenklage" ist zulässig (BVerwGE 76, 336; BVerwG

NZWehrr 1995, 120; 2003, 120 m. w. Nachw.). Auch das Ergebnis einer Sicherheitsüberprüfung kann mit einem Aufhebungsantrag angefochten werden (BVerwG NZWehrr 1996, 68, 209). Hat es der Antragsteller versäumt, fristgerecht einen Verpflichtungsantrag zu stellen, kann er nicht die Feststellung verlangen, die Maßnahme sei rechtswidrig unterlassen. Denn der Feststellungsantrag darf nicht zur Umgehung eines durch Fristablaufs unzulässig gewordenen Verpflichtungsantrages benutzt werden. Gegenstand eines Feststellungsantrages ist das Bestehen oder Nichtbestehen eines Rechtsverhältnisses oder die Nichtigkeit einer Maßnahme, § 23a Abs. 2 Satz 1 i. Vbg. m. § 43 VwGO, nicht die Feststellung von Tatsachen (BVerwG 1 WB 138.90 vom 2.7.1991, juris Rn. 1). Die Feststellung einer abstrakten objektiven Rechtspflicht, die die Rechtssphäre des Antragstellers nicht berührt oder die bloße Klärung einer Rechtsfrage ist nicht zulässig. Der auf Unterlassung gerichtete und der im allgemeinen Verwaltungsrecht anerkannten vorbeugenden Unterlassungsklage vergleichbare Antrag ist auch im Verfahren der WBO zulässig (BVerwGE 46, 255, 256 = NZWehrr 1974, 184). Ziel des **vorbeugenden Unterlassungsantrages** ist es, ein Tätigwerden von militärischen Vorgesetzten oder Dienststellen zu verhindern (vgl. auch BVerwG I WB 205.72 vom 26.4.1974, juris OS). Ist ein vom Soldaten gestellter Antrag auf Vornahme einer Maßnahme abgelehnt worden, ist der Antrag auf gerichtliche Entscheidung nach erfolglos abgeschlossenem Beschwerdeverfahren ein Verpflichtungsantrag (§ 19 Abs. 1 Satz 3). Die Aufhebung des ablehnenden Bescheides ist lediglich eine Nebenfolge dieses Antrages.

8. Tatsachen und Beweismittel

100 **Mit Art. 5 Nr. 13 WehrRÄndG 2008 verzichtet die WBO darauf, dass der Antragsteller seinen Antrag auf gerichtliche Entscheidung innerhalb der Antragsfrist zwingend auch begründen muss (zu den rechtspolitischen Gründen für die frühere Regelung siehe BVerwG NZWehrr 1981, 59; 2007, 164). Nunmehr reicht es aus, dass er die zur Begründung des Antrages dienenden Tatsachen und Beweismittel angeben soll (Satz 2).** Die Ausgestaltung dieser Regelung als Soll-Vorschrift hat Rechtsfolgen in zweifacher Hinsicht: Kommt der Antragsteller der gesetzlichen Aufforderung zum Tatsachenvortrag und Vorlage von Beweismitteln nicht nach, erwächst ihm daraus kein unmittelbarer rechtlicher Nachteil (Redeker/v. Oertzen, VwGO, § 82 Rn. 9). Er darf darauf vertrauen, dass das Truppendienstgericht seiner Aufklärungspflicht von Amts wegen nachkommt (§ 18 Abs. 1 Satz 1). Andererseits hält ihn Satz 2 dazu an, selbst an der Aufklärung des Sachverhalts mitzuwirken. Versagt sich der Antragsteller dieser Verpflichtung ganz oder nur teilweise und kann das Truppendienstgericht auch aus den beiden Beschwerdebescheiden keine für den Antragsteller sprechenden Umstände ermitteln, muss er damit rechnen, dass das Truppendienstgericht seinen Antrag als unbegründet ablehnt.

101 Wenn der Antrag die zur Begründung dienenden Tatsachen und Beweismittel nicht enthält, hat der Vorsitzende der Truppendienstkammer den Antragsteller zur Ergänzung innerhalb einer bestimmten Frist aufzufordern (§ 23a Abs. 2 Satz 1 i. Vbg. m. § 82 Abs. 2 VwGO).

102 Beizufügen sind der Beschwerdebescheid (§ 12) und der Bescheid über die weitere Beschwerde (§ 16). Richtet sich der Antrag gegen eine Entscheidung oder Maßnahme des BMVg (§ 21), soll diese vorgelegt werden. Der Antrag-

steller soll die zur Begründung seines Antrages dienenden Tatsachen und Beweismittel angeben. Tatsachen sind „konkrete, nach Zeit und Dauer bestimmte, der Vergangenheit oder Gegenwart angehörende Geschehnisse oder Zustände der Außenwelt und des menschlichen Seelenlebens" (so BGH NJW 1994, 2114). Mit der Angabe von Tatsachen schildert der Antragsteller den vom Truppendienstgericht rechtlich zu bewertenden Geschehensablauf, wie er sich ihm aus seiner subjektiven Sicht darstellt. Dies umschließt auch innere Tatsachen, d. h. Beweggründe, Überlegungen und Willensrichtungen (BGH NJW 1981, 1562) sowie ausnahmsweise auch Rechtstatsachen, mit denen der Antragsteller seine juristische Sicht des Beschwerdegegenstandes reflektiert. Das Truppendienstgericht kann von Amts wegen Beweise erheben, wenn es die vom Antragsteller vorlegten nicht für ausreichend hält (§ 18 Abs. 1 Satz 2).

Zu Absatz 5

VIII. Ausschluss des Antragsrechts

Nach Ablauf eines Jahres seit Einlegung der weiteren Beschwerde 103
ist ein Antrag an das Truppendienstgericht grundsätzlich ausgeschlossen (Satz 1).

Die Jahresfrist beginnt mit der Einlegung der weiteren Beschwerde. Für 104
den Zeitpunkt der Einlegung kommt es nicht darauf an, wann die Beschwerdeschrift geschrieben worden ist, sondern darauf, wann sie bei dem nächsten Disziplinarvorgesetzten oder bei der für die Entscheidung über die weitere Beschwerde zuständigen Stelle eingegangen ist (TDG E NZWehr 1969, 150). Da der Antragsteller gewöhnlich nicht wissen kann, wann die weitere Beschwerde eingegangen ist, muss er sich ggf. durch Nachfrage erkundigen oder einen der allgemeinen Lebenserfahrung entsprechenden Zeitpunkt unterstellen. Diesen Zeitpunkt hat er für sich eher ungünstig denn günstig anzusetzen, will er nicht Gefahr laufen, die Jahresfrist zu versäumen. Die Regelung des Satzes 1 bezieht sich nur auf den Fall des Absatzes 1 Satz 3, d. h. über die weitere Beschwerde ist keine Entscheidung ergangen und der Soldat hat nicht schon nach Ablauf eines Monats Antrag auf gerichtliche Entscheidung gestellt. Satz 1 ergänzt somit den Absatz 1 Satz 3 dahin, dass die Antragfrist bei Untätigbleiben der weiteren Beschwerdeinstanz nach Ablauf eines Jahres endet.

Die Ausschlussfrist des Absatzes 5 bezieht sich dagegen nicht auf die Fälle 105
der unterbliebenen oder unrichtig erteilten Rechtsbehelfsbelehrung. Im Gegensatz zu § 58 Abs. 2 VwGO enthält die WBO keine Bestimmung über die Folgen einer unterbliebenen oder unrichtig erteilten Rechtsbehelfsbelehrung. Fehlt sie oder ist sie unrichtig erteilt, läuft die Frist des Absatzes 4 Satz 1 gleichwohl, da eine entsprechende Anwendung der verwaltungsgerichtlichen Regelung auf die WBO nicht möglich ist (BDHE 4, 188, 190 = NZWehr 1959, 102, 103). Das Fehlen der Rechtsbehelfsbelehrung oder ihre unrichtige Erteilung ist lediglich ein für den Antragsteller unabwendbarer Zufall i. S. des § 7 Abs. 2.

Durch die Regelung des Absatzes 5 ist der weiteren Beschwerdeinstanz 106
nicht die Möglichkeit genommen, auch nach Ablauf eines Jahres noch zu entscheiden. Ergeht nach Jahresfrist ein ablehnender Beschwerdebescheid,

kann der Soldat innerhalb eines Monats den Antrag auf Entscheidung des Truppendienstgerichts stellen. Hat der Soldat vor Ablauf der Jahresfrist bereits den Antrag gestellt und ergeht nunmehr ein stattgebender Beschwerdebescheid, ist die Hauptsache für erledigt zu erklären (siehe jedoch § 19 Abs. 1). Hatte die weitere Beschwerde dagegen keinen oder nur einen teilweisen Erfolg, muss das Truppendienstgericht über die noch offen gebliebenen Punkte entscheiden.

107   **Durch die Verweisung auf § 7 (Satz 2)** ist gesetzlich klargestellt, dass jene Vorschrift auch bei Versäumnis der Jahresfrist anwendbar ist. Ohne diese Klarstellung wären im Hinblick auf die Jahresfrist als Ausschlussfrist Zweifel nicht ausgeschlossen.

Zu Absatz 6

IX. Anordnung der aufschiebenden Wirkung

1. Voraussetzungen

108   **Der Antrag auf gerichtliche Entscheidung hat grundsätzlich – ebenso wie die Beschwerde und die weitere Beschwerde in truppendienstlichen Angelegenheiten – keine aufschiebende Wirkung (Satz 1).** Ähnlich der in § 80 Abs. 5 VwGO getroffenen Regelung kann jedoch das Truppendienstgericht, in dringenden Fällen der Vorsitzende, von Amts wegen oder auf Antrag des Beschwerdeführers die aufschiebende Wirkung anordnen (Satz 2).

109   Die aufschiebende Wirkung kann sich auf alle einer wehrdienstgerichtlichen Kontrolle unterworfenen Maßnahmen erstrecken. Soweit Beschwerden in Verwaltungsangelegenheiten ausnahmsweise keine aufschiebende Wirkung haben (§ 23 Abs. 6 Satz 2), gilt § 80 VwGO (§ 23 Abs. 6 Satz 3). Gegenüber Befehlen, die gem. § 11 SG unverbindlich sind und daher auch ohne die Herstellung der aufschiebenden Wirkung von dem Soldaten nicht ausgeführt zu werden brauchen, ist die gerichtliche Anordnung der aufschiebenden Wirkung zulässig. Denn der Soldat hat auch in solchen Fällen ein berechtigtes Interesse daran, klargestellt zu sehen, ob der Befehl für ihn verbindlich ist oder nicht (BVerwG I WB 26/81 vom 26.5.1982, juris Rn. 26).

110   Nachdem der Soldat Antrag auf gerichtliche Entscheidung gestellt hat, prüft **das Gericht nach richterlichem Ermessen,** ob dem Antragsteller vorläufiger Rechtsschutz dadurch gewährt werden kann, indem es die aufschiebende Wirkung des Antrages anordnet (Satz 2). Hierzu kann es auch durch einen ausdrücklichen **Antrag des Beschwerdeführers** angehalten werden. Zu einer Entscheidung von Amts wegen wird insbesondere Anlass bestehen, wenn der in der Regel rechtsunkundige Soldat ersichtlich nicht vertreten ist und die sofortige Vollziehung der Maßnahme angesichts durchgreifender Zweifel an ihrer Rechtmäßigkeit unverhältnismäßige Nachteile zur Folge hätte.

111   Die Entscheidung ergeht nach Anhörung des zuständigen Disziplinarvorgesetzten. Zuständiger Disziplinarvorgesetzter ist hier stets der zur Entscheidung über die weitere Beschwerde berufene Disziplinarvorgesetzte, § 9 Abs. 1 Satz 1, § 16 Abs. 2 (a. A. Lingens, NZWehrr 1997, 174, 175, der auf den Disziplinarvorgesetzten abstellen möchte, „bei dem die momentane Zuständigkeit für die Entscheidung in der Hauptsache" liegt; siehe auch ders. UBWV 1992, 454).

Die Entscheidung trifft das Truppendienstgericht, in dringenden 112 **Fällen der Vorsitzende der Truppendienstkammer. Ein dringender Fall liegt regelmäßig vor, wenn die Entscheidung keinen Aufschub bis zum Zusammentreten des Gerichts in voller Besetzung duldet.** Die Vorschrift findet auf die Wehrdienstsenate keine Anwendung. Auch in dringenden Fällen entscheiden sie in der Besetzung mit drei Berufsrichtern.

Die aufschiebende Wirkung kann auch schon angeordnet werden, 113 **bevor der Antragsteller einen Antrag in der Hauptsache** gestellt hat (**Satz 3;** vgl. auch BVerwGE 63, 210 = NZWehr 1979, 154). Diese Möglichkeit ist jedoch an zwei Voraussetzungen geknüpft:

– der zuständige Disziplinarvorgesetzte muss die Aussetzung der Vollstreckung abgelehnt haben oder
– der Disziplinarvorgesetzte hat die Vollziehung des angefochtenen Befehls oder der Maßnahme nicht innerhalb einer vom Gericht gesetzten Frist ausgesetzt.

Eine vorzeitige Entscheidung ist demnach zulässig, nachdem der für die 114 weitere Beschwerde zuständige Disziplinarvorgesetzte entschieden hat, er wolle die Vollziehung des den Gegenstand der Beschwerde bildenden Befehls oder der Maßnahme nicht aussetzen (§ 3 Abs. 2). Aus dem Wortlaut des § 3 Abs. 2 und § 17 Abs. 6 Satz 2 ergibt sich deutlich, dass für die vorzeitige Anordnung der aufschiebenden Wirkung in diesem Fall ein vorheriger Antrag des Beschwerdeführers vorliegen muss. Diese Zulässigkeitsvoraussetzung muss vom Soldaten in seinem Antrag auf Herstellung der aufschiebenden Wirkung ausdrücklich vorgetragen werden; ggf. hat das Gericht im Rahmen seiner Aufklärungspflicht beim Beschwerdeführer nachzufragen. Liegt keine ablehnende Entscheidung des zuständigen Disziplinarvorgesetzten vor, kann der Beschwerdeführer beim Truppendienstgericht beantragen, den Disziplinarvorgesetzten zu verpflichten, die Aussetzung der Vollziehung anzuordnen. Die Regelung des Satzes 3, 2. Variante, hat nur dann einen Sinn, wenn der Beschwerdeführer zuvor ein Antragsrecht erhält, ohne dass das Truppendienstgericht gar nicht mit der Sache befasst wäre. Nach der Begründung zu Art. 5 Nr. 13 Buchst. c WehrRÄndG 200(7)8 (BT-Drs. 16/7955 S. 35) soll dies sogar dann gelten, wenn der zuständige Disziplinarvorgesetzte die Aussetzung der Vollziehung bereits abgelehnt hat. Für diesen Fall jedoch enthält Satz 2, 1. Variante, die weitaus schnellere, weniger umständliche und für den Beschwerdeführer wirksamere Rechtsschutzmöglichkeit. Auf den Antrag des Beschwerdeführers setzt das Gericht dem zuständigen Disziplinarvorgesetzten eine Frist, innerhalb derer er die Vollziehung der angefochtenen Maßnahme auszusetzen hat. Kommt er dieser Auflage nicht oder nur unvollkommen nach, ordnet das Gericht die aufschiebende Wirkung an. Eines nochmaligen förmlichen Antrages des Beschwerdeführers bedarf es hierzu nicht. Die aufschiebende Wirkung gilt bis zur Entscheidung in der Hauptsache. Die aufschiebende Wirkung kann vom Gericht nur solange angeordnet werden, wie die Maßnahme oder der Befehl, gegen den sich die Beschwerde richtet, nicht unanfechtbar geworden ist. Ebenso kann eine vor dem Antrag auf gerichtliche Entscheidung angeordnete Aussetzung der Vollziehung keine Wirkung mehr haben, wenn der Beschwerdeführer innerhalb der gesetzlichen Frist keinen Antrag auf gerichtliche Entscheidung stellt. Hat das Truppendienstgericht einen Antrag auf Herstellung der aufschiebenden Wirkung oder Aussetzung der Vollziehung abgelehnt, kann der Beschwerdeführer erneut einen Antrag stellen, wenn sich die Sach-, Rechts- oder Verfahrenslage geändert hat; außerdem, wenn er dem Truppendienstgericht bisher nicht bekannte Tatsachen vorträgt, neue Mittel zur Glaubhaftmachung beibringt oder bisher nicht berücksichtigte rechtliche Gesichtspunkte geltend macht (vgl. BVerwG 2 WBW 1/83 vom 17.10.1983, juris Rn. 7 m. w. Nachw.; a. A. OVG Lüneburg DVBl 1982, 902).

115   Über § 42 WDO findet Absatz 6 Satz 2 auch Anwendung auf den Aufschub der Vollstreckung einer einfachen Disziplinarmaßnahme durch das Truppendienstgericht von Amts wegen oder, nachdem der Beschwerdeführer mit darauf gerichtetem Antrag weitere Beschwerde eingelegt hat (BVerwG NZWehrr 2011, 126).

2. Umfang der Anordnung

116   Die Anordnung der aufschiebenden Wirkung kann ganz oder teilweise, auch zeitlich begrenzt, ausgesprochen werden, sie darf jedoch nicht von Auflagen für den Antragsteller abhängig gemacht werden. Es ist möglich, die aufschiebende Wirkung auf die finanziellen Folgen einer Versetzungsverfügung zu beschränken. Für die Frage, ob die aufschiebende Wirkung angeordnet werden soll, hat das Gericht nicht auf die Erfolgsaussichten des Hauptantrages auf gerichtliche Entscheidung abzustellen. Denn zu diesem Zeitpunkt lassen sich die Erfolgsaussichten des Hauptantrages häufig noch nicht absehen und beurteilen. Das schließt indes nicht aus, dass die Erfolgsaussichten des Antrages auf gerichtliche Entscheidung im konkreten Fall von Bedeutung sein können. Erweist sich bei summarischer Prüfung dieser Antrag ersichtlich als unzulässig oder offensichtlich unbegründet, ist keine aufschiebende Wirkung anzuordnen. Bestehen andererseits ernstliche Zweifel an der Rechtmäßigkeit der angefochtenen Maßnahme oder ergibt sich bei summarischer Prüfung, dass ein Erfolg des Hauptantrages mindestens ebenso wahrscheinlich ist wie ein Misserfolg, wird regelmäßig die Anordnung der aufschiebenden Wirkung geboten sein. Grundsätzlich jedoch beruht die Entscheidung über die Anordnung der aufschiebenden Wirkung auf der Abwägung der Interessen der Bundeswehr an der sofortigen Vollziehung der angefochtenen Maßnahme oder des Befehls und dem Individualinteresse des Beschwerdeführers an der Aufrechterhaltung des bisherigen Zustandes bis zur Entscheidung in der Hauptsache (BVerwG NZWehrr 1973, 225; 1978, 108; BVerwGE 53, 325). Da der Gesetzgeber dem öffentlichen Interesse an der sofortigen Vollziehbarkeit truppendienstlicher Maßnahmen grundsätzlich den Vorrang vor privaten Interessen eingeräumt hat (Satz 1, vgl. auch BVerwGE 63, 210, 211 f. = NZWehrr 1979, 154 f.), kommt die Anordnung der aufschiebenden Wirkung nur ausnahmsweise in Betracht (BVerwG NZWehrr 2000, 34 m. w. Nachw.). Bereits bei summarischer Prüfung müssen sich durchgreifende Zweifel an der Rechtmäßigkeit der angefochtenen Maßnahme ergeben oder die Nachteile, die dem Antragsteller durch die Vollziehung drohen, müssen so erheblich sein, dass demgegenüber das öffentliche Interesse an der sofortigen Vollziehung (nicht des öffentlichen Interesses an der Maßnahme als solcher) zurückzutreten hat (BVerwG aaO). Die Anordnung der aufschiebenden Wirkung wird also insbesondere in Frage kommen, wenn auf

Seiten des Antragstellers nicht wieder gutzumachende Nachteile entstünden und nicht überwiegende Interessen der Bundeswehr die Vollziehung verlangen. Einem Verwendungswunsch kann ausnahmsweise entsprochen werden, wenn das Abwarten der Entscheidung in der Hauptsache für den Soldaten unzumutbar wäre.

X. Erlass einstweiliger Anordnungen

1. Vorbemerkung

Die WBO enthält keine ausdrückliche Regelung über den Antrag auf **117** Erlass einer einstweiligen Anordnung in Bezug auf den Gegenstand des gerichtlichen Antragsverfahrens. Diese Lücke wird durch eine entsprechende Anwendung des § 123 VwGO geschlossen (§ 23a Abs. 2 Satz 1; siehe schon BVerwG NJW 1967, 2374 = DÖV 1967, 831; BVerwG NZWehrr 1970, 25, 26; BVerwGE 33, 42; BVerwG 1 WB 93/00 vom 21.9.2000, juris Rn. 4). Die Einbeziehung der verwaltungsgerichtlichen Regelung in das wehrbeschwerderechtliche Antragsverfahren ist gerechtfertigt, weil der dem § 123 VwGO zugrundeliegende Gedanke nicht auf die VwGO beschränkt ist, sondern sich als allgemeiner Grundsatz u. a. auch in den §§ 935, 940 ZPO findet. Das Truppendienstgericht kann also – und zwar auch schon vor dem Antrag in der Hauptsache (Absatz 1) – auf Antrag des Beschwerdeführers eine einstweilige Anordnung in Bezug auf die vom Beschwerdeführer angegriffene Maßnahme treffen, „wenn die Gefahr besteht, dass durch die Veränderung des bestehenden Zustandes die Verwirklichung eines Rechts des Antragstellers vereitelt oder wesentlich erschwert werden könnte. Einstweilige Anordnungen sind auch zur Regelung eines vorläufigen Zustandes in bezug auf ein streitiges Rechtsverhältnis zulässig, wenn diese Regelung, vor allem bei dauernden Rechtsverhältnissen, um wesentliche Nachteile abzuwenden oder drohende Gewalt zu verhindern oder aus anderen Gründen nötig erscheint" (§ 123 Abs. 1 VwGO). Hierzu muss der Beschwerdeführer einen Anordnungsgrund vortragen, d. h. er muss geltend machen, dass ihm bei Abwägung des öffentlichen Interesses an der Durchsetzung der angefochtenen Maßnahme mit seinem Individualinteresse nicht zuzumuten ist, die Entscheidung in der Hauptsache abzuwarten. Es fehlt beispielsweise an einem Anordnungsgrund für das mit einer einstweiligen Anordnung verfolgte Verbot für den BMVg, einen Dienstposten mit einem anderen Soldaten zu besetzen, weil militärische Verwendungsentscheidungen jederzeit rückgängig gemacht werden können (BVerwG NZWehrr 2001, 29 = ZBR 2001, 142); auch entfällt ein Anordnungsgrund für die Gewährung eines Betreuungsurlaubs, wenn der Antragsteller für den gewünschten Zeitraum Anspruch auf Elternzeit nach § 28 Abs. 7 SG hat (BVerwG NZWehrr 2005, 166 = ZBR 2005, 314).

Der Erlass einer einstweiligen Anordnung ist nur auf Antrag, nicht von **118** Amts wegen möglich. Wird sie erlassen, darf sie nicht über das Begehren des Hauptantrages hinausgehen. Zur Abgrenzung zwischen dem Antrag auf Erlass einer einstweiligen Anordnung und dem Antrag auf Anordnung der aufschiebenden Wirkung. Wenn der Antragsteller sein Ziel auch durch eine Anordnung der aufschiebenden Wirkung erreichen kann, fehlt es für den Erlass einer einstweiligen Anordnung am Rechtsschutzbedürfnis (BVerwGE 43, 340).

119   Mit dem Antrag auf Erlass einer einstweiligen Anordnung kann nur eine Regelung erreicht werden, die unter den Voraussetzungen des Absatzes 1 in die Entscheidungszuständigkeit des Wehrdienstgerichts gehört. Eine Verweisung von einem Truppendienstgericht an ein Verwaltungsgericht oder von einem Verwaltungsgericht an ein Truppendienstgericht und von diesem an das BVerwG (Wehrdienstsenate) ist im Verfahren der einstweiligen Anordnung nicht zulässig.

2. Voraussetzungen

120   Vor dem Erlass einer einstweiligen Anordnung ist summarisch zu prüfen, ob der in der Hauptsache gestellte oder noch zu stellende Antrag erfolglos bleiben müsste. Die einstweilige Anordnung kann also nur getroffen werden, wenn der Antragsteller hinreichend Aussicht hätte, in der Hauptsache durchzudringen (BVerwG 1 WDS-VR 8/15 vom 23.5.2016, juris Rn. 21; BVerwG NJW 1967, 2374, 2375; BVerwGE 93, 389, 390 = NZWehrr 1994, 211; BVerwG NZWehrr 2005, 166, 167 = ZBR 2005, 314). Wenn der in der Hauptsache gestellte Antrag offensichtlich unzulässig ist, ist der Antrag auf einstweilige Anordnung zwar selbst zulässig, jedoch als unbegründet zu verwerfen (BVerwG NZWehrr 1970, 25, 26); z. B. Hauptantrag bezweckt lediglich die gerichtliche Überprüfung der Zweckmäßigkeit der Maßnahme. Das Gleiche gilt, wenn der Hauptantrag offensichtlich unbegründet ist (BVerwGE 33, 42) oder ihm wegen Erledigung der Hauptsache nicht mehr stattgegeben werden kann.

121   Die einstweilige Anordnung darf die Entscheidung in der Hauptsache nicht vorwegnehmen (BVerwG NJW 1967, 2374 = DÖV 1967, 831; BVerwG NZWehrr 2005, 166, 167 = ZBR 2005, 314). Dieser Grundsatz gebietet jedoch eine Ausnahme, wenn das Abwarten der Entscheidung in der Hauptsache für den Antragsteller schlechthin unzumutbar wäre (BVerwGE 63, 110 = ZBR 1981, 390; Redeker/v. Oertzen, VwGO, § 123 Rn. 14; Eyermann/ Happ, VwGO, § 123 Rn. 66a ff.). Das ist der Fall, wenn das Rechtsschutzbegehren des Antragstellers schon bei der im Verfahren des vorläufigen Rechtsschutzes anzustellenden summarischen Prüfung und bei Anlegen eines strengen Maßstabes an die Erfolgsaussichten erkennbar Erfolg haben würde (BVerwG aaO; auch BVerwGE 93, 389, 390 = NZWehrr 1994, 211; vgl. auch Kopp/Schenke, VwGO, § 123 Rn., 14, 14a). Darüber hinaus müsste der Antragsteller glaubhaft machen, dass ihm ohne eine einstweilige Anordnung schwere und unzumutbare, anders nicht abwendbare Nachteile entstehen, die die Entscheidung in der Hauptsache nicht mehr beseitigen könnten (BVerwG NZWehrr 2005, 166, 167 = ZBR 2005, 314).

122   Eine auf das Unterlassen einer Maßnahme gerichtete einstweilige Anordnung kommt nur in Ausnahmefällen in Betracht (BVerwGE 43, 340). Ein schutzwürdiges Interesse an einer einstweiligen Anordnung, durch die dem Vorgesetzten von vornherein eine bestimmte Maßnahme verboten wird, kann allenfalls für diejenigen Fälle anerkannt werden, in denen schon eine kurzfristige Hinnahme der befürchteten Handlungsweise des Vorgesetzten geeignet ist, den Antragsteller in besonders schwerwiegender, evtl. sogar nicht wieder gutzumachender Weise in seinen Rechten zu beeinträchtigen. Die Besetzung eines bestimmten Dienstpostens mit einem anderen Soldaten als dem Antragsteller kann mit einer einstweiligen Anordnung daher kaum verhindert werden (BVerwG aaO).

Wird der Antrag auf Erlass einer einstweiligen Anordnung vor dem Haupt- **123** antrag gestellt und geht dieser nicht fristgerecht beim Wehrdienstgericht ein, ist eine inzwischen getroffene einstweilige Anordnung auf Antrag aufzuheben (vgl. § 123 Abs. 3 VwGO i. Vbg. m. § 926 Abs. 2 ZPO).

3. Zuständigkeit für die Entscheidung

Über die Anträge auf Anordnung der aufschiebenden Wirkung und einst- **124** weiligen Anordnung entscheidet das Wehrdienstgericht durch Beschluss (BVerwG DÖV 1968, 810). Zuständig ist das Gericht, das auch über den Hauptantrag zu entscheiden hat (BVerwG NZWehr 2011, 126). Gegen die Ablehnung des Antrages ist ein Rechtsbehelf nicht gegeben. § 146 Abs. 1, 4 VwGO findet auf die Verfahren des vorläufigen Rechtsschutzes nach der WBO keine Anwendung, da ihm die Eigenart des Beschwerdeverfahrens entgegensteht (§ 23a Abs. 2 Satz 1). Beschlüsse des Truppendienstgerichts im gerichtlichen Antragsverfahren der WBO sind – vorbehaltlich der §§ 22a, b, 23a Abs. 3 – nicht anfechtbar. Eine Beschwerde nach § 114 WDO kommt ebenfalls nicht in Betracht, da sie nur gegen Beschlüsse des Truppendienstgerichts und gegen richterliche Verfügungen im Rahmen eines gerichtlichen Disziplinarverfahrens zulässig ist (Dau/Schütz, WDO, § 114 Rn. 2). Ein Antrag auf Wiederaufnahme des Verfahrens kommt nicht in Betracht (BVerwGE 76, 127 = NZWehr 1984, 122).

§ 18 Verfahren des Truppendienstgerichts

(1) **Für die Besetzung des Truppendienstgerichts ist der Dienstgrad des Beschwerdeführers maßgebend.**

(2) **Das Truppendienstgericht hat von Amts wegen den Sachverhalt aufzuklären. Es kann Beweise wie im gerichtlichen Disziplinarverfahren erheben. Es entscheidet ohne mündliche Verhandlung, kann jedoch mündliche Verhandlung anberaumen, wenn es diese für erforderlich hält. Haben Beweiserhebungen stattgefunden, hat das Truppendienstgericht das Beweisergebnis dem Beschwerdeführer und dem Betroffenen mitzuteilen und ihnen innerhalb einer vom Gericht zu setzenden Frist, die wenigstens drei Tage betragen muß, Gelegenheit zur Akteneinsicht und Stellungnahme zu geben. Das Truppendienstgericht entscheidet durch Beschluss, der dem Beschwerdeführer sowie dem Bundesministerium der Verteidigung nach den Vorschriften der Wehrdisziplinarordnung zuzustellen und dem Betroffenen formlos zu übermitteln ist. Die Entscheidung ist zu begründen.**

(3) **Hält das Truppendienstgericht die Zuständigkeit eines anderen Gerichts für gegeben, verweist es die Sache dorthin. Die Entscheidung ist bindend.**

(4) **Das Truppendienstgericht kann Rechtsfragen von grundsätzlicher Bedeutung dem Bundesverwaltungsgericht zur Entscheidung vorlegen, wenn nach seiner Auffassung die Fortbildung des Rechts oder die Sicherung einer einheitlichen Rechtsprechung es erfordert. Die Wehrdienstsenate entscheiden in der Besetzung von drei Richtern und zwei ehrenamtlichen Richtern durch Beschluß. Dem Bundeswehrdisziplinaranwalt ist vor der Entscheidung Gelegenheit zur Stellungnahme zu geben. Die Entscheidung ist in der vorliegenden Sache für das Truppendienstgericht bindend.**

Übersicht

I. Vorbemerkung

1   Die Vorschrift ist durch Art. 5 Nr. 14 WehrRÄndG 2008 redaktionell (Absatz 2 Satz 2) und sachlich geändert worden. Der durch diese Novelle nachhaltig betonte Grundsatz des rechtlichen Gehörs (§ 23a Abs. 3) führte dazu, dem Beschwerdeführer auch ohne Antrag das Ergebnis der Beweiserhebungen mitzuteilen (Absatz 2 Satz 4). Schließlich ist die langjährige Spruchpraxis der Wehrdienstsenate gesetzlich bestätigt (z. B. BDHE 6, 185, 187 = NZWehrr 1962, 66) und damit auch dem Betroffenen ein Anspruch auf rechtliches Gehör eingeräumt worden. Der durch das WehrRÄndG 2008 ermöglichte Zugang zu weiteren Rechtsbehelfen gegen einen Beschluss des Truppendienstgerichts (§§ 22a, 22b) verbietet es fortan, seine Entscheidung, die wegen einer möglichen Rechtsbeschwerde auch dem BMVg zuzustellen ist, als endgültig zu bezeichnen (Absatz 2 Satz 5). Im Übrigen ist die bisher nur auf die Verwaltungs- und Sozialgerichte bezogene Verweisungsvorschrift des Absatzes 3 Satz 1 auf die Verweisung in jeden anderen Rechtsweg erweitert worden. Zur Änderung der Vorschrift durch das NOG siehe § 18 Rn. 1 der 4. Auflage.

§ 18 regelt das Verfahren des Truppendienstgerichts nur in großen Zügen. **2** Die weitere Ausgestaltung hat er dem Ermessen des Richters überlassen (BDHE 6, 183, 185 = NZWehrr 1963, 156, 157; BVerwGE 33, 230 = NJW 1969, 476). Seiner Gestaltungsfreiheit sind jedoch Grenzen gesetzt. Er muss ergänzend auf die Vorschriften der WDO sowie der VwGO und des GVG zurückgreifen, soweit diesen nicht die Eigenart des Beschwerdeverfahrens entgegensteht (§ 23a Abs. 2 Satz 1 und die Erl. dort).

Für die Besetzung des Truppendienstgerichts und für die Durchführung **3** von Beweiserhebungen gelten die Bestimmungen der WDO und insoweit ergänzend über § 91 Abs. 1 WDO auch die Bestimmungen der StPO (§ 23a Abs. 1). Ferner sind die Vorschriften über die Hauptverhandlung in einem gerichtlichen Disziplinarverfahren anwendbar, sofern ihnen nicht die Eigenart des gerichtlichen Antragsverfahrens entgegensteht. Maßnahmen der Sitzungspolizei, die Vorschriften über Gerichtssprache, Beratung und Abstimmung sind dem GVG zu entnehmen; für das Stimmenverhältnis gilt § 91 Abs. 2 WDO. Für die Anhörungsrüge gilt § 152a VwGO (§ 23a Abs. 3), Rechtsschutz gegen eine unangemessene Dauer des gerichtlichen Antragsverfahrens gewährleistet § 23a Abs. 2 Satz 2 durch seine Verweisung auf den 17. Titel des GVG.

Die Vorschrift findet auf das gerichtliche Antragsverfahren vor dem **4** BVerwG (Wehrdienstsenate) entsprechende Anwendung (§ 21 Abs. 2). Auch für die Anfechtung der Wahl der Gleichstellungsbeauftragten vor dem Truppendienstgericht gelten die Vorschriften der WBO über das gerichtliche Antragsverfahren (§ 16f Abs. 2 Satz 2 SGleiG entsprechend). Das Gleiche gilt für das gerichtliche Verfahren nach ergebnislosem Einspruch der Gleichstellungsbeauftragten (§ 21 SGleiG) oder nachdem über ihren Einspruch ohne zureichenden Grund nicht in angemessener Frist entschieden ist (§ 22 Abs. 1 Satz 7 SGleiG).

Zu Absatz 1

II. Besetzung des Truppendienstgerichts

Zur Errichtung der Truppendienstgerichte und zur Bildung von Truppen- **5** dienstkammern vgl. Einf. Rn. 99. Für die Besetzung des Truppendienstgerichts (Truppendienstkammer) ist der Dienstgrad des Antragstellers (Beschwerdeführers) maßgebend. Absatz 1 ist nur in Verbindung mit den Vorschriften der WDO über die Wehrdienstgerichte (§§ 68–80) verständlich, weil die Besetzung der Truppendienstgerichte ausschließlich in der WDO geregelt ist (vgl. auch BVerwGE 63, 289 = NZWehrr 1980, 144). Entscheidend ist die Besetzung der Richterbank bei Erlass der angefochtenen Entscheidung (BVerwG ZBR 2001, 134). Die Truppendienstkammer entscheidet grundsätzlich in der Besetzung mit einem Richter als Vorsitzendem und zwei ehrenamtlichen Richtern (§ 75 Abs. 1 WDO; hierzu vgl. Dau/Schütz, WDO, § 75 Rn. 1 ff.). Anders als im gerichtlichen Disziplinarverfahren kommt es für die Besetzung der Kammer mit ehrenamtlichen Richtern nicht darauf an, ob innerhalb oder außerhalb einer mündlichen Verhandlung entschieden wird (BVerwG NZWehrr 1980, 144, 146; BVerwGE 63, 289). Danach sind alle die Sache selbst betreffenden verfahrensabschließenden Entscheidungen unter Hinzuziehung der ehrenamtlichen Richter zu treffen

(BVerwG aaO). Das gilt auch, wenn durch Beschluss das Verfahren ausgesetzt und die Entscheidung des BVerfG nach Art. 100 Abs. 1 GG eingeholt wird (BVerwG NZWehrr 1984, 251). Alle übrigen gerichtlichen Entscheidungen, insbesondere Neben- und Zwischenentscheidungen (siehe auch § 17 Abs. 6 Satz 2), sind ohne ehrenamtliche Richter zu treffen (BVerwG NZWehrr 1980, 144, 146; 2011, 212; vgl. auch §§ 5 Abs. 3, 19 VwGO).

6   Der Dienstgrad der ehrenamtlichen Richter ist im gerichtlichen Disziplinarverfahren vom Dienstgrad des angeschuldigten Soldaten abhängig (§ 75 Abs. 2 WDO). Für das gerichtliche Antragsverfahren nach der WBO modifiziert Absatz 1 diesen Grundsatz dahin, dass an Stelle des Dienstgrades des angeschuldigten Soldaten der des Antragstellers maßgebend ist. Diese Abweichung gegenüber § 75 Abs. 2 WDO ist deshalb gerechtfertigt, weil andernfalls bei entsprechender Anwendung der disziplinargerichtlichen Regelung der Dienstgrad des Betroffenen den Ausschlag geben könnte (siehe auch BVerwG NZWehrr 1980, 144, 145; BVerwGE 63, 289). Zur Auswahl der ehrenamtlichen Richter im Wahlanfechtungsverfahren nach dem SBG siehe § 3 Abs. 2 SBG. In einem Verfahren zur Anfechtung der Wahl der Gleichstellungsbeauftragten soll die Truppendienstkammer mit mindestens einer Soldatin als ehrenamtlicher Richterin besetzt sein (§ 16f Abs. 4 SGleiG). Eine ehrenamtliche Richterin oder ein ehrenamtlicher Richter muss Unteroffizier, die andere ehrenamtliche Richterin oder der andere ehrenamtliche Richter muss Stabsoffizier sein (§ 16f Abs. 4 SGleiG).

7   Ehrenamtliche Richter sind gemäß § 75 Abs. 2 Sätze 1 und 2 WDO i. Vbg. m. § 18 Abs. 1 WBO ein Soldat aus der Dienstgradgruppe des Antragstellers (Kameradenbeisitzer) und ein Stabsoffizier, der im Dienstgrad über dem Antragsteller stehen muss. In dem gerichtlichen Antragsverfahren eines Offiziers vom Oberst oder einem entsprechenden Dienstgrad an aufwärts muss der andere ehrenamtliche Richter der Dienstgradgruppe der Generale oder Admirale angehören (§ 75 Abs. 2 Satz 4 WDO). Bei Entscheidungen über (weitere) Beschwerden von Sanitätsoffizieren, die Ärzte oder Zahnärzte sind, gegen einfache Disziplinarmaßnahmen, denen ein Verstoß gegen ärztliche Pflichten zugrundeliegt, soll der Kameradenbeisitzer nach Möglichkeit Arzt oder Zahnarzt sein (§ 75 Abs. 2 Satz 2 WDO; hierzu näher Dau/ Schütz, WDO, § 75 Rn. 7). Die ehrenamtlichen Richter sollen der Teilstreitkraft oder dem Uniformträgerbereich des Antragstellers, jedoch nicht beide demselben Bataillon oder dem entsprechenden Truppenteil oder derselben Dienststelle angehören (§ 75 Abs. 3 S. 1 WDO; vgl. Dau/Schütz, aaO, Rn. 10 f.; auch BVerwGE 76, 63; BVerwG NZWehrr 2010, 114). Ein ehrenamtlicher Richter darf nicht Disziplinarvorgesetzter des anderen ehrenamtlichen Richters sein (§ 75 Abs. 3 Satz 2 WDO).

8   Die Vorschriften über die Besetzung gelten auch für die Verfahren von Angehörigen der Reserve und Soldaten im Ruhestand (§ 15 WBO; § 1 Abs. 2 Satz 2 WDO). Die Besetzungsregelung des § 75 Abs. 3 Satz 3 WDO findet auf das gerichtliche Antragsverfahren der WBO keine Anwendung, da es sich um eine speziell auf gerichtliche Disziplinarverfahren gegen frühere Soldaten zugeschnittene Sonderbestimmung handelt. Zur Berufung, Benennung und Auslosung der ehrenamtlichen Richter siehe §§ 74, 75 Abs. 4 WDO; zum Ruhen und Erlöschen des Amtes als ehrenamtlicher Richter siehe § 79 WDO. Eine große Besetzung (§ 76 WDO) ist auch im gerichtlichen Antragsverfahren des Truppendienstgerichts nach der WBO möglich, sofern mündliche Verhandlung für notwendig gehalten wird; denn für die

Besetzung der Kammer in den Verfahren der WBO gelten mangels eigener Vorschriften allgemein die Regeln der WDO (siehe auch Dau/Schütz, WDO, § 76 Rn. 6; a. A. Neufelder, DÖV 1974, 842, 844 ff.).

III. Richterausschluss

1. Vorbemerkung

Auch im Antragsverfahren vor den Wehrdienstgerichten ist der Ausschluss **9** eines Richters oder ehrenamtlichen Richters kraft Gesetzes und ihre Ablehnung wegen Besorgnis der Befangenheit zulässig. Nachdem sich Voraussetzungen und Verfahren – richtigerweise – bis zur Einfügung des § 23a durch das WehrRÄndG 2008 ausschließlich nach den Grundsätzen bestimmten, die dem Richterausschluss im verwaltungsgerichtlichen Verfahren zu Grunde liegen (vgl. § 23a Rn. 4 f.; siehe die Nachweise zur früheren Rechtslage in der 4. Auflage am selben Ort), ist Rechtsgrundlage nunmehr § 77 WDO entspr. Die Ablehnung eines Richters wegen Besorgnis der Befangenheit regelt sich demgegenüber nach § 91 Abs. 1 Satz 1 WDO i. Vbg. m. §§ 24 ff. StPO (Dau/Schütz, WDO, § 77 Rn. 1).

2. Besorgnis der Befangenheit

Besorgnis der Befangenheit ist anzunehmen, wenn ein Grund vorliegt, **10** der geeignet ist, Misstrauen gegen die Unparteilichkeit eines Richters zu rechtfertigen (§ 24 Abs. 2 StPO). Die richterliche Tätigkeit erfordert Neutralität und Distanz des Richters gegenüber dem Antragsteller und dem Betroffenen und soll deshalb nur von einem unbeteiligten Dritten ausgeübt werden (BVerfGE 21, 139, 145 = NJW 1968, 1123). Die Ablehnung greift also durch, wenn bei dem Antragsteller „bei verständiger Würdigung der ihm bekannten Umstände die Auffassung aufkommen kann, der Richter werde ihm gegenüber möglicherweise eine innere Haltung einnehmen, die dessen Unparteilichkeit störend beeinflussen könne" (BGHStE 1, 34). Es kommt nicht darauf an, ob sich der Richter selbst für befangen hält (BVerfGE 32, 290). Ablehnungsgrund kann danach lediglich eine Tatsache sein, die nach objektiven und vernünftigen Erwägungen vom Standpunkt eines Beteiligten aus geeignet ist, die Unparteilichkeit eines Richters in Bezug auf die sachliche Entscheidung in Zweifel zu ziehen (vgl. auch BVerwG 1 WB 32/82 vom 4.8.1982, juris Rn. 8 sowie 1 WB 145/83 vom 9.11.1984, juris LS).

Ein Befangenheitsgrund wird z. B. vorliegen, wenn der Richter oder der **11** ehrenamtliche Richter zum Antragsteller oder dem Betroffenen in freundschaftlicher oder gegensätzlicher Beziehung steht, z. B. ein ehrenamtlicher Richter ist Crew- oder Jahrgangskamerad des Betroffenen; entscheidend sind jedoch die Umstände des Einzelfalles; ferner, wenn der Richter bei unsicherer Beweislage seine Überzeugung von dem Nichterfolg des Antrags schon vor der Entscheidung zum Ausdruck bringt (vgl. auch BGH DRiZ 1962, 121), Zeugen zu beeinflussen sucht oder sich sonst durch unsachliches Handeln dem Verdacht aussetzt, gegen den Antragsteller voreingenommen zu sein (OLG Hamm NJW 1967, 1577), wenn der ehrenamtliche Richter in der Dienststelle tätig ist, die den Beschwerdebescheid erlassen hat (siehe jedoch BVerwG NZWehr 2010, 162) oder der Richter das Verfahren bewusst schleppend behandelt. Hat ein ehrenamtlicher Richter selbst die angefochtene Maßnahme getroffen oder über die weitere Beschwerde entschieden, ist er kraft Gesetzes ausgeschlossen (§ 77 Abs. 2 WDO). Auch eine wertende Bemerkung des Richters über die Persönlichkeit des Offiziers, der über die weitere Beschwerde entschieden hat, kann die Besorgnis der Befangenheit begründen oder ein ehrenamtlicher Richter hat kritische und missbilligende Äußerungen gegenüber dem Antragsteller gemacht, die ihn innerlich nicht frei von einer Voreingenommenheit erscheinen lassen (BVerwG 2 WD 26/09 und 2 WDB 3/09, 2WD 26/09, 2 WD 3/09 vom 5.1.2010, juris Rn. 13; BVerwG NZWehrr 2010, 162, 163).

12 Eine Ablehnung kommt dagegen nicht in Betracht, wenn ehrenamtlicher Richter und Antragsteller derselben Teilstreitkraft angehören (BDHE 7, 125; BVerwGE 33, 130), wenn ein Richter früher im Geschäftsbereich des BMVg tätig gewesen ist, ohne damit zugleich einen unmittelbaren dienstlichen Bezug zum Gegenstand des Verfahrens gehabt zu haben (BVerwG NJW 1969, 763, 764; BVerwGE 63, 273), er im BMVg z. B. an der Wehrgesetzgebung mitgewirkt hat (vgl. auch BVerfGE 2, 295), ebenso wenig begründet die organisatorische Nähe des von dem ehrenamtlichen Richter geleiteten Referats im BMVg zu dem am Antragsverfahren mitwirkenden Prozessreferat den Vorwurf der Befangenheit (BVerwG NZWehrr 2010, 162). Auch eine für den Antragsteller u. U. ungünstige und von diesem nicht gebilligte Rechtsauffassung reicht regelmäßig zur Begründung eines Ablehnungsgesuches nicht aus (vgl. BVerwGE 46, 251). Ein Antragsteller muss damit rechnen, dass ein Richter eine für ihn nachteilige Rechtsauffassung vertritt und deshalb zu einer für ihn ungünstigen Entscheidung gelangt. Er wird diese bei vernünftiger Würdigung nur dann als Ausdruck einer unsachlichen, parteilichen Einstellung des Richters auffassen, wenn gerade hierfür besondere Umstände vorliegen. Daher ist ein Richter nicht schon befangen, wenn er während des Verfahrens seine Rechtsmeinung ändert (BGH NJW 1962, 748), auch nicht, wenn er sich in wissenschaftlichen Publikationen ohne Bezug auf den konkreten Fall zu einer bestimmten Rechtsfrage geäußert hat (BVerwGE 1, 66, 69; BVerfG NJW 1996, 3333; auch Meyer-Goßner, StPO, § 24 Rn. 11a). Keine Besorgnis der Befangenheit ist begründet, wenn Richter und Betroffener derselben Partei, Religion oder demselben Berufsverband angehören oder insoweit gegensätzliche Positionen einnehmen (OLG Koblenz NJW 1969, 1177; BVerfGE 2, 295, 297). Ein Richter ist ferner nicht schon als befangen anzusehen, weil er einen beantragten Disziplinararrest bestätigt (Dau/Schütz, WDO, § 77 Rn. 24; kritisch Lingens, NZWehrr 1997, 148), in einem disziplinar- oder anderen gerichtlichen Antragsverfahren mitgewirkt hat (vgl. auch BDH NJW 1967, 629 oder als ehrenamtlicher Richter den Personalentscheidungen des BMVg unterliegt (BVerwG NZWehrr 1993, 205).

13 Bei der Frage, inwieweit der Antragsteller aus seinem eigenen Verhalten einen Ablehnungsgrund ableiten kann, ist stets zu prüfen, wie es zu diesem Verhalten gekommen ist (Dau/Schütz, WDO, § 77 Rn. 6). Hat der Antragsteller gegen den Richter Dienstaufsichtsbeschwerde erhoben, gegen ihn wegen Beleidigung Strafantrag gestellt oder ihn wegen Rechtsbeugung angezeigt, ist jedenfalls grundsätzlich keine Besorgnis der Befangenheit begründet (siehe auch Meyer-Goßner, aaO, Rn. 7).

3. Umfang des Ablehnungsrechts

Ablehnungsberechtigt ist nur der Antragsteller (§ 24 Abs. 3 StPO entspr.). **14** Sein Vertreter kann aus eigenem Recht keinen Ablehnungsantrag stellen, jedoch ist regelmäßig anzunehmen, dass er die Ablehnung für den Antragsteller geltend machen will (Meyer-Goßner, StPO, § 24 Rn. 20). Für den Ablehnungsantrag muss ein Rechtsschutzbedürfnis bestehen. Hieran fehlt es, wenn über das Verfahren in der Sache abschließend entschieden worden ist (vgl. BayObLG NJW 1968, 802). Ausnahmsweise ist ein Rechtsschutzbedürfnis zu bejahen, wenn nach Abschluss des Verfahrens noch die Entscheidung über einen Antrag auf Tatbestandsberichtigung aussteht und der Antragsteller für dieses Verfahren einen Richter wegen Besorgnis der Befangenheit ablehnt.

Es kann immer nur ein einzelner Richter abgelehnt werden, nicht der **15** gesamte Spruchkörper, und zwar auch dann nicht, wenn alle Richter einzeln benannt werden (BVerfG MDR 1961, 26, BDHE 5, 91, siehe aber BVerwG MDR 1976, 783). Ebenso ist es nicht möglich, die Ablehnung eines Richters nur mit dessen Zugehörigkeit zu einem bestimmten Gericht zu begründen (BGH NJW 1974, 55 = JZ 1974, 65). Wenn der Antragsteller die Namen der Richter erfahren will, sollen sie ihm bekannt gegeben werden (vgl. auch § 222a StPO).

4. Zeitpunkt der Richterablehnung

§ 77 WDO enthält keine Bestimmung, bis zu welcher zeitlichen Grenze **16** die Ablehnung eines Richter wegen Besorgnis der Befangenheit geltend gemacht werden muss. § 25 StPO ist ebenfalls keine für das gerichtliche Antragsverfahren passende Bestimmung, so dass sich gem. § 23a der maßgebende Zeitpunkt für die Geltendmachung von Ablehnungsgründen nach den Grundsätzen richtet, die für die Regelung der Richterablehnung im verwaltungsgerichtlichen Verfahren gelten (vgl. BVerwGE 33, 130 = NJW 1968, 110; BVerwGE 43, 129 = NZWehr 1971, 106 = NJW 1971, 854, 1329). Danach – § 54 Abs. 1 VwGO i. Vbg. m. § 43 ZPO entspr. – ist eine Richterablehnung nicht mehr zulässig, wenn sich der Antragsteller trotz Kenntnis des Ablehnungsgrundes zur Sache eingelassen, z. B. in der mündlichen Verhandlung Erklärungen abgegeben oder sich schriftlich geäußert hat. Ist dem Antragsteller der Ablehnungsgrund erst nach Einlassung zur Sache bekannt geworden, muss er – will er nicht sein Ablehnungsrecht verlieren – unverzüglich die Ablehnung erklären (vgl. auch § 44 Abs. 4 ZPO).

5. Rechtsbehelf

Hat das Ablehnungsgesuch keinen Erfolg, ist es zurückzuweisen. Dagegen **17** kann der Antragsteller Rechtsbeschwerde (§ 22a) zum Bundesverwaltungsgericht erheben (a. A. noch BVerwG NZWehr 1976, 149 = NJW 1975, 749 sowie BVerwG 1 WB 30/91 vom 21.2.1991, juris Rn. 1).

6. Ausschluss von der Ausübung des Richteramtes

Zum Ausschluss eines Richters oder ehrenamtlichen Richters von der Ausübung des Richteramts kraft Gesetzes siehe § 77 WDO (dazu ausführlich **18** Dau/Schütz, WDO § 77 Rn. 13 ff.). Zur Selbstanzeige eines Richters siehe § 30 StPO.

Zu Absatz 2

IV. Allgemeine Verfahrensgrundsätze

1. Aufklärung des Sachverhalts

19   Satz 1 bestimmt, dass für das gerichtliche Antragsverfahren der **Unter-suchungsgrundsatz** gilt. Er bedeutet, dass das Gericht von sich aus den dem Antrag zugrundeliegenden Sachverhalt erforschen muss, um ihn auf der Grundlage der in Frage kommenden rechtlichen Vorschriften beurteilen zu können. Dabei hat das Gericht stets den Beschleunigungsgrundsatz im Auge zu behalten (§ 17 Abs. 1 WDO). Die Aufklärungspflicht des Gerichts gilt für alle Antragsarten des § 17 Abs. 1 und für den Antrag auf Erlass einstweiliger Anordnungen (§ 17 Abs. 6). Sie besteht in dem Umfang, wie er zur Ent-scheidung über den Antrag erforderlich ist (vgl. Eyermann/Schübel-Pfister, VwGO, § 86 Rn. 1 f.; Kopp/Schenke, VwGO, § 86 Rn. 4). Sie endet, sobald das Gericht zu seiner Überzeugung den festgestellten Sachverhalt für die Entscheidung als ausreichend erachtet oder wenn eine weitere Sachauf-klärung die Grenzen des Zumutbaren überschritte. Bei Entscheidungen nach § 40 Abs. 4, § 42 Nr. 4 und 5 sowie nach § 45 WDO kann sich das Gericht unter den Voraussetzungen des § 34 Abs. 2 WDO von der Bindung an tatsächliche Feststellungen anderer Entscheidungen (§ 34 Abs. 1 WDO) be-freien. Bei einer Zurechtweisung hat das Wehrdienstgericht auch die tatsäch-lichen Grundlagen der Zurechtweisung in vollem Umfang zu überprüfen (BVerwG 1 WB 55/98, 1 WB 66/98 vom 29.4.1999, juris Rn. 6). Dagegen braucht es den die Zulässigkeit des Antrages begründenden Sachverhalt nicht aufzuklären (BVerwGE 63, 176 = NZWehr 1979, 109, 110).

20   **Eine Einschränkung findet der Untersuchungsgrundsatz ferner durch die Dispositionsbefugnis des Antragstellers** (§ 88 VwGO entspr.). Sie bedeutet, dass das Gericht an das Antragsbegehren gebunden ist und dem Antragsteller weder ein aliud noch ein Mehr dessen zuerkennen darf, was er beantragt hat (vgl. Kopp/Schenke VwGO, § 88 Rn. 1, 6;; siehe jedoch § 19 Abs. 1 Satz 2 und 3, Abs. 2 und Rn. 80). Unberührt davon bleibt es jedoch Aufgabe des Gerichts, den Antragsteller zu veranlassen, sachlich deutliche Anträge zu stellen und ggf. Beweismittel zu benennen (Eyermann/Schübel-Pfister, VwGO, § 86 Rn. 22 ff.). Insoweit trifft den Antragsteller eine **Mitwirkungspflicht.** Für eine gerichtliche Sachaufklä-rung besteht dagegen kein Anlass, wenn der Antragsteller trotz Aufforderung keine Tatsache vorträgt, aus der sich eine Verletzung der von ihm behaupte-ten Rechtsgrundsätze ergibt. Zum Verbot der reformatio in peius vgl. Rn. 80.

21   Bei der Frage, ob und inwieweit es für die Entscheidung weiterer Feststel-lungen bedarf, ist das Gericht an den Tatsachenvortrag oder an Beweisanträge des Antragstellers nicht gebunden; vielmehr bestimmt es selbst den Umfang der Aufklärung, insbesondere, welche Beweise es erhebt, nach pflichtgemä-ßem Ermessen. Da die Aufklärungspflicht dem Gericht obliegt (BVerwGE 10, 202; 16, 95; 12, 186), wäre es unzulässig, eine Maßnahme nur deshalb aufzuheben und die Sache zurückzuverweisen, weil die weitere Beschwerdeinstanz eine nur ungenügende Sachaufklärung vorgenommen hatte (BVerwGE 2, 135).

Der Gegensatz zum Untersuchungsgrundsatz ist die Verhand- 22
lungsmaxime. Danach obliegt es den Parteien, dem Gericht durch Sachvortrag und Beweisangebote die Tatsachen zu vermitteln, die für die Entscheidung des Rechtsstreites erheblich sind. Im gerichtlichen Antragsverfahren der WBO kommt der Verhandlungsmaxime, die im Wesentlichen das
zivilprozessuale Verfahren beherrscht, kaum Bedeutung zu. Ein Rückgriff.
auf die Vorschriften der ZPO, die auf der Verhandlungsmaxime beruhen, ist
damit ausgeschlossen. Die Verhandlungsmaxime wird lediglich darin erkennbar, dass das Gericht nicht von Amts wegen mit dem Beschwerdevorgang
befasst wird, sondern nur auf Antrag des Soldaten (§ 17). Außerdem behält
der Antragsteller insoweit seine Dispositionsbefugnis, als er den Antrag bis zur
Entscheidung durch das Gericht jederzeit zurücknehmen kann.

Bei der Erforschung des Sachverhalts hat das Gericht zunächst von den 23
durch den Antragsteller vorgetragenen Tatsachen und Sachzusammenhängen
auszugehen. Wenn es sie nicht für überzeugend oder für nicht ausreichend
hält, kann es den Antragsteller auffordern, sein Vorbringen zu ergänzen; oder
es kann Beweis erheben. Dabei kann es auch solche Beweise erheben, die
nicht angeboten sind. Andererseits braucht es nicht auf Beweisangebote einzugehen, wenn es diese nicht für erforderlich hält.

Bei der Überprüfung einer Ermessensentscheidung auf ihre Rechtmäßig- 24
keit braucht das Gericht nur den Ermessensfehler aufzuklären. Der Untersuchungsgrundsatz verpflichtet es nicht dazu, durch eigene Ermittlungen eine
neue Ermessensentscheidung des Vorgesetzten zu ermöglichen. Zur Aufklärung des Sachverhalts kann das Gericht den Sachstand mit dem Antragsteller
erörtern, es kann das persönliche Erscheinen bestimmter für die Entscheidung
erheblicher Personen anordnen, Auskünfte von Behörden einholen sowie
Akten oder einzelne Urkunden beiziehen. Eine ausdrückliche Bestimmung,
dass der Antragsteller bei der Erforschung des Sachverhalts heranzuziehen sei
(so aber für die Beteiligten eines Verwaltungsgerichtsverfahrens § 86 Abs. 1
Satz 1 Hs 2 VwGO), fehlt in der WBO. Gleichwohl gilt auch hier, dass der
Untersuchungsgrundsatz den Antragsteller nicht von der Pflicht entbindet,
durch eigene eingehende Darstellung der Tatsachen an der Aufklärung des
Sachverhalts selbst mitzuwirken. Hierzu kann das Gericht ihn auffordern, alle
Rechts- und Tatsachenausführungen sofort und in vollem Umfang schrift-
sätzlich vorzutragen. Das Gericht kann den Antragsteller darüber hinaus auffordern, unklare Anträge zu erläutern oder ihn beispielsweise bei Erledigung
der Hauptsache darauf hinweisen, dass sein ursprünglich auf Aufhebung eines
Befehls gerichteter Antrag als Anregung zur Feststellung von Amts wegen
gemäß § 19 Abs. 1 Satz 2 weiter behandelt werden wird. Verweigert der
Antragsteller seine Mitwirkung an der Aufklärung des Sachverhalts, z. B. er
lässt sich durch das Gericht nicht vernehmen, dürfen hieraus negative Schlüsse gezogen werden. § 88 WDO findet im Wehrbeschwerderecht keine Anwendung.

2. Beweislast

Wer sich in einem Zivilrechtsstreit auf eine für ihn günstige Rechts- 25
folge beruft, muss, wenn ihre Voraussetzungen bestritten werden,
hierfür Beweis antreten (sog. Beweisführungspflicht oder subjektive
Beweislast). Kann die Wahrheit nicht festgestellt werden, trifft der Nachteil
die Partei, die sich auf die Behauptung berufen hatte (sog. materielle oder

objektive Beweislast). Aus dem Untersuchungsgrundsatz ergibt sich, dass die Regeln der Beweislast allgemein im gerichtlichen Antragsverfahren nicht gelten. Das Gericht muss das Vorbringen des Antragstellers auch dann berücksichtigen, wenn er hierfür keine Beweismittel benannt hat. Eine Beweisführungspflicht gibt es demnach nicht.

26 **Das bedeutet jedoch nicht, dass eine wesentliche Behauptung als richtig angesehen werden kann, wenn sie sich nach Ausschöpfung aller erreichbaren Beweismittel als ungeklärt herausstellt.** Die Frage nach der materiellen Beweislast bleibt auch im Verfahren der WBO von Bedeutung. Sie entscheidet darüber, zu wessen Lasten die Folgen der Beweislosigkeit gehen. Nach den Regeln der materiellen Beweislast geht die Nichterweisbarkeit einer Behauptung immer zum Nachteil desjenigen, der daraus eine für sich günstige Rechtsfolge ableitet. Daraus folgt, dass der Antragsteller die anspruchsbegründenden Tatsachen beweisen muss, wenn er mit seinem Antrag eine Leistung oder die Verpflichtung zu einer Leistung geltend macht. Erstrebt der Antragsteller z. B. die Genehmigung von Sonderurlaub, kann das Gericht eine darauf zielende Verpflichtung nur aussprechen, wenn seine Aufklärung ergeben hat, dass die Voraussetzungen für die Genehmigung des Sonderurlaubs vorliegen. Bleibt dies zweifelhaft, kann das Gericht nicht zugunsten des Antragstellers entscheiden. Wendet sich der Antragsteller indes gegen eine Maßnahme (Anfechtungsantrag) und bleibt auch nach Sachaufklärung durch das Gericht unklar, ob die tatsächlichen Voraussetzungen zu ihrer Rechtmäßigkeit vorliegen, ist dem Antrag stattzugeben. Denn die Voraussetzungen für die Rechtmäßigkeit einer Maßnahme hat, sofern er sich nicht auf eine Ausnahmevorschrift beruft, nicht der Antragsteller zu beweisen (hierzu ausführlich Ule, S. 302 f.). Haben die Bemühungen des Gerichts um Aufklärung keinen Erfolg, ist dem Antrag stattzugeben. Der Grundsatz, dass Verwaltungsakte und Befehle die Vermutung der Rechtmäßigkeit für sich haben, greift bei der Beurteilung der Beweislast nicht ein (Ule, S. 303 und BVerwGE 1, 59). Die Vermutung der Rechtmäßigkeit hat Auswirkungen nur auf die Verbindlichkeit des Befehls und damit auf die Gehorsamspflicht des Soldaten, besagt aber nichts über die tatsächliche Rechtmäßigkeit.

27 Bei Ermessensentscheidungen hat die Folgen eines fehlenden Nachweises für einen Ermessensfehler grundsätzlich der Antragsteller zu tragen (Ule, S. 305). **Die Regeln über den Beweis des ersten Anscheins** gelten auch im Verfahren der WBO. Sie besagen, dass in Fällen, in denen ein gewisser Tatbestand feststeht, nach der Lebenserfahrung auf eine bestimmte Ursache geschlossen werden kann.

28 Verstöße gegen die Aufklärungspflicht sind – vorbehaltlich einer Verletzung des Anspruchs auf rechtliches Gehör (§ 23a Abs. 3 i. Vbg. m. § 152a VwGO) – mit Rechtsbehelfen nicht anfechtbar.

3. Erhebung von Beweisen

29 **Bei mündlicher Verhandlung kann das Truppendienstgericht Beweise wie im gerichtlichen Disziplinarverfahren erheben (Satz 2 i. Vbg. m. § 106 WDO).** Entscheidet das Truppendienstgericht im schriftlichen Verfahren, steht es ihm frei, wie es Beweis erheben will. Für die Beweisaufnahme in der mündlichen Verhandlung machen die Worte „Beweise wie im gerichtlichen Disziplinarverfahren" deutlich, dass sich die Nachprüfung des Gerichts nicht nur auf die Zulässigkeit und Rechtmäßigkeit des

Verfahrens erstreckt, sondern auch den gesamten Sachverhalt erfasst, der dem Antrag des Antragstellers zugrundeliegt (vgl. Dau/Schütz, WDO, § 106 Rn. 3). Das entspricht auch dem allgemeinen Untersuchungsgrundsatz des Satzes 1.

Aufgabe der Beweisaufnahme ist die Feststellung aller Tatsachen, die für die **30** Entscheidung über den Antrag erheblich sind. Eine Beweisaufnahme wird geboten sein, wenn sich das Gericht auf Grund des Vorbringens des Antragstellers und unter Abwägung der Einlassung des Betroffenen von der Wahrheit nicht hat überzeugen können, insbesondere auch, wenn Unklarheiten über den wirklichen Geschehensablauf bestehen. Als Beweismittel kommen vor allem Zeugen, Augenschein und Schriftstücke, etwa Zeitungsausschnitte, in Betracht (siehe ergänzend Dau/Schütz, WDO, § 106 Rn. 4).

Auf welche Weise das Gericht Beweis erhebt und ob es hierzu einer **31** mündlichen Verhandlung bedarf, liegt in seinem Ermessen. Die Beweise können durch das Gericht selbst oder im Wege der Rechtshilfe durch Ersuchen an ein Amtsgericht erhoben werden (§ 86 Abs. 2 WDO). Es können Zeugen und Sachverständige vernommen (§ 106 Abs. 4 WDO; vgl. hierzu Dau/Schütz, aaO, Rn. 18 f.) und vereidigt werden (§ 86 Abs. 1 WDO). Das Truppendienstgericht kann auch die Truppe um ergänzende Vernehmung von Zeugen ersuchen. In der Hauptverhandlung können Niederschriften aus einem anderen gerichtlichen Verfahren verlesen werden (§ 106 Abs. 2 Satz 1 WDO; hierzu Dau/Schütz, aaO, Rn. 7). § 251 StPO findet entsprechende Anwendung. Soweit Soldaten durch das Gericht vernommen werden, bedürfen sie einer Aussagegenehmigung durch den Dienstherrn (Scherer/Alff/Poretschkin/Lucks, SG, § 14 Rn. 9; Erlass „Erteilung einer Aussagegenehmigung nach § 14 Abs. 2 des Soldatengesetzes" – ZDv A-2160/6 Abschnitt 1.41; in Schnell/Ebert C 42b; a. A. BDHE 6, 166 = NZWehr 1963, 42 = NJW 1962, 1884; vgl. auch BVerwG NZWehrr 1975, 104; Menzel, DÖV 1965, 1 ff.). Zur Wahrheitspflicht des Soldaten vor Gericht siehe Dau/Schütz, WDO, § 32 Rn. 37 f.; Scherer/Alff/Poretschkin/Lucks, SG, § 13 Rn. 3 f.; Walz in Walz/Eichen/Sohm, SG, § 13 Rn. 20 ff..

Das Gericht hat zur Erforschung der Wahrheit die Beweisaufnahme von **32** Amts wegen auf alle Tatsachen und Beweismittel zu erstrecken, die für die Entscheidung von Bedeutung sind (§ 106 Abs. 1 WDO). Andererseits ist es zunächst Sache des Antragstellers, von ihm für notwendig gehaltene Beweisanträge zu stellen und nicht Aufgabe des Gerichts, Beweise zu erheben, die es selbst möglicherweise nicht hätte erheben müssen. An Beweisanträge ist es nicht gebunden; falls ein Beweisantrag gestellt wird, braucht ihm nicht unter den formellen Voraussetzungen des § 244 Abs. 3 StPO entsprochen zu werden. Es ist daher auch nicht erforderlich, ihn durch einen mit Begründung versehenen Beschluss zurückzuweisen (anders jedoch § 86 Abs. 2 VwGO). Es genügt die Zurückweisung in dem das Verfahren abschließenden Beschluss. Der Verzicht des Antragstellers auf eine vom Gericht für notwendig gehaltene Beweisaufnahme ist wirkungslos. Verspätetes Vorbringen kann zurückgewiesen werden (§ 87b VwGO).

Die Entscheidung darüber, ob die Erhebung von Beweisen erforderlich ist **33** und welche Beweise beigezogen werden sollen, kann der Vorsitzende ohne ehrenamtliche Richter treffen. Auch bei einer Beschwerde gegen einen Disziplinararrest oder bei der weiteren Beschwerde gegen eine andere einfache Disziplinarmaßnahme muss sich das Gericht bei der Beweisaufnahme im Rahmen des Sachverhalts halten, der der Disziplinarverfügung zugrunde liegt. Demgemäß hat das Gericht auch zu prüfen, ob die verhängte Maßnahme zulässig und ob sie in zulässiger Weise verhängt worden ist (BDHE 5, 229 = NZWehrr 1960, 131; Dau/Schütz, WDO, § 42 Rn. 75). Es hat auch dann noch über die tatsächlichen und rechtlichen Voraussetzungen der Maßnahme zu entscheiden, wenn der Antragsteller aus der Bundeswehr ausgeschieden ist, jedoch noch Beschwerde einlegen konnte (§ 1 Abs. 3; siehe im einzelnen Dau/Schütz, aaO, Rn. 99 ff.).

34   Ist der Disziplinarvorgesetzte bei der Verhängung einer Disziplinarmaßnahme an die tatsächlichen Feststellungen eines Urteils im Strafverfahren oder Bußgeldverfahren gebunden gewesen (§ 34 Abs. 1 WDO), kann das Gericht Beweise, die einen abweichenden Sachverhalt rechtfertigen sollen, erst erheben, wenn es sich durch einen Nachprüfungsbeschluss nach § 34 Abs. 2 WDO gelöst hat (siehe Dau/Schütz, WDO, § 34 Rn. 20 ff.). In Verfahren über einen Antrag auf gerichtliche Entscheidung gegen Maßnahmen, denen unmittelbar oder mittelbar der Vorwurf eines Dienstvergehens zugrunde liegt, ist das Gericht dagegen an die tatsächlichen Feststellungen und die rechtliche Würdigung im disziplinargerichtlichen Urteil gebunden (BVerwGE 86, 33 = NZWehrr 1989, 72).

4. Mündliche Verhandlung

35   Nach Satz 3 entscheidet das Gericht ohne mündliche Verhandlung, kann jedoch mündliche Verhandlung anberaumen, wenn es dies für erforderlich hält. Eine Begründung dafür, warum es sich für eine mündliche Verhandlung entschieden hat, braucht das Gericht nicht zu geben. Aus der Tatsache, dass – anders als im gerichtlichen Disziplinarverfahren (§§ 104 ff. WDO) – eine obligatorische Verhandlung nicht vorgesehen ist, können keine verfassungsrechtlichen Bedenken hergeleitet werden (kritisch Neufelder, DÖV 1974, 842, 847). Art. 103 Abs. 1 GG, der den Anspruch auf rechtliches Gehör vor Gericht verfassungsrechtlich garantiert, gilt zwar auch im gerichtlichen Antragsverfahren der WBO, jedoch kann das rechtliche Gehör mündlich oder schriftlich gewährt werden (BVerfGE 9, 231; vgl. auch v. Scheliha, S. 154 f.). Die Forderung nach einem „öffentlichen" Verfahren bedeutet lediglich das Verbot von Geheimverfahren, besagt jedoch nicht, dass die Beteiligten auch öffentlich und somit mündlich anzuhören seien (Remmert in: Maunz/Dürig, GG, Art. 103 Abs. 1 Rn. 65; kritisch EuGH EuGRZ 1976, 221; dazu T. Stein, NZWehrr 1977, 1, 12; vgl. auch OLG Celle NJW 1960, 880; BayObLG MDR 1961, 154; v. Scheliha, S. 155). Die Vorschrift ist lex specialis zu § 101 Abs. 1 und 2 VwGO (BVerwG 1 WRB 1/14 vom 24.3.2014, juris Rn. 16).

36   Für die mündliche Verhandlung im gerichtlichen Antragsverfahren gilt gem. § 23a Abs. 2 Satz 1 i. Vbg. m. § 169 Satz 1 GVG der Grundsatz der Öffentlichkeit (BVerwGE 134, 59, 61 = NZWehrr 2010, 168 LS; dazu siehe auch Neufelder, DÖV 1974, 842, 847).

37   Die mündliche Verhandlung ist nicht nur „parteiöffentlich", d. h. es sind nicht nur die Personen teilnahmeberechtigt, die das Gericht geladen hat, in der Regel also der Antragsteller, sein Rechtsanwalt, der Betroffene, Zeugen und Sachverständige, ggf. Feldjäger. Das Gebot der Öffentlichkeit bedeutet, dass sich jedermann auch außerhalb der Bundeswehr Zutritt zum Ort der Verhandlung verschaffen darf (dazu näher Meyer-Goßner, StPO, § 169 GVG Rn. 3 ff.). Ein Ausschluss der Öffentlichkeit ist nach § 172 GVG nur unter

den dort genannten Voraussetzungen möglich. Einzelnen Personen kann der Zutritt versagt werden, wenn sie in einer der Würde des Gerichts nicht entsprechenden Weise erscheinen (§ 175 GVG).

Disziplinarvorgesetzte des Betroffenen und deren Beauftragte werden die **38** Verhandlung in aller Regel selbst verfolgen. Sie haben möglicherweise Maßnahmen der Dienstaufsicht zu ergreifen, wenn sich der Antrag als begründet erweisen sollte; u. U. werden sie sogar durch das Gericht angehalten werden, nach Maßgabe der WDO zu verfahren (§ 19 Abs. 2 WBO).

Die Präsidenten und Vizepräsidenten sowie die die Dienstaufsicht über die **39** Truppendienstgerichte führenden Beamten des Bundesministeriums der Verteidigung haben selbst dann ein Anwesenheitsrecht, wenn die Öffentlichkeit ausgeschlossen ist (§ 175 Abs. 3 GVG). Gleiches gilt für die Beamten des Bundesministeriums der Justiz bei Verhandlungen der Wehrdienstsenate. Auch der Wehrbeauftragte, bei seiner Verhinderung der Leitende Beamte (§ 17 Abs. 1 WBeauftrG), hat ein gesetzliches Teilnahmerecht (§ 3 Nr. 6 Satz 3 WBeauftrG); die Beamten seiner Dienststelle im Übrigen bedürfen dagegen bei Ausschließung der Öffentlichkeit einer besonderen Zulassung (§ 175 Abs. 2 GVG).

Ein der Truppendienstkammer zur Einweisung in seine künftigen Auf- **40** gaben als Truppendienstrichter zugewiesener Beamter hat zwar das Recht an der mündlichen Verhandlung teilzunehmen, von der Beratung ist er indes ausgeschlossen (BVerwG NZWehr 1997, 169). Zu einer nichtöffentlichen Verhandlung kann das Wehrdienstgericht einzelnen Personen den Zutritt gestatten (§ 175 Abs. 2 GVG), wenn sie ein berechtigtes persönliches oder dienstliches Interesse am Gegenstand der Verhandlung haben. Hierzu zählen z. B. nahe Angehörige des Antragstellers oder des Betroffenen, ferner durch ein Dienstvergehen des Betroffenen Verletzte.

Die Befugnis des Gerichts, ohne mündliche Verhandlung zu entscheiden, **41** ist von besonderer Bedeutung für die Fälle, in denen der Antrag unzulässig oder offensichtlich unbegründet ist. Hier würde eine mündliche Verhandlung die gerichtliche Entscheidung nur verzögern. Auch bei einem Sachverhalt, der bereits auf Grund der Aktenlage entscheidungsreif ist, wird sich eine mündliche Verhandlung erübrigen. Der Bekanntgabe eines Entscheidungstermins bedarf es nicht. Nur wenn das Vorbringen des Antragstellers in rechtlicher oder tatsächlicher Hinsicht zu Schwierigkeiten führt, insbesondere eine umfangreiche Beweisaufnahme zu subtiler Beurteilung zwingt, wird es nahe liegen, mündliche Verhandlung anzuberaumen.

Über die Durchführung einer mündlichen Verhandlung entscheidet das Ge- **42** richt – ohne ehrenamtliche Richter – nach pflichtgemäßem Ermessen. Einem darauf gerichteten Antrag des Antragstellers braucht es nicht zu entsprechen.

Zu einer mündlichen Verhandlung werden der Antragsteller und der Be- **43** troffene dienstlich gestellt. Bei der Bekanntgabe des Termins ist ihnen eine Abschrift der Ladung auszuhändigen (siehe im Einzelnen Nr. 301 bis 306 „Zustellungen, Ladungen, Vorführungen, Zwangsvollstreckungen und Erzwingungshaft – Soldatinnen und Soldaten -", ZDv A-2160/5; in Schnell/ Ebert C 43; zum Begriff der Gestellung vgl. Dau/Schütz, WDO, § 89 Rn. 2).

Aus dem Grundsatz der Gewährung rechtlichen Gehörs folgt, dass auch **44** der Vorgesetzte oder sein Beauftragter dienstlich zu gestellen ist, der über die (weitere) Beschwerde entschieden hat. Inwieweit Zeugen und Sachverständige zu laden sind, liegt im Ermessen des Gerichts. Als Soldaten werden auch sie dienstlich gestellt, im Übrigen unmittelbar geladen (Dau/Schütz, aaO, Rn. 4). Ist der Antragsteller durch einen Rechtsanwalt vertreten, ist auch dieser zu laden. Zur Vertretung des Soldaten im gerichtlichen Antragsverfahren siehe § 1 Rn. 37. Rechtsberater oder Wehrdisziplinaranwälte werden – soweit sie nicht Zeugen sind – nicht geladen, wohl aber der BWDA bei einem Antragsverfahren vor den Wehrdienstsenaten (siehe § 21 Abs. 3 Satz 2; § 22). Für die Ladungsfristen gelten die Vorschriften des gerichtlichen Disziplinarverfahrens (§ 103 Abs. 2 WDO) entsprechend (hierzu kritisch Poretschkin, NZWehrr 1994, 96, 99).

45   Die mündliche Verhandlung der WBO ist keine Hauptverhandlung i. S. der WDO. In ihrer Durchführung ist das Gericht wesentlich freier als im gerichtlichen Disziplinarverfahren (vgl. aber Absatz 2 Satz 2; auch BVerwG NJW 1969, 476). Sie beginnt mit dem Aufruf der Sache und endet regelmäßig mit der Verkündung des Beschlusses. Der Vorsitzende eröffnet und leitet die Verhandlung. Er prüft die Anwesenheit der dienstlich gestellten Soldaten und geladenen Personen und bei Abwesenheit die Voraussetzungen ihrer ordnungsgemäßen Gestellung oder Ladung; er prüft ferner die Legitimation der zulassungsberechtigten Personen. Ist der Antragsteller nicht erschienen, kann das Gericht auch ohne ihn verhandeln, wenn es seine Anwesenheit nicht für erforderlich hält. An die strengen Voraussetzungen des § 104 Abs. 1 WDO ist es nicht gebunden. Ist die mündliche Verhandlung ausgesetzt worden, brauchen zu ihrer Fortsetzung keine Fristen eingehalten zu werden.

46   Nach Aufruf der Sache trägt der Vorsitzende – bei den Wehrdienstsenaten regelmäßig der Berichterstatter – in Abwesenheit der Zeugen das Ergebnis des bisherigen Sachstandes vor. An den Sachbericht schließt sich die Befragung des Antragstellers und des Betroffenen (oder seines Beauftragten), sodann die Vernehmung von Zeugen und Sachverständigen an, ohne dass diese Reihenfolge zwingend vorgeschrieben wäre. Bei der Eigenart des wehrbeschwerderechtlichen Antragsverfahrens sind die gemeinsamen Vorschriften der WDO, StPO und der VwGO über den Ablauf einer Hauptverhandlung nur die verfahrensmäßige Richtschnur für das Gericht und nur soweit verbindlich, als sie vor dem Hintergrund verfassungsrechtlicher Garantien dem Antragsteller die Gewähr eines rechtsstaatlichen Verfahrens geben.

47   Der Vorsitzende hat auf Verlangen auch den ehrenamtlichen Richtern zu gestatten, sachdienliche Fragen zu stellen. Er verkündet den Beschluss und schließt die Verhandlung. Nur bei der (weiteren) Beschwerde gegen eine einfache Disziplinarmaßnahme ist dem Antragsteller förmlich das letzte Wort zu gewähren. Über den Verlauf der Verhandlung ist eine Niederschrift aufzunehmen. Die mündliche Verhandlung findet grundsätzlich am Sitz der Kammer statt. Wenn es zur sachdienlichen Erledigung notwendig ist, kann sie auch außerhalb, beispielsweise beim Bataillon, durchgeführt werden (§ 102 Abs. 3 VwGO entspr.). Diese Möglichkeit wird sich insbesondere anbieten, wenn eine Vielzahl von Zeugen aus der gleichen Einheit vernommen werden muss. § 116 GVG findet auf die Durchführung einer mündlichen Verhandlung keine Anwendung.

5. Rechtliches Gehör

48   **Der Grundsatz, dass Jedermann vor Gericht Anspruch auf rechtliches Gehör hat (Art. 103 Abs. 1 GG), ist auch im gerichtlichen Antragsverfahren zu beachten.** Satz 4 will diesen Anspruch des Antrag-

stellers für den Fall, dass ohne mündliche Verhandlung entschieden wird, konkretisieren, bleibt jedoch auch nach seiner Neufassung durch Art. 5 Nr. 14 Buchst. a WehrRÄndG 2008 hinter dem verfassungsrechtlichen Gebot zurück (vgl. schon Salzmann, S. 141 f., auch Neufelder, DÖV 1974, 842, 848). Die Vorschrift knüpft die Gewährung des rechtlichen Gehörs nur an eine Beweisaufnahme an, tatsächlich ist der Geltungsbereich des Anspruchs auf rechtliches Gehör jedoch weitergehend. Das hat zur Folge, dass sich der Antragsteller unmittelbar auf Art. 103 Abs. 1 GG berufen kann, wenn das Truppendienstgericht außerhalb von Beweiserhebungen zu Feststellungen gelangt ist, über die der Antragsteller vor der Entscheidung zu unterrichten ist (zum Verfahrensstoff, über den zu informieren ist, siehe Jarass/Pieroth, GG, Art. 103 Rn. 12). Das Anhörungsrecht bezieht sich auf den gesamten Sachverhalt, kann aber auch Rechtsfragen einbeziehen, sofern der Einzelfall dazu Veranlassung gibt. Das Gericht ist nicht verpflichtet, seine Beweiswürdigung oder Rechtsauffassung mitzuteilen (BVerwG 2 WNB 1/17 vom 20.6.2017, juris Rn. 7). Rechtliches Gehör ist kein Selbstzweck, so dass zumindest mit Äußerungen zu entscheidungserheblichen rechtlichen und tatsächlichen Gesichtspunkten des Antragstellers zu rechnen sein muss (BVerwG 2 WRB 4/14 vom 5.8.2015, juris Rn. 21).

Hat das Truppendienstgericht außerhalb der mündlichen Verhand- 49 **lung Beweis erhoben,** ist der Antragsteller vor der Entscheidung zu allen für die Entscheidung maßgeblichen Sach- und Rechtsfragen sowie zu den Beweisergebnissen zu hören; er muss Gelegenheit erhalten, sich dazu zu äußern (BVerfGE 9, 89 ff.; BVerfG NJW 1959, 1315;; Ule, S. 463). Ihm ist insbesondere jede Beweiserhebung mitzuteilen (vgl. BVerfG NZWehr 1972, 109 noch zum früheren Wortlaut der Vorschrift), er hat das Recht, sachdienliche Fragen an Zeugen und Sachverständige zu stellen (Neufelder, DÖV 1974, 842, 848). Wenn das Gericht eine mündliche Verhandlung nicht für erforderlich hält, darf es Tatsachen und Beweismittel nur verwerten, wenn sich der Antragsteller dazu hat äußern können (BVerfGE 29, 345, 347; 36, 92, 97). Entscheidend ist, dass ihm Gelegenheit zur Äußerung gegeben worden ist; unerheblich, ob er davon auch Gebrauch gemacht hat (BVerfGE 19, 231). Bei einem Verfahren ohne mündliche Verhandlung ist der Antragsteller berechtigt, eine Erklärung abzugeben, wenn er ohne Ladung bei Gericht erscheint. Der Vorsitzende der Truppendienstkammer hat den Gegenstand des Verfahrens mit den Verfahrensbeteiligten tatsächlich und rechtlich zu erörtern (§ 104 Abs. 1 VwGO). Diese Erörterungspflicht soll Überraschungsentscheidungen ausschließen (vgl. Kopp/Schenke, VwGO, § 104 Rn. 3). Ausnahmsweise kann ein **Rechtsgespräch** geboten sein, wenn in einer rechtlich schwierigen Sache der Antragsteller anwaltlich vertreten ist oder das Gericht eine Rechtsfrage von grundsätzlicher Bedeutung (Absatz 4 Satz 1) dem BVerwG vorzulegen beabsichtigt (siehe jedoch BVerfGE 86, 133, 145). Der Grundsatz des rechtlichen Gehörs verlangt es indes nicht, dem Antragsteller auch Erlasse und Dienstvorschriften mitzuteilen, aus denen sich die Rechtmäßigkeit der angefochtenen Maßnahme ergeben kann.

Hat eine mündliche Verhandlung stattgefunden, darf das Gericht seiner 50 Entscheidung alles zu Grunde legen, was Gegenstand der Verhandlung gewesen ist. Nach Durchführung einer Beweiserhebung muss dem Antragsteller genügend Zeit gelassen werden, sich zu dem Ergebnis zu äußern. Er darf durch das Gericht mit einer Entscheidung nicht überrascht werden; eine straffe und zügige Verhandlungsführung verletzt ihn aber nicht in seinem

Anspruch auf rechtliches Gehör (BFH NJW 1968, 1111). Das Gericht muss dafür sorgen, dass dem Antragsteller Schriftsätze zugänglich gemacht werden (BVerfG DVBl 1964, 114); dazu kann ihm auch Akteneinsicht angeboten werden. Aus dem Grundsatz des rechtlichen Gehörs folgt, dass dem Antragsteller Vorlagebeschlüsse nach Absatz 4 zur Kenntnis gegeben werden. Ist der Antragsteller zur mündlichen Verhandlung geladen, aber nicht erschienen, kann das Gericht entscheiden, ohne ihn vorher nochmals hören zu müssen. Wenn dem Antragsteller vor dem Truppendienstgericht rechtliches Gehör gewährt worden ist, kommt es nicht mehr darauf an, ob er im vorgerichtlichen Beschwerdeverfahren zu seiner Beschwerde hätte angehört werden müssen. Art. 103 Abs. 1 GG ist in diesem Fall nicht verletzt. Bei Verletzung des Anspruchs auf rechtliches Gehör hat der Antragsteller das Recht zur Anhörungsrüge nach § 23a Abs. 3 i. Vbg. m. § 152a VwGO.

51   Für eine schriftliche Stellungnahme sieht das Gesetz eine Mindestfrist von drei Tagen vor. Das Gericht kann die Frist verlängern, wenn der Antragsteller sie ohne Verschulden nicht hat einhalten können (§ 57 Abs. 2 VwGO, § 224 Abs. 2 ZPO). **Auch dem Betroffenen ist in jedem Fall rechtliches Gehör zu gewähren** (BVerwGE 134, 228, 230) und zwar nicht nur, wenn Beweiserhebungen stattgefunden haben und auch nicht nur dann, wenn eine seine Rechtsstellung beeinträchtigende gerichtliche Feststellung getroffen werden soll. Das Truppendienstgericht wird seiner Aufklärungspflicht nur hinreichend nachkommen können, wenn es seiner Entscheidung nicht nur das Vorbringen des Antragstellers zu Grunde legt, sondern auch dem Betroffenen Gelegenheit gibt, sich zum Gegenstand des Antragsverfahrens zu äußern. Das gilt auch, wenn eine militärische Dienststelle Betroffener ist. Dem Betroffenen ist vom Gericht eine Frist zur Stellungnahme einzuräumen, die wenigstens drei Tage betragen muss; sie kann auf Antrag des Betroffenen gem. § 224 Abs. 2 ZPO i. Vbg. m. § 57 Abs. 2 VwGO (§ 23a Abs. 2 Satz 1) auch verlängert werden (BVerwG 1 WB 176/82 vom 23.1.1984, juris).

52   **Das Gericht muss dem Antragsteller Gelegenheit zur Akteneinsicht geben, wenn dieser es wünscht.** Auch das Recht auf Akteneinsicht ist Bestandteil des rechtlichen Gehörs (BDHE 3, 100, 105) und richtet sich nach § 3 WDO (§ 23a Abs. 1). Es erstreckt sich auf alle Akten, die dem Gericht zu seiner Entscheidung vorliegen, also auch die Bei- und Nebenakten (BVerwG Dok. Berichte 1970, Nr. 16, S. 3780; vgl. auch Dau/Schütz, WDO, § 3 Rn. 4). Ausgenommen sind nur die Akten, die dem innerdienstlichen Betrieb des Gerichts dienen, z. B. Notizen des Richters, Entwürfe von Verfügungen und Schreiben. Akten und Schriftstücke, die der Antragsteller nicht einsehen darf, dürfen weder beigezogen noch verwertet werden (§ 3 Abs. 2 WDO). Das Ersuchen einer Behörde, in die von ihr vorgelegten Akten keine Einsicht zu gewähren, ist unbeachtlich (vgl. Eyermann/Schübel-Pfister, VwGO, § 100 Rn. 10). Ob ein Recht zur Einsicht in die Personalakten des Betroffenen besteht, kann nur im Einzelfall entschieden werden. Hierbei bedarf es einer Abwägung zwischen dem rechtlichen Gehör des Antragstellers und dem Interesse des Betroffenen an der Wahrung des vertraulichen Charakters seiner Personalunterlagen (siehe auch Dau/Schütz, aaO, Rn. 4 m. Nachw.). Das Recht auf Akteneinsicht darf grundsätzlich nicht mit der Begründung abgelehnt werden, die Akten seien nicht entscheidungserheblich (BDHE 3, 100). Zur Einsicht in die Akten des Ehescheidungsverfahrens siehe BVerfGE 27, 344.

Soweit der Antragsteller die Akten einsehen darf, kann er sich daraus **53** Abschriften fertigen oder auf seine Kosten anfertigen lassen (§ 3 Abs. 1 Satz 3 WDO; vgl. Dau/Schütz, WDO, § 3 Rn. 8). Zu Abschriften aus Verschlusssachen siehe BGH NJW 1963, 1462.

Die Akten sind grundsätzlich auf der Geschäftsstelle der Kammer ein- **54** zusehen. Sie dürfen dem Antragsteller nicht mitgegeben werden; auch besteht kein Anspruch, sie auf dem Geschäftszimmer der Einheit einzusehen. Bei entfernt wohnenden Antragstellern können die Akten jedoch an eine andere Kammer des Gerichts, ein anderes Truppendienstgericht oder an ein ersuchtes Amtsgericht zur Einsichtnahme versandt werden. Ein Rechtsanwalt ist stets befugt, die Akten in seiner Kanzlei oder Wohnung einzusehen. Die Entscheidung hierüber liegt im pflichtgemäßen Ermessen des Richters. Das Akteneinsichtsrecht steht dem Antragsteller und seinem Bevollmächtigten zu. Zur Gewährung im Einzelnen siehe Dau/Schütz, WDO, § 3 Rn. 2). Nach der Ergänzung des Satzes 4 durch das WehrRÄndG 2008 hat nunmehr auch der Betroffene das Recht, die Akten in gleichem Umfang einsehen zu können, wie der Antragsteller.

Außerhalb der mündlichen Verhandlung kann der Vorsitzende allein recht- **55** liches Gehör gewähren. Die ehrenamtlichen Richter sind nur an den Sitzungstagen am Gerichtsort anwesend. Es führte zu einer erheblichen Verzögerung des Verfahrens, wenn abgewartet werden müsste, bis die Kammer erneut zusammentritt. Ist dem Antragsteller das rechtliche Gehör versagt worden, hat er die Möglichkeit der Anhörungsrüge (§ 23a Abs. 3 i. Vbg. m. § 152a VwGO).

V. Entscheidung durch das Truppendienstgericht

1. Form der Entscheidung

Das Gericht entscheidet durch Beschluss (Satz 5). Dafür ist es un- **56** erheblich, ob eine mündliche Verhandlung anberaumt worden ist. Der Beschluss kann nur von dem Vorsitzenden und den ehrenamtlichen Richtern gefasst werden, die an der mündlichen Verhandlung oder, hat eine solche nicht stattgefunden, an der letzten Beratung teilgenommen haben (siehe auch § 112 VwGO; § 309 ZPO). Der Beschluss muss eine Entscheidung über den Antrag enthalten; eine Einstellung des Antragsverfahrens durch Beschluss ist nicht möglich. Eine Teilentscheidung ist möglich, wenn von mehreren Anträgen einer entscheidungsreif ist.

Für die Verkündung des Beschlusses gelten die Regeln des Verwaltungs- **57** prozessrechts, die entsprechend anzuwenden sind (§ 23a Abs. 2 Satz 1 i. Vbg. m. § 116 VwGO). Wenn eine mündliche Verhandlung stattgefunden hat, wird der Beschluss regelmäßig in dem Termin, in dem die mündliche Verhandlung geschlossen worden ist, verkündet. Möglich, jedoch in Verfahren nach der WBO kaum praktisch, ist die Verkündung in einem besonderen Verkündungstermin. Die Verkündung geschieht durch Verlesen des Beschlusstenors; außerdem sollen die wesentlichen Gründe für die Entscheidung mitgeteilt werden. Statt der Verkündung ist die Zustellung des Beschlusses möglich. Eines formellen Beschlusses, mit dem der Antragsteller auf diese Verkündungsart hinzuweisen wäre, bedarf es – anders als nach der VwGO – nicht.

58   Der Beschluss ist dem Antragsteller in Form einer beglaubigten Ausfertigung sowie in jedem Fall dem Bundesministerium der Verteidigung, diesem
wegen der Möglichkeit einer Rechtsbeschwerde (vgl. BT-Drs. 16/7955
S. 35), zuzustellen. Dem Betroffenen ist er formlos zu übermitteln. Ist der
Antragsteller anwaltlich vertreten, hat das Wehrdienstgericht die Wahl, ob es
an den Antragsteller oder dessen Bevollmächtigten zustellt (BVerwG 1 WRB
2/12 vom 17.12.2013, juris RdNr 32).

59   Nachdem bereits Art. 2 Abs. 9 des Gesetzes vom 12.8.2005 (BGBl. I
S. 2354, 2357) für die Zustellung des Beschwerdebescheides in § 12 Abs. 1
Satz 3 die Regelungen der WDO für anwendbar erklärt hat, bestimmt Satz 5
nach seiner Änderung durch Art. 5 Nr. 14 WehrRÄndG 2008 nunmehr auch
für den Beschluss des Truppendienstgerichts die Vorschriften der WDO als
Rechtsgrundlage seiner Zustellung. Damit liegt für das gerichtliche Antragsverfahren eine eigenständige wehrbeschwerderechtliche Regelung vor, so dass
die entsprechende Anwendung der § 23a Abs. 2 Satz 1 i. Vbg. m. § 56 Abs. 2
VwGO ausscheidet.

60   Die Zustellungsarten im Einzelnen ergeben sich aus § 5 WDO. Die in § 12
Rn. 35 ff. für den Beschwerdebescheid enthaltenen Erläuterungen gelten
sinngemäß auch für den Beschluss des Truppendienstgerichts. Über die Art
der Zustellung entscheidet die Geschäftsstelle (vgl. auch § 168 Abs. 1 ZPO;
siehe jedoch für die öffentliche Zustellung § 186 Abs. 1 Satz 1 ZPO).

61   Für die Zustellung des truppendienstgerichtlichen Beschlusses kommt als
Zustellungsart auch die öffentliche Zustellung gemäß § 185 ZPO in Frage.
Sie darf nur dann bewilligt werden, wenn alle Möglichkeiten erschöpft sind,
dass der Beschluss den Beschwerdeführer auf andere Weise erreichen kann
(BVerwG NZWehr 2012, 34). Die öffentliche Zustellung eines truppen-
dienstgerichtlichen Beschlusses ist nach § 185 ZPO zulässig, wenn

– der Aufenthaltsort des Antragstellers unbekannt und eine Zustellung an
  seinen Vertreter nicht möglich ist,
– eine Zustellung im Ausland nicht möglich ist oder keinen Erfolg verspricht.
  Über die Bewilligung der öffentlichen Zustellung entscheidet das Truppendienstgericht (§ 186 Abs. 1 Satz 1 ZPO). Für die Ausführung der öffentlichen Zustellung siehe § 186 Abs. 2, 3, §§ 187, 188 ZPO.

62   Die Zustellung des truppendienstgerichtlichen Beschlusses an das Bundesministerium der Verteidigung kann gem. § 5 Abs. 1 Nr. 4 WDO auch durch
Vorlage der Akten mit der Urschrift vorgenommen werden. Die Posteingangsstelle des Ministeriums hat den Tag der Vorlage in den Akten zu vermerken, um den Fristbeginn für die Rechtsbeschwerde bestimmen zu können (§ 22a Abs. 4 Satz 1).

63   Zur Heilung von Zustellungsmängeln siehe § 189 ZPO. Der Beschluss ist
schriftlich abzufassen und von dem Vorsitzenden zu unterschreiben. Beschlüsse der Wehrdienstsenate unterzeichnen auch die beisitzenden Richter. Fraglich kann sein, ob der Beschluss außer vom Vorsitzenden auch von den
ehrenamtlichen Richtern zu unterzeichnen ist. Die Praxis der allgemeinen
Gerichte lässt die Unterzeichnung durch ein richterliches Mitglied des
Spruchkörpers genügen, ohne andererseits die Unterzeichnung auch durch
weitere oder alle Mitglieder auszuschließen (siehe auch § 117 Abs. 1 Satz 3
VwGO). Diese Übung wird man auch dem Verfahren der Wehrdienstgerichte zugrunde legen müssen. Der Vorsitzende hat somit in richterlicher Unabhängigkeit zu entscheiden, ob er den Beschluss allein unterzeichnet oder

auch durch die ehrenamtlichen Richter unterschreiben lässt. Es wäre rechtlich zulässig, dass der Vorsitzende seine Entscheidung ändert und einen Beschluss, den er zunächst von den ehrenamtlichen Richtern mit unterzeichnen
lassen wollte, nunmehr allein unterschreibt. Auch wenn der Vorsitzende allein
unterzeichnet, hat er der Begründung die in der Beratung beschlossene
Auffassung der Kammer zugrunde zu legen. Ehrenamtliche Richter, die vom
Vorsitzenden zur Unterzeichnung eines Beschlusses herangezogen werden,
sind nicht verpflichtet, den vom Vorsitzenden gefertigten Entwurf zu unterschreiben, wenn sie ihn sachlich nicht billigen. Entschließt sich der Vorsitzende nicht dazu, allein zu unterzeichnen und lässt sich die Einigung nicht
auf andere Weise herbeiführen, muss die Beratung wiederaufgenommen
werden und über die Fassung abgestimmt werden. Wenn die ehrenamtlichen
Richter der Auffassung sind, sie erstreben eine sachliche Änderung, der Vorsitzende die gewünschte Änderung aber für eine stilistische hält, muss gleichfalls erneut beraten werden, es sei denn, die Auffassung der ehrenamtlichen
Richter trifft offensichtlich nicht zu.

Ist ein ehrenamtlicher Richter verhindert, seine Unterschrift zu leisten, **64**
z. B. er ist aus der Bundeswehr zwischenzeitlich ausgeschieden, wird dies mit
dem Hinderungsgrund vom Vorsitzenden oder (bei großer Besetzung und
bei den Wehrdienstsenaten), wenn er verhindert ist, vom dienstältesten beisitzenden Richter am Ende des Beschlusses vermerkt (§ 117 Abs. 1 Satz 2
VwGO entspr.). Zur Unterschrift durch die Mitglieder des Wehrdienstgerichts vgl. ergänzend Dau/Schütz, WDO, § 111 Rn. 9 f.

Fassung und Form des Beschlusses richten sich in entsprechender Anwen- **65**
dung nach § 117 Abs. 2 VwGO. Die Überschrift lautet regelmäßig „In der
Beschwerdesache" oder „In der Disziplinarbeschwerdesache". Im Rubrum
sind der Antragsteller mit Namen, Dienstgrad und Einheit, ggf. als Angehöriger der Reserve mit Wohnort, sowie die Bevollmächtigten, anzugeben.
Ferner sind das Gericht, der Tag der Beratung oder der mündlichen Verhandlung und die Namen der Mitglieder des Gerichts, die an der Entscheidung
mitgewirkt haben, zu bezeichnen. Die Fassung des Tenors hängt davon ab,
was der Antragsteller mit seinem Antrag begehrt und ob und inwieweit er
Erfolg gehabt hat. Bei Zurückweisung des Antrages aus sachlichen Gründen
wird das Gericht zu tenorieren haben: „Der Antrag wird als unbegründet
zurückgewiesen"; bei Abweisung aus prozessualen Gründen: „Der Antrag
wird als unzulässig zurückgewiesen". Bei begründetem Antrag ist § 19 Abs. 1
zu beachten. Berichtigungsvermerke bedürfen keiner besonderen Form
(BVerwG NJW 1975, 1795). In den Gründen ist zunächst der Sachverhalt in
gedrängter Form darzustellen und der Antrag sowie das ihm zu Grunde
liegende Begehren des Antragstellers anzugeben. Eine Verweisung auf den
Inhalt der Akten ist zwar zulässig, sollte aber zurückhaltend geübt werden,
wenn die Gefahr von Unklarheiten oder Zweifeln über den der Entscheidung
zu Grunde liegenden Sachverhalt besteht (BVerwGE 7, 12 ff.). Im Entschei-
dungsteil der Gründe muss in gedanklicher Folgerichtigkeit entwickelt werden, aus welchen tatsächlichen und rechtlichen Erwägungen das Gericht nur
diese Entscheidung treffen konnte. Dazu bedarf es, soweit erforderlich, einer
in sich geschlossenen Beweiswürdigung und Darlegung der Gründe, die die
Entscheidung tragen. Hat das Gericht schon mehrmals die gleiche Rechtsfrage entschieden, kann es, um Wiederholungen zu vermeiden, auf diese
Rechtsprechung verweisen (BVerwG DVBl 1960, 935). Da der Beschluss mit

der Rechtsbeschwerde (§ 22a) angefochten werden kann, ist er mit einer entsprechenden Rechtsbehelfsbelehrung zu versehen.

2. Für die Entscheidung maßgeblicher Zeitpunkt

66   **Welcher Zeitpunkt für die Beurteilung der Sach- und Rechtslage des Antrags maßgebend ist, hängt von dem Begehren des Antragstellers ab.** Bei der Anfechtung von Bescheiden ist auf den Zeitpunkt der Vorlage des Antrags beim Wehrdienstgericht abzustellen (BVerwGE 73, 48; BVerwG NZWehr 1996, 68). Die Aufhebung der Maßnahme geschieht mit Wirkung ex tunc. Bei Maßnahmen mit Dauerwirkung ist der Eintritt einer veränderten Sach- und Rechtslage zu berücksichtigen (BVerwGE 28, 202; vgl. Eyermann/Schübel-Pfister, VwGO, § 113 Rn. 58). Bei Erfolg des Antrages ist die Maßnahme mit Wirkung ex nunc aufzuheben.

67   Für die Entscheidung über einen Verpflichtungsantrag ist grundsätzlich auf die Sach- und Rechtslage im Zeitpunkt der gerichtlichen Entscheidung abzustellen (BVerwGE 63, 1 = NZWehrr 1980, 64; BVerwG RiA 1986, 23 = NZWehrr 1986, 256, 257 LS; Kopp/Schenke, VwGO, § 113 Rn. 217). Das Gericht kann einen Vorgesetzten nur dann zu einer Maßnahme verpflichten, wenn dieser zum Erlass der Maßnahme nach dem im Zeitpunkt der gerichtlichen Entscheidung geltenden Recht noch verpflichtet ist (Schweiger, NJW 1966, 1899, Fn 15).

68   Bei Feststellungsanträgen ist der Zeitpunkt der letzten Beratung oder der mündlichen Verhandlung maßgebend. Denkbar ist jedoch auch eine Feststellung für einen in der Vergangenheit liegenden Zeitpunkt.

3. Nachschieben von Gründen

69   Entsprechend der Regelung in der allgemeinen Verwaltungsgerichtsbarkeit kann das Gericht in seiner Entscheidung über die Rechtmäßigkeit einer Maßnahme, ihrer Ablehnung oder Unterlassung auch tatsächliche und rechtliche Gründe verwerten, die zwar schon bei Erlass der Maßnahme vorlagen, bisher aber noch nicht vorgebracht waren (zur Rechtslage nach der VwGO siehe Eyermann/Schübel-Pfister, VwGO, § 113 Rn. 28 ff.; Kopp/Schenke, VwGO, § 113 Rn. 63 ff.). Hierzu kann Veranlassung bestehen, wenn sich aus der vom Vorgesetzten gegebenen Begründung die Rechtmäßigkeit der Maßnahme nicht ergibt, diese aber aus anderen rechtlichen oder tatsächlichen Gründen hergeleitet werden kann. Die Verwertung nachgeschobener Gründe hängt jedoch davon ab, ob die Maßnahme hierdurch in ihrem Wesen verändert wird (siehe näher Kopp/Schenke, aaO, Rn. 65 ff.). Bleibt sie nach Voraussetzungen und Wirkungen die gleiche, ist das Nachschieben von Gründen zulässig. Dem Antragsteller muss jedoch rechtliches Gehör gewährt werden.

70   Ein Nachschieben von Gründen ist nicht möglich, wenn die Maßnahme aus den Gründen, auf die sie bisher gestützt war, rechtswidrig ist. Denn eine einmal rechtswidrige Maßnahme kann nicht dadurch zu einer rechtmäßigen werden, dass ihr nachträglich die zutreffenden Gründe beigegeben werden. Hat z. B. ein Vorgesetzter eine Maßnahme in dem Glauben getroffen, es handle sich um eine Rechtsentscheidung, obwohl er eine Ermessensentscheidung zu treffen hatte, ist die Maßnahme rechtswidrig. Diese Maßnahme bleibt rechtswidrig, auch wenn der Vorgesetzte die unterlassene Ermessensentscheidung nachholt.

4. Entscheidung von Vorfragen

Wie die allgemeinen Verwaltungsgerichte befugt sind, über bürgerlich- **71** rechtliche Vorfragen inzidenter zu entscheiden, muss es auch als zulässig anzusehen sein, dass die Wehrdienstgerichte inzidenter über Vorfragen entscheiden, die gemäß § 17 WBO, §§ 24, 25, 30 und 31 SG ihrer Jurisdiktion entzogen sind. Eine Inzidententscheidung ist jedoch dann unzulässig, wenn die angebliche Vorfrage tatsächlich als Hauptfrage zur Entscheidung des Wehrdienstgerichts gestellt ist. In diesem Fall kann das Wehrdienstgericht die Sache nur an das sachlich zuständige Gericht verweisen, wenn beispielsweise die zu beantwortende Frage in der Zuständigkeit der Verwaltungsgerichte liegt.

5. Verbot der Schlechterstellung

Das Gericht ist nicht nur an das Antragsbegehren des Soldaten gebunden, **72** es darf ihn im Vergleich zur angefochtenen Maßnahme auch nicht schlechterstellen (Verbot der reformatio in peius). Für die Entscheidung über die Beschwerde oder weitere Beschwerde gegen einfache Disziplinarmaßnahmen ergibt sich das Verbot der Schlechterstellung aus § 42 Nr. 6 WDO und § 16 Abs. 4 WBO (hierzu Dau/Schütz, WDO, § 42 Rn. 87). Es gilt aber auch für Entscheidungen im gerichtlichen Antragsverfahren (vgl. für das verwaltungsgerichtliche Verfahren Kopp/Schenke, VwGO, § 88 Rn. 6 f.). Dem Gericht ist es untersagt, einen angefochtenen Befehl oder eine Maßnahme zum Nachteil des Antragstellers zu ändern. Hat z. B. der Antragsteller die Verpflichtung seines Disziplinarvorgesetzten beantragt, ihm über einen bereits gewährten Sonderurlaub zusätzlichen Urlaub zu gewähren, darf das Gericht bei Abweisung dieses Antrages nicht auch den schon gewährten Sonderurlaub aufheben. Kein Verstoß gegen das Verbot der reformatio in peius liegt dagegen vor, wenn das Gericht den Antrag mit einer anderen Begründung abweist als die weitere Beschwerdeinstanz. Auch über das Antragsbegehren darf das Gericht nicht hinausgehen (§ 88 VwGO; siehe Rn. 24); ein Weniger kann dagegen stets zuerkannt werden. Es wäre unzulässig, neben dem angefochtenen Befehl eine weitere Maßnahme des Vorgesetzten aufzuheben, nur weil das Gericht diese auch für rechtswidrig hält. Lediglich in den Fällen des § 19 Abs. 1 Satz 2, 3 und 4 sowie Absatz 2 trifft das Gericht eine über den Antrag hinausgehende Verpflichtung (vgl. demgegenüber den im Wortlaut teilweise abweichenden § 113 Abs. 1 VwGO – „auf Antrag").

6. Begründung

Die Entscheidung des Truppendienstgerichts ist schriftlich zu begründen. **73** Eine in der mündlichen Verhandlung gegebene mündliche Begründung kann die Schriftform nicht ersetzen (vgl. auch § 12 Abs. 1). Fehlt eine Begründung oder ist sie unvollständig, kann dieser Mangel nur im Wege einer Dienstaufsichtsbeschwerde geheilt werden. Der Begründungszwang erstreckt sich auf alle Entscheidungen, die das Truppendienstgericht zu treffen hat, also im Antragsverfahren nach § 17 und im Verfahren über (weitere) Beschwerden gegen einfache Disziplinarmaßnahmen, ferner bei Anordnung der aufschiebenden Wirkung, dem Erlass einstweiliger Anordnungen oder bei einer Verweisung gemäß § 18 Abs. 3. Die bloße Wiedergabe gesetzlicher Bestimmungen kann die Begründung nicht ersetzen. Je nach Bedeutung und Umfang der Sache müssen die tatsächlichen und rechtlichen Erwägungen des Gerichts dargestellt werden. Zur Kostenentscheidung siehe § 20.

Zu Absatz 3

VI. Verweisung

1. Allgemeines

74 Absatz 3 ist die grundsätzliche Verweisungsvorschrift für das wehrdienstgerichtliche Antragsverfahren. Die Vorschrift regelt sowohl die Verweisung eines Rechtsstreites von einem Wehrdienstgericht an ein Gericht eines anderen Rechtsweges, als auch Verweisungen innerhalb der Wehrdienstgerichtsbarkeit (BVerwG NZWehr 2010, 40). Die Verweisung von dem Gericht eines anderen Rechtsweges an ein Wehrdienstgericht enthält § 23 Abs. 7 (allgemein vgl. Körting, DÖV 1972, 91). Verwiesen werden kann immer nur die Sache, die Gegenstand des gerichtlichen Hauptsacheverfahrens ist; Anträge auf Herstellung der aufschiebenden Wirkung oder einstweilige Anordnungen (§ 17 Abs. 6) können nicht verwiesen werden. Die Verweisung eines Rechtsstreites z. B. an ein Verwaltungsgericht, bei dem dieselbe Sache bereits anhängig ist, ist unzulässig (BVerwG NZWehr 1994, 118 f.).

75 Die Formulierung des Absatzes 3 Satz 1 ist auch nach seiner Änderung durch Art. 5 Nr. 4 WehrRÄndG 2008 gesetzestechnisch unsauber geblieben, da von gerichtlicher Zuständigkeit nur bei der Abgrenzung zwischen Gerichten derselben Gerichtsbarkeit gesprochen wird. Bei der Verweisung nach Absatz 3 entscheidet das Wehrdienstgericht nicht über die Zuständigkeit, sondern über die Zulässigkeit des Rechtsweges zu einem anderen Gericht (§ 82 SG; siehe auch § 17a GVG).

76 Eine Verweisung innerhalb der Wehrdienstgerichtsbarkeit kommt nur im Verhältnis der beiden Truppendienstgerichte Nord und Süd zueinander sowie zum BVerwG – Wehrdienstsenate – in Betracht. Es bedarf keiner förmlichen Verweisungsentscheidung, wenn der Antrag auf gerichtliche Entscheidung an eine andere Kammer des Gerichts abgegeben wird, auch nicht bei einer auswärtigen Truppendienstkammer (Redeker/v. Oertzen, VwGO, § 83 Rn. 1; Eyermann/Rennert, VwGO, § 83 Rn. 5). Die Verweisung ist von einem Antrag des Beschwerdeführers unabhängig (BVerwGE 93, 105 = NZWehr 1992, 31), sie ergeht von Amts wegen nach Anhörung des Beschwerdeführers und des Betroffenen. Der Verweisungsbeschluss ist unanfechtbar und für das in ihm bezeichnete Gericht bindend. Eine fehlerhafte Verweisung durch ein Truppendienstgericht an das BVerwG – Wehrdienstsenate – in einem Antragsverfahren, das nicht unter die ausschließlichen Zuständigkeitsregeln der §§ 21, 22 fällt, löst diese Bindungswirkung nicht aus (vgl. auch BVerwG NZWehr 1992, 31, 32). Die Wehrdienstsenate bleiben befugt, die Sache an das Truppendienstgericht zurückzugeben (BVerwG NZWehr 2000, 123). Keine Bindungswirkung löst ein Verweisungsbeschluss aus, der wesentliche Verfahrensvorschriften verletzt oder überhaupt jeder rechtlichen Grundlage entbehrt (BVerwG NZWehr 1999, 119; BVerwG 1 WB 80/98 vom 17.3.1999, juris Rn. 3 f.). Hält das fälschlich angerufene BVerwG die Zulässigkeit des Verwaltungsrechtsweges für gegeben, kann es die Sache unmittelbar an das zuständige Gericht verweisen, ohne zuvor an das Truppendienstgericht verweisen zu müssen.

2. Verweisungsvoraussetzungen

Eine Verweisung ist auszusprechen, wenn das Truppendienstgericht den zu **77** ihm beschrittenen Rechtsweg für unzulässig, jedoch einen anderen Rechtsweg, z. B. den Verwaltungsrechtsweg, für gegeben ansieht. Das Truppendienstgericht hat zu entscheiden, wenn die Verletzung von Rechten und Pflichten überprüft werden muss, die auf dem besonderen militärischen Statusverhältnis der Über-Unterordnung beruhen; für Anträge, die das Wehrdienstverhältnis im Allgemeinen betreffen, ist der Rechtsweg zu den Verwaltungsgerichten gegeben.

Ob die Voraussetzungen für eine Verweisung gegeben sind, beurteilt sich **78** regelmäßig nach dem Begehren des Antragstellers. Wenn aus seinem Vorbringen nicht eindeutig hervorgeht, welche Ansprüche er erheben will, kann von einer Verweisung abgesehen werden. Auf Grund der sachlichen Nähe sind Verweisungsbeschlüsse zwischen den Gerichten der Wehrdienst- und Verwaltungsgerichtsbarkeit der Regelfall.

Das Truppendienstgericht kann beispielsweise nur dann eine Sache an das **79** Verwaltungsgericht verweisen, wenn der Verwaltungsrechtsweg eindeutig gegeben ist (BDH NZWehr 1962, 65), d. h. wenn das Begehren des Antragstellers unter keinem rechtlichen Gesichtspunkt einer Prüfung durch das Wehrdienstgericht unterliegt (BVerwG Dok. Berichte 1969 Nr. 20, S. 3577). Erstrebt der Antragsteller z. B. die Einstufung in eine höhere Besoldungsgruppe, hat sein Antrag den Charakter einer Statussache, über die das Verwaltungsgericht zu entscheiden hätte. Gleichwohl käme hier ein Verweisungsbeschluss deshalb nicht in Betracht, weil die Höhergruppierung zugleich die Verwendung des Soldaten betrifft, die wiederum der Prüfung durch das Truppendienstgericht unterliegt (BVerwG Dok. Berichte 1969 Nr. 20, S. 3577; vgl. auch BVerwG DVBl 1968, 646; BVerwGE 18, 181; 22, 22, 25). Denn ist für einen geltend gemachten Rechtsgrund der Rechtsweg zu den Wehrdienstgerichten eröffnet, ist eine Verweisung unzulässig, auch wenn für einen anderen Rechtsgrund u. U die Zuständigkeit der allgemeinen Verwaltungsgerichte gegeben wäre (BVerwGE 18, 181; BVerwG 1 WB 57/92 vom 9.3.1993, juris Rn. 6). Keine Verweisung auch dann, wenn der Erlass einer Verwaltungsmaßnahme die Rechtmäßigkeit einer truppendienstlichen Maßnahme voraussetzt; z. B. ein im Ausland stationierter Soldat begehrt die Festlegung des Heimaturlaubs und der Reisetage, um den Unterschiedsbetrag zwischen den Bezügen nach § 55 Abs. 1 BBesG und den Inlandsbezügen zu erhalten. Hat der Antragsteller selbst schon Klage vor dem Verwaltungsgericht erhoben, kommt eine Verweisung durch das Truppendienstgericht ebenfalls nicht in Betracht (BVerwG I WB 230.77 vom 6.3.1979, juris Rn. 26). Zum verwaltungsgerichtlichen Vorverfahren nach Verweisung durch das Truppendienstgericht siehe § 23 Rn. 68. Ist der Rechtsweg zu den Truppendienstgerichten nur für einen Hauptantrag eröffnet, nicht aber für einen zugleich gestellten Hilfsantrag, hat das Gericht über den Hauptantrag zu entscheiden; wegen des Hilfsantrages kann es alsdann an das Verwaltungsgericht verweisen. Im umgekehrten Fall muss das Truppendienstgericht die Sache in vollem Umfang an das Verwaltungsgericht verweisen, denn über den Hilfsantrag darf es nicht eher entscheiden, bis der Hauptantrag durch das Verwaltungsgericht abgewiesen worden ist.

Hält das Truppendienstgericht z. B. den Verwaltungsrechtsweg für gegeben, **80** steht allein dem Verwaltungsgericht die Prüfung zu, ob bei einer Anfech-

tungsklage der angefochtene Verwaltungsakt oder bei einer Verpflichtungsklage die Ablehnung eines Antrages bereits unanfechtbar geworden ist. Das
Truppendienstgericht ist daher an einer Verweisung an das Verwaltungsgericht auch dann nicht gehindert, wenn es feststellt, dass der Antragsteller
sein Beschwerderecht nach der WBO schon durch Fristversäumnis verloren
hat. Für den Feststellungsantrag bedarf es ohnehin keines Vorverfahrens (§ 68
VwGO).

81   Bei Streitigkeiten über den Ausgleich für eine Wehrdienstbeschädigung
während des Wehrdienstverhältnisses und die Erstattung von Sachschäden
und besonderen Aufwendungen ist an die Gerichte der Sozialgerichtsbarkeit
zu verweisen (§ 88 Abs. 6 SVG). Dabei ist zu beachten, dass für Klagen von
Soldaten, die dem Bundesnachrichtendienst angehören oder angehört haben,
das Bundessozialgericht in erster und letzter Instanz entscheidet (§ 88 Abs. 6
Satz 2 SVG).

82   Absatz 3 sieht neben der Verweisung innerhalb der Wehrdienstgerichte
eine Verweisung an jedes Gericht eines anderen Rechtsweges vor. Eine Verweisung ist mithin zulässig z. B. an die Gerichte der allgemeinen und besonderen Verwaltungsgerichtsbarkeit, an die Gerichte der Sozialgerichtsbarkeit,
soweit deren Zuständigkeit im Rahmen des § 88 Abs. 6 SVG gegeben ist,
oder an die Gerichte der ordentlichen Gerichtsbarkeit, sofern es sich um eine
bürgerlich-rechtliche Streitigkeit handelt. Nach der Änderung der Vorschrift
(Rn. 1) wäre auch eine Verweisung an ein Strafgericht zulässig.

3. Form der Verweisung

83   Für die Verweisung ist ein darauf gerichteter Antrag des Antragstellers nicht
erforderlich (BVerwG 1 WB 80/91 vom 10.6.1991, juris Rn. 7). Daher ist
auch der Antrag, die Sache an ein bestimmtes Gericht zu verweisen, nicht
bindend (OVG Berlin DVBl 1971, 278, 279). Das Truppendienstgericht verweist von Amts wegen (vgl. auch BVerwGE 93, 105 = NZWehr 1992, 31).
Ist eine Sache z. B. durch Verweisung an das Verwaltungsgericht dort rechtshängig geworden, ist ein erneuter Antrag des Soldaten auf gerichtliche Entscheidung in derselben Sache unzulässig (BVerwG NZWehr 1994, 118 f.).
Ohne Sachprüfung ist der Antrag auf gerichtliche Entscheidung auch dann als
unzulässig zurückzuweisen, wenn der Soldat seinerseits einen sachgleichen
Anspruch schon bei einem Verwaltungsgericht rechtshängig gemacht hat
(BVerwGE 43, 258). Verfahrensidentität in diesem Sinne liegt auch vor, wenn
das vor dem Wehrdienstgericht geltend gemachte Begehren nur eine der
Voraussetzungen des Anspruchs betrifft, den der Antragsteller vor dem Ver-
waltungsgericht vorgebracht hat (BVerwGE 46, 294 = NZWehr 1975, 22).

84   Verwiesen wird durch unanfechtbaren Beschluss; die Entscheidung ergeht
ohne ehrenamtliche Richter (BVerwG NZWehr 2011, 212). Eine formlose
Verweisung ist unzulässig. Die Sache ist stets an das Gericht erster Instanz zu
verweisen, auch wenn das Verfahren bei den Wehrdienstsenaten anhängig ist.
In dem Verweisungsbeschluss ist die Unzulässigkeit des Rechtswegs zum
Truppendienstgericht festzustellen („Der Rechtsweg zum Truppendienst-
gericht ist unzulässig") und die Sache an das örtliche und sachlich zuständige
Gericht des anderen Rechtswegs zu verweisen, z. B. „Die Sache wird an das
Sozialgericht X verwiesen".

85   Der Beschluss ist für das Gericht, an das die Sache verwiesen worden ist,
hinsichtlich des Rechtsweges bindend (§ 83 VwGO i. Vbg. m. § 17a Abs. 2

Satz 3 GVG). Die Weiterverweisung an ein anderes Gericht innerhalb des bindend festgelegten Rechtsweges, z. B. wegen örtlicher Unzuständigkeit, bleibt möglich. Die Kostenentscheidung trifft das Gericht, an das verwiesen worden ist (§ 83 VwGO i. Vbg. m. § 67b Abs. 2 GVG).

Hat das Wehrdienstgericht den truppendienstlichen Rechtsweg zu Unrecht **86** angenommen und eine Sachentscheidung getroffen, ist der Beschluss des Wehrdienstgerichts nicht deshalb unwirksam, weil ein anderer Rechtsweg gegeben gewesen wäre. Der Sinn der Vorschrift liegt darin, dass das Wehrdienstgericht verbindlich über die Zulässigkeit des Rechtsweges entscheiden kann. Das gilt nicht nur, wenn es eine Verweisung ausspricht, sondern ebenso, wenn es eine Verweisung nicht vornimmt. Eine unterlassene Verweisung kann daher auch damit nicht gerügt werden, dass in einem solchen Fall ein Gericht des Bundes in einer Sache entschieden hat, für die ein Gericht eines Landes zuständig war.

Zu Absatz 4

VII. Vorlage grundsätzlicher Rechtsfragen

Absatz 4 hat seine geltende Fassung durch Art. III Nr. 12 NOG erhalten. **87** Er gilt auch im richterlichen Zustimmungsverfahren bei der Verhängung von Disziplinararrest (§ 40 Abs. 6 Satz 2 WDO). Die Vorschrift entspricht § 132 Abs. 4 GVG und § 11 Abs. 4 VwGO. Ob vorgelegt wird, entscheidet das Truppendienstgericht unter Einschluss der ehrenamtlichen Richter. Im Zustimmungsverfahren eines Disziplinararrests hat auch das richterliche Mitglied des Truppendienstgerichts allein die Befugnis zur Vorlage (§ 40 Abs. 6 WDO). Durch die Vorlage von Rechtsfragen grundsätzlicher Bedeutung zur Entscheidung durch ein höherinstanzliches Gericht wird die richterliche Unabhängigkeit des vorlegenden Gerichts (Art. 97 GG) nicht beeinträchtigt (BDHE 3, 315). Auch verfassungsrechtliche Bedenken im Übrigen bestehen nicht (vgl. Neufelder, DÖV 1974, 842, 849). Die Vorlage hat keine aufschiebende Wirkung. Eine Vorlage nach § 40 Abs. 6 WDO hemmt jedoch den Zeitablauf des § 17 Abs. 2 WDO (§ 40 Abs. 6 Satz 3 WDO). Rechtsfragen von grundsätzlicher Bedeutung können nur im gerichtlichen Antragsverfahren vorgelegt werden; Rechtsfragen in Disziplinarsachen kann das Truppendienstgericht dem BVerwG nur in den gesetzlich geregelten Fällen vorlegen (BVerwGE 46, 261), d. h. in einem Disziplinararrestzustimmungsverfahren (§ 40 Abs. 6 WDO), bei der Entscheidung über eine (weitere) Beschwerde gegen eine einfache Disziplinarmaßnahme (vgl. auch BVerwG 1 WB 30/84 vom 7.6.1984, juris Rn. 12) und im Verfahren auf Aufhebung oder Änderung einer Disziplinarmaßnahme (§ 45 Abs. 2 WDO i. Vbg. m. § 42 WDO). Außerhalb dieser Verfahren ist die Vorlage von Rechtsfragen gesetzlich nicht vorgesehen (kritisch Gronimus, NZWehr 1991, 230). Es handelt sich um Ausnahmeregelungen, die einer entsprechenden Anwendung auf andere, im Gesetz ungeregelt gebliebenen Fälle nicht zugänglich sind (BVerwG II WDB 7.74 vom 20.5.1974, juris LS = BVerwGE 46, 261). Keine Vorlagemöglichkeit besteht daher im gerichtlichen Disziplinarverfahren oder bei einem Kostenfestsetzungsverfahren nach Abschluss eines gerichtlichen Disziplinarverfahrens (BDHE 4, 167 = NZWehr 1960, 123). Im Kostenfestsetzungsverfahren der WBO ist eine Vorlage dagegen zulässig, weil hier § 18

Abs. 4 nicht entsprechend, sondern unmittelbar Anwendung findet (BVerwG NZWehrr 1984, 209).

88   Ob das Truppendienstgericht dem BVerwG eine bestimmte Rechtsfrage zur Entscheidung vorlegen will, entscheidet es nach pflichtgemäßem Ermessen (a. A. Lerche, Grundrechte, S. 521, Fn 263, der aus dem Wortlaut der Vorschrift eine obligatorische Vorlage herausliest.) Der Antragsteller hat auf die Vorlage durch das Truppendienstgericht keinen Einfluss. Ihm bleibt allein die Rechtsbeschwerde, um eine isolierte Entscheidung des BVerwG zu einer Rechtsfrage zu erhalten. Die Vorlage kann vom Truppendienstgericht nicht zurückgenommen werden, etwa weil ihm die Entscheidung durch das BVerwG zu lange dauert oder weil es nachträglich die vorgelegte Rechtsfrage nicht mehr für erheblich ansieht. Eine Rücknahme ist auch dann nicht zulässig, wenn sich durch eine inzwischen eingetretene Gesetzesänderung die gerichtliche Beantwortung der Rechtsfrage erledigt hat. Wenn die Rechtsfrage in dieser Weise tatsächlich erledigt ist, gibt der Wehrdienstsenat die Vorlage mit entsprechender Begründung an das Truppendienstgericht zurück. Hat der Truppendienstrichter in einem Disziplinararrestbestätigungsverfahren gemäß § 40 Abs. 6 WDO eine Rechtsfrage vorgelegt und zieht der Disziplinarvorgesetzte den Antrag zurück, hat sich die Vorlage erledigt. Gleiches gilt, wenn der Beschwerdeführer seine Beschwerde zurücknimmt oder wenn durch eine außerhalb des Verfahrens eingetretene Klärung tatsächlicher Art der Rechtsfrage keine grundsätzliche Bedeutung mehr zukommt. Das Truppendienstgericht kann in *einem* Beschwerdeverfahren dem BVerwG auch mehrmals jeweils verschiedene Rechtsfragen zur Entscheidung vorlegen. Hierzu kann es sich beispielsweise veranlasst sehen, wenn sich die Rechtsfrage erst auf Grund einer vorangegangenen und durch das BVerwG entschiedenen Vorlage nach Absatz 4 ergibt. Mit dem Grundsatz der Prozessökonomie wird es jedoch nicht zu vereinbaren sein, dass das Truppendienstgericht alle grundsätzlichen Rechtsfragen, die es im Zeitpunkt des Vorlagebeschlusses für erheblich ansieht, dem BVerwG in getrennten Vorlagen zur Entscheidung vorlegt.

89   Es muss sich stets um eine Rechtsfrage handeln, der über den Einzelfall hinaus besondere Bedeutung zukommt. Sie kann sich auf formelle Fragen des Wehrbeschwerderechts, des Wehrdisziplinarrechts oder auf materielle Fragen des Soldatengesetzes, des Soldatenbeteiligungsgesetzes usw. beziehen. Verfahrens- und kostenrechtliche Fragen sind nicht ausgenommen (BVerwG NZWehrr 1984, 209). Die Rechtsfrage muss jedoch der Prüfung durch die Wehrdienstgerichte vorbehalten, darf also z. B. nicht verfassungsrechtlicher Natur sein. Hält das Truppendienstgericht die Anwendung einer Vorschrift aus verfassungsrechtlichen Gründen für zweifelhaft, muss es die Sache gemäß Art. 100 Abs. 1 GG dem Bundesverfassungsgericht vorlegen. Ist die Rechtsfrage durch das BVerwG schon entschieden und sind vom Truppendienstgericht keine neuen Gesichtspunkte vorgetragen, ist eine Vorlage unzulässig (BVerwG NZWehrr 1990, 166; 1998, 29). Auch ein Zuständigkeitsstreit kann nicht Gegenstand einer Vorlage sein, denn § 70 Abs. 3 WDO geht § 18 Abs. 4 vor (BDH NZWehrr 1961, 166 noch zur a. F. der WDO).

90   **Die Vorlage muss der Fortbildung des Rechts oder der Sicherung einer einheitlichen Rechtsprechung dienen. Das gilt auch für die Vorlage nach § 40 Abs. 6 WDO, wie aus der Verweisung auf § 18 Abs. 4 zu folgern ist.** Unter Fortbildung des Rechts ist in erster Linie die Bildung von Auslegungsgrundsätzen durch höchstrichterliche Leitsätze und die rechtsschöpferische Ausfüllung von Gesetzeslücken oder -zweifeln zu verstehen (vgl. Meyer-Goßner, StPO, § 132 GVG Rn. 18). Die **Sicherung einer einheitlichen Rechtsprechung** zielt darauf ab, eine gleichmäßige und kontinuierliche Entwicklung des Wehrrechts zu gewährleisten und schwerwiegende Unterschiede in der Rechtsprechung durch abweichende Spruchpraxis der Truppendienstgerichte in einer bestimmten Rechtsfrage auszugleichen (vgl. beispielhaft BVerwG NZWehr 1982, 25). An einer einheitlichen Rechtsprechung besteht gerade in truppendienstlichen Angelegenheiten ein erhebliches Interesse. Führung und Ausbildung der Bundeswehr müssen überall nach den gleichen Grundsätzen gestaltet werden. Es hieße eine Rechtsunsicherheit in die Truppe hineinzutragen, wenn die Rechtsprechung der Truppendienstgerichte in grundsätzlichen Fragen nicht einheitlich wäre. Um gegenüber dem einstufigen gerichtlichen Verfahren einen gewissen Ausgleich zu haben, kommt gerade der Vorlage zur Sicherung einer einheitlichen Rechtsprechung besondere Bedeutung zu. Dabei ist jedoch nicht zu verkennen, dass die Vorschrift eine gewisse Widersprüchlichkeit in sich trägt. Sie sieht zwar eine Vorlage gerade zu dem Zweck vor, eine einheitliche Rechtsprechung zu gewährleisten, bindet aber andererseits nur die vorlegende Kammer und dies auch nur in der vorgelegten Sache. Jede andere Kammer und selbst die vorlegende Kammer in jeder anderen Sache kann also von der Entscheidung des BVerwG abweichen, ohne dass das Gesetz für diesen Fall eine Vorlagepflicht vorsieht (BVerwG 2 WDB 1/83 vom 14.4.1983, juris Rn. 16). Immerhin wird man eine gewisse konsolidierende Wirkung der Vorlagebefugnis begrüßen können. Da die Truppendienstgerichte die Vorlagemöglichkeit in der Praxis wenig nutzen, hat der Gesetzgeber mit der Einführung der Rechtsbeschwerde (§ 22a) einen zusätzlichen Weg gewiesen, eine einheitliche Rechtsprechung zu schaffen und die Weiterentwicklung des Rechts zu fördern (BT-Drs. 16/7955 S. 36).

Die Rechtsfrage muss für die Entscheidung in der vorliegenden Sache nach **91** dem Stand des Verfahrens erheblich sein (vgl. BVerwG 2 WDB 7/93 vom 13.1.1994, juris Rn. 4). Es ist nicht Aufgabe der Gerichte, Rechtsfragen allgemein und ohne Beziehung auf einen Einzelfall zu entscheiden (BDHE 4, 185 = NZWehr 1959, 109, 110; NZWehr 1960, 25). Eine Vorlage ist demnach unzulässig, die darauf abzielt, eine für die zu treffende Entscheidung unerhebliche Frage zu beantworten. Die Frage muss darüber hinaus geeignet sein, eine einheitliche Rechtsprechung zu sichern (BVerwG 2 WDB 7/93 vom 13.1.1994, juris Rn. 4). Das ist nicht der Fall, wenn nur eine allgemeine Verfahrensfrage, z.B. nach einem einheitlichen Zustellungsverfahren, beantwortet werden soll. Auf eine Frage des materiellen Rechts kommt es dann nicht mehr an, wenn der Antrag schon aus formellen Gründen unzulässig ist (BDHE 4, 185 = NZWehr 1959, 109, 110) oder wenn sich die Vorlage erledigt hat, weil der Disziplinarvorgesetzte den Antrag auf Zustimmung zu einem Disziplinararrest (§ 40 Abs. 6 WDO) zurückgenommen hat oder weil der Beschwerdeführer vor Verhängung eines Disziplinararrestes aus der Bundeswehr entlassen ist. Für die Erledigung einer Vorlage im Zustimmungsverfahren eines Disziplinararrestes (§ 40 Abs. 6 WDO) ist es unerheblich, dass der Beschwerdeführer zwar inzwischen aus der Bundeswehr entlassen worden ist, jedoch innerhalb der Frist des § 17 Abs. 2 WDO wieder zu einer Wehrübung herangezogen werden kann. In diesem Fall ist allein entscheidend, dass der vom Disziplinarvorgesetzten beantragte Disziplinararrest gegenwärtig gegen den Soldaten nicht verhängt werden kann. Ist ein Disziplinararrest noch vor dem Ausscheiden des Soldaten verhängt worden, ist die Vorlage im

Rahmen einer gegen die Disziplinarmaßnahme eingelegten Beschwerde nicht erledigt. Denn auf Grund der Beschwerde muss das vorlegende Truppendienstgericht die Maßnahme nicht nur auf ihre Rechtmäßigkeit, sondern in vollem Umfang überprüfen, d. h. darauf hin, ob ihre tatsächlichen und rechtlichen Voraussetzungen vorliegen und ob sie unangemessen ist.

92   Bei Erledigung der Hauptsache wird eine Vorlage noch als zulässig anzusehen sein, wenn im Rahmen der Feststellung nach § 19 Abs. 1 Satz 2 oder 3 eine Rechtsfrage von grundsätzlicher Bedeutung zu beantworten ist. Keine Entscheidungserheblichkeit liegt dagegen vor, wenn das Truppendienstgericht formell noch gar nicht mit dem Antrag befasst ist und außerhalb der Rechtshängigkeit des Verfahrens eine Rechtsfrage vorlegt (BDH NZWehrr 1963, 74). Für die Beurteilung der Entscheidungserheblichkeit ist die Rechtsauffassung des vorlegenden Gerichts maßgebend (BDHE 6, 169 = NZWehrr 1964, 117). Dem Vorlagebeschluss muss entnommen werden können, dass die vorgelegte Rechtsfrage nach Auffassung des Truppendienstgerichts für das dort anhängige Verfahren erheblich, von grundsätzlicher Bedeutung und für die Fortbildung des Rechts oder für die Sicherung einer einheitlichen Rechtsprechung erforderlich ist (BVerwG NZWehrr 1970, 21 = Dok. Berichte 1970 Nr. 8, S. 3693). Ob die Vorlagevoraussetzungen im Einzelnen gegeben sind, hat allein das vorlegende Gericht zu entscheiden (BVerwG NZWehrr 1970, 21 = Dok. Berichte 1970 Nr. 8, S. 3693 unter Aufgabe der früheren Rechtsprechung, z. B. BDHE 4, 185 = NZWehrr 1959, 109, 110; ferner BVerwG Dok. Berichte 1975 Nr. 6 S. 75). Das vorlegende Gericht, das über das Antragsbegehren in der Sache zu entscheiden hat, vermag die Bedeutung einer Rechtsfrage, die für seine Entscheidung wesentlich ist, am besten zu beurteilen. Das BVerwG ist dadurch jedoch nicht gehindert, die ihm vom Truppendienstgericht vorgelegten Rechtsfragen neu zu formulieren, wenn sie in der Fassung des Truppendienstgerichts nur schwer verständlich oder gar missverständlich sind. Es kann auch Fragen ausscheiden, wenn sie durch die Beantwortung einer vorangegangenen Frage überflüssig geworden sind. Eine Nachprüfung der Vorlagevoraussetzungen wird ausnahmsweise dann zulässig sein, wenn die Rechtsauffassung des Truppendienstgerichts offensichtlich unhaltbar ist, z. B. unter keinem erdenklichen Gesichtspunkt die Rechtsfrage für die Entscheidung geeignet oder erheblich ist.

93   Das BVerwG kann nur für die Entscheidung des Truppendienstgerichts erhebliche Rechtsfragen beantworten. Die Entscheidung in der Sache trifft das vorlegende Gericht. Andernfalls würde die Vorlage entgegen dem grundsätzlichen Aufbau des gerichtlichen Antragsverfahrens eine zweite gerichtliche Instanz einführen (BDHE 7, 169).

94   **Die Entscheidung des BVerwG ist nur in der vorliegenden Sache für das Truppendienstgericht bindend (Satz 4).** In einem anderen Verfahren kann das Truppendienstgericht daher von der auf Vorlage ergangenen Entscheidung abweichen, da eine dem § 121 Abs. 2 GVG entsprechende Vorschrift fehlt. Die Bindung erstreckt sich nur auf die im Tenor beantwortete Rechtsfrage, nicht etwa auf die zu Inzidentpunkten entwickelten Rechtsansichten (BDHE 6, 169, 171 = NZWehrr 1964, 117).

95   **Dem BWDA ist vor der Entscheidung Gelegenheit zur Stellungnahme zu geben (Satz 3).** Diese Regelung beruht auf der Überlegung, dass gerade bei Entscheidungen in Wehrbeschwerdesachen, die wegen ihrer rechtlich grundsätzlichen Problematik Bedeutung für die gesamte Bundeswehr haben, die Stellungnahme des BWDA dem vertiefenden Rechtsgespräch mit den Wehrdienstsenaten dienlich ist. Die Vorschrift korrespondiert mit den Befugnissen des BWDA, den BMVg und den Generalinspekteur im gerichtlichen Antragsverfahren vor den Wehrdienstsenaten zu vertreten. Jedoch gibt sie ihm im Vorlageverfahren ein eigenes, nicht vom BMVg oder vom Generalinspekteur abgeleitetes Recht, ohne ihn aber zum Verfahrensbeteiligten zu machen. Im Vorlageverfahren ist der BWDA nicht Vertreter des BMVg oder des Generalinspekteurs. Seine selbstständige Stellung insoweit hindert den BMVg indes nicht, ihn innerdienstlich dergestalt zu binden, dass er keine von der Auffassung des BMVg abweichende Stellungnahme vortragen darf ($\S$ 81 Abs. 3 Satz 2 WDO).

Gelegenheit zur Stellungnahme bedeutet, dass dem BWDA die Verfahrensakte, wenigstens aber die für die Beurteilung der Rechtsfrage maßgeblichen Schriftstücke zugänglich gemacht werden müssen. Die Stellungnahme hat sich auf die Beurteilung der Rechtsfrage, einschließlich des ihr zugrundeliegenden Vorlagebeschlusses mit allen seinen rechtlichen Voraussetzungen zu beschränken. Sie umfasst nicht Ausführungen zum Antragsverfahren im Übrigen, sofern es nicht selbst für die Rechtsfrage erheblich ist. Zur Abfassung der Stellungnahme ist dem BWDA eine der Bedeutung der Sache nach angemessene Zeit einzuräumen. **96**

Die Wehrdienstsenate sind gesetzlich verpflichtet, dem BWDA Gelegenheit zur Stellungnahme zu geben. Ob er davon Gebrauch macht, obliegt seiner Entscheidung. **97**

$\S$ 19 Inhalt der Entscheidung

(1) **Hält das Truppendienstgericht einen Befehl oder eine Maßnahme, gegen die sich der Antrag richtet, für rechtswidrig, hebt es den Befehl oder die Maßnahme auf. Ist ein Befehl bereits ausgeführt oder anders erledigt, ist auszusprechen, daß er rechtswidrig war. Dies gilt entsprechend auch für sonstige Maßnahmen oder Unterlassungen, wenn der Beschwerdeführer ein berechtigtes Interesse an dieser Feststellung hat. Hält das Truppendienstgericht die Ablehnung eines Antrages oder die Unterlassung einer Maßnahme für rechtswidrig, spricht es die Verpflichtung aus, dem Antrag zu entsprechen oder unter Beachtung der Rechtsauffassung des Gerichts anderweitig tätig zu werden.**

(2) **Ist der Beschwerdeführer durch ein Dienstvergehen verletzt worden, spricht das Truppendienstgericht auch die Verpflichtung aus, nach Maßgabe der Wehrdisziplinarordnung zu verfahren.**

Übersicht

I. Vorbemerkung

1   § 19 enthält die Vorschriften über den materiellen Inhalt der Entscheidung, die das gerichtliche Antragsverfahren grundsätzlich abschließt. Die Regelung gilt nicht für Klagen aus dem Wehrdienstverhältnis, für die der Verwaltungsrechtsweg oder ein anderer Rechtsweg eröffnet ist. Im gerichtlichen Verfahren über eine (weitere) Beschwerde gegen eine einfache Disziplinarmaßnahme findet § 19 keine Anwendung; er wird durch die Bestimmungen des § 42 Nr. 4 bis 11 WDO verdrängt (vgl. hierzu Dau/Schütz, WDO, Erl. zu § 42). Von § 13 Abs. 1, der den Inhalt des Bescheides über die Beschwerde und nach § 16 Abs. 4 über die weitere Beschwerde regelt, unterscheidet sich § 19 wesentlich durch die Einschränkung, dass das Truppendienstgericht kein Abhilferecht hat. Das Gericht hat über den Antrag zu entscheiden, mit dem der Antragsteller geltend macht, dass eine dienstliche Maßnahme oder Unterlassung rechtswidrig sei (§ 17 Abs. 3) und dass er durch sie in seinen Rechten verletzt oder durch Verletzung von Pflichten eines Vorgesetzten ihm gegenüber beschwert sei (§ 17 Abs. 1 Satz 1). Es hat auch kassatorische Befugnisse und kann überdies den Disziplinarvorgesetzten an die Rechtsauffassung des Gerichts binden. Es kann jedoch nicht selbst befehlen oder verwalten. Es kann Befehle oder Maßnahmen aufheben (§ 19 Abs. 1 Satz 1), nicht abändern. Das Truppendienstgericht kann auch unterbliebene Maßnahmen nicht nachholen oder abgelehnte Gesuche oder Anträge genehmigen (vgl. § 13 Abs. 1 Satz 5), sondern lediglich die Verpflichtung aussprechen, einem Antrag zu entsprechen oder unter Beachtung der Rechtsauffassung des Gerichts anderweitig tätig zu werden. § 19 Abs. 1 Satz 2 unterscheidet sich von § 13 Abs. 1 Satz 3 dadurch, dass vom Gericht nur die Rechtswidrigkeit eines angefochtenen Befehls festgestellt werden kann, während sich die Feststellung durch den Disziplinarvorgesetzten auch auf unsachgemäße Befehle beziehen kann. § 19 Abs. 1 Satz 3 entspricht wörtlich § 13 Abs. 1 Satz 4 und geht auf Art. 5 Nr. 15 WehrRÄndG 2008 zurück. Im Übrigen sind beide Vorschriften inhaltsgleich. Die Vorschrift gilt auch für die Entscheidungen der Wehrdienstsenate des BVerwG (§ 21 Abs. 2 Satz 1).

Zu Absatz 1

II. Inhalt der Entscheidung

1. Aufhebung rechtswidriger Befehle oder Maßnahmen (Satz 1)

2   Als Inhalt der Entscheidung behandelt Absatz 1 nur die Aufhebung von Befehlen und Maßnahmen sowie die Verpflichtung zu ihrem Erlass. Eine gerichtliche Feststellung ist nur hinsichtlich der Rechtswidrigkeit eines bereits erledigten Befehls und des Vorliegens eines Dienstvergehens vorgesehen (Absatz 1 Satz 2 und Absatz 2). Durch das Truppendienstgericht kann dagegen nicht der Vorwurf festgestellt werden, dass sich der Betroffene einer Beschwerdeunterdrückung gemäß § 35 WStG schuldig gemacht hat; das ist allein Sache des Strafgerichts (BVerwGE 73, 158 = NZWehr 1981, 149).

Stellt das Truppendienstgericht fest, dass ein angefochtener Befehl oder **3** eine Maßnahme rechtswidrig ist, hat es den Befehl oder die Maßnahme, ggf. auch den Beschwerdebescheid und den Bescheid über die weitere Beschwerde aufzuheben (Satz 1; Kopp/Schenke, VwGO, § 113 Rn. 3). Der Antragsteller kann bei Rechtswidrigkeit der angefochtenen Maßnahme nicht beanspruchen, dass das Gericht aus einem bestimmten Grund aufhebt (BVerwGE 76, 258 = NZWehr 1985, 23 = RiA 1985, 44); er kann daher immer nur die Feststellung der Rechtswidrigkeit verlangen, nicht jedoch die Feststellung eines bestimmten Rechtswidrigkeitsgrundes (BVerwG 1 WB 4.07 vom 29.1.2008, juris Rn. 26). Um jeden Anschein einer Rechtswirksamkeit zu beseitigen, kommt auch bei Nichtigkeit eine jedenfalls förmliche Aufhebung in Betracht; festzustellen, dass die Maßnahme nichtig ist, reicht allein nicht aus, um den Rechtsschein zu beseitigen (Kopp/Schenke, aaO, § 113 Rn. 4; siehe jedoch BVerwG NJW 1984, 881 für die Feststellung der Nichtigkeit einer außer Kraft gesetzten Norm). Aufheben des Befehls oder der Maßnahme heißt, sie zu beseitigen, nicht durch andere zu ersetzen. Das Gericht darf daher den Befehl oder die Maßnahme nicht abändern, umwandeln oder durch eine Anordnung ersetzen, die es selbst für angebracht hält. Es darf nicht für den Betroffenen tätig werden und an die Stelle seines Ermessens das gerichtliche Ermessen setzen.

Obwohl nicht ausdrücklich geregelt, sind auch Teilaufhebungen **4** zulässig (vgl. auch den Wortlaut des inhaltlich ähnlich formulierten § 113 Abs. 1 Satz 1 VwGO und Kopp/Schenke, aaO, § 113 Rn. 15). Bei nur teilweise begründetem Antrag hebt das Truppendienstgericht nur den fehlerhaften Teil der angefochtenen Maßnahme oder des Befehls auf, wenn der übrige Teil für sich rechtsbeständig ist. Das ist zu verneinen, wenn die Maßnahme oder der Befehl ohne den aufzuhebenden Teil nicht erlassen worden wäre. In diesem Fall muss der Akt im Ganzen aufgehoben werden (vgl. auch Eyermann/Schübel-Pfister, VwGO, § 113 Rn. 11).

Entsprechendes gilt bei einem Antrag, der sich gegen mehrere Befehle oder **5** Maßnahmen richtet. Auch hier kann es angezeigt sein, wegen des einen Teils die Aufhebung zu beschließen, im Übrigen jedoch den Antrag abzuweisen. Kann der eine Teil nicht ohne den anderen Teil bestehen, liegt also zwischen den einzelnen Teilen ein innerer Zusammenhang vor, ist bei Rechtswidrigkeit nur eines Teils die Aufhebung aller Teile erforderlich.

Die Entscheidung über die Aufhebung des Befehls oder der Maßnahme hat **6** zur Folge, dass die jeweils angefochtene Anordnung als nicht ergangen zu behandeln ist. Der Betroffene ist verpflichtet, den früheren Zustand wiederherzustellen, soweit das bei Berücksichtigung der inzwischen eingetretenen Sachlage möglich ist. Ist die Maßnahme oder der Befehl im Zeitpunkt der gerichtlichen Entscheidung bereits vollzogen, kann das Gericht, sofern der Antrag auch dieses Ziel umfasst, in entsprechender Anwendung des § 113 Abs. 1 Sätze 2 und 3 VwGO (§ 23a Abs. 2 Satz 1) in seinem Aufhebungsbeschluss auch die Verpflichtung aussprechen, dass und in welcher Weise der Betroffene den aufgehobenen Befehl oder die Maßnahme rückgängig zu machen hat (BVerwGE 46, 283 = NZWehrr 1975, 25). Das Gleiche gilt für einen Feststellungsantrag. Voraussetzung für einen Antrag auf Folgenbeseitigung ist u. a., dass er innerhalb der Antragsfrist zusammen mit dem Aufhebungs- oder Feststellungsanspruch geltend gemacht wird (BVerwG aaO); ferner muss der Betroffene noch in der Lage sein, die Folgen der Vollziehung rückgängig zu machen (hierzu auch Kopp/Schenke, VwGO, § 113 Rn. 93). Schließlich muss das Truppendienstgericht zu dem Ergebnis gekommen sein, dass die Art und Weise, in der die Folgenbeseitigung vorgenommen werden kann, entscheidungsreif ist, d. h. keiner weiteren Erhebung bedarf.

2. Behandlung erledigter Befehle (Satz 2)

7　　Ist ein Befehl bereits ausgeführt oder in anderer Weise („anders") erledigt, z. B. hat ihn der betroffene Vorgesetzte noch vor der gerichtlichen Entscheidung aufgehoben, hat das Truppendienstgericht auch ohne einen darauf gerichteten Feststellungsantrag auszusprechen, dass der Befehl rechtswidrig war. Ein berechtigtes Interesse an dieser Feststellung braucht der Antragsteller nicht zu behaupten (vgl. BVerwG NZWehrr 1980, 149; BVerwGE 132, 1 = NZWehrr 2009, 69), es wird in diesem Falle kraft Gesetzes unwiderlegbar vermutet (BVerwG 1 WB 26/81 vom 26.5.1981; § 1 Rn. 96, juris Rn. 26). Der Gesetzgeber hat mit dieser Regelung, die von der Rechtslage bei sonstigen Maßnahmen und Unterlassungen abweicht, dem Gesichtspunkt Rechnung getragen, dass die Beschwerde erst nach Ablauf einer Nacht eingelegt werden darf (§ 6 Abs. 1) und dass Beschwerde und weitere Beschwerde in truppendienstlichen Angelegenheiten sowie der Antrag auf gerichtliche Entscheidung keine aufschiebende Wirkung haben. Gegen einen Befehl, der in der Regel auf der Stelle ausgeführt werden muss, wäre nach den allgemeinen Regeln ein Rechtsbehelf nicht mehr zulässig, ein berechtigtes Interesse an der Feststellung irgendwelcher noch vorhandener Auswirkungen könnte daher nicht mehr begründet werden (BDHE 7, 176, 179). Mit der Bestimmung des Satzes 2 wird schließlich verhindert, dass rechtswidrige Befehle einer Nachprüfung entzogen werden (vgl. auch BT-Drs. 2359, 2. Wahlperiode, S. 16).

8　　Der die Rechtswidrigkeit des Befehls feststellende Beschluss ergeht nicht nur in den Fällen, in denen sich der Befehl erst nach Einreichen des Antrags auf gerichtliche Entscheidung erledigt hat. Beschwerde, weitere Beschwerde und Antrag auf gerichtliche Entscheidung sind vielmehr auch zulässig, wenn der Befehl bereits vorher ausgeführt oder anders erledigt ist.

9　　Ist ein noch nicht ausgeführter Befehl vor Einlegung der Beschwerde zurückgenommen worden, ist eine Beschwerde mangels Beschwer gegenstandslos. Auch der Antrag an das Truppendienstgericht ist in diesem Fall als unzulässig zurückzuweisen. Dagegen bleibt der Soldat weiter beschwert, wenn der Befehl zwar vor dem Antrag auf gerichtliche Entscheidung, aber nach Einlegung der Beschwerde zurückgenommen wird. Regelungsgegenstand des Satzes 2 ist nur der Befehl im Verständnis der Legaldefinition des § 2 Nr. 2 WStG.

10　　Da mit dem Antrag auf gerichtliche Entscheidung nur die Rechtswidrigkeit eines Befehls geltend gemacht werden kann, beschränkt sich auch die Feststellung durch das Truppendienstgericht allein hierauf, sie umfasst nicht, wie für den Beschwerdebescheid in § 13 Abs. 1 Satz 3 vorgesehen, auch die Feststellung, dass der Befehl unzweckmäßig gewesen sei.

3. Behandlung erledigter Maßnahmen oder Unterlassungen (Satz 3)

Satz 3 ist durch Art. 5 Nr. 15 WehrRÄndG 2008 mit neuem Inhalt in die **11** Vorschrift eingestellt worden. Sie ersetzt die bisher von der Rechtsprechung in Anspruch genommene entsprechende Anwendung des § 113 Abs. 1 Satz 4 VwGO durch eine eigene, um die Fallgruppe der rechtswidrigen Unterlassung ergänzte Regelung. Sie entspricht der auch für den Beschwerdebescheid in § 13 Abs. 1 Satz 4 aufgenommenen Bestimmung und schließt als eigenständige wehrbeschwerderechtliche Regelung die entsprechende Anwendung des § 113 Abs. 1 Satz 4 VwGO i. Vbg. m. § 23a Abs. 2 Satz 1 aus.

Hat sich eine angefochtene Maßnahme vor dem Zeitpunkt der Ent- **12** scheidung in der Hauptsache **erledigt,** hat der Antragsteller nur noch dann einen Anspruch auf gerichtliche Überprüfung ihrer Rechtmäßigkeit, wenn er ein berechtigtes Interesse an einer entsprechenden Feststellung hat (**Fortsetzungsfeststellungsantrag.** Maßgeblicher Zeitpunkt für die rechtliche Beurteilung ist der Zeitpunkt, in dem sich die angefochtene Maßnahme erledigt hat (BVerwGE 132, 1 = NZWehr 2009, 69). Dieser Wechsel zu einem Fortsetzungsfeststellungsantrag ist keine Antragsänderung, weil der Antragsteller bei gleichem Antragsgegenstand seinen ursprünglichen Anfechtungsantrag auf die Feststellung der Rechtswidrigkeit umstellt (vgl. Kopp/Schenke, VwGO, § 113 Rn. 95; Eyermann/Schübel-Pfister, VwGO, § 113 Rn. 86). Zwar braucht der Antragsteller keinen förmlichen Antrag zu stellen, muss aber wenigstens sein Feststellungsinteresse substantiiert geltend machen (BVerwG NZWehr 2010, 161). Zu eigenen Nachforschungen insoweit ist das Wehrdienstgericht nicht verpflichtet (BVerwGE 53, 134, 138; BVerwG NZWehr 2010, 161).

Gegenstand eines Fortsetzungsfeststellungsantrags kann auch das **13** **Unterlassen** eines gebotenen Handelns des Vorgesetzten oder einer Dienststelle der Bundeswehr sein. Der auf Feststellung eines rechtswidrigen Unterlassens gerichtete Antrag setzt voraus, dass vor der Entscheidung in der Hauptsache die vom Antragsteller geforderte Maßnahme erlassen oder der Anspruch auf sie aus rechtlichen oder tatsächlichen Gründen zum gleichen Zeitpunkt entfallen ist. Wenn der Antragsteller ein berechtigtes Interesse nachweisen kann, hat das Truppendienstgericht festzustellen, dass das Unterlassen der verlangten Maßnahme rechtswidrig war. Allerdings darf der Antragsteller durch den Übergang zum Fortsetzungsfeststellungsantrag im Vergleich zum Anfechtungs- und Verpflichtungsantrag nicht besser gestellt werden. Wenn nämlich der ursprüngliche Antrag ohne Prüfung der materiellen Rechtslage hätte zurückgewiesen werden müssen, kann eine Prüfung durch Übergang zum Fortsetzungsfeststellungsantrag nicht erreicht werden (BVerwG 1 WB 49/14 vom 13.7.2015, juris Rn. 21).

4. Folgeentscheidung nach Feststellung der Rechtswidrigkeit (Satz 4)

Satz 4 behandelt den Inhalt der gerichtlichen Entscheidung in den Fällen, **14** in denen das Truppendienstgericht feststellt, dass die Ablehnung eines Antrages (oder Gesuches – § 13 Abs. 1 Satz 5) oder das Unterlassen einer Maßnahme rechtswidrig und der Antragsteller dadurch in seinen Rechten verletzt oder durch die Pflichtverletzung eines Vorgesetzten in seinen Rechten beeinträchtigt ist (§ 17 Abs. 1, 3). Die Befugnis für das Truppendienstgericht, eine bestimmte Verpflichtung auszusprechen, ist durch seine Entscheidungszuständigkeit beschränkt; es darf nicht selbst abgelehnte Anträge genehmigen oder unterlassene Maßnahmen nachholen; es kann in seinem Beschluss nur die Verpflichtung aussprechen, in einer bestimmten Weise und mit einem bestimmten Ziel tätig zu werden. Der zuständige Vorgesetzte oder die Dienststelle ist verpflichtet, dem Beschluss nachzukommen. Aus dem Wortlaut des Gesetzes ergibt sich, dass die Vorschrift auch für den Untätigkeitsantrag (§ 17 Abs. 1 Satz 2) gilt. Der Ausspruch nach Satz 4 bedeutet den gerichtlichen Ausspruch der Verpflichtung zur Abhilfe, soweit sie auf Grund der vom Gericht getroffenen Feststellungen gerechtfertigt ist. Vorgesetzte und Dienststellen können daher auch verpflichtet werden, dem Antrag teilweise zu entsprechen oder in anderer Weise den Beschwerdegegenstand soweit zu erledigen, wie das Beschwerdebegehren begründet ist. Richtet sich der Antrag des Soldaten gegen die von einem Vorgesetzten oder einer Dienststelle der Bundeswehr verfügte Ablehnung eines Gesuchs oder eines Antrages, wird vom Gericht die Verpflichtung ausgesprochen, die mit dem Antrag erstrebte Maßnahme vorzunehmen, wenn die Ablehnung rechtswidrig ist und den Beschwerdeführer in seinen Rechten verletzt oder durch Verletzung von Vorgesetztenpflichten beeinträchtigt. Die mit der Verpflichtung angeordnete Maßnahme muss rechtlich und tatsächlich zulässig sein. Um dieses beurteilen zu können, hat das Truppendienstgericht alle erforderlichen Ermittlungen anzustellen, damit die Sache entscheidungsreif wird. Die Ermittlungspflicht hat jedoch ihre Grenzen. Das Gericht kann Vorgesetzte nur soweit zum Erlass bestimmter Maßnahmen verpflichten, wie die gerichtliche Entscheidung nicht Ausübung des Ermessens ist oder ausdrücklich festgestellt wird, dass das Ermessen, ohne fehlerhaft zu sein, nur noch in einer einzigen Richtung ausgeübt werden kann (Eyermann/Schübel/Pfister, VwGO, § 113 Rn. 49).

15　　Folglich sind Fälle denkbar, in denen das Gericht zwar die Rechtswidrigkeit der Ablehnung des Antrages feststellt, nicht aber auch schon von sich aus die Verpflichtung zur Vornahme, also z. B. zur Genehmigung, aussprechen kann. Abgesehen von dem Erfordernis weiterer nur in Verbindung mit Ermessensentscheidungen zu erreichender Aufklärungen können für die Vornahme truppendienstliche Gesichtspunkte erheblich sein. In einem solchen Fall kann das Gericht die Verpflichtung zu einem anderen – durch die vom Gericht festgestellte Sach- und Rechtslage bedingten – Tätigwerden aussprechen. Es kann dabei den Raum des zuständigen Verwaltungshandelns (truppendienstlichen Handelns) abstecken, indem es die zulässigen Maßnahmen durch Angabe der rechtlichen Gesichtspunkte bezeichnet, die Vorgesetzter oder Dienststelle bei der weiteren Behandlung der Angelegenheit zu beachten haben.

16　　Stellt das Gericht fest, dass die Unterlassung einer Maßnahme rechtswidrig und der Beschwerdeführer dadurch in seinen Rechten verletzt oder durch Verletzung von Vorgesetztenpflichten beeinträchtigt ist, kann es die Verpflichtung aussprechen, die unterlassene Maßnahme nachzuholen. Die Fälle rechtswidriger Unterlassungen werden jedoch meistens nicht so einfach und eindeutig liegen, dass die gerichtliche Entscheidung sich darauf beschränken kann, den Vorgesetzten zur Vornahme zu verpflichten. Das Gericht wird mithin häufig die Verpflichtung des Vorgesetzten durch Angabe rechtlicher Gesichtspunkte zu verdeutlichen haben. Soweit das Gericht nicht die Verpflichtung aussprechen kann, dem Antrag in bestimmter Weise zu entsprechen oder eine bestimmte Maßnahme zu erlassen, verpflichtet es den Vorgesetzten in seinem Beschluss zu einem anderen Tätigwerden. Dabei hat der Vorgesetzte die Rechtsauffassung des Gerichts zu beachten. Die Bindungswirkung bezieht sich nur auf die Erwägungen des Beschlusses, mit denen das Gericht begründet hat, warum und in welcher Richtung der Vorgesetzte anderweitig tätig werden soll. Sie umfasst nur die rechtlichen, nicht auch die tatsächlichen Feststellungen des Gerichts. Der in der Ausführung des Beschlusses tätig werdende Vorgesetzte kann also seiner Entscheidung andere Tatsachenfeststellungen zu Grunde legen oder von den gerichtlichen Feststellungen insoweit abweichen. Im Gegensatz zur Bindung an die Verpflichtung, dem Antrag zu entsprechen, kann der Vorgesetzte auch die beantragte Maßnahme aus anderen als den ursprünglichen Gründen erneut ablehnen. Kommt der Vorgesetzte der Verpflichtung, anderweitig tätig zu werden, nicht nach, kann gegen ihn ein Zwangsgeld festgesetzt werden (§ 23a Abs. 2 Satz 1 i. Vbg. m. § 172 VwGO; vgl. hierzu BVerwGE 33, 230 = NJW 1969, 476). Erlässt er eine Maßnahme, die die Rechtsauffassung des Gerichts unbeachtet lässt, kann sich der Soldat hiergegen erneut beschweren.

Die Bindung an die Rechtsauffassung des Gerichts besteht unabhängig **17** davon, ob sie sich aus dem Tenor oder nur aus den Gründen des Beschlusses ergibt. Weder im Tenor des Beschlusses noch in den Gründen braucht die Bindung an die Rechtsauffassung des Gerichts ausdrücklich enthalten zu sein. Da sich die Entscheidung des Truppendienstgerichts in aller Regel an einen juristisch unkundigen Vorgesetzten richtet, empfiehlt es sich aus Gründen der Rechtsklarheit, die Verpflichtung schon in den Tenor des Beschlusses aufzunehmen.

Zu Absatz 2

III. Verpflichtung zu disziplinarer Würdigung

1. Inhalt der Verpflichtung

Ist der Beschwerdeführer durch ein Dienstvergehen des Betroffenen verletzt **18** worden und ist dies auch Gegenstand seiner Beschwerde, muss das Gericht zusätzlich die Verpflichtung aussprechen, nach Maßgabe der Wehrdisziplinarordnung zu verfahren. Hieran wird erneut deutlich, dass das Beschwerderecht nicht nur dem Ziel der Aufhebung oder der Vornahme von Maßnahmen dient, sondern auch dienstaufsichtliche Zwecke verfolgt, hier nämlich, erforderlichenfalls für eine disziplinare Untersuchung Sorge zu tragen. Die Verpflichtung, nach der WDO zu verfahren, muss zusätzlich („auch") ausgesprochen werden. Absatz 2 will den Kreis der zulässigen Anträge an das Wehrdienstgericht nicht über die §§ 17, 21, 22a, 22b hinaus erweitern. Mit dem Antrag auf gerichtliche Entscheidung kann deshalb nicht allein verlangt werden, dass die Verpflichtung zu disziplinarer Behandlung eines Falles isoliert ausgesprochen wird (BVerwG 1 WNB 5/17 vom 26.2.2018, juris Rn. 10). Die Vorschrift ist vielmehr akzessorischer Natur, d. h. das Gericht kann die entsprechende Feststellung nur treffen, wenn der gegen die Maßnahme selbst gerichtete Antrag auf gerichtliche Entscheidung zulässig ist (BVerwGE 73, 1 = NZWehr 1980, 232, 234; BVerwGE 73, 158 = NZWehrr 1981, 149, 150). Hat sich ein zunächst zulässiger Antrag auf gerichtliche Entscheidung durch Abhilfe sachlich erledigt, liegen die Voraussetzungen für eine Verpflichtung zur disziplinaren Würdigung nicht mehr vor (vgl. BDH NZWehrr 1965, 23 f.). Ist der Antrag zulässig und begründet,

muss das Wehrdienstgericht auch die ausdrückliche Verpflichtung aussprechen, dass nach der WDO zu verfahren ist, wenn der Beschwerdeführer
durch ein objektiv rechtswidriges Verhalten in seinen Rechten verletzt worden ist.

19　Das Wehrdienstgericht kann im Rahmen des § 19 nicht selbst Disziplinarbefugnis ausüben; es kann daher nicht selbst disziplinar einschreiten, sondern
nur die Verpflichtung zur disziplinaren Verfolgung aussprechen. Im Beschluss
darf auch nicht die Verpflichtung enthalten sein, eine Disziplinarmaßnahme
zu verhängen oder von ihr abzusehen. Der zuständige Disziplinarvorgesetzte
entscheidet selbstständig, ob und mit welcher Disziplinarmaßnahme er das
Dienstvergehen ahnden will.

2. Verpflichtung des zuständigen Disziplinarvorgesetzten

20　Die von dem Wehrdienstgericht in seinen Beschluss aufgenommene Verpflichtung, nach Maßgabe der WDO zu verfahren, begründet für den zuständigen Disziplinarvorgesetzten die verbindliche Aufforderung, seiner gesetzlichen Prüfungspflicht nach § 32 Abs. 1 WDO nachzukommen. Sie setzt
darüber hinaus nicht voraus, dass das Wehrdienstgericht bei seiner Sachverhaltsaufklärung gemäß § 10 Abs. 2 auch feststellt, ob der Betroffene vorwerf-
bar objektiv und subjektiv ein Dienstvergehen begangen hat und dass diese
Feststellung den Disziplinarvorgesetzten bindet (Wickermeier, NZWehrr
1972, 121, 127; vgl. auch Poretschkin, NZWehrr 2004, 250, 256). Neben
der Entscheidung über den Gegenstand der Beschwerde, z. B. Aufhebung
eines rechtswidrigen und unverbindlichen Befehls, genügt für die zusätzlich
auszusprechende Verpflichtung, dass dem Wehrdienstgericht angesichts der
ihm durch den Beschwerdegegenstand bekannt gewordenen und den Verdacht eines Dienstvergehens rechtfertigenden Tatsachen disziplinare Ermittlungen durch den zuständigen Disziplinarvorgesetzten zwingend notwendig
erscheinen (z. B. mit dem aufgehobenen Befehl habe der Betroffene den
Beschwerdeführer pflichtwidrig in seinen Rechten verletzt). Ob der Betroffene tatsächlich ein Dienstvergehen begangen hat und auf welche Weise der
zuständige Disziplinarvorgesetzte darauf disziplinar reagiert, hat allein dieser
in dem dafür vorgesehenen Verfahren zu entscheiden (§§ 32 ff. WDO).

21　Der Wortlaut der Vorschrift, die auf das Vorliegen eines (schon festgestellten) Dienstvergehens abstellt, scheint gegen dieses Ergebnis zu sprechen, und
in der Tat ist ihre Auslegung nicht unbestritten (vgl. Stauf, WR II § 19
Rn. 3), Den Gesetzesmaterialien zu dieser im Übrigen unverändert gebliebenen Bestimmung (BT-Drs. 2359, 2. Wahlperiode 1953 S. 16) ist zur Lösung
wenig zu entnehmen. Mit der Regelung des Absatzes 2 sollte einerseits
erreicht werden, dass die Frage, ob eine disziplinar zu ahndende Pflichtverletzung vorliege, der gerichtlichen Beurteilung im Beschwerdeverfahren nicht
entzogen werde, andererseits aber eine weitere Einschaltung des Gerichts
nicht angängig sei, weil dies dem Opportunitätsprinzip widerspreche. Die
inhaltliche Ausrichtung der Verpflichtung allein am Gesetzeswortlaut bedeu-
tete eine unzulässige Verkürzung grundsätzlicher Verfahrensrechte für den
Betroffenen. Seine Rechte in einem vom Beschwerdeführer betriebenen
gerichtlichen Antragsverfahren entsprechen nicht den Verfahrensgarantien,
die er zu seiner rechtsstaatlichen Verteidigung in einem gegen ihn geführten
disziplinaren Ermittlungsverfahren besitzt (so zu Recht Poretschkin,
NZWehrr 2004, 250 f.). Das ihm als Betroffener im Rahmen eines gericht-

lichen Antragsverfahrens zu gewährende rechtliche Gehör reicht dazu nicht aus. Beweiserhebungen nach den Vorschriften der WDO (§ 18 Abs. 2 Satz 2) allein mit Ziel festzustellen, dass der Betroffene ein Dienstvergehen begangen hat, gingen über das ursprünglich mit dem Antrag auf gerichtliche Entscheidung verfolgte Begehren hinaus und widersprächen im Übrigen dem Grundsatz, dass auch gerichtliche Antragsverfahren beschleunigt durchzuführen sind.

IV. Vollstreckung des Beschlusses

Die WBO enthält keine Vorschrift über die Vollstreckung von Entscheidungen der Wehrdienstgerichte. Der Soldat hat auch keinen Anspruch auf dienstaufsichtliches Eingreifen. Sein Rechtsschutz wäre daher unvollkommen, wenn die Wehrdienstgerichte im Falle der Rechtswidrigkeit dienstlicher Maßnahmen oder Unterlassungen die Verpflichtung zu rechtmäßigem Handeln aussprechen, nicht aber die Erfüllung dieser Verpflichtung erwirken könnten. Um die Verweisung solcher Fälle auf den ordentlichen Rechtsweg gemäß Art. 19 Abs. 4 GG zu vermeiden, ist in entsprechender Anwendung von § 172 VwGO (§ 23a Abs. 2) die **Androhung eines Zwangsgeldes** auch im gerichtlichen Antragsverfahren nach der WBO zulässig (vgl. auch BVerwGE 33, 230 = NJW 1969, 476). **22**

Die Androhung eines Zwangsgeldes setzt stets eine grundlose Säumnis der Erfüllung einer vom Gericht auferlegten Pflicht voraus (BVerwG aaO). Diese Voraussetzung ist nicht gegeben, wenn z. B. die durch gerichtlichen Beschluss festgelegte Verpflichtung, dem Antragsteller Akteneinsicht zu gewähren, die Erfüllung des normalen Anspruches auf Akteneinsicht dadurch erheblich übersteigt, dass diese Akten erst einmal angelegt werden müssen (BVerwG ebenda). **23**

Das Gericht kann gegen den säumigen Vorgesetzten auf Antrag unter Fristsetzung ein Zwangsgeld bis zehntausend Euro durch Beschluss androhen, nach fruchtlosem Fristablauf festsetzen und von Amts wegen vollstrecken lassen. Das Zwangsgeld kann wiederholt angedroht, festgesetzt und alsdann vollstreckt werden (§ 172 Satz 2 VwGO entspr.). **24**

Die Höhe des Zwangsgeldes wird innerhalb des zulässigen Rahmens von zehntausend Euro und des durch den Grundsatz der Verhältnismäßigkeit gegebenen Maßstabes nach pflichtgemäßem Ermessen festgesetzt. Zur Vollstreckung des festgesetzten Zwangsgeldes vgl. § 170 VwGO. **25**

§ 20 Notwendige Aufwendungen und Kosten im Verfahren vor dem Truppendienstgericht

(1) **Soweit dem Antrag auf Entscheidung des Truppendienstgerichts stattgegeben wird, sind die dem Beschwerdeführer im Verfahren vor dem Truppendienstgericht einschließlich der im vorgerichtlichen Verfahren erwachsenen notwendigen Aufwendungen dem Bund aufzuerlegen. Dies gilt nicht für notwendige Aufwendungen, die dem Beschwerdeführer durch schuldhafte Säumnis erwachsen sind.**

(2) **Dem Beschwerdeführer können die Kosten des Verfahrens vor dem Truppendienstgericht auferlegt werden, soweit das Gericht den Antrag als offensichtlich unzulässig oder als offensichtlich unbegründet erachtet.**

Die Kosten des Verfahrens, die er durch schuldhafte Säumnis verursacht hat, sind ihm aufzuerlegen.

(3) **Ist der Antrag auf gerichtliche Entscheidung gegenstandslos geworden, sind die Absätze 1 und 2 unter Berücksichtigung des bisherigen Sachstands sinngemäß anzuwenden.**

(4) **§ 137 Abs. 1 und 2 Nr. 1 bis 3, § 140 Abs. 8, § 141 Abs. 1 und 2 sowie § 142 der Wehrdisziplinarordnung gelten entsprechend.**

Übersicht

I. Vorbemerkung

1　Mit der Einführung eines prozessrechtlichen Anspruches auf Erstattung der notwendigen Aufwendungen des Beschwerdeführers (vgl. BVerwG NZWehr 1974, 73, 75) und seiner Kostenpflicht in bestimmten Fällen in die WBO hat das militärische Beschwerderecht erstmals eine Kostenregelung erhalten (Art. III Nr. 13 NOG; vgl. hierzu auch Seide, NZWehrr 1975, 81). Die Vorschrift sieht teilweise materielles Kostenrecht vor (Absätze 1 bis 3), soweit die Pflicht, Kosten oder notwendige Aufwendungen zu tragen oder zu erstatten, von der Erfüllung bestimmter Voraussetzungen abhängt. Für den Umfang der Kosten und für die Kostenentscheidungen verweist § 20 weitgehend auf die Kostenbestimmungen der WDO (Absatz 4). Insoweit enthält die Vorschrift auch formelles Kostenrecht. Die Vorschrift ist zweimal geändert worden. Art. 7a des Gesetzes vom 16.12.2001 (BGBl. I S. 2093, 2125) änderte Absatz 4 im Anschluss an die Neufassung der WDO redaktionell, Art. 5 Nr. 16 WehrRÄndG 2008 berücksichtigt mit einer Ergänzung des Absatzes 1 Satz 1 die für das vorgerichtliche Verfahren geschaffene Bestimmung des § 16a, im Übrigen ist Absatz 4 redaktionell ergänzt worden und die Vorschrift hat eine neue Überschrift erhalten.

2　§ 20 lehnt sich konzeptionell und begrifflich an die Kostenvorschriften anderer Verfahrensordnungen an (vgl. auch Seide, aaO, S. 84; so ausdrücklich für Absatz 3 der Hinweis auf § 161 Abs. 2 VwGO in der Begründung der Regierungsvorlage zum NOG, BT-Drs. VI/1834, S. 70). Zu seiner Ausfüllung ist es daher unbedenklich, auf diejenigen Grundsätze zurückzugreifen, die Rechtsprechung und Lehre zu vergleichbaren Vorschriften anderer Prozessgesetze, insbesondere der VwGO, entwickelt haben (so beispielsweise das BVerwG in ständiger Rechtsprechung zu Absatz 3), soweit dem nicht die Eigenart des gerichtlichen Antragsverfahrens entgegensteht (siehe § 23a Abs. 2 Satz 1). Auch dort gilt daher der Grundsatz, dass in den Fällen, in denen der Betroffene keinen Anlass zu einem förmlichen Rechtsbehelf gegeben hat und er dem geltend gemachten Anspruch sofort entspricht, derjenige die Kosten zu tragen hat, der das Verfahren eingeleitet hat (BVerwG NZWehr 1993, 125 LS).

Die Vorschrift trifft Bestimmungen über die dem Antragsteller (Beschwer- **3** deführer) zu ersetzenden notwendigen Aufwendungen sowie über den Umfang seiner Verpflichtung, die Kosten des Verfahrens zu tragen. Soweit der Soldat mit seinem Antrag auf gerichtliche Entscheidung Erfolg hat, sind ihm seine notwendigen Aufwendungen zu erstatten. Für eine Ermessensentscheidung bleibt kein Raum, es gilt vielmehr der Grundsatz, dass bei Erfolg seines Antrages der Soldat von den zu seiner Rechtsverteidigung und Rechtsverfolgung notwendig gewordenen Aufwendungen freigestellt werden muss. Lediglich die ihm durch eigene schuldhafte Säumnis erwachsenen Aufwendungen hat er selbst zu tragen. Dagegen bleibt die Möglichkeit einer individuellen Entscheidung, wenn das Wehrdienstgericht darüber zu befinden hat, wer die Kosten des Verfahrens trägt. Ein Beschluss, die Kosten gegeneinander aufzuheben, ist nach der WBO nicht möglich. Ist der Antrag auf gerichtliche Entscheidung offensichtlich unzulässig oder offensichtlich unbegründet, können dem Antragsteller die Kosten auferlegt werden. Diese Regelung zwingt den Soldaten, die Erfolgsaussichten seines Antrages sorgsam abzuwägen, ohne dass jedoch überspannte Anforderungen an ihn gestellt werden dürfen. Dem trägt das Gesetz dadurch Rechnung, dass den Soldaten eine Kostenlast nur bei offensichtlicher Erfolglosigkeit seines Antrages treffen kann. Rechtspolitisch ist diese Regelung zu begrüßen: der Soldat wird mehr als früher in die Verantwortung genommen, nach erfolglosem Beschwerdeverfahren sein Rechtsschutzbegehren erneut und selbstkritisch zu überprüfen, bevor er den Weg zum Wehrdienstgericht einschlägt. Andererseits können die Gerichte von der Entscheidung über rein querulatorische oder mutwillige Anträge entlastet werden und sich mehr mit den Anträgen befassen, mit denen der Soldat im Bewusstsein seiner Rechte und Pflichten gerichtlichen Rechtsschutz gegenüber vermeintlich erlittenem Unrecht verlangt. Soweit der Antragsteller notwendige Aufwendungen oder Kosten des Verfahrens zu tragen hat, kann er sich nicht auf das Benachteiligungsverbot des § 2 berufen. Die Regeln der ZPO zur Prozesskostenhilfe, zum Prozesskostenvorschuss und zur Beiordnung eines Rechtsanwalts finden keine Anwendung (§ 166 VwGO i. Vbg. m. § 114 ZPO; a. A. Lingens, NZWehr 1994, 231).

II. Anwendungsbereich der Vorschrift

Die Vorschrift ist grundsätzlich auf das gerichtliche Antragsverfahren ein- **4** schließlich des Verfahrens auf Anordnung der aufschiebenden Wirkung beschränkt (§ 17 Abs. 6). Sie gilt aber auch bei gerichtlicher Entscheidung über eine Disziplinarbeschwerde und zwar unmittelbar (§ 42 Satz 1 WDO i. Vbg. m. § 20 WBO). § 136 WDO steht nicht entgegen, weil er sich nur auf das gerichtliche Disziplinarverfahren bezieht, die Sondervorschrift des § 20 WBO für das gerichtliche Antragsverfahren damit unberührt lässt. Kraft gesetzlicher Verweisung gilt § 20 auch im gerichtlichen Verfahren bei Aufhebung oder Änderung einer Disziplinarmaßnahme (§ 45 Abs. 2 Satz 2 WDO). Für die nach dem Dritten Abschnitt der WDO vorgesehenen Antragsverfahren auf gerichtliche Entscheidung gelten dagegen die Kostenvorschriften der WDO (§ 139 Abs. 5, § 140 Abs. 9 WDO). § 20 gilt ebenfalls im Verfahren der Erinnerung (Abs. 4 i. Vbg. m. § 142 WDO) und bei dem Antrag auf gerichtliche Entscheidung gemäß § 151 VwGO entsprechend.

5   Auf das Antragsverfahren des Disziplinarvorgesetzten nach § 40 Abs. 4 WDO findet die Vorschrift keine – auch nicht analoge – Anwendung (BVerwG NJW 1975, 1938; BVerwGE 86, 83 = NZWehr 1989, 107). Die Erstattung notwendiger Aufwendungen im vorgerichtlichen Beschwerdeverfahren richtet sich nach § 16a Abs. 2 und 3. Sie werden Teil der Entscheidung im gerichtlichen Antragsverfahren, wenn der Beschwerdeführer nach erfolgloser weiterer Beschwerde mit seinem Antrag auf gerichtliche Entscheidung ganz oder teilweise Erfolg hat (Absatz 1 Satz 1).

6   § 20 gilt nicht für die Kosten des verwaltungsgerichtlichen Vorverfahrens nach § 23 Abs. 1. Die Entscheidung hierüber bestimmt sich vielmehr nach § 80 VwVfG. Dagegen hat das Wehrdienstgericht auch über die Kosten und Aufwendungen zu entscheiden, die dem Antragsteller durch die zunächst fälschliche Anrufung des Verwaltungsgerichts entstanden sind (§ 83 VwGO i. Vbg. m. § 17b Abs. 2 Satz 1 GVG). Zu beachten ist, dass das Verfahren vor dem Verwaltungsgericht mit dem Verfahren vor dem Wehrdienstgericht nach der Verweisung einen Rechtszug i. S. des § 20 Abs. 1 S. 1 RVG bildet.

Zu Absatz 1

III. Notwendige Aufwendungen

7   **Satz 1 enthält den allgemeinen Grundsatz, dass bei erfolgreichem Antrag die dem Antragsteller erwachsenen notwendigen Auslagen dem Bund aufzuerlegen sind.** Erstattungsfähig sind die dem Antragsteller vor dem Truppendienstgericht sowie die im vorgerichtlichen Verfahren entstandenen notwendigen Aufwendungen. Jede Entscheidung, die das gerichtliche Antragsverfahren vor dem Truppendienstgericht abschließt, muss eine Entscheidung über die notwendigen Aufwendungen treffen (Absatz 4 i. Vbg. m. § 141 Abs. 1 WDO). **Notwendig** sind Aufwendungen, wenn sie im Zeitpunkt ihres Entstehens vom Standpunkt eines kostenbewusst und verständig urteilenden Antragstellers als erforderlich angesehen wurden (BVerwGE 17, 245; OLG Düsseldorf Rpfleger 1975, 256; Eyermann/Schübel-Pfister, VwGO, § 162 Rn. 5; Kopp/Schenke, VwGO, § 162 Rn. 3). Auf den mutmaßlichen Erfolg des Antrages kommt es für die Beurteilung der Notwendigkeit nicht an; die Aufwendungen müssen nur sachdienlich und zur Rechtsverfolgung oder Rechtsverteidigung zweckentsprechend gewesen sein (siehe auch den Wortlaut von § 91 Abs. 1 S. 1 ZPO). Ob die Aufwendungen im Einzelfall notwendig waren, ist der Entscheidung im Kostenfestsetzungsverfahren vorbehalten (Absatz 4 i. Vbg. m. § 142 WDO).

Die Aufwendungen müssen tatsächlich entstanden sein, es genügt nicht, **8** dass sie hätten entstehen können (Eyermann/Schübel-Pfister, VwGO, § 162 Rn. 4). Sie müssen darüber hinaus dem Antragsteller selbst entstanden sein. Aufwendungen eines Dritten sind auch dann nicht erstattungsfähig, wenn der Antragsteller durch die Aufwendungen des Dritten eigene Aufwendungen erspart hat (Meyer-Goßner, StPO, § 464a Rn. 17). Er kann sie als eigene Aufwendungen ausnahmsweise nur geltend machen, wenn er dem Dritten gegenüber ersatzpflichtig ist (Eyermann/Schübel-Pfister, a. a. O., § 162 Rn. 4 a. E.).

Erstattungsfähige Aufwendungen können Reisekosten sowie Verpflegungs- **9** und Unterbringungskosten sein, wenn das Wehrdienstgericht mündliche Verhandlung anberaumt hat. Sie sind nicht erstattungsfähig, wenn das Wehrdienstgericht – was die Regel ist – ohne mündliche Verhandlung entscheidet, der Antragsteller aber gleichwohl erscheint, ohne dienstlich gestellt worden zu sein (Eyermann/Schübel-Pfister, VwGO, § 162 Rn. 11). Reisekosten des Antragstellers zu einem nicht am Sitz der Truppendienstkammer wohnhaften Rechtsanwalt sind regelmäßig nicht zu ersetzen (vgl. BVerwG NZWehrr 1986, 256 LS). Eine Ausnahme kann allerdings gerechtfertigt sein, wenn der Rechtsanwalt wegen seiner besonderen Fachkenntnisse im Wehrrecht in einer rechtlich außerordentlich schwierigen Sache gewählt wird. Im allgemeinen nicht erstattungsfähig sind Aufwendungen für ein privates Rechtsgutachten. Dagegen wird ein Erstattungsanspruch nicht dadurch ausgeschlossen, dass dem Antragsteller Rechtsschutz im Rahmen seiner Mitgliedschaft in einem Berufsverband gewährt wird, z. B. DBwV oder ver.di (vgl. Meyer-Goßner, aaO, Rn. 8).

Durch die in Absatz 4 enthaltene Verweisung auf § 140 Abs. 8 WDO **10** werden zwei der wichtigsten Fälle notwendiger Aufwendungen entsprechend § 464a Abs. 2 StPO in die WBO einbezogen. Danach gehören zu den notwendigen Aufwendungen

– die Entschädigung für eine notwendige Zeitversäumnis nach den Vorschriften, die für die Entschädigung von Zeugen gelten, wenn kein Anspruch auf Dienst- oder Versorgungsbezüge besteht;
– die Gebühren und Auslagen eines Rechtsanwalts, soweit sie nach § 91 Abs. 2 ZPO zu erstatten wären, sowie die Auslagen eines sonstigen Vertreters.

Entschädigung für eine notwendige Zeitversäumnis, d. h. für Verdienstaus- **11** fall, kann der Antragsteller nur erhalten, wenn kein – auch nicht teilweiser – Anspruch auf Dienst- oder Versorgungsbezüge besteht. Für die Auslagenentscheidung im gerichtlichen Antragsverfahren ist der Begriff „Dienstbezüge" im weitesten Sinne als die Bezüge zu verstehen, die dem Soldaten auf Grund seines Wehrdienstverhältnisses zustehen. Zwar unterscheidet die WDO deutlich zwischen Dienstbezügen und Wehrsold (z. B. in § 24 Abs. 1 WDO). Auch hat die ausschließliche Verwendung des Begriffes „Dienstbezüge" in § 140 Abs. 8 WDO ihren Grund, weil gegen freiwillig Wehrdienstleistende gerichtliche Disziplinarverfahren nicht durchgeführt werden (Dau/Schütz, WDO, § 58 Rn. 2a). Antragsteller im gerichtlichen Antragsverfahren nach der WBO sind demgegenüber neben Soldaten auf Zeit und Berufssoldaten auch freiwillig Wehrdienstleistende oder Reservedienst Leistende. Praktisch hat die Vorschrift deshalb kaum Bedeutung, denn jeder Soldat erhält Dienst- oder Versorgungsbezüge. Anspruchsgrundlage für zu erstattenden Verdienstausfall kann die Vorschrift daher nur bei Soldaten sein, die unter Fortfall ihrer Dienstbezüge beurlaubt sind (§§ 8 ff. SUV) oder als frühere Soldaten auf Zeit beispielsweise keine Übergangsgebührnisse (§ 11 Abs. 2 SVG) oder keine Übergangsbeihilfe (§§ 12, 13 SVG) erhalten, unter den Voraussetzungen des § 1 Abs. 3 WBO aber noch ein gerichtliches Antragsverfahren betreiben. Gleiches gilt für Reservedienst Leistende, deren Dienstleistung zum Zeitpunkt der Verhandlung bereits beendet ist.

12   Die Entschädigung bemisst sich nach dem Justizvergütungs- und -entschädigungsgesetz (BGBl. I 2004 S. 776; JVEG), das die Höhe und den Umfang der Entschädigung angibt; bei der Bezugnahme auf die Vorschriften des JVEG handelt es sich jedoch nur um eine Rechtsfolgenverweisung, sodass der Antragsteller auch für den Verdienstausfall entschädigt wird, der ihm durch Besprechungen mit seinem Rechtsanwalt und durch Reisen zu ihm entstanden sind (vgl. Meyer-Goßner, StPO, § 464a Rn. 12; Dau/Schütz, WDO, § 140 Rn. 27). Die Informationsreisen zum Rechtsanwalt müssen indes notwendig und angemessen gewesen sein.

13   **Die Gebühren und Auslagen eines Rechtsanwalts** sind stets erstattungsfähig, allerdings nur im Rahmen des § 91 Abs. 2 ZPO (vgl. auch BVerwG 1 WB 166/80 vom 1.12.1981, juris Rn. 18). Erstattungsfähig sind demnach nur die gesetzlichen Gebühren und Auslagen des Rechtsanwalts. Auch die notwendigen Aufwendungen, die ein Rechtslehrer mit der Befähigung zum Richteramt an einer deutschen Hochschule geltend macht, sind zu ersetzen (BVerwG NZWehr 1984, 209; BVerwGE 83, 271 = NZWehrr 1987, 118). Die Gebühren im Einzelnen ergeben sich aus Teil 6 Abschnitt 4 und 5 des Vergütungsverzeichnisses RVG.

14   Auch nach einer Verweisung von einem Verwaltungsgericht an das Wehrdienstgericht ist für die Berechnung der Rechtsanwaltsgebühren nach den für das Verfahren vor den Wehrdienstgerichten geltenden Bestimmungen zu verfahren (BVerwG 1 WB 167/80 vom 15.9.1981, juris Rn. 18; vgl. auch § 20 RVG). Die Gebühren sind nur im Rahmen der Bemessungskriterien des § 14 RVG zu erstatten. Ein über die gesetzliche Gebühr hinausgehendes vereinbartes Honorar (§ 4 RVG) kann nicht erstattet werden, auch nicht aus Billigkeitsgründen (BDG Dok. Berichte 1972, Nr. 19, S. 4299). Wird der Rechtsanwalt durch einen Assessor oder einen Referendar vertreten, sind die auch dadurch entstandenen Gebühren nach dem RVG zu berücksichtigen (§ 5 RVG). Werden die Interessen des Antragstellers nicht durch einen Rechtsanwalt, sondern durch einen sonstigen Vertreter wahrgenommen, ist die mit diesem vereinbarte Vergütung zu ersetzen; sie darf jedoch nicht die an einen Rechtsanwalt zu zahlenden Gebühren überschreiten. Umfang und Höhe der erstattungsfähigen Aufwendungen eines Rechtsanwalts bemessen sich nach den Vorschriften des RVG. Reisekosten als Auslagen i. S. des § 5 RVG, die durch die Inanspruchnahme eines nicht am Sitz der Truppendienstkammer wohnhaften Rechtsanwalts entstehen, sind regelmäßig nicht zu ersetzen (vgl. m. w. Nachw. Meyer-Goßner, StPO, § 464a, Rn. 12). Ausnahmsweise können sie erstattet werden, wenn ein besonderes Interesse des Antragstellers an der Vertretung gerade durch diesen Rechtsanwalt wegen seiner besonderen Fachkenntnisse und angesichts der Schwierigkeit der Rechtslage gerechtfertigt ist und der entsprechende Aufwand noch in einem vertretbaren Verhältnis zu diesem besonderen Interesse steht (vgl. Meyer-Goßner, aaO).

IV. Entscheidung über die Aufwendungen

Dem Bund können die dem Antragsteller im vorgerichtlichen Beschwer- **15** deverfahren und die im Verfahren vor dem Truppendienstgericht erwachsenen notwendigen Aufwendungen auferlegt werden. Die ausdrückliche Regelung des Absatzes 1 Satz 1 schließt die entsprechende Anwendung des § 162 Abs. 2 Satz 2 VwGO aus (für das vorgerichtliche Verfahren siehe jedoch § 16a Abs. 3).

Ist der Antrag in vollem Umfang als unzulässig oder unbegründet zurück- **16** gewiesen worden, hat der Antragsteller seine notwendigen Aufwendungen selbst zu tragen. Eine Erstattung durch den Bund aus Gründen der Billigkeit (§ 140 Abs. 2 Satz 1 WDO) ist nicht zulässig (vgl. BVerwG II WD 45.72 vom 29.3.1973, juris LS). Nur soweit dem Antrag stattgegeben wird, hat der Antragsteller Anspruch auf Ersatz seiner notwendigen Aufwendungen. Mit dieser Regelung folgt die WBO – den Kostenbestimmungen der WDO entsprechend – dem Bruchteilprinzip, d. h. die entstandenen notwendigen Aufwendungen werden quotenmäßig aufgeteilt (dagegen Lingens, BWV 1991, 126). Die Bruchteile sind danach zu bestimmen, inwieweit sich der Antrag, gemessen am Ergebnis des gerichtlichen Verfahrens, als begründet herausgestellt hat. Wird dem Antrag demnach in vollem Umfang stattgegeben, hat der Antragsteller Anspruch auf Ersatz der ihm entstandenen notwendigen Aufwendungen. Bei nur teilweisem Obsiegen ist der zu erstattende Teil in Bruchteilen anzugeben, z. B. „Von den dem Antragsteller erwachsenen notwendigen Aufwendungen hat der Bund 2/3 zu tragen".

Der Hs „Soweit dem Antrag auf Entscheidung des Truppendienst- **17** gerichts stattgegeben wird" bezeichnet den Umfang, in dem der Antragsteller mit seinem Antrag auf gerichtliche Entscheidung erfolgreich gewesen ist. Der Antrag hat Erfolg, wenn das Wehrdienstgericht ihm in vollem Umfang stattgibt, beispielsweise die angefochtene Maßnahme oder disziplinare Maßregelung aufhebt, die Rechtswidrigkeit einer Unterlassung feststellt. Ob der Antragsteller mit seinem Antrag in vollem Umfang durchgedrungen ist, ergibt sich aus dem Vergleich zwischen seinem aus der Begründung (§ 17 Abs. 4 Satz 2) ablesbaren Petitum und dem Entscheidungssatz des Truppendienstgerichts. Der Antrag hat nur teilweise Erfolg, wenn z. B. auf Beschwerde ein Disziplinararrest aufgehoben und das Truppendienstgericht auf einen niedriger bemessenen Disziplinararrest oder auf eine andere einfache Disziplinarmaßnahme erkennt oder bei teilweiser Aufhebung eines Befehls, wenn der Antragsteller den ganzen Befehl aufgehoben wissen wollte. Dagegen bedeutet es kein Teilunterliegen, wenn das Wehrdienstgericht keine eigene Entscheidung über den Antrag trifft, sondern lediglich den Betroffenen verpflichtet, unter Beachtung der Rechtsauffassung des Gerichts erneut tätig zu werden.

Mehrere Beschwerdegegenstände sind in ihrer Wertigkeit zum Gesamtver- **18** fahren gegeneinander abzuwägen, z. B. dem auf Aufhebung eines Befehls gerichteten Antrag wird stattgegeben; dagegen wird er zurückgewiesen, soweit der Antragsteller gleichzeitig ein pflichtwidriges Verhalten eines Vorgesetzten ihm gegenüber gerügt hat. Auch wenn dem Antrag nur bis zu einem unbedeutenden Teil stattgegeben wird, müssen die Aufwendungen bruchteilsmäßig verteilt werden; das Gleiche gilt für den Fall, dass der Antrag bis auf einen kleinen Rest zurückgewiesen wurde. Eine dem § 155 Abs. 1 Satz 3 VwGO (volle Kostentragung bei nur marginalem Unterliegen des anderen) entsprechende Regelung kennt die WBO nicht.

19 **Auch die Entscheidung über die notwendigen Aufwendungen, die dem Antragsteller im vorgerichtlichen Beschwerdeverfahren** entstanden sind, wird Teil des Beschwerdebeschlusses. Dabei handelt es sich um die Aufwendungen, die der Beschwerdeführer aufgrund der Erfolglosigkeit seiner weiteren Beschwerde oder Disziplinarbeschwerde nicht ersetzt erhalten konnte.

20 Ein Ausspruch, wer die notwendigen Aufwendungen trägt, kommt nur in Betracht, wenn eine Erstattung vorgesehen ist. Ist eine Entscheidung über die Aufwendungen zu treffen, muss sie in den das Verfahren abschließenden Beschluss aufgenommen werden (Abs. 4 i. Vbg. m. § 141 Abs. 2 WDO). Sie ist eine Entscheidung dem Grunde nach; über den Umfang und die Höhe der notwendigen Aufwendungen wird im Kostenfestsetzungsverfahren entschieden.

21 Eine unterlassene oder unvollständige Auslagenentscheidung kann auf Antrag nachgeholt oder ergänzt werden (§ 23a Abs. 2 Satz 1 i. Vbg. m. § 120 VwGO). Auch die Berichtigung des Tenors, in den die Auslagenentscheidung versehentlich nicht aufgenommen worden ist, bleibt zulässig (§ 23a Abs. 2 i. Vbg. m. § 118 VwGO).

V. Schuldhafte Säumnis

22 Nach Satz 2 sind auch bei begründetem Antrag die notwendigen Aufwendungen, die dem Antragsteller durch schuldhafte Säumnis entstanden sind, nicht zu erstatten. Diese Vorschrift entspricht der in Absatz 2 Satz 2 für die Kosten getroffenen Regelung (vgl. auch § 140 Abs. 6 WDO). Als Ausnahme zu Satz 1 enthält Satz 2 zwingendes Recht. Wenn eine schuldhafte Säumnis festgestellt worden ist, dürfen die dadurch erwachsenen notwendigen Aufwendungen nicht dem Bund auferlegt werden; sie trägt allein der Antragsteller. **Die notwendigen Aufwendungen müssen durch eine dem Antragsteller vorwerfbare Säumnis** verursacht und sie müssen von den Aufwendungen, die er ohne die Säumnis aufzuwenden hatte, unterscheidbar sein. Mit dem Begriff der „schuldhaften Säumnis" hat die WBO an die strafprozessuale Regelung des § 467 Abs. 2 StPO angeknüpft. Er ist eng auszulegen. Säumnis bedeutet daher regelmäßig nur die Versäumung einer Frist oder eines Termins; sie umfasst nicht ein sonstiges prozessuales Fehlverhalten des Antragstellers wie etwa das verspätete Beibringen von Beweismitteln (Meyer-Goßner, StPO, § 467 Rn. 4). Bei der Beschränkung auf schuldhafte Säumnis kann die Vorschrift für die WBO kaum Bedeutung bekommen. Sie greift allenfalls ein, wenn das Erscheinen des Antragstellers zu einer mündlichen Verhandlung angeordnet, er aber ferngeblieben ist und nunmehr Zeugen erneut geladen werden müssen (siehe auch OLG Karlsruhe NJW 1961, 1128; OLG Stuttgart NJW 1974, 512). Das Verschulden eines Vertreters muss der Antragsteller gegen sich gelten lassen.

Zu Absatz 2

VI. Kosten

Während Absatz 1 die Erstattung notwendiger Aufwendungen des Antrag- **23** stellers behandelt, regelt Absatz 2 die Kostenpflicht im gerichtlichen Antragsverfahren (zur begrifflichen Unterscheidung von Kosten und notwendigen Aufwendungen siehe LG Krefeld NJW 1970, 2308, 2310 und BVerwG 1 WB 130/79 vom 4.11.1980, juris Rn. 36 f.); das vorgerichtliche Verfahren ist demgegenüber kostenfrei (§ 16a Abs. 1 Satz 2). Nach Satz 1 können dem Antragsteller nur Kosten auferlegt werden, soweit das Wehrdienstgericht seinen Antrag als offensichtlich unzulässig oder offensichtlich unbegründet erachtet hat. In allen übrigen Fällen trägt die Kosten der Bund, soweit sie nicht der Antragsteller durch schuldhafte Säumnis verursacht hat (Satz 2). Danach wird der Antragsteller nicht mit Kosten belastet, wenn er mit seinem Antrag ganz oder auch nur teilweise Erfolg hatte. Auch wenn der Antragsteller im Vertrauen auf die Richtigkeit der Rechtsbehelfsbelehrung zunächst das Verwaltungsgericht angerufen hat, dieses sich dann aber für unzuständig erklärt und die Sache an das Wehrdienstgericht verweist, dürfen ihm die dadurch veranlassten Kosten nicht zur Last gelegt werden (BVerwG 1 WB 130/79 vom 30.6.1980, juris Rn. 36; 1 WB 54/80 vom 26.2.1982, juris OS). Unerheblich ist, ob die unrichtige Rechtsbehelfsbelehrung verschuldet oder unverschuldet erteilt wurde (hierzu vgl. BVerwGE 73, 21). Wird dem Antragsteller eine Rechtsbehelfsbelehrung erteilt, hat der Vorgesetzte gemäß der ihm obliegenden Fürsorgepflicht (§ 10 Abs. 3 SG) unabhängig von der Frage eines Verschuldens für ihre Richtigkeit einzustehen.

Die Kosten beschränken sich bei der Gebührenfreiheit des gerichtlichen **24** Antragsverfahrens (Absatz 4 i. Vbg. m. § 137 Abs. 1 WDO) auf die in § 137 Abs. 2 Nr. 1 bis 3 WDO genannten Auslagen. Diese Regelung ist abschließend. Eine Streitwertfestsetzung gibt es im gerichtlichen Antragsverfahren der WBO nicht (BVerwG NZWehr 2004, 259).

Auslagen (§ 137 Abs. 2 Nr. 1 WDO) werden nur nach Teil 9 des Kosten- **25** verzeichnisses Nr. 9000 ff. der Anlage 1 zum GKG (BGBl. 2004 I S. 718, 772 ff.) geschuldet, z. B. Kosten für Ausfertigungen und Ablichtungen, die auf Antrag gefertigt oder per Telefax übermittelt worden sind, Auslagen für Zustellungen, Versendung von Akten auf Antrag, bei Geschäften außerhalb der Gerichtsstelle die an Gerichtspersonen gewährte Vergütung (Reisekosten, Auslagenersatz), Auslagen für öffentliche Bekanntmachungen.

Zu den Verfahrenskosten rechnen auch alle Kosten, mit Ausnahme **26** der Postgebühren, **die durch die dienstliche Gestellung des Antragstellers** und von Soldaten als Zeugen oder Sachverständigen **entstanden sind** (§ 137 Abs. 2 Nr. 2 WDO; hierzu siehe Dau/Schütz, WDO, § 137 Rn. 3; auch Lingens, NZWehr 1996, 59, 60). Für die WBO ist die dienstliche Gestellung von Soldaten durch Nr. 301 der ZDv A-2160/5 „Zustellungen, Ladungen, Vorführungen, Zwangsvollstreckungen und Erzwingungshaft – Soldatinnen und Soldaten; in Schnell/Ebert C 43) geregelt; die entsprechende Anwendung von § 89 WDO ergibt sich aus der kostenrechtlichen Verklammerung mit § 137 Abs. 2 Nr. 2 i. Vbg. m. § 89 WDO. Die dienstliche Gestellung auch des Antragstellers ist sinnvoll, weil er im gerichtlichen

Antragsverfahren nicht schlechter stehen kann als ein Soldat, der sich gegen eine einfache Disziplinarmaßnahme beschwert oder gegen den ein gerichtliches Disziplinarverfahren eingeleitet worden ist. Die Reise eines dienstlich gestellten Soldaten ist eine Dienstreise. Er erhält daher Reisekostenvergütung nach dem Bundesreisekostengesetz. Andere Soldaten als der Antragsteller müssen als Zeugen oder Sachverständige geladen sein. Die Reisekosten des Betroffenen oder seines Bevollmächtigten (z. B. der BMVg ist Betroffener) sind keine erstattungsfähigen Auslagen.

27   Zivile Zeugen und Sachverständige werden unmittelbar geladen; sie werden nach dem JVEG entschädigt (siehe näher Dau/Schütz, WDO § 10 Rn. 3 f.).

28   Aufwendungen sind ferner die durch Ermittlungen eines ersuchten Richters entstandenen Kosten einschließlich der Schriftführerkosten (§ 137 Abs. 2 Nr. 3 WDO; siehe näher Dau/Schütz, WDO, § 137 Rn. 4 f.). Die übrigen in § 137 Abs. 2 Nr. 3 WDO genannten Personen werden im Wehrbeschwerde- und Disziplinarbeschwerdeverfahren nicht kostenverursachend tätig.

29   Kosten, die durch eine unrichtige Sachbehandlung entstanden sind, werden nicht erhoben (§ 8 GKG).

VII. Offensichtliche Unzulässigkeit oder offensichtliche Unbegründetheit

30   Das Gericht muss den Antrag als offensichtlich unzulässig oder offensichtlich unbegründet erachten. Eine dieser Vorschrift entsprechende Regelung enthält § 349 Abs. 2 StPO, der eine Verwerfung der Revision bei offensichtlicher Unbegründetheit gestattet. Bei dem Ausnahmecharakter beider Vorschriften bestehen keine Bedenken, die für die strafprozessuale Vorschrift entwickelten Auslegungsregeln sinngemäß auch im Rahmen der WBO anzuwenden. **Ob ein Antrag offensichtlich unzulässig oder offensichtlich unbegründet** ist, beurteilt sich aus der Sicht des erkennenden Gerichts. Nicht abzustellen ist darauf, ob der Antragsteller bei verständiger Würdigung des Beschwerdegegenstandes die offensichtliche Erfolglosigkeit seines Antrages hätte erkennen müssen.

31   Die offensichtliche Unzulässigkeit oder Unbegründetheit des Antrages muss sich für einen erfahrenen Richter ohne eingehende tatsächliche oder rechtliche Nachprüfung, gleichsam auf den ersten Blick, und für die ehrenamtlichen Richter nach dem in der Beratung ihnen gehaltenen Tatsachen- oder Rechtsvortrag ohne vertiefende Erörterungen unschwer ergeben. Die regelmäßig schon auf Grund der Akten gefundene „Spontanentscheidung" über die Erfolglosigkeit des Antrages schließt es für den Einzelfall nicht aus, sich über eine für kontrovers gehaltene Meinung in der Literatur oder anhand der Rechtsprechung zu vergewissern, sofern nur danach kein Zweifel mehr bleibt (vgl. Meyer-Goßner, StPO, § 349 Rn. 10 m. Nachw.). Bedarf es jedoch eingehender rechtlicher Nachprüfung, liegt Offensichtlichkeit nicht mehr vor.

32   Die Entscheidung darüber, ob ein Antrag offensichtlich unzulässig oder offensichtlich unbegründet ist, hängt nicht ausschließlich vom Schwierigkeitsgrad einer Rechtsfrage ab; der Sachverhalt muss auch leicht überschaubar sein. Dabei kann es jedoch nicht darauf ankommen, ob der Antragsteller sein Vorbringen klar oder schwer verständlich dargelegt hat. Andernfalls könnte

ein nicht sorgfältig handelnder Antragsteller – ungeachtet seiner Mitwirkungspflicht (BVerwG NZWehr 1973, 103, 105) – stets das Kostenrisiko vermeiden.

Offensichtlich unzulässig ist ein Antrag, wenn sofort erkennbar ist, dass **33** eine Verfahrensvoraussetzung fehlt, z. B., der Rechtsweg zu den Wehrdienstgerichten ist nicht statthaft, der Antragsteller stellt gegen einen Beschluss des BVerwG Antrag auf gerichtliche Entscheidung, ein Disziplinarvorgesetzter legt Beschwerde bei dem Truppendienstgericht mit der Begründung ein, er halte die Aufhebung einer von ihm verhängten Disziplinarmaßnahme für unangebracht, oder ein Beschwerdeführer stellt Antrag auf gerichtliche Entscheidung nach Zurückweisung einer Kameradenbeschwerde. Ein zum BVerwG eingelegter Rechtsbehelf ist auch offensichtlich unzulässig, wenn der Antragsteller in dem von ihm angefochtenen Beschluss und zusätzlich durch ein Aufklärungsschreiben des Berichterstatters darauf hingewiesen worden ist, dass die Entscheidung des Truppendienstgerichts endgültig ist, z. B. nach Ablehnung der Nichtzulassungsbeschwerde durch das BVerwG (§ 22b Abs. 4 Satz 3). Bedarf es jedoch längerer Ausführungen darüber, warum beispielsweise der Antrag auf gerichtliche Entscheidung nur im Rahmen eines Sonderstatusverhältnisses („Über-Unterordnungsverhältnis") zulässig ist, liegt kein Fall der Offensichtlichkeit vor. Das Kriterium der offensichtlichen Unzulässigkeit ist nur für die zu begründende Kostenentscheidung erheblich; eine Verwerfung (a limine Abweisung) ist dem Wehrbeschwerderecht fremd.

Offensichtlich unbegründet kann der Antrag sein, wenn z. B. entgegen **34** einer gefestigten, auch der Truppe allgemein bekannten Rechtsauffassung der Wehrdienstgerichte gleichwohl Antrag auf gerichtliche Entscheidung gestellt wird; wenn sofort erkennbar ist, dass der Soldat nicht zu dem von einer Maßnahme begünstigten oder benachteiligten Personenkreis gehört und somit nicht unrichtig behandelt sein kann. Andererseits werden sich die Gerichte aber auch bei einer gefestigten Rechtsprechung mit Argumenten des Antragstellers auseinanderzusetzen haben, wenn diese die Richtigkeit der herrschenden Auffassung in Frage zu stellen geeignet sind. In Disziplinarbeschwerdesachen werden die Gerichte mit der Abweisung der Beschwerde als offensichtlich unbegründet zurückhaltend sein müssen. Mag auch der erste Eindruck die Angemessenheit der Disziplinarmaßnahme bestätigen, er enthebt das Gericht regelmäßig nicht der Verantwortung, die Rechtmäßigkeit und Zweckmäßigkeit unter Einbeziehung auch des gesamten dienstlichen und außerdienstlichen Verhaltens zu überprüfen.

VIII. Kostenentscheidung

Hält das Gericht mündliche Verhandlung für erforderlich, liegt kein Fall **35** der Offensichtlichkeit vor. Der Beschluss muss mit den Stimmen der ehrenamtlichen Richter einstimmig getroffen werden. Die Zurückweisung des Antrages nach Absatz 2 Satz 1 ist keine verfahrensrechtliche Vorfrage, die nur durch den Richter allein beurteilt werden könnte. Das Gericht muss von der Offensichtlichkeit überzeugt sein; äußert daher nur ein Mitglied Zweifel, ist für eine Kostenentscheidung nach Absatz 2 kein Raum. Die Entscheidung über die Kosten liegt im pflichtgemäßen Ermessen des Gerichts. Auch wenn der Antrag offensichtlich unzulässig oder offensichtlich unbegründet ist, kann das Gericht davon absehen, dem Antragsteller die Kosten aufzuerlegen, etwa aus Billigkeitsgründen (vgl. auch § 138 Abs. 1 und Abs. 4 WDO). Verweist das Wehrdienstgericht gemäß § 18 Abs. 3 z. B. an ein Verwaltungsgericht, entscheidet dieses über die Kosten.

36   Für die Kostenentscheidung gilt ebenfalls das Bruchteilsprinzip („soweit das Gericht … erachtet").

IX. Schuldhafte Säumnis

37   Die Kostenentscheidung nach Satz 2 ergeht unabhängig davon, ob der Antragsteller mit seinem Antrag Erfolg gehabt hat. Kosten, die er durch schuldhafte Säumnis verursacht hat, müssen ihm auferlegt werden. Die Vorschrift bezieht sich nur auf die Kosten, die durch schuldhafte Säumnis innerhalb des gerichtlichen Antragsverfahrens entstanden sind. Vorverfahrensrechtliche Säumnis im Beschwerdeverfahren, auch wenn sie Auswirkungen auf das gerichtliche Antragsverfahren haben sollte, reicht nicht aus (siehe auch § 16a Abs. 1 Satz 2).

38   Ist eine Kostenentscheidung nach Satz 2 zu treffen, muss der Beschluss die Kosten bezeichnen, die durch schuldhafte Säumnis entstanden und mithin dem Antragsteller aufzuerlegen sind. Fehlt es daran, ist der Antragsteller von diesen Kosten frei.

Zu Absatz 3

X. Gegenstandsloser Antrag

39   Die Absätze 1 und 2 sind unter Berücksichtigung des bisherigen Sachstandes sinngemäß anzuwenden, wenn der Antrag auf gerichtliche Entscheidung gegenstandslos geworden ist. Der Begriff des Gegenstandsloswerdens entspricht der „Erledigung der Hauptsache" in anderen Verfahrensgesetzen (§ 161 Abs. 2 VwGO; § 91a ZPO; vgl. auch Seide, NZWehrr 1975, 81, 84; BVerwG 1 WB 173/72 vom 21.2.1973, juris OS). Absatz 3 erfasst damit den Fall, in dem auf Grund entsprechender prozessualer Erledigungserklärungen eine Entscheidung in der Sache durch das Wehrdienstgericht nicht mehr ergehen kann (BVerwGE 46, 215; BVerwG 1 WB 99/81 vom 26.11.1981, juris OS). Das Wehrdienstgericht hat das Verfahren einzustellen (BVerwG 1 WDS-VR 6/12, 7/12 vom 26.10.2012, juris Rn. 20) und nur noch in entsprechender Anwendung der Absätze 1 und 2 über die Aufwendungen oder sonstigen Kosten des Verfahrens zu entscheiden.

40   Einer Entscheidung in der Sache bedarf es nicht mehr, wenn der Antragsteller eine Erledigungserklärung abgibt und der Betroffene dieser Erklärung ausdrücklich oder stillschweigend zustimmt (BVerwGE 46, 215). Dazu reicht z. B. die Erklärung des Betroffenen, der Erledigung werde nicht widersprochen. Die Erklärung kann nicht bedingt abgegeben, nicht widerrufen und als Prozesshandlung auch nicht angefochten werden (Eyermann/Schübel-Pfister, VwGO, § 161 Rn. 9). Fehlt es an einer auf Erledigung gerichteten Erklärung, ist dem Wehrdienstgericht eine Entscheidung nach Absatz 3 nicht möglich (Eyermann/Schübel-Pfister, aaO, Rn. 7). Die Erledigungserklärung kann jedoch durch Auslegung gewonnen werden, auch schlüssiges Verhalten reicht aus.

Hat der Betroffene den Antragsteller nach Einreichen seines Antrages (§ 17 **41** Abs. 4 Sätze 1 und 3), aber vor Rechtshängigkeit „klaglos" gestellt, kann auch in diesem Fall der Antragsteller die Hauptsache für erledigt erklären und die Vorlage seines Antrages an das Wehrdienstgericht verlangen, um dort eine Entscheidung über die Erstattung seiner Aufwendungen herbeizuführen (BVerwG NZWehrr 1981, 61; BVerwGE 73, 24; BVerwG 1 WB 99/81 vom 26.11.1981, juris Rn. 19). Der Betroffene ist verpflichtet, den Antrag dem Wehrdienstgericht vorzulegen, damit dieses über die notwendigen Aufwendungen entscheiden kann; er unterliegt der Disposition des Betroffenen nur in materieller, nicht in prozessualer Hinsicht (BVerwG 1 WB 60/05 vom 14.6.2006, juris RdNr 13). Stimmt der Betroffene der Erledigung zu, ergeht Entscheidung nach Absatz 3. Wenn sich der Antragsteller mit der vorgenommenen Abhilfe nicht in vollem Umfang befriedigt erklärt, muss das Wehrdienstgericht über die noch offen gebliebenen Punkte entscheiden. Nach der Erledigung der Hauptsache hat das Wehrdienstgericht die Aufwendungs- und Kostenentscheidung ohne Rücksicht darauf, ob der Antrag vorher zulässig und begründet war nach billigem Ermessen unter Berücksichtigung des bisherigen Sach- und Streitstands gemäß §§ 20 Abs. 3, 23 Abs. 2 i. Vbg. m. § 161 Abs. 2 Satz 1 VwGO zu treffen (BVerwG 1 WB 9/15 vom 15.1.2016, juris Rn. 13; BVerwGE 20, 146; 31, 318; 73, 312 = NZWehrr 1982). Auch einer Prüfung der Frage, ob sich der Antrag tatsächlich materiell erledigt hat, bedarf es nicht mehr (ständige Rspr.; vgl. BVerwGE 46, 215; BVerwG I WB 106.77 vom 9.2.1979, juris Rn. 27; siehe auch Seide, NZWehrr 1975, 81, 87). Der Sinn aller verfahrensrechtlichen Vorschriften über die Erledigung der Hauptsache liegt darin, die weitere Befassung der Gerichte mit der erledigten Hauptsache grundsätzlich zu vermeiden (BVerwG I WB 121.71 vom 2.12.1971, juris OS). Das gilt auch für das gerichtliche Antragsverfahren nach der WBO. Ebenso entfällt ein Ausspruch des Gerichts über den Eintritt der Erledigung.

Erklärt nur der Antragsteller die Hauptsache für erledigt, hat das Wehr- **42** dienstgericht von Amts wegen zu prüfen, ob der Antrag gegenstandslos ist (BVerwGE 46, 81 = NZWehrr 1973, 107; BVerwGE 73, 312 = NZWehrr 1982, 66). In diesem Fall ist eine Entscheidung nach Absatz 3 nicht möglich; die Frage, wer die Aufwendungen und Kosten trägt, ist vielmehr nach den Absätzen 1 und 2 zu beantworten, weil eine beiderseitige Erklärung über die Erledigung fehlt und damit nicht mehr nur über die Aufwendungen und Kosten entschieden wird. Bei der Prüfung, ob der Antrag erledigt ist, muss davon ausgegangen werden, dass der Begriff des Gegenstandsloswerdens den Eintritt eines objektiven Erledigungsereignisses bedingt (BVerwGE 46, 81 = NZWehrr 1973, 107). Unter dieser Voraussetzung ist der Antrag gegenstandslos, wenn aus Gründen, die dem Antragsteller nicht zurechenbar sind, die aus der angefochtenen Maßnahme oder dem Befehl sich ergebende Beschwer wegfällt. Das mit dem Antrag verfolgte Rechtsschutzziel ist nicht mehr zu erlangen, weil es entweder bereits außerhalb des Verfahrens erreicht wurde oder überhaupt nicht mehr erreicht werden kann (BVerwGE 46, 81 = NZWehrr 1973, 107). Dem Antragsteller bleibt es unbenommen, den Hilfsantrag zu stellen, bei Nichterledigung in der Sache zu entscheiden (BVerwG NZWehrr 1982, 66). Bei einer Rücknahme des Antrages auf gerichtliche Entscheidung entfällt jede Möglichkeit, über die Aufwendungen und Kosten nach Absatz 3 zu befinden (siehe auch Seide, NZWehr 1975, 81, 88 sowie BVerwG 1 WB 17/16 (1 WB 25/14) vom 20.9.2016, juris Rn. 23). Auch die Absätze 1 und 2 finden keine Anwendung.

43   **Vielfach liegt in der Erledigungserklärung nur eine verschleierte Rücknahme des Antrages.** Diese kann eine Entscheidung nach Absatz 3 nicht auslösen. Denn in diesen Fällen hat nicht der Antragsteller sein Rechtsschutzgesuch zurückgenommen, ist nicht seine Beschwer entfallen, sondern tatsächlich ist nur sein Interesse an der weiteren Fortsetzung des Antragsverfahrens erloschen (vgl. BVerwGE 20, 146, 151; 46, 81 = NZWehr 1973, 107; BVerwGE 46, 215, 217). So tritt keine Erledigung in der Hauptsache ein, wenn nur das Motiv für die Weiterverfolgung des Antragsverfahrens entfallen ist (BVerwG NZWehr 1992, 118). Ein Indiz für verschleierte Rücknahme ist das Fehlen eines Antrages, dem Betroffenen die Kosten des Verfahrens aufzuerlegen, es sei denn, der Antragsteller hat seinen ursprünglichen Sachvortrag als Hilfsantrag gestellt (BVerwG NZWehr 1982, 66).

44   Absatz 3 setzt voraus, dass eine Entscheidung des Gerichts zur Hauptsache nicht mehr möglich ist; nur noch eine Entscheidung über Kosten und notwendige Aufwendungen kommt in Betracht. Ist ein Befehl oder eine Maßnahme bereits ausgeführt oder anders erledigt (§ 19 Abs. 1 Satz 2 und 3) und beantragt der Antragsteller, ihre Rechtswidrigkeit festzustellen, ergeht die Aufwendungs- und Kostenentscheidung gemäß Absatz 1 und 2. Absatz 3 findet keine Anwendung, weil noch eine Entscheidung zur Sache ergeht (siehe auch Eyermann/Schübel-Pfister, VwGO, § 161 Rn. 7). Nimmt der Antragsteller den Fortsetzungsfeststellungsantrag zurück, ergeht bei einverständlicher Erledigungserklärung die Kostenentscheidung nach Absatz 3; die Zurücknahme des Fortsetzungsfeststellungsantrages ist kostenmäßig nicht der Zurücknahme des Hauptsacheantrages gleichzusetzen (BVerwGE 63, 234).

XI. Bisheriger Sachstand

45   *Maßgebend für die Entscheidung über die Kosten und notwendigen Aufwendungen ist der im Prozessrecht allgemein geltende Grundsatz, dass ihr der bisherige Sachstand und Billigkeitserwägungen zugrunde zu legen sind* (BVerwG 1 WB 15/17 vom 22.6.2017, juris Rn. 16; BVerwGE 46, 215, 218; Seide, NZWehr 1975, 81, 87 f. m. w. Nachw.). Abzustellen ist auf den Zeitpunkt, in dem der Antrag gegenstandslos geworden ist, nicht auf den Zeitpunkt, zu dem er rechtshängig wurde.

46   Die Würdigung des bisherigen Sachstandes führt dazu, demjenigen die Kosten und notwendigen Aufwendungen aufzuerlegen, der im Verfahren voraussichtlich unterlegen gewesen wäre. Hierfür genügt eine summarische Überprüfung. Bei der Abwägung des mutmaßlichen Verfahrensausganges entscheidet das Gericht nach billigem Ermessen (BVerwG 1 WDS-VR 6/12, 7/12 vom 26.10.2012, juris Rn. 20). Weitere Sachaufklärungen und zusätzliche Beweisaufnahmen sind zwar nicht unzulässig, regelmäßig aber überflüssig (BVerwG 1 WB 53/14 vom 26.8.2015, juris Rn. 19; BVerwGE 63, 234, 237). Da nur noch über die Kosten und notwendigen Aufwendungen zu entscheiden ist, kann das Gericht auch alle rechtlich oder tatsächlich zweifelhaften Fragen dahingestellt sein lassen (BVerwGE 63, 234). Insbesondere entfällt eine Vorlage nach § 18 Abs. 4 Satz 1 ebenso wie eine Vorlage nach Art. 100 GG, wenn das Gericht eine Bestimmung für verfassungswidrig hält.

Bleibt der mutmaßliche Ausgang des Verfahrens ungewiss, gebietet es die Billigkeit, Antragsteller und Betroffenen gleichermaßen mit den Kosten zu belasten (BVerwGE 46, 215; BVerwG I WB 98.77, I WB 277.77 vom 13.12.1978, juris Rn. 57; 1 WB 12/80 vom 8.10.1980, juris LS). Begibt sich der Betroffene freiwillig durch Klaglosstellung des Antragstellers in die Rolle des Unterlegenen, entspricht es andererseits der Billigkeit, dem Bund etwa entstandene notwendige Aufwendungen des Antragstellers aufzuerlegen (BVerwG 1 WB 12/80; vom 8.10.1980, juris LS; 1 WB 99/81 vom 26.11.1981, juris Rn. 19; vgl. auch BVerwGE 63, 234). In diesem Fall kommt es nicht mehr darauf an, ob der Antrag in der Hauptsache voraussichtlich Erfolg gehabt hätte. Wird jedoch der Antragsteller beispielsweise nach Anfechtung einer Versetzungsverfügung auf einen seinen Vorstellungen entsprechenden anderen Dienstposten weiterversetzt, bedeutet diese Tatsache allein regelmäßig noch kein eine ausschließliche Kostentragung des Bundes auslösendes Nachgeben der personalbearbeitenden Stelle. Ob der Antrag auf Grund einer Ermessensentscheidung des Betroffenen gegenstandslos geworden ist, ist nicht entscheidend. Hat dagegen der Antragsteller einen für die Entscheidung maßgeblichen Sachverhalt schuldhaft erst verspätet vorgetragen und dadurch erst nach Entstehen des Kostenanspruches die Grundlage für eine Abhilfe geschaffen, ist es billig, ihm die Kosten und notwendigen Aufwendungen aufzuerlegen (siehe auch Absatz 1 Satz 2; Absatz 2 Satz 2). **Für Billigkeitserwägungen ist kein Raum, wenn ein außergerichtlicher Vergleich zur Erledigung der Hauptsache geführt hat.** In derartigen Fällen ist im Rahmen der Prüfung nach Absatz 3 allein von der Kostenregelung des § 160 VwGO auszugehen (§ 23a Abs. 2 Satz 1), weil insoweit die Interessenlage beim außergerichtlichen und beim gerichtlichen Vergleich die gleiche ist (Eyermann/Schübel-Pfister, VwGO, § 160 Rn. 7 f.; BVerwG 1 WB 99/81 vom 26.11.1981, juris Rn. 23; NZWehr 1985, 30 = RiA 1985, 46), d. h. jeder Beteiligte hat seine außergerichtlichen Kosten selbst zu tragen.

Die Absätze 1 und 2 sind sinngemäß anzuwenden. Danach ist für die 47 Kosten und notwendigen Aufwendungen auch eine Bruchteilsentscheidung möglich. Auch bei wahrscheinlichem Erfolg des Antragstellers können ihm Kosten oder notwendige Auslagen, die auf seine schuldhafte Säumnis zurückzuführen sind, auferlegt werden.

Es entspricht einem nobile officium des Gerichts, den Beschluss zu begrün- 48 den, soweit der Antragsteller belastet wird.

Zu Absatz 4

XII. Verweisungen

Absatz 4 enthält die Verweisungen auf die Kostenvorschriften der WDO 49 und geht insoweit der Regelung des § 23a Abs. 1 vor. Das gerichtliche Antragsverfahren ist gebührenfrei (§ 137 Abs. 1 WDO, vgl. auch BVerwG NZWehr 1969, 28 = NJW 1968, 1298; BVerwGE 46, 89). § 141 Abs. 1 WDO sichert jeder Entscheidung in der Hauptsache eine Kostenentscheidung. § 141 Abs. 2 WDO regelt die Entscheidung, wer die notwendigen Aufwendungen zu tragen hat.

50   Die Bezugnahme auf § 142 WDO stellt klar, dass sich auch das Kostenfestsetzungsverfahren nach der WDO richtet. Danach setzt der Urkundsbeamte der Geschäftsstelle des Truppendienstgerichts die Höhe der Kosten fest, die nach der Kostenentscheidung zu erstatten sind. Gegen die Kostenfestsetzung kann Erinnerung eingelegt werden, über die der Vorsitzende der Truppendienstkammer gemäß § 142 Satz 2 WDO endgültig entscheidet (vgl. TDG Süd 2. Kammer S 2 KL 08/14 vom 23.12.2014, juris Rn. 18). Die Wehrdienstsenate entscheiden ohne ehrenamtliche Richter (BVerwG NZWehrr 1980, 144; 2010, 253). Für die Förmlichkeiten der Erinnerung gilt § 112 WDO, im Übrigen ist sie nicht fristgebunden (Dau/Schütz, WDO, § 142 Rn. 4 m. w. Nachw.). Bei Rechtsbehelfen gegen Kostenansätze und Kostenfestsetzungen hat der Vertreter der Staatskasse Anspruch auf rechtliches Gehör.

51   Gegen sonstige Entscheidungen des Urkundsbeamten der Geschäftsstelle kann Antrag auf gerichtliche Entscheidung gestellt werden. Auf das Verfahren ist § 151 VwGO entsprechend anzuwenden (vgl. § 23a Abs. 2 Satz 1; BVerwG NJW 1975, 1795 f.). Nach der Erledigung der Erinnerung kommt eine Entscheidung auf Feststellung, die mit der Erinnerung angegriffene Verhaltensweise des Urkundsbeamten sei rechtswidrig, nicht mehr in Betracht (BVerwG NZWehrr 1980, 144 f.).

§ 21 Entscheidungen des Bundesministers der Verteidigung

(1) **Gegen Entscheidungen oder Maßnahmen des Bundesministers der Verteidigung einschließlich der Entscheidungen über Beschwerden oder weitere Beschwerden kann der Beschwerdeführer unmittelbar die Entscheidung des Bundesverwaltungsgerichts beantragen. Der Antrag ist beim Bundesministerium der Verteidigung zu stellen.**

(2) **Für den Antrag auf Entscheidung des Bundesverwaltungsgerichts und für das Verfahren gelten die §§ 17 bis 20 entsprechend. § 20 Abs. 4 in Verbindung mit § 142 der Wehrdisziplinarordnung ist mit der Maßgabe anzuwenden, dass an die Stelle des Truppendienstgerichts das Bundesverwaltungsgericht tritt.**

(3) **Abweichend von § 17 Abs. 4 Satz 4 legt das Bundesministerium der Verteidigung den Antrag mit einer Stellungnahme vor. Im übrigen wird der Bundesminister der Verteidigung im Verfahren vor dem Bundesverwaltungsgericht durch den Bundeswehrdisziplinaranwalt vertreten.**

Übersicht

I. Vorbemerkung

Die Vorschrift begründet die unmittelbare Zuständigkeit (privilegium fori) **1** des BVerwG (Wehrdienstsenate), wenn sich der Beschwerdeführer gegen eine Entscheidung oder Maßnahme des BMVg in truppendienstlichen Angelegenheiten, einschließlich der Entscheidungen über Beschwerden oder weitere Beschwerden, wendet. Sie war schon in der Erstfassung der WBO von 1956 enthalten und ist erst durch das NOG (Art. III Nr. 14) im Wesentlichen redaktionell neugefasst worden. Lediglich Absatz 3 trat als Neuregelung hinzu. Art. 5 Nr. 21 WehrRÄndG 2008 hat die Bestimmung in Absatz 1 sowie in Absatz 3 sachlich um Verfahrensvorschriften für die Behandlung des Antrags und die Stellungnahme des BMVg hierzu ergänzt. Die Anfechtung von Entscheidungen oder Maßnahmen des BMVg bedarf im Gesetz besonderer Behandlung, weil die allgemeinen Verfahrensregelungen auf manche Entscheidungen des Ministers nicht angewandt werden können. Die Mehrstufigkeit des Beschwerdeverfahrens (Beschwerde und weitere Beschwerde) entfällt, wenn die belastende Maßnahme vom Minister selbst ausgeht (Oetting, Beschwerderecht, S. 91). Der BMVg als Inhaber der Befehls- und Kommandogewalt gemäß Art. 65a GG ist oberster Disziplinarvorgesetzter der Soldatinnen und Soldaten. Die Anrufung einer höheren Instanz der Exekutive gegen seine Entscheidungen ist nicht möglich. Auch einer weiteren Entscheidung durch den Minister wie im Falle des § 23 Abs. 5 bedarf es nicht mehr (BVerwGE 46, 239). Die zwangsläufige Folge, dass der Minister als letzte exekutive Instanz entscheidet, ist jedoch nicht ungewöhnlich. Bei Entscheidungen anderer oberster Bundesbehörden ist die Rechtslage die gleiche. Die Umstellung im Text der Absätze 1 und 3 auf die sachliche Form des Ministeriums anstelle des BMVg als oberstem Disziplinarvorgesetzten in einer truppendienstlichen Rechtsstreitigkeit ist jedoch systemwidrig. Zu Recht spricht daher Absatz 3 Satz 2 vom *Bundesminister* der Verteidigung. Gegen eine Entscheidung des Ministers ist als Rechtsbehelf nur der Antrag auf gerichtliche Entscheidung zulässig. Auf diesem Wege kann der Beschwerdeführer keine Überprüfung der der angefochtenen Entscheidung zu Grunde liegenden Zweckmäßigkeitserwägungen erreichen, sondern nur die Prüfung, ob er in seinen Rechten verletzt worden ist (Absatz 2 Satz 1 i. Vbg. m. § 17 Abs. 3). Hierin liegt jedoch keine unzulässige Verkürzung seines Rechtsschutzes. Das Grundgesetz gewährt nur einen Anspruch auf eine auf die Rechtmäßigkeit beschränkte gerichtliche Nachprüfung hoheitlicher Maßnahmen (Art. 19 Abs. 4 GG; BVerwG 1 WB 97/89 vom 7.11.1989, juris Rn. 2). Einen verfassungsrechtlich geschützten Anspruch auf eine zweite Verwaltungsinstanz kennt es dagegen nicht (BVerfG DÖV 1973, 645).

2   Die gerichtliche Kontrolle der vom BMVg erlassenen Maßnahmen und Entscheidungen ist nicht den Truppendienstgerichten, sondern den Wehrdienstsenaten des BVerwG zugewiesen. Diese Regelung ist sachlich gerechtfertigt. Vielfach haben die vom Minister erlassenen Maßnahmen Bedeutung für die ganze Bundeswehr (z. B. Erlasse, Allgemeinbefehle). Über ihre Rechtmäßigkeit und Verbindlichkeit für den Soldaten soll einheitlich ein Gericht entscheiden. Bei einer Zuständigkeit verschiedener Truppendienstgerichte wäre die Gefahr unterschiedlicher und voneinander abweichender Beurteilung nicht auszuschließen; eine klare und in der Befehlsgebung eindeutige Führung der Truppe wäre nicht immer gewährleistet.

3   Die Praxis hat das privilegium fori nicht immer uneingeschränkt begrüßt. Unter Hinweis darauf, dass zunehmend Einzelentscheidungen, namentlich aus dem Personalbereich, zum Gegenstand eines gerichtlichen Antragsverfahrens vor dem BVerwG gemacht werden, erhob sich vereinzelt die Forderung, die erstinstanzliche Zuständigkeit des BVerwG auf wirklich wichtige Fälle, insbesondere die Prüfung von Dienstvorschriften und allgemein wirksame Befehle des Ministers zu beschränken. Der Gesetzgeber ist dem bisher nicht gefolgt. Zwar ist den kritischen Stimmen zuzugeben, dass die Einsicht, aus welchen Gründen sich ein oberstes Gericht des Bundes beispielsweise mit der Rechtmäßigkeit zahlloser Verwendungsentscheidungen des BMVg auseinanderzusetzen hat, nicht allein mit Zweckmäßigkeitserwägungen vertieft wird. Entscheidend aber ist, dass die Regelung des § 21 auch und vor allem eine politische Dimension hat, wenn der Gesetzgeber die obersten beiden Führungskräfte der Bundeswehr (siehe auch § 22) und damit das Machtinstrument Bundeswehr selbst durch ein oberstes Bundesgericht rechtlich kontrollieren lässt.

II. Anwendungsbereich der Vorschrift

1. Entscheidungen und Maßnahmen des BMVg

4   Das Gesetz stellt Entscheidungen und Maßnahmen begrifflich nebeneinander, ohne eine systematische Unterscheidung erkennbar werden zu lassen. Der Begriff der Maßnahme ist von der Rechtsprechung eindeutig interpretiert. Danach muss eine dem öffentlichen Recht zugehörige Handlung eines Vorgesetzten oder einer Dienststelle der Bundeswehr vorliegen, die im Verhältnis der Über- und Unterordnung getroffen ist oder erbeten wird und die auf die Herbeiführung von Rechtswirkungen abzielt.

5   Für den Begriff der Entscheidung kann grundsätzlich nichts anderes gelten; auch sie ist im weiteren Sinne eine Maßnahme nach der oben gegebenen Definition. Das Tatbestandsmerkmal der „Entscheidung" ist damit im Grunde genommen überflüssig, zumal Entscheidungen in Beschwerdeverfahren zusätzlich im Gesetzeswortlaut aufgeführt sind (vgl. auch § 17 Abs. 3, in dem nur von „Maßnahmen" die Rede ist).

6   Voraussetzung für die Anwendung der Vorschrift ist eine Maßnahme des Ministers als oberstem Disziplinarvorgesetzten, die im militärischen Über-Unterordnungsverhältnis ergangen ist. Dabei kann es sich um Befehle, Weisungen, Zurechtweisungen, Missbilligungen oder einfache Disziplinarmaßnahmen handeln (Erstmaßnahmen des Ministers). Eine Maßnahme des Ministers liegt aber auch dann vor, wenn er eine Sache, zu deren Entscheidung eine ihm nachgeordnete Instanz zuständig ist, an sich gezogen und über sie entschieden hat (BDH NZWehrr 1963, 160). Eine Maßnahme des Ministers wird in ihrem rechtlichen Bestand nicht dadurch berührt, dass er entsprechend oder entgegen der Meinung des Generalinspekteurs oder zivilen Abteilungsleiters handelt, wenn er für die Entscheidung deren Mitwirkung innerdienstlich vorgesehen hat (BVerwG 1 WB 78/78 vom 25.5.1982, juris Rn. 49 f.). Maßnahmen politischen Charakters, die er als Mitglied des Bundeskabinetts trifft, sind gerichtlich nicht nachprüfbar.

Die Maßnahme kann von dem Minister selbst unmittelbar oder in seiner **7** Vertretung vom beamteten Staatssekretär ergangen sein (vgl. BVerwGE 46, 55 = NZWehrr 1973, 100 = NJW 1973, 865; Franck, NZWehrr 1977, 45; Ehrhardt, NZWehrr 1970, 41 jeweils m. Nachw.). Für die Verhängung einfacher Disziplinarmaßnahmen durch den Minister vgl. auch Dau/Schütz, WDO, § 27 Rn. 11. Der Parlamentarische Staatssekretär vertritt den Minister in dem durch § 14 Abs. 2 GeschO BReg bezeichneten Aufgabenkreis. Im Übrigen bestimmt der Minister im Einzelnen, welche Aufgaben der Parlamentarische Staatssekretär wahrnehmen soll (§ 14a GeschO BReg; Dau, FS Fleck, S. 81, 92 ff.). Hierzu gehört nicht die Stellvertretung in der Befehls- und Kommandogewalt (Dau, aaO, S. 95 f.); diese obliegt dem beamteten Staatssekretär (ebenso Schwenck, Rechtsordnung, S. 14 f.; Wipfelder/Schwenck, Wehrrecht, Rn. 220; vgl. aber auch Mann, BMVg, S. 94 ff. sowie BVerwG 1 WB 4.07 vom 29.1.2008). Trifft der Parlamentarische Staatssekretär in Vertretung des Ministers gleichwohl eine Maßnahme der Befehls- und Kommandogewalt, ist diese formell dem Minister zuzurechnen.

Soweit die Maßnahme schriftlich erlassen worden ist, kann sie von einem **8** Angehörigen des Ministeriums „im Auftrag" unterzeichnet worden sein. Auch dies ist eine Entscheidung des Ministers, da alle Anordnungen des Ministeriums, die er nicht selbst unterzeichnet hat, ihm zuzurechnen sind (vgl. auch BVerwGE 43, 308 = NZWehrr 1972, 227; BVerwG NZWehrr 2007, 79; 160 f.). Neben dem Minister hat im Bundesministerium der Verteidigung niemand eine eigene Weisungs- und Befehlsbefugnis, die er im eigenen Namen ausüben könnte. Die Frage, wer befugt ist, im Auftrag des Ministers Befehle oder Weisungen zu unterzeichnen oder mündlich zu erteilen und in welchem Umfang er hierzu die Ermächtigung hat, ist in erster Linie eine Angelegenheit der Organisation und der Geschäftsverteilung.

Eine Maßnahme des Ministers ist es auch, wenn er als oberste Dienst- **9** behörde, als „Bundesministerium der Verteidigung" entscheidet. Das Ministerium ist eine nach außen einheitliche Behörde, die durch die Ministerin oder den Minister repräsentiert wird (BDHE 5, 220 = NZWehrr 1961, 32). Im Wahlverfahren der Gleichstellungsbeauftragten im Bundesministerium der Verteidigung begründen § 16f Abs. 2, § 22 Abs. 1 SGleiG eine besondere Zuständigkeit des BVerwG.

Zu Maßnahmen des Generalinspekteurs siehe § 22. Der Inspekteur der **10** SKB, des Cyber- und Informationsraums sowie die Inspekteure der TSK und der Inspekteur des Zentralen Sanitätsdienstes der Bundeswehr führen ihre Kommandos mit dem ihnen jeweils truppendienstlich unterstellten Bereich außerhalb des BMVg. Das früher auch für sie bestehende privilegium fori des BVerwG ist mit der Neufassung des § 22 durch Art. 12 Nr. 3 BwRefBeglG vom 21.7.2012 (BGBl. I S. 1583, 1594) aufgegeben worden.

2. Entscheidungen über Beschwerden und weitere Beschwerden

11   Neben den Erstentscheidungen des Ministers sind für das Verfahren nach § 21 Entscheidungen des Ministers über Beschwerden und weitere Beschwerden von Bedeutung. Dabei sind folgende Fälle denkbar:

– Der Minister hat eine Entscheidung über eine Beschwerde gegen eine Maßnahme des Generalinspekteurs getroffen.

– Es liegt eine Entscheidung des Ministers über eine weitere Beschwerde vor, die sich gegen einen Beschwerdebescheid des Generalinspekteurs richtet.

12   Die Zuständigkeit des BVerwG ist unter den Voraussetzungen der §§ 21, 22 nur bei Beachtung der gesetzlichen Zuständigkeitsbestimmungen gegeben (vgl. BVerwG 1 WB 46/94 vom 19.12.1994, juris Rn. 2). Hat der BMVg daher über eine Beschwerde entschieden, obwohl er nicht zuständig war, wird die Zuständigkeit des BVerwG nicht begründet (BVerwGE 63, 129, 131; 93, 105 = NZWehrr 1992, 31, 32); die Sache ist vielmehr an das zuständige Truppendienstgericht zu verweisen.

3. Beschwerde gegen einfache Disziplinarmaßnahmen

13   **Die Zulässigkeit einer Beschwerde gegen eine einfache Disziplinarmaßnahme richtet sich nach § 42 WDO, der nach bestimmter Maßgabe auf die Vorschriften der WBO verweist.** Dabei ergeben sich jedoch Besonderheiten, soweit sich der Soldat gegen eine einfache Disziplinarmaßnahme wendet, die vom BMVg gegen ihn verhängt worden ist. Eine eindeutige Regelung enthält das Gesetz für die Beschwerde gegen einen Disziplinararrest. Hat der BMVg den Disziplinararrest verhängt, entscheidet über die Beschwerde das BVerwG (§ 42 Nr. 5 Satz 2 WDO). Für die Rechtmäßigkeitserklärung nach § 40 WDO ist der Truppendienstrichter zuständig; auch der Antrag nach § 40 WDO richtet sich an das Truppendienstgericht, da im Rahmen des § 40 WDO die Vorschrift des § 21 keine Anwendung findet.

14   **Auch nach der Änderung des § 42 WDO durch Art. 7 Nr. 4 Wehr-RÄndG 2008 ist die Rechtsgrundlage für die Beschwerde gegen** eine andere vom BMVg verhängte **einfache Disziplinarmaßnahme** nicht klarer geworden. Gegen eine vom BMVg verhängte einfache Disziplinarmaßnahme – mit Ausnahme von Disziplinararrest – kann der Soldat Antrag auf gerichtliche Entscheidung stellen. Bezeichnet er diesen als Beschwerde, ist dies unschädlich. § 21 findet unmittelbare Anwendung; eine Beschwerde an das BVerwG gemäß § 42 WDO i. Vbg. m. § 21 kommt nicht in Betracht, da eine Verweisung auf die Vorschriften der WBO für diesen Fall nach wie vor fehlt. § 42 Nr. 4 Satz 3 WDO legt ausdrücklich nur die Zuständigkeit des BVerwG für den Fall fest, dass der BMVg über eine Beschwerde gegen eine einfache Disziplinarmaßnahme entschieden hat. Die Verfahrensgarantien des Beschwerderechts bleiben dem Soldaten jedoch stets erhalten, z. B. keine reformatio in peius.

15   Hat der Generalinspekteur eine einfache Disziplinarmaßnahme – mit Ausnahme des Disziplinararrests – verhängt, entscheidet über die Beschwerde der BMVg (§ 42 Nr. 3 WDO). Gegen seine ablehnende Entscheidung kann der Soldat weitere Beschwerde zum BVerwG einlegen (§ 42 Nr. 4 Satz 3 WDO). Über einen vom Generalinspekteur verhängten Disziplinararrest entscheidet auf Beschwerde ebenfalls das BVerwG (§ 42 Nr. 5 Satz 2 WDO).

Über Anträge auf Aufhebung oder Änderung einer einfachen Disziplinarmaßnahme gemäß § 44 Abs. 1 WDO durch den BMVg entscheidet das BVerwG (§ 45 Abs. 1, 2 Satz 1, § 42 Nr. 4 Satz 2, Nr. 5 Satz 2 WDO, § 21 WBO).

Zu Absatz 1

III. Entscheidung durch das Bundesverwaltungsgericht

1. Zuständigkeit

Wird eine Maßnahme des Ministers angefochten, entscheidet an Stelle **16** eines Truppendienstgerichts das BVerwG (Wehrdienstsenate). Ergibt sich, dass der Beschwerdeführer irrtümlich seinen Antrag unmittelbar an ein Truppendienstgericht gerichtet hat, leitet dieses den Antrag dem BMVg als dem für die Stellungnahme (Absatz 3 Satz 1) zuständigen Disziplinarvorgesetzten zu. Hat der BMVg zu Unrecht eine Zuständigkeit zur Beschwerdeentscheidung angenommen, ist diese durch das BVerwG aufzuheben und im Übrigen das Verfahren an das zuständige Truppendienstgericht zu verweisen (BVerwG NZWehrr 2011, 212). In allen Fällen einer Anfechtung von Maßnahmen des BMVg ist zu beachten, dass der Antrag auf gerichtliche Entscheidung durch das BVerwG gegenüber der Beschwerde und der weiteren Beschwerde nicht nur terminologisch unterschiedlich ist. Während Beschwerden und der Antrag auf gerichtliche Entscheidung in den Fällen des § 17 Abs. 1 unmittelbar beim Wehrdienstgericht eingelegt werden können, muss der Antrag auf gerichtliche Entscheidung im Fall des § 21 beim BMVg, in den Fällen des § 22 beim Generalinspekteur eingelegt werden (Absatz 1 Satz 1; siehe ergänzend Rn. 18). Im Antrag sind überdies die seiner Begründung dienenden Tatsachen und Beweismittel anzugeben, während für die Beschwerde eine entsprechende Vorschrift fehlt.

Auf der Grundlage des § 21 ist das BVerwG (Wehrdienstsenate) zuständig **17** für

– Antrag gegen eine truppendienstliche Entscheidung oder Maßnahme des BMVg (Erstmaßnahme),
– Antrag gegen eine Entscheidung des BMVg über eine Beschwerde oder weitere Beschwerde in truppendienstlichen Angelegenheiten,
– Antrag gegen eine vom BMVg verhängte einfache Disziplinarmaßnahme mit Ausnahme von Disziplinararrest,
– Beschwerde gegen einen vom BMVg verhängten Disziplinararrest,
– Antrag auf gerichtliche Entscheidung gegen eine Beschwerdeentscheidung des BMVg über die Disziplinarmaßnahme des Generalinspekteurs.

2. Antrag auf gerichtliche Entscheidung

Der Beschwerdeführer kann die Entscheidung des BVerwG **unmittelbar** **18** **beantragen (Satz 1).** Die Bedeutung dieser Vorschrift bleibt insbesondere in Verbindung mit Satz 2 auch nach der Ergänzung des Absatzes 1 durch Art. 5 Nr. 17 WehrRÄndG 2008 nicht frei von Zweifeln. Anlass gibt die in Absatz 2 Satz 1 enthaltene Verweisung auf § 17 Abs. 4, der es in seiner Neufassung dem Beschwerdeführer nunmehr ermöglicht, den Antrag auf gerichtliche Entscheidung unmittelbar bei dem Wehrdienstgericht zu stellen, während ihm Satz 2 vorschreibt, den Antrag unmittelbar beim BMVg zu stellen. Der hier offenbar werdende Widerspruch löst sich erst durch Rückgriff auf die Begründung zum WehrRÄndG 2008 (BT-Drs. 16/7955 S. 36). Mit der Regelung des Satzes 2 sollte für den Antrag auf gerichtliche Entscheidung in den Fällen des § 21 von der in § 17 Abs. 4 Satz 1 enthaltenen Möglichkeit abgewichen werden, den Antrag unmittelbar beim Truppendienstgericht stellen zu können. Soweit der BMVg Betroffener eines gerichtlichen Antragsverfahrens ist, bleibt es daher bei der schon bisher geltenden Regelung, dass der Antrag auf gerichtliche Entscheidung bei ihm zu stellen ist (vgl. auch BVerwG 1 WB 41/07 vom 11.3.2008, juris Rn. 24 f.). Die Bedeutung des Satzes 1 neben § 17 Abs. 4 Satz 1 liegt allein darin, dass geregelt werden soll, unter welchen verfahrensmäßigen Voraussetzungen der Antrag auf gerichtliche Entscheidung des BVerwG gestellt werden kann. Satz 2 ist gegenüber der Verweisung in Absatz 2 auf § 17 Abs. 4 Satz 1 die für die Fälle des § 21 geltende Sondervorschrift; die übrigen durch Verweisung entsprechend anwendbaren Vorschriften, insbesondere also die Antragsadressaten nächster Disziplinarvorgesetzter oder die in §§ 5 Abs. 2, 11 Buchst. b bezeichneten Vorgesetzten bleiben dem Antragsteller erhalten. Wenn Satz 1 mithin bestimmt, dass der Antrag beim BMVg zu stellen ist, weist das Wort „unmittelbar" nicht auf eine andere Einlegestelle hin, sondern besagt nur, dass es einer weiteren Beschwerdeentscheidung des BMVg wie in § 23 Abs. 5 nicht mehr bedarf (vgl. auch BDHE 4, 188 = NZWehrr 1959, 102). Andererseits erhält der BMVg auf diese Weise noch vor einer gerichtlichen Entscheidung die Möglichkeit, der Beschwer des Antragstellers abzuhelfen oder dazu Stellung nehmen zu können (BDHE 4, 169 = NZWehrr 1959, 102, 103).

19   Der BMVg hat zu dem Antrag Stellung zu nehmen. Soweit der BMVg Betroffener ist, kommt eine Vermittlung und Aussprache (§ 4) nicht in Betracht (BVerwGE 53, 23 = NZWehrr 1976, 137, 142 f.). Der Beschwerdeführer hat auch keinen Rechtsanspruch darauf, vom BMVg zu einer persönlichen Aussprache empfangen zu werden. Ebenso wenig kann er beanspruchen, den Antrag auf gerichtliche Entscheidung beim BMVg persönlich einzureichen oder persönlich mündlich zur Niederschrift zu erklären.

3. Beschwerde gegen Disziplinararrest

20   Die Beschwerde gegen einen vom BMVg verhängten Disziplinararrest ist beim BVerwG, dem nächsten Disziplinarvorgesetzten oder den in §§ 5 Abs. 2, 11 Buchst. b bezeichneten Vorgesetzten einzulegen.

Zu Absatz 2

IV. Verfahren

1. Allgemeines

21   Satz 1 verweist für das Verfahren vor dem BVerwG auf die Verfahrensvorschriften der §§ 17–20. Die Verweisung auf § 17 macht vor allem deutlich, dass der Beschwerdeführer Entscheidungen und Maßnahmen des BMVg vor dem BVerwG nur angreifen kann, wenn er die Verletzung von Rechten oder ihm gegenüber bestehender Pflichten eines Vorgesetzten geltend macht, die in den §§ 6 bis 23, 26 bis 29 und 32 bis 36 SG geregelt sind. Im Übrigen kann er seinen Antrag nur darauf stützen, dass eine dienstliche Maßnahme oder Unterlassung rechtswidrig sei. Er kann demnach nur eine Entscheidung über die Rechtmäßigkeit, nicht dagegen über die Zweckmäßigkeit herbeiführen. Der Antrag auf Entscheidung des BVerwG hat ebenso wenig aufschiebende Wirkung wie der Antrag an das Truppendienstgericht. Das BVerwG kann jedoch schon vor einem Antrag auf seine Entscheidung die aufschiebende Wirkung anordnen oder einstweilige Anordnungen erlassen. Für das Verfahren im Einzelnen gilt § 18, den Inhalt der Entscheidung bestimmt § 19, die Kostenentscheidung richtet sich nach § 20. Gegenvorstellungen gegen den Beschluss des BVerwG sind ausgeschlossen (BVerwG NZWehrr 2000, 207). Im Übrigen wird auf die Einzelerläuterungen verwiesen.

2. Sondervorschrift im Kostenverfahren

Satz 2 enthält eine besondere Bestimmung über das Kostenfestsetzungsverfahren durch das BVerwG. Durch die Verweisung auf § 20 Abs. 4 i. Vbg. m. § 142 WDO ist klargestellt, dass die Kostenfestsetzung durch den Urkundsbeamten der Geschäftsstelle der Wehrdienstsenate vorgenommen wird; über die Erinnerung gegen die Kostenfestsetzung entscheidet der Wehrdienstsenat. **22**

Zu Absatz 3

V. Stellungnahme des BMVg

Der durch Art. 5 Nr. 17 WehrRÄndG 2008 neu eingefügte Satz 1 **23** verpflichtet den BMVg, den Antrag mit einer Stellungnahme dem BVerwG vorzulegen. Für den BMVg bleibt es daher bei einer Regelung, wie sie § 17 Abs. 4 Satz 3 a. F. für jeden vorlagepflichtigen Disziplinarvorgesetzten vorsah.

Die Stellungnahme des BMVg ist zwingend vorgeschrieben. Sie ist mit **24** dem Antrag des Beschwerdeführers dem BVerwG vorzulegen. Wird diese Vorlage über einen Zeitraum von einem Monat hinaus verzögert, hat der Antragsteller in entsprechender Anwendung von § 21 Abs. 2 i. Vbg. m. § 17 Abs. 1 Satz 2 die Möglichkeit, seinen Antrag als Untätigkeitsantrag selbst bei Gericht anzubringen. Für eine gesonderte Feststellung, dass der BMVg die Vorlage unnötig verzögert habe, besteht kein Rechtsschutzinteresse (BVerwG 1 WB 37/10 vom 13.12.2011, juris Rn. 62 m. w. Nachw.), jedoch bleibt auch im Falle der Untätigkeit die – nachträglich – zu erfüllende Pflicht des BMVg zur Stellungnahme.

Die Stellungnahme bedarf keiner besonderen Form, sie muss nur schriftlich **25** vorgenommen werden. Sie kann rechtliche und tatsächliche Erklärungen enthalten, einen bestimmten Antrag braucht der BMVg nicht zu stellen. Der BMVg braucht die Stellungnahme gegenüber dem BMVg nicht selbst zu unterschreiben, zeichnungsbefugt ist auch der Staatssekretär und jeder innerhalb des Ministeriums als zeichnungsbefugt ausgewiesene Beamte oder Offizier (siehe BVerwG 1 WB 4/07 vom 29.1.2008, juris Rn. 32).

VI. Vertretung durch den BWDA

26   Die lange geübte Praxis, den BWDA im gerichtlichen Antragsverfahren vor den Wehrdienstsenaten zu beteiligen, hat durch das NOG mit Satz 2 eine gesetzliche Grundlage erhalten (vgl. auch § 18 Abs. 4 Satz 3). Sie entspricht im Wesentlichen der für die Vertretung des BMVg im gerichtlichen Disziplinarverfahren getroffenen Regelung des § 81 Abs. 3 Satz 1 WDO. Die Vertretung durch den oder die BWDA und seine oder ihre hauptamtlichen Mitarbeiterinnen und Mitarbeiter des höheren Dienstes beschränkt sich im Wesentlichen auf den ergänzenden Rechts- und Tatsachenvortrag, die Teilnahme an einer mündlichen Verhandlung und die Vertretung des BMVg im Verfahren der Rechtsbeschwerde und der Nichtzulassungsbeschwerde (§ 22a Abs. 5 Satz 2, § 22b Abs. 1 Satz 2). Er kann jedoch auch zu Verfahrensfragen, etwa zu dem Antrag auf Berichtigung des Tatbestandes, Stellung nehmen. Die Stellungnahme als Disziplinarvorgesetzter (§ 21 Abs. 3 Satz 1) bleibt in der Entscheidungsbefugnis des BMVg. Der BWDA ist gegenüber dem BMVg weisungsgebunden; er darf daher keine von der Stellungnahme des BMVg abweichende Rechtsauffassung vertreten.

27   Der Begriff der Vertretung ist nicht im staatsrechtlichen Sinne zu verstehen (vgl. hierzu BVerwGE 46, 55 = NZWehrr 1973, 100 = NJW 1973, 865). Der BWDA ist Verfahrensvertreter des obersten Disziplinarvorgesetzten in dem Sinne, dass er die die Stellungnahme nach § 21 Abs. 3 Satz 1 ergänzenden Erklärungen und vertiefenden Ausführungen für den Minister vor den Wehrdienstsenaten abzugeben befugt ist und in der mündlichen Verhandlung für ihn auftritt (vgl. auch Begründung zum NOG, BT-Drs. VI/1834, S. 70). Satz 2 ist ein Anwendungsfall der gesetzlichen Vertretung. Demnach ist, nachdem der BMVg seine Stellungnahme abgegeben hat, „im übrigen" der BWDA für das weitere gerichtliche Antragsverfahren vor den Wehrdienstsenaten postulationsfähig. Einer auf den Einzelfall abgestellten oder einer generellen Bevollmächtigung des BWDA durch den BMVg bedarf es daher nicht. Fraglich bleibt, ob neben dem BWDA auch der BMVg postulationsfähig bleibt. Für das gerichtliche Disziplinarverfahren enthält die WDO eine insoweit eindeutige Regelung (§ 81 Abs. 3 WDO). Die verfahrensrechtliche Stellung des WDA/BWDA als selbstständigem Prozessorgan ist gegenüber den Einleitungsbehörden in der Weise rechtlich verfestigt, dass kein anderer als der WDA/BWDA Vertreter der Einleitungsbehörden im gerichtlichen Disziplinarerfahren sein kann. Vom Sinn und Zweck des Satzes 2 kann für das gerichtliche Antragsverfahren nach der WBO im Grundsatz nichts anderes gelten. Die Vorschrift wurde u. a. mit der Zielsetzung geschaffen, den BMVg, soweit rechtlich möglich, zu entlasten und die Verfahrensstellung des BWDA im gerichtlichen Antragsverfahren auch gesetzlich zu stärken. Von dort her ergibt sich unschwer der Ansatz zu einer verfahrensrechtlichen Zäsur zwischen den Befugnissen des BMVg und denen des BWDA. Die mit der Stellung als Disziplinarvorgesetzter verbundene Stellungnahme nach § 21 Abs. 3 Satz 1 musste aus Rechtsgründen beim BMVg verbleiben (siehe auch § 27 Abs. 2 Satz 1 WDO); sie ist die Grundlage, auf der der BMVg als zuständiger Disziplinarvorgesetzter und Betroffener dem Antrag des Beschwerdeführers entgegentritt. Das gilt nicht nur für den Antrag des Beschwerdeführers nach § 21 Abs. 1 Satz 1, sondern auch für alle anderen

Anträge, etwa dem gemäß § 17 Abs. 6 oder einen Abänderungsantrag gegen einen in Anwendung des § 17 Abs. 6 jeweils i. Vbg. m. § 21 Abs. 2 ergangenen Beschluss. Gleichzeitig steckt sie aus der Sicht des BMVg den rechtlichen Rahmen ab, innerhalb dessen das Rechtsgespräch (im weitesten Sinne) mit den Wehrdienstsenaten geführt werden kann. Die Ausfüllung dieses Rahmens ist nicht notwendigerweise mit der Stellung des BMVg als Disziplinarvorgesetztem verbunden; sie bewegt sich vielmehr in einem die Entscheidung vorbereitenden rechtlich orientierten Bereich, in dem ausschließlich der BWDA der von dem Sachverstand seines Amtes her berufene gesetzliche Verfahrensvertreter des BMVg ist.

Unberührt hiervon bleibt die Befugnis des BVerwG, den BMVg oder einen **28** bevollmächtigten Vertreter des Ministeriums zusätzlich zu laden, wenn es dies für erforderlich erachtet. Im Normalfall ist nur der BWDA zu laden, dem jedoch innerdienstlich gegenüber dem BMVg die Verpflichtung obliegt, diesen von der Anberaumung einer mündlichen Verhandlung zu unterrichten.

§ 22 Entscheidungen des Generalinspekteurs der Bundeswehr

Für die Entscheidungen des Generalinspekteurs der Bundeswehr über weitere Beschwerden gilt § 21 Abs. 1, 2 und 3 Satz 2 entsprechend.

I. Vorbemerkung

Die durch Art. 12 Nr. 3 BwRefBeglG vom 21.7.2012 (BGBl. I S. 1583, **1** 1594) neu gefasste Vorschrift ist eine Folge der vom BMVg mit dem Dresdner Erlass vom 21.3.2012 Abschn. II Nr. 3 (BWV 2012, 83, 849) getroffenen Entscheidung, dem Generalinspekteur truppendienstliche Befugnisse zu übertragen. Der Generalinspekteur ist fortan unmittelbarer Vorgesetzter nach § 1 VorgV der in den Streitkräften eingesetzten Soldatinnen und Soldaten und Disziplinarvorgesetzter; für Soldatinnen und Soldaten außerhalb der Streitkräfte ist er Vorgesetzter nach § 3 VorgV und ihnen gegenüber Disziplinarvorgesetzter (dazu kritisch Dreist, NZWehr 2012, 221, 236 ff.). Angesichts der Bedeutung, die seine Entscheidungen als mitunter letzte Beschwerdeinstanz der Exekutive für den Bereich der Streitkräfte haben, insbesondere als truppendienstlicher Vorgesetzter der Inspekteure, erschien es sinnvoll, sie den Entscheidungen des BMVg entsprechend durch das BVerwG (Wehrdienstsenate) auf ihre Rechtmäßigkeit überprüfen zu lassen.

II. Anwendungsbereich der Vorschrift

Entscheidungen über weitere Beschwerden kann der Generalinspekteur **2** nur als truppendienstlicher Vorgesetzter des ihm unmittelbar nachgeordneten Bereichs treffen. Sein unmittelbar nachgeordneter Bereich sind die Kommandos der SKB, CIR, der TSK und des Zentralen Sanitätsdienstes der Bundeswehr mit dem jeweiligen Inspekteur an der Führungsspitze sowie die Soldaten im Einsatzführungskommando, im Zentrum Innere Führung, der Führungsakademie der Bundeswehr, dem Luftfahrtamt der Bundeswehr sowie dem Planungsamt der Bundeswehr. Truppendienstlich unterstehen ihm darüber hinaus die in den Dienststellen der Bundeswehrverwaltung eingesetzten Soldaten sowie die Soldaten, die außerhalb des Geschäftsbereichs BMVg verwendet werden, z. B. im BND oder im Militärattachédienst des Auswärtigen Amtes. Disziplinarvorgesetzter der im BMVg tätigen Soldaten ist ausschließlich der Minister, in seiner Vertretung der beamtete Staatssekretär.

III. Entscheidungen des Generalinspekteurs

3   Nur die Entscheidung des Generalinspekteurs über eine weitere Beschwerde in truppendienstlichen Angelegenheiten unterliegt der gerichtlichen Kontrolle durch das BVerwG. Beispiel: Über die Beschwerde gegen den Führer eines Einsatzkontingents entscheidet der Befehlshaber des Einsatzführungskommandos der Bundeswehr, dem das für den Einsatz festgelegte Einsatzkontingent truppendienstlich und für den Einsatz unterstellt ist. Die weitere Beschwerdeinstanz ist der Generalinspekteur. Er entscheidet als weitere Beschwerdeinstanz auch über die weitere Beschwerde gegen einen Beschwerdebescheid eines der Inspekteure. Ein weiterer Rechtsbehelf zum BMVg ist gesetzlich nicht vorgesehen. Vielmehr kann der Beschwerdeführer nunmehr gegen den ablehnenden Bescheid des Generalinspekteurs über die weitere Beschwerde Antrag auf gerichtliche Entscheidung durch das BVerwG stellen. Hat der Generalinspekteur als truppendienstlicher Vorgesetzter eine Erstmaßnahme getroffen, hat der Soldat das Recht der Beschwerde zum Minister (siehe jedoch die Sonderregelung in § 42 Nr. 5 Satz 2 WDO; dazu Dau/Schütz, WDO, § 42 Rn. 81). Bei seinen Entscheidungen über Beschwerden in truppendienstlichen Angelegenheiten, z. B. Beschwerde gegen eine Maßnahme des Inspekteurs der Marine, ist weitere Beschwerdeinstanz ebenfalls der Minister (§ 16 Abs. 3).

4   **Differenzierter ist die Rechtslage beim Rechtsschutz gegen einfache Disziplinarmaßnahmen.** Als weitere Beschwerdeinstanz kommt hier der Generalinspekteur nicht in Frage, da über die weitere Beschwerde gegen einfache Disziplinarmaßnahmen – mit Ausnahme des Disziplinararrests – das Truppendienstgericht entscheidet (§ 42 Nr. 4 Satz 1 WDO). Hat der Generalinspekteur über die Beschwerde gegen eine einfache Disziplinarmaßnahme entschieden, kann der Soldat gegen diese Entscheidung Antrag auf gerichtliche Entscheidung durch das BVerwG stellen (§ 42 Nr. 4 Satz 3 WDO). Gegen eine von dem Generalinspekteur verhängte einfache Disziplinarmaßnahme kann der Soldat Beschwerde zum Minister einlegen. Eine Überprüfung des vom Minister erlassenen Beschwerdebescheides wird nach einem Antrag auf gerichtliche Entscheidung durch das BVerwG vorgenommen (§ 42 Nr. 4 Satz 3 WDO). Über die Beschwerde gegen einen vom Generalinspekteur verhängten Disziplinararrest entscheidet das BVerwG (§ 42 Nr. 5 Satz 2 WDO).

5   Über Anträge auf Aufhebung oder Änderung einer einfachen Disziplinarmaßnahme gemäß § 44 Abs. 1 WDO durch den Generalinspekteur entscheidet das BVerwG (§ 45 Abs. 1, 2 Satz 1 WDO; Dau/Schütz, WDO, § 45 Rn. 1).

IV. Zuständigkeit des Bundesverwaltungsgerichts

Auf der Grundlage des § 22 ist das BVerwG (Wehrdienstsenate) zuständig **6** für

– Antrag auf gerichtliche Entscheidung gegen Entscheidungen des Generalinspkteurs über weitere Beschwerden in truppendienstlichen Angelegenheiten,
– Antrag auf gerichtliche Entscheidung gegen eine Disziplinarbeschwerdeentscheidung des Generalinspekteurs,
– Beschwerde gegen einen vom Generalinspekteur verhängten Disziplinararrest.

V. Verfahrensvorschriften

Für das Verfahren verweist die Vorschrift auf die für die Anfechtung **7** ministerieller Entscheidungen oder Maßnahmen geltende Regelung des § 21 Abs. 1, 2 und 3 Satz 3. Das bedeutet im Einzelnen: Gegen die Entscheidung des Generalinspekteurs über eine weitere Beschwerde kann der Beschwerdeführer unmittelbar die Entscheidung des BVerwG beantragen (§ 21 Abs. 1). Die Verfahrensregeln sind den §§ 17 bis 20 zu entnehmen (§ 21 Abs. 2). Für Einzelheiten siehe die Erl. dort. Der Antrag ist beim Generalinspekteur zu stellen (§ 21 Abs. 1 Satz 2 entspr.). Da die Vorschrift nicht auf § 21 Abs. 3 Satz 1 verweist, entfällt für den Generalinspekteur die daher allein für den BMVg vorgesehene Pflicht, den Antrag des Beschwerdeführers mit einer Stellungnahme vorzulegen, so dass er nur die Möglichkeit einer Abhilfe prüft; es bleibt ihm jedoch unbenommen, sich gleichwohl zum Antrag des Beschwerdeführers zu äußern. Diese Stellungnahme kann in Vertretung des Generalinspekteurs von seinem Stellvertreter unterzeichnet werden. Im Übrigen wird auch der Generalinspekteur vor dem BVerwG durch den BWDA vertreten (§ 21 Abs. 3 Satz 3).

§ 22a Rechtsbeschwerde

(1) **Gegen den Beschluss des Truppendienstgerichts steht dem Beschwerdeführer und dem Bundesministerium der Verteidigung die Rechtsbeschwerde an das Bundesverwaltungsgericht zu, wenn diese in der Entscheidung des Truppendienstgerichts oder auf Beschwerde gegen die Nichtzulassung durch das Bundesverwaltungsgericht zugelassen wird.**

(2) **Die Rechtsbeschwerde ist nur zuzulassen, wenn**

1. **die Beschwerdesache grundsätzliche Bedeutung hat,**
2. **der angefochtene Beschluss von einer Entscheidung eines Wehrdienstgerichts, des Gemeinsamen Senats der obersten Gerichtshöfe des Bundes oder des Bundesverfassungsgerichts abweicht und die Entscheidung auf dieser Abweichung beruht oder**
3. **ein Verfahrensmangel geltend gemacht wird und vorliegt, auf dem die Entscheidung beruhen kann.**

(3) **Das Bundesverwaltungsgericht ist an die Zulassung der Rechtsbeschwerde durch das Truppendienstgericht gebunden.**

(4) **Die Rechtsbeschwerde ist bei dem Truppendienstgericht, dessen Beschluss angefochten wird, innerhalb eines Monats nach Zustellung des Beschlusses schriftlich einzulegen und innerhalb von zwei Monaten nach Zustellung des Beschlusses schriftlich zu begründen.**

(5) **Der Beschwerdeführer muss sich im Rechtsbeschwerdeverfahren, soweit er einen Antrag stellt, durch einen Rechtsanwalt oder durch eine Person vertreten lassen, welche die Befähigung zum Richteramt nach dem Deutschen Richtergesetz hat oder die Voraussetzungen des § 110 des Deutschen Richtergesetzes erfüllt. § 21 Abs. 2 und 3 Satz 2 gilt entsprechend.**

(6) **Über die Rechtsbeschwerde entscheidet das Bundesverwaltungsgericht durch Beschluss. Ist die Rechtsbeschwerde begründet, kann das Bundesverwaltungsgericht in der Sache selbst entscheiden oder den angefochtenen Beschluss aufheben und die Sache an das Truppendienstgericht zur anderweitigen Verhandlung und Entscheidung zurückverweisen.**

Übersicht

I. Vorbemerkung

1   Die Vorschrift ist zusammen mit den Bestimmungen zur Nichtzulassungsbeschwerde (§ 22b) durch Art. 5 Nr. 18 WehrRÄndG 2008 in das Gesetz eingefügt worden. Mit dem Ziel, die Verfahrensrechte des Soldaten zu stärken, erreicht die Zulassung einer Rechtsbeschwerde einen erweiterten Rechtsschutz für den Beschwerdeführer, indem er die Entscheidungen des Truppendienstgerichts im Beschwerdeverfahren, allerdings beschränkt auf eine Rechtskontrolle, durch das BVerwG überprüfen lassen kann (dazu schon Gronimus, NZWehr 1991, 230). Das ist neues Recht, nachdem das Truppendienstgericht bis dahin (§ 18 Abs. 2 Satz 4 a. F.) endgültig entschied. Darüber hinaus schafft die Rechtsbeschwerde über die in der Praxis wenig genutzte Vorlagemöglichkeit nach § 18 Abs. 4 (siehe auch § 40 Abs. 6 WDO) hinaus eine Rechtsgrundlage, um eine einheitliche Rechtsprechung im Wehrrecht zu gewährleisten und zu seiner Weiterentwicklung beizutragen. Die Berechtigung des BMVg, neben oder unabhängig vom Beschwerdeführer auch eine Rechtsbeschwerde zu erheben, ist Teil dieser auch auf Einheitlichkeit der Wehrrechtsrechtsprechung gerichteten Neuregelung. Die mit der Rechtsbeschwerde auch vollzogene Anpassung an die revisionsrechtlichen Vorschriften der §§ 132 f., § 139 VwGO ist rechtspolitisch allerdings ein weiterer Abschied von einer 1956 angelegten Konzeption, dem Soldaten auch unter dem Gebot des Art. 19 Abs. 4 GG ein rechtlich einfach zu praktizierendes Rechtsschutzgesetz an die Hand zu geben. Die Öffnung eines weiteren Rechtsweges mit Hilfe der Rechtsbeschwerde wird im Übrigen für den Soldaten nicht dadurch attraktiver, dass er sich für Einlegung und Begründung eines postulationsfähigen Vertreters bedienen muss. Bei nahezu gleichem Wortlaut der revisionsrechtlichen Zulassungsgründe des § 132 Abs. 2 Nr. 1 bis 3 VwGO kann für Einzelheiten der Vorschrift auf die vertiefenden Darstellungen der VwGO-Kommentarliteratur zurückgegriffen werden.

Auch § 18 Abs. 4 Satz 1 ermöglicht eine Entscheidung von Rechtsfragen **2** grundsätzlicher Bedeutung durch das BVerwG. Im Gegensatz zu der durch eine Rechtsbeschwerde ausgelösten Befassung des BVerwG entscheidet im Falle des § 18 Abs. 4 Satz 1 ausschließlich das Truppendienstgericht, wenn nach seiner Auffassung die Fortbildung des Rechts oder die Sicherung einer einheitlichen Rechtsprechung es erfordert. Diese Möglichkeit, Rechtsfragen von grundsätzlicher Bedeutung dem BVerwG zur Entscheidung vorzulegen, wird in der Praxis allerdings wenig genutzt (BT-Drs. 16/7955, S. 36). Die Rechtsbeschwerde gibt demgegenüber den Beschwerdeberechtigten eine Rechtsposition, ihrerseits auf das Verfahren einwirken zu können, die ihnen im Vorlageverfahren nach § 18 Abs. 4 Satz 1 verwehrt ist.

Zu Absatz 1

II. Gegenstand der Rechtsbeschwerde

Die Rechtsbeschwerde richtet sich gegen Beschlüsse des Truppendienst- **3** gerichts. Dabei handelt es sich um Entscheidungen, die im gerichtlichen Antragsverfahren (§§ 17, 16a Abs. 5) ergehen und Beschlüsse im Rahmen eines Disziplinarbeschwerdeverfahrens (§ 40 Nr. 4, 5 WDO). Auch die Entscheidung über den Antrag auf Aufhebung oder Änderung einer Disziplinarmaßnahme (§ 45 Abs. 1 WDO) und die Entscheidung über die Kostenbeschwerde (§ 141 Abs. 5 WDO) sind mit der Rechtsbeschwerde anfechtbar. Soweit das BVerwG in einem Wehrbeschwerdeverfahren erstinstanzlich entschieden hat (§§ 21, 22), ist die Rechtsbeschwerde nicht statthaft; soweit der Beschwerdeführer die Verletzung des rechtlichen Gehörs rügt, bleibt ihm die Möglichkeit der Anhörungsrüge (§ 23a Abs. 3 i. Vbg. m. § 152a VwGO).

III. Zulassung der Rechtsbeschwerde

4 Die Rechtsbeschwerde ist nur zulässig, wenn
– sie in der Entscheidung des Truppendienstgerichts oder
– auf Nichtzulassungsbeschwerde (§ 22b)
5 zugelassen ist. Diese Entscheidung trifft in der ersten Variante das Truppen-dienstgericht, im anderen Fall das BVerwG. Eine ohne Zulassung eingelegte Rechtsbeschwerde ist nicht statthaft. Die Entscheidung über die Zulassung ergeht von Amts wegen und ist im Tenor oder in ihren Gründen Teil der gerichtlichen Entscheidung; im Falle der Ablehnung ist sie mit einer Rechts-behelfsbelehrung zu versehen. Die Zulassung der Rechtsbeschwerde ist nicht beschwerdefähig. Eine nur auf einen Teil des truppendienstgerichtlichen Beschlusses, z. B. eine bestimmte Rechtsfrage unter mehreren, beschränkte Zulassung ist nicht möglich. Der einzelne Zulassungsgrund braucht nicht angegeben zu werden, auch eine Begründung der Zulassung ist nicht erfor-derlich (BVerwGE 14, 342, 344). Lehnt das Truppendienstgericht die Zu-lassung der Rechtsbeschwerde ab, muss es diese Entscheidung allerdings begründen; dafür genügt der Hinweis, dass die Voraussetzungen des Absat-zes 2 Nr. 1 bis 3 nicht vorliegen (Kopp/Schenke, VwGO, § 132 Rn. 33).
6 Zur Beschwerdebefugnis siehe Rn. 15.

Zu Absatz 2

IV. Zulassungsvoraussetzungen

1. Allgemeines

7 Die Rechtsbeschwerde ist nur statthaft, wenn bestimmte, in Absatz 2 ab-schließend („nur") genannte Zulassungsgründe vorliegen. Diese Beschrän-kung macht deutlich, dass die Rechtsbeschwerde allein der höchstrichterlichen Entscheidung von Grundsatz-, Divergenz- und Verfahrensfragen dient und daher kein Rechtsbehelf ist, der die tatsächlichen Grundlagen des angefochte-nen Beschlusses in Frage stellen kann. Tatsächliche oder materiell-rechtliche Fehler des Truppendienstgerichts, die sich nicht unter den Katalog des Ab-satzes 2 Nr. 1 bis 3 subsumieren lassen, oder die Rüge einer überlangen Ver-fahrensdauer (dazu § 23a Abs. 2 Satz 2) lassen eine Rechtsbeschwerde nicht zu. Andererseits ist mit der Zulassung der Rechtsbeschwerde die Kontrolle durch das BVerwG nicht auf den geltend gemachten Zulassungsgrund be-schränkt, sondern führt zur vollen Nachprüfung des angefochtenen Beschlus-ses (Kopp/Schenke, VwGO, § 132 Rn. 30). Liegt einer der Zulassungsgründe vor, muss das Truppendienstgericht die Rechtsbeschwerde zulassen, ein Er-messensspielraum besteht nicht (Eyermann/Kraft, VwGo, § 132 Rn. 13.

2. Grundsätzliche Bedeutung der Beschwerdesache (Nr. 1)

8 In den Zulassungsvoraussetzungen entspricht die Vorschrift der Vorlage des Truppendienstgerichts nach § 18 Abs. 4 Satz 1, so dass auf die Erläuterungen dort verwiesen werden kann (siehe auch BVerwG NZWehr 2009, 258 mit Anmerkung Deiseroth, jurisPR-BVerwG 20/2009 Anm. 4).

3. Divergenzbeschwerde (Nr. 2)

Die Rechtsbeschwerde ist zuzulassen, wenn die angefochtene Entscheidung **9** des Truppendienstgerichts von der Entscheidung eines Wehrdienstgerichts – Truppendienstgericht, BVerwG (Wehrdienstsenate), auch des früheren Bundesdisziplinarhofs –, dem GSOGB oder des BVerfG abweicht und die Entscheidung auf dieser Abweichung beruht. Eine Divergenz zu Entscheidungen anderer oberer Bundesgerichte oder der Oberverwaltungsgerichte und Verwaltungsgerichte der Länder reicht nicht aus. Es wäre ein Darlegungsfehler und führte zur Unzulässigkeit der Divergenzbeschwerde, wenn der Beschwerdeführer die Entscheidung, von der abgewichen sein soll, nicht so genau bezeichnet, dass keine Zweifel an ihrer Identität bestehen (BVerwG NZWehrr 2010, 160). Der Zulassung wegen einer Divergenz liegt die Überlegung zu Grunde, eine Einheitlichkeit der wehrdienstgerichtlichen Rechtsprechung und damit Rechtssicherheit für die Soldatinnen und Soldaten der Bundeswehr zu gewährleisten.

Abweichen von einer der in Nr. 2 bezeichneten Entscheidungen bedeutet, **10** dass sich der Beschluss des Truppendienstgerichts nicht mit den zu derselben Rechtsvorschrift angestellten, die Entscheidung tragenden rechtlichen Erwägungen, dem „Rechtssatz" (BVerwG NVwZ 2002, 1235) deckt. Für die Abweichung entscheidendes Kriterium ist dieselbe Rechtsvorschrift, eine Gleichartigkeit der Rechtsfragen in verschiedenen Gesetzen reicht nicht aus (Kopp/Schenke, VwGO, § 132 Rn. 15 m. w. Nachw.), z. B. abweichende Beurteilung der Verbindlichkeit eines Befehls jeweils auf der Grundlage von § 11 Abs. 2 SG und § 22 Abs. 1 WStG. Die unterschiedlich beurteilte Norm muss noch geltendes Recht und darf nicht durch Gesetzesänderung mittlerweile überholt sein. Für die Abweichung unerheblich ist es, ob es sich um eine Frage des formellen oder materiellen Rechts handelt. Ist die Rechtsprechung der Truppendienstgerichte nicht einheitlich, genügt es, wenn der Beschluss von der Entscheidung einer Kammer abweicht (Eyermann/Kraft, VwGO, § 132 Rn. 29; Kopp/Schenke, aaO, Rn. 11). Hat diese ihre Auffassung inzwischen aufgegeben, liegt keine Abweichung vor.

Die Abweichung in der Beurteilung der Rechtsfrage muss für den Be- **11** schluss des Truppendienstgerichts entscheidungserheblich sein, sie muss auf der abweichenden Auslegung im Verständnis einer Kausalität beruhen (Eyermann/Kraft, VwGO, § 132 Rn. 38). Hätte sich das Truppendienstgericht der Auffassung des anderen Gerichts angeschlossen, wäre es zu einem anderen Ergebnis gelangt. Wenn sich das Truppendienstgericht zusätzlich von anderen Erwägungen hat leiten lassen, fehlt es an der verlangten Ursächlichkeit.

4. Verfahrensrüge (Nr. 3)

Die Zulassung wegen eines Verfahrensmangels ist die Grundlage dafür, **12, 13** einen entscheidungserheblichen Verfahrensmangel des gerichtlichen Antragsverfahrens vor dem BVerwG geltend zu machen. Sie stellt sicher, dass die Truppendienstgerichte die Verfahrensgrundsätze des Wehrbeschwerde- und Wehrdisziplinarrechts beachten und ihre Entscheidungen auf dieser Grundlage treffen. Die Zulassung der Rechtsbeschwerde nach Nr. 3 setzt voraus, dass der Beschwerdeführer den Verfahrensmangel nicht nur schlüssig behauptet, dieser muss auch tatsächlich vorliegen. Die Regelung der Nr. 3, die wörtlich mit § 132 Abs. 2 Nr. 3 VwGO übereinstimmt, erfasst nur solche

Verfahrensmängel, durch die das Truppendienstgericht gegen den Ablauf des gerichtlichen Antragsverfahren sowie die Art und Weise, wie es zu seinem Beschluss gelangt ist, verstoßen hat. Mängel bei der Rechtsfindung, der inhaltlichen Entscheidungsbildung oder des sachlichen Inhalts des Beschlusses sind nicht erfasst (Eyermann/Kraft, VwGO, § 132 Rn. 46; Kopp/Schenke, VwGO, § 132 Rn. 21). Um einen Verfahrensmangel handelt es sich beispielsweise, wenn das Truppendienstgericht nicht ordnungsgemäß besetzt war, seine Aufklärungspflicht nach § 18 Abs. 2 verletzt hat, rechtliches Gehör versagte (BVerwG NZWehr 2010, 256) oder den Antrag als Anfechtungs- und nicht als Verpflichtungsantrag beschied. Keine Verfahrensmängel sind Fehler des Truppendienstgerichts in seiner Beweiswürdigung, ein Verstoß gegen Denk- und Erfahrungssätze oder bei der Anwendung materiellen Rechts. Die Rechtsbeschwerde wegen eines Verfahrensmangels ist nur zuzulassen, wenn die angefochtene Entscheidung auf ihr beruhen kann, d. h. es ist nicht ausgeschlossen, dass das Truppendienstgericht ohne den Verfahrensverstoß zu einem für den Beschwerdeführer günstigeren Ergebnis gelängt wäre (dazu näher Kopp/Schenke, VwGO, § 132 Rn. 23). Im Übrigen decken sich die wichtigsten Verfahrensmängel mit den absoluten Revisionsgründen des § 138 VwGO, die im Verwaltungsprozess immer in dem Sinne erheblich sind, dass ein fehlerhaftes Urteil auf ihnen beruht. Das gilt entsprechend auch für das gerichtliche Antragsverfahren nach der WBO (BVerwG NZWehr 2010, 211, 213).

Zu Absatz 3

V. Bindung des BVerwG

14   Die Entscheidung des Truppendienstgerichts, die Rechtsbeschwerde zuzulassen, bindet das BVerwG ausnahmslos. Ob die Voraussetzungen für eine Rechtsbeschwerde vorliegen, hat sodann das BVerwG zu entscheiden. Dieser Prüfung kann es sich auch dann nicht entziehen, wenn sich weder aus dem Tenor des Beschlusses noch aus seinen Gründen ergibt, aus welchem Grund die Rechtsbeschwerde zugelassen wurde (so auch Eyermann/Kraft, VwGO, § 132 Rn. 63).

Zu Absatz 4

VI. Einlegung und Begründung der Rechtsbeschwerde

1. Allgemeines

15   Während die Regelung des Absatzes 2 dem Truppendienstgericht die Voraussetzungen aufgibt, unter denen es eine Rechtsbeschwerde zulassen darf, enthält Absatz 4 Verfahrensvorschriften für die Beschwerdeberechtigten für den Fall, dass das Truppendienstgericht eine Rechtsbeschwerde zugelassen hat. Trifft das Truppendienstgericht keine Entscheidung zur Zulassung oder lehnt es sie ab, ist der Weg für eine Nichtzulassungsbeschwerde geöffnet. **Zur Einlegung der Beschwerde befugt** sind der Beschwerdeführer und der BMVg (Absatz 1; zu seiner insoweit nicht stimmigen Bezeichnung im Gesetzestext siehe § 21 Rn. 2). Die für den BMVg getroffene Regelung nimmt im System des wehrbeschwerderechtlichen Rechtsschutzes eine Sonderstellung ein, da weder der Betroffene noch ein am Beschwerdeverfahren überhaupt nicht beteiligter Dritter eigene Verfahrensrechte besitzt. Die Beschwerdebefugnis des BMVg hat der Gesetzgeber damit begründet (BT-Drs. 16/7955, S. 36), dass die „Rechtsbeschwerde auf eine Grundsatz- und Divergenzrechtsprechung in Wehrbeschwerdesachen abziele", der BMVg mithin ein über das konkrete Verfahren hinausreichendes Interesse daran hat, eine in der Zuständigkeit der Truppendienstgerichte unterschiedlich beurteilte Rechtsfrage einheitlich für den Bereich der Bundeswehr beantwortet zu sehen. Das Schwergewicht der Interventionsbefugnis des BMVg wird daher in den Zulassungsgründen des Absatzes 2 Nr. 1 und 2 liegen. Der BWDA besitzt keine Beschwerdebefugnis; er vertritt den BMVg erst ab dem Zeitpunkt, zu dem das Rechtsbeschwerdeverfahren beim BVerwG anhängig ist.

2. Einlegung

Die Einlegung der Rechtsbeschwerde ist grundsätzlich davon abhängig, **16** dass sie in der Entscheidung des Truppendienstgerichts zugelassen ist. Einer besonderen Rechtsbeschwerde bedarf es dagegen nicht mehr, wenn unter den Voraussetzungen des § 22b Abs. 5 Satz 1 das Nichtzulassungsbeschwerdeverfahren als Rechtsbeschwerdeverfahren fortgesetzt wird.

Um rechtswirksam eine Rechtsbeschwerde einzulegen, haben die Be- **17** schwerdeberechtigten eine Frist von einem Monat einzuhalten; diese kann grundsätzlich nicht verlängert werden. Eine Verlängerung der Frist kommt nur in Frage, wenn die Voraussetzungen des § 7 Abs. 1 vorliegen.

Für den Beginn der Frist ist die Zustellung des angefochtenen Beschlusses **18** an die Beschwerdeberechtigten maßgebend. Der Ablauf einer Nacht (§ 6 Abs. 1) braucht für die Rechtsbeschwerde nicht abgewartet zu werden. Die rechtswirksam eingelegte Rechtsbeschwerde hemmt den Eintritt der Rechtskraft des angefochtenen Beschlusses, sie hat jedoch keine aufschiebende Wirkung (§ 17 Abs. 6 Satz 1 i. Vbg. m. § 22a Abs. 5 Satz 1).

Innerhalb der Monatsfrist kann zunächst die Rechtsbeschwerde eingelegt **19** werden, um ihr sodann innerhalb eines weiteren Monats die schriftliche Begründung folgen zu lassen, sie kann aber auch innerhalb der Einlegefrist schon mit der Begründung verbunden werden. Die Rechtsbeschwerde kann wirksam nur bei der Geschäftsstelle der Truppendienstkammer eingelegt werden, die die angefochtene Entscheidung erlassen hat, auch noch bei der Hauptgeschäftsstelle des Gerichts, nicht jedoch bei einer der übrigen Kammern. Das BVerwG ist keine für die Einlegung vorgesehene Stelle. Die für den Antrag auf gerichtliche Entscheidung in § 17 Abs. 4 Satz 3 vorgesehene Möglichkeit, ihn fristwahrend auch bei dem nächsten Disziplinarvorgesetzten oder in den Fällen des § 5 Abs. 2 und des § 11 Buchstabe b bei den dort bezeichneten Vorgesetzten einlegen zu können, gilt über die Verweisung in Absatz 5 Satz 2 auch für die Rechtsbeschwerde. Die Vorgesetzten haben die Rechtsbeschwerde unverzüglich dem Truppendienstgericht vorzulegen (§ 17 Abs. 4 Satz 4 entspr.). Für Maßnahmen nach § 17 Abs. 6 Satz 2 und 3 ist das BVerwG zuständig (BVerwG NVwZ 1998, 1177).

Die Rechtsbeschwerde verlangt Schriftform. Eine Erklärung mündlich zur **20** Niederschrift (§ 6 Abs. 2 Satz 2) ist nur in entsprechender Anwendung des § 17 Abs. 4 Satz 1 möglich.

21 Anders als in § 139 Abs. 1 Satz 3 VwGO enthält die Vorschrift keine Regelung zum Inhalt der Rechtsbeschwerde. Aus der entsprechenden Anwendung von § 17 Abs. 4 Satz 2 lässt sich allenfalls entnehmen, dass die Beschwerdeberechtigten die zur Begründung der Rechtsbeschwerde dienenden Tatsachen angeben sollen. Die Vorlage von Beweismitteln erübrigt sich, weil das BVerwG als Rechtskontrollinstanz keine Beweiserhebungen durchführt. Ein Tatsachenvortrag allein reicht jedoch nicht aus, um den Gegenstand der Rechtsbeschwerde zweifelsfrei identifizieren zu können. Daher muss zunächst die angefochtene Entscheidung mit Truppendienstgericht, Aktenzeichen und Datum angegeben werden. Einen bestimmten Antrag braucht sie noch nicht zu enthalten, dieser darf der Begründung vorbehalten bleiben. Eine Rücknahme der Rechtsbeschwerde ist bis zur Zustellung der Entscheidung des BVerwG jederzeit möglich.

3. Begründung

22 Die Beschwerdeberechtigten müssen die Rechtsbeschwerde innerhalb von zwei Monaten nach der Zustellung an sie begründen. Auch die Begründung verlangt Schriftform. Ebenso wie im Falle der Revision in Verfahren nach der VwGO wird auch bei Rechtsbeschwerde eine elektronische Einlegung gemäß § 23a Abs. 2 i. V. m. § 55 VwGO als zulässig anzusehen sein (vgl. für Verfahren nach der VwGO Eyermann/Kraft, VwGO, § 139 Rn. 8). Die Begründungsfrist kann – entgegen der Regelung des § 139 Abs. 3 Satz 3 VwGO – nicht verlängert werden. Die Beschwerdebegründung ist bei dem Truppendienstgericht einzulegen, dessen Beschluss angefochten wird. Das Truppendienstgericht hat die Rechtsbeschwerde nebst ihrer Begründung spätestens nach Ablauf der Begründungsfrist dem BVerwG vorzulegen.

23 Zum Inhalt der Begründung enthält das Gesetz – anders als § 139 Abs. 3 Satz 4 VwGO – keine Angaben. Im Gegensatz zur VwGO verzichtet die WBO darauf, für die der Revisionsbegründung nachgebildete Rechtsbeschwerdebegründung einen bestimmten Antrag zu verlangen, die verletzte Rechtsnorm und, soweit Verfahrensmängel gerügt werden, die Tatsachen anzugeben, die den Mangel begründen. Diese Angaben werden kraft Gesetzes erst für die Begründung der Nichtzulassungsbeschwerde gefordert (§ 22b Abs. 2 Satz 2). Auch die Begründung der Rechtsbeschwerde dient dem Ziel, dem BVerwG eine entscheidungsgeeignete Grundlage für seine Rechtskontrolle zu geben. Dazu muss sie – auch ohne dass das Gesetz die Beschwerdeberechtigten dazu ausdrücklich auffordert – schlüssig dargelegte Angaben enthalten, aus welchen Gründen die Beschwerdeberechtigten die Entscheidung des Truppendienstgerichts für rechtsfehlerhaft halten. Allgemein formelhafte Formulierungen oder eine Bezugnahme des Beschwerdeführers auf sein Vorbringen im Beschwerdeverfahren oder im gerichtlichen Antragsverfahren genügen nicht. Zur Mindestanforderung an die Beschwerdebegründung gehört, dass die Beschwerdeberechtigten die Richtigkeit der Entscheidung, gegen die sie sich wenden, bestreiten und im Einzelnen die Gründe angeben, mit denen sie ihr Bestreiten stützen. Rügen sie einen Verfahrensmangel, müssen sie diesen aufzeigen und darlegen, dass der angefochtene Beschluss gerade auf diesem Verfahrensfehler beruht, haben sie eine Divergenzrüge erhoben, müssen sie die einander widersprechenden Entscheidungen argumentativ gegenüberstellen (zur Identifizierung der Divergenzentscheidung siehe Rn. 8), hat die Beschwerdesache grundsätzlich Bedeutung, ist diese vorzutragen und detailliert zu begründen, welche Rechtsnorm im Einzelnen als verletzt angesehen wird.

Zu Absatz 5

VII. Vertretungszwang

Um wirksam die Rechtsbeschwerde einlegen und begründen zu 24 **können, ordnet Satz 1** für den Beschwerdeführer Vertretungszwang an. In Anlehnung an § 67 Abs. 1 Satz 1 VwGO soll sich dieser indes auf die Fälle beschränken, in denen der Beschwerdeführer einen Antrag stellt. Diese Formulierung führt nicht nur im Geltungsbereich der VwGO zu Missverständnissen (vgl. dazu Kopp/Schenke, VwGO, § 67 Rn. 15), sie ist auch für die Rechtsbeschwerde nach der WBO keine eindeutige Rechtsgrundlage. Hierfür ist verantwortlich, dass die Rechtsbeschwerde anders als die Revision im Verwaltungsgerichtsprozess (§ 139 Abs. 3 Satz 4 VwGO) gesetzlich keinen bestimmten Sachantrag verlangt (zu Form und Inhalt dieses Antrages siehe Kopp/Schenke, aaO, Rn. 4; Eyermann/Kraft, VwGO, § 139 Rn. 8 ff.). Für die Antwort auf die Frage, ob sich der Beschwerdeführer eines rechtskundigen Vertreters bedienen muss, kann es daher nicht darauf ankommen, ob er schon mit dem Einlegen der Rechtsbeschwerde einen bestimmten Sachantrag stellt, diesen erst in der Begründung vorträgt oder überhaupt von einem eigens formulierten Antrag absieht, weil sich das Ziel seiner Rechtsbeschwerde ausdrücklich oder im Wege der Auslegung aus der Begründung ergibt. Tatsächlich ist der Vertretungszwang für Einlegung und Begründung der Rechtsbeschwerde nicht davon abhängig, ob der Beschwerdeführer ausdrücklich einen Antrag gestellt hat (BVerwG NZWehr 2010, 40). Bedeutung gewinnt diese vorgebliche Verfahrensvoraussetzung allein in dem Fall, in der Beschwerdeführer zum Rechtsbehelfsgegner wird, wenn der BMVg Rechtsbeschwerde eingelegt hat; für seine evtl. Gegenäußerung ist die Vertretung durch einen Rechtsanwalt nicht vorgeschrieben (vgl. auch BT-Drs. 16/7955, S. 36). Dieses Ergebnis entspricht auch der Rechtslage nach der VwGO (vgl. § 67 Abs. 1 Satz 2 VwGO); die Revision, der die Rechtsbeschwerde nachgebildet ist, darf nur durch einen postulationsfähigen Vertreter eingelegt und begründet werden, der Rechtsmittelgegner, der von einem Antrag absieht, bedarf eines rechtskundigen Vertreters nicht (Kopp/Schenke, VwGO, § 139 Rn. 2). Mit dem Vertretungszwang beim Einlegen und Begründen der Rechtsbeschwerde ist im Übrigen dem Zweck der Vorschrift Rechnung getragen, ein sachverständig geführtes, auf die Erörterung schwieriger Rechtsfragen konzentriertes Verfahren vor dem obersten Wehrdienstgericht zu ermöglichen (vgl. auch BVerwG NZWehr 2010, 40).

Nur der Beschwerdeführer muss sich im Rechtsbeschwerdeverfahren durch 25 eine postulationsfähige Person vertreten lassen. Der BMVg ist schon vom Wortlaut der Vorschrift nicht erfasst, für ihn gilt das vom Vertretungszwang befreite Behördenprivileg (vgl. auch § 67 Abs. 1 Satz 3 VwGO). Als postulationsfähige Vertreter sind im Rechtsbeschwerdeverfahren nur Rechtanwälte oder Personen zugelassen, die die Befähigung zum Richteramt nach dem DRiG haben oder die Voraussetzungen des § 110 DRiG erfüllen (zur Vertretung durch Hochschullehrer siehe BVerwG NZWehr 1984, 209; BVerwGE 83, 315 = NJW 1988, 220 = NVwZ 1988, 157 LS). Zur Vertretung durch einen dienstleistenden europäischen Rechtsanwalt siehe § 28 des Gesetzes zur Umsetzung von Richtlinien der Europäischen Gemeinschaft auf dem Gebiet des Berufsrechts der Rechtsanwälte vom 9.3.2000 (BGBl. I S. 182).

VIII. Verfahrensvorschriften kraft Verweisung

26   **Für Einzelheiten des Rechtsbeschwerdeverfahrens verweist Satz 2** undifferenziert auf die entsprechende Anwendung des § 21 Abs. 2, der in seinem Satz 1 wiederum auf die §§ 17 bis 20 Bezug nimmt. Diese Kettenverweisung bedeutet für die Rechtsbeschwerde im Einzelnen:

- § 17 Abs. 1 bis 3 findet als grundsätzliche Regelung des gerichtlichen Antragsverfahrens keine – auch nicht entsprechende – Anwendung. Die Statthaftigkeit der Rechtsbeschwerde richtet sich ausschließlich nach § 22a Abs. 1 und 2.
- § 17 Abs. 4 Satz 1 und 2 gilt nur insoweit, als auch die Einlegung der Rechtsbeschwerde und ihre Begründung mündlich zur Niederschrift zulässig sind. Die übrigen Vorschriften treten hinter die Sondervorschrift des § 22a Abs. 4 zurück.
- § 17 Abs. 4 Satz 3 und 4 (Einlegestellen, Pflicht zur unverzüglichen Vorlage) findet entsprechende Anwendung.
- § 17 Abs. 4 Satz 5 ist gegenüber § 22a Abs. 4 nachrangig.
- § 17 Abs. 5 findet keine Anwendung.
- § 17 Abs. 6 findet Anwendung. Die Rechtsbeschwerde hat keine aufschiebende Wirkung (§ 17 Abs. 6 Satz 1). Über Maßnahmen nach § 17 Abs. 6 Satz 2 und 3 entscheidet das BVerwG (BVerwG NVwZ 1998, 1177).
- § 18 Abs. 1 (Besetzung des Wehrdienstsenats) findet Anwendung (für die Nichtzulassungsbeschwerde siehe jedoch § 22b Abs. 4 Satz 1 und dort Rn. 15).
  § 18 Abs. 2 Satz 1, 2 und 4 findet keine Anwendung; soweit weitere Sachaufklärung notwendig ist, hebt das BVerwG die angefochtene Entscheidung auf und verweist die Sache an das Truppendienstgericht zurück (Rn. 34).
- § 18 Abs. 2 Satz 3, 5 und 6 gilt auch im Rechtsbeschwerdeverfahren.
- § 18 Abs. 3 und 4 ist für das Rechtsbeschwerdeverfahren nicht einschlägig.
- § 19 wird durch § 22a Abs. 6 ersetzt.
- § 20 findet entsprechende Anwendung (notwendige Aufwendungen und Kosten). Eine § 21 Abs. 2 Satz 2 entsprechende Vorschrift ist in die Verweisungskette nicht aufgenommen worden (vgl. § 164 VwGO).

IX. Vertretung des BMVg

27   Die Verweisung auf § 21 Abs. 3 Satz 2 weist dem BWDA als neue Aufgabe die Vertretung des BMVg im Rechtsbeschwerdeverfahren zu.

Zu Absatz 6

X. Entscheidung des BVerwG

Anders als für die Regelung in § 144 VwGO vorgesehen (dazu siehe **28** Schoch/Schneider/Bier/Eichberger/Bier, VwGO, § 144 Rn. 22) entscheidet das BVerwG in allen denkbaren Fällen durch Beschluss (Satz 1). Es entscheidet in der Besetzung von drei Richtern und zwei ehrenamtlichen Richtern (siehe auch § 18 Abs. 4 Satz 2; für die Nichtzulassungsbeschwerde siehe jedoch § 22b Abs. 4 Satz 1: Besetzung ohne ehrenamtliche Richter.

Für den Inhalt der Entscheidung trifft Satz 2 nur eine Regelung bei **29** **begründeter Rechtsbeschwerde.** Das BVerwG hat zwei Optionen: es kann in der Sache selbst entscheiden oder die Sache an das Truppendienstgericht zurückverweisen. Es trifft eine Entscheidung in der Sache selbst, wenn es diese auf Grund der vom Truppendienstgericht getroffenen Tatsachenfeststellungen für spruchreif hält und nicht selbst noch weitere Feststellungen im Rahmen einer Beweiserhebung geprüft werden müssen. Eine Entscheidung in der Sache selbst kommt insbesondere in Betracht, wenn der angefochtene Beschluss auf einer unrichtigen Anwendung materiellen Rechts auf den konkreten Fall beruht.

Das BVerwG wird sich zu einer Aufhebung des Beschlusses und einer **30** Zurückverweisung entscheiden, wenn für eine abschließende Entscheidung noch weitere Tatsachenfeststellungen erforderlich sind (Kopp/Schenke, VwGO, § 144 Rn. 10). Es wird z. B. die Sache zurückverweisen, wenn dem Truppendienstgericht ein Verfahrensfehler i. S. des § 138 VwGO unterlaufen ist, d. h. das Truppendienstgericht war nicht ordnungsgemäß besetzt, dem Beschwerdeführer war das rechtliche Gehör versagt worden, an der Entscheidung hatte ein kraft Gesetzes ausgeschlossener oder befangener Richter oder ehrenamtlicher Richter mitgewirkt oder der angefochtene Beschluss war nicht mit Gründen versehen.

Zurückverwiesen wird an das Truppendienstgericht, dessen Entscheidung **31** angefochten wurde, möglich ist auch eine Zurückverweisung an eine andere Kammer desselben Gerichts. Mit der Zurückverweisung ist die Sache wieder bei dem Truppendienstgericht anhängig und es beginnt ein neues Verfahren. Das Truppendienstgericht ist dabei an die rechtliche Beurteilung des BVerwG gebunden (Kopp/Schenke, VwGO, § 144 Rn. 12). Richter, die bei der aufgehobenen Entscheidung mitgewirkt haben, sind in dem neuen Verfahren nicht ausgeschlossen. Ist die Rechtsbeschwerde unzulässig, verwirft sie das BVerwG durch Beschluss; das gilt auch für den Fall, in dem sie das BVerwG zwar für zulässig, jedoch für unbegründet hält.

§ 22b Nichtzulassungsbeschwerde

(1) **Bei Nichtzulassung der Rechtsbeschwerde durch das Truppendienstgericht steht dem Beschwerdeführer und dem Bundesministerium der Verteidigung die Nichtzulassungsbeschwerde an das Bundesverwaltungsgericht zu. § 22a Abs. 5 gilt entsprechend.**

(2) **Die Nichtzulassungsbeschwerde ist innerhalb eines Monats nach Zustellung des Beschlusses schriftlich bei dem Truppendienstgericht ein-**

zulegen und innerhalb von zwei Monaten nach Zustellung des Beschlusses schriftlich zu begründen. In der Begründung muss die grundsätzliche
Bedeutung der Beschwerdesache dargelegt oder die Entscheidung, von
welcher der Beschluss abweicht, oder der Verfahrensmangel bezeichnet
werden.

(3) Die Einlegung der Nichtzulassungsbeschwerde hemmt die Rechtskraft des angefochtenen Beschlusses.

(4) Hilft das Truppendienstgericht der Nichtzulassungsbeschwerde nicht
ab, entscheidet das Bundesverwaltungsgericht in der Besetzung ohne ehrenamtliche Richter durch Beschluss. Der Beschluss ist zu begründen. Mit
der Ablehnung der Nichtzulassungsbeschwerde durch das Bundesverwaltungsgericht wird der Beschluss des Truppendienstgerichts rechtskräftig.

(5) Wird der Nichtzulassungsbeschwerde abgeholfen oder lässt das Bundesverwaltungsgericht die Rechtsbeschwerde zu, wird das Nichtzulassungsbeschwerdeverfahren als Rechtsbeschwerdeverfahren fortgesetzt. In
diesem Fall ist die Rechtsbeschwerde innerhalb eines Monats nach Zustellung der Entscheidung über die Zulassung zu begründen. Darauf ist in
dem Beschluss hinzuweisen.

Übersicht

I. Vorbemerkung

1   Die Nichtzulassungsbeschwerde hat erst durch Art. 5 Nr. 18 WehrRÄndG
2008 Eingang in die WBO gefunden (vgl. auch § 22a Rn. 1). Sie ist für die
Beschwerdeberechtigten (Rn. 3) der Rechtsbehelf, mit dem sie nach einer
ihnen versagten Rechtsbeschwerde weiteren Rechtsschutz durch das BVerwG
verlangen können. Sie öffnet ein Verfahren eigener Art, das sich allein auf die

Überprüfung beschränkt, ob die Rechtsbeschwerde zu Recht oder zu Unrecht nicht zugelassen wurde. Auf den Gegenstand des ursprünglichen Antragsverfahrens nach § 17 wirkt sie sich zunächst nicht aus. Erst wenn ihr abgeholfen wurde oder das BVerwG die Rechtsbeschwerde zugelassen hat, wird das Nichtzulassungsbeschwerdeverfahren als Rechtsbeschwerdeverfahren fortgesetzt; in diesem Verfahren entscheidet das BVerwG sodann gemäß § 22a Abs. 6. In ihrer rechtlichen Konstruktion entspricht die Nichtzulassungsbeschwerde ihrem verwaltungsgerichtlichen Vorbild im Revisionsrecht der VwGO (§ 133 VwGO), so dass für Einzelheiten ihres Verfahrens auf die Kommentarliteratur zur VwGO verwiesen werden kann.

Zu Absatz 1

II. Voraussetzungen der Nichtzulassungsbeschwerde (Satz 1)

1. Beschwerdegegenstand

Gegenstand der Nichtzulassungsbeschwerde ist allein der versagte Rechts- **2** behelf nach § 22 a. Die Nichtzulassungsbeschwerde ist mithin statthaft, wenn es das Truppendienstgericht ausdrücklich abgelehnt hat, eine Rechtsbeschwerde gegen seinen Beschluss im gerichtlichen Antragsverfahren nach § 17 zuzulassen, aber auch dann, wenn – versehentlich – eine Entscheidung zur Zulassung unterblieben ist.

2. Beschwerdeberechtigte

Beschwerdeberechtigt sind der Beschwerdeführer und der BMVg. Der **3** BMVg wird auch im Nichtzulassungsbeschwerdeverfahren durch den BWDA vertreten.

3. Verfahrensvorschriften kraft Verweisung (Satz 2)

Die Nichtzulassungsbeschwerde des Beschwerdeführers und ihre Begrün- **4** dung dürfen nur durch eine rechtskundige Person eingelegt werden, die die Voraussetzungen des § 22a Abs. 5 Satz 1 erfüllt (BVerwG NZWehr 2010, 40), der BMVg ist vom Vertretungszwang befreit (§ 22a Abs. 5).

Durch die Verweisung auf § 22a Abs. 5 Satz 2, der eine Weiterverweisung **5** auf § 21 Abs. 2 und Abs. 3 Satz 2 enthält, gelten über die Kostenbestimmung, auf die sich die Begründung zum WehrRÄndG 2008 beschränkt (BT-Drs. 16/7955 S. 37), alle Verfahrensvorschriften für den Antrag auf gerichtliche Entscheidung entsprechend auch für die Nichtzulassungsbeschwerde, soweit nicht § 22b hiervon Abweichendes regelt. Eine derartige Sondervorschrift gegenüber § 18 Abs. 1 enthält Absatz 4 Satz 1 für die Besetzung des BVerwG mit nur drei Berufsrichtern (siehe auch Rn. 15). Im Übrigen hat auch die Einlegung der Nichtzulassungsbeschwerde keine aufschiebende Wirkung (§ 17 Abs. 6 Satz 1), jedoch hemmt sie ausdrücklich (Absatz 3) die Rechtskraft des angefochtenen Beschlusses. Erst mit der Ablehnung der Nichtzulassungsbeschwerde durch das BVerwG wird der Beschluss des Truppendienstgerichts rechtskräftig (Absatz 4 Satz 3). Über Maßnahmen nach § 17 Abs. 6 Satz 2 und 3 entscheidet das BVerwG (BVerwG NVwZ 1998, 1177).

Zu Absatz 2

III. Einlegung und Begründung der Nichtzulassungsbeschwerde

1. Beschwerdefrist

6   Auch für die Nichtzulassungsbeschwerde gilt eine Frist von einem Monat (Satz 1). Sie beginnt mit der Zustellung des Beschlusses an die Beschwerdeberechtigten und kann gleichfalls nicht verlängert werden. Nur unter den Voraussetzungen des § 7 Abs. 1 ist eine Fristversäumnis heilbar.

2. Einlegung

7   Einlegestelle für die Nichtzulassungsbeschwerde ist das Truppendienstgericht, das den Beschwerdeberechtigten die Zulassung der Rechtsbeschwerde versagt hat. Dieses hat gemäß Absatz 4 und 5 noch die Möglichkeit der Abhilfe. Das BVerwG ist keine für die Einlegung vorgesehene Stelle. Die für den Antrag auf gerichtliche Entscheidung in § 17 Abs. 4 Satz 3 vorgesehene Möglichkeit, ihn fristwahrend auch bei dem nächsten Disziplinarvorgesetzten oder in den Fällen des § 5 Abs. 2 und des § 11 Buchstabe b bei den dort bezeichneten Vorgesetzten einlegen zu können, gilt über die Verweisung in Absatz 5 Satz 2 auch für die Nichtzulassungsbeschwerde. Die Vorgesetzten haben die Nichtzulassungsbeschwerde unverzüglich dem Truppendienstgericht vorzulegen (§ 17 Abs. 4 Satz 4 entspr.).

8   Die Nichtzulassungsbeschwerde ist schriftlich einzulegen. Die Zulässigkeit einer elektronischen Einlegung gemäß § 23a i. Vbg.m. § 55a VwGO wird auch hier anzunehmen sein. Eine Erklärung mündlich zur Niederschrift (§ 6 Abs. 2 Satz 2) ist nur in entsprechender Anwendung des § 17 Abs. 4 Satz 1 möglich.

3. Frist und Form der Begründung

9   Die Nichtzulassungsbeschwerde verlangt eine schriftliche Begründung. Diese kann mit der Nichtzulassungsbeschwerde schon verbunden werden, muss aber jedenfalls innerhalb von zwei Monaten nach Zustellung des Beschlusses beim Truppendienstgericht eingegangen sein.

10   Auch die Begründungsfrist kann nicht verlängert werden. Wie die Nichtzulassungsbeschwerde selbst ist auch ihre Begründung nur bei dem Truppendienstgericht einzureichen, das die Zulassung der Rechtsbeschwerde versagt hat. Die Vorlage der Begründung beim BVerwG wahrt die Frist nicht.

4. Inhalt der Begründung

11   Im Gegensatz zur Rechtsbeschwerde, aber in Übereinstimmung mit § 133 Abs. 3 Satz 3 VwGO enthält Satz 2 die notwendigen Angaben, mit denen die Beschwerdeberechtigten in ihrer Begründung im Einzeln darlegen müssen, aus welchen Gründen sie die Entscheidung des Truppendienstgerichts, ihnen die Zulassung der Rechtsbeschwerde zu versagen, für verfehlt halten. Die gesetzlich geforderten Detailangaben stehen den Zulassungsgründen des § 22a Abs. 2 jeweils gegenüber. Behaupten die Beschwerdeberechtigten, die

Beschwerdesache habe grundsätzliche Bedeutung, müssen sie diese substantiiert darlegen (BVerwG NZWehrr 2009, 258; 2010, 252, 253; hierzu eingehend Kopp/Schenke, VwGO, § 133 Rn. 15; Eyermann/Kraft, VwGO, § 133 Rn. 25). Apodiktische Behauptungen, deren Entscheidungsrelevanz nicht ersichtlich ist, reichen nicht aus (BVerwG 1 WNB 2/15 vom 22.12.2015, juris Rn. 5). Ist eine Divergenzbeschwerde nicht zugelassen, muss die Entscheidung, von der die angefochtene Entscheidung abweicht, von den Beschwerdeberechtigten bezeichnet und angegeben werden, in welchem Rechtssatz die Entscheidungen voneinander abweichen (§ 22a Rn. 8; BVerwG 1 WNB 3/16 vom 9.5.2017, juris Rn. 13; 1 WNB 2/17 vom 9.5.2017, juris Rn. 4; BVerwG NZWehrr 2010, 160; Kopp/Schenke, aaO, Rn. 16), bei einer angestrebten Verfahrensrüge müssen die Tatsachen vorgetragen werden, aus denen sich der Verfahrensmangel ergibt (§ 22a Rn. 8; Kopp/Schenke, aaO, Rn. 17; Eyermann/Kraft, aaO, Rn. 35 ff.); dieser muss im Einzelnen bezeichnet werden, z. B. die Verletzung rechtlichen Gehörs und dazu die Tatsachen zu denen sich der Beschwerdeführer nicht oder nicht ausreichend hat äußern können. Schließlich muss hierzu vorgetragen werden, dass der Verfahrensmangel für die angefochtene Entscheidung hätte ursächlich sein können (vgl. § 22a Abs. 2 Nr. 3).

Die Anforderungen an die Begründung der Nichtzulassungsbeschwerde 12 entsprechend derjenigen nach § 133 Abs. 3 Satz 3 VwGO (BVerwG 2 WNB 4/14 vom 8.1.2015, juris Rn. 2 f.).

Zu Absatz 3

IV. Wirkung der Nichtzulassungsbeschwerde

Die Vorschrift entspricht § 133 Abs. 4 VwGO. Obwohl der ursprüngliche 13 Gegenstand des gerichtlichen Antragsverfahrens durch die Nichtzulassungsbeschwerde unmittelbar nicht betroffen ist (Rn. 1), hemmt sie gleichwohl die Rechtskraft des angefochtenen Beschlusses aus dem gerichtlichen Antragsverfahren. Erst mit der Ablehnung der Nichtzulassungsbeschwerde durch das BVerwG wird der Beschluss des Truppendienstgerichts rechtskräftig (Absatz 4 Satz 3). Eine Absatz 3 entsprechende Bestimmung fehlt zwar für die Einlegung der Rechtsbeschwerde(vgl. § 22a Rn. 21), wird aber inhaltlich durch die für die Nichtzulassungsbeschwerde getroffene Regelung als für einen Rechtsbehelf grundsätzlich typische Rechtsfolge vorausgesetzt (vgl. hierzu Kopp/Schenke, VwGO, Rn. 1 vor § 124). Aus der Verweisung in Absatz 1 Satz 2 auf § 22a Abs. 5 folgt auch für die Nichtzulassungsbeschwerde, dass sie keine aufschiebende Wirkung hat (§ 17 Abs. 6 Satz 1). Diese endet erst mit der Unanfechtbarkeit der angefochtenen Maßnahme (BVerwG NZWehrr 2011, 126). Richtet sich die Nichtzulassungsbeschwerde gegen einen die Beschwerde gegen die Verhängung eines Disziplinararrests zurückweisenden Beschluss, bleibt die nach § 42 Nr. 2 Satz 1 WDO eingetretene aufschiebende Wirkung bestehen (BVerwG aaO). Anordnungen nach § 17 Abs. 6 Satz 2 und 3 trifft ab Einlegung der Nichtzulassungsbeschwerde das BVerwG (BVerwG NVwZ 1998, 1177; NZWehrr 2011, 126).

Zu Absatz 4

V. Entscheidungsalternativen

1. Nichtabhilfe durch das Truppendienstgericht

14 Nach Einlegung der Nichtzulassungsbeschwerde an das BVerwG bestehen folgende Entscheidungsmöglichkeiten: Bevor das BVerwG mit der Entscheidung über die Nichtzulassungsbeschwerde befasst wird, erhält das Truppendienstgericht durch Satz 1 die Möglichkeit, ihr abzuhelfen. Das Truppendienstgericht entscheidet in der Besetzung mit ehrenamtlichen Richtern (BVerwG NZWehrr 2010, 252). Hat es der Nichtzulassungsbeschwerde nicht abgeholfen, legt es sie unverzüglich dem BVerwG zur Entscheidung vor (vgl. § 148 Abs. 1 Hs 2 VwGO). Dieses entscheidet nunmehr, ob es die Nichtzulassungsbeschwerde ablehnt (Satz 3) oder die Rechtsbeschwerde zulässt. Wenn schon das Truppendienstgericht der Nichtzulassungsbeschwerde abgeholfen hat, indem es die Rechtsbeschwerde für zulässig hält, ist das BVerwG an diese Entscheidung gebunden (§ 22a Abs. 3).

2. Entscheidung durch das BVerwG

15 Das BVerwG entscheidet durch Beschluss, den es zu begründen hat (Satz 2). Für die Besetzung trifft Satz 1 eine Regelung, die im Gesetzgebungsverfahren des WehrRÄndG 2008 offenbar unabgestimmt mit der Besetzungsvorschrift des § 18 Abs. 4 Satz 2 und damit auch für die Besetzung bei der Entscheidung über eine Rechtsbeschwerde (§ 22a Abs. 5 Satz 2) geblieben ist. Hiernach entscheidet über die Nichtzulassungsbeschwerde das BVerwG in der Besetzung ohne ehrenamtliche Richter und trifft damit eine Sonderbestimmung, die der Besetzung kraft Verweisung durch Absatz 1 Satz 2 auf § 18 Abs. 4 Satz 2 vorgeht.

3. Rechtskraft des truppendienstgerichtlichen Beschlusses

16 Der Beschluss des Truppendienstgerichts aus dem gerichtlichen Antragsverfahren (§ 17) wird rechtskräftig, wenn das BVerwG die Rechtsbeschwerde nicht zulässt (Satz 3) oder der Antragsteller innerhalb eines Monats keine Rechtsbeschwerde eingelegt hat. Im Nichtzulassungsbeschwerdeverfahren tritt die Rechtskraft ein, sobald die Geschäftsstelle den ablehnenden Beschluss des BVerwG der Post übergeben hat (BVerwG NVwZ 1994, 1206; vgl. auch BT-Drs. 16/7955 S. 37). **Mit der Entscheidung des BVerwG (Satz 3) oder nach Ablauf der Monatsfrist für das Einlegen der Rechtsbeschwerde ist der Beschluss des Truppendienstgerichts formell und materiell rechtskräftig. Formelle Rechtskraft** bedeutet, dass gegen die Entscheidung des Truppendienstgerichts ein Rechtsbehelf nicht mehr gegeben ist. Auch eine erneute Nichtzulassungsbeschwerde ist damit unzulässig. Die Bedeutung der **materiellen Rechtskraft** liegt darin, dass der Antragsteller und die Gerichte soweit durch sie gebunden sind, wie über den Gegenstand des Antrags entschieden worden ist. Die materielle Rechtskraft des Beschlusses verbietet eine erneute Entscheidung über das Antragsbegehren (vgl. BVerwG 1 WB 41/81 vom 18.2.1982, juris Rn. 19). Der Antragsteller darf dieselbe Sache nicht noch einmal zum Gegenstand eines gerichtlichen Antragsverfahrens machen. Ob es sich im Sinne der Rechtskraft um dieselbe Sache handelt, entscheidet sich allein nach der angefochtenen oder erbetenen Maßnahme (BVerwGE 33, 228). Ein neuer Antrag ist nur zulässig, soweit der Antragsteller vorträgt, die Sach- und Rechtslage habe sich nach dem Zeitpunkt der Entscheidung des BVerwG entscheidungserheblich verändert (BVerwGE 35, 234, 236). Die Rechtskraft erstreckt sich nur auf den Tenor des Beschlusses, nicht auch auf die Gründe, die zur Auslegung jedoch herangezogen werden können. Sie wirkt nur insoweit, als es sich um die mit dem Antrag angefochtene oder erbetene Maßnahme handelt (BVerwGE 33, 228). Bei Anfechtungsanträgen wird also die Feststellung rechtskräftig, dass die Maßnahme in die Rechte des Antragstellers eingreift und rechtswidrig ist, bei Verpflichtungsanträgen, dass ein Anspruch auf die Maßnahme besteht oder bei Abweisung, dass er nicht besteht. Die Rechtskraftwirkung tritt unabhängig davon ein, ob der Beschluss des Truppendienstgerichts die Sach- und Rechtslage zutreffend gewürdigt hat (BVerwG NZWehr 2005, 79, 80).

Die Rechtskraft des Beschlusses hat grundsätzlich nur Wirkung gegenüber **17** dem Antragsteller als dem nach der WBO einzigen Verfahrensbeteiligten (siehe indes v. Buch, NZWehr 1972, 47 f.). Da das Truppendienstgericht jedoch die Rechtmäßigkeit einer angefochtenen oder erbetenen Maßnahme des Betroffenen überprüft, dessen Verhalten also im Einzelfall bestätigt oder beanstanden wird, wirkt die Rechtskraft der Entscheidung auch ihm gegenüber, soweit er materiell durch die Entscheidung berührt wird. Das hat zur Folge, dass er die Richtigkeit der Entscheidung nicht mehr bestreiten kann, d. h. der Beschluss gilt zu seinen Gunsten oder Ungunsten als richtig und der Antragsteller kann sich ihm gegenüber stets darauf berufen. Das gilt allerdings nur in Bezug auf den Antragsteller. An die Entscheidung der gleichen Tatbestände anderer Soldaten gegenüber ist der Betroffene nicht gebunden. Der Rechtskraftwirkung auch gegenüber dem Betroffenen entspricht es, dass ihm die Entscheidung des Truppendienstgerichts mitgeteilt (§ 12 Abs. 1 Satz 3 entspr.) und rechtliches Gehör gewährt werden muss. Die gleichen Folgerungen sind gegenüber dem Vorgesetzten zu ziehen, der über die weitere Beschwerde entschieden hat und zwar nicht nur, wenn der Beschwerdebescheid einen eigenen neuen Beschwerdegrund enthielt, sondern auch, wenn er die angefochtene Maßnahme oder Unterlassung lediglich bestätigte.

Der Eintritt der materiellen Rechtskraft hindert den Betroffenen im Rah- **18** men seines pflichtgemäßen Ermessens jedoch nicht, einen unbegründet abgewiesenen Anspruch auch ohne zwischenzeitlich eingetretene Änderung der Sach- und Rechtslage erneut zu prüfen, ihn erneut abzulehnen oder ihn ganz oder teilweise zu erfüllen (BVerwG 1 WB 41/81 vom 18.2.1982, juris Rn. 22). Er darf jedoch nicht durch Erteilen eines neuen Sachbescheides unter Verzicht auf die materielle Rechtskraft der zu seinen Gunsten ergangenen Entscheidung den Rechtsweg für eine von dem rechtskräftigen Beschluss abweichende gerichtliche Entscheidung über den Anspruch neu eröffnen, soweit sich nicht inzwischen die Sach- und Rechtslage entscheidungserheblich verändert hat (so BVerwGE 73, 348 = NZWehr 1982, 192, siehe auch BVerwGE 35, 234, 236; BVerwG NZWehr 2005, 78). Ungeachtet der Unanfechtbarkeit des Beschlusses bleibt es zulässig, Schreibfehler, Rechenfehler und ähnliche offensichtliche Unrichtigkeiten jederzeit durch das Gericht beseitigen zu lassen (vgl. § 118 Abs. 1 VwGO). Eine offensichtliche Unrichtigkeit liegt z. B. vor, wenn der Name des Antragstellers oder sein Wohnort falsch geschrieben ist; jedoch keine offensichtliche Unrichtigkeit, wenn der Antragsteller behauptet, es müsse statt „Der Bundesminister der Verteidigung" heißen „Der Bundesminister für Verteidigung", wie es der Fassung des Art. 65a GG entspricht, ferner, wenn der Bevollmächtigte im Rubrum versehentlich nicht als Vertreter des Antragstellers aufgeführt ist.

19   Auch der Antrag auf Berichtigung des Tatbestandes ist in entsprechender Anwendung der §§ 119 Abs. 1, 122 Abs. 1 VwGO statthaft. Eine Berichtigung des Tatbestandes ist insbesondere im schriftlichen Verfahren nur angebracht, wenn der Tatbestand nicht dem Inhalt des in den Akten enthaltenen Sachvortrags entspricht. Der Antrag ist innerhalb von zwei Wochen nach Zustellung des Beschlusses zu stellen (§ 119 Abs. 1 VwGO). Über den Antrag auf Berichtigung des Tatbestandes haben nur die Richter zu entscheiden, die auch an dem für berichtigungswürdig gehaltenen Beschluss mitgewirkt haben (§ 119 Abs. 2 Satz 3 i. Vbg. m. § 122 Abs. 1 VwGO; § 23a Abs. 2). Sind die früher beteiligten ehrenamtlichen Richter zwischenzeitlich i. S. von § 74 Abs. 5 WDO verhindert und kommt ein Ersatz durch andere ehrenamtliche Richter nicht in Betracht, entscheidet über den Antrag der Vorsitzende – bei den Wehrdienstsenaten die drei Berufsrichter – allein. Der Beschluss ist unanfechtbar. Zum Vermerk über den Berichtigungsbeschluss auf den Ausfertigungen der gerichtlichen Entscheidung siehe § 118 Abs. 2 Satz 2 und § 119 Abs. 2 Satz 5 VwGO. § 120 VwGO (Urteilsergänzung auf Antrag) ist entsprechend auf Beschlüsse der Wehrdienstgerichte anzuwenden, wenn sie versehentlich nicht vollständig über den Antrag auf gerichtliche Entscheidung befunden haben.

Zu Absatz 5

VI. Fortsetzung des Nichtzulassungsbeschwerdeverfahrens

20   Während sich aus Absatz 4 die Rechtsfolgen einer erfolglosen Nichtzulassungsbeschwerde ergeben, regelt Absatz 5 die Zulassung der Rechtsbeschwerde unter alternativen Voraussetzungen (Satz 1):

– Das Truppendienstgericht hat der **Nichtzulassungsbeschwerde abgeholfen.** Die Abhilfe **(Satz 1)** besteht darin, dass das Truppendienstgericht, vorausgesetzt, die Nichtzulassungsbeschwerde ist zulässig und begründet, beschließt, die Rechtsbeschwerde zuzulassen. Eine erneute Rechtsbeschwerde brauchen die Beschwerdeberechtigten nicht mehr einzulegen (vgl. auch § 139 Abs. 2 VwGO). Die Abhilfeentscheidung ergeht durch Beschluss, ist unanfechtbar und bindet das BVerwG (§ 22a Abs. 3). Sie bedarf keiner Begründung (Kopp/Schenke, VwGO, § 133 Rn. 19). Das Truppendienstgericht hat darauf hinzuweisen, dass das Nichtzulassungsbeschwerdeverfahren als Rechtsbeschwerdeverfahren fortgesetzt wird, keine erneute Rechtsbeschwerde eingelegt zu werden braucht, eine Begründung jedoch innerhalb eines Monats nach Zustellung der Entscheidung über die Zulassung eingereicht werden muss.

– Das Truppendienstgericht hat der **Nichtzulassungsbeschwerde nicht abgeholfen,** sie dem BVerwG zur Entscheidung vorgelegt und dieses lässt die Rechtsbeschwerde zu. Bei seiner Entscheidung über die Nichtzulassungsbeschwerde hat sich das BVerwG an den Zulassungsgründen des § 22a Abs. 2 auszurichten (vgl. BVerwG NJW 1990, 3102; 2003, 2319). Es darf innerhalb dieses Katalogs auch ohne ausdrückliche Rüge der Beschwerdeberechtigten die Rechtsbeschwerde zulassen, wenn die zunächst vorgebrachte Rechtsfrage grundsätzlicher Bedeutung zwischenzeitlich höchstrichterlich geklärt ist und im Zeitpunkt der Entscheidung ein Fall der Divergenz zu klären ist. Ist die Rechtsbeschwerde begründet, kann das BVerwG in der Sache selbst entscheiden oder den angefochtenen Beschluss aufheben und die Sache an das Truppendienstgericht zur anderweitigen Verhandlung und Entscheidung zurückverweisen (§ 22a Abs. 6 Satz 2). Wurde dagegen erfolgreich ein Verfahrensmangel i. S. des § 22a Abs. 2 Nr. 3 geltend gemacht, kann das BVerwG, anstatt die Rechtsbeschwerde zuzulassen, auch die angefochtene Entscheidung aufheben und nach § 22a Abs. 6 Satz 2 2. Alternative verfahren (§ 139 Abs. 6 VwGO entspr.; BVerwG NZWehr 2010, 125, 126).

In den Fällen, in denen die Rechtsbeschwerde zugelassen ist, wird 21 **das Nichtzulassungsbeschwerdeverfahren als Rechtsbeschwerdeverfahren fortgesetzt (Satz 1).** Diese Regelung entspricht § 139 Abs. 2 VwGO. Sie bedeutet, dass mit der Zulassung der Rechtsbeschwerde durch die Abhilfeentscheidung des Truppendienstgerichts oder den stattgebenden Beschluss des BVerwG eine erneute Rechtsbeschwerde nicht mehr eingelegt zu werden braucht (vgl. § 139 Abs. 2 Satz 1 Hs 2 VwGO). Sie muss allerdings innerhalb eines Monats nach Zustellung der Entscheidung über die Zulassung begründet werden (Satz 2). Nachdem das Rechtsbeschwerdeverfahren in diesem Verfahrensstadium beim BVerwG anhängig ist (Satz 1), ist die Begründung in Abweichung zur Regelung bei der Abhilfeentscheidung des Truppendienstgerichts dort einzureichen (vgl. § 139 Abs. 3 Satz 2 VwGO); die Einlegestellen nach § 5 Abs. 2 und § 11 Buchst. b bleiben unberührt. Die Frist kann mit Rücksicht auf das Beschleunigungsgebot des Wehrbeschwerderechts entgegen der Regelung des § 139 Abs. 3 Satz 3 VwGO nicht verlängert werden.

§ 23 Verwaltungsgerichtliches Vorverfahren

(1) **Ist für eine Klage aus dem Wehrdienstverhältnis der Verwaltungsrechtsweg gegeben, tritt das Beschwerdeverfahren an die Stelle des Vorverfahrens.**

(2) **Die Beschwerde kann in diesen Fällen auch bei der Stelle eingelegt werden, deren Entscheidung angefochten wird. Hält diese Stelle die Beschwerde für begründet, hilft sie ihr ab. Anderenfalls legt sie die Beschwerde der zur Entscheidung zuständigen Stelle vor.**

(3) **Die weitere Beschwerde ist nicht zulässig.**

(4) **Der Bundesminister der Verteidigung kann die Entscheidung für Fälle, in denen er zur Entscheidung über die Beschwerde zuständig wäre, durch allgemeine Anordnung auf die Stelle, die die angefochtene Maßnahme erlassen hat, oder auf andere Stellen übertragen. Die Anordnung ist zu veröffentlichen.**

(5) **Gegen Entscheidungen des Bundesministers der Verteidigung ist die Klage erst zulässig, wenn dieser auf eine Beschwerde erneut entschieden hat.**

(6) **Die Beschwerde hat aufschiebende Wirkung. Die aufschiebende Wirkung entfällt bei Entscheidungen über die Begründung, Umwandlung**

oder Beendigung eines Wehrdienstverhältnisses. Im Übrigen gelten die Bestimmungen des § 80 Abs. 5, 7 und 8 der Verwaltungsgerichtsordnung entsprechend.

(7) § 18 Abs. 3 gilt entsprechend.

Übersicht

I. Vorbemerkung

1   § 190 Abs. 1 Nr. 6 VwGO lässt die WBO, soweit sie eine von der VwGO abweichende Regelung enthält, unberührt. Für einen der wichtigsten Abweichungsfälle enthält § 23 besondere Vorschriften. Nach § 23 tritt, sofern für eine Klage aus dem Wehrdienstverhältnis der Verwaltungsrechtsweg gegeben ist, das Beschwerdeverfahren an die Stelle des verwaltungs-

gerichtlichen Vorverfahrens (abweichend für das Dienstverhältnis der an den UniBw studierenden Soldaten Jenisch, NZWehrr 1975, 121, der indes verkennt, dass die Universitäten der Bundeswehr, ungeachtet ihrer verfassungsmäßig verankerten Sonderstellung im Verteidigungsressort, Dienststellen der Bundeswehr sind; siehe auch § 17 Rn. 60). Für frühere Soldaten siehe § 1 Rn. 251 f. und ZDv A-2160/6, Abschnitt 2.11; in Schnell/Ebert C 33 c.

Der Grundsatz, dass in Verwaltungsangelegenheiten eines Soldaten das **2** Beschwerdeverfahren das dem Verwaltungsgerichtsprozess vorgeschaltete Vorverfahren (Widerspruch) ersetzt (siehe hierzu instruktiv Foge, DÖD 1983, 167), hat sich in der langjährigen Praxis des Gesetzes bewährt. Bei der im Einzelfall schwierigen Abgrenzung zwischen truppendienstlicher Beschwerde und Beschwerde in Verwaltungsangelegenheiten, behält die Sonderregelung der WBO ihre Berechtigung. Mit dem einheitlichen Rechtsschutzmittel der WBO ist der Beschwerdeführer jedenfalls von der Prüfung freigestellt, ob er Beschwerde oder Widerspruch einlegen muss; die Verfolgung seiner Rechte auch im Verwaltungsrechtsweg ist ihm somit erleichtert (vgl. schon die ursprüngliche Konzeption der WBO, BT-Drs. Nr. 2359, 2. Wahlperiode 1953, S. 7, 13). Mit dem Wegfall der weiteren Beschwerde durch das NOG (Absatz 3) ist das Beschwerderecht der WBO, soweit es an die Stelle des Widerspruchsverfahrens tritt, dem einstufigen verwaltungsgerichtlichen Vorverfahren angepasst worden (vgl. im Einzelnen Begr. zur Regierungsvorlage NOG, BT-Drs. VI/1834 S. 71). In truppendienstlichen Angelegenheiten ist dagegen die weitere Beschwerde erhalten geblieben (§ 16). Die Vorschrift ist zuletzt durch Art. 5 Nr. 20 WehrRÄndG 2008 mit einem inhaltlich neuen Absatz 6 geändert worden.

Zu Absatz 1

II. Anwendungsbereich der Vorschrift

1. Verhältnis zur VwGO

Das Beschwerderecht tritt nur dann an die Stelle des in der VwGO als **3** Vorverfahren vorgesehenen Widerspruchsverfahrens, wenn die VwGO die Durchführung eines Vorverfahrens vor Erhebung der Klage beim Verwaltungsgericht vorschreibt. Zwar lässt § 190 Abs. 1 Nr. 6 VwGO die WBO, soweit sie von der VwGO abweicht, unberührt. Das bedeutet jedoch nicht, dass das Beschwerderecht der WBO im verwaltungsgerichtlichen Rechtsschutz dem Soldaten eine weitere Rechtsschutzmöglichkeit auch dort eröffnet, wo schon nach allgemeinen verwaltungsrechtlichen Regeln kein Vorverfahren vorgeschrieben ist. Die durch § 190 Abs. 1 Nr. 6 VwGO garantierten Sonderregelungen beziehen sich nur auf solche Bestimmungen der WBO, die ausdrücklich von der VwGO abweichen (so auch OVG NRW NJW 1975, 895). Im Übrigen bleibt es beim Recht der VwGO. Wird in Fällen, in denen nach der VwGO kein Vorverfahren vorgesehen ist, gleichwohl Beschwerde eingelegt und ergeht ein Beschwerdebescheid, bemisst sich die Frist für die Klageerhebung nach §§ 74, 58 VwGO. Zur ergänzenden Anwendung der VwGO siehe im Übrigen § 23a Abs. 2 und die Erläuterungen dort.

4   Darüber hinaus gelten folgende Besonderheiten:

1. Auch bei der Beschwerde in Verwaltungsangelegenheiten ist zu beachten, dass sie erst eingelegt werden darf, nachdem eine Nacht verstrichen ist.
2. Die Beschwerde hat aufschiebende Wirkung (Absatz 6 Satz 1). Diese entfällt jedoch bei Entscheidungen über die Begründung, Umwandlung oder Beendigung eines Wehrdienstverhältnisses (Absatz 6 Satz 2).
3. Die Einlegung der Beschwerde richtet sich nach § 5 i. Vbg. m. § 23 Abs. 2.
4. Die Erteilung des Beschwerdebescheides bestimmt sich nach § 12. Zur Rechtsbehelfsbelehrung siehe § 7 Rn. 4 und § 12 Rn. 22 ff.
5. Zur Kostenentscheidung im beschwerderechtlichen Vorverfahren siehe Rn. 9 ff.
6. Ist der Soldat durch eine unrichtige Rechtsbehelfsbelehrung an der Einhaltung der Rechtsbehelfsfrist gehindert worden oder ist eine Rechtsbehelfsbelehrung überhaupt nicht erteilt, gilt nicht § 58 Abs. 2 VwGO, sondern § 7 Abs. 2 WBO.
7. Die Vorschriften über die Klagefrist, die Klageerhebung und die Klageschrift sind der VwGO zu entnehmen.

2. Anwendung des VwVfG

5   Die Anwendbarkeit des VwVfG auf die Verwaltungstätigkeit des Bundes ist nunmehr zumindest für truppendienstliche Verwendungs- und Personalmaßnahmen höchstrichterlich bestätigt (BVerwG 1 WB 38/17 vom 1.3.2018, juris Rn. 35). Damit ist das BVerwG der bisher an dieser Stelle vertretenen Rechtsauffassung gefolgt. Der Anwendungsbereich ergibt sich aus § 1 Abs. 1 Nr. 1 VwVfG. Danach gilt das Gesetz für die öffentlichrechtliche Verwaltungstätigkeit des Bundes, soweit nicht Rechtsvorschriften des Bundes inhaltsgleiche oder entgegenstehende Bestimmungen enthalten und kein Verfahren nach § 2 VwVfG in Betracht kommt. Ausnahmen vom Anwendungsbereich durch § 2 VwVfG sind für die Rechtsbeziehungen zwischen Dienstherrn und Soldaten gesetzlich nicht vorgesehen; SG und WBO regeln Sachgebiete, die von der Anwendung des VwVfG nicht ausgeschlossen sind (Walz, aaO, S. 119). Auch der nur subsidiäre Charakter steht einer Anwendung des VwVfG grundsätzlich nicht entgegen. Es greift ergänzend ein, sofern nicht spezielle Verfahrensregelungen, aber auch die Eigengesetzlichkeit des Wehrdienstverhältnisses, seine Anwendung ausschließen. Nachdem § 23a Abs. 1 zur Ergänzung der WBO auf die entsprechende Anwendung der WDO verweist, tritt das VwVfG jedoch hinter die entsprechenden Regelungen dieses Gesetzes zurück (z. B. gilt für die Besorgnis der Befangenheit § 23a Abs. 1 i. Vbg. m. § 30 Abs. 2 Nr. 3 WDO; das Akteneinsichtsrecht richtet sich nicht nach § 29 VwVfG, sondern nach § 3 WDO).

6   Üben Vorgesetzte und Dienststellen der Bundeswehr eine öffentlich-rechtliche Verwaltungstätigkeit aus, sind sie Behörden i. S. des § 1 Abs. 4 VwVfG (Klückmann, DVBl 1977, 952, 955). Ob das der Fall ist, bestimmt sich nach § 9 VwVfG, der den Begriff des Verwaltungsverfahrens definiert. Damit unterfällt im Wesentlichen nur die Tätigkeit dem VwVfG, die der Vorbereitung und dem Erlass eines Verwaltungsaktes dient. Alle truppendienstlichen Maßnahmen, insbesondere alle Akte der Befehls- und Kommandogewalt einschließlich der Ausübung der Disziplinarbefugnis, unterliegen nicht den Regelungen des VwVfG.

Im Rahmen des verwaltungsgerichtlichen Vorverfahrens nach der WBO 7
gilt das VwVfG ergänzend, soweit die WBO keine ausdrückliche Regelung
enthält oder auf eine entsprechende Anwendung der WDO verweist.
Demnach sind im Verwaltungsverfahren sowie im verwaltungsgerichtlichen 8
Vorverfahren **im Wesentlichen folgende Bestimmungen des VwVfG
anwendbar:**

- § 3a VwVfG (Elektronische Kommunikation); siehe aber § 47 Abs. 4, § 55
  Abs. 6 Satz 2 SG.
- § 14 VwVfG (Bevollmächtigte und Beistände) nur insoweit, als er sich auf
  Verfahren bezieht, die Verwaltungsangelegenheiten behandeln und damit
  Vorverfahren für Klagen nach der VwGO sind.
- § 20 VwVfG (In einem Verwaltungsverfahren ausgeschlossene Personen).
- § 28 VwVfG (Anhörung Beteiligter). Zu beachten ist hierbei jedoch, dass
  die Entlassungstatbestände des Soldatenrechts zur Verwirklichung des rechtlichen Gehörs Sonderregelungen enthalten, § 29 Abs. 5; § 44 Abs. 4
  Satz 2; § 47 Abs. 2; § 55 Abs. 6 SG.
- § 31 VwVfG (Berechnung von Fristen); siehe zur Fristversäumnis jedoch
  § 7 WBO.
- § 38 VwVfG (Zusicherung); zur Anwendung im Bereich militärischer
  Über-Unterordnung offen gelassen durch BVerwG 1 WB 38/17 vom
  1.3.2018, juris Rn. 29).
- § 39 VwVfG (Begründung eines Verwaltungsaktes), soweit nicht z. B. in
  § 44 Abs. 4 Satz 2, § 47 Abs. 4 und § 55 Abs. 6 Satz 2 SG Sonderregelungen enthalten sind.
- § 51 VwVfG (Wiederaufgreifen des Verfahrens); für das gerichtliche Antragsverfahren siehe § 23a Rn. 8.
- § 80 VwVfG (Erstattung von Kosten im Vorverfahren), da § 16a nur die
  Kosten der truppendienstlichen Beschwerde betrifft.

3. Kostenentscheidung in Verwaltungsangelegenheiten

Mit der Anwendbarkeit des § 80 VwVfG im verwaltungsgerichtlichen 9
Vorverfahren der WBO ist es möglich, dem Soldaten die zur zweckentsprechenden Rechtsverfolgung oder Rechtsverteidigung notwendigen Aufwendungen zu erstatten, wenn er mit seiner Beschwerde Erfolg hatte (vgl.
Meyer-Borgs, VwVfG, § 80 Rn. 3; Beispiel: „Die Beschwerde ist begründet.
Die Kosten des Beschwerdeverfahrens trägt die Bundesrepublik Deutschland"). Das gilt auch, wenn die Stelle, deren Entscheidung angegriffen ist, der
Beschwerde abhilft (§ 23 Abs. 2 Satz 2 WBO); sie entscheidet zugleich über
die Kosten (§ 72 VwGO). Bei nur teilweisem Erfolg der Beschwerde besteht
ein Erstattungsanspruch nur insoweit, als ihr stattgegeben wird; die Kostenentscheidung wird quotiert (Beispiel: „Die Beschwerde ist begründet, soweit
sie sich gegen die Berechnung der Reisekosten wendet; im Übrigen ist sie
unbegründet. Die Kosten des Beschwerdeverfahrens tragen der Beschwerdeführer zu $^3/_4$, die Bundesrepublik Deutschland zu $^1/_4$,."). Hat sich das Beschwerdevorbringen in der Hauptsache erledigt, ohne dass abgeholfen oder
ein Beschwerdebescheid ergangen ist, findet § 80 VwVfG keine Anwendung.
Ist die Beschwerde erfolglos geblieben, entfällt ein Erstattungsanspruch des
Betroffenen, wenn in dem Beschwerdeverfahren Rechte aus einem bestehenden oder früheren Wehrdienstverhältnis geltend gemacht werden (§ 80

Abs. 1 Satz 3 Hs 2 VwVfG). Auch bei Rücknahme der Beschwerde ist keine Kostenentscheidung zu treffen.

10 Die Auslagenentscheidung ist Teil des Beschwerdebescheides nach § 13 WBO. Sie muss von Amts wegen getroffen werden, unabhängig davon, ob Auslagen entstanden sind. Ist eine Kostenentscheidung unterblieben, muss sie nachgeholt werden (Kopp/Ramsauer, VwVfG, § 80 Rn. 61). Von der Kostenentscheidung ist die Kostenfestsetzung (§ 80 Abs. 3 VwVfG) zu unterscheiden. Sie setzt einen Antrag voraus, der erst beschieden werden kann, wenn die Kostenentscheidung unanfechtbar geworden ist (Meyer-Borgs, aaO, Rn. 45). Die Kostenfestsetzung nimmt diejenige Behörde vor, die die Beschwerdeentscheidung getroffen hat, im Falle der Abhilfe die hierüber entscheidende Stelle.

11 Hat sich der Beschwerdeführer eines Rechtsanwalts bedient, muss im Rahmen einer stattgebenden Beschwerdeentscheidung auch über die Notwendigkeit seiner Zuziehung befunden werden (§ 80 Abs. 2 VwVfG). Bei der Entscheidung dieser Frage sind die zu § 162 Abs. 2 Satz 2 VwGO entwickelten Grundsätze zu beachten (BVerwGE 55, 299, 306; siehe auch § 16a Abs. 3). Dieser Bestimmung und § 80 Abs. 2 VwVfG ist zu entnehmen, dass im verwaltungsgerichtlichen Vorverfahren eine besondere Vertretung durch Rechtsanwälte und Bevollmächtigte in der Regel nicht üblich und nicht erforderlich ist. Deshalb ist z. B. im isolierten Vorverfahren die Vertretung durch einen Rechtsanwalt oder sonstigen Bevollmächtigten die Ausnahme, wobei stets auf den Einzelfall abzustellen ist (vgl. auch BVerwGE 55, 299, 306). In rechtlich oder tatsächlich schwierigen oder umfangreichen Verfahren wird die Zuziehung eines Rechtsanwalts allerdings als notwendig zu erachten sein. Dabei ist darauf abzustellen, ob dem Beschwerdeführer nach seiner Persönlichkeit zugemutet werden kann, das Beschwerdeverfahren allein zu betreiben (BVerwG NZWehrr 1984, 41, 124). Die Notwendigkeit der Zuziehung eines Bevollmächtigten kann nur im Ganzen bejaht oder verneint werden; anders als bei der Entscheidung über die Auslagen findet insoweit eine Quotelung nicht statt.

12 Da die Kostenentscheidung Teil des Beschwerdebescheides ist, ist eine hiergegen gerichtete Beschwerde unzulässig; der Beschwerdeführer kann unmittelbar Anfechtungsklage erheben (Kopp/Ramsauer, VwVfG, § 80 Rn. 61; vgl. auch § 16a Abs. 5). Auch gegen die Entscheidung, die die Notwendigkeit eines Bevollmächtigten verneint, ist nur die Klage zum Verwaltungsgericht möglich. Dies gilt nicht für die in der Abhilfeentscheidung (§ 23 Abs. 2 Satz 2 WBO) zu treffende Kostenentscheidung. Sie ist mit der Beschwerde anfechtbar. Auch die Kostenfestsetzung kann als erstinstanzlicher Verwaltungsakt im Wege der Beschwerde überprüft werden.

4. Verwaltungsgerichtlicher Rechtsschutz

13 Verwaltungsgerichtlicher Rechtsschutz kann vornehmlich mit der Anfechtungsklage, der Verpflichtungsklage oder der Feststellungsklage begehrt werden (§§ 42, 43 VwGO). Zu den Klagearten im Übrigen siehe Eyermann, Happ, VwGO § 42 Rn. 41 ff. sowie derselbe, a. a. O., § 43 Rn. 1 ff.

14 **Mit der Anfechtungsklage** verfolgt der Kläger die Aufhebung oder Änderung eines Verwaltungsaktes (§§ 42 Abs. 1, 113 Abs. 1 Satz 1 VwGO), eventuell verbunden mit dem Rückgängigmachen seiner Vollziehung (§ 113 Abs. 1 Satz 2 und 3 VwGO). **Mit der Verpflichtungsklage** kann er den

Erlass eines abgelehnten (Vornahmeklage) oder unterlassenen Verwaltungsaktes (Untätigkeitsklage) durchsetzen, z. B. eine nach Auffassung des Klägers
zu Unrecht unterbliebene Beförderung. Diese Klagen sind nur zulässig, wenn
der Kläger geltend macht, durch den Verwaltungsakt oder seine Ablehnung
oder Unterlassung in seinen Rechten verletzt zu sein (§ 42 Abs. 3 VwGO).
Mit der Feststellungsklage kann die Feststellung des Bestehens oder Nicht-
bestehens eines Rechtsverhältnisses oder der Nichtigkeit eines Verwaltungsaktes begehrt werden, wenn der Kläger ein berechtigtes Interesse an der
baldigen Feststellung hat (§ 43 Abs. 1 VwGO). Hiervon ist die Klage zu
unterscheiden, die auf die Feststellung der Rechtswidrigkeit eines erledigten
Verwaltungsaktes gerichtet ist (§ 113 Abs. 1 Satz 4 VwGO; Fortsetzungsfest-
stellungsklage). Sie dient nur der Klärung, ob der nicht mehr wirksame und
auch nicht mehr rückgängig zu machende Verwaltungsakt rechtmäßig oder
rechtswidrig gewesen ist (BVerwGE 26, 161, 166 und Kopp/Schenke,
VwGO, § 113 Rn. 47; siehe auch § 19 Rn. 14b).

Die Anfechtungsklage setzt zwingend ein besonderes Vorverfahren vo- **15**
raus. Nach § 68 Abs. 1 VwGO sind vor Erhebung der Anfechtungsklage
Rechtmäßigkeit und Zweckmäßigkeit des Verwaltungsaktes in einem Vorverfahren nachzuprüfen. Dieses beginnt mit der Erhebung des Widerspruches
(§ 69 VwGO). Eines Widerspruchsverfahrens bedarf es nur dann nicht, wenn
ein Gesetz dies für besondere Fälle bestimmt oder wenn der Verwaltungsakt
von einer obersten Bundesbehörde oder von einer obersten Landesbehörde
erlassen worden ist, außer wenn ein Gesetz die Nachprüfung vorschreibt oder
ein Dritter durch einen Widerspruchsbescheid erstmalig beschwert wird
(§ 68 Abs. 1 VwGO).

Auch der **Verpflichtungsklage** hat ein Widerspruchsverfahren voranzuge- **16**
hen, wenn der Antrag auf Vornahme des Verwaltungsaktes abgelehnt worden
ist (§ 68 Abs. 2 VwGO). Wenn über einen Widerspruch oder über einen
Antrag auf Vornahme eines Verwaltungsaktes ohne zureichenden Grund in
angemessener Zeit sachlich nicht entschieden worden ist, bedarf es dagegen
keines Widerspruchsverfahrens (§ 75 VwGO). In diesen Fällen kann unmittelbar Klage erhoben werden. Im Einzelnen siehe § 75 Satz 2 VwGO.

Die **Feststellungsklage** bedarf grundsätzlich (Ausnahme siehe § 126 **17**
Abs. 3 BRRG) keines Vorverfahrens. Ebenso ist ein Vorverfahren nicht
durchzuführen, wenn sich ein Verwaltungsakt vor Ablauf der Widerspruchs-
frist erledigt hat und der Kläger die Feststellung begehrt, dass der Verwaltungsakt rechtswidrig gewesen sei (vgl. Eyermann/Schübel-Pfister, VwGO,
§ 113 Rn. 97).

Das Beschwerdeverfahren nach der WBO geht demnach der Anfechtungs- **18**
und Verpflichtungsklage als verwaltungsgerichtliches Vorverfahren voraus,
wenn die VwGO für diese Klagen das Widerspruchsverfahren – und das ist
die Regel – vorsieht (vgl. auch BVerwG 1 WB 128/83 vom 14.11.1983, juris
Rn. 31). Problematisch ist die Frage, ob es eines Vorverfahrens nach der
WBO bedarf, wenn sich der Soldat gegen eine Maßnahme des BMVg
wendet, der angerufene Wehrdienstsenat sich für unzuständig erklärt und die
Sache mit bindender Wirkung an ein Verwaltungsgericht verweist (§ 21
Abs. 2, § 18 Abs. 3). Grundsätzlich hat zwar der Anfechtungsklage das Widerspruchsverfahren und für den Soldaten das Verfahren nach der WBO
voranzugehen. Indes bedarf es nach § 68 Abs. 1 Satz 2 Nr. 1 VwGO vor
Erhebung der Anfechtungsklage keiner Nachprüfung der Rechtmäßigkeit
und Zweckmäßigkeit eines Verwaltungsaktes im Vorverfahren, wenn er von

einer obersten Bundesbehörde erlassen ist, ausser wenn ein Gesetz die Nachprüfung in einem Vorverfahren vorschreibt. Dies ist für Soldaten durch § 23 Abs. 5 WBO geschehen. Danach ist gegen Entscheidungen des BMVg die Klage zum Verwaltungsgericht erst zulässig, wenn dieser auf eine Beschwerde erneut entschieden hat. Bei der Beurteilung des Problems kann es nicht darauf ankommen, ob der Soldat sein Vorbringen ausdrücklich als „Beschwerde" i. S. von § 23 Abs. 5 oder als Antrag auf gerichtliche Entscheidung (§§ 17, 21) gekennzeichnet hat. Entscheidend ist vielmehr, dass der BMVg über den Rechtsbehelf – wenn auch fälschlich unter dem Gesichtspunkt einer truppendienstlichen Angelegenheit – entschieden hat. Denn seine Vorlage an das BVerwG (§§ 21, 17 Abs. 4) hat doppelte Bedeutung: Sie wirkt einmal gegenüber dem Beschwerdeführer, indem sie eine Entscheidung über seinen Antrag enthält (Nichtabhilfe), und bezweckt zum anderen, dass sie die gerichtliche Entscheidung vorbereitet. Wenn aber bereits die Stelle, deren Verwaltungsakt angefochten worden ist, sachlich über den Antrag in dieser Weise entschieden hat, wäre es prozessökonomisch unsinnig, den Soldaten nunmehr nochmals auf den Beschwerdeweg zur gleichen Instanz zu verweisen. Dass möglicherweise über diese Beschwerde ein anderes Referat des Ministeriums zu entscheiden hätte, ist sachlich ohne Bedeutung, da eine innerministerielle Zuständigkeitsregelung die Beachtung prozessualer Bestimmungen nicht beeinflussen kann. Eines nochmaligen Vorfahrens bedarf es daher nicht.

19   Wendet sich der Soldat nach erfolglos beschrittenem Beschwerdeweg mit einer Klage an das Verwaltungsgericht, bestimmt sich dessen örtliche Zuständigkeit nach § 52 Nr. 4 VwGO. Für alle Klagen aus dem Wehrdienstverhältnis ist das Verwaltungsgericht örtlich zuständig, in dessen Bezirk der Kläger seinen dienstlichen Wohnsitz oder in Ermangelung dessen seinen Wohnsitz hat. Dienstlicher Wohnsitz des Soldaten ist sein Standort (§ 15 Abs. 1 Satz 2 BBesG; § 9 Abs. 1 Satz 1 BGB). Hat der Beschwerdeführer keinen dienstlichen Wohnsitz oder keinen Wohnsitz innerhalb des Zuständigkeitsbereiches der Behörde, die den ursprünglichen Verwaltungsakt erlassen hat (z. B. ausländischer Standort), ist das Verwaltungsgericht örtlich zuständig, in dessen Bezirk diese Behörde ihren Sitz hat (vgl. hierzu auch BVerwG NZWehr 1972, 114; zum Sitz des BMVg siehe Dau/Schütz, WDO, § 70 Rn. 9; zur Rechtsbehelfsbelehrung an die Verwaltungsgerichte siehe ZDv A-2160/6, Abschnitt 2.18; in Schnell/Ebert C 32). Bei Streitigkeiten aus einem früheren Soldatenverhältnis richtet sich die örtliche Zuständigkeit des Verwaltungsgerichts nach dem (bürgerlichen) Wohnsitz des früheren Soldaten (OVG Rhld-Pfalz RiA 2000, 203).

5. Vorverfahren nach der Wehrbeschwerdeordnung

20   Das Beschwerdeverfahren ersetzt das verwaltungsgerichtliche Vorverfahren nur, wenn für eine Klage aus dem Wehrdienstverhältnis der Verwaltungsrechtsweg gegeben und kein anderer Rechtsweg vorgeschrieben ist (§ 82 SG).

21   **5.1. Rechtsweg zu den Wehrdienstgerichten.** Ein anderer Rechtsweg, der an die Stelle des Verwaltungsrechtsweges tritt, ist nach §§ 17, 21 WBO für die truppendienstlichen Angelegenheiten vorgeschrieben. Danach kann der Soldat die Entscheidung des Wehrdienstgerichts beantragen, wenn seine Beschwerde eine Verletzung seiner Rechte oder eine Verletzung von Pflichten eines Vorgesetzten ihm gegenüber zum Gegenstand hat, die im Zweiten

Unterabschnitt des Ersten Abschnittes des SG (§§ 6 bis 36) mit Ausnahme der §§ 24, 25, 30 und 31 SG geregelt sind.

Für die Entscheidung über weitere Beschwerden gegen einfache Diszipli- **22** narmaßnahmen (§ 42 Nr. 4 WDO) sowie über Beschwerden gegen Disziplinararrest (§ 42 Nr. 5 WDO), gegen Beschlüsse des Truppendienstgerichts und richterliche Verfügungen (§ 114 Abs. 1 WDO) und die Verhängung von einfachen Disziplinarmaßnahmen im gerichtlichen Disziplinarverfahren sind ebenfalls die Wehrdienstgerichte zuständig.

5.2. Ordentlicher Rechtsweg. Für Klagen des Soldaten auf Schadens- **23** ersatz wegen schuldhafter Verletzung einer ihm gegenüber bestehenden Amtspflicht ist nach Art. 34 Satz 3 GG der ordentliche Rechtsweg gegeben (vgl. auch BGHZ 108, 230 [Behandlungsfehler Truppenarzt]). Das gilt vornehmlich für den Anspruch auf Schadensersatz wegen Verletzung der Fürsorgepflicht (BVerwG MDR 1978, 167 [Verwahrung von Bargeld]). Auch ein Anspruch auf presserechtliche Gegendarstellung gegenüber einer vom BMVg herausgegebenen Schrift („bundeswehr-aktuell“) ist vor einem ordentlichen Gericht geltend zu machen (BVerwG ZBR 1983, 343). Wegen unrichtiger Behandlung im Vollzug von Freiheitsentziehungen (Strafarrest, Freiheitsstrafe, Jugendarrest) steht dem Soldaten neben dem Beschwerderecht der WBO auch der Rechtsweg zu den ordentlichen Gerichten nach Maßgabe der §§ 23 ff. EGGVG offen.

5.3. Verfassungsrechtliche Streitigkeiten. Verfassungsrechtliche Strei- **24** tigkeiten gehören in die Entscheidungskompetenz des BVerfG (vgl. Art. 93 Abs. 1 Nr. 4a GG).

5.4. Verwaltungsrechtsweg. § 23 Abs. 1 greift nur ein, wenn für eine **25** Klage aus dem Wehrdienstverhältnis die allgemeinen Verwaltungsgerichte zuständig sind. Ihre Zuständigkeit kann auf Grund der allgemeinen verwaltungsrechtlichen Generalklausel gegeben sein (§ 40 Abs. 1 Satz 1 VwGO), z. B. Soldat greift die Übertragung eines Dienstpostens auf einen Beamten an (BVerwG NZWehr 1982, 153 f. = ZBR 1982, 223 LS), er macht als Autor eines Soldatenliedes, das vom Kdr. für dessen Befehlsbereich verboten wurde, die Beseitigung der Auswirkungen dieses Verbotes geltend (BVerwGE 83, 38 = NZWehr 1985, 246), er erhebt Anspruch auf Verleihung der Einsatzmedaille der Bundeswehr (BVerwGE 113, 94), er verlangt Einsichtnahme in seine Sicherheitsakte (BVerwGE 113, 116 = NZWehr 1998, 25; vgl. mit zahlreichen weiteren Beispielsfällen Walz in Walz/Eichen/Sohm, SG, § 82 Rn. 26), er wendet sich gegen seine Einstufung als Extremist durch das BAMAD, ehemals MAD-Amt (BVerwG NZWehr 2007, 217), oder auf Grund gesetzlicher Zuweisung, z. B. in Streitigkeiten der Dienstzeitversorgung nach § 87 Abs. 2 SVG (abgelehnter Antrag auf Gewährung einer Fachausbildung während der Dienstzeit – BVerwG 1 WB 2/84 vom 27.1.1984, juris Rn. 12; siehe auch §§ 83, 106 BPersVG). Auch hier ersetzt das Wehrbeschwerdeverfahren das verwaltungsgerichtliche Vorverfahren (§ 87 Abs. 2 Hs 2 SVG). Zum Rechtsweg bei Dienstzeitregelungen siehe BVerwGE 86, 159.

Soweit öffentlich-rechtliche Streitigkeiten durch Gesetz anderen Gerichten **26** ausdrücklich zugewiesen sind, ist der Verwaltungsrechtsweg i. S. des § 23 WBO und § 82 SG nicht gegeben. Wenn für Klagen aus dem Wehrdienstverhältnis gemäß § 51 SGG die Gerichte der Sozialgerichtsbarkeit zuständig sind (siehe auch § 88 Abs. 6 Satz 1 SVG), richtet sich das Vorverfahren zwar grundsätzlich nach den §§ 77 bis 86 SGG (§ 88 Abs. 5 SVG); bis zur Beendigung des Wehrdienstverhältnisses sind jedoch die Vorschriften der WBO anzuwenden. Damit tritt auch an die Stelle des sozialgerichtlichen Vorverfahrens das wehrbeschwerderechtliche Vorverfahren nach § 23 (§ 88 Abs. 5 Nr. 3 SVG).

6. Zulässigkeitsvoraussetzungen des verwaltungsgerichtlichen Rechtsschutzes

27   Da das Beschwerdeverfahren nach der WBO gesetzliche Vorbedingung für die Zulässigkeit eines verwaltungsgerichtlichen Verfahrens ist, müssen neben den Voraussetzungen des militärischen Beschwerderechts auch die Zulässigkeitsvoraussetzungen des verwaltungsgerichtlichen Rechtsschutzes (§§ 40, 42 VwGO) vorliegen. Das verwaltungsgerichtliche Vorverfahren nach den Regeln der WBO kann nur ein Soldat betreiben. Die in § 82 SG enthaltene Regelung, dass auch für Klagen früherer Soldaten aus dem Wehrdienstverhältnis der Verwaltungsrechtsweg gegeben ist, bedeutet nicht, dass auch sie nach den Vorschriften der WBO zu verfahren hätten. Die einleitenden Worte des § 23 Abs. 1 „Ist für eine Klage aus dem Wehrdienstverhältnis der Verwaltungsrechtsweg gegeben …", enthalten lediglich die Abgrenzung zu den truppendienstlichen Angelegenheiten i. S. des § 17, ohne damit für alle Fälle, in denen nach § 82 SG der Verwaltungsrechtsweg gegeben ist, die Regelung des § 23 als geltend zu bezeichnen. Letzteres ist vielmehr eine Frage des persönlichen Geltungsbereiches der WBO, nach der nur dem Soldaten ein Beschwerderecht zusteht. Das gilt für § 23 ebenso wie für das gerichtliche Antragsverfahren nach § 17. Einen Monat nach dem Ausscheiden des Soldaten aus dem Wehrdienstverhältnis ist daher auch in truppendienstlichen Angelegenheiten die WBO nicht mehr anwendbar. Der frühere Soldat kann dann vielmehr sofort seine Ansprüche im Wege des verwaltungsgerichtlichen Vorverfahrens verfolgen (a. A. Hueber, BWV 1966, 252). Hat der frühere Soldat z. B. fünf Wochen nach seinem Ausscheiden noch keine Dienstzeitbescheinigung (§ 32 Abs. 1 SG) erhalten, kann er nur nach den Bestimmungen der VwGO vorgehen, obwohl die Erteilung von Dienstzeitbescheinigung und Dienstzeugnis gemäß § 17 Abs. 1 Satz 1 der Überprüfung durch die Wehrdienstgerichte unterliegt. Diese können aber nicht mehr entscheiden, weil der Kläger nicht mehr Soldat ist und der Beschwerdegrund erst nach Beendigung des Wehrdienstverhältnisses entstanden ist.

28   Die Beschwerde muss sich gegen einen Vorgesetzten oder eine Dienststelle der Bundeswehr richten. Ergeht indes eine Entscheidung gegenüber dem Beschwerdeführer von einer Dienststelle der Bundeswehr, zu der er in keinem militärischen Sonderstatusverhältnis der Über-Unterordnung steht, z. B. er wird in einer Behörde der Bundeswehrverwaltung verwendet (OVG NRW NZWehrr 2010, 169), oder er wendet sich gegen eine Maßnahme, die eine zivile Abteilung des BMVg ihm gegenüber getroffen hat (BVerwG NZWehrr 2011, 76), führt der Rechtsweg zum Verwaltungsgericht. Ist der Verwaltungsakt von einer bundeswehrfremden Behörde erlassen, kann der Soldat die Anfechtung nur nach den Bestimmungen der VwGO betreiben. Wenn z. B. das Auswärtige Amt die Auslandsumzugskostenvergütung für einen Soldaten des Militärattachéstabes falsch festsetzt, kann der Soldat hiergegen – ohne Vorverfahren – sofort Anfechtungsklage erheben (§ 68 Abs. 1 Satz 2 Nr. 1 VwGO).

Die unrichtige Behandlung i. S. des § 1 Abs. 1 Satz 1 führt zu einer Über- 29
prüfung im Verwaltungsrechtsweg, wenn sie begrifflich eine Rechtsstreitigkeit des Soldaten aus dem Wehrdienstverhältnis auslöst. **Rechtsstreitigkeiten
aus dem Wehrdienstverhältnis** beruhen auf einem Sachverhalt, der sich aus
der Statuszugehörigkeit des Klägers zur Bundeswehr ergibt. Hierin liegt das
Abgrenzungsmerkmal zwischen der wehrdienstgerichtlichen und der verwaltungsgerichtlichen Zuständigkeit. Während die Wehrdienstgerichte im Wesentlichen über die Verletzung solcher Rechte und Pflichten zu entscheiden
haben, die auf dem Verhältnis der besonderen Über- Unterordnung beruhen,
obliegt den Verwaltungsgerichten die Entscheidung über Rechte und Pflichten, die mit dem allgemeinen Dienstverhältnis zusammenhängen und vom
Dienstherrn, nicht vom Vorgesetzten zu erfüllen sind.

7. Verwaltungsakt auf Grund des Wehrdienstverhältnisses

Der Rechtsweg zu den Verwaltungsgerichten ist nur zulässig, wenn sich der 30
Soldat gegen einen auf Grund des Wehrdienstverhältnisses ergangenen Verwaltungsakt wenden oder einen abgelehnten oder unterlassenen Verwaltungsakt begehren will. Die Grundsätze des allgemeinen Verwaltungsrechts sind
insoweit auch Regeln des Wehrverwaltungsrechts. Auch für das Wehrverwaltungsrecht ergibt sich der Begriff des Verwaltungsaktes aus § 35 VwVfG.
Danach ist ein Verwaltungsakt jede Verfügung, Entscheidung oder andere
hoheitliche Maßnahme, die eine Behörde zur Regelung eines Einzelfalles auf
dem Gebiet des öffentlichen Rechts trifft und die auf unmittelbare Rechts-
wirkung nach außen gerichtet ist. Zu Einzelheiten siehe die §§ 36 ff.
VwVfG.

Der an Soldaten gerichtete Verwaltungsakt wird regelmäßig von einer 31
Dienststelle der Bundeswehr erlassen. In besonderen Fällen kann er aber auch
durch militärische Vorgesetzte ergehen, nämlich dann, wenn Truppenteilen
als sogenannten Wirtschaftstruppenteilen die Entscheidung in Angelegenheiten der Truppenverwaltung z. B. auf dem Gebiet der Geld- und Sachbezüge
oder des Reise- oder Umzugskostenrechts, übertragen worden ist (ZDv A-
2160/6; in Schnell/Ebert C 32); ferner, soweit die Entscheidung in Status-
angelegenheiten auf Kommandeure oder Kommandobehörden delegiert ist
(vgl. auch BVerwG RiA 1984, 13).

Ein Verwaltungsakt auf Grund des Wehrdienstverhältnisses liegt 32
vor, wenn die Maßnahme der Dienststelle oder des Vorgesetzten auf
die Rechtsstellung des Klägers unmittelbar einwirkt. Das ist stets der
Fall bei der Begründung, Umwandlung oder Beendigung des Wehrdienstverhältnisses, also bei Entscheidungen der Entlassungs- oder personalbearbeitenden Dienststellen. In diesen Fällen hat die Beschwerde keine aufschiebende Wirkung (Absatz 6 Satz 2). Verwaltungsakte sind z. B. die vorzeitige Entlassung, die Entlassung wegen Dienstunfähigkeit einschließlich der ihr
zugrundeliegenden bundeswehrärztlichen Äußerungen (BVerwGE 63, 269 =
NZWehr 1980, 230), die Entlassung wegen Nichteignung zum Offizier (vgl.
etwa BVerwG NZWehr 1970, 26 ff.), die Verlängerung der Berufungsdauer
(§ 40 Abs. 2 SG) (BVerwG 1 WDS-VR 3/15 vom 6.7.2015, juris Rn. 9),
die Beförderung, Einstufung in eine höhere Besoldungsgruppe; dagegen ist
für die gerichtliche Nachprüfung der Versetzung eines Soldaten der Rechtsweg zu den Wehrdienstgerichten gegeben, selbst wenn mit dem Antrag letztlich nur die Höherstufung in eine andere Besoldungsgruppe erstrebt wird

(BVerwG I WB 4.71 vom 18.4.1972, juris Rn. LS; zur Versetzung siehe eingehend Demandt, NZWehrr 1983, 1). Verwaltungsakte sind ferner die Entlassung wegen schwerer Verletzung der Dienstpflichten (§ 55 Abs. 5 SG; vgl. auch OVG Münster DÖV 1969, 760 LS; BVerwG NJW 1969, 1823), Einstellung und Entlassung nach Wehr- und Eignungsübungen, Versetzung in den einstweiligen oder dauernden Ruhestand (BVerwGE 23, 295; Hess VGH NZWehrr 1975, 155), Aufschub des Eintritts in den Ruhestand, die Umwandlung des Dienstverhältnisses in das eines Soldaten auf Zeit oder in das eines Berufssoldaten (BVerwGE 43, 258; 53, 289 = NZWehrr 1977, 185; vgl. auch BVerwG 1 WB 47/79 vom 26.1.1981, juris Rn. 24), Überführung eines Offizieranwärters in die Laufbahngruppe der Unteroffiziere; Übergang in eine Verwendung mit anderer Dienstaltersgrenze (BVerwG NZWehrr 1985, 245); auch die Überführung eines Soldaten auf Zeit von der Laufbahn der Offiziere des Truppendienstes in die Laufbahn der Offiziere des militärfachlichen Dienstes bei gleichzeitiger Berufung in das Dienstverhältnis eines Berufssoldaten (BVerwGE 53, 289 = NZWehrr 1977, 185), Ablehnung einer Weiterverpflichtung, Verkürzung der Neufestsetzung der Dienstzeit, Anordnung der Reaktivierung, Ablehnung eines Antrages auf vorzeitige Zurruhesetzung nach dem Gesetz zur Verbesserung der Personalstruktur in den Streitkräften (BVerwG NZWehrr 1986, 130 LS). Die Entscheidung über die Zulassung zur Laufbahn der Offiziere des militärfachlichen Dienstes ist dagegen eine Verwendungsentscheidung (BVerwG 1 WB 47/79 vom 26.1.1981, juris Rn. 24), die der Überprüfung der Wehrdienstgerichte obliegt. Auswahlentscheidungen, die dieser Zulassung vorausgehen, unterliegen keinen anderen Kriterien.

33 Maßnahmen, die der Dienstherr **auf Grund seiner Fürsorgepflicht** nach den §§ 30, 31 SG gegenüber dem Soldaten trifft, sind ebenfalls regelmäßig Verwaltungsakte (vgl. auch BDH DÖV 1963, 396). Sie können folgende Gebiete betreffen:

34 Reise- und Umzugskostenvergütung, Gewährung oder Ablehnung einer Wegstreckenentschädigung gemäß § 6 BRKG (BVerwG NZWehrr 1981, 229 = ZBR 1982, 95), freie Wahl des Beförderungsmittels (BVerwG ebenda; siehe auch NZWehrr 1978, 105 = RiA 1978, 179); unberührt davon bleibt die truppendienstliche Natur einer Beschwerde, die sich gegen den Befehl richtet, ein bestimmtes Beförderungsmittel zu benutzen (BVerwG 1 WB 92/80 vom 27.3.1981, juris Rn. 31; BVerwGE 93, 163 = NZWehrr 1992, 70), Dienst- und Versorgungsbezüge, Geld- und Sachbezüge nach dem Wehrsoldgesetz, Zulagen, Aufwandsentschädigung, Trennungszuschlag, Beihilfen, Unterstützungen, Vorschüsse, Hausratsdarlehen, Wohnungsfürsorge, Wohnungs- und Heizkostenzuschüsse, Mietbeihilfen, Art und Weise der Unterbringung in einer Gemeinschaftsunterkunft (BVerwG NZWehrr 1989, 199). Einrichtung eines dienstlich benötigten Fernmeldeanschlusses in der Privatwohnung, Studienbeihilfen, Gehaltsvorschüsse, freie Heilfürsorge (vgl. auch BVerwG NZWehrr 1962, 65; 1972, 111), einschließlich von Fragen der ärztlichen Schweigepflicht, z.B. bei Verstoß hiergegen durch den Arzt als Gutachter in einem Entlassungsverfahren (BVerwG 1 WB 113/81 vom 15.11.1983, juris Rn. 10; BDHE 6, 162; v. Lepel, NZWehrr 1980, 1, 11), insbesondere Maßnahmen im Rahmen der unentgeltlichen truppenärztlichen Versorgung, Festsetzung des Jubiläumstages und der Jubiläumszuwendung. Auch über die Gewährung einer Stellenzulage haben die Verwaltungsgerichte zu entscheiden; den Wehrdienstgerichten obliegt nur die Beurteilung darü-

ber, ob der Vorgesetzte durch eine diesen Anspruch berührende Versetzung seine Fürsorgepflicht verletzt hat (BVerwG I WB 4.71 vom 14.4.1972, juris LS). Die Fürsorgepflicht des Dienstherrn, nicht des Vorgesetzten, ist betroffen durch ein Gesuch um Anhebung eines Dienstpostens (BVerwG I WB 151.74 vom 12.3.1975, juris LS). Ebenso berührt die fehlerhafte Handhabung der Vorauswahl der Anwärter für eine Beförderung oder besoldungsmäßige Höherstufung nicht die Fürsorgepflicht des Vorgesetzten nach $\S$ 10 Abs. 3 SG, sondern die Fürsorgepflicht des Dienstherrn gemäß $\S$ 31 SG (BVerwG I WB 196.76 vom 28.4.1977, juris Rn. 17). Die Überprüfung der Zulässigkeit von Kontrollen privater Kraftfahrzeuge durch Wachsoldaten und zivile Wachpersonen gehört ebenfalls zur verwaltungsgerichtlichen Zuständigkeit. Denn die Regelung der Benutzung und des Parkens privater Kraftfahrzeuge in bundeswehreigenen Anlagen enthält eine Entscheidung, die von der Bundeswehr als Dienst- und Hausherr im Rahmen der allgemeinen Fürsorge getroffen wird und damit das allgemeine Dienstverhältnis betrifft. Die gerichtliche Entscheidung über eine versagte oder erteilte Umzugsgenehmigung kann ebenfalls nur durch ein Verwaltungsgericht getroffen werden (BDHE 6, 189 = NZWehr 1964, 73), desgleichen über Zurücksetzung einer Planstelle oder über den Verlust der Dienstbezüge wegen schuldhaften Fernbleibens vom Dienst (BDH NZWehr 1960, 25; BVerwGE 43, 197 = NZWehr 1971, 145), Genehmigung zum Mitflug in Bundeswehrflugzeugen (BVerwG NZWehr 1973, 21), Freistellung vom militärischen Dienst zum Zwecke einer Berufsausübung in Anwendung des SVG (BVerwG NZWehr 1977, 106), Verbot der Beschäftigung oder Erwerbstätigkeit gemäß $\S$ 20a Abs. 2 SG sowie der Antrag auf Erteilung einer „Unbedenklichkeitsbescheinigung" nach $\S$ 20a SG (BVerwG NZWehr 1986, 39) oder Streitigkeiten über die Dienstzeit von Soldaten und die Bewertung von Fähigkeiten der Soldaten im Dienst (BVerwG DVBl 2006, 50).

Nach Auffassung des BVerwG führt auch die Beschwerde darüber, dass **35** Unteroffiziere vom Küchenpersonal ohne finanziellen Mehraufwand an gedeckten Tischen bedient werden, nicht aber Mannschaftsdienstgrade, zum Verwaltungsgericht, da es hier vordringlich um den Anspruch auf Truppenverpflegung gehe, eine mit dieser Begründung nicht unbedenkliche Entscheidung (BVerwG I WB 59/82 vom 25.8.1982, juris Rn. 19). Somit entscheidet über Anordnungen, die die Art und Weise der Darreichung der Truppenverpflegung betreffen (z. B. Anordnungen der Selbstbedienung), das Verwaltungsgericht (BVerwG NZWehr 1983, 75).

Hat der Soldat der ihm erteilten Rechtsbehelfsbelehrung folgend Klage **36** zum Verwaltungsgericht erhoben, kann er nicht zugleich etwa wegen Verletzung der Fürsorgepflicht aus $\S$ 10 Abs. 3 SG das Wehrdienstgericht anrufen (vgl. auch BVerwG RiA 1984, 13). Diese Möglichkeit scheidet deshalb aus, weil $\S\S$ 30, 31 SG leges speciales gegenüber $\S$ 10 Abs. 3 SG sind (hierzu näher Walz in Walz/Eichen/Sohm, SG, $\S$ 10 Rn. 38 ff.).

Auch einen Schadensersatzanspruch gemäß $\S$ 24 SG kann der Dienstherr **37** gegen den Soldaten durch Verwaltungsakt geltend machen (BVerwG NJW 1964, 2030; BVerwGE 27, 245 = NJW 1967, 2423; siehe auch BVerwGE 27, 250 = NZWehr 1968, 114); entsprechendes gilt für die Aufrechnung. Der Verwaltungsrechtsweg ist auch für Schadensersatzklagen eröffnet, die auf Grund von Prozesshandlungen der Einleitungsbehörde nach der WDO geltend gemacht werden (OVG Lüneburg NZWehr 1977, 152). Soll das Verhalten eines Vorgesetzten anlässlich der Abwicklung eines Schadensfalles überprüft werden, geschieht dieses im Rahmen des anhängigen Verwaltungsverfahrens (BVerwG NZWehrr 1980, 28). Nur bei einem eigenen truppendienstlichen Bezug kann diese Überprüfung letztlich durch ein Wehrdienstgericht wahrgenommen werden (BVerwG aaO). Fraglich ist, ob der Rechtsweg zu den Verwaltungsgerichten auch in den Fällen gegeben ist, in denen der Soldat Verwaltungsmaßnahmen anfechten oder begehren will, die keine Verwaltungsakte sind; z. B. der Soldat rügt ein tatsächliches Handeln oder „allgemeines Verhalten" der Verwaltung, also etwa die Art der Unterlassung, oder er wendet sich gegen eine allgemeine Richtlinie über die Gewährung einer Zulage mit der Behauptung, er werde durch sie benachteiligt oder zu Unrecht von ihr ausgeschlossen. Da nach § 1 Abs. 1 Satz 1 ein Beschwerderecht unabhängig davon gegeben ist, ob die unrichtige Behandlung in Form eines Verwaltungsaktes vorgenommen worden ist, scheint es Fälle zu geben, in denen eine Beschwerde zulässig ist, nach § 17 Abs. 1 i. Vbg. m. den Vorschriften des SG jedoch kein Fall der Zuständigkeit des Wehrdienstgerichts vorliegt und eine „Zuständigkeit" des Verwaltungsgerichts deshalb abgelehnt werden muss, weil es an einem anfechtbaren Verwaltungsakt fehlt. In der Tat ergeben sich im Einzelfall Schwierigkeiten. Rügt der Soldat weder eine Verletzung seiner Rechte noch eine Verletzung von Pflichten eines Vorgesetzten ihm gegenüber, die im Zweiten Unterabschnitt des Ersten Abschnittes des SG mit Ausnahme der §§ 24, 25, 30 und 31 geregelt sind, ist zunächst die Frage der Beschwer schon bei der Beschwerde nach § 1 Abs. 1 Satz 1 genau so zu beurteilen, wie bei der sich anschließenden Klage vor dem Verwaltungsgericht. Ist bereits im Rahmen der Beschwerde eine Beschwer zu verneinen, ist aus diesem Grund die Klage zum Verwaltungsgericht unzulässig (zum Rechtsschutzinteresse bei der Feststellung der Rechtswidrigkeit von Art und Weise des Verwaltungshandelns vgl. BVerwGE 26, 161, 163; BVerwG DVBl 1971, 277). Insoweit besteht kein Unterschied zum Verhältnis von normalem Widerspruchsverfahren und nachfolgendem verwaltungsgerichtlichem Verfahren. Hat die Prüfung jedoch ergeben, dass eine Beschwer des Soldaten vorliegt, hängt die Zulässigkeit der Klage davon ab, ob der Beschwerdeführer einen Verwaltungsakt begehren oder anfechten will. Liegt ein Verwaltungsakt nicht vor, ist eine Anfechtungsklage nicht möglich. Auch eine Verpflichtungsklage ist nicht zulässig, weil mit dieser Klage nur die Verurteilung zum Erlass einer Amtshandlung verlangt werden kann, die Verwaltungsakt ist (BVerwGE 31, 301, 303 m. w. Nachw.). Dem Beschwerdeführer bleibt in diesen Fällen nur die allgemeine **Leistungsklage** (§§ 111, 113 Abs. 3 VwGO), mit der er eine Leistung begehren kann, die nicht Streitgegenstand der Verpflichtungsklage ist (BVerwG aaO, S. 304). Diese Klage bedarf im Übrigen keines Vorverfahrens und keiner Frist zur Klageerhebung (BVerwGE 31, 305; 52, 247, 251). Um zu vermeiden, dass bei einem nach § 1 Abs. 1 Satz 1 zwar zulässigen Beschwerdeverfahren, mangels Verwaltungsaktes aber unzulässigen Rechtsweges zu den Verwaltungsgerichten der Soldat fälschlich belehrt und bei Klageabweisung der Bund die Kosten zu tragen hat (§ 155 Abs. 5 VwGO), ist es zweckmäßig, wie folgt zu verfahren: Hat der Soldat z. B. eine allgemeine Richtlinie über die Gewährung einer Fliegerzulage mit der Begründung angefochten, auch ihm sei eine Zulage zu gewähren, ist die Beschwerde als Antrag auf Gewährung der Zulage durch die zuständige Stelle zu behandeln. Gegen den ablehnenden Bescheid kann er alsdann Beschwerde sowie bei ihrer Erfolglosigkeit Klage zum Verwaltungsgericht erheben (für Einzelheiten siehe auch ZDv A-2160/6, Abschnitt 2.13 „Behandlung von Beschwerden gegen Vorschriften über die Gewährung von Zulagen"; in Schnell/Ebert C 33d).

Zu Absatz 2

III. Einlegen der Beschwerde und das Recht zur Abhilfe

1. Einlegestelle

Die Vorschrift ergänzt § 5. Sie gilt ausschließlich für die Beschwerde in **38** Verwaltungsangelegenheiten (BVerwG NZWehrr 2004, 258). In Übereinstimmung mit § 70 Abs. 1 VwGO bestimmt sie, dass die Beschwerde auch bei der Stelle eingelegt werden kann, deren Entscheidung angefochten wird. Der Soldat hat in Verwaltungsangelegenheiten damit in aller Regel drei Stellen zur Wahl, bei denen er Beschwerde einlegen kann:
– die Stelle, die den Verwaltungsakt erlassen hat (Absatz 2);
– die dieser Stelle vorgesetzte Instanz, die über die Beschwerde zu entscheiden hat (§ 5 Abs. 1 Satz 2 i. Vbg. m. § 9);
– den nächsten Disziplinarvorgesetzten (§ 5 Abs. 1 Satz 1).

Ist die Beschwerde beim nächsten Disziplinarvorgesetzten eingelegt worden, soll dieser sie zunächst an die Stelle weiterleiten, die den angefochtenen Verwaltungsakt erlassen hat; sie bekommt dadurch die Möglichkeit, vor Entscheidung über die Beschwerde noch abhelfen zu können. **39**

Das Einlegen der Beschwerde bei anderen Vorgesetzten oder Dienststellen **40** der Bundeswehr oder beim Verwaltungsgericht wahrt die Beschwerdefrist nicht. Die fälschlich angerufene Stelle hat die Beschwerde vielmehr unverzüglich und innerhalb der Beschwerdefrist einer Instanz zuzuleiten, die für die Einlegung der Beschwerde in Frage kommt.

2. Recht zur Abhilfe

Die Behörde, die den angefochtenen Verwaltungsakt erlassen oder den **41** beantragten Verwaltungsakt abgelehnt hat, erhält durch Satz 2 Gelegenheit, ihre Entscheidung nochmals unter jedem denkbaren Gesichtspunkt zu überprüfen. Sie hat dabei neu vorgetragene Tatsachen zu berücksichtigen und ggf. den Sachverhalt neu aufzuklären. Hält sie nach erneuter Überprüfung ihre erste Entscheidung nicht aufrecht, hat sie der Beschwerde abzuhelfen (zur Abhilfe siehe ausführlich Völlmecke, NZWehrr 1976, 56, teilweise gegen ihn V. P. Peterson, NZWehrr 1977, 212).

Der Beschwerde ist abgeholfen, wenn dem Begehren des Beschwerdefüh- **42** rers in vollem Umfang stattgegeben wird (Eyermann/Rennert, VwGO, § 72 Rn. 6). Es kann jedoch auch nur teilweise abgeholfen werden. Wird nicht oder nur zum Teil abgeholfen, muss die Sache, soweit sie nicht erledigt ist, der zur Entscheidung berufenen Stelle vorgelegt werden. Die Abhilfeentscheidung ist kein Beschwerdebescheid, sondern lediglich eine Abänderung der ursprünglichen Entscheidung zugunsten des Beschwerdeführers. Sie bedarf keiner Begründung, jedoch einer Rechtsbehelfsbelehrung, soweit nicht abgeholfen wurde (§ 59 VwGO). Fühlt sich der Beschwerdeführer durch die Abhilfeentscheidung erneut beschwert, kann er wiederum Beschwerde einlegen. Wird nicht abgeholfen, bedarf es insoweit keines Bescheides an den Beschwerdeführer; denn mit der Beschwerde wird die Entscheidung der vorgesetzten Stelle beantragt. Die Stelle, die die Entscheidung erlassen oder den beantragten Verwaltungsakt abgelehnt hat, kann, wenn sie der Beschwerde nicht abhelfen will, die Beschwerde auf keinen Fall selbst entscheiden. Sofern sie nicht abhilft, muss sie sie der höheren Instanz vorlegen.

43   **Wird der Beschwerde nicht oder nur teilweise abgeholfen, muss sie mit allen Unterlagen der zur Entscheidung zuständigen Stelle vorgelegt werden (Satz 3).** Verzögert sie die Vorlage, besteht die Gefahr, dass der Beschwerdeführer Untätigkeitsklage (§ 75 VwGO) erhebt. Wenn einmal vorgelegt worden ist, gibt es für die vorlegende Stelle grundsätzlich keine Abhilfemöglichkeit mehr, es sei denn, sie wird von der zur Entscheidung berufenen Stelle hierzu angewiesen.

44   Soweit nicht abgeholfen worden ist, wird über die Beschwerde förmlich entschieden. Ob auch die Beschwerdeinstanz noch abhelfen kann, ist dem Gesetz unmittelbar nicht zu entnehmen; denn das Recht zur Abhilfe ist nach Absatz 2 Satz 2 ausdrücklich nur der Stelle eingeräumt, deren Entscheidung oder Maßnahme mit der Beschwerde angefochten wird. Gleichwohl wird es als zulässig anzusehen sein, auch der zur Entscheidung berufenen Stelle ein eigenes Abhilferecht einzuräumen. Sie kann es selbst ausüben oder die nachgeordnete Stelle anweisen, dem Begehren des Beschwerdeführers nachzukommen. Das kann vor allem dann sinnvoll sein, wenn der Beschwerdeführer die Beschwerde bei seinem nächsten Disziplinarvorgesetzten eingelegt und dieser sie unmittelbar an die zur Entscheidung zuständige Stelle weitergeleitet hat. Auch für sie gilt jedoch der Grundsatz, dass bei nicht abgeholfener Beschwerde durch Beschwerdebescheid zu entscheiden ist. Dabei kann sie in der Sache entscheiden oder die angefochtene Maßnahme aufheben und zurückverweisen. Hierzu wird beispielsweise Veranlassung bestehen, wenn bei Erlass der angefochtenen Maßnahme gegen wesentliche Verfahrensvorschriften verstoßen worden ist.

Zu Absatz 3

IV. Keine weitere Beschwerde

45   Gemäß Absatz 3 ist die weitere Beschwerde in Verwaltungsangelegenheiten nicht zulässig. Zur weiteren Beschwerde in truppendienstlichen Angelegenheiten siehe § 16.

Zu Absatz 4

V. Übertragung der Zuständigkeit zur Beschwerdeentscheidung

46   Absatz 4 ist durch Art. III Nr. 16 NOG eingeführt worden. Er ermächtigt den BMVg, die Entscheidung für Fälle, in denen er zur Entscheidung über eine Verwaltungsbeschwerde zuständig wäre, auf nachgeordnete Dienststellen zu übertragen (abweichend Riecker, NZWehr 1983, 183). Damit entspricht diese Regelung § 126 Abs. 3 BRRG i. d. F. des § 191 VwGO. Eine Delegation innerhalb des dem Ministerium nachgeordneten Bereiches ist nicht zulässig.

47   Von seiner Delegationsbefugnis hat der BMVg mit der Allgemeinen Anordnung über die Übertragung von Zuständigkeiten zur Entscheidung über

Beschwerden nach der WBO im Bereich des Bundesministeriums der Verteidigung vom 13.6.2013 (BGBl. I S. 1641) Gebrauch gemacht (Schnell/Ebert C 33 f).

Zu Absatz 5

VI. Vorverfahren bei Entscheidungen des Bundesministers der Verteidigung

1. Allgemeines

Nach § 68 Abs. 1 Satz 2 Nr. 1 VwGO bedarf es vor Erhebung der **48** Anfechtungsklage keiner Nachprüfung der Rechtmäßigkeit und Zweckmäßigkeit des Verwaltungsaktes in einem Vorverfahren, wenn der Verwaltungsakt von einer obersten Bundesbehörde erlassen worden ist, außer wenn ein Gesetz die Nachprüfung in einem Vorverfahren vorschreibt. Bei Soldaten ist die Nachprüfung von Entscheidungen einer obersten Bundesbehörde in einem Vorverfahren nach Absatz 5 vorgeschrieben. Danach ist gegen Entscheidungen des Bundesministers der Verteidigung die Klage zum Verwaltungsgericht erst zulässig, wenn dieser auf eine Beschwerde erneut entschieden hat. Die Regelung des Absatzes 4 findet hierauf keine Anwendung. Absatz 5 entspricht § 126 Abs. 3 Nr. 1 BRRG i. d. F. des § 191 VwGO; er weicht jedoch von der Bestimmung des § 21 WBO ab, nach der gegen Entscheidungen des BMVg in truppendienstlichen Angelegenheiten unmittelbar das BVerwG angerufen werden kann. Als Entscheidungen kommen nur vom BMVg erlassene Verwaltungsakte in Frage, die der Soldat nicht hinzunehmen bereit ist. Gegen Beschwerdeentscheidungen des BMVg, auch in den Fällen, in denen er seine Entscheidungsbefugnis nicht delegiert hat, kann unmittelbar Klage zum Verwaltungsgericht erhoben werden.

2. Beschwerdeentscheidung durch den Bundesminister der Verteidigung

Gegenstand der Beschwerde ist eine Erstmaßnahme des BMVg, die hier – **49** anders als in den Fällen der §§ 21, 17 – mit dem Begriff des Verwaltungsaktes identisch ist. In Verwaltungsangelegenheiten entscheidet der BMVg als oberste Dienstbehörde. Es ist daher nicht erforderlich, dass er selbst oder sein Vertreter die Entscheidung unterzeichnet hat. Sie kann von jedem zeichnungsberechtigten Angehörigen des Ministeriums „im Auftrag" unterschrieben sein. Für die Beschwerdeentscheidung gilt das Gleiche. Sie ergeht regelmäßig „im Auftrag" und wird dem BMVg zugerechnet. Die Beschwerde braucht nicht von einer Stelle innerhalb des Ministeriums entschieden zu werden, die derjenigen, die „im Auftrag" die angefochtene Entscheidung erlassen hat, innerdienstlich übergeordnet ist. Denn beide Entscheidungen sind die Willensäußerungen einer Behörde. Es empfiehlt sich jedoch, unter Berücksichtigung der Befangenheitsgrundsätze die Beschwerdeentscheidung von einem anderen zeichnungsberechtigten Angehörigen des Ministeriums bearbeiten und unterschreiben zu lassen.

Es muss sich stets um eine Entscheidung des BMVg gegenüber einem **50** beschwerdeberechtigten Soldaten handeln. Kann sich ein früherer Soldat nicht mehr nach der WBO beschweren, z. B. ist es ihm untersagt worden, als

Berater eines Rüstungsunternehmens zu arbeiten, muss er unmittelbar Klage erheben. Auch die Entscheidungen des Bundespräsidenten auf dem Gebiet des Soldatenrechts sind ohne Vorverfahren nur mit der Klage anfechtbar (BVerwGE 23, 295), z. B. die Versetzung eines Generals in den einstweiligen Ruhestand (OVG NRW NZWehrr 1992, 123).

51 Auf die Fälle des Untätigbleibens ist die Vorschrift nicht anwendbar. Hier ist nur die unmittelbare Klage unter den Voraussetzungen des § 75 VwGO möglich oder eine Dienstaufsichtsbeschwerde gegen den Soldaten oder Beamten des Ministeriums, der sachlich zuständig gewesen ist.

Zu Absatz 6

VII. Aufschiebende Wirkung

1. Verwaltungsbeschwerde

52 Art. 5 Nr. 20 WehrRÄndG 2008 hat für die Beschwerde in Verwaltungsangelegenheiten als unmittelbare Rechtsfolge abweichend von der für die Beschwerde in truppendienstlichen Angelegenheiten getroffenen Regelung (§ 3 Abs. 1), jedoch in Übereinstimmung mit § 80 Abs. 1 Satz 1 VwGO, nunmehr auch grundsätzlich aufschiebende Wirkung vorgesehen (Satz 1). Sie bedeutet, dass der Soldat mit dem Einlegen der Beschwerde vorläufigen Rechtsschutz in der Weise erhält, dass der Verwaltungsakt, gegen den er sich mit seiner Beschwerde wendet, ihm gegenüber vorerst noch nicht wirksam wird (zur Dogmatik der aufschiebenden Wirkung siehe Eyermann, VwGO, § 80 Rn. 6; Kopp/Schenke, VwGO, § 80 Rn. 22). Der Eintritt der aufschiebenden Wirkung hängt nicht davon ab, ob die Beschwerde zulässig ist; nur eine offensichtlich unzulässige Beschwerde hat keinen Suspensiveffekt (Eyermann/Hoppe, aaO, Rn. 10. Die aufschiebende Wirkung beginnt mit dem Einlegen der Beschwerde, sie wirkt stets auf den Zeitpunkt zurück, zu dem der angefochtene Verwaltungsakt erlassen ist und endet mit der Unanfechtbarkeit des die Beschwerde zurückweisenden Bescheides (§ 80b Abs. 1 Satz 1 VwGO).

2. Ausnahmeregelungen

53 Satz 2 trifft eine Ausnahmeregelung für bestimmte Maßnahmen der personalbearbeitenden Dienststellen. Er ist eine Bestimmung i. S. des § 80 Abs. 2 Nr. 3 VwGO und entspricht § 126 Abs. 3 Nr. 3 BRRG.

54 Die aufschiebende Wirkung entfällt, wenn sich die Beschwerde gegen Entscheidungen über die Begründung (§§ 39, 40 SG), Umwandlung (§ 45a SG) oder Beendigung (§§ 43, 54, 58h SG) eines Wehrdienstverhältnisses richtet (BVerwG 1 WB 27/13 vom 25.6.2015, juris Rn. 18). In diesen Fällen liegt die sofortige Vollziehung der Entscheidung ohne besondere Anordnung (§ 80 Abs. 2 Nr. 4 VwGO) kraft Gesetzes sowohl im öffentlichen Interesse als im überwiegenden Interesse der Bundeswehr. Personalentscheidungen des Dienstherrn zum Status des Soldaten verlangen Rechtsklarheit und unmittelbare Verbindlichkeit für Dienstherrn und den Soldaten. Sie haben direkten Einfluss auf die Funktionsfähigkeit der Streitkräfte, ihre Personalstruktur, Personalhaushalt, im Einzelfall auch auf die Begründung einer Vorgesetztenstellung.

3. Rechtsschutz

Zum Ausgleich der sofortigen Vollziehung der in Satz 2 genannten Ent- 55
scheidungen hat der Beschwerdeführer die Rechtsschutzmöglichkeiten des
§ 80 Abs. 5, 7, und 8 VwGO (Satz 3). Auf seinen Antrag kann das Gericht
der Hauptsache die aufschiebende Wirkung ganz oder teilweise anordnen
(§ 80 Abs. 5 Satz 1 VwGO). Das Gericht der Hauptsache ist das sachlich und
örtlich zur Entscheidung über die Klage zuständige Gericht. In dringenden
Fällen kann der Vorsitzende des Gerichts entscheiden (§ 80 Abs. 8 VwGO).
Der Antrag an das Gericht ist auch schon vor Erhebung der Anfechtungsklage
zulässig (§ 80 Abs. 5 Satz 2 VwGO). Anders als bei der Anordnung der
aufschiebenden Wirkung durch das Truppendienstgericht (§ 17 Abs. 6
Satz 2) braucht dem Antrag keine ablehnende Entscheidung des Disziplinarvorgesetzten (§ 3 Abs. 2) vorauszugehen. Der Beschwerdeführer ist also nicht
gehindert, bei der Beschwerdeinstanz eine Entscheidung nach § 3 Abs. 2 zu
erbitten und gleichzeitig einen Antrag an das Verwaltungsgericht zu stellen.
Hat die Beschwerdeinstanz die Vollziehung der Maßnahme ausgesetzt, das
Verwaltungsgericht aber die Anordnung der aufschiebenden Wirkung abgelehnt, bleibt ihre Entscheidung gleichwohl bestehen. Sie kann ihre Entscheidung jedoch jederzeit ändern oder wieder aufheben. Wenn andererseits das
Verwaltungsgericht die aufschiebende Wirkung anordnet, die Beschwerdeinstanz eine entsprechende Maßnahme jedoch nicht getroffen hat, bleibt es
bei der Entscheidung des Gerichts.

Bei einer bereits vollzogenen Statusentscheidung kann das Verwaltungs- 56
gericht die Aufhebung der Vollziehung anordnen (§ 80 Abs. 5 Satz 3
VwGO). Der Antrag ist an keine Frist gebunden. Er kann jedoch nur bis zur
Unanfechtbarkeit der Maßnahme gestellt werden. Eine besondere Form ist
nicht vorgeschrieben. Er kann bei Gericht oder bei den in § 5 Abs. 1 und 2,
§ 11 Buchst. b bezeichneten Stellen eingelegt werden; diese haben ihn unverzüglich dem Verwaltungsgericht zuzuleiten (§ 5 Abs. 3). Maßstab der
Interessenabwägung ist die summarische Prüfung der Erfolgsaussichten der
Klage in der Hauptsache (OVG BB OVG 10 S 7.18 vom 26.2.2018, juris
Rn. 10; BVerwG 1 WB 27.13 vom 25.6.2015, juris Rn. 20). Das Gericht
kann seine Entscheidungen zur Anordnung der aufschiebenden Wirkung
jederzeit ändern oder aufheben. Der Beschwerdeführer und der Betroffene
können die Änderung oder Aufhebung wegen veränderter oder im ursprünglichen Verfahren ohne Verschulden nicht geltend gemachter Umstände beantragen (§ 80 Abs. 7 VwGO). Zu Einzelheiten der Anordnung einer aufschiebenden Wirkung gem. § 80 Abs. 5, 7 und 8 VwGO wird auf die
Kommentarliteratur zur VwGO verwiesen. Gegen die Ablehnung seines
Antrages kann der Soldat innerhalb eines Monats nach Bekanntgabe der
Entscheidung Beschwerde einlegen (§ 146 Abs. 4 VwGO). Eine Beschwerde
nach der WBO ist nicht statthaft.

Zu Absatz 7

VIII. Verweisung

Die Vorschrift verweist auf § 18 Abs. 3 als allgemeiner Verweisungsvor- 57
schrift des wehrbeschwerderechtlichen Antragsverfahrens. Absatz 7 enthält in

der entsprechenden Anwendung des § 18 Abs. 3 die Rechtsgrundlage für den Fall, dass ein Gericht eines anderen Rechtsweges den zu ihm beschrittenen Rechtsweg nicht für zulässig erachtet und den Rechtsweg zu einem Wehrdienstgericht für gegeben hält. In den Fällen des § 17 ist an das Truppendienstgericht, in den Fällen der §§ 21, 22 an das Bundesverwaltungsgericht (Wehrdienstsenate) zu verweisen. Mit der Rechtskraft des verweisenden Urteils oder Beschlusses wird der Rechtsstreit bei dem Wehrdienstgericht anhängig (§ 83 VwGO i. Vbg. m. § 17b Abs. 1 GVG). Nach der Verweisung der Sache an das Wehrdienstgericht richtet sich das Verfahren nunmehr zwar grundsätzlich nach den Regeln, die für das Verfahren vor den Wehrdienstgerichten maßgeblich sind; bezüglich der Fristen und der materiellen Wirkung der Rechtshängigkeit muss der Beschwerdeführer jedoch so gestellt werden, als hätte er von Anfang an den truppendienstlichen Beschwerdeweg beschritten. Das hat zur Folge, dass er vor einer wehrdienstgerichtlichen Entscheidung nicht etwa noch eine weitere Beschwerde einlegen müsste. Vielmehr hat das Wehrdienstgericht sofort in der Sache zu entscheiden (VG Köln NZWehrr 1976, 36, 37).

58   Die Verweisung durch ein anderes Gericht ist für das Wehrdienstgericht bindend, § 18 Abs. 3 Satz 2. Das bedeutet, dass über die sachliche und örtliche Zuständigkeit des Wehrdienstgerichts entschieden worden ist, an das die Sache abgegeben wurde. Hat das andere Gericht irrtümlich an ein örtlich unzuständiges Truppendienstgericht verwiesen oder anstelle des Truppendienstgerichts an das BVerwG, bleibt eine weitergehende Verweisung an das örtlich zuständige Truppendienstgericht zulässig (§ 83 VwGO i. Vbg. m. § 17a Abs. 2 Satz 3 GVG; vgl. Meyer-Goßner, StPO, § 17b Rn. 1 GVG; Kopp/Schenke, VwGO, Anhang § 41 Rn. 21 m. Nachw).

59   Die Kostenentscheidung trifft das Gericht, an das verwiesen worden ist.

§ 23a Ergänzende Vorschriften

(1) **Zur Ergänzung der Vorschriften dieses Gesetzes gelten die Vorschriften der Wehrdisziplinarordnung, insbesondere über Akteneinsicht, Befangenheit der für die Entscheidung zuständigen Disziplinarvorgesetzten, Bindung an tatsächliche Feststellungen anderer Entscheidungen, Entschädigung von Zeugen und Sachverständigen und Wiederaufnahme entsprechend.**

(2) **In den gerichtlichen Antragsverfahren sowie in den Verfahren nach den §§ 22a und 22b sind darüber hinaus die Vorschriften der Verwaltungsgerichtsordnung sowie des Gerichtsverfassungsgesetzes entsprechend anzuwenden, soweit nicht die Eigenart des Beschwerdeverfahrens entgegensteht. Die Vorschriften des Siebzehnten Titels des Gerichtsverfassungsgesetzes sind mit der Maßgabe entsprechend anzuwenden, dass an die Stelle des Bundesgerichtshofs die Wehrdienstsenate beim Bundesverwaltungsgericht treten und an die Stelle der Zivilprozessordnung die Verwaltungsgerichtsordnung tritt.**

(3) **Für die Rüge der Verletzung des Anspruchs auf rechtliches Gehör gilt § 152a der Verwaltungsgerichtsordnung entsprechend.**

Vorbemerkung

Die WBO beschränkt die Verfahrensvorschriften für die Beschwerde auf **1** wenige Angaben. Auch das gerichtliche Antragsverfahren hat der Gesetzgeber nur in großen Zügen geregelt. Die Entscheidung für ein nur zurückhaltend formuliertes Regelwerk war von der Vorstellung bestimmt, dem Soldaten die Durchsetzung seiner Rechte mit Hilfe der Beschwerde zu erleichtern (vgl. BT-Drs. 2359, 2. Wahlperiode S. 8.). In der Praxis zeigte sich jedoch alsbald das Bedürfnis, ergänzend zu den Bestimmungen des Wehrbeschwerderechts auf sachverwandte und dem Soldaten vertraute Regelungen zurückzugreifen. Dazu gehörten vornehmlich Vorschriften der WDO. In der näheren Ausgestaltung des gerichtlichen Antragsverfahrens blieb es dagegen dem Ermessen des Richters überlassen, auf andere Verfahrensbestimmungen zurückzugreifen, um ein rechtlich geordnetes gerichtliches Verfahren zu gewährleisten. Seiner Gestaltungsfreiheit waren jedoch Grenzen gesetzt. Er durfte auf Vorschriften anderer Verfahrensordnungen zurückgreifen, wenn sich die Notwendigkeit hierzu aus den allgemein anerkannten Grundsätzen des Prozessrechts ergab (Maiwald, FS Fürst, S. 234 f.) und ihm nicht die Eigenart des Beschwerdeverfahrens entgegenstand. Da das Wehrbeschwerderecht dogmatisch dem Verwaltungsrecht zuzuordnen ist (Einf. Rn. 39), kamen für das gerichtliche Antragsverfahren insbesondere die Vorschriften der VwGO ergänzend in Betracht (Maiwald, aaO, S. 235, Bachmann, GKÖD Yt, § 42 Rn. 80; auch Lingens, NZWehrr 2003, 167). Die Antragsarten des gerichtlichen Antragsverfahrens beispielsweise identifizieren sich an den Vorbildern der VwGO, das Nachschieben von Gründen, die Verweisung), Festsetzung eines Zwangsgeldes, die einstweilige Anordnung oder Verkündung, Fassung und Form des Beschlusses sind Regelungsgegenstand des verwaltungsgerichtlichen Verfahrens. Auch die durch das WehrÄndG 2008 eingeführten § 22a und § 22b sind in Anpassung an die revisionsrechtlichen Vorschriften der VwGO und nicht der StPO entstanden; auch Absatz 2 Satz 2 betont mit der Anwendung der VwGO an Stelle der innerhalb des 17. Titels des GVG bestimmten ZPO die Anlehnung an das System des verwaltungsgerichtlichen Rechtsschutzes. Zur entsprechenden Anwendung disziplinarrechtlicher Vorschriften siehe Rn. 8.

Art. 5 Nr. 20 WehrRÄndG 2008 hat der bisher durch Richterrecht ge- **2** schaffenen Praxis mit § 23a einen rechtlichen Gestaltungsrahmen gegeben. In Absatz 1 bestätigt er für das Beschwerdeverfahren vor dem Disziplinarvorgesetzten die ergänzende Anwendung der WDO, Absatz 2 sichert vorbehaltlich der Eigenart des Beschwerdeverfahrens den Rückgriff auf die entsprechende Anwendung der Vorschriften der VwGO und des GVG für das gerichtliche Antragsverfahren, Absatz 3 schließlich ist als Folge der Entscheidung des BVerfG zur Verletzung des Anspruchs auf rechtliches Gehör (BVerfGE 107, 395 = NJW 2003, 1924 ff.) Grundlage für die Anwendung des § 152a VwGO im gerichtlichen Antragsverfahren vor dem BVerwG (Wehrdienstsenate). Schließlich hat Art. 19 des Gesetzes über den Rechtsschutz bei überlangen Gerichtsverfahren und strafrechtlichen Ermittlungsverfahren vom 24.11.2011 (BGBl. I S. 2302, 2311) mit der in den Absatz 2 als Satz 2 aufgenommenen Verweisung auf den 17. Titel des GVG auch dem Antragsteller des gerichtlichen Antragsverfahrens nach der WBO Rechtsschutz bei unangemessener Verfahrensdauer eingeräumt (zur entsprechenden Regelung in der WDO siehe § 91 Abs. 1 Satz 3 WDO).

3   Mit der Einfügung des § 23a in die WBO gibt es unterschiedliche Doppelregelungen. Für den Anwendungsbereich der WDO sind sie in § 12 Abs. 1 Satz 3, § 16a Abs. 6, § 18 Abs. 2 Satz 2, § 20 Abs. 4 sowie in § 21 Abs. 2 enthalten, auf die VwGO gibt es schon in § 23 Abs. 6 Satz 3 eine Verweisung. Unberührt bleiben die Verweisungen auf das SG (§ 3 Abs. 1, § 17 Abs. 1 Satz 1, Absatz 2), auf das DRiG (§ 22a Abs. 5) und das SBG (§ 10 Abs. 3).

4   Die Begründung des WehrRÄndG 2008 (BT-Drs. 16/7955 S. 37 zu Nr. 20) lässt die Absicht des Gesetzgebers erkennen, die Regelung des Satzes 1 mit seinem Anwendungsbefehl für die Vorschriften der WDO auf das Beschwerdeverfahren des Disziplinarvorgesetzten beschränken zu wollen; dies entspräche der bisher geübten Praxis, den Disziplinarvorgesetzten mit Regelungen eines ihm vertrauten Gesetzes zu unterstützen (siehe auch Rn. 1). Der Anwendungsbereich des Absatzes 2 dagegen solle dem gerichtlichen Antragsverfahren vorbehalten bleiben. Tatsächlich jedoch findet Absatz 1 sowohl auf das Beschwerdeverfahren des Disziplinarvorgesetzten als auch auf das gerichtliche Antragsverfahren Anwendung. Er enthält den Grundsatz, dass zur Ergänzung „dieses Gesetzes", d. h. der WBO mit Beschwerde- und gerichtlichem Antragverfahren, die Vorschriften der WDO entsprechend gelten. Die Hinweise auf Akteneinsicht, Befangenheit des für die Entscheidung zuständigen Disziplinarvorgesetzten deuten zwar beispielhaft auf das Beschwerdeverfahren des Disziplinarvorgesetzten hin, schon die Bindung an tatsächliche Feststellungen anderer Entscheidungen und die Entschädigung von Zeugen und Sachverständigen gelten aber auch im gerichtlichen Antragsverfahren. Letzte Zweifel an einer nur auf den Disziplinarvorgesetzten bezogenen Regelung beseitigt die entsprechende Anwendung von Vorschriften über die Wiederaufnahme des Verfahrens, die nur für das gerichtliche Antragsverfahren relevant werden können. Die in Absatz 1 angeordnete Verweisung auf die entsprechende Anwendung der WDO hat für die Vorschrift und damit für den gesamten Anwendungsbereich des Gesetzes zentrale Bedeutung. Sie gilt für das Beschwerdeverfahren des Disziplinarvorgesetzten *und* für das gerichtliche Antragsverfahren. Die Verweisung auf die WDO bezieht sich nicht nur auf ihre einleitenden Bestimmungen sowie den ersten und zweiten Abschnitt des Zweiten Teils, sondern insbesondere der Hinweis auf die Wiederaufnahme macht deutlich, dass auch Vorschriften des gerichtlichen Disziplinarverfahrens entsprechend anwendbar sind, und zwar im gerichtlichen Antragsverfahren. Damit findet auch § 91 WDO mit seiner Weiterverweisung auf die Bestimmungen der StPO entsprechende Anwendung auf alle Arten der Beschwerde, nicht nur beschränkt auf die Disziplinarbeschwerde (so aber die Begründung zum WehrRÄndG 2008, aaO). Dies hätte einer ausdrücklichen Regelung bedurft.

5   Die entsprechende Anwendung der WDO als Grundsatz des Absatzes 1 wird durch die Regelung des Absatzes 2 bestätigt („darüber hinaus", siehe auch BT-Drs. 16/7955 S. 37). Damit ergibt sich in Absatz 2 für das gerichtliche Antragsverfahren eine sicherlich so nicht beabsichtigte Rangfolge zwischen WDO und VwGO mit dem Ergebnis, dass die entsprechende Anwendung der WDO derjenigen der VwGO vorgeht und diese nur dann und zudem vorbehaltlich der Eigenart des Beschwerdeverfahrens Anwendung

findet, wenn die WDO keine Regelung vorsieht. Dieser Vorrang der WDO gegenüber der VwGO bedeutet eine dogmatisch nicht stimmige Abkehr von den Grundsätzen des verwaltungsgerichtlichen Verfahrensrechts, die stets der Rechtsprechung der Wehrdienstgerichte zu Grunde lagen und begründen die Herrschaft strafprozessualer Regeln in einem Verfahren, das Teil des Wehrverwaltungsrechts ist (Einf. Rn. 39). Die Ablehnung eines Richters wegen Besorgnis der Befangenheit bestimmt sich zwar nach wie vor nach den Grundsätzen, die die Richterablehnung im verwaltungsgerichtlichen Verfahren bestimmen (§ 54 VwGO; vgl. BVerwG NZWehrr 2010, 162, BVerwGE 33, 130 = NJW 1968, 1107); 43, 129 = NZWehrr 1971, 106; 46, 344, 346; a.A. noch Vorauflage), die Wiederaufnahme des Verfahrens richtet sich jedoch nicht mehr nach § 153 VwGO (BVerwGE 53, 188), sondern findet ihre Rechtsgrundlage in der entsprechenden Anwendung der §§ 365 ff. StPO.

Zu Absatz 1

Die Vorschrift gilt für jedes Beschwerdeverfahren und für das gerichtliche **6** Antragsverfahren. Sie ist die Grundlage dafür, in beiden Verfahren Bestimmungen der WDO in ihrer jeweiligen Fassung entsprechend anwenden zu können. Ihre Eingangsworte „Zur Ergänzung" besagen, dass die Vorschriften der WDO nur insoweit Anwendung finden dürfen, als die WBO eine abschließende Regelung nicht schon getroffen hat (BVerwG NZWehrr 1976, 149, 151 = NJW 1975, 749; Maiwald, aaO, S. 235 f.). Für die Disziplinarbeschwerde handelt es sich bei der Bestimmung des Absatzes 1 teilweise um eine Rückverweisung (vgl. § 42 Satz 1 WDO).

Entsprechende Anwendung finden alle Bestimmungen der WDO, soweit **7** sie dem Beschwerdeverfahren nutzbar gemacht werden können und nicht ausschließlich Sachverhalte des militärischen Disziplinarrechts regeln; die Aufzählung einzelner Anwendungsfälle (Akteneinsicht, Befangenheit der für die Entscheidung zuständigen Disziplinarvorgesetzten, Bindung an tatsächliche Feststellungen anderer Entscheidungen, Entschädigung von Zeugen und Sachverständigen sowie Wiederaufnahme) steht nur beispielhaft, wenn die WBO keine eigene Regelung enthält („insbesondere"). Entsprechende Anwendung finden folgende Vorschriften der WDO:

- Akteneinsicht durch den Soldaten (§ 3 WDO; § 10 Rn. 32; Dau/Schütz, WDO, § 3 Rn. 2 ff.);
- Zustellungen (§ 5 WDO; § 12 Abs. 1 Satz 3; § 12 Rn. 34 ff.; Dau/Schütz, WDO, § 5 Rn. 2 ff.);
- Belehrung über Rechtsbehelfe für die Disziplinarbeschwerde (§ 6 WDO); im Übrigen gilt § 12 Abs. 1 Satz 4;
- Auskünfte (§ 9 WDO);
- Entschädigung von Zeugen und Sachverständigen (§ 10 WDO; dazu Dau/Schütz, WDO, § 10 Rn. 2 ff.);
- Beschleunigungsgrundsatz (§ 17 Abs. 1 WDO);
- Befangenheit des für die Entscheidung zuständigen Disziplinarvorgesetzten (§ 30 Abs. 2 Nr. 3 WDO; Dau/Schütz, WDO, § 30 Rn. 21);
- Bindung an tatsächliche Feststellungen anderer Entscheidungen im Disziplinarbeschwerdeverfahren (§ 34 WDO);
- Selbstständigkeit des Disziplinarvorgesetzten (§ 35 Abs. 1 WDO);

- Besetzung des Truppendienstgerichts (§ 75 WDO);
- Große Besetzung (§ 76 WDO);
- Ausschluss von der Ausübung des Richteramtes (§ 77 WDO; Dau/Schütz, WDO, § 77 Rn. 2 ff.);
- Säumige ehrenamtliche Richter (§ 78 WDO; Dau/Schütz, WDO, § 78 Rn. 1 ff.);
- Ruhen und Erlöschen des Amtes als ehrenamtlicher Richter (§ 79 WDO);
- Besetzung der Wehrdienstsenate (§ 80 Abs. 3, 4 WDO; BVerwG 2 WDB 1.08 vom 31.7.2008, juris Rn. 15);
- Vereidigung von Zeugen und Sachverständigen (§ 86 WDO);
- Ladungen (§ 89 WDO);
- Vertretung durch einen Rechtsanwalt (§ 90 WDO);
- Ergänzende Vorschriften der StPO (§ 91 Abs. 1; dazu siehe im Einzelnen Dau/Schütz, WDO, § 91 Rn. 12);
- Ladung des Soldaten, Ladungsfrist (§ 103 WDO);
- Beweisaufnahme (§ 106 WDO);
- Verfahrensgrundsätze für das BVerwG (§ 123 WDO);
- Wiederaufnahme des Verfahrens (§§ 129, 131, 132 WDO; vgl. BVerwGE 53, 188)). Die Entscheidung eines gerichtlichen Antragsverfahrens durch Beschluss steht der Statthaftigkeit einer Wiederaufnahme nicht entgegen. Die früher von der Rechtsprechung (BVerwG NZWehr 1995, 163; BVerwGE 76, 127 = NZWehr 1984, 122) in Anspruch genommene Vorschrift des § 153 VwGO tritt mit der Regelung des Absatzes 1 nunmehr hinter die Bestimmungen der WDO zurück.
- Umfang der Kostenpflicht (§ 137 Abs. 1 und 2 Nr. 1 bis 3 WDO; siehe § 20 Abs. 4);
- Kosten bei Rechtsbehelfen (§ 139 Abs. 1, 2 und 5 i. Vbg. m. § 129 WDO);
- Notwendige Auslagen (§ 140 Abs. 8 WDO; vgl. § 16a Abs. 6, § 20 Abs. 4);
- Kostenfestsetzung, Erinnerung (§ 142 WDO; vgl. § 16a Abs. 6, § 20 Abs. 4);
- Bindung und Zuständigkeit der Wehrdienstgerichte (§ 145 WDO).

Zu Absatz 2

8   Für die gerichtlichen Antragsverfahren sowie in den Verfahren der Rechtsbeschwerde (§ 22a) und der Nichtzulassungsbeschwerde (§ 22b) ordnet Satz 1 die entsprechende Anwendung der Vorschriften der VwGO und des GVG an, soweit nicht die Eigenart des Beschwerdeverfahrens entgegensteht. Der Verweis auf die Regelungen der VwGO und des GVG ist nicht abschließend; wie sich aus der Formulierung „darüber hinaus" ergibt, sind auch die Vorschriften der WDO anwendbar und damit durch Absatz 2 der Regelungsbereich des Absatzes 1 bestätigt (Rn. 5; vgl. auch BT-Drs. 16/7955 S. 37). Die Zustellung in Beschwerdesachen soll einheitlich nach den Regeln der WDO erfolgen (BVerwG 1 WRB 2/12 vom 17.12.2013, juris Rn. 33).

9   Gerichtliche Antragsverfahren i. S. der Vorschrift sind das durch einen Antrag ausgelöste Verfahren nach §§ 17, 21, 22, das Anrufungsverfahren nach § 16a Abs. 5, die Rechtsbeschwerde (§ 22a) und die Nichtzulassungsbeschwerde (§ 22b) sowie das Anhörungsrügeverfahren nach Absatz 3 i. Vbg. m. § 152a VwGO. Das Verfahren der Erinnerung (§ 16a Abs. 6, § 20 Abs. 4) richtet sich dagegen nach der WDO (§ 142 WDO).

Die entsprechende Anwendung der Vorschriften der VwGO und des 10
GVG, mit Ausnahme seines 17. Titels (siehe Satz 2), steht unter dem
Vorbehalt der Eigenart des Beschwerdeverfahrens. Dieses ist vor allem
dadurch gekennzeichnet, dass es kein Parteiverfahren in dem Sinne ist, dass sich
Beschwerdeführer und Betroffener als streitige Verfahrensbeteiligte gegenüberstehen (BDHE 6, 185, 187 = NZWehrr 1962, 66, 68; BVerwG DÖV
2008, 468; BVerwGE 134, 228, 230; BVerwG NZWehrr 2011, 208, 209; vgl.
auch Einf. Rn. 95). Folglich sind alle Vorschriften der VwGO ausgeschlossen,
die an die Rechtsnatur des Parteienprozesses verfahrensrechtliche Folgen
knüpfen, wenn sie nicht schon hinter den vorgängigen Bestimmungen der
WDO (Absatz 1) zurücktreten. So kennt das gerichtliche Antragsverfahren
keine Streitgenossenschaft (§ 64 VwGO) oder eine Klage-/Antragsänderung
gem. § 91 VwGO, auch die Anwendung des § 146 Abs. 1 und 4 VwGO ist
daher ausgeschlossen. Ebensowenig ist der Antragsteller mit den notwendigen
Aufwendungen des Beigeladenen nach § 162 Abs. 3 VwGO zu belasten
(BVerwG 1 WDS-VR 3/16 vom 11.10.2016, juris Rn. 34). Einige wehrbeschwerderechtliche Regelungen tragen darüber hinaus der Funktionsfähigkeit der Streitkräfte Rechnung und weichen deshalb von den allgemeinen
verwaltungsgerichtlichen Verfahrensgrundsätzen ab; beispielsweise hat die Beschwerde in truppendienstlichen Angelegenheiten keine aufschiebende Wirkung (§ 3 Abs. 1), die Folgen einer unterbliebenen, unrichtigen oder unvollständigen Rechtsbehelfsbelehrung richten sich nicht nach § 58 Abs. 2 VwGO,
sondern die WBO trifft mit § 7 Abs. 1 eine Sonderregelung (siehe auch § 19
Abs. 1 Satz 3, der der Zustimmung des § 113 Abs. 1 Satz 4 VwGO vorgeht).

Gegen Verfügungen des Vorsitzenden des Wehrdienstgerichts findet keine 11
Beschwerde entsprechend § 146 Abs. 1 VwGO statt (BVerwG 1 WB 38/16
vom 12.12.2016, juris Rn. 18).

Nur die entsprechende Anwendung von Vorschriften der VwGO und des 12
GVG steht unter dem Vorbehalt der Eigenart des Beschwerdeverfahrens. Für
die entsprechende Anwendung der WDO ist er entbehrlich. Soweit Bestimmungen des gerichtlichen Disziplinarverfahrens angewendet werden sollen,
unterliegen sie einem eigenen „Eigenartsvorbehalt" (siehe § 91 Abs. 1 Satz 1
WDO und Dau/Schütz, WDO, § 91 Rn. 2), den Regelungen der WDO für
das Wehrbeschwerdeverfahren im Übrigen ist die Eigenart eines militärischen
Rechtsschutzverfahrens nicht erst durch die Verklammerung beider Gesetze
in § 42 Satz 1 WDO immaent. Entsprechende Anwendung finden folgende
Vorschriften der VwGO:

– Vorbeugender Unterlassungsantrag (§ 42 VwGO; BVerwG NZWehrr
  1974, 184; 1991, 211; BVerwGE 46, 255);
– Allgemeine Feststellungsklage (§ 43 VwGO; BVerwG NZWehrr 1970, 20,
  21; BVerwGE 113, 158, 160 = NZWehrr 1998, 26; 2002, 38);
– Notwendige Beiladung in Konkurrentenstreitigkeiten (§ 65 Abs. 2
  VwGO; BVerwG NZWehrr 2011, 208 = ZBR 2012, 68 LS);
– Anordnung der aufschiebenden Wirkung (§ 23 Abs. 6; § 80 Abs. 5, 7, 8
  VwGO);
– Elektronische Kommunikation (§ 55a VwGO)
– Bindung des Gerichts an das Antragsbegehren (§ 88 VwGO);
– Fiktion der Rücknahme bei mehr als zweimonatiger Untätigkeit des An-
  tragstellers trotz Aufforderung (§ 92 Abs. 2 Satz 1 VwGO; BVerwG
  NZWehrr 2017, 24 mit Anm. Raap NZWehrr 2017, 34);

– Einstellung bei Zurücknahme (§ 92 Abs. 3 Satz 1 VwGO) (BVerwG 1 WB 38/15 vom 2.12.2015, juris Rn. 15);
– Verbindung von Verfahren zur gemeinsamen Entscheidung (§ 93 VwGO; BVerwG NZWehr 1999, 204 = ZBR 1999, 348) sowie die Trennung mehrerer anhängiger Verfahren;
– Aussetzung des Verfahrens (§ 94 VwGO; BVerwGE 83, 320; BVerwGE 113, 332 = NZWehr 1999, 161);
– Vorlage- und Auskunftspflicht der Behörden (§ 99 VwGO);
– Rechtliches Gehör (§ 108 Abs. 2 VwGO; BVerwG NZWehr 2010, 256, 257);
– Fortsetzungsfeststellungsantrag (§ 113 Abs. 1 Satz 1 VwGO; BVerwGE 46, 81, 215; 63, 234; BVerwG NZWehr 2001, 165 = ZBR 2001, 343 LS);
– Nachprüfung von Ermessensentscheidungen (§ 114 VwGO) (BVerwG 1 WB 23/15 vom 4.2.2016, juris Rn. 3);
– Urteilsberichtigung (§§ 118, 119 VwGO);
– Urteilsergänzung (§ 120 VwGO);
– Erlass einstweiliger Anordnungen (§ 123 VwGO; BVerwGE 33, 42 = NJW 1967, 2374; NZWehr 1970, 25, 26; BVerwG ZBR 2000, 281; NZWehr 2001 = ZBR 2001, 142; BVerwG 1 WDS-VR 2/10 vom 29.4.2010, juris Rn. 20);
– Zulassung der Revision (§§ 132, 133 VwGO; anlässlich einer Rechtsbeschwerde oder Nichtzulassungsbeschwerde);
– Absolute Revisionsgründe (§ 138 VwGO; anlässlich einer Rechtsbeschwerde oder Nichtzulassungsbeschwerde);
– Anhörungsrüge (§ 152a VwGO; § 23a Abs. 3);
– Kostenlast bei erfolglosem Rechtsbeschwerdeverfahren (§ 154 Abs. 2 VwGO) (BVerwG 1 WRB 2/17 vom 2.2.2018, juris Rn. 2);
– Kostenlast bei sofortigem Anerkenntnis (§ 156 VwGO) (nicht eindeutig: BVerwG 1 WB 4/17 vom 7.4.2017, juris Rn. 25);
– Anfechtung der Kostenentscheidung nur zusammen mit dem Rechtsmittel in der Hauptsache (§ 158 Abs. 1 VwGO) (BVerwG 1 WNB 5/17 vom 26.2.2018, juris Rn. 14);
– Kostenentscheidung bei Erledigung der Hauptsache (§ 161 Abs. 2 VwGO) (BVerwG 1 WB 9/15 vom 15.1.2016, juris Rn. 13);
– Vollstreckungstitel (§ 168 Abs. 1 Nr. 1, 2 und 4 VwGO);
– Zwangsgeld gegen Behörde (§ 172 VwGO; BVerwGE 33, 230 = NJW 1969, 476).

13 Die entsprechende Anwendung von Vorschriften des GVG betrifft insbesondere (vgl. auch Dau/Schütz, WDO, § 91 Rn. 4 ff.):
– Rechtsweg und Verweisung (§§ 17a, 17b GVG) (BVerwG 1 WB 46/12 vom 15.10.2013, juris Rn. 23 mit Anm. Kugele jurisPR-BVerwG 25/2013 Anm. 2);
– Rechtshilfepflicht der Gerichte (§§ 156 ff. GVG);
– Ausschluss der Öffentlichkeit zum Schutz von Persönlichkeitsrechten (§ 171b GVG);
– Ausschluss der Öffentlichkeit (§ 172 GVG);
– Öffentliche Verkündung der Entscheidung (§ 73 GVG);
– Ausschließungsverhandlung, Schweigegebot (§ 174 GVG);
– Versagung des Zutritts (§ 175 Abs. 1, 3 GVG);
– Sitzungspolizei (§ 176 GVG);

– Ungehorsamsfolgen (§ 177 GVG);
– Ordnungsmittel wegen Ungebühr (§§ 178 ff. GVG);
– Gerichtssprache (§ 184 GVG);
– Dolmetscher (§§ 185 ff. GVG);
– Eid in fremder Sprache (§ 188 GVG),
– Blinde und Sehbehinderte (§ 191a GVG);
– Beratung und Abstimmung (§§ 192 ff. GVG).

Satz 2 ist mit seiner Verweisung auf den 17. Titel des GVG Rechtsgrund- **14** lage für eine Entschädigung, die der Beschwerdeführer bei unangemessener Dauer des gerichtlichen Antragsverfahrens beanspruchen kann. Nach einer **Verzögerungsrüge** (§ 198 Abs. 2 GVG) des Beschwerdeführers sowie einer Klage sechs Monate, nachdem er die Verzögerungsrüge erhoben hat (§ 198 Abs. 5 GVG), kann er eine Entschädigung geltend machen, wenn er infolge unangemesser Dauer des gerichtlichen Antragsverfahrens einen Nachteil erlitten hat (§ 198 Abs. 1 GVG). Für Einzelheiten wird auf die Erläuterungsbücher zum GVG verwiesen. Haftungsgrundlage des Bundes ist § 200 GVG. Zur Wiedergutmachung auf andere Weise siehe § 198 Abs. 4 GVG. Zuständig für die Klage auf Entschädigung ist das BVerwG (Satz 2 i. Vbg. m. § 201 Abs. 1 GVG). Für das Verfahren gelten die Vorschriften der VwGO (Satz 2 i. Vbg. m. § 201 Abs. 2 GVG).

Zu den durch Satz 2 sanktionierbaren gerichtlichen Antragsverfahren siehe **15** Rn. 10.

Zu Absatz 3

Nachdem mit § 121a WDO für die Berufungsentscheidung des BVerwG **16** im gerichtlichen Disziplinarverfahren der Gesetzgebungsauftrag des BVerfG vom 30.4.2003 (BVerfGE 107, 395 = NJW 2003, 1924 ff.) erfüllt wurde, schafft die durch Absatz 3 angeordnete Verweisung auf § 152a VwGO nunmehr auch für das gerichtliche Antragsverfahren nach der WBO die Möglichkeit fachgerichtlicher Abhilfe bei Verletzung des Anspruchs auf rechtliches Gehör (vgl. zur früheren Rechtslage noch BVerwG NZWehrr 2007, 127). Die ausdrückliche Regelung des Absatzes 3 der in anderen Verfahrensordnungen als Anhörungsrüge bezeichneten Abhilfe für das gerichtliche Antragsverfahren geht der entsprechenden Anwendung der in der WDO enthaltenen Bestimmungen (§ 91 Abs. 1 WDO i. Vbg. m. § 33a StPO i. Vbg. m. den Absätzen 1 und 2, § 121a WDO) ausnahmsweise vor. Über eine Anhörungsrüge entscheidet der Wehrdienstsenat in der Besetzung mit drei Berufsrichtern ohne ehrenamtliche Richter (BVerwG NZWehrr 2010, 211).

§ 152a VwGO (Anhörungsrüge) hat folgenden Wortlaut (Fassung vom **17** 5.7.2017 ab 1.1.2018):

(1) Auf die Rüge eines durch eine gerichtliche Entscheidung beschwerten Beteiligten ist das Verfahren fortzuführen, wenn

1. ein Rechtsmittel oder ein anderer Rechtsbehelf gegen die Entscheidung nicht gegeben ist und
2. das Gericht den Anspruch dieses Beteiligten auf rechtliches Gehör in entscheidungserheblicher Weise verletzt hat.

Gegen eine der Endentscheidung vorausgehende Entscheidung findet die Rüge nicht statt.

(2) Die Rüge ist innerhalb von zwei Wochen nach Kenntnis von der Verletzung des rechtlichen Gehörs zu erheben; der Zeitpunkt der Kenntniserlangung ist glaubhaft zu machen. Nach Ablauf eines Jahres seit Bekanntgabe der angegriffenen Entscheidung kann die Rüge nicht mehr erhoben werden. Formlos mitgeteilte Entscheidungen gelten mit dem dritten Tage nach Aufgabe zur Post als bekannt gegeben. Die Rüge ist schriftlich oder zu Protokoll des Urkundsbeamten der Geschäftsstelle bei dem Gericht zu erheben, dessen Entscheidung angegriffen wird. § 67 Abs. 4 bleibt unberührt. Die Rüge muss die angegriffene Entscheidung bezeichnen und das Vorliegen der in Absatz 1 Satz 1 Nr. 2 genannten Voraussetzungen darlegen.

(3) Den übrigen Beteiligten ist, soweit erforderlich, Gelegenheit zur Stellungnahme zu geben.

(4) Ist die Rüge nicht statthaft oder nicht in der gesetzlichen Form oder Frist erhoben, so ist sie als unzulässig zu verwerfen. Ist die Rüge unbegründet, weist das Gericht sie zurück. Die Entscheidung ergeht durch unanfechtbaren Beschluss. Der Beschluss soll kurz begründet werden.

(5) Ist die Rüge begründet, so hilft ihr das Gericht ab, indem es das Verfahren fortführt, soweit dies aufgrund der Rüge geboten ist. Das Verfahren wird in die Lage zurückversetzt, in der es sich vor dem Schluss der mündlichen Verhandlung befand. In schriftlichen Verfahren tritt an die Stelle des Schlusses der mündlichen Verhandlung der Zeitpunkt, bis zu dem Schriftsätze eingereicht werden können. Für den Ausspruch des Gerichts ist § 343 der Zivilprozessordnung entsprechend anzuwenden.

(6) § 149 Abs. 1 Satz 2 ist entsprechend anzuwenden.

18   Die Abhilfe bei Verletzung des Anspruchs auf rechtliches Gehör ist in den Verfahren nach der WDO und der WBO in folgender Weise verwirklicht:
- § 121a WDO: Berufungsentscheidung des BVerwG im gerichtlichen Disziplinarverfahren,
- § 91 Abs. 1 WDO i. Vbg. m. § 33a StPO: Beschlüsse des BVerwG in den gerichtlichen Antragsverfahren des Dritten Abschnittes (§ 112 WDO) und in Beschwerdeverfahren (§ 114 WDO; vgl. Dau/Schütz, WDO, § 121a Rn. 5).
- § 22a Abs. 2 Nr. 3: Die Verletzung des Anspruchs auf rechtliches Gehör durch einen Beschluss des Truppendienstgerichts kann hiernach als Verfahrensmangel gerügt werden. Damit ist eine Anhörungsrüge ausgeschlossen (Kopp/Schenke, VwGO, § 152a Rn. 6). Die Rechtsbeschwerde richtet sich gegen Entscheidungen des Truppendienstgerichts in gerichtlichen Antragsverfahren (§§ 17, 16a) sowie in Disziplinarbeschwerdeverfahren (§ 42 Nr. 4, 5 WDO).
- § 23 Abs. 3: i. Vbg. m. § 152a VwGO: Verfahrensabschließende Beschlüsse des BVerwG, d. h. Entscheidungen in den Fällen der §§ 21, 22 sowie Beschwerdeentscheidungen nach § 42 Nr. 4 Satz 3, Nr. 5 Satz 2 WDO. Da die Entscheidung des Vorsitzenden der Truppendienstkammer über eine Erinnerung im Kostenfestsetzungsverfahren (§ 142 Satz 2 WDO) endgültig ist (BVerwG NZwehr 1989, 210), fällt ausnahmsweise auch diese Entscheidung in den Anwendungsbereich der Anhörungsrüge. Im Übrigen ist gegenüber allen Entscheidungen, die noch mit der Rechtsbeschwerde anfechtbar sind, eine Anhörungsrüge nicht statthaft (Kopp/Schenke, VwGO, § 152a Rn. 5).

19   Für Einzelheiten des Anhörungsrügeverfahrens nach § 152a VwGO wird auf die Kommentarliteratur zur VwGO verwiesen.

§24 Inkrafttreten

Dieses Gesetz tritt am Tage nach seiner Verkündung in Kraft.

Das Gesetz ist im Bundesgesetzblatt Teil I auf Seite 1066 verkündet wor- 1
den. Das Gesetzblatt wurde am 29. Dezember 1956 ausgegeben; das Gesetz
ist demnach am 30. Dezember 1956 in Kraft getreten. Über Änderungen des
Gesetzes siehe Einf. Rn. 18 Gem. Art. 18 Abs. 2 des WehrRÄndG 2008
treten die in Art. 5 dieses Gesetzes enthaltenen Änderungen der WBO am
sechsten des auf die Verkündung folgenden Kalendermonats in Kraft. Damit
sind sie ab 1.2.2009 geltendes Recht.

Stichwortverzeichnis

(Die halbfetten Zahlen verweisen auf die Paragrafen und
die mageren Zahlen auf die Randnummern)

Stichwortverzeichnis

Stichwortverzeichnis

Stichwortverzeichnis

Stichwortverzeichnis

Stichwortverzeichnis

Stichwortverzeichnis

Stichwortverzeichnis

Stichwortverzeichnis

Stichwortverzeichnis

Stichwortverzeichnis